Franz Rosenzweig
Die „Gritli"-Briefe
Briefe an Margrit Rosenstock-Huessy

Franz Rosenzweig

Die „Gritli"-Briefe

Briefe an Margrit Rosenstock-Huessy

herausgegeben von
Inken Rühle und Reinhold Mayer

Mit einem Vorwort von
Rafael Rosenzweig

BILAM Verlag

Die Deutsche Bibliothek - CIP-Einheitsaufnahme

Rosenzweig, Franz:
Die „Gritli"-Briefe : Briefe an Margrit Rosenstock-Huessy / Franz Rosenzweig.
Hrsg.: Inken Rühle ; Reinhold Mayer. - Tübingen : BILAM-Verl., 2002
ISBN 3-933373-04-2

© 2002 BILAM Verlag GmbH
Postfach 210 465, 72027 Tübingen, bilam-verlag@supra-net.net

Printed in Germany. - Das Werk einschließlich aller seiner Teile ist urheberrechtlich geschützt. Jede Verwendung außerhalb der engen Grenzen des Urheberrechtsgesetzes ist ohne Zustimmung des Verlags unzulässig und strafbar. Das gilt insbesondere für Vervielfältigungen, Übersetzungen, Mikroverfilmungen und die Einspeicherung und Verarbeitung in elektronischen Systemen.

Herstellung: Gulde Druck GmbH, Tübingen

Zum Namen und Emblem des Verlags erfahren Sie mehr in 4. Mose 22-24.

Inhalt

Vorwort von Rafael Rosenzweig I

Einführung III

Die „Gritli"-Briefe

1917 1

1918 47

1919 209

1920 515

1921 705

1922 - 1929 789

Anhang

Das „Gritlianum" 826

Die 24 Worte des Rafael Rosenzweig deutsch 832

Lebensdaten Franz Rosenzweigs 838

Register

Werke und Vorträge Franz Rosenzweigs 841

Namensregister 842

Sachregister 854

Annemarie Klara Mayer - de Pay

1923 - 2000 / 5683 - 5761

und

Rafael Nehemia Georg Rosenzweig

5682 - 5762 / 1922 - 2001

zum Gedenken

Vorwort

Die Briefe, die Franz Rosenzweig an seine Freunde Gritli und Eugen Rosenstock geschrieben hat, erstrecken sich über eine Periode von 9 Jahren, welche 1917 beginnt. Sie haben zwei Schwerpunkte - die Zeit der Entstehung von Rosenzweigs Hauptwerk, dem Stern der Erlösung, und die Jahre nach dem ersten Weltkrieg, in denen er um seine persönliche und berufliche Zukunft gerungen hat. Beide Perioden sind durch die Liebe zur Frau seines Freundes Eugen Rosenstock gekennzeichnet und weitgehend auch bestimmt. Der fast tagtägliche Austausch endete mit dem offenen Ausbruch seiner Krankheit im Anfang des Jahres 1922.

Die Briefe von Margrit Rosenstock an Franz Rosenzweig sind von dessen Frau Edith nach seinem Tod verbrannt worden. Sie hatte von Eugen Rosenstock verlangt, auch die Briefe Franz Rosenzweigs zu vernichten, was dieser allerdings nicht getan hat. Wir müssen ihm dankbar dafür sein, dass er auf diese Weise eine einzigartige Dokumentation bewahrt hat, ohne auf eigene Gefühle Rücksicht zu nehmen.

Die Briefe aus den Jahren 1917-1919 ermöglichen einen einzigartigen Einblick in die Entstehung des Stern der Erlösung. Bei dem Versuch, die geliebte Freundin an dem Werk teilnehmen zu lassen war diese offenbar gelegentlich überfordert, vor allem weil ihr die Teile, die sich mit jüdischem Glauben und Brauchtum befassten, doch recht fremd waren. In wiefern sich das in der endgültigen Formulierung einiger Passagen des Buches niedergeschlagen hat, kann ich nicht beurteilen. Einer der Gedanken, die zu der Veröffentlichung dieser Briefe geführt hat war es, dieses Qellenmaterial allgemein zugänglich zu machen.

Die Wichtigkeit des zweiten Schwerpunkts dieser Briefe liegt vor allem in ihrem biografischen Aspekt. Die Bedeutung Franz Rosenzweigs für das jüdische Denken ist heute wesentlich größer als zu seinen Lebzeiten. Wie er es selber einmal gesagt hat, ist seine primäre Wirkung posthum. Trotzdem existiert noch keine umfassende Biografie, obwohl es im Lauf der Zeit mehrere Anläufe dazu gegeben hat. Inzwischen können keine Zeitzeugen mehr befragt werden - die wenigen, die ihn noch persönlich kannten, waren zu seinen Lebzeiten Kinder. So ist die Nachwelt auf schriftliche Zeugnisse angewiesen. Hier sind die jetzt vorgelegten Briefe von entscheidender Bedeutung. Das Auf-und-ab der Freundschaften, die unauflöslich mit dem Denken und Schaffen des Kreises um Rosenzweig verbunden sind - ausser Eugen Rosenstock gehörten vor allem Rudolf, Hans und Viktor Ehrenberg dazu, sowie mehr am Rande, auch Viktor von Weizsäcker und später Rudolf Hallo, Martin Buber und Eduard Strauss - ist in diesen Briefen eingehend und bisweilen auch schonungslos beschrieben.

Die oft sehr ambivalenten Beziehungen zu seiner Mutter und später auch zu seiner Frau finden hier ihren oft schwer zu ertragenden Ausdruck. Sie gehören möglicherweise auch zu den Ursachen der tiefen Verzweiflung über das was ihm als sein Unvermögen erschien, sich den seinen Vorstellungen entsprechenden Wirkungskreis zu schaffen. Der Gedanke, mit dem Franz Rosenzweig den Stern der Erlösung abgeschlossen hat, war für ihn selbst zu einer fast unmöglichen Belastung geworden. Er schreibt dort von dem geheimnisvoll-wunderbaren Leuchten des göttlichen Heiligtums, darin kein Mensch leben bleiben kann. Die Flügel des Tors jedoch, das hier herausführt, öffnen sich ins Leben.

Eingestreut in diese Briefe sind auch Beobachtungen und Beurteilungen von Vorgängen aus einer Periode der europäischen Geschichte, die sich durch rasche und oft dramatische Entwicklungen auszeichnete. Die Nähe des Geschehens hat für Franz Rosenzweig fast nie das deutliche Erkennen der Zusammenhänge beeinflusst, auch wenn diese Erkenntnis gelegentlich im Gegensatz zu seiner politisch eher konservativen Grundhaltung stand.

Das Leben mit seiner Krankheit hat dann zur Akzeptanz von unvermeidlich gewordenen Beschränkungen geführt und zu einer Fortsetzung seines Werks, wie er es selbst wahrscheinlich als Letzter erwartet hat. Gleichzeitig ist dann auch die Liebe zu Gritli Rosenstock an eben diesen Beschränkungen zerbrochen.

Diese Briefe sollten zusammen mit den bereits vorliegenden Briefen und Tagebüchern aus derselben Zeit gelesen werden. Ich verweise die Leserinnen und Leser auf die zweibändige Ausgabe der Briefe und Tagebücher, die im Rahmen von Franz Rosenzweigs Gesammelten Schriften - Der Mensch und sein Werk - 1979 im Kluwer Verlag, Den Haag, erschienen ist. Nur zusammen mit diesen Zeugnissen kann man sich ein vollständigeres Bild machen, soweit das nach über 80 Jahren überhaupt noch möglich ist.

Das kleine Werk Franz Rosenzweigs „Die 24 Worte des Rafael Rosenzweig", das auch in einem Brief an Gritli Rosenstock erwähnt ist, entstand 1924. Es erscheint hier als Anhang und bildet nicht nur ein Zeugnis für den Humor des Verfassers, sondern weist auch auf die Hartnäckigkeit, mit der er seine eigene immer schwerer werdende Behinderung ignorierte. Der äußere Rahmen (Gott - Welt - Mensch) sowie das Nachwort sind eine kleine Selbstironie, die sich auf den „Stern der Erlösung" bezieht.

Die Orginale der hier veröffentlichten Briefe liegen in der Bibliothek des Dartmouth College in Hanover, New Hampshire. Sie hat den Herausgebern Fotokopien der Originale zur Verfügung gestellt. Die erste Abschrift des umfangreichen Materials stammt von Frau Ulrike von Moltke, deren Arbeit bei dem oft mühsamen Entziffern der Handschrift hilfreich war. Annemarie Mayer hat die Herausgabe dieses Buches bis kurz vor ihrem Tod mit ihrem tiefen menschlichen Einfühlungsvermögen und ihrer Kenntnis des Stils von Franz Rosenzweig allen Schwierigkeiten zum Trotz unentwegt begleitet.

Für die Initiative, dieses Buch herauszugeben, und für ihre unermüdliche Arbeit, es mit sachkundigen Anmerkungen zu begleiten, die den heutigen Lesern und Leserinnen den Zugang erleichtern, bin ich Inken Rühle und Reinhold Mayer zu besonderem Dank verpflichtet.

Hadera (Israel) und Forch (Schweiz)
im November 2001
Rafael Rosenzweig.

Einführung

Rund 40 Jahre sind vergangen, seit ich zuerst allein, dann mehrmals gemeinsam mit meiner Frau Annemarie nach Berlin und später nach Baden-Baden zu Edith Scheinmann, der Witwe Franz Rosenzweigs, fuhr, um sie nach den „Gritli"-Briefen zu fragen. Unsere Absicht war es, diese Dokumente im Rahmen des Institutum Judaicum der Universität Tübingen zu veröffentlichen.

Ergebnis der Verhandlungen war damals die Herausgabe der Werke Rosenzweigs im Nijhoff-Verlag, die wesentlich über die alte Ausgabe hinausging. So bereitete etwa Annemarie Mayer-de Pay für den Band ZWEISTROMLAND - teils in mühsamer Kleinarbeit - die geopolitischen Aufsätze, vor allem aber die Kasseler und die Frankfurter Lehrhausvorträge auf. Doch - die „Gritli"-Briefe fehlten; ihre Existenz hatte Edith Scheinmann schlicht geleugnet.

Erst Mitte der 90er Jahre wagte ich einen weiteren Versuch. Als Inken Rühle zu mir kam, um das Thema ihrer Dissertation zu besprechen, schlug ich ihr vor, sich mit Franz Rosenzweigs Werk zu befassen. Dafür erbat ich von dem uns eng befreundeten Rafael Rosenzweig erneut die „Gritli"-Briefe - und diesmal bekam ich sie, da die persönlich Betroffenen inzwischen verstorben waren und Hans Rosenstock, der einzige Sohn von Margrit (Gritli) Rosenstock, an die sich die Briefe richten, ebenfalls einer Bearbeitung und Publikation zugestimmt hatte.

Die „Gritli"-Briefe sind Liebesbriefe, geschrieben von Franz Rosenzweig an die Ehefrau seines damals besten Freundes Eugen Rosenstock. Diesem war er 1910 bei einer Historiker-Konferenz in Baden-Baden erstmals begegnet. Eine Freundschaft zwischen beiden entwickelte sich drei Jahre später, als Rosenzweig 1913 in Leipzig studierte und bei Rosenstock eine juristische Vorlesung besuchte. Ins selbe Jahr fiel auch das berühmte „Leipziger Nachtgespräch", in dessen Verlauf Rosenstock, der als junger Mann vom Juden- zum Christentum konvertiert war, Rosenzweig überredete, sich ebenfalls taufen zu lassen. Die Ereignisse dieser Juli-Nacht stürzten Rosenzweig in eine tiefe Krise, die schließlich dazu führte, daß er im Herbst das Versprechen, Christ zu werden, wieder zurücknahm. Seine Entscheidung, Jude zu bleiben und fortan sogar noch bewußter jüdisch zu leben, sowie die erlittenen persönlichen Verletzungen führten zu einer vorübergehenden Entfremdung der Freunde.

1914 lernte Eugen Rosenstock in Italien die Schweizerin Margrit Hüssy kennen, die in Florenz Kunstgeschichte studierte. Kurz darauf, am Vorabend des 1. Weltkriegs, heirateten sie. Erst 1916 - also mitten im Krieg, den Rosenstock an der West-, Rosenzweig an der Ostfront erlebte - kam es zur erneuten Annäherung zwischen beiden Männern: Ein intensiver Briefwechsel setzte ein, der als erster jüdisch-christlicher Dialog in der Neuzeit bezeichnet worden ist, da in seinem Zentrum die Frage nach dem Verhältnis der zwei Gemeinden steht.

Mit der Zeit wuchs beider Freundschaft zueinander erneut. Das Jahr 1917 brachte gar den Wechsel vom „Sie" zum „Du". Kurz darauf, im Juni, lernte Rosenzweig dann Margrit Rosenstock persönlich kennen, der er in den folgenden Monaten gelegentlich schrieb. Im Februar 1918 traf Rosenzweig, der im elterlichen Haus in Kassel seinen

Front-Urlaub verbrachte, abermals mit Margrit Rosenstock zusammen - eine Begegnung, die zum Beginn einer leidenschaftlichen Liebesbeziehung wurde. Damals setzte eine wahre Briefflut ein; und der Ton dieser Briefe war ein anderer als zuvor.

Es ist bemerkenswert, daß Eugen Rosenstock seit Beginn in die Beziehung zwischen seiner Frau und Rosenzweig voll einbezogen wurde, die Letzterer niemals als gegen jenen gerichtet verstanden hat. Im Gegenteil: in seiner Liebe zu Gritli erst vermochte Rosenzweig Eugen *ganz* zu lieben, der ihn durch sein aggressives und unbelehrbares Verhalten immer wieder auch erschreckte und befremdete.

Rosenstock hat seinerseits - obwohl es ihm nicht immer leicht gefallen ist, diese besondere Dreier-Konstellation anzunehmen - im Nachhinein das Verhältnis zwischen Franz, Margrit und sich positiv als „damals gelebte leibliche Trinität" bezeichnet. Als er nach dem Tod seiner Frau die Korrespondenz nach eigenem Bekunden erstmals las, schrieb er: „Ob die Hunderte von Briefen je gedruckt werden sollen, weiß ich nicht. Margrit, und in einem gewissen Zeitpunkt 1938 unsere getreue Anna, haben diese Papiere durch die Wirren vom Herbst 1918 bis heut gerettet. Also sollten sie wohl nicht untergehen. Aber diese Briefe werden durch den Stern[1] illuminiert, und sie sind wichtiger als der ganze Stern, nach meiner existentiellen Empfindung."[2]

Von dieser Einschätzung her wird deutlich, warum Rosenstock - selbst gegen den ausdrücklichen Wunsch von Edith Scheinmann - dafür gesorgt hat, daß die Briefe an seine Frau erhalten blieben. Die Briefe Gritlis dagegen sind verloren. Entsprechend blaß und verschwommen - wie auf dem Umschlag dieses Buches - bleibt daher ihr Bild, das vermittelt durch die Äußerungen Rosenzweigs entsteht. Und doch kann Margrit Rosenstocks Einfluß auf das Leben und Werk Rosenzweigs kaum überschätzt werden. Dies gilt im Positiven wie im Negativen. Denn nicht nur von glühender Liebeserfahrung und überquellender Kreativität zeugen die „Gritli"-Briefe, sondern auch von einer dunklen, bislang weitgehend unbekannten Seite im Leben Rosenzweigs: von tiefer Resignation und der Ahnung, beruflich wie persönlich zu scheitern - eine Ahnung, die ihm spätestens 1920 zur traurigen Gewißheit wurde.

So bilden diese Briefe ein unverzichtbares Zeugnis für die persönliche Entwicklung Rosenzweigs, dessen Leben und Wirken den Höhe-, aber auch den Schlußpunkt der jüdisch-deutschen Symbiose bilden. Er war der letzte große uneingeschränkt deutsche Jude und jüdische Deutsche. In ihm bündelt sich noch ein Mal und erschütternd deutlich Glanz, Elend und tragisches Ende dieser für immer verlorenen Kultur.

Im Zusammenhang mit der Emigration der Rosenstocks kamen die „Gritli"-Briefe in den 30er Jahren in die USA und wurden dort viele Jahre später durch Ulrike von Moltke abgeschrieben. Rafael verhalf uns zu Disketten dieser vorläufigen Abschrift sowie zu Fotokopien der Originale. Damit war der Weg frei für die lang erwartete Publikation, die eine empfindliche Lücke in der Rosenzweig-Forschung schließt.

---

[1] „Der Stern der Erlösung" von Franz Rosenzweig, der zwischen August 1918 und Februar 1919 entstand.

[2] Dazu Harold M. Stahmer, The Letters of Franz Rosenzweig to Margrit Rosenstock-Huessy: 'Franz', 'Gritli', 'Eugen' and „The Star of Redemption", in: Wolfdietrich Schmied-Kowarzik (Hg.), Der Philosoph Franz Rosenzweig, Internationaler Kongreß - Kassel 1986, Band I, 1988, S.122f.

Wer sich über Leben und Werk Franz Rosenzweigs informieren will, braucht das weit über 1.000 Briefe umfassende Material, das hier zum ersten Male zugänglich gemacht wird und - vor allem mit den Jahren 1917 bis 1922 - gerade die produktivsten Jahre im Leben Rosenzweigs umspannt: fällt doch in diese Zeit nicht allein die Entstehung seines literarisches Hauptwerks „Der Stern der Erlösung", sondern auch die Gründung des Freien Jüdischen Lehrhauses in Frankfurt, die Martin Buber als einzige jüdische Institution von Weltrang in Europa bezeichnet hat.

Nach Erhalt der Moltke'schen Abschrift und der Original-Kopien der „Gritli"-Briefe machten wir - Annemarie, Inken und ich - uns zunächst daran, eine Auswahl zu treffen. Möglichst viele Briefe haben wir vollständig abgedruckt. Nur solche Partien wurden ausgelassen und jeweils durch Punkte markiert, die von geringem Interesse sind: etwa ausführliche Zugfahrpläne, die damals nötig waren, um die seltenen Begegnungen zu organisieren, oder sich ständig wiederholende Klagen Rosenzweigs über seine Mutter. Um nicht Anlaß zu Vermutungen zu geben, hinter den Auslassungen stünden sachlich relevante und menschlich brisante Fakten, haben wir die Briefeingänge und -schlüsse mit Anrede, Liebesgrüßen und -beteuerungen (meistens) im vollen Wortlaut gebracht.

Was zu Dritt begann, setzten wir nach der Erkrankung meiner Frau zu Zweit fort: wir haben die Abschriften mit den Fotokopien der Original-Briefe sorgfältig verglichen und - soweit nötig - verbessert. Franz Rosenzweig war, wie seine Mutter einmal tadelnd bemerkte, von „Beruf: Briefschreiber" (S.472). Berühmt für seine „verruchte" Handschrift (S.213), schrieb er, wie er dachte und sprach: viel, meist schnell, gelegentlich auch flüchtig. Das war teils durch die äußeren Umstände bedingt: schrieb er doch im Schützengraben, in kalten Zimmern, ohne Tisch, während seiner vielen Zugfahrten, bei schlechter Beleuchtung. Außerdem war das Schreibmaterial damals oft schlecht: grobes Papier, selbstgemachte Tinte. All das führte dazu, daß gelegentlich kaum zu entscheiden ist, ob es etwa „nur" oder „mir" heißen soll. In besonderen Fällen, in denen auch vom Sinnzusammenhang her eine Entscheidung nicht möglich ist, haben wir daher das Faksimile des betreffenden, unsicheren Wortes hinzugefügt.

In die oft eigenwillige Rechtschreibung und Zeichensetzung Rosenzweigs haben wir nicht eingegriffen, selbst wenn Namen teils unbekümmert falsch geschrieben sind („Kierkegard", „Ludendorf", „Cassierer"). Auch uneinheitliche oder altertümliche Schreibweisen wurden beibehalten („Cassel" / „Kassel", „kaput" / „kaputt", „Hülfe" / „Hilfe", „Egypten" / „Ägypten", „giebt", „bischen", „Tron", „Thee", „Litteratur", „Styl" etc.). Entsprechendes gilt für griechische Worte, die Rosenzweig meist ohne Akzente schrieb, für fehlende Schlußklammern oder Sätze, die als ganze mißglückt sind. Insgesamt haben wir uns bemüht, die äußere Gestalt der Briefe so getreu wie möglich wiederzugeben, etwa wenn Rosenzweig einzelne Buchstaben oder Wörter durchgestrichen, andere nachträglich eingefügt hat. Letztere wurden im Text mit dem Sonderzeichen [[ ]] markiert.

Manche Briefe haben wir mit erklärenden Anmerkungen versehen. Der entscheidende Gesichtspunkt dabei war, das Buch über den engen Kreis der „Fachleute" hinaus lesbar sowie einzelne Briefe in sich selbst verständlich zu machen. Die Fußnoten wurden so knapp wie möglich gehalten und sind nur als Lesehilfen, nicht als Interpretation gemeint. Auch erheben sie keinen Anspruch auf Vollständigkeit. Manches muß ohnehin unkommentiert bleiben, weil lediglich *eine* Seite des Briefwechsels erhalten ist und weil Ereignisse oder Begegnungen zugrunde liegen, die nicht mehr zu rekonstruieren sind. Personen, die häufiger vorkommen, werden nur bei der ersten Erwähnung vorgestellt, außerdem erscheinen sie im Anhang-Register mit kurzer Erklärung. In der Sammlung der „Gritli"-Briefe befinden sich neben Briefen Franz Rosenzweigs an Margrit auch solche an Eugen Rosenstock. Diese haben wir abgedruckt, so weit sie nicht in den bereits veröffentlichten Bänden „Briefe und Tagebücher" enthalten sind oder wenn uns ihr Inhalt für den Gesamtzusammenhang wichtig erschien. In solchen Fällen wird durch Fußnote jeweils auf die Seitenzahl in der Rosenzweig-Gesamtausgabe hingewiesen.

Querverweise auf andere Werke Rosenzweigs beziehen sich ebenfalls auf die Gesamtausgabe bei Nijhoff bzw. für den „Stern" auch auf die Seiten-identische Ausgabe im Suhrkamp-Verlag. Außerhalb dessen erschien lediglich das „Büchlein vom gesunden und kranken Menschenverstand", herausgegeben von Nahum Norbert Glatzer, sowie einige Übersetzungen von Gebeten, auf die jeweils besonders verwiesen wird.

Unser Gedenken und Dank gilt Vielen:
zunächst Rafael Rosenzweig, der noch eine Woche vor seinem Tod am 2. Dezember 2001 am Vorwort gearbeitet hat, und Annemarie Mayer-de Pay;
dann Ulrike von Moltke für die in jahrelanger, mühsamer Arbeit erstellte erste Computer-Niederschrift der Briefe, die uns sehr geholfen hat, sowie dem Archiv des Dartmouth College, Hanover, New Hampshire, für das Besorgen und Überlassen der Fotokopien.
Außerdem danken wir den vielen selbstlosen Helferinnen und Helfern:
Ursula Rosenzweig, Rita Provasnik, Ursula Kirschfeld, Ilserose Beutelspacher, Susanne Kunzelmann, Adelheid Lachat-Roth, Elisabeth Kinzler-Lieb, Prof. Dr. Norbert Kloten, Prof. Dr. Hermann Steinthal, Dr. Hartwig Wiedebach und Karl Heinz Potthast, der das Foto von Margrit Rosenstock-Huessy für den Umschlag zur Verfügung gestellt hat.
Für die Gewährung eines Druckkosten-Zuschusses danken wir der Diözese Rottenburg-Stuttgart sowie Herrn Alois Bushart.

Tübingen, im Januar 2002
Reinhold Mayer und Inken Rühle

1917

An Eugen Rosenstock am 12. Januar 1917

12.I.17.

L.R.,

auszusetzen nicht wie Moses ausgesetzt wurde;[1] ich hätte keine Mirjam in die Nähe gestellt, dass sie sähe was aus dem Kind würde! - sondern wie Ismael mit seiner Mutter Hagar ausgesetzt wurde,[2] in die Wüste, auf Nimmerwiedersehn und ohne Zukunft wenn sich nicht ein Engel vom Himmel selber seiner annehmen würde (denn dass, wie es nachher heisst, ihn dennoch beide Söhne, Isaak und der, ältere aber verheissungslose, Ismael, begraben würden,[3] konnte Abraham nicht ahnen, als er Hagar verstiess). Dies ist mein Gleichnis (und nicht Ihr scheussliches von den beiden Geschäften, - warum das?) und deshalb konnte ich meiner Mutter erlauben, für den Fall „allgemeinen Wunsches" das Putzianum[4] in die Öffentlichkeit zu lassen. Das ging so gut und so schlecht wie es beim Schellingianum[5] oder beim Hegelbuch[6] geht. Der „allgemeine Wunsch" ist freilich Voraussetzung; ich würde so etwas nie dem Publikum aufzwingen, also nie etwas dafür tun. Deswegen kann von mir aus das Sätzchen wenn es so gefährlich ist ruhig fortbleiben;[7] ich hatte es hineingesetzt nicht etwa wie man in Kassel wohl gemeint hat aus Bekennerwut, sondern wie Sie es richtig aufgefasst haben: um die Lücke, die ich lassen musste wenigstens als solche zu bezeichnen. Wenn Sie also meinen, dass es auch so fragmentarisch geht, so ist es gut. Von mir aus ist es ja in jedem Falle Fragment, weil eben alles, wobei man nicht selber dabei bleibt (und sieht was aus dem Kindlein wird[8]) schon dadurch Fragment ist. Übrigens würde die gefährliche Stelle bei Jäckh[9] oder Grabowsky[10] oder selbst bei Naumann[11] oder auch bei Rade[12] nicht so gefährlich wirken wie grade bei Diederichs.[13] Ich habe keine rechte Vorstellung wie lang das Ding überhaupt ist und ob es, sei es auch in Fortsetzungen, in irgend eine Zeitschrift hineingeht. Gegen Kürzungen hätte ich nun, nachdem ich diese trotz ihres bloss negativen Inhalts wichtigste Kürzung zugegeben habe, gar nichts mehr; es ist nun, da ich ja ausserdem pseudonym bleibe und weiter als „einen Bogenschuss"[14] entfernt, gleich was wird („ich mag nicht zusehn, wie das Kind stirbt"[15]). Auch Absätze können ruhig hineingemacht werden, wenn es nötig ist. Aber wenn Sie wirklich noch weiter die Rolle des Engels spielen wollen, der den Weg zum Verlegerbrunnen zeigt, - so setzen Sie sich mit meiner Mutter in Verbindung, damit es kein Mus giebt (im Falle Diederichs hat es wohl schon „Mus" gegeben, denn gleichzeitig hat Hans[16] an Buchwald, den Lektor von Died., geschrieben!).

Vielen Dank für den famosen Aufsatz zur Entstehung der Prosa im Deutschen. Aber ich bin froh, dass Sie jetzt so weit sind, das Wesen solcher Dinge auch ohne den Nürnberger Tand[17] der „Anmerkungen" und ausserhalb des Spielwarenladens (für grosse Kinder) Savigny-Zeitschrift (et hoc genus omne[18]) auszusprechen. Mag die Spielwarenbranche sehen, wo sie dabei bleibt.

Für wen war der gereimte Neujahrsgruss ursprünglich? „Sendschreiben an meine Freunde im Feld" oder „Sylvesterfeier der San. Komp. 103"? Und darf ich es meinen Eltern weiterschicken? Mir selber ist daran nur wieder aufgegangen, wie abwegig ich sitze, sowohl in dem was Sie wissen als auch in anderem was ich nicht sagen kann. Ich bin so ganz und gar nicht Ihr „Freund im Feld", sondern nur (trotz aller groben und feinen Anpöbelungen) schlechtweg Ihr Freund

F R.

[1] 2. Mose 2,3f. Eugen Rosenstock hatte Rosenzweig zuvor vorgeworfen, er - ein Jude - habe seine im Herbst 1916 in Mazedonien verfaßte Bildungsschrift „Volksschule und Reichsschule" (abgedruckt in Zweistromland S.371-411) wie Moses in Ägypten als einen *deutschen* Königssohn ausgesetzt, weil er sie mit einem *Goethe'schen* Motto (aus Faust I) versehen hatte.

[2] 1. Mose 16,6ff.   [3] 1. Mose 25,9.

[4] Spitzname der Schrift „Volksschule und Reichsschule". Zur Frage der Veröffentlichung auch Briefe und Tagebücher S.271f.

[5] Originaltitel: „Das älteste Systemprogramm des deutschen Idealismus", abgedruckt in Zweistromland S.3-44.

[6] Rosenzweigs Dissertation über „Hegel und der Staat".

[7] Dabei handelte es sich um einen Satz über jüdischen Religionsunterricht (Zweistromland S.404), der die Jüdischkeit des Verfassers verriet und daher auf Empfehlung von Eugen Rosenstock lieber weggelassen werden sollte. Letzterer hatte das Manuskript unter dem Pseudonym „Adam Bann" an den christlichen Verleger Diederichs in Jena gesandt, es aber umgehend zurückgeschickt bekommen. Rosenstock erklärte dies damit, daß Deutsche sich von einem Juden nicht in ihre Bildungspolitik hineinreden lassen wollten. Gerade im heidnischen Jena verhindere und sperre das Judentum Rosenzweigs („Ahasver") sein Mitatmen und seinen Stoffwechsel mit der Welt; nicht nur das Kreuz, sondern auch die Beschneidung sei in der Welt eben ein Ärgernis und eine Torheit. Zu einer Veröffentlichung kam es allerdings trotz Rosenzweigs „Einlenken" nicht, so daß die Schrift erst posthum, dann allerdings auf Rosenzweigs eigenen Wunsch (Briefe und Tagebücher S.793) in der *ungekürzten* Form, abgedruckt wurde.

[8] 2. Mose 2,4.   [9] Ernst Jäckh, 1875-1959, politischer Schriftsteller.

[10] Adolf Grabowsky, 1880-1969, politischer Publizist, Herausgeber von „Das Neue Deutschland" und Mitbegründer der „Zeitschrift für Politik".

[11] Wohl Viktor Naumann, 1865-1927, Publizist.

[12] Martin Rade, 1857-1940, evangelischer Theologe und Mitbegründer der Zeitschrift „Christliche Welt".

[13] Eugen Diederichs, 1867-1930, Verleger.   [14] 1. Mose 21,16.   [15] 1. Mose 21,16.

[16] Hans Ehrenberg, 1893-1958, Cousin von Rosenzweig.

[17] Nürnberg war berühmt für seine Spielzeugindustrie.   [18] Lat.: und dieses ganze Geschlecht.

An Eugen Rosenstock Anfang März 1917

L.R., ...

Also nun zu Ihrer Rede. Ich will Ihnen auf den einen von den beiden Sätzen antworten, wo Sie mich besonders ansahen, und zwar auf den harmlosen. Sie meinen, ein Kenner des Semitischen müsste den gemeinsamen Grund der jüdischen Beschränkung und der „arabischen" Ausbreitung zeigen können. Ich glaube nicht (habe es übrigens doch versucht, aber nichts gefunden), es ist im Gegenteil wahrscheinlich, dass irgendwo da wo die Sprache Begriffssprache wird, die verschiedenen Richtungen ihre Spuren in ihr eingezeichnet haben. Z.B. dass im Judentum der Eigenname Gottes (das „Tetragrammaton") Begriffswert bekommen hat (vgl. die üblichen „Übersetzungen" κυριος u.s.w.),[1] während umgekehrt im Islam das Begriffswort Gott mit dem Artikel in grammatisch ungebräuchlicher Weise zum Eigennamen „Allah" - statt alilah - verschmolzen ist. Aber das liegt doch auf einem andern Niveau, es ist sozusagen weniger geheimnisvoll, obwohl genau so jenseits von menschlicher Willkür wie die <u>ursprüngliche</u> prästabilierte Harmonie von Volkssprache und Volksgeist. Dass Sie solche <u>ursprünglichen</u> Beziehungen (gewissermassen aus der <u>Natur</u>philosophie der Sprache) bei der <u>offenbarten</u> Religion (bzw. bei ihrer Karikatur, dem Islam) überhaupt nicht leicht auffinden werden, liegt daran, dass die Offenbarung <u>über</u>-„ethnisch" ist. Daher der Volksgeist, den wir in der Sprache erkennen, höchstens die Art bestimmt, wie das Volk die Offenbarung aufnimmt und verarbeitet. Die Offenbarung selbst spricht eine Sprache, die es „noch gar nicht giebt", {die erst dann Menschensprache wird, wenn die Fülle der ἐθνη² eingegangen ist³ (vgl. den Profeten: „ich will den Völkern eine gereinigte Lippe geben"⁴). Deswegen tun Sie den Arabern Unrecht, wenn Sie sie für den Islam verantwortlich machen; die Araber sind ein geniales ἐθνος, dem Islam zum Trotz. Wenn Sie z.B. die philosophische Leistung der Araber (auch ein Stück dieses „trotz des Islam", wenigstens soweit es gross ist), wenn Sie diese Leistung damit in Verbindung bringen wollen, dass das Altarabische die einzige semitische Sprache ist, die es zu einer der griechischen, lateinischen, deutschen gleichwertigen syntaktischen Ausbildung gebracht hat (und zwar, worauf es ankommt, weil sie sich dazu bereitgehalten hatte, indem sie wenigstens mündlich - in der, vokallosen, Schrift kommt es nicht zur Bezeichnung - sich wieder als einzige unter allen semitischen Sprachen Kasusendungen und Konjunktivformen erhalten (bzw. ausgebildet) hat) - wenn Sie das sagen, dann bleiben Sie in der Naturphilosophie der Sprache. Dahin gehören auch Naturtatsachen, deren Entstehung wir ganz genau verfolgen[x)] können, wie z. B. die Unmöglichkeit, im Englischen zu philosophieren, weil es, durch die Verarmung seiner Formen, keine Möglichkeit zur Periodenbildung bietet (die Periode ist Gelenkverbindung von Gedanken; Shakespeare baut cyklopisch, d.h. haltbar aber mörtellos, aus Gesichten, vgl. Gundolfs Analyse des Hamletmonologs in dem Shakesp.buch). Hingegen das andre (wie vorhin in dem Beispiel mit den Gottesnamen) dahin gehört alle Sprachbildung, die auf dem schon gegründeten Boden des Geistes (der Gemeinschaft) wächst, wie z. B. um etwas zu nennen was wir jetzt täglich beobachten, die militärische Amtssprache.

Nun ist es klar, dass dieser „gegründete Boden des Geistes" eben selber wieder auf Sprache, etwa im eben genannten Beispiel, auf der Sprachform des Befehls, gegründet ist, und so alterniert in der Wirklichkeit immerfort Gemeinschaft und Sprache („Geist" und „Natur").

Was tuen Sie nun?

Sie bannen diesen Pulsschlag in das Gehäuse eines einzigen Symbols (daheim und draussen, Sprache des Hauses, Sprache der Agora⁶) und tragen rings um dieses Symbol alle Wirklichkeit als Illustrationen zusammen. Das ist ihre Denkform und da Sie mir einen lebendigen Akt dieses Denkens hinlegen, haben Sie ohne weiteres und unwidersprochen Recht. Wer ausgeführt hat, hat immer Recht. Ich kann mir nur klar machen, worin sich mein, unausgeführter, Denkwille von ihrem wirklichen Denken unterscheidet.

Wohl darin: ich nehme die Wirklichkeit gefährlicher, sie muss ganz heran und so „wie sie geritten und gefahren kommt". Daher fällt mein Denken immer wieder in die historische Form, weil es die einzige ist die „Vollständigkeit" zu gewährleisten scheint. Selbst das Symbol muss dabei so antreten wie es „geritten und gefahren kommt". Z.B. wenn ich über Sprache denke, so frage ich nach „Ursprung" und „Ende" der Sprache

---

[x)] Übrigens gewiss ist die Geschichte ein Experiment, aber man sieht grade daraus, was für ein ungeheurer Schritt es war, als der Mensch das Experiment an der Natur erfand, ein δεινον⁵ im Doppelsinn des Worts.

- ich merke, dass ich dies alles Ihnen schon einmal geschrieben habe. Danach muss es also wahr sein.

das sind Spritzer von einem mazedonischen Schneeball - immerhin eine Seltenheit.

$\qquad$ 7.III.

Seitdem ist Schnee keine Seltenheit mehr gewesen und dieser Brief ist liegen geblieben; es war arg kalt; wir sind hier über 800 m hoch. Von Ihnen kam Ihr Doppelkartenbrief von Anfang Februar, das darin versprochene Mskript[7] noch nicht. Nein ich war wirklich nicht böse über Ihren grossen Brief, nur etwas auf den Mund geschlagen, weil es ja eine Abhandlung und kein Brief mehr war. Und auch das ad hominem[8] darin was mir in einem Brief allerdings, nach unserm ganzen Schreiben, erschreckend gewesen wäre, war es in der „Abhandlung" nicht. Denn das erwarte ich gar nicht, dass Ihnen dies Persönliche zwischen uns schon bis in Ihr Gedankliches zwischen Ihnen und der Welt hineinspukt. Dazu ist es, von Ihnen aus gesehn, zu nebensächlich. Ihnen kann und muss es genügen, wenn Sie die Zahl π[9] in Ihre Rechnungen einsetzen (π r = Europa). Für den Juden aber kommt - ich drücke es von Ihrer Mathematik her aus - der besondre Fall r = 1 in Frage, wo also die ganze Mannichfaltigkeit „Europas" wieder auf ihren Ursprung zurückgeschoben ist, und nun lautet seine Gleichung: $= \frac{\pi}{x}$; er ist also, da x ja die persönliche Variable sein soll, ganz und gar angewiesen auf das π, und dass man dieser Grösse gegenüber nur die Wahl hat, sie entweder so zu lassen oder das ganze Leben und länger auf ihre Ausrechnung zu wenden, lehrt die Geschichte der Mathematik. Dem Christen kann und muss „π" genügen, denn er glaubt das was π bedeutet (die Zurückführbarkeit der Krummen der Schöpfung auf die Graden der Offenbarung (vgl. Jes. 40, ca Vers 5[10]) ~~Der Jude aber is~~ und kann nun damit fröhlich drauflos rechnen und konstruieren. Der Jude aber ist bestimmt („erwählt" sagen wir, „verdammt" sagt ihr), jenem Glauben, von dem Ihr ausgeht, die sinnliche Bestätigung zu geben, indem er π durch alle Dezimalen hindurch, ohne ein Ende absehen zu können und doch der ständigen Richtigkeit gewiss, auszurechnen [⌈hat⌉]. Bis [ich weiss nicht, ob hier das Gleichnis hinkt, nämlich ob es vielleicht möglich ist die Aperiodizität eines Bruchs bei unendlich viel Dezimalen zu beweisen] also bis eines Tages der Bruch periodisch wird und die Weltgeschichte in das Reich Gottes mündet.

Können Sie mir mal kurz schreiben, was Ihr Mannschaftshaus eigentlich war? Nämlich hier war offenbar etwas ähnliches beabsichtigt: eine „Vortragstruppe" (teils Ulk-, teils wissensch. Vorträge) „für Truppen in Ruhestellungen". Ich hatte mich auf die Anfrage gemeldet; allerdings, da ich im Korpsbezirk der Einzige geblieben bin, scheint nichts daraus zu werden. Wenigstens hat sich das AOK[11] auf mein wunderschönes Menü ausgeschwiegen. Aber, immerhin, falls die Sache doch noch in Fluss kommen sollte, wüsste ich gern, was Sie eingerichtet hatten.

10.III.

Von hause hörte ich, dass wieder etwas an mich unterwegs ist, ein „Putzianum"[12]? Nun soll dieser Brief aber schleunigst fort. Auch eine Kritik über Ökumene[13] wird erwartet; ich bin schon im voraus überzeugt; ich war ohne eigenes Urteil darüber.

Ihr F.R.

---

[1] In der christlichen Textüberlieferung der Septuaginta, der ins Griechische übersetzten hebräischen Bibel, wird der Gottes*name*, das Tetragramm, mit dem *Titel* KYRIOS - „Herr" wiedergegeben.

[2] Griech.: Völker.   [3] Römer 11,25.

[4] Zephania 3,9: „denn dann werde ich umwenden zu den Völkern eine klare Lippe, zu rufen sie alle im Namen des Herrn." Dazu auch Stern der Erlösung S.329 und 373.

[5] Griech.: Schrecken, Gefahr, Unglück; aber auch: außerordentlich, tüchtig, geschickt.

[6] Griech.: Marktplatz.   [7] Manuskript.

[8] Lat.: auf den Menschen hin (, der überzeugt werden soll).

[9] Der griechische Buchstabe π - PI bedeutet in der Mathematik die Ludolfsche Zahl (ungefähr 3,14159...), die - mit r (= Durchmesser) multipliziert - den Kreisumfang ergibt.

[10] Jesaia 40,5 (nach Luther): „was ungleich ist, soll eben, und was höckericht ist, soll grade werden."

[11] Armee-Oberkommando.

[12] Spitzname für Rosenzweigs Schrift „Volksschule und Reichsschule", abgedruckt in Zweistromland S.371-411.

[13] Rosenzweig schrieb die Abhandlung „Ökumene. Zur Geschichte der geschichtlichen Welt" (Teil des größeren Aufsatzes „Globus. Studien zur weltgeschichtlichen Raumlehre") im Januar 1917; abgedruckt in Zweistromland S.313-347.

An Eugen Rosenstock wahrscheinlich im Frühjahr 1917[1]

Und nun noch etwas „zur Person". Ich war mit Ihrer Namengebung „Adam Bann" ganz einverstanden. Weil sie von Ihnen, also von „draussen" kam. Ich selbst würde mich nicht so genannt haben. Von aussen heisst es „Bann", von innen „Bund".[2] Es hat keinen Zweck zu wiederholen, was wir uns seit dem Sommer geschrieben haben; es ist alles - wie ich Ihnen auch immer wieder gesagt habe - in seiner „konzilienhaften" Deutlichkeit eben doch nur eine Hälfte. Die andre Hälfte, die nicht schriftlich zu machen ist, kann ich Ihnen nicht glaubhaft machen, aber sie ist in mir, und sie ists, die mich jetzt bis zum Platzen anfüllt; ihretwegen und nur ihretwegen ersehne ich für mich den Kriegsschluss als meinen Anfang. Obwohl ich mich fürchte, denn ich weiss (zwar nicht wohin mein Weg, aber) wohin mich mein Weg führen wird. Hier steckt mein - unformulierbares, aber gewalttätig herrschendes - Muss. Über das „Hier stehe ich"[3] konnten wir sprechen, über das „Ich kann nicht anders" nicht, das, lieber Eugen (wir wollen uns wirklich Du nennen), kann man nur singen.

Dein F.

---

[1] Der Anfang dieses Briefes fehlt.

[2] Rosenstock hatte den Aufsatz Rosenzweigs: „Volksschule und Reichsschule" (das sogenannte „Putzianum", abgedruckt in Zweistromland S.371-411) am Ende des Jahres 1916 an einen christlichen Verleger geschickt, allerdings nicht unter dem leicht als jüdisch zu identifizierenden Namen „Franz Rosenzweig", sondern unter dem Pseudonym „Adam Bann". Da der Aufsatz von einer Reform der allgemeinen - und also christlich geprägten - Schulen in Deutschland handelt, hielt Rosenstock es für angebracht, den jüdischen Autor zu verheimlichen. Dazu auch der Brief an Eugen Rosenstock vom 12. Januar 1917, S.2f.

Daß Rosenstock ausgerechnet „Adam Bann" als Decknamen wählte, ist wohl im Zusammenhang mit dem Briefwechsel von 1916 zu verstehen, in dessen Verlauf Rosenzweig an Rosenstock einmal schrieb: „'Verdammtheit' nach eurer, 'Erwähltheit' nach unsrer Auffassung" (Briefe und Tagebücher S.286). Ganz ähnlich heißt es auch in dem Brief an Eugen Rosenstock vom 7. März 1917 (S.5): „'erwählt' sagen wir, 'verdammt' sagt ihr".

[3] Mit den Worten „Hier stehe ich! Ich kann nicht anders. Gott helfe mir! Amen." soll Luther 1521 vor dem Wormser Reichstag seine Antwort auf die Frage, ob er widerrufen wolle, geschlossen haben.

An Eugen Rosenstock am 30. April 1917

L.E.,

nun kenne ich also „Europas Darstellung". Und muss die arme „Ökumene"[1] grundsätzlich in Schutz nehmen. Du siehst, was du glaubst. Deswegen ist für dich „1914-17" voller Sühne und Versöhnung. Und wo die Versöhnung ist, da giebt es freilich keine Ismen mehr und überhaupt keine Gespenster. Aber der Weg zu diesem Himmel auf Erden führt an vielen Gespenstern vorbei und 1914-17 haben sie die Gestalt der „Giganten mit riesengrossen etc."

Bei dir singen sie schon im höhern Chor,[2] bei mir haben sie noch keine Zeit zum Singen, sie haben noch vollauf zu tun und wenn sie sich ihrer zukünftigen Partie im höhern Chor erinnern und wollen daraufhin ein bischen vorüben, so wird es - „Gedankenlyrik" („Ismen"!). Du bist hinreissend wirklich in deinen Begriffen (Symbolen, Anschauungen, oder wie du willst, dass man deine Sprachstücke nennt, also, um keinen Streit hervorzurufen: in deinen Substantiven) und auch noch da, wo du es mit einer durch eigne Notwendigkeit gegliederten Wirklichkeit zu tun hast (also z.B. mit „den" Parteien des Staats), aber erschreckend willkürlich, wenn du auf solche Wirklichkeit stössest, deren Gliederung noch als ein Geheimnis Θεου εν γουνασι κειται,[3] ein Geheimnis, von dem er nur das Dass aber noch nicht das ganze Wie der Offenbarung angezeigt hat. Z.B.: ich rechne mit zukünftigen „Rückläufigkeiten" der Entwicklung, freilich Rückläufigkeiten nur von uns gesehn, denn geschehen ist geschehen und um die Tatsache der ersten wirklichen Weltreiche wird die Zukunft auch dann nicht herumkommen, wenn diese Tatsache noch einmal wieder zur bloss gewesenen Tatsache werden sollte. Vorläufig sind die „Ismen" eben die einzige Gegenwart (in der Geschichte; im Hause, aus dem deine Substantive - ich bin vorsichtig - stammen ist es anders) und kein verzweifeltes Leugnen hilft gegen die furchtbare Tatsache, dass die gegenwärtigen Menschen für Ismen bluten müssen, also für Fragezeichen, wenn auch richtig gesetzte. Die christlichen Völker sind unterwegs, und nur das Eine, das sie deswegen in „Bann" erklären, blutet, weil es nirgends für sich selber blutet, überall und immer schon in der Gegenwart für das Reich, ohne Umschreibung durch einen Ismus.

Nein, die Welt ist noch nicht fertig und ihre Mächte und Kräfte noch nicht Glieder eines Leibs. Das ist der allgemeine Grund meines Unglaubens an dein Europa. Die besonderen bedeuten dagegen wenig. Russland wegzudenken ist mir schlechthin unmöglich. Gewiss, es hat kein Mittelalter. Aber damit ist es doch nur aus der ursprünglichen Gemeinschaft der Ökumene ausgeschlossen. Es ist ja aber grade der Sinn dieser ursprünglichen Gemeinschaft, dass sie sich erweitert und zwar so erweitert, dass (im

Gegensatz zum ausserchristlich Selbstverständlichen) die neu angenommenen Arbeiter im Weinberge nicht schlechter entlohnt werden wie die Knechte die schon vom frühen Morgen an gearbeitet haben.[4] Russland ist die „Vorstellung" geschenkt; es besitzt sie also auch, freilich nicht erlebt, sondern „geschenkt". Aber der Hochmut und Anspruch der Arbeiter vom Morgen an wird den „romanisch-germanischen Völkern" vom Herrn des Weinbergs nicht durchgelassen. - Etwas anderes: ich traue dir die „Raumrechnung" nicht recht zu; denn wenn sie schon mehr als Plan und Vorhaben bei dir wäre, dann würdest du ihr die „Zeitrechnung" nicht mehr so genau parallelisieren wollen. Im Raum ist die Rechnung die ganze Wahrheit oder wenigstens das ganze Zeichen der ganzen Wahrheit. In der Zeit wäre sie höchstens eine Curiosität. Raumgleichheit ist das Wesen des Raums. Zeitungleichheit ist das Wesen der Zeit. Die Ungewissheit quid sit spatium,[5] hätte keinen Augustin je zu verzweifelten Stossgebeten gebracht wie die quid sit tempus.[6] Tausend Jahre können wie ein Tag sein;[7] aber einen heiligen Wetterschlag der Not, der die Unendlichkeit des Raumes dem Menschen in die hohle Hand legen würde, - den giebt es nicht.[x)] Die Zeitgleichungen, die du aufstellst sind gewiss bestechend, aber Keplers[8] Berechnung der Planetenabstände aus den regelmässigen Körpern und aus den musikalischen Harmonien zeigte ebenfalls eine bestechende Übereinstimmung mit dem Beobachteten und war doch falsch und musste falsch sein, denn sie beruhte auf der von Kepler etc. selber zerstörten Vorstellung der Welt als einer wesentlich ruhenden, und erst das „Dritte Gesetz", das er auf jener Suche nach den Eselinnen seines Vaters Platon schliesslich fand,[9] war grundsätzlich richtig, denn es stellte die Abstände als eine Funktion der Bewegungen dar. Ich „lynche" dich also nicht - das wäre, wenn ich mir die Mühe machte, deine Zeitgleichungen zu parodieren (was sicher möglich wäre, denn „Zeit giebts genug und Zahlen auch" sagt Morgenstern[10]), sondern ich zupfe dich nur ganz brav südwestdeutschschulmeisterlich am kritischen Ohr.

Und da ich einmal beim Schulmeistern bin: wenn ich Leutnant und du Unteroffizier wärest, so würde ich dir dienstlich befehlen, das Wort „protestantisch" für Kriegsdauer oder meinetwegen auch länger nicht in den Mund zu nehmen. Immer wenn du „protestantisch" sagst, wirst du aus einem Heidenmissionar, der predigt bis er gefressen wird, zum Grossinquisitor. Was tut es denn, wenn Rikarda Huch etwas „vergisst". Wundre dich doch, dass sie soviel wie kein andrer Mensch, der seit Nietzsche hat drucken lassen, weiss. Gib doch nichts auf die Automaten à la Planck[11], die zufällig dein Glaubensbekenntnis herunterschnarren, - hörst du aber statt auf die Worte auf den Ton der die Musik macht, so ist es die alte vertraute Hegelweis - sondern halte dich an die Menschen, die deinen Ton resonieren. Rikarda ist einer, ich bin auch einer, obwohl du mich mit Gewalt (und meinetwegen mit zehnfachem äusseren, nämlich einzelfälligem Recht) zu Hans Ehrenberg hinüberstössest. Mein eignes Bewusstsein (und selbst wenn es sich vor deinen Augen nur ein Mal unter zehn Malen als wirklich zeigt) muss dir da glaubwürdig sein. Ich selber spüre es grade jetzt, wo ich mit Hans wieder viel zusammenzukommen suche - denn ich will nichts Vergangenes liegen lassen, wenigstens nicht durch Schuld eigener Lässigkeit -; zwischen Hans und mir giebt es heute kein „und" mehr; nur das Komma ist zwischen uns möglich. Mit dir aber stehe ich auf „und", und zwar in meinem Sinn der „Vollständigkeit" *und* in deinem!

Dein F.

x) und braucht es nicht zu geben, weil es schon ohne „Not" u. „Wetterschlag" der Fall ist.

[1] Abgedruckt in Zweistromland S.313-347.   [2] Psalm 120,1; 121,1; 125,1; 126,1 u.ö..
[3] Homer, Ilias, 17. Gesang, Zeile 514; Odyssee, 1. Gesang, Zeile 267 u.ö.: „(Dies) ruht noch im Schoß der Götter". Rosenzweig verwendet den Singular „des Gottes".
[4] Anspielung auf Matthäus 20,1-16.   [5] Lat.: was der Raum sei.
[6] Lat.: was die Zeit sei.   [7] Dazu Psalm 90,4.
[8] Johannes Kepler, 1571-1630, Astronom, vervollkommnete das kopernikanische Weltbild durch exaktere Erkenntnis der Gesetze der Planetenbewegungen.
[9] Dazu 1. Samuel 9,3ff.
[10] Christian Morgenstern, 1871-1914, Galgenlieder, Anto-logie: „Zeit gab's genug - und Zahlen auch."
[11] Max Planck, 1858-1947, Physiker.

An Eugen Rosenstock am 22. - 24. Mai 1917

L.E., ich brauche die „Chiffre" grade zum Du, weil der Brief damit anfängt, wie ich es auch zum Schluss wieder brauche. Gehörst du auch zu den Leuten, denen das Stimmen zu Anfang und das (forte:) Schrumm Schrumm (das manchmal einen ganzen Satz lang ist) zum Schluss des Streichquartetts[x1)] auf die Nerven geht und die lieber unmittelbar aus dem Münster wieder auf den Markt treten möchten, statt durch ein grosses zehn Schritte tiefes Portal, das nicht mehr Kirche ist und noch nicht Markt sondern von beidem etwas?

Also „Kepler" habe ich deinem Prodromus[1] gegenüber so „feierlich" schmeichelhaft genannt wie du es aufnimmst. Hinter deinen arithmetischen Geschichtsgleichungen muss etwas Wahres stecken, obwohl sie grundsätzlich unmöglich sind, unmöglich weil es Zahlen (-Grössen, -Strecken) -gleichheit nur im Raum geben kann, weil nur der Raum „stille hält" und sich also messen lässt, während die Zeit „davon läuft". Ich glaube, hinter deinen Zeitgleichungen stehen Lebenszeit-Gleichungen (Generationsgleichungen) und ihre Gesetze musst du suchen. Wie erfahren wir denn Geschichte? Doch eben - im Haus. Nicht von den Eltern (weil nicht an den Eltern), denn die sind uns malgré tout[2] gleichzeitig, sie prügeln uns ja! - und auch nicht an den Kindern - denn die haben wir zu verprügeln und sie dadurch ebenfalls als Zeitgenossen zu behandeln (der Widerstand der „Söhne" gegen die „Väter"[3] und ihr „den züchtigt er"[4] ist zwar geschichtlich, aber nicht innerhäuslich begründet, sondern ein Hineinwirken des Draussen ins Haus). Sondern wir erfahren Geschichte an den Grosseltern und Enkeln. Die sind unsrer Prügelweite und wir ihrer entzogen, sie sind uns Denkmäler und doch dicht bei uns, sie sind keine Zeitgenossen und wir sehen sie doch (und das ist „Ge-

schichte"). Daraus ergeben sich Zeitabschlüsse von 3 oder 5 Generationen. Drei für die eigentliche Erfahrung, das Geschichtsleiden, und fünf für das Geschichtswissen (denn das Entfernteste was ich wirklich noch praeteritoperfektal[5] „wissen" kann, ist das, was mir der Grossvater von seinem Grossvater erzählt) und für das geschichtl. Selbstbewusstsein (denn das bewegt sich zwischen meinem Grossvater und meinem Enkel). Und nun sind diese Zeiten nicht in Jahren nachzumessen, sondern in wirklichen Menschen aufzuzeigen. Also z.B.: nicht 1453-1492 = 39 Jahre, sondern das persönliche („private") Geschichtserlebnis Machiavells[6] oder 1453-1563 = Michelangelo. Ich nenne die beiden, weil grade an ihnen Gobineau[7] die Abgeschlossenheit der „Renaissance" aufzeigt, an ihren eignen Erinnerungen und Hoffnungen. Natürlich muss es auch Gesetze der in einer oder der in zwei Generationen geschlossenen Zeit geben und auch ein Gesetz der 6 und mehr[ten] Generationenzeit, jene für ungeschlossene, dieses für die nicht mehr erlebnismässig schliessbare Epoche. Die Hauptsache ist eben immer das wirkliche Aufzeigen in den schicksalbeschwerten Leuten, den Machiavells und Michelangelos Gobineaus. Dann wird es auch Gleichungen geben, aber nicht Gleichungen von Sonnenjahrsummen, sondern Gleichungen, worin „links" eine Erfahrungsepoche (drei Generationen) und „rechts" ebenfalls eine Erfahrungsepoche steht oder vielleicht Ungleichungen wo rechts eine Bewusstseinsepoche mit 5 Generationen steht und eben die Ungleichung durch ihr Auftreten darauf hinweist, dass hier im Verhältnis der beiden Epochen zu einander etwas „nicht stimmt". U.s.w. u.s.w. So ist „methodisch" nichts mehr dagegen zu sagen und alles Bestechende an deinen Entdeckungen kann und muss dadurch erst mehr als bestechend werden.
Ich halte die Parteien nicht für wirklicher als die Mächte - um Himmelswillen! Sondern ich meinte, deine Begriffe sind ungezwungener auf sie anzuwenden, weil sie schon als Bewohner in einem sozusagen wirklichen Haus, dem „Einzelstaat", leben, während ich diesen Charakter der selbst-auch-nur-sozusagen-Wirklichkeit dem Haus Europa abspreche. Und das giebst du mir diesmal eigentlich zu und nennst selber die Mächte weltlich, nachchristlich. Etwas andres will ich auch nicht sagen. Eben deswegen können sie auch nur für ismen, für „Ideen" sterben. Dass sie damit gleichwohl Gottes Wort erfüllen (seinen „Weltplan verwirklichen" wie du schreibst), das glaubt Adam Bund[8] wahrhaftig auch, er traut sich aber nur zu, ihnen ihre Ideen abzuhören und weiss - 1914 bis 1917 - nicht, wie von diesen „Gestalten" der Weg zu der noch ungesehenen Gestalt führt („ihr habt keine Gestalt gesehen - die Stimme allein habt ihr gehört"[9]). Nur das Vorbild dieser Gestalt kenne ich, aber nicht sie selbst.
Deshalb wie dir die drei Mächte von „Ökumene"[10] zu ungefüge sind, so sind mir die sechs von „Europa" zu gefüge, zu — weisst du, wer von dem Schreibmaschinenmanuskript nicht bloss entzückt[x2)] sondern wissenschaftlich befriedigt wäre (und wenn du es mir erlaubtest, würde ich es ihm schicken, aber du wirst es nicht erlauben, weil du dich viel zu sehr über diese Voraussage ärgern wirst)? Hans Ehrenberg! Ich will dir aber lieber von meinem eigenen Eindruck schreiben. - Was ich übrigens jetzt eigentlich erst kann; denn erst in der verflossenen Nacht, also erst nachdem ich den ersten Bogen schon vollgeschrieben hatte, habe ich dich wirklich verstanden. Das muss doch an deiner Darstellung liegen, vielleicht daran, dass du - mir gegenüber - die Symbole (Mann, Weib, Sohn, Kind etc.) vorangeschickt hattest und dann gleich die Gliederung

der Mächte. Ich sehe jetzt, dass du unbedingt anfangen musst mit der inneren Gliederung der Macht (also Gebiet, Civilisation, Kirche, Recht ⌈⌈u. Wirtschaft⌉⌉, Heer, Nationalität), die du entweder an den einzelnen Mächten aufzeigen oder an einer Utopie oder πολιτεια[11] beschreiben musst. Dann das Entstehen der einzelnen Glieder durch die zugehörigen Revolutionen und daraus zu entwickeln ihr Sichkonstruieren zu Grossmächten. Tableau: Europa. ....
- Nun muss es auch ein Rechnen mit diesen Zeitäquivalenzen geben. Z.B.: Nur auf Wirkzeiten folgen Reaktionszeiten, nicht auf Lebenszeiten; auf die folgen Fortsetzungszeiten. ... Es ist das Missverständnis der Reformation, wenn man sie für die Revolution dieses Menschen hält und nicht wie du richtig für die Revolution des Jünglings. Nicht bei Luther, sondern erst bei Dostojewski empört er sich, und wogegen? Gegen alles (daher er selbst der Mensch des Nichts, der Nihilist), gegen Europa überhaupt. Der Halbwüchsling (übrigens ja der Titelheld eines Dostoj. Romans „der Werdende"[12]) gehört zum Haus, aber er hasst das ganze Haus Vater Mutter, Geschwister, sich selbst sofern er doch auch Jüngling ist; und er ist nur eine Übergangserscheinung. ... „christliche Völker können nicht sterben" (wie du und Treitschke[13] sagen, und wie ich es erkläre: (weil sie nicht mehr sterben können wollen, was das antike Volk konnte; das christliche Volk glaubt an seine unendliche Bestimmung) ... Unser Gegensatz ist nicht so glatt aufeinander passend. Denn in mir ist ein Stück Wille und du bist ganz Natur. Die Sinne schwellen mir seit meinem 14. Jahr, aber ich verstärke auch ständig die Mauer, sodass die Flut doch nicht hinüberkommt. Und du bist gewiss kein Schwert, aber in deinem versiedenden Wasser kochen doch, ehe es versiedet, deine Taten gar; du stellst sie nicht hin, aber du wirst sie hinterlassen. Und bis dahin Dein

22.-24.V.17.-   Schrumm Schrumm

x1) Sogar Wagner versagt sich im Tristanschluss, und wohl auch sonst, den billigen Effekt des „Verschwebenlassens" und macht: Schrumm.[14]

x2) (das bin auch ich starre Mauer)[15]

---

[1] Griech.: Vorläufer, Vorgänger.   [2] Franz.: trotz allem.
[3] Dazu Maleachi 3,24.   [4] Dazu Sprüche 13,24.
[5] Präteritoperfekt ist ein selten gebrauchter Ausdruck für Plusquamperfekt: Vorvergangenheit.
[6] Niccolo Machiavelli, 1469-1527, Politiker und Schriftsteller.
[7] Joseph Arthur Comte de Gobineau, 1816-1882, Schriftsteller und Diplomat.
[8] Pseudonym Rosenzweigs.   [9] 5. Mose 4,12.
[10] Erster Teil der Abhandlung „Globus" von Rosenzweig, abgedruckt in Zweistromland S.313-368.
[11] Griech.: Staatsverfassung, Politik; Titel eines Werkes des griechischen Philosophen Platon, in dem er eine ideale Gesellschaft beschreibt.
[12] F.M.Dostojewski, Ein Werdender.
[13] Heinrich von Treitschke, 1834-1896, Historiker mit einem Hang zum Antisemitismus.
[14] Richard Wagners Oper „Tristan und Isolde" ist berühmt für den sogenannten Tristan-Akkord, in dem ein musikalischer Vorhalt nicht aufgelöst wird, sondern in einen weiteren übergeht.
[15] Dazu wohl Jeremia 1,18 und 15,20.

Im Juni 1917 begegnete Rosenzweig während eines Heimaturlaubes in seinem Elternhaus in Kassel zum ersten Mal Margrit Rosenstock, der Ehefrau seines Freundes Eugen Rosenstock, der diese 1914 kennengelernt und geheiratet hatte. An anderer Stelle nennt Rosenzweig als das entscheidende Datum für seine Begegnung mit Margrit Rosenstock den 16. Juni (dazu der Brief an Margrit Rosenstock vom 16. Juni 1919, S.329).

Rosenzweig und Margrit Rosenstock an Eugen Rosenstock Ende Juni 1917

L.E.
Nur ganz kurz. Wegen des „Missverständnisses". Ich will dir ja nicht den Held in die Grossmächte manschen, sondern ich habe ihn für die Generationenarithmetik nur herangezogen, weil er uns „beiden" bekannt ist. Grundsätzlich kann aber statt Bismarck auch dein oder mein Grossvater eintreten, irgend ein beliebiger Mensch. Eben wirklich nur die Generation. Ich will weiter nichts als dass du statt mit Sonnen- mit Lebensjahren „rechnest". Also wirklich nur eine methodische Korrektur. Dass per Zufall mal die Lebensjahre auf Sonnenjahrgleichungen führen und dadurch deine stupenden Keplerschen Prodromusentdeckungen[1] zustande kommen - warum nicht? Aber wir müssen gewissenhaft genug sein, dem drohenden Kantischen „allererst möglich" nicht scheu aus dem Wege zu gehen.
Italiens Teilnahme am Krimkrieg „=" der am Weltkrieg ist eine wirkliche Entdeckung.
Ich entziehe mich allen Konsequenzen dieses Briefs und flüchte mich hinter deine Frau.
...

In dem anschließenden, von Margrit Rosenstock geschriebenen Briefabschnitt berichtet sie davon, daß Rosenzweigs Mutter eifersüchtig gewesen sei.

[1] Prodromus - griech.: Vorläufer, dazu der Brief an Eugen Rosenstock am 22. - 24. Mai 1917, S.9.

An Eugen Rosenstock am 9. Juli 1917

Lieber Eugen, - das Plus zur Chiffre darfst du aber nicht dir anrechnen, es gehört deiner Frau - also es ist gut, dass nach Mazedonien eine so lange Reise ist, so konnte ich endlich in Ruhe deine letzten Briefe soweit ich sie bei mir hatte lesen, leider muss ich grad die beiden allerletzten noch in Kassel vergessen haben.   Unser bischen Mündlichkeit - es kommt mir hinterher sehr wenig vor - spielte ja wieder in einer ganz andern Ecke; es ging zurück auf unsre Fragestellung von vorigem Jahr, die eigentlich sehr wissenschaftlich, nämlich sehr vorhofig war, ehe du mit der Sprachlehre und mit Europas Darstellung den Vorhang vor deinem Adyton[1] aufzogst. Es war die Frage, was denn Heidentum sei, - dieselbe die ich dir auch schon bei unserm kurzen Zusammensein im Frühjahr 14 vorlegte und die du damals so beängstigend leichtsinnig beantwortetest. Der „Glaube" ist eben ein solcher Pantophage[2], dass man sich schliesslich erschrocken umkuckt, ob er von dem „Wissen" auch nur ein Schwänzchen draussen gelassen hat (da man vom „Wissen" ja übrigens die gleiche Pantophagie behauptet, so käme schliesslich doch wieder das vertraute Bild der beiden Oberländerschen Löwen[3] heraus). Wir hatten nun also das Schwänzchen als Pinsel benutzt und damit ein schönes Fresko an die Wand gemalt. Kennst du aber das wunderbare chinesische Märchenmotiv eines immer möglichen Personenaustauschs zwischen Bildwelt und Beschauerwelt. Einmal kommt eine der gemalten Unsterblichen von der Wand herunter und lebt das sterbliche Leben, und ein andermal sehen die andern Beschauer einen aus ihrer Mitte plötzlich „in das Bild hineingehn" auf dem Weg in der Mitte des Bildes, der sich nach hinten zieht, kleiner und kleiner werden, schliesslich an einen Berg klopfen, es tut sich eine kleine Tür im Berg auf und er verschwindet darin. Einen solchen Übergang von der Bildwand herunter zu uns Fleisch- und Blutmenschen behauptete ich für Kant, Schopenh., Nietzsche, ...,[4] und du bestrittest ihn, indem du das Vorhandensein des Bildes an der Bildwand des Tempels Eu-Ro-Pa bestrittest und es zu einem Produkt meiner (und andrer Leute) gelehrt überreizter Phantasie machen wolltest. Kant und Konsorten seien immer schon unter uns spazierengegangen. Das eben leugne ich. Weder wären uns dann die alten Philosophen (auch Kant selbst, ehe wir sein Rousseauerlebnis kennen) so „unheimlich". Während uns Schopenhauer und Nietzsche bei aller ihrer Ungemütlichkeit doch nie unheimlich werden.

Nun also nochmal zur Zeitgleichung. Der Gegensatz ist nicht mehr hie Astronomie - hie Biographie, sondern grade nach deinen letzten Briefen ist nun doch der Gegensatz zweier Erlebnisse geworden; meines: das autobiographische (übrigens ist es nicht so selten wie du meinst; bez. 1864 - 1871 z.B. haben es sicher alle Mitglieder des Zollparlaments von 1867 gehabt[5]), deins: das des Kriegsteilnehmers („meins" ist eigentlich das des Heimkriegers), und das ist freilich viel arithmetischer, sonnenjährlicher, es vollzieht keine Zeitsynthese, sondern es kerbt einfach die Jahre in den Robinsonschen Kalenderbaum, es ist kein geschichtliches Bewusstsein sondern ein reines Zeitbewusstsein, eigentlich repräsentiert durch den Sklaven in Hebbels Herodes u. Mariamne,[6] der immerfort herumläuft und sich den Puls abzählt und auf Anfrage nur höchst eilig zwischendurch hervorstösst: ich bin die Uhr. - Aber das willst du am Ende grad?! Dann wäre es freilich gradezu der Leib der Seele, an dem Gott dies historische Weltgericht abhielte, und ich würde, wenn überhaupt, dann lieber vermuten, dass der Geist der Seele das grosse ›Wer tut muss leiden‹ erfahren würde. Dieser Gegensatz zwischen mir und dir: dem „Bourgeois" und dem „Marxisten" ist übrigens schon alt; ich glaube ich habe schon in Leipzig einmal verzweifelt ausgerufen, deine Weltanschauung sei die eines Bruders von 6 Schwestern; und du gabst es sogar zu, dass du deine 6 Schwestern durchaus in den Himmel heben wolltest (während ich sie damals zwar als Frauen durchaus für eintrittsberechtigt hielt, aber als Schwestern nicht). Heut macht mich das Alter dieses Gegensatzes eigentlich misstrauisch auf ihn. Denn ich möchte doch gern auch „Marxist" sein, obwohl ich von Natur aus ganz von Hermann Grimm[7] komme und mir vor 15 oder mehr Jahren mal jemand sagte: ›ich glaube du möchtest nicht leben, wenn es keine grossen Männer gäbe‹ - worüber ich damals erstaunte, es aber bestätigen musste. Aber allerdings ich meine auch so schon über diese schroffe und ausschliessliche heroworship[8] (oder wie heisst das schwierige Wort?) herauszusein, zum Teil durch Hegel (da hast du „Marx"); ich lasse aber Bismarck nur theoretisch stellvertretend für alle stehen, in Wirklichkeit (weil nur der Eine uns genau genug bekannt ist), praktisch aber ist er zwar auch immer noch bloss eine Stellvertretung, aber nicht des Einen, sondern der Vielen (des „Zollparlaments")…. Unnötig ist auch das Folgende: Nämlich wie sonderbar mir es mit der guten alten (gähne nicht! aber es ist dir auch im voraus verziehen, wenn du gähnst) also mit der guten alten „Ökumene"[9] gegangen ist; ich habe sie doch zuhause wieder gelesen (ist übrigens auch sonderbar, dass ich Kassel jetzt anstandslos als „zuhause" bezeichne, während ich früher meine „armen Eltern" immer dadurch entsetzte, dass ich mein jeweiliges Freiburg Berlin u.s.w. zuhause nannte; ich bin eben ganz und gar nicht „Mazedonicus" geworden), also ich las Ökumene und fand, sie ist eigentlich doch nur sehr schlecht (nämlich dünn, vorsichtig, mit Cautelen und mit Gesichtsmaske) geschrieben; drin stehn tut aber eine ganze Menge und es ist doch einfach nicht richtig, dass ich den Imperialismen nur ihre Ursprungsmarke „russisch", „englisch" etc. anhänge, sondern sie werden wirklich geschildert (nämlich ein jeder 1.) durch die Konstellation des Augenblicks seiner Geburt und 2.) durch seinen „klassischen Moment") nur geht diese Schilderung dann gleich wieder in die Scheinform des Erzählens ein und löst sich darin auf, sodass ich mich nicht beklagen darf, dass der Leser wie ichs wirklich gesehn habe das eigentlich von mir Gefragte und Geantwortete überhaupt nicht merkt, sondern sich einfach etwas hat vorerzählen lassen. Das Gerüst der Schilderung entspricht sogar genau dir (die „Entstehung" ist deine „Revolution", der „klassische Augenblick" teils deine „Bestätigung", teils deine „Sühne") nur dass ich wie schon so ein teils teils zeigt eben mir selbst durch das „Erzählen", den verdammten gemütlichen Plauderton dieser unzulässigsten und wenn man einigermassen bei Kräften ist überdies auch langweiligsten aller Wissenschaften, also mir selbst durch das „Erzählen" genau so das Licht verstellt habe wie meinem Leser und infolgedessen die Fragen alle vergnügt in angeschnittenem Zustand gelassen habe, ganz beruhigt, denn da die Dinge ja in dem Bächlein der „Geschichte" sozusagen von selbst in die Gegenwart hineinschwimmen und die Gegenwart ohne weiteres sich als handgreiflich legitimiert, so war ich nicht in Sorge, ob sie nicht bei der langen Reise unterwegs alles verloren hatten und nur noch als kahle „made in Germany England Russia"-Schildchen in die Gegenwart hineingeschwommen kämen. Wie doch offenbar der Fall ist - Beweis, dein Eindruck.

Heut ist Sonntag und es kommt mir komisch vor, dass es erst eine Woche her ist, dass wir zusammen waren; die grosse räumliche Entfernung fühlt sich an wie eine zeitliche. Aber es war doch schön, der eine Tag, - obwohl der eigentlich wichtige und neuartige Teil unsres Zusammenseins glaube ich in den zwei Wochen vor diesem Tag gelegen hat[10], ehe du in Person auftratest. Ich glaube sogar du musst es ähnlich empfinden. Deine Frau ist ganz curtiushaft (- oh weh! ich meine natürlich die römischen Ritter, und nun wirds fast ein Kalauer!)[11] entschlossen in den Abgrund von Vergangenheits- und Atmosphärelosigkeit gesprungen, der in unserer (eben ganz und gar nicht „Jugend"-) Freundschaft klaffte, und hat ihn zum Schliessen gebracht, und jetzt ist es erst richtig. Oder wenigstens beinahe richtig. Deine infame Verabschiedung behält ja recht. Also es grüsst Euch der - (aber er kann ja nichts dafür!) - „unverheiratete Doktor".

---

[1] Griech.: das Unzugängliche (im Tempel, das nur ein Priester betreten durfte).
[2] Griech.: Allesfresser.

[3] Adolf Oberländer, 1845-1923, satirisch-humoristischer Zeichner. An Margrit Rosenstock schrieb Rosenzweig ebenfalls einmal von den „Oberländerschen Löwen, die sich gegenseitig auffrassen, bis nur noch zwei Schwanzquasten auf dem Wüstensand lagen". Dazu der Brief vom 9. Februar 1919, S.234.

[4] Punkte von Rosenzweig.

[5] Nach der Schaffung des Norddeutschen Bundes wurden durch Verträge mit süddeutschen Staaten 1867 ein Zollbundesrat und ein Zollparlament errichtet.

[6] Christian Friedrich Hebbel, 1813-1863, Herodes und Mariamne, Tragödie von 1849.

[7] Herman Grimm, 1828-1901, Kunsthistoriker, Wegbereiter einer Goethe-Renaissance in der zweiten Hälfte des 19. Jahrhunderts.

[8] Engl.: Heldenverehrung.   [9] Abgedruckt in Zweistromland S.313-368.

[10] Margrit Rosenstock hatte Rosenzweig zunächst allein in dessen Elternhaus in Kassel besucht, ehe Eugen Rosenstock hinzukam.

[11] Marcus Curtius, sagenhafter römischer Jüngling, der sich den Unterirdischen opferte, indem er in einen Erdspalt sprang, der sich auf dem Forum Romanum öffnete. Curtius war außerdem der Mädchenname von Greda Picht, einer - von Rosenzweig nicht sehr geschätzten - Freundin von Margrit Rosenstock.

An Eugen Rosenstock am 29. Juli 1917

29.VII.17

L.E.

oh weh - die neue Mehrheit! ja gewiss: schwarz und rot sind da, aber das Gold der Kaiserkrone ist verschwunden und statt des wahren Reichs-Kanzlers kommt der Staats-Kommissar, - ein graubraunes Männchen (wenn du denn Farben haben willst) mit einer dunkelblauen Schutzmannsuniform. Ja freilich hat er keinen „Humor", das „auch" schenke ich dir gern, denn Bethmann[1] hatte - zwar nicht Humor, aber das was das Wesentliche des Humors (the humour of it) ist, nämlich den hūmor, das gewisse Etwas, worin die sachlichen Sachen schwimmen, das bischen Menschhaftigkeit ... all das, was die Deutschen seine Entgleisungen und seine Dummheiten nennen (womit die Deutschen zeigen, dass sie recht europäisch sind, ich meine europaläufig, weltläufig). Nein, was bleibt, ist das Schwarz-rot eines rechten Schwabenstreichs; und dass sie [[Erzberger[2] u. Gefolge]] nicht wussten was sie taten, ist in diesem Fall keine Entschuldigung ...

Ich bin also vollkommen down und nehme keinen Anteil mehr an den Dingen. Die Deutschen haben ihrem guten Gewissen vom Kriegsausbruch einen Fusstritt gegeben, - denn das war Bethmann - und alles folgende ist nun nur „Liquidation", die mehr oder weniger günstig ausfallen mag - was geht das mich an; an dem Geschäft dieses Krieges bin ich nur mit einer Einlage beteiligt, deren Verlust ich zur Not auch verschmerzen könnte; das Gewissen aber war auch meins.

Von Hans[3] habe ich noch nichts gehört; aber ich kann mir nicht vorstellen, dass er noch an sein Sammelbuch denkt. Für wen denn jetzt? (Wäre doch Hertling[4] auf Bethmann gefolgt! das hätte geheissen: »wir verzichten auf das „klar und offen"[5] unsres Gestern, weil wir auf das Morgen nicht bloss „hoffen" wollen sondern voll davon sind und es im Rausch schon wie Gegenwart ergreifen«. Aber das Heute[x] allein - und das ist Michaelis[6] besten Falls - ist gar nichts, ist möglich in einem unterge-

---

[x] „wirkst du heute kräftig frei"

ordneten Gliedleben, aber nicht im Leben des Haupts). Ich schickte Hans sogar auch noch, von hier aus, ehe ich von den Ereignissen wusste, einen Aufsatz („Nordwest und Südost"[7]); ich glaube damit sind meine „politischen Jugendschriften" jetzt zu Ende.

Deine urlaubsmässige Kürze ist schon entschuldigt; ich habe es ja genau so gemacht und weiss wie es kommt. Allerdings hast du an Rudi[8] länger geschrieben. Ich habe ihm daraufhin auch gleich geschrieben sodass er sich vorkommen muss wie Odin mit zwei Raben. Du nimmst die einzelne Predigt[9] etwas stärker dogmatisch als - nicht als er sie selbst nimmt aber: als sie genommen werden darf. In Wirklichkeit geben erst die ganzen 50 oder 60 Predigten zusammen eine einzige. Er ist eben auch hier viel mehr Dichter als es den Anschein hat und weiss nicht was er sagt. Du in andrer Weise ja auch nicht. Du nimmst mit geschwinder Dialektik einen korrespondierenden Standpunkt ein und hältst von da aus eine Predigt, die jeder der nicht entweder dich kennt oder sehr genau den „Text" (Epheser 2) im Auge behält, vollkommen missverstehen muss (kurz gesagt: als eine Philippica[10]). Du verbietest ja, aus dem Gefühl der eignen gegenwärtigen Gesundheit heraus, Rudi, zum Arzt zu gehen, und das muss und kann er doch nur selbst wissen, ob er es nötig hat.

Julius Caesar? und warum denn? hättest du ihn wenigstens gleich mitgeschickt (etwa wegen Brutus?).[11] - Ob du wohl die Kronenwächter kennst, von Arnim,[12] ein ebenso schlechtes wie schönes Buch (bei mir eine Folgeerscheinung der Eichendorffschen Litteraturgeschichte[13]). (Reklam). Es kommt alles darin vor und bleibt doch alles (nicht bloss äusserlich) fragmentarisch. Der Wilhelm Meister[14] ist ein rechter Verderb für die Späteren gewesen.

Ich wünsche jetzt nach Bethmanns Sturz den Frieden ganz privat und persönlich, obwohl ich mich - auch - davor fürchte.

Was soll denn Michaelis mit Österreichern und Ungarn und Bulgaren und Türken anfangen? Dieser Genitivus objektivus eines höchst persönlichen subjekthaften Nominativs. Dann schon lieber Hindenburg selbst!

Trostlos, hoffnungslos, reichsfeindlich

Dein F.

---

[1] Theobald von Bethmann Hollweg, 1856-1921, Politiker, seit 1909 Reichskanzler. Bereits im Februar 1917 hatten deutsche Großindustrielle ihm Schwäche in der Kriegsführung vorgeworfen und seinen Rücktritt gefordert. Sowohl die Lage an der Front als auch die Lebensbedingungen der Zivilbevölkerung in Deutschland wurden in den folgenden Monaten immer schlechter. Am 11. Juli forderten Generalfeldmarschall Paul von Hindenburg und Erich Ludendorff die Entlassung Bethmann Hollwegs wegen dessen Kriegszielpolitik. Die Heeresleitung gemeinsam mit Rechts- und Linksparteien bewirkten am 13. Juli 1917 seinen Sturz. Nachfolger Bethmann Hollwegs wurde Georg Michaelis. Zu Rosenzweigs Reaktion auf den Rücktritt auch Briefe und Tagebücher S.422f.

[2] Matthias Erzberger, 1875-1921, Politiker der Zentrum-Partei. Er hatte am 6. Juli 1917 eine Resolution für einen annexionslosen Frieden gefordert, da keine Aussicht auf einen deutschen Sieg mehr bestehe. Diese Friedensresolution wurde am 19. Juli eingebracht und mit den Stimmen der Mehrheitsparteien Zentrum, Deutsche Fortschrittspartei und SPD angenommen.

[3] Hans Ehrenberg.

[4] Georg Graf von Hertling, 1843-1919, bayrischer Ministerpräsident, von Kaiser Wilhelm II. am 1. November zum neuen Reichskanzler und Nachfolger von Michaelis ernannt.

[5] Goethe, Zahme Xenien 4: „Liegt dir Gestern klar und offen, / Wirkst du heute kräftig frei, / Kannst auch auf ein Morgen hoffen, / Das nicht minder glücklich sei."

[6] Georg Michaelis, 1857-1936, folgte Bethmann Hollweg als Reichskanzler bis zum 31. Oktober 1917.
[7] Geschrieben im Frühjahr 1917; abgedruckt in Zweistromland S.301-307.
[8] Rudolf Ehrenberg, 1884-1969, Cousin und Freund von Rosenzweig.
[9] Rudolf Ehrenberg, Ebr. 10,25. Ein Schicksal in Predigten, 1920.
[10] Leidenschaftlich angreifende Rede.
[11] Shakespeare, Julius Caesar, 1599. Brutus beteiligte sich an der Ermordung Cäsars.
[12] Ludwig Achim von Arnim, 1781-1831, Die Kronenwächter, unvollendeter Roman von 1817.
[13] Joseph von Eichendorff, Zur Geschichte der neueren romantischen Poesie in Deutschland. Die Aufsatzsammlung erschien 1847 in Buchform unter dem Titel: Über die ethische und religiöse Bedeutung der neueren romantischen Poesie in Deutschland.
[14] Goethe, Wilhelm Meisters Lehrjahre, 1795/96; Wilhelm Meisters Wanderjahre, 1821.

An Margrit Rosenstock am 29. Juli 1917

29.VII.17

Liebes Einzelwesen, - denn das bist du ja nun wieder seit Tagen und bis dieser Brief ankommt schon wieder so lange, dass du schon wieder dran gewöhnt bist. Es ist und bleibt scheusslich, diese Zeit nach einem Urlaub; ich fühle mich auch noch gar nicht wieder recht in meinem Bärenfell. Der Sonntag zwischendurch in Menschengestalt war zu schön. Dazu kommt jetzt noch für mich die Verstimmtheit (und mehr) über die politischen Ereignisse; ich habe mich eben an Eugen darüber ausgeschrieben, er wird es weniger schwer nehmen als ich, eben weil er weniger in „grossen Männern" denkt als ich.

Dass ich sooft zwischen dir und mir im Plural den Trennungsstrich gezogen habe, ist mir gar nicht mehr bewusst. Es geschieht eben so selbstverständlich, dass ich darüber in Gefahr bin, die persönliche Wirkung auf mein armes harmloses Gegenüber ganz zu vergessen. Aber die Brücke ist ja da (Woher übrigens weisst du sie „jetzt"?). Sie ist für die beiden Plurale, die „Wir" hüben und drüben, die Gemeinsamkeit der Hoffnung und selbst der - trotz teilweis dos-à-dos[1] darauf Stehens - gemeinsame Grund und Boden dieser Hoffnung. Dies letzte war mir in dem Gespräch zwischen Eugen und mir nachts wo du dabei warst wieder so deutlich; ich sprach die Worte gewissermassen aus dem Hebräischen übersetzt und er hörte sie als wenn ich ihm Neues Testament zitiert hätte; es waren aber die selben Worte. (Z.B. einmal das Wort „Weg"). Das ist die Brücke für die Plurale. Man beschreitet sie aber in der Gegenwart (und in aller Zeit) nur im Geist. Dagegen die Singulare, das Ich und das Du, schlagen sich ihre eigenen Stege, und darauf kommen sie wirklich, in aller Gegenwärtigkeit, zusammen. Alles persönliche Zusammenkommen ist ja eine Vorwegnahme der letzten grossen Hoffnung, und eine erlaubte, vielleicht die einzige ganz fraglos erlaubte. Freilich ohne Geländer sind diese Stege und man kann bös herunterfallen; ich habe Eugen nie erzählt: ich hatte vor dem Du eine fast abergläubische Furcht; vor jetzt mehr als 7 Jahren hatte ich ein sehr böses Freundschaftserlebnis, mit verhängnisartiger Schuldlosigkeit auf beiden Seiten; das hat lang in mir nachgefressen und ich fühle mich eigentlich erst seit wenigen Jahren wieder befreit davon; und jener Rest von Aberglaube hat sogar noch bis in die letzte Zeit nachgewirkt. Man bleibt eben selbst doch immer „der Alte", belastet mit der ganzen eignen Vergangenheit; und nur an neuen Menschen wird man selber neu und erlebt wieder innere Morgen und Vormittage.

Es grüsst dich, liebe Neue,

Dein Franz.

[1] Franz.: Rücken an Rücken.

An Margrit Rosenstock am 6. August 1917

6.VIII.17

Liebes Gritli, — denn Eugenia geht wirklich nicht, schon wegen der Konkurrenz mit der Kellerschen Legendenperson.[1] Überhaupt bin ich nun schon enturlaubt („hier steh ich, ein enturlaubter Stamm"[2]), dass ich gar nicht mehr weiss, was ich mir denn für hässliche Bemerkungen über deinen Vornamen gestattet habe. Ich revoziere und depreziere.[3]

... Erzbergers „Tat"[4] war das Gegenteil von Politik, war eine Revolution des deutschen Spiessers, des selben Ewigen Deutschen, der zu Kriegsanfang sagte: unsre 42er werden es schon machen, und nachher „unser Hindenburg", und der jetzt seine Enttäuschung hervorspritzte, dass unsre U-boote nicht wie doch fest versprochen, England „bis zum 1.VIII. auf die Knie gezwungen hätten". Also Kriegspsychose, die ebenso haltlos im umgekehrten Fall (eines „auf die Knie gezwungenen" Englands) in Machtnationalismus machen würde.

Grade weil es so ist, würde ich nun allerdings wünschen, dass das politische Ideal in diese jämmerliche Gegenwart hineingestellt würde.

..... Und du schwimmst in Manuskripten, - arme nun doch beinahe Siebenlegendeneugenia! Nein, um Himmelswillen kein Tagebuch „Gespräche mit Eugen", du bist doch seine Frau, du brauchst dir doch nicht von ihm imponieren lassen; meinetwegen alle sonst, aber du nicht. Zu dem Zweck (dass du dir nicht von ihm imponieren lässt) hat er dich ja geheiratet. Überdies, weisst du, dass Eckermann[5] 1823 <u>verlobt</u> nach Weimar kam, mit der Absicht, „demnächst" zu heiraten, und dass aus dem „demnächst" das Jahr 1832 wurde? Wer also eckermännern will, der gehe hin und tue desgleichen; für dich ists aber für diese Wahl schon zu spät; du hast „Eugen" gewählt, und die Nachwelt muss sich wie mit so vielem so auch damit abfinden, dass einige von „Rosenstocks" goldnen Worten durch „Gritlis" Schuld verloren gehn. Tröste dich und sie mit dem, ich glaube durch Eckermanns Verdienst geretteten, goldnen Wort: „Litteratur ist das Fragment der Fragmente; das wenigste von dem was gedacht, ist aufgezeichnet [[worden]], das wenigste von dem, was niedergeschrieben wurde, ist bis auf uns gekommen".[6] Und überhaupt ist das Wort ja nicht dazu da, „aufbewahrt" zu werden, sondern <u>beantwortet</u>, und wenn es gar keine Schrift gäbe, so müsste und würde die Menschheit auch in Wort und Antwort und Widerwort = Wiederwort ihren Weg bis zum letzten Wort des jüngsten Tags finden.

... Eugens Aufsatz geht gleichzeitig ab. Es grüsst dich und den Verfasser

sein F. und dein Franz.

[1] Gottfried Keller, 1819-1890, schweizerischer Dichter, verfaßte die „Sieben Legenden", eine Sammlung von Erzählungen, deren erste „Eugenia" heißt, erschienen 1872.

[2] Anspielung auf das Gedicht „Oberon" von Christoph Martin Wieland, wo es in der 20. Strophe des 8. Gesangs heißt: „Er steht ein einsamer, vom Sturm entlaubter Baum."

[3] Aus dem Lateinischen: revozieren - widerrufen; deprezieren - Abbitte leisten.

[4] Dazu Anmerkung 2 im Brief an Eugen Rosenstock vom 29. Juli 1917, S.16.

[5] Johann Peter Eckermann, 1792-1854, Schriftsteller, schrieb und veröffentlichte seit 1825 seine Gespräche mit Goethe.

[6] „Literatur ist das Fragment der Fragmente; das wenigste dessen, was geschah und gesprochen worden, ward geschrieben, vom Geschriebenen ist das wenigste übriggeblieben", Goethe, Wilhelm Meisters Wanderjahre, 2.Buch, 11. Kapitel, Betrachtungen im Sinne der Wanderer.

An Margrit Rosenstock am 10. August 1917

10.VIII.17

Liebes Gritli,

das „17" schreibe ich immer mit einer gewissen gêne[1] scheu hinzu; es enthält den Anspruch auf Aufgehobenwerden des Briefs und obwohl ich wie du weisst ein sehr genauer Briefaufheber bin, ist es beim Schreiben selbst doch ein dummer Gedanke. Über Eugens Brief an Rudi habe ich mich schon längst an Rudi ausgetobt und glaube ich nachher auch an Eugen noch etwas. Z.T. das selbe was Rudi auch schreibt, und wo er die bestehen bleibende Verschiedenheit sieht; ich habe Rudi freilich gewarnt, Eugen selbst allzusehr beim Wort Eugens des Polemikers und Briefschreibers zu nehmen; Eugen hat die Neigung sein Gegenüber und sich auf eine Wippschaukel zu setzen, wenn er dann der Erde nah kommt, dann sieht er mit Vergnügen wie der Gegenüber gen Himmel fliegt und umgekehrt. Will man den richtigen, ganzen Eugen haben, dann muss man ihn rösten, statt sich von ihm rösten zu lassen. Wenns ihm dann heiss wird, schreit er und bekennt alles, den ganzen Eugen, - was er um keinen Preis gesagt hätte, solange er noch selbst Holz zum Scheiterhaufen trug. — Ob und wie Rudi „Dichter" ist, das sieht, wer es sieht, auf Bogen IV des Briefs in den drei obersten Zeilen. Sie sind wohl der Grund der Predigt, die er jetzt schreibt. Es ist mir aber im Grunde sehr einerlei, ob er ein Dichter ist, wenn er nur — na ja. Aber insofern meine Laubfroschehre dabei engagiert ist, halte ich seine Dichterschaft gegen Eugen doch aufrecht. Hingegen das „Naturwissenschaftliche"? Wenn Eugen doch nur einmal Zeit und Fleiss fände, das wirklich kennen zu lernen, bloss damit er sähe, dass alle geisteswissenschaftliche Trottelei noch nichts ist gegen die Kümmerlichkeit der Naturforscher. Jeder [[philolog.]] Oberlehrer hat immer noch mehr Ahnung von dem worauf es ankommt (dem oben sogenannten „na ja") als Helmholtz[2] selbst. Aber das glaubt Eugen nicht, obwohl es die oberflächlichste Erfahrung stündlich zeigt, und biegt ganz anders gemeinte Äusserungen Rudis so zu recht dass sie ihm passen. Das einzige, was die Naturwissenschaftler vor den andern voraus haben, ist, dass wenn sie zur Einsicht in ihre Dummheit gekommen sind, sie vollkommen frisch für die Wahrheit sind (weil sie nämlich bis dahin überhaupt nichts mit ihr zu tun gehabt haben), während der Geisteswissenschaftler schon allerlei unsaubere Geschäfte mit ihr gemacht hat und deshalb keinen so reinen Tisch vor sich findet.   Das ist wie das mit dem bekehrten Sünder;[3] weshalb freut man sich da im Himmel so sehr? (der „Gerechte" ist doch auch was wert) der bekehrte Sünder geht eben mit der ganzen Verve[4] des neuen und infolgedessen gut kehrenden Besens an die Arbeit, während der Gerechte schon etwas stumpf gekehrt ist. So ähnlich der Naturwissenschaftler, wenn er ...[5] (ich denke da grade an Rudi selbst, und auch noch an einige andre). Aber im übrigen - ich habe gut zwei Jahre an dieser harten Speise gekaut. Manchmal glaube ich, es sei eher umgekehrt: die Naturwissenschaft brauche gradezu die Befruchtung der andern; die Entwicklungslehre scheint ja ein krasses Beispiel dafür zu sein. Aber revenons à notre mouton Eugène:[6] er braucht sich seinen Weg nicht „bestätigen" zu lassen, sicher aber nicht von denen, mit denen er gar nichts gemein hat. Seine Methode ist, wenn irgendwas, dann immer noch eher „philosophisch" als naturwissenschaftlich. Ich würde sie aber, (ohne ihre Wahrheitsmöglichkeiten damit im geringsten anzweifeln zu wollen) ruhig als poetisch bezeichnen.

....
Das eigentliche Gleichnis des Geschehenen[7] steht bei Treitschke[8] im 2. Band: die preussische Ministerkrise von Ende 1819. Innerhalb der gleichen „Richtung" der Kampf der konträren Gesinnungen, Humboldt u. Hardenberg.[9] Äusserlich bleibt giebt es nur einen Stellenwechsel der Gesinnungen, aber in Wirklichkeit hat die feindliche Richtung gesiegt; und nun geht es unaufhaltsam auf das Jahr 48 zu. Auch „weiss" bis heute noch niemand, was eigentlich der „Grund" für den Gegensatz zwischen Humboldt u. Hardenberg war; auch über die Ereignisse vom 7.-12. Juli 1917[10] wird man sich noch in 100 Jahren streiten, und doch ist es schon heute klar. - Das ist alles sehr weise; aber - hang up philosophia, can she make Juliet?![11] (übrigens Bethmann als Julia ist nun doch eine schwierige Vorstellung und auch dieser Bogen reicht nur noch für die - unchiffrierte Unterschrift Deines und seines Franz.

[1] Franz.: Verlegenheit.

[2] Hermann Ludwig Ferdinand von Helmholtz, 1821-1894, berühmter Physiker und Physiologe.

[3] Anspielung auf Lukas 15,1-7.   [4] Franz.: Schwung, Begeisterung.

[5] Punkte von Rosenzweig.

[6] Franz.: aber lass uns zurückkommen auf unseren Hammel Eugen.

[7] Sturz des Reichskanzlers Bethmann Hollweg.

[8] Heinrich von Treitschke, 1834-1896, Deutsche Geschichte im 19. Jahrhundert, 1879ff.

[9] Karl August Fürst von Hardenberg, 1750-1822, liberaler preußischer Politiker, und Wilhelm Freiherr von Humboldt, 1767-1835, vertraten gemeinsam Preußen auf dem Wiener Kongreß 1815. Nach 1819 - im Zusammenhang mit den anti-liberalen Karlsbader Beschlüssen, die erst 1848 wieder aufgehoben wurden - verloren beide, mittlerweile zerstritten, an politischem Einfluß.

[10] Die Tage, die schließlich zum Rücktritt Bethmann Hollwegs führten.

[11] Shakespeare, Romeo and Julia, III,5: „An den Galgen mit Philosophie; wenn sie nicht eine Julia machen kann ..."

An Eugen Rosenstock am 13. August 1917

13.VIII.

Du hast mich ganz verwirrt gemacht, nicht durch das grosse βιογραμμα παραλληλον[1] - das ist ja so klar, wie es eben seit Ende vorigen Jahres „eigentlich" zwischen uns ist (was wir uns 1917 geschrieben haben, ist ein neuer Anfang und hat sozusagen nichts mit unserm Briefwechsel von vorigem Jahr zu tun), aber du hast mir den Boden jenes

Briefwechsels von 1916² erschüttert. Rudis Vertrauensbruch einmal geschehen ... was hast du mir dann nicht gleich gesagt: dies und das weiss ich von dir aus dritter Hand, so hätte ich gewusst mit wem ich spräche und hätte nicht (wie ich jetzt weiss) meine Sprechmaschine leer laufen lassen, soundsooft. Wie musst du manches, was ich dir schrieb belächelt haben! und hast mich sogar noch aufs Eis gelockt, fragst mich ob ich den Hebräerbrief kenne und derlei. Es ist mir unbegreiflich, wie du das hast machen können. Das war ein <u>Spiel</u>. Gewiss es war auch von mir nicht letzter Ernst, weil ich eben den letzten Ernst unsrer Auseinandersetzung schon hinter mir hatte, in der zweiten Hälfte des Jahres 1913,³ aber wenigstens das Contumaz-Urteil⁴ nachträglich nochmal durch eine richtige beidseitige Verhandlung zu bekräftigen, das war mir Ernst; ich habe das alles vorgebracht, wofür ich bei dir Gehör voraussetzen konnte - ich wusste ja nicht, dass du mit überlegen zurückgehaltenem Wissen mir gegenüber standest und mich nicht bloss fragtest („peinlich" fragtest, <u>wie es sich gehört</u>) sondern mich obendrein noch <u>examiniertest</u>! Sag - <u>brauchst</u> du denn noch diese ganze Katechisation? hättest du nicht alles - nun kurz: alles was du jetzt wieder in dem Parallelbiogramm formulierst, schon ebensogut zu Eingang wie am Ausgang jener Korrespondenz formulieren können? Oder bist du wirklich so - gelehrt umständlich, dass du die chemische Analyse nötig hast um zu glauben dass aus dem Brunnen, den du nächtlich singen gehört hast (schon <u>gehört</u> hast) wirklich - Wasser fliesst?
Vielleicht bin ich zu hart und eng, - mein Herzensteufel ist nicht der „Grossinquisitor"⁵, sondern der Polizeipräsident -, mag sein, es wird mir auch schwer genug, bei der ungleichen Vierzehntägigkeit des Hin und Hers, die ich heut zum ersten Mal empfinde, dir das zu schreiben; ich könnte mich ja an den Ausgang halten, an das Biogramm und alles gut sein lassen. Aber mündlich hätte ich auf jeden Fall gesprochen und so tue ichs doch lieber schriftlich auch.
Aber nein - ich frage mich immer wieder: wie konntest du unausgesetzt auf mein Benehmen im Juli 1913 zurückgehn und so als ob du nichts von dem Lauf der beiden Planeten nach der Katastrophe wüsstest, und so aus mir stückweise die Dinge herauslocken. Ich kann es nicht begreifen. Du markiertest ja gradezu die noch vom Juli 13 her beleidigte Leberwurst und ich wusste kaum wie ich dich begütigen sollte.
Ich weiss überhaupt vom Juli 13 weniger wie du. Von einem katastrophalen Gespräch Ende des Monats mit Ausgangspunkt Kierkegaard⁶ überhaupt gar nichts. Meine Erinnerung bricht ab bei dem für mich katastrophalen Gespräch nachts vom 7. auf den 8. Juli (du, ich, Rudi dabei, im Esszimmer bei Ehrenbergs, Ausgangspunkt das Antichristbuch der Lagerlöf,⁷ wo ich allerdings dich zu Anfang in dem Ton „Gewogen u.s.w."⁸ behandelte, eine Folter die du nicht erträgst, sondern endlich einmal <u>dein</u> Geheimnis sagtest - denn weil du viel sprichst, bist du gleichwohl nicht weniger schamhaft, du!!!! und lässt den „Grossinquisitor" und den „Heiden" deine Geschäfte besorgen, bloss um den Christen sans phrase⁹ im innersten Winkel deines Doms still knien zu lassen - also du sagtest dein Geheimnis,¹⁰ warfst mich eben dadurch sofort von meinem angemassten Richterstuhl herunter, stiegst selbst hinauf und verhörtest mich in Grund und Boden, zerrissest mein künstlich vor mir selbst gesponnenes Alibi, bis ich mir selbst mein Geständnis ablegte und das alibi auf das ibi zu übernehmen mich gezwungen sah.¹¹ Von da ab weiss ich zwischen uns <u>nichts mehr</u> (einmal, weiss ich, haben wir auf dem 8eckigen Flur vor meinem Zimmer am Rathausring nochmal gesprochen, ich

fragte dich glaube ich nach den Sprachen oder nach dem Krieg oder nach beiden und verstand deine Antwort nicht; aber das ist das einzige was mir noch dunkel vorschwebt; im übrigen war ich einfach auf den Mund geschlagen, noch viel zu nahe jenem völligen vis-a-vis du rien[12] mit dem ich an jenem Morgen nach der Nacht in mein Zimmer gekommen war und meinen Browning „6,35"[13] aus der Schreibtischschieblade nahm. Ob mich Feigheit oder Hoffnung damals abgehalten hat ihn zu gebrauchen weiss ich nicht; und werde es auch nie wissen, hier unten wo es ein „Frohlocken" doch nur „mit Zittern"[14] giebt. Was also in der Zeit danach bis zum Monatsende noch vorgefallen ist, dafür bin ich ohne Verantwortung, ich war nicht mehr „dabei"; so ist mir allerdings auch nicht zu Bewusstsein gekommen, dass ich dich irgendwie getroffen oder gar erschüttert hätte; ich meinte, du müsstes mir meine Zerbrochenheit in jener Nacht angesehn haben; sie zu verbergen hatte ich gar keine Kraft mehr übrig.

Ehe wir uns schrieben, ja schon im Sommer 14 kurz vor Kriegsausbruch, wollte ich immer das Gespenst meines grossen Alibi der Jahre vor 1913 einmal schriftlich aufstellen und die einzelnen Stösse, mit denen du es zerrissest. Aber ich raffte mich nie dazu auf und nun ist es auch nicht mehr nötig. Das Biographische ist freilich nicht nachzuholen durch keinerlei Indiskretionen über [[unser]] Vergangenes, - wir sind uns im Weltäther begegnet, mit unsern Gestirnen, nicht als die Menschen als die wir unten herum laufen. Aber auf manchen Planeten giebt es ja auch Atmosphären und da mag dann etwas eigenes wachsen.

Aber überhaupt gehen ja die Menschen einander auf und unter wie Gestirne, die solang sie sichtbar sind, zugleich Ursprung (oder wenigstens Durchgang) und Urkunde für das Schicksal des Menschen in dieser Zeit bedeuten. Nur die „Haus"-genossen sensu strictissimo[15] wirken auf unser Schicksal nicht wie Gestirne sondern wie der Erdboden. Nur bei ihnen ist eigentlich das Biographische aufbewahrt. Der Rest ist - Horoskop. Biographisch ist nur das was sich nicht zwischen mir und dir abgespielt hat, nicht zwischen Planet u. Planet, sondern von Haus zu Haus, - so wie man einander grüsst.

Das tue ich. Du brauchst das dumme Zeug zu Anfang dieses Briefs nicht zu schwer nehmen, gesagt u. gefragt musste es werden, aber nun ist es eigentlich schon wieder vorbei und ich spüre nur noch dass ich dich, - bei jeder Antwort, (auch bei gar keiner) und nicht bloss planetarisch nach Newtonschen Gesetzen,[16] sondern direkt und gesetzlos - liebhabe.

Dein Franz.

---

[1] Griech.: Parallelbiogramm.

[2] Der Briefwechsel von 1916 hatte das Verhältnis von Judentum und Christentum zum Thema. Er ist abgedruckt in Briefe und Tagebücher S.189ff.

[3] Nach dem sogenannten Leipziger Nachtgespräch vom 7. Juli 1913, an dem Rosenzweig, Eugen Rosenstock und Rudolf Ehrenberg teilnahmen und in dessen Verlauf Rosenzweig beschloß, sich taufen zu lassen - ein Entschluß, den er im Herbst desselben Jahres jedoch wieder zurücknahm zugunsten seiner Heimkehr ins Judentum.

[4] Lat.: contumacia - Trotz, Widersetzlichkeit. Wenn im Zivilprozeß der Beklagte auf die ihm gerichtlich zugestellte Klage nicht reagiert oder auf die gerichtliche Vorlage hin nicht erscheint, darf der Richter davon ausgehen, daß der Beklagte dadurch die Rechtsauffassung des Klägers für zutreffend erklärt hat, und kann ohne weiteres im Sinne des Klägers entscheiden. Ein solches Urteil heißt Kontumaz-Urteil.

[5] „Die Legende vom Großinquisitor" stammt aus dem 1879/80 erschienenen Roman „Die Brüder Karamasoff" von Dostojewski.

[6] Sören Kierkegaard, 1813-1855, dänischer Theologe und Philosoph.

[7] Selma Lagerlöf, 1858-1940, schwedische Schriftstellerin, verfaßte den Roman „Das Wunder des Antichrist", in dem sie versucht, die Stellung des Christentums angesichts einer modernen und säkularen Welt - sichtbar verkörpert durch den aufstrebenden Sozialismus - zu bestimmen. In der Auseinandersetzung in Leipzig 1913 ging es vor allem um den letzten Satz des Romans: „Niemand kann die Menschen von ihrem Leiden erlösen, aber viel wird dem vergeben werden, der ihnen neuen Mut gibt, diese Leiden zu ertragen." Rosenstock schrieb Jahre später dazu: „Dieser Satz ist von Glauben und Zweifel erfüllt, von beidem, und an jenem warmen Abend wurde seine Aussage hin- und hergewendet, her und hin und wieder her. Franz ... verteidigte den seinerzeit herrschenden Relativismus, während Eugen Gebet und Gottesdienst als seine eigentlichen Führer zum Handeln bezeugte. Die drei Männer trennten sich spät in dieser Nacht, ohne den Gegenstand der Religion bis zum Jahr 1916 noch einmal zu berühren." Dazu Eugen Rosenstock-Huessy, Judaism despite Christianity. The „Letters on Christianity and Judaism" between Eugen Rosenstock-Huessy und Franz Rosenzweig, S.73.

[8] Anspielung auf Daniel 5,25ff: „Gewogen und zu leicht befunden".

[9] Franz.: ohne Gerede. „La mort sans phrase" soll - nach Heinrich Heine - Emanuel Joseph Sieyès (1748-1836) gesagt haben, als man im Gerichtsverfahren gegen den französischen König Ludwig XVI. so ausführlich das Für und Wider einer Verurteilung diskutierte, daß Sieyès das Gerede schließlich zu viel wurde. Rosenzweig verwendet die Formulierung „sans phrase" oft im Sinne von „ohne innere Widersprüche".

[10] Rosenstock hatte im Verlauf des Leipziger Gesprächs Gebet und Gottesdienst als seine eigentlichen Führer zum Handeln bekannt. Auf die Frage Rosenzweigs: Was würden Sie tun, wenn alle Antworten versagen? lautete seine Antwort schlicht: Ich würde in die nächste Kirche gehen und versuchen zu beten. Dazu Nahum Glatzer, Franz Rosenzweig: His Life and Thought, S.XIV.

[11] Wortspiel mit dem lateinischen Wort alibi - „anderswo", das sich aus alius - „ein anderer" und ibi - „dort" zusammensetzt.

[12] Franz.: von Angesicht zu Angesicht mit dem Nichts. Dazu auch Stern der Erlösung S.4 und der Brief an Eugen Rosenstock vom 1. September 1919, S.420.

[13] Name einer bestimmten Handfeuerwaffe.

[14] Psalm 2,11: „Dienet dem Herrn mit Furcht und freuet euch mit Zittern."

[15] Lat.: im strengsten Sinne.

[16] Isaac Newton, 1642/43-1727, Mathematiker, Physiker und Astronom.

An Eugen Rosenstock am 19. August 1917

19.VIII.17

L. E., ich schreibe an dich - und gebe dir zu bedenken: - ach ich gebe dir gar nichts zu bedenken. Wenn du diese verhungerte (denn diesmal bin ich so naturwissenschaftlich, darin den Grund der Julierereignisse zu sehen) also diese verhungerte Parlamentariergesellschaft mit ihrer heiligen Angst vor der eignen Courage Paulskirche nennst - habeas.[1] Da kann ich nicht mit. Selbstverständlich ist B.[2] nicht über die Resolution zu Fall gekommen, (sondern durch die direkt an den Kaiser gerichteten Misstrauensvoten des Centrums und der Nationalliberalen); aber die beiden Ereignisse ~~sind~~ waren Ausdruck der gleichen Depression. Jetzt ist das Deprimiertsein, wie Loyd Georges[3] Rede (gegen die Schwarzseher) unwiderleglich beweist, an den Engländern; Flandern + Cernowitz (+ Uboot) hat da das Fass zum Überschwappen gebracht. Es wird wirklich noch diesen Herbst mit den Verhandlungen angefangen werden (ich bleibe sogar bei „September") und die mesopotamische und syrische Bewegungsfront wird den nötigen Dampf dahinter machen. - Übrigens glaube ich nicht an die Geschichte von den unausgeführten Befehlen, das ist typisches deutsches Vordertreppengeschwätz, eben die Nervosität aus der die Julierereignisse entsprungen sind. Meinecke[4] sprach auch derartige Sachen, man kann sich dem nicht entziehn wenn man zuhause ist; aber ich habe ihm ins Gesicht gesagt, ich glaubte es ihm nicht. Die Leute sind viel zu verhungert, um noch Gerüchte sieben zu können. Diese Realität der Hunger <u>durfte</u> zur Revolution führen - die war ein solider Ausdruck für jene solide Tatsache -, aber nicht zu der besinnungslosen Bethmannpreisgabe. Ich glaube die Kanzlerstürzer von links wollten jetzt schon, sie hätten sich lieber besser in den Zügeln gehalten, statt sich selber durchzubrennen.

...

Du bist bei Spinoza[5] und ich trabe brav hinter dir her und bin bei Schopenhauer,[6] von dem ich auf der Fahrt hierher das (ausgezeichnet gemachte) 50 Pf.-Ullsteinbuch[7] (auch viel Briefe <u>an</u> ihn) fand und mir nun die Reklamausgabe der Briefe kommen liess. Dabei lerne ich auch seine Philosophie wieder kennen, die ich 1909 zu spät (weil schon südwestdeutschkantisch und -hegelsch klüger) und zu früh (weil noch ein dummer Junge) getrieben habe. Natürlich finde ich auch lauter „Bestätigung" aber ich glaube ich würde mich genieren das meiner Frau zu schreiben, denn es ist ja eine reine Selbstverständlichkeit. Von dem Augenblick an, wo man zum ersten Mal „denkt", wird <u>alles</u> Lesen nur noch Bestätigung[x)]; und Zurechtweisung erfährt man von da ab <u>nur noch</u> im Denken bzw. Sprechen. Das εὑρηκα[8] der Bestätigung beim Lesen ist eine Selbsttäuschung, die man nicht auf andre verbreiten sollte; oder der andre müsste wissen, dass dies εὑρηκα nur ein sich seines <u>Fleisses</u> rühmen ist, was bekanntlich jedermann darf.

Ich schicke dir zwei Zeitungsartikel die dir vielleicht entgangen sind. Der eine als Bestätigung, der andre als Zurechtweisung.

x) das Buch kann sich ja nicht wehren.

[1] Lat.: du mögest (deinen Willen) haben.
[2] Theobald von Bethmann Hollweg. Zu den Juli-Ereignissen der Brief an Eugen Rosenstock vom 29. Juli 1917, S.16.
[3] David Lloyd George, 1863-1945, führender britischer Staatsmann während des ersten Weltkriegs, der die völlige Niederwerfung des Deutschen Reiches forderte.
[4] Friedrich Meinecke, 1862-1954, Historiker und Lehrer Rosenzweigs.
[5] Baruch Spinoza, 1632-1677, jüdischer Philosoph.   [6] Arthur Schopenhauer, 1788-1860, Philosoph.
[7] Hier steht im Original nicht „Pf", sondern „d" (für Denar) in Sütterlin-Schrift, das als altertümliches Zeichen für Pfennig üblich war.
[8] Griech.: Ich hab's gefunden! Archimedes soll nach seiner Entdeckung des Gesetzes vom spezifischen Gewicht so gerufen haben.

An Margrit Rosenstock am 26. August 1917

26.8.17

Liebes Gritli, der Brief ist da, das Manuskript noch nicht; es ist auch grade eine kleine Postunterbrechung für mich; vor übermorgen kann ich es nicht haben. Die Karamasoff[1] sind eine gute Entschuldigung, ich finde es ist alles mögliche, wenn man sich die Zähne putzt solange man an dem Buch ist; ich las es vor bald 9 Jahren zu Semesterbeginn in Freiburg und sass drei Tage lang neben meinem unausgepackten Koffer. Das

macht, dass es abgesehn von allem andern ein vollkommener Kriminalroman ist; und Kriminalromane sind ja sowieso die schönsten.   Aber im vollen Ernst. Es giebt glaube ich ja überhaupt keinen Dostojewskischen Roman, der nicht um ein Verbrechen herum geschrieben wäre. Aber das Verbrechen ist ihm immer nur das technische Mittel, etwas sichtbar zu machen, was unsichtbar ist und was er eigentlich meint: das Böse was in des Menschen Herz „von Jugend an" ist.[2] Er sagt Verbrechen und meint Sünde. Oder: er spricht in der dritten Person (tut so als ob er erzählt) und in Wirklichkeit spricht er in der ersten und sagt „ich bins" und zwingt den Leser ihn zu unterbrechen: „nein ich bins". Den alten Karamasoff - wer hätte ihn nicht ermordet? wer ist <u>nicht</u> wild wie Mitja oder kultiviert wie Iwan oder verderbt wie der Diener genug dazu?? Roh genug, klug genug, gemein genug? Und wer könnte sagen, er sei wie Aljoscha, unfähig dazu? Niemand ausser ihm, und er selbst würde es nicht sagen, weil er es nicht weiss, dass er anders ist wie seine Brüder, sondern vor seinem eigenen Herzen ist er <u>wie sie</u>. Wegen dieser „Indiskretion" ist das Buch „qualvoll", was ein Vorwurf nur wäre, wenn es wirklich ein Kunstwerk wäre, denn da gehörte es sich allerdings zwischen hell und dunkel zu unterscheiden und zwischen geheim u. offenbar; es ist aber eine Beichte, also das vollkommene Nein aller Diskretion. Die Beichte ist freilich nicht das Letzte, aber Dostoj. ist hier dabei stehengeblieben; nicht mit Absicht - ich weiss nicht ob du weisst dass die Brüder Karam. nur das Vorspiel zum eigentlichen Roman sein sollten, dessen Held Aljoscha werden sollte; aber er ist gleich nach Vollendung der Karamasoff gestorben und hat es Russland überlassen, zu zeigen was aus Aljoscha wird. Vielleicht erleben wir jetzt den Anfang dieser Testamentsvollstreckung. Vielleicht aber ist es symbolisch gewesen, dass Dostojewski starb, als er Russlands Möglichkeiten ausgesprochen hatte und nicht mehr zur Verwirklichung kam; vielleicht wird so auch Russland der Welt den „eigentlichen" Roman schuldig bleiben. - Dostojewski selbst hatte freilich schon einmal einen „Aljoscha"-Roman geschrieben, aber einen <u>tragischen</u> (und der wäre der richtige Aljoscharoman nie geworden). Nämlich im „Idiot" wird vorgeführt, wie ein Aljoscha (ein fertiger, aber der „Idiot" in den Augen der andern) zu <u>seinem</u> „Verbrechen" kommt, allmählich, unbegreiflich (ich weiss schon jetzt, nach drei Jahren, nicht mehr wie) aber unausweichlich. Dabei eigentlich bei aller Furchtbarkeit ein heiteres Buch, weil der Held strahlend in seine Nacht hineingeht und weil diese Nacht die sanfte Nacht des Wahnsinns ist.
Du hast Recht. „Vom Rechte das mit uns geboren ist" ist zum mindesten ein möglicher Titel. Wenn die Veröffentlichung zustande kommt (was doch sehr unwahrscheinlich ist) wird er schon einen weniger ewigkeitsgemässen Titel finden. Buchtitel finden ist ja überhaupt schwer, - die einfachsten kosten die meiste Mühe. Ein so selbstverständlicher wie „Hegel und der Staat"[3] hat sicher 10 - 20 früh gestorbene ältere Brüder gehabt. Aber vor allem ich glaube zwar dass das Manuskript fertig wird, aber das Buch? und jetzt? Wenn Hans allem Erwarten zuwider einen Verleger für sein Sammelbuch findet, dann muss Eugens Aufsatzreihe <u>doch</u> da hinein. Sie gehört hinein, und gegen das Eugensche Vorurteil namens „Hans Ehrenberg" werde ich dann Sturm laufen. Aber erst, wenn wirklich was draus wird und wie gesagt ich halte es für ausgeschlossen. - Hier siehst du, dass der Jensen[4] gekommen ist. Gekommen, gesehen und gesiegt.[5] Ich bin entzückt und schrieb eben an Eugen darüber.

Noch etwas: Dostojewski hat es so eingerichtet, dass man auf den „tatsächlichen" Mörder überhaupt keinen Verdacht schöpft, weder die Richter noch der Leser; er geht frei aus. In Verdacht hat man von Anfang an abwechselnd die beiden „möglichen" Mörder. Und dabei ist jener mit einer rechten Galgenphysiognomie ausgestattet, eine Meile weit zu sehen, während die beiden andern rechte Idealmänner sind, voll Kraft der eine und voll Geist der andre. Und doch wird der Leser gezwungen grade ihnen das Verbrechen zuzutrauen. Das ist die grosse Umkehrung der Begriffe, und freilich „qualvoll", aber durch diese „Qual" muss der Mensch hindurch.

Schluss. Dein

Franz.

[1] „Die Brüder Karamasoff" von Dostojewski.

[2] 1. Mose 8,21.   [3] Titel der Dissertation Rosenzweigs.

[4] Johannes V. Jensen, 1873-1950, Unser Zeitalter, 1917. Jensen war ein dänischer Dichter, erhielt 1944 den Nobelpreis. Seine präzise charakterisierende Sprachkunst und seine von Charles Darwin beeinflußte Philosophie machte damals vor allem auf junge Menschen einen starken Eindruck.

[5] Anspielung auf den Ausspruch Julius Cäsars: veni vidi vici - Ich kam, sah, siegte.

An Eugen Rosenstock am 2. September 1917

2.9.17

L.E., ...

Ja und nun noch einmal Bethmann. Was du ihm vorwirfst - denn die Berolinica von „schleifenden Zügeln" u.s.w. rechne ich nicht, das ist wie die „Spione" zu Kriegsanfang -, dass er nicht (wie wir klugen Leute) zu bei Kriegsausbruch schon an Polen gedacht hat, ist grade der Beweis dafür, dass er wirklich Politiker war. Der Politiker ist nämlich <u>kein</u> Visionär; er fasst Gott „am Saum seines Mantels"[1] also wenn er vorbeikommt, sieht ihn aber nicht kommen. (Bismarck ist wohl so ziemlich der Deutsche gewesen, der <u>zuletzt</u> an das Paulskirchenprogramm geglaubt hat, alle andern sahen es kommen, er, weil er bestimmt war es auszuführen, sah es erst in dem Augenblick wo es an ihm vorbeikam, d.h. wo es in seine Reichweite kam. Der Politiker profezeit nicht, sondern <u>erreicht</u> und <u>hält</u> „in Reichweite" <u>Schritt</u> mit der Geschichte. Grade über diese Eigenschaft ist Bethmann dann ja auch gestürzt; denn rechts und links wollten sie ihn auf ihre Profezeiungen festlegen und er wollte die Freiheit des Politikers behalten.

Und die persönliche Seite der Sache? Ja du fragst ganz richtig. Du <u>kannst</u> das deutsche Volk ohne Deutsche leben, weil du selber einer bist (schon das englische hast du nicht, wenn du nicht Loyd George oder sonst bestimmte grosse Engländer hast u. so alle andern Völker; sich selber als Mittler des Volkserlebnisses hat man eben nur beim eignen Volk). Und der Jude kann Gott ohne Jesus Christus erleben und leben, weil er <u>selber</u> (Ipse dixit[2]) sein „erstgeborner Sohn"[3] ist und so sich selber zum Mittler hat, sich selber natürlich qua „Israel", von dem ja natürlich der zitierte Vers spricht. Satis superque[4] und nur zur Erklärung, weshalb ich Bethmann brauchte, um Deutschland zu sehen.

Finckhs Vorträge über dt. Sprache sind vergriffen, ich lasse sie jetzt antiquarisch auftreiben; ein andres älteres System der Sprachen auf ca. 1 1/2 Bogen habe ich grade von ihm hier. Ich las sein Buch vor 1 1/2 Jahren und diesen Sommer zum zweiten Mal.[5] Meine Putzianumsweisheiten verdanke ich ihm grossenteils. Auch mein Widerspruch gegen deinen Esperantobegriff beruht darauf.
Das Tridentino leuchtet mir sehr ein. Dir auch noch?
Deine Methodologie ist so - Münsterplatz. Wirklich: ungefähr so sagt mans in Freiburg auch und noch an einigen andern Orten. Der Weg nach diesem südwestdeutschen Rom (viele Wege..) ist freilich dein eigner. - Die Doppelpoligkeit aller Wissenschaft geht ja so weit, dass sogar jeder wissenschaftliche Bach aus einem Coitus zweier Wissenschaften entspringt, die eben hierbei sich polar zueinander stellen. Z.B. Königshaus u. Stämme:[6] juristischer Geist, historische Materie; Hegel und der Staat: historischer Geist, philosophische Materie. Der Geist hängt den Faden seiner Antithese in die gelöste Wirklichkeit und lässt sie krystallisieren. So letzthin mit sich selbst hat es von allen Wissenschaften nur die Philosophie zu tun, und deshalb kann sie die Schildkröte sein, auf der die Erde ruht. Wenigstens muss sie sich das einreden und danach verfahren, sonst müsste sie sich aufhängen. Und das ist die Borniertheit der Philosophie, dass sie sich das einreden muss und auf ihre eigene Tatsächlichkeit nicht eingehn kann, ohne sich - später Schelling - selbst zu vernichten oder um es mit dem eben schon ungewollt zitierten Wort zu sagen: sich aufzuhängen (hang up philosophy). Und daher kann seitdem (seit dem späten Schelling) die „Philosophie" das, was die Philosophie vor ihrem Selbstmord noch nicht konnte: make Juliet,[7] sogut wie der Dichter Shakespeare sie hat machen können; schon Schopenhauer hat [[wirklich]] den Heiligen, Nietzsche den Übermenschen gemacht, wie Shakespeare Julia, nämlich nicht als Selbstporträt, sondern als monadisches Weltbild; was bei den früheren (zu Lebzeiten der Philosophie) Philosophen vergleichbar erscheint - etwa Spinozas homo liber,[8] Platons Liebender - ist Selbstporträt, nicht Welt-Ansicht. Da sitze ich schon wieder auf meinem Steckenpferd. Aber statt dir darauf aus den Augen zu gallopieren, bleibe ich noch und frage dich peinlich und dringend: warum sollte ich Sh's[9] Julius Caesar lesen? ich habe „Befehl ausgeführt", aber warum? Das Stück ist übrigens mässig, ich kann mir nicht helfen. Einen so tristen Bramarbas[10] hat ihm Plutarch[11] nicht geboten; es ist als wenn einer Bismarck eine Hindenburgseele gäbe; und darunter leidet wieder die Hauptperson, der Brutus, da man ja nun seine Liebe zu diesem Cäsar gar nicht begreift. - Ich stecke in Alexander, lese nämlich Droysen[12] und habe mir jetzt dazu Plutarch und – – Gobineau kommen lassen. Bei Droysen habe ich meine Erfahrung aus dem Meineckekolleg wiedergemacht. Ich glaube, ich vertrage nur noch Ranke selbst. Alexander ist noch legendärer als Napoleon, und nur mit ihm, sicher nicht mit Cäsar zu vergleichen, ich bin neugierig, wie Plutarch diesen Fehler cachiert. Cäsar und Karl konnten Titel werden, Napoleon und Alexander sind der Mensch „an den Grenzen der Menschheit"; es ist prachtvoll dass die Alexandersage grade den tragischen Wendepunkt seines Lebens, die Umkehr in Indien, gefasst hat: Alexander am Tor des Paradieses. Den Menschen, der sich nicht in seinem Werk begrenzen kann, hat Deutschland in Goethe gehabt. Das sind die Enkidus, die nicht in die „Stadt" gehören und bei denen man auch eigentlich nie begreift, was ihnen der Tod soll, während die

Gilgameschs, (die Cäsars, Karls, Bismarcks), wenn sie ihr Reich gegründet und ihre Enttäuschung erfahren haben, gar nichts andres übrig haben als sich in ihren Häusern vom Tod holen zu lassen.[13]
Ich will dir noch ein bischen Hans über Bethmann abschreiben .....

Franz

[1] Otto von Bismarck sagte einmal: wenn der Mantel der Geschichte vorüberwehe, bleibe dem Staatsmann wenig mehr übrig, als seinen Saum zu erfassen.

[2] Lat.: Er (nämlich Gott) selbst hat's gesagt. Cicero (De natura deorum 1,10) berichtet, die Anhänger des Pythagoras hätten sich oft, statt rational zu argumentieren, auf ein wörtliches Zitat ihres Meisters berufen.

[3] 2. Mose 4,22; Jeremia 31,9.   [4] Lat.: genug und übergenug.

[5] In Rosenzweigs Besitz befand sich von Franz Nikolaus Finck: Die Sprachstämme des Erdkreises, 1909.

[6] Eugen Rosenstock, Königshaus und Stämme in Deutschland zwischen 911 und 1250, veröffentlicht 1914. 1923 erhielt er für dieses Werk von der Universität Heidelberg seinen zweiten Doktor-Titel.

[7] Dazu auch das Ende des Briefs an Margrit Rosenstock vom 10. August 1917, S.20.

[8] Lat.: freier Mensch.   [9] Shakespeares.   [10] Großsprecherischer Prahler.

[11] Plutarch, 50-125, griechischer Philosoph und Historiker, der in seinen 44 „vergleichenden Biographien" den Griechen große Römer vorstellte, darunter auch Julius Cäsar.

[12] Johann Gustav Droysen, 1808-1884, Historiker, prägte den Begriff „Hellenismus" und schrieb eine „Geschichte Alexanders des Großen" (1833).

[13] Gilgamesch war ein frühgeschichtlicher sumerischer König von Uruk, um 2600 v.d.g.Z.. Als mythische Gestalt erscheint er zu Beginn des ersten Jahrtausends v.d.g.Z. in einem nach ihm benannten akkadischen Epos als Mensch auf der - letztlich vergeblichen - Suche nach Unsterblichkeit. Veranlaßt wurde seine Suche durch den Tod des Enkidu, der zunächst sein Gegenspieler war, dann aber sein Freund wurde.

An Eugen Rosenstock am 4. September 1917

4.9.17

Lieber Eugen, aber so geht es uns <u>allen</u>. Das Alibi hat überall den gleichen Inhalt und das „Geistige" ist nur die selbstbelügende Rechtfertigung dazu. Diese ganz handfeste ~~Geme~~ Übereinstimmung in einer so verborgenen Sache ist ja der unbegreifliche Naturgrund für alle Gemeinsamkeit des Glaubens; nur weil meine Sünde ja, obwohl doch mein Eigenes und Eigenstes, genau die gleiche ist wie deine, nur deshalb fühlen wir (was wir sonst nur erschließen würden), dass meine Erlösung auch deine Erlösung ist. Nur der Jude, der wirkliche Binnenjude, von dem du einmal ganz genau richtig schreibst: „der mit 14 Jahren heiratet", nur der ist ausgenommen; er ist nicht unkeusch, weil und insofern er als Jude geboren ist und so der Kampf der „beiden Triebe" (das ist der terminus technicus) nicht das Gefälle schafft auf dem die Seele sich den Weg in den Ozean sucht, sondern nur Stürme im Glase Wasser erregt. Der Grenzer-Jude, für den es ein Jude<u>werden</u> giebt, (ein Werden freilich, das nicht Wiedergeburt, sondern Heimkehr, kein Weg über sich hinaus, sondern Weg in sich hinein ist) für den giebt es auch die Unkeuschheit, solange bis er dahin gekommen ist, wo der andre ununterbrochen gestanden hat, dem es aufgegeben (und durch die jüdische Lebensform - „mit 14 Jahren ..."[1] - ermöglicht) ist, nicht etwa den bösen Trieb dem guten zu unterwerfen, sondern „mit <u>beiden</u> Trieben Gott zu lieben" (so nämlich wird, mit der üblichen

Buchstabeninterpretation[x)] traditionell das „mit deinem ganzen Herzen" des berühmten Verses verstanden).[2] Daher und nur daher war dein Versperren meines Alibis für mich so erschütternd; sonst hättest du mir ja nur einen Irrtum genommen (und wahrscheinlich noch nicht mal das, denn du ranntest mich mit einer Behauptung an, nicht mit einer Widerlegung), aber du zogst vielmehr den Vorhang weg, hinter dem ich mir alles erlaubte; ich merkte plötzlich, dass ich mir deswegen den Vorhang vorgespannt hatte, um das „Dahinter" isolieren zu können und es vor dem „verzehrenden Feuer"[3] schützen zu können. Mein Schrecken war nicht: ich habe bis heute geirrt, sondern: ich habe bis heute gesündigt, und zwar grade am schlimmsten dadurch dass ich Busse tat, denn ich büsste nur, um weiter sündigen zu können.

Wir sind alle so viel primitiver als wir gegenseitig von uns glauben möchten. In Wirklichkeit wissen wir es dabei doch, dass der andre ist wie wir.[4] Ich finde die Scheu diese Dinge zu berühren gut und nötig. Von dem Verbum sündigen giebt es nur die erste Person, in die Wechselrede (deren Charakter die zweite Person, das Du, ist) geht es nicht ein. Was aber nicht in die Wechselrede eingeht, liegt auch jenseits der Liebe. Wenn einer sündigt oder Busse tut, ist er allein; er würde mich nicht hören, wenn ich du zu ihm sage. Ich kann nur gleichfalls Ich sagen. Aber diese unsre beiden Bekenntnisse begegnen sich dann nicht auf der Erde der Liebe, und wenn sie sich im Himmel begegnen, so erkennen sie einander nicht als die bekannten Dus, sondern erscheinen sich wie ihre eigenen Spiegelbilder. Das, was die Dichter heut mit Vorliebe behandeln, die ewige Fremdheit der Menschen gegeneinander („was weiss ein Mensch vom andern"), ist nichts anders als eben dies. Man liebt sich immer „trotz diesem" (wie man sich auch immer trotz - nein wegen des „Unrechts" liebt, das man einander „tut"). Wirklich: Was weiss ein Mensch vom andern? das, was er ihm und der wieder ihm tut. So hat mir wohl das Unverständliche an Menschen die ich liebte Schmerzen gemacht, aber diese Schmerzen haben mir keine Waffe in die Hand gezwungen und kein Wort auf die Zunge gelegt. Meine Liebe ist unberührt davon geblieben. Auf dem Platze, wo diese unheimliche Fremdheit gehaust hat, wird eines Tages die fremde Heimlichkeit des Hauses gebaut, die man respektiert, wie man jene fürchtete. So ist es mir mit Rudi gegangen und nun auch mit dir; deine Erotik ist mir lange das Unheimliche und Unfassbare an dir gewesen, sogar schon zu einer Zeit, wo ich mir selbst das Gleiche nicht übel genommen hätte.

Was du vom Selbstmord sagst, unterschreibe ich heute natürlich. Es steckt sogar die ganze Menschengeschichte darin: dass das Tier leben muss, der Mensch zwischen Fall und Offenbarung sterben kann, und der Mensch in der Offenbarung wiederum leben muss, (obwohl er weiss dass er sterben könnte). Aber auf die Geschichtsfrage weiss ich auch keine Antwort; im A.T. kommt überhaupt kein Selbstmord vor, soviel ich mich besinne (Simson[5] ist natürlich keiner, sowenig wie Winkelried[6]), im N.T. der des Judas. In der Civ. Dei steht wie mir dunkel vorschwebt etwas Absprechendes über Lukretia - halt: jetzt weiss ichs genau, im 1. oder 2. Buch, anlässlich der von Alarichs

---

[x)] Herz hier „l'bab"; warum denn nicht (das gebräuchlichere) „leb"? das doppelte „b" sagt: mit deinem zwiespältigen Herzen, mit deinen beiden Trieben.

Goten geschändeten Christenjungfrauen, wohl gar Nonnen, weshalb ihr Weiterleben mehr sei als die Tat der Lukretia.[7] Ich glaube dass ich mich nicht irre. - An Stelle des Selbstmords setzt die Offenbarung ⟦das Selbstopfer,⟧ den Gehorsam bis zum Tode, anstelle also des impavidum ferient ruinae[8] das „Hier bin ich" Abrahams.[9]
Den Band Amadis[10] habe ich gelesen, aber ohne unmittelbaren Eindruck; nur etwas mittelbaren, indem ich ihn ein bischen durch dich hindurch las; er dichtet ja wie du und wie der „Schiller" deines Goethe und Bismarck-Aufsatzes. Froh bin ich dass du den Vermeylen[11] auch nicht magst; aber was hat denn Picht[12] darin gefunden? - Was ist denn das punctum saliens[13] bei Schopenhauer? ich bin nie schopenhauerfest gewesen und die Briefe jetzt sind seit 1909 von ihm lesen.[14] Aber die Briefe haben mir doch grade Lust gemacht, ihn selbst wieder zu lesen; den 2. Bd. des Hauptwerks[15] kenne ich noch gar nicht. An seiner Reaktion auf die „drei grossen Charlatane" kann man wunderschön ablesen, was die Hauptsache der nachkantischen Philosophie gewesen ist: eben wirklich der „alte Jude", die philos. Konstruktion des Athanasianums;[16] ave, mein Steckenpferd! ich fühle mich mal wieder „bestätigt". Dafür hat er die erste christliche „Ethik" geschrieben (und Nietzsche die zweite); alle Philosophen vor ihm sind, wenn man ihre Ethik anatomisch „herauspräpariert", Heiden, auch noch die drei Advokaten des alten Juden. Er ist eben der erste, der aus einem modernen Ich herausphilosophiert, (weil er überhaupt der erste ist, der aus dem Ich - statt aus dem erreichten Punkt der Geschichte der Philosophie - heraus philosophiert) - ave[17] „Bestätigung"! - (wie er αυτος ἐφα[18] im ersten Brief an Brockhaus, wo er opere perfecto[19] den Begriff des Philosophierens umschreibt als den „Eindruck, welchen auf einen individuellen [sic!] Geist die Welt macht und der Gedanke durch welchen der Geist nach erhaltener Bildung auf jenen Eindruck reagiert". Versuch dir mal diesen Satz in Spinozas oder selbst in Leibnizens Mund zu denken, von Kant und Konsorten ganz zu schweigen - und du wirst sehen, wie neu dieser Begriff des Philosophierens ist. - Als ich 1910-12 in Berlin auf dem Handschriftenkabinett der kgl.B.[20] hegelte, nur von G.Lasson[21] gelegentlich akkompagniert, sass mir eine geschlossene imponierende Front von Schopenhauerluden[22] gegenüber und edierten 1814-18. Wir gingen immer mit kalter Höflichkeit aneinander vorüber. O ja! - Ich gebe mich übrigens der stillen Hoffnung hin, dass G.Lasson meine Attribution des Programms von Schelling[23] bestreiten wird; eine Hoffnung die neulich sehr gestärkt wurde, indem G.Lasson mir betont nur von „Gedanken, die nach Kant in Deutschland ..."[24] schrieb. ...

F.

---

[1] Im traditionellen Judentum gilt ein Junge mit 13 Jahren als volljährig und mit 14 als heiratsfähig.

[2] 5. Mose 6,5: „Du sollst den Herrn, deinen Gott, lieben mit deinem ganzen Herzen ..." in der Auslegung von Mischna Brachot IX,5. Aus der auffälligen Schreibweise des hebräischen Wortes für „Herz" mit *zwei* BET (לבב statt לב) leitet die Mischna ab, daß der Mensch Gott mit *beiden* Trieben lieben soll. Dazu auch Rosenzweigs eigene Fußnote.

[3] Dazu 2. Mose 3,2.

[4] Dazu das Gebot der Nächstenliebe in 3. Mose 19,18, das von deutschen Juden gewöhnlich übersetzt wird: „Liebe deinen Nächsten, er ist wie du."

[5] Dazu Richter 16,30.

[6] Arnold Winkelried, ein schweizer Eidgenosse aus Stans/Unterwalden, der in der Schlacht bei Sempach (1386) die feindlichen Speere auf sich gezogen und dadurch wesentlich zum Sieg über den Österreicher Leopold III. beigetragen haben soll.

[7] De Civitate Dei - „Vom Gottesstaat", Hauptwerk des Kirchenlehrers Augustin, 354-430. Das Werk entstand kurz nach dem Einfall der Goten in Italien im Jahre 410. Lucretia wurde der Sage nach von König Tarquinius Superbus entehrt und gab sich daraufhin selbst den Tod.

[8] Lat.: „(wenn krachend auch zusammen bricht das Weltall,) werden die Trümmer doch einen Furchtlosen treffen", Horaz, Carmina III,3,7f.

[9] Dazu die Geschichte von der Bindung Isaaks, in der Abraham dreimal als Zeichen seiner Bereitschaft, den Sohn zu opfern, (הנני) HINNENI - „Hier bin ich" sagt, 1. Mose 22,1.7.11.

[10] Vermutlich Christoph Martin Wieland, Der neue Amadis. Ein comisches Gedicht in achtzehn Gesängen, 1771.

[11] Im Besitz Rosenzweigs befand sich von August Vermeylen: Der ewige Jude, 1917.

[12] Werner Picht, 1897-1965, Schriftsteller, aktiv in der Volkshochschulbewegung, intimer Freund von Eugen Rosenstock.

[13] Lat.: springender Punkt.   [14] Der Satz steht tatsächlich so da.

[15] Arthur Schopenhauers Hauptwerk „Die Welt als Wille und Vorstellung", erschienen 1819.

[16] Athanasianum: das dritte, nach dem Kirchenvater Athanasius benannte ökumenische Glaubensbekenntnis.

[17] Lat.: sei gegrüßt.

[18] Griech.: er selbst hat's gesagt: Cicero (De natura deorum 1,10) berichtet, die Anhänger des Pythagoras hätten sich mit dieser Formel oft, statt rational zu argumentieren, auf ein wörtliches Zitat ihres Meisters berufen.

[19] Lat.: nach vollendetem Werk.   [20] Königliche Bibliothek.

[21] Georg Lasson, 1862-1932, Pfarrer und Herausgeber der Werke Hegels.

[22] „Lude" bedeutet in der Gaunersprache: Zuhälter.

[23] Rosenzweigs Schrift „Das älteste Systemprogramm des deutschen Idealismus", abgedruckt in Zweistromland S.3-44.

[24] Punkte von Rosenzweig.

An Eugen Rosenstock am 6. September 1917

L.E.,   6.9.17

.....

Der Grund für die Spruchmässigkeit des Deutschen liegt im Jahr 1800. Denn es ist nicht wahr, dass die neuen deutschen Bücher „Rede" sind, sie sind auch nur „Spruch". Lessing war der letzte grosse deutsche Redner. Seit 1800 herrscht in der deutschen Äusserung, wie du richtig siehst, das Citat, und zwar nicht als Schmuck sondern als die Sache selbst. Kein andres neueuropäisches Volk „zitiert". Und das kommt daher, dass nur in Deutschland (1800) die Denker und die Dichter miteinander in eine santa conversazione[1] getreten sind. Die Botenfrau zwischen Weimar u. Jena, die zwischen Schiller und Goethe, Fr. Schlegel, der zwischen Goethe und Fichte, der Whisttisch[2], der zwischen Hegel u. Schiller „vermittelte" das ist das Schicksal, unter dem bis heute alle Sprache in Dtschland steht. Du hast den kompletten Unterschied, wenn du Kantische und Fichtesche Popularschriften, also etwa die „Grundlegung zur Metaph. der Sitte" und die „Bestimmung des Menschen", die nur 15 Jahre auseinanderliegen!, nebeneinanderhältst. Kant hat noch geredet, Fichte hat (weimarisch) gesprochen. Friedrich konnte schelten: Kerls wollt ihr denn ewig leben! Bismarck schalt die Parteien, (genau so kräftig für unser Gefühl, aber mit der Kraft des deutschen Zitierens): get you home you fragments.[3] Der Doppelsinn von λογος[4] ist nur in Dt. seit 1800 wieder Wirklichkeit geworden. Aber die Führerstellung im Reiche des Geistes, die Dt. dadurch gewonnen hat, dass ~~bei~~ hier allein der höchste Gedanke ohne weiteres sich im höchsten Wort äussert, bezahlt es damit, dass seine naive native natürliche nationale völkische Lebendigkeit verdorrt; Schiller hat den „deutschen Jüngling" im letzten Augenblick wo er noch lebte, zu Protokoll genommen. Wagner hat ihn schon mit Musik künstlich aufpumpen müssen, um ihm nochmal eine Scheinlebendigkeit zu geben; im deutschen Sprachdrama seit Schiller giebt es keinen Jüngling mehr. <u>Deshalb</u> ist ja (Mittel-) Europa für Dt. wie für keinen andern Staat eine so lebendige fleischerne kurz körperhafte Notwendigkeit, weil Dt. kein naives Volksleben, also keine Möglichkeit zur nationalen Demokratie hat; deshalb braucht es um überhaupt politisch lebendig zu sein die übernationale Sphäre, wo es unnaiv <u>arbeiten</u>[x)] (statt sich demokratisch-naiv auszutoben) kann.

Zwischenfrage: ich will etwas über dein 1096-99 lesen. „Muss ich da an Gott glauben oder nicht? lieber wäre mir, nicht" fragte jener Amerikaner, der von Janus kam und bei Rickert religionsphilosophisch arbeiten wollte, so frage ich dich: muss es Sybel[5] sein oder kann es irgendwas altes Lateinisches sein und was? (Monumenta-Bände[6] lässt die Feldpost nicht zu).

Der „Rechtsbestand", die historische Hälfte glänzend, die Mittel der Einführung - „oh Eugen!", herrlich, ich bin auf meinem Schemel herumgehopst vor Vergnügen, aber wie kannst du so ein Juchhe als Schwanz an einen solchen akademisch prächtig aufgezäumten preussischen Geschichtsgaul hinten dran binden. Aber ich frage mich: wie bringt man das Zeugs zum Druck. Ich weiss nur eins: eine eigene von vornherein auf kurzes Leben (μινυνθαδιον περ εοντα[7]) bezeichnete Zeitschrift. Denn die alten langlebigen nehmens nicht. Kleines Format, kleiner Druck, schmaler Rand, ein Bogen; Stoff ist genug da; was du, Hans, A.Bund, F.Hesse gemacht haben, reicht schon jetzt für 26 Nummern aus, und nach 1/2 Jahr <u>soll</u> sie eingehn. Titel

<u>Der Kriegsteilnehmer</u>
Ein Blatt von ihm und für ihn.

....

[x)] Sozial<u>politik</u>! lucus a non lucendo.[8] Es giebt keine Sozial<u>politik</u>, es giebt nur soziale <u>Arbeit</u>.

---

[1] Ital.: heiliges Gespräch.

[2] Whist: englisches Kartenspiel für vier Personen.

[3] Engl.: Macht, daß ihr nach Hause kommt, ihr Fragmente.

[4] Griech.: Wort, aber auch: Vernunft.

[5] Heinrich von Sybel, 1817-1895, Historiker, Begründer der Historischen Zeitschrift (1859).

[6] Monumenta Germaniae Historica, die wichtigste Sammlung mittelalterlicher Quellentexte zur deutschen Geschichte.

[7] Griech.: kurzlebig seiend, zu einer nur kurzen Lebenszeit bestimmt. Achill redet mit diesen Worten im ersten Gesang der Ilias (Zeile 352) seine Mutter Thetis an: „Mutter, die du mich nur zu kurzem Leben geboren hast".

[8] Lat.: Wald (hat seinen Namen) von Nicht-Hell-Sein. Der Rhetor Quintilian, 35-95, stellt in seinem Hauptwerk: „De institutione oratoria" die Frage, ob sich nicht einige Worte aus ihrem Gegenteil ableiten ließen, etwa lucus, Wald, „den der Schatten so verdunkelt, daß er eben nicht licht ist" (I,6,34). Rosenzweig will mit diesem Zitat auf die Unzulänglichkeit mancher sprachlichen Benennung hinweisen.

An Eugen Rosenstock am 7. September 1917

7.9.17

L.E.

.....

Nun wäre höchstens die Frage: hat Nietzsche vielleicht die deutsche Sprache von Weimar befreit? Rilke, wohl noch nicht George, ist ja der erste Goethefreie Lyriker. Du wirst wohl ja dazu sagen. Ich würde es für Nietzsche bestreiten, weil seine Sprache, wenn er laut spricht, also z.B. im Zarathustra,[1] ein reines Bildungsprodukt ist, ein Reden in lauter Anspielungen, eine Neuschöpfung aus allen Ingredienzien der schon litteraturgewordenen Sprache, kein Gang auf die Luthersche „Gasse". Bei Rilke allerdings ist es anders, er hat ein Stück Natursprache heraufgebracht, - ich kann mich irren, ich meine aber: er hat den eigentümlichen Sprachton der Frauen gehört und daraus eine Dichtersprache gemacht; die bisherigen Dichter einschliesslich natürlich der Dichter-„innen" sprachen männlich. Nämlich in Perioden, die Periode ist der Satz aus Sätzen. Die Frauen sprechen noch bis zum heutigen Tag in einfachen Sätzen; sie können die Periode nicht (weil sie beim zweiten Satz den ersten nicht mehr wissen; während der „einfache Mann" zwar formell auch nicht in Perioden spricht, aber faktisch doch, er türmt inhaltlich Satz auf Satz wenn er etwas beweisen oder erklären will. Die Frau beweist nicht und erklärt nicht, sie sagt bloss. Und diese Insichgeschlossenheit des einzelnen Satzes, das im Satz vollendete Gefühl, den echten Punkt - der Mann hat das Semikolon erfunden - hat Rilke. Goethesche Gedichte müssen in einer melodischen Linie durchkomponiert werden ohne Wortwiederholungen, bei Rilke könnte jeder Satz für sich mit zahllosen Wiederholungen ein eigenes Lied geben und es ist sehr bezeichnend, dass er um den Zusammenhang, der im [[melodischen]] Sprachton nicht liegt, herzustellen, zu einem ganz „äusseren" nämlich klanglichen Mittel greift: zu der Reimvervielfachung und Reimverschlingung. - Aber hat das (wenn es überhaupt richtig ist) nun schon eine Befreiung vom Denk-Dicht-Zusammenfluss von 1800? Kann eine solche Befreiung überhaupt einseitig geschehen? Kann ein Lyriker mehr befreien als höchstens sich selbst? und ein Philosoph ebenfalls. Das ganze Leben des Volks müsste in eine Zwangslage kommen, wo es heisst: „rede" oder stirb. Du meinst, der Krieg schüfe diese Zwangslage. Das bestreite ich eben. Nur eine schwere Niederlage, die Deutschland auf seine Nationalität isolierte und von seiner europäischen Zukunft abschlösse, würde den Zwang zur nationalen Demokratie bedeuten. Jedes nur halbwegs europäische Kriegsendergebnis bedeutet soziale Arbeit, - also Werktags Tat und Sonntags Spruch, aber nie Rede.

Eben ein Brief von dir mit der Juniusbeilage. Aber dieser soll fort.

Gute Nacht.

Franz.

[1] Friedrich Nietzsche, Also sprach Zarathustra, 1892.

An Eugen Rosenstock am 8. September 1917

8.9.17

Lieber Eugen, es ist mir als ob ich dir in den letzten Tagen täglich geschrieben hätte. Über das „Plagiat"eingeständnis musste ich lachen; ich hatte natürlich nichts gemerkt, es kam mir bloss richtig vor; ich vergesse nämlich alles was ich gesprächsweise, mündlich oder schriftlich, finde, - weil ich es ja sage um die Antwort zu hören. Nur wenn ich selbst mit mir selbst spreche, also mir selbst antworte, nur dann behalte ich meine Gedanken, und dann sowohl im Gedächtnis wie als dogmatisches Eigentum. Spreche ich, so interessiert mich der andre mehr wie ich selbst. Aber überhaupt, mir ist in den letzten Tagen etwas klar geworden; ich dachte bisher: Überzeugen sei eine Art Kampf, worin man sich dem Überzeugtwerden aussetzen müsse, wie man sich der Niederlage aussetzen muss um siegen zu können. Nein: es bleibt nicht beim „sich aussetzen", sondern es tritt die volle aktuelle Wirklichkeit des Überzeugtwerdens auf: man überzeugt nur, wenn man selbst überzeugt wird. Überzeugen ist ein Akt auf Gegenseitigkeit, ohne jeden Abstrich. Alles blosse Tun, das nicht genau im gleichen Masse Leiden ist, ist eo ipso[1] unsittlich. Hat es dann aber noch Sinn, „Plagiate" zu entschuldigen? So fange ich jetzt, wo du mir meine Bethmannverzweiflung nachklagst, an, deine Paulskirchenhoffnung dir nachzuhoffen. Was heisst das? ich fange unwillkürlich an, die Zeitungen „daraufhin" zu lesen. So jetzt die 7er Kommission. [Ganz was andres: wenn der Krieg bis ins Frühjahr dauert, wo werden dann die Million Amerikaner sein? An der Ostfront! und dort wird dann die Sommeschlacht 1918 sein. Ich glaube jetzt manchmal, Deutschland wird noch zum vollkommenen Sieg mit Diktierfrieden gezwungen werden]. - 61° ist nicht schlimm, voriges Jahr warens 70° ! Die böseste Zeit hier war die - Kälte im Januar u. Februar. .... F.

[1] Lat.: von selbst.

An Margrit Rosenstock am 10. September 1917

10.9.17

Liebes Gritli

.....

Siehst du, da bin ich auch ins Polemische hineingeraten. Das geht nämlich jedem etwas so. Und Eugen allerdings mehr als den meisten, weil er eben ausschliesslicher dialogisch lebt; er kennt den Monolog nicht, er braucht ein ganzes Personenverzeichnis um eine Person zu sein. Aber ein solches Malheur ist das nicht. Es ist noch nichtmal eigentlich „Liebe" nötig, um darüber hinweg zu kommen, im Gegenteil: er reizt dadurch und zieht an, ist „reizend" (eine Bezeichnung, die er meiner Mutter mal lange nachgetragen hat). Nur freilich festhalten lässt er sich so nicht, dazu gehört dann freilich Liebe, genauer: ein bischen Verzweiflung und ein bischen Humor, bis man endlich den proteischen Meergreis in seiner innersten Grotte[1] gepackt hat und er einem nun (solange man ihn fest hält) in keine Verwandlung mehr ausweichen kann. Aber: er wird diese Fähigkeit des ewigen Ausweichens ins Gegenüber, des Dialogs à tout prix[2] nicht mehr lange behalten. Je mehr er nämlich anfangen wird, sich monologisch festzulegen. Sein ganzes Philosophieren hat ja persönlich gesehen nur diesen Zweck: er will sich einen Charakter erschreiben, Nam und Art. Er wird an seine eigenen „Sprüche" gebunden werden und die „Rede" wird an der Leine laufen müssen um einen „Spruch" herum der in der Mitte liegt und von dem sie sich nicht entfernen darf. So wird es kommen (sagte der Laubfrosch), aber geschadet hat es ihm nicht, dass es erst so spät kommt; er ist weit unter Menschen herumgekommen dadurch und hat sie von allen Seiten sehen können, weil er überall Posto fassen konnte, ein rechtes Kronprinzendasein („bald hier bald da" — oder nein so tutet ja der Kaiser selbst. Es ist egal. So hat er Menschen abgestossen und Menschen angezogen, unberechenbar. ..... Alle solche Familienbegriffe sind ja so starr und passen höchstens für eine Generation, in die nächste Generation mündet ja durch die Frau schon wieder eine ganz andre Familie. Meine Vettern und Cousinengeneration (mütterlicherseits) nennt gewisse uns mehr oder weniger allen gemeinsame Eigenschaften (ein gewisses Familiengebräu aus Esprit Bosheit und Liebenswürdigkeit) „alsbergisch"[3], weil wir es eben alle von den Müttern zu haben glauben; dieses selbe Element hiess aber in der Generation unsrer Mütter selbst nicht etwa alsbergisch, sondern (wieder nach den Müttern) „löwenbaumsch" (es war etwas altmodischer, lavendeliger, mehr Liebenswürdigkeit u. weniger Bosheit), und noch eine Generation früher soll es „lilienthalsch" geheissen haben. -

Ich stehe trotz Papst (und obwohl die Papstnoten hin u. her jetzt nicht mehr aufhören werden) nicht mehr auf Friedensverhandlungen in diesem Monat. Ja diese drei oder vier Jahr Wartezeit, wenns wirklich nur das gewesen sein sollte — ich werde sie aber vielleicht später als eine Schonzeit ansehen, denn es graut mich vor der Fahrt genau so wie es mich danach verlangt. Für Eugen ist es ja ganz anders; er ist eben verheiratet; so ist das Warten für ihn ein Anfang; den Grund und Boden seines Nachkriegslebens hat er schon, ob ers weiss oder nicht; ich denke er weiss es sogar.

Dass wir es alle jetzt mit Goethe zu tun haben: ich schrieb Eugen auch halbe Briefe voll. Ich schrieb ihm überhaupt in den letzten Tagen fortwährend. Heute aber ausnahmsweise nicht an ihn, sondern an Dich. Es ist ja einerlei. Wenn ich dichten könnte (wie der Kandidat Jobs, nicht wie der Doktor Eugen) so würde ich schliessen:

Die Aue bei Cassel ist von Le Nôtre[4]
Ich aber bleibe für stets Le Votre.[5]

---

[1] Proteus war der griechischen Sage nach ein prophetischer Meergreis auf der Insel Pharos an der Mündung des Nil. Er konnte seine Gestalt wechseln. Nur wer ihn dennoch festzuhalten vermochte, konnte Weissagung von ihm empfangen.

[2] Franz.: um jeden Preis.   [3] Alsberg war der Geburtsname von Rosenzweigs Mutter.

[4] André Le Nôtre, 1613-1700, französischer Gartenarchitekt unter Ludwig XIV., dessen Versailler Gartenstil von anderen europäischen Fürsten nachgeahmt wurde.

[5] Franz.: der Eure.

An Eugen Rosenstock am 11. September 1917

11.9.17

L.E., noch zu der Frage, wie der antike Selbstmord dem Zeitbewusstsein entfremdet wurde, etwas was mir eben einfällt, nichts unmittelbar dazu aber doch der ganze Rahmen worin die Änderung geschah: Nämlich die grosse Confrontation des stoischen Idealmenschen, des Sapiens[1], also des klassischen Selbstmörders, mit dem christlichen Charakter (belegt aus lauter Selbstaussagen des Paulus), eins der glänzendsten Stücke in der Civ. Dei, in einem der mittleren Bücher.[2]

---

[1] Lat.: weise.

[2] Augustin, De Civitate Dei - „Vom Gottesstaat". Zum Thema „Selbstmord" auch der Brief an Eugen Rosenstock vom 4. September 1917, S.29f.

An Eugen Rosenstock am 18. September 1917

18.

L.E., Gritli schickte mir den „Rahmen der europ. Kultur" (was übrigens höchstens Untertitel ist; Obertitel muss sein: Geist und Seele. Das Gewebe (denn du sprichst von Zettel und Einschlag, nicht vom Rahmen) der europ. Kultur. Es ist sehr gut (übrigens auch pädagogisch gut, weil Schritt für Schritt, und auf den general reader berechnet). Die Gleichung objektiver Geist = regnum naturae[1] ist eigentlich trivial und war mir beim Lesen doch wie eine ganz stupende Erkenntnis. Nachher frage ich mich freilich, ob du nicht um ihretwillen die moderne Wissenschaft gewaltsam entseelt hast oder mit anderen Worten, ob du nicht ihre ersten Jahrhunderte zu Unrecht über das 19te erstreckt hast. - „1800" bedeutet doch den Versuch, die causae finales wieder zu Ehren zu bringen. Du vereinfachst die Sache etwas wie ein Chinese, ~~oder~~ der von „Europa" nur „England" sieht (Ku Hung Ming[2]), oder besser noch wie ein Katholik, für den die moderne Wissenschaft en bloc „Rationalismus" ist. Mindestens müsstest du dich ausdrücklich über die „Kerbe" 1800 aussprechen und zeigen weshalb hier die Seele dennoch nicht zu ihrem Recht kam (Antwort: weil sie zwar als andrer Pol in das Element hineingestellt wurde, aber nicht die Stromrichtung umkehrte; der Idealismus stellt zwar das Telos[3] in die Welt, aber er lässt die Welt sich zum Telos „entwickeln", d.h. er setzt die Welt aus ihren disjectis membris[4] zusammen, von denen geht er also [[ebenfalls]] aus. Was du aber meinst und willst, ist eine Betrachtung die vom Telos ausgeht und also dieses „analysiert". Beispiel: das 18.scl. stellt Preisfragen über die Entstehung der Sprache, „1800" kommt Grimm u. Humboldt und stellen die histor. bzw. philosoph. Grammatik auf; das 18.scl. tat also, als wenn die Sprache gar nicht da wäre und erklärte, wie sie dann zustande kommen konnte oder musste; 1800 wurde [[man]] von dem Vorhandensein des Gebildes Sprache ergriffen und begann zu erklären, wie es gebildet sei, bis über der Erklärung das Gebilde selbst wieder ganz schattenhaft geworden war; du hingegen in dem Sprachaufsatz vom letzten Winter,[5] hütest dich vor der Auflösung des Gebildes in Elemente und machst es in der Weise verständlich, dass du es als Ganzes in Beziehungen zu andern Ganzen (und nur daraufhin seine Teile in Beziehung zu den Teilen anderer Ganzer) bringst. Du gehst also vom Ganzen aus, baust es nicht aus Teilen auf, sondern machst es zum Teil eines grösseren Ganzen. Nur dadurch aber wird ihm sein Teloscharakter gerettet.

Denn so wie die analytische Wissenschaft nach einem letzten Teil strebt, aus dem der rote Faden der „Entwicklung" durch alle Wissenschaften hinläuft, so die Teleologie[6] nach einem letzten Ganzen. Und für dieses Streben suchst du nach einer wissensch. Methode; während man „1800" das Telos, das man als „Ahndung" hatte, beim Eintritt in die wiss. Arbeit sofort verlor, weil man höchst bezeichnenderweise das Telos (Sprache oder Volk oder Recht oder Seele oder sonst was ruhig als einzelner stehen liess, ein Polytelismus[7] durch den einem das $\tau\epsilon\lambda\epsilon\iota o\nu$[8] ebenso durch die Lappen ging wie dem Polytheismus das $\theta\epsilon\iota o\nu$.[9] Hegels Versuch, die $\tau\epsilon\lambda\eta$[10] zum Einen Telos zu verbinden, ist grade das was an seiner Arbeit beim Zeitgeist einfach verloren ging; seine Einzelbehandlungen setzten sich durch; dass sie zum Ganzen tendierten, blieb unwirksam. Ranke ist eben nur Hegels Geschichtsphilosophie und sonst nichts von Hegel. Die eigentlichen Hegelianer sind für die Wissenschaftsgeschichte bedeutungslos geblieben. Und das ist insofern in Hegels System selbst begründet, als die Systemteile bei ihm sich zum Ganzen „entwickeln". Damit aber wiederholt sich wieder das gleiche Spiel, wie überall wo dieser Begriff eintritt: Das Telos baut sich aus den Telossen auf, es geht an seine Teile verloren und der Trieb dieser Teiltelose zur Absolutheit erschöpft sich darin dass sie zum Aufbau des Ganzen beitragen. Es gehen keine Brücken zu den Brudertelossen hin- und herüber, es entsteht ein Gebäude, aber kein Reich der Zwecke; es hängt nicht jedes in allen andern, sondern nur alle zusammen im Ganzen. Sie sind schliesslich alle, Sprache, Recht, Kunst u.s.w., so gross sie erst auftraten, doch wieder nur Knechte eines Ganzen, Knechte so gut wie das Atom Knecht des Stoffes, die Zelle Knecht des Organismus ist. Während du lauter Bündnisse, Feindschaften, letzthin Vermählungen des grade Betrachteten, also der Sprache, mit allen andern τελη aufweist, wodurch dann das Ganze zum „Reich" werden muss. Im „Gebäude" trägt der Teil das Obere, und wird vom Unteren getragen; im „Reich" ist Tragen u. getragen werden, Herrschaft u. Dienst, nicht auf zwei verschiedene Richtungen verteilt, sondern es ist derselbe, der mich trägt und den ich trage.

Trage mich. Dein F.

...

Kennst du eigentlich Christof Schrempf?[11] er fällt mir jetzt nur äusserlich ein, ich habe während des Kriegs nichts von ihm gelesen. Du kennst ihn wahrscheinlich nur als Kierkegardübersetzer. Er lebt im Württembergischen, hatte als Pfarrer in den 90er Jahren wegen Nichtverwendung des Apostolicums eine aufsehenerregende Affäre, die mit Entlassung schloss, schrieb zunächst im Anschluss hieran, schwieg dann ein paar Jahre ganz und war als er dann wieder den Mund auf tat ein grosser Schriftsteller geworden. Am einfachsten lässt du dir seinen Lessing (Aus Natur- u. Geisteswelt)[12] kommen, das einzige kongeniale Buch das es über ihn giebt (Diltheys[13] Aufsatz ist ja bloss sehr gut, aber gar nicht „kongenial"); die andern Sachen sind alle in mehr oder weniger obskuren Verlagen und schon dadurch nicht bekannt geworden; eigen habe ich ausser dem Lessingbüchelchen nichts von ihm. Es giebt z.B. ein Buch von ihm - ich weiss nicht mehr, ob es auch der Titel ist -: Ödipus, Hiob, Christus.[14] - Er ist natürlich seinem Ausgang entsprechend „Protestant" in dem dir verbotenen Wortsinne, aber eben viel mehr geworden. - Alles übrigens unter Vorbehalt, da es immerhin mehr als 4 Jahre her ist, dass ich ihn las (ausser dem Lessing, den ich dir „unter Garantie" empfehle). Aber nun wirklich Schluss.

Wie alt ist das Wort λογος[15] im Griechischen? (was heisst es bei Homer?)

Ist dir Rohrbachs Weltpolitisches Wanderbuch schon mal in die Hände gekommen? das geografische, und bessere, Gegenstück zu seiner schlechten Weltgeschichte.[16]

---

[1] Lat.: Reich, Königsherrschaft der Natur.

[2] Ku Hung-Ming, 1857-1928, chinesischer Intellektueller, der den Prozeß des kulturellen Dialogs zwischen China und Europa betrieb. Zu Anfang des 20. Jahrhunderts löste er, der in Edinburgh, Leipzig und Paris studiert hatte, mit einer Reihe kritischer Schriften über den Ersten Weltkrieg in Europa und einen Ausweg aus dem Krieg bei europäischen zeitgenössischen Intellektuellen große Resonanz aus, etwa bei Hermann Hesse, Walter Benjamin oder Tolstoi. Im Besitz Rosenzweigs befand sich von ihm die Schrift: Chinas Verteidigung gegen europäische Ideen, 1911.

[3] Griech.: Ende, Ziel.   [4] Lat.: (aus ihren) zerstreuten Gliedern.

[5] Dabei handelt es sich um einen Entwurf der „Angewandten Seelenkunde" von Eugen Rosenstock. Dazu auch Briefe und Tagebücher S.320 und der Brief an Eugen Rosenstock vom 5. April 1924, S.807f.

⁶ Auffassung, daß alles Geschehen einem Ziel dient und daraus erklärt werden kann.
⁷ Anschauung, daß es eine Vielzahl von Zielen gibt.
⁸ Griech.: vollkommen, vollendet. ⁹ Griech.: das Göttliche. ¹⁰ Griech.: Enden, Ziele.
¹¹ Christoph Schrempf, 1860-1944, evangelischer Theologe und Philosoph, wurde 1892 amtsenthoben und trat 1909 aus der Kirche aus.
¹² Christoph Schrempf, Lessing, Reihe: Aus Natur und Geisteswelt 403, 1913.
¹³ Wilhelm Dilthey, 1833-1911, Philosoph.
¹⁴ Christoph Schrempf, Menschenlos, 1900. Dazu auch der Brief an Margrit Rosenstock vom 22. Februar 1919, S.244.
¹⁵ Griech.: Wort, Gedanke, Vernunft.
¹⁶ Paul Rohrbach, 1869-1956, Der deutsche Gedanke in der Welt, 1912; Die Geschichte der Menschheit, 1914.

An Margrit Rosenstock am 2. Oktober 1917¹

2.10.17.

Liebes Verderben, „so wie du bist"!
ich begreife nicht, wie man einen auf dem Umweg über seine Frau erziehen können will, ja wie man überhaupt den schlechten Mut haben kann es auch nur zu versuchen. Wenn ich einen „erziehen" will, muss ich mich selber einsetzen und nicht selber im Hintergrund bleiben und seine Frau vorschicken. Der Umweg ist feige. Auch kann es keine Frau. Denn ihr macht zwar aus den Männern Männer im allgemeinen und überhaupt (und um so mehr je weniger ihr darauf ausgeht), aber nie eine bestimmte Sorte Mann und grade auf die bestimmte Sorte gehen ja die Erziehungswünsche der Freunde.   So z.B., um einmal wieder diesen deinen Butzemann Kassler Angedenkens heraufzubeschwören, wäre Frau Doris nach ihrer ganzen Natur der Mensch gewesen aus Beckerath das zu machen, was einem Freund nicht gelingen wollte, und als seiner „Freundin" wäre es ihr vielleicht gelungen; aber als seiner Frau ist es grade anders gekommen, sie ist von Jahr zu Jahr mehr seine Frau geworden und er ist nun nach menschlicher Vorraussicht für immer zugeschlossen.²   Also eine Frau kann gar nicht so wirken, der Grund ist sehr einfach: sie kann nicht die Möglichkeit der Scheidung so in jedem Augenblick ihrem Angreifen zugrundeliegen fühlen wie der Freund in jedem Augenblick die eventuelle Entschlossenheit zum Bruch in sich spüren muss; nur diese Entschlossenheit giebt seinen Worten Kraft. Mann und Frau sind sich Blutsverwandte geworden und also kann „nur der Tod"³ sie scheiden. Wahlverwandte aber scheidet das Leben und muss sie in jedem Augenblick scheiden können, wenn die Wahl noch lebendig ist. — Im übrigen aber, was will man denn eigentlich aus ihm machen? wie sieht denn das „Verderben" aus, das ihm droht? dass er kein grosser Professor wird? lieber Gott! dass er sich in einzelnen Ausbrüchen verpufft, statt langsam zu sammeln? aber wer könnte da den Mut haben einzugreifen? ein Kornfeld muss man anders bewirtschaften als einen Wald; für das Feld gilt es, die Ernte im guten Jahr vollständig einzubringen, ⌈[beim]⌉ Forst muss man mit Jahrzehnten rechnen. Er ist ein Feld und die Fragen des Aufspeicherns, Verteilens, u.s.w. sind erst zweite Fragen; von der Ernte hängt alles andre ab.   Hätte er z.B. damals den Jahrgang in einem Hieb heruntergeschrieben, so wäre es ein glatt veröffentlichbares Buch

geworden, seine Logik oder wie er selber, biografisch richtig, sagt: seine Phänomenologie. Jetzt zweifle ich freilich, ob er nochmal in den Schwung dieser Form zurückfinden wird, umsomehr als sich ja auch seine Gedanken verändert haben. Merkwürdigerweise habe ich hier eher das Gefühl, dass es unmittelbar herauskommen könnte, als bei Europas Darstellung und der Zeitrechnung. Der Grund dafür liegt wohl in der poetischen Form, durch die hat er sich das Recht einer gewissen Momentaneität, Nochveränderlichkeit u.s.w. geschaffen. Während ich bei der malgré tout[4] wissenschaftlich objektiven Form der neueren Sachen eine Veröffentlichung erst wünschen würde, wenn sich alles mehr gesetzt hätte und er erst Herr über seine eigenen Entdeckerwonnen geworden ist. Das gleiche was mich hier bedenklich macht, würde ich in der Ritterschaft von St.Georg bedenkenlos durchgehen lassen, weil ich mir da immer sage: so gesprochen zu dem und dem Tag in dem und dem Augenblick der Geschichte des Bundes, und vielleicht kommt alles noch ganz anders. Aktuelles verlangt sofortige Öffentlichkeit, Poetisches wünscht sie (weil das Wort „heraus" will), Wissenschaft aber will Weile haben. Aber freilich nicht Weile im Produzieren wenn einmal das gute Jahr da ist, sondern nur Weile im Drucken.   Ja nun die Form der Reden. Dass sie einen poetischen Zusammenhang geben sollten, also die Bundesgeschichte, war mir eine Überraschung; davon hatte er nie geschrieben. Du kannst dir denken, wie mich da die Parallele und zugleich die komplette Gegensätzlichkeit zu Rudis Predigten fesselte. Bei Eugen die Vorstellung eines grossen besessenen nur nicht produzierbaren Gedankenvorrats, für den nun plötzlich das Gefäss und damit zugleich die Möglichkeit sie auszusprechen gefunden ist; die Gedanken sind da, das Märchen schliesst sich um sie herum, so die ganz um den Gedanken herumgewachsene Symbolik der 7ten Rede; daher auch die Möglichkeit die Reden durcheinander zu schreiben.   Dies bei Rudi unmöglich: er kann nur eine Predigt nach der andern machen; Grund: er hat eine Fabel, ganz im Groben und Allergröbsten: Pfarrer, Kleinstadt, Gemeinde, Gemeinschaft, Abfall, Liebesgeschichte, katastrophaler Schluss, also total uninteressant für ihn selbst, Kino, aber immerhin vorhanden; die Gedanken aber, die innere Handlung, überhaupt nicht, er hat gar keine Gedanken, ich glaube z.B. sicher dass er sogut wie überhaupt keine Skizzen für die späteren Predigten hat und sicher ists ihm unmöglich auch nur die übernächste vor der nächsten zu schreiben. „Kein Gedanke, den mein Kopf je gehabt hat und noch festhält" - das ist hier das schnurgerade Gegenteil: die Predigten werden grad die Gedanken enthalten die Rudi bisher noch nicht gehabt hat; mit denen die er gehabt hat, kann er dichterisch gar nichts anfangen.   Den Entrüstungsschrei den die erste Predigt hervorgerufen hat kann ich mir nicht recht vorstellen, vielleicht weil ich sie eben gleich als eine nur erste vorgesetzt bekommen habe. Was hat denn „entrüstet"? dass die Wahrheit nun und ganz erscheinen muss? ich kann es mir wie gesagt nicht ausmalen. Oder empfand man vielleicht eine Forderung darin, der man sich nicht gewachsen fühlte und die man deshalb abzulehnen suchte? das wirds wohl gewesen sein.   Schick mir bitte die übrigen auch noch („hierdurch abonniere ich auf Ihre Halbmonatsschrift" es ist ja wirklich so; und ich revanchiere mich nur - auf gut englisch - mit „Briefen an den Redakteur") - Ich rechne mit Urlaub für Dezember oder Januar. Vielleicht kommts also wieder zu einem Planetenzusammenstoss. Aber vorläufig noch mit Kreide auf der Wandtafel. Und übrigens, „September 17" [[Papstnote, engl. Anfrage, deutsche Antwort]],⁵ - ists nicht glänzend bestätigt dem Laubfrosch?

[1] Dieser Brief ist teilweise abgedruckt in Briefe und Tagebücher S.464f.
[2] Gemeint ist der Nationalökonom Erwin Emil von Beckerath, 1889-1964, und seine erste Frau Doris, geborene Heydweiler, 1888-1918.
[3] Dazu Rut 1,17.   [4] Franz.: trotz allem.
[5] Am 1. August 1917 hatte Papst Benedikt XV. in einer Note einen Frieden ohne Annexionen verlangt, was aber vom Deutschen Reich und von den Entente-Mächten abgelehnt wurde.

An Margrit Rosenstock am 19. Oktober 1917[1]

19.10.17.

... Pichts Buch ist prachtvoll; alles auf der Höhe des Weihnachtsaufsatzes, den ich kannte. Dass er Antisemit von Religionswegen, so im Style des Johannesevangeliums, wäre, könnte ich mir gut denken, aber dass er es von Rassewegen ist, tut mir leid, denn das ist doch bei ihm ein blosses Hineinfallen auf die Schlagworte der Zeit. Überhaupt ist der Judenhass, der auch die christgewordenen umfasst, mir der eigentlich ärgerliche, - einfach weil ich ihnen den Stolz dieser Schmach nicht gönne und nicht gönnen darf. Da es aber so liegt, so vermute ich hier auch den Grund für Pichts Verwendung des Goetheaufsatzes; sonst verstehe ich sie nicht. Picht muss einfach schon mal auf ähnlichen Wegen gegangen sein, das ist gar nicht anders möglich; und nur das allgemeine Misstrauen zwingt ihn, dem „Juden" hier das Hineinreden in diese „deutsche Fremdenangelegenheit" zu verbieten. Anders kann ich es mir nicht erklären. Dann der 4. Oktober,[2] wenn doch meine Eltern wenigstens an den Heiligen gedacht hätten, aber sie haben an gar nichts und gar niemanden gedacht und haben diesen Namen für mich angeschafft einfach weil er im Schaufenster lag und ihnen gut gefiel, und daher wird es wohl kommen, dass ich noch heut ihn nicht im geringsten mit mir verwachsen empfinde; ich könnte ebensogut auch anders heissen. „Ebensogut auch anders" - das ist doch das Schlimmste was man von irgend etwas Eigenem sagen kann. -
Du schreibst vom Münsterplatz[3] - es ist mir als ob ich dort spuken müsste, so sehr war ich da zuhause. In allen Jahreszeiten bei Tag und Nacht und bei jedem Wetter, draussen und drinnen. Sogar mehr als in unsrem alten Haus in Kassel wo ich meine ersten 18 Jahre zugebracht habe; ich ging nach vielen Jahren einmal als ich zuletzt in Kassel war die Treppe herauf, kam mir aber dabei vor wie mein eignes Gespenst. Bist du mal im Münsterturm bis in die Pyramide heraufgestiegen? sonst tue es auf jeden Fall.
Hier giebt sich der Staat alle Mühe, mich meinem stillen und verantwortungslosen Unteroffiziersdasein zu entreissen und ich finde es gelingt ihm. Aber dafür habe ich die Nähe einer Stadt und wohne in einem vom Krieg wenig mitgenommenen Dorf - genug Inhalt für die paar Wochen. Dezember oder Januar bin ich wieder urlaubsreif; an Rudi gehe ich so grade hart vorüber, er kommt im November! Aber Eugen? und Eugenia?

Fr.

[1] Dieser Brief ist teilweise abgedruckt in Briefe und Tagebücher S.473.
[2] Tag des heiligen Franz von Assisi.   [3] In Freiburg.

An Margrit Rosenstock im November 1917

Liebes Gritli,
ich habe jetzt 14 Tage lang Briefschulden anwachsen lassen. Du bist mit zwei Briefen und einer Karte unter den Gläubigern und sollst zuerst dran kommen. Ich bin selbstverständlich auch mit dem neuen Zeitschriftplan sehr zufrieden, überhaupt mit allen Plänen. Wenns etwas giebt, wird wohl auch von mir noch einiges Neue kommen; denn ich bin jetzt wieder dabei, bei der Politik, nachdem die unglückliche Episode Michaelis aus ist. Wenn Bethmann denn wirklich aufgebraucht wäre, so weiss ich mir nichts besseres als Hertling; ich hatte schon im Juli auf ihn als Nachfolger gehofft.[1] Auch die ganze paragraphenlose rein tatsächliche Form, in der nun die „Parlamentarisierung" geschieht, halte ich - wohl sicher im Gegensatz zu Eugen - grade für gut. Aber vor allem doch eben der Katholik und Süddeutsche Hertling, schlau wie alle Katholiken wenn sie nicht gradezu dumm sind. Nun muss und wird Mitteleuropa kommen.
In Eugens Politica habe ich mich ja nun lange hineinzudenken versucht, etwas ists mir auch gelungen (vom sowieso Gemeinsamen, was ja doch die Hauptsache ausmacht, spreche ich natürlich nicht, sondern von den „Unterscheidungslehren". Also nicht vom Schwarz-rot-goldnen und nicht vom Antibismarck. Zum Teil komme ich nicht mit, weil ich doch immer noch zu wenig juristisch interessiert bin, und zum Teil: Eugen ist - auch - Preusse, und ich gar nicht; dieser „Vater" Staat ist mir so fremd oder nah wie der Gentleman England, die Tochter Österreich u.s.w., während mir der Sohn Deutschland doch etwas bedeutet. Eugen hat ein wirkliches Herz für ihn, ein schwarz-weisses[2] Minderheitsherz neben seinem schwarzrotgoldnen Mehrheitsherzen.
......
... England hatte in den letzten Jahren <u>zwei</u> Eisen im Feuer, die Einkreisung und die Verständigung, wohl auch vertreten durch zwei verschiedene Gruppen im Kabinett (Austritt zweier Kabinettsmitglieder bei Kriegsausbruch. Dass die Einkreisung rascher brannte als die Verständigungsschnur - darüber war Grey[3] ernsthaft erschrocken. Die berühmte „frivole" Rede („wenn Engl. am Krieg teilnimmt, wird es nicht mehr leiden als wenn es fernbleibt") habe ich, sowie ich sie ganz zu Gesicht bekam als durchaus ehrlich, entsetzt und betrübt, empfunden. Grey hat wirklich den Krieg verhindern wollen. Aber - qu'est ce que ça prouve?[4] Ich verstehe wie jemand der an die Kriegsentstehung in der letzten Juliwoche 14 glaubt, dadurch erschüttert werden kann; aber daran habe ich - zur mir noch wohl erinnerlichen Entrüstung aller Rosenstöcke in Berlin - schon im August 14 nicht geglaubt. Und - aber ich bin müde und friere, und vor allem dies letztere ist Grund, dass ich mich sehr nach Urlaub sehne; vor Januar wirds keinesfalls und auch das wohl nur, wenn ich im Dezember zu einem Kurs nach Jüterborg oder Warschau kommandiert werde; sonst kann es noch bis ins Frühjahr dauern. Und im Frühjahr ist ja doch Frieden.
...
Und nun Hans. Ja da komme ich mit. Leider. Was mich an Eugens Intransigenz[5] ärgerte, war ja nur dass er sich gegen die Möglichkeit einer <u>Bundesgenossenschaft</u> we sträubte, die zweifellos besteht. Über die Kampfgemeinschaft hinaus noch etwas? Ja, wie geht es denn mir selber?! Ich weiss nicht wie weit ich darüber mit dir schon

41

gesprochen habe. Ich bin dem gegenwärtigen Hans fast ganz entfremdet; wir haben nur eine gemeinsame Vergangenheit, von 1905 bis 1910. Das Planetarische, das die Verhältnisse zwischen Menschen haben, ist da recht sichtbar geworden. 1910 „ging" Rudi über meinem Leben „auf", Philips[6] über Hansens. 1911 und 12 waren grosse gegenseitige Störungen in allen 4 Bahnen, als deren Resultat dann die neue Gruppierung hervortrat, endgültig gemacht durch die beiden Beweibungen, Rudis und Hansens. Durch Else[7] ist die Ära Philips verewigt, auch wenn er selbst (ich weiss jetzt gar nichts über Hansens Verhältnis zu ihm) einmal wieder verschwinden sollte. Wenn ich Hans jemals wieder näher treten sollte, so wird es ein völliges Vonvornanfangen sein.
.....

[1] Dazu der Brief an Eugen Rosenstock vom 29. Juli 1917, S.15f. Georg Graf von Hertling, bayrischer Ministerpräsident, war am 1. November zum neuen Reichskanzler und Nachfolger von Michaelis ernannt worden.

[2] Die Fahne Preußens trug längsgestreift die Farben schwarz und weiß.

[3] Edward Grey, 1862-1933, liberaler Politiker, 1905 bis 1916 britischer Außenminister, der am 24. Juli 1914 vorschlug, den österreichisch-serbischen Konflikt, der letztlich zum Kriegsausbruch führte, einer Konferenz der Großmächte zu unterbreiten. Der Vorschlag wurde von Deutschland am 27. Juli abgelehnt.

[4] Franz.: aber was beweist das.   [5] Unversöhnlichkeit.

[6] Carlo Philips, Dichter und Freund von Hans Ehrenberg.   [7] Ehefrau von Hans Ehrenberg.

An Eugen Rosenstock am 26. November 1917[1]

26.XI.17

Lieber Eugen, um mit dem letzten anzufangen: weder Verdun noch Mailand noch Ypern würde den Frieden herbeiführen. Der Friede kommt diesmal ganz logisch: „wenn der Krieg zu Ende ist" - kein Augenblick früher. Erkämpft werden nur seine Paragraphen, nicht der Friede selber. Im übrigen würde mir auch keiner dieser drei Orte militärisch einleuchten. — Ich hatte kein Schreibebedürfnis (an dich) weil ich über eine Woche lang an mich und Rudi schrieb, etwas sehr wichtiges;[2] .....
Noch etwas wegen „Batiffol und Kiefl".[3] Diese katholische Wissenschaft von heute ist nicht von heute; das ist eine Trivialität aber darum nicht weniger wahr. Die m.a. Scholastik war auf der Höhe der Zeit, die ausserkatholische Wissenschaft, die arabische und jüdische, können sich wissenschaftlich neben ihr ruhig verstecken, sie sind simpel neben ihr, etwa wie im 19. scl. französische neben deutscher Philosophie. Diese heutige kathol. Gelehrsamkeit ist unwahr von Grund auf. Sieh dir doch die Leute an! Sie sind, grade in der Wissenschaft, ohne Naivität (heilige Naivität, Rabiatheit, Besessenheit). Leute wie Harnack[4] mögen übrigens Arschlöcher sein, aber in puncto Wissenschaft sind sie rabiat und hinterhaltslos wie Kinder. So ein katholischer Professor steht fortwährend unter seiner eigenen Inquisition - was kann da herauskommen! Solange die Inquisition wenigstens noch eine handfeste äussere Macht war, ging es noch; da war das Gift noch nicht in den Seelen. Deshalb konnte es im 17. scl. noch grosse Gelehrte innerhalb des Katholizismus geben.

Gute Nacht. Franz

[1] Dieser Brief ist vollständig abgedruckt in Briefe und Tagebücher S.481f. Dabei fiel allerdings das Wort „Arschlöcher" bereits in der Erstausgabe der Briefe Rosenzweigs einer Zensur („unleserliches Wort") zum Opfer.

[2] Gemeint ist die sogenannte „Urzelle" zum „Stern der Erlösung", abgedruckt in Zweistromland S.125-138.

[3] Pierre Batiffol, 1861-1929, katholischer Kirchenhistoriker; Franz Xaver Kiefl, 1869-1928, katholischer Neutestamentler und Dogmatiker.

[4] Adolf von Harnack, 1851-1930, evangelischer Kirchenhistoriker und einer der bedeutendsten Theologen seiner Zeit. Mit seinen „Vorlesungen über das Wesen des Christentums" wurde er weit über die Fachtheologie hinaus bekannt.

An Margrit Rosenstock am 14. Dezember 1917[1]

14.XII.17.

Liebes Gritli, heut kam dein und Eugens erster Brief nach einer längeren Pause ...
Wo aber Gefahr ist, wächst
Das Rettende auch.
steht fast zu Anfang eines langen Hölderlinschen Gedichts „die Alpen" aus der Übergangszeit zum Wahnsinn.[2] — Meine Briefe an Eugen — und Eugens an mich, da du davon anfängst, muss ich dir einen von meinen Plänen für die ersten Friedenswochen erzählen: Nachmittags zwischen 2 und 3, wenn der Stumpfsinn der Verdauung über einem liegt, sitze ich und diktiere diesen ganzen Briefwechsel vom Juni bis Dezember 16[3] (denn da ist ein Abschnitt) und als Abschluss dahinter zwei Eugensche Gedichte vom Frühjahr u. Sommer 17[4] die die Summe ziehn; ein Durchschlag für Eugen, einer für mich und das Hauptblatt sollte, nach eingeholter Eugenscher Genehmigung, ein Geschenk für Rudi sein. - Von der Hälfte würdest du nun nicht viel haben; denn jede Hälfte für sich ist wesentlich klug, erst der Brief<u>wechsel</u> zeigt, die Klug- und Gelehrsamkeiten als das was sie waren, Hieb und Gegenhieb. Käme ich jetzt auf Urlaub, so könnte ich Eugens Hälfte zusammensuchen und dir geben. Oder höchstens Mutter müsste die Briefe heraussuchen und dir, eingeschrieben, schicken. Lohnen würde sich die Abschrift schon; es verläuft trotz der Zufälligkeiten des Briefstyls und trotz (oder da sogar z.T. wegen) des gelegentlichen a tempo Fallens der beiden Hiebe - Postentfernungen! - doch merkwürdig dramatisch. Es müssen reichlich ein dutzend je Brief und Gegenbrief sein, also vielleicht 200 Seiten Maschinenschrift. ...

... ich habe doch meinen Frieden mit der Politik gemacht, seit Anfang November. Sie hat sich freilich sehr verändert in diesen paar Monaten. Oder vielmehr mein Verhältnis zu ihr. Ich bin gar nicht mehr einfach dabei, sondern sinneriere hülflos. Ich traue meinem Demokratismus nicht mehr. Seit ein paar Tagen habe ich nun angefangen ihn „peinlich zu befragen", spanne ihn täglich über ca 2 Seiten Folio und zwinge ihn zu Geständnissen. Ich weiss heute, nach 4 Tagen Verhör noch nicht, wie der Fall liegt. Ich habe Eugen gefragt, schon vor Wochen aber er hat nicht geantwortet. Ich will wissen, ob das Volk belogen werden <u>muss</u>,[5] ob cant[6] eine allgemeine politische Notwendigkeit ist. Das Geständnis das ich der demokratischen Idee abzwingen will, heisst: „Alles durch das Volk, alles <u>gegen</u> das Volk." Sie stöhnt und windet sich, gesteht es und nimmt es wieder zurück. Über dieser inquisitorischen Tätigkeit bin ich ein rechter Jurist und Formalist geworden und war ganz verwundert, als mich Eugen per „mein Historikus" anredete; ich bin so abstrakt wie lange nicht. Davor habe ich eine Art theoretischer Physik des Krieges geschrieben, ebenfalls verrückt mathematisch; Eugen wird sie von Kassel kriegen (wirklich mathematisch. Untertitel: „Erörterung des strategischen Raumbegriffs".[7] Erörterung ist ein richtiges Mathematikerwort; sie „erörtern" eine Formel, d.h. sie machen anschaulich, was alles damit gesagt ist.) ...

[1] Dieser Brief ist auch abgedruckt in Briefe und Tagebücher S.487.
[2] Es handelt sich um das in verschiedenen Fassungen überlieferte Gedicht „Patmos". Der zitierte Vers findet sich in: Hölderlin, Sämtliche Werke, B.2,1, hg. von Friedrich Beissner, Stuttgart 1951, S.165, 173, 179, 184.
[3] Abgedruckt in Briefe und Tagebücher S.189ff.
[4] Abgedruckt in Eugen Rosenstock-Huessy, Judaism despite Christianity. The „Letters on Christianity and Judaism" between Eugen Rosenstock-Huessy and Franz Rosenzweig, 1969, S.172ff.
[5] Anspielung auf das lateinische Sprichwort: mundus vult decipi - Die Welt will betrogen sein.
[6] Engl.: Gewäsch, Heuchelei.
[7] Unter dem Titel „Cannae und Gorlice. Eine Erörterung des strategischen Raumbegriffs" abgedruckt in Zweistromland S.283-295.

An Eugen Rosenstock am 15. Dezember 1917[1]
.....
                                                                                                   15.XII.17

... trotz allem, ich kann mich nicht vor dem Frieden fürchten; ich habe ihn jetzt, wo er im Osten aufgeht, zum ersten Mal wieder zu denken gewagt und bin für einen Augenblick aus meinem Schutzpanzer herausgekrochen - es wird <u>doch</u> gehen. Nein grade weil die <u>Welt</u> „vertiert, entsehnt, entseelt, glaubenslos" eine menschenleere Hindenburg und ein durchorganisiertes Ludendorf geworden sein wird, grade darum werden es die <u>Menschen</u> nicht sein. Ist es nicht merkwürdig (im Sinne meiner Summa), dass die militärische Sprache das Du oder Ihr (unser „Sie" ist uns ja nicht mehr bewusst als 3.Person) durch die 3.Person ausschaltet. Darin zeigt sich dass der Militarismus weltlich par excellence ist. Deswegen werden die Menschen das Du lieben wie sie das Leben lieben werden, denn sie haben das Er und den Tod geschmeckt. Glaubst du das Lessingsche Schulschmäcklein, „den" Griechen hätten die Tränendrüsen offener gestanden als den „Modernen"? Sondern Achill und Odysseus hatten 10 Jahre trojanischen Krieg im Leibe; da werden auch σκηπτουχοι βασιληες ἡς κακοτητος[2] gewahr. Sieh dir doch die Kunst der Jungen an. Ich verstehe ihre Sprache schon kaum mehr, aber das sehe ich: sie sind <u>menschlicher</u> als wir zu unsrer Zeit waren. Sie „überwinden" nicht, sie <u>schreien</u>.

[1] Dieser Brief ist umfassend abgedruckt in Briefe und Tagebücher S.489ff.
[2] Griech.: Szepter tragende Könige werden ihrer üblen Lage gewahr. Der Satz findet sich in dieser Zusammenstellung nicht bei Homer.

An Eugen Rosenstock am 28.12.17

Lieber Eugen, „Meldung am 6.I. bei Koflak 5". Also vom 7. ab bin ich 14 Tage auf der Flakschule Montmedy.[1] Das hat den Vorteil dass ich deine beiden Österreicher nicht zu lesen brauche, dass ich dich sehe, dass ich Weizsäcker[2] sehe und vielleicht sogar auch Rudi. Ich denke, allzuviel Zeit kann der Kurs nicht beanspruchen.
Ich werde versuchen, Urlaub gleich daran zu schliessen. Für dich hat es den Vorteil, dass du Thalatta[3] in einem druckfehlerlosen Exemplar zu lesen kriegst. ...
                                                                        Es freut sich

28.XII.17   Dein F.

[1] Stadt im französischen Departement Meusen, wo Rosenzweig an einem militärischen Fortbildungskurs teilnahm.
[2] Viktor von Weizsäcker, 1886-1957, Psychiater und Internist, Professor in Heidelberg.
[3] Abgedruckt in Zweistromland S.348-368.

Am 29. Dezember 1917

An die Redaktion und Expedition der
Halbmonatsschrift „d. br. Gr."
ich bitte höflichst, die Zustellung der Hefte bis auf weiteres zu sistieren, da ich vom 7. - 20. einen „Lehrgang" in Montmedy und anschliessend hoffentlich einen Nährgang in Kassel durchmachen muss bzw. möchte.
Mit vorzüglicher Hochachtung
ergebenst
                Uoffz. Rosenzweig Flakzug

1918

An Eugen Rosenstock, wahrscheinlich Anfang Januar 1918

L.E., für den Fall, dass ich dich telefonisch nicht erreiche: Ich komme Sonnabend nachmittag zu dir u. bleibe bis Sonntag. - Ev. fahren wir Sonntag Mittag nach Montmedy und sind dreieckig mit Weizsäcker zusammen (oder er kommt Sonntag Mittag nach Dun herüber; aber wahrscheinlich kann er nicht von Montmedy weg). Nein - er ist mehr als Kartellträger.[1] Das war gestern ein Abend! Hast du nicht gesehen, dass er ein neues Gesicht bekommen hat? eine augenblickweise chaotische Leerheit.

Vox Dei und Thalatta gingen gestern an dich. Vor allem bin ich neugierig was du zu Thalatta, oder vielmehr zu dem Buch Globus überhaupt sagst;[2] eine kleine Ouvertüre zu den beiden Teilen wird dir aus Kassel zugehn.

Verbiete deiner Frau kraft ehemännlicher Autorität dass sie angesichts des immerhin sehr wahrscheinlichen Falls meines Urlaubs in der betr. Zeit bei Pichts annimmt.

[1] Überbringer einer Aufforderung zum Duell.
[2] „Vox Dei? Die Gewissensfrage der Demokratie" abgedruckt in Zweistromland S.267-282; „Globus" (darin enthalten der Aufsatz „Thalatta") abgedruckt in Zweistromland S.313-368.

Am 13. Januar 1918 schrieben Rosenzweig und Eugen Rosenstock gemeinsam an Margrit Rosenstock. In dem Brief berichtet zunächst Eugen Rosenstock davon, daß sie gemeinsam Rosenzweigs Aufsatz „Thalatta" besprochen hätten. Außerdem habe Rosenzweig ihm und Viktor von Weizsäcker einen Brief an Rudolf Ehrenberg vom 18. November 1917 (die später sogenannte „Urzelle" des „Stern der Erlösung"[1]) vorgelesen, der ihn doch recht befremdet habe.[2] Denn in diesem Brief „über die Vier" versuche Franz „mit einem schrecklich unverständlichen Dreieck als noch im letzten Atemzug freimaurerisch-dialektisch-hegelscher Philosoph auszukommen".
An Rosenstocks Unterschrift „Dein Eugen" schließt sich unmittelbar Rosenzweigs Fortsetzung des Briefs an:

, der sich wohl irrt mit der „Vier". Mein Brief an Rudi bewegt sich in Vorhöfen, in denen der glückliche Eugen nichts mehr (mehr?) zu suchen hat. ... Gewiss, Eugen hat sich in unsrer Heimat schon ein Haus gebaut und vergnügt sich mit der Inneneinrichtung; und ich kann mir noch keins bauen und muss mir die Zeit bis ich es kann (=muss) so gut wie es geht im Hof vertreiben und mir den zukünftigen Bauplatz angucken - das ist alles, - nicht viel. Er hat eben sein Gritli und ich meins noch nicht. Quel malheur cette guerre.[3]

Auf der Rückseite einer von Eugen Rosenstock unterschriebenen Postkarte, die eine Offiziersgruppe vor einem Weihnachtsbaum mit „Prosit 1918"-Schild zeigt, schrieb Rosenzweig weiter:

Liebes Gritli, das Bild ist - hoffentlich - eine Ironie[4] und der Krieg geht zu Ende, ehe eine Neuauflage möglich wird. Ich lebe einen Tag an Eugens Hof (und sehe mit wie wenig Weisheit die Welt regiert wird[5] - es bleibt jedenfalls genug davon für mich übrig). Mit dem Urlaub weiss ich noch immer nichts Genaues. Aber für den Fall dass: Mutter hat sich an Dich verschrieben; mir schrieb sie, sie hätte dich gebeten <u>Anfang</u> Februar zu kommen. Und daran halte ich mich, nicht an den Druckfehler mit dem 7ten. Den einen oder die zwei Tage Berlin erledige ich <u>vorher</u>, allenfalls ruhig ohne die Eltern, mit denen ich ja doch da nicht viel zusammen wäre. Aber vor allem, erst muss mal Mazedonien gesprochen haben. Es ist eine scheussliche Unsicherheit und alles bloss ~~von~~ weil ich nicht Skat spiele!

Dein F.

[1] Abgedruckt in Zweistromland S.125-138.
[2] Zu Rosenstocks reservierter Reaktion auf die Urzelle auch der Brief an Margrit Rosenstock vom 27. August 1918, S.132.
[3] Franz.: welch Unglück ist dieser Krieg.   [4] Die Lesart „Ironie" ist unsicher.
[5] „Weißt du denn nicht, mein Sohn, mit wie wenig Verstand die Welt regiert wird?" soll Papst Julius III. (1550-1555) auf die Frage, ob er mit der Herrschaft über die ganze Welt nicht sehr belastet sei, geantwortet haben.

An Eugen Rosenstock,
wahrscheinlich Mitte Januar 1918 kurz nach der Begegnung mit ihm geschrieben

L.E., zu hause - oh pfui: bei der Formation fand ich deinen Geburtstagsbrief nach Mazedonien. Ich habe so eine Ahnung als ob ich dich hier nicht mehr sehen würde, entweder weil ich (sehr wahrscheinlich) <u>keinen</u> Urlaub kriege und also schleunigst fahren muss, um noch einen Schnitt Kassel zu machen oder ich kriege Urlaub und muss wegen der Sperre froh sein wenn ich durchkomme. Von Rudi noch nichts. Am Freitag sind wir qua Kurs vielleicht in Montmedy beim dortigen Flakgeschütz; vor Donnerstag weiss ich nichts Sicheres; ich werde dich ev. benachrichtigen. Reisetag ist wahrscheinlich Sonnabend.
...
Ich hatte noch einiges auf dem Herzen. Aber es wird schon spät und der Katzenjammer des wahrscheinlichen urlaubslosen WiedernachMazedonienmüssens spuckt vor. Dann waren die 40 Stunden in deinem Dunstkreis der Rausch.

                                                    Dein F.

An Margrit Rosenstock, wahrscheinlich am 18. Januar 1918

Liebes Gritli, Urlaub vom 19. ab; am ~~11. oder~~ 12. muss ich wieder fort.
Wenns möglich ist, so bring doch meine Briefe von 1916[1] mit; dann ordnen wir Brief und Gegenbrief zusammen; ich bin selbst sehr neugierig.
Ich freue mich wie - nun eben wie ein Urlauber. Schneekönige freuen sich sicher lange nicht so.

                                                    Dein F.

[1] Die an Eugen Rosenstock geschickten Briefe des Briefwechsels von 1916 über das Verhältnis von Judentum und Christentum. Sie sind abgedruckt in Briefe und Tagebücher S.189ff.

Bald nach seiner Begegnung mit Eugen Rosenstock in Montmedy reiste Rosenzweig nach Kassel weiter, wo er im elterlichen Hause seinen Urlaub verbrachte. In dieser Zeit begegnete er zum zweiten und entscheidenden Mal Margrit Rosenstock, die am 6. Februar anreiste (dazu der Brief an Margrit Rosenstock vom 6. Februar 1919, S.229). Aus einem Brief vom 24. Februar 1920 (abgedruckt S.555) geht hervor, daß der 24. Februar 1918 wohl *der* Tag gewesen ist, an dem beide ihre Liebe zueinander entdeckten.
In dieser Zeit entstand auch das „Gritlianum" (abgedruckt im Anhang, S.826ff).

An Margrit Rosenstock am 2. März 1918 auf der Rückfahrt von Kassel an die Front in Makedonien

II.III.

Liebes Gritli, das Barometer steht noch unter Simplicius.¹ Ich sitze zwischen seinen lebenden Kameraden, fahre immer weiter weg von dir und rieche ohne Aufhören an der blauen Riesenblume. Liebes Tröpfchen, wenn — und wenn — und wenn — Ich bin viel mehr als ich gedacht hätte voll von Unerzähltem und Ungesagtem, und vielleicht jetzt nie mehr Gesagtem. Als ich gestern Mittag in Dresden in der Droschke aus meiner allgemeinen Verduseltheit aufzuwachen versuchte und von Trudchens Schokolade essen wollte, lag ein Blatt von ihr darin, das wie ein Trompetenstoss in meinen Schlaf hineinfuhr, denn es stand das Wort darin, das einzige vielleicht, das mir in diesen Tagen - wie lange noch? - ganz unanhörbar ist: Unsterblichkeit.² Denn ich bebe an allen Gliedern vor lauter Sterblichkeit. Hilf du mir, wenn du es kannst. - Ich küsse dich auf deinen blassen brennenden Mund - nein aber auf deine Finger und vornehmlich auf den einen, und spüre deine Hand auf meiner Stirn, auf der „steilen umdüsterten".³ — Ich schreibe ihm noch selbst. Dein

Franz.

¹ Simplicius Simplicissimus, Held eines gleichnamigen Romans von H.J.C. von Grimmelshausen, 1621/22-1676, in dem unter anderem die schlimmen Lebensumstände der Soldaten im 30jährigen Krieg geschildert werden.

² Dazu der Brief an Margrit Rosenstock vom 11. März 1918, S.56f.

³ Anspielung auf das von Eugen Rosenstock gelegentlich auf Rosenzweig angewandte Motiv des Ahasver, des ewigen Juden; dazu auch der Brief an Margrit Rosenstock vom 7. August 1919, S.378.

An Margrit Rosenstock am 3. März 1918

3.III.

Liebes Gritli, gesegnet die diversen Erfinder des Worts der Schrift des Bleistifts und der Feldpost — als ich gestern geschrieben hatte fing ich an mich wieder zurechtzufinden — ist nicht die Welt noch übrig, wie der Mensch unsres grossen Hasses und unsrer noch grösseren Liebe sagt. Die Welt zwar noch nicht gleich die simpliciusische, aber immerhin doch schon die des Cohenschen Closettpapiers. Es war sogar ein ganz wunderbares Kapitel und mir sehr gesund. Gleich auf dem ersten Blatt stand: die Menschen sehen ins Auge, Gott ins Herz. Es war so nebenher gesagt, aber in diesem Umweg liegt alles. Ich kann ihn noch nicht abschneiden und du auch nicht. Wir sehen uns durchs Auge ins Herz. Liebes Gritli sieh!   Ich habe dich lieb.

An Margrit Rosenstock am 4. März 1918

4.III.

Ich bin noch immer nicht wieder zur allgemeinen Menschenliebe fähig und sehe die Soldaten an als ob es Haustiere wären, noch nichtmal Tiere im Zoo (was sie doch sind). Ich habe den ganzen Tag in mich Eugen und dich hineingestarrt, und Eugens Wort von den Klangfiguren¹ (aus dem grossen Gedicht) hat mich nicht losgelassen - ohne dass ich es verstand.

Wir sind eben keine Klangfiguren, keine reinen Klänge. Was sind wir denn? Weiss ichs und will es mir bloss nicht sagen?? — Animula,² ich ärgere mich, dass ich noch kein Wort von dir habe und dabei ist es ja natürlich ganz unmöglich und ich weiss ja, dass du mir schreibst wie ich dir.

Ich denke an dich.

[1] Das Gedicht ist abgedruckt in: Eugen Rosenstock-Huessy (Hg.), Judaism despite Christianity, The „Letters on Christianity and Judaism" between Eugen Rosenstock-Huessy and Franz Rosenzweig, 1969, S.175.

[2] Lat.: Seelchen. Mit diesem Wort beginnt ein Gedicht, das Kaiser Hadrian auf dem Sterbebett gedichtet haben soll (Historia Augusta, Vita Hadriani 25,9) und das Rosenzweig in einem Brief an Margrit Rosenstock vom 28. August 1919, S.409, teilweise zitiert: „Mein Seelchen, du kleine schweifende, kleine schmeichlerische, / Gast und Gefährtin meines Leibes ..."

An Margrit Rosenstock am 5. März 1918

5.III.

Armes Gritli, ich glaube ich schreibe dir immer wenn mir besonders jämmerlich zu mute ist. Nimms nicht zu schwer — die Kruste wird schon wieder wachsen; diese zwei Monate Kriegslosigkeit waren zu viel. Und doch nicht zu viel.

Und nun kommst du gar selbst, mit Buch, Handschuhen und beiden Briefen. Zwei <u>so</u> „erledigten" Briefen! Alles - sogar dem kleinen Georg sein „Gutes". Auch die Handschuhe sind ja nun erledigt; man wünscht sich ordentlich einen Winterfeldzug, um sie mit Genuss zu verbrauchen. Nur der Santo[1] hängt noch unentladen am Himmel; hoffentlich reicht mein Italienisch zum glatten Lesen, sonst lasse ich ihn mir doch noch deutsch kommen; aber erst will ichs versuchen. - Ist es nicht schön, dass soviel „erledigt" ist? Du meintest, ich sollte die beiden Briefe lieber nicht lesen - nein es war grade gut so, ich musste aus dem Februar wieder in den Dezember zurückkucken und lernen dass ja alles gleich geblieben ist, im Februar nichts war, was nicht auch schon im Dezember war und schon im Juni, nein und schon viel länger, schon längst ehe wir nach Monaten zählten. Wir sind <u>doch</u> Klangfiguren.[2] Haben wir uns denn im Juni 17 „kennen gelernt"? Doch wirklich nicht; sonst wären wir nicht gleich „so befreundet" gewesen. Februar ist nur ein Glied in der Kette. Liebes liebes Gritli ———
...

[1] Antonio Fogazzaro, 1842-1911, italienischer Schriftsteller katholisch-liberaler Prägung, schrieb 1905 den als „modernistisch" auf den Index gestellten Roman „Il Santo", in dem der Held vom Gärtner zum Reformator aufsteigt und die Erneuerung der Kirche fordert. Das Buch erregte großes Aufsehen und wurde zum äußeren Anlaß für den antimodernistischen Feldzug des Vatikans.

[2] Dazu der Brief an Margrit Rosenstock vom 4. März 1918, S.50.

An Margrit Rosenstock am 6. März 1918

Liebes Gritli, 6.III.
...
Denk, als ich deine „gestrigen Briefe" bekam, dachte ich (natürlich): ach wenn ich doch auch einmal von dir träumte. Aber so etwas darf man nicht <u>wünschen</u>; es wurde mir erfüllt und war — ganz scheusslich. Nämlich ich war plötzlich aus Mazedonien zurück, aber nur auf ganz kurz, und wir waren auf meinem Zimmer und du hattest gar keine Haare auf dem Kopf, nur so unangenehme Stöppelchen. Ich war ganz traurig

und sagte zu dir: „ach wenn es doch nur ein Traum wäre" und darüber bemerkte ich dass es einer war und wachte auf, halb ärgerlich dass ich nun doch wirklich in Mazedonien sass und halb froh dass du deine Haare noch hast. Aber schön wars nicht und nach diesem einen Mal zu urteilen hast du also kein Talent dich träumen zu lassen. Da du mir nun „heute nicht geschrieben hast", sehe ich nochmal in die gestrigen, ob nicht noch was zu beantworten drin steht. In die Kirche wird man freilich hineingeboren, aber ins Christentum <u>nicht</u> - das ist auch ein Fall von ✝ und vielleicht der eigentliche Antrieb der Bewegung in der Kirchengeschichte.

Mit den Leuten umgehn können auch Aristokraten nicht, höchstens besser mit ihnen fertig werden. Umgehen mit den Leuten kann überhaupt niemand und es wäre auch schlimm, wenn es eine so billige Art gäbe mit Menschen zu leben: man „geht mit ihnen um". Nein es bleibt einem schon nichts andres übrig als entweder wirklich mit Menschen zu <u>leben</u> oder mit ihnen „<u>fertig</u>" zu werden. Tertium non datur[1] und was wie ein tertium aussieht ist leichtsinnige Selbsttäuschung, eine ins Praktische übersetzte liberale Theologie, also ganz gut zum Einpökeln der menschlichen Beziehungen, bis das Rechte vielleicht am Ende doch noch kommt.

Wie schwer das ist, das haben nun während dieses Kriegs in allen Ländern Zehntausende erlebt — davon <u>müsste</u> man eigentlich nach dem Krieg etwas merken. Aber in solchen Dingen kommt alles immer ganz anders als man sichs vorher ausdenkt. Die Laubfrösche spüren den veränderten Luftdruck, aber nicht die Schwankungen des Herzdrucks. Deshalb können diese Dinge nur Profeten profezeien, nicht kluge Leute. Weizsäckers Brief war sehr schön. Was ihm so dringlich ist, (warum er über Natur, Eugen über Sprache philosophiert und doch dabei - <u>dabei</u> - über das selbe Ganze) ist genau so auch meine Frage; ich glaube freilich die Antwort zu haben. ... Bis morgen
Dein Franz.

[1] Lat.: Ein Drittes gibt es nicht.

An Margrit Rosenstock am 7. März 1918

7.III.

Liebes Gritli, wie siehst du aus?? das habe ich nun von diesem unglücklichen Traum. Ich weiss nicht mehr wie du aussiehst, der geträumte Stoppelkopf schiebt sich davor. Ich suche mir vergebens alle möglichen Augenblicke wieder auf, Kleid und alles ist da, nur das Gesicht will nicht kommen. Sogar das sonst sichere Mittel, an eine Fotografie zu denken (die auf Mutters Schreibtisch), versagt: auch da die ganze Haltung, nur nicht das Gesicht. Befreie mich von dem blonden Glätzchen - und von einem zwischendurch mich plötzlich foppenden ebenso unsinnigen Reminiscenzlein an eine Primanertanzstundennuttigkeit. Schick mir ein Bild, irgend eins egal welches, damit du wieder da bist. Es braucht gar nicht das richtige zu sein, das hat Eugen und ich will es nun nur von ihm haben und nur wenn er es mir von selbst, ganz aus eigenem Einfall, schickt; also das darf es gar nicht sein, sondern irgend eins.

Du hast ja mein „richtiges", die Jonassche Zeichnung; ich werde dir mal die, auch Jonas[1] selbst unbekannte, Entstehungsgeschichte schreiben;[2] dann hast du nicht bloss das Porträt, sondern auch eine Illustration oder wenigstens eine Vignette zu etwas. Also schick, dann erzähle ich. (Das ist ja ordentliche Erpressung). Aber jedenfalls schick.

Im Anzeigenteil des deutschen zionistischen Wochenblatts „Jüdische Rundschau" stehe ich mit Gustav Meyrinks Gesammelten Werken unter „Neue Bücher" folgendergestalt: Franz Rosenzweig: Zeit ists ...³ Hermann Cohen gewidmet.⁴ Interessanter Beitrag zur Psychologie desjenigen Teils der deutschen Juden, „welcher sein Judentum irgendwie im Rahmen der deutschen Volks- und Staatsgemeinschaft auszuwirken gedenkt" und, fügen wir hinzu, den rechten Weg nicht findet. - M 1 Porto 10 Pf.
Nun weiss ichs also. —
Heut abend kommt Post, aber für mich kann noch nichts dabei sein.
— ich möchte das Papier zerreissen. Gritli - wie siehst du aus?

[1] Ludwig Jonas, 1887-1942, lernte Rosenzweig während des Medizinstudiums in Freiburg kennen, lebte als Maler in Kassel.
[2] Dazu der Brief an Margrit Rosenstock vom 8. April 1918, S.69.
[3] Punkte von Rosenzweig.
[4] „Zeit ists. Gedanken über das jüdische Bildungsproblem des Augenblicks", abgedruckt in Zweistromland S.461-481. Hermann Cohen, 1842-1918, Philosoph, Mitbegründer der Schule des Neukantianismus, lehrte seit 1876 Philosophie an der Universität Marburg. 1880 vollzog er infolge einer Auseinandersetzung mit dem Antisemiten Heinrich von Treitschke seine bewußte Heimkehr ins Judentum, die ihren Ausdruck in dem persönlichen „Bekenntnis in der Judenfrage" fand. Nach seiner Emeritierung 1912 kam er nach Berlin, um an der „Lehranstalt für die Wissenschaft des Judentums" zu unterrichten. Dort begegnete ihm im Wintersemester 1913/14 Rosenzweig, dessen wichtigster Lehrer er damals wurde.

An Margrit Rosenstock am 7. März 1918

7.III.

Liebes Gritli, nun bist du doch da, die Post kam und brachte den 1. März. Was ist das für ein wunderliches Zickzack, das so ein paar 1000 km Raum in die vorgeblich so ruhig abrollende Zeit bringen. Heut ist mein 7. März und nun kommt dein 1ter und nun ist auch mein 1ter wieder da.

Mir verschlug es wirklich das Wort, ich konnte dir erst am 2ten schreiben. Und nun schlägt mein Herz hin und her zwischen 1tem und 7tem, zwischen Weinen und Lachen. Ich hing ja wie im Leeren, ich fiel nicht, aber ich hing, nun sitze ich wieder, du hast mir meinen Stuhl hingeschoben; du weisst ja, ich bin ein Stuhlmensch wie du ein Erdmensch - dir ist doch nur wohl wenn du kein Stuhlbein zwischen dir und dem Boden hast. Immer hin und her — Eugen und Schiller haben recht: die Zeit ist Eine blühende Flur,¹ Was ist heute und gestern! Ich musste nach Mazedonien müssen, um es zu lernen.

Gritli, du brauchst mir kein Bild zu schicken das wird alles wiederkommen - ich brauche dich gar nicht zu sehn, ich spüre dich - du bist da - es ist wie wenn du seitlich von mir sässest, da sah ich dich auch nicht und du warst doch da.
Gritli Gritli liebes Gritli
Du findest mich ja „auf der Strasse"²!
Ich flüchte nicht mehr vor dem Wort Unsterblichkeit³ - ich habe die Menschen wieder lieb. Bleibe!

[1] Schiller, Die Braut von Messina III,5.   [2] Dazu Hoheslied 3,1-4; 5,8; 8,1.
[3] Dazu der Brief an Margrit Rosenstock vom 11. März 1918, S.56f.

An Margrit Rosenstock, wahrscheinlich am 8. März 1918

Liebes Gritli, warum kommt die Post nicht wenigstens täglich? Heut ist wieder der postlose Tag und ich bin es nun schon gewöhnt, dich und seis auch eckig und glatt hier hereinkommen zu sehen. Eckig und glatt - es ist ja so gleichgültig; auch die nächste rundeste Fühlbarkeit ist noch keine Nähe. Wir sind immer nur auf dem Weg zueinander hin. Wär es anders, die Menschen könnten sich genügen und wären einander genug. Aber sie sind es sich nie.
Ich schreibe dir ja eine richtige Sonntagsvormittags 10 Uhr-Predigt! Aber ich habe eigentlich mehr das Gefühl, es ist eine Antwort auf etwas was du mir geschrieben hast und was noch nicht in meinen Händen ist. Ich sehe ja deine Briefe heranreisen, eine sonderbare Landkarte Europas mit kleinen weissen rechteckigen Fleckchen drin: eins noch auf Sichtweite von hier still liegend und auf unsern Postempfänger morgen wartend, eins vielleicht auch noch auf Sichtweite auf der kleinen Pferdebahn am andern Rand der Ebene, eins im Lastauto über den Pass rappelnd, eins in der Bahn in Serbien oder irgendwo in Ungarn, eins in Deutschland oder vielleicht grade auf deinem Schreibtisch. Aber wo mag der sein? Noch bei uns oder doch schon in Hinterzarten?[1] Ich glaube du tust Mutter gut. Ich hatte zuletzt ein böses Gewissen gegen sie. Es ist mir zwar eine unmögliche Vorstellung, sie mit dir über 1914 sprechend. Sie weiss zu wenig davon. Ich kann jemandem doch nichts erzählen, wenn ich nicht das sichere Gefühl habe, er weiss es auch ohne mein Erzählen. Das ist ja auch der Grund, nebenbei bemerkt (und nicht nebenbei bemerkt), weshalb man sich Gott „allwissend" vorstellen muss - was sonst doch ein blosses privates Fündlein der Philosophen wäre.
Liebes Gritli, weisst du noch, dass ich Eugen gegenüber das „L.E." trotzdem ers längst wünschte, erst abtun konnte, als du hinzugekommen warst? - Das ist auch eine Antwort auf einen deiner Unterwegsbriefe oder mindestens auf einen ungeschriebenen aus den letzten Tagen - und ausserdem auch ein Zusatz zu dem was ich dir gestern schrieb.
Der braune Klex da oben ⭦ stammt von einer der mitgenommenen Trixzigarren, die ich ganz sparsam aufrauche, weil an jeder das ganze grüne Zimmer hängt und zwanzig nach Tisch-Stunden. Ach was sind das alles für schwanke Brückchen. Ich hatte doch nicht recht mit dem was ich vorhin schrieb. Nähe ist wenig und doch alles!

o du Nahe! Dein.

[1] Hinterzarten im Schwarzwald, wo Margrit Rosenstock Familie Picht besuchte.

An Margrit Rosenstock am 9. März 1918

9.III.

Liebes Gritli,
die Zeit schlägt einen neuen Purzelbaum. Ziemlich sicher (entscheiden muss es sich in den 2, 3 nächsten Tagen) komme ich zum Kurs nach Warschau, der am 18. beginnt. Vielleicht kann ich doch über Kassel hinfahren. Ob du noch da bist? und wie es mit Tante Julie sein wird? Diese 7 Tage Zwischenraum! Über die man nicht hinüberprin-

gen kann. - Aber Warschau das heisst 2 Tage Briefentfernung und das ist fast Sehweite. - Ich komme aus dem Rechnen gar nicht heraus.
Und nun kam die Post vom 2. u. 3. Wir haben uns zur gleichen Stunde das Gleiche geschrieben, du hasts geflüstert, ich habe geschrien — das ist der ganze Unterschied— du warst ja auch unter Menschen, ich war allein. Ich habe es die ganzen Tage seitdem immer wieder geschrien; es ist so und es soll so sein wie du es sagst und wenn ich nicht in deiner Liebe ihn mitlieben kann, jeden Augenblick und ohne Unterschied, so bitte ich den, den man bitten kann, dass er mir die Kraft gibt, auch den Schlüssel zu den nun[1] erlaubten Türen von mir zu werfen ins Nichts wo es am tiefsten ist.
Den Finger, Gritli, den Finger! Hilf mir und hab mich lieb.
       Gritli ——————— liebes Gritli ——

[1] Unsicheres Wort, vielleicht auch: neuen.

An Margrit Rosenstock, wahrscheinlich am 10. März 1918

Liebes Gritli,
heut habe ich dir Werfel[1] vorgelesen. Es war sehr schön.   Hast dus gehört?
                        Franz.

[1] Franz Werfel, 1890-1945, Schriftsteller, der - aus dem Judentum kommend - sich schon früh dem Katholizismus zuwandte. Rosenzweig las eine Gedichte-Auswahl von Werfel; dazu auch der Brief an Eugen Rosenstock vom 4. Januar 1919, S.213.

An Margrit Rosenstock am 11. März 1918
                           11.III.
Liebes Gritli, ich bin stumpf heute, in der Unsicherheit ob ich hier bleibe oder nach Warschau gehe. Der Verkrustungsprozess wird durch so etwas verzögert - obwohl ich die Kruste ja in Warschau genau so nötig habe wie hier, aber der möglicherweise eine Tag Deutschland dazwischen - das ists. „Ort und Stunde" ziehen immer neue Saiten auf, um uns zu beweisen, dass sie wirklich „das Wichtigste bei jedem irdischen Ding" sind.[1] Geografie und Chronologie lassen uns nirgends los und nie - würde ich dichten wenn ich Eugen wäre.   In den letzten Tagen habe ich viel über meine eigene Chronologie in der Vergangenheit nachgedacht und fand sie viel einfacher als ich wusste; die Erdgeschichte und die planetarischen Konstellationen in klarster Übereinstimmung. Die Knoten, vor 1913, liegen 1909/10, 1906/07, 1900/01 - so alt bin ich schon, denk! Die Kindheit liegt auf einer Insel ganz für sich und ganz komplett. Sie ist vielleicht sogar die einzige ganz komplette Welt, die man besitzt, bis man einmal alt geworden ist und dann das ganze Leben hinter einem so da liegt wie jetzt bloss die Insel der Kindheit. Die man besitzt - <u>wenn</u> man sie besässe und nicht vielmehr nur besessen <u>hätte</u>. Die ganzen älteren Werfelschen Gedichte leben ja von diesem Rückblick zur Kindheit. Das Gefühl des Wir sind <u>kann</u> er ja nur an dieser Welt jenseits seines Lebens sich erfühlen. Er macht Anleihen bei dieser Welt, ja er bettelt sie gradezu an. Denn diesseits in seinem wirklichen Leben, wo Ort und Stunde regieren, kommt er nicht drum herum, Ich bin zu sagen und nicht Wir sind. Und in den neuesten Gedichten hat er sich denn auch wirklich entschlossen, ich zu sagen. Deshalb sind sie viel gewöhnlicher als

die früheren. Es ist aber fein, dass er keine „Spezialität" daraus gemacht hat, sondern weitergeht, auf die Gefahr sein Dichtertum zu verlieren; in der langsätzigen Prosa dieser neuesten Gedichte steckt mehr als ein „Dichter". Such dir mal im Zarathustra[2] das Kapitel „Von den Dichtern" heraus; da ist von ihm geweissagt, am Schluss wo er die neuen Dichter weissagt: „Büsser des Geistes, die wuchsen aus ihnen". - Ich lese im Santo[3] -

        Sei mir gut. Ich bin es dir auch.

                Dein Franz.

---

[1] Schiller, Wallenstein. Die Piccolomini, II,1: „... Nichts in der Welt ist unbedeutend. / Das Erste aber und Hauptsächlichste / Bei allem ird'schen Ding ist Ort und Stunde."

[2] Friedrich Nietzsche, Also sprach Zarathustra.   [3] Antonio Fogazzaro, Il Santo.

An Margrit Rosenstock am 11. März 1918

                                                        11.III.

Ach, Gritli, die Ohren haben mir am 4ten Abends wohl gar nicht geklungen, soviel ich mich erinnere. Ich sass in Prilep[1] im Soldatenheim bei einem Kerzenstumpf und schrieb mit dem bekannten preussischen „eisernen Pflichtgefühl" den Aufsatz für Kaplun-Kogan[2] fertig - der wohl auch danach (nach „Pflichtgefühl") geworden sein wird. Dazu schimpfte ein rheinländischer Angestellter auf Grund von Beichterlebnissen seiner Frau und seines Töchterchens wütend auf die Pfaffen und was damit zusammenhängt und ein schöner Norddeutscher mit handwerkerlichem Pietistenkopf suchte ihm vergebens Widerpart zu halten. Dann versuchte ich Cohen[3] zu lesen, hörte aber zwischendurch einem Jägerfeldwebel zu, der vom Westen erzählte und muss mich benommen haben wie von einem andern Stern, fühlte mich überflüssig und legte mich schlafen. Zwischenhinein werde ich wohl an dich geschrieben haben. Das war mein 4ter MärzAbend. - Aber über deinen habe ich mich gefreut. Ich hatte schon zu resignieren versucht für dein und Trudchens[4] Zusammenkommen. Grade das was man für selbstverständlich hält, will ja manchmal nicht. Und Trudchen hat Hemmungen, - die ich an ihr liebe, weil sie ihr Schicksal und mein Wille (lange Zeit empfand ich: meine Schuld) sind, die aber für den Dritten wohl nur hemmen. - Aber du bist ja eben kein „Dritter" hier. - Ihr Blatt hat sie dir wohl nicht gezeigt; selbst wenn sie ein Unreines dazu hatte was ich noch nicht mal weiss. Aber nachdem sie dir meine Antwort, die kaum eine war, gezeigt hat, will ichs dir abschreiben. Du wirst dann auch erst begreifen wie es mir kam, wie erschreckend und zerreissend, so dass ich gar nicht gleich anfangen konnte zu klettern und auch jetzt noch auf halber Höhe halte. - Ich bin auch froh, dass dir Eugen die Briefe schreibt die du brauchst; ich weiss dass ich dir sinnlos rücksichtslos schreibe, nur wie ich es brauche und kaum fühle ob es dir wohl oder weh tut. Es muss heraus und du musst es aushalten. Und willst es ja auch. - Hier kommt Trudchens Blatt:

Auf Wiedersehn! - ich muss es dennoch sagen
Das ganz verbrauchte Wort;
Den Kindern wards zum vaterländschen Sport

In jenen leidenschaftlich grausen Tagen,
Als eng die Grenze uns umband,
Und zur Gewohnheit wards im Land
In den bedrängten, engen Jahren.

Doch da die Märzenstürme brausend wollen
Das Band zerreissen, das gefesselt hält,
Dass wieder weiter werde unsre Welt,
Da sag ich es noch einmal mit dem vollen
Tönen der Tiefe dessen, was geschehn:
Auf Wiedersehn -
Auf dass du nicht entgleitest
Im Sturm der Zeit,
Noch festeren Grund bereitest
Deiner Unsterblichkeit,[5]
Wie du im Hoffnungsgrün
Stehst heut, da Wolken türmen,
Sollen dir nach den Stürmen
Noch Sommerblüten blühn.

Du siehst, es handelt wieder von „Raum u. Zeit". Alles handelt davon. Die „Grenze"! Und die „Ahnungen",[6] deren ich mich übrigens jetzt schäme, nachdem sie auf dem Weg hierher immer bestimmter geworden waren. Ich habe nämlich früher nie welche gehabt, und auch diesmal war es mehr Vernünftelei, mehr das alberne „Ring des Polykrates"[7]-Gefühl (ein wirklich dummes Gedicht!): Nachurlaub, die Berliner Anfänge u.s.w. - Es ist Betrieb um mich herum. „Fliess"[8] ist wieder im Land und stellt alles auf den Kopf. Ich will zu Abend essen; - eigentlich war es auch in der Beziehung in Kassel blödsinnig schön. - Warschau scheint nichts zu werden; sonst müsste der Befehl schon da sein. Es schadet nichts; ich bin grade im besten „Eingewöhnen" hier und lebe schon auf den nächsten Postempfang hin.

Schlaf gut, liebes Gritli.

---

[1] Stadt in Mazedonien.

[2] Wladimir Kaplun-Kogan, 1916-1920 Redakteur der von Hermann Cohen gegründeten „Neuen Jüdischen Monatshefte".

[3] Auszüge aus dem damals noch unveröffentlichten Spätwerk Hermann Cohens: Religion der Vernunft aus den Quellen des Judentums. Dazu auch Briefe und Tagebücher S.521ff.

[4] Gertrud Oppenheim, 1885-1976, Rosenzweigs Cousine.

[5] Dazu auch der Brief an Margrit Rosenstock vom 2. März 1918, S.50.

[6] Gertrud Oppenheim berichtet (Briefe und Tagebücher S.515), daß Rosenzweig Ende Februar 1918 - wohl im Zusammenhang mit der überwältigenden Liebeserfahrung dieser Tage - bei ihr gewesen sei und von seinem Gefühl erzählt habe, in der bevorstehenden Märzoffensive zu fallen. Sie gab ihm daraufhin das oben zitierte Gedicht mit auf den Weg, das sie einer Schachtel Schokolade beilegte.

[7] Schiller, Der Ring des Polykrates. Das Gedicht hat die Mißgunst der Götter zum Thema, die jedem glücklichen Menschen droht: „Mir grauet vor der Götter Neide; / Des Lebens ungemischte Freude / Ward keinem Irdischen zu teil."

[8] Rosenzweigs Bursche während des ersten Weltkriegs auf dem Balkan.

An Margrit Rosenstock am 13./14. März 1918

Liebes Gritli, ich barme sehr nach der Post. Mit Warschau ist es nichts. Dafür kann ich Ende des Monats nach Üsküb zu den Feiertagen.[1] Ich bin es ganz zufrieden so; ich war eigentlich bei dem Gedanken, wieder auf einen Tag, und nur einen Tag, zu hause zu sein, fast erschrocken. - Der Santo[2] ist trotz des aufregenden Inhalts gar kein aufregendes Buch, vor lauter Anschaulichkeit. Darin ist es ähnlich wie Tolstoi. Und das ist wohl auch seine Grenze. Nämlich dies: dass die Dichter ihren Stoff nicht erfunden hätten, wenn er nicht schon da wäre. Während die ganz grossen Dichter ihren Inhalt s'il n'existait pas,[3] inventiert <u>hätten</u>. Wie Dostojewski das Christentum. - Die „Grossmacht" Kirche ist ganz darin, weit mehr als etwa in Newmans Apologie.[4]
Im Postsack lag dein Brief vom 5ten (neulich machte ich den Sack selber auf, da lagst du gleich zuoberst!) und hat mir warm gemacht; ich bin voller Antwort.
....
Ich schreibe morgen früh weiter. Ich will heut abend noch etwas im Santo lesen.
                Felicissima notte[5] — Gritli!

[1] Heute: Skopje, Hauptstadt von Makedonien, wo Rosenzweig bereits Pesach 1917 bei sfardischen Juden verbracht hatte.

[2] Antonio Fogazzaro, Il Santo.   [3] Franz.: als wenn er nicht existierte.

[4] Vielleicht John Henry Newman, Die Geschichte meiner religiösen Psyche, 1913.

[5] Ital.: allerglücklichste Nacht.

An Margrit Rosenstock am 14. März 1918

14.III.

Ich bin mit bösen Gedanken aufgewacht.
Wenn ich nun jetzt nach Warschau gekommen wäre, so hätte ich dich noch in Kassel getroffen. Es ist besser so. Lieber den Gleichtakt der Briefe aus der Ferne, der so nahen Briefe aus der Ferne, als so ein einzelner Tag.
Frühlingsanfangstag - im Feld hat man andre Jahreszeiten. Voriges Jahr fing der Frühling an an dem Tag wo ich nach Üsküb ging, obwohl das Wetter nicht anders war wie die ganzen Tage vorher; aber ich ging, ich war mein eigner Herr, hatte ein paar Tage frei vor mir mit selbst zu findenden Menschen; der Wachtmeister bei den Protzen[1] hielt mich für übergeschnappt, dass ich nicht auf unserem Fuhrwerk fahren wollte, das grade den gleichen Weg machte, sondern die paar Stunden bis zur ersten Feldbahn lieber allein mit meinem Rucksack machte. - So ein Frühlingsanfangstag kann also auch ganz ausbleiben.
....
Es stand noch etwas in deinem Brief, was mir schon seit ich fortging, immer wieder auf der Zunge lag (ach Gott! die Zunge ist von Graphit) und was ich doch nicht fragen mochte. Nun fängst du — o herrliche Selbstverständlichkeit, dass es so ist — selber davon an. Ich hatte keine Vorstellung von deinem Protestantismus, am wenigsten von dem, den du gegen Eugen verfochten haben könntest. Allerdings dachte ich auch nicht, noch weniger, an einen eindeutigen Hang zum Katholischen und hatte den katholi-

schen Kirchgang vom letzten Sonntag, den ich ja aus deinem Brief merkte, bloss für zufällig, nicht für selbstverständlich gehalten. Die „sichtbare"? Was ist denn sichtbar? die Stickereien, die Bilder. Aber das eigentlich Sichtbare, die Menschen, unter den Stickereien, vor den Bildern, die sind in Rom ebenso sichtbar-unsichtbar wie in Genf u. Wittenberg.² Und die wahre Sichtbare wäre doch die, wo die Glieder des Leibes selber, also eben die Menschen, sichtbar wären und nicht die Gewänder, bei denen doch immer die Gefahr ist, dass es umgekehrt geht wie in dem Andersschen Märchen von des Königs neuen Kleidern. Ich trage die Sache mit mir herum, weniger für dich als für Eugen. Denn während es für Rudi gar nicht gefährlich wäre, wenn er katholisch würde, wäre es für Eugen ein Unglück. Eugens Trieb zum jeweiligen Gegenteil, zur „andern Seite der Wippe" würde dadurch der Eckstein seines Lebens werden und während er bisher doch nur die Unruhe in seinem Uhrwerk war würde es dann eine schwere unverrückbare Last sein. Denn er ist eben doch Protestant, Ketzer oder wie du willst, und der Katholizismus, ⌈⌈der Grossinquisitor⌉⌉ ist ihm immer nur sein „Andres", sein Gegenüber. Es wäre schlimm, wenn er sich auf sein Andres festlegen wollte. Und eben du kannst ihm helfen, weil du das hast was er nicht hat: protestantisch-kirchliches Erbe: Du musst die Erbschaft nur wirklich antreten. Der Sonntag Vormittag tut es nicht, die katholischen Glocken brummen tiefer und die Glöcklein zittern heller; da kommt die Lutherkirche nicht gegen an. Das protestantische Erbe ist aufgespeichert zwischen Buchdeckeln. Lies die grossen Ketzer. Seit der Kirchentrennung hat die Una sancta³ keine Ketzer mehr. Vor Luther war sie ja „katholisch" und „protestantisch" in einem. Aber seitdem sind die Ketzer der Eigenbesitz der neuen Kirche geworden. Lies Eugens Abscheu Kierkegard. Oder wer dir sonst zwischen die Finger kommt. Lies gar nicht, sondern denk bei denen, wo man sonst kaum daran denkt, dass sie Christen sind, denk bei Schiller Goethe und Consorten dass sie in der protestantischen Kirche und nur in ihr gross werden konnten. Denk dass der Heide an der katholischen Kirche zum Voltaire wird, in der protestantischen zum Goethe. Zur Protestantin kannst du dich auf Grund deines Erbes bilden; Kirche und Christentum ist eben immer wieder zweierlei; als Christin kannst du jenseits von beiden Kirchen wohnen, musst es sogar. Aber um Eugens willen wachs ein in dein Eignes!
- Liebes Gritli — nein ich habe nicht mehr geschrieben als ich durfte.
Und du sagst noch etwas, aber ich weiss nicht ob ich recht darauf antworten kann. Die „Einheit im Raum", die der Ewigkeit für die Zeit entspricht, ist doch - das Himmelreich. Aber während von der Zeit zur Ewigkeit jeder Augenblick und vor allem jedes letzte Augenschliessen die Brücke schlägt, gehen vom Raum zum Reich Gottes keine festen Brücken, sondern nur der harte langsame bodengefesselte Weg über die Eine Erde.   Die Seele hätte keine Weltgeschichte nötig. Aber weil wir Leib und Seele sind und also dem Gesetz des Raumes untertan, deshalb geht der lange Weg in der Zeit über die Erde.   Die Ewigkeit umrauscht uns in jedem Augenblick; es brauchen uns bloss die Ohren aufgetan zu werden, im Leben und im Tode; sie war, ehe die Welt geschaffen wurde. Aber das Reich Gottes wird. Gott lässt sich leicht lieben, der Nächste sehr schwer[4] (weil sich Gott schenkt, aber der Nächste nicht).
Und doch — hab du mich lieb!
Franz.

¹ Protze: zweirädriges Fuhrwerk.
² Die Zentren der reformierten und der lutherischen Reformation.
³ Lat.: die eine heilige (katholische Kirche) - Zitat aus dem christlichen Glaubensbekenntnis.
⁴ Anspielung auf das neutestamentliche Doppelgebot der Liebe, Matthäus 22,37-39 und Parallelen.

An Margrit Rosenstock am 15. März 1918

15.III.

Liebes - oder vielmehr Braves Gritli, du musst mir gelegentlich, wenn du sie mal findest, Stellen aus Eugenbriefen über den Santo¹ abschreiben. Es schwant mir als ob er mir auch einmal davon erzählt hat, aber ich weiss nichts mehr davon. - Und trotzdem: Dass der Heilige hier nicht zum Ketzer wird, sondern eben doch wirklich zum Heiligen, das ist gewiss die Stärke der kath. Kirche, aber auch ihre Schwäche. Sie schlägt auch um den Ketzer ihren grossen blauen Mantel und ist stark durch seine Demut; aber sie raubt dem Christentum die lebendige Kraft, die von dem unheilig freien Ketzer ausgeht. Das grosse Wort, das der Santo selbst in dem Vortrag vor den Intellektuellen sagt (der Protestantismus baue auf dem toten, die kathol. Kirche auf dem lebenden Christus) mag - vielleicht - als Kritik gemeint sein, ist aber keine; denk an Rudis Pfingstmontagspredigt über „euer Herz erschrecke nicht; meinen Frieden lasse ich euch",² um zu sehen, was dies Bauen auf dem Gestorbenen bedeutet. -
Nachher kommst du wieder. Ich freue mich auf dich.
- Eben wirst du von 2 Gäulen den Berg hinauf gezogen.
Und bist nun da, mit zwei Briefen, vom 7. u. 9. Warum schreiben wir uns? doch mehr um des Schreibens willen als wegen des Augenblicks des Empfangens. Denn wir antworten uns ja schon im Schreiben, längst ehe uns das Geschriebene in die Hand kommt. Und doch sehne ich mich nach deinen Worten, und wenn es nur um die Bestätigung wäre.
Ich „weiss" nicht mehr wie du, aber das weiss ich auch. Ich habe dir ja inzwischen das Gleiche geschrieben. Ich küsse die Hand, die dich hält, in die du deine gelegt hast.
Liebe Liebe, ich bin ja nicht über die Sterblichkeit erschrocken; sondern bis zum Rande voll vom Gefühle meiner Sterblichkeit stiess der Ton „Unsterblichkeit" auf Trudchens Blatt³ in mich hinein und entsetzte mich. Nun nachdem du das Blatt selbst gesehn hast, musst du das verstehn. Ich mag nicht mehr sagen. Und du wirst es auch so schon verstehn. Glauben Vertrauen Liebe kannte ich schon lange; aber was es heisst: ihm danken - das weiss ich erst seitdem. ─────────────

Stille! auch vor dir. Gute Nacht.

¹ Antonio Fogazzaro, Il Santo, 1905.   ² Johannes 14,1 und 14,27.
³ Dazu der Brief an Margrit Rosenstock vom 11. März 1918, S.56f.

An Margrit Rosenstock am 16. März 1918

16.III.

Liebe, „schade" sage ich auch, aber eigentlich mehr dass du es alleine hast lesen müssen. Alleine hast du dich wie du selber ja fürchtest, verstiegen; ich will sehen, dass ich dich von dieser Martinswand¹ wieder heruntertrage. Am Fremden das Eigene erfahren, das geht ja immer so. Eugen zitiert (ich weiss nicht woher): nur aus dem Fernsten kommt die Erneuerung. Ich habe ja auch ursprünglich am Christentum das Judentum begriffen; das Selbstverständliche hört eben durch das Andre auf „selbst"-verständlich zu sein und wird so verständlich. Aber aber - ich weiss von mir selbst her, wie man dabei doch in Gefahr ist, das was einem selbstverständlich ist, unwillkürlich auch in das Fremde hineinzusehn. So ist es mir bis zu jener Leipziger Nacht² (es ist das die wissenschaftliche Seite des damals Geschehenen) mit ⌈⌈dem⌉⌉ Christentum gegangen: ich liess es nur als ecclesia pressa³ gelten und schon die militans,⁴ erst recht die triumphans⁵ waren mir Entartungen; das Jahr 313, wo es Staatsreligion wird,⁶ ein Abfall. So gab ich der wahren Kirche das Gesicht der Synagoge. Nun hör: Monotheismus ist natürlich ein schreckliches Wort, und Cohen⁷ grenzt allerdings damit das Judentum gegen das Christentum ab, wie es jeder Jude tut, der das Bekenntnis sagt. Die „13" Eigenschaften sind ja eben keine 13, sondern diese offenbar sonstwoher heilige Zahl wird gewaltsam in die Stelle hineingedeutet, indem z.B. der doppelte Anruf des Gottesnamens zu Anfang als zwei „Eigenschaften" gezählt wird⁸ - Gottes Liebe ehe und nachdem der Mensch gesündigt hat⁹ - u.s.w. Es sind eben doch alles nur Umschreibungen der einen dem Menschen einzig erreichbaren Eigenschaft Gottes, der Liebe. Alles andre, die „Eigenschaften seiner Gerechtigkeit" bleiben dem Menschen immer dunkel. „Wie Er barmherzig ist, so sei du es" sagt der Talmud,¹⁰ aber nicht „wie Er gerecht, so sei dus". Du siehst aber: da ist nichts zu vergleichen. Sondern dem jüdischen „Einzig" entspricht das „Christus allein", das „sola fide" der Reformation.¹¹ Um dessentwillen ist das Christentum „Monotheismus". Was ist denn das Wesen des Heidentums? Dass man vor einem Gott beim andern Schutz findet. Der Euripideische Hippolytos dient der Artemis und beleidigt dadurch die Aphrodite, Orest gehorcht dem Apollon und erweckt die Eumeniden.¹² Das ist nun, wenns nichts Schlimmeres (nämlich Davonlaufen) ist, das was wir auf der Schule bei Max Pikkolomini¹³ u.s.w. als „Konflikt der Pflichten" kennen gelernt haben. Eben diesen Konflikt kennt die Offenbarung nicht, weil sie den unbedingten fraglosen einzigen Befehl in den Menschen schleudert (denk an die Worte vom Zurücksehn und vom Totenbegraben¹⁴). Darin also giebt das Christentum dem Judentum nichts nach. Und deswegen verwehrt das offizielle rabbinische Judentum seit langem, den Begriff des „Götzendiensts" auf das Dogma von der Dreieinigkeit zu beziehen.¹⁵ Ja und? Es bleibt dennoch ein grosser, ein unüberbrückbarer Unterschied, nicht im Gefühl - das kann gleich stark sein, ob einer nun „allein" oder „einzig" sagt - aber im Ziel des Gefühls. Das jüdische Einzig zielt auf Gott selbst, auf den Vater unmittelbar ohne etwas dazwischen, das christliche Allein bleibt auf halbem Wege stehn, bleibt eigentlich in der Welt, und es ist die ganze Verstandeskunst des Dogmas nötig, um den Zusammenhang der Welt mit Gott, des „Sohns" mit dem „Vater" zu sichern. Vom Dogma sagt Cohen mit Recht (mit geheimnisvoller Stimme und entsetzter Miene): „ich will Ihnen etwas sagen:!!! es hat noch niemand daran geglaubt!!!!!"¹⁶ Aber sicher! das Dogma ist auch gar nicht dazu da, „geglaubt" zu werden; geglaubt wird Christus, das Dogma wird gewusst. Das Judentum braucht das Dogma nicht, weil es ja schon im Gefühl die Welt überspringt und sie freilich darum auch nicht besitzt. Und deshalb darf Cohen den jüdischen Monotheismus als reinen Monotheismus ansprechen.

Es ist mit der Erbsünde so etwas ähnlich. Auch ungeheuer tiefsinnig als Gedanke und doch eben bloss ein Gedanke (<u>Dogma</u> und <u>Gedanke</u> ist übrigens glaube ich Ein Wort). Wie Cohen es in Worte bringt, ist es weder spezifisch Cohensch, noch spezifisch jüdisch. Denk an das Wort vom reuigen Sünder oder an Luthers viel-missverstandenes aber <u>so</u> gemeintes „Esto peccator et pecca fortiter",[17] überhaupt an Luther. Gritli - es ist doch eben einfach <u>wahr</u>. Was hilft mir die schönste Erklärung. Sie wird sich doch immer mit andern Erklärungen schneiden. Wir müssen uns an das halten was uns über alle Erklärung hinaus gewiss ist. Es ist das Hinreissende des Cohenschen Kapitels, dass es das tut. Vielleicht hat es noch nie ein Denker getan. Vielleicht konnte es auch nur ein Jude. Denn es ist ja kein Zufall, dass das Judentum auch hier wieder kein Dogma ausgebildet hat. Wir haben ja faktisch die Erberlösung, die erbliche Gotteskindschaft. Und der Jude verwechselt immer sich selbst mit dem Menschen überhaupt (weil er ja die messianische Zeit immer wieder vorwegnimmt), und kommt so gar nicht auf den Gedanken, dass allen Menschen ausser ihm angeerbt ist nicht Abrahams Glauben und Bereitschaft, sondern eigne Art und eigne Ehre. Und dass es also allen Menschen ausser ihm gilt, sich ihres Erbes zu entledigen um für Gott offen zu sein; ihm allein aber es eins ist: tiefer in sein Ererbtes hineinzuwachsen und sich Gott zu öffnen. Der Jude <u>erlebt</u> so das „ohne Erbsünde", das - wieder - das Dogma von Christus <u>aussagt</u>.   Und weil Cohen des Dogmas, der Erklärungen u.s.w. unbedürftig war, deshalb hat er so sehr das Wesentliche sehen können und hat davon reden können wie noch nie ein Philosoph.

56 Tage Briefsperre wäre furchtbar, auch kaum glaublich (es klingt wie 26 + 30 = März + April, so wäre das Gerücht wohl entstanden) Es würde mir gar nicht passen, dich so allein zu bombardieren; und ich muss dir doch schreiben.

Vom 25ten wusste ich nicht. <u>Zum</u> 10. habe ich dir wohl schwerlich etwas geschrieben - das widerspräche ja der Theorie vom Schreiben und Empfangen. Aber vielleicht <u>am</u> 10. Hoffentlich.[18] Sag mir, ob ich es da gewusst habe. <u>Mit</u> Bewusstsein freilich sicher nicht. Am 10. früh fragte mich mein einer Feldwebelleutnant - was heut für ein historischer Tag sei. Ich wusste nur, dass Kaiser Wilhelm I heut einen Tag tot gewesen sei (er starb am 9. wo infolgedessen immer Abonnementskonzert in Kassel ist, und ebenso am 22. als am Geburtstag). Darauf triumphierte der Fwlt.: Todestag der Königin Luise, Aufruf an mein Volk. So überhörte ich also die Stimme von oben; es war auch ein gar zu unwahrscheinliches Organ. - Nun, so und so bist du nun ein Vierteljahrhundert alt und wohl jetzt die gleiche Zeit erwachsen, die du Kind warst. Werde wie Tante Julie.[19]

Dein Franz.

---

[1] Steile Felswand des Karwendelgebirges am linken Ufer des Inn bei Zirl.

[2] Im Leipziger Nachtgespräch vom 7. Juli 1913, an dem Rosenzweig, Eugen Rosenstock und Rudolf Ehrenberg teilnahmen und in dessen Verlauf Rosenzweig beschloß, sich taufen zu lassen - ein Entschluß, den er im Herbst desselben Jahres jedoch wieder zurücknahm zugunsten seiner Heimkehr ins Judentum.

[3] Lat.: unterdrückte Kirche.   [4] Lat.: soldatische (Kirche).   [5] Lat.: triumphierende (Kirche).

[6] 313 erließ der römische Kaiser Licinius eine Konstitution, die uneingeschränkte Religionsfreiheit garantierte und damit dem Aufstieg des bis dahin verbotenen Christentums zur weltumspannenden Staatsreligion die Bahn bereitete. Zur offiziellen Staatsreligion wurde das Christentum aber erst unter Kaiser Theodosius, 379-395, erhoben.

[7] Hermann Cohen in seinem Alterswerk: Religion der Vernunft aus den Quellen des Judentums, Kapitel 1: Die Einzigkeit Gottes.

[8] Aus 2. Mose 34,6f leiten Juden traditionell Gottes 13 Eigenschaften ab; dazu Rosch Haschana 17b sowie der Lobpreis JIGDAL im jüdischen Gebetbuch (Siddur Sefat Emet S.2).

[9] Rosch Haschana 17b: „(Gott sprach:) So oft die Israelis sündigen, mögen sie vor mir nach dieser Ordnung verfahren, und ich vergebe ihnen. *O Herr, o Herr* (2. Mose 34,6) - ich bin gnädig bevor der Mensch sündigt, und ich bin es nachdem er gesündigt hat und umgekehrt ist."

[10] Schabbat 133b, dazu auch Stern der Erlösung S.228.

[11] Das „jüdische Einzig" bezieht sich auf 5. Mose 6,4f - das SCHMA JISRAEL, Höre Israel -, wo es heißt: „der Herr unser Gott, der Herr ist einer bzw. einzig"; sola fide - „allein durch Glaube" - ist das Schlagwort lutherischer Rechtfertigungslehre.

[12] Im Drama „Hippolytos" von Euripides aus dem Jahr 428 v.d.g.Z..

[13] Zentrale Figur in Schillers „Wallenstein". [14] Lukas 9,60ff, Matthäus 8,22.

[15] Rosenzweigs Hinweis bezieht sich wohl auf einen Talmudtext (Chulin 13b), in dem Rabbi Jochanan lehrt, daß die Völker außerhalb des Israellandes keine Götzendiener seien, sondern nur die Bräuche ihrer Vorfahren weiterführten. Im 10. Jahrhundert griff Gerschom ben Juda, „Leuchte des Exils" und einer der ersten großen deutschen Talmud-Gelehrten, diesen Satz auf und stellte fest, die götzendienerischen Praktiken der Völker außerhalb des Landes Israel seien nicht als solche anzusehen. Auch bei den mittelalterlichen Tosafisten findet sich eine entsprechende Aussage. Bei solchen Texten handelt es sich allerdings durchweg *nicht* um eine *generalisierende* Feststellung der monotheistischen Qualität des Christentums. Vielmehr dienten die Aussagen, welche die Christen in der jüdischen Diaspora von den Götzendienern ausnahmen, ausschließlich pragmatischen Zwecken. Der Talmud sieht als Schutz der Juden vor dem Götzendienst eine klare Trennung zwischen Israel und den Völkern vor, die durch eine Reihe ganz konkreter Bestimmungen, etwa Handelssanktionen, markiert wird. Zu praktizieren waren solche Halachot allerdings nur in einer weitgehend autarken jüdischen Gesellschaft, wie sie einst im Zweistromland bestand. Als jedoch immer mehr Juden in der Zerstreuung und somit als Minderheit unter den Völkern lebten, war eine derartige Trennung aus ökonomischen Gründen nicht mehr aufrecht zu erhalten. Die Folge war vor allem in Frankreich und Deutschland eine Diskrepanz zwischen Theorie und Praxis. Die „Lösung" des Problems bestand darin, die im Talmud einst als Götzendiener angesprochenen Völker von den zeitgenössischen Völkern zu unterscheiden. Da Juden mit Götzendienern keinen Handel treiben durften, erklärte man kurzerhand ihre gegenwärtigen Handelspartner in der Diaspora zu Nicht-Götzendienern.

[16] Dazu auch Zweistromland S.214; Briefe und Tagebücher S.447; Brief an Margrit Rosenstock vom 19. August 1919, S.390.

[17] Lat.: sei ein Sünder und sündige fest (, aber noch kraftvoller glaube und freue dich in Christus). So schrieb Luther an Melanchthon am 1. August 1521.

[18] Am 10. März hatte Margrit Rosenstock Geburtstag.

[19] Julie Ehrenberg, geb. Fischel, 1827-1922, Großmutter von Rudolf Ehrenberg.

An Margrit Rosenstock am 18. März 1918

18.3.

Liebes Gritli, die Menschen reden immer wieder so kühl klug als ob sie sich, einer den andern, <u>sehen</u> könnten. Und dann erfahren sie immer wieder, dass es kein Einander<u>sehen</u> giebt, sondern immer gleich ein Einander<u>fühlen</u>. Wir leben soviel dichter aufeinander als wir wahrhaben wollen. Jede Saite schwingt ihre Schwingungen für sich, aber schon in der Luft ist es aus allen Saiten nur eEine Schwingung geworden. Keine bleibt für sich. Es giebt keine Zuschauer, soll keine geben. Wer meint, sich das Anrecht auf einen Parkettplatz gekauft zu haben, zu dem kommt mitten im Spiel der Theaterdiener und bittet den Herrn, sich doch gefälligst auf die Bühne begeben zu wollen und mitzuspielen.

Ich komme nicht zurecht mit dem was du mir von Eugen schriebst, trotz allem und allem. Wäre nur diese unglückliche Postsperre vorüber. Du hast mir so gut zugesprochen und trotzdem - es bleibt ein Rest. Mein Herz ist bei deinen Tränen und bei deinem Lätare,[1] - aber näher doch bei den Tränen. Ps 130,6.   Sei gut.   Franz.

[1] Lat.: laetare - sich freuen.

An Margrit Rosenstock am 19. März 1918

19.3.

Liebe, mir ist schwer, sehr schwer zu mut. Ich warte auf die heutige Post mit Furcht und Zittern, als ob sie mir ein Orakel bringen sollte. Und dabei kann sie gar keins bringen, denn von dir und mir weiss ich ja, und Eugen sitzt hinter der Postsperre. Oder sollte mir schon der eine Satz genügen? müsste er nicht? Mein ganzes Gefühl ruht auf dem breiten Rücken seiner Liebe zu mir; wenn er mir den wegzieht, so fällt es ins Bodenlose; wieviel von mir mitfällt, weiss ich nicht. Empfindet er nicht das ganz Besondere zwischen mir ihm dir, empfindet er bloss das Natürliche, bloss das was „man" in so einem Fall empfindet — dann sind wir nicht über Paganinis Geige gespannt, sondern über irgend eine; und dann — dann ist uns das Gesetz gegeben wie irgend einem.   Es liegt alles bei Eugen, ich brauche seine Hand wie du sie brauchst (und jetzt mehr denn je), nicht zwar dass sie mich hält; aber dass er mir sie lässt.
Ich weiss nicht, zum ersten Mal seit ich dir schreibe, ob ich diesen Brief abschicken soll. Also wohl grade.

Gritli ——————

An Margrit Rosenstock am 19. März 1918

19.III.

Und nun kam das Orakel und war so unzweideutig und gut, und am besten das was aussen auf dem Couvert stand obwohl es doch nur Etikett war, nicht der Wein selbst (aber dir glaube ich den Wein auch auf das Etikett hin). Es war mir so bitternotwendig zu wissen, dass ein „allerbestes" Wort von Eugen da ist —— ein „gutes" hätte nicht genügt.
Ich bin nun wieder froh, ganz froh, Gritli. Auch mein eignes Wort, das du mir zurückbrachtest, vom Februar als Glied in der Kette, und <u>wie</u> dus mir zurückbrachtest, —— aber die Hauptsache war doch das „allerbeste Wort".
Nun kriegst du die gestrige Nacht und den heutigen Morgen und wieder die heutige Nacht —— wir müssen durch alles hindurch, was menschlich ist; das Menschliche rundet sich auch im kleinsten Kreis immer wieder gleich: Inferno Purgatorio Paradiso[1] - und kein Paradiso ohne die beiden zuvor (und du fragst, ob das „spezifisch Cohensch" ist!).
Ich freue mich, dass wir leben und sind, und fühle deine Gegenwart

gute gute Nacht -

<u>dein</u> Franz.

[1] Anspielung auf die „Göttliche Komödie" von Dante Alighieri, 1265-3121, die eine fiktive Wanderung des Autors durch die drei Bereiche des Jenseits - Hölle, Fegefeuer und Paradies - beschreibt.

Am 19. März 1918 starb in Kassel der Vater Georg Rosenzweig. Rosenzweig reiste daraufhin zur Beerdigung an.

*Telegramm an Margrit Rosenstock am 25. März 1918,
abgeschickt in „Casselwilhelmshöhe" um „4 Uhr 52 Min nachm"*

Franz kommt diese Nacht

An Margrit Rosenstock, wahrscheinlich Ende März 1918

....
Es ist wohl besser dass ich mit Mutter jetzt allein zusammen bin ... Es ist besser für Mutter, und vielleicht auch für mich selber. Ich brauche diese Tage auch. Es ist ein Nachholen von Versäumtem. Ich schreibe dir später, vielleicht noch von hier, wahrscheinlich erst von dort unten. Ich glaubte schon auf der langen Reise ins Reine gekommen zu sein und doch fängt nun hier alles von vorne an. - Mutter ist ein Wunder von Mensch, - das haben wir nicht gewusst, so nicht gewusst. Wenn sie so bleibt, so hätte ich meinen Geburtstagswunsch neulich an dich auch anders ausdrücken können. Liebes Gritli, es giebt eine Freimaurerei zwischen allen, denen das gleiche geschehen ist, das ganz äusserlich Gleiche - und grade das ganz äusserlich Gleiche (Geburt und Tod und alles was dahin gehört) ist das Wichtige und das einzig Wichtige in der Welt. Ich will dir noch davon schreiben, aber auch nicht heute.
Denk, ich habe nicht das Gefühl, meiner Mutter nötig zu sein. Das ists was ich vorhin meinte und was ich nie vorher in dieser Lage für möglich gehalten hätte. Sie ist genau so gross wie das was ihr geschehen ist - nicht kleiner (wie ich erwartet hätte) und nicht grösser (was ich schrecklich gefunden hätte), sondern wirklich ganz genau so gross.
Ich sch - eben höre ich von Berlin dass Cohen sehr schwer krank ist, wahrscheinlich im Sterben liegt.

Liebes Gritli, ich kann nicht weiter -
Dein Franz.

An Margrit Rosenstock, wahrscheinlich Ende März 1918.

Freitag
TERRASSE 1[1]

Liebes Gritli,
es ist wahr, meine Gedanken kommen jetzt nur zeitweilig am Tage zu dir - auch im grünen Zimmer. Aber dann drängen sie sich zu dir und du nimmst sie in die Arme. Ich schicke dir hier Cohens Brief. Es geht ihm besser; wenigstens ist wieder Hoffnung.
.....

---

[1] „TERRASSE 1" - die Adresse von Rosenzweigs Elternhaus - ist dem Briefpapier eingedruckt.

An Margrit Rosenstock am 31. März 1918

31.III.
TERRASSE 1

Gritli - ich <u>habe</u> dich ja um mich, ich fühle dich ganz dicht, - nur ohne Sehnsucht. Ich weiss und spüre es vorweg: ich werde mich in ein paar Tagen dort unten vor nachträglicher Sehnsucht nach dir verzehren, aber hier und in diesen Tagen nicht.
Wenn Cohen noch lebt, fahre ich über Berlin zurück. Sonst hätten wir uns in Frankfurt gesehen, aber nun bist du ja in Säckingen.
..... Wie viel haben wir vom Tod gesprochen, im Februar. Es war alles wahr, so wahr wie eben Vorwegnahmen sein können. Ich muss an das denken, was du vom Protestantismus schriebst: wie hülflos lässt er die Menschen in den grossen Angelegenheiten des Lebens. Er hat immer nur das Buch und wieder das Buch: da, nimm und lies.[1] Es ist wirklich viel verlangt.   Ich bin froh, in einer visibilis[2] zu leben.
Ich will dir etwas erzählen, wo „Buch" <u>und</u> „visibilis" vorkommen. Ich wurde der Sitte gemäss gestern, als Trauernder,[3] „zur Thora aufgerufen", also zur Vorlesung eines Stücks der Perikope. Mein Stück war ganz kurz, nur 4 Verse: 2 M.33,20-23. Du kennst es wohl aus dem ABWCpapier und weisst, dass in dem Gegensatz des keinem Lebenden sichtbaren „Angesichts" und des sichtbaren „Hintennach" (der „Herrlichkeit" V.18 und der „Güte" V.19) Cohen[4] mit Maimonides[5] die letzte Wahrheit formuliert findet. Und doch trifft es gleichzeitig auch auf Vater, ja auf das was zwischen mir und ihm stand (Hans schreibt mir, in einem Brief der wirklich wie von einem verklärten Geist ist, wirklich jenseits des Weinenkönnens - was du über ihn schreibst, ist ja wörtlich wahr - : „Er lebte in der Welt und fand hier seine Ideale; wir Jüngeren mit unsern Jenseitsseelen möchten dies nicht so achten; aber ich sehe darin doch Höchstvollkommenes und auch eine Darstellung der Liebe, in der Liebe zu den Menschen und Liebe zu sich selbst eins ist. Sollen wir denn uns nicht mehr lieben? Nirgends steht das geschrieben[x]. In ihm war die Liebe gesund. Ist sie es noch in uns? Manchmal zweifle ich daran.)
O Gritli, mir ist traurig und doch gut zu mute, - viel zum Lachen und viel zum Weinen das liegt nah beieinander. Sei gut und nimm ein „Gutes"

von Deinem Franz.

[x] ein schlechter Bibelkenner war Hans immer![6]

---

[1] Anspielung auf das Bekehrungserlebnis des Kirchenvaters Augustin, 354-430, der nach eigenem Bericht (Bekenntnisse 8,12,29) als Heide eine Kinderstimme hörte, die sagte: „tolle lege" - „nimm, lies". Daraufhin griff er zur Bibel, schlug sie auf, stieß auf Römer 13,13 - und wurde Christ.

[2] Lat.: sichtbar. Gemeint ist die jüdische Gemeinde in ihrer Konkretheit. Dabei spielt Rosenzweig auf die christlich-dogmatische Unterscheidung zwischen sichtbarer und unsichtbarer Kirche an.

[3] Am 19. März 1918 war Rosenzweigs Vater gestorben.

[4] Hermann Cohen, Religion der Vernunft aus den Quellen des Judentums, Kapitel IV: Die Offenbarung (S.92ff).

[5] Maimonides oder Rabbi Mosche ben Maimon (abgekürzt Rambam), 1135-1204, bedeutender jüdischer Gelehrter des Mittelalters; verfaßte medizinische und vor allem religionsphilosophische Werke, die auch auf die christliche Philosophie des Mittelalters Einfluß hatten.

[6] Vermutlich denkt Rosenzweig an das Jesus-Wort in Lukas 14,26: „Wenn jemand zu mir kommt und haßt nicht seinen Vater, Mutter, Frau, Kinder, Brüder, Schwestern, auch dazu sein eigenes Leben, der kann nicht mein Jünger sein."

Am 4. April 1918 starb in Berlin Hermann Cohen.

An Margrit Rosenstock am 5. April 1918

5.4.

Liebes Gritli,
        nun ist Cohen tot.
                Dein Franz.

An Margrit Rosenstock am 5. April 1918

5.4.

Liebes Gritli,
der äussere und der innere Rahmen unsres Februar ist zerstört - das Haus in Kassel und Hermann Cohen. Es bleibt nur noch die unaufgespannte bemalte Leinwand - wir selbst.
Hör, das Merkwürdigste, was mir geschehn ist: als ich ⌈⌈am 20.März⌉⌉ die Nachricht bekam, überfiel mich eine Schwäche wie noch nie im Leben und wie ich sie auch nie wenn ich mir dies Ereignis je vorstellte, für möglich gehalten hätte; ich lag wie ein abgerissener Zweig am Boden; ich hatte nie gewusst, wie sehr ich bloss Zweig gewesen war. Dann aber spürte ich plötzlich, dass ich nun selbst im Boden steckte, Wurzel geschlagen hatte, Stamm geworden war. Bisher hatte ich doch nur durch meinen Vater mit der alten Erde meines Volks zusammengehangen. Jetzt stand ich plötzlich selber darin, war selber das lebende Glied der langen Kette der Geschlechter, und Abraham Isaak und Jakob unmittelbar meine Väter.
Das ist das unverrückbare Erlebnis dieser Tage. Jener letzte Rest von Ausflucht, den das Dasein meines Vaters immer noch in meinem Leben liess, ist verschlossen. Ich wachse aus meinem Vornamen in meinen Zunamen hinüber.
Wirst du mir da folgen können? Wird deine Liebe gross genug, entsagend genug sein? Rein genug, Liebe genug ist sie, das weiss ich. Aber wird sie grösser sein können als deine, als meine Sehnsucht? Sag „ja", - laut oder leise wie du es kannst, aber sag „ja".
                Dein Franz.

An Margrit Rosenstock am 6. April 1918

6.IV.

Liebes Gritli, der serbische Frühling ist dies Jahr dem deutschen höchstens um 10 Tage voraus; bis der Brief da ist, werden bei dir die Bäume auch blühen. Bei dir - wo mag das sein? ich adressiere auf gut Glück nach Hinterzarten, weil du für Säckingen ja nur „1.-7." angabst. In Kassel wird ... Tante Lene aus Leipzig „antreten". Dies Antreten ist auch eine böse Sache für Mutter, dies dass die Besuche sich ablösen wie Wachtposten. Sie muss jemanden haben, der dauernd bei ihr wohnt oder so gut wie dauernd, und nicht als „Besuch". Hanna v. Kästner[1] wird es sein. Ich habe noch nie so sehr vermisst, nicht verheiratet zu sein — jetzt eine Schwiegertochter mit 2 Enkelkindern im Haus, und alles wäre gut. So hat sie bei allen das Gefühl, sie kämen zu ihr aus Pflicht und Mitleid, und da setzt sie sich natürlich zur Wehr. Überhaupt unterschätzt sie sich nun selber, redet sich ein, die Leute wären vornehmlich Vaters wegen zu uns ins Haus gekommen — was doch nur für eine Sorte Leute zutrifft —, und so sieht sie nichts in der Zukunft. Und da sie ganz abhängig ist von dem, was sie sieht, und gar nichts andres hat, so kannst du dir denken wie es in ihr aussieht. Selbst ihre schöne Stärke in den ersten Tagen, die auch auf mich noch solchen Eindruck machte, ruhte noch auf dem Grunde eines Sichtbaren, der in der Volkstrauer sichtbaren öffentlichen Persönlichkeit Vaters. Die gab ihr die Kraft, selber so wundervoll zu repräsentieren, nein: dazustehn, wie sie es wirklich in jenen ersten Tagen fertig gebracht haben muss. Dazu wohl noch etwas besonders Schreckliches im ersten Augenblick: durch ein Missverständnis bezog sie die Nachricht zuerst nicht auf Vater, sondern auf - mich, tobte wohl 10 Minuten lang entsetzlich, bis man merkte, was sie meinte, und ihr sagte, es wäre Vater. Auch diese schreckliche Umstülpung des Herzens hat ihr von da ab wohl eine innere Starrheit geschaffen, die sich zwar nicht als Starrheit äusserte, sondern als schöne Ruhe, aber im Grunde doch Starrheit war. - Ganz konsequentermassen will sie sich umbringen, wenn ich etwa falle. Das wäre ja an sich gar nicht schlimm, entsetzlich ist mir nur der haltlose und leere Zustand, den dieser Gedanke schon für jetzt verrät.

Solange sie im Glück war, konnte man darüber hinwegsehn, obwohl ich es nie getan habe und du und Eugen auch nicht. Aber nun -. Ich habe nun gestern versucht, ihr durch einen harten Brief den Halt zu schaffen, den ich ihr mündlich nicht geben konnte. Es ist das so furchtbar schwer, weil der liebe Gott Contrebande[2] ist. Erwähnt man ihn, so wird sofort gemeint, man wollte den Glauben an einen alten weissbärtigen Herrn, der mit einem Badetuch bekleidet auf einer Wolke sitzt, empfehlen und dann stopft sie sich für alles weitere die Ohren, denn „das kann ich nicht glauben". Dass man es selbst ebensowenig kann, weiss sie nicht und will sie nicht wissen. Deshalb habe ich die Worte sehr vorsichtig gewählt und denke, ihr sicher durch diesen Brief eintretendenfalls die Tat, vielleicht (was mir unendlich wichtiger wäre) schon jetzt den Gedanken unmöglich gemacht zu haben. Der Selbstmordgedanke ist ja eben wirklich das Schiboleth[3] des Heidentums.

Ich schreibe dir das alles so genau, diesmal nicht bloss weil ich davon voll bin, sondern auch einfach damit du Bescheid weisst. Sie hat kein Verlangen nach Menschen, eher Misstrauen. Wer ihr Vertrauen geben kann, hat ihr viel gegeben. ... Du? das wird sehr davon abhängen wie du dich ihr anträgst.
...
Leb wohl, liebes Gritli, und sei nicht traurig über das viele Traurige in diesem Brief.
Dein Franz.

[1] Hanna von Kästner, 1864-1920, Malerin.   [2] Franz.: Schmuggelware.
[3] Hebr.: Ähre; übertragen im Sinne von „Losungswort" gebraucht. Dazu Richter 12,5ff, wo „Schibolet" als Militärparole im Krieg zwischen den verfeindeten Parteien aus Efraim und Gilead diente. Da die Efraimiter kein „sch" aussprechen konnten und - nach dem Losungswort gefragt - „Sibbolet" antworteten, wurden sie leicht als Feinde entlarvt.

An Margrit Rosenstock am 8. April 1918

8.4.

Liebes Gritli, ... du hast Tod und Geburt noch nicht erlebt, nur das was dazwischen liegt: das Leben. Der Tod bleibt unbegriffen, auch wenn man ihn erlebt hat, aber die

Geburt bleibt es auch; begriffen - ergriffen wird nur das Leben. Die Sonne des Tags scheint nicht in die beiden Nächte die ihm angrenzen. Und deine Worte hatten mich geblendet, weil sie zuviel Tageslicht in ein verhangenes Zimmer trugen. Und dabei - wie ists denn anders möglich! Ich weiss ja noch genau, was mich am 19^(ten) ausgefüllt hat; es giebt wohl Ferngefühle von Leben zu Leben, aber keine von Leben zu Tode. Während ich mit dir durch Inferno Purgatorio Paradiso ging, sass Mutter bei Vater - .[1] Verzeih wenn ich zu dir aus dem Dunkeln ins Helle spreche; wir müssen uns einander geben wie wir sind, sonst geben wir nicht uns selbst. Ich bin traurig, heute besonders, denn ich sitze wieder in dem gleichen Raum mit dem gleichen Blick durch die Tür auf die Ebene wie an dem Tag wo ich die Nachricht bekam; es ist wieder alles genau so und auch wieder so unbegreiflich wie damals. Es ist hier auch besonders schlimm, so weit von allem weg. Zuhause konnte ich zugreifen, auch im Geschäftlichen, auch versuchen den Akademieplan[2] über den schweren Doppelschlag hinüberzuretten, ich telefonierte täglich mit Bradt,[3] war am 3. bei ihm in Berlin, - Cohen habe ich nicht mehr gesehn -, _etwas_ wird wohl sicher werden, ob das Richtige ist mir zweifelhaft. Hier bin ich nun wieder ausser Reichweite; vorher habe ich das nicht so empfunden, eben weil Vater da war - da konnte ich ganz gut im Hintergrund bleiben.
Ich bin noch gar nicht dazu gekommen, dir auf allerlei in deinen Briefen zu antworten. Das hol ich noch nach.
Auch meine unteroffizielle Kümmerlichkeit drückt mich jetzt, zum ersten Mal. Ich hatte eben auch da unbewusst auf Vater abgeladen und mir die Wurstigkeit geleistet. Weisst du, dass von deinen Bildern zum Gespenstervertreiben das ganz kleine (mit dem fehlenden Untergestell) am besten taugt. Vielleicht weil es reine Momentaufnahme ist. Zwischen Moment und Monument giebt es eben nichts dazwischen. Oder vielmehr, was dazwischen liegt, ist „Photographie". Die Geschichte der Jonasschen Zeichnung?[4] Ich las damals die Bibel, hebräisch und zwecks Vollständigkeit, und an jenem Nachmittag die Psalmen vom ersten bis zum letzten; Jonas wusste nichts davon; er ist während des Malens völlig in Trance und wusste wohl überhaupt nicht, dass ich Franz heisse, in einem Buch las u.s.w. So ist es eine von beiden Seiten ganz unbeabsichtigte (ich hatte mich zum Gemaltwerden nur hergegeben unter der Bedingung dass ich lesen dürfte, und es war die erste Sitzung) Illustration geworden. Während des Kriegs hat die theol. Fakultät der Univ. Berlin eine Preisaufgabe gestellt: Das Ich in den Psalmen, - da müsste ihr eigentlich Jonas dieses Blatt einschikken. -
Ich bekam einen Schrecken, dass du Greda mit Globus[5] behelligen willst; mit Ungedrucktem überfällt man keine Fremden; wenn dus nicht schon getan hast, so lass es bitte. Auf _dich_ und Globus bin ich etwas neugierig, nur etwas.
Ob „man" sich einen raschen unerwarteten Tod wünscht? Ich nicht. Ich wünsche ihn mir langsam, Schritt für Schritt; ich möchte das Sterben erleben. Aber wünschen gilt ja nicht. Vater hätte ihn sich auch nicht so gewünscht, obwohl er es hätte müssen. Freilich viel später.
Dies „freilich viel später" kann ich bei dem 75jährigen nicht sagen, darf es nicht und muss es doch. Es ist eben _immer_ zu früh. Ich habe 4 1/2 Jahre mit ihm gehabt, ganz unerwartete Jahre, zuletzt doch auch für ihn ein grosses Geschenk, nicht bloss für mich. Ist es nicht sonderbar, dass ich Vater soviel kürzer gehabt habe? sogut wie alle

meine Erinnerungen an ihn sind aus dem letzten Jahr, ja aus dem letzten Urlaub, ja eigentlich — aus den 2 Tagen Berlin.
Liebe giebt sich nicht bloss nicht aus, sie <u>wächst</u> sogar vom Ausgeben. Das weiss schon Julia („Je mehr ich gebe, je mehr habe ich").[6] Wenn es anders wäre — wenn man sparen müsste — aufsparen, so wäre ich nicht, was ich nun bin und sein darf:

Dein Franz.

[1] Am 19. März 1918 war Rosenzweigs Vater gestorben.

[2] Als Frucht des Rosenzweig'schen Aufsatzes „Zeit ists. Gedanken über das jüdische Bildungsproblem des Augenblicks", abgedruckt in Zweistromland S.461-481, hatte vor allem Hermann Cohen sich um die Gründung einer „Akademie für die Wissenschaft des Judentums" in Berlin zur Förderung der wissenschaftlichen Ausbildung jüdischer Lehrer bemüht. Dazu Briefe und Tagebücher S.511f. Wie Rosenzweig sich die Akademie konkret vorstellte, dazu Zweistromland S.476f.

[3] Gustav Bradt, gestorben 1929, Sanitätsrat.

[4] Dazu der Brief an Margrit Rosenstock vom 7. März 1918, S.52.

[5] Abgedruckt in Zweistromland S.313-368.

[6] Shakespeare, Romeo und Julia. II,2: „So grenzenlos ist meine Huld, die Liebe so tief wie das Meer. Je mehr ich gebe, je mehr auch hab' ich: beides ist unendlich."

An Margrit Rosenstock am 9. April 1918

9.4.

Liebes Gritli, ich hatte dir Schweitzers[1] Bilder nicht gleich zurückgeschickt, du kriegst sie aber noch. Ich wusste etwas wie er aussieht, denn Picht hatte mir ich glaube im Sommer 10 in Baden-Baden einmal ein Bild von ihm gezeigt, so hatte ich meine Verwunderung schon weg. Mutter, die nichts ahnte, hatte eine glänzende Diagnose gemacht: „zwischen Musiker und Arzt; Idealist (aber unangenehmer), Durchsetzer". Und zwar noch ehe sie das Orgelbild gesehen hatte, nur nach dem einen. Dagegen haben Edith[2] und Trudchen völlig instinktverlassene Diagnosen gemacht, die ich vergessen habe.

Ob wohl der Turmhahn schon je auf den Hahn Petri[3] gedeutet ist? oder heute gedeutet wird? Seine heidnische Vergangenheit würde ja nichts ausmachen. Aber es wäre eine aufregende Vorstellung, zu aufregend für den - Hausgebrauch. Freilich hat das Christentum ja auch das Kreuz im Hausgebrauch, und das ist noch aufregender.

„Atheistische Theologie"[4] ist natürlich „vor den Toren", aber nicht weil <u>ich</u> damals noch vor den Toren gewesen wäre, sondern weil es für den Druck geschrieben war. Und da würde ich heute noch nicht viel anders schreiben (Beweis übrigens: Zeit ists,[5] das doch ebenso wenig an das Eigentliche rührt). Ich habe sonderbarerweise überhaupt die Vorstellung, dass ich mein Eigentliches, wenn es je zu Papier kommt, nur posthum veröffentlichen werde. - Kommt es jetzt bald zum Frieden, etwa in diesem Sommer (der Laubfrosch schläft zwar), so würde ich in eine ganz äusserliche, agitatorische und organisatorische, Tätigkeit für die Akademie[6] gerissen werden - und gar nichts dagegen haben, für einige Zeit. Bradt spricht sogar von „Lebensarbeit" und „man erwartet von Ihnen" - er ahnt gar nicht den theoretischen Menschen in mir, weiss nur von dem aktiven: — so kann es einem gehn!

Von den Cohenschen Blättern,[7] die ich dir noch hätte schicken können, hättest du alleine nicht so viel gehabt wie von dem Stück, das du lasest. Die Offenbarung kommt

vorher. Was er da sagte, kommt nicht mit mir überein; eher wird es noch umgekehrt kommen: ich werde mich ihm nachdenken. Mit der einen Predigt von Rudi[8] hat es Berührung. Es gipfelt in dem Satz: Gott giebt die Thora wie er alles giebt, das Leben und das Brod und auch den Tod. — Entsinnst du dich nicht mehr? vom Februar her? - Wenn ich erst das Ganze im Druck habe, werde ich vielleicht, wenn ich es kann, ein Exemplar für dich „zurecht machen". Oder wir lesen Stücke daraus zusammen. Wann wird das sein?
Wann?
Dein Franz.

[1] Albert Schweitzer, 1875-1965, evangelischer Theologe, Arzt, Kulturphilosoph und Musiker.
[2] Edith Fromm.   [3] Dazu Matthäus 26,34.74f und Parallelen.
[4] „Atheistische Theologie", geschrieben 1914 als Kritik an Martin Bubers drei „Reden über das Judentum", die jener 1909 vor dem Prager Zionistischen Studentenverein gehalten hatte, abgedruckt in Zweistromland S.687-697.
[5] „Zeit ists. Gedanken über das jüdische Bildungsproblem des Augenblicks", abgedruckt in Zweistromland S.461-481.
[6] Dazu Anmerkung 2 im Brief an Margrit Rosenstock vom 8. April 1918, S.70.
[7] Auszüge aus dem damals noch nicht veröffentlichten Spätwerk Cohens „Religion der Vernunft aus den Quellen des Judentums".
[8] Rudolf Ehrenberg, Ebr. 10,25. Ein Schicksal in Predigten, 1920.

An Margrit Rosenstock am 11. April 1918

11.4.
Liebes Gritli, sag: hast <u>du</u> eigentlich dir je einen Vers daraus machen können, dass ich der Sohn meines Vaters bin? Während ich die Verwandtschaft mit Mutter immer im Temperament gespürt und oft verwünscht habe. Und selbst äusserlich, im Gesicht u.s.w. Sag ganz einfach, wie dus gesehn hast, ob du überhaupt je daran gedacht hast. Es <u>giebt</u> solche Sprünge in der Vererbung. Die Vererbung geht durchaus nicht in der graden Linie. Auch Kinderlose vererben ihre Art auf die Familie und tauchen einmal irgendwo wieder in Seitenlinien auf. Das ist jetzt sogar gelehrte Theorie und augenblicklich die herrschende.
Aber <u>ist</u> es denn so? Ich selbst habe mich ja immer gewundert. Was sagst du?
Ein einziges Kind ist etwas merkwürdig Ratloses. Wenn ich Geschwister hätte, würde ich mich jetzt unter denen umsehn und die Antwort da finden.
Überhaupt eine Mutter und ein unverheirateter Sohn, was ist das für ein baufälliges Haus; es ist reine Glückssache ob es noch solange steht, bis die nötige Renovierung vorgenommen werden kann.
Ich habe zum ersten Mal im Krieg eine wirkliche <u>Sehnsucht</u> nachhause. Früher war ich ja nur wie Besuch da; ob ich kam oder nicht kam, das Haus war <u>da</u>. Aber jetzt wäre ich so nötig und spüre mein Hiersein nicht bloss als sinn<u>los</u>, sondern als wider<u>sinnig</u>.
...
Kennt Eugen wohl Fichtes „Grund<s>lage</s>züge des gegenwärtigen Zeitalters"?[1] (er behauptet ja immer, er kenne nichts und nachher hat er doch immer alles schon gelesen) sonst bestell es für ihn für von mir (wir können die 3 M, die es - Verlag F. Meiner -

kostet, ja auf unsre beiderseitigen „Checkbücher" verrechnen). Ich las es sonderbarerweise erst jetzt.

Χαιρε[2] - aber soweit bist du ja noch nicht, also Vale[3] (und das ist wohl auch richtiger).

Dein Franz.

[1] Johann Gottlieb Fichte, Die Grundzüge des gegenwärtigen Zeitalters, 1800.
[2] Griech.: Leb wohl; sei froh.   [3] Lat.: Leb wohl; sei gesund.

An Margrit Rosenstock am 13. April 1918

13.IV.

Liebe, ich muss noch weiter schreiben; es wird mir jetzt immer klarer, was ich damals meinte, als ich dir sagte, dass die Liebe die Grenzen des Lebens nicht übersteige. Im Leben liebe ich den Nächsten, den, dem ich ins Auge sehe, der mir ins Auge sieht, und liebe ihn vielleicht „sitzend im Schatten Gottes",[1] liebe ihn „in" Gott. Ja ich liebe ihn mehr als ich Gott liebe, ja lieben kann. Denn es soll so sein. Gottes Antlitz „sieht kein Mensch und bleibt leben".[2] Aber das Antlitz des Nächsten sehe ich, solange ich lebe. - In der Ewigkeit aber sehe ich Gottes Antlitz und kann ihn lieben, wie ich in der Zeit nur den Nächsten lieben kann - Auge in Auge. Und in Gott auch den Menschen. Aber doch nun nicht mehr den Menschen als „Nächsten". Denn nun, wo Gott mir nächst geworden ist, kann mir kein bestimmter einzelner Mensch mehr Nächster sein. Ich liebe sie nun alle, und alle gleich, also nicht mehr als „Nächste". Keiner ist ja meiner Liebe mehr bedürftiger als der andre. Die irdische Liebe überdauert den Tod nicht, weil sie engherzig war, weil sie wählen musste, vorziehen, finden. Eben all das, was sie süss macht, all dies Ausschliessliche, Heimliche, Nahe der Liebe - grade das muss im Lichte Gottes zergehen. „Du sollst Gott lieben mit deinem ganzen Herzen"[3] ist mehr als ein Gebot, ist eine Verheissung. Alle Verheissung hat - auch - etwas Unheimliches. Denn heimlich ist uns das Leben wie wir es kennen. Deswegen lässt uns der Tod das Leben lieben, im gleichen Augenblick wo er uns darüber hinausschauen lässt. Wahrhaft lieben werden wir uns erst, wenn wir uns in Gott lieben - das fühlen wir und fühlen im gleichen Augenblick den Schmerz, verzichten zu ~~müssen~~ sollen auf die süsse Unwahrhaftigkeit der menschlichen Liebe, in der sich die Liebe zum Nächsten noch mit der Kühle gegen den Übernächsten beisammen findet, ja sich (ehrlich gesprochen) an dieser Kühle erwärmt. Die wir hier lieben, werden wir dort doch nicht weniger lieben; wir brauchen kein Weniger von Liebe zu fürchten; aber wir fürchten das Mehr von Liebe, wir fürchten, teilen zu müssen, und — sollten doch schon von hier unten wissen, dass Liebe sich nie teilt, nur wachsen kann.

Guten Abend, Gritli

[1] Dazu Psalm 91,1 und Hosea 14,8.   [2] 2. Mose 33,20.   [3] 5. Mose 6,5.

An Margrit Rosenstock am 15. April 1918

15.4.

....
Alle Nachrufe auf Cohen sind unbefriedigend. Es ist als hätte ihn niemand gekannt. Mir zuckt es immer, wenigstens meine einzelnen Erinnerungen an ihn, seine „Anek-

doten", schriftlich festzuhalten. Vielleicht tue ichs. Nach Berlin zieht mich nun für später nichts mehr. Und trotzdem werde ich wohl noch eine Weile hinmüssen, nicht bloss wegen des Hegel.[1] Zu denken, dass der nun bald 3 Jahre eigentlich ganz fertig daliegt! Frühjahr 14 hat Eugen ganz trocken erklärt, der würde überhaupt nie fertig, als ich sagte im Herbst könnte er erscheinen. Die ältesten Blätter im Manuskript sind von 1909, als Buchplan ist es von 1910 - und jetzt ist 1918! „Ist mir mein Leben getroumet?"[2]

[1] Zur Druck-Vorbereitung der Dissertation Rosenzweigs „Hegel und der Staat".
[2] Aus einer Elegie Walters von der Vogelweide, ≈1170-≈1230, dem bedeutendsten deutschen Lyriker des Mittelalters: „Owê war sint verswunden alliu mîniu jâr! / ist mir mîn leben getroumet, oder ist ez wâr?"

An Eugen Rosenstock am 15. April 1918

15.4.18

Lieber Eugen,
es ist alles soviel einfacher. Auch ohne eigne Lebenswahl - eine Wahl die ich wohl gegen Vater verteidigt habe, aber nicht im Kampf mit ihm gewonnen (nicht einmal!) — auch ohne das, auch für den, wenn es ihn giebt, der einfach die Arbeit des Vaters aufnimmt, auch für den ist der Tod des Vaters das Gleiche wie für mich und jeden. Man ist eben nicht mehr Sohn. (Der Mutter gegenüber ist man immer Kind, nie Sohn). Ich weiss sogar mit innerer Gewissheit nun, dass das das Gleiche ist, einerlei ob man seinen Vater in der Wiege verliert oder ⌈⌈als⌉⌉ alter Mann. Und wenn man es längst vergessen hat oder nicht mehr wahr haben wollte, dass man noch Sohn war, nun wo man es plötzlich nicht mehr ist, weiss mans.
Das Persönliche wird dagegen ganz klein. Glauben oder Unglauben - für mich ist das entscheidend. Aber für Gott? Ich meine, er richtet nach den Taten. Auch die Taten weiss kein Mensch. Aber was wir am andern als Glauben oder Unglauben wahrzunehmen meinen — was ist das für ein Wissen! Jedenfalls ich habe keine Angst um Vaters „unsterblich Teil". Und ich weiss von keinem Auftrag, es zu „retten". Nur so wie das aller Menschen. Und zuvorderst mein eigenes. - Vielleicht hast du es so gemeint.
Das andre, was noch in deinem Brief steht,[1] das wo du aus dem eigenen Wissen schöpfst, das Gleichnis vom Streichtrio, ist wahr. Und doch, ich möchte es fortsetzen, obwohl es tollkühn ist: In der ganzen klassischen Kammermusiklitteratur, bei Haydn Mozart Beethoven, giebt es kein einziges Trio das den grossen Quartetten gleichwertig ist. Die eine Geige, die noch hinzukommt, mit ihrem meist gar nicht sehr reichen Part, tut das Wunder und macht aus einer problematischen (unbegreiflicherweise, aber die Erfahrung hat entschieden) Kunstgattung die vollkommenste. So sagt auch Gritli. Und so hoffe ich.   In Liebe

Dein Franz.

[1] Dazu der Brief an Margrit Rosenstock vom 23. April 1918, S.82, in dem Rosenzweig eine Passage aus diesem Eugen-Brief für sie zitiert.

An Margrit Rosenstock am 16. April 1918

16.4.

Liebes Gritli, ich stehe dauernd unter dem Druck des Geschehenen; es wird nicht leichter, eher schwerer zu tragen. Mag sein, dass es einfach der Mangel an ernstzunehmender Tätigkeit ist; ich habe so gar nichts hier worein ich mich „stürzen" könnte und möchte, ausser immer wieder diesem einen selbst. Dass mein Dirschreiben eine Ablenkung wäre, würdest du ja selbst nicht wollen. Und gedruckte Bücher lächern mich, ausser dem einen und auch das führt mich ja wieder nur tiefer hinein. - Eugen schreibt, das Geheimnis zwischen Vater und Sohn hänge nicht an den bewussten Teilen des Wesens. - Mag sein das Geheimnis. Aber das Bewusstsein, das „Erinnerte", drängt sich vor das Geheimnis, ich weiss nicht ob immer, nein sicher nicht immer, aber hier und jetzt. Und der Tod (wieder der „Tod des andern") setzt eben ein unverschiebbares Hier und Jetzt ins Leben. Und so hänge ich am Bewussten, hänge an dem letzten Monat, wo wir uns - durch ein unausdenkbares Glück - in der visibilis[1] fanden. Du weisst doch, von dir aus, was die visibilis wert ist. Grade der wunde Punkt meines Innern, der Riss in der Kette meiner Tradition, dies dass ich mein Judentum aus den Händen meines Grossonkels[2] empfangen habe und allerdings (Eugen schreibt so) „Vater und Mutter verlassen"[3] musste, grade diese Wunde begann zu verheilen. Das kann ich nicht als nebensächlich empfinden. Ich habe es schon im Februar als etwas Grosses gewusst (es ist einer der Abschlüsse, aus denen sich meine „Ahnung" damals gebildet hatte), und nun, nachdem es wirklich ein Abschluss ist, erst recht. Ich schreibe dir das alles - du warst ja dabei.

Dein Franz.

---

[1] Lat.: sichtbar(e Gemeinde, im Judentum).

[2] Adam Rosenzweig, der - als eigenbrödlerischer Junggeselle und künstlerisch ambitionierter Holzschnitzer - bis zu seinem Tod 1908 im Haus Rosenzweig in Kassel lebte. Durch ihn erfuhr Franz Rosenzweig während seiner Kindheit, was es bedeutete, ein jüdisches Leben gemäß der Halacha, dem jüdischen Gebot, zu führen. Mit ihm ging er zur Synagoge, von ihm ließ er sich bei seiner Einschulung ermahnen: „Junge! heute gehst du zum erstenmal unter die Leute; vergiß in deinem ganzen Leben nie, daß du ein Jude bist." (Briefe und Tagebücher S.2). Zur großen Bedeutung „Onkel Adams" für Rosenzweigs jüdische Prägung auch der Brief an Eugen Rosenstock vom 1. September 1919, S.419.

[3] 1. Mose 2,24.

An Eugen (und Margrit) Rosenstock am 16. April 1918

16.IV.

Lieber Eugen,

du wirst es komisch finden, aber den Theoretikus hat das mit dem Quartett nicht in Ruhe gelassen. Ich hatte es immer für unerklärlich gehalten. Es ist aber sogar sehr klar: Der einzelne Ton ist ganz charakterlos, erst das Intervall[1] hat bestimmten Ausdruck, Seele. Das Dramatische, der Dialog, also das Menschliche in der Musik lässt sich also nicht durch zwei gegeneinander geführte Einstimmigkeiten geben, sondern nur durch zwei Zweistimmigkeiten. Das Streichquartett ist der klassische Fall. Alle Komplizierung durch Orchestermassen führt doch fast nie über die zwei Gruppen heraus. Es lässt sich zwar ein mehr als zweistimmiger Kontrapunkt[2] schreiben, aber

~~die~~ - nicht hören. Oder zwar hören, aber nicht mehr dramatisch verstehen. Mehr als zweistimmige Musik ist schon wieder, wie einstimmige, Gesang des Einzelnen, Lyrik, nicht mehr die Welt. Auch im Drama ist ja der Dialog immer bloss zweistimmig. „Partei wird alles", gilt für die Trit- und Tetartogonismen.[3] Auch im Streichtrio gruppieren sich die Stimmen - zwei gegen eine, und die eine ist alleine und kann sich nicht ausdrücken. (Daher gilt für das Klaviertrio und schon für die Klaviersonate nicht das gleiche wie für das Streichtrio). - Ich merke im Schreiben, wie sehr das alles doch wieder ins Gleichnis fällt. Und wie recht du auch mit deinem Schluss hast: - das Bild der Welt kann sich in der dramatischen Dreistimmigkeit der Haydn Mozart Beethoven nicht rein, nicht unverzerrt spiegeln; nur im undramatischen wieder einstimmigen Kontrapunkt Bachs, nur im Lied, und nur in dem einen Lied, das alle Welt unter sich liegen lässt, können sie rein und gleich zusammenklingen.

Kann ich dir das denn schreiben? Antworte nicht darauf - es ist ja schon selber Antwort. Wir müssen und werden uns auch noch im Vierklang der <u>Welt</u> finden.

Euer Franz.

[1] Lat.: Zwischenraum, Abstand (zwischen zwei Tönen).
[2] Führung mehrerer selbstständiger und gleichberechtigter Stimmen in einem Tonsatz.
[3] Drei- und Vierwinklichkeiten.

An Margrit Rosenstock am 17. April 1918

17.4.

Liebes Gritli, dein Summabrief aus Hinterzarten nach den vier Tagen. Auf die Hauptsache haben wir uns wie stets schon geantwortet. Nur dass bei mir keine besondere Erfahrung zu kommen brauchte, damit ich lernte, was dich die Zeit nach dem 19. März[1] gelehrt hat, denn ich habe in diese Kandare vom ersten Augenblick an gebissen und mir das Maul dran aufgeschunden. Du hast eben ein vertrauensseligeres Herz, schon als Frau. Ich glaube für <u>jede</u> Frau ist der Weg zum Abgrund weiter als für <u>jeden</u> Mann. (Vgl. übrigens Blocksbergszene: ...[2] mit 1000 Schritten schaffts die Frau. - Doch wie sie sich auch eilen kann, - mit einem Sprunge schaffts der Mann[3]). So haben mich diese Tage darin eigentlich kaum etwas gelehrt. Vielleicht doch? du weisst es besser, du hast ja was ich dir seitdem geschrieben habe. Was du sagst, von Seele und Erdenschicksal, ist ja genau das was ich das Ungereimte nenne: die Seele des andern trage ich, wenn er sie mir schenkt, sein Schicksal nur, wenn er mir gehört. Und eben dies, dass wir uns einander schenken müssen und uns doch keinen Augenblick gehören können - das Ich bin dein ohne das Du bist mein[4] -, das hat mich nie verlassen; die Kassler Tage jetzt waren nur eine neue Bestätigung. Aber, aber -: alles Schicksal ist uns doch nur deshalb gegeben, damit es Seele wird (so wie alles Irdische, das uns gegeben ist), und für diese Verwandlung anerkenne ich keine Grenzen, grade weil ich die Grenzen im Irdischen hart anerkenne. Jede neue Bestätigung, dass du nicht mein bist, kann mich nur um so leidenschaftlicher das Ich bin dein rufen lassen - eben auf dass auch dies Stück ungelöstes unlösbares Schicksal gelöste freie Seele werde. Und so auch du; das ist ja der Sinn deines „erst recht", mit dem du schliesst. Ja <u>erst recht</u> müssen wir uns das <u>schenken</u>, worauf wir aneinander kein Recht haben - uns selbst. Hier und hier allein steckt auch der „volle Preis", den dies wie alles kostet. Um

Himmelswillen doch nicht, dass du Eugen nähmest was du mir giebst. Wäre es so, dann dürftest du mir nichts mehr geben. Aber der Preis wird nicht dorthin geschuldet und von dorther genommen; nicht auf der einen Schale sinkt die Ware und auf der andern das Gewicht. Dies Gesetz der verschiedenen Schalen am gleichen Balken ist Eugens Gundgesetz der Weltgeschichte, also des - Erdenschicksals. Da würde es gelten. Aber da sind wir, mit Greda zu reden, „deine Margrit Rosenstock" und dein F.R. In der Seele aber ist nur eine Schale, und auf ihr liegen Ware und Gewicht. Der Preis, der volle Preis, wird bar bezahlt, in der eignen Seele, darin dass wir mehr zahlen ohne zu erwerben. Das eigne Herz muss bluten, das allein ist der Preis, den es für das Glück, schlagen zu dürfen, zahlen muss. Was du mir schenkst, hättest du Eugen gar nicht schenken können, aber nachdem es mir aus deines Herzens Überfluss entgegengeströmt ist, schenk ichs - ja wem denn anders? - Eugen weiter, in tausend Gedanken dieser brieflosen Wochen und in allem was ich ihm nun schreiben mag. Seele Gritli - und du das meine??

So konnte ich auch jetzt und kann nicht verstummen von dem was uns als Schicksal nie gemein werden kann; ich musste dir die ganzen Tage immer wieder davon schreiben, bis es, in seinem Widerschein in meiner Seele, doch bei dir wäre. Nur das was nie Seele wird, nur das kann draussen bleiben.   Ich habe dich ja wie du inzwischen weisst weiter über die Akademie[5] „auf dem Laufenden gehalten". Aber doch durchaus „ohn Verlangen". Mehr mit einem leisen Gefühl der Komik dieser Öffentlichwerdung meiner Person. Es war eben ein Stück vom Äusseren unsres Zusammenseins, so kam es ganz von selbst in die Briefe hinein. Aber wichtig? ich hätte nicht das Gefühl, dir etwas Wichtiges verschwiegen zu haben, wenn du gar nichts davon wüsstest. Einzig durch die Verflechtung mit den beiden Toden ist es nun wichtig. Aber sonst? Nein die Tat, diese Art Tat, nämlich die organisatorische, ist nicht mein „Bestes", ist überhaupt niemandes Bestes, ist sogar immer das Schlechteste -; nur das was etwa am Rande solcher „Tat" an Taten aufspringt, nur das ist gut; aber von solchen wirklichen Taten wüsste ich in diesem Fall wenig. Tat überhaupt, äusseres Leben überhaupt ist mir (und überhaupt) notwendig; aber was es nun grade für eine Tat ist, ist ziemlich gleichgültig, da das Wesentliche eben das Unorganisierte, der Zufall am Wege, ist.   Ich hatte wohl als ich Zeit ists[6] schrieb, das Gefühl, dass es mein Schritt ins Leben sei; aber grade an die Akademie dachte ich dabei nicht; wäre Bradt nicht gewesen, so hättest du das Wort Akademie in Kassel wahrscheinlich nicht gehört! ...

... Du weisst ja meine sonderbare Vorstellung dass ich mein Eigenstes nur posthum sagen werde, auch wenn ich genügend lang lebe. Mein Leben wird vielleicht sehr „politisch" werden. Denn ich will es ja wirklich leben. Und mich nicht in den Literatenwinkel meiner Eigensheit verbannen lassen. - So sehe ich das heute. Was wird, weiss ich natürlich nicht. Ich muss doch mein „Eigenstes" im Feuer des wirklichen Lebens prüfen, ob es das aushält. Und wie soll ich das, wenn ich statt eines Menschen ein Literat werde und statt der Kennmarke „Willenskraft" den „Geist" umgehängt kriege. Erst im Lehren bewährt sich das Lernen. Vgl. „Margrit Rosenstock-Hüssy, Hinterzarten 9.IV.". Glaube ich meinem Eigensten denn wirklich heute? auch hier heisst es: ich hoffe zu glauben. - Wir müssen nur wissen, dass die Angst vor dem „irdischen Gewühle" um der „herrlichen Gefühle"[7] willen, sie möchten darin „ersticken", - dass diese Angst eben das ist, was überwunden werden will. Wir <u>sollen</u> „alt werden". Hat Eugen recht und ist die Starrheit, die er jetzt verspürt - er schreibt mir auch davon - wirklich mehr als ein blosses Wellental, - nun dann <u>soll</u> sie eben mehr sein, dann <u>soll</u> er eben alt werden. Dann wird ihm eben aus dieser jetzigen Depression das kommen, was ihm bisher noch fehlte: er hat produziert wie ein Vulkan, dann wird er lernen zu <u>bauen</u>. Um Material wird er sein Leben lang nicht in Verlegenheit sein; er hat genug ausgespien. Ich würde ihm also beinahe wünschen, dass er recht hätte; aber wissen kann man es nicht; er war wohl immer besonders verwöhnt mit lebendigen Zeiten. .....

[1] Sterbetag von Rosenzweigs Vater.
[2] Punkte von Rosenzweig.
[3] Goethe, Faust I, Walpurgisnacht: „Mit tausend Schritten macht's die Frau; / Doch wie sie sich auch eilen kann,/ Mit einem Sprunge macht's der Mann."
[4] Dazu auch Stern der Erlösung S.206.
[5] Dazu Anmerkung 2 im Brief an Margrit Rosenstock vom 8. April 1918, S.70.
[6] „Zeit ists. Gedanken über das jüdische Bildungsproblem des Augenblicks", abgedruckt in Zweistromland S.461-481.
[7] Dazu das Gedicht „Nachtgesang" von Goethe.

An Margrit Rosenstock am 18. April 1918

18.4.

Liebe, eine Nachlese noch (das ist eine gute saubere Sitte von mir. Es soll doch nichts ins Leere fallen; ausser dem was von selber verhallt). Du fragst mich nach Cohen. Du weisst ja, dass ich ihn zuletzt ganz zu meiner „<u>ersten</u> Garnitur Menschen" rechnete, also trotz der Distanz Alter und Ruhm einfach als einen geliebten Freund. Ich hing ihm am Hals. So ist mir sein Tod wie der Tod eines Freundes. Nämlich Verlust, recht eigentlich und wörtlich Verlust, Lücke im Leben. Verlust, aber nicht Veränderung. Und das ist der Unterschied, den du ahnst. Der Tod eines Blutnächsten kann <u>auch</u> „Verlust" sein, aber wesentlich ist er: Veränderung. Veränderung des Lebens auch dann, wenn er als Verlust gering ist. Über den Verlust kann man klagen, an die Veränderung muss man eben glauben lernen. Den Verlust lernt man eben nie aus und glaubt auch nie daran. Ich weiss das so genau von Walter Loeb[1] her oder aus ganz früher Zeit, 1897, vom Tod unsres Hausarztes, der mich eben, freilich in kindlichen Dimensionen, noch ebenso traurig macht wie als er geschah. Vielleicht sind Verluste überhaupt das einzige, was sich im Leben unverändert erhält. Der Tod ist ja überhaupt das Feste im Leben. Leben wächst und vergeht. Der Tod nicht.

Den Erbschaftsanspruch habe ich schon sehr früh bei ihm angemeldet, um Ostern 1914 herum. Ich brachte ihn aus dem Kolleg nachhause, es war vor seiner russischen Reise, und er klagte, dass seine Übersiedelung nach Berlin (die eigentliche „Tat" in seinem Leben) vergeblich gewesen sei: Berlin W komme nicht zu ihm. Da wurde ich schamlos und sagte ihm - es war schon an seiner Haustür -: vielleicht sei es wichtiger, dass ich ihn höre als ganz Berlin W. Ich weiss nicht, ob er es gehört hat oder überhört. Vielleicht hat er es erst an Zeit ists[2] gemerkt. Zu den Frankfurter Lazarus[ens3] soll er im Herbst, wie mir die Frau in Kassel erzählte, auf diese Melodie gesprochen haben. - Was du schreibst von Fremde und Nachhausegehn ist ja einfach wahr.

Und überhaupt -

                Dein Franz.

[1] Walter Löb, gestorben 1917, ein entfernter Verwandter von Rosenzweig, der einst in der väterlichen Fabrik in Kassel gearbeitet hatte und mit dem sich Rosenzweig während seiner Studienzeit in Berlin vor dem Krieg angefreundet hatte.

[2] Der Aufsatz Rosenzweigs war Hermann Cohen gewidmet, dazu Zweistromland S.461.

[3] Arnold Lazarus, liberaler Rabbiner in Frankfurt, und seine Frau Martha.

An Margrit Rosenstock am 19. April 1918

                                                                                                    19.4.

Liebes Gritli, ich leide so sehr unter der weiten Entfernung von Kassel und nebenher auch von Berlin (Bradt), dass ich mir sehr ernsthaft überlege, ob ich mich nicht nach dem Westen melde. Durchgehn tut so ein Gesuch glatt. Früher war mir ja diese Front sympathisch, wegen des interessanten Hinterlands, der schönen Südlichkeit und auch grade wegen der Entferntheit - das einsiedlerhafte Dasein an der Peripherie gefiel mir -, aber jetzt ist es schrecklich, so weit weg zu sein, nicht [[rasch]] schreiben oder gar, was im Westen geht, telefonieren zu können.   Im Punkt der Gefährlichkeit ist es eher eine Verbesserung, da meine Art Flaks im Westen wenig in vorderster Linie eingesetzt wird. Ich habe das Gefühl, zur Hand sein zu müssen, wo Vater nicht mehr da ist. Entgegensteht eigentlich nur mein grundsätzliches Nichtsselberverschieben, dem ich im Militärischen folge. Es wäre ein „Schritt" und ich habe seit meinem Eintritt im Frühjahr 15 keinen „Schritt" beim Militär getan.

Schrieb ich dir, dass ich eine kleine Fanfare für das Cohen-Gedächtnisheft der Monatshefte[1] geschrieben habe? nur ein paar Takte, aber con forza.[2] Damit doch wenigstens nicht nur das mezzoforte[3] der Bonzen hörbar wird. Wenn der „Jude"[4] ein Cohenheft machte, wäre es nicht nötig. Schade. Anfangs dachte ich, ich würde nichts für die Öffentlichkeit über ihn schreiben können, jetzt. Aber dann kam der Cassierersche Artikel,[5] den ich dir schickte und da - facit indignatio versum.[6]

[1] „Ein Gedenkblatt", erschienen in der von Hermann Cohen gegründeten Zeitschrift „Neue Jüdische Monatshefte" (1917/18), in der auch Rosenzweigs „Zeit ists" veröffentlicht worden war; wieder abgedruckt in Zweistromland S.239f.

[2] Ital.: mit Kraft.   [3] Ital.: halbstark.

[4] „Der Jude" - eine von Martin Buber herausgegebene Zeitschrift.

[5] Ernst Cassirer, „Hermann Cohen. Worte gesprochen an seinem Grabe am 7. April 1918", veröffentlicht in: Neue Jüdische Monatshefte 2. Jg. (10./25.Mai 1918), Heft 15-16.

[6] Iuvenal, 60-140, Saturae 1,79: (Si natura negat,) facit indignatio versum - „(Wenn die Natur sich weigert,) macht die Entrüstung den Vers."

An Margrit Rosenstock am 19. April 1918.

                                                                                                    19.4.

..... Man ist ja wohl immer machtlos, wenn man „will". Aber hier freilich ganz besonders. Dabei, es ist ja so gar nicht das Übliche: ich will ja nicht selber gehört werden, ich will doch nur, dass sie[1] vernimmt. Aber schon das ist „gewollt". - Du darfst auch mit Eugens Depression nicht viel „wollen". Ansprache von aussen wäre doch nur Betäubung. Ists wirklich ein Altersruck, so musst du es eben rucken lassen, schieben kann da niemand, auch du nicht. Bloss halten kannst du ihn, halten und nochmal halten. - Ich habe ihm auf seinen Brief gleich zweimal geschrieben, aber Ansprache von aussen ist das ja nicht, und die brächte ich auch nicht fertig. Ich bin ihm nun nicht aussen genug. (Leider, müsste ich hier wohl sagen, in diesem Zusammenhang, — aber ich kann es nicht sagen, sondern nur: Gott sei Dank). Ich sitze nicht mehr in dem Loch am Rande der grossen Ebene, sondern mehr in den Bergen drin.

Dein Franz.

[1] Rosenzweigs Mutter, die nach dem Tod ihres Ehemannes unter Depressionen litt.

An Margrit Rosenstock am 21. April 1918

Liebes, 21.IIII.

ich bekam deinen Brief aus Freiburg - manchmal ist der Zeitabstand doch spürbar: den Brief aus der Bahn, auf den du antwortest, hätte ich inzwischen manchmal mir selber schreiben müssen. Aber auch deine Antwort darauf. Ja und wirklich ja. So zupft man das Ich das Du an der Nase und wird gezupft - „zu lernen und zu lehren".[1] Ist es nicht merkwürdig dass Cohens Namensvetter Jecheskel (denn sein jüdischer Name ist Jecheskel - „dass ich Jecheskel der Soundsovielte kommen musste, um Jecheskel den Ersten zu rehabilitieren"[2] sagte er mir im Januar -, auf der Chaiselongue liegend, weil es der Arzt befohlen hatte - und jubelte mir dann [[Hes.]] 18,31 vor), also dass auch wieder dieser Entdecker der Einzelnen Seele es war der auch die wechselseitige Verkettung dieser Seelen (33,2-9) zuerst ausgesprochen hat? Die bewusstlose Gestalt in der diese Verkettung zuvor da war, die Gemeinschaft der gegenüber der Mensch gar nicht wusste; dass er Einzelner war, diese bewusstlose Gestalt hat er, sollte man denken, zerstört, indem er aussprach, dass „die Seele sündigt";[3] und grade er stellt sie nun auf dem neuen Menschenbegriff wieder neu her, in der „Sünde des Bruders" für die ich verantwortlich gemacht werde. Er löst das Volk in Seelen auf und dann baut er es aus Seelen neu.

Wie ist aber nun das? Else,[4] Hansens Frau, schreibt meiner Mutter (und auch mir schon mehrmals), Hans verlange so nach Briefen von mir, und ich schreibe ihm ja auch aber ganz „ohn Verlangen". Und doch weiss ich, dass wir uns nocheinmal im Leben wieder „bevorstehn". Wenn nun Else nicht einfach übertreibt und allgemeine Sehnsucht nach „Intellekt" mit spezieller nach mir verwechselt, so ist alles was ich ihm schreibe, fehl am Ort. Und auch er selbst kann mich nicht zwingen, wie ers doch können müsste, wenn er wirklich sehnsüchtig wäre. Denn was zwingt uns denn zueinander als die Sehnsucht, die der andre zum einen hat?

— Dein.

[1] Aus dem jüdischen Morgengebet (Siddur Sefat Emet S.35): „Unser Vater, barmherziger allerbarmender Vater, erbarme dich über uns und gib in unser Herz ... zu lernen und zu lehren ..."

[2] Jecheskel ist die hebräische Form von Hesekiel und Ezechiel.

[3] Ezechiel 18,4 und 20. Dazu auch H.Cohen, Religion aus den Quellen des Judentums, Kapitel XI: Die Versöhnung, besonders S.222ff.

[4] Else Ehrenberg.

An Margrit Rosenstock am 22. April 1918

Der Steuermann muss das Ziel kennen, aber das Ziel nicht den Steuermann. Vom Leuchtturm aus kann man wohl Ausschau halten des Tags und bei Nacht die Signale geben - aber fahren muss das Schiff doch selber. Die Aufgabe des Leuchtturms aber ist, dass er steht und besetzt ist. Er muss stehen, einerlei ob man das Schiff von ihm aus kommen sieht oder ob das Meer „öd und leer"[1] scheint. Dem Schiff andrerseits weist zwar der Leuchtturm das Ziel, ist aber nicht selber das Ziel; das Schiff will nicht zum Leuchtturm, sondern in den Hafen. Und Steuermann und Turmwart brauchen einander nicht zu kennen. Kennen sie sich, - wohl ihnen („wenn in der Ferne ein Gesicht - aufsteigt").
Liebes Gritli, die Auflösung dieses Bilderrätsels steht ja am Schluss. Es ist ja immer wieder das Gleiche. Schliesslich sind beide, Steuermann und Türmer, um des Navigare necesse est[2] und um des Hafens willen da.

[1] 1. Mose 1,2.

[2] Bei Plutarch (Pompeius 50,2) heißt es: navigare necesse est, vivere non est necesse - „Seefahrt ist nötig, Leben ist nicht nötig". Mit diesen Worten soll Pompeius seinen Matrosen befohlen habe, trotz schweren Sturms in See zu stechen. Zum geflügelten Wort wurde der Satz in Deutschland im Zusammenhang mit der Flottenrüstung unter Wilhelm II.. So heißt etwa der Titel eines 1913 erschienenen Romans von Gorch Fock (= Johann Kinau, 1880-1916) „Seefahrt ist not!"

An Margrit Rosenstock am 23. April 1918.

23.4.
Liebes Gritli, der Geigersche[1] Artikel ist doch nicht schlecht. Aber - nun ja, man müsste vielleicht lauter Anekdoten erzählen, um ein echtes Bild zu geben, und das geht auch wieder nicht. Meine Erinnerung an ihn[2] konzentriert sich sehr auf die drei letzten Male: Juni 17, Januar u. Februar 18. Kennst du dies: ich sprach, im Juni, mit ihm über die Rezension seines Ende 15 erschienenen Buchs „Der Begriff der Religion im System der Philosophie" in der Christl. Welt (Das Buch ist nicht selber eine Religionsphilosophie sondern eine, wahnsinnig schwer geschriebene, Auseinandersetzung über das Verhältnis einer zu schreibenden Religionsphilosophie zu den drei Teilen des Cohenschen Systems, also Glauben und Wissen, Glauben und Tat, Glauben und Herz. Die Religionsphilosophie selber gehört offenbar nicht mehr zum System. Aber das wollte ich gar nicht erzählen. Also: da kam er auf ein Gespräch, das er einmal mit Baudissin[3] glaube ich, dem Berliner Alttestamentler, oder mit Herrmann[4], dem Marburger Dogmatiker, hatte, und wo der andre die Intimität des Verhältnisses ⸢⸢der Seele⸥⸥ zu Christus rühmte — die doch der Jude nicht kenne. „Da sagte ich ihm: [vom Bass zum Tenor anschwellend:] Was?!!! [und nun im Tenor fortfahrend:] Der Ewige ist mein Hirt ——— : [im prestissimo[5] abstürzend:] mir mangelt nichts."[6] Man muss das so mit Vortragsbezeichnungen notdürftig geben, wie ers sprach. Es ist ja weiter gar nichts, ein Psalmzitat, noch dazu ein ganz geläufiges, aber ——— nun du siehst ja.
Also - du hast wirklich dein Teil daraus genommen. Mir war es damals gar nicht klar, warum ich grade so teilte. Aber es ist schon so: ich habe ja eine sehr glückliche Kind-

heit gehabt, ganz ohne Qual des Alleinseins, obwohl ichs war; so ist mir das Kind selber, das dir grade vertraut ist, fremd. Ich fühlte mich in dem Buch berührt durch die phantastische zweite Welt; in so einer, aber ganz glücklich, lebte auch ich, und zwar so lange bis das Erwachsenwerden und nun zugleich sofort auch die Qual anfing; jene erste Welt verschwand da so plötzlich, dass ich heute fast nichts mehr davon weiss; ich hatte aber wohl eine richtige private Kinderreligion gehabt; sie ist ganz versunken. Grade als ich Sprache bekam, und gleichzeitig sofort erfuhr, dass man nicht sprechen kann ohne sich zu schänden, da erst spürte ich die Schmerzen der Einsamkeit, und alles Folgende ist eigentlich bis heute nur ein einziger Kampf um das Wort, das wahr ist, ohne zu entweihen.   Bis heute, das weisst du selber. Jahre lang schien mir die Wissenschaft eine solche verschämte Geheimsprache werden zu können, deshalb stürzte ich mich in sie. Und erst Eugen hat mir den Weg gezeigt, den einzigen wo das Heilige nicht beschmutzt wird, die einzige Rettung der Scham, die mutige Schamlosigkeit.   Liebe - Dein Franz.

[1] Ludwig Geiger, 1848-1919, Kultur- und Literaturhistoriker in Berlin, Sohn des berühmten Mitbegründers der Wissenschaft des Judentums Abraham Geiger.
[2] Hermann Cohen.
[3] Wolf Wilhelm Graf von Baudissin, 1847-1926, Professor in Berlin, prominenter Vertreter der sogenannten religionsgeschichtlichen Schule.
[4] Wilhelm Herrmann, 1846-1922, bedeutender Vertreter der sogenannten Erlebnistheologie.
[5] Ital.: sehr schnell.
[6] Psalm 23,1. Dazu auch Zweistromland S.195.

An Margrit Rosenstock am 23. April 1918.

23.4.

Liebes Gritli,   der Sonntagsbrief kam und der vom Montag, wo du mir wegen Mutter schreibst. Es ist eben trostlos und ich kann nur wünschen, dass ihr die letzte Prüfung erspart bleibt, da sie ihr sicher nicht gewachsen wäre. „Und keine Brücke führt von Mensch zu Mensch",[1] steht irgendwo, ich weiss nicht bei wem. Sie kennt nur das traurige Entweder-oder: Gefühl oder - Selbstbeherrschung („Erziehung", „Vernunft" und wie sies noch nennt); sie ahnt nicht, dass es im Gefühl selbst noch eine Steigerung giebt, in der es nicht erstickt, sondern befreit und beseligt wird.   Wie kann man ihr das sagen, und was hülfe es, wenn mans ihr sagte. Was ich früher nie recht geglaubt habe: es ist doch ein Unglück für sie gewesen, so in ihrer ahnungslosen unentwickelten Siebzehnjährigkeit von Vater weggeheiratet zu werden, und dann auch noch von jemandem wie Vater, der sie eigentlich vor jedem wirklichen Kampf und Schmerz immer beschützt hat, weil - nun eben weil ers konnte, und weil er tat was er konnte. Nun steht ihr Leben auf der schmalen Scheide des irdischen Zufalls. - Ich dachte eigentlich immer, Menschen die den Schlüssel zu der „Kammer" nicht ausgehändigt bekommen hätten, hätten ihn wohl auch nicht nötig und seien deswegen nicht unglücklich zu nennen. Aber ich soll wohl in dieser Zeit den Begriff des „Dankens" immer gründlicher kennen lernen. Wir müssen wirklich danken. - Doch damit ist den andern nicht geholfen.

Übrigens sie schreibt, wenn sie erst mit allem Geschäftlichen im Trab sei und auch Zeit zum Ruhen habe, möchte sie, du kämest. - Ich denke wohl, dass das Anfang Mai sein könnte. Die Familienüberfälle en masse, die sich jetzt bei ihr abspielen, indem alle „sich sagen": „man muss doch zu Dele",[2] fallen ihr natürlich auf die Nerven, ohne dass sie den Mut hat sie abzuweisen. Dabei ist ja jetzt Helene Ehrenberg aus Lpzg noch bei ihr, also sie noch nicht mal allein. Den Mut sich gelegentlich etwas von Familie zu emanzipieren hat sie nie gehabt. Auch das ist ein Stück ihrer persönlichen Unentwickeltheit .....

Hier ist die Stelle aus Eugens Brief vom 1.IV. (der mich erst hier unten erreichte), - da du sonst aus dieser Zeit nur das eine Wort von ihm hast: „Ich dämmre so hin, die Bratsche pausiert, indes die beiden andern Instrumente umso feuriger spielen. Wenn sie dann von beiderlei Art männlich und weiblich genug wieder gehört und eingesaugt hat, wenn sie noch einmal sich soll füllen dürfen mit all den Tönen aus der Höhe und Tiefe, wird sie plötzlich wie der zwischen Geige und Cello liegende Felsblock anfangen mitzuschwingen und mitzujauchzen, zur Verherrlichung der göttlichen Majestät. Denn gibt es ein anderes Lied, und besonders ein anderes Lied für uns, selbdritt zu singen?"[3]

Ich habe jetzt Auszüge aus den Grabreden für Cohen; es scheint wirklich alles schwach gewesen zu sein. Kellermann[4] sein jüdischer, Cassierer[5] sein philosophischer Hauptschüler - alles Trauerklösse. Natorp[6] hat wenigstens ausgesprochen, dass ihm allein Marburg sein Renomée in der Gegenwart dankt.

Ich schicke dir die Zeitschrift noch. Geiger im Leitartikel versucht wenigstens, ein Bild von ihm zu geben. Aber es ist doch, als ob ihn niemand gekannt hätte. Es hat ihm aber wohl bloss niemand - geglaubt. Vielleicht nur

Dein (wirklich grade dein) Franz.

[1] Dazu Stern der Erlösung S.439.
[2] Rosenzweigs Mutter hieß in der Verwandtschaft allgemein Tante Dele.
[3] Dazu auch der Brief an Eugen Rosenstock vom 15. April 1918, S.73.
[4] Benzion Kellermann, 1871-1923, liberaler Religionslehrer und Rabbiner, Schüler Hermann Cohens.
[5] Ernst Cassirer, 1874-1945, Philosoph, der von der Marburger Schule des Neukantianismus geprägt war.
[6] Paul Natorp, 1854-1924, Professor der Philosophie in Marburg, dort als Hauptvertreter der Marburger Schule des Neukantianismus Kollege von Hermann Cohen.

An Margrit Rosenstock am 25. April 1918

25.4.18.
.....

Ob nur der Jude weiss, was Blutsverwandtschaft ist? Ja, weil wirklich wissen ja wohl heisst: in Gott wissen.   Nein, weil der Jude überhaupt nichts für sich hat, was nicht alle einmal haben sollen. Ich hatte das Gefühl, als müsste das so wie ich jeder erleben; es giebt doch Augenblicke wo man die „Menschheit" unmittelbar spürt, ohne Zwischeninstanzen. Und zwischen dem Juden und andern Völkern besteht ja keine Arbeitsteilung wie zwischen den Völkern untereinander, sondern er ist bloss der Vorläufer der Menschheit.   Wenn wir Israel sagen, ganz Israel, so meinen wir die Zukunft aller. Wir werden einmal alle in Gott wissen, dass wir Menschenkinder blutsverwandt sind.

„Menschenkind" ist in allen Sprachen, wo man es sagt, ein Hebraismus. Das Heidentum bringt es nur bis zum genus humanum[1], allerhöchstens. Ein genus humanum wie es ein genus aller andern Tiere giebt; warum auch nicht? Den filius hominis[2] kennt erst die Vulgata.[3] - Etwas andres: der Jude spricht von einem „jüdischen Herz" und meint, er habe es allein. Das hängt nicht bloss damit zusammen, dass er nun einmal die „christliche Liebe" im Laufe der Jahrhunderte immer nur unter der jeweils zeitgemässen Form des Scheiterhaufens kennen gelern hat; sondern es hat einen wirklichen Grund. Die christliche Liebe ist Überquellen des eigenen Reichtums oder auch sehnsüchtiges Überfliessen der eignen Armut, in jedem Fall Überfliessen, Überquellen - der andre wird, durch die Liebe, zum Nächsten, er wird zum Nächsten.[4] Sie ist nicht Mitleid, sondern Sehnsucht, Sehnsucht aus Fülle oder aus Armut, immer Sehnsucht. Das „jüdische Herz" ist gar nicht Sehnsucht, ist nur Mitleid. Mit-Leid. Es leidet selbst und weiss wie dem andern zu Mute ist, es war Knecht und Fremdling in Ägyptenland und ist es noch immer geblieben, und so „kennt es das Herz" des Knechts und des Fremden (du weisst wohl die Stellen[5]). Der andre ist ihm Nächster, wird es nicht erst. Ich will hier, von aussen gesehen, ja keinem den Vorzug geben, nicht der schöpferischen des Christen und nicht der heimisch beim Nächsten wohnenden des Juden (von aussen nicht, von drinnen tuts ja jeder und spricht mit Cohen im Januar, als er mir eben entsetzt über Platons und Dantes Tartaros bzw. Inferno und die Grausamkeit dieser Strafphantasie sprach, plötzlich aufseufzend: „Was ist der Mensch![6] - wenn er kein Jid ist") (bzw. eurerseits umgekehrt). Aber das wird ja grade „von aussen" deutlich, dass das „jüdische Herz" so fühlt wie die „christliche Liebe" fühlen würde, wenn sie am Ziele ihres Weltlaufs wäre. Sie braucht nicht zu fürchten, dann nichts mehr zu lieben zu haben; wenn sie sich alles Fremde zum Nächsten umgeschaffen hat, kann sie in ihm wohnen wie - das jüdische Herz. Die Sehnsucht ist dann Mitgefühl geworden. Auch hier wieder: Alles nur Jüdische ist nur solange nur jüdisch als es nur jüdisch ist.

„Ich will euch wiedersehn"[7] - wir sprachen im Februar mal darüber, dass, da Brahms offenbar keinen andern Spruch gefunden hat, es wohl auch keinen andern giebt. Und dass dieser eine ja grade nicht sagt, was man möchte. Denn es sagts nicht ein Mensch zum andern, sondern Christus zu den Seinen. Die Menschen wollen aber grade einer den andern wiedersehn und haben an dem Schauen Gottes[x)] nicht genug - im Grunde eben doch, weil sie nicht genug daran glauben. Das Verlangen nach Wiedersehn ist eben offenbar nicht christlich, sondern ein Stück schwer auszujätendes Heidentum, das Christ und Jude ja immer noch und immer wieder in sich tragen. Ich habe dir ja inzwischen genauer geschrieben, wie ich mir das wirkliche Wiedersehn der ~~Me~~ Seelen in Gott denke. „Götzendiener waren unsre Väter"[8] sagen sogar wir, obwohl es doch lange her ist, in unsrer Oster-Agende (der „Hagada", dem Büchelchen mit den vielen Bildern, das ich dir zeigte). Das Heidentum, der Aberglaube mischt sich immer wieder mit dem Glauben und von Zeit zu Zeit wenigstens muss man mal mit der Schere hineinfahren; ganz kriegt man ihn nie heraus, und es ist auch nicht nötig, solange er den Glauben nicht überwuchert.

[x)] das ja für den Christen ein Wiedersehn ist.

So ists auch mit dem Gebet für die Toten. Es kann sich eng mit Aberglauben verschwistern; es wird ganz Aberglauben, wenn es anfängt, Gott seine Gnade nachzurechnen. Aber sonst ist der Protestant gegen den Katholiken und Juden sehr arm, dass er nichts dergleichen hat; das weiss ich nun. Über die Seelenmessen weiss ich wenig Bescheid. Das Kaddisch - so heisst das jüdische Totengebet, das etwa eine ähnliche Stelle einnimmt wie die Seelenmesse in der kath. Kirche - ist eigentlich vor allem Aberglauben, nämlich vor aller Sorge um das Heil dieser Seele, geschützt: nicht der Einzelne ⌈⌈alleine⌉⌉ kann es sagen, sondern nur am Schluss des Gottesdienstes der Gemeinde und mit dem Amen der Gemeinde. Nur der Sohn für die Eltern kann es sagen[x)], nicht der Vater für den Sohn, nicht der Mann für die Frau; nicht das Heil der Seele wird „gerettet", sondern der in die Zukunft führende Zusammenhang der Geschlechter wird bezeugt. Und soweit der Aberglaube sich hier doch mit der Vorstellung eines zu „rettenden" „unsterblichen Teils" hineingedrängt hat, wird er gleich wieder ausgestossen; die Purgatoriumsstrafen (eine wirkliche Hölle lehnen wir ab) dauern höchstens „ein Jahr" — deswegen darf das Kaddisch nur 11 Monate lang gesagt werden; es ist verboten zu denken der Verstorbene könnte es die vollen 12 Monate „nötig haben"; später sagt man es an den Todestagen, also überhaupt nicht um der Seelenrettung willen, sondern um die himmlische Freude der Seele zu erhöhen. Endlich, und das ist das Entscheidende, der Wortlaut: es kommt überhaupt nichts vom Tod drin vor, sondern es ist ein Gebet um das Kommen des Reichs, das auch sonst vielfach im Gottesdienst verwendet wird; also so etwa a̶l̶s̶ ̶w̶e̶n̶n̶ wie ihr das Vater unser; inhaltlich ist es anders als das Vater unser, hingerissener, weniger weltheimisch (wenigstens wie das Vater unser im Gebrauch der Jahrhunderte geworden ist). Es ist kein Gebet für den Toten, sondern für die Welt. Es verneint den Trost, und grade deshalb ist es, „über alle Tröstung, die je gesprochen ward in der Welt"[9] ——— ich sehe wieder, dass es nicht zu übersetzen ist, auch wenn man es wörtlich versucht; der Ton, die Absätze, das Verstummen lässt sich nicht so wiedergeben, dass man es beim Lesen richtig hört. Ich habe es, als ich jetzt wieder hierherkam, in der dumpfen Trauer des Wiederhierseins und Zuhausenichthelfenkönnens, und um daraus herauszukommen, übersetzt; als Übersetzung glaube ich sehr gut.[10]

Hochheilig preisen wir den grossen Namen
Im Weltall, das du schufst nach deinem Sinn.
Führ bald herbei dein Reich und lass uns in
Ihm leben samt den Deinen. Drauf sprecht: Amen.

Gelobt, erhöht, verherrlicht möge werden
Dein Name, hoch ob allen Lobpreis fort
Und Spruch und Sang und jedes Trosteswort,
Das einer je ausfinden mag auf Erden.

Der grosse Friede, deiner, fliess uns zu
Vom Himmel her; dazu sei uns beschieden
Von dort her auch des äussern Lebens Ruh.

[x)] infolge eines schändlichen Missbrauchs seit dem 19. Jahrhundert auch sagen lassen.

Du schaffest ihn in deinen Höhn, den Frieden;
Den selben hohen Frieden schaffe du
Bei uns und allen Deinen hier hienieden.
        Amen.

Sei stille und hab mich auch lieb.
        Dein Franz.

[1] Lat.: Menschengeschlecht.

[2] Lat.: Sohn des Menschen. Lateinische Übersetzung des aramäischen BAR ENOSCH in Daniel 7,13.

[3] Lateinische, von dem Kirchenlehrer Hieronymus, ≈347-419/20, unternommene Übersetzung der hebräischen Bibel.

[4] So ist etwa Lukas 10,36 zu übersetzen: „Wer von diesen Dreien scheint dir der Nächste dessen *geworden* zu sein - γεγονέναι -, der unter die Räuberbande gefallen ist?"

[5] Anspielung auf 3. Mose 19,34; 5. Mose 5,15; 2. Mose 23,9; Sprüche 12,10. Im Talmud (Nedarim 50a) kennt der Gerechte, der Zaddik, sogar die Seele seines Viehs.

[6] Psalm 8,5.

[7] Johannes 16,22, von Johannes Brahms im „Deutschen Requiem" vertont.

[8] Am Seder-Abend zu Pesach wird im Kreis der Familie aus der Haggada - einer Art Agende - gelesen. Darin heißt es: „Anfangs waren unsere Väter Götzendiener, jetzt aber hat Gott uns zu seinem Dienst gebracht ..."

[9] Zitat aus dem Kaddisch in der Übersetzung, wie sie in deutsch-jüdischen Gebetbüchern damals üblich war.

[10] 1921 übersetzte Rosenzweig das Kaddisch noch einmal und recht anders. Die Übersetzung, die zuerst im Rahmen der Festschrift für Rabbiner Nobel zum 50. Geburtstag erschien (dort S.81ff), ist wieder abgedruckt in: Sprachdenken, 1. Band: Jehuda Halevi. Fünfundneunzig Hymnen und Gedichte, S.XIV.

An Margrit Rosenstock am 27. April 1918.

27.IV.

....

... Du wirst vielleicht noch andres an Mutter merken, was dich schmerzen wird. Legs zu dem Übrigen. Es hat alles den gleichen Grund: die Vertrauens- und Hoffnungslosigkeit einer befangenen Seele. Lass dich nicht davon anfechten. Wie soll sie an Flügel glauben, wo ihre eignen nie aus den Stümpfen sich herausgefaltet haben. Sie hat eben immer Stege gebaut bekommen, hat nie hülflos vor einem Wasser oder gar einem Sumpf gestanden, und drüber <u>gemusst</u>, - wie sollten sie ihr da je wachsen!

Ich bleibe dein Franz.

An Margrit Rosenstock am 28. April 1918.

28. IV.

......

Von Hans hatte ich einen nicht ganz ausgetragenen Brief. Er interwiewt mich! man kann es gar nicht anders nennen. Er hat wichtige Bestätigungen (natürlich! was sonst!) in den Kirchenvätern zu seiner Ansicht oder Theorie der „Unsterblichkeitsfrage" gefunden, (die mir aber selber noch unbekannt ist!!). Und dann: „Schreib mir nochmal Deine Ansicht in historicis[1] und auch vom jüdischen Glauben aus". Wörtlich! Und er meint, nun legte ich los. - Übrigens aber laubfrosche ich, dass er wirklich demnächst in die Politik hineinkommt, nicht bloss mit Aufsätzen. Es wäre ein sehr schöner Rückweg für ihn vom Offizier zum Professor. Er hat zum Politiker ja grade was Eugen fehlt. „Volksstaat u. R.G.",[2] das du - er schreibt „Gritly" - ihm gabst, nennt er „etwas sehr Schönes", Eugen nennt er abgesehn von seiner „religiösen Vergewaltigung der politischen Ideen" einen „wirklich fabelhaften Politiker". Ich bin so heraus aus der Politik, dass ich noch nicht mal weiss, ob es wahr ist. O Gritl„y"! -

Dein Franz.

[1] Lat.: über Geschichte.
[2] Eugen Rosenstock, Volksstaat und Reich Gottes. Eine Weihnachtsbetrachtung, in: Hochland 16,1, Dezember 1918, S.229-239.

An Margrit Rosenstock am 29. April 1918.

29.4.

....

Der Unteroffiziersstand kam mir jetzt eigentlich auch unmöglich vor; schrieb ich dir das nicht selbst? Aber die nötige Energie will ich doch nicht darauf wenden; so nebenher geht es nicht; ich müsste es doch richtig <u>wollen</u>, und dafür ist mir mein Wille zu schade. Schliesslich wäre doch nur eine Maske mit der andern vertauscht, die „etwas gewagte" die ich jetzt trage mit einer konventionelleren - es lohnt eben doch nicht. Es wird dir also wohl oder übel auch weiter gleichgültig sein müssen. -

Die Ähnlichkeit mit Vater, von der du schreibst, weiss ich wohl, - aber die meine ich nicht, ich meine etwas was man gleich sähe und spürte. Und das ist offenbar wirklich nicht dagewesen. Wir waren gar nicht verschieden wie Vater u. Sohn, sondern wie zwei sehr verschiedene Brüder, bei denen man sich gar nicht wundert, wenn wirklich <u>alles</u> verschieden ist. - Im Haus war er freilich „gedrückt"; das sagte er im Spass selber. Nach meinem Abiturientenexamen bin ich ja mal 14 Tage oder 3 Wochen bei uns im Geschäft gewesen, vorgeblich um mal ein Geschäft zu sehen, in Wahrheit hauptsächlich, um mal ihn in seiner Tätigkeit kennen zu lernen. - Seine Klugheit habe ich freilich, aber eben ich „habe" sie. Was man bloss hat, ist man nicht. Er war freilich ungeheuer konziliant dabei, ich habe das voll gesehen eigentlich nur das eine Mal, wo er mit Prager[1] abends im Esszimmer sprach und Mutter uns alle Momente zurückrief weil es sie vor Frau Frank glaube ich genierte, du warst auch dabei. Später ist mir dann klar geworden, dass er zu mir ganz ehrlich war, freilich meist ohne Erfolg; jetzt ⌈⌈in Kassel⌉⌉ las ich seine „Privat"-Korrespondenz 1917, da hatte ich gradezu das Gefühl, ein Stück Menschenbehandlung zu lernen. Er sprach so rein die Sprache des draussen, des Markts, der Strasse, des Rathauses - denk an Eugens Sprachkreise -; in den Beileidsbriefen an Mutter war sein Bild deutlich wohl mehr als in Mutters eigner Vorstellung. - Ich komme nicht zu Rande damit. Für mich ist eben etwas Werdendes in der Entwicklung abgeschnitten. Er hätte grade um meinetwillen länger leben müssen - oder auch kürzer; in beiden Fällen wäre es etwas Fertiges gewesen; so aber kucke ich ihm nach.

...

Über die vielen Anspielungen in „Globus"[2] schimpft auch Eugen. Ich weiss weniger als je, ob mit Recht. Ich meine, auch wenn ich viel breiter geschrieben hätte, dürften die Ereignisse, das 3 - 4 Uhr nachmittags, doch nur in Anspielungen erscheinen, aus Gründen der Perspektive, nämlich damit sie Hintergrund bleiben und nur das Geographische im Vordergrund zu sehen ist. Doch wie gesagt ich weiss nicht, ob das nicht bloss eine Beschönigung eines Stylfehlers ist. Wenn du übrigens wirklich dadurch veranlasst sähest, „Rankes Weltgeschichte[3] von vorn bis hinten durchzulesen", so hätte ich ⌈⌈dir⌉⌉ etwas sehr Gutes getan und wäre zufrieden mit dem Erfolg.

Dein Franz.

[1] Joseph (Julius) Prager, 1885-1983, war von 1913 bis 1922 Arzt in Kassel.
[2] Abgedruckt in Zweistromland S.313-368.
[3] Leopold von Ranke, 1795-1886, Historiker, Verfasser einer „Weltgeschichte" in 16 Bänden (unvollendet).

An Margrit Rosenstock am 1. Mai 1918

1.V.

Liebes Gritli,
also wieder Säckingen. Dass Tante Lene[1] („") 8 Wochen bleibt, wusste ich noch nicht. Dabei tut sie Mutter gar nicht unbedingt gut. Dein Durchbrennen als „petite juive"[2] versteht sich doch von selbst. - Ich bin paff, dass du schon in Hinterzarten Zeit für das Briefbuch[3] gefunden hast. Stimmt mein Voranschlag „2-300 Seiten"? - Kriege ich einmal Schweitzersche Predigten? bitte! Für Predigten giebt es ja keine Diskretion. Übrigens weisst du - er ist ja ein „Ketzer". Malgré lui.[4] Vielleicht sogar ein besonders gesteigerter. Denn innerhalb des Protestantismus bildet die wissenschaftliche Theologie eigentlich noch am ehesten eine Art visibilis.[5] Und er hat diese ganze geschlossene Phalanx als einzelner herausgefordert, indem er das Grunddogma, worin sie übereinkamen, in Frage stellte.

Natürlich ist es „nur eine Vorstellung von mir" das posthume Veröffentlichen; aber „mein Eigentliches" selbst ist auch nur eine Vorstellung, auch ohne jeden greifbaren Inhalt. Vorläufig ist es enscheidend, dass ich jene Vorstellung eben habe. Was ich mal wirklich tun werde, weiss ich freilich nicht, aber eben ich kann es mir heute nicht vorstellen, dass ich zu Lebzeiten veröffentlichen werde, und das ist für mein Heute jedenfalls bestimmend.

Hoffentlich ist Eugens Teilnahme an der Flandernschlacht trotz der veränderten Adresse nur platonisch. Mein Interesse daran beschränkt sich darauf, dass Rudi drinsteckt und nebenher, dass ich abends erst ins Bett kann, wenn ich den Heeresbericht aufgenommen habe; gestern ist es auch wieder spät geworden, so bin ich heute müde. Ich werde eben trotz des grösseren Massstabes und des immerhin Vorhandenseins eines politischen Ziels (das ja damals ganz fehlte) die fatale Erinnerung an Verdun 16 nicht los.

Globus?[6] ich weiss nicht, wozu ihn Mutter plötzlich braucht, wahrscheinlich nur Ordnungssinn. Immerhin ists mir lieb, dass du ihn auf die Weise ohne Plötz[7] versuchst. Dann lieber gar nicht als mit Plötz. Kommentare sind immer unnötig, ausser bei alten Briefen u. dergl. Aber z.B. zum zweiten Teil Faust ist kein Wort Kommentar notwendig. Es ist weiter nichts wie Nervosität, wissen zu wollen wer oder was das eigentlich „ist". Was es im Gedicht sein soll, steht drin und will nur einfach aufgefasst, „geglaubt" werden. Z.B. es ist vollkommen schnuppe, dass die Kabiren[8] Gottheiten von wahrscheinlich semitischem Ursprung sind, die auf ~~Lemnos~~ Samothrake verehrt wurden und von denen Goethe durch eine Schellingsche 180.. erschienene Schrift[9] Kenntnis hatte. Sondern es sind sehnsuchtsvolle Hungerleider nach dem Unerreichlichen. - Und Manto[10] ist nicht „vgl. Ovid Metamorph. x y", sondern eine Dame, die den liebt, der Unmögliches begehrt. Und der Doctor Marianus[11] ist nicht der hl. Bernhard (geb..., gest...),[12] sondern ein Herr der sagt: „Jungfrau Mutter Königin Göttin bleibe gnädig". Wo noch ein jüdisches Familienleben besteht, ist freilich die Taufe eines Kindes ein absoluter Schnitt. Der übliche Ausdruck für sich taufen lassen, der wörtlich bedeutet: sich vernichten, sich ausrotten lassen[13] - spricht das aus; und es ist keine Tuerei, wenn früher für ein solches Kind richtig die Trauergebräuche veranstaltet wurden wie wenn es gestorben wäre. Früher, und bei Orthodoxen auch heute noch. Aber wieso es bei der absoluten Indifferenz in Eugens Elternhaus etwas bedeutet haben soll, das ist mir zwar nach mehrfacher Wiederholung allmählich glaublich geworden, aber verstehen werde ich es nie.

Den Vater R.[14] kann eigentlich doch nur der Protest seines Sohnes gegen seine Indifferenz geärgert haben. Also eben doch nur das Persönliche. Ich halte mich daran, dass ich wenn ich je einen jüdischen „Kleinen Katechismus" zu schreiben hätte, darin erklären würde: „Blut allein tuts freilich nicht." Bei Ehrenbergs hat es den Familienzusammenhang nicht gestört. Und mit einer reinen Zwecktaufe würde sich auch der Vater R. abgefunden haben, nicht ganz leicht, weil es doch ein pudendum[15] gewesen wäre, aber schliesslich doch. Aber der persönliche Protest, den er darin empfand, hat seine Herrennatur aufgebracht. - Ich kann sehr kühl darüber sprechen. Ich habe ja selbst auch keine Heimatgefühle für mein Elternhaus gehabt und grade mein Judentum hat stets als Protest gewirkt. Nun wo das Haus zerstört ist, habe ich hierin Freiheit fast als ob ich schon ein eignes Haus hätte und was ich nun tue, wird nicht mehr als Protest gegen mein Haus, und also als sinnlos grade im jüdischen Sinne, erscheinen, sondern einfach und positiv. Ich will den Absturz durch zwei Generationen ins leere Nichts, dessen Schluss ich nun an Mutter ja mit Augen sehe, nicht umsonst erfahren haben. Ich muss von vorn anfangen. Aber ich habe nun das Recht dazu.

Dein Franz.

[1] Helene Ehrenberg, die Mutter von Rudolf Ehrenberg.   [2] Franz.: kleine Jüdin.
[3] Die geplante Veröffentlichung des Briefwechsels zwischen Rosenzweig und Eugen Rosenstock aus dem Jahre 1916 (abgedruckt in Briefe und Tagebücher S.189ff), den Rosenzweig und Margrit Rosenstock bereits während seines Kasselaufenthaltes im Januar/Februar 1918 gemeinsam bearbeitet hatten.
[4] Franz.: gegen seinen Willen.   [5] Lat.: sichtbar.
[6] Abgedruckt in Zweistromland S.313-368.
[7] Karl Ploetz, 1819-1881, Gymnasiallehrer, der 1863 „Hauptdaten der Weltgeschichte" veröffentlichte.
[8] Gottheiten phrygischer Herkunft, Fruchtbarkeitsdämone, oft auch die „Großen Götter" genannt, Beschützer der Seefahrer, deren Kult vor allem in hellenistisch-römischer Zeit aufblühte.
[9] Schelling, Ueber die Gottheiten von Samothrake, 1815.
[10] Tochter des Sehers Teiresias aus der griechischen Mythologie.
[11] Gestalt aus Goethes „Faust II".   [12] Punkte von Rosenzweig.
[13] Hebr.: שמד - von daher Jiddisch: Schmadn.   [14] Rosenstock.
[15] Lat.: etwas, worüber man sich schämt.

An Margrit Rosenstock am 1. Mai 1918

1.V.

Liebes Gritli,   nachmittags wurde es doch noch ein „erster Mai". Ich musste zur monatlichen Entlausung - erschrick nicht: eine warme Dusche und ein Spaziergang in die Ebene). Ich ging in die grosse Tellerebene hinein, über der Front stand ein Gewitter und an drei oder vier andern Stellen; an jeder für sich regnete es und ich ging über die weiten ein bischen sumpfigen Ebenen und stapfte durch richtige Gestrüppe von Gänseblümchen^{x)}. Es war sehr schön, ein richtiger Gewitterfrühlingstag, für mich mein erster dies Jahr. Der mazedonische Sommer der vor 2 Jahren schon im März anfing, hat dies Jahr nämlich noch nicht begonnen. Es kann dann freilich mit einem Male kommen.

Hans und Eugen haben sich über die Weltteile geschrieben? nichtwahr? Hans ist immer kompliziert, wenn er sich erklären will. Eugen übrigens meist auch, oder er vereinfacht das was er sagen will so sehr dass es etwas ganz andres wird als was er meint. Ich habe glaube ich das Talent meine Erklärungen ziemlich genau auf den Empfänger zu dressieren.

...

Du hast mir nie ein Wort wegen des Santo[1] geantwortet, ihn mir „bloss geschenkt". Ich lese so ungern Bücher allein; erst wenn zweie lesen, hört das Buch auf „Buch" zu

^{x)} vgl. Dor Tilmann.

sein. Und nur um dieses Tages willen, wo man vor Sichgefundenhaben piu non avanti[2] liest, nur um dieses Tages willen liest man.

Noch eins: hast du wohl gemerkt, dass zwar der lebende Dante Beatrice wiedersieht, aber eigentlich die Selige nicht ihn. Sie spricht fast immer über ihn hinweg, lächelt kaum einmal. D'antico amor la gran potenza[3] spürt nur er, der Lebende.

Ich denke wohl, du wirst im Mai nach Kassel fahren, wenn da Eugen nicht grade kommt. Aber dann kann er dich ja auch dort abholen. Mutter schreibt jetzt, sie hätte Verlangen nach dir. Es ist doch auch gut, wenn du <u>bald</u> kommst, wo du grade die letzte Zeit da warst. Es wird ja keine schöne Zeit für dich werden, im Gegenteil; auch wenn du es vorher nicht als Opfer empfindest, es wird dich dann doch bedrücken; aber du wirst dir das gar nicht ersparen <u>wollen</u>. - Nimm vielleicht ~~auf~~ auch auf alle Fälle den 1916er Briefwechsel[4] mit und fang sachte mit dem Abtippen an, eine Maschine mit der dir geläufigen Tastatur findest du sicher im Geschäft; und mehr wie 1/2 oder höchstens eine ganze Stunde kannst du doch nicht daran sitzen, es wird ein ziemlich anstrengendes Buch von 2-300 Seiten, aber ein schönes. In Gedanken habe ich schon die Umschläge für die drei Exemplare, eures, meins und Rudis, „entworfen". Ich glaube, Mutter wird es ganz lieb sein, wenn sie sieht, dass man sie gar nicht in einem fort „umgiebt". Und noch eins: geh ihr in Kleinigkeiten an die Hand (z. B. Kaffeetischabräumen u. dergl.); sie ist wie alle Diesseitsnaturen ein - Pedant, und nimmt deine „Faulheit" tragischer als sie dich merken lässt; du hast selbst mehr von ihr, wenn du ihr das Misstrauen in deine „Tüchtigkeit" unmöglich machst (es gehört so wenig ~~da~~zu dem was die Leute „tüchtig" nennen). Ich rede ja mit dir wie eine Tante, vielleicht sogar wie eine von Eugens Seite, und bin doch -

nun jedenfalls: nicht deine Tante

---

[1] Antonio Fogazzaro, „Il Santo" (1905), dazu auch der Brief an Margrit Rosenstock vom 15. März 1918, S.60.

[2] Ital.: nicht mehr weiter.

[3] Dante Alighieri, 1265-3121, „Göttliche Komödie", Purgatorium, 30. Gesang, Zeile 39 : „d'antico amor sentì la gran potenza" - „(ich fühlte ...) der alten Minne Macht mich neu durchbeben."

[4] Abgedruckt in Briefe und Tagebücher S.189ff.

An Margrit Rosenstock am 3. Mai 1918

3.V.

..... Die Bibel „ist übrigens gar nicht so". Es kommt ihr weiter nicht darauf an, Gott Mütterlichkeit zuzuschreiben sogut wie Väterlichkeit. Im Ps.131, im letzten Kap. Jesajah, V.13.[1] Es gilt eben von beidem Jes. 40 „wem wollt ihr mich vergleichen, dass ich gliche".[2] Vom Judentum weiss sie komischerweise noch weniger als vom Christentum. Es ist mir wieder ganz deutlich geworden, dass Eugens Eltern an seiner Taufe nur deswegen Ärgernis genommen haben weil er damit ausdrückte, <u>vorher</u>, als ⸤⸢ihr⸣⸥ Sohn, <u>Jude</u> gewesen zu sein. Wie wenig ers - „Blut allein ..." - war, konnte er ja nicht wissen.

Gewiss, im Westen wird England nicht besiegt. Das ist der Grund, weshalb ich lange an keine Westoffensive glauben mochte, denn 100 Divisionen im Westen imponieren England weniger als 4 in Mesopotamien oder Palästina. Aber das ist eben das Wesen des deutschen Militarismus, der Glaube dass im Westen Entscheidungen wüchsen. Es ist die eben rein technische Auffassung des Kriegs als Mensur, Frankreich der Paukboden.[3] Ich halte es nicht für Bramarbasieren,[4] dass Loyd George erklärt, auch ohne Frkreich würde der Krieg weitergehn.

Am 22. fängt ein 7 Wochenkurs[5] in Warschau an, ich komme vielleicht hin; dann bin ich ja auch für 2 Monate in grösserer Postnähe, freilich ohne viel Zeit zum Schreiben. Hier habe ich es jetzt sehr gut, einen Unterstand ganz für mich allein, mit Tisch, Blick in die Ebene, fast nichts zu tun. Mit Warschau würde das zu Ende sein. So um den 12. herum werde ich wohl wissen was wird.

In Schopenhauers (eben nicht „über die Liebe" oder „über die Frauen", sondern:) „über die Weiber"[6] hast du dir freilich den Honigtropfen aus der Giftblume herausgesogen; dass du den wittertest - du warst doch schon mit 17 Eugens prädestinierte Frau. Aber wer konnte mit deiner Siebzehnjährigkeit solche schrecklichen Experimente machen! Ich habe es wohl auch mit 18 gelesen, ich glaube bei Hans, und damals mit einem inneren Fusstritt abgetan. Das Weibliche war mein zweiter Glaubensartikel und ist es geblieben, bis ich - durch Kant - an das Männliche glauben lernte.

Den Mut zum Beantworten ungefragter Fragen hast du mir gegeben. Du schriebst mir mal, man müsste immer denken, wenn einem etwas schwer zu schreiben fiele, der andre wollte einen fragen und das Fragen fiele ihm schwer. - Um den 12. herum ist auch nach Kassel eine Brieflücke. Ich besinne mich noch auf den fehlenden Brief. Ich hatte den Unterschied des eignen vom fremden Tod entdeckt. Dass alle Todesfurcht nur daher rührt, dass man den eignen Tod sich vorstellt wie den Tod eines andern - in der dritten Person. Und dass auch hier alles darauf ankommt, alles in der ersten (d.h. also ersten = zweiten und zweiten = ersten - das „Geleise"!) Person zu erleben, den eignen Tod und endlich doch allen Tod. Denn freilich - Ps.115 - „nicht die Toten loben Gott" nicht die Toten, dritte Person, - „aber wir" wir! erste Person „wir loben Gott" nun also wohl solange wir „leben" - ach nein, sondern: „von nun an bis in Ewigkeit".[7] Sieh, es schadet nichts, sich zu besinnen, was man eigentlich geschrieben hat. Denn - das hatte ich gar nicht geschrieben.

Ich spüre den Schlag deines abendländischen Herzens durch dich liebe Verbindungsader hindurch - ach nein, ich spüre deinen eigenen Herzschlag.

Liebe -

Dein.

---

[1] Psalm 131,2; Jesaja 66,7-14.   [2] Jesaja 40,25.
[3] Fechtzimmer im Haus von schlagenden Studentenverbindungen.
[4] Prahlen.   [5] Für Offiziersaspiranten.   [6] Arthur Schopenhauer, Über die Weiber.   [7] Psalm 115,17f.

An Margrit Rosenstock am 4. und 5. Mai 1918

4.V.

....

Gertrud Bäumer[1] schreibt in der Heimatchronik zum 6.IV. nur: „Der Tod des Philosophen Hermann Cohen am Ende eines zeitlich und geistig vollendeten Lebens deutet auf den Anteil des Idealismus an der grossen Prüfung dieser Jahre, den er, als Haupt

der neukantischen Bewegung, mit hat erhalten und befestigen helfen. Klarer als jemals ist uns, wie jeder Beitrag geistiger Kraft in diesen Jahren mitgekämpft und mitgesiegt hat. Wenn das nur die Zukunft nicht vergisst über dem äusserlich Greifbaren."
Dies ist der erste Nachruf, den ich ihm noch selbst zu lesen gewünscht hätte.

5.5.

Und prompt kam der zweite, kaum dass ich dies geschrieben hatte. D.h. den hätte er nicht selbst lesen dürfen, weil er zu wütend auf ihn war, wegen des Sätzchens über das Judentum in dem Kulturbuch von kurz vor dem Krieg. Aber gut ist dieser Aufsatz, <u>ausserordentlich</u> gut, - <u>fast</u> schön. Schick ihn, wie alle solche Beilagen weiter nach Kassel. Was er nicht weiss, ist dies, <u>dass</u> es einen „letzten Cohen" gegeben hat, und grade den habe ich gekannt. Das Frankfurter Blatt vertritt die orthodoxe Gruppe im Zionismus oder wenn man will den Zionismus in der Orthodoxie.

Noch zu Eugens Mutter.[2] Am Naheliegendsten geht sie grade vorbei. Die ganzen <u>wirklichen</u> antiken Mutter- und Weibkulte, Astarte, Kybele u.s.w. und vor allem - die Madonna vergisst sie. Der wirkliche Katholizismus hat eigentlich ihre Dreieinigkeit: Gottvater - Gottesmutter - den Sohn und alle Heiligen. Aber grade das habe ich ihr lieber nicht geschrieben; es hätte sie zu misstrauisch gegen mich gemacht. - Für das katholische Bewusstsein ist ja Christus weniger der Gekreuzigte als der Erste aller Heiligen. (Das steht sehr gut auch im Santo), in der Versammlung in Rom). Überhaupt ist ja die Erneuerung des Protestantismus um 1800 (Entwicklungsbegriff, Leben Jesu) ohne es zu wissen eine Wiederannäherung an den Katholizismus. .....

Liebe, ich werde nicht ruhig über dem, was du von der „Gegenwart deines Herzens" sagst. So kann es <u>nicht</u> sein. Für Eugen schon; da müsste ich mich hinein schicken. Aber für mich nicht; denn für Eugen darf es dir gegenüber kein „sich hinein schicken" geben. Du kannst deine Gegenwart nicht verteilen, sowenig wie dein Herz. Ich muss, wenn du zu mir kommst wissen dass es Eugens Gritli ist die zu mir kommt.

Weisst du, wer hier bei mir Gredas Rolle spielt und mich mit der aufzieht? Die grosse Ebene. Sie hat jetzt ihren Frühling den Berg heraufgeschoben bis dicht vor meinen Unterstand. Da drängen sich nun die vielen komischen Blumen an mich heran, die alle nach dir heissen und doch die Frechheit haben, ausserdem noch ganz anders zu heissen.

  Guten Morgen, liebe Margrit - liebes Gänseblümchen
     - ach nein, sondern <u>liebes Gritli</u>
                  - Dein Franz.

[1] Gertrud Bäumer, 1873-1954, Politikerin und Schriftstellerin.
[2] Sie hatte Rosenzweig ein Manuskript zugeschickt und ihn um seine Meinung gefragt.

An Margrit Rosenstock am 7. Mai 1918

7.V.

Liebes Gritli, gestern war die Post ohne dich - du warst in Freiburg vielleicht, und ich warte nun statt der gewohnten zwei vier Tage auf deinen Besuch. Statt dessen kam der „Israelit" und klärte mich über meine Herkunft und sonstige Person auf. Die „Jeschiwo",[1] aus welcher ich also herkomme, das sind die Religionsschulen der Ostjuden, und nun weisst du, was für einer ich bin. Der gute Seminarlehrer, der das Referat geschrieben hat, hat natürlich von der Tendenz - Negermission im wilden Berliner Westen - nichts gemerkt, sondern bezieht alles auf seine gezähmten Haustiere. Von dem „Schulfonds von 10 Millionen Mark (!)" höre ich leider schon 14 Tage lang nichts mehr und fürchte, da die Sache ja im Augenblick doch nur an dem einen Haar Bradt hängt, das ist gerissen. Mutter lässt mich ruhig zappeln, obwohl es für sie ein Telefongespräch mit Berlin bedeutete, so wüsste sie Bescheid und ich auch. Am 15. hat in Berlin eine wichtige Sitzung stattgefunden[2] - ich weiss heute noch nichts vom Ergebnis. Ich zerreisse mich vor Ärger und Ungeduld. Soll ich denn das? Es ist ja schon mehr Eigensinn als etwas andres. Im Grunde darf es mir ganz gleichgültig sein, muss es sogar. Die Tat ist nicht das Beste, nur das Anspruchsvollste.

Das Beste ist andres. Z.B. und z.B. und z.B. - Sag, bekommst du eigentlich die Christl. Welt[3] irgendwo zu sehn? das ist auch ein guter Einhelfer ins Protestantische. Es lohnt die 3 M vierteljährlich. Oder ich könnte auch mein Exemplar an dir vorbei nachhause schicken, schon als Ausgleich für die vielen jüdischen Einlagen der letzten Zeit. Es lohnt natürlich nicht alles in jeder Nummer zu lesen, aber doch jedesmal etwas. Ich lege dir mal eine - durchschnittlich gute - bei.

Ich bin weg von Gotthelfs Uli dem Knecht.[4] Ihn mit Homer in einem Atem zu nennen, ist freilich stark und zeigt wie die Leute den Homer lesen. Er ist nur Genre, aber da unübertrefflich und neben Goethe dürfte man ihn nennen; es ist keine Zeile drin blass geworden, sondern alles ganz blank, wie eben geschrieben. Aber die Menschen darin bleiben ausserhalb, sie klettern nicht in einen hinein, das ist eben das Genrehafte. Nur das Tragische, auf deutsch: nur das Leiden und Mitleiden überwindet das ewige blosse Ausserhalb, bei dem sich das Auge gern zufrieden giebt. Und ins Tragische wachsen diese Menschen nicht. Wie es Achill zu mute ist weiss ich, bei Uli sehe ichs nur. Und wissen ist mehr als sehen.

[1] Talmudhochschule.
[2] Wegen der Gründung einer Akademie im Sinne von Rosenzweigs Aufsatz „Zeit ists", an der sich für ihn nach dem Krieg eine berufliche Perspektive aufgetan hätte.
[3] „Christliche Welt": Name einer Zeitschrift.
[4] Jeremias Gotthelf, 1797-1854, Uli der Knecht. - Uli der Pächter. Ein Volksbuch, Doppelroman.

An Margrit Rosenstock am 8. Mai 1918

8.5.

Liebes Gritli, neulich schriebst du mal, Greda machte ihr Kind fromm ohne es selbst zu sein. Weisst du, dass das früher eine ganz allgemeine Erziehungsregel gewesen sein muss? Bei Greda ist es ja sicher etwas andres, schon durch den Mann. Aber z.B. ich bin von meinen Eltern zu Abendgebet (gereimt natürlich und allgemein menschlich, also wohl fröbelsch[1] oder so) angehalten worden und habe es auch gern getan. Die Motive sind mir heute nicht klar, ob bloss wegen des „rührenden Bildes" oder zur Erziehungserleichterung oder aus so einer Art Anwendung des „biogenetischen Grundgesetzes" von der Wiederholung der Gattungsstufen in der Einzelentwicklung - non so. Es giebt ja überhaupt nichts Unbegreiflicheres als die eigene „Erziehung" und was

daraus geworden ist. Die entscheidenden Erfahrungen machen Kinder doch auch schon im frühsten Alter grade dann wenn die Eltern gar nicht daran denken. Ich glaube für Echtes und Unechtes hat man nie so ein scharfes totsicheres Unterscheidungsvermögen wie damals. Ich bin glaube ich nie auf die Idee gekommen, das was ich bei Onkel Adam sah und die übliche Assistenz meiner Eltern bei meinem Abendgebet auch nur für entfernt verwandte Dinge zu halten.
....

[1] Friedrich Fröbel, 1782-1852, Pädagoge, der das Prinzip der Ganzheitlichkeit in der Erziehung entdeckte und die theoretischen und praktischen Grundlagen für den Beruf der Kindergärtnerin legte.

An Margrit Rosenstock am 9. Mai 1918

9.V.

Liebes Gritli, gestern Abend brachte die Post eine Menge, von Hause, von Hans, von dir drei Briefe und - von Eugen wenigstens den vorausgeworfenen Schatten eines Briefs an mich, der nun wohl selber in einem Couvert an dich gelegen hat. Ich habe die Nacht lange wach gelegen, vor traurigen und vor frohen Gedanken. Die frohen weil mir Mutter einen Brief von Bradt schickte, aus dem hervorgeht, dass die Sache[1] noch läuft und offenbar gut; ich hatte zu früh an diesem Dickkopf gezweifelt, irgendwas wird sicher herauskommen, und „irgendwas" ist ja schon so viel mehr als ich vor einem Jahr zu hoffen gewagt hätte. Daneben wird ja auch der Lehrplan unvermerkt weiterbohren. Trotzdem er „utopisch" ist, muss er ja den Schulmeistern in den Ohren klingen. Ich wollte gern mal sehen, ob er wirklich utopisch ist. Man reiche mir 10 Judenjungen und eine Schulbank. ...... Grade im Letzten verlässt man nicht Vater und Mutter; es ist falsch dies Wort darauf zu beziehen; es geht wirklich nur, worauf es geht: der Mann wird Vater und Mutter verlassen und dem Weibe anhangen.[2] Es ist der Schritt zum eigenen Haus, zum eigenen Erdenschicksal, die Unruhe im Uhrwerk der Weltgeschichte, - aber nicht die Geburt der eigenen Seele. Für die gilt grade umgekehrt ein Wort, das ich grade gestern wieder fand nachdem ich es schon mehrmals wieder vergessen hatte. Es steht im 27.Psalm und sagt genau umgekehrt: Denn Vater und Mutter haben mich verlassen - Gott liest mich auf.[3] Für Seele sagen die Psalmen manchmal einfach: Einsame (z.B. 22,21). Hier sieht man, wie sie einsam wird. Wer Vater und Mutter verlässt, den liest nicht Gott auf, sondern der geht zum Weib und in die Welt. Aber der Verlassene, der ist einsam und ihn liest Gott auf. Nicht eigene Kraft des Widersprechens, sondern das Versagen der fremden Kräfte die ihn einmal hielten, schafft im Menschen die „Einsame". Und auch Eugen wird nun spüren, dass unter der „Notwende" seines Schicksals, dem Verlassenhaben, in einer viel tieferen Schicht das Verlassenwordensein liegt. Unter jenes drückt schon das Leben das Siegel, unter dieses erst der Tod. Denn das sichtbare Bild von jenem ist die Tod<u>bereitschaft</u> der Kinder, mit der doch erst das eigne Leben beginnt, aber das Bild zu dem andern ist der wirkliche Tod der Eltern vor den Kindern.

[1] Gründung einer jüdischen Akademie in Berlin.
[2] 1. Mose 2,24.   [3] Psalm 27,10.

An Margrit Rosenstock am 10. Mai 1918

10.V.

Liebes Gritli, inzwischen hat sich also Warschau[1] entschieden, was für mich ja etwas eine Vertreibung aus dem Paradise bedeutet. Von Warschau selbst verspreche ich mir allerdings allerlei, ich meine von der Stadt. ... Mein Schreiben mit Hans kommt ins Breite, ohne mich wirklich zu interessieren. Äusserlich ist eine gewisse Parallele zum Anfang des 1916er Briefbuchs. Ich musste ihn nämlich auch zuerst einmal von der Vorstellung abbringen, dass er als gewesener Jude eine Mittelstellung einnimmt. Im übrigen ist aber die theoretische Übereinstimmung von vorneherein überraschend, wo wir doch gar keine Berührung hatten; nur macht mich das in diesem Fall weder warm noch kalt[2] - ich weiss nicht woran es liegt.

Grad neulich merkte ich, dass du den David Copperfield[3] noch nicht kennst, und nun liest du ihn schon. Mir hat ihn Mutter wohl etwa als Zwölfjährigem vorgelesen und ein paar Jahre später las ich ihn nochmal. Es ist wohl, wenn ich jetzt überlege, von grösstem Einfluss auf mich gewesen; mir ist wohl daran der Sinn für das eigene Schicksal geweckt, den ich sehr früh und sehr stark hatte, so stark, dass ich ihn eigentlich später wieder zeitweise verlieren musste, um leben zu können. Ich ~~bin~~ wäre selbst jetzt weit weniger fähig, meine Selbstbiographie zu schreiben, als etwa mit 15 oder 16 Jahren.

...

Du schreibst vom Marienaltar in Saig[4] am 1. Mai. Was Mai ist, habe ich auch erst im Süden erfahren. Oder wenigstens einen ganz andern Mai. Wenn in Freiburg am Münster jeden Abend die Maiandacht war und das ganze Münster voller Frauen, nur Frauen und diese ganz eigenen Lieder die man sonst das ganze Jahr nie hörte. Noch mehr beinah, als ich an einem ersten Mai von Florenz nach Bologna über die Alpen ging. Oben auf der Kammhöhe war am Spätnachmittag ein starkes Gewitter gewesen und nun ging ich in den Abend hinein auf einer der Rippen die von dem grossen Rückgrat zu Tale ziehen zwischen zwei tiefeingeschnittenen Tälern, mit weitem Blick in das klargeregnete Land. Ein kleiner Junge trabte neben mir her auf der Chaussee und wie es dunkel wurde fingen im Tal die Glocken an, ich fragte ihn was wäre, da sagte er etwas von Madonna di Maggio - die Maimadonna. Im Protestantismus ist auch der Mai darauf angewiesen, dass Menschen kommen die der Sinn in die weite weite Welt hinaus[5] treibt und denen die Natur so herrlich leuchtet - und hat keine Madonna für sich.

...

---

[1] In Warschau fand ein Offiziers-Aspirantenkurs statt, an dem Rosenzweig teilnehmen wollte.

[2] Dazu Offenbarung 3,15f.

[3] Charles Dickens, 1812-1870, Die Lebensgeschichte, Abenteuer, Erfahrungen und Betrachtungen David Copperfields des Jüngeren, 1849f.

[4] Kurort im Hochschwarzwald.

[5] Anspielung auf das Volkslied „Der Mai ist gekommen".

An Margrit Rosenstock am 11., 12. und 13. Mai 1918

11.V.
....
Ich geniesse hier noch die letzten Tage meines dienstlosen Lebens; denn so wird es ja auch [[nach]] Warschau nicht mehr wiederkommen; ausser wenn ich in Warschau nicht bestehe; dann winkt mir wieder ein friedliches Dasein wie jetzt. - Der Hansbriefwechsel ist seit gestern für mich lebendig geworden, wenigstens intellektuell lebendig. Er hat mich durch ein Missverständnis zu einer Formulierung geschoben, die mir soviel Ungeordnetes und Widerspruchsvolles ordnet und klärt wie lange nichts seit dem Einfall, aus dem „Summa" entstand. Das heisst, das weiss ich im voraus; versucht habe ichs noch nicht; wenn ich sowas gefunden habe, muss ich mich zunächst erst mal ordentlich vorfreuen, ehe ich weiterdenken kann. Es ist das Wesen der beiden „tümer" auf eine gradezu mathematisch klare und mathematisch fruchtbare Formel gebracht. Freilich ists vorläufig noch ganz „an Hans" formuliert; das ist der Fehler des Denkens in Dialogen, dass wenn mal etwas „herauskommt", es eben nicht wirklich heraus kommt, sondern noch im Zauberkreis der Unterredung festgebannt bleibt.

12.V.
Heut bin ich auch müde, weil ich die Nacht eine endlose Sauferei mitmachen musste. Es graut mir in dieser Beziehung auch vor Warschau, ich sitze bei so was immer wie ein Häufchen Unglück. Wäre ich „Antigermane", so würde ichs darauf zurückführen, aber es wird wohl persönlicher sein. Heut verschlinge ich in meine Müdigkeit hinein ein herrliches Buch,[1] das ganz trunken-betrunken ist und infolgedessen nichts erfindet aber alle Geheimnisse seines Herzens ausschwatzt, eines germanischen Rasseherzens. Eugen kennt es wohl schwerlich, sonst hätte er mir im Winter nicht ein so kümmerliches Halbfabrikat wie das Buch des Österreichers „über dasselbe Thema" zudiktiert. Ich will es ihm doch schicken, ins Ungewisse hinein, wo und wie es ihn trifft. Es steigt mir vieles wieder auf was ich damals durch Gredas Brief über das „alte Testament" merkte. Und noch viel mehr. Es ist ein Kriegsbuch vor dem Kriege. Als auf ein solches hatte mich Rudi drauf gehetzt. Es ist das Deutschland, das durch diesen Krieg ins Unrecht gesetzt und zur Fronde[2] gezwungen wird; als Fronde ja unter Umständen mächtiger als die Steuerleute. Für Eugen wirds, wenn er es wirklich noch nicht kennt, ein grosses Ereignis sein. Sogar die beiden Reichstrikoloren kommen vor, in genau ihm entgegengesetzter Tendenz: die Fahne der Zukunft wird wehen über - Dänemark Holland Schweiz. Das ist denen ihr „Reichsgedanke". Da hat natürlich auch Schwarzrot-gold nichts andres bedeutet als Wald-Wein-Weizen. -
Einen schönen Cohenartikel schicke ich dir.

13.V.
Von London waren nun Briefe da, von Ännchen[3] und den drei Kindern einzeln. Mutter hat einen Satz in Winnies Brief, wo sie sagt, ihre Gefühle wären natürlich bei ihrem Land, als eine Anspielung und Absage g verstanden und wollte schon schreiben; ich hoffe sie daran verhindert zu haben. Wenn sie wüsste, wie leicht ich <u>diese</u> Fremdheit nehme, und wie es eine ganz andre ist, die mich bedrückt. Vor allem aber möchte ich natürlich kein, auch noch so „zartes", Eingreifen dritter Hände in dies „schwebende Verfahren".[4] Lieber als solche Geleimtheit dann selbst ein Auseinanderbrechen.

Alles was jetzt über das dicke Wasser herüberklingt, hat ja etwas Fratzenhaftes; ehe nicht die Grenze sich wieder auftut, kann es keinen reinen Ton geben, auch von mir nicht. ...

[1] Vermutlich handelt es sich um Hermann Burte (Pseudonym für Hermann Strübe), 1879-1960, Wiltfeber der ewig Deutsche; dazu der Brief an Margrit Rosenstock vom 28. Mai 1918, S.102.
[2] Franz.: Unzufriedenheit, Opposition.
[3] Anna (Ännchen) Regensburg, geb. Alsberg, 1875-1959, Schwester von Rosenzweigs Mutter Adele, wanderte mit ihrem Mann nach der Heirat nach London aus.
[4] Es gab seit 1913 oder 1914 Pläne, die eine Verlobung Rosenzweigs mit seiner englischen Cousine Winnifred (Winny) Regensburg, 1897-1986, vorsahen.

An Margrit Rosenstock am 18. Mai 1918

Liebes Gritli, der Zug schüttert schrecklich, ich will aber doch versuchen zu schreiben. Ob wir uns übermorgen sehen, ist doch sehr zweifelhaft, obwohl nach deinen und Mutters letzten Briefen ja möglich. Eugen schreibt mir in dem Brief glücklicherweise gar nichts von Politik; sie liegt mir auch so fern jetzt; im Grunde doch schon seit Bethmanns Abgang; ich habe mit ihm abgedankt. Es ist blosse „Loyalität" gegen meine Freunde, wenn ich mich noch manchmal interessiere. ......
Das Schreiben, wie das Lesen wohl auch, ist eine Unmöglichkeit bei diesem Geratter. Vielleicht treffe ich dich doch in Kassel? Bis dieser Brief bei dir ist, ist ja wie nein schon wieder Vergangenheit. Such is life.[1]
18.V.18   Dein Franz.

[1] Engl.: so ist das Leben.

An Eugen Rosenstock, wahrscheinlich am 19. Mai 1918

Lieber Eugen, von deinem Hansbriefwechsel schreibt mir auch Hans, und gleichzeitig geht es auch zwischen uns Brief auf Brief. Allerdings - ohn Verlangen, meinerseits jedenfalls ganz „ohn"; und dass es seinerseits mehr als die allgemeine feldgraue Heimatskaterstimmung ist, die ihm mein Schreiben notwendig macht, glaube ich auch nicht, aber schliesslich gehören ja derartige mehr hausärztliche Betätigungen auch zur Freundschaft. Intellektuell, „rein" intellektuell, lohnt es sich ja natürlich auch für mich; aber darauf würde ich nicht kappig sein. Im Winter 13/14 war es mir Bedürfnis; damals schrieben wir uns zu dreien (Rudi noch) über das, worüber ihr euch jetzt schreibt. Jetzt verhört er mich über das Judentum und ich stehe peinlich berührt Antwort. „Verhört" ist nicht richtig - das würde ich wohl Ernst nehmen; aber eigentlich interviewt er mich. In 13/14 hättest du auch ein rein geistiges Verhältnis zum Kirchenbegriff nicht bei ihm finden können; dass dus jetzt kannst, ist schon ein Zeichen, dass die damalige Epoche des absoluten Phil-ipsismus (in beiderlei Bedeutung[1]) im Krieg zergangen ist. Vor der Illusion, dass er dich schon verstanden hätte, habe ich ihn neulich scharf gewarnt; er ist ja unheimlich fix dabei, sich ein Bildnis zu machen. Von der Zeitrechnung habe ich ihm erzählt, offenbar aber nicht genug, sonst könnte er sie nicht hegelianisch nennen; es ist ja die soviel ich weiss erste wirkliche Ausschaltung des Entwicklungsgedankens seit seiner Entdeckung, also grade die erste unhegelsche Geschichtsbetrachtung seit Herder. Dein Vorgänger ist Voltaire: du exemplifizierst wieder mit der Geschichte. - Von einer Rolle der Offenbarung bei einem Zusammenbruch seines Philosophierens - weiss ich gar nichts. Er sprach von einem mystischen Erlebnis aus der philipsistischen Zeit, Anfang 1912 wohl; aber dass da die Offenbarung irgend hineingebunden gewesen wäre, hatte ich nicht gewusst. Wir waren eben sehr weit auseinander, und sind es noch.

Was du von unsrer Stellung zu den „Dogmen" schreibst, ist ja ganz meine Ansicht auch. Eben deshalb nenne ich das was wir machen, Patristik.[2] Und daher meine These über die Philosophie („Parmenides[3] (!!) bis Hegel oder wenn es denn sein muss Nietzsche"). Denn wie könnten wir die geistige Schulleistung eines solchen sacrificii intellectus[4] verantworten, wenn wir nicht ganz gewiss (also objektiv gewiss, d.h. durch die Geschichte gewiss) sein dürften, dass vom ungeopferten intellectus (mit einem Fremdwort: dass von der reinen Vernunft) nichts, aber auch gar nichts mehr zu erwarten ist. Dann dürfen wir opfernd denken - und weil wirs dürfen, müssen wirs.

Dass er sich bei den Ketzern inscribiert, ist vielleicht bloss ein Rest. 1913 hat er sich ja deswegen nicht kirchlich trauen lassen. Ich halte grade dies für seinen jetzt wackligen Zahn, den man ihm ausziehen müsste. Er kann sich nicht als Einzelner gegen die Welttatsache setzen, dass es keine Ketzer mehr geben kann seitdem es eine Ketzerkirche giebt, also seit 1517. Insoweit er Wert darauf legt zu ketzern, ist er eben einfach Protestant, so wie er darin dass er die Kirche wenigstens als geistiges Problem gelten lässt, Katholik ist - beides unbeschadet dass er als Mensch seiner Zeit, als vorwärtsgehender Denker weder Prot. noch Kath. sondern eben Christ seiner Zeit, Johanneiker ist. Das Alte vergeht ja nicht. Innerhalb der Offenbarung ist alles, was ist, unsterblich. Den Tod giebt es nur ausserhalb der Offenbarung; dort giebt es nur die Unsterblichkeit des Natürlichen, das Immerwiederkehren in neuen Gestalten, neuen Zusammensetzungen. Aber in der Offenbarung ist die Gestalt selbst unsterblich. Die Antike ist ihre jeweils zeitgemässe Renaissance; wer sie selber sehen will - ein müssiges Vergnügen! - muss Philologe werden, ad fontes[5] gehn. Wer aber den Papst sehen will, muss nach Rom reisen, zu Benedict dem Jetzigen, nicht zu Clemens oder Damian den ersten.[6]

Also dies der Grund, weshalb ich Hansens Ketzertum nicht ernst nehme, sondern nur als einen verfehlten Ausdrucksversuch dafür, dass er das Gefühl hat noch kein Christ zu sein. Da dieses „noch" zu denken sein ungebeugter Nacken verweigert, so deutet er das Gefühl in eine Endgültigkeit um, und nennt sich Ketzer. Und wenn man nicht wüsste, dass es keine Ketzer mehr giebt, so würde man darauf reinfallen können. So aber nicht.

Rudi: San. komp. 210 (210), Dt. Fp. 1005. - Er ist Professor geworden! - Über die Unpersönlichkeit habe ich Hans wohl gleichzeitig mit dir Sottisen[7] gesagt! (Wie immer). -

Dein Franz.

---

[1] Im Sinne von (wörtlich übersetzt:) Selbstliebe sowie - auf persönlicher Ebene - unter dem Einfluß von Carlo Philips stehen, einem Freund von Hans Ehrenberg.

[2] Wissenschaftliche Beschäftigung mit den „Kirchenvätern", den frühen christlichen Theologen.

³ Parmenides, 540-470 v.d.g.Z., griechischer Philosoph, der die Meinung vertrat, alles Seiende sei nur Erscheinung des allein wahren Seins.
⁴ Lat.: Opfer des Verstandes.   ⁵ Lat.: zu den Quellen.
⁶ Namen verschiedener Päpste: Benedict XV., 1914-1922; Clemens II., 1046-1047. Einen Papst namens Damian I. gibt es nicht, vermutlich meinte Rosenzweig Damasus I., 366-384, der als erster Bischof von Rom von „dem" apostolischen Stuhl sprach und damit den Anspruch auf einen römischen Primat erhob.
⁷ Franz.: dumme Bemerkungen.

An Margrit Rosenstock, wahrscheinlich am 21. Mai 1918

Liebes leibhaftiges Gritli, - denn das bist du nun wieder; ich habe gar nicht gewusst, wie sehr ich mich nach dir gesehnt habe. Das Schreiben schafft ja eine eigene Welt mit eigenen Grenzen, eigener Bescheidung. Im wirklichen Beieinander sinken die Grenzen, und unbescheiden steigt die Flut des Glücklich- und Unglücklichseins und überflutet das Festland des Herzens.   Du - Mutter will: „Schwester", aber du bist es mir so wenig wie das was die Leute im Februar wollten: „Braut". Ich müsste schon mit den Liebenden im Hohen Lied sagen: „du meine Schwester Braut"¹ - dass ein Name den andern verneint und das Herz, zwischen beiden in der Schwebe, nur weiss dass es liebt, über alles Was und Wie, - namenlos.
Geliebtes Gritli - in frischer Freude und in frischem Leid, aber in Liebe die grösser ist als beide ——————

Dein Franz.

¹ Hoheslied 4,9f.12 und 5,1.

An Margrit Rosenstock am 22. Mai 1918

22.V.

Liebes Gritli, dein Berliner Pfingstbrief - ja es war doch schön, obwohl wir uns nicht viel gesprochen haben durch den Hunnensturm des Attila = Hans E., dieser Gottesgeissel des Gedankens um 1/2 10 vormittags! So dass wir schliesslich doch auf „Gruss und Winken" verwiesen waren.
In der Bahn hast du ja nun das mit dem Brief gehört. Es war ein komisches Intermezzo in einer scheusslichen Geschichte, mit der ich dich im einzelnen verschont habe, nur einmal meine ich habe ich dir davon geschrieben. Dass es auch in dem einen Brief von M. stand den ich dir gab wusste ich nicht mehr, ich habe es nun wieder gelesen. Der Brief vom 18. war ganz voll davon. Mutter u. Vater haben den letzten Tag und die letzte Nacht fast nur davon gesprochen! Dann ging es durch die 8 Tage die ich in Kassel war. Ich bin auch da ganz machtlos gewesen. Meine Mutter ist ein Kind von 18 Jahren geblieben; ihre Wünsche wie ihre Sorgen sind nie erwachsen geworden. Dieses starre und unreife Misstrauen durfte ich auch nicht zerstreuen durch das einzige wodurch es hätte zerstreut werden können, wenn es nicht starr und unreif gewesen wäre: durch rücksichtslose Offenheit bis zur Indiskretion. Bei Trudchen ging das; ich habe ihr da ich meine Briefe nicht mehr hatte deine gezeigt oder vielmehr sie mit ihr gelesen (mit Ausnahme derer wo von Eugen drin stand). Trudchen hat eben die Kraft, glauben zu können. Mutter, Vaters Frau, hat kein Fünkchen von dieser Kraft. Dann

kam das Leipziger Telefongespräch. Ich merkte dass sie den Brief nicht bloss aufgemacht sondern auch gelesen hatte und sagte ihr also, kopfüber und auch weil ich wusste, dass jeder Brief von dir ihr Misstrauen enttäuschen musste (obwohl ich ihr <u>wegen</u> dieses Misstrauens nie einen zeigen gekonnt hätte, auch diesen nicht), also ich sagte ihr, sie möchte ihn mir vorlesen. Edith u. Hanna[1] waren gar dabei! Ich dachte, nun wäre sie wenigstens <u>beruhigt</u>. Aber Trudchen sagte mir jetzt, sie hätte ihr bloss gesagt, wie sies ihr erzählt hätte: „Franz hat Glück gehabt" (nämlich dass es grade zufällig ein „harmloser" Brief gewesen sei). So wie sie auch Trudchen, als die ihr sagte, sie versichre sie, sie könne sich beruhigen sie habe von mir die Briefe gezeigt bekommen, erwiderte: „ja, vorgelesen mit Auslassungen, nichtwahr? das kann man natürlich". Also du siehst, es ist ganz hoffnungslos; es ist überdies dadurch dass es ihre u. Vaters letzte gemeinsame Sorge war, für sie kanonisiert. Hoffentlich quält sie nicht dich damit. Es hülfe nichts, wenn du versuchtest mit ihr zu reden; du müsstest einen andren Menschen aus ihr machen; ich will es nicht verreden, dass du das nicht könntest, - das soll man nie; es giebt nichts Unmögliches - aber keinesfalls könntest dus grade hier wo du „pro domo"[2] zu sprechen schienest. Es ist ja nur ein Symptom ihrer Lebensunreife überhaupt. Sie hat dich dabei in ihrer Weise wirklich lieb, obwohl sie nur wenig von dir kennt (und glaubt es wäre alles); das verstehe ich ganz gut; ich habe auch schon diese ihr zugängliche „Schicht" deines Wesens lieb aber freilich -. Jetzt hatte sie wirkliche Sehnsucht nach dir, eben nach <u>ihrem</u> Gritli. Das muss dir wohl genügen - . Ich habe dir ungern davon geschrieben, wohl aus ähnlichem Gefühl heraus wie auch du mir von Trudchens erstem Brief nichts geschrieben hattest. Auch jetzt ist es mir schwer gefallen, aber es ist wohl besser, du weisst was ich weiss. O diese Unbeteiligten! Ich musste jeden Morgen lachen wenn unter den Margeriten vor meinem Unterstand der Klatschmohn, der später mit seiner Morgentoilette fertig wird, als die Margeriten, sein Rot-rot zu schreien anfing. -
Aber du siehst, so ganz leicht wie du in deinem Brief meinst, ist Kassel im Gegensatz zu Jena gar nicht für dich. Ja <u>wenn</u> du es als Aufgabe nehmen könntest, sogar viel schwerer, nämlich unlösbar. Aber nimms nicht als Aufgabe. Tu ihr gut, mit dem was ihr von dir spürbar ist: mit deinen weichen Händen und deinem geöffneten Ohr. Sie ist gewiss bloss ein grosses Kind - aber Kinder hat man doch lieb; und das Kaputte an ihr will gestreichelt sein.
Ob du, ob ich, ob irgend jemand dem Herzen trauen kann? Gritli, wenn ich das wüsste oder du oder irgend jemand es wüsste, so wären wir nicht ich und du und irgend jemand, - keine Menschen. Das Leben ist eine Hochtour, einen schmalen Sattel in die Höhe, rechts und links und hinter sich Tiefe. Man selber klettert, nicht als erster vielleicht; hie und da sind Griffe ins Gestein eingelassen - aber ob sie halten wenn ich greife? ein Seil ist um mich geschlungen, der Führer der es hält ist zuverlässig, aber ob das Seil hält? Aber: ascendere necesse est, vivere (selbst aeterne vivere) non.[3]

Dein Franz.

[1] Edith Fromm und Hanna von Kästner.

[2] Lat.: für das Haus - im Sinne von: in eigener Sache.

[3] Lat.: „aufsteigen ist nötig, leben (selbst ewig leben) nicht" - Rosenzweig in Abwandlung eines Plutarch-Zitats: „Seefahren ist nötig, leben ist nicht nötig".

An Margrit Rosenstock am 23. Mai 1918

23.V

Liebes Gritli, ich habe einen Kater von meinem gestrigen Brief an dich; es ist zu ekelhaft das alles; ich hatte manchmal darum in den letzten Wochen Angst für dich, wenn du nach Kassel kämest. Nun geht vielleicht doch alles besser als ich fürchtete. Dein Wort, ob du deinem Herzen trauen kannst, hat mich noch weiter verfolgt, grade weil es von dir kam. Ich habe ja erst von dir, und zuvor von Eugen, dieses Vertrauen wieder gelernt. Ich bin freilich noch ein A-B-C-Schütze. Was soll ich tun, wenn die Lehrerin selbst unsicher wird?! Oder wird sie es gar nicht? ich sehe eben nochmal in deinen Brief hinein und merke, dass du selber schon die Lösung findest, in dem Spruch von dem neuen, dem fleischernen Herzen.[1] Ja, ein Herz zu haben, dem man trauen kann, wäre das Grösste. Aber dies neue Herz gewinnt man nicht, indem man dem alten misstraut - eben das war mein früherer Irrtum -, sondern indem man ihm vertraut, auch solange es noch steinern ist. Nur unter dieser Sonne des Vertrauens und den Tränen des immer wieder getäuschten Vertrauens muss endlich einmal das steinerne zerschmelzen und das fleischerne zu schlagen anfangen. Unter dem starren grauen sonnen- wie regenlosen Himmel des Misstrauens bleibt Stein Stein.

Liebes Gritli - -

Es war mir sonderbar, dass du den Protestantismus grade deswegen nicht Frauensache findest, weil heute fast alle Frauen Einzelwesen sind. Du hast sicher recht. Sonderbar ist es nur, weil der Protestantismus den Männern doch grade als das Christentum der „Einzelwesen" gilt. Ich weiss mir das nicht zu reimen. Ob es mit der Abschaffung des Mariendienstes zusammenhängt? Das ist ja sicher der entscheidende Unterschied zwischen den beiden Kirchen. Auch das ist ja ein Stück Sichtbarkeit der visibilis[2], dass hier die göttliche <u>Frau</u> und infolgedessen Christus der göttliche <u>Mann</u> ist (wozu dann das, was ich dir neulich aus dem Santo[3] anführte, gut stimmt: dass die kath. Kirche den <u>lebenden</u> Christus hat, die protestantische den toten, den dogmatisierten). Ein Mann und eine Frau, die höchste Männlichkeit der Tat und des Leidens, die höchste Weiblichkeit des Mutterwerdens, und beides vergöttlicht durch die Befreiung von der Sklaverei des Geschlechts, in den beiden Paradoxen der jungfräulichen Mutter und der keuschen Geistigkeit. Diese volle Sichtbarkeit giebt dem weiblichen „Einzelwesen" einen greifbaren Gegenstand des Gefühls. Im Protestantismus, wo Christus „solus"[4] und infolgedessen „kein Mensch" ist, sondern eigentlich eine „Idee", hat nur das Gefühl des <u>männlichen</u> „Einzelwesens", das ja von Haus aus auf „Ideen" einschnappt, unmittelbaren Zugang. Für die Frau gilt hier das berühmte Miltonsche He for God only, she for God in him[5] - also genau wie du sagst: nur als Hausglied kann sie Protestantin sein. - So ungefähr. Sehr klar ausgedrückt ist es nicht. „Sei darum nicht böse"

        Deinem Franz.

---

[1] Dazu Ezechiel 36,26.   [2] Lat.: sichtbar.   [3] Antonio Fogazzaro, Il Santo.

[4] Lat.: allein - hier im Sinne von „einzigartig" zu verstehen.

[5] Engl.: Er für Gott allein, sie für Gott in ihm - aus dem Epos „Paradise lost" (Das verlorene Paradies) von John Milton, 1608-1674.

An Margrit Rosenstock, wahrscheinlich um den 27. Mai 1918

Liebes Gritli, ein paar Worte doch noch vor dem Schlafengehn - es ist mir unheimlich, dir drei Tage nicht geschrieben zu haben.
Aus einem Kolportageheftchen mit Geschichten vom Baalschem,[1] mitten in einer ziemlich massiven Wundergeschichte: „... denn er machte aus allem Verborgenen ein Offenbares und aus allem Offenbaren ein Verborgenes ..."[2] Das ist die Dedektiv- oder Indianergeschichtenlitteratur dieser Menschen - denn mit der muss man es zusammenstellen. Ich wusste ja, was ich jetzt sehe, aber ich stehe doch starr davor, die Wirklichkeit ist doch immer wieder etwas Ungeheures. Glaub nichts, was du von allem hörst und was ich selber bisher mindestens als „auch vorhanden" annahm — es giebt nichts „Verborgeneres" als das „Offenbare".

Dein - im Offenbaren und Verborgenen -

Franz

---

[1] Baal Schem Tow („Herr des guten Namens"), Rabbi Jisrael ben Elieser, 1699-1760, Begründer des Chassidismus, einer Art jüdischer „Erweckungsbewegung", in Osteuropa.

[2] Punkte von Rosenzweig.

An Margrit Rosenstock am 28. Mai 1918

28.V.

Liebes Gritli, auch heut wieder nur ein Gruss vor Schlafengehn; die Zeit langt nicht zu mehr. Dabei platze ich von Antwort. - Deinen Brief mit dem Plan der Georgsreden kannst du natürlich heraussuchen. - Wiltfeber[1] ist wohl schon bei Eugen. Ob du ihn auch lesen wirst? wart einmal auf Eugen; ich dachte beim Lesen nur an ihn, gar nicht an dich; so war es mir nur natürlich, ihn gleich an ihn weiterzuschicken. - Dir muss ich noch ganz rasch etwas von Warschau schreiben: ich fand die erste jüdische Bibelübersetzung und Gebetbuchsübersetzung - und natürlich eine Übersetzung ins <u>Jüdische</u>; wie hätte es anders sein können. Ein Gebetbuch mit den Psalmen drin; die paar Stellen, die ich suchte, waren so erschütternd jüdisches Deutsch, dass ich es gleich kaufte. Niemand weiss von wem die Übersetzung ist; ich habe viele Leute gefragt. Ich glaube es ist das - kennst du Luthers Traktat vom Dolmetschen?[2] (Reklam!) (ganz kurz). Da schimpft er auf die „Esel" die gratia plena übersetzen „voller Gnaden", man müsse der Mutter und dem Kinde auf der Gasse aufs Maul kucken und übersetzen: gegrüsst sei du liebe Maria. Aber er selber als es Ernst wurde übersetzte dennoch, sehr sprachmeisterlich, aber eben Meister, nicht mehr Volk,: du Holdselige. Hier aber ist die Übersetzung ganz Volk geblieben, ganz „Gasse" und „Stübel". Es ist so selbstverständlich, dass es das geben musste, und doch war ich nicht darauf gekommen.

Liebes liebes Gritli Gute Nacht.

Dein Franz.

---

[1] Hermann Burte (Pseudonym für Hermann Strübe), 1879-1960, Wiltfeber der ewig Deutsche; Roman, der Staatsverherrlichung und völkisches Sendungsbewußtsein propagiert. Der Autor sah später in den Nationalsozialisten die Vollstrecker seiner Träume von einer „germanisch-preußischen Volksgemeinschaft".

[2] Martin Luther, Sendbrief vom Dolmetschen, 1530.

An Margrit Rosenstock am 29. Mai 1918

29.V.

Liebes Gritli, ich glaube nun habe ich alle deine nachgekommenen Briefe zusammen. Es geht mir ja genau damit wie dir mit ~~de~~ meinen: es sind alte Briefe geworden durch den einen Tag schmeck- und fühlbarer Nähe, und auch das geht mir genau so, dass ich mich über alle Besinnung weg freue auf den nächsten - so sehr dass wahrscheinlich nichts aus ihm wird; aber das ist ja dann auch gleich - die Hauptsache ist ja doch dieser eine Tag; er klingt und braust noch voll und forte in mir, als ob er gestern gewesen wäre, ich sehe und spüre dich und halte deine geliebten Hände.

Hier habe ich in dem Andrang von Eindrücken - auch das Militärische gehört hier ausnahmsweise einmal zu den „Eindrücken" - auch unter der Menge von nachkommenden Briefen, die ich nicht auf der Stelle beantworten kann, ein ungewohnt atemloses Leben; ich möchte die Pfeiler des Tages gern auseinanderstossen, aber die Wölbung der 24 Stunden bleibt unverrückbar, der Schlafzwang der Natur und der Stundenzwang des Dienstes beinahe ebenso. Morgen Abend wieder Warschau -

Wie wenig du, trotz Trudchens Brandbrief, von Mutters damaliger Stimmung ahnst, zeigt mir dein Raten in der Richtung „Eifersucht auf H.Cohen" zur Erklärung des bitteren Tons in dem sie von meinen Kassler 8 Tagen spricht. Ach nein - es ging auf ganz jemand anders. Gritli, du weisst wie zu Unrecht, und wenn je zu Unrecht dann grade in diesen „8 Tagen"!! Sie war ganz erfüllt davon, fing immer wieder davon an; was ich sagte, fiel alles ins Leere; andrerseits was sie sagte war alles ungreifbar, beileibe sollte es nichts Bestimmtes sein, es blieb alles höchst allgemein — es war scheusslich. Wenn es sich jetzt zu einer bitteren Erinnerung an jene 8 Tage kondensiert hat, so bin ich froh; denn das bedeutet, dass sie es sich historisch abkapselt; sie giebt sich selbstverständlich recht (das muss sein, schon weil es das letzte war, worüber sie sich mit Vater in der letzten Nacht gesorgt hat), aber es liegt nun zurück, gehört jenen 8 Tagen an. Dass sie es sich so abkapselt, liegt einfach daran, dass sie dich in ihrer Weise lieb hat, jetzt wirkliche Sehnsucht nach dir hatte, froh ist dich um sich zu haben — und also ihren Einspruch gegen dich neutralisieren muss, indem sie ihn in eine schon historisch gewordene Vergangenheit verbannt. Lass gut sein, Gritli, rühre nicht daran, sie wird dich nie verstehn, und braucht und liebt dich doch; gieb ihr was sie verträgt und kümmere (und <u>bekümmere</u> vor allem) dich nicht um das Unlösbare und Unerlösbare in ihr. Es <u>ist</u> unerlösbar, wenigstens jetzt seit dem 19. März.[1] Es wäre eine Verleugnung Vaters, eine Verleugnung ihrer Ehe, wenn sie jetzt anders werden sollte. Sie <u>muss</u> sich das Anderssein der Andern als Generationsunterschied vergleichgültigen; es darf sie nichts angehen. Sie muss vom lieben Gott sagen: ce n'est pas de mon age[2] - wie das kleine Mädchen am Strande in Trouville, das Oskar A.H.Schmitz[3] beobachtete; ein kleiner Junge hatte gesagt, sie wollten spielen. Du meinst, die Menschen hätten eine natürliche Sehnsucht und zwängen sich gewaltsam sie zu verleugnen. Es ist so, - aber das spricht weniger gegen die Menschen als gegen diese Sehnsucht. Diese Sehnsucht ist recht nichtsnutzig; sie treibt den Neger zu seinem Fetisch. Der Atheismus, der sie verleugnet, ist <u>ehrwürdig</u>; er ist die andre Seite der Offenbarung. Die Offenbarung knüpft <u>nicht</u> an diese natürliche Sehnsucht an, sondern rodet Neuland. Die Profeten wie die Kirchenväter kämpfen eigentlich gegen das Heidentum mit Argumenten ganz <u>allgemeiner</u> Skepsis. Jene Sehnsucht aller Menschen sucht sich heute mit Recht andre Erfüllung: „Wer Wissenschaft und Kunst besitzt, ..."[4] Oder sie führt, auch heute noch, wieder ins ganz richtige Heidentum sans phrases oder avec de phrases[5] hinein, etwa in den Spiritismus. Der Mensch sucht - nicht Gott; aber Gott sucht den Menschen; lies den Schlussvers des 119. Psalms. Der Mensch wird gefunden, nicht weil er sucht, sondern — obwohl er sucht, denn sein Suchen ist Irren.)

- Sag, ist das Freytag-Loringhoven[6]Autogramm noch gekommen? Hans ist durch Eugen so aufgescheucht worden, dass er auch mir plötzlich (d.h. noch nach Mazedonien, - nein schon hierher[7]) die Philips-Kabinetfrage stellt, aber ganz ohne äussere Veranlassung. Er spricht von 1903-10 als einer abgeschlossenen Periode unsrer Freundschaft, was ja richtig ist; aber im Grunde grenzt er auch die Zukunft schon so bestimmt ab, dass man alle Lust darauf verliert. Er arbeitet stark mit Lebensaltern - wieder ce n'est pas de mon age,[2] wenn auch in anderem Sinn; ich habe mir das schon neulich mal verboten - Kind Mann u.Greis sind alle gleich „unmittelbar zu Gott".[8] Es geht allenfalls hinterher, aber vorher kann man doch nicht sich vornehmen, de son age zu leben. Aber das eigentlich Gefährliche ist, dass er durch solche Auseinandersetzungen wieder viel bewusster verphilipst, was er bisher unter dem Einfluss des Kriegs, den er persönlich ja sehr stark erfahren hat, stärker als einer von uns, sehr abgelegt hatte. (Wenigstens war es ihm selbstverständlich geworden). Jetzt fürchte ich ein neues „1911", ein neues von andern Abgestossenwerden und infolgedessen philipswärts Gestossenwerden. Besonders ich gerate im Schreiben jetzt so scharf ins Abstossen. Es ist ein Glück, dass es Eugen besser macht. Hans und er - ich habe es immer gewünscht; jetzt wo es so weit ist, ist es mir auch dabei bange - wenigstens bei Hans, diese kühle schmerzlose Selbstenthäutung. Wenn schon solch geistiger Harakiri, dann aber doch bitte mit Wehgeschrei - selbst wenns gegen den japanischen Ehrenkodex verstösst; oder man lässt es lieber bleiben. Diese geistige Erhabenheit war es wohl früher grade, die mich zu ihm zog; je weniger ich selber davon hatte, um so mehr. Auch das war 1910 zu Ende. Wir hatten damals unsre entgegengesetzten Ladungen so sehr ausgeglichen, dass keine Funken mehr zwischen uns übersprangen; so war es natürlich, dass wir unsre Spitzen voneinander abkehrten, er zu Philips, ich zu Rudi. Aber genug davon. Es ist schon wieder spät geworden.

Dies Papier ist doch herrlich. Ich werde den Rest an dich verschreiben; es ist freilich nicht mehr viel.

Gritli — —
Dein Franz.

---

[1] Sterbetag von Rosenzweigs Vater.

[2] Franz.: das entspricht nicht (mehr) meinem Alter; dafür bin ich zu alt.

[3] Oskar A.H.Schmitz, 1873-1931, Verfasser von kulturgeschichtlichen und gesellschaftskritischen Romanen.

[4] Goethe, Zahme Xenien 7: „Wer Wissenschaft und Kunst besitzt, / Hat auch Religion; / Wer jene beiden nicht besitzt, / Der habe Religion."

[5] Franz.: ohne Gerede bzw. mit Gerede. Rosenzweig verwendet die Formulierung „sans phrase" in bezug auf den Menschen oft im Sinne von „ohne innere Widersprüche".

[6] Axel Freytag-Loringhoven, 1878-1942, deutschnationaler Politiker.   [7] Nach Warschau.

[8] Der Historiker Leopold von Ranke, 1795-1886, sprach in seinen Werken mehrfach davon, daß jede Epoche „unmittelbar zu Gott" stehe.

An Margrit Rosenstock am 1. Juni 1918

1.VI.

Liebes liebes Gritli, das Satyrspiel der mütterlichen Ängste ist grade zwischen uns abgetan, da heisst es wieder: incipit tragoedia.[1] Ich erschrecke aber diesmal weniger als damals im März, wenigstens weniger in meine eigene (und auch in deine) Seele hinein; ich bin mit mir selber mehr im Reinen und weiss die Ausschläge meines inneren Pendels, wie weit - und nicht weiter - sie gehen. Um Eugen selbst ist mein Schrecken freilich nicht geringer als damals; ich fühle wie ich ihn im Augenblick nicht erreichen kann. Wenn ich in mich selbst blicke, - wie ist es denn? Es ist die genaue Ergänzung zu dem, was du selber schreibst: ich habe noch nie so ohne alle Schöpfergefühle geliebt; ich habe in keinem Augenblick je bei dir das Gefühl gehabt, etwas in dir <u>gemacht</u> zu haben, geschweige etwas <u>von</u> dir; ich habe dich nur <u>gefunden</u>, ganz fertig, ganz „schon gemacht". Und weil du doch gemacht bist und jemand dich gemacht haben muss, so habe ich in dir deine Schöpfer geliebt, den himmlischen und den auf Erden, Eugen. In deiner „Fertigkeit" spürte ich ihr Werk, ohne von den Einzelheiten, den Tagen der Schöpfung, den „Mai^s 1916", etwas zu wissen. Etwas <u>dazu</u> tun konnte ich nicht, mochte ich nicht. Nur mich dir zu schenken, trieb es mich. Die Worte kommen mir schwer. Wenn ich mich dir, der Geschaffenen, schenkte ohne an dir zu schaffen - und nur wen man schafft, macht man sich zu eigen -, mich dir schenkte ohne alle Eigentumsgefühle, - von dir zu mir ist es glaube ich anders. Vielleicht nicht unmittelbar; unmittelbar mag es dir mit mir ähnlich gehn wie mir mit dir. Aber mittelbar durch dich hindurch, durch deine Eugenschaffenheit hindurch verspüre ich die Kraft, die an mir schafft seit Jahren. Du weisst, wie Eugen an meinen Wurzeln gerissen hat; ich meine nicht das Theoretische, nicht die „Auseinandersetzung", überhaupt nicht das Sagbare, sondern seine Menschlichkeit. Es ist seine Menschlichkeit ohne den verwirrenden Zusatz des Auseinandersätzigen, die auf mich überströmt, wenn deine Liebe sich mir schenkt. Du schaffst an mir, setzest Eugens Schöpfung in mir fort, ja vollendest sie erst. Bedenk, dass ich ihm erst seit dem „Juni 17"[2] <u>schranken</u>los glaube, ihn erst seitdem <u>lücken</u>los liebe. Nein wirklich, das alles liegt so nah an den Wurzeln des Lebens, dass ich es kaum mit Worten entblössen kann. Auch vor dir nur weil du es schon weisst. Du weisst es doch?

Geliebtes - Dein.

---

[1] Lat.: es beginnt die Tragödie.

[2] Im Juni 1917 war Rosenzweig während eines Heimaturlaubes in Kassel zum ersten Mal Margrit Rosenstock begegnet.

An Margrit Rosenstock am 3. Juni 191

3.VI.

Liebes, es geht nicht, ich muss dir doch noch schreiben. Ich kann es nicht leicht nehmen, dass die Welle immer wieder kommt. So wenig wie ich glaube, dass das bischen Offensive sie weiter zurückgedrängt hat als aus den Briefen. Ich kann aber so gar nicht hinüberreichen zu ihm;[1] ich fühle mich ganz machtlos; du musst alles allein machen; ich kann dir nur mit gefalteten Händen nachsehen. Du fragst, ob ich verstehen kann? dass sie aufschäumt, die Welle - ja; dass sie „vielleicht immer wieder aufschäumen wird", nein, das kann und mag ich nicht verstehn; das darf nicht sein. Hilf ihm, dir, - mir.

Es ist so sinnlos, dass ich daneben noch mal auf Mutters Tragikomödie komme; aber du fragst. Was du fragst, habe ich sie auch gefragt, brieflich, im April; ich bat sie dringend, doch einmal ihre Sorge in deutliche Worte zu fassen, dann würde sie selber sehen wie unsinnig sie wäre; aber das wollte und - konnte sie eben nicht. Es ist immer wieder das Gleiche, immer wieder die „18 Jährigkeit", auch in dieser abenteuerlichen Unbestimmtheit und Unfassbarkeit der Besorgnisse. Das einzige was sie mir, noch in Kassel damals, sagte, war: du schreibst ihr Liebesbriefe; da musste ich über diese handfeste Definition so lachen, dass ich einfach Ja sagte. Und als Trudchen sie nachher generell „beruhigte", sagte sie: ja Gritlis Briefe an Franz; aber Franzens werden anders sein, einfach weil er - schöner schreiben kann. Da hast dus! Ich muss jetzt beim Schreiben wieder hell lachen. Schluss mit diesem „schönen Liebesbrief". Es ist spät, ich bin müde, noch voll von gestern, und gleich nah am Lachen und am Weinen, und im einen wie im andern bei dir - ganz nah und ganz

Dein. -

[1] Eugen Rosenstock.

An Margrit Rosenstock am 4. Juni 1918

4.VI.

Liebes Gritli, du musstest mir den Brief schicken; ich muss das wissen, um unser aller dreie willen. Die Augen zumachen, hoffen dass es vorübergeht und doch fürchten müssen, dass es dann wiederkommt — das geht nicht; schon gestern Nacht schrieb ich es dir; heute nach deinem Sonntagsbrief weiss ich es genau. Eugen muss wissen, dass er Herr unsrer Liebe ist, dass sie ins Bodenlose fällt, wenn er sich abwendet. Ehe ers weiss, ganz gewiss und über Augenblicksstimmungen hinausgehoben — solange müssen wir einander schweigen. Es ist mir furchtbar, mehr als ich sagen kann; aber es muss sein. Inzwischen sprich du mit - nein: zu ihm. Findest du die „Zauberformel", die wirkliche, die nicht bloss von heut auf morgen einschläfert, sondern die dauernd erweckt, - hast du sie gar vielleicht schon gefunden so ist alles gut; findest du sie nicht, dann und nur dann werde ich das Unerhörte und Unmögliche versuchen, unmittelbar zu ihm zu sprechen hier wo nur du allein zu ihm allein sprechen dürftest. Hört er auch dann nicht, - Gritli, ich wage das „dann" nicht zu denken, ich kann deine Hand nicht lassen - - und doch werde ichs dann und unsre Liebe wird sich ein Lebewohl sagen bis zu jenem Einst, wo sie nicht mehr „unsre" Liebe sein wird. Wie das auszuhalten sein wird - die kommenden Tage werden mir ja einen Vorgeschmack davon geben.

Auf wie lange heut zum letzten mal sage ichs dir dass ich dein bin, Seele, geliebte ——

An Margrit Rosenstock am 5. Juni 1918

5.VI.

Liebes Gritli, ich sollte doch froh sein, dir wieder schreiben zu dürfen, nach deinem heutigen Brief, und ich bin es doch nicht. Es sollte mir genügen und genügt mir doch nicht. Vielleicht weil ich es nur im Wiederschein, vielleicht weil ich es nur brieflich

erlebe. Nein doch wohl deshalb, weil es nicht das erste Mal ist. Eine Krise - ja, das ist natürlich. Zwei Krisen? das ist nur noch bloss natürlich; das dürfte nicht mehr sein; da ist irgend etwas noch nicht wie es sein müsste. Liebe - ich habe den Morgen über vor dem Schweigenmüssen gebangt und nun wo ich es nicht brauche, sollte mir doch froh zu mute sein. Aber ich spüre es zu deutlich: wir sind noch nicht durch. Ich glaube, er kennt mich noch nicht ganz, er sieht nicht wie ich dich liebe; sonst müsste er es auch von da her fühlen, dass es da keine Eifersucht für ihn geben kann. Von dir her und von mir her muss er es fühlen. Ich kann es jetzt nicht ausdrücken. Vor dir ists auch nicht nötig, du weisst es so. Und doch - nein ich bin doch glücklich, dass ich mit diesem unfrohen Druck zu dir, an dein Herz, kommen kann. Nimm meinen schweren Kopf zwischen deine Hände.
       Dein Franz.

An Margrit Rosenstock am 5. Juni 1918
                              8.VI.

Liebes Gritli, da habe ich etwas Schönes angerichtet: nun lernst du Griechisch - und kommst nicht mehr zum Briefeschreiben. Und dazu schreibt Mutter noch: Griechisch wäre schwer. Ich „beschwöre" dich: Lern keine Grammatik und vor allem um Himmelswillen keine „Vokabeln". Trachte vor allem nach den Texten, so wird dir all das andre von selbst zufallen.[1] Du hast doch Lateinisch sicher auch ohne Grammatik gelernt. Und du willst doch Griechisch nicht „wirklich lernen" - wozu denn? - sondern verstehen. Woher weisst du, ob Ferchau es versteht, und nicht bloss - kann?

Liest du schon Homer oder noch das Lukasevangelium?
                   ?, nein, sondern:
                 ———— Dein Franz.

[1] Dazu Matthäus 6,33.

An Margrit Rosenstock am 13. Juni 1918
                           13.VI.

Liebes Gritli, für dich war es ein Trost, für mich ist es keiner. Ich hatte ja doch keine wirkliche Vorstellung, erst nun weiss ich, wie es in ihm aussieht. Es war sehr gut und nötig, dass du mir den Brief schicktest. Ich habe nie das Bewusstsein verloren, dass auf Eugen eine mehr als menschliche Last lag; ich glaubte er könnte sie tragen. Im Augenblick wo er so entschieden fühlt es nicht zu können, - in diesem Augenblick ist alles entschieden. Ich hatte ihm mehr als menschliche Kraft zugetraut. Könnte ich ihn darum weniger lieben, weil er - bloss ein Mensch ist? O Gritli, und wenn er und ich uns jetzt verlieren würden, - auch dann noch.

Gritli, wir waren vor aller Welt verborgen, - vor ihm mussten wir offenbar sein; ohne dieses Offenbarsein stürzt unsre Verborgenheit in sich zusammen. Was wird, weiss ich noch nicht. Den zusammengebrochenen Bogen, - wie weit musste es in ihm gekommen sein, ehe er „ohne Reue" ihn zum Einsturz bringen konnte, - ich glaube, ich werde seine Trümmer aufs neue hochschleudern, dass sie frei in der Luft schweben bleiben und sich neu zum Bogen runden, ich ahne es - denn unter Trümmern kann ich nicht leben.

Es ist jetzt ein Jahr, da schrieb er mir den ersten Brief nach Kassel, den ich dort vorfand und am ersten Morgen, in deiner Gegenwart las - und dir vorlas bis auf den Schlusssatz. Ich weiss ihn noch genau, heute musst du ihn hören: „xxx xxx[1] Ich schikke meine Frau nach Kassel; sie soll „lieber Franz" zu dir sagen xxx[1] statt aller meiner Briefe."
Was ist denn andres geschehn?
Gritli, ich darf nicht schreien, ich habe kein Recht dazu; es muss still in mich hineingehn.
Gritli — .

[1] Unleserlich, weil heftig durchgestrichen.

An Margrit Rosenstock am 15. Juni 1918

15.VI.

Liebes Gritli, ich bin noch geschlagen; ich kann noch nicht wieder glauben. Ich bringe seine Worte nicht zusammen; das in dem Brief, das mich so erschreckte — der Bogen ist zerbrochen; ich bereue es nicht - und heute das. Das von heute war ja das, was ich ihm die ganze Zeit mit der Selbstverständlichkeit, mit der man manchmal grade das Wunder voraussetzt, zutraute. Das andre habe ich in diesen schrecklichen Tagen verstehen gelernt. Jedes für sich kann ich verstehen; beide zusammen nicht. So ist mir, als dürfte ich noch nicht wieder zu dir sprechen - und ich tue es doch — o Gritli.
Ich habe in diesen Tagen eine sehr simple Schuld eigentlich mehr eine Versäumnis von mir gegen Eugen gefunden: ich habe ihm zu wenig geschrieben, ich hatte immer das Gefühl, indem ich dir schriebe, schriebe ich ihm mit; das war doch nicht so; er hat mich aus den Augen verloren, sonst wäre das jetzt nicht möglich gewesen.
Ich muss wieder an das Unmögliche glauben lernen, an das Überallemassen, an das Unmessbare. Eugens Worte vom Mass haben mich ins Bodenlose gestürzt. Ich muss sehen, dass er sie verleugnet. Überhaupt jetzt, ich muss sehen - zum Glauben langt es nach diesem Schlag und Sturz noch nicht wieder. Die zwei Tage auf der Rückreise, auf die ich mich bisher nur „entsetzlich gefreut" hatte, sind mir nun eine grobe einfache Notwendigkeit geworden; ich muss dich und vielleicht gar dich und ihn sehn, einfach sehn. So sitzen wir nun alle drei und verbinden uns die Wunden, ein jeder seine, und könnten es doch nur einer dem andern.
Zu mir ist eine andre Geschichte in diesen Tagen gekommen, als ich unter den Trümmern des Bogens sass und Wozu schrie. Die erste Predigt des Baalschem sei, so erzählt man hier, gewesen: Es tut einer eine Reise, - nur damit sein Knecht aus einer Quelle trinkt, die dessen Grossvater gefasst hatte, — auf dass die Quelle ihre Dankbarkeit beweisen mag.

Wozu nun - Gritli ?
Ich glaube noch nicht wieder,
aber ich vertraue.
Dein Franz.

An Margrit Rosenstock am 17. Juni 1918

17.VI.

Liebes Gritli,   mir ist auch müde und gereizt zu mut wie nach einer Krankheit; ich kann es noch nicht recht glauben, dass sie vorüber ist oder jedenfalls ich finde mich noch nicht wieder zurecht in dem wiedergeschenkten Leben. Deine Briefe heute waren ein rechtes Streicheln - hab Dank. Ich kann es dir noch nicht vergelten, obwohl du Armes es auch nötig hättest, - aber ich bin noch zu sehr bei mir selbst und in mir zusammengeschrocken. Das Wort vom Mass aus Eugens Brief, der dir der erste Lichtblick, mir das tiefste Erschrecken war, lässt mich nicht los; mein Ganzes bäumt sich dagegen auf. Es ist <u>nicht</u> wahr, dass der Mensch sein Mass hat;[1] das Unmessbare in ihm kann nicht gemessen werden und auch nicht ermessen; auch nicht aufgerechnet gegeneinander, kein Addieren und Subtrahieren kann da gelten. „Je mehr ich gebe, je mehr hab ich"[2] - Julia behält recht; ich erfahre es doch immer aufs neue, dass hier im an sich Unmessbaren die Schwingen vom Fluge nicht ermüden, sondern wachsen. Dies ist das Energiegesetz des Lebendigen. Das andre, dass jedem Mehr an der einen Stelle ein Minder an andrer entspricht, - ist das Gesetz des Toten. Nur wo das Lebendige mit dem Toten zusammenhängt, da gewinnt dies zweite Gesetz Macht über es; aber es beherrscht nicht die Geschehnisse innerhalb des Lebendigen; es kann bewirken - und bewirkt - dass der Mensch früher aufbrennt; je lebendiger sein Unsterbliches, um so sterblicher wird sein Sterbliches; denn es ist der Boden, dem das Unsterbliche seine Kräfte aussaugt, das Lebendige dem Toten. Aber Lebendiges nicht dem Lebendigen, Liebe nicht der Liebe. Die messende Nemesis[3] herrscht zwischen Tun und Leiden, eben weil zwischen Lebendigem und Totem; aber in der Liebe gleicht sich nicht ein Tun einem Leiden aus, sondern Tun findet sich zu Tun, Leiden strömt zu Leiden; die Macht der Nemesis ist da zu Ende, eins zehrt nicht am andern, es giebt nur Steigerung - Tun zu Tun, Leiden zu Leiden, Seele zu Seele

---

oh Liebe - Dein

[1] Vielleicht Anspielung auf Horaz, Sermones I,1,106: „Es ist ein Maß in den Dingen, es gibt schließlich bestimmte Grenzen, und jenseits und diesseits von ihnen kann das Rechte nicht bestehen." Dazu außerdem Briefe und Tagebücher S.738: dort weist Rosenzweig nach den Worten „Alles Menschliche hat kein Maß" auf Mischna Pea I,1 hin, wo von den wenigen *Dingen* die Rede ist, die kein Maß haben: „Das sind die Dinge, für die es kein Maß gibt: die Ackerecke, die Erstlinge, das Erscheinen (zu den Wallfahrtsfesten), der Erweis von Liebestaten, das Lernen der Weisung."

[2] Shakespeare, Romeo und Julia, II,2: „So grenzenlos ist meine Huld, die Liebe so tief wie das Meer. Je mehr ich gebe, je mehr auch hab' ich : beides ist unendlich."

[3] Griechische Göttin, die das Maß wahrt, Frevel rächt und zu großem Glück feind ist.

An Margrit Rosenstock am 19. Juni 1918

19.VI.

Liebes Gritli, ein Wort nur - es geht uns ja gleich in diesen Tagen; wir haben beide die Sprache noch nicht wiedergefunden, getrauen uns noch nicht recht wieder zum Wort. Wie weich und aufgelöst es in mir aussieht, habe ich gestern Abend recht gespürt, als ich seit langem einmal wieder Musik hörte, allerlei durcheinander; alles wühlte in mir und ich lag wehrlos da. Auch heut Nachmittag wieder; ich nahm mir einfach Zeit, um endlich einmal wieder etwas zu lesen, und las Klatzkins[1] wunderbaren, wenigstens in den unmittelbar von ihm handelnden Teilen wunderbaren Aufsatz über Cohen, im Aprilheft des Juden[2] ~~zu lesen~~. Er ist der einzige ausser mir, der das Besondere des „letzten Cohen" erkannt hat, und er findet viel gewaltigere Worte als ich gefunden habe. Bisher hatte ich mich über alles von ihm geärgert, diesmal riss er mich um. So labil ist mein Gleichgewicht in diesen Tagen, und fast zaghaft höre ich meine eigne Stimme, die zu dir spricht - in gesunden Tagen hört man den Ton der eignen Stimme nie. Oh Gritli - wir wollen und werden wieder ganz gesund werden. Lass uns Geduld haben.

Heut ist es ein Vierteljahr seit dem 19. März.[3] Auch dies ist noch eine ganz frische Wunde; ich bin so weich, dass ich es Mutter gegenüber gar nicht sagen kann. Das Unsinnige dieses Todes nach einem so todunvertrauten unjenseitigen Leben reisst an mir, und dass es das Leben meines Vaters war, erschreckt mich. Was <u>will</u> Gott mit solchem Knick in der dennoch unzerreissbaren Kette der Geschlechter?? - Und dies zwischen mir und Mutter nun Gemeinsamste ist doch das tiefst Trennende zwischen ihr und mir. Sei gut zu ihr, - besser als ich sein kann.

Und werde gesund - du und wir alle.

Dein Franz.

---

[1] Jakob Klatzkin, 1882-1948, Philosoph, Zionist, Publizist und Verleger.
[2] Jakob Klatzkin, Hermann Cohen, in: Der Jude. Eine Monatsschrift, 3 (1918/19), Heft 1 vom April 1918, S.33-41.
[3] Sterbetag des Vaters.

An Margrit Rosenstock am 21. Juni 1918

21.VI.

Liebes Gritli, - der Bogen steht ja wieder, aber er schüttert und schwankt von innen her, - die Steine ruhen nicht fest aufeinander; der Boden bebt zwar nicht mehr aber in der Wölbung zittert es noch nach. Geduld, Geduld - wir rufen uns das Wort zu, wir brauchten es nicht immer wieder zu rufen, wenn - nun wenn Gegenwart erst wieder alles Schwankende beruhigt hätte und jedem Stein das sichre Gefühl zurückgegeben hätte, <u>getragen</u> zu werden. Ruht denn der Bogen auf den Steinen? Ruhen nicht die Steine ~~auf~~ im Bogen? Der Bogen schläft nicht, sagen die Inder. So ist es: wenn der Bogen wach ist, können die Steine in ihm beruhigt schlafen - sie werden von ihm getragen. O ruhten wir erst wieder! in Nähe, in Getragensein, in - <u>Gegenwart</u>. Das ist das Zauberwort, das unsern dreifachen Bann brechen kann, das und kein andres.

Mein Herz ist bei Eugen; meine Worte drängen zu ihm aber dicht vor dem Ziel prallen sie vor einem Abgrund zurück, bäumen sich und versagen den Sprung hinüber. Ein Abgrund in fast leichtsinnigem Vertrauen ins Unmögliche (und doch - in was soll man vertrauen wenn nicht ins Unmögliche) von mir selber durch Schweigen gerissen, durch ein Schweigen der Lippen, wo ja die Seele stündlich sprach. Und doch muss der Abgrund genommen werden; der Gaul muss drüber weg, und wenn ich ihm die Flanken blutig reissen müsste. Denn auch hier fehlt nichts als das eine: Gegenwart.

Für mich hoffe ich sie von dem Kassler Tag. Denk dass es das letzte Mal ja nur ein Abend und ein Morgen war, und selbst der Morgen bald von Hans E. okkupiert.[1] Diesmal sind es zwei ganze Tage - es sollte doch sonderbar zugehn, wenn wir uns da nicht auch sprechen könnten. Sprechen, soweit es uns dann nötig sein wird - Gritli, ich habe kaum Verlangen nach Worten, nur sehen, nur - „bei dir sein". ....

---

[1] Dazu der Brief an Margrit Rosenstock vom 22. Mai 1918, S.99.

An Margrit Rosenstock am 24. Juni 1918

24.VI.

..... Was für eine unheimliche Kraft ist in ihm,[1] nichts abgeschlossen sein lassen zu können; alles muss er wieder in Bewegung bringen; sein Herz hat keine Schatzkammern, worin er die einmal gefertigten Kleinodien nun pflegt und bewahrt, er ist wie E.T.A.Hoffmanns Goldschmied in Paris, der seine Kunden ermordet[2] - der will freilich seine Kleinodien nur selber behalten, er ⌈⌈hingegen⌉⌉ verträgt überhaupt nicht, dass Fertiges von seiner Hand existiert. Ich kann ihm da gar nicht folgen. Ich könnte doch jetzt das Gespräch von 1916[3] nicht wieder von vorn anfangen. Das ist keine Schachpartie gewesen, wo einer gewinnt, und wo dann das nächste Mal Revanche gegeben wird; es ist unser gemeinsames Werk; was wir zu zweien und 1916 im Kriege daran tun konnten, ist getan; zwischen mir und ihm ist kein Kampf mehr; würde er ihn heute erneuern wollen - ich würde es mit ähnlichem Ekel als eine nur intellektuelle Angelegenheit empfinden wie meine Auseinandersetzung darüber jetzt mit Hans, über deren lange Unterbrechung ich keine Spur traurig bin. Sein Gefühl der Selbstbehauptung ist mir unbegreiflich. Gegen mich? gegen mich? gegen den wohl ersten nach dir, der ihm geglaubt hat? und der ihm glauben wird, solange - solange wir noch aufs Glauben angewiesen sind. Und gegen mich muss er sich noch erst „behaupten"? ? Fühlt er denn nicht, was es bedeutet, dass ich ihm glaube. Weiss er nicht, wie hart es mir nicht bloss war, sondern ist, ihm glauben zu müssen. Wieviel einfacher mein Leben wäre, wenn ich ihm nicht zu glauben brauchte. Er ist der Punkt der Umkehr in meinem Leben und dadurch die Kette die mir nachschleift. Es ist doch kein Zufall, dass ich Cohen, als ich das Gefühl hatte, nun mich ganz vor ihm ausbreiten zu müssen, von meinem Verhältnis zu Eugen sprechen musste, und sonst von nichts! Er ist mir Schicksal geworden, früher als ichs ihm wurde. Aber ist es nicht natürlich, dass auch ichs ihm werden musste? Sieh, das ist das was mich jetzt über das grauenhafte Gefühl, ihn eifersüchtig zu wissen, hinweggetragen hat: dass er da, in einer wüsten leiblich-geistigen Erschütterung seines Wesens, erst den Glauben an mich gelernt hat - über das Bewusstsein unsrer „planetarischen" Zueinandergehörigkeit hinaus - den wirklichen mMensch-zu-mMensch-lichen Glauben an die Wirklichkeit meiner Existenz - so wie ichs bei ihm gelernt habe in jener gleichfalls entsetzlichen Durchschütterung jener Leipziger Nacht vor bald 5 Jahren,[4] in und nach der ich mich schliesslich auch nicht grade nett zu ihm benommen habe. Es ist eben nichts schwerer als dies scheinbar Einfachste: einander gegenseitig unsre Wirklichkeit zu glauben. „Liebe deinen Nächsten - er ist wie du",[5] ja wirklich wie du, ganz wie du!

....

---

[1] Eugen Rosenstock.

[2] E.T.A.Hoffmann, Das Fräulein von Scuderi. Erzählung aus dem Zeitalter Ludwig des Vierzehnten, 1819.

[3] Das brieflich geführte „Gespräch" mit Eugen Rosenstock über Judentum und Christentum. Der Briefwechsel ist abgedruckt in Briefe und Tagebücher ab S.189.

[4] Leipziger Nachtgespräch vom 7. Juli 1913.

[5] 3. Mose 19,18, wie es von deutschen Juden gewöhnlich übersetzt wird.

An Margrit Rosenstock am 25. Juni 1918

25.VI.

... Wäre ich eine Spur mehr „Grossinquisitor" als ichs bin, könnte ichs hier auch nur eine Spur sein, so müsste mir dies doch ein grosses Ereignis sein. Auch so kann es mir noch sagen, dass wirklich die Gegenkräfte schon mit so fanatischer Ausschliesslichkeit am Werke sein müssen wie das im Hause Rosenstock war, um zu einem so innerlich hemmungslosen Christwerden wie damals Eugens (oder auch Hansens) zu führen. Das lernt, wie du schon aus der trocknen Nebeneinanderstellung Hans - Eugen siehst, der Verfasser von Zeit ists[1] daraus. Das Brodsche[2] Gedicht klagt die rechten Stellen an. Aber bei Eugen heute - oh nein, es ist keine „Nachsicht", wenn ihm der leibliche Bruder die Freiheit zugesteht; es ist ein verzweifeltes Müssen. Es ist ein Anerkennenmüssen, dass sogar das Judentum nicht bloss im „Geblüte" gegründet zu sein braucht, sondern notwendig auch im „Gemüte". Er ist und bleibt Heidenchrist. Sein Schrecken über (und infolgedessen Zorn auf) das Judentum ist das Gefühl jedes Christen, gar nicht des Judenchristen speziell. Du würdest selber diesen Schrecken über die Vorwegnahme der Vollkommenheit als einer bluterblichen Gnadengabe auch spüren, wenn du - Christ wärest und nicht Christin. Das ist das Vorrecht und die Vorpflicht des Mannes im Christentum, dass er auch die Welt sieht und an ihr das christliche Leiden und die christliche Leidenschaft erfährt. Den Mann macht das Christentum zusehends weltlicher, die Frau „zusehends" seelischer. Darum, Liebes, weil du auf diesem Wege bist, darum kannst du so harmlos in dem „fremden Garten" sitzen, ohne dich daran zu stören, was dieser fremde Garten in der einen Welt bedeutet - wie es jeder Mann muss und - soll. Die Frau lädt die Last der Welt auf Gottes Schultern ab, der Mann die Last der Seele. So verschieden gerichtet sind ihre Harmlosigkeiten wie umgekehrt ihre Härme. Daher also kannst du, was Eugen nicht kann, Eugen als Christ nicht als „Judenchrist". Den Judenchristen erschreckt das Judentum ganz anders. Was dem Heidenchristen nie in Gedanken kommen kann, das muss den Judenchristen aufsteigen: die Berufung galt sie nicht auch dir? hast du nicht deine angeerbte Krone von dir geworfen? Und gegen diese Stimme, wenn sie in ihm laut wird, setzt er sich mit allen Mitteln der Selbstbehauptung, des Renegatenhasses, der Verzerrung u.s.w. zur Wehr. Du weisst, dass ich stets diese Gefahr für Eugen gefürchtet habe und mich deshalb gehütet habe, ihm je einen Blick in das Judentum von innen zu gestatten[3] (ich muss wieder sagen: genau wie bei Hans), was ich bei keinem „Heidenchristen" zu scheuen brauchte. Sondern ich habe ihm in jenem ganzen Briefwechsel damals[4] und auch später das Judentum immer nur von aussen, als Gestalt, wie man es mit Augen sehen kann, also mit christlichen Augen sieht, gezeigt. Weisst du nicht mehr den merkwürdigen Eindruck, den du am 2.VII.17 in unserm Nachtgespräch hattest, wo du dich hinterher gradezu fragtest, wie ich so sprechen könnte und warum ich dann doch etwas andres sein wollte. Ich habe eben immer mit ihm so gesprochen. Es war ein richtiger Takt. Der Gespiele hat ihm nie vom Judentum „vorgeschwärmt". Erst durch dich, der ich freilich vorgeschwärmt habe, ist etwas davon zu ihm herübergedrungen, und nun siehst du die Wirkung, er verträgt das einfach nicht; er wird es auch nie vertragen; wird immer zu Gewaltsamkeiten der „Selbstbehauptung" dadurch herausgefordert werden. Es ist etwas Unlösbares: die Stimme spricht zu ihm, hat den, ich möchte sagen juristischen Anspruch auf ihn — das ist die Macht des „Geblüts" —, aber weil kein Funken von „Gemüt" je in ihm entzündet ist, so wehrt sich sein ganzes wirkliches Wesen gegen diesen dennoch nicht stumm zu kriegenden, aber ganz leeren^{x)} Anspruch des Bluts. Das Recht ist unverjährbar, aber unfähig sich zu verwirklichen — und solche Rechte erregen Wut und Hass. Deshalb war ich immer sehr vorsichtig gegen ihn; er sollte nicht aus meinem Mund die Stimme hören, er sollte nur mit meinen dienenden Augen die <u>Gestalt</u> sehn.[5] Er will in diesem Punkte - vielleicht am meisten in diesem - sehr zart behandelt werden. Es ist eine Wunde. Ich habe das, eben als Jude, instinktiv gewusst, du nicht. Darum damals mein Schrecken, als du sagtest, du müsstest ihm auch davon schreiben dürfen. Heut magst du es ruhig tun - denn nun weisst du wie es in ihm wirkt und wirst es von selbst <u>richtig</u> tun, nämlich zart. Er ist ja im eignen Hause und nirgends anders zuhause; alles andre sind Gespenster bloss, die nach ihm greifen. Dass er „Findelkind" ist, braucht ihn nicht zu irren, denn es giebt in diesem Hause <u>nur</u> Findelkinder: Christianus fit, non nascitur.[6] Wiltfebers, des ewigen Deutschen,[7] Blut ist noch viel ungebärdiger gegen den „unreinen" Krist aus Nazareth, als jüdisches Blut sein könnte. Nicht das „Geblüte", sondern das „Gemüte" kocht uns auf, wenn wir an ihn denken; das Geblüt brauchte nichts gegen den Davididen zu haben, aber das Gemüt sträubt sich gegen diesen Sohn Davids, der sich Gott <u>gleich</u>setzte, weil es mit der kleinen Esther von dem Sohn Davids weiss, der noch „<u>bei</u> Gott" ist.

Liebes Gritli, es tut mir gut, dir so lang zu schreiben wie gestern und heute; es trägt mich etwas weg über die Risse, die noch im Boden unter uns klaffen, verdeckt, überwachsen schon, aber noch nicht zugeschlossen. ......

^{x)} <u>wirklich</u> für ihn nur „schattenhaften"

[1] Aufsatz von Rosenzweig, abgedruckt in Zweistromland S.461-481.
[2] Max Brod, 1884-1968, jüdisch-zionistischer Schriftsteller.
[3] Dazu auch Briefe und Tagebücher S.283.
[4] Briefwechsel von 1916, abgedruckt in Briefe und Tagebücher S.189ff.
[5] Anspielung auf Hoheslied 2,14.
[6] Tertullian, um 160 - um 225, Apologeticum 18,4: „Man wird nicht als Christ geboren, sondern muß es werden."
[7] Hermann Burte (Pseudonym für Hermann Strübe), Wiltfeber der ewig Deutsche.

An Eugen Rosenstock am 26. Juni 1918.

26.VI.

Lieber Eugen, noch kann ich nicht wieder das Wort unmittelbar an dich finden und doch <u>muss</u> ich es jetzt wieder finden. Wir hatten beide jeder den andern zu sehr aus den Augen verloren - nein ich will nicht von dir sprechen, nur von mir: <u>ich</u> hatte mich so sehr gewöhnt, durch Gritli hindurch zu dir zu sprechen, dass ich die simple Wirklichkeit des Ausser-einander im Raume vergass und kaum mehr danach verlangte, dir selber unmittelbar zu schreiben. Die Zeit wo ich dir nicht schreiben <u>konnte</u>, war kurz; das war im März. Seitdem konnte ichs, aber ich brauchte es weniger als je oder jedenfalls: ich glaubte es nicht zu brauchen. Und dann kamen diese letzten schrecklichen Wochen und verschlugen mir den Mund, der schon wenn nicht die Sprache so doch die Rede wiedergefunden hatte -

Und auch jetzt noch. Es ist so vieles wieder aufgewühlt in unserm wechselseitig verflochtenen Schicksal; ich weiss dass Elemente die ich längst für krystallisiert ansah bei dir wieder frei in der Lösung schwimmen. Wir müssen wieder miteinander sprechen. Los können wir doch nicht von einander. Wir können einer am andern erstarren und verstocken, einer am andern lebendig werden — aber auseinanderdröseln können wir den verschlungenen Knoten unsrer Konstellationen nicht mehr. Wir sind einer durch den Feuerkreis des andern hindurchgegangen — du vielleicht durch meinen erst jetzt.

Dies heute ist noch nicht das erste Wort, nur der Doppelpunkt davor. Der Kalender musste drohen, schon um dies Vor-Wort herauszuzwingen.   Nun er es erzwungen hat, danke ich ihm dafür - wie ich ihm für das VordreissigJahren[1] danke. Was es eigentlich heisst, dreissig Jahre alt zu werden, das erfahren wir ja beide durch dies vieljährige Solstitium[2] des Krieges nur ahnungsweise. Aber auch davon können wir nun nicht mehr „zurück", - wie überhaupt von nichts.

Versuch zu sprechen und zu hören und glaub an mich wie ich an dich glaube.

Dein Franz

[1] Eugen Rosenstock wurde am 6. Juli 1888 geboren.
[2] Lat.: Sonnenwende.

An Margrit Rosenstock am 2. Juli 1918

Liebes Gritli, heut kamen deine Briefe vom Hochzeitstag - ich lerne all deine Tage erst dieses Jahr; auch Eugens Geburtstag konnte ich nur dunkel durch irgendwelche Petitfours[1]-Erinnerungen an 1913 allgemein auf „Anfang Juli" lokalisieren und wusste nicht einmal dass damals der 7.VII., mein Eugentag, gleich nach dem natürlichen Eugentag folgt.[2] Und antworten tue ich dir heute; vor einem Jahr fuhret ihr von Kassel ab, Vaters 60ter Geburtstag liess mich da sehr kühl - etwas, worüber ich heute eher lachen als weinen könnte —— so ein zweideutiges und kurioses Ding ist das Menschenherz — ihr fuhret ab und ich tat etwas was mir schwer fällt, weil es eben doch ein „Schritt" war in einer Schicht, wo man gerne sich nur tragen lassen möchte, aber manches mal wollen doch auch Schritte getan sein - und zog die dünne Hülle des Sie über unserm Du weg. Ich möchte dir den ganzen Briefbogen voll schreiben mit diesem seligsten Wort der Sprache, das uns geboren wird aus dem allerunseligsten, dem „Ich". Aber ich tue es nur mit sympathetischer Tinte[3], die erst im letzten Wort des Briefs sichtbar wird, dieses Briefs und aller meiner Briefe an dich ——— du kennst es.
......

[1] Franz.: Kleingebäck.
[2] Eugen Rosenstock wurde am 6. Juli 1888 geboren; am 7. Juli 1913 fand das Leipziger Nachtgespräch statt.
[3] Geheimtinte, die erst nach einer besonderen Behandlung sichtbar wird.

An Margrit Rosenstock am 4. Juli 1918

4.VII.

Liebes Gritli, ich bin wieder in Warschau. .....

An Eugen Rosenstock am 24. Juli 1918

24.VII.18

Lieber Eugen,
      tant mieux![1] ———

nämlich wenn es wirklich offene Türen waren. Aber du müsstest freilich wissen, dass sie immer angelehnt waren, so dass man bisher von aussen wirklich nicht wissen konnte, ob sie offen waren oder nicht. Ich bin also zufrieden, dass ich sie nun wirklich einmal sperrangelweit aufgestossen habe (und bin neugierig, wie lange sie so stehen bleiben). Denn auf die Werke darfst du dich nicht berufen. Käme es darauf an, so wären wir alle schon von Prima her weltfertige lebenssatte Greise. Und vor allem: die Werke werden ja nicht gelesen. Wenigstens nicht von uns gegenseitig. Wir geraten, wenn wir uns sehen wollen, doch immer auf den bequemeren Weg: <u>wir kucken uns an</u>. Denn wir sind ja eben <u>gleichzeitig</u>. Das Geschriebene ist für die „Nachwelt", deren erste Generation in den „Schülern" schon heranrückt. Dass wir trotzdem immer wieder in die Versuchung kommen, für einander zu schreiben, das ist grade das dauernde Denkzeichen unsrer Schwäche, unsrer Noch-Unerwachsenheit. Wir können und brauchen es uns nicht gewaltsam zu verbieten. Denn es verbietet sich uns schon von selber: indem wir immer mehr die Erfahrung machen, dass die „für" die wir zu schreiben meinten, uns nicht hören mögen. Und diese härteste Erfahrung nicht als einen Grund zum Verzweifeln, sondern als ein Symptom der Genesung (denn jeder natürliche Übergang geschieht ja in der Form einer Krankheit und Genesung) zu nehmen, das ist die Summe meiner „Lebensweisheit für Dreissigjährige". Das Reprobari[2] seitens der „Mitschüler" das notwendige Ergänzungsstück zu dem Recipi[3] seitens der „Schüler". Ich glaube, etwas andres hat in meinem nur teilweise verständlichen Brief nicht gestanden. Jedenfalls war es das, was ich selber daraus gelernt habe.

Nur teilweise verständlich? Du hast mir noch nicht viele Briefe geschrieben, die ich verstanden hätte, ehe ich sie - beantwortet hatte. Ein Brief ist doch kein Buch. Ein Buch muss verstanden sein wenn man es zuklappt. Aber ein Brief schliesst nicht mit einem Punkt, sondern mit dem Doppelpunkt des „ Gieb Antwort". Und erst wenn man sich à corps perdu[4] in diese Antwort hineinwirft, erst dann kann man sich bis zu dem Punkt vorarbeiten, wo auch der Brief den man beantworten wollte erst wirklich endet - nämlich eben am Ende der - Antwort.

Du meinst, im Verlangen nach dem Recipiertwerden unterschieden wir uns? O nein, sicher nicht. Der „Turm" setzt da gar keinen Unterschied. Recipitur intra muros et extra.[5] Wir unterscheiden uns da nicht im mindesten, wenn du nämlich wirklich einsiehst, dass dies Recipi um den Preis eines Reprobari gewährt wird und nicht anders. Siehst du das? ich weiss nicht recht. Das was du Tragikomödie nennst, dass du mit Haut und Haaren, nein: mit <u>Leib und Seele</u> recipiert zu werden verlangst, das ist wohl der Ausdruck dafür, dass du es noch <u>nicht</u> siehst. Du stellst noch „deine Bedingungen". Und verletzt damit das <u>einzige</u> Recht, das der Welt zusteht, und auf das sie infolgedessen eifersüchtig wacht: eben Bedingungen zu stellen. Mehr wie das tut sie ja nie; aber das will sie nun auch wirklich. Überleg dir mal, ob du ihr das zumuten kannst, diesen Verzicht. Ich spreche da etwas als Sachwalter - Jacobis.[6] Darum genug davon. Ich muss noch etwas als Sachwalter meiner selbst sprechen.

Warum wunderst du dich immer von neuem, dass wir miteinander sprechen können. Denn wir könnens, auch wenn wirs oder du es zuvor abstreitest - du tust den Mund auf und strafst dein anfängliches Abstreiten Lügen. Von „Neutralem" haben wir doch wahrhaftig nicht mehr viel gesprochen, seit du mich A.Bund genannt hast;[7] „durch die Blume" vielleicht schon eher, denn es ist ein gewisses Übersetzen zwischen uns nötig. Dies Übersetzen hast du meistens mir zugeschoben, - mit Recht, denn ich kann es und du kannst es wahrscheinlich nicht. Du hast daraufhin fast unbefangen die Sprache deines Glaubens sprechen können, in der Gewissheit, dass ich sie mir schon übersetzen können würde. Und da liegt die einfache Lösung des Rätsels. Unser Glauben (und also auch unsre Werke) sind verschieden. Wäre der Glauben etwas ganz für sich, so würden wir wirklich kein Wort miteinander sprechen können; auch Übersetzen gäbe es dann nicht.   <u>Aber er ist nichts ohne die Hoffnung</u>. Und die Hoffnung ist uns gemeinsam, wie und weil uns der Glaube verschieden ist. Die Gemeinsamkeit der Hoffnung befähigt mich, mir deinen Glauben in meine Sprache zu übersetzen. Und daher können wir wirklich von dem sprechen, „was allein Männern zu sprechen lohnt". Du bist arg vergesslich - sonst entsännest du dich noch einer Gedichtzeile, worin das alles sehr kurz und gut gesagt war: „mein Feind im Raum, mein Freund in der Zeit".[8] Kennst du den Dichter nicht mehr? er war bald ein Jahr jünger als du jetzt bist. Und er verleugnet das Gesetz der Welle, die immer wieder neu heranrollt— oh weh! Erinnere dich wenn du kannst; und wenn nicht, nun so fang wieder neu an.
...

[1] Franz.: umso besser!
[2] Lat.: abgelehnt werden, verworfen werden.
[3] Lat.: angenommen werden.
[4] Franz.: blindlings, mit Ungestüm, voll und ganz.
[5] Lat.: er wird innerhalb und außerhalb der Mauern angenommen.
[6] Erwin Jacobi, 1884-1965, Professor für Staatsrechtslehre in Leipzig.
[7] Zu diesem Pseudonym Rosenzweigs der Brief an Eugen Rosenstock vom Frühjahr 1917, S.6f.
[8] Aus einem Gedicht von Eugen Rosenstock, abgedruckt in: Eugen Rosenstock-Huessy (Hg.), Judaism despite Christianity, S.174.

An Margrit Rosenstock am 10. August 1918

10.VIII.
Liebes Gritli, es ist doch schön, dir wieder zu schreiben. Noch ist es mir zwar neu; und durch das Gefühl, dass nur ich dir schreibe, nicht du mir, ist es etwas als ob der Brief an einer unsichtbaren Wand abprallte und wieder zurückflöge zu mir - und da ist ja nun auch ein Gritli, ein kleineres, leises, aber doch wirkliches Gritli; also er kommt schon an; es ist etwas wie in dem Schwank vom Wettlauf zwischen Has und Swinegel und du kannst auch rufen: „ik bün all do". Obwohl du das wohl kaum aussprechen könntest mit deiner basler Kehle.
Am 9.IX. hat Mutter Geburtstag; ich weiss nicht, ob du es weisst; schreib ihr jedenfalls bitte; sie legt ja jetzt auf all so etwas mehr wert als früher, in ihrem grossen Schwäche- Verlassenheits- und Ungepanzertheitsgefühl.
....wenn ich auf Urlaub bin. Das wird nämlich „an sich" wahrscheinlich schon im Oktober sein, aber allerdings — vielleicht auch erst nach wer weiss wie langer Zeit, denn

noch viel wahrscheinlicher werde ich vorher - Infanterist werden. Ich habe immer vergessen, es dir zu schreiben. Mutter darf natürlich nichts davon wissen, solange noch eine Möglichkeit ist dass das Gewitter doch noch vorübergeht. Nämlich es werden infanterie-taugliche Leute herausgezogen, auch aus den Flakformationen, schon in den allernächsten Wochen; es sind zwar eine ganze Menge bei uns, mehr jedenfalls als wir hergeben müssen, aber da ich der bin, der am wenigsten zeigen darf, wie unangenehm es ihm ist, so bin ich prädestiniert und rechne schon damit als sicher, geniesse diese zeitreichen Tage als die vielleicht letzten derartigen, die ich in diesem Krieg habe. An sich ists ja schliesslich recht und billig, dass ich nach meinem bisher so unverschämt günstigen Kriegsschicksal nun auch mal in den Dreck komme. Aber schade ists doch. Schon in Warschau[1] war mir der Dienst zu viel und ich kam zu nichts. Übrigens Warschau: ich habe doch bestanden; der Schreiber dort hatte sich geirrt.

Soviel Militärisches wie in den vorstehenden Absätzen habe ich dir glaube ich in all meinen Briefen zusammen noch nicht geschrieben. Meine Schrift ist auch ganz krakelig geworden bei dem unangenehmen Gegenstand. Also vorläufig geniesse ich noch das Leben, vertilge täglich einen Band „aus Natur u. Geisteswelt",[2] lasse mirs in der prachtvollen trockenen Wärme wohl sein, und tilge Briefschulden, gestern die sehr hoch aufgelaufenen an Hans, das geht nun seit Ende 17, ja eigentlich seit wir uns im Juni 17 in Berlin sahen, und führt doch zu nichts; ich habe das Gefühl wie bei einer „litterarischen Fehde"; es ist kein Du darin; und so bleibt alles schal - und Schale.

Im „Kern der Welt"[3] - Dein Franz.

[1] Während eines Offiziersaspirantenkurses.
[2] Aus Natur und Geisteswelt. Sammlung wissenschaftlich gemeinverständlicher Darstellungen, Leipzig.
[3] Goethe, Gott und Welt, Allerdings: „Natur hat weder Kern / Noch Schale, / Alles ist sie mit einem Male. / Dich prüfe du nur allermeist, / Ob du Kern oder Schale seist."

An Margrit Rosenstock am 11. August 1918

...

Was ich dir gestern - mal wieder - schrieb mit Hans - vielleicht ist ein Stück schlechtes Gewissen oder Denkfaulheit in meinem Unzufriedensein. Denn eigentlich gehen mir seine Fragen an die Wurzel und sind ganz einfach; und ich antworte ihm weniger einfach und sachlich, als er fragt. Vielleicht müsste ich sein Fragen ein gutes Stück ernster nehmen und mich nicht hinter den Ärger über seine Unpersönlichkeit, das „Interviewerhafte", zurückziehen, wie ichs immer wieder tue. Vielleicht sind es allerdings auch Fragen, auf die ich mit Antworten nicht antworten kann, sondern denen ich mich durch die Tat entziehen müsste. Seine Stellung ist insofern stärker und gefährlicher für mich als Eugens 1916er,[1] als er nicht das, sondern nur mein Judentum in Frage stellt (was Eugen zwar auch tut, aber mehr auf Grund der ersten Infragestellung). Also eigentlich grade weil er in höchst sachlicher Weise doch nur das Persönliche aufs Korn nimmt. Und das Persönliche ist durch eine sachliche Klarstellung noch nicht gerettet.

.....

[1] Während des Briefwechsels mit Eugen Rosenstock über das Verhältnis von Judentum und Christentum, abgedruckt in Briefe und Tagebücher ab S.189.

An Eugen Rosenstock am 13. August 1918

13.VIII.18

....

... Es ist ja jammerschade dass es so ist. Als ich Brief und Heft bekam, war ich ganz bereit, dir zu glauben was du von dem Heft schriebst. Es entsprach ja so ganz meinem Vorurteil, das ich seit Beginn des Kriegs habe: dass dieser Krieg Roms ~~Ar~~ Geschäfte besorgt und dass es gut so ist. Aber beim Lesen, schon beim Anblättern nicht erst beim A - Z purzelte ich wieder von meinem Vorurteil herunter. Luther hat dem Katholizismus die Luftwurzeln, die er in die Welt geschlagen hatte, ausgegraben; nun sind sie verdorrt. Es war einmal, da herrschte der Papst über die Welt; jetzt herrscht er nur noch über die, die von ihm beherrscht sein wollen. Der Heilige ist noch möglich, der Ritter nicht mehr. Die Ritter sind protestantisch geworden. Die Hochlandleute,[1] die ~~in~~ aus der Kirche Ritterfahrten unternehmen wollen, gucken die amtlich bestellten Torhüter und S.J.[2]-Zionswächter jedesmal, wenn sie wieder durchs Burgtor heimreiten, ängstlich nach, ob sie auch ja nicht unzulässige Gegenstände als Beute von draussen mitbringen. Der unverdächtige Dienst geschieht am Tor und auf der Mauer, ritterliche Ausfahrt bleibt verdächtig. - Schade.

....

[1] „Hochland. Zeitschrift für alle Gebiete des Wissens und der schönen Künste": katholische Kulturzeitschrift, begründet 1903 von Carl Muth.

[2] Societas Jesu (Gesellschaft Jesu) - Jesuitenorden.

An Margrit Rosenstock am 14. August 1918

14.VIII.

Liebes Gritli, ich bin müde, nicht etwa vom „Krieg", sondern von einem Brief von Mutter. ....

An Margrit Rosenstock am 15. August 1918

<u>15</u>.VIII.

Liebes Gritli,

- - - ich sitze ganz stumm vor den zwei Worten und möchte weiter gar nichts schreiben, habe auch eigentlich gar nichts weiter zu schreiben, - und habe ich dir denn eigentlich je etwas andres geschrieben? Es geht mir mit den zwei Worten wie den Kindern wenn sie einen Schulaufsatz darüber machen müssen, was alles dazu gehört, wer alles dazu hat arbeiten müssen, bis sie ihr Brot zum Frühstück haben. So wie diese weitläufige und in sehr vornehme Regionen führende Vorgeschichte des Brods, so verliere ich mich beim Angucken der zwei Worte in die weitläufige Vorgeschichte was alles dazu gehört hat, dass ich sie dir nun schreiben kann, - die Vorgeschichte die wir wissen und die andre längere die wir nicht wissen und sie führt auch in sehr hohe Regionen. Bäcker und Müller, Schmied und Bauer, Sonne und Regen, Himmel und Erde - die andre Geschichte mag ich nicht schreiben, es ist zu schön, stumm hineinzusteigen und zu denken was war - und was <u>ist</u>. O du liebes Brot meines Herzens, nun bist du da, und ich danke allen Menschen und Kräften und Mächten, die dich geschaffen und bereitet haben. ——————————————————————
Liebes Gritli ———————.

An Margrit Rosenstock am 16. August 1918

16.VIII.18

Liebes Gritli,
jetzt habe ich Rudis letzte 3 Predigten vor der grossen Pause, die ich damals nicht mehr kriegte. Sie sind sehr gut, und machen auch den Weg des Ganzen, die Richtung die es nun weiter nehmen wird, deutlich. Sie handeln von der Frau, von der Gemeinschaft, vom Deutschen. - An diesem Werk arbeitet er nun seit Ende 1912 und ist äusserlich noch nicht zu 2/3 fertig.[1] Was sind wir für eine langsame Generation. Wenn es einmal fertig sein wird, - einen grossen Erfolg erwarte ich mir nicht, weil es keinem breiten Bedürfnis oder Instinkt entgegenkommt. Und die engeren Kreise werden nicht recht wissen, was damit anfangen; das Romanhafte darin ist auch nicht deutlich genug. Vielleicht ist ja inzwischen die Abschrift der 40 bei dir; sie sollte ja eine Rundreise machen; was ich hier habe, sind handschriftliche Originale.
Ich schicke dir für Eugen das Grabowski-Heft wegen des Goethe und Bismarck-Artikels (damit er sieht, wie man so etwas machen muss, wenn man nicht verletzen will!!!!!) Bitte zurück nach Kassel auf dem Umweg über Rudi. Ausserdem stecke ich in der Cohenschen Logik,[2] verstehe sehr wenig, teils aus nicht genügend mathematischen Kenntnissen, teils wegen der protokollhaften teils, teils epigrammatischen Kürze. Da ich aber dabei fortwährend vergesse dass er tot ist, ihn frage, ihm dreinrede, ihm Unmöglichkeiten sage, die er sich „von niemand sonst gefallen liesse", und er antwortet - so ist es doch sehr schön; ich benutze die bedruckten Blätter so etwas als Zauber- und Beschwörungsbuch. Das wäre ihm gar nicht recht, - aber war ich ihm denn überhaupt recht? ich habe selten einem Menschen gegenüber das Gefühl gehabt, dass das allereigentlichste Zusammenwachsen erst in weiter Zukunft geschehen würde, und so ist mein Gefühl auch jetzt noch.
Nun ist dein Brief unterwegs hierher. Komm bald, Gritli ———

zu mir.

[1] Rudolf Ehrenberg, Ebr. 10,25. Ein Schicksal in Predigten, 1920.
[2] Hermann Cohen, System der Philosophie, Teil 1: Logik der reinen Erkenntnis, 1914².

An Margrit Rosenstock am 17. August 1918

17.VIII.

Liebes Gritli, mit dem Urlaub wird es vielleicht doch noch bis zum November dauern. Wenn nicht bis dahin das „Schicksal" überhaupt dazwischen gegriffen hat, was eigentlich das Wahrscheinlichste ist. Eine Untersuchung war schon. Vom Kriege, der schliesslich auch hier ist, „ganz zu schweigen". Aber so lange noch nichts bestimmt ist, hält man sich unwillkürlich an den gewohnten Ablauf der Dinge - und der sagt eben: in 2 oder 3 Monaten: Urlaub.
.....

An Eugen Rosenstock am 17. August 1918

.... Und Ludendorf führt noch immer Krieg. Die Chance des 20.III.18 wird nie wiederkehren; sie ist durch den Beginn der Manöver der Potsdamer Wachtparade auf dem altgewohnten Exerzierplatz am 19.III. auf immer verspielt. Jetzt nur noch: raus aus dem Dreck, ehe es noch schlimmer wird[1] - mögen die Engländer Konstantinopel nehmen (Deutschland wird dafür „Briey"[2] kriegen. Denkst du noch an Wiltfeber,[3] dessen ganzes wildes völkisches Kreissen zuletzt die Maus „Basel muss wieder heim zum Reich" gebar? Jedes Volk hat eben auch die Pan(...)isten,[4] die es verdient.

Dein Franz.

17.VIII.18

[1] Erich Ludendorff, 1865-1937, preußischer General. Bald nach Abfassung dieses Briefes brach die Balkanfront zusammen. Am 29. September sah Ludendorff sich daher gezwungen, die Reichsregierung um die Herausgabe eines Friedens- und Waffenstillstandsangebotes zu bitten.

[2] Kleine Stadt in Lothringen, nordwestlich von Metz.

[3] Hermann Burte (Pseudonym für Hermann Strübe), Wiltfeber der ewig Deutsche.

[4] Punkte von Rosenzweig.

An Margrit Rosenstock am 18. August 1918

18.VIII.

Liebes Gritli,   beim Ordnen von Briefen finde ich noch diesen Gang der Mensur[1] Hans-Eugen. Hansens Brief, den du ja kennst, gieb Eugen wieder; und Eugens lies und schick zurück an Hans. Wie wenig könnte ich die von Eugen mir zugemutete ehrliche Maklerrolle dabei spielen. Auf Eugens blutroten Hauptsatz in dem Brief geht Hans überhaupt nicht ein. Dies, und nicht alle formulierten Gegensätze, ist das eigentliche Symptom der Unmöglichkeit zueinanderzukommen. - Den Gelegenheitsbrief muss ich wohl in Kassel gelassen haben; hier ist er keinesfalls.

Ich lese fleissig und fast ohne was zu verstehen die Cohensche Logik.[2] Er setzt masslos viel Mathematik und Geschichte der Mathematik voraus, dazu noch viel zeitgenössische Ansichten, und alles nur in Anspielungen. Hie und da kann ich wohl mal folgen; das lohnt sich dann fast stets; im Putzianum (dem blonden)[3] habe ich ihn tatsächlich in einigem antizipiert. Im ganzen ist er unheimlich hegelianisch, bis in Einzelheiten, ohne es zu wissen. Eben deswegen komme ich nicht recht mit ihm zusammen. Stünde nicht das Religionsbuch[4] am Ende, worin er tatsächlich (wenn auch nicht mit Bewusstsein) einen grossen Widerruf tut, so würde ich mich durch den dicken Hirsebreiberg der 4 oder 5 Systembände nicht durchfressen. - Das Schreiben in Anspielungen, so verlockend und papiersparend es ist, sollte man sich wirklich verbieten; wenn man nicht grade das Glück hat, im Jahr 1800 zu leben und also einen Zeitkreis um sich zu haben, der en bloc[5] der Folgezeit vererbt wird; so ging es Hegel mit der „Phänomenologie",[6] deren Anspielungen fast nur auf Dinge gehen, die uns heut noch genau so lebendig sind wie sie damals waren. Aber das ist eine Ausnahme. Der Kreis der 60er bis 80er Jahre, in dem Cohen grossgewachsen ist, ist uns heute schon so fremd und wird uns auch kaum je wieder interessant werden. Dass er in dieser Zeit dann noch das geworden ist, was er ist, das ist eigentlich ein Wunder. Weil er doch wirklich in der Zeit gelebt hat, sich von der Zeit genährt hat, und nicht wie Nietzsche von seinem eigenen Fleisch. Aber die Erklärung liegt eben in dem Stück Fremdheit gegen die Zeit, das er von Haus aus hatte und sich immer bewahrte. Und deshalb wäre es eigentlich nur natürlich, wenn sein zeitfremdestes Buch auch sein grösstes geworden wäre. (Wie ich ja eben vermute).

Da habe ich unwillkürlich den Abriss des Aufsatzes hingeschrieben, den ich am Ende, wenn ich durch bin, über ihn u. speziell über das Nachlassbuch schreiben will.[7] Nun wäre es wieder gut, wenn ich - Durchschlag hätte. Oder vielleicht ist es auch besser so; damit ich dieses wirkliche Vor-Urteil lieber wieder vergesse und erst einmal urteilsfähig werde; obwohl ich gefunden habe, dass die Nachurteile doch meist den Vorurteilen auf ein Haar gleichsehen. - Meins über dich allerdings nicht. Aber dafür deins über mich. Übrigens einmal war ich doch schon sehr eingenommen von dir: als du mir durch Mutter auf den Dub[8] Äpfel schicken liessest und ausdrücklich auf einen Bedankemichbrief verzichtetest. Du konntest doch nicht ahnen, dass ich ihn so reichlich nachholen würde - den Bedankemichbrief.

Dank, Gritli - Dein Franz.

[1] Studentischer Zweikampf mit scharfen Waffen.
[2] Hermann Cohen, System der Philosophie, Teil 1: Logik der reinen Erkenntnis, 1902.
[3] Gemeint ist Rosenzweigs Aufsatz „Volksschule und Reichsschule" (abgedruckt in Zweistromland S.371-411) zur Reform der allgemeinen Schulen, das *christliche* Gegenstück zu „Zeit ists" (abgedruckt in Zweistromland S.461-481), wo es um den *jüdischen* Religionsunterricht geht.
[4] Hermann Cohen, Religion der Vernunft aus den Quellen des Judentums.   [5] Franz.: im Ganzen.
[6] Georg W.F. Hegel, 1770-831, Phänomenologie des Geistes, 1806/07.
[7] Dazu auch der allerdings erst 1921 verfaßte Artikel: „Hermann Cohens Nachlasswerk", abgedruckt in Zweistromland S.229-233.
[8] Berg in Makedonien, wo sich Rosenzweig im Sommer 1916 zeitweilig aufhielt, dazu Zweistromland S.81.

An Margrit Rosenstock am 19. August 1918
19.VIII.

Liebes Gritli, ich bin recht innerlich verwütet, in einer Stimmung, wo ich dir besser nicht schriebe. In einigen Tagen muss ich - Folge von Warschau[1] - dritten Mann beim Skat der „Herren" machen. Das bedeutet 4 Nachtstunden, die ich bei meinem absoluten Schlafbedürfnis am Tag nachholen muss. Was da noch übrig bleibt, da ich ohnehin auch mehr Dienst habe - weiss ich nicht. Und einen Schutz gegen Versetzung zur Infanterie bedeutet es erfahrungsgemäss auch nicht.   Im übrigen ist ernsthaftes Pech viel leichter zu ertragen als eins, das in so lächerlicher Form auftritt. „Wenn ich der Bey von Tunis wäre"[2] würde ich nicht nur ... und ... und ...,[3] sondern auch auf den Besitz von Spielkarten Todesstrafe stellen.
.....

[1] Dort hatte Rosenzweig einen Offiziersanwärterkurs erfolgreich absolviert.
[2] Mehmed Ali, Bey von Tunis, der sein Land im Vertrag von Bardo 1881 unter französische Oberhoheit führte und dadurch sehr reich wurde.
[3] Punkte von Rosenzweig.

An Margrit Rosenstock am 20. August 1918
20.VIII.

Liebes Gritli,   inzwischen verschieben sich meine Urlaubsaussichten, - ganz abgesehn von der Wahrscheinlichkeit, dass ich vom Zug fortkomme - abermals um 2 Monate.

Es heisst nämlich solange sollten die zurückgesetzt werden, die das letzte Mal von der Urlaubssperre profitiert hätten. Aber es ist überhaupt aufreibend, an Urlaub zu denken; es hemmt den nun mal notwendigen Prozess der Verkrustung. Man muss „an Ort und Stelle" sein und den Tag nehmen wie er gelaufen kommt und gar nicht daran denken, dass es anders sein könnte.

.... Ists am Ende auch die absolut aussichts- und endlose Kriegssituation, die auf einem lastet? So war es voriges Jahr um diese Zeit nicht, wenigstens in der äusseren Politik nicht; da spitzte sich alles auf den günstigen Moment zu, der dann um die Jahreswende eintrat und dessen Chancen dann in diesem Jahr systematisch verpulvert wurden, bis wir schliesslich da standen wo wir heute stehn. Manchmal ist mir zumute wie Eugen jetzt zumut gewesen sein muss: ich zweifle, ob wir, selbst wenn wir nachher noch da sind, überhaupt noch die Kraft haben werden unsre Arbeit, ich meine: unsre eigentliche Arbeit, zu tun. Wir sind ja grade um den für das „Heraustreten" entscheidenden Augenblick, eben die Wende von 20 zu 30, durch den Krieg betrogen. Wollen wir das, was wir als 28jährige hätten sagen müssen, dereinst als 35jährige sagen, so ist eine neue Jugend da und wir sind schon veraltet in dem Augenblick wo wir erst den Mund auftun möchten. Die Neuen sprechen schon eine neue Sprache und verstehen wohl noch was wir reden, aber nicht mehr was in uns redet, was wir hörten, - also nicht mehr uns. (Glaub, kein Zwanzigjähriger versteht heute mehr einen Vers wie den: „...und dennoch sagt der viel, der Abend sagt..".[1] Auch wir haben ja diesen Vers und alles was dazu gehört in uns ausgelöscht, aber wir haben ihn doch erst einmal vernommen). So sind wir wahrhaftig auf eine Klippe gestellt und müssen — ganz streng: müssen — zum Himmel der Ewigkeit auffliegen oder im Meer der Vergangenheit ersaufen; der Strom der Zeit hat uns ausgespieen. Wir müssen das Zeitlose leisten, denn der Zeit genug zu tun und es ihr anheimzustellen ob sie es weiter trägt, ist uns schon versagt. Aber wie soll einen dieser Zwang zum Allesodernichts nicht verzagt machen? Man kann wohl Allesodernichts wollen, aber es müssen ist mehr als der Mensch erträgt. Und es giebt keine Rückkehr in die Zeit; wer einmal herausgefallen ist, bleibt draussen; nur wenn das eigene Leben lückenlos läuft, hält es mit der Zeit Schritt, und der Krieg war Lücke. Es giebt keinen Rückweg, nur den Weg jenes Müssens; nur die Gefallenen sind über jenes Muss hinaus. Und doch kann ich mich selber nur als Übrigbleibenden denken.

Dein Franz

[1] Hugo von Hofmannsthal, Ballade des äußeren Lebens, 1896.

An Margrit Rosenstock am 21. August 1918

21.VIII.

Liebes Gritli, nimms nicht überschwer, was ich dir gestern schrieb. Ich weiss es selbst nicht mehr genau; aber es ist schliesslich wie all solches Grübeln über sich selbst in Klügeleien ausgeartet. Man vergisst immer zu leicht, dass das was man mitbekommen hat, die „Länge der man keine Elle zusetzen kann",[1] dass das am Ende durchschlagender ist als alle Konstellation und alles Schicksal. Und über diese Mitgift ins Leben gilt und gibts kein Nachdenken. Man hat sie und zehrt davon, ob man will oder nicht. Über das Schicksal nachdenken mag man hinterher, wenns „zu spät" ist. Da bekommt man Respekt, denn man sieht hinter der Maske des Schicksals die Züge der Schickung. Hingegen in die Zukunft gesehn, steht die Maske ganz starr hart undurchdringlich vor einem und lässt kein Gesicht dahinter ahnen. Und darauf kommt es doch an, dass alles in der Welt Gesicht bekommt und die Maske der toten Dinghaftigkeit abtut. Die Vergangenheit tut den Mund auf und spricht zu uns; die Gegenwart spricht gar <u>mit</u> uns; aber die Zukunft ist stumm; wir müssen zu <u>ihr</u> sprechen, bis sie uns hört.

Liebes Gritli, vielleicht, vielleicht bist du heut Abend da. Ich will mich nicht zu fest darauf verlassen, aber möglich ist es doch.   Dein Franz.

[1] Dazu Matthäus 6,27.

An Margrit Rosenstock am 22. August 1918

In diesem Brief erscheint zum ersten Mal im Werk Rosenzweigs das Symbol des Davidsterns ✡ und die Formulierung „Stern der Erlösung".

22.VIII.

Liebes Gritli,
meine Erwartung wurde erfüllt. Zwar nicht von dir, aber von Eugen war ein Brief da, eine Antwort auf den ◎ -Brief. Dadurch und noch aus einem andern Grund habe ich nun auch wieder daran denken müssen und es heute in dem greulich verwackelten (Eisenbahn!) Unreinen wieder zu lesen versucht. Der andre Grund ist, dass mir gestern Abend, in den Stunden grad ehe die Post kam, die Fortsetzung der Gedanken des Briefs an Rudi vom vorigen November kam, genau da wo der Brief damals aufgehört hatte, und gleich in breiter Massenhaftigkeit, aber vorläufig noch mit ziemlichem Misstrauen betrachtet; denn es „eugent"[1] bei mir; ich denke in Figuren; das Dreieck, das damals den Inhalt des Rudibriefs bildlich zusammenfasste, mit 3 Ecken und 3 Verbindungen, enthüllt sich als sechsstrahliger ✡ Stern der Erlösung, der in sich neue „Sterne" ✦ ✡ u.s.w. enthält. Wie gesagt, ich bin auf dieses Gegenstück zum † der Wirkl.[2] selbst noch sehr misstrauisch; aber mindestens der Anfang stimmt und lässt sich in dürren Worten begreiflich machen, denn der Stern ist weiter nichts als die Kombination zweier Dreiecke, die sich nicht aufeinanderlegen lassen wollen und also sternförmig zueinander stehen müssen: das △ der Schöpfung, nämlich das was vor der Offenbarung da ist; ⟨…⟩[3] genau wie in dem Brief an Rudi;[4] und das ▽ der Offenbarung, die Welt nachher, als ⟨…⟩[5] die im Brief an Rudi die Seiten des Dreiecks △ waren, nun aber Punkte eines eigenen Dreiecks ▽ werden. Beide Dreiecke ~~Of~~ Schöpfungs und Offenbarungs unlöslich verbunden ✡ ~~gege~~ geben die Gewissheit der Erlösung. Deren Grundworte müssen also erscheinen an den Punkten der unlöslichen Verbindung, eben den 6 Schnittpunkten der beiden Dreiecke, die ihrerseits als ein neuer Stern zusammengefasst werden können. Das Wort dieser ~~Ecken~~ Schnittpunkte wird jedesmal gewonnen von den beiden benachbarten ⌈⌈äusseren⌉⌉ Sternspitzen her und zwar übereinstimmend von beiden, wodurch eigentlich Willkür ausgeschlossen sein müsste (aber natürlich doch nicht ist). Jeder „Schnittpunkt" ist also das übereinstimmende eine Spaltungsprodukt zweier benachbarter Spitzen, deren andre Spaltungsprodukte jeweils mit andern Spitzen zusammenhängen.   Aber genug davon; es ist schon mehr als du verstehen kannst. Wenn ichs schreiben werde, wirds ganz leicht, - vorausgesetzt dass ich die Übersetzungsschwierigkeiten überwinde. Eigentlich muss nämlich jeder Stern in einer eigenen Sprache beschrieben werden, hebräisch, lateinisch, deutsch - und so ist es auch in dem ersten Entwurf gestern und heute geschehen. Nur für den Anfang bleibt die mathematisierende Symbolsprache des Rudibriefs. Die Mathematik ist ja die Sprache vor der Offenbarung. Erst in der Offenbarung wird die Sprache der Menschen geschaffen. Deshalb sind die Punkte des Schöpfungsdreiecks △ nur mathematisch zu fassen; die des Offenbarungsdreiecks, wenn sie, wie hier nötig, vom Schöpfungs ▽ her entwickelt werden sollen, auch. Im fertigen Stern der Erlösung treten dann aber die ~~W~~ Menschenworte dafür ein, denn nun ist ja die Offenbarung da, und nun sind die mathematischen Symbole auch für die bisher schon gefundenen Punkte nicht mehr nötig.   Das eigentlich Fruchtbare und Neue am Rudibrief, das was auch dir damals den Eindruck machte, die Lehre vom Menschen sans phrase[6] und Palmenzweig,[7] ist mir auch erst jetzt klar geworden. So wie es eine Metaphysik giebt, nämlich eine Wissenschaft die von Gott handelt ganz gleichgültig ob er jemals die Welt geschaffen hat oder nicht, von Gott ganz für sich,

von Gott als wenn er nicht der Herr und Schöpfer der „Physik" wäre sondern selber seine eigene Physik hätte, und so wie Hans eine Metalogik macht, eine Wissenschaft von der Welt ganz unbekümmert um ihr (der Welt) Verhältnis zu einem etwaigen Denken, einem Logos, sondern im Gegenteil diesen Logos selbst als ein Stück Weltinhalt fassend statt als Weltform, so habe ich da eine Metaethik aufgestellt, eine Lehre vom Menschen, der nicht unter Gesetzen u. Ordnungen steht, für den keine Ethik gilt, sondern dessen Ethos wenn er eins hat ein Stück seines blossen Daseins, seiner wüsten Natur wäre. Diese Meta-Wissenschaften ~~beschreiben~~ schreiten den ganzen Kreis der Schöpfung aus, den werdefreien (aphysischen) Gott, die begriffsfreie (alogische) Welt, den sittefreien (a-ethischen) Menschen. - ~~Mit~~ Aus diesem Dreieck der Schöpfung ⌈⌈als Daseins⌉⌉ wird nun das Dreieck der Offenbarung als des Worts hervorgezwungen, etwa so wie im Rudibrief, wobei die Schöpfung nun natürlich wieder vorkommt und jetzt eben als zum Worte gekommene Schöpfung, als ~~schö~~ ⌈⌈redender und beredbarer⌉⌉ Kosmos, statt des stummen und tauben dreifachen Chaos des ~~An~~ ersten Dreiecks; aber nun nur ein Drittteil, nicht mehr selber das Ganze. (Und in dem innren Stern der Erlösung nachher wieder, aber nun nur noch als ein Sechstteil, etwa als „diese Welt". So wie auch die Offenbarung dann wieder vorkommt).

Der langen Rede kurzer Sinn sollte ja nun bloss sein, dass mir gestern dabei plötzlich das Gritlianum[8] (so heisst es natürlich) einfiel und ich merkte, dass ich da auf der engen Bühne des Mikrokosmos nur das Stück habe nachspielen lassen, das sich in Wirklichkeit im Grossen zwischen Mensch und Welt im Schöpfungsdreieck abspielt. Im Mikrokosmos, also mikroskopisch gesehen und also manches intimer gesehen als mit blossem Auge, aber auch manches ohne den Zusammenhang, den richtigen, eben weil mikroskopisch isoliert.

Und nun will ich noch an Eugen schreiben. Dass ich ihm grade das astrologische Buch geschickt habe, war doch auch ein guter Instinkt für die Gleichzeitigkeit. - Wegen des Zusammentreffens mit Schweizer rechne ich auf das „brave" Gritli. - Morgen beginnen die Skatnächte und rettungslos dann auch die Mittagsschläfe. Ich fürchte, ich werde wenig von dieser Ernte einfahren können; vielleicht ists aber ganz gut, wenn sie noch einmal verfault. Mein Gefühl ist aus Misstrauen und Zuversicht ziemlich zu gleichen Teilen gemischt. —

Dein Franz.

---

[1] Eugen Rosenstock dachte mit Vorliebe in Figuren.

[2] Im Kreuz der Wirklichkeit. Eine Soziologie - Titel des mehrbändigen Hauptwerks von Eugen Rosenstock.

[3] Gott - Mensch - Welt.

[4] Brief an Rudolf Ehrenberg vom 18. November 1917, später als „Urzelle" zum „Stern der Erlösung" bezeichnet, abgedruckt in Zweistromland S.125-138.

[5] Offenbarung - Schöpfung - Erlösung

[6] Franz.: ohne Gerede (hier im Sinne von: ohne innere Widersprüche).

[7] Anspielung auf das Gedicht „Die Künstler" von Schiller: „Wie schön, o Mensch, mit deinem Palmenzweige / Stehst du an des Jahrhunderts Neige / In edler stolzer Männlichkeit, / Mit aufgeschloßnem Sinn, mit Geistesfülle, / Voll milden Ernsts, in tatenreicher Stille, / Der reifste Sohn der Zeit ... Nur durch das Morgentor des Schönen / Drangst du in der Erkenntnis Land. / An höhern Glanz sich zu gewöhnen, / Übt sich am Reize der Verstand. / Was bei dem Saitenklang der Musen / Mit süßem Beben dich durchdrang, / Erzog die Kraft in deinem Busen, / Die dich dereinst zum Weltgeist schwang."

[8] Abgedruckt im Anhang, S.826ff.

An Eugen Rosenstock am 22. August 1918

22.VIII.18.

Lieber Eugen, mir ist ja Nietzsche nie wichtig gewesen, ausser wenn ich speziellst über „unsre Zeit" (= 1886 - ?) nachdachte. Sonst hat mir diese Rolle des falschen (bzw. richtigen) Buchs Goethe gespielt (und später der Einfachheit halber Hegel. Daher mein Verabsolutieren von „1800", deins von „1914". Wir meinen damit das Gleiche, (wie ich schon in Montmedy[1] merkte).

Das Gritlianum[2] ist auch Montmedyer Ursprungs. Es ist „dualistischer" ausgefallen als ich damals dachte. Ich wollte damals das Schreib-Experiment machen, ob ich von deinem + Weizsäckers Naturbegriff überzeugt wäre. Nun geriet es durch das Tag-Nacht-Aperçu (es war bloss ein Aperçu,[3] ich lag im Bett und war grade aufgewacht, und so sagte ich es vor mich hin) also nun geriet es von vornherein ins Scheiden und Entzweien. Der Titel „von E. u. E."[4] ist freilich arg verblasen, ⌈⌈aber⌉⌉ wie der Inhalt selber auch, den er infolgedessen ganz gut bezeichnet. Wollte man ihn pointierter bezeichnen, so müsste man die Pointe herausgreifen und es nennen: Der Schrei. -

Vom Ende der Tage geht nicht, weil es ja ebensosehr auch von Mitte und Anfang der Tage handelt. Der eigentliche Titel aber ist das Motto. Und deshalb kommt es auf den „V. E. u. Ewigk." nicht an. Das „Publikum" ist ohnedies an einer Hand abzuzählen, nämlich ausser euch noch Rudi und ev. Trudchen Oppenheim. Schon Hans würde es nicht interessieren. Es ist ja eben doch nur ἔπος[5] (schon das ist beinahe mehr zugestanden, als ich von dir erwartete) und gar nicht opus.[6] Auch was seit gestern wieder in mir rumort, ist nicht opus, sieht aber doch wenigstens so aus. Wie mein opus einmal aussehen wird, weiss ich nicht im geringsten. Aber was jetzt bei mir entsteht, kann noch nicht opus sein, sondern immer nur Vorübung oder Voruntersuchung. Das weiss ich so bestimmt, dass ichs mir nicht ausreden lassen kann.

Leib - Geist ? Ich habe ja den Geist absichtlich draussen gelassen (die These
   Seele   . „Natur ist gestorbner Leib, Geist gestorbne Seele" ist sogar eine richtige kleine Entdeckung). Das hat sich insofern gerächt, als die Seele bei mir etwas stark geistige Züge angenommen hat; etwas viel Bewusstheit. Was du entseelten Geist nennst, müsste ich in der Sprache des Gritlianums „entleibte", „unleibhaftige" Seele nennen. (Denk an Augustinus Antithese des stoischen Sapiens[7] und des Christen nach den Selbstaussagen des Paulus, oder an die Tertullianstelle die ich dir mal schrieb: „Christus u. die Apostel zürnen u. begehren"[8]). Die leibhaftige Seele und der seelenhafte Leib werden ja einmal eins sein trotz der antithetischen Worte. Das Wort in dem die beiden Getrennten zusammenschmelzen, ist kein Etwas, was über sie beide greift, sondern ein Wort, das sie selber sprechen, das Wort der Liebe. Eben deshalb konnte ich die Konstruktion mit den drei Etwassen

Leib - Geist nicht brauchen. Der Gegensatz versöhnt sich in sich selbst, oder besser
   Seele   vielleicht: im Angesicht des Vaters (der aber doch auch kein Etwas ist).
              Werden Mensch u. Welt durch einen übergreifenden Begriff versöhnt?
Nein, sondern wieder durch die Liebe und im Angesicht des Vaters. ...

---

[1] Bei einer Begegnung in Montmedy, Frankreich, stellte Rosenzweig im Januar 1918 Eugen Rosenstock den „Rudi-Brief", die sogenannte Urzelle, vor. Dazu der Brief vom 13. Januar 1918, S.48f.

[2] Abgedruckt im Anhang, S.825ff.   [3] Franz.: geistreicher Einfall.

⁴ Der Originaltitel des „Gritlianum" lautet: „Von Einheit und Ewigkeit. Ein Gespräch zwischen Leib und Seele".
⁵ Griech.: erzählende Dichtung.
⁶ Lat.: Werk.   ⁷ Lat. weiser (Mensch).
⁸ Dazu Briefe und Tagebücher S.482 und der Brief an Margrit Rosenstock vom 24. Juli 1921, S.753.

An Margrit Rosenstock am 23. August 1918

23.VIII.

Liebes Gritli,   nun laufe ich schon den dritten Tag hinter dem Stern her und entdecke immer noch Neues. Ich glaube doch, ich werde zu schreiben anfangen. Was mich scheu macht, ist jetzt schon weniger die Figürlichkeit des ersten Aperçus,¹ - denn ich merke bei jedem Schritt immer mehr, dass die Figur nur eine Hülfe ist, um Verhältnisse zu erkennen, die wirklich gelten - mehr beängstigt mich der Umfang, den die Sache, einmal angefangen, notgedrungen annehmen muss. Das wird kein in 8 Tagen hingeschriebenes „Anum"² sondern ein Buch, das mindestens Wochen braucht. Selbst wenn ich es zunächst nur bei dem Stoff bewenden lasse, den ich damals schon in dem Brief an Rudi dargestellt hatte. Denn was ich dort nur allgemein bezeichnet hatte „hier ist der Ort für die Schellingsche Theosophie" u.s.w., das muss ich alles jetzt selbst ausführen, nach „meiner" Methode. Denn es ist eben, wenn es etwas Rechtes ist, eine eigene Methode, und es giebt ganz bestimmte Gesetze, nach denen sich die Dinge zum „Stern" ordnen. Also die verschiedenen Meta...iken wollen jede ein Kapitel für sich; die Ich-Du- und Er-sie-es-Gedanken des Rudibriefs wachsen sich zu einer kompletten Sprachlehre aus, u.s.w.

Verzeih dass ich dir so Brocken zuschmeisse; ich bin eben voll davon, und es ist auch sonderbar, dass mir bei meinem ständigen süffisanten Misstrauen gegen alles Denken in geometrischen Figuren das passieren muss. Freilich ist das Geometrische auch nur Schein; denn während beim wirklichen gleichseitigen Dreieck eben die 3 Seiten auch wirklich gleich sind, sind sie bei mir in jeder Weise untereinander verschieden; man kann das Dreieck nicht kippen; jede der drei Seiten ∆ bedeutet regelmässig etwas andres: \ immer einen Zusammenhang (z.B. Gott und Welt), / immer eine Abstossung (z.B. Gott und Mensch) und _ immer einen Kampf (z.B. Mensch und Welt), und dementsprechend ist das was herauskommt, im ersten Fall eine Erklärung, im zweiten Fall ein Wunder, und im dritten ein Ergebnis (1.) Schöpfung 2.) Offenbarung 3.) Erlösung).

Aber nun wirklich genug; ich komme schon wieder ins Ummichschmeissen. Es wird Zeit, dass ein Brief von dir kommt und mich aus der Sterndeuterei wieder herausführt.³ Aber am Ende steckst du selber drin. Wann kommt wohl die Abschrift von „Sonne Mond und Sterne"??⁴ Aber erst kommst du ja selbst. Wie wenig ist die Handschrift - und wie viel!

Auf Wiedersehn heut Abend -   Dein Franz.

¹ Franz.: geistreicher Einfall.   ² Eine kurze Schrift wie das „Gritli*anum*" oder das „Putzi*anum*".
³ Vielleicht Anspielung auf Nedarim 32a: „Geh aus deiner Sterndeuterei, es gibt keine Gestirnkonstellation für Israel."
⁴ Eugen Rosenstock, Der Kreuzzug des Sternenbanners, in: Hochland 16,1, November 1918, S.113-122, von Rosenzweig meist als „Sonne, Mond und Sterne" bezeichnet.

An Margrit Rosenstock am 24. August 1918

24.8.18

Liebes — das Unheil nimmt seinen Lauf: ich habe angefangen, eine Einleitung zu schreiben, die selber schon ziemlich lang werden wird. Vielleicht bin ich dann zunächst einmal beruhigt. Denn vor dem Angreifen einer so langen Arbeit wie das Ganze wäre, graut es mich doch unter den hiesigen Bedingungen. Ich gerate beim Arbeiten immer in eine zunehmende Aufregung, so dass die letzten Tagesraten immer die umfangreichsten werden, weil ich zuletzt nichts andres mehr denken kann als: nur unter Dach bringen. So viel Routine habe ich ja jetzt, dass ich im voraus weiss wie es mir dabei geht. Meine schon geringe Brauchbarkeit wird gegen Ende immer unbrauchbarer. Und so ists schon bei kleinen Sachen die etwas mehr oder weniger wie eine Woche dauern. Und nun bei einer Arbeit von vielen Wochen. - Die Einleitung wird in ziemlich sanften Tönen die Philosophie beschimpfen, weil sie Gott vergewaltigt und den Menschen vergessen habe, und so Stimmung machen für die 3 Meta....iken.[1] — Cohen Lesen[2] geht natürlich jetzt nicht mehr. Es ist sehr komisch, wie gänzlich ihm fremde Wege mein Kopf geht, sowie er auf eigene Rechnung arbeitet.

Ich kann dir nicht recht schreiben in diesen Tagen; um dich zu schonen wende ich schon die Methode des Herrn Dick aus dem David Copperfield[3] an und lege mein Notizbuch offen neben den Briefblock, für alle Gedanken über den Kopf Karls I.[4] Auch hast du mich gestern Abend „enttäuscht"; dein Brief war nicht da. Dafür haben mich die „Herren" nach der anderen Seite enttäuscht: sie haben ein Kartenspiel zu zweien gespielt und ich konnte früh zu Bett; gebs der Himmel, dass sie Gefallen daran finden; dann wäre der Wunderglaube, zu dem ich in meiner Verzweiflung mich schon bekehrt hatte in diesem Punkt, ja wirklich gerechtfertigt. Sieh da ist eine ganze leere Seite vor mir. Ich will aber dem Mr. Dick in mir widerstehen und nichts vom Kopf Karls I. darauf schreiben, sondern sie ruhig leer lassen. Denk dir auf dem freien Raum viel Gutes und Liebes, mehr als dir heute sagen kann (weil es heut alles unter der Schwelle im dunkeln Keller bleibt, und oben im Haus rumort in allen Zimmern der abgehauene Königskopf).

Dein Franz.

[1] Metaphysik, Metaethik und Metalogik; dazu auch im Stern der Erlösung die Überschriften der drei Bücher des ersten Teils.

[2] Hermann Cohen, System der Philosophie, 1: Logik der reinen Erkenntnis, 1902.

[3] Charles Dickens, 1812-1870, Die Lebensgeschichte, Abenteuer, Erfahrungen und Beobachtungen David Copperfields des Jüngeren, Roman.

[4] Karl I., König von England, wurde 1649 auf Betreiben Oliver Cromwells enthauptet. In dem Roman „David Copperfield" schreibt „Mr Dick" täglich an seinen Erinnerungen. Doch kommt er dabei niemals vorwärts, weil ihm stets Karl I. - bzw. dessen Geist - dazwischen kommt, so daß er seine Arbeit unterbricht und am nächsten Tag wieder von vorne beginnt.

An Margrit Rosenstock am 25. August 1918

25.VIII.

Liebes Gritli, es geht so weiter mit ohne Skatzwang auch gestern Abend und mit dem unaufhörlich rollenden Kopf Karl I. Auf jedes Blatt Papier das ich grade in der Nähe habe male ich meine Sternchen. Ich hätte nie gedacht, dass ich mich mit dieser

Figur einmal ernsthaft befassen würde; sie war mir in ihrer synagogalen Verwendung eigentlich immer unsympathisch. Die Kabbalah hat übrigens damit gearbeitet; aber näheres weiss ich nicht. Heut habe ich endlich für das Heidentum Unterkunft besorgt, was nämlich bisher bei allem Bemühen unmöglich schien und heut auf ganz unerwartete Weise von selber kam und so dass ich erst nachher die vollkommene Richtigkeit der Unterbringung einsah. So locken mich Erfolge weiter und führen doch dann immer wieder an Stellen, wo ich den Boden unter mir wegsinken fühle und wieder fürchte: „der Geist, den ich gesehen, kann ein Teufel sein".[1] - Also: „die Sache wills, dass ich genauer prüfe"[2] und das tue ich ja jetzt, indem ich die Schauspieler auftreten lasse und das Stück spielen.

Bist du noch da? die Feder war inzwischen wieder etwas auf Mr. Dicks Papier gelaufen. Also du bist noch. Ich wollte dich noch etwas merkwürdiges fragen: hier giebt es zahllose braune Eidechsen, in allen Grössen, reizende Tiere; sie fangen Fliegen und man muss ihnen unwillkürlich zusehn dabei. Wie kommts nun, dass ich (nur ich? oder ist es allgemein?) mit meiner <u>ganzen</u> Sympathie dabei bei der Eidechse bin und mit der Fliege keine Spur Mitleid habe; (ich könnte sie ja stets retten, indem ich sie einfach wegjage); nur ein gewisses Grauen kriege ich, wenn ich das unglaublich tückische Gesicht sehe, das die Eidechse während des ziemlich langwierigen Herunterschlingens macht: so eine Art Triumph-der-Hölle-Gesicht. Also woher diese besinnungslose Sympathie mit dem Stärkeren? Es giebt ja eine Geschichte von einem kleinen Jungen, der erzählt kriegt, wie einem Löwen Neger noch im letzten Augenblick verhindert wird einen Missionar zu fressen, und der entsetzlich zu weinen anfängt: „armer Neger, armer Neger!". So ähnlich ist das eigentlich.

„Armes Gritli" - nicht weil du keine Missionare zu fressen bekommst (oder vielleicht gar doch??), aber weil du so langweilige Briefe lesen musst, von abgeschlagenen Köpfen und aufgefressenen Fliegen. Lies nur die Unterschrift; sie ist dennoch wahrer als alles:

Dein Franz.

---

[1] Shakespeare, Hamlet, Prinz von Dänemark II,8.

[2] Shakespeare, Othello V,2.

An Margrit Rosenstock am 26. August 1918

26.8.18

Liebes Gritli,   du gewöhnst mich aber sehr langsam wieder an dich. Erst kam eine Botschaft durch Eugen, dass ihr Ranke läset, dann eine zweite, dass du mich läsest (ist schon besser), und gestern eine weitere Steigerung: eigenhändig eine Vertröstung auf „morgen" (d.h. aber ins Mazedonische übersetzt: übermorgen). Nach diesen drei Komparativen darf ich also morgen den Superlativ erwarten: das erste „Handschreiben". Ich verklage das grosse Gritli in Säckingen bei dem kleinen hier, aber das nimmt dich in Schutz und sagt, du hättest dich auf es verlassen und gemeint, ich würde es gar nicht merken - und ich selber hätte es doch auch gemeint, aber freilich ich merke es doch. Aber jedenfalls, das kleine hat mich wieder still gemacht, und nun warte ich still „auf morgen" - auf das grosse. Komm -

Sonne, Mond u. Sterne, an sich sehr gut geschrieben und doch überall nach Ergänzung verlangend; es setzt ja das ungeschriebene Revolutionsbuch direkt voraus, ist eigentlich ein Kapitel daraus. Das muss er schreiben, es ist eine überreife Frucht. Viel wichtiger als das Staatsbuch, das doch nur Essays wären. Für „Europas Darstellung" braucht er nichts mehr als noch ein bischen Kritik und Vorsicht im Formulieren des Grundsätzlichen, der Zeit-„Rechnung". Da muss er sich gegen die nächstliegenden Einwände decken, indem er die subjektive Seite, die doch mindestens auch zur Sache gehört (das Zeit-Erlebnis der Personen) betont, wie ichs ihm voriges Jahr ausgeführt habe. Das Wunder der Wirklichkeit wird nicht geringer, wenn man den innermenschlichen Mechanismus aufzeigt, durch den es sich verwirklicht; denn dieser Mechanismus ist ja selbst wieder ein Wunder.   So löse ich jetzt meine Dreiecke und Sterne rückwärts in logische Beziehungen auf; sie werden dadurch nicht weniger dreieckig, aber (im Gegenteil) das Logische wird dreieckiger. Man kann das Symbol nur dadurch als das Höhere gegenüber dem formlosen Gedanken aufweisen, indem man zeigt, wie das Symbol die Kraft hat, sich der Gedanken zu bedienen. Dass die Wirklichkeit gewaltig ist, zeigt sich grade darin die Menschen gar nichts andres können als — sie verwirklichen.   - „Auf morgen"   Dein Franz.

An Eugen Rosenstock am 26. August 1918

26.VIII.18

Lieber Eugen,   ich las dein Antiastrologikum[1] noch gestern Abend zwischen Sonnenunter- und Mondaufgang, also unter der Alleinherrschaft der Sterne. Das passt ja auch dazu, denn ganz wesentlich handelst du nur von Amerika; vom Halbmond eigentlich nur wegen des Kreuzzugsvergleichs; und von der aufgehenden Sonne einfach zu wenig. Das ist also gleich meine Kritik. (Geschrieben ist es glänzend, grösstenteils sogar „reif" und trotzdem gut.) - Japan selbst ist wohl wirklich uninteressant, aber ganz Ostasien hängt ja daran. Und die Sonne ist doch viel mehr als der Mond, und jedenfalls der einzig ebenbürtige Widerpart für das Kreuz. Mit dem Mond giebt es, wie übrigens die Erfahrung ~~scheint~~ zeigt, keinen echten Kampf; Mond und Kreuz konkurrieren; sie kämpfen nicht miteinander. Oder: sie kämpfen nicht ums Leben, sondern um die Beute. (Und der Mond ist dabei der stärkere, weil er der Nachahmer ist und sich dem Publikumsgeschmack anpasst.) Der Nachahmer ist keine gute Vorbereitung auf das Original; im Gegenteil er verdirbt den Sinn und Geschmack dafür ziemlich hoffnungslos. Der grosse Kampf steht dem Kreuz mit dem echten lebendigen Heidentum des fernen Ostens bevor. - Nicht ganz (aber halb) überzeugend war mir der scharfe Strich zwischen Amerika und England; du weisst da wohl Sachen die ich nicht weiss. - Litterarisch schlecht ist die Schlusskadenz. Sie klingt nur überzeugt, nicht überzeugend. - Beim Islam stimmen Einzelheiten nicht; die Gesamtansicht natürlich stimmt. Der Islam hat für alles Ersatz, auch für den Geist (Theorie der „Imami",[2] und des ausgeschlossenen Irrtums der Gesamtgemeinde). Muhamedaner ist missverstehende Benennung seitens [des aufgeklärten wohl erst?] Europas. Die Selbstbezeichnung Muslim ist viel charakteristischer: die einzige Religion, die ihren „Zweck" schon im Namen ausdrückt[3] - wie eine Firma oder ein Verein. (Überhaupt sind die Anfänge des Islam wie eine Vereinsgründung in einer modernen Bohème-Grossstadt).

Mir war merkwürdig, dass dein „Natur und Geist" noch antinatürlicher ausgefallen ist als meins. Das war mir ganz unerwartet. Ich hatte ja meins in Auseinandersetzung mit dir geschrieben. Und nun bist du mir mehr entgegengekommen als ich wünschte. Ich glaube wirklich, etwas zu weit. Auf älteren Kreuzigungen, noch bis zu Dürer, werden ja Mond und Sonne mitdargestellt. Und das Christentum nimmt ja stets von seinen Besiegten Gesetze an. So ist auch Amerika grade wenn es besiegt werden wird, schon die Bürgschaft für eine künftige Form des Christentums, die man ja kaum voraussagen kann, aber die trotzdem kommen wird. Das ist das Richtige an dem amerikan. Gefühl der Überlegenheit. Die Sterne werden also nicht vom Himmel fallen, sondern sich um das Kreuz gruppieren. Die Natur ist eben immer schon da, wenn der Geist angelaufen kommt (wie in dem unerschöpflichen Märchen vom Has und vom Swinegel); aber der Geist muss eben deshalb „sich strecken" zum Lauf immer aufs neue, damit er immer aufs neue das „Ik bün all da" der Natur hören kann - liefe er nicht, so würde ers nie zu hören kriegen. Dies ist das Geheimnis des Verhältnisses von Schöpfung und Offenbarung, dass sie in jedem Augenblick zusammenwirken müssen, beide - damit die Erlösung kommt. Damit wäre ich von dir wieder zu mir gekommen; ich sitze grade wieder bis über die Ohren in den Gedanken meines Briefs an Rudi vom vorigen November.[4] - Das Amerikanum schicke ich erst zurück, wenn ichs nochmal gelesen habe, schreibe dir auch vielleicht nochmal darüber. Bist du dir wohl eigentlich selber klar gewesen über dein Überlaufen von der Natur zum Geist? War etwa die Annahme des Pichtschen Kreuzbegriffs mit schuld daran? fast möchte ichs glauben.

Dein Franz

[1] Der Kreuzzug des Sternenbanners, in: Hochland 16,1, November 1918, S.113-122, von Rosenzweig meist als „Sonne, Mond und Sterne" bezeichnet.

[2] Imam (arab.): Führer, Vorbild.

[3] Die Bezeichnung Islam, von der Moslem bzw. Muslime abgeleitet wird, bedeutet auf Arabisch: Unterwerfung, Ergebenheit.

[4] Die sogenannte „Urzelle" zum „Stern der Erlösung", abgedruckt in Zweistromland S.125-138.

An Margrit Rosenstock am 27. August 1918

27.8.18

Liebe Überraschung, denn du hast es wirklich fertiggebracht, mich beinahe eine Woche lang warten zu lassen und erwarten, und dann doch noch überraschend zu kommen; denn ganz gegen die Ordnung kam gestern Abend schon Post: Hans, Trudchen und du. Vom Schah von Persien als er in den 80er Jahren seine sensationelle Europareise machte wird erzählt, ihm habe an der europäischen Musik am besten das allgemeine Durcheinander vorher, also das Stimmen gefallen. Dazu bin ich „nicht Asiat genug", aber dennoch wenn ich lange keine Kammermusik gehört habe, müsste ich vielleicht auch schon beim Stimmen an mich halten, nicht über den Quinten wegzufliessen, obwohl sie doch (zugegeben!) „leer" sind. Weiss ich doch dass sie sich füllen werden, dass die Terz hinzu kommen wird und nachher geht es ans cis-moll op 131[1] oder in der lydischen Tonart - liebes - liebes Gritli -

Gestern schrieb ich grad noch an Eugen an seine Feldadresse, weil er die so ausdrücklich auf das Sonne Mond u. Sterne-Couvert geschrieben hatte. Nun hätte ich ruhig bei meinem Instinkt bleiben können, mit dem ich ihm sonst alles auch über den „15ten" hinaus an deine Adresse geschickt habe. Kassel wäre schön. Mindestens zu Anfang würdet ihr bei Mutter wohnen; nachher werdet ihr ja Haushalt führen wollen und in der Nähe der Kaserne sein. Wie Mutter jetzt ist, weisst du ja, du hast es ja noch am letzten Tag zu spüren gekriegt (sie hat mir am andern Tag davon erzählt und ich habe mir meinen Vers daraus gemacht). Sie braucht jetzt auch das Äusserliche, in ihrer grossen Hülflosigkeit und in ihrem völligen Mangel an Selbstvertrauen. Selbst Trudchen, die ihr in einer Ahnung von ihrem traurigen Zustand grade in den letzten Leipziger Tagen ein paar Mal schrieb, genau was sie brauchte, - selbst Trudchen war jetzt entsetzt von diesem Mangel an Zu- und Vertrauen ...

Ich wäre nicht zufrieden wie du, wenn es wahr wäre, dass Eugen den Juni[2] vergessen hätte. Ich vertrage es überhaupt nicht dass jemand vergisst. (Kennst du die Anekdote - Bismarck selbst erzählt sie in den „G.u.E."[3]: wie er mit dem alten Wrangel[4] verzürnt war und der nach Jahren einmal auf einem Hoffest auf ihn zutrat und ihn fragt, ob er denn gar nicht vergessen und vergeben könne: „Vergessen - nein, vergeben - ja" und damit war es gut). Ich glaube auch nicht dass er vergessen hat. Die Lethe[5] dieser 14 Tage gönnte ich ihm, aber auf die Dauer ist Lethe kein Nahrungsmittel. Der Mensch lebt nicht vom Vergessen, sondern vom Erinnern (auch wenn es nicht „hold" ist). So wie es eine Plattheit und Unwahrheit ist, dass „nur der Irrtum" das Leben sei;[6] sondern in die Dunkelheit leuchtet nicht der Irrtum, sondern die Hoffnung. Könnte er diesmal, wo er die äusserste Grenze erreicht hat, jenseits von der die Nacht beginnt - könnte er auch dies vergessen, so wäre eine Wiederholung möglich. Und die ist unmöglich - denn die Seelen sind nicht mehr biegsam und elastisch, sondern in der Not jenes Monats fest geworden; sie könnten nur noch zerreissen, überstehen würden sies nicht noch einmal. - Ich muss es so hart sagen. Du weisst selber, dass es so ist.

Du fragst, ob ich gewusst habe beim Einpacken des Gritlianums,[7] wie schön das Auspacken sein würde? Ja gewiss habe ich das gewusst - sogar nur das, vom Inhalt hat man ja so unmittelbar nachher keinen Begriff; und ich war in Wien ja nicht eher zur Ruhe gekommen, ehe ich das Papier gefunden hatte. Auch das braune Bändchen, das das Heften ersetzen musste. Ich hätte es gern heften lassen, aber ich hatte keinen schönen Faden und war auch schon durch Prilep[8] durch, wo ichs von einem Einheimischen hätte machen lassen können; die deutschen Soldaten können ja leider alle lesen. Willst du es nicht noch nachträglich heften? es sollen ja keine „Blätter" sein, sondern ein kleines Buch. Oder verträgt es das dünne Papier nicht?

Die beiden Schöpfungsgeschichten in der Mitte,[9] die der Welt und die des Menschen (die „Offenbarung" - dies ist eine ganz tiefe Einsicht von Cohen, die ich jetzt in meiner Weise umschreibe, Cohen schreibt: die Offenbarung ist die Schöpfung der Vernunft. Sein letzter Aufsatz (ein Resumée des betr. Kapitels des Buchs), der schon nach seinem Tod, nein kurz vorher noch, in den Monatsheften erschien, handelt davon[10]) - also die beiden Schöpfungsgeschichten waren dir bekannt aus - dem Brief an Rudi, den Eugen ja kannte aber nicht in Gnaden aufnehmen wollte.[11] Deswegen sind sie natürlich für mich jetzt grade das, was mir noch nachgeht, während das Schreiben natürlich vom Anfang und Ende her geschah.

Die Einleitung geht weiter. Ich vermisse doch dabei bessere äussere Bedingungen; denn mit der Trance allein ist es hier nicht getan; die ist unter schlechten Bedingungen

manchmal stärker als unter guten. Aber hier brauche ich notwendig viel Besonnenheit, und die leidet unter den ständigen Störungsmöglichkeiten und dem ganzen so tun als ob nicht. Es wird ein mixtum compositum,[12] schon diese Einleitung: für Gelehrte zu menschlich und für Menschen zu gelehrt. So schreibe ich diesmal eigentlich für niemanden als für mich selbst. Aber schliesslich lohnt sich das auch schon, sich seine Philosophie für den Hausbedarf einzumachen. Hinterher hat man sie.
„Hinterher" - und dabei bin ich noch in der Einleitung.
Komm wieder, Gritli! es war schön heut mit dir.

Dein Franz.

[1] Berühmtes Streichquartett von Beethoven.
[2] Rosenzweigs Briefe vom Juni 1918 zeugen von einer Auseinandersetzung zwischen ihm und Eugen Rosenstock, in der es - wieder einmal - um Rosenzweigs Entscheidung, Jude zu bleiben, ging. Dazu vor allem die Briefe vom 24.-26. Juni 1918, S.111ff.
[3] Otto von Bismarck, 1815-1898, Gedanken und Erinnerungen, 1896.
[4] Friedrich Graf Wrangel, 1784-1877, preußischer Generalfeldmarschall.
[5] Griech.: Vergessen, Vergessenheit.
[6] Schiller, aus dem Gedicht „Kassandra": „Nur der Irrtum ist das Leben / Und das Wissen ist der Tod".
[7] Abgedruckt im Anhang S.826ff.
[8] Stadt in Mazedonien.   [9] Des Gritlianums.
[10] Der zitierte Cohen'sche Satz steht in: Religion der Vernunft aus den Quellen des Judentums, S.84. Bei dem erwähnten Aufsatz handelt es sich um „Einheit oder Einzigkeit Gottes III. Offenbarung", zuerst erschienen in: Neue jüdische Monatshefte 2, 1917/18 (Heft 12 vom 25. März 1918), S.281-84, nachgedruckt in: Bruno Strauß (Hg.), Cohens Jüdische Schriften B.I, Berlin 1924, S.96-99. Im Rahmen der Neuausgabe der Werke Cohens steht der kommentierte Aufsatz in: Kleinere Schriften, Band 6, S.637-644.
[11] Die sogenannte „Urzelle" zum „Stern der Erlösung" (abgedruckt in Zweistromland S.125-138), die Rosenzweig im Januar 1918 in Montmedy Eugen Rosenstock vorgelesen hatte.
[12] Lat.: gemischt Zusammengesetztes.

An Margrit Rosenstock am 28. August 1918

28.VIII.

Liebes Gritli,   also schon jetzt in Kassel! ich hoffe im Stillen, Ihr seid doch noch auf der Terrasse untergekommen, denn Platz ist ja. Jetzt war doch Hanna da, und grade in diesen Tagen muss Frau Cohen da̶h̶e̶ sein, und grade um Mutters willen wünschte ich, dass ihr dem „Hause" die Reverenz machtet. Und ich möchte mir euch doch auch gern einen Augenklick im grünen Zimmer vorstellen dürfen. - Das „grüne Zimmer" - es ist eigentlich eine Kriegserrungenschaft für mich oder gar erst eine Urlaubserrungenschaft; früher war es mir gleichgültig; wohl erst durch dich habe ich ein Zuhausegefühl dafür gekriegt, und erst seitdem ist es - nun eben das grüne Zimmer.
Ich bin heut von spätem Zubettgehen (Bierabend!) müde und ohnehin auch grade an einem Stein auf dem Wege der „Einleitung", über den ich heute also sicher nicht wegkomme.
Glaubt Eugen wohl an den Hass der Franzosen gegen die Amerikaner (früher mussten es die Engländer sein) von dem Schweizer erzählt? Aber der Hass der Bundesgenossen untereinander übersteigt ja überall, auch bei uns, den gegen den Feind - einfach

weil man die Bundesgenossen auf die Nähe hat und zum rechten Hass gehört Nähe wie zur Liebe, nein mehr als zur Liebe.

Ich muss dir noch zwei herrliche Sachen aus dem Heft des „Juden",[1] das ich heut kriegte, schreiben. Einer erzählt von einer Hamletaufführung in einem jüdischen Theater in Whitechapel, dem Londoner Judenviertel. „Und wenn sonst in das Dunkel halbgelebten Lebens die Wirklichkeit Fortinbras mit hellen Fanfarentönen hineindringt - hier wird er wie eine lästige Person verstanden. Das Theater wurde unruhig bei diesen Versen. So sehr die Menschen des Ghettos über Ophelias Wahnsinn weinten, so sehr sie mit einem gewissen Ernst die groteske Gebärde des Polonius aufnahmen (denn sie wissen selbst, was es heisst, sich lächerlich machen) so sehr versagte ihr Sinn beim Tatmenschen Fortinbras. Jemand sagte neben mir vernehmlich: „Goj".[2] - (Das Grossartige an dieser Markierung des einen Fortinbras als Heiden ist dies, dass der vernehmliche Sprecher offenbar alle andern Personen als Juden empfand!).   Nun aber das andre: eine von Buber aufgezeichnete chassidische Geschichte: „Unsre Weisen sprachen: „Wisse was oberhalb von dir ist". Das deutete der Apter[3] [die Rebbes heissen nach ihren Orten: der Rischiner, der Serer u.s.w.] also: Wisse was „oberhalb" ist von dir. Und was ist dies, was oberhalb ist? Ezechiel sagt es[4]: „Und auf der Gestalt des Trones eine Gestalt anzusehen wie ein Mensch darauf oberhalb". Wie kann das von Gott gesagt werden? Heisst es doch: [Jesaja[5]] „Wem wollt ihr mich vergleichen, dass ich ihm gliche, spricht der Heilige". Und ebenda: „Welche Gestalt wollt ihr mir vergleichen?"[6] Aber es ist so, dass die Gestalt, anzusehen wie ein Mensch, von uns ist. Es ist die Gestalt, die wir mit dem Dienste unsres wahrhaften Herzens bilden. Damit schaffen wir unserm Schöpfer, dem Bild- und Gleichnislosen, ihm selber, gesegnet sei er und gesegnet sei sein Name, eine menschliche Gestalt. Wenn einer Barmherzigkeit und Liebe erweist, bildet er an Gottes rechter Hand. Und wenn einer den göttlichen Krieg kämpft und das Übel verdrängt, bildet er an Gottes linker Hand. Der oberhalb auf dem Trone ist, - von dir ist er."[7] - Diese Geschichte ist Eugen unzugänglich (die erste nicht), weil er die Kluft nicht spüren darf, die in ihr geschlossen wird, das „Wie kann das von Gott gesagt werden". Nicht spüren darf, nicht eben bloss nicht spürt. Du spürst sie ja von Haus aus auch nicht, aber du kannst sie nachspüren, ohne dich zu verlieren.

Erzähle sie die Geschichte ihm lieber also nicht.   Schrieb ich dir: ein Brief von mir läuft über seine Feldadresse an ihn, über Sonne Mond und Sterne, aber nichts Besonderes. - Wird er wohl diesmal Trudchen kennen lernen? ich wünschte es sehr. Aber ihr seid vielleicht, oder fast sicher, jetzt nur ein paar Tage in Kassel und erst vom Oktober an auf länger. Früher als Ende Oktober kriege ich ja auch im günstigsten Fall keinen Urlaub. So dass es also, wenn alles gut geht, das Zusammensein zu dreien diesmal wirklich giebt. Grüss ihn, und selber ───────
                                                                                      ich bin dein.

---

[1] Die von Martin Buber herausgegebene Zeitschrift „Der Jude".

[2] Hebr.: גוי - einer aus den Völkern (im Unterschied zu: Jude).

[3] Abraham Jehoschua Heschel von Apta, gestorben 1663.

[4] Hesekiel 1,16.   [5] Jesaja 40,25.   [6] Jesaja 20,18.

[7] Die chassidische Geschichte ist in einer nur wenig abweichenden Form wieder veröffentlicht bei Martin Buber, Die Erzählungen der Chassidim, Zürich 1949, S.574f.

An Margrit Rosenstock am 29. August 1918

29.VIII.

Liebes Gritli – auf diesem Papier sieht meine selbstfabrizierte Tinte ja gradezu mondän aus! Ich habe einen Tintenstift dafür geopfert; andre brauen aus Beeren. – Ich schreibe dir nun schon zum zweiten Mal nach Kassel – bist du wohl noch da? Und wenn, weisst du zufällig, wo der Durchschlag von dem Brief an Rudi[1] sich herumtreibt? wohl irgendwo in meinem Schreibtisch, wahrscheinlich in der grossen Schublade unter der Schreibplatte. Wenn du ihn ohne Mühe finden kannst, so schick ihn mir bitte, oder bitte Helene,[2] dass sie mir das Original schickt, wenn sies da hat. Ich möchte gern vergleichen; aus dem, was damals nur Anläufe in die Sache hinein waren, sind ja inzwischen eigene Sachen geworden. Ich stecke übrigens augenblicklich so in den Schwierigkeiten an Ort und Stelle, dass mir das Ganze ⸤⸤nur⸥⸥ noch nebelhaft irgendwoher winkt – aber doch freundlich winkt; ich habe das gute Gefühl, keine orthodoxe Wissenschaft zu machen, trotz der orthodoxen Begriffe, sondern eine ganz wissenschaftliche – die freilich keinen orthodoxen Hund hinter dem Ofen hervorlokken würde und den üblichen Liberalen hinter den Ofen scheuchen würde. Kann ich dafür, dass die Offenbarung so alt ist wie der Mensch und die Schöpfung so jung wie die Welt? Im jüdischen Morgengebet heisst es von Gott, dass er „erneuert an jeglichem Tag das Werk der Schöpfung".[3] – Ich war ja viel orthodoxer heut vor einem Jahr etwa, und daher auch immer mit einem bösen wissenschaftlichen Gewissen belastet; daher war mir der Gedanke der Nacht als ich zum Kurs nach Prilep[4] stapfte, querfeldein und fortwährend stolpernd und in Dornen greifend, gleich so wichtig. Daraus wurde dann 6 Wochen später der Rudibrief, und nun das jetzige. – Es ist ja so natürlich, dass man erst die Unvereinbarkeit dessen, was man selbst erfahren hat, mit allem, was Erfahrung heisst, spürt und gar nicht darauf kommt, dass doch die Schuld der Unvereinbarkeit durchaus auch bei der andern Seite liegen könnte und dass es also nur darauf ankommt, so weitherzig zu denken, dass die Erfahrung „aller" <u>und</u> die eigene Erfahrung <u>beide</u> Platz darin haben; und eben diese Weitherzigkeit fordert der Begriff der Offenbarung, die ja eben (und nur) deswegen von der Schöpfung unterschieden wird und erst in der Erlösung mit ihr zusammenfliesst. Das orthodoxe Denken vernachlässigt entweder die <u>Schöpfung</u> oder (wenn es, wie heute bei den sogenannt Liberalen (die in Wahrheit schlimmer oder ebenso schlimm sind wie die Orthodoxen) üblich ist, die ~~doppelte~~ getrennte Buchführung von „Glauben" u. „Wissenschaft" behauptet) die – <u>Erlösung</u>! Ich merke dass ich arg kurz schreibe, aber du hast ja nun Eugen da und kannst es dir gleich erklären lassen.

Sehr ———

Dein Franz.

---

[1] Die sogenannte „Urzelle" zum „Stern der Erlösung", abgedruckt in Zweistromland S.125-138.

[2] Helene Ehrenberg, Ehefrau von Rudolf Ehrenberg.

[3] Frei zitiert aus dem jüdischen Morgengebet: „Der die Erde erleuchtet und die auf ihr wohnen, mit seiner Barmherzigkeit und in seiner Güte erneuert er an jedem Tag beständig das Werk des Anfangs" - Siddur Sefat Emet S.33.

[4] Stadt in Mazedonien.

An Margrit Rosenstock am 30. August 1918

30.VIII.

Liebes Gritli, was wird das für einen Urlaub geben, das nächste Mal, „Montmedy" und „Kassel" in einem.[1] Eigentlich müsstet ihr doch für die Wochen einfach zu uns ziehn, selbst wenn ihr übrigens eine Wohnung gemietet habt. - Die Infanteriewolke scheint sich verzogen zu haben, vielleicht weil man für September hier selbst allerlei erwartet; ich kann mich nicht viel damit abgeben, weil ich zu viel zu tun habe. Heut früh habe ich einen Plan für das Ganze gemacht; es wird wahrhaftig ein Buch von einigen 100 Seiten, drei Teile zu je drei Büchern, jeder Teil hat ausserdem eine eigene Einleitung, wovon die jetzt geschriebene noch nicht ganz fertige die zum ersten Teil ist. In diesen Einleitungen sammelt sich das schlechte Gewissen: sie werden gelehrt-unverständlich. Das übrige wird ungelehrt-unverständlich. Ich wünschte, vor dem Urlaub noch den ersten Teil wenigstens geschrieben zu haben. Es kommt das herein, was im Rudibrief[2] kaum drin steht oder jedenfalls nur sehr rhapsodisch. Er wird auch der kürzeste. Deshalb ist es wohl möglich, dass ich ihn noch vor Urlaub fertig kriege. Ein ungemütliches Leben wird es freilich. Aber vielleicht bis ich ganz fertig bin ist der Krieg alle. Denn ich weiss wirklich nicht was ich dann noch im Krieg soll. Mehr als mein System schreiben <u>kann</u> ich doch nicht. Für alles andre müsste es Frieden sein.

Ach Gritli - alles andre. Manchmal habe ich mich wohl davor gefürchtet und den Krieg wie eine letzte Atempause vor der Hetze des Lebens empfunden; aber im Grunde sehne ich mich jetzt danach, nach dem was kommt, nach „allem andern". Und vielleicht waren diese Jahre auch in meinem eigenen Leben nicht sinnlos - eine Talsperre an der ich mich erst hochstauen musste; nur sehr wenigen ganz grossen und starken Strömen genügt es, bloss entsprungen zu sein, und selbst die brauchen noch den Glücksfall starker Zuflüsse, oder ein natürliches Staubecken wie den Bodensee. Nun einerlei — und du hast mir vielleicht meine Theorie von der „Lücke im Leben"[3] nie recht geglaubt, wie solltest auch <u>du</u> grade es geglaubt haben! es wäre viel verlangt! nein, es ist keine Lücke. Tag folgt auf Tag und Augenblick auf Augenblick. Im Tag und Augenblick — Dein.

[1] Zu Anfang des Jahres hatte Rosenzweig erst Eugen Rosenstock in Montmedy und dann Margrit Rosenstock in Kassel getroffen.
[2] Die sogenannte „Urzelle" zum „Stern der Erlösung", abgedruckt in Zweistromland S.125-138.
[3] Dazu auch der Brief an Margrit Rosenstock vom 20. August 1918, S.122.

An Eugen Rosenstock am 30. August 1918

30.VIII.

Lieber Eugen, ich habe eben ⊙ ↯ ⚹ ♐︎ noch mal gelesen, litterarisch mit ähnlichem Eindruck wie das erste Mal: dass es am Schluss schwächer wird. Zur Sache noch, dass die Teilung des Kriegs in zwei sicher richtig ist. Hans hat sie auch gesehen. Unsre Kriegsschlussprofezeiung „Herbst 17" ist ja nur durch Amerika fehlgegangen;[1] ohne Amerika wären die Westmächte der Einladung nach Brest Litowsk[2] gefolgt, wenn nicht schon der Papstnote.[3] - Auch meine Stoffwahl in Ökumene (Januar 17) u. Thalatta (Dezember 17) ist charakteristisch.[4] Was ich noch nicht sehe, ist die Mediatisierung[5] Englands. Kolonialkrieg hat es doch immer geführt, anfangs an den Dardanellen. Belgien als Kriegsschauplatz war doch nur Folge der Tradition des (gemeineuropäischen) Militarismus.

Im übrigen - ich bringe kein rechtes Interesse für den Krieg mehr auf. Der 30jährige Krieg hatte ja auch zwei deutlich geschiedene Teile, vor und nach Richelieus Eintritt. Aber ein Landsknecht merkt nichts davon; für den ist es - später mal - der dreissigjährige Krieg, und so lang er dabei ist sind es Feldzüge und Winterquartiere. Soweit das bischen Landsknechtsseele, das in mir ist. Und das übrige ist jetzt erstrecht unpolitisch: Heut morgen habe ich einen litterarischen Voranschlag gemacht und war aufs Neue erschrocken. Hoffentlich bleibt mir wenigstens dieser Kriegsschauplatz, und in der bisherigen Form, erhalten.

Mein diesjähriges Winterquartier in Kassel werde ich wohl erst im November beziehen. Solange darfst du also baden. Aber dann spätestens musst du an die Ausbildung der niederhessischen Trainrekruten[6] gehen. Gott sei Dank, dass ich keiner davon bin, sondern
Dein Franz

[1] Am 6. April 1917 hatten die USA Deutschland den Krieg erklärt.

[2] Im Dezember 1917 schloß die neue sowjetische Regierung mit den Mittelmächten - dem deutsch-österreichischen Bündnis - in Brest-Litowsk einen Waffenstillstand. Ein Friedensvertrag folgte am 3. März 1918.

[3] Mit der Note „Dès le début" vom 1. August 1917 versuchte Papst Benedikt XV. erfolglos Frieden zu stiften.

[4] Zwei Aufsätze Rosenzweigs, die er unter dem Titel „Globus" zusammenfaßte, abgedruckt in Zweistromland S.313-368.

[5] Mittelbar machen; reichsunmittelbare Besitzungen der Landeshoheit unterwerfen.

[6] Angehende Versorgungstruppe.

An Margrit Rosenstock am 31. August 1918   31.8.

Liebes Gritli, die Einleitung ist fertig (ich muss wohl seit einer Woche daran schreiben?). Nun werde ich ein Experiment machen. Ich werde sie abschreiben, was ich sowieso muss, und werde sie an Hans schicken. Hans kennt den Rudibrief[1] nicht und deshalb kann ich an ihm sehen, ob ich mich verständlich genug gemacht habe. Oder etwa, was auch möglich ist, ob ich schon zu verständlich geworden bin, nämlich mehr vorweggenommen habe als ich wollte; eine Vorwegnahme soll zwar jede der drei gelehrt-feuilletonistischen Einleitungen sein, aber immer nur von dem was in dem betr. Teil selber vorkommt.

Mit Hans muss ich mich ja sowieso „in Verbindung setzen", weil ich ja ganz stark mit dem Gedanken seines Buchs (der „Parteiung"[2]) wuchere und deshalb von ihm wissen muss, ob ich ihn richtig verstanden habe. - Mit dem ersten Teil fange ich nun wohl morgen gleich an. Das Abschreiben muss so nebenher geschehen. - Hans kriegt natürlich die Einleitung ohne eine Andeutung über den Plan des Ganzen, damit er ganz voraussetzungslos liest. Dir will ich jetzt mal den Plan schreiben:[3]

Der Stern der Erlösung.
Ein Weltbild.

Teil I. Die Elemente oder das Immerwährende
Einleitung: Über die Möglichkeit, das All zu denken.
(In Philosophos!)
1. Buch: Gott oder das Metaphysische
2. Buch: die Welt oder das Metalogische
3. Buch: der Mensch oder das Metaethische

Teil II. Die Bahn oder das Allzeiterneuerte
Einleitung: Über die Möglichkeit, Gott ⌈⌈Wunder⌉⌉ zu erleben.
(In Theologos!)
1. Buch: Schöpfung oder der immerwährende Grund der Dinge
2. Buch: Offenbarung oder der allzeiterneuerte Ursprung der Seele
3. Buch: Erlösung oder die ewige Geburt des Reichs.

Teil III. Das Bild oder das Ewige
Einleitung: Über die Möglichkeit, das Reich zu erkennen
(In Doctores!)
1. Buch: das Feuer oder das ewige Leben
2. Buch: die Strahlen oder der ewige Weg
3. Buch: der Stern oder die ewige Wahrheit.

[1] Die sogenannte „Urzelle" zum „Stern der Erlösung", abgedruckt in Zweistromland S.125-138.

[2] Hans Ehrenberg, Die Parteiung der Philosophie, 1911.

[3] Dies ist die früheste Fassung eines Inhaltsverzeichnisses zum „Stern der Erlösung". Weitere Entwürfe sind abgedruckt in Briefe und Tagebücher S.604 und 608.

An Eugen Rosenstock wahrscheinlich im Herbst 1918

Lieber Eugen,   kennst du die bei den Wiltfebern[1] gebräuchliche Umformung des Kreuzes in das „altgermanische" Hakenkreuz ⊕ ? Und die Erklärung des Hakenkreuzes als — „Sonnenrad"?!   Ist der Feind im eignen Hause nicht auch hier wieder der gefährlichste? Wie harmlos ist dagegen Nippons[2] aufgehende Sonne. —

„Wir sind nie mehr von einander entfernt
„als wenn wir beide das Gleiche vollbringen[3]
αὐτος ἐφας[4] -
Dein Franz.

[1] Hermann Burte, Wiltfeber der ewig Deutsche, Roman.

[2] Einheimischer Name für Japan. Die chinesischen Zeichen für Nippon bedeuten „Sonnen-Ursprung".

[3] Zitat aus einem Gedicht von Eugen Rosenstock, abgedruckt in: ders., Judaism despite Christianity, S.175.

[4] Griech.: Du selbst hast's gesagt - Abwandlung einer Wendung der Anhänger des griechischen Philosophen Pythagoras (570/560 - um 480 v.d.g.Z.), die statt rational zu argumentieren lieber auf Aussprüche ihres Lehrers mit der Einleitungsformel αὐτὸς ἔφα - „Er selbst hat es gesagt" verwiesen.

Der Stern der Erlösung.
Ein Weltbild.

Teil I. Die Elemente oder das Immerwährende
  Einleitung: Über die Möglichkeit, das All zu denken. (In Philosophos!)
  1. Buch: Gott oder das Metaphysische
  2. Buch: die Welt oder das Metalogische
  3. Buch: der Mensch oder das Metaethische

Teil II. Die Bahn oder das Allzeiterneuerte
  Einleitung: Über die Möglichkeit, Gott zu erleben. (In Theologos!)
  1. Buch: Schöpfung oder der immerwährende Grund der Dinge
  2. Buch: Offenbarung oder der allzeiterneute Ursprung der Seele
  3. Buch: Erlösung oder die ewige Geburt des Reichs.

Teil III. Das Bild oder das Ewige.
  Einleitung: Über die Möglichkeit, das Reich zu erkennen (In Doctores!)
  1. Buch: das Feuer oder das ewige Leben
  2. Buch: die Strahlen oder der ewige Weg
  3. Buch: der Stern oder die ewige Wahrheit.

An Eugen Rosenstock am 2. September 1918

2.9.18.

Lieber Eugen, also du ergänzest schon die dünne Stelle, die mich an störte und gehst von Japan nach China. Es giebt eine recht törichte kleine Parabel von Tolstoi, wo ein Chinese recht behält, denn er verehrt den Himmel, der nur einer ist über der Erde, und wenn also alle den Himmel verehren wollten so wäre die Menschheit eins. - Für das geozentrische System kämpft seit Jahren schon Johannes Schlaf;[1] näheres weiss ich nicht, kann es mir auch nicht vorstellen; die Fixsternparallaxen, deren Nichtnachweisbarkeit für die zeitgenössischen Gegner des Kopernik[2] (das Denkmal dieses grossen - Polen steht übrigens in Warschau!) und noch für Tycho[3] ein Hauptargument war und die im 19. scl. mit den verbesserten Fernrohren überall, soweit das Fernrohr es theoretisch ermöglicht, nachgewiesen wurden, sprechen zu deutlich für Kopernikus. Sonst müsste man annehmen, alle Fixsterne beschrieben genau gleichzeitig mit der Sonne jeder für sich einen kleinen Kreis jährlich. Und da man an der Drehung der Erde um sich selbst ohnehin nicht zweifelt, so wäre selbst bei einer Wiederauffrischung des geozentrischen Planetensystems die eigentliche Crux, nämlich die kleinstädtischen Allüren des ganzen Planetensystems, gar nicht beseitigt. Die Sonn<u>en</u> fliegen eben (seit Giordano Bruno[4]) und damit ist die Frage Erd<u>e</u> <u>oder</u> Sonn<u>e</u> gleichgültig geworden.

Da wir aber Kant („... sei Sonne deinem Sittentag"[5]) und Hegel (die Weltgeschichte ist nicht der Fortschritt ⌈⌈in Richtung⌉⌉ auf einen Punkt, welcher unter x° y' z" und ξ° υ' ζ" im Sternbild des Herkules liegt, sondern im Bewusstsein der Freiheit) haben, so ist ja alles wieder in Ordnung und die Welt ist wieder genau so „geozentrisch" wie sie es seit dem Untergang der Winkler-A.Jeremias[schen] „altorientalischen Weltanschauung"[6] mit Ausnahme der 250 Jahre von Kopernikus bis Kant immer war, also seit dem „Jahre 1". Die Astrologie, die ja die Erbin jener „altoriental. Weltansch." ist, hat auch nicht umsonst grade im 17. scl. geblüht.

... vorläufig ist das Abkommandieren hier durch Offensivaussichten für September ins Stocken gekommen.

Teildemobilmachung würde Revolution bedeuten. Allerdings wüsste ich auch kein andres Mittel mehr, um dem Krieg ein Ende zu machen. Aber warum soll er eigentlich durchaus ein Ende nehmen? von uns einmal abgesehn. Die Engländer sind in Baku! (der einzige, der diese kleingedruckte Nachricht fettdruckt ist Stegemann im Bund). Die techn. Hochschule müsste freilich an einem Ort ohne Universität liegen. Beziehungen? wenn man welche haben <u>will</u>, hat man immer welche. O Deutschland! - Dass ~~sie~~ die t. H. noch antisemitischer ist wie die Universität, wusste ich nicht. Aber deine „Unmöglichkeit" ist ja rein persönlich; das Fakultätsgretchen merkt, dass du „ganz sicher..., vielleicht sogar...." bist, und hängt höchstens nachher vor sich selber, (um sich doch nicht zugeben ⌈⌈zu⌉⌉ müssen, sie fürchte Genies oder den Teufel), ihrer nun mal habenden Antipathie ein antisemitisches Mäntelchen um. Übrigens deine Skepsis gegen die Universitäten und vor allem das Korrelat dazu, den Optimismus für die t. Hoch., teile ich nicht. Nicht die Universität ist kein Boden für dich, sondern die Fakultät. Gäbe es einen Juristenstuhl in der philos. oder theol. Fakultät (wie es einen in der medizinischen giebt), so wärest du untergebracht. Und nur weil es das nicht giebt, taste ich nach der t. H. - Das ist eben der Fehler der Universitäten, dass sie keine Universitäten mehr sind, sondern nur noch Fakultätenbündel, und noch stolz darauf sind wenn sie dies Bündel durch eine staatswissenschaftl. fünfte und eine naturwissenschaftliche sechste noch bunter machen.   Und die Mediziner wohnen in ihren Instituten am Rande der bewohnten Erde und haben gar keine Zeit mehr überhaupt noch ins „Auditoriengebäude" zu kommen. ...

---

[1] Johannes Schlaf, 1862-1941, Schriftsteller. Er spekulierte über die zentrale Stellung der Erde und träumte von einer Verwandlung der Welt in politisch-nationaler wie in religiöser Hinsicht.

[2] Nikolaus Kopernikus, 1473-1543, Astronom, Begründer des heliozentrischen Weltbildes.

[3] Tycho Brahe, 1546-1601, dänischer Astronom.   [4] Giordano Bruno, 1548-1600, italienischer Philosoph.

[5] „Denn das selbständige Gewissen / ist Sonne deinem Sittentag" - aus dem Gedicht „Vermächtnis" von Goethe.

[6] Hugo Winckler, 1863-1913, Assyrologe, Begründer des „Panbabylonismus", einer Schule, die sämtliche Vorstellungen der hebräischen Bibel aus der Geisteswelt des alten Babylon ableiten zu können glaubte; Alfred Jeremias, 1864-1935, evangelischer Theologe und Assyrologe, ebenfalls Vertreter des Panbabylonismus.

An Margrit Rosenstock am 2. September 1918

2.9.18

Liebes Gritli, es geht immer so weiter, jetzt mit Schreiben und Abschreiben gleichzeitig. Ich merke auch, dass ich dir (sowenig wie Eugen dem ich eben schrieb) nochmal über Leib und Seele[1] schreiben kann; teils habe ich es ja inzwischen nochmal getan. Ich bin eben jetzt bei den viel „gründlicheren" Begriffen Mensch und Welt, und wenn ich das Gespräch zwischen diesen beiden geschrieben hätte, wäre alles klar. So ist es eben keine Wahrheit, sondern nur ein mikrokosmisches Gleichnis geworden, ⌈[in]⌉ dem nur durch die (nur hier vorkommende) Wirklichkeit von Nacht und Tag etwas mehr als blosse Gleichniswahrheit steckt. Denn von Nacht und Tag weiss der Mensch nur, weil er Leib und ....[2] (ich werde mich hüten!) ist. Ein bischen müsst ihr beide daran denken, dass, wollen wir nicht auf die „......."[2] Sprache reduziert werden, wir die Worte des andern ⌈[an]⌉nehmen müssen, einerlei wie wir es selber sagen würden. Von dem „und", dem „dritten Reich", dem „Geistlichen"[3] handelt doch der ganze Brief (ich meine den ☠ Brief), das ist doch eben die Pointe. Aber nun genug.

Du brauchst dich nicht zu kümmern, wenn du mir mal nicht schreibst. Ich fürchte eher, dass ich dich manchmal zum Schreiben bringe, wenn du schlecht kannst, - einfach wie deine Freundin jetzt, weil Frage Antwort erzwingt. Freilich - wenn dann heut Abend nichts von dir da ist — nein es ist schon besser, Gritli, du schreibst.

Ich habe die grösste Scheu Briefe zu verbrennen. Wenn es nicht ganz grob notwendig war habe ichs nie getan. Das Wort verweht, oder vielmehr verwandelt sich in die Antwort. Aber das geschriebene Wort, die Schrift überhaupt bedeutet ja, dass der Mensch sich nicht begnügen wollte mit Augenblick und Gegenwart, sondern sich Dauer schuf, Brücken über die Entfernungen im Raum und in der Zeit. Was also diese Probe bestanden hat, die Probe der kleinen Dauerhaftigkeit - und die hat auch das flüchtigste geschriebne Wort bestanden —, das braucht sich auch vor der grossen Dauer nicht zu fürchten. Ich schrieb dir neulich vom Vergessen. Gesprochnes Wort mag man vergessen, geschriebnes muss man verwahren - wenigstens solang man selber „verwahrt wird", eben so lang man lebt.

Das Menschenleben ist die grosse Dauer, für die das geschriebene Wort mit seinem Überwinden der kleinen Dauer seinen Befähigungsnachweis erbracht hat. Die Briefe, die ich von jemandem habe, sind mir wie ein Stück seines Lebens, das in meine Verwahrung gelegt ist; ich hätte beim Verbrennen glaube ich ein Totschlagsgefühl; deshalb kann ich es auch bei gleichgültigen Briefen sehr schwer; selbst Einladungen habe ich, wenn sie geschrieben waren meist aufbewahrt.

Die Flüchtigkeit, die auch das schriftliche Wort hat, wird wie beim mündlichen, aufgenommen und aufgelöst in die Antwort. Ein beantworteter Brief ist nie mehr „zu intim". Nur solange ein Brief noch ohne Antwort ist, solange denke ich mit Zagen und mit Scham daran, aber die Antwort einerlei wie sie ist nimmt ihn auf, tilgt das Flüchtige an ihm, und was bleibt ist das Dauerhafte.

...

---

[1] Die „Hauptpersonen" im „Gritlianum".   [2] Die Auslassungspunkte sind von Rosenzweig.

[3] Der Mönch Joachim von Floris, 1132-1202, entwarf in Auslegung der Offenbarung des Johannes eine Dreizeitalterlehre, die schnell große Popularität erlangte: demnach folgt auf die Zeitalter des Vaters und des Sohnes das dritte Zeitalter, in dem der heilige Geist wieder präsent sein wird wie einst zu Lebzeiten Jesu.

An Margrit Rosenstock am 3. September 1918

3. 8. 9.18

Liebes Gritli, es ist dumm, dass ich mich so in den „15ten" festgerannt hatte; es war aber so traurig, das Alleinschreiben; ich spürte die Entfernung so; weiss man oder darfs glauben, dass der andre auch schreibt, so ist gleich die Gleichzeitigkeit da und Zeit und Raum vergessen. Gewiss kommt es nicht auf Briefe an, so wenig wie auf Worte, aber es ist hier wie bei so vielen Dingen ein „Doch" dabei: grade weil sie „unvollkommen" und zufällig sind und Stückwerk, und das was man voneinander im Herzen trägt, „ganz" ist, grade deshalb brauchen wir sie. Das Ganze und Vollkommene, das was wir von einander in uns tragen, das kann uns kein Tod und keine Macht rauben, aber die Süsse des Lebens fehlt ihm, die giebt erst das Unvollkommene, das Täglich-Alltägliche, der Augenblick und Zufall. Ohne das werden wir uns statuarisch und kriegen Heiligenscheine. Und das soll nicht sein, solange wir leben. Deshalb dürfen wir uns vor dem „bischen Bewusstsein und Wirklichkeit" nicht drücken und unsrer Armut nicht schämen, sondern müssen entschlossen unvollkommen und „gelegentlich" sein, damit unsre Liebe nicht paradisisch wird, sondern lebendig bleibt, solange wir eben leben.

Die Heiligenscheine wachsen sehr leicht; man muss sie sich täglich rasieren - weiter nichts sind Briefe. Grade weil sie nie so „herrlich" sein können wie das stumme Glück des Einandergehörens - grade deshalb halten sie einen - nicht „hoch", aber lebendig. - Die arme Helene - aber sie kann auch weinen, wenn man ihr sagt, der Krieg gehöre in die Weltordnung; welche Protestantin könnte das. Ich habe mich bei der Geschichte wieder darüber betroffen, dass Rudi mir misstraut; sonst spräche er doch nicht mit Mutter, so dass sie „uns" „verteidigen" müsste. Ich hatte es vergessen, weiss auch nicht was ich ihm sagen soll. Er steckt auch so schrecklich im Krieg allerschlimmsten Westkalibers drin, dass es mit Schreiben nicht viel ist. Ich sprach dir einmal in Leipzig davon. Bekümmere dich aber nicht darüber; das wird auch noch gut werden, wenn ich auch noch nicht sehe wie; aber ich bin ganz gewiss.   Übrigens die Predigten[1] wollen wirklich von Anfang an gelesen sein, bring doch Eugen dazu, sag ihm dass die erste Hälfte stark angeregt ist durch Pichts Settlements-Buch.[2] Mit dem Herausgreifen der einzelnen, obwohl sie als einzelne entstanden sind, jede für sich, tut man dem Ganzen unrecht. Denn es ist ein Ganzes. Es handelt vom „Vergewaltigen des Himmelreichs"[3] bzw. vom „So seid nun geduldig",[4] die erste Hälfte steht unter jenem, die zweite unter diesem Zeichen. Es ist kein sich entwickelndes System wie die Georgsreden, sondern eine sich widerlegende Geschichte; man darf keine einzige der Predigten ganz dogmatisch nehmen (die Einzelgedanken natürlich wohl, das sind Äusserungen eines gleichen Inneren; aber jede Predigt als Ganzes ist nur eine Station auf dem Wege). ....

[1] Rudolf Ehrenberg, Ebr. 10,25. Ein Schicksal in Predigten, 1920.

[2] Werner Picht, Toynbee Hall und die englische Settlement-Bewegung, 1913.

[3] Matthäus 11,12.

[4] Jakobus 5,7.

An Eugen Rosenstock am 3. September 1918

3.9.18

Lieber Eugen, die Gleichzeitigkeit geht weiter; gestern verteidigte ich die Universität gegen dich und heut lobst du die protestantischen Universitäten und möchtest gern daran bleiben. Aber ich fürchte, das ginge nur wenn du Anlass gäbest, dich als „Historiker" oder „Philosophen" zu rufen - eben wieder ausserhalb deiner Fakultät. Diesen Anlass hast du aber noch nicht gegeben. Das Revolutionsbuch wäre vielleicht ein Anlass. Dabei denke ich freilich immer an eine peripherische (Schweiz, Österreich bis Cernowitz einschliesslich). Schreib doch das Revolutionsbuch. Denk dir einen widersetzlichen ungläubigen Leser, dem du alles sehr breit und mit beruhigenden Anknüpfungen an schon von andern Gesagtes sagen musst - und fang an. (Diesmal sag ich: Fanget an[1]). Die Anknüpfung an 1914 muss bleiben, und wäre die nicht, würdest du ja auch nicht schreiben können. Noch einen guten Rat: schreib die Tabellen nicht in Tabellenform, sondern (trotz Papiermangels) in Sprachform. Ein Buch mit Tabellen liest man nicht, sondern bekuckt die Tabellen, sagt: Konstruktion, und klappt zu. - Die Politeia[2] (du meinst wohl die Politik) habe ich aus den von dir angegebenen Gründen noch nie bis zu Ende gelesen; ausserdem wegen des Krieges; angefangen habe ich sie mit Beckerath in Form von Moselweinabenden in Berlin, weitergelesen mit Putzi ohne Moselwein, wobei der arme Renner, mit dem Putzi damals zusammenlebte, - Käte kannte ihn - gelegentlich ins Zimmer sah, ob wir noch nicht fertig wären. —— Grabowski ist sicher nicht ganz gescheit, aber für einen Politiker schon zu sehr. Wieviel [[nicht katholische]] Menschen auf der Welt, aber auch nur in Deutschland, überhaupt wissen, was das „Reich" ist? Ich glaube, man kann sie an den Zähnen abzählen (was übrigens greulich aussähe), und wenn man die Juden und Judenstämmlinge weglässt, an den Fingern einer Hand. Der letzte Punkt ist der merkwürdigste, ~~nach~~ 1918 p.Chr.n.   Der Deutsche[x], wenn er sich von dem Bauchdienst der „Nation" losgemacht hat, verfällt gleich dem Gehirnfimmel der „Idee". Er ahnt nicht, dass beides Götzendienst ist und dass Gehirn und Bauch Glieder sein müssen des Corpus = Σωμα.[3]   Fichte ist der eigentliche Feind; und es gehört zu den Krausheiten des Augenblicks, dass er in diesem katholischen Krieg von der Majorität der deutschen Intellektuellen erst heroifiziert worden ist.

Dass das Examinieren zum Dozieren gehört, hatte ich noch nie bedacht. Es ist aber wahr.

Dein Franz.

[x] ich lese die Brüder von Rhoden.[4]

---

[1] In Wagners „Meistersingern von Nürnberg" werden Liedvorträge der Meistersänger und derer, die es werden wollen, mit der offiziellen Aufforderung „Fanget an" eingeleitet.

[2] Von Platon.

[3] Lat. und griech.: Leib.

[4] Hans Philipp, Briefe der Brüder von Rhoden.

An Margrit Rosenstock am 4. September 1918

4.9.18

Liebes Gritli, ich muss dir wieder mal vom „Stern" erzählen, - grade weil du ihn ja nachher wenn er fertig ist doch nicht lesen kannst; er wird sehr schwer, wenigstens nach dem Teil zu urteilen, den ich jetzt schreibe. So muss ich dich jetzt, solange er noch bei mir ist daran teilnehmen lassen. Das Schreiben selbst ist ja gar nicht so schön; es ist mehr Arbeit. Das Herrliche aber ist das blosse daran Denken, wobei dann die Notizen entstehen. Ich spüre fast körperlich die Gedanken in mir wachsen und sich verzweigen, und spüre wie immer wieder aus den gleichen Wurzeln die Säfte in die neuen Zweige steigen. Das ist ein Gefühl, um das es sich schon allein lohnte zu leben. Der Zusammenhang, den alles ~~Ver~~ ver- und zerstreut Gedachte von Jahren her in so einer Zeit plötzlich bekommt. Heute ist mir deutlich geworden, nachdem es schon ein paar Tage in mir gebrummt hatte, wie meine Gedanken über die Sprache, die ich vor 2 Jahren zuerst formulierte (von der Sprache als der Mitte zwischen den zwei Sprachlosigkeiten des Nochnichtsprechenkönnens und des Nichtmehrsprechenbrauchens, zwischen der Stummheit des Steins und dem Schweigen Gottes) (was jeder doch im Leben erfährt: erst kann er nicht mit jemandem sprechen, nachher kann ers und zuletzt hat ers nicht mehr nötig - man versteht einander auch ohne Worte) wie das sich jetzt in das Ganze einfügt und in all seinen Teilen hervortritt. Die Sprachlehre (wie auch die Kunst) hat keinen festen Ort, sondern geht durch das Ganze. Die ganze Unzulänglichkeit der Idealisten von 1800 zeigt sich in diesem einen: dass sie geglaubt haben, es gäbe eine „Ästhetik"; noch Hansens Frage nach Eugens „Verhältnis zu den Künsten" stammt aus diesem alten Wahn. (Eine Sprachlehre haben sie überhaupt nicht gehabt - das ist das andre grosse Symptom. Schon Hamann[1] wollte und Herder[2] hat aus diesem Gesichtspunkt Kant kritisiert). - Zu dem Plan[3] neulich: der III. Teil heisst nicht Das Bild (das könnte subjektiv verstanden werden, wie in dem Wort Weltbild), sondern: die Gestalt.

Ich schicke euch nächstens doch die Rhodenschen Briefe. Es ist doch etwas Grosses, obwohl greulich ätherisch. - Das Breuersche „Judenproblem",[4] ein, obwohl aus der schwärzesten deutschen Orthodoxie kommendes, trotzdem grundgescheites und von richtigen Formulierungen vollgestopftes Büchelchen schicke ich dir nicht, obwohl ichs täte, wenn du allein wärest. So aber habe ich eine Scheu. Ich könnte dir sagen und schicken, was Eugen nicht haben soll, aber nicht, was er nicht haben kann. So ists vielleicht etwas zu scharf gesagt, aber doch, so etwas ähnliches ist es. Es sind eben Worte. - Ohne Worte. - Dein.

---

[1] Johann Georg Hamann, 1730-1788, Gelehrter und philosophischer Schriftsteller.

[2] Johann Gottfried Herder, 1744-1803, Schüler Hamanns, begründete mit seiner „Abhandlung über den Ursprung der Sprache" (1772) die Sprachphilosophie.

[3] Dazu der Brief an Margrit Rosenstock vom 31. August 1918, S.138f.

[4] Isaak Breuer, Das Judenproblem, 1918. Breuer, 1883-1946, war Mitbegründer von Agudat Jisrael, einer orthodoxen und zunächst betont antizionistischen Bewegung, aus der nach der Staatsgründung 1948 in Israel die politische Partei gleichen Namens hervorging.

An Margrit Rosenstock am 5. September 1918

5.9.18

... Du hast von Frau Cohen¹ gehört. Der Wohnungswechsel hat mich auch von Anfang an erschrocken. Und sie tut mir sehr leid. Und dennoch nehme ich ihr diesen Zusammenbruch übel. Oder eigentlich nicht ihr, sondern ihm. Wie ich auch ⌈⌈an⌉⌉ Mutters Zusammenknicken nach den ersten Tagen Vater Schuld gebe. Auch die ersten Tage, wo sie so gefasst war, sind ja Vaters Werk gewesen, und vielleicht das Grösste was ihm je gelungen ist. Was wirklich gross und stark in Vater war, das hat da Mutter die Kraft gegeben zu „repräsentieren", eine „Rolle zu spielen", als „seine Frau" dazustehn. Und was schwach in ihm war, das macht nun heute sie schwach, fondslos, hülflos. Das ist es doch zwischen Mann und Frau, dass man sich gegenseitig seine Kraft und seine Schwäche einflösst. Solange man zusammen ist, wird davon nach aussen nichts sichtbar. Sowie aber einer allein auftreten muss - es braucht gar nicht dies letzte rückwegslose Muss des Todes zu sein, aber das natürlich ganz besonders - dann wird sichtbar was an dem andern, dem Abwesenden, war und was die Ehe war. Du hast von Vater doch selbst empfunden, dass er im Hause nicht ganz er selbst war; nimm das „im Hause" mal eugensch intensiv, so siehst du, weshalb sie zusammenfallen musste, sowie sie sich erst wieder im Hause allein fand (und auch, weshalb sie immer wieder sich aufrichtet und stark ist - gar nicht gewaltsam, sondern ganz natürlich, aus einer inneren Quelle heraus, sowie ein „draussen" an sie heran tritt.) Des einen Teils Schwäche wird des andern Teils Schwäche, und ebenso mit der Stärke. Die Ehe ist wirklich „ein grosses Geheimnis".² Und so ist es auch bei Frau Cohen. Ich weiss ja da viel weniger und war mir bis jetzt meiner eigenen Wahrnehmungen nicht sicher. Aber jetzt bin ichs. Cohen hat über sie hinweggelebt mit seinem Eigentlichsten. Mit vielem Einzelnen wohl nicht, aber mit dem Eigentlichsten doch. Die Liebe hat sie das, solange sie zusammen waren, nie empfinden lassen, wahrscheinlich. Sie hat die beiden eben eingeschläfert. Diese Fremdheit von ihr zu ihm habe ich immer ganz krass empfunden, fast schmerzhaft, weil ich ja von dem Eigentlichsten und nur von dem Eigentlichsten bei ihm festgebannt war. Wie könnte es denn sonst sein, dass sie offenbar so _gar_ nichts, _gar_ nichts von dem verspürt, was mir täglich mehr erstaunlich wird und doch sich nicht wegdisputieren lässt: dass ich noch nie einen Menschen gekannt habe, dessen Tod so sehr quantité négligeable³ ist; ich vergesse immer wieder, dass er tot ist und wenn es mir dann einfällt, erschrecke ich _nicht_ darüber; es ist ja wahr - aber was macht es!! Das Lebendige an ihm ist nicht tot zu kriegen gewesen. Sein letztes klares Wort soll gewesen sein: „Ist es nicht schade um mich?" Ja wirklich, und weil es schade um ihn gewesen wäre, so hat der Tod eben keine Vollmacht über ihn bekommen. Wie fern ist sie ihm geblieben, dass sie davon nichts verspürt. Aber es ist nicht ihre Schuld, sondern seine. Er hat den Kampf gescheut, den es gekostet hätte. Es war in ihm etwas, was sehr jüdisch ist (oder geworden ist), nämlich unbeschadet und dicht neben der grössten Unbedingtheit wieder ein Fünfegradseinlassen. Ein sich selber Hinweglügen und Hinwegtäuschen über das Misslungene oder Allzuschwere und deshalb kaum Versuchte (mir immer sehr auffällig in dem ⌈⌈inneren⌉⌉ Verhalten zu der völligen jüdischen Indifferenz seines nächst Natorp bedeutendsten Schülers Cassierer — ich habe ihn direkt darauf „gestellt", da suchte ers zu beschönigen und wollte doch

„ein bischen" finden und war zuletzt noch glücklich - glücklich!! - dass Cassirer, nachdem er gehört hatte, dass ich die Druckbogen des Judenbuchs las, sich bewogen gefunden hatte, doch <u>auch</u> darum zu bitten); also er hatte in solchen Fällen einen gewissen weinerlichen Ton, etwas unendlich Rührendes, er bat gleichsam um Entschuldigung für die Unvollkommenheit der Welt -: „was <u>wollen</u> Sie"; es war alles durcheinander: Skepsis und Illusionsfähigkeit und Glauben und Verzweiflung. Aber diese allermenschlichste Mischung hat ihn dann wohl auch gelegentlich am <u>Möglichen</u> verzweifeln lassen, besonders wo nun gar die Liebe den Mangel von beiden Seiten zudeckte.[4] Und das war wohl hier. Nun „rächt" es sich, und sie zahlt den Preis nach für die Leiden, die ihr in der Vergangenheit widerrechtlich erspart geblieben sind. Noch etwas; weisst du, was sehr stark bei diesem Einschläfern beteiligt war? die Gemeinsamkeit in der Musik. Musik ist die allergefährlichste Kunst, sie gewöhnt einen an die Stummheit des „<u>unter</u> dem Wort" und wiegt einen in den Glauben, es wäre das Schweigen „<u>jenseits</u> der Worte". Es ist ein Stück Selbstzucht, das <u>nicht</u> zu verwechseln und die Musik befördert die Verwechslung.

Ich habe noch allerlei auf dem Herzen, womit ich hätte anfangen sollen, was mir dein Brief aufgerührt hat. Meine ruhige Zeit ist aber um; so verschiebe ichs auf morgen. - Stummsein war auch hier leichter und bedrückt doch; ich hoffe Worte zu finden. -

Ich liebe dich.

[1] Ehefrau von Herman Cohen.　　　　　[2] Anspielung auf Epheser 5,31f.
[3] Franz.: zu vernachlässigende Größe.　　[4] Anspielung auf 1. Petrus 4,8.

An Margrit Rosenstock am 7. September 1918

7.9.

Liebes Gritli, es ist mir wieder so schön gleichzeitig zumute; das macht dass nun unsere Briefe wieder hin- und hergehen. - Heut morgen habe ich - eine sonderbare Feier des Tages - aber ich bin allein, losgelöst, losgelöster noch als sonst - also heut morgen habe ich das „erste Buch" geschlossen (und zur Sicherheit gleich den ersten Satz des zweiten darunter geschrieben).[1] Ich komme von der hochtrabenden Benennung „Buch" nicht los, obwohl diese ersten 3 „Bücher" jedes nur etwa 20 Druckseiten lang werden; aber es ginge eben in den aufgestellten Rahmen noch viel mehr hinein, z.B. die ganze Theologie des Heidentums, die ich nur in ein paar Pointen gegeben habe. So vertröste ich mich selbst mit der Bezeichnung „Buch", grade weil ich über die einzelnen „Bücher" weg zum <u>ganzen</u> Buch hindränge. Vorerst wird es freilich in den nächsten Tagen eine Unterbrechung geben; bis der Brief bei dir ist, werden „wir" wohl schon im Deutschen Tagesbericht[2] stehen (bzw. nicht stehen, sondern zurückgehn). Übrigens habe ich das Gefühl, das ich bei der Einleitung nicht hatte: dass es mir gelungen ist, ziemlich so wie ichs mir vorgestellt hatte. - Mutter schickte mir einen merkwürdigen (übrigens ganz „normalen") Brief von Frau Cohen; ich bat sie, ihn dir auch zu schicken. - Tiecks Roman steht bei mir schon auf dem Programm, seit ich den Passus darüber in Treitschkes V. Band[3] las; aber gelesen habe ich ihn noch nicht. Die Papstgeschichte ist doch eine schöne camera obscura der ganzen Weltgeschichte; alles geht auf der Platte vorüber, alles freilich unter der einen Perspektive,

die eben damals schon nicht mehr die „allgemeine" ist. - In der Odyssee von α gleich nach ε zu springen, ist allgemeiner Schulbrauch, und beinahe schade. Denn Telemach lohnt die Bekanntschaft, und dass man 4 Gesänge lang immer an Odysseus denkt und ihn doch erst im 5ten ihn selber zu sehen bekommt, ist ein grosser Effekt. Aber ε lockt freilich, und die Philologen weisen selbstverständlich nach, dass alles vorher, etwa die ersten ..zig Verse ausgenommen „späteres Einschiebsel" ist. - Meine Predigt betr. des der Reihe nach Lesens von Rudis Predigten war also schon nicht mehr nötig. Vom Gleichnis die Stelle weiss ich ~~recht~~ wohl^{x)} noch. Doch sind die ersten Predigten, abgesehen von der Themastellung in der ersten, ja nur Auftakt. Das eigentliche beginnt erst, wo der Prediger zur „Tat" (der Settlementsgründung) übergeht. Je weiter ihr lest, um so mehr wirst du von dem Rosinenklauben abkommen; das <u>Ganze</u> ist ein guter Kuchen. - Dass Eugen Philips besuchen will wundert mich gar nicht so sehr; denn ich will es auch. Ich schrieb das sogar neulich an Hans, dass ich jetzt wohl mit Ph. zusammensein könnte, weil ich ihn nicht mehr wie früher ⌈⌈für mich⌉⌉ zu fürchten brauchte wegen geheimer Verwandtschaften. Wenn unter „Eugen und Hans" noch kein Schlusspunkt gehört, dann aber nur wegen dieses Besuchs bei Philips. Unter „Eugen und Hans - selbst" gehört der Schlusspunkt, glaube ich.
....

^{x)} ich habe ganz lahmgeschriebene Finger heut, vor allem von dem greulichen und doch unvermeidlichen Abschreiben.

[1] Gemäß dem jüdischen Brauch beim Tora- oder Talmudstudium, nach Beendigung eines Abschnittes den nächstfolgenden noch anzulesen.
[2] Des Heeres.
[3] Heinrich von Treitschke, Deutsche Geschichte im 19. Jahrhundert, 5. Band 1894.

An Margrit Rosenstock am 8. September 1918

8.9.18

Liebes Gritli, kennst du das Papier? (die selbstgemachte Tinte steht nicht schön darauf). Ich sah nämlich eben meine Vorräte durch, von welchem tintenfähigen Papier ich wohl noch genug hätte, um ev. I 1 darauf abzuschreiben; ich war schon beinahe entschlossen, dir „unser" braunes zu entziehn, da fiel mir dies vergessene Ölkrüglein[1] noch ein; es ist, auch ohne Wunder, noch genug da für 20 Druckseiten. Nun kann ich den Rest des braunen noch an dich verschreiben und bis dahin wird Mutter hoffentlich auf meinen Notschrei reagiert haben (denn in den Feldbuchhandlungen ⌈⌈u. Marketendereien⌉⌉ „hier" giebt es schon seit Wochen weder Papier noch Tinte noch Federhalter - obwohl Eugen sagen wird: Papier etc. giebt es in Feldb. u. Mark. <u>immer</u>). So kommt also „Gott oder das Metaphysische"[2] (die Fremdworte in der Überschrift ärgern mich seit gestern) auf dies Papier. <u>Wenn</u>. Das ist nämlich immer unsicherer. So umfangreiche und vor allem so pessimistische Vorbereitungen wie jetzt habe ich hier noch nicht erlebt. Ich habe zwar leichtsinniger Weise heute wirklich I 2 angefangen, aber ich glaube nicht dass ich es noch in einem Zug zuende kriege. Eben habe ich auch Briefe verpackt, um sie heimzuschicken, deine gehen an Dr. A. Bund m. Br.[3] Frau Gertrud Oppenheim; ich will sie nicht den hiesigen Eventualitäten aussetzen, nur den

Brief mit dem Geschenk von dem kleinen blassblonden Gritli habe ich behalten —
liebes grosses zwiefarben nachgedunkeltes ——— ———
Sehr feierlich kann ich das Bevorstehende hier nicht nehmen. Durch das Buch lebe
ich jetzt zusehr auf Monate hinaus, als dass ich mir mehr als höchstens eine kleine
Unterbrechung vorstellen könnte. Die Abschrift der, wirklich nur mässigen, Einleitung wird hoffentlich morgen fertig, sodass sie an Hans gehen kann. Und heut Abend
kommst du wieder - du kannst es wirklich ruhig riskieren, das Land ist hinreissend
schön, auch in dieser brennenden Hitze, am schönsten abends wenn die nahen Berge
in der klaren nackten Plastik des Sonnenuntergangs stehen - man geht über einen Berg
hinüber, - die Sonne ist schon hinunter, - die weite Ebene dämmert und die fernen
begrenzenden Berge schweben ganz körperlos wie blauschwarze Schatten in die Nacht
hinein. Ich laufe immer ein paar Minuten hinter den andern her, damit ich das alleine
habe, ohne Volksgemurmel.

Auf Wiedersehn heut Abend, Gritli -
Dein.

[1] Anspielung auf die Chanukka-Legende in Schabbat 21b; demnach fand man im Jahre 164 v.d.g.Z. bei der Wiedereinweihung des von den Seleukiden geschändeten Jerusalemer Tempels durch die Makkabäer ein einziges noch unbemakeltes Krüglein Öl, das - obwohl es nur Menge für einen Tag war - auf wunderbare Weise dennoch acht Tage lang reichte, bis neues, taugliches Öl hergestellt worden war.

[2] Ursprüngliche Überschrift von Stern der Erlösung I,1.

[3] Abkürzung für „mit Briefadresse" - Rosenzweig schickte die Briefe, die er von Margrit Rosenstock in Mazedonien erhalten hatte, nicht an seine Mutter, deren Neugier er fürchtete, sondern an sich selbst (unter dem Pseudonym „Adam Bund") unter der Postadresse seiner Cousine.

An Eugen Rosenstock am 9. September 1918

9.9.18.

Lieber Eugen, über den Unterschied von „geistig" und „geistlich" — ja worüber
schreiben wir denn sonst? es ist doch unser einziges Thema. Weshalb sind wir denn
auf Hegel so fuchtig? doch bloss weil er diesen Unterschied nicht weiss. Die Einordnung der Religion als Teilgebiet stammt sogar von ihm. Aber mit dem blossen Nunwiederherausnehmen ist es nicht getan. Das hast ja eben du mich gelehrt. Sie gehört
eben doch auch hinein, oder umgekehrt es in sie. Ich stecke ja wie du weisst so bis
über die Ohren jetzt grade in diesen Gedanken, dass ich kaum darüber schreiben kann.
Aber es ist das Thema.

Mit der Rolle, die du den Jesuiten jetzt giebst, bin ich wohl zufrieden; aber kannst du
mit solchen Burgwächtern was anfangen? hast du sie wirklich nötig? ich glaube doch
nicht.

Was tut Weizsäcker? Ist die Naturphilosophie ins Inhaltliche gediehen?

Wie anti-naturphilosophisch bist du geworden. Ich spüre es wieder an dem Entdeckerschwung mit dem du den Gegensatz geistig-geistlich behandelst (wie neulich an
○ ʊ ˄ 🐝). Sind wir etwa dabei, uns „gründlich zu verlernen", du dich, ich mich, indem
du mir meinen altgedienten Religions- , ich dir deinen alten Naturbegriff „ausführst".
Fast kommt es mir so vor.

Ich komme heute glaube ich nicht mehr dazu Gritli zu schreiben. Grüsse sie.

Dein Franz

An Margrit Rosenstock am 10. September 1918

10.9.18.

Liebes Gritli, siehst du, ich hatte recht, weiter nach Kassel zu schreiben; das sind so Vorgefühle. An Wildungen hatte meine Seele nicht gedacht; aber ich bin, trotz der fehlenden „Berge", froh dass ihr dort seid; in Tölz sind zwar die Berge schöner aber die Männer nicht. Und dass ihr nun gar gestern vielleicht bei Mutter wart, ist doch sehr gut. Weizsäcker ist freilich fein geworden; ich bin ja auch meine frühere sehr kritische Stellung zu ihm im vorigen Winter ganz los geworden - bis auf den kleinen Rest: dass ich ihn nicht unbedingt für sicher vor Rückfällen oder vielmehr vor einem vollkommenen e gratia excidere, einem ⌈⌈Wieder-⌉⌉ Herauspurzeln aus dem „Gnadenstand" halte. Er wird entweder gar nicht oder sehr gewählt heiraten müssen, wenn er von dieser Gefahr frei werden soll. Grade die Qualitäten, die ihn tragen, hängen ihm auch als ein herabziehendes Gewicht an; ich meine die ganze Masse, die sich in dem würtenbergischen Drittgenerations(!)-Nobilityzeichen, das du immer so andächtig vor den Namen malst, symbolisiert. Weizsäcker ist das eine deutsche Extrem, das (scheinbar) „zugeknöpfte", Typ Goethe. Die Zugeknöpftheit ist ja wirklich nur ebenso Schein, wie die Aufgeknöpftheit des andern, des Schillertyps. Das ist der grosse Wert der Steffens'schen Neujahrhundertnachtanekdote, die ich immer erzähle (wo der Champagner so verschieden auf die beiden wirkte: Goethe wird immer fideler; Schiller immer pedantischer). Da sieht man das bloss Scheinbare. - Und da ich grade bei den deutschen Typen bin, - sollte ich dir wirklich nie von Kähler[1] erzählt haben? Von Baden-Baden[2] habe ich dir sicher erzählt und dir allerlei Dokumente davon gezeigt. Und damals und dadurch kam doch der Bruch mit Kähler zum Schluss. Übrigens habe ich seit Jahren schon den Bruch nicht mehr für ein letztes Wort gehalten und rede mir ein, einmal wieder mit ihm zusammenzukommen. Weil eben die Rassenantipathie doch unmöglich ein letztes Wort sein kann, und nichts andres war es bei ihm. Vielleicht, trotz der gänzlichen Verschiedenheit der beiden „Arier" etwas entfernt Ähnliches wie bei Eugen und W.P.[3], nur dass ich viel unbefangener massiver und unzarter (um nicht zu sagen: taktloser) auf ihn eindrang als Eugen auf W.P. - So hatte er von Anfang an etwas Angstgefühle vor mir, als müsste er sich wehren. - Ich habe nicht die epische Breite, um dir schriftlich alles zu erzählen, wie er es kam - und ging. Das Ende hat mich dann sehr geschlagen, nicht mein Gewissen (das Gefühl, sich und sein Verhalten rechtfertigen zu müssen, war auf Kählers Seite; ich habe nie ein Bedürfnis gehabt davon zu sprechen), aber meine Fähigkeit zum Glauben an Menschen. Die abergläubische Scheu vor dem „Du", die Eugen so lange hat ausbaden müssen, stammte noch von da her; insofern kann ich sagen, dass die Wunde erst da zugeheilt ist. Durch das Ende mit Kähler wurde ich dann unmittelbar frei zum Anfang mit Rudi - Sommer 1910 -, und so hat das Böse sein Gutes gehabt —. Sollte ich dir denn das wirklich noch nie erzählt haben?

Übrigens Meineckes schreckliche Antwort nehme ich nicht ganz ernst. Vielleicht war sie nur, um fertig zu werden; er ist wohl jetzt sehr überarbeitet und unterernährt.

Der Mädchenerziehung tust du Unrecht. Du liest ja jetzt Ranke - was willst du mehr. Übrigens bin ich immer wieder erstaunt wenn ich dich Gedrucktes lesen sehe, und noch nicht mal Hausgemachtes.

Nun war der Ärger über Hansens Brief auch an dir; ich hatte ihn ja schon einige Zeit hinter mir. „Blind" ist er aber nicht; er ist übersichtig. Er sieht über uns Erdgeschöpfe hinweg und ist doch natürlich auch nicht der liebe Gott, dass er sich zu uns „herniederneigen" könnte; so ist er, wie Platon von Eros sagt, ein grosser Daimon, ein Mittelwesen.[4] Er hats auch kaum übel genommen, als ich ihm das neulich schrieb, er sei ein Engel und deshalb ginge es nicht u.s.w. (Auch seine Zusammengehörigkeit mit dem Teufel - auch natürlich nur „einem" Teufel — Philips erklärt sich so). Sieh, er ist rein. Das ist etwas Herrliches und sehr Seltenes. Du kannst ihm Eugens Brief ruhig wieder zurückgeben; seine Hände sind unbefleckbar, aber seine Finger sind unwissend; so spürt er die Seele nicht, er kann sie nur sehen. Eugens Seele aber ist nicht sichtbar, man muss sie tasten können. Mir ist beinahe als ob das wörtlich und körperlich wahr wäre, obwohl es natürlich nicht sein kann; aber vielleicht verstehst du, was ich nur so sagen kann. Ja gewiss, jetzt kann ichs sagen: Eugen stellt nie bei all seiner Produktivität seine Seele als ein Gebild vor sich hin, zu deutsch: er stylisiert nicht. Sie ist immer nur flüchtig und augenblicklich, „geht vorüber ehe ichs gewahr werde und verwandelt sich, ehe ichs merke". Und Hans versteht nur Seelen, die einmal gebildhaft sichtbar werden, also nur von Menschen, die, mit oder ohne Wissen, stylisieren (es kann ein rein körperliches Stylisieren sein). Und das ist Eugen ein Greuel.

Gritli, mit deinem Griechisch habe ich etwas angerichtet. Schon bei Eugen muss ich immer lange an seinem Latein, das er in unbegrenztem Vertrauen auf meine Gymnasialbildung seitenweise mir schreibt, herumstudieren. Denn ich kann zwar ein lateinisches Buch lesen, aber deshalb trotzdem nur sehr schwer einen einzelnen Satz oder Absatz, wo eben jedes Wort ⟦⟦für sich⟧⟧ verstanden werden will und nicht alles sich gegenseitig übersetzt und erklärt. Und nun schreibst du auch schon Griechisch. .....

Sind denn die Lilien in Palästina Feldblumen wie Klatschmohn und Kornblume? und so etwas muss doch gemeint sein; ἀγρος ist nur das Ackerfeld, nicht campus überhaupt. Oder hat Luther einfach die Lilie gesetzt für irgend eine exotische Blume?[5] wie ers bei Tieren wohl macht. - Jetzt habe ich dir eine philologische Predigt gehalten, wozu mir zwiefach das Recht fehlt, erstens wegen der Philologie und zweitens wegen der Predigt.

Sollte der Pfarrer die Leute unglücklich machen? dann müsste er noch einen Schritt weiter gehen und sie auch schuldig (vor sich selber) machen. Indem er ihnen sagte: der Krieg hört nicht auf, weil du, du da, noch - zu kriegslustig bist. Und das zu jedem gesagt. Wer hielte das aus? Wo die ganze Kriegsmoral darauf herauskommt, den andern zu beschuldigen, das andre Volk - es hat angefangen - , die Bundesgenossen - sie haben versagt - , den anderen Stand, das Land die Stadt, die Stadt das Land, jeder seinen Nachbar, immer den „andern". Nie „ich bins".

...

---

[1] Siegfried Kähler, 1885-1967, Historiker.

[2] 1910 fand in Baden-Baden eine Konferenz jüngerer Historiker und Philosophen aus Südwestdeutschland statt, an der auch Rosenzweig und Kähler teilnahmen. Dazu Briefe und Tagebücher S.96f.

[3] Werner Picht.

⁴ Eros: Gott der Liebe, Daimon: Gottheit, göttliches Wesen. In seinem Dialog „Symposium" („Das Gastmahl") bezeichnet Platon Eros als ein Mittelwesen zwischen Sterblichem und Unsterblichem, denn alles Dämonische sei ein Mittelglied zwischen Gott und Mensch.

⁵ Es geht um das griechische Original (τὰ κρίνα τοῦ ἀγροῦ) der lutherischen Übersetzung von Matthäus 6,28 („Lilien auf dem Felde"). ἀγρός: Acker, Feld; campus: Ebene, freier Platz.

An Margrit Rosenstock am 11. September 1918

11.9.

Liebes Gritli - freilich nur Chiffre. Aber wie schön, dass es auch Chiffern giebt. Ich liebe die Chiffre mehr als das verwegenste Momentprodukt des Gefühls, weil <u>alles</u> drin steckt und nicht bloss der einzelne Augenblick; <u>alle</u> Augenblicke. Alles Zusammengreifen, darauf kommt es überhaupt an. Deshalb lösche ich auch nicht aus, was ich von andern über jemanden weiss. Alle Bilder, die von einem Menschen auf der Erde herumlaufen gehören zu ihm, und will ich ihn ganz, so ziehe ich alle diese Bilder, auch die Karrikaturen, auch die Pamphlete, selbst die Hassgesänge, in mein Bild von ihm hinein. Warum soll in der Liebe nicht auch ein Lachen, ein Mitleid, selbst ein Grauen mitklingen können. Ich will ja den Menschen ganz lieben, ganz wie er ist, ich liebe ja keinen Engel, ich liebe ja den Menschen, der „ist wie ich",¹ der alles das Dunkle in seiner Seele hat, auch hat, was ich in meiner habe. Ich liebe eben <u>nicht</u> „das Lautere" (habe ich dir diese Geschichte aus Warschau mal erzählt? <u>keine</u> jüdische Geschichte).   Ich möchte wohl, dass meine <u>Liebe</u> lauter wäre, aber das <u>was</u> ich liebe soll <u>nicht</u> lauter sein. Das war das Heidentum der Griechen dass sie glaubten, die Liebe müsse das Lautere zum Gegenstand haben um selber lauter sein zu können; deshalb haben Platon und Aristoteles nur dem Menschen ⌈⌈und den Dingen⌉⌉ Liebe zu Gott zuschreiben können, aber Gott keine Liebe zu den Menschen und zur Welt sondern nur zu sich selbst. Sie wussten nichts von Gottes „Demut".² Aber wir wissen davon und sollen es genau so machen und wen wir lieben, mit Haut und Haaren lieben, in seiner Stärke und seiner Schwachheit, den Wohlverstandnen (d.h. so wie ers gemeint hat Verstandenen) wie den Missverstandnen (d.h. anders Verstandenen, als er verstanden werden wollte); auch das Missverstandenwerden gehört zum ganzen Menschen, und wie können wir mehr lieben als wenn wir auch das Missverständliche des andern mitlieben.

Inzwischen wird wohl schon Kassler und Säckinger Post in Heidelberg zusammenfliessen und du bist für die lange Wartepause entschädigt. Und jetzt bist du ja schon in Wildungen. Geht doch auch mal zu dem Altarbild in der Kirche; es ist ein alter Westfale aus dem frühen 15. scl., als deutsches „<u>Trecento</u>"³ noch zart und still, ehe der grosse Rausch und die Krämpfe und Gewaltsamkeiten beginnen, die bis Grünewald führen und bei Dürer gebrochen und auch <u>zer</u>brochen werden.⁴

Das Edertal habe ich dreimal gesehn, erst als Junge, noch als richtiges ahnungsloses Waldtal, nachher das verödete, wo die Sperrmauer schon stand und die Dorfreste in der Talsohle auf das Wasser warteten, und endlich wie der See zu 3/4 vollgelaufen war. Es war so eine Art Chidher-Erlebnis.⁵

Ich habe wirklich angefangen I 1 auf dein Papier abzuschreiben. Es geht mit pensenhafter Regelmässigkeit täglich weiter. Bald werd ich hören, dass du davon weisst. Ich hatte gut Eugen predigen, dass wir nicht ⌈⌈mehr⌉⌉ für die Freunde schreiben dürfen. Nun verlange ich doch nach der Teilnahme der „Freunde" und denke kaum an die „Schüler", so sehr schreibe ichs nur für mich. Was soll das werden?

Liebes ganzes Gritli ——
dein ganzer Franz.

[1] 3. Mose 19,18 nach der gewöhnlichen jüdisch-deutschen Übersetzung.

[2] Die Demut Gottes betont Rosenzweig auch sonst: dazu etwa Zweistromland S.80f; Stern der Erlösung S.185, 448; Brief an Margrit Rosenstock vom 13. Juni 1919, S.327.

[3] Ital.: 300, Abkürzung für 1300, bezogen auf den Stil des 14. Jahrhunderts in Italien.

[4] Die Maler Matthias Grünewald, um 1470-1528, und Albrecht Dürer, 1471-1528.

[5] Chidher, arab.: „der Grüne", ein sagenhafter Wanderer in der islamischen Sage, der vom Finsternisreich zur Lebensquelle kommt und dabei jung bleibt bis zum Jüngsten Tag.

An Margrit Rosenstock am 12. September 1918

12.9.

Liebes Gritli, ich darf nach Üsküb,[1] ich hatte schon die Hoffnung aufgegeben. Morgen Abend gehe ich fort, wenn bis dahin nichts dazwischen kommt. Ich bin von der Abschreiberei ganz verdrallt. Zum Lesen komme ich jetzt überhaupt nur ganz wenig, ausser den Zeitungen noch so etwa eine Stunde am Tag. Ich bin immer noch an den Rohdeschen Briefen ....

[1] Heute: Skopje, Hauptstadt von Makedonien.

An Margrit Rosenstock am 14. und 15. September 1918

14.9.

Liebes Gritli, ich bin unterwegs nach Üsküb. Heut ist I 2 fertig geworden. Es geht mit so pensenhafter Regelmässigkeit, dass ich jetzt das Gefühl habe, als stünde der I. Teil schon ganz auf dem Papier und wirklich wird es ja in diesem Monat noch soweit kommen, wenn nichts dazwischen kommt.   Nun eine Bitte: in einem Brief, ob nach Säckingen oder Kassel weiss ich nicht und zwar im Anschluss an ein Jubelgebrüll darüber, dass ich liberal sei, schrieb ich dir ein paar Sätze über Liberale und Orthodoxe, auf die ich mich gar nicht mehr besinnen kann; ich habe sie aber als sehr pointiert im Gedächtnis und möchte gern die Einleitung zum II. Teil daraus machen.[1]   Bitte schreib sie mir heraus, der Säckinger Zensor wird ja inzwischen durch meine Briefe durch sein und du alles da haben. Es ist ganz dunkel; ich schreibe morgen weiter.   Gute Nacht

15.9.

In Üsküb. Ich war grad lang genug wieder draussen in der künstlichen Einsamkeit der Front, um das gewachsene Leben hier recht geniessen zu können. Über dem Gesicht einer Stadt liegt der Krieg doch höchstens wie eine Schminke während die Landschaft draussen wehrlos ist gegen die Furchen die er ihr eingräbt, die Erde wenigstens; die Wolken und das Licht lassen sich auch draussen nichts gefallen. .....

[1] Dazu der Brief an Margrit Rosenstock vom 29. August 1918, S.135.

An Margrit Rosenstock am 17. September 1918

17.9.

Liebes Gritli, ich schrieb dir einmal vor kurzem, ich wollte meine Liebe wäre lauter. Wie wenig sie es schon ist, hat mir wieder der gestrige Tag gesagt. Es ist eine harte aber notwendige Prüfung, wenn man das eigene Herz unter diesen unermüdlich und unerbittlich fragenden Begriff der Sünde stellt, der sich nichts abmarkten lässt und der einem die Entschuldigungen und Ausflüchte und Beruhigungen selber zu Sünden werden lässt. Ich habe noch nie so sehr wie gestern gespürt, dass die unendliche Verzweigung der Fragen, die das gemeinsame Beichtbekenntnis an die einzelne Seele richtet, doch wirklich nur Verzweigung ist und an jedem einzelnen Punkt unsrer Menschlichkeit alle diese Fragen, die eine unglaubliche Seelenkenntnis als einzelne herauspräparieren konnte, sich zusammenfinden. Ich kann den Juni nicht vergessen, wo sich unsre Herzen über dem Abgrund aller Möglichkeit im gemeinsamen Glauben an das Unmögliche trafen.[1] Aber die Unvergessene und Unvergessliche, o du geliebte Seele, ist verschlungen jeden Augenblick solange wir leben in soviel ach wie gern schon im nächsten Augenblick wieder Vergessenes. Da können wir uns nicht gegenseitig helfen, weder du mir noch ich dir; diesen erwünschten Vergessenheitstrank haben wir nicht in unserer Hausapotheke. Und der ihn hat, der giebt ihn nicht als „Vergessen" zu trinken, sondern unter einer andern Etikette. Liebes, wie mir gestern einmal sehr dunkel vor Augen war, da ging mir ein Wort auf, das ich von Kind auf kannte; wir sagen zu Gott: vergib uns um <u>deinet</u>willen, wenn nicht um unsretwillen.[2] Ich glaube, das ist ein Lichtstrahl, dem kein Dunkel zu dicht ist - er bricht hindurch. Da wurde mir auch das Geschehen dieser letzten Wochen klar und zusammenhängend in den Grund meiner Seele, - ich meine die unbegreiflich vorzeitig reifende Frucht des Systems, denn eine Frucht ist es ja, auch wenn es gewiss nur Vorfrucht ist.

Ich musste dir etwas von all diesem schreiben, auch wenn es nur wenig und nur gestammelt ist. Behalt es für dich.   Ich bin deinem Herzen nah und du meinem. Liebe, liebe —— Dein - Dein -

[1] Dazu der Brief an Margrit Rosenstock vom 15. Juni 1918, S.108.
[2] Im jüdischen Morgengebet (והוא - WE HU) heißt es: „Bei Dir ist die Vergebung, auf daß Du gefürchtet wirst. Nicht nach unseren Sünden tue uns, und nicht nach unseren Missetaten vergilt uns. Wenn unsere Missetaten gegen uns aussagen, Herr, tu's um Deines Namens willen".

Ende September kam Rosenzweig als Fieber-Kranker nach Belgrad in ein Lazarett.

An Margrit Rosenstock am 30. September 1918

Belgrad 30.9.

Liebes Gritli, die Feder will noch gar nicht wieder, so lange habe ich dir nicht geschrieben; das letzte Mal am 20ten aus der Stellung einen kurzen Brief an dich und einen langen an Eugen; die sind wohl schwerlich noch durchgekommen. Es war eine ziemliche Hetze, die Nächte immer irgendwie unterwegs; erst in Nisch[1] hatte ich das Gefühl aus der Mausefalle herauszusein. Jetzt hier in Belgrad werde ich wohl ein paar Tage bleiben, obwohl es ein recht mässiges Lazarett ist selbst für meine bescheidenen

Ansprüche; aber zum „holt a bissel ausrasten" - um mit dem Arzt zu reden - genügts. Aber geschoren haben sie mich gestern und das „wüste Gesicht" ist ohne den Ausgleich der „schönen Haare" - ich finde es übrigens gar nicht übel so. - Mir ist übrigens bei der Flucht auch etwas verloren gegangen, wenigstens kommts mir bisher so vor: der Mut zum ✡ der Erlösung. Was ich geschrieben habe gefällt mir nicht, und das Weiterschreiben womit ich ~~he~~ vorgestern so sachte wieder anfing, geschieht ohne rechte Zuversicht. Das Gefühl der Unerschöpflichkeit ist ganz verschwunden. Schade. Aber vielleicht kommt es wieder. Jedenfalls schreibe ich zunächst langsam weiter mit oder ohne Stimmung einerlei, deshalb z.T. mache ich ja diese Lazaretttage, ehe ich wieder zur Truppe gehe. - Politisch ist mir das alles doch auch sehr auf die Nerven gefallen. Wenn ein Generalstäbler an Nemesis[2] glaubte, so müsste es Ludendorf jetzt. Dass der Krieg im Westen entschieden wird, hat sich ja nun so weit bewahrheitet wie es sich bewahrheiten kann: verloren werden kann er allerdings im Westen. Ohne das Prestigespiel der Westoffensive wäre es hier unten nicht soweit gekommen wie es gekommen ist. Ich glaube vorläufig nicht sehr fest an eine Wiederherstellung der Lage hier. Die Stimmung unsrer Mannschaften ist so defaitistisch[3] wie möglich; alles freut sich über jeden Misserfolg; der Staat existiert nur in der dritten Person - „die da". Aber Revolution giebt es trotzdem nicht; dazu gehörte - Mut.

Der gehört also zum Revolutionmachen und zum Systemschreiben und ich habe keinen Grund „den Deutschen" etwas vorzuwerfen. Übrigens würde ich noch nicht mal Revolution wünschen, wenigstens von mir privat aus, aber das versteht sich ja. Es ist bald 4 Wochen her, dass du bei Ranke[4] die Stelle über den Widerstand aus den Tiefen des europäischen Lebens, der sich gegen jedes einseitige Prinzip erhebt, fandest. Aber Ranke hängt mit solchen Allgemeinheiten meist ganz in den Eindrücken von 1789-1815; da war es so. Der Weltkrieg ist aber viel komplizierter, nicht ein „Prinzip" wie damals, sondern viele Prinzipien; Deutschland spielt gar nicht die grosse Rolle [[„Napoleons"]], die ihm die Engländer zuschreiben (und unsre klugen Sozialdemokraten à la Leusch, „Weltkrieg = Weltrevolution", auch). Selbst wenn die Entente[5] jetzt siegen sollte, so wäre damit weder nur Deutschland besiegt noch nur England Sieger. Es giebt in diesem Krieg nicht „weder Sieger noch Besiegte", sondern jeder ist Sieger u. Besiegter. Denk an Russland! Da versagen alle Rankeschen Geschichtsformeln - Aber übrigens - ich wollt es wär erst Schlafenszeit, Gritli, und alles gut.[6] Ich darf Falstaff zitieren. Hier im Lazarett bin ich sein Kamerad. Grüss Eugen.

Dein Franz.

---

[1] Niš, Stadt in Serbien.

[2] Griechische Göttin der Vergeltung.

[3] Die Niederlage erwartend, miesmacherisch, von franz.: défaite - Niederlage.

[4] Leopold von Ranke, Verfasser einer „Weltgeschichte" in 16 Bänden (unvollendet).

[5] Franz.: Einverständnis, Bündnis; im ersten Weltkrieg Bezeichnung für die Verbündeten Frankreich und England.

[6] Shakespeare, Heinrich IV., Teil 1, V,1: „I would it were bedtime, Hal, and all well." - „Ich wollt' es wär Bettzeit, Hal, und alles gut."

An Margrit Rosenstock am 1. Oktober 1918

1.X.

Liebes Gritli,   sieh mal an, es ist gut, wenn man ausgeschlafen hat; das habe ich nämlich seit längerer Zeit diese Nacht zum ersten Mal, und gleich sah sich heute Morgen alles anders an; ich habe eben I 3 zu Ende geschrieben und es gefällt mir gar nicht schlecht. Ein paar Tage werde ich mich ja wohl noch hier „ausrasten" und inzwischen I 2 u. I 3 abschreiben und das kleine Übergangskapitel von I nach II machen. So ganz richtig bin ich zwar noch nicht wieder „drin", aber auch nicht mehr so trostlos „draussen".

...

An I 3 könnte ich dir gut zeigen, was überhaupt in diesem ganzen „Elemente"-Teil steht. Denn hier ist der Zusammenhang mit dem Rudibrief[1] ganz eng. Du entsinnst dich sicher der Schilderungen des Menschen vor der Offenbarung, die ja durch den ganzen Rudibrief hindurchgehen, des „stummen", „tauben", in sich vergrabenen Klotzes. Diese ganzen Schilderungen bilden jetzt den Inhalt von I 3, und zwar nach Möglichkeit wirklich ohne Übergreifen in die Offenbarung; also z.B. dieser Mensch sagt noch nicht einmal „Ich", er hat tatsächlich noch keine Sprache. Ich nenne ihn „das Selbst" (im Gegensatz sowohl zur „Persönlichkeit", d.i. der Mensch in der Welt, als zur „Seele", d.i. der Mensch dem die Offenbarung geschehen ist). Die Terminologie ist hier glaube ich besonders klar. Die Schilderung des „Selbst" gipfelt in dem Helden der antiken Tragödie, besonders natürlich des Äschyleischen.[2] Die schweigen berühmtermassen manchmal aktlang, und grade dies Schweigen ist die Höhe ihrer tragischen Existenz. Da hast du also den stummen Klotz des Rudibriefs als eine höchst wohlfriesierte weltlitteraturgeschichtliche Erscheinung. Das Selbst wird dann zur Seele im Augenblick wo es spricht, aber das tut es eben hier noch nicht. Für das Heidentum giebt es nur die Alternative: heldisches Selbst - welteingefügte Individualität, jenes der Mensch im ewigen Singular, dieses der Mensch im ewigen Plural. Die Seele erst ist so „singular" wie der Held und dennoch giebt es von ihr einen Plural: die Seelen im „Reich" Gottes. - So wie ich also hier den heidnischen Menschen isoliere, so in I 2 die heidnische Welt, in I 1 den heidnischen Gott. Und es ist nun jedesmal so, dass die Offenbarung (bzw. die Schöpfung) die Elemente, wie sie in I dargestellt sind, ganz und gar nötig hat. Wie du am „Selbst" ja ganz deutlich siehst; ohne Selbst keine Seele, wie es ja der Rudibrief darstellte. So nun aber auch ohne die hanebüchene Lebendigkeit des richtigen mythischen Heidengotts kein Gott der Liebe und des Lebens; von den blassblütigen Geistgöttern Indiens führt kein Weg dahin. Und ebenso muss die Welt um Kreatur sein zu können, ganz plastisches Gebild sein; das ist schwerer zu verstehn; es ist aber genau so. - Soweit ist also das Buch nun; die „Vergangenheit" ist dargestellt, nun kommt die „Gegenwart" dran, die Welt wie sie wirklich ist, statt der heidnischen Abstrakta „Gott", „Welt", „Mensch". Statt deren kommen nun die lebendigen Beziehungen „Schöpf.", „Off.", „Erl.".

Nun weisst du ungefähr was los ist. Die Form der Darstellung in I war nun so, dass im Geheimen schon der ✡ dahinter stand; nämlich die dreie, Gott Welt Mensch, wurden lebendig, bzw. gestalthaft, bzw. Selbst durch einen inneren Prozess von Selbstschöpfung, Selbstoffenbarung, Selbsterlösung, an dessen Schluss jedesmal erst das fertige heidnische Gottes- Welt- Menschen-wesen stand. Diese Methode wird angewandt, kann aber natürlich nicht enthüllt werden, weil eben von Schöpfung, Off., Erl., hier noch nicht geredet werden kann. Wie ja auch die Sprache hier noch nicht da ist, sondern nur ihre Elemente, (das Bejahen, das Verneinen und das Verbinden). In II entsteht dann die Sprache selbst, die Grammatik. (In III die Rhethorik). Die Sprache in I ist die Sprache vor der Sprache, die „Sprache des Unaussprechlichen" (nämlich: noch Unaussprechlichen): die Kunst (die stumme Verständigung vor aller Sprache). In III nachher die schweigende Verständigung jenseits aller Sprache: die Gemeinschaft der Tat (sichtbar vorgebildet im Kult; das gemeinsame Hören, das gemeinsame Mahl, das gemeinsame Knieen).

Aber das war wieder zu sehr in Andeutungen gesprochen, als dass du es verstehen kannst, nimms nur als „Meins". Das Vorhergehende wirst du verstanden haben. Es ist eben leichter, über das Fertige verständlich zu sprechen als über das was noch bloss Programm ist.

Das Eisenbahnoriginal des Gritlianum[3] ist ganz unleserlich. Du müsstest es also für Rudi schon abschreiben oder warten bis er mal kommt. Es selber nochmal abzuschreiben bringe ich nicht über mich; ich habe so viel abzuschreiben jetzt, dass ich nichts Überflüssiges auf diesem Gebiet tun mag. Von I 2 u. I 3 ist noch nichts abgeschrieben! - Ob er aber so viel davon haben wird, dass sich die Mühe für dich lohnt? .....

[1] Die „Urzelle" zum „Stern der Erlösung", abgedruckt in Zweistromland S.125-138.
[2] Äschylos, auch Aischylos, 525-456, griechischer Dichter, der die Tragödie zur Vollendung führte. Darin erscheint der Mensch als Wesen, das notwendig schuldig wird und doch dafür verantwortlich bleibt.
[3] Abgedruckt im Anhang, S.826ff.

An Margrit Rosenstock am 2. Oktober 1918

2.10.

Liebes Gritli,   es ist eine Desolation und ein Zusammenbruch ohnegleichen; die Haare sträuben sich einem bei diesen Gesprächen um einen herum. Wie merkwürdig dass es der französ. Regierung möglich gewesen ist, die Stimmung bis heut immer noch über dem 0-punkt zu halten. Dabei ganz unpolitisch: der Parlamentarisierungsschritt,[1] der heut morgen bekannt wurde, wird überhaupt nicht bemerkt! Es geht immer per „er", „die da", - ganz unbeteiligt. Die Ententelegende über den Krieg wird glatt geglaubt. Dabei sind ja überall das „Volk" und die „Regierenden" gleich schuld. Die falsche, nämlich herzlose hochmütige und borniert Behandlung der Bulgaren ist einfach „echt deutsch" ⟦⌈gewesen⌉⟧; Offiziere und Mannschaften haben sich instinktiv ganz gleich benommen.

Ich schreibe an dem kleinen Übergangskapitel;[2] unwillkürlich stehen mir dabei Eugens Einwendungen vor Augen; erst hier können sie erledigt werden, frühestens. - Überhaupt mache ich mir doch alle Einwendungen zu nutze, auch wenn ich sie erst ablehne; so die terminologischen zu „Seele" und „Leib". - Einen Schub Rudischer Predigten[3] bekam ich grade noch ~~vor~~ mit der letzten Post; es waren 4, die er seinerzeit, im Februar, nach Kassel geschickt hatte; ich habe erst eine wieder gelesen; es ist ja ganz unmöglich, sie mit „ernstem Fleiss" zu lesen; man muss sich auftun und warten. Ich lese allerdings nie mit ernstem Fleiss, sondern entweder mit frechem Leichtsinn oder mit stumpfsinnigem Fleiss - in beiden Fällen also mit Vertrauen und ohne mit abgelegten Waffen. Ich kann ja die Waffen später wieder aufnehmen, wenn ich gelesen habe; während des Lesens können sie mich nur hindern. - Es ist mir gar nicht so, als ob der Brieffaden zwischen uns wieder zerrissen wäre, wie es doch ist. Ich weiss nicht, aber mir ist, als schriebe ich dir in der gleichen Stadt nur von einer Strasse in die andre, und heut Abend käme ich herüber zu euch nach Tisch.

Euer Franz und Dein Franz.

[1] Kaiser Wilhelm II. berief am 3. Oktober 1918 Prinz Max von Baden zum Reichskanzler, nachdem General Ludendorff den sofortigen Waffenstillstand gefordert hatte und eine Parlamentarisierung der Reichsregierung unvermeidlich geworden war. Max richtete am 5. Oktober an der Spitze einer aus den Mehrheitsparteien gebildeten Regierung ein deutsches Friedensangebot an den amerikanischen Präsidenten Wilson.

[2] Der Abschnitt „Übergang" am Ende von Stern I.

[3] Rudolf Ehrenberg, Ebr. 10,25. Ein Schicksal in Predigten, 1920.

An Margrit Rosenstock am 3. Oktober 1918

3.10.

Liebes Gritli,   was sagst du eigentlich zu diesem kuriosen linierten Papier? ich hatte einen ganzen Block gemischten Papiers in Gradsko gekauft, kurz ehe die Franzosen dahin kamen (nämlich auf meiner Üsküber Reise[1]) und ihn dann im Tornister mitgeführt. Auch der ☿ d. Erl. wird von I 3 ab auf dies Papier wenigstens ins Unreine geschrieben. - Von den deutschen Ereignissen kriege ich hier nur den Wiederhall der brillant geschriebenen öst.-ung. Zeitungen, der Wiener fr. Presse, des Pester Loyd, und eines kleinen Gassenblättchens des Pester „Polit. Volksblatts".[2] Das ist weniger als ich möchte.

Eugen brennt sicher lichterloh a) überhaupt und b) als „Privatdozent des Staatsrechts". Ich selber bringe nicht den „nötigen Ernst" dafür auf (mit meinen alten Schullehrern zu reden); ich muss nur lachen, wenn ich sehe wie krampfhaft sich die Monarchen an ihre wackelnden Trone klammern. Warum soll ich ehrfürchtige Schauer vor dem Sanctuarium der Monarchie verspüren, wenn die Monarchen selbst so gar nichts davon verspüren (und um so mehr gut bourgeoise Angst, ganz als ob die Krone nichts wäre als ein geldwerter Titel, den man in der Kassette eines feuersicheren Geldschranks aufbewahrt.

Ich finde diesen Ruck nach links, dieses beflissene Abladen der Verantwortung im Augenblick wo es schief geht nur blamabel.   Er hätte Ludendorf zum Kanzler machen sollen,[3] jetzt, jetzt grade. Dass wir pazifistische Ministerien schaffen während in Engl. u. Frkr. noch die Clemenceau u. Loyd George oben sitzen, ist nur lächerlich und blamabel.   Ausgenommen, wenn es den Erfolg hätte, England u. Frkr. zu revolutionieren - aber sollten wir im Ernst eine so bolschewistische Logik haben? die Bolschewiki selbst hatten kein Glück mit dieser Berechnung. — Ganz sachlich freue [[ich]] mich ja selbstverständlich doch über die Verlinksung, aber aber - Bethmann wahrte bei solchen Schritten immer noch das Gesicht der Hohenzollern; diesmal geschieht es ganz würdelos und aller Demokratismus kann mir das Bedauern über diesen Fall einer nobeln Tradition nicht aufwiegen. Schon seine Coriolanreise[4] nach Essen, wo er beim stinkenden Pöbel herumging und so tat als ob, war mir peinlich bis zum selber rot werden. Es giebt keine Könige mehr. Deutschland ist reif zur Republik und wenn erst Deutschland, welches Land dann nicht. Die Monarchie ist ja keine Staatsform - aller Unsinn der über sie produziert wird, kommt aus diesem Grundirrtum —, die Monarchie ist eine Menschenform. Und wenn die königliche Menschenrasse ausstirbt, dann lässt sich die Staatsform höchstens noch galvanisieren.

Gestern ist mir, indem ich an Rudi darüber schrieb, der eigentliche Sinn von I aufgegangen. Die Metaphysik ist die geheime („theosophische") Vorgeschichte Gottes vor der Schöpfung (die Schöpfung ist ja die Geburt Gottes). Die Metaethik die geheime („anthroposophische") Vorgeschichte des Menschen vor der Offenbarung (die Offenb. ist die Geburt des Menschen). Die Metalogik die geheime („kosmosophische") Vorgeschichte der Welt vor der Erlösung (Die Erlösung die Geburt der Welt). - Es wird das Bild immer so weit geführt, bis nur ein kleiner Ruck, ein letzter Szenenwechsel, eine Umkehr der Vorzeichen, nötig ist, dass die Liebe, das Kind, das Geschöpf sichtbar werden. Dass die Welt als Geschöpf sichtbar wird, geschieht noch nicht in der Schöpfung, sondern erst in der Erlösung; erst der erlösten Welt sieht man es an, dass sie Geschöpf ist. Das ist auch noch kaum zu verstehn. Quäl dich nicht. (Meinst du, ich verstünde so etwas richtig, im Augenblick wo ich es schreibe? Vorher vielleicht, und nachher einmal wieder, aber viel später). Mir ist vorerst die Hauptsache, dass ich die verschiedenen Niveaus der drei Meta...iken deutlich sehe.

Ich schreibe an dem Übergangskapitel. „Hätt' ich ein Vierteljahr nur Ruh'..." — vorläufig benutze ich eben die Tage und hoffe, dass sie sich zum Vierteljahr summieren werden. Der erste Teil hat 6 Wochen gebraucht; davon war 1 Woche Unterbrechung dank den Bulgaren.[5] Die Wendung mit der „Loyalität gegen die Bundesgenossen" in der bulg. Tronrede ist ein ekelhafter Zynismus.

Genug, genug - ich bin durch mein vieles Schreiben schon in den Verdacht gekommen „Vorträge auszuarbeiten". Vorträge! wenn es das je würde! — —

Dein Franz.

[1] Dazu der Brief an Margrit Rosenstock vom 14. und 15. September 1918, S.152f.

[2] Österreich-ungarische Zeitungen; Wiener freie Presse; Pester = Budapester.

[3] Der Kaiser hatte Max von Baden und nicht General Ludendorff zum Reichskanzler ernannt.

[4] Coriolan, römische Sagengestalt des 5. Jahrhunderts v.d.g.Z., der - nachdem er die Feinde Roms besiegt hatte - eben zu diesen Feinden floh, da er Rom aus politischen Gründen hatte verlassen müssen. Plutarch schrieb eine Biographie über ihn, außerdem griffen mehrere Dichter den Stoff auf.

[5] Bulgarien, das sich zu Beginn des Krieges zunächst neutral verhalten hatte, schloß sich im September 1915 Deutschland und Österreich an, da es auf ein Großbulgarien hoffte. Doch im Oktober desselben Jahres landete die britisch-französische Orientarmee in Saloniki, um von dort aus die bulgarische Front zu durchbrechen. Im September 1918 kämpfte sie an der makedonischen Front, so daß das erschöpfte bulgarische Heer am 29. September schließlich kapitulieren mußte.

An Margrit Rosenstock am 3. Oktober 1918

3.X.18

Liebes Gritli, es ist noch gar kein Wort von dir gekommen. Was ist wohl? ich habe unbestimmte und bestimmte Angstgefühle; ich wollte sehr, es käme ein Brief von dir, der alles fortbliese.

Heut war ich den ganzen Tag auf meinem Zimmer. Schön ist das eigentlich nicht; es arbeitet sich schlechter als im Felde; vielleicht ists auch nur das Ungewohnte. Schön ist nur das Bett und dann dass man einen Nachttisch mit Licht neben sich hat und nachts ruhig aufschreiben kann was einem einfällt wenn man mal wach wird, und dann wieder einschlafen.

Geschrieben habe ich in diesen freien Tagen weniger als ich dachte, es waren allerdings auch nur der Freitag und der Sonntag, die wirklich frei waren. Immerhin bin ich doch nun wieder im Fluss und wenn ich jeden Tag nur etwa 2 Stunden rausschinde, so wird es auch weiter gehn. Denk, heut habe ich die Gleichung oder vielmehr Ungleichung Trotz = Treue[1] ganz auf eignem Weg auch gefunden. Sie kam als Abschluss eines langen Gedankengewindes plötzlich heraus. Dieses Buch II wird gar nicht schwer zu lesen. Ob es dennoch noch jemand versteht ausser dir? Auf Buch III bin ich immer neugieriger; der Vorhang der noch davorhängt will sich nicht heben.

Gute Nacht, liebes Gritli.
Dein Franz.

[1] Dazu Stern der Erlösung S.190 sowie der Brief an Margrit Rosenstock vom 7.(?) Januar 1919, S.215.

An Margrit Rosenstock am 4. Oktober 1918

4.10.

Liebes Gritli, heut vor einem Jahr hast du mir geschrieben, ich weiss es zufällig noch genau weil du auf meinen katholischen Namensheiligen anspieltest.[1] Ich bin gestern Abend noch mit dem Übergangskapitel fertig geworden; es wurde noch ziemlich doll, und die Nacht konnte ich dann nach Mitternacht nicht mehr schlafen, so waren alle Geister losgelassen, ich hätte heraus auf einen „gewissen Ort" gemusst, wagte es aber nicht, über den Korridor zu gehn, in der haltlosen Aufregung in der ich war; das sind so Augenblicke wo man Doppelgänger sieht und dergleichen, weil man in seinem Körper nicht mehr recht fest angeleimt ist. Es kam alles daher, dass ich zwischen zwei Teilen war und dass infolgedessen der Stern, der während der Einzelarbeit an den einzelnen Büchern, wie du ja weisst, mir verblasst war, plötzlich wieder so stark aufstrahlte wie in den ersten Tagen als es anfing. Ich sah ihn wieder mit Augen und alles Einzelne in ihm. Wie ichs nachher am Morgen aufzuschreiben versuchte, war es ganz dürftig und kaum mehr als was ich schon am Abend wenigstens fragmentarisch notiert hatte. Das kenne ich nun aber schon; diese Dürftigkeit des lendemain[2] ist nur Schein; der Reichtum des unmittelbaren Schauens ist Wahrheit und bewahrheitet sich später bei der Ausführung. So war auch das was ich, jetzt auch bald genau vor einem Jahr am Tage nach der Nacht in der jetzt französischgewordenen Ebene aufzuschreiben suchte, - woraus später der Rudibrief[3] und alles wurde - ganz dürftig, sodass ich nicht wusste, wo der scheinbare Reichtum der nächtlichen Gesichte hingekommen war. Also ich sah den Stern und merkwürdigerweise drehte er sich um sich selbst und darin war alles was ich noch zu schreiben habe, zu sehn. Heut früh habe ich dann die Einleitung zum zweiten Teil angefangen, ein kaltes Sturzbad nach der Nacht und schon nach dem „Übergangs"-Kapitel. Der Titel der 2. Einl. ist etwas verändert: statt „Gott", heisst es „das Wunder".[4] Jetzt geht es also ein paar Tage wieder im wissenschaftlichen Feuilletonstyl. Ich will dir der Komik halber die letzten Worte des I. und die ersten des II. Teils (also den Schluss des „Übergang" und den Anfang der „Einleitung") herschreiben: „Dieses Offenbarwerden des immerwährenden Geheimnisses der Schöpfung ist das allzeiterneuerte Wunder der Offenbarung. Wir stehen an dem Übergang, - dem Übergang des Geheimnisses in das Wunder". „Wenn wirklich das Wunder des Glaubens liebstes Kind ist,[5] so hat dieser seine Vaterpflichten, mindestens seit einiger Zeit, arg vernachlässigt".[6] U.s.w. in diesem frivolen Ton.

Aber nun genug von der Eingabe ans himmlische Parlament. Diese Nacht „zwischen den Teilen" wieder im unmittelbaren Anblick des Ganzen hatte ich nötig gehabt. Vielleicht rutsche ich auf der schiefen Ebene, auf die ich nun einmal geraten bin, für ein paar Tage bis Deutschland? Was sagst du dazu? Ach Gritli - und überhaupt. Ich habe dir auch in dieser langen Nacht gegen Morgen einen langen Brief gesprochen - ich weiss nicht mehr, was darin stand. Ich weiss nur eins, und weiss es in alles andre Wissen hinein: Ich bin Dein.

[1] Der 4. Oktober ist der Tag des heiligen Franz von Assisi.　　　[2] Franz.: morgen.
[3] Die „Urzelle" zum „Stern der Erlösung", abgedruckt in Zweistromland S.125-138.
[4] Dazu auch der Plan des „Stern" in dem Brief an Margrit Rosenstock vom 31. August 1918 (S.138f), wo das Wort „Wunder" sekundär eingefügt ist.
[5] Anspielung auf Goethe, Faust I, Nacht.　　　[6] Dazu Stern der Erlösung S.99 und 103.

An Margrit Rosenstock am 5. Oktober 1918

5.10.18

Liebes Gritli, bis 14 Tage soll Post nach Deutschland gehen, hörte ich gestern! da bin ich vielleicht selbst vorher da, wenn auch nur auf kurze Zeit, denn ich habe doch sicher keine Malaria; es müsste eine sehr leichte tropica gewesen sein; sonst ist die Pause zu lang. Der Frieden kommt nun, und ich merke plötzlich, dass ich mehr für Deutschland übrig habe als ich wusste; denn dieser masslose englische Sieg fällt mir aufs Herz; es bleibt ein trauriger kleinbürgerlicher kontinentaler Mittelstaat übrig, und das nach den Hoffnungen dieser Jahre. Die Parlamentarisierung wie sie jetzt geschieht ist ja nur Blamage. Vielleicht würde ichs anders ansehn, wenn ich nicht schon wieder aus sicherem Hintergrund spräche, als ein Etappenschwein.[1] Die Nurfrieden-Stimmung versteht man doch nur an der Front und in der hungernden Heimat, nicht in der kugelsicheren und wohlgenährten Zwischenzone, genannt Steppe.

I 2 ist gestern fertig abgeschrieben. Ich traue meinem Urteil nach dem Abschreiben nie; es ist <u>immer</u> schlecht, a la baisse.[2]

Ob ichs machen kann, wenn ich nach Deutschland komme, euch zu sehn? vielleicht am ehesten zwischen Lazarett und Rückreise zur Front, Mutter müsste mir dann Zivilsachen mit nach dort bringen, wo ich ins Lazarett käme. Freilich dürfte dann die Reise nicht als Transport gehen.

　　　　　　　　　　　　　　　　　　　　　　Es wäre so schön — Dein Franz.

[1] Jemand, der sich als Soldat im Krieg aus dem Kampfgebiet in das noch nicht umkämpfte Heimatgebiet zurückzieht.
[2] Franz.: nach unten fallend, sinkend.

An Eugen Rosenstock am 5. Oktober 1918

5.X.18

Mein lieber Eugen, ich wusste auch, dass die Einleitung ungleich im Styl geraten ist, besonders das „Verlängerungsstück" über die Sprache, was ja eigentlich nicht unbedingt dazugehört und was ich bloss dazugesetzt habe, um es seiner Wichtigkeit entsprechend vorwegzusagen und nicht etwa erst im ersten Buch des Teils selber. Gewundert hat mich, dass du offenbar nicht von dem frappiert warst, was mir das eigentlich Frappante war: der neue Wunderbegriff (Wunder = Zeichen), wozu ja die ganze Geschichtsdarstellung nur die Para- und Periphrase gab.[1] Aber es versteht sich, dass man andres hineinschreit in den Wald als heraustönt. - „Wie und wo" ich erkläre, ob ich als J. oder Chr.[2] schreibe? Aber ich bin ganz sicher dass ich das nirgends erklären werde; und zwar weil ich (mit Ausnahme der Einleitungen u. einzelner Partien der Bücher) gar nicht auf der Platform des natürlichen Geistes schreibe, sondern auf der Platform meines Lebenslaufs, der bekanntlich (beim AOK[3] 11 und bei der F.A[4] Schiessschule Rembertow[5]) beginnt: „Ich Franz Rosenzweig jüdischen Glaubens bin geboren als Sohn" u.s.w. „am" .. „zu" .. (Chronologie und Geographie der Diaspora). Dass ich als Jude schreibe ist die ganz undiskutierte Voraussetzung, genau so undiskutiert wie dass ich als IchFranzRosenzweig schreibe. Und daher kommts auch, dass ich in diesem Buch ganz ruhig in Chiffern schreibe, viel mehr als irgend ein Leser merken kann. Ich schreibe ja wirklich nur vor mir selbst. Selbst die Beziehung auf zur protestant. Universität, die ich festzuhalten suche, halte ich nur deshalb fest, weil ich mein wissenschaftl. Gewissen in diesem Laden gekauft habe und es also („unbegrenzte Garantie für dauernd richtigen Gang") zwecks Reparatur immer wieder dorthin bringen muss. [Übrigens es ist wirklich wahr, dass es in dem Sinne wie es eine pr katholische Kirche giebt, wirklich giebt, - was ja immerhin auch nur ein sehr fragwürdiges Geben ist -, es auf der andern Seite nur eine protestantische Universität giebt.] Die Chiffern also bleiben stehn. Auch die Chiffer H.C. Denn ist das denn Hermann Cohen, den das Publikum kennt? Ist das nicht mein ganz privater und geliebter H.C.? In dem Buch II 2 kommt an ganz zentraler Stelle ein Citat aus dem Munde eines Jungen, der noch nicht zur Schule geht; soll ich da etwa Herrn G.P.[6] mit Anerkennung zitieren (verlegt im Haus zur Flamme, Hinterzarten 1918 12°. Ungebunden.)? Bin ich Below?[7]

Und deshalb leugne ich auch, dass deine Kolonie ein Haus ist. Das Himmelreich ist keine Institution. Und du suchst noch nach einer Institution (Institution eben zu deutsch nicht als „Haus"). Das Haus ist zerstört. Menschenhände bauen es nicht neu. Dass deine Kolonie kein Haus ist, sondern nur das aus Scham von dir nicht zu erkennen und benennen gewagte Himmelreich, das geht auch daraus hervor, dass jeder deiner Kolonisten ein oder den andern hineinbringen würde, den die andern herausweisen würden und umgekehrt. Wäre es ein Haus, dann hätte es ein verschliessbares Tor. Aber am Himmelstor mag zwar ein Pförtner stehn, aber ein Schloss hat es sowenig wie die Haustüren der taciteischen Deutschen.[8]

Über Marcks[9] stimmen wir ja genau überein. Aber gegen das Leiden dieser Deutschen, wie ich es jetzt an Kähler sehe, ist dein Leiden (und nun gar meins, das ja doch beinahe schon mehr Mit-leiden ist) ein Kinderspiel. Sie sitzen wirklich im Dunkel und jammern auf den Trümmern ihres Jerusalem,[10] ohne dass eine Stimme ihnen „Tröstet tröstet mein Volk"[11] predigte. Kählers Gesicht verzerrt sich mitten in einem abwegigen Gespräch, wenn er es im Augenblick vergessen hat und es ihm nun wieder einfällt. Mein eigener Kummer erscheint mir jetzt, wo ich Kähler sehe, wirklich ganz unerlaubt, ich habe gar kein Recht dazu. Und dass sich dir grade in diesem Augenblick „München" aufschliesst, ist gradezu providentiell. Ich habe dir keine „Ratschläge" gegeben (welche denn?); ich habe nur gleich gespürt, dass das dein „Zeit ists"[12] war. Ist es denn nun nicht ganz natürlich, dass ich keinen dieser drei Aufsätze (auch schon Volksst. u. Gottesr. nicht) so begrüsst habe wie all dein früheres? Du bist mit ihnen eben aus dem Kreis der Freundschaft heraus- und in die Kirche hineingetreten; da darf ich dir gar nicht folgen können (so wenig wie du Zeit ists lesen oder wenn lesen jedenfalls nicht goutieren konntest).   Bei Gritli, auch bei Rudi, konnte es noch zweifelhaft sein wie die Aufnahme zu verstehen war (ob aus dem Du oder aus dem Wir), jetzt wo Karl Muth[13] hinzutritt ist es klar: es war das Wir. Und deshalb gratuliere ich dir zu dem Brief, den ich gestern vor lauter Freude - verzeih die Indiskretion - sogar Mündels[14] mitgeteilt habe (die Frau hatte Siegfrieds Tod auch gelesen). Aber ausserdem: was sind das für Leute, dieser Muth und das Publikum auf das er doch offenbar rechnet. Ich wünsche sehr, dass daraus auch äusserlich irgend was wird, und wenn nur ein regelmässiges Rezensieren für die Zeitschrift. Die Zeit, wo du fortwährend neue eigne Zeitschriften für uns gründen wolltest, muss vorbei sein; es ist ja das, was ich dir im Sommer von Leipzig aus schrieb; man hat doch immer ein Vorgefühl dessen was kommen muss.

Ich weiss jetzt auch, warum ich Amerika nicht vorausgesehen und vorausgeglaubt habe, und du und Hans wohl. Um Katastrophen vorzufühlen, muss man aktiv mitleben. Wer passiv mitlebt wie ich, kann nur wissen, was ist und etwa noch was wird, aber nicht was sich ereignen wird.

Das Licht will ausgehen und ich bin nun zwei Tage nicht zum ✿ und, obwohl ich seit gestern früh lauter Briefe von ihr kriege, auch nicht zum Brief an Gritli gekommen. Grüss sie und sag ihr - oder sags auch nicht —

Dein Franz.

---

[1] Dazu Stern der Erlösung, S.104ff. [2] Jude oder Christ.
[3] Armee-Oberkommando. [4] Feldartillerie.
[5] Stadt in der Nähe von Warschau, wo Rosenzweig im Frühsommer 1918 an einem Offiziersaspirantenkurs teilgenommen hatte.
[6] Georg Picht.   [7] Georg von Below, 1858-1927, Verfassungs- und Wirtschaftshistoriker in Freiburg.
[8] Tacitus, ≈ 60 - ≈130, verfaßte im Jahre 98 seine Schrift „Germania".
[9] Erich Marcks, 1861-1938, Historiker.
[10] Wohl Anspielung auf Klagelieder 5,16ff - Verse, die in der christlichen Karfreitagsliturgie übrigens lange Zeit in bezug auf das Judentum zitiert und nach deren Vorbild auch die mittelalterlichen Ecclesia-Synagoga-Darstellungen - etwa an den Kirchenportalen in Strassburg und Freiburg - gestaltet wurden.
[11] Jesaja 40,1.
[12] „Zeit ists. Gedanken über das jüdische Bildungsproblem des Augenblicks", abgedruckt in Zweistromland S.461-481.
[13] Carl Muth, 1867-1944, Publizist, der mit der katholischen Zeitschrift „Hochland" (seit 1903) die katholische Kulturpolitik in Deutschland prägte.
[14] K.Mündel, Sekretär Rosenzweigs in Freiburg, der die Reinschrift zum „Stern" anfertigte.

An Margrit Rosenstock am 6. Oktober 1918

6.10.18

Liebes Gritli, es ist noch nicht ganz sicher, ob wir, speziell ob ich, weiter komme. Vielleicht werde ich auch schon hier entlassen. Die Friedensaussichten drücken weiter auf mir, ganz anders wie letzten ~~Sept~~ Dezember, wo schon das schwache Frühlingslüftchen mich so warm anblies. Wie anders war damals Deutschlands Lage und Aussicht. In einem Sommer ist das alles verspielt! Ich dürfte ja eigentlich nach meiner eignen Theorie mich gar nicht persönlich darüber aufregen, aber es geht mir nun doch so, unprogrammgemäss.
Ich fange morgens so früh wie möglich, wenn es eben dämmert, zu schreiben an, weil ich nachher, wenn Zeitungen da sind, mich nicht mehr recht konzentrieren kann. (Dazu habe ich allerdings auch einen kleinen Schnupfen; erst heute wird geheizt und es regnet hier und ist gar nicht südliches sondern ganz mitteleuropäisches Klima. „Mitteleuropa" - das ist nun alles vorbei. Die Entente verwirklicht ihr Programm Punkt für Punkt, einschliesslich der „Demokratisierung"! Und dazu noch das schrankenlose Vergnügen der Leute die mit mir liegen, wenn sie die Zeitung lesen (lauter Deutsche!). Von der Demokratisierung verstehen sie nur, dass jetzt die „Leute, die Grossen, die sich bisher <u>am grünen Tisch vollgefressen und -gesoffen</u> haben, nun herunter müssen, und auch einmal merken wie es tut". (wörtlich!) Dabei geben sie ganz zynisch zu, sie würden es „auch" getan haben, wenn sie „oben" gesessen hätten. „Auch"! - Ich halte zwar nicht den Mund, aber im Grunde fresse ichs doch in mich hinein. ~~Dein Franz~~ Ich verlange sehr nach Aussprache oder nach meinen Postsachen - einerlei; so ist es mir beinahe gleich, ob ich nach Deutschland komme oder zur Truppe. Aber nun wirklich und undurchgestrichen   Dein Franz.

An Margrit Rosenstock am 7. Oktober 1918

7.10.18

Liebes Gritli, es ist später wie sonst geworden, ich habe den ganzen Tag an der Einleitung[1] geschrieben; sie ist jetzt in der Partie, wo ich selber neugierig bin, was herauskommt. Sie wird wohl besser als die erste, leidet aber natürlich auch an dem gleichen Fehler, dass sie vorwegnehmen muss, was erst nachher im Teil selbst ausgeführt wird. Heut abend sah ich mich auch zum ersten Mal in Ruhe im Spiegel an seit die „schönen Haare" gefallen sind. Sie sind noch nicht wieder gewachsen und ich habe mir meine Kopfform genau betrachtet und war sehr zufrieden; es ist eine ganz ruhig und schön gewölbte freilich etwas turmhaft in die Höhe gehende Kuppel, gar nicht unruhig und drohend wie die Stirn, sondern klassisch und still - wohl das einzige an meinem Kopf, wovon man das sagen könnte (und ich bin bald 32 Jahre alt geworden, ohne es zu wissen!) (γηρασκω δ' αει, πολλα διδασκομενος)[2] (das müsstest du übersetzen können, es ist von Solon, ein Pentameter). - Der Prinz von Baden redet schön, aber was hilfts - die Leute mit dem „Zug um den Mund" sind nun obenan, und im Grunde hatte auch Maxens Rede ihn (Bethmanns, auch wenn er pazifizistelte, nie). Ich muss jetzt immer an die Komödie von Gespräch denken, die ich am letzten Leipziger Tag mit Hermann Michel[3] hatte. Ich sagte ihm damals, er sei einer der brutalsten Machtpolitiker, die mir bisher vorgekommen wären, nur freilich im Sinne der englischen

Politik. Denn das war das Kuriose, dass er England unbewusst das Recht auf all seine Eroberungen gab, und sich für es einfach auf den Boden der „Kriegskarte" stellte. So giftig und hinterhältig war übrigens das ganze Gespräch. Über mein Schellingianum[4] hat er mich in direkt unangenehmer Manier ausgeholt, richtig ausgeholt wie ein Untersuchungsrichter, ich merkte erst allmählich, worauf er herauswollte (und er hat sich wohl eingeredet, ich ~~wüs~~ merkte es überhaupt nicht). Kurz, auch darin mit Zug um den Mund.

Hast du gemerkt? Wilhelm[5] rechnet uns überhaupt nicht mehr zu seinen Soldaten. „Mitten in das schwerste Ringen fällt der Zusammenbruch der makedonischen Front. Eure Front [eure!!!] ist ungebrochen".

Diese veille de la paix[6] sieht anders aus als die voriges Jahr. Ich barme nach einem Wort von Eugen, einem politischen ausnahmsweise. In meiner Menschenleere habe ich heut sogar mit einem ~~H~~ braven Mann namens Keppich politisiert. Das Netteste hier im Lazarett sind die Religionsgespräche (kathol.-evangel.), ich bleibe stummer Zuhörer und stelle nur manchmal eine Zwischenfrage oder bestärke die schwache Partei, die gegen den Führer des Corpus Catholicorum[7] behauptet, dass „hurra" <u>nicht</u> aus dem Lateinischen kommt und <u>nicht</u> „tötet ihn" heisst.

Es ist schon der 8. Gestern war ein netter Abend. Ich bin erkältet an allen Körperteilen die sich erkälten können. Trotzdem wird weitergeschrieben. Der Gedanke, der dir einleuchtete, dass die Offenbarung eine neue Schöpfung sei, leuchtet mir auch immer mehr ein und auf und wird ein Träger des Ganzen, insbesondere des 2. Teils.

Übrigens damit du nicht aus Sympathie mitfrierst bzw. mir nachfrierst - ich habe gestern Abend eine grosse Anleihe an warmer Unterwäsche, einschliesslich sogar Pulswärmern, aufgenommen. Also du brauchst nicht zu frösteln. Aber sei sonst bei mir.

                                              Doch das bist du ja —

                                                       und ich bin Dein.

[1] Zu Stern II.

[2] Aus den Elegien des Solon, 640-559: Ich werde älter, lerne aber immer noch vieles (Plutarch, Solon 31,7).

[3] Michel hatte 1904 versucht, die „Nachtwachen" des Bonaventura Schelling zuzuschreiben.

[4] Abgedruckt in Zweistromland S.3-44. [5] Kaiser Wilhelm II..

[6] Franz.: Nachtwache, Vorabend des Friedens. [7] Lat.: Körperschaft der Katholischen.

An Margrit Rosenstock am 8. Oktober 1918

                                                                                                      8.10.18

Liebes Gritli, mein kurioser gemischter Block überrascht mich durch dieses ganz vereinzelte Blatt von beinahe deiner Farbe. Also ich wills seiner Bestimmung zuführen. Die zweite Einleitung[1] wird sehr schön; sie hat ein Grundaperçu von siegreicher Einfachheit, eben dies mit der Offenbarung als der Zweiten Schöpfung, aber so: das Wunder ist nicht Änderung des Naturlaufs, ein solches Eingreifen ist Zauber, nicht Wunder (in unserem ⟦gemeinsamen⟧ Sinn). Bei uns ist das Wunder „Zeichen". D.h. es ist die bestätigende Erfüllung einer Voraussage. Das Wunder wird für den Glauben erst Wunder durch die vorangehende Erwartung; der Profet <u>gehört</u> zum Wunder. (Denk an euer Verhältnis vom N.T. zum A.T., oder bei uns an das von Offenbarung und Vätergeschichte - das „gelobte" Land! -) Als „Zeichen" ist das Wunder nicht wie die heidnische Magie ein Eingreifen in den Willen der Götter, sondern im Gegenteil der sichtbare Beweis des Daseins der göttlichen Vorsehung (also des zentralen Inhalts der Offenbarung gegenüber allem Heidentum; ohne Gottes Willen fällt kein Haar vom Haupte²). (Die Möglichkeit der Weissagung ist der Beweis für die Wirksamkeit der Vorsehung Gottes). Daher die Wundersüchtigkeit, die Freude am Wunder, die bis ins 18. scl. die Theologie erfüllte. Bis dahin war wirklich das Wunder des Glaubens liebstes Kind.³ Und nun: Die Offenbarung ist ja das Wunder par excellence. Wodurch wird dies Wunder echtes Wunder für den Glauben, „Zeichen"? Weil es in der Schöpfung ganz und gar vorausgesagt ist !!! Der Mund dieser Weissagung hat die Philosophie zu sein. Tableau!⁴ Das ist doch schön? Die Schöpfung gewissermassen das A.T. der Offenbarung. Die Philosophie nicht ancilla theologiae⁵, sondern der Johannes, durch dessen Taufe Jesus erst der Christus wird.⁶ Die Offenbarung also nicht bloss Erneuerung der Schöpfung, sondern sie wird erst das Wunder, das sie ist, dadurch dass sie in der Schöpfung angelegt ist. Die Sprache ist allen Menschen anerschaffen von Anfang, und - nicht doch, sondern dadurch grade ist sie das Organon der Offenbarung; würde sie erst in der historischen Offenbarung hervorbrechen, so wäre es nicht die Offenbarung, die wir glauben, sondern ein heidnischer Spuk. - Das ist doch herrlich klar und doch nicht auszudenken, nichtwahr? Frag einmal Eugen [[(und dich selbst auch)]], ob ihm folgende Überschriften besser gefallen:

Gott und seine Natur
Eine Metaphysik

Die Welt und ihr Geist
Eine Metalogik

Der Mensch und sein Selbst
Eine Metaethik

Ach liebes Gritli - und wie gefällt dir diese Unterschrift: Dein Franz.

---

[1] Stern der Erlösung S.103ff.
[2] Anspielung auf 1. Samuel 14,45.
[3] Anspielung auf Goethe, Faust I, Nacht.
[4] Französischer Ausruf im Sinne von: Da haben wir's!
[5] Lat.: Magd der Theologie.
[6] Dazu Johannes 1,19-34.

An Margrit Rosenstock am 9. Oktober 1918

9.10.18

Liebes Gritli, gestern Abend habe ich meinem stark verschnupften Gehirn noch den Schluss der Einleitung abgezwungen und heute mit II 1 (oder soll man die „Bücher" besser durchgehend numerieren, erstes bis neuntes?) angefangen. Ich kam auf einen Schluss der mich erstaunte und rührte. Du weisst ja, dass ich das Gefühl hatte, schon länger, mindestens seit dem Rudibrief,¹ mich mehr und mehr an Cohen heranzuschreiben, immer liberaler, oder, meinetwegen immer „rationalistischer" zu werden. Im Winter 13 auf 14, als ich ihn zuerst hörte, empfand ich seinen Rationalismus als das eigentlich Trennende. Denn ich selber trotz meiner Vereugenisierung trug doch immer noch allerlei Eierschalen von früher mit mir herum, und so eben das Misstrauen auf die „Vernunft". Wie eine Stadt und selbst die Zitadelle längst genommen sein kann und doch einzelne Aussenforts noch tagelang feuern bis sie, von der Stadt selbst aus, niedergekämpft sind. Als das Kennwort von Cohens mich von ihm trennenden Rationalismus erschien mir damals ein Talmudsatz, an dem er den Begriff der Offenbarung entwickelte (auch im Buch und in dem Artikel der Monatshefte) spielt er eine Rolle[2]): „Gottes Licht - des Menschen Seele".[3] Und nun hör den Schluss der Einleitung, wie er gestern ganz ungeahnt und ungewollt sich formte: (Ich hole etwas weit aus, weil es dir auch das was ich gestern schrieb, noch etwas verdeutlichen kann): ...[4] Und so ist nichts an dem Offenbarungswunder neu, nichts ein zauberhafter Eingriff in die erschaffene Schöpfung, sondern ganz ist es Zeichen, ganz Sichtbarmachung und Lautwerdung der ursprünglich in der stummen Nacht der Schöpfung verborgenen Vorsehung, ganz — Offenbarung.

Die Offenbarung ist also allzeit neu, nur weil sie uralt ist. Sie erneuert die uralte Schöpfung zur immer neugeschaffenen Gegenwart, weil schon jene uralte Schöpfung selber nichts ist als die versiegelte Weissagung, dass Gott Tag ~~und~~ um Tag das Werk des Anfangs erneuert[5]. Das Wort des Menschen ist Sinnbild: jeden Augenblick wird es im Munde des Sprechers neugeschaffen, doch nur weil es von Anbeginn an ist und jeden Sprecher, der einst das Wunder der Erneuerung an ihm wirkt, schon in seinem Schosse trägt. Aber dies ist mehr als Sinnbild: das Wort Gottes ist die Offenbarung, nur weil es zugleich die Schöpfung ist. Gott sprach: Es werde Licht[6] — und das Licht Gottes, was ist es? des Menschen Seele.[7]

Kannst du dir denken, wie mir war, als plötzlich die letzten Worte dastanden und mich anguckten?

Über dem Schreiben kommt das Abschreiben zu kurz (ich bin erst bei I 2), was insofern schade ist, als ich hier bequemere Gelegenheit dazu habe, nämlich einen Tisch, als anderswo. - Es sollen heut schon Antwortbriefe aus Deutschland hier sein, da wäre die Post doch rascher gegangen als ich fürchtete und Mutter hätte vielleicht meinen Brief noch vor dem Telegramm gehabt. Ich vermisse hier kaum Briefe - ich freue mich nur darauf, wenn sie wieder kommen. Von dir ist mir, als bekäme ich Briefe, ich empfinde mein Schreiben diesmal gar nicht als einseitig. Besuchst du mich denn auch in diesem Lazarett — im blauen Tuch? Gritli -

            Dein Franz

---

[1] Die „Urzelle", abgedruckt in Zweistromland S.125-138.

[2] Dazu etwa Hermann Cohens Aufsatz: „Über den ästhetischen Wert unserer religiösen Bildung". Darin heißt es über die Seele, sie sei „gleichsam der Gott im Menschen. Im Bilde Gottes schuf er den Menschen ... Dieses Bild ist die Idee. In der Idee Gottes ist die Idee des Menschen gegründet. Diese Göttlichkeit bedeutet die Seele im Leibe des Menschen. Ein Licht Gottes ist die Seele des Menschen", Bruno Strauß (Hg.), Cohens Jüdische Schriften. Erster Band: Ethische und religiöse Grundfragen, S.222; in der neuen Cohen-Ausgabe: Hermann Cohen, Kleinere Schriften, hg. von H.Holzhey, J.H.Schoeps, C.Schulte, Bd. 5, 1997, S. 216.

[3] Sprüche 20,27: „Eine Lampe des Herrn ist die Seele des Menschen."

[4] Die Punkte stammen von Rosenzweig.

[5] Frei zitiert aus dem jüdischen Morgengebet: „Der die Erde erleuchtet und die auf ihr wohnen, mit seiner Barmherzigkeit und in seiner Güte erneuert er an jedem Tag beständig das Werk des Anfangs" - Siddur Sefat Emet S.33.

[6] 1. Mose 1,3.   [7] Stern der Erlösung S.123.

An Margrit Rosenstock am 10. Oktober 1918

10.10.18

Liebes Gritli,
in Rembertow[1] bei dem Kurs nach mir hat beim Scharfschiessen ein Lehrer, ein Hauptmann, auf Einwohner, die sich, was natürlich verboten ist, auf dem abgesperrten Gelände herumtrieben, offenbar um kupferne Führungsringe[2] zu sammeln, schiessen lassen und als der Schüler nicht gleich traf, selber die nächsten Kommandos gegeben und mit 2 Gruppen[3] 3 Tote erzielt. Deutschland <u>verdient</u>, was ihm jetzt geschieht; das ist das Furchtbarste.

Ich schreibe dir heute erst ganz spät. Ich bin ja jetzt an II 1 und das geht, weil II 1 gewissermassen die Verantwortung für II 2 u. II 3 trägt, die nachher dann fast von selbst die gleiche Form annehmen, langsam. Mein alter Freund, der Islam, den ich bisher immer mit Verwunderung bei dem Sternpersonal vermisste, hat sich nun endlich auch gemeldet, und wird als Probe aufs Exempel durch den ganzen II^{ten} Teil gehn. Er macht nämlich alles verkehrt, weil er die heidnischen Begriffe von Gott Welt und Mensch ohne innere Umkehr in die übernommenen Begriffe der Offenbarung hineinführt, also der mythische Gott bei ihm so wie er ist zum <u>Schöpfer</u> wird u.s.w. — es ist zu umständlich, es auseinanderzusetzen. Aber sonderbar ist es doch, wie alles ganz von selber kommt; nachträglich sehe ich natürlich, dass der Islam nur hier kommen kann. Es kommt alles ganz ungesucht. <u>Fast</u> alles wenigstens.

Hie und da habe ich natürlich die Frechheit eine kleine Schlucht auch mal einfach zu überspringen, um weiterzukommen. Denn alles in mir drängt nach dem Augenblick, wo das Ganze fertig ist, und wo ich das Ganze mit einem kühlen „mittelmässig" abtue, was ich jetzt einfach noch nicht <u>kann</u>; es gefällt mir und ich bin masslos gespannt auf alles Mögliche darin. Ausserdem ist es so merkwürdig, wie persönlich alles wird, es sind überall meine ganz privaten Angelegenheiten - und <u>doch</u> ein System.   Wenn es fertig ist, sollen es Eugen und Rudi doch zu lesen bekommen; vorher hat es keinen Zweck, weil es nach epischer Methode geschrieben ist, mit ständigen Verweisungen auf Kommendes, und das macht nervös, wenn man nicht das Ganze in Händen hat (leicht zu lesen wird es allerdings nicht; das merke ich, wenn ich es für die Abschrift durchlese; etwa 14 Tage wird man dran zu tun haben).   In der Abschrift ist jetzt auch der „Übergang" fertig, und von I 3 die Hälfte, also bald der ganze erste Teil.

Charakteristisch für die Sache ist, dass ich ohne jede Konkurrenzgefühle mit „andern Philosophen" schreibe. Ich habe eben so gar nicht das Gefühl, das Weltgeheimnis beim Schopfe zu haben, sondern nur: mein System zu schreiben.

Eigentlich ist das mit bald 32 Jahren ja etwas ganz Normales; aber es kommt mir nicht so vor, weil ich gewöhnt bin (durch den Krieg und auch sonst) mich immer als jünger, eben so etwa als 27jährig wie ich ja bei Kriegsausbruch war, anzusehn.

        Liebes Gritli, wie alt bin ich denn wirklich? Dein Franz.

---

[1] Stadt in der Nähe von Warschau, wo Rosenzweig im Frühsommer 1918 an einem Offiziersaspirantenkurs teilgenommen hatte.

[2] Solche Kupferringe blieben nach dem Abschuß von Granaten zurück und wurden als wertvoller Rohstoff gesammelt.

[3] „Gruppe" bedeutet in der Militärsprache das gleichzeitige Abfeuern aus verschiedenen Kanonen.

An Margrit und Eugen Rosenstock am 11. Oktober 1918

11.10 18

Liebes Gritli,
- bzw. lieber Eugen, ist es nicht merkwürdig, dass nun die deutsche Niederlage wohl im Zusammenhang mit der Auflösung Österrs.-Ungarns zu einer Verwirklichung des alten alldeutschen Programms (Typens Wiltfeber[1]) führen wird? Grade die Niederlage! - Der „Kabinetswechsel" [[in]] der Türkei, obwohl ja vorauszusehn, löscht mein letztes Hoffnungsfünkchen aus und ich bin nun auch politisch, - nicht bloss, wie selbstverständlich, privat, - für Frieden um jeden Preis, einschliesslich also der Helvetisierung des Elsass, die ja das natürliche Ergebnis einer unbeeinflussten Volksabstimmung sein würde, einschliesslich der Entschädigungsmilliarden an Belgien und Frankreich, ausschliesslich des Wiederkriegens der Kolonien. - Solange hat man sich in den Sieg hineingedacht, dass einem die Niederlage noch etwas ganz Neues ist und ich mich erst einmal in die Konsequenzen hineindenken muss. Der Rest unsres Lebens wird nun in einem besiegten Volk verfliessen. Unser militärisches Gesiegthaben glaubt uns ja kein Mensch ausser uns selbst. Und wenn selbst -, Napoleons Feldzug von 1814 soll sein genialster gewesen sein —— ——
Heut ist es schon einen Monat her, dass ich die letzten Briefe geschrieben bekam oder morgen. Ich möchte doch bald wieder in das „Hin und Wieder" hinein, einerlei ob im Vorder- oder „Hinterland". Unser Zug ins „Hinterland" lässt noch auf sich warten. Mein Gewissen wird täglich schlechter; aber ich denke, bald wird ihm die hohe Behörde unter die Arme greifen und hier unter uns „sieben" - ich bin jetzt 12 Tage hier. Es ist wieder das Religionsgespräch um mich herum,- als Orchesterbegleitung zu dem in mir. Einer fragt „ja was *ist* denn der Glaube?" und der Angeredete sagt: „ja das ist eine sehr schwere Frage". Ich finde das gar nicht mehr.
So klug wird man, wenn man ein System hat!

Dein Franz

[1] Hermann Burte, Wiltfeber der ewig Deutsche.

An Margrit Rosenstock am 12. Oktober 1918

12.10.

Liebes Gritli, es ist wieder spät geworden, und „spät" heisst: kümmerliche Beleuchtung. Ich habe den ganzen Tag über geschrieben, und bin noch nicht einmal zufrieden, es ist schwierig und unklar geworden; ich hätte es vielleicht nicht so überstürzen sollen, aber ich wollte bis zu einem bestimmten Punkt kommen. Es sieht übrigens so aus, als ob auch im II. Teil der „Stern" noch gar nicht beschrieben werden müsste, wahrscheinlich erst im „Übergang" von II zu III.
Das andre ist die Politik. Sie hat mich seit Bethmanns Sturz[1] nicht mehr so aufgeregt. Allmählich akklimatisiere ich mich an dies neue Klima eines besiegten Deutschland. Ich glaube übrigens, dass das Malheur hier unten nur die gern ergriffene Gelegenheit war, sich laudabiliter dem Papst in Washington[2] zu subjicieren;[3] zureichender Grund wäre es, für sich allein, nicht gewesen.
Unamtlich wird verlautbart, unser Zug käme. Dann käme ich also doch vielleicht mit nach Deutschland.

Frag mal Eugen, ob die Polen wirklich Gdansk[4] kriegen? - Dazu übrigens ein Geschichtchen, das ich im Sommer in Warschau hörte. Deutsche Herren werden zwecks Kennenlernens in eine jüdische Schule in Praga, Warschaus Vorstadt auf dem rechten Weichselufer, geführt. Der Cicerone[5] fragt nachher (zwecks Prüfung in weltlichen Wissenschaften) eine geografische Frage: ~~drei~~ grosse polnische Städte an der Weichsel. Worauf das gefragte Judenjüngelchen herausschmettert: „Praga, Warschau und Gdansk." - Es soll lange Gesichter gegeben haben. Wenn das in der jüdischen Volksschule passierte, — — —

Ich habe übrigens die von Eugen gefürchtete „Allmacht" und „Allweisheit" jetzt auch behandelt, nicht in der Metaphysik, sondern bei der Schöpfung. Ich glaube, Eugen wird es überhaupt viel zu theologisch sein. Der II. Teil wird nicht leichter zu lesen als der I. - Du wirst darauf angewiesen sein, dass ich dir Stellen daraus („Lichtstrahlen aus dem Talmud"[6]) vorlese.

Wann? ——— Dein Franz.

---

[1] Theobald von Bethmann Hollweg, 1856-1921, seit 1909 Reichskanzler. Durch das Zusammenwirken von Heeresleitung, Rechts- und Linksparteien wurde er am 13. Juli 1917 gestürzt. Dazu auch der Brief an Eugen Rosenstock vom 29. Juli 1917, S.15f.

[2] Dem damals amtierenden amerikanischen Präsidenten Wilson.

[3] Lat.: sich löblicherweise ... unterwerfen. Mit der Formel „laudabiliter se subiecit" nahm die von Papst Pius V. (1566-1572) eingesetzte Index-Kongregation - sozusagen die katholische Zensur-Behörde - zur Kenntnis, daß ein von der Kirche beanstandeter Autor seine Veröffentlichung „mit dem Ausdruck des Bedauerns" zurückzog oder widerrief.

[4] Polnischer Name für Danzig.   [5] Ital.: Fremdenführer.

[6] Etwa J.Stern, Lichtstrahlen aus dem Talmud, 1882 - Anthologie, in der als Einführung in die jüdische Tradition Ausschnitte des Talmud für ein assimiliertes Publikum ausgewählt und zusammengestellt wurden.

An Margrit Rosenstock am 13. Oktober 1918

13.10.

Liebes Gritli, ... Gott versuchen?[1] das können ja nur die, die auch er versuchen kann, nämlich die ihn kennen. - Ein Satz, den ich schleunigst notiere; denn der Begriff der „Versuchung" wird ebenso grundlegend für den Übergang zum III. Teil sein[2] wie der des Wunders für den II. Etwas was ich übrigens obwohl ich täglich etwas mehr davon merke noch selber nicht erklären könnte; aber diese Denkvorgefühle täuschen fast nie. Die Bücher des II. Teils werden, wie ichs vorher schon wusste, annähernd nochmal so lang wie die des I[ten]. Die gramat. Analyse des Schöpfungskapitels verschiebe ich bis an den Schluss des Buchs und werde das Grammatische vorher so geben. - Wir fahren morgen weiter, vielleicht auf einem Donaudampfer, - das wäre schön. Ob ich wirklich jetzt mit dieser (kein-)Fieber-Tabelle bis nach Deutschland durchrutsche, um dort gleich wieder zurückgeschickt zu werden, denn deutsche u. österr. Ärzte ist zweierlei - weiss ich noch nicht.   Meine Briefe vom 20. darunter einer an Eugen und ein paar Briefe von euch, die ich an Trudchen zur Aufbewahrung geschickt hatte - das scheint alles verloren gegangen zu sein; ich war dumm; ich hätte es denken sollen. Der an Eugen war eine so aggressive Verteidigung des „Sterns", dass es gar nichts schadet, dass er verloren ging. - Ich habe Sehnsucht nach dem 2. Buch und grosse

Spannung auf das 3te. Durch dies wäre ich eigentlich gern hindurch, das Schönste über die Schöpfung nimmt die Einleitung vorweg. Es kann aber noch eine Woche dauern. Die Stoffverteilung innerhalb der drei Bücher steht jetzt fest, da die des 1ten feststeht. Der Krieg wird nicht ins Land kommen; wir treten es lieber vorher ab. Und ehe die Frauen ~~bewaffnet~~ bewaffnet werden, werden die Männer lieber entwaffnet. Und das alles ist gut so. (Und das ist das Schlimmste). Den sinnlos heroischen Untergangskrieg („nicht der Sieg ists, den der Deutsche fordert, / ∪ / ∪ / ∪ / ∪ /, wenn der Brand nur fackelgleich entlodert, wert der Leiche die zu ~~grun~~ Grabe geht" Kleists Germania an ihre Kinder³) diesen Krieg <u>soll</u> ein christliches Volk nicht führen. Karthago, Sagunt etc. durften es, aber im Kreise der Offenbarung nur Jerusalem, aber das jüdische Schicksal muss einzig in seiner Art bleiben. Und selbst da hat, was bei Karthago u. Sagunt nicht war, ein Prinz Max namens R. Jochanan b. Sakkai, also vielmehr ein Prinz Hans, dem Volk durch den Gang ins Lager des Titus die Grundlagen der Fortexistenz gesichert.⁴ - Sonderbar, dass ich dir auch grade schrieb, ob Deutschland es nicht verdient hätte.   Aber haben denn die andern <u>diesen</u> Erfolg verdient? Ist die blosse Standhaftigkeit Frankreichs, die Hartnäckigkeit Englands, der Idealismus Amerikas - ist das wirklich so viel mehr gewesen? Man darf eben auch im Völkerleben nicht moralisieren; es ist unfromm.

Ich habe Gelegenheit, den Brief durch Boten also ganz rasch zu schicken, so rasch, dass ich ihm - dem Brief, nicht dem Boten, um Himmelswillen! - ein „Gutes" anvertrauen möchte; es kommt ja noch frisch an.

            Liebes liebes ———   Dein Franz

---

[1] Dazu etwa 1. Mose 22,1; 2. Mose 15,25; 17,2; 5. Mose 6,16.

[2] Dazu Stern der Erlösung S.295ff.

[3] Heinrich von Kleist, 1777-1811, aus der Ode „An den Erzherzog Karl - Als der Krieg im März 1809 auszubrechen zögerte". Der vollständige Textausschnitt lautet: „... Nicht der Sieg ists, den der Deutsche fordert, / Hülflos, wie er schon am Abgrund steht; / Wenn der Kampf nur, fackelgleich, entlodert, / Wert der Leiche, die zu Grabe geht." Wohl um der Zensur zu entgehen, läßt Rosenzweig einen Vers aus und „zitiert" stattdessen nur das Versmaß.

[4] Rabban Jochanan ben Sakkai, der bedeutendste pharisäische Lehrer des ersten Jahrhunderts d.g.Z., wurde im Jahre 70 von seinen Schülern im Sarg aus der von den Römern belagerten Stadt Jerusalem geschmuggelt, trat dann vor den Feldherrn und späteren Kaiser Titus und erbat sich von ihm die Erlaubnis, ein Lehrhaus in Jawne gründen zu dürfen, dem das Judentum sein Überleben und einen Neubeginn nach der Katastrophe des Kriegs gegen Rom verdankt; dazu etwa Gittin 56a. Die deutsche Kurzform des Namens Jochanan ist Hans.

An Margrit Rosenstock am 13. Oktober 1918

                          13.10.

Liebes Gritli, mir ist ganz zivil; ich bin heut schon seit 11 bei Louis Mosbachers Tochter u. Schwiegersohn, und nachher fahren wir mit dem Dampfer nach Semlin¹ - : Konditorei!

Die Gewissheit des Friedens ergreift mich doch jetzt stärker als die Politik. - Heut früh habe ich ein paar Seiten über die Mathematik geschrieben und von morgen an kommt das erste Stück zur Grammatik, die Schöpfungsformen des Worts. Es wird eine - grammatische Analyse des 1. Kap. der Bibel,² eigentlich gegen meine Absicht, aber es wurde so überzeugend, dass ich schliesslich meinen Widerstand aufgab; denk:

die Verse wo der Mensch erschaffen wird³ bringen lauter neue grammatische Formen, Vordeutungen auf die Offenbarungsformen des Worts, aber noch im Rahmen der Schöpfungsformen. Da kannst du dir nun wieder nichts bei denken; es ist aber etwas was nachher in der Ausführung ganz einfach und klar wird.

Ich sitze übrigens schon in der Konditorei, vorher die Rast auf dem kleinen Vergnügungsdampfer über Save und Donau, ich glaube die erste solche Dampferfahrt wieder seit 1914, und herrliches Wetter - selbst mein Begleiter ist ganz nett, wenn auch nicht so nett wie ⌈⌈er⌉⌉ für so einen ersten Tag Vorschmack der Friedens sein müsste. Aber es ist unrecht von mir das zu schreiben während er neben mir sitzt.

——————— Dein Franz

¹ Ausflugsort in der Nähe von Belgrad.   ² Dazu Stern der Erlösung S.168ff.   ³ 1. Mose 1,26f.

An Margrit Rosenstock am 19. Oktober 1918

19.10.

Liebes Gritli,   die ganzen Tage schrieb ich nicht; immer sah es aus, als ob wir fort kämen und dann wurde doch nichts daraus; und übrigens sass ich von früh bis abends und gebar meinen tanzenden ✡. Morgen früh wird wohl II 1 fertig, es fehlt nur noch die grammatische Analyse von I M 1.   Es ist wie ich dachte mehr als doppelt so lang geworden wie die Bücher des I.Teils; sodass ich jetzt mit ca 13 „Druckbogen" wohl die knappe Hälfte des Ganzen habe; ich habe immer noch den heftigen Drang nach dem Ende; es ist mir ganz egal, ob das einzelne ein bisschen besser oder schlechter ist. Ich will es <u>geschrieben</u> <u>haben</u>. Dass es dann da ist und wie es ist, ist mir gleichgültig: Ich denke ja an keine Leser; noch nicht einmal an mich selbst als Leser. Es ist mir nur lästig, das Geschriebene zum Abschreiben nochmal lesen zu müssen, während ich das sonst gern tat. Diesmal will ich nur vorwärts und durch. Selbst die demoralisierte Drückerei hier im Lazarett herum gestatte ich mir. Der ✡ ist mir jetzt das Nächste, die nächste Aufgabe.   Ich trage ihn jetzt täglich durch das Meer des deutschen Jammers und halte ihn so hoch dass er nicht nass wird. (Du darfst aber nicht glauben, dass er lesbar wird. Ich war ganz erstaunt wie du schriebst, er ginge dir mehr und mehr auf. Das Schöpfungsbuch ist genau so schwer wie die des I.Teils. Den Stern selbst werde ich wahrscheinlich nur im Übergang von II zu III ganz kurz dem „Leser" zur Selbstkonstruktion empfehlen, im übrigen einfach die Symbole △ ▽ ✡ auf ein Blatt vor je den I. II. III. Teil malen.¹   Im übrigen muss alles mit Worten zu sagen sein. (Aber die algebraischen Symbole habe ich fleissig in I, und boshafterweise auch zur Darstellung der idealistischen Philosophie in II 1 verwendet. Die Kunstlehre habe ich heut genau entworfen. In II 1 kommt nur wenig davon herein, nicht aus sachlichen sondern nur aus darstellerischen Gründen.   Hier, in dem Verhältnis von Kunst u. Sprache, Denken und Sprache, ist sehr vieles in nächster Nähe zu Eugen - und trotzdem wird er es kaum goutieren.) Alles tue ich dabei in einem wie verzauberten Zustand, in genauem Gefühl von dem Furchtbaren was geschieht und doch über dies Gefühl weg. Ich schreibe in die Jahrtausende hinein und krümme mich dabei unter den Geisselhieben des Jahrhunderts.

Es ist alles wie du schreibst (ich habe deine Briefe vom 13. - gestern - , und vom 9. - heute -); das Ende von allem was uns selbstverständlich war.   Ich speziell merke ja jetzt, wo es zerbricht, erst ganz, dass es mir noch mehr bedeutet hat als ich mir zugab. Es war doch eben einfach die Welt, der man vertraute, weil sie da war. Die Rätselhaftigkeit von Gottes Willen spürt man erst ganz in der Niederlage; im Sieg redet man sich ein, so <u>müsste</u> es sein. Und das Sonderbarste ist, wie sich das alles sammelt in dem Schmerz um die Hohenzollern.[2] Das wusste ich nicht, dass ich so gefühlsmonarchisch bin. Es empört sich alles in mir gegen einen Präsident Scheidemann[3] oder einen Kaiser Max.[4] Ich weiss ja das deutsche Sündenregister genau, und brauche meiner alten Aufstellung keinen einzigen Posten hinzuzufügen, aber nun ist es härter gestraft als es (verdient? weiss ich nicht, aber als es:) <u>tragen</u> <u>kann</u>. Es ist nicht reif, nicht <u>stark</u> genug für eine solche Strafe, es wird ihr einfach innerlich erliegen und wirklich verwilsont werden. Eugen hat in ⚪ ☾ ⚹ ♑ die amerikanische Gefahr gesehn, als ich sie noch nicht wirklich ernst nahm. - Es geht mir genau wie euch, ich habe nach der Dt.Tageszeitung verlangt. - Auf einen Wiener Kongress hoffe ich nicht; dann kämen wir noch mit dem nackten (Bismarckschen) Leben davon; es wird viel schlimmer. - Wir haben alle nicht gewusst, wie vergänglich alles Menschliche ist. Weil das Reich 43 Jahre stand, dachten wir, es könne nur zunehmen, nicht verschwinden, höchstens stehen bleiben, und über diese letzte Möglichkeit, über das möglicherweise Stehenbleiben bei Bismarck haben wir gejammert und Lamento geschrien wie über das Schlimmste. Und nun! - Ich schreibe dir morgen weiter. Grüss Eugen. Ich freue mich mit euch über Picht. Dazu musste ein Reich stürzen! Was ist der Mensch![5]

                                                                              Sei mir gut.   Dein Franz.

[1] Dazu Stern der Erlösung S.1, 101 und 293.

[2] Herrschergeschlecht, aus dem der letzte deutsche Kaiser, Wilhelm II. (1859-1941), entstammte.

[3] Philipp Scheidemann, 1865-1939, Reichstagsabgeordneter der SPD, Staatssekretär im Kabinett des Prinzen Max von Baden seit Anfang Oktober 1918. Am 9. November 1918 rief er die Republik aus und wurde im Februar 1919 zum Ministerpräsidenten ernannt. Im Juni trat er jedoch bereits zurück, da er den Versailler Vertrag ablehnte.

[4] *Prinz* Max von Baden, 1867-1929, wurde am 3. Oktober 1918 zum Reichskanzler ernannt und schickte zwei Tage später das deutsche Friedensangebot an den amerikanischen Präsidenten.

[5] Psalm 8,5.

An Margrit Rosenstock am 28. Oktober 1918

                                                                                                    28.X.18

Liebes Herz, ich kann dir noch gar nicht wieder schreiben, nur immerfort an dich denken. Gritli, Gritli - was sind alle Worte nach diesem Tag- und Nachttraum gemeinsamen Lebens,[1] den wir träumen durften, ohne den Traum mit dem Erwachen zu büssen; denn ich bin noch nicht erwacht und ich wollte, es bliebe so und nur das nie verlorene Gefühl, <u>dass</u> es ein Traum war, schiede Traum und Leben. Lieber Traum und liebes Leben du, entflieh mir nicht, bleib!

Was sind Worte - ich muss dir einen rechten Nachrichtenbrief schreiben; nur zur Nachricht taugt das Wort, und sonst nur das Schweigen. Eben war ich bei Herrn Mündel, und nach allerlei Umständen kriegte ich ihn auch zum Diktat bereit; er schreibt nämlich ungern nach Diktat, und zunächst wollen wir es so versuchen, dass er das Unreine abschreibt und ich bin dabei und springe bei unleserlichen Stellen helfend ein; geht das, so ist es mir natürlich am liebsten so, ~~das~~ ich könnte dann gleichzeitig etwas für

mich tun, etwa korrigieren. Vielleicht kann ich ausserhalb der Kaserne wohnen, und kurioserweise: meine alten Wirtinnen wohnen jetzt so in der Nähe der Kaserne wie früher in der Nähe der Universität, - ich will also sehen, ob ich ein drittes Mal zu ihnen ziehen kann. Es war überhaupt recht freiburgisch schon heute; meine schönsten Universitätssemester waren doch die hier.[2] Nur der Münsterturm sieht abscheulich aus mit seinem hohen steifen Stehkragen. Rohde ist leider grade weggekommen, nach Belgien. Was aus mir wird, weiss ich natürlich noch nicht; ein paar Wochen können es wohl werden und 8 Tage Kriegsanleiheurlaub ab 4.XI (oder ev. auch ein paar Tage später) nach „Kassel und Wildungen"[3] zwecks Flüssigmachung von M.600 (sprich sechshundert - wenn wir die in Frankfurt gehabt hätten!) sind mir sicher; die kommen nicht ins Soldbuch, zählen also nicht als Unterbrechung der urlaubslosen Zeit; ich will sie also auch nicht zählen; also z.B. wenn ich grade im Schreiben bin, nicht unterbrechen, sondern ruhig jeden Morgen ein paar Stunden daran hängen. Bis jetzt habe ich noch nichts wieder geschrieben, teils aus Abhaltung und teils aus einer Art Schamgefühl; es wird ja das eigentlich indiskrete Kapitel,[4] obwohl gar nicht Beichte.
Aufgeräumt wird hier zur F.Art., nicht zur Inf.![5] das ist bezeichnend; Art. hat jetzt schwerere Verluste als Infantrie. Em. schützt nicht, im Gegenteil; das Militärische ist doch immer unberechenbar. Heute morgen hat es sich aber mit 21 Mark als Retter in der Not erwiesen; ich war nach Liquidierung meiner Briefmarken auf 20 Pf[6] bewussten Kassenbestand gekommen; einen unbewussten von einem 5- und einem 2-M Schein entdeckte ich erst viel später. - Kleidervorschriften sind hier von einer Garnisonmässigkeit, als ob man 1913 schriebe. Ich halte es übrigens jetzt doch wieder für möglich, dass die Hohenzollern, wenn auch nicht Wilhelm,[7] bleiben; nur leider nicht weil das deutsche Volk sie hält, sondern weil England in ihnen einen Schutz vor dem Bolschewismus erblickt. Heut abend bei Mündel sah ich wieder, wie wenig die Menschen schon die Lage spüren. Das Wörtlein „muss" ist offenbar im Deutschen schwer auszusprechen; dass eine französ. Besatzung in Freiburg sein würde, hatte er noch nie gedacht und war ganz erschüttert von der Möglichkeit. Bleibe ich länger, d.h. noch über den Anleiheurlaub hinaus, so würde ich wohl mal einen Sonntag nach Hinterzarten; aber soll und kann ich dann nicht vor allen Dingen einmal nach Säckingen? das liegt mir viel mehr am Herzen. Aber vorläufig ist ja noch nicht die Rede davon. Dies verrückte Papier habe ich Keppichs in Belgrad entführt und schreibe II 2 darauf. Es lässt mehr unbeschrieben als beschrieben. Und auch der Brief selber lässt mehr ungeschrieben als geschrieben. Meine Gedanken laufen ringsherum auf dem ganzen Rand.

Denkend-dankend — Dein.

---

[1] Den Briefen lagen an dieser Stelle zwei Rechnungen bei („Fahrigs-Hotel Bristol"), aus denen hervorgeht, daß Rosenzweig (Zimmer 106) und Margrit Rosenstock („Frau Rosenthal", Zimmer 111) sich am 26. und 27. Oktober in Frankfurt incognito getroffen hatten.

[2] Rosenzweig studierte mit Unterbrechungen 1906/1907, 1908-1910 und 1911/12 in Freiburg.

[3] Die Mutter Rosenzweigs hielt sich zur Kur in Bad Wildungen auf.

[4] Stern II,2.   [5] F.Art. - Flak-Artillerie; Inf. - Infanterie.

[6] Hier steht im Original nicht „Pf", sondern „d" (für Denar) in Sütterlin-Schrift, das als altertümliches Zeichen für Pfennig üblich war.

[7] Der letzte deutsche Kaiser, Wilhelm II. (1859-1941), entstammte dem Geschlecht der Hohenzollern.

An Margrit Rosenstock am 29. Oktober 1918

29.10.18

Liebes Gritli, bei wem schreib ich wohl? bei Herrn Kinkel. Was ich mit Tinte geschrieben habe - und das Schöpfungskapitel ist es fast ganz -, kann er fast ohne Hülfe meinerseits und fast ohne Fehler abschreiben; das ist ein rechtes Glück; denn im übrigen sieht es hier mit den Aussichten für den Stern bös aus; der elende Garnisondienst mordet die Frühstunden; sowie ich Privatwohnung habe, werde ich mir durch Mittagschlafen und 4 Uhr früh Aufstehen einen künstlichen Morgen schaffen. Die Abende gehen auf das Diktieren bzw. Dabeisitzen. - Freiburg gefällt mir wieder so gut, dass ich gar nicht mehr begreife, warum der badische Flakzug so ein Reinfall war; ich würde heute wieder die gleiche Dummheit machen wie damals in Ostende, als ich gleich auf den „badischen Zug" hin zugriff. Aber es liegt wohl an dem Unterschied von Oberland und Unterland, und wenn ich meine Erfahrungen im Zug einzeln durchgehe, dann ordnen sie sich wirklich nach Freiburg und Karlsruhe auseinander.

Und die Stadt -, aber ich kenne sie zu genau, sodass es nicht der ganz direkte Eindruck ist wie Frankfurt im Dunkel, wo ich nichts kannte und also rein sah; hier kenne ich soviel, dass ich mehr sehe als eigentlich zu sehen ist. Denk doch, dass ich nochnichtmal über die Gossen stolpere, sosehr habe ich es noch im Gefühl, wo die Übergänge sind. Heut war ich bei meinen alten Wirtsfräuleins, sie sahen aus wie vor 12 Jahren, erkannten mich aber nicht! Alle meine alten Möbel sah ich wieder, auch zwei Lithographien nach Blättern aus der Brahmsphantasie[1] (der befreite Prom. und die Gigantomachie) hingen noch an der Wand, mit denen ich ein paar Odaliskenbilder[2] zugedeckt hatte, um die schönen Rahmen zu retten. Sie wohnen doch ziemlich weit ab, aber vielleicht ziehe ich hin. Gestern abend kam ich am Wirtshaus zur Insel (am Schwabentor) vorbei, fand den Eingang nicht, erst als ich schon nicht mehr darauf hoffte, nämlich in der Strasse, die zur alten Universität weiterführt, fand ich ihn plötzlich, da hing nämlich aus einem langen erleuchteten Flur, den ich ganz vergessen hatte, eine Laterne heraus, mit links und rechts „Gasthaus zur Insel" und vorn — nun was wohl vorn? was wohl anders als - der Stern, etwas in die Länge gezogen, weil die Vorderwand der Laterne schmal war, aber doch wirklich er wars.[3] Da musste ich wohl hereingehen, was ich ja auch vorher schon wollte. Es muss doch werden, trotz Garnisondienstes und allem.

Liebes Gritli - liebes Gritli ———

✡ ——— Dein Franz.

---

[1] Zyklus von Radierungen des Malers, Grafikers und Bildhauers Max Klinger, 1857-1920.

[2] Odaliske - türkisch: Zimmergefährtin, Berufstänzerin, Haremssklavin.

[3] Der sechsstrahlige, aus zwei Dreiecken gebildete Stern ist nicht nur ein jüdisches, sondern auch ein altes Brauereisymbol und findet sich daher oft am Eingang von Wirtshäusern.

An Margrit Rosenstock am 30. Oktober 1918

30.10.

Liebes Gritli, heut ist erst der zweite Tag Garnisondienst, und schon zum Davonlaufen. Das ist nichts für mich, im Krieg ist alles vernünftiger, und auch das Zusammensein mit den Leuten - es sind ⌈⌈hier⌉⌉ fast alles Sergeanten! also kaum ein einjähr.

Uoff.¹ mehr - nicht so unerträglich wie hier. Und 7 Stunden! Heut habe ich nach Mittag und - während der Instruktionsstunde (ganz wie ein Schuljunge) etwas gesternt, sonst wäre ich auch heute nicht dazu gekommen. Abends ging ich vor Mündel in die Universität, um J.Cohns² von 6 - ½8 angekündigtes Seminar zu besuchen; ich war weniger auf ihn, und gar nicht auf „Logik u. Erkenntnistheorie", gespannt als auf den Eindruck eines Kriegsstudentenpublikums. Aber auf dem Gang zum philos. Seminar war alles finster; das gedruckte Verzeichnis hatte offenbar gelogen, und enttäuscht und etwas trübselig wollte ich die Treppe heruntergehen; da stand ein Artillerieoffizier, ebenso ziellos wie ich, und wie ich die Treppe herunter an ihm vorbei will, erkennen wir uns; es war Kähler.³ Wir waren beide erschrocken und bewegt. Er war ohne bestimmten Grund, nur von einer dunkeln Unruhe getrieben, in die Universität gegangen; ich hatte bis zum letzten Augenblick gezweifelt, ob ich eigentlich hinwollte. Nun hatte es also doch seinen guten Grund gehabt. Es war dann ein gespanntes Zusammensein, trotz allen guten Willens, von seiner Seite Misstrauen, von meiner Angst, einfach Angst. Es ist ja doch eine schwere Verletzung gewesen; und ich würde nicht das Gefühl haben, sie wieder aufreissen zu müssen, wäre ich nicht eben von mir aus ebenfalls zur Wiederaufnahme des Verfahrens veranlasst, aber eben: ich empfinde mich ihm gegenüber nicht mehr so glatt im Recht wie damals, ich verurteile meine damalige Existenz jetzt ja selber. Morgen sehe ich ihn wieder. Es war eigentlich das erste Erwachen von dir, ich sass ihm gegenüber und fühlte wie unversammelt noch meine Lebensgeister waren; sie waren noch bei dir, in deinen Armen. Nun rief ich sie zusammen und stellte sie „in Linie".- K. ist ab 1.1.19 bei Kronprinzens (bzw. dann wohl schon „Hohenzollerns") als Hauslehrer angestellt. Er las mir - erzähl das auch Eugen - einen langen Brief des jungen Marcks⁴ vor, vom 23.X. (noch ohne Ahnung von Österreichs Abfall⁵), dessen Eugen sich vielleicht auch noch aus Baden-Baden erinnert; er war damals mirabilia mundi Friburgensis⁶, spielte viel mit Selbstmord, wurde stattdessen Offizier und ist jetzt mit seinen ca 26 Jahren Hauptmann im Generalstab, edelster Halbgott-Typ, der sich den Kopf um eine werbende Idee zerbricht, aber eine „werbende" muss es natürlich sein. Denn er denkt am 23. noch ernsthaft an Fristung des Widerstands ins Frühjahr, um wenigstens das Bewusstsein zu haben, dem Schicksal keine Gelegenheit entzogen zu haben. An das Volk denkt er mit diesen Berechnungen immer nur im Zusammenhang der werbenden Idee, als welche er den - Rechtsfrieden empfiehlt. Von nichts ist die Halbgöttlichkeit so fern als vom Busse tun, und doch wäre das die einzige „Idee", die jetzt an der Zeit ist. - Praktisch sind ja diese letzten Widerstandsgedanken, die ja auch in der rechten Presse dieser Tage aufschossen, nun wieder abgetan, durch Österreichs Abfall, über den ich als Leser der österr. ungar. Zeitungen schon seit Wochen im klaren war, aber aus deutschen Zeitungen war nichts darüber zu lernen. - Kähler selbst politisiert stark mit geschichtlichen Vergleichen und also etwas armselig. Er ist ja geborenster Preusse, und ich musste oft wieder an die grauenhafte Entdeckung denken, welche Menschen allein an das Reich glauben. Natürlich sagt auch er: „nun werden eben Bücher geschrieben"; aber selbst das ist schon Unglauben. Vielleicht werden keine Bücher geschrieben - wozu die Parallelen mit „vor 100 Jahren", - vielleicht bricht Deutschland auch „geistig" zusammen - vielleicht versinkt Europa überhaupt - weder von Germania noch von Europa steht geschrieben, dass sie manent in aeternum.[7] Aber es ist furchtbar schwer, das zu denken; schon für mich, dem es leicht fällt, leicht fallen müsste, und für einen Menschen wie Kähler, Urenkel des Königsberger ~~Stadt~~ Polizeidirektors Frey aus der Reformzeit und Enkel eines preuss. Generals in türkischen Instruktionsdiensten, wohl fast unmöglich. - Ich habe mir, um ein paar Tage lang nicht DrittenMannabschlagen spielen zu müssen, nur 4 Tage Schonung geben lassen. Es ist zwar Allerheiligen und Sonntag dabei und ich darf eigentlich nicht aus der Kaserne heraus, aber es ists mir doch wert.

Dein Franz.

[1] Unteroffizier. [2] Jonas Cohn, 1869-1947, Philosophieprofessor in Freiburg.
[3] Siegfried Kähler, 1885-1963, Historiker, wie Rosenzweig ein Schüler von Friedrich Meinecke. Zu dem angespielten Konflikt, der während einer Konferenz von jungen Historikern und Philosophen in Baden-Baden 1910 aufbrach, Briefe und Tagebücher S.96.
[4] Wohl der Sohn von Erich Marcks, 1861-1938, Historiker.
[5] Bereits am 14. September hatte Karl I., 1887-1922, Kaiser von Österreich und König von Ungarn, in einer Note eine Friedenskonferenz angeregt, die aber angesichts der absehbaren Niederlage der Mittelmächte vom amerikanischen Präsidenten Wilson zurückgewiesen wurde. Zur selben Zeit, als Max von Baden am 4. Oktober ein Waffenstillstandsersuchen an die USA richtete, unterbreitete auch Österreich-Ungarn ein Waffenstillstandsangebot. Am 16. Oktober versprach Karl I. in seinem „Völkermanifest" die Föderalisierung des Staates und die Gleichberechtigung der Nationalitäten in Österreich-Ungarn. Damit waren die Voraussetzungen geschaffen für den Waffenstillstand zwischen Österreich-Ungarn und den Alliierten, der am 3. November geschlossen wurde.
[6] Lat.: Freiburger Weltwunder. [7] Lat.: sie bleiben in Ewigkeit.

An Margrit Rosenstock am 31. Oktober 1918

Liebes Gritli, Doris v. Beckerath[1] ist gestorben, du wirst es ja schon wissen. Ich kann dir heute nicht schreiben. Es bleibt nichts als sich fest zu klammern an das was noch bleibt. Das Leben reisst einem das Herz in kleinen Stücken aus dem Leib. Bleibe du doch - ich wage kaum zu sagen: mir; bleibe nur überhaupt; ich kann es mir nicht vorstellen, dass du gingest. Bleibe, bleibe.

[1] Doris von Beckerath, erste Ehefrau von Erwin Emil von Beckerath, war am 25. Oktober an der Grippe gestorben, die 1918/19 in Europa grassierte und mehr Todesopfer forderte als der gesamte erste Weltkrieg.

An Margrit Rosenstock am 1. November 1918

1.XI.

Liebes Gritli, heut habe ich zum ersten Mal wieder einen ganzen Tag gehabt und gleich auch wieder den ganzen Tag geschrieben. Diese Stimme reisst eben scheinbar nicht ab, ganz einerlei welche andern Stimmen in der schrecklich polyphonen[1] Symfonie des Lebens noch mittönen. Ich habe mich noch nicht zu einem Brief an B.[2] aufraffen können. Steckte ich nicht in der elenden Uniform, so würde ich nun zu ihm fahren und einfach eine Zeitlang bei ihm leben. Er hatte ja - das wusstest du nicht - alle inneren Ansprüche, die ja auch er stellte, sozusagen sein ganzes „metaphysisches" Teil, an diese Frau ab- und für sie aufgegeben. Er hatte verzichtet, mit einem gewissen Bewusstsein verzichtet, mehr zu werden als er war, und war mit beiden Füssen ins Glück und Nichtsalsglück hineingesprungen. Nun hat er das begraben und muss sich

doppelt leer vorkommen; denn er ist weniger als er früher war.   Ich spüre deutlich dass ich mehr mit ihm mitleide als unmittelbar um sie mich gräme. Ich hing wohl an ihr nur durch seine Vermittlung, - wie ja auch an dem ersten Abend, wo die beiden sich seit ihrer Kindheit wiedersahen und ich sie zu Tisch führte, sie mir keinen starken Eindruck machte, während gleich zu merken war, dass er, der sich auf ihre rechte Seite placiert hatte, sich für sie enflammierte. Dabei bleibt es natürlich wahr, dass an ihr viel mehr war als an ihm. Aber Freundschaft und Liebe gehen ja nicht nach solchen objektiven „Wahrheiten". „Leicht sind sie besser - du bist gut" sagt Walter v.d.Vogelw.[3]   Gegen Abend war ich wieder ein paar Stunden mit Kähler. Es ist gut und doch nicht das, was nocheinmal zwischen uns kommen muss. Das bleibt mir und ihm nicht erspart. Übrigens konnte ich nicht verhindern, dass er sich meiner - annimmt (!) und meine stockende Wohnungsangelegenheit etwas bei der Abteilung .IX.1 in Fluss bringt! - Als Doris starb, waren wir wohl grade in Frankfurt beisammen[4] -. Ich habe noch kein Wort von dir seitdem (auch Geld ist übrigens keins gekommen). Was mag wohl sein?
                                            Dein Franz.

[1] Griech.: Vielstimmig.   [2] Erwin Emil von Beckerath.
[3] Walther von der Vogelweide, aus seinem Gedicht „Heimliche Liebe": „edel unde rîche / sint si sumelîche, / dar zuo tragend sie hôhen muot: / lîhte sint si bezzer, dû bist guot".
[4] Dazu der Brief an Margrit Rosenstock vom 28. Oktober 1918, S.172f.

An Margrit Rosenstock am 2. November 1918
                                                                     2.XI.
Geliebtes Herz,   was ist das für ein Jahr des Todes — und doch nicht bloss des Todes, sondern auch dessen was stark ist wie der Tod.[1]   Meine Seele zieht ihre Kreise um dich und liebt dich. Dies Buch II 2 an dem ich jetzt schreibe gehört dir noch viel eigener als das Gritlianum,[2] grade weil es nicht von vornherein für dich bestimmt war und es ja auch jetzt nicht ist. Es ist nicht „Dir" aber - dein. Dein - wie ich. Manchmal ist mir, als wäre ich ein Kind, das nicht schreiben kann und es doch gern möchte und du führtest mir die Feder. Tu's weiter, Geliebte.
Ich wohne nun ausserhalb der Kaserne und werde wohl 4-5 Wochen sicher hierbleiben, indem ich (Schnells Geschoss) zu einem Kurs kommandiert werde; der nimmt mir weniger Zeit weg als der übliche Dienst und ist nicht so ärgerlich. Es ist schön, ein Zimmer für sich zu haben. Dies behalte ich vielleicht nur ein paar Tage und ziehe dann zu meinen alten Wirtsfräuleins.   Verloren geht mir durch den Kurs zwar der sonst sichre Kriegsanleiheurlaub von 6-8 Tagen. Aber du weisst ja, dass ich jetzt gar nicht rechte Lust auf Urlaub habe. Wenn ich den II.Teil geschrieben habe und den dritten angefangen, dann viel eher; denn III 1 und III 2 sehe ich ohne Erregung entgegen; sie werden mehr oder weniger bloss eine Darstellung von mir nun längst alten Geschichten sein; die „tümer" sind mir ja überhaupt jetzt, wenigstens wenn ich am Stern schreibe, fast unwichtig geworden; erst vor III 3 verspüre ich wieder die Schauer, die man vor dem verschleierten Bild spürt; denn da muss ich ganz verstehen was ich eigentlich denn gemacht habe.   So werde ich nach Kursschluss Urlaub beantragen - falls bis dahin noch ein geregeltes Militär besteht mit Dienststempeln u.s.w.,

woran ich ja etwas zweifle. Heut ist ja Eugens 2.XI; vielleicht hat Wilhelm[3] heute wirklich die Abdankung unterschrieben. Kähler sagt, einem Badener oder Cumberländer[4] oder dergl. (ich glaube nämlich, der Cumberländer wird kommen) würde er nicht den Fahneneid leisten, dann schon eher einer Republik. - Mutter habe ich heute geschrieben, sie möchte ein paar Tage herkommen; ein Brief von ihr, den ich eben bekam, zeigt dass es richtig war. Wäre nicht alles so unsicher, so wäre es vielleicht das Beste ich behielte sie hier unten irgendwo im Schwarzwald, wo ich sie Sonntags besuchen könnte, in einem Sanatorium auf einige Wochen. Die Ernährungsverhältnisse hier sind ja gradezu glänzend. Weisst du zufällig ein Sanatorium? Freiburg selbst ginge natürlich nicht, weil ich dann alle meine freie Zeit bei ihr sein müsste und das möchte ich keinesfalls. Sie wird selbst gar nichts dagegen haben, sich etwas zu pflegen. Schliesslich ist es hier unten ja auch kaum viel unsicherer als in Kassel, die Grenze ist in Deutschland plötzlich überall sehr nah; es ist wieder wie 1914, „als eng die Grenze uns umwand"[5] wie Trudchen schrieb. Aber anders als 1914 sind die inneren Kräfte verbraucht. Ich musste in diesen Tagen daran denken (und merkwürdigerweise Kähler auch), dass Lettow-Vorbeck[6] sich nun vielleicht länger schlagen würde als das Deutsche Reich. Das grande latrocinium[7] Staat ist trotz seiner Grandität, und durch sie, hinfälliger gebaut als das kleine latrocinium einer echten Freischar. Der Staat ist eben doch ein Abstraktum, der sich die wirklichen Menschen erst untertan machen muss, um Blut und Leben zu kriegen. Eine Bande aber besteht aus den wirklichen Menschen unmittelbar.

Ich bat Herrn Mündel, die Einleitung II an Eugen zu schicken; hoffentlich hat ers getan. Sie ist wohl wirklich im ganzen sehr gut geworden; der Gedanke kam mir jetzt schon wie eine Trivialität vor und doch möchte ich darauf schwören, dass ihn noch niemand gehabt hat.

Es ist spät und unwillkürlich ist die Feder bis zum Ende des Bogens gelaufen. Eigentlich hatte ich ihn nur genommen, um dir die ersten Worte zu schreiben. Es sind auch die letzten. Geliebtes Herz ——— Dein.

[1] Anspielung auf Hoheslied 8,6. [2] Abgedruckt im Anhang, S.826ff.

[3] Kaiser Wilhelm II. unterschrieb am 28. November die Thronentsagungsurkunde.

[4] Prinz Max von Baden war seit dem 3. Oktober 1918 Reichskanzler; Ernst August Herzog von Cumberland und zu Braunschweig-Lüneburg, 1845-1923, hielt nach der Annexion Hannovers durch Preußen (1866) an Thronrecht und Titel fest.

[5] Dazu der Brief an Margrit Rosenstock vom 11. März 1918, S.57.

[6] Paul von Lettow-Vorbeck, 1870-1964, preußischer General, der während des ersten Weltkrieges als Kommandeur der Schutztruppe in Deutsch-Ostafrika den alliierten Truppen bis zum Ende des Krieges erfolgreich Widerstand leistete.

[7] Ital.-lat.: große Räuberbande.

An Margrit Rosenstock am 8. November 1918

8.11.18 - am Münsterplatz!

Liebes Gritli, endlich. Vier Tage lang schrieb ich dir nicht und von dir kam Brief auf Brief und ich liess mirs wohl sein. Du kennst deine Konkurrenten, den +++ Dienst und den Stern (müsste wohl heissen „✿✿✿ Stern"). Der Stern ist freilich jetzt in einem Teil wo alles Schreiben daran Schreiben an dich ist; du siehst mir immerfort über die Schulter. Ich bin wieder ganz drin, nur freilich geht es langsamer weiter, weil ich nur begrenzte Zeiten dafür habe. Aber seit gestern ist ja nun der Dienst 1.) „angenehm" und 2.) vor allem wenig geworden; gewöhnlich vormittags von 1/2 9 bis 1/4 12 und Nachmittag 1 oder 2 Stunden. Vor dem Krieg ist er ja nun gerettet; nun muss ich hoffen, dass ich ihn auch durch die Revolution[1] durchtrage, die ja unzweifelhaft in den nächsten Monaten kommt. Mir ist unheimlich; es wird mir gehen wie 1914, ich werde versuchen müssen, innerlich und äusserlich neutral zu bleiben, und es wird mir ebensowenig wie damals auf die Dauer gelingen; und dann wird mein Platz, aus dem gleichen Grund wie damals, nämlich weil es das Natürliche, Nächstliegende und Unvermeidliche ist, auf der reaktionären Seite sein, und doch nur, wie damals ja auch, mit halbem Herzen.

Vorläufig aber sitze ich also wieder am Münsterplatz, im „Geist"; der Name verwunderte mich erst, als ich gestern Abend auf dem Teller das Hotelwappen, die Taube mit dem Heiligenschein, sah. Ich war gestern wie ein Verrückter; ich hatte erst in einer Pension nahe bei dem Kurs-Schauplatz gemietet, dann fiel es mir schwer auf die Seele, dass ich nun also wieder so wie diese Woche in Freiburg ausserhalb Freiburgs wohnen sollte - mir war es die ganze Zeit gewesen, als ob ich gar nicht in Freiburg wäre sondern, immer noch wie die vergangenen Jahre bloss da spukte. Und als ich abends den gemeinsamen Tisch sah, erschrak ich so , dass vor dem Gedanken eines gemeinsamen Essens mit Fremden, dass ich die Pensionsmutter ganz verwirrt ansprach, ich müsse wieder fort; sie liess mich, weil sie offenbar dachte, ich wäre nicht recht im Kopf, ruhig gehen; und nun bin ich hier, in einem etwas ungemütlichen, nämlich zweibettigen, Zimmerchen, aber nach vorn heraus. So denkt man nun, man wäre anspruchslos geworden und nicht mehr wählerisch, und sowie man nur mal wieder die Wahl hat, ist man wieder ihrer ganzen Qual verfallen, und eher schlimmer noch als früher. Aber die Hauptsache: ich bin nun wieder in Freiburg.

Ich möchte dir gern vom Stern erzählen, aber es geht nicht, es ist zu viel. Der Übergang von II zu III, ich meine nicht das Übergangskapitel, sondern die Einleitung für Rudi, wird jetzt im einzelnen klarer; es sind alles ganz einfache Gedanken, so einfach wie das vom Wunder in der II^{ten} Einleitung; hat dir das nicht auch einge-leuchtet? ich meine, ob du nun nicht auch das Gefühl hast, zu wissen, was ein Wunder ist; mir geht es so.

Deine Brieffłut trat ein gleich am Morgen, nachdem ich angefangen hatte, über die Ebbe zu erschrecken. Jetzt weiss ich kaum, wo anfangen mit Antworten. Ich will sie einmal der Reihe nach legen. Obwohl das auch dumm ist. Ich freue mich so, dass du da bist, ohne alle Reihenfolge. Nein Gritli, du musst leben, alt brauchst du ja nicht zu werden, wir werden ja alle nicht alt; aber noch musst du leben. Wir hatten freilich bei der Nachricht von Doris beide das gleiche Gefühl ...... ans Leben klammern sich jetzt meine Hände fest an; so vieles hält mich, der Zusammenbruch um mich wird mir bald wie einer dieser komischen opernhaften Zusammenbrüche einer Dekoration auf dem Theater, ich fühle mich kaum mehr beteiligt; mein Hegelbuch,[2] von dem Eugen nun recht behält, als er, nicht im Scherz, sondern im schweren Ernst, 1913 sagte: es wird nie gedruckt, erscheint mir wie das Lösegeld (ich meine: das Nichtgedrucktwerden des Buchs), mit dem ich mich von dieser meiner untergehenden Welt loslöse. Was mir in Zukunft Welt heissen wird - ich weiss es weniger als je. Aber lebenssatt bin ich nicht; „man wird wieder Wein pflanzen auf den Bergen Samarias"³ - „man", wer, weiss ich nicht, aber „man". Eugen hat recht, der ✡ reisst mich jetzt über den Abgrund der Zeit hinüber in das Irgend einer Zukunft. Es ist alles viel „vorgesehener", was wir tun, als wir je vorhersehen konnten.

Aber nun will ich wirklich anfangen, die Briefe einzeln vorzunehmen und zu antworten. Du bist doch in jedem drin, und eine Ganze. Vor so vielen einzelnen Briefen spürt man es deutlicher als bei einem einzelnen, dass Briefe nicht der Mensch selber sind; den einzelnen Brief für den Menschen selber zu nehmen, überredet sich das sehnsüchtige Herz viel leichter.

Inzwischen habe ich zu Mittag gegessen, und dabei erfahren, dass dieser Brief vielleicht schon nicht mehr durchkommt. Es ist mir eine Beruhigung, dass Eugen in Kassel ist; allerdings wenn noch Züge gehn, müsste er ja jetzt nach Berlin. Es geht noch rascher weiter als ich in den letzten Tagen dachte. Es wird nichts übrig bleiben als die Entente⁴ ins Land zu bitten, wie wir vor einem halben Jahr in die Ukraine gerufen wurden.

Eugens Aufsatz hatte ich neulich noch nicht; er kam erst später. In seiner Unumschriebenheit hat er mir besser gefallen als das Gleichnis in Siegfrieds Tod. Ich gab ihn gestern Abend auch Mündels. (Die Geldnot wird übrigens wieder akut für mich. Wenn ich jetzt plötzlich fort müsste, so könnte ich weder Hotel noch Mündel noch Eisenbahn bezahlen. Eine Frage: das Telegramm das du mir schicktest, bedeutet doch weiter nichts; ihr habt das Geld doch nicht abschicken können? oder liegt es etwa hier und wartet, dass ich es hole?).

Liebes, ich lese deinen ersten Brief, den vom 28., wieder; es ist nichts zu „beantworten", es ist ja alles wie du sagst, das von den getrennten Häusern unsrer irdischen Hülle, und alles. Es ist nichts zu sagen; ich musste den Brief küssen faute de mieux.⁵
...
Ich sitze wieder bei Herrn Mündel und erschrecke über die Schwierigkeit von II 1; er ist eben malgré moi⁶ doch eine komplete Logik in nuce⁷ geworden. Und inzwischen machen die Münchner eine Republik und was in Berlin geschehen ist wird man vielleicht heut Abend schon hören. Und Kassel? und Terrasse 1?⁸ Ich kann nicht verzweifeln; der ✡ hat einen starken Auftrieb und hält mich über allen Wassern; es ist mir noch nie so mit etwas Geschriebenem gegangen; freilich war auch noch nie in etwas was ich schrieb soviel von meinem vergangenen und zukünftigen Leben - das gegenwärtige, immer gegenwärtige, auch nicht zu vergessen, du Unvergessliche, immer Gegenwärtige -. In allem andern war nur entweder mein vergangenes oder gegenwärtiges oder zukünftiges Leben.

Was du von deinem Kindergebet sagst, ist wahr. Es steht auch im ✡ so, oder vielmehr es wird so drin stehen; dies gehört zu den Übergangspartien von II nach III, die mir jetzt klar sind. Wenn man es ganz wirklich beten kann, ist man auch todesbereit; denn das gehört freilich zur Frömmigkeit, sogut wie es überhaupt zur Liebe gehört. Ich spüre noch heute nach, wie in mir zum ersten Mal dieses Gefühl des Sterbenkönnens, Nunsterbenkönnens lebendig wurde eben in dem Augenblick wo ich, als Vierzehnjähriger wohl, zuerst lebendig wurde. Nicht todesbereit sein heisst nämlich weiter nichts als - nicht ganz lebendig sein; im höchsten Leben ist mans. Und was du Frömmigkeit nennst, ist ja nichts als dies höchste Leben. Dem Lebenwollen widerspricht also die Todesbereitschaft nur insofern es noch Lebenwollen ist. Lebenwollen ist nämlich noch nicht Leben, sondern eben bloss [[erst]] Lebenwollen. Wäre es schon Leben und über das blosse Lebenwollen, dies elende Möchtegern, hinaus, dann wäre der Mensch auch todesbereit. Wenn wirs nicht sind, so ist das eben unsre Mangelhaftigkeit, ein Zeichen, dass wir noch keine ganzen Menschen sind. Ich kann es dir kaum sagen und möchte es dir nur ganz leise sagen, ganz leise: es ist unsre Liebe, meine und deine, die uns nicht todesbereit sein lässt. Antworte mir nicht darauf. Ich küsse deine Hände und deinen Mund. Sprich kein Wort. Lass es sein, als fühlten wir nur im Dunkel unsre Nähe und sähen einander nicht. - -

Mutter war immer so sinnlos verängstigt um mich, so sinnlos, ich meine so ohne Gefühl für den, der doch der Gegenstand ihrer Angst sein sollte; ich empfand mich in ihrer Angst immer wie entwürdigt, wie zu einer statistischen Nummer oder einem Stück Vieh herabgesetzt, - und sie schämte sich ihrer Angst auch und verbarg sie hinter Vaters. Es ist wirklich eine Teufelsbesessenheit; aber da muss ich dir widersprechen: solche Teufel habe ich nicht und du auch nicht; die sind uns wirklich „exorciert". Uns „peinigen züchtigen unsre Nieren die ganze Nacht", wie der Psalm[9] sagt, - das ist aber kein Teufel, sondern - das Gegenteil. Übrigens „Nieren" hat doch einmal so realistisch geklungen, als wenn es heute hiesse „Nerven"; es ist eine kuriose Sache mit der Alterspatina der Bibelsprache.

Ist dies am Ende der letzte Brief auf lange, der noch durchkommt? Ich habe so eine Ahnung. Ist es so, dann — ich habe dich lieb über alle Zwischenräume und Zwischenzeiten hinweg. Wir sehn uns wieder —

                                                              Dein.

[1] Bereits Ende Oktober hatte die deutsche Hochseeflotte gemeutert. Mit dem Matrosenaufstand am 3./4. November in Kiel begannen sich die Unruhen auf das ganze Reich auszubreiten. Am 7./8. November rief Kurt Eisner in München die „demokratische und soziale Republik Bayern" aus, in Berlin kam es am 9. November zum Generalstreik und zu großen Demonstrationen. Um die Revolution aufzuhalten, versuchte Reichskanzler Prinz Max von Baden den Kaiser zur Abdankung zu überreden. Da letzterer sich jedoch weigerte, gab er am 9. November eigenmächtig dessen Thronverzicht bekannt. Am gleichen Tag rief Philipp Scheidemann am Berliner Reichstag die „deutsche Republik" aus, während zwei Stunden später Karl Liebknecht im Berliner Schloß eine „freie sozialistische Republik" proklammierte. Allerorten bildeten sich Arbeiter- und Soldatenräte.

[2] Rosenzweigs damals noch ungedruckte Dissertation „Hegel und der Staat".

[3] Jeremia 31,5.   [4] Franz.: Gegenmächte.   [5] Franz.: in Ermangelung eines Besseren.

[6] Franz.: gegen meinen Willen.   [7] Lat.: in der Nuß = in Kürze.

[8] Rosenzweigs Elternhaus in Kassel.   [9] Dazu Psalm 16,7.

An Margrit Rosenstock am 9. November 1918

                                                              9.XI.

Liebes Gritli, heut abend kam das Telegramm mit dem Geld und den drei Unterschriften und beides zusammen besserte mich wieder etwas auf; Mutter hat also doch einen Mann im Haus, wenn er auch der jetzt verfehmten Klasse der Offiziere angehört. Von Kassel stand noch nichts in der Zeitung; aber es versteht sich ja, dass es auch dort ist wie überall. Mir war den Tag so in einer Mischung speiübel und zum Heulen.

Hier hat die Revolution mittags begonnen, noch in recht ruhigen Formen (nur eine ⌈⌈Offiziers⌉⌉ Patrouille hat geschossen; der Leutnant wurde dann vom General persönlich zurückgerissen). Ich habe nachmittags mich 3 Stunden auf mein Zimmer verkrochen, lamentiert und am ✡ geschrieben, wahrscheinlich sehr mässig, obwohl es ein Stück war auf das ich mich gefreut hatte.

Die Cohensche Stelle aus dem Buch heisst: Gott „giebt" die Offenbarung wie er alles giebt, das Leben und das Brot und auch den Tod.[1]   Übrigens unterschreibe ich das „wie" in dem Satz nun doch nicht mehr. Leben und Brod giebt er, aber die Offenbarung „giebt" er nicht, sondern er giebt sich in der Offenbarung. Du siehst, ich habe deinen Brief vom 6. gekriegt; ich war in der Kaserne, da lag er. Er ist schon sehr veraltet; die ~~Weltg~~ ach was „Welt", die Geschichte ist rasch weitergegangen. Ich hoffe doch sehr dass Eugen sich nicht wieder mit Breitscheid einlässt; man soll eben doch keine Politik ausserhalb seiner Sphäre machen; ich kann mir nicht helfen. Was will er als Christ unter den Bolschewikis? warum nicht dann den natürlichen Weg zu den Gegenrevolutionären, die sich doch bald irgendwo organisieren werden. Ein Gefühlsmonarchist kann nun eben mal nicht unter die Republikaner gehen und ein Kriegerischer nicht unter die Pazifisten... Ich glaube noch nicht recht (trotz Heims[2] Mittuen) an die Republikanisierung der oberbayrischen Bauern. Aber mehr als an Eugen und an alles muss ich wieder an den Kaiser denken und an seinen furchtbaren kümmerlichen Abgang[3] - und er hatte soviel Sinn für schöne Abgänge und dergl. Neben dem Geist[4] war früher eine Zeitungsredaktion; dort auf der Schwelle stehend habe ich in der Wahlnacht 1907 (der Blockwahl) zum ersten Mal das Volk - ich stand mit dem Gesicht zu ihm hin - als die 1000köpfige Bestie mit Augen gesehen. Nun wohne ich mit dem gleichen Blick heraus. Allerdings spielt sich sonderbarerweise bisher nichts auf dem Münsterplatz ab. - Ich glaube kaum, dass unser Kurs noch zu hohen Jahren vielmehr Tagen kommt. Wenn dann sich alles auflöst, versuche ich natürlich, nach Kassel zu Mutter zu fahren. Wäre nur mein Zivilanzug erst hier; das wäre eine grosse Erleichterung . - Mit Kähler lebe ich sehr merkwürdig. Ich liebe ihn doch noch immer. Und er kennt mich noch immer miss. Dabei sind wir grundsätzlich erst jetzt Gegner geworden, ganz anders als damals. - Der 2.XI.? wann ist denn in diesen Tagen nichts passiert? ?

Ich schreibe bei Herrn Mündel und er will aufhören und so muss ich auch aufhören. Es ist ja auch gleich; es geht so immer weiter und im Grunde schreibe ich dir ja nur einen einzigen langen Brief und die Über- und Unterschriften sind nur Kommas darin. Sie sind auch gleich untereinander wie Kommas. Nichtwahr?

                                                           Immer gleich - Dein.

---

[1] Hermann Cohen, Religion der Vernunft aus den Quellen des Judentums, S.97.

[2] Georg Heim, 1865-1938, bayrischer Bauernführer, Mitglied des Reichstags.

[3] Kaiser Wilhelm II. floh am 10. November 1918 auf Vorschlag seiner Berater nach Holland und verzichtete am 18. November auf den Thron.

[4] Name eines Gasthauses in Freiburg.

An Margrit Rosenstock wohl am 10. November 1918

Gritli Gritli liebes Gritli,
nachher schreibe ich dir noch richtig, aber ich muss dir gleich schreiben, was mir geschehen ist, mitten in diesem Zusammensturz. Ich war heut den ganzen Nachmittag mit Kähler zusammen und wir sind uns wieder nah gekommen, besser als früher; es ging die ganzen Tage schon, d'antico amor senti la gran potenza,¹ und er wohl auch und heut war es so, dass wir uns an den Armen hatten und uns wieder mit Leib und Seele nah waren; es ist noch ein Anfang, aber die Wunde die ich noch immer offen an mir trug ist zugeheilt; wie immer ὁ τρώσας καὶ ἰάσεται² - die Wunde heilt der Speer nur der sie schlug.³ Und nun muss es jetzt oder später einmal weitergehn. Ich bin glücklich in dem grossen Unglück. Ich musste es jemandem sagen, ihm selbst konnte ich es ja nur halb und verworren sagen, und das Papier ist nun dumm, aber es geht zu dir und du löst die Buchstaben vom Papier und machst sie zu Worten und hörst sie in deinem Herzen, liebes Gritli.
Ich will nun sehen bald nach Kassel zu kommen; vielleicht kann ich Mutter doch etwas helfen in der nächsten Zeit. Diese Nacht hatte ich einen sonderbaren Traum. Vater hatte „Urlaub" vom Tod bekommen - so hiess es wirklich -, er war wie lebendig und es war ganz nett, eben wie im Urlaub, wo man doch weiss, wenn der Urlaub alle ist muss er wieder zurück. Er war wenig verändert, nur etwas dicklich geworden und manchmal wurde ihm sehr schwach und er musste sich setzen und in seinem Stuhl zurücklehnen. Er war mir böse, dass ich noch nicht in Kassel ⌈⌈bei Mutter⌉⌉ wäre und als ich zur Entschuldigung meine Arbeit anführte, an der ich schrieb, liess er es nicht gelten und sagte „Lass doch die Witzchen" (kurioserweise; ein Wort, das er so wenig gebrauchte wie ich selber „die Witzchen"). Und ich wollte ihm grad noch sagen, es handle sich um ein grosses Buch von ca 400 Seiten, nicht um ein kleines anum⁴ von 40, um ihn zu informieren. Aber ich kam nicht mehr dazu. Es war auch ein Traum, der einem den Tag über nachgeht.
Kählers Vater ist manchmal ans Fenster gegangen, hat hinausgestarrt und dann gesagt, mit leisem Schauder: „Das möchte ich nicht mehr erleben". Damit meinte er den künftigen Krieg. - Als ihm Kähler einmal von deutscher Zukunft sprach, sagte er, er habe 1870 das bestimmte Gefühl gehabt, dass er den Kulminationspunkt seines Volkes erlebe.
Greda zu sehen ging ja nicht mehr; es gab noch gar keinen Urlaub wegen der Sperre. Aber ich hätte auch eine Scheu gehabt vor so einer quasi Besichtigung beiderseits. Wenn man sich <u>besichtigt</u>, kann man sich nicht <u>sehen</u>. Es ist besser, wir warten auf das „von selbst". Man soll sich den leisen Schrecken des ersten Sehens nicht nehmen; er ist das Beste und enthält eigentlich das ganze Schicksal der Zukunft in sich. Und man zerstört sich ihn, wenn man sich verabredet. Weshalb empfinden wir eine auf Grund einer Zeitungsannonce zustandekommende Ehe als so greulich? Die Menschen können doch nett sein. Aber der Zauber des „Zufalls" ist der Begegnung geraubt. Dieser „Zufall" ist doch eben Gottes Stellvertreter. So ein Zufall war der Mittwoch vor 8 Tagen in der Universität.
Nach Säckingen komme ich ja nun nicht mehr, wo ich so bald hier fortkomme.

Die Hermann Michels werden ja nun demnächst auch blutig werden. Auch Robespierre hatte den „pazifistischen Zug um den Mund".
Du schreibst vom Sonntag, der bleiben wird, auch wenn Europa versinkt. Ich war heut abend, als die Bedingungen heraus waren mit Kähler einen Augenblick im Münster, da sahen wir auch mit Augen, was vorher war, was nachher bleiben wird. Es gingen Menschen in dem Chorumgang hinter dem Gitter, mit Lichtern, und man hatte das Gefühl, sie gingen geschützt vor dem Einsturz der Welt hier einem ewigen Geschäfte, ihrem Geschäfte, nach. Was sind denn solche Dome anders als das steingewordene „Dennoch" gegen die Welt in der Welt. Vor den letzten Versen deines (und meines) 46ten (und ja auch Luthers, der heute, am Tag der Bedingungen, geboren ist, und Schiller auch) - vor diesen letzten Versen[5] müsste doch Wilson[6] ganz klein werden. Die Bedingung mit den Kriegsgefangenen ist die abgründige Gemeinheit. Hier darf man hassen. So etwas hätte der „preussische Militarismus" nicht ausgedacht; das hätte dem Rest ritterlicher Tradition widersprochen, die doch noch in ihm lebendig war. —
Ich habe dich lieb Gritli

Dein Franz.

[1] Dante Alighieri, „Göttliche Komödie", Purgatorium, 30. Gesang, Zeile 39 : „d'antico amor sentì la gran potenza" - „(ich fühlte ...) der alten Minne Macht mich neu durchbeben."

[2] Griech.: der verwundet hat, wird auch heilen.   [3] Zitat aus Richard Wagners „Parsifal".

[4] Ein kurzer Text wie das Gritlianum und das Putzianum.

[5] Psalm 46,9f: „Geht und schaut die Werke des Herrn, ... der Kriege beendet bis zu den Enden der Erde." Dazu auch der Brief an Margrit Rosenstock vom 17. März 1919, S.253f.

[6] Damaliger Präsident der USA.

An Margrit Rosenstock am 11. November 1918

11.XI.

Liebes Gritli, doch ein paar Worte. Ich werde ja nun von hier fortgehn, ohne J.Cohn und ohne auch Kantorowiczs zu sehn; hoffentlich wissen sie nicht dass ich hier bin. Meine übrige Zeit, oder viel mehr die Zeit die ich mir freimache, gehört Kähler. Ich las deinen Brief wieder vom 2.XI.; da schreibst du von der Luft die über die gefallenen Grenzen hereinweht und die von Russland herübergreifende Bewegung. Ich kann nicht mit und ich wollte, Eugen könnte auch nicht mit. Die Bewegung ist eben doch nicht alles. Ich sehe vorläufig nur ein Gemeng aus Zwang und Unordnung, und das Hochkommen der Hermann Michels. Ich lerne nachträglich sogar mich nicht bloss als Deutschen, sondern - ganz neu - sogar mich als Preussen fühlen. Ich glaube, nach dieser Erfahrung werde ich nie wieder „Demokrat". Es ist ebenso unmöglich wie Pazifizismus. In aller Zeit gilt Herrschaft und Krieg. Freiheit und Frieden liegen nur - jenseits. Zwischen allem hindurch hatte ich wohl auch das Gefühl des wieder-Luftwerdens („dass wieder weiter werde unsre Welt"). Aber seit der Revolution nicht mehr. Denn nun ist doch auch das Innere eng zum Ersticken. Ich verstehe erst jetzt richtig, was Eugen vom Untergang der Universitäten sagt. Die „Kultur", die unser war, wird noch zu unsern Lebzeiten untergehn wie etwa die ritterliche um 1500 (unter den ersten Drucken ist noch der Parcifal und Nibelungenhandschriften sind noch bis Ende des 15. scl. abgeschrieben.) Schon Luther hat beides sicher nicht mehr gekannt. Ein Neues wird ja kommen. Aber es ist nicht unsres. Wie schon der kalte Revolutions-

idealismus der jungen Dichter nicht mehr unser war. Es fehlt die Büchnersche[1] Schlusswendung, das Vive le roi.[2] Ich habe nie gern hurra gerufen, aber jetzt gäbe ich etwas darum, ich dürfte es noch einmal.
Ich bin traurig. Und ich wünschte, Eugen wäre es auch, und nichts andres. Es wäre ein Jammer, wenn er wieder zum Sachwalter der Breitscheidschen[3] Ressentiments würde. Sei gut zu ihm - und zu mir. Dein

[1] Georg Büchner, 1813-1837, in seinem Drama „Dantons Tod". [2] Franz.: Es lebe der König.
[3] Rudolf Breitscheid, 1874-1944, sozialdemokratischer Politiker, von November 1918 bis Januar 1919 preußischer Innenminister.

An Margrit Rosenstock am 12. und 13. November 1918

12.11.
Liebes Gritli, mir ist übel vor diesem ganzen Betrieb, ich bin ein einziges Vive le roi;[1] ich grüsse die Offiziere, seit es verboten ist, mit wahrer Inbrunst. So ist es mir auch ein greulicher Gedanke, dass Eugen nun doch mittut und also mit einer roten Kokarde in irgend einem Büro sitzt. Ganz abgesehen davon, dass das was der Christ „Rosenstock" da tut, nachher beim nächsten (demokratischen oder monarchischen) Pogrom - und auf was soll eine Revolution in Deutschland schliesslich hinauslaufen wenn nicht auf eine Judenhetze; dies Volk, das immer gegen sich selbst wütet, hat den allgemeinen Sündenbock der Völker deswegen zur Ablenkung ganz besonders nötig - die Kassler Juden büssen müssen. Die doch wirklich nichts dafür können. Aber überhaupt, wenn die Krone wirklich das „Volkssanktuarium" war, wie er mir voriges Jahr schrieb, dann ist nun wo dies Palladium entwendet ist, für die die dran geglaubt haben, keine Möglichkeit mitzutun. Ihren Gang geht die Bewegung von selber weiter, ob man mittut oder nicht. Solange zu essen da ist, friedlich. Nachher wenns aufgebraucht ist, mit Mord und Totschlag. Wie ist ihm denn bei der Vorstellung von Liebknecht[2] auf dem Schlossbalkon zumute? Parteien kennt der ja allerdings auch nicht, nämlich nur seine eigene. Über Burfeldes und Paasches (und auch Liebknechts) Befreiung habe ich mich gefreut; dass aber mein politisches Schicksal jetzt in die Hand solcher Dümmlinge gelegt ist, ist doch nicht sehr beruhigend. Sonst weiss man doch nicht, was für Esel über einem walten, in diesem Fall sind es aber drei öffentlich kompromittierte Naivusse und Pacificusse, die man schon kennt. Dass die Politik die zum Kriege führte, unglücklich geendet hat, ändert nichts daran, dass sie die einzig richtige war. Hier hörte ich heut einen (gutgekleideten) alten Herrn zu einem andern sagen: „Unsre Regierung hätte 1914 sagen sollen: Wir führen grundsätzlich keine Kriege; nehmt euch, was ihr wollt". - Das ist eigentlich die ganze Weisheit der neuen Männer. Was schreibe ich dir denn das alles? Übrigens noch etwas. Wie eng die Grenzen geworden sind, wird man in den nächsten Jahrzehnten merken; es wird eine ungeheuer giftige Zeit werden, weil man so eng aufeinanderhockt wie im Unterstand oder U-Boot. (Und auch die guten Sitten werden wie dort verloren gehn).- Ich hätte vorgestern „desertieren" können, wenn ich rasch entschlossen gewesen wäre und 8 ~~Stunden~~ Tage Bahnfahrt ohne Verpflegungssicherheit nicht gescheut hätte. Aber weisst du, ich habe vor Kassel Angst, obwohl ihr da seid, nämlich vor Mutter. Ich bleibe ganz gern

noch ein paar Tage hier und mache wenigstens II 2 (morgen oder übermorgen) fertig und fange II 3 vielleicht noch an. .....

Du spürst keine Begeisterung für die Berliner Gegenrevolution? Ich doch. Sie haben sich doch mit Bewusstsein für eine hoffnungslose Sache geopfert. Das ist gross, viel schwerer als der Tod im Krieg. Weisst du übrigens was das eigentliche furchtbare Merkmal unsrer Niederlage ist? (wie leicht mir jetzt das „Wir" in Bezug auf Deutschland von den Lippen geht! 5 Jahre lang habe ich nur in der dritten Person von ihm gesprochen, erst jetzt fühle ich mich ihm wieder zugehörig - „und wies Pferd konnte, sturbs") also dies: alle unsre Gefallenen sind fehlgefallen. Und nun kriechen die Refraktäre[3] aus ihren Schweizer Löchern, sagen: wir leben noch und setzen sich als die wahren Jakobs ans Steuerruder. Patroklos ist gefallen, 10000fach, und nun kehrt Thersitis zurück. Geht dir nicht auch das „Siegesfest", das Schillersche, im Kopf herum? Ich schrieb gestern Kähler in den Wiltfeber,[4] den ich ihm schenkte, „Ajas fiel durch Ajas Kraft".[5]

Rudis Brief schicke ich dir bald; ich will ihn erst nochmal lesen.

Am Stern arbeite ich, solange ich arbeite in Vergessenheit des Draussen; aber zwischendurch denke ich kaum an ihn; sodass ich mich immer erst hineinfinden muss. Dies Buch wird aber doch ein dolles Stück; das vorige ist bösartig schwer, dieses ist eigentlich ganz leicht, aber trotzdem wäre es für die meisten siebenfach versiegelt, und alle Siegel lösten sich wohl nur dir.

13.XI.

Gestern Abend war es zum ersten Mal wieder hell auf den Strassen. Ich traue der Dunkelheit hier nicht nach; ich kannte Freiburg zu genau, um rein <u>sehen</u> zu können; ich <u>wusste</u> zu viel.

Du (oder wohl Eugen durch deinen Mund) also du hast ja durchaus recht, dass das eigentlich Furchtbarste, der „Notenwechsel mit Wilson" und die zu diesem Pfeifetanzen gebildete Regierung jetzt überwunden ist. Sie haben draussen jetzt wieder Angst vor uns. Unser besiegtester Monat war der Oktober. Und das, ich meine diese Veränderung zum Besseren, haben mit ihrem Russisch (Russisch, weisst du Aljoscha,[6] nicht wie ein europäisches Pensionsmädchen!) die Bolschewisten getan. Aber wie ist mir denn, dass nun ich, der ich seit Jahren Russland und immer wieder Russland profezeie und während des ganzen Kriegs von Anfang an Mr. Chauvin,[7] wo er mir begegnete (z.B. „Tante Paula") brusquiert habe, indem ich ihm sagte, was wahr war: dass für mich persönlich die Russen seit Jahren, oder vielmehr nicht <u>die</u> Russen sondern <u>der</u>, Dostojewski unendlich viel mehr bedeuteten als Goethe et hoc genus omne[8] - dass nun wo meine Profezeiung eintritt, ich nun plötzlich nicht mitkann, sondern in der „Nänie"[9] mit Eugen zu reden, stecken bleibe.???

Vielleicht fehlt es mir, dass ich weder Breitscheid noch Burfelde kenne. Oder doch einfach, dass zwar in meinen entscheidenden Jahren (die mich entschieden) es die Russen waren, aber in den grundlegenden zuvor <u>doch</u> „die Griechen" und ihre Statthalter auf Erden, die Deutschen von 1800.

I ken not help it - ach nun, und England! Was für ein pêle-mêle[10] der Sprachen, ein rechtes Babel.[11]

Ich krieche bei deiner Stummheit unter, einen Augenblick — und einen stummen Augen-blick, liebes Gritli,

— Dein Franz.

[1] Franz.: Es lebe der König.

[2] Karl Liebknecht, 1871-1919, Rechtsanwalt und Politiker, nach einer Kundgebung gegen den Krieg wegen Hochverrats zu zweieinhalb Jahren Zuchthaus verurteilt; im Oktober 1918 begnadigt, trat er an die Spitze des Spartakusbundes und proklamierte am 9. November in Berlin die „freie sozialistische Republik"; nach dem Januar-Aufstand 1919 wurde er ermordet.

[3] Aus dem Lateinischen: refragor - gegen jemanden oder etwas sein; einer Sache widerstreben.

[4] Hermann Burte, Wiltfeber der ewig Deutsche, Roman.

[5] Gestalten aus Homers „Ilias": Patroklos war ein Freund des Archilleus, den er nach Troia begleitete, wo ihn vor den Mauern der Stadt der lähmende Schlag traf. Um seine Leiche und Rüstung tobte ein langer Kampf. Thersites war ein Meuterer, Lästerer und Prahler. Beide Gestalten erwähnt auch Schiller in seinem Gedicht: „Das Siegesfest": „Denn Patroklus liegt begraben, / Und Thersites kommt zurück ... Ja, der Krieg verschlingt die Besten! ... Ajax fiel durch Ajax' Kraft. / Ach, der Zorn verderbt die Besten!"

[6] Gestalt aus Dostojewskis Roman „Die Brüder Karamasoff".

[7] Figur eines prahlerischen Rekruten aus dem Lustspiel „La cocarde tricolore" der Brüder Cogniard (1831). Davon abgeleitet wurde das Wort Chauvinismus - übersteigerter, blinder Patriotismus, der den Nationalismus bis zur Mißachtung Fremder treibt.

[8] Lat.: und dieses ganze Geschlecht.   [9] Begräbnisklage, auch Name eines Klagelieds von Schiller.

[10] Franz.: Durcheinander.   [11] Dazu 1. Mose 11,6-9.

An Margrit Rosenstock am 13. November 1918

13.XI.

Liebes Gritli,   morgen werde ich wohl mit II 2 fertig; die Kunstlehre läuft mir so auseinander, obwohl sie mich eigentlich gar nicht interessiert und ich ein etwas schlechtes Gewissen habe, dass ich so ausführlich darin werde. Andrerseits ist sie ja ganz gut als ein weltliches Intermezzo in diesem sonst rein geist- und sinnlichen Buch II 2. Wenn ich es nun fertig habe, bin ich etwas mehr fähig nach Kassel zu fahren. So am Anfang eines neuen Abschnitts geht es immer besser als am Ende; da kann man sich die Arbeit auch eher einteilen; gegen Ende hat sie immer ihre eigene Geschwindigkeit, die zunimmt wie beim Fall. - München muss bleiben, falls nur das Hochland und - das bayr. Zentrum die jetzigen Ereignisse überleben. Ich glaube etwas an eine süddeutsche Gegenrevolution. Wenn sie von Baden ausginge — was für eine „Raumgleichung" zu 1849![1] damals NO gegen SW, jetzt umgekehrt; es ist doch sonderbar, dass der Grossherzog[2] noch da ist. Was dabei herauskäme, wäre freilich, da es nur mit französ. Hülfe gelingen könnte, ein Rheinbund, kein deutsches Reich. Aber wer denkt auch noch an so antiquierte Gegenstände wie das Dt. Reich. Nur „Shibellinen"[3] - und selbst die sitzen in Soldatenräten.

In Rudis Brief hat mich die Stelle über meinen Brief von vorigem Jahr frappiert. Ich hätte nämlich den Inhalt nicht mit einem Wort angeben können, er ist aber vollkommen richtig so, und passt auch vollständig auf das aus jener Keimzelle hervorgewachsene bzw. -wachsende grosse Gewächs. „eine Tatsache, ein Grund wie die Schöpfung es ist" - ich wusste gar nicht mehr, dass das schon damals in meinem Brief so gestanden haben muss. Der ganze ✿ geht ja wirklich nur um den einen Begriff der Tatsächlichkeit. Die Tatsache, das factum erst befreit einen von der blossen visio, zu deutsch ἰδέα - Idee. Wenn ich das was ich und Eugen und ... und ... und ....[4] wollen, mit einem ismus ~~reinem w~~ reimen wollte, so wäre es „Faktizismus". Aber „Gott sei

Dank" giebt es ja dafür das deutsche Wort Glauben. Für Idealismus kann man eben nicht „Glauben" sagen.

Mir ist erst aus Rudis Brief, und dann ja allerdings auch aus Eugens an mich, klar geworden, wie sehr er sich weiter dem Katholischen nähert. Ihm könnte ich ja nicht darüber schreiben, so wenig wie er mir sans phrase[5] darüber schreiben könnte. Mir sind ja an sich die beiden Konfessionen gleichwert; vielleicht hat mir „Volksst. u. R.G."[6] grade deshalb keinen solchen Eindruck gemacht, weil ich das Verhältnis von Katholisch und Protestantisch längst so sah, wenn auch mit anderer Begründung. Ich sehe die Frage nur in Bezug auf Eugen. Und da wünschte ich, ihm bliebe dieser Ruck erspart mit all den inneren Verhärtungen, Masken und Zwängen, die er ihm (nicht weil zum Katholischen, sondern als Ruck überhaupt) auferlegt. Sieh einmal: im Grunde will Eugen doch nur mehr Tradition, mehr Selbstverständlichkeit, mehr „Tatsächlichkeit" um sich spüren als er im Protestantismus gefunden hat; und das meint er nun im Katholizismus zu finden. Aber in Wahrheit findet ers da auch nicht (die beiden Kirchen sind ja gleich alt - Paulus und Petrus! denk an die Essgeschichte in der Ap.Gesch.[7]). Er kann es nirgends finden. Das findet man nur, wenn man es nicht sucht, sondern hat. Wäre er Jude geblieben, so würde ers gefunden haben. Nun er Christ geworden ist, müsste er in der Konsequenz dieses Schrittes bleiben, d.h.: da er nie traditionsgebundener Binnenchrist werden kann, freier, nur auf seinem Sattel geltender Grenzerchrist werden. Grade in seiner Freiheit, in seiner Ich-E.R.[8]-heit wirkt er und ist er echt. Je dogmatischer er, in Religion wie in Politik, auftritt um so - unechter wirkt (und ohne es zu wissen auch: ist er). Wird er wirklich formell katholisch, so muss er sich auf soviele Hinterbeine setzen, wie er nicht hat; er hat auch nur zwei wie jeder Mensch. - Bei Rudi liegt die Sache durch seine Ehe anders. Und vor allem wäre es bei ihm das erste Mal. Einmal umziehn, das kann jedem passieren und jeder überstehts. Aber „zweimal umgezogen ist einmal abgebrannt", das Spruchwort gilt auch im Geistig- und Geistlichen. Nun habe ich mir etwas, was mir dumpf drinnen brummte, ins Freie geschrieben. Es leuchtet mir selber ein.

Gute Nacht - -
gute Nacht. Dein.

---

[1] Im Verlauf der Revolution von 1848 wurde unter Beteiligung des Militärs im Mai/Juni 1849 der Großherzog Leopold zur Flucht ins Ausland gezwungen.

[2] Großherzog Friedrich II. war sehr populär, mußte aber am 22. November dennoch abdanken.

[3] Gemeint sind wohl Sibyllinen: weissagende Frauen des römischen Altertums, die vor allem in Notzeiten befragt wurden.

[4] Auslassungen von Rosenzweig.   [5] Franz.: ohne Gerede.

[6] Eugen Rosenstock, Volksstaat und Reich Gottes. Eine Weihnachtsbetrachtung, 1918.

[7] Apostelgeschichte 15,22-35.   [8] Eugen Rosenstock.

An Margrit Rosenstock am 14. November 1918

14.XI.

Liebes Gritli,   es ist drollig, mit was für einem vergesslichen Kopf ich den ✿ schreibe; ich kenne eigentlich immer nur die Partie, die ich grade schreibe; und dennoch geht alles zusammen, und ohne klares Bewusstsein davon mache ich fortwährend die nötigen Vor- und Zurückweisungen.   Das Buch schreibt sich eigentlich selbst; so rund war die erste Konzeption; ich selber bin nur der jeweils für das Tagespensum beauftragte Mandatar.[1] Es ist ja das was ich dir gestern schrieb: dass mir erst an Rudis Inhaltsangabe meines Briefs von jetzt vor einem Jahr[2] mein „ismus" aufgegangen ist. Liebes Gritli, ich bin heut morgen so vergnügt, dass ich beinahe mit II 2 fertig bin, dass ich vor lauter Vergnügtsein - nicht fertig werde.   Ich muss mich heut aus Brotmangel in der Kaserne melden und werde dann wohl in den nächsten Tagen Wachen u. dergl. Dienst machen müssen. Ich will aber noch auf jeden Fall bis Sonntag mindestens hier bleiben (und bis dahin wird sich wohl die Heimatsbeurlaubung der Preussen geklärt haben und sonst fahre ich in einem Kantorowiczschen Rock) nämlich ich will es jetzt so machen, dass die nächsten Abende Herr Mündel bloss unter meiner konsultierenden Assistenz den Text für sich durchliest, damit er ihn nachher in Ruhe schreiben kann. Auf die Weise kriege ich dann auch II 2 in Reinschrift, und das möchte ich sehr gern.

Mutter schreibt, dass du im Haus „angestellt" bist. Daher war wohl kein Brief von dir dabei. Ich bin froh, dass Eugen nach München fährt statt nach Berlin.

Liebe, liebe - ich werde nie wieder etwas schreiben wie dieses Buch II 2
———
Morgen früh werde ich wohl fertig.

                              Dein Franz

[1] Bevollmächtigter, Sachwalter.
[2] Gemeint ist die später sogenannte „Urzelle", abgedruckt in Zweistromland S.125-138.

An Margrit Rosenstock am 15. November 1918

                                                    15.XI.

Liebes Gritli,   II 2 ist fertig.   Dann ging ich auf die Bibliothek, um etwas nachzusehn und einen kleinen gelehrten Knalleffekt hineinzusetzen (nämlich, dass das Wort „Ich" - frz. „Moi", nicht „Je" - im Hohen Lied häufiger vorkommt als in irgend einem andern biblischen Buch). Danach ging ich zur Belohnung auf den Zeitschriftensaal und fand auch gleich 2 interessante Hefte, 1.) den Logos, wo sich Cassierer ausführlich mit „Franz Rosenzweig"s Schellingianum[1] auseinandersetzt; gelesen habe ich den Artikel noch nicht und 2.) das Hochland mit Eugens Wilsoniade,[2] die ich jetzt natürlich mit offeneren Augen gelesen habe als im August. Die Änderungen gegen den Schluss hin sind sehr gut. Überhaupt das Ganze.

Also: und nun geht der Abtransport plötzlich so schnell, dass ich wohl nur eben noch mit dem gemeinsamen Durchlesen des Texts mit Herrn M.[3] fertig werde. Ich melde mich erst morgen wieder in der Kaserne, damit ich erst Sonntag Abend fortkomme. Bis dahin wird es dann mit einiger Hetze schon gehen. Also Montag oder Dienstag bin ich dann in Kassel. Und dann muss ich eben sehen wie ichs mir einrichte, ev. auch mit Frühaufstehen.

Dass Eugen meine in contumaciam[4] erteilten Ratschläge ahnungsvoll befolgt hat und nach München gefahren ist, statt nach Berlin, freut mich sehr. Warum auch sich partout auf den Kopf stellen. München ist doch das Natürliche. Er wird sicher in high spirits[5] zurückkommen. Aber siehst du, schon seine kurze Tätigkeit im Kasseler Soldatenrat hat genügt, dass sein Name ins Volksblatt und damit in das Gedächtnis aller Kasseler politisch interessierten Leute gekommen ist und natürlich nicht als „Eugen Rosenstock", sondern als „so ein Dr. Rosenstein oder Rosenzweig oder -feld - na Sie wissen schon". So geht es nun einmal.

Es ist mit Kähler nur ein Anfang, allerdings ein merk-würdig notwendiger (diesmal wirklich mit deinem Bindestrich), aber kein leichter. Er glaubt noch an „Ansichten" und freut sich dass wir gleiche haben, und das ist ja gar nicht wahr. Am liebsten nähme ich ihn einfach beim Schopf, den er NB gar nicht hat. - Liebe, II 2 ist so schön. Ich freue mich auf die Stunden im grünen Zimmer, wo ich dir die Hauptstücke vorlesen werde. Diesmal zuerst nur dir allein. Da ichs hier lasse zum Abschreiben, kann es allerdings noch Wochen dauern. Eigentlich kennst du es freilich schon, es steht wohl ebensoviel von dir drin wie von mir.

Guten Abend - und nun bald auf Wiedersehn - liebes liebes Gritli Dein

[1] Abgedruckt in Zweistromland S.3-44.
[2] Eugen Rosenstock, Der Kreuzzug des Sternenbanners, in: Hochland 16,1, November 1918, S.113-122.
[3] Mündel.   [4] Lat.: im Trotz, eigensinnig.   [5] Engl.: in gehobener Stimmung.

An Margrit Rosenstock am 16. November 1918

16.XI.

Liebes Gritli,   heut kam mit dem neuesten Brief der eine Woche ältere aus der Rotlaubstrasse. Er war aber gar nicht veraltet. Du fragst ja auch grade nach dem Brief diesmal. - Es geht mir auch so: ich fürchte mich vor Kassel, aber doch beinahe weniger mit euch als wenn ihr nicht da seid. So und so wird es den ganzen Tag heissen: Franz du musst heute und dies und das. Mit Mutter zusammenschlafen, keinesfalls. Ich ziehe auf jeden Fall in mein Zimmer und schlafe auf dem Sopha. Will sie es beziehen, gut, wenn nicht, auch gut. Das Bett unten benutze ich einfach nicht; das giebt eine Nacht Lamento und dann giebt sie nach. Übrigens ist es auch besser, die Einquartierten haben das Gefühl, dass jemand von der Familie auf ihrem Stockwerk schläft. Sonst fühlen sie sich zusehr Herren der Situation. - Etwas wollen wir aber doch ruhig zu vieren zusammen sein; es wird natürlich Scheusslichkeiten geben; aber die schlimmste, (die mir sonst immer passiert), dass man sich vorher darauf gefreut hat und nachher enttäuscht ist - die ist diesmal wenigstens nicht möglich. Wir wollen uns unter uns dreien sagen, das wir gar nicht darauf rechnen, viel miteinander zu sein und jedes gute Stunde, die dann doch kommt, als reines Geschenk betrachten. Ein chassez-croisez[1] Kassel-Oberrhein wäre doch zu betrüblich.

Ausserdem muss ich auch mit Eugen speziell einmal zusammensein; ich war ihm in seinen beiden letzten politischen Fiebern, dem vom Herbst 17 und diesem jetzt, fern; und das geht nicht. Es ist wohl möglich, dass ich wütig geschrieben habe - ich weiss es nicht mehr - , aber wie kann man ruhig bleiben, wenn man sieht, wie er sich nun schon zum zweiten Mal mit dieser Gesellschaft einlässt, ohne doch zu ihr gehören zu wollen. Das kann nie gut werden, wie alles was man nur mit halbem oder Viertelsherzen tut. Ja freilich geht „katholisch" („katholisch" nämlich, - katholisch ohne „" sehr wohl, wie sich schon bald zeigen wird; denn katholisch ohne „" ist weiter nichts wie eine Macht und die kann mit allen Königen und Präsidenten und Räten der Erde huren) also „katholisch" und bolschewistisch nicht zusammen; grade um der Freiheit zum Und willen, die im Christlichen liegt, wünschte ich so sehr, er bliebe Christ und (und!) „katholisch", und würde nicht Kathol-ik.

Es ist grauenhaft wahr, dass unsre ganze Generation jetzt einfach zum alten Eisen geworfen ist (ich sagte eben zu J.Cohn, den ich heut Morgen nun endlich besuchte: „wie Ihre" - so im Ton einer Selbstverständlichkeit, worauf er mich verwundert anguckte). Es war im Grunde schon vorher so. Die 20jährigen haben gleichzeitig mit den 30jährigen ihre ersten Bücher gedruckt: das war die Signatur von 1914. Die 10 Jahre die wir still waren, haben uns den Zusammenhang mit der Zeit gekostet; die Revolution drückt nur das Siegel darunter. Nun bleibt uns nichts als das Zeitlose.

Pichts Worte haben ihn mir näher gebracht als er mir bisher war. Er sieht den gleichen Welt-Untergang wie wir und weiss doch auch dass es nicht das Welt-Ende ist. Zum Sichnahefühlen gehört ja mehr als das Wissen um das gleiche Verhältnis zum lieben Gott; es gehört ein Stück gemeinsame <u>Welt</u> dazu, und das hatte ich noch nie bei ihm gespürt, bis auf diesen Satz. „Und wies Pferd konnte, sturbs" - wie die gemeinsame Welt da war, da war sie kaputt. Er weiss das „Nie wieder" dieser Welt und rechnet nicht wie der gute J.Cohn mit „10 Jahren in der Oppositon".

Und zu alledem das deutsche Volk, fröhlich wie Herr Sauerbrod bei Busch:

  Heissa, sagte Sauerbrod,

  Heissa, meine Frau ist tot.

Ist etwa Buschs Knopp-Trilogie[2] <u>auch</u> ein Gleichnis auf das deutsche Volk?

Aber das deutsche Volk - giebt es jetzt nicht, aus dem einfachen Grund weil es es nie gegeben hat. Die ganze Bismarcksche Schöpfung war ein Stahlhelm, der ihm auf den Kopf gesetzt war; hätte er es geschützt, so wäre es wohl allmählich so dran gewöhnt worden, dass es ihn nicht mehr hätte absetzen mögen, so aber warf er das schwere Ding mit Heissa in die Ecke. 1871 hätte sich 1914-18 bewähren müssen, an sich war es nur eine künstliche Bildung. Bismarcks Deutschland war nicht der Kern des zukünftigen Reichs, der auf jeden Fall bestehen bleiben musste, sondern ein Wechsel auf dies zukünftige Reich, der nun, da dies falliert hat, ein wertloses scrap of paper[3] geworden ist.

Also ich bleibe nun noch diese Woche hier. Als Kähler mir es vorschlug, heut Mittag, nachdem ich am Morgen deinen Brief bekommen hatte, kam es mir so klar vor, dass ich glatt Ja sagte. Jetzt tut es mir doch beinahe mehr leid; ist es nicht doch besser, sich unter ekligen Umständen zu sehn, als gar nicht? ich habe rechte Sehnsucht nach dir. Vielleicht wirds morgen besser, wenn ich in II 3 hineinsteige. Denn dann weiss ich doch warum ich noch hier bin. J.Cohn allein hätte mich nicht gehalten; er ist fein aber klein. Wohnen tun sie ja wieder prachtvoll. Ich habe mich übrigens schlecht benommen; ich habe noch nicht wieder das Gefühl für die zivile Akustik. Als er Kantorowicz „unsern Freund" nannte, habe ich ganz greulich geschimpft.

Aber ihr seid doch sicher in einer Woche noch da? Sonst würde ich hier alles auf den Kopf stellen um doch noch zu fahren; einen Urlaubschein müsste mir dann der Abteilungsadjutant ausstellen. Mein Leben hier beruht ja auf Nichtexistenz in den Akten (dem sog. „Rapport"); aber zum Eisenbahnfahren und vor allem wegen der Verpflegung in Kassel muss man existieren. Länger wie eine Woche bleibe ich ja keinesfalls. Und vielleicht macht es auf Mutter sogar einen gewissen Eindruck, dass ich nicht komme trotz des Magneten ♎ den sie aufgehängt hat; daraus sieht sie doch, dass die Arbeit mir wichtig ist.

Ja die „Arbeit". II 3 ist mir immer noch ziemlich dunkel. Aber II 2 ist schön geworden, eine ganze Kette von Lichtern, die einem aufgehen; es scheint mir übrigens doch länger zu sein als II 1.

- Nein Gritli, den Traum kann uns keine „rauhe Wirklichkeit" nehmen; ich spüre es, wie er in mir weiterlebt, als wäre es kein Traum, sondern ein Stück von mir. Und ist es das nicht auch? Ich lebe davon. Und überhaupt von dir. Alle Worte sind dumm und stumm.

Nimm mich an dein Herz ⸺

[1] Franz.: gekreuzter Seitenschritt (beim Tanz).
[2] Wilhelm Busch, 1832-1908, Tobias Knopp. Abenteuer eines Junggesellen: „Heissa! - rufet Sauerbrot - / Heissa! meine Frau ist tot!!"
[3] Engl.: Fetzen Papier.

An Margrit Rosenstock vom 17. November 1918

17.XI.

Liebes Gritli, einen Tag kriege ich nur Post von dir, .einen Tag von Mutter - geh du zur Linken und du zur Rechten - was soll Feindschaft sein zwischen meinen Briefen und deinen Briefen.[1] Heut nur von Mutter. - Ich bin antelefonabel, für etwa eilige Fälle. Nr. 362. Heut Abend gehe ich nochmal zu Cohn; ich fürchte mich vor meinem eigenen Benehmen. Mit II 3 war es nur ein sachtes Anfangen heute, aber immer doch ein Anfangen; ich schreibe ja am ersten Tag immer nur wenig.

Heut um 11 zogen Freiburger Truppen ein, mit Musik. Es war ganz furchtbar, nicht das einzelne, nicht das was man wirklich sah; aber es sprang einem so ins Gefühl, wie das hätte werden müssen und wie es nun geworden ist. Was man so sieht, ist immer noch viel umreissender als was man weiss. Ich verkroch mich in einen finstern Hausflur, vor dem ich grade stand, und habe geheult, bis sie vorüber waren. Dann frass ich im Automatenrestaurant vier Lebkuchen und dann war ich wieder einigermassen in Form, ging ins Hotel und schrieb den Anfang von II 3. Nachmittags war ich wieder wie immer mit Kähler. Er hat jetzt Eugens Amerika gelesen und starken Eindruck davon. Gegen das InderNaturnichtvorkommen der Kreuzform führte er die sich kreuzenden Spuren an. Aber das sponte se movere[2] der Tiere ist ja wirklich schon der Bruch mit der Natur.

Ich lebe doch nun wieder wirklich in Freiburg und suche nach und nach wieder die alten Orte und Wege auf, und begegne mir überall, doch eigentlich wie einem Fremden. Das Ende mit Kähler damals und der Weggang von Freiburg war wirklich Ende und Weggang.Und so ist es ganz wirklich und wahrhaftig, dass ich mich jetzt mit Kähler grade in Freiburg wiederfinden musste.

Ich bin gern hier; aber es gehört doch dazu, dass diese Tage nur ein Aufschub sind. Ich möchte dich einfach wieder sehen und mit dir im gleichen Zimmer sein - du brauchst gar nichts zu sprechen. In einer Woche also. So kann es ja gar nicht verdorben werden.

Denk doch, es ist uns noch nie verdorben. Und mit Mutter ist es ja ganz gleich; sie ist eifersüchtig, wenn ich allein da bin und du mit da bist, und wenn du allein da bist. Hier ist so ein reizender alter Herr, der im Geist[3] gegen ½ 11 immer sein Viertel trinkt und ein Frühstücksbrot dazu isst. Als ihm heut jemand sagte, dass nur wir die Gefangenen herausgeben müssten, meinte er: „Aber das hätte man doch nicht bewilligen sollen" (mit dem Ton auf dem „bewilligen"). Und nachher: wir sind doch nicht besiegt, wir ziehen uns doch bloss zurück. - Ist Deutschland nicht rührend? Die Süddtsch. Monatshefte schrieben, noch vor dem Sturz, die Deutschen meinten, beim Abschluss müssten ihnen ihre früheren Siege angerechnet werden wie einem Schüler, der am Ende des Vierteljahrs einmal ein Extemporale[4] verbaut hat, die früheren guten. Diese schüler- und lehrerhafte Auffassung des grauenhaft unschulmässigen Lebens ist ja <u>auch</u> Militarismus. Dem Militarismus ist ja auch wohler auf dem Kasernenhof als im Feld.

Kähler kannte Breitscheid aus seiner Freiburger Zeit von vor 10 Jahren und hatte üble Erinnerungen an ihn!

Hier (und anderswo auch) nimmt jetzt das Zentrum den Kampf auf. Eugens Reise nach München <u>statt</u> nach Berlin wird ein Symbol für ihn werden. - Aber ich will wirklich noch vor dem Essen rasch an den ✡ gehn. „Bis nachher", hätte ich beinahe gesagt, aber ich <u>schreibe</u> ja nur und so muss es wohl heissen: „bis morgen"?

Aber <u>ohne</u> „nachher" und <u>ohne</u> „morgen" — Dein.

---

[1] Dazu 1. Mose 13,8f. [2] Lat.: sich von selbst bewegen.
[3] Name eines Gasthauses in Freiburg. [4] Unangekündigte Klassenarbeit.

An Margrit Rosenstock am 18. November 1918

18.XI.

O weh, also habe ich dir heut früh ein leeres Couvert geschickt. Eben fand ich bei Herrn Mündel den liegengebliebenen Inhalt.

Ich bin jetzt drin in II 3. Da ich die Woche noch hier bleibe (trotz des greulichen Gesprächs heut mittag mit Mutter), so wird vielleicht auch die Reinschrift von II 2 noch fertig und ich kann sie schon mitbringen. Also und Jonas Cohn gestern Abend. Sehr angenehm ruhig, sehr klug - und natürlich ganz unmöglich jetzt, obwohl eine gesunde Kur. Er sieht alles was jetzt geschieht als Sache von „Jahrzehnten" an. Den „Imperialismus" hat er immer abgelehnt; es ist die grosse Schuld des Judentums, den Gedanken des auserwählten Volks aufgebracht zu haben „worüber Sie natürlich anders denken werden". Ich dachte aber gar nicht anders, sondern meinte bei mir, dieser Zusammenhang von heidnischem Nationalismus und Ärger über das Judentum wäre ein so schönes Schulbeispiel, dass ichs gar nicht anders wünschte. Im übrigen war ich sehr laut, - und ausserdem: es war das erste Mal, dass ich seit dem ✡ (den ich übrigens hier jetzt auch auf der Burse und noch einer dritten Wirtschaft entdeckt habe) einen gelernten Philosophen sah. Ich hatte so gar keinen Respekt mehr. Heut habe ich mir Husserl angehört, den ich noch nicht kannte.

Wieder ein Philosoph weniger.

An Margrit Rosenstock am 19. November 1918

19.XI.

..... Das „Tu was dir unter die Hände kommt" - wer weiss das besser als ich. Mein ganzes Leben steht ja unter diesem Gedanken, dass die nächste Pflicht zwar nicht die höchste <u>ist</u>, aber der höchsten <u>vorgeht</u>, und dass man der höchsten nur dann leben darf, wenn sie zugleich die nächste geworden ist. Das ist meine ganze Moral in nuce,[1] obwohl ichs hier mir selber wohl zum ersten Mal bewusst formuliere.

.... Dass wir alle, obwohl wir „.... <u>nie</u> vergessen werden",[2] einmal unsern innern Frieden mit den neuen Zuständen schliessen werden, wenn wir leben, war mir vom ersten Augenblick an selbstverständlich. Dass er[3] in Kassel mittat, war mir nicht aufregend, viel mehr das, dass er in Berlin mittun <u>wollte</u> und sich Vorwürfe machte, nicht mitgetan zu haben. Kassel habe ich mehr trag<u>ikomisch</u> empfunden, weil ich da ja nur die sichere Erfolglosigkeit und den einzigen ganz verqueren Erfolg den es haben würde (den antisemitischen) vorraussah. Denn „mitarbeiten" können grade im Augenblick nur die richtigen feigen Bürgerlichen, die aus Angst um ihr bischen „Leben und Eigentum" - was diese beiden Worte plötzlich wieder für eine Bedeutung kriegen! sie sind ganz an die Stelle getreten, die 4 Jahre lang das Wort „Vaterland" in den öffentlichen Äusserungen eingenommen hatte — also die Bürgerlichen können mitmachen, um durch ihre Arbeit und durch ihre Unentbehrlichkeit die „Bewegung in ruhige Bahnen zu lenken". Für die Eugens aber ist jetzt noch nicht die Zeit. Das Volk kann jetzt noch keinen Verstand der Verständigen brauchen. Es braucht vorerst weiter nichts als <u>Prügel</u>, nämlich den Schaden durch den es klug wird. Es kennt den Krieg, die Revolution aber kennt es noch nicht und den Bürgerkrieg (mit fremdem Einmarsch) kennt es auch noch nicht. Es ist noch in himmelblauer Seligkeit. So muss es erst einmal durch die Hölle hindurch. Wer es <u>liebt</u> wie Eugen, der ja nicht „Mitleid mit ihm" hat, darf ihm das nicht ersparen wollen; nur wer es hasst und fürchtet wie die Bürgerlichen (und wie „das Bürgerliche" auch in <u>uns</u> es hasst und fürchtet), der darf freilich „ihm", d.h. ehrlich gesprochen: sich selber, die „Schrecken des Bürgerkriegs ersparen" wollen. Nein, jetzt heisst es grade aus gehen und grade aus laufen lassen, das „Gehen" für einen selber und das „Laufen lassen" für die Dinge. Es ist <u>keine</u> russische Revolution, trotz der russischen Formen und Einflüsse; es ist vorläufig eine „Dienstboten- (Lakaien, Kellner, Frisörs, Trinkgeldempfänger kurzum „deutsche" - in Anführungsstrichen „deutsche") Revolution. Einfach die Antwort auf die Überbelastung der Volksseele im Kriege. Das muss sich erst ausgetobt, wirklich <u>aus</u>-getobt haben. Dann ~~kann~~, wenn Krieg und Revolution erst ausgeschwitzt sind, dann kann das deutsche Volk, - was nun davon übrig ist -, wieder „in Form kommen". Das giebt dann die deutsche Revolution ohne Anführungsstriche. Und dann ist Zeit für Eugen. Aber bis dahin darf er dann sich nicht <u>verschleudert</u> haben, sondern muss bei der Stange seiner besten und innersten Überzeugungen geblieben sein. Was dann kommt, kann ebenso deutsch sein, wie die russische Revolution russisch war, also <u>ohne</u> Anführungsstriche. Dann können auch erst die wirklichen Einflüsse Russlands in Kraft treten. Aber erst muss die Erfahrung gemacht werden. Es handelt sich gar nicht um lange, vielleicht um 2-3 Jahre, wenn es hochkommt. Meinst du wirklich, ich wüsste nicht, was Russland ist? Ich habe die Gleichung Bolschewiki = Dostojewski von Anfang an geglaubt. Aber Dostojewski ist der Schöpfungsgrund, auf dem eine echte Revolution sich offenbaren

kann; der deutsche Krieg ist keine solche „Weissagung"; wenigstens keine auf die jetzt zunächst einmal durchzumachende, die Dienstboten-Revolution; die ist bloss eine <u>Folge</u> des Kriegs. Die eigentliche Revolution muss erst kommen, und auf die ist dann der Krieg und das was dem Krieg vorausging, „Weissagung". Es heisst jetzt <u>warten</u>, und nicht das Himmelreich mit Gewalt einnehmen wollen.[4] Der Tag wird kommen.
......

[1] Lat.: in einer Nuß, im Sinne von: in Kürze. Plinius (naturalis historia VII, 85) berichtet, Cicero habe einmal geschrieben, daß jemand es fertig gebracht habe, eine Handschrift der ganzen Homerischen Ilias in eine Nuß zu verpacken.

[2] Punkte von Rosenzweig.   [3] Eugen Rosenstock.   [4] Anspielung auf Matthäus 11,12.

An Margrit (und Eugen) Rosenstock am 19. November 1918

19.XI.

Liebes Gritli,
vorweg eine Frage, auch, und vor allem, an Eugen: Soll es heissen:

      Die Elemente   Die Bahn
            oder   oder
die immerwährende Vorwelt   die allzeiterneuerte Welt

                    Die Gestalt
                          oder
            die ewige Überwelt

Mir kommt es vor, als ob durch diese Einfügung der drei Welten (die mittlere müsste eigentlich Mit- und Umwelt heissen; weil das aber zu schwerfällig ist, darum einfach Welt) man sich mehr dabei denken kann als bei den blossen Zeitbestimmungen „immerwähr." „allz.ern." „ew." - ... niemand, niemand weiss wirklich was geschieht. Ist denn das eine Einsicht, die man nur in unserm Alter haben kann? Kähler Picht Rudi Eugen [[Hans wohl sicher auch]] - wer denn eigentlich noch? Es sind wirklich so wenige, die „die Grösse unsres Unglücks" kennen, dass eigentlich schon deshalb keiner von ihnen so tuen dürfte, als wäre es keins. Meinst du, die Juden hätten gewusst, dass es ins „babylonische Exil" ging, wenn sich Jeremias nicht auf die Trümmer gesetzt und geklagt hätte? Und sie wären je zurückgekommen, wenn sie nicht schon beim Auszug gewusst hätten: jetzt gehts ins babylonische Exil? Unheilsprofeten sind den Menschen nötiger als die Helfer. Helfer finden sich immer, weil jeder sich selbst helfen will und dadurch auch andern hilft. Unheilsprofeten sind selten, weil das - wie jetzt alle Welt sagt - „nichts hilft". Grade deshalb muss man es sein. Der Leichtsinn, das Auf die leichte Achsel nehmen des Geschehenen ist - und ganz gleich beim Volk wie bei den „Gebildeten" - ungeheuerlich. Eugen musste einmal 4ter Klasse fahren, um zu merken, dass es eine „Dienstbotenrevolution" ist. So muss er es erst einmal wieder ein paar Tage auram academicam[1] einsaugen, um zu merken, dass die Verständnislosigkeit für die „Grösse unsres Unglücks" das <u>grösste</u> Unglück ist. - Aber nun genug von der Politik. ... Was sagt Eugen zur Flucht des Bürgertums in die Paulskirche?[2] Vor einem Vierteljahr wäre es noch gegangen. Jetzt lässt sich wohl noch

nichtmal der Notbau auf den Trümmern von 1849 errichten. Deutschland muss ganz hindurch; wir sind trotz der angsttraumhaften Schmach, von der jetzt jede Zeitungsnummer überläuft, noch nicht auf der tiefsten Tiefe angelangt. Und eher lernt das Volk (einschliesslich der Professoren) nicht „de profundis"[3] schreien. Und eher kann es nicht gut werden.
Aber nun wirklich genug. Ich wollte, ich hätte schon deinen nächsten Brief. Vom letzten kann ich nicht zehren. Bis morgen also?
Bis Morgen! Dein Franz

[1] Lat.: akademische Luft.
[2] Evangelische Kirche in Frankfurt am Main, in der 1848/49 die Nationalversammlung tagte, das verfassungsgebende Parlament der damaligen Revolution.
[3] Lat.: aus Tiefen - Beginn des 130. Psalms.

An Margrit Rosenstock am 20. November 1918

20.XI.

Liebes Gritli, ... Ja du hast ganz recht, ich müsste mich einmal jetzt bei Mutter durchsetzen; aber diese jetzige Arbeit ist mir ein zu kostbares Objekt, als das ich sie zum Kriegsschauplatz dieses Existenzkrieges machen möchte. Hätte ich sie nur erst unter Dach; obwohl ich eigentlich nicht im mindesten daran zweifle dass sie darunter kommt. Ich schreibe sie fast ohne Überblick und doch hängt jede Einzelstelle so fest im Ganzen, dass fast keine für sich völlig verständlich ist.   II 3 wird ja wieder näher an konkurrierende Gedanken andrer stossen - II 2 war ganz ohne Polemik oder Auseinandersetzung, weil es so etwas in der Wissenschaft noch nicht gab -, ab in II 3 konkurriert der Fortschrittsgedanke, die wissenschaftliche Ethik und andre schöne Dinge. Er wird glaube ich wieder schön. Heut Morgen habe ich das „Fac quod jubes et jube quod vis"[1] erst richtig verstanden, wenigstens theoretisch. Und solche Lichter gehen eins nach dem andern auf. Dabei könnte ich das Ganze, obwohl es so einheitlich ist, dass die Einheit sich im Schreiben ganz von selber herstellt ohne dass ich darauf ausgehe, - also ich könnte das Ganze doch nicht in kurze Worte fassen; alles was ich sagen könnte, zeigt es immer nur von einer Seite.
Mir ist es ja früher auch immer so gegangen, mit dem Aufatmen, sowie ich wieder fort von „hause" nach meiner Universitätsstadt und -bude fuhr. Sowie ich erst in der Bahn sass, hatte ich wieder das zum Leben nötige Phlegma und fühlte mich wieder wohl. - Es ist auch richtig was du sagst, dass Mutter auf alles eifersüchtig ist ...
...
Ich fahre vielleicht Sonntag nach Säckingen. II 3 kriege ich hier wohl kaum mehr fertig, zumal mir die Nachmittage durch Kähler ziemlich ganz verloren gehen für die Arbeit. Aber auf jeden Fall warte ich noch, bis Herr M.[2] II 2 abgeschrieben hat, auch wenn das noch bis Montag oder Dienstag dauert. Es kommt ja auf ein paar Tage nicht an. Ich will es auf jeden Fall mitbringen.
Schrieb ich dir schon dass Einl. III heissen wird: „Über die Möglichkeit, das Reich zu erbeten". Also I - II - III erkennen - erleben - erbeten. Aber (in philosophos - in theologos - in - - ja in ??? in doctores geht nicht, weil man es erst erklären müsste. in fideles??[3] in)

..... in der Hegel-Angelegenheit.⁴ Ich soll es mit Beihülfe einer Akademie machen. Ich werde es so versuchen. Die innere Schwierigkeit, dass das Buch veraltet ist, bleibt natürlich. Ich muss wohl ein Vorwort schreiben, ~~das~~ oder einen Zusatz zur Vorrede, wo ich die Veraltetheit selber zugestehe und die persönliche und sachliche [[Un]]möglichkeit ~~der~~ einer Umarbeitung erkläre. .....

[1] Lat.: Tu, was du befiehlst, und befehle, was du willst.   [2] Mündel.
[3] Lat.: an die Gläubigen. In der Endfassung lautet die Widmung von „Stern" III schließlich „in tyrannos".
[4] Rosenzweig plante, seine Dissertation über „Hegel und der Staat" drucken zu lassen.

An Margrit Rosenstock am 21. November 1918

21.XI.

Liebes Gritli, ich bin noch nicht fertig mit gestern Abend. Denk, ich habe ihn,[1] weil er doch allwissend ist, gefragt was eigentlich das „Hexagramm" (✡) bedeutet. Er meinte zwar erst, das müsste doch <u>ich</u> wissen, <u>ich</u> wäre doch der Kabbalist (!) (überhaupt war er gross in solchen taktvollen Anrempeleien, fragte mich da das ja „meine Spezialität" sei, was nun wohl jetzt aus Palästina würde u.s.w.), dann sah er aber nach, hatte aber nur den Brockhaus: da stand „Pytagoreisches Symbol, auch Wirtshausschild" (das erklärt ja nun die hiesigen Wunder und Zeichen).[2] Aber wie mögen es die Pytagoreer aufgefasst haben? Ich könnte ja jetzt hier auf der Bibliothek allerlei nachsehen, aber - ich habe einfach keine Zeit dazu, weil ich ja selber „auffassen" muss, damit im Brockhaus von 2018 mal steht: vgl. Rosenzweigs „Stern der Erlösung". - Ich schreibe so in dieser halben Besinnungslosigkeit weiter, so dass ich mich hinterher kaum entsinne was ich geschrieben habe, und doch wächst immer alles ganz gut zusammen. Aber ich sehne mich jetzt mehr nach dir als bei II 2. Da war es eigentlich, als ob du immer dabei warst, wenn ich schrieb; das war immer sehr schön. Jetzt bist du beim Schreiben nicht dabei und so sehe ich dich sonst am Tag.   Ich traktiere jetzt die Hegel-Angelegenheit so heftig vor Mutter, denn das giebt gute und harmlose Vorwände, wieder von Kassel fortzugehen, wenn ich es nicht aushalte. Aber schliesslich - warum soll es eigentlich in Kassel nicht gehen. Hier arbeite ich auch kaum auf meinem Zimmer, da ist es zu kalt, sondern in der Wirtsstube, mitten unter dem - sehr merkwürdigen - badischen Volk. (Ich bin in Verdacht, „ein Buch über den Krieg" zu schreiben!) Und nachmittags komme ich, durch Kähler, fast gar nicht zum Arbeiten. Herr Mündel ist so bequem, dass ich vielleicht auch den Rest des Buchs nachher zu ihm bringe. So kann es sein, dass ich im Januar oder Februar nochmal hier bin, ev. in Kombination mit einer Archivreise (Hegel) nach Stuttgart. ... Aber alles hängt auch von Herrn Mündel ab, wann der mit II 2 fertig ist; ich möchte es dir so gern mitbringen. - Kantorow. sprach auch über Eugens Amerika. Es sei zum ersten Mal, dass er eine seiner neuen Arbeiten (also nach Königshaus u. Stämme[3]) verstünde, wenn er natürlich auch viel einzuwenden hätte. Der Einwand war ganz stumpf, wie ich heute merkte, als ich ihn Kähler wiedererzählte, aber gestern konnte ich ihm einfach nichts darauf erwidern, einfach weil ich mich instinktiv fürchtete mit ihm in eine „Diskussion" zu geraten. Auch über den Kaiser warfen wir uns nur Grobheiten an den Kopf. Es ist eben ein Geist, den man anzufassen sich fürchtet, - weil er abfärbt.   Übrigens hält er sich für einen Philosophen und „teilt" alle Dinge „ein" (das ist Philosophie, das Einteilen!); er fragte mich nach seinem Mitsünder in Rechtsphilosophicis, Holldack aus Leipzig (den ich in dem Kurs als Lehrer ein paar Tage genossen hatte), und als ich sagte, er wäre dumm, und er darüber strahlte, korrigierte ich mich und sagte, das heisse übrigens nicht viel bei mir, denn ich hielte die <u>meisten</u> Menschen für dumm und die Philosophen insbesondere. Da war er glaube ich etwas pikiert.

Dann kam Kähler und blieb bis spät. Es gab noch eine Ohrfeigenszene zwischen zwei Offizieren; überhaupt ist ja alles was man jetzt sieht (und in der Zeitung liest) symbolisch, alles Abschluss und Auflösung.

Der Brief will fort und ich zum Frühstück. Heut kommt ein Stück, vor dem ich mich fürchtete. Jetzt bin ich schon mehr bloss neugierig.

Auf Wiedersehn heute Abend - oder nein: auf Wiedersehn heute den ganzen Tag, immer so zwischendurch ein kleines: ach da bist du ja.

                                      Ja – ──────── Dein.

[1] Hermann U. Kantorowicz, 1877-1940, Jurist und Publizist, seit 1913 Professor in Freiburg.

[2] Das Hexagramm wurde auch als Brauerei-Symbol verwendet und findet sich daher in vielen mittelalterlichen Städten, etwa in Freiburg, vor Kneipeneingängen. Dazu auch der Brief an Margrit Rosenstock vom 29. Oktober 1918, S.174.

[3] Eugen Rosenstock, Königshaus und Stämme in Deutschland zwischen 911 und 1250.

An Margrit Rosenstock wahrscheinlich am 22. November 1918

Liebes Gritli, ich bin sehr müde und wenn ich mich nicht mit Kähler verabredet hätte, ginge ich zu Bett.

Über die schwere Stelle bin ich so ziemlich hinweg. II 3 wird ein Mittelding zwischen II 1 und II 2, nicht bloss inhaltlich, sondern auch in der Behandlung, und wahrscheinlich das längste Buch des Ganzen. Vielleicht werde ich aber doch noch hier damit fertig. Ob ich nach Säckingen gehe, weiss ich noch nicht. Wenn ich so im Schreiben bleibe wie jetzt, wohl nicht.

Wilson reist mit seiner Frau nach Europa! Der Konsul ausserhalb der Stadtmauern nimmt monarchische Allüren an. Man möchte die Zeitung jetzt immer zerreissen. So zensiert war sie übrigens während des ganzen Krieges nicht wie jetzt. Und die Berliner Professoren spüren „z.T." die Verwandschaft des neuen Regimes mit dem freien Geist der Wissenschaft.

Ich will mich noch etwas aufs Sopha legen. Bist du bei mir, wenn ich einschlafe?

                                                                           - Dein

An Margrit Rosenstock am 24. November 1918

                                                                               24.XI.

Liebes Gritli, du warst ja ganz traurig anzuhören am Telefon ... Ich bin nun grad gut im Schreiben, jetzt beim 10 Maschinenseiten-Pensum angelangt. Aber nun bin ich auch wie ausgepumpt. Und das Komischste ist: ich weiss hinterher nicht mehr, worüber ich geschrieben habe; und was, natürlich erstrecht nicht.

Bei Cohn gestern war es interessant und beinahe schön. Er ist eben doch ein feiner Mann. Man kann über alles mit ihm sprechen, wenn auch über alles nur <u>beinahe</u> die Wahrheit. Unter seiner Ruhe und Feinheit sitzt - Gott sei Dank - ein Eckkopf, kein

sehr dicker, aber immerhin ein Eckkopf. Da ich ihn unwillkürlich noch immer als meinen Lehrer empfinde, so wundre ich mich kurioserweise noch immer über mich selbst, wenn ich mit ihm so auf gleich und gleich verkehre. Er will nun („auch", denke ich natürlich) sein System schreiben und rechnet sich 5 Jahre dafür. Ich musste an mein - wahrscheinlich - 5 Monatskind denken. Ich verkniff mir aber, ihm davon zu erzählen; ich hätte es doch nicht gekonnt. Dennoch reizt es mich zu wissen, wie ein gelernter Philosoph es ansähe, aber ich habe ja Hans, der ja nebenher und gewesenermassen auch ein „gelernter" ist. Dagegen hätte ich wirklich Lust, ihm jetzt, nachdem ja an Veröffentlichung nicht mehr zu denken ist, ihm das blonde Putzianum[1] zu schikken; ich werde am Dienstag davon anfangen. Durch den ✡ und den Zusammenbruch (das Wort Revolution ist blauer Dunst um die Wahrheit) ist mir ja alles Vergangene wirklich vergangen geworden. ...
.....

[1] Volksschule und Reichsschule, abgedruckt in Zweistromland S.371-411.

An Margrit Rosenstock am 25. November 1918

25.XI.

Liebes Gritli, ich bin wirklich „müde und ausgeleert", wie ich eben an Mutter schon schrieb, und fange deshalb auch an dich gleich nur auf diesem kleinen Format an. Eigentlich ist Schreiben eine mörderische Tätigkeit; es bleibt nicht viel von einem übrig. Darum ~~werde~~ freue ich mich auch auf den Augenblick wo ichs fertig habe, und schreibe, was an mir liegt, so bald kein Buch wieder, - wüsste auch nicht was. Höchstens den grossen Aufsatz über Cohens Buch,[1] aber das ist ja nur ein Aufsatz. Den Hegel gedruckt zu sehen, lockt mich jetzt doch ein bischen. Es ist doch ganz hübsch, der „Verfasser von ..."[2] zu sein. - J.Cohn hat mich übrigens neulich des längeren über die Schwierigkeiten einer „Religionsphilosophie" unterhalten. Er leugnete natürlich die Notwendigkeit oder auch nur Wünschbarkeit eines positiven Standorts für den Verfasser; und ich behauptete sie natürlich, ~~Und dann~~ (weil Erkennen ohne Wiedererkennen - „ach das ist ja das und das!" - gar kein gewisses Erkennen sein könne). Und dann sagte er, die grösste Schwierigkeit dabei sei „die Wertfremdheit der Natur" (das ist hiesiger Jargon; er verdeutschte es dann auf mein Gesicht hin selbst: die Grausamkeit der Natur); ich meinte: ja, also theologisch gesprochen, dass Gott erst die Welt geschaffen hat und nicht gleich mit der Offenbarung angefangen. - Ich bin also wirklich klüger als vor 3 Monaten (solang schreibe ich nun schon!), aber besser eigentlich nicht.
Zum Ausgleich sei du mir wenigstens -   - gut!   Dein Franz.

[1] Hermann Cohen, Religion der Vernunft aus den Quellen des Judentums.
[2] Punkte von Rosenzweig.

An Margrit Rosenstock am 26. November 1918

26.XI.

Liebes Gritli, heut kam dein Eilbrief (ein Telegramm ist nicht angekommen). (Und eben ist es doch angekommen; ich komme grad von Cohn; ich habe plötzlich einen

Schnupfen gekriegt und war deshalb ein paar Mal verdutzt und konnte nicht antworten wie ich wollte; aber er ist ein reizender Mensch - und würde diese Bezeichnung glaube ich noch nicht einmal sehr übel nehmen. Es war sehr schön heut Morgen wie dein Brief kam ; ich dampfte grade vor Arbeit. Ich bin jetzt schön in II 3 drin. Die Schwierigkeit ist ja dabei, dass Einl.III noch nicht geschrieben ist, und da kommt einiges erst deutlich heraus; es ist das umgekehrte Verhältnis wie zwischen Einl. II und II 1. (Was ja Eugen schon sah, als er bloss das Programm kannte). Was drin vorkommt? Nun: - der Heilige, das Reich, Danken, Bitten, Nächstenliebe, Gericht - nicht in dieser Reihenfolge und ohne Garantie für Vollständigkeit. Die Grammatik ist in Form einer Chorkantate (in II 2 eines Dialogs, in II 1 einer Erzählung). Morgen kommt die Kunstlehre des Teils, übermorgen die Grammatik des Schrifttextes, wahrscheinlich doch Ps.73, obwohl der an der Grenze steht. Eine Unterbrechung jetzt, das wäre schade gewesen, es wäre wie ein Vonvornanfangen. So werde ich ev. ganz gut ein paar Tage in Kassel erst pausieren können. Und ausserdem ist Mündel heute mit der Abschrift von II 2 erst bei Seite 20, und muss also noch ca 50-60 Seiten schreiben. Ich möchte es dir auf jeden Fall mitbringen und scheue mich fast, es mit der Post gehen zu lassen. - Der Übergang wird wieder kurz, der S etwa 15 Seiten; den schreibe ich vielleicht wirklich auf dem Übergang von K hier nach Kassel. Und wenn ihr zu Weihnachten nach Säckingen geht, 14 Tage vom Sept Dezember sind wir doch mindestens zusammen oder 3 Wochen. Nachher würde ich dann nach wieder nach Freiburg fahren um ⟦[mit]⟧ Mündel den Rest zu lesen und den Schluss zu schreiben; wenigstens wenn bis dahin Freiburg noch nicht okkupiert ist; .....
Liebes Gritli - die Pfarrer? und ich soll mich entsetzen? ich kann ja im Augenblick überhaupt nicht hingehen. Der ✿ hält mich draussen, ich hätte das Gefühl, „Stoff zu sammeln" und da wage ich mich gar nicht herein.
Meinst du, ich hätte wohl ein klares Wort über den Tod geschrieben. Ich weiss es selbst nicht; er kommt immer wieder vor, immer wieder anders, aber nirgends mit endgültiger Klarheit.
In clericos[1] - ich glaube das geht.
Gute Nacht —— ich schreibe dir ruhig weiter bis ich komme, es sind ja noch fünf Tage sicher.   Gute Nacht — Dein.

[1] Lat.: an die Kleriker - ein später wieder verworfener Vorschlag für das Motto von „Stern" III.

An Margrit Rosenstock am 27. November 1918

27.XI.
Liebes Gritli, mit der Ästhetik bin ich glücklicherweise fertig; diese Stücke habe ich in allen drei Büchern von II nicht gern geschrieben, obwohl sie wohl ganz nett geworden sind. Morgen also noch der Schluss, übrigens wohl doch nicht der 73.Ps., sondern der 115. (Non nobis[1]). Nämlich der 73. hatte mich wegen des Begriffs der Versuchung gereizt, aber der kommt nun überhaupt erst in Einl. III. Während der 115. alles enthält, was in II 3 vorkommt. Ausserdem spielt der 73. keine Rolle bei uns im Kult, der 115. dagegen an allen frohen Festen. Heut fiel mir auf, dass ich in II 3 zwar den Staat u.s.w. aber nicht - die Kirche bringe, die doch, als äussere Organisation, das Erlöst-

werden ebenso nötig hätte. Es hat aber seinen guten Grund. Das ist eben meine „Orthodoxie" dass ich sie nur in III bringe.
Aber so kurz kannst du daraus ja nichts machen. - Im Januar werde ich ja nun wohl sicher fertig. Die Bücher des III. Teils werden jedes nur eine Woche dauern. Danach müsste ich meine Notizen mal durchsieben, ob ich alles verwendet habe. Und dann ist es fertig.
Gestern bei Cohn - er setzte mir seine Theorie des Judentums auseinander, seine persönliche Geschichte hatte er mir schon das vorige Mal erzählt. Und dann verglich ers mit Parsismus und Brahmaismus, „andern unvollkommenen Weltreligionen". Der Plural „Religionen" ist eigentlich noch unmöglicher als der Singular. Man kann ja schon mit einem Menschen, der von „Religion" spricht, eigentlich nicht davon sprechen. Aber bei so etwas kommt er mir vor, als schriebe ich den ✡ gar nicht; es ist alles so ganz anders. Das neue Buch ist im Inhalt so zwischen II 1 und II 2, aber mehr von II 2. Die schwierige Auseinandersetzung mit dem Idealismus war eben nur beim Schöpfungsbegriff nötig. Von der Erlösung weiss der Idealismus ja einfach nichts, und wo er was davon sieht, nennt ers — Anarchie, Bolschewismus, russische Zustände und dergl. (Es sind mir aber keine aktuellen Anspielungen hineingeraten, das bleibt alles ganz wie von selber draussen, obwohl ich es doch unter lauter aktuellem Gespräch schreibe; ich bin ja fast nie allein in der Weinstube). Dabei erkläre ich die Erlösung übrigens durchaus nicht bloss vom Bolschewismus der Nächstenliebe her, sondern genau so von der ihr entgegenwachsenden („ganz von selber" wachsenden) Welt. Ich sage so: die Liebe will alles beseelen; aber nur das Lebendige (Gegliederte, Wachsende, „Organische") ist fähig beseelt zu werden, nicht das Tote, nicht das Chaos. Die Liebe ~~löst~~ er-löst die Welt, aber nicht das Chaos, sondern den Kosmos. (Das Reich des Kaisers Augustus musste dasein, das Reich der Welt, damit das Reich Gottes in die Welt treten konnte). Die Liebe macht das Leben, indem sie ihm Seele giebt, zum ewigen Leben. Aber umgekehrt giebt auch erst das Leben (das von selber wächst) der Liebe die Gewähr, dass das „Nächste" was sie, fernblind wie sie ist, allein lieben kann und soll, wirklich das Richtige ist, das für diese Liebe reif ist. Der Baum des Lebens streckt der beseelenden Liebe immer seine reifsten Früchte entgegen. So kommt es dass sich die Liebe nicht vergreifen kann, obwohl sie nicht weiss was sie tut, sondern immer nur das Nächste tut. - Das ist die Ergänzung die von der Schöpfung her der Liebe ⟦[kommt]⟧, die ⟦[selber]⟧ aus der Offenbarung her kommt. So wirken Schöpf. u. Offenb. zusammen in der Erlösung. Das ist doch schön? ich habe es erst während des Schreibens gelernt.[2]
...
Gute Nacht - ich sage dir jetzt immer gute Nacht - es ist eigentlich beinahe das Schönste was man sich sagen kann, - Guten Morgen ist ja beinahe ein Abschied, aber Gute Nacht ist ganz ohne Schmerz -
      gute gute Nacht, Liebes
            - Dein

---

[1] Lat.: „nicht uns" - Beginn des 115. Psalms (nach Zählung der Vulgata Psalm 113).
[2] Dazu Stern der Erlösung S.266ff.

An Margrit Rosenstock am 28. oder 29. November 1918

Liebes Gritli, ich bin so mitten drin im Schluss, ich muss dir danken, so dumm es ist, dir zu danken, aber es sind ja deine Worte, die ich schreibe — liebe liebe

Und inzwischen bin ich fertig geworden und du warst am Telefon (und doch recht trübselig), und Mutter musste eigentlich zufrieden mit dir sein, so brav hast du gedrängt, ich sollte nicht von Tag zu Tag verschieben. Ich bin aber doch froh dass ich es getan habe. Es ist eine grosse Erleichterung in mir, denn das Hauptstück habe ich ja nun eigentlich doch hinter mir, diese drei Bücher. Eine Pause würde ich zwar leichter nach Einl. III machen, denn erst was dann kommt, wenigstens III 1 und III 2, ist bloss eine Darstellungsfrage und macht mich inhaltlich nicht neugierig. Und vor allem - es sind doch auch in II 3 wunderbare Sachen. Dass ich auf den 115. Ps. kam ist auch fast ein Wunder. Die ganze Grammatik in der Mitte des Buchs hatte ich mit dem besorgten Gefühl geschrieben, sie an Ps. 73 rektifizieren zu müssen. Und plötzlich merke ich beim Nachsehen von 118 („Danket ..."), vorgestern oder gestern, dass 115 ganz vollkommene Illustration der Grammatik ist, die ich doch ohne jeden Hinblick darauf geschrieben hatte. - Und in 10 Tagen hätte ich es in Kassel nach einer Unterbrechung auch nicht geschrieben. Überhaupt was wird das für ein Durcheinander geben! Aber im Januar werde ich trotzdem spätestens fertig. Ich denke ziemlich sicher, dass ich dann wieder etwas hierher gehe und mit Mündel den Rest lese. Es ist übrigens zweifelhaft, ob er morgen mit II 2 fertig wird!

Ich war heute so ganz weg; jetzt gucke ich schon wieder verwundert auf mich zurück. Wie ich die letzten Seiten schrieb, wachte es in mir auf, dass ich es trotz und trotz allem noch bei lebendigem Leib veröffentlichen müsste, selbst wenn ich dadurch ~~mich~~ mir selber den Weg ins Öffentliche abschneiden würde. (Denn das ist ja der Grund, weshalb ich es nicht veröffentlichen kann; weil es mir eben wichtiger ist, zu leben als berühmt zu sein. Die Berühmtheit schiebe ich kaltblütig aufs Posthume ab. Es lebe meine Leiche! Vorläufig lebe ich lieber selber). Aus der Klammer siehst du ja schon, dass der Floh schon wieder aus dem Ohr herausgesprungen ist ... Übrigens sind meine schlimmsten Lücken Indien und China, besonders Indien. Indisch werde ich vielleicht doch noch etwas lernen, nicht weil ich Übersetzungen nicht traue, aber weil nur die Ursprache mich hier noch zu dem naiven vorurteilslosen Lesen bringen kann was man schliesslich allem schuldig ist. Lese ichs deutsch, so suche ich Bestätigungen meiner vorgefassten Meinungen, das habe ich jetzt grade bei Indien jetzt öfters gemerkt. Nur die eigene Sprache reisst mich in die Sache selbst. Wo ich keine Vorurteile habe, schaden mir Übersetzungen gar nicht. Was schwätze ich denn? Ich möchte immerzu nur „liebes Gritli" schreiben. Ist es denn wirklich nur einen Monat her? Aber der Monat kommt mir unendlich lang vor (und doch das heute vor einem Monat so nah als wär es - nicht gestern, nein heute). Aber der Monat selbst: erst Doris,[1] dann Kähler, dann der Kaiser[2] (es ist keine <u>Revolution</u> freilich! - es ist nur eine <u>Schmach</u>!!!) und währenddem die zwei langen Bücher 2 u. 3 - es war sehr viel, Tod und Leben, Erinnerung und Gegenwart, und Erkenntnis.

Ich hoffe nun selbst, dass Kähler am Sonnabend schon kann; ich möchte die lange Reise gern mit ihm machen, - schriebe freilich andrerseits auch das kleine Übergangskapitel gern, das ja nur etwa 15 Seiten lang wird.

Ach Gritli - was für dummes Zeug, und das dumme Telefon, aber es dauert jetzt wirklich nicht mehr lange. Ich hätte heut das Telefon schlagen mögen, es war mir als ob es mich von dir trennte. Ein Telefon kann das! — das Leben nicht.

Dein.

[1] Doris von Beckerath war Ende Oktober gestorben. Dazu der Brief an Margrit Rosenstock vom 31. Oktober 1918, S.176f.

[2] Rücktritt des Kaisers Wilhelm II. Dazu der Brief an Margrit Rosenstock vom 2. November 1918, S.177f.

An Margrit Rosenstock am 1. Dezember 1918

1.XII.

Liebes Gritli, - liebe Tochter deiner Mutter - denn das bist du ja doch. Ich schwimme noch ganz in diesen 24 (nicht ganz 24, haben die Zwillinge ausgerechnet) Stunden Säckingen.[1] Es war noch viel schöner als ich erwartet hatte. Nachher ist mir eingefallen, du hattest mir einmal vorausgesagt, dass ich deine Mutter lieben würde, so ist es auch gekommen. Ich habe ihr infolgedessen ein schweres Unterhalten gemacht, indem ich sie manchmal einfach gross anguckte und vergass zu antworten wenn ich „dran" war. So ist es ihr mit mir (noch) nicht so gut gegangen wie mir mit ihr. Ich meine ich hätte noch nie eine Frau gesehn, die bei so viel innerem Pflichtgefühl so viel innere Anmut behalten hätte. Und dann das Haus. Es ist eben doch ein wirkliches „Haus" und wenn es für dich früher keins war, für Eugen muss es doch jetzt wie ein Adoptiv-Elternhaus werden, wo sein eignes auseinandergefallen ist. Ich war in allen Zimmern herum, habe ein paar Stunden oben in Eurem Zimmer bei dir geschmökert - alle meine masslos indiskreten Widmungen vom Februar stehen da herum - es ist beruhigend zu wissen, dass du die wenigsten von den vielen Büchern gelesen hast, wie könnte man sonst noch den Mut finden, neue für dich zu schreiben. ... die Zwillinge sind herrlich, beide. Hedi ist ja schon so wie sie bleiben wird - und sie kann so bleiben, aber Marthali ist noch unaufgeschlossen. Man ist gleich zu dreien mit ihnen, und möchte ihnen am liebsten gleich du sagen. Der Vater hat mir gefallen, aber ich konnte nichts mit ihm anfangen, suchte auch immer nach irgend was von dir in ihm und fand gar nichts. Von den Zwillingen hat Marthali etwas von dir. Aber vor allem doch die Mutter. Ich habe immerfort an dich denken müssen, und als ich fortfuhr war ich so voll Sehnsucht, dass ich am liebsten mit einem Sprung auf der Terrasse in Kassel gestanden hätte und ~~mich~~ heute morgen über die abermalige Verzögerung wirklich selber wütend war; es ist ja, wo ich das Übergangskapitel noch nicht angefangen habe, nichts was mich etwas hier beschwert, dass ich sitze, - ich bin nur ein einziges Auffliegen und Händeausstrecken - und bis dieser Brief ankommt, sind es wohl nur noch wenige Stunden und die ausgestreckten Hände fassen zwei andre Hände und mein Mund küsst deinen ———

liebes liebes <u>Geliebtes</u>

[1] Im Elternhaus von Margrit Rosenstock, das Rosenzweig zum ersten Mal besuchte.

An Margrit Rosenstock am 24. Dezember 1918

24.XII.

... Ich habe die neuen Anfangsseiten zur Einl.I fertig geschrieben; es sind wohl 6 Seiten Maschinenschrift und glaube ich grade richtig, präludierend, aufregend und nichts vorwegnehmend. Sie handeln von der Todesangst und nebenher auch vom Selbstmord; ob sich die bisherige Einl. dann glatt anschliesst, kann ich nicht wissen, weil ich sie ja nicht hier habe. Dann werde ich morgen hoffentlich III 1 anfangen, das heisst die Überschrift und die ersten Sätze habe ich zur Sicherheit heute schon geschrieben. Voriges Jahr um diese Zeit, vom 23.-27. schrieb ich Thalatta.[1] Mutter hat übrigens Beckerath gefragt, ob denn irgend etwas dran gewesen wäre an dem, was ich neulich vorgelesen hätte! - Ich sehe grade dein M-| auf dem Löschblatt, mit dem ich eben löschte. Heut nachmittag kommt Hans und liest uns weiter aus seinem System vor. Ich fragte ihn übrigens gestern, wie er denn dazu käme, nach Leben - Tod - Anfang - Ende plötzlich „Gott" einzuführen. Da kam heraus, dass wir ihm neulich, Eugen besonders, Unrecht getan hatten. Denn er sagte, dies, dass er da für den Herrn von Leben und Tod, die Einheit von Anfang und Ende, den Namen Gott brächte, sei nicht Philosophie; sondern das komme von anderswoher in seine Philosophie hinein. Er redet sich also gar nicht ein, ihn philosophisch aus sich herauszuspinnen. Es war überhaupt ein wichtiges Gespräch. Denn er war vollkommen d'accord,[2] als ich ihm sagte, wenn auch die Wahrheit heute „überkirchlich" wäre, so müsse doch das Leben kirchlich sein, in einer der wirklichen alten Kirchen geschehen. Er erklärte, er suche auch wirklich den Anschluss dorthin, daher sein (als Protestant) Interesse für die Sekten. Und er erzählte, als er 1913 sich nicht kirchlich trauen lassen wollte, also auf dem Höhepunkt seiner Unkirchlichkeit, habe er gleichwohl in einem Brief an den Heidelberger (ihm befreundeten) Pfarrer Frommel, worin er das zu begründen suchte,) schon gesagt, er glaube, in einigen Jahren vielleicht anders in diesem Punkte zu denken; er halte seinen jetzigen (1913er) Standpunkt nicht für endgültig. Und vor allem: er will übermorgen nach Göttingen, um — Rudi zu sagen, er dürfe nicht katholisch werden, die Predigten hätten ihn davon überzeugt. Aus diesem letzten seht ihr doch, dass er nicht mehr in einem Jenseits aller Kirchen lebt. Es kommt gewiss alles blutleer bei ihm heraus, oder genauer: nicht blutleer, aber zusammenhangslos, traditionslos, er hat eben wirklich keinen Grund und Boden unter sich und muss ihn sich deshalb immerzu selber erst mauern. Aber trotzdem - ich hatte das Gefühl, dass er uns doch viel näher steht als wir wussten und wahrhaben wollten.

Jetzt seid ihr sicher schon zuhause. Ein Telegramm und eine Karte von euch kamen. - Das Th. Mann[sche] Buch ist wirklich sehr lesenswert. Aber Heinrich, der Bruder, ist doch ein ganz andrer Kerl als dieser Etepeteter, der in seiner bewussten Formstrenge schliesslich viel willkürlicher, viel alleskönnender ist und viel ungeplagter von sich selbst als der Bruder, der wirklich ein geplagter Mensch ist und also - ein Mensch.

Eigentlich freue ich mich diesmal auf meinen Geburtstag; ich weiss selber nicht, warum. Vielleicht weil ich das schönste Geschenk schon vorweg habe. Übrigens hat unsre Konkordanz grade für uns einen grossen Fehler: sie ist nach dem „revidierten" Text gearbeitet, sodass man sich für Luthers Sprachgebrauch nicht darauf verlassen kann. Denn die Änderungen dieser „evangelischen Kirchenkonferenz" sind recht erheblich. Grüss alle Säckinger, die ich kenne, und gieb deiner Mutter einmal gelegentlich einen anonymen Kuss (ohne Angabe des Absenders)

von Deinem Franz.

[1] Zweiter Teil der Abhandlung „Globus", abgedruckt in Zweistromland S.313-368.
[2] Franz.: einverstanden.

An Margrit Rosenstock am 25. Dezember 1918

25.XII.18.

Liebes Gritli, nun ist der 25te und ich bin eigentlich den ganzen Tag sehr vergnügt,[1] so über einem dunkeln Grund und doch vergnügt. Schon das Geschenktkriegen en masse war ich ja seit 1915 nicht mehr gewöhnt und nun macht mir der Tisch mit den vielen Büchern deshalb solche Freude. Die Konkordanz, die 4 Sprachen Bibel und das schöne griechische Lexikon (aber ich gebe den Eigennamen-Teil und den deutsch-griechischen zurück, wenn es geht, und nehme mir vielleicht statt dessen die Mandelkernsche hebräische Konkordanz[2]). Die dreie haben wir, Emil und ich dann viele Stunden lang hin und hergewälzt, sodass sie sich schon ganz gebraucht anfühlen. Und zuletzt holte ich das kleine Büchelchen, wo ich Notkers[3] 103ten drin hatte und las ihn responsenhaft mit Emil zusammen, er den Vulgatatext[4] und ich den Notkerschen; und dabei hatte ich deinen Brief noch nicht, der mir den ganzen Notker ankündigt; der wird nun also wirklich als ein Abschluss kommen, hoffentlich noch nicht so bald, damit ich mich länger darauf vorfreuen kann. Das Freuen ist doch überhaupt eine Kunst, zu der wir alle viel Talent haben. Mir ist, dir müsste auch sehr froh zu mute sein. Vielleicht ist es mir nur so, weil es dir so ist —— ist es, liebes Gritli?

Des Nachmittags bat ich Mutter, dass das Mignon[5] spielen dürfte. Die Appassionata war noch aufgespannt! Mir war als könnte es gar nicht so lange her sein, dass es zum letzten Mal gespielt hätte. Nach der Apassionata spielten wir noch die Kleeberg-Variationen. Vor dem Satz der 109ten bangt es mich noch selber.

Von Emil habe ich den Don Quichote gekriegt. Statt am Stern zu schreiben habe ich heut früh bis 8 geschlafen. Dann war der erste richtige Schneetag draussen. Ich hätte heute auch nicht schreiben können. Ich weiss noch nicht wie ich es anfangen soll. Es kann sein, dass es eine richtige Unterbrechung giebt; etwas ballt es sich ⌈⌈aber⌉⌉ schon zusammen, sodass es vielleicht doch schon morgen früh weitergeht. Von Hans hörten wir gestern den zweiten und den Anfang des dritten Kapitels. Die Verwandschaft mit dem was ich mache, war mir doch sehr deutlich. Wir haben das Ganze genannt: „Das Leben. Eine Exegese". Nämlich er setzt seine Vorstellung von Leben (das Leben als das zwischen Anfang und Ende), die ja auch meine Vorstellung ist (daher alles Verwandschaft) <u>voraus</u> und giebt eigentlich vom ersten Wort an nur „Exegese" dieses wie ein Text Vorausgesetzten. Daher ist es auch nicht spannend. Weil er nämlich das Ganze voraussetzt und fortwährend vom Ganzen handelt (während ich erst vom Anfang spreche, <u>dann</u> ~~vom End~~ von der Mitte, <u>dann</u> vom Ende, was natürlich spannend wirkt). Ich las die neuen Anfangsseiten der Einl.I vor, wo dann Hans selber auch die Verwandschaft merkte. (Im Styl freilich gar nicht; sie sind ganz hanebüchen, und durchaus „kriegsteilnehmerhaft").

.....

Ich grüsse und küsse euch beide.

                                        Euer Franz.

---

[1] Am 25. Dezember war Rosenzweigs Geburtstag.

[2] Standardwerk der Bibelauslegung von Solomon Mandelkern: היכל הקדש (Veteris Testamenti Concordantiae), 1896 erstmals erschienen.

[3] Notker III., Labeo (der Breitlippige) oder Teutonicus (der Deutsche) genannt, um 950-1022, Leiter der Klosterschule von St. Gallen und einer der gelehrtesten Menschen seiner Zeit; er übersetzte und kommentierte antike Literatur in althochdeutsche Prosa, allerdings unter Verwendung etlicher lateinischer und griechischer Fremd-

wörter (so entstand die sogenannte Notkersche Mischsprache). Von ihm stammt auch eine kommentierende Psalmenübersetzung.

[4] Lateinischer Bibeltext.

[5] Welte-Mignon-Vorsetzer, der einem Flügel angeschlossen wird und mittels gelochter Papier-Tonrollen in der Lage ist, das Klavierspiel eines bestimmten Pianisten in allen rhythmischen und dynamischen Nuancen wiederzugeben. Das Verfahren wurde von der Freiburger Firma für pneumatische Musikwerke „M.Welte & Söhne" entwickelt und 1904 der Öffentlichkeit vorgestellt. Bis zum ersten Weltkrieg wurden etwa 2.500 meist klassische Musikwerke aufgenommen.

An Margrit Rosenstock am 26. Dezember 1918

26.XII.

Liebes Gritli, es ist doch nichts geworden mit der „Unterbrechung", heute früh kamen die Massen schon wieder in Fluss. Danach las ich, seit wieviel Tagen zum ersten Mal, wieder Zeitungen und entsetzte mich. - Emil bleibt bis Neujahr hier. Wenn ich dann nach Berlin fahre, so fahren wir ein Stück zusammen. Gestern Abend fand ich ihn über der Polyglott[1] - ein scheusslicher Name - über der Johannesstelle „hast du mich lieb"[2] (die übrigens auf griechisch in den drei Fragen und Antworten eine Steigerung hat, von der das Deutsche nichts ahnen lässt); ..... weil uns das Eigentliche selbstverständlich ist, so machen wir soviel Lärm um die Ergänzung, dass es wirklich so aussehen kann als wüssten wir nur von ihr. Es ist das auch die Gefahr des Kampfs gegen den „Liberalismus". Denn von diesem Eigentlichen weiss und spricht Harnack und seinesgleichen, gewiss als ob es das Einzige wäre; es ist freilich nicht das Einzige, aber doch immer das Eigentliche. Beckerath selber sagte mir auch, dass ihm das neulich, als so ~~auf~~ über den Liberalismus hergezogen wurde (an dem Abend der „Bibelkritik") immer auf der Zunge gelegen habe. Aber also: es ist wirklich so, dass wir immer in der Gefahr sind, mit dem „Athnetischen" das „Thnetische"[3] zu übertönen. Die Arbeit des Erkennens muss ja wohl getan werden, aber dann auch ab-getan. In einem Monat bin ich fertig, quant à moi.[4] Und ich glaube, erst dann bin ich wieder ganz ——— und ganz Dein.

[1] Bibelausgabe, in welcher der Text in verschiedenen Sprachen nebeneinander abgedruckt ist.
[2] Johannes 21,15-17.   [3] Athnetisch: nicht den Tod betreffend; thnetisch: den Tod betreffend.
[4] Franz.: was mich betrifft.

An Margrit Rosenstock am 27. Dezember 1918

27.XII.

...... Ich bin schon wieder etwas im Tempo. Vielleicht wird das Ganze doch veröffentlichbar. Heute musste ich es so denken. Über das Untheologische in III bin ich noch immer dunkel. Ein ziemlich langes Stück über Völker kommt schon zu Anfang von III 1 Volksland, Volkssprache, Volkssitte, Volksgesetz. Aber das nimmt ja wohl kaum etwas vorweg von dem andern.
Auch den 2ten Satz der 109. habe ich nun wieder gehört -
Dass du nicht mehr da bist, wird am sichtbarsten an den Bücherhaufen, die zu wahren Türmen ansteigen unten im Zimmer: niemand trägt sie weg! Was soll das noch werden?

? — Dein Franz.

An Margrit Rosenstock am 28. Dezember 1918

28.XII.

Liebes Gritli, heut früh kam das ganze Säckinger Weihnachten, dein Brief, der sechsstrahlige Stern, das Bild, und die Karte von den Zwillingen. Ich habe dafür fleissig an III 1 geschrieben, einen langen Auftakt; morgen kommt nun wieder der Stern hinein: seit heute steht die Disposition fest; wie lang die Bücher werden weiss ich noch nicht; doch, hoffentlich nicht länger wie die Einleitung. ...
Es war also wirklich so wie ich es am 25ten spürte; es war wirklich als ob wir uns im gleichen Zimmer freuten - nein mehr als im gleichen Zimmer, es war wirklich Herz an Herz. Sieh aber, es war doch gut, dass ich lieber ein paar Tage später nach Kassel kam und vorher dein Milieu und den Fels u.s.w. besuchte; es ist nun wirklich so: ich kann dich jeden Augenblick sehn, ich habe auf deinem Stuhl gesessen und in deinem Zimmer geschmökert und aus deinem Fenster gekuckt. Ich habe beinahe keine Sehnsucht nach dir, so sehr sehe ich dich, und was geht über das Sehen!
.....

An Margrit Rosenstock am 29. Dezember 1918

29.XII.

Liebes Gritli, es wird ein schönes Stück, und während ich es schreibe, geht es mir genau wie ich es dir vorhersagte: ich begreife gar nicht, wie ich III 2 schreiben können werde. Umgekehrt wird es mir freilich bei III 2 nicht gehen; das ist nun schon dadurch sicher, dass ich als Eckzitate dafür die Maimonidesstelle von den „Wegen"[1] nehmen werde, die ich dir zeigte, und vielleicht auch die Kusaristelle,[2] die ich dir auch zeigen wollte (vom Samen - Baum - und Frucht). An die Liturgie komme ich erst morgen. Bisher ein langes Stück über ⌈⌈das⌉⌉ Volk und über Völker überhaupt (Land, Sprache, Sitte, Gesetz) und ein kürzeres, das erst morgen vor dem Frühstück fertig wird über Gott Welt Mensch je auf jüdisch. III 2 wird natürlich genaue Parallele dazu, nur natürlich nicht über Volk u.s.w., sondern über die Ἐκκλησια und über ἐκκλησιαι[3] überhaupt (oder über die Contio der Missa[4] und über contiones[5] überhaupt).
Ich bin nun sehr darin. M̶ Ich habe mir noch Kluges etymolog. Wörterbuch[6] geschenkt, ich hatte es in guter Erinnerung von der Bibliothek, wenn auch nicht sehr genauer. Hoffentlich ist Eugen einverstanden. Ausserdem die kleine Mandelkernsche Konkordanz. - Seit gestern lesen wir in Cohens Ethik und Ästhetik[7] und finden eine Herrlichkeit nach der andern. Er ist doch seit Schopenhauer und Nietzsche der erste, und mir steht er so nah, oder vielmehr ich ihm, dass ich ihn jetzt kaum lesen kann. Aber im Februar, wenn ich fertig bin, lese ich ihn und werde dann dabei am besten sehen, was ich noch vergessen habe und sonst ändern muss. Von mir selber aus würde ich die nötigen Verbesserungen doch nicht machen, weil ich vor meinem Geschriebenen immer zu viel Respekt habe. Was für ein Mensch! Ich wundre mich immer wieder, dass ich noch zu ihm gekommen bin, wirklich doch in zwölfter Stunde. Und zu ihm gekommen, als ich schon von mir aus reif für ihn war, nicht mehr als Schüler und Umzuschweissender. Das Leben (um nichts Deutlicheres zu sagen) ist gut. Und ich
bin Dein.

[1] In „Stern der Erlösung" S.373 zitiert Rosenzweig einen gewöhnlich zensierten Text aus dem Hauptwerk des Maimonides „Mischne Tora". Dazu auch die Briefe an Margrit Rosenstock vom 18. Januar 1919 und 2. Februar 1919, S.224f und 227f.

[2] In „Stern der Erlösung" S.421 wird ein Gleichnis aus dem „Kusari" (IV,23) des Jehuda Halevi zitiert.

[3] Griech.: (die) Kirche, Volksversammlung, Gemeinde bzw. Kirchen, Volksversammlungen, Gemeinden.

[4] Lat.: Volksversammlung in der kirchlichen Messe.   [5] Lat.: Volksversamlungen.

[6] Friedrich Kluge, Etymologisches Wörterbuch der deutschen Sprache.

[7] Hermann Cohen, System der Philosophie, Teil 2: Ethik des reinen Willens, 1904; 1907²; System der Philosophie, Teil 3: Ästhetik des reinen Gefühls, 2 Bände, 1912.

An Margrit Rosenstock am 30. Dezember 1918

30.XII.

..... Heut nachmittag ist zum ersten Mal wieder seit 1913 der Klassentag auf dem Herkules,[1] und abends kommt Rudi. So schreibe ich dir vormittags und lasse III 1; es geht jetzt unmittelbar in den Hauptteil, die Liturgie, hinein.

Inzwischen habt ihr ja Onkel Viktors grossen und schönen Brief über Eugen. Es ist doch ganz selbstverständlich, dass du im Februar nach Leipzig mitgehst. Viel eher könnt ihr dann im März nochmal nach Säckingen zurück, und braucht ja im Februar noch nicht das Giebelzimmer auszuräumen. Ich will nun doch wirklich sehen, dass ich Mitte Januar von hier fortkomme. Gehe ich nicht nach Berlin, so wird mindestens I 1 und I 2 bis dahin fertig. Und ich möchte so gern einmal in Säckingen sein, wenn du da bist, ich meine: noch wirklich da, mit dem eigenen Zimmer.

Denk, ich habe dich eigentlich um die lange volle Bank mit Eltern und Geschwistern am Weihnachtsmorgen nur beneidet. Das ist doch viel mehr als was ein Pfarramtskandidat sagt, ja selbst mehr als was Eltern und Geschwister etwa sagen können - eine ganze Bank voll! Kennst du den Schluss der Kellerschen Legende von der Jungfrau als Nonne?[2] Die Massenhaftigkeit imponiert mir immer.   Das „Bald, in unsern Tagen"[3] - ja wir werden es ja wohl irgendwie gleichzeitig erleben; ich habe auch noch nie ein Jahr mit so tiefer, so jahrelang angewachsener Erwartung begonnen wie jetzt dieses „Jahr nach dem Kriege" 1919. Und es ist echte Erwartung - ich weiss nichts, gar nichts. Es fällt mir ein, dass so ja auch die Marschallin bei Hofmannsthal-Strauss spricht.[4]

.....

Vor dem Klassenzusammensein ist mir etwas bange. Gefallen sind von den Abiturienten von 1905 nur 4, also der vierte Teil. Nur einer stand mir nah.

Habt ihr die englische Nachricht gelesen: der Papst habe eine Sondermission an Wilson nach London geschickt, um „seine Neutralität" ⌈[zu]⌉ rechtfertigen!! ...

[1] Berühmtes Denkmal in Kassel-Wilhelmshöhe.

[2] Gottfried Keller, Sieben Legenden, 1855ff, darunter die Legende „Die Jungfrau und die Nonne" von der Nonne Beatrix, die ihrem geliebten Ritter acht Söhne schenkte.

[3] Zitat aus der 14. Bitte des Achtzehn-Segens, in der um den Aufbau Jerusalems gebeten wird.

[4] „Ich weiß auch nix" sagt die Marschallin im 3. Akt der Strauss-Oper „Der Rosenkavalier" nach einem Text von Hugo von Hofmannsthal.

1919

An Margrit Rosenstock am 1. Januar 1919

1.I.19189
es ist das erste Mal! ein
bös misslungener Versuch!

Liebes liebes Gritli,
das Haus ist leer, Rudi und Emil sind heut früh vor 7 zusammen fortgefahren. Und Mutter hat sich die Erkältung wieder auf die Stirnhöhlen geschlagen und wir waren ziemlich trübselig beisammen, trotz beiderseitigen guten Willens, aber was hilfts, es ist ein gegenseitiges Sichzurückhalten voreinander, das doch der andre wohl weiss und merkt, und da kann keine ruhige und anständige Stimmung mehr aufkommen. ..... Vor den Tolstoischen Tagebüchern warnte mich Emil auch schon. Ich mag schon in Anna Karenina nicht die Stücke, wo Lewins - oder wie er heisst - Überlegungen vor einem ausgebreitet werden. Heut fand ich in Dostojewskis „litterarischen Schriften" - die „politischen" habe ich schon bei Kriegsbeginn gelesen - einen langen Aufsatz darüber, der auch vor allem gegen Lewin streitet; richtig gelesen habe ichs aber natürlich nicht; es bleibt bei mir ja jetzt immer nur beim Finden. Aber eine kurze Stelle über die Karamasoff, eine Tagebuchnotiz stand da und die enthält eigentlich alles was gegen den denkenden Tolstoi zu sagen ist: „.... Diese Tölpel (die zeitgenössischen Atheisten) haben sich eine solche Gottesleugnung [[noch]] nicht einmal träumen lassen, wie sie in meinem Grossinquisitor und dem vorhergehenden Kapitel ausgedrückt ist und auf die das <u>ganze Buch</u> die Antwort giebt..."[1] Tolstoi weiss nicht, dass in Dichtungen nur solche Fragen vorkommen dürfen, auf die „das <u>ganze Buch</u> Antwort giebt", nicht solche, die an Ort und Stelle, wo sie gefragt sind, beantwortet werden können.

Mit Hans ist es so wie du schreibst. Ich setze dir eine Stelle aus einem Brief von der Reise nach Heidelberg an mich her: „Meine skeptischen Fragen musst du nicht auf dein sonstiges Antiphilosophieren beziehen. Aber ein System „vor" Deiner religiösen Lebenstat, das konnte ich nicht verstehn; und ich sehe ja nun auch, dass es das System „nach" der religiösen Tat sein soll; so kann ich es umsomehr auch ganz ernst nehmen, ohne zu vergessen, dass dem göttlichen Tore die Tat, ob vor- oder nachhergetan, das Nähere ist". Wegen der letzten Wendung schreibe ich es dir.[2]

...

Zum Schluss des alten Jahrs kam gestern Abend von Meiner[3] Antwort auf mein am 27ten mit dem ausführlichen Inhaltsverzeichnis abgegangenes Angebot von Hegel und der Staat;[4] ich solle es ihm ganz oder teilweise schicken, da er Interesse dafür habe. Bisher noch kein Wort vom dicken Ende. Ich fürchte dennoch, er hat sich über meine Interessantheit zunächst einmal im Telefonadressbuch informiert - „Kommerzienrat"! Aber das werde ich ja nun bald wissen. Offenbar drucken sie im Augenblick ganz gern, wegen der Arbeitslosigkeit.

Der 1.Januar ist herum und ich komme mir unheimlich allein vor in dem grossen Haus. Ich spüre auch das was du neulich mit dem „Bald in unsern Tagen" meintest, sehr deutlich. So kann es nicht mehr bleiben! Und so hat es ja auch nie länger bleiben sollen. Es ist ja nur eine Selbstverständlichkeit. Freilich ist es auch scheusslich, so alles - und doch nichts - „vorauszusehen". Und dann gucke ich wieder weg von aller Zukunft und halte mich ganz fest an dir, an deiner Liebe und Gegenwart.

Liebe Liebe - ich küsse deine Hände — — — Dein.

[1] Auslassungszeichen von Rosenzweig.
[2] Dazu auch der Brief an Margrit Rosenstock vom 10. Januar 1919, S.217.
[3] Name eines Verlags.
[4] Rosenzweigs Dissertation.

An Margrit Rosenstock am 2. Januar 1919 XII.
2.I.19

Liebes Gritli, der ganze Vormittag und noch mehr ist mir heute auf Mutter gegangen. Sie war etwas wohler. Und denk: das eigentliche Malheur war - Eugens Brief. Sie hat sich über die Worte „Es ist ein Kampf auf Leben und Tod. Gott bessers" so masslos aufgeregt. Auf Leben und Tod hat sie verstanden wie auf Mord und Totschlag. Die Nacht wollte sie sich mal wieder umbringen ......

Auf mir liegt es nun wieder den ganzen Tag, während sie sich natürlich angenehm erleichtert fühlt. Hoffentlich hält sie nun wieder 8-14 Tage Ruhe. Es wäre wirklich Zeit, dass ich wieder ordentlich in den ✡ reinkäme. Heut früh vor dem Frühstück und dem Sturm habe ich wenigstens die von Rudi damals mit Recht monierte Stelle vom Gebet des Sünders um den Tod des Andern korrigiert,[1] nämlich durch eine grosse Einschaltung, durch die ~~das Ganz~~ es nun ganz klar wird. Ich wusste doch, dass der Gedanke an sich richtig war. Jetzt ist er geklärt durch Hineinziehung dessen, was ich dir im April einmal schrieb: dass der „andre", solange er bloss „andrer" ist, immer tot ist. Das Ich kann sich nicht denken, dass es auch sterben könnte. Um sich selbst tot zu denken, muss es sich als andern vorstellen, als Leiche. Und der Sünder betet: Lass mich selber Selbst bleiben und den andren Andrer. U.s.w., es ist in Wirklichkeit klarer als hier, es lässt sich nicht so kurz sagen. Vom Tod steht nun allmählich eine ganze Menge drin. Vielleicht mache ich ein - Register dazu, wenns fertig ist!!

Am 12. werde ich wohl in Berlin sein müssen, Bradt schreit nach mir. Es soll mir recht sein; fertig werde ich hier ja doch nicht; es wird wohl noch in den Februar hineindauern.

Nachher werde ich Cohens System[2] wieder weiter lesen und dabei gleich meins verbessern, vor allem sehen, was ich vergessen habe. Das giebt dann eine ganz lebendige Kritik; ich habe es neulich gemerkt, als ich etwas darin las.

Mutter hat neulich die Stelle in II 2 von der Ehe (am Schluss) gelesen, und fand sie doktrinär![3] Es ist übrigens ja richtig, ich bin ja nicht verheiratet und so ist die Stelle auch. Aber doch nicht doktrinär. Sehnsucht ist doch nicht doktrinär!

Nach diesem wirren Tag komm ich nun zu dir - in deine geliebte Nähe.

Liebes Gritli -
Dein Franz.

[1] Dazu Stern der Erlösung S.304f.
[2] Gemeint ist wahrscheinlich Hermann Cohens dreiteiliges „System der Philosophie", bestehend aus Logik, Ethik und Ästhetik.
[3] Stern der Erlösung S.228: „Ehe ist nicht Liebe. Ehe ist unendlich mehr als Liebe."

An Margrit Rosenstock am 4. Januar 1919

4.I.19

Liebes Gritli, da bist du wieder aufgewacht, wenn auch noch ein bischen verschlafen und verfiebert - und am Ende auch etwas sylvesterverkatert? Ich bin auch noch immer in so einem dauernden kateroiden Zustand, ein Schnupfen, der - ganz ungewohnt bei mir drin sitzt und nicht recht herauskommt. Gestern Abend war H̶a̶ Rudi Hallo bei mir, aber wir waren beide müde und es war langweilig. Und miteinander müde sein zu können, das ist ja das Höchste, wozu man mit einem Menschen kommt. .....
Auf Eugens Sohmaufsatz bin ich fast ebenso gespannt wie er selbst. Hoffentlich denkt er dran, Sohms <u>Bewusstsein</u> zu schonen; ich meine so zu schreiben, dass Sohm sich nicht im Grabe rumdreht. Die Toten haben ja meistens wirklich Unrecht und die Lebenden <u>wirklich</u> Recht. Aber ich weiss von mir her, wie schwer es ist, bei solch posthumen Vergewaltigungen diese Schonung zu üben, die man dem Lebenden ins Gesicht hinein unwillkürlich geübt haben würde. Wenn ich meinen Aufsatz über Cohen schreiben werde, wird mir alles auf diesen Punkt ankommen, ihn wenn ich ihn mit Gewalt herumgedreht habe dann doch wenigstens so zu überzeugen, dass er sich ⌈⌈von selber⌉⌉ noch eine halbe Drehung weiter dreht und wieder grade liegt.
.....

An Eugen Rosenstock am 4. Januar 1919

4.I.19.

Lieber Eugen, ...
Die Frage, wo du wählen sollst, haben wir schon gestern Abend en petit comité,[1] nämlich Mutter Hans Hess und ich entschieden: Zentrum. Wenn du aber doch noch von der zweiten Seele zu sehr gezwickt wirst, so mach dir doch das Frauenstimmrecht zunutze und wähle selber Spartakus (für den Grabowski eine sehr mutige Lanze einlegt!! im neuesten Heft; sicher als der einzige Nichtspartakist überhaupt, da <u>wir</u> ja gelernt haben zu reden ohne zu schreiben) also wähle selber Spartakus und lass Gritli Zentrum wählen.[2]
Das Besondere an Hans ist ja nicht „das Leben" - philosophieren über diesen Text nicht wir alle und ausserdem „auch die Heiden"?[3] (Sogar Simmel,[4] der tote und neulich sogar noch ausdrücklich verstorbene Simmel, reiste die letzten Jahre u.a. (nämlich unter einem runden Dutzend Gedanken) auch auf diesen Gedanken, dass die Philosophie immer einen herrschenden Begriff gehabt habe, die Griechen das Sein, die Scholastik Gott, die Neuzeit die Vernunft und heute das Leben). Sondern das Besondere an Hans, was ihn von den Heiden ab und zu uns hinrückt ist der Untertitel (und die bewusste Wichtigkeit des Untertitels) „eine Exegese".
Durch Hans Hess bekam ich gestern das Oktoberheft der Südd. Monatsh., worin eine Auswahl aus Gorkis Zeitung während der Revolution[5] abgedruckt ist, die einem ein wirkliches Bild giebt und woraus ich gelernt habe: dass es unerlaubt ist zu sagen: die deutsche Revolution sei keine, sei nur eine Meuterei u.s.w. Sondern: entweder ist die russische Revolution <u>auch</u> „keine" oder die deutsche <u>ist</u> „eine". Ich bin für das „oder". Die räumliche Ferne leistet uns für die russische den Dienst, den uns für die deutsche erst die zeitliche leisten wird.

Und ausserdem brachte Hans Hess, der übrigens bei aller Gescheitheit und geistigen Lebendigkeit doch noch immer ganz unlebendig ist und es vielleicht nie wird, - aber er immerhin er machte mich endlich klar, warum ich Scheler[6] nichts glaube: nämlich weil er zwar seines Christentums sich nicht schämt, aber - seines Heidentums. Und er „hat" doch Heidentum (1.) sowieso, wie jeder Mensch mit Aussnahme der zwei Heiligen in der egyptischen Einöde, von denen der eine in Heidelberg privatdoziert und 2.) auch stadtbekanntermassen). Er fertigt das Heidentum immer nur mit so glänzender Dialektik ab, als ob das ein Duell wäre und nicht vielmehr ein Harakiri. Und deswegen ist mir auch sein Christentum unheimlich.

Und endlich habe ich von H. Hessens Gnaden endlich (im 2. Zieljahrbuch) Werffels christliche Sendung gelesen, und ihr habt recht, man muss sie lesen. Ich schwimme jetzt überhaupt wieder in Werffel; ich habe das Buch Wir sind wieder; es stehen herrliche Sachen drin, die in der Auswahl nicht stehen.[7] Mit der Zeitgenossenschaft ist es doch eine tolle Sache. Und allenthalben stand Dostojewski Gevatter, nur bei dir nicht; du kommst doch noch richtig von Nietzsche her?

Meine „verruchte" Schrift ist noch böser heut als sonst. Ich habe sie überschrieben heut. Heut morgen ist mir sogar eine kleine antianti- oder vielmehr proalkoholistische Tirade[x)] aus der Feder gelaufen;[8] ich fühlte mich sehr als pro domo- oder eigentlich pro Lehmkolonie-Schreiber - es ist doch so; sogar die Frauen sind leicht alkoholisch, mindestens von Helene und von Gritli weiss ich es. Und Gritli? ist sie aufgewacht? wenn ja, so grüss sie von Deinem und ihrem - ihrem und Deinem

Franz.

[x)] d.h. für Brot und Wein zusammen.

---

[1] Franz.: im kleinen Kreis.

[2] Am 19. Januar 1919 fanden in Deutschland Wahlen zur Nationalversammlung statt. Erstmals war infolge der Revolution den Frauen das gleiche Wahlrecht wie den Männern zuerkannt worden.

[3] Anspielung auf Matthäus 5,47.

[4] Georg Simmel, 1858-1918, Philosoph und Soziologe, einer der wichtigsten Vertreter der sogenannten Lebens-Philosophie.

[5] Maxim Gorki, 1868-1936, russischer Schriftsteller, der kurz nach der russischen Februar-Revolution die Tageszeitung „Neues Leben" gegründet hatte, die aber bereits im Juli 1918 von den Bolschewiki verboten wurde.

[6] Max Scheler, 1874-1928, Philosoph.   [7] Franz Werfels Gedichtband „Wir sind" von 1913.

[8] Vermutlich Stern der Erlösung S.347.

An Margrit Rosenstock am 5. Januar 1919

5.I.

Liebes Gritli, Rudi ist heut Mittag gekommen. Also nur ein paar Worte und im übrigen als Entschädigung das Umstehende.[1]

Ich beginne jetzt erst, einigermassen klar zu übersehen, wie sich III im Ganzen ausmachen wird. III 1 wird doch ziemlich lang. Ich bin noch im liturgischen Teil, und vielleicht auf Seite 50 des künftigen Maschinenmanuskripts. Dann kommt noch die Gesellschaftslehre oder wie man das nennen will. (In III 2 die Seelenlehre). Aber es ist eine Menge „Untheologisches" auch schon vorher. Gestern habe ich heftig gegen das Lesen beim Essen geschrieben und gegen die Junggesellen überhaupt. Auf III 2 bin ich nun doch sehr neugierig. Um den 12. herum muss ich in Berlin sein; gestern

Abend kamen Briefe von Bradt und Schocken. Denk dir, es wird erwogen, einen Sekretär für die Werbearbeit anzustellen, und zwar - Hermann Badt![2] Er wäre gar nicht übel dafür. Ich sah gestern eine jüdische Zeitschrift, wo die Akademie als „Hermann Cohens letzter Wille" bezeichnet wurde. Ist es nicht komisch, dass Hermann Cohens „letzter Wille" eigentlich mein erster ist?[3]

Kennt ihr die Briefe und Tagebücher der Paula Becker-Modersohn?[4] (ihre Schwester kannte ich von Freiburg her); es ist nicht ganz so viel wie man daraus macht; sogar ein bischen peinlich, alles etwas wie die Überschrift des Buchs „Eine Künstlerin"; aber schluckt man das hinunter, so bleibt allerlei Schönes.

Ein eiliger Gruss bloss ─────────
Dein Franz.

[1] Mit dem „Umstehenden" sind einige zum Druck bereite, maschinenschriftliche Seiten gemeint, die den Beginn (der Mündel'schen Abschrift) der Einleitung I des „Stern der Erlösung" enthalten.

[2] Hermann Badt, 1887-1946, Dr. jur., später Ministerialdirektor im preußischen Innenministerium und Bevollmächtigter Preußens im Reichsrat.

[3] In Berlin begannen sich seit Kriegsende die Pläne zur Schaffung einer jüdischen Akademie zu konkretisieren, deren Gründung Hermann Cohen als Reaktion auf Rosenzweigs Bildungs-Schrift „Zeit ists" (Zweistromland S.461-481) von 1917 gefordert hatte. Rosenzweig war zunächst als Leiter dieser Akademie im Gespräch.

[4] Paula Becker-Modersohn, 1876-1907, Malerin. Ihre „Briefe und Tagebücher" wurden 1917 von Sophie Dorothee Gallwitz herausgegeben.

An Margrit Rosenstock am 6. Januar 1919

6.I.

Liebes Gritli, ich bin noch immer nicht mit dem geistlichen Jahr in III 1 fertig; es geht langsamer als ich will; auch meine dauernde Verschnupftheit stört mich. Dabei bin ich wirklich neugierig grad auf das Stück, das nach der Liturgie kommt und nun wird es wieder übermorgen bis ich dazu komme. ....

...... Dein Jeremia Zitat stimmt freilich.[1] Und es sind dieselben Leute, die während des Kriegs immer „Frieden Frieden" schrien - „und ist kein Frieden"; von denen steht doch auch bei ihm. Sie haben das Gesicht des ~~Frie~~ Kriegs genau so wenig vertragen wie jetzt das der Revolution. Und sie fühlen nicht, dass sie ausgeschaltet sind; wir fühlens wenigstens. (Grabowski nicht; der Schluss des Spartakusartikels schwimmt plötzlich wieder in einen fröhlichen Optimismus hinein, wo er aus den Lesern seiner Zeitschrift[2] plötzlich wieder ganz fidel die Partei der Zukunft erhofft!). - Berlin? ich schrieb dir ja. Inzwischen gehts da noch drunter- und drüberer.[3] Aber ich weiss nun schon, dass es keinen so dollen Umsturz geben kann, dass nicht aus den Trümmern plötzlich das Kastenmännlein Bradt emporschnellen würde und rufen: es lebe die Akademie! Und da darf ich doch anstandshalber nicht skeptischer sein als mein - mit Schopenhauer zu reden - Apostel. - Das Goethesche Gebet in deinem Kalender ist aber nicht vor Italien und ich meine eigentlich nur die voritalienischen. - Ich habe immer das Gefühl, ich schriebe dir jetzt gar nicht richtig. Es sind doch erst 14 Tage und ich bin unruhiger und sehnsüchtiger wie sonst nach Monaten. Ich muss zu dir - und zu deiner Fraglosigkeit. Liebe ─── Dein Franz.

[1] Jeremia 6,14 und 8,11.

[2] Adolf Grabowsky war Herausgeber von „Das Neue Deutschland".

[3] Am 1. Januar fand in Berlin - als Zusammenschluß des Spartakusbundes, der eine Räterepublik nach russischem Muster anstrebte, mit den Bremer Linksradikalen - der Gründungsparteitag der Kommunistischen Partei Deutschlands (KPD) statt. Drei Tage später verfügte die preußische Regierung die Entlassung des Berliner Polizeipräsidenten Emil Eichhorn (USPD), weil er die Politik der Spartakisten begünstige. Am 5. Januar kam es daraufhin zu einer Massendemonstration von Arbeitern, welche die Rücknahme der Entlassung Eichhorns forderten. Bewaffnete Gruppen besetzten das Verlagsgebäude des SPD-Zentralorgans „Vorwärts" und weitere Druckhäuser in Berlin. Der Aufruhr entwickelte sich schließlich zum „Januar-Aufstand". Am 6. Januar erklärte ein von Vertretern der Unabhängigen Sozialistischen Partei Deutschlands (USPD), der KPD und der Revolutionären Vertrauensleute gebildeter Revolutionsausschuß die Absetzung des Rats der Volksbeauftragten und die Übernahme der Regierungsgeschäfte. Die Regierung rief daraufhin zu einer Gegendemonstration auf. Außerdem wurde Gustav Noske (SPD), Leiter des Militärressorts im Rat der Volksbeauftragten, mit der militärischen Niederschlagung des Aufstands beauftragt.

Zur gleichen Zeit wurde in München übrigens die antisemitische Deutsche Arbeiterpartei (DAP) gegründet. Die DAP änderte 1920 ihren Namen und wurde zur „Nationalsozialistischen Deutschen Arbeiterpartei" (NSDAP).

An Margrit Rosenstock wahrscheinlich am 7. Januar 1919

Liebes Gritli, die Liturgie ist fertig, auf Seite 57 (das ist schon länger als die Einleitung) und nun gäb ich was drum, wenn ich nur wüsst, was ich eigentlich morgen noch schreiben werde. Diese Stücke hinter der Liturgie nehmen ja den ersten Teil wieder auf, nämlich in III 1 die Welt, in III 2 den Menschen und in III 3 doch wohl Gott. Während es innerhalb der Liturgie natürlich wie im zweiten Teil geht, Sch.-Off.-Erl.[1] Aber schöner als Breuer[2] ist es wohl geworden, überhaupt wüsste ich wenigstens nichts Besseres, es steht eine Menge drin. Für wen aber ist es eigentlich geschrieben? ich möchte jemand wissen, der alle Anspielungen darin versteht. Cohen hätte sich glaube ich doch gefreut. - Dies Papier ist auch nicht schön; aber es ist mir doch etwas dabei, als wärst du hier und ich könnte dir immer neue Stücke daraus vorlesen; es ist ein zweiter Durchschlag, lang reicht er nicht mehr. Übrigens könnte ich dir aus III 1 gar keine Stücke vorlesen; erst muss auch III 2 fertig sein; erst dann kann ich vorlesen. Dass das bis zum Wahltag sein könnte, glaube ich selber schon nicht mehr recht, und doch habe ich keine Lust, euch auf der Durchreise hier abzuwarten, sondern möchte euch noch in Säckingen sehn. Und dazwischen kommt nun „Berlin", wenn die Revolution Bradt am Leben lässt. Allerdings wird III 2 rascher gehn als III 1 weil die Disposition ja genau parallel wird und ich mir dadurch immer leicht ein bestimmtes Pensum für jeden Tag setzen kann. Z.B. dies „ich gäb was drum u.s.w."[3] Gefühl würde ich bei dem entsprechenden Stück von III 2 nicht haben. - Meine Druckwünsche sind stärker geworden; ich werde wohl, sowie es wieder erst einigermassen billig ist, es als Manuskript drucken lassen, damit ich 50 Exemplare habe. - Ich will zu Trudchen heut Nachmittag, zum ersten Mal seit unserm Hindenburgtag! Und Abends kommen Pragers. - Kluges Ethymologisches Wörterbuch ist angekommen (aber der Notker[4] noch nicht) und ist sehr schön; ich habe schon eine Menge drin gelesen. Von „Trotz" zieht er keine Verbindung zu „Treue"; das Wort kommt sogar nur im Mitteldeutschen noch vor, schon im Altdeutschen nicht. Aber vieles stimmt auch sehr schön. Z.B. „bleiben" ist wirklich = „leben".[5] - Konjugier es einmal durch ——— Dein Franz.

[1] Schöpfung-Offenbarung-Erlösung.   [2] Isaac Breuer.   [3] Goethe, Faust I, Abend.
[4] Die kommentierte Psalmen-Übersetzung des Notker III. Labeo.   [4] Dazu Stern der Erlösung S.3.

An Margrit Rosenstock am 8. Januar 1919

8.I.

Liebes Gritli, ich bin noch nicht viel gescheiter als gestern, obwohl ich eine ganze Menge geschrieben habe; es wird wohl noch eine richtige kleine Staatslehre. Dieser ganze dritte Teil ist schwerer zu schreiben als der zweite, weil er wortfremd ist, nicht wie der erste, wo das Wort zu gut war für den Gegenstand - im zweiten stimmte es natürlich ganz genau - , sondern weil der Gegenstand hier zu gut ist für das Wort; man müsste ihn einfach zeigen können. Es genügt nicht, dass die Sprache spricht, hier; nein sie müsste „illustrieren". - Ich bin also mitten drin bis über die Augen in diesem Schluss des ersten Buchs und weiss nicht ob ich morgen schon fertig werde.
Zwischenhinein lasse ich mich von dem Kluge[1] in Versuchung führen. Es ist herrlich was da alles zwischen zwei Buchdeckeln zusammensteht; es ist das schönste Konversationslexikon. - Bei Pragers gestern abend sah ich, wieviel ich vergessen habe, durch das halbe Jahr, wo ich jetzt nichts mehr lese. Ich muss, muss, muss und muss fertig werden. Breuer soll ein neues Büchelchen geschrieben haben: „Messiasspuren",[2] - nach dem Titel könnte es etwas sein; es wird wohl auf den Zionismus gehn. Ich fragte Prager auch nach dem ✡, er wusste aber natürlich auch nichts, nur Ps 144,1 und 2 wo es heisst 1.) mein Hort 2.) meine Seite, 3.) meine Schutz Burg 4.) mein Schutz 5.) mein Erretter 6.) mein Schild. Aber das setzt natürlich den ✡ schon voraus. ......

[1] Friedrich Kluge, Etymologisches Wörterbuch der deutschen Sprache.
[2] Isaak Breuer, Messiasspuren, 1918.

An Margrit Rosenstock am 9. Januar 1919

9.I.

Liebes Gritli, III 1 ist fertig, ein bischen frag-mich-nur-nicht-wie. Die Liturgie und was vorangeht ist zwar wohl gut. Aber das nachher ist wohl nicht recht klar, z.T. einfach noch nicht ausführlich genug. Ich bin aber jetzt sehr darauf aus gewesen, zu Ende zu kommen, weil ich in das zweite Buch hinein wollte. Von da aus kann ich dann leicht noch nach rückwärts im ersten verbessern. Die Ausführlichkeit der Politik am Schluss von III 1 muss sich nach der der Ästhetik am Schluss von III 2 richten. Es wäre sehr leicht, z.B. noch etwas über die Verfassungsformen hineinzubringen.   Im Ganzen aber, fürchte ich, hält der III. Teil doch nicht das Niveau des zweiten, und das habe ich ja eigentlich gewusst, als ich den zweiten schrieb;: dass ich etwas so Gutes nicht wieder machen würde; dies „nicht wieder" gilt eben schon für den ✡ selbst.
... Ich möchte ja gern, ehe ich nach Freiburg gehe III 2 fertig haben. Zwischen III 2 und III 3 ist mir eine Pause nur recht. III 3 wird ja kaum mehr sehr parallel werden, sondern eine Kombination über den beiden Parallelen III 1 und III 2, ein Türsturz über den zwei Pfosten mit den Statuen der Kirche und Synagoge.[1]   Aus Berlin wird wohl augenblicklich doch nichts; und da wäre es möglich, allerdings nur bei einem ziemlich dollen Tempo, dass ich wirklich „bis zur Wahl" III 2 schriebe. Morgen früh fängts an.
Diese Bogen sind nun auch zu Ende. Morgen kommt ein Rest von besserem Papier und vielleicht bringe ich es dann auch zu einer gewascheneren Handschrift. Es kommt

mir vor, so hätte ich noch nie geschmiert. Ich wunderte mich nicht, wenn du es gar nicht lesen möchtest. Oder magst du es doch? - auch so?

?

Nein - kein Fragezeichen

Dein Franz.

[1] Rosenzweig folgt in seiner Darstellung von Judentum und Christentum in „Stern" III weitgehend dem traditionellen, christlich-antijüdischen Klischee, wie es in den mittelalterlichen Steinskulpturen der personifizierten Ecclesia und Synagoga an zahlreichen Kirchenportalen - etwa in Strassburg und Freiburg - seinen sichtbarsten Ausdruck fand. Dazu auch der Brief an Margrit Rosenstock vom 30. Juni 1919, S.357, sowie Briefe und Tagebücher S.135f.

An Margrit Rosenstock am 10. Januar 1919

10.I.19

Liebes Gritli, ... Ich habe heute III 2 angefangen, der übliche erste Tag, das Ankurbeln; ich war sogar ein paar Stunden auf der Murhardbibliothek,[1] um den genauen Wortlaut der Maimonidesstelle, die ich dir zeigte,[2] festzustellen; mit der fängt es nämlich an. Aber es gelang mir nicht. Ganz verstanden habe ich die Stelle aus Hansens Brief ja auch nicht. Deshalb z.T. schrieb ich sie dir ja. Er wird wohl mit „der" „Lebenstat" das ganze Leben meinen.[3] Und so würde ich es recht wohl verstehn. Denn deswegen war ich doch bis zum 20.VIII. oder 21. oder 22. - so gewiss, dass ich kein opus schreiben würde. Ich meinte ja auch, so etwas dürfte nur als Frucht am Baum des Lebens reifen. Nun sind es Säfte die in den Kanälen des Stamms hochsteigen durch die Äste bis hinein in die letzte Blattspitze. Man kann den Stamm wohl anbohren und etwas Saft abzapfen, aber eigentlich ist er nicht dafür da. - Übrigens pour moi[4] jedenfalls (und ich glaube, auch sonst) ist penser[5] nicht prier.[6] Wer das gesagt hat, hat vielleicht vor dieser Entdeckung gemeint, Denken wäre „Kopfarbeit"; das ists natürlich nicht; es ist genau so sehr Arbeit des ganzen Menschen wie Beten; auch beim Denken ringt man die Hände. Aber es bleibt trotzdem etwas ganz Andres; ich spüre es zu deutlich. Ich muss heraus - übrigens auch noch aus einem andern Grund: ich muss wieder was lernen, ich vergesse ja alles; ein halbes Jahr ohne etwas zu lesen - „im Atemholen sind zweierlei Gnaden"[7] - -

Wenn nun Hans es so gemeint hat, so ist es doch sehr viel; denn gesagt habe ich ihm das nicht; er weiss es so. Ich zerbreche mir über dies Vorher und Nachher ja nicht mehr den Kopf. Es ist wie damals als Hans und ich nach Rom fuhren; wir hatten das Dogma „nach Rom nie unter 6 Wochen" so oft und so gläubig beteuert, dass wir grade deswegen ihm ohne Gewissensbisse untreu werden konnten, fast im selben Augenblick wo wir es zuletzt beteuert hatten. Ich freue mich auf das Papier; ich war schon traurig dass es schon zu spät war dich nochmal dran zu erinnern. - Die Brotkarten sind für 14 Tage - nun habt ihr keine mehr zu beanspruchen. Wählen könntet ihr übrigens auch hier! sodass ihr euch im ganzen vier Seelen leisten könntet. Wollt ihr eure hiesigen Stimmen nicht der demokratischen vermachen? um meinetwillen -, ihr habt doch nun beide ein Interesse daran, dass es keine Pogrome giebt. Aber du musst nicht denken, ich politisierte. Ich lese das Tageblatt nur wie einen Kriminalroman, möglichst zu einem Stück Brot. Liebes Gritli - „lass mich deine Stimme hören",[8] es ist wirklich das, wonach ich am meisten Sehnsucht habe —

[1] In Kassel.   [2] Dazu der Brief an Margrit Rosenstock vom 29. Dezember 1918, S.207.
[3] Hans Ehrenberg hatte an Rosenzweig geschrieben: „Meine skeptischen Fragen musst du nicht auf dein sonstiges Antiphilosophieren beziehen. Aber ein System 'vor' Deiner religiösen Lebenstat, das konnte ich nicht verstehn; und ich sehe ja nun auch, dass es das System 'nach' der religiösen Tat sein soll; so kann ich es umsomehr auch ganz ernst nehmen, ohne zu vergessen, dass dem göttlichen Tore die Tat, ob vor- oder nachhergetan, das Nähere ist" (zitiert nach Rosenzweig im Brief an Margrit Rosenstock vom 1. Januar 1919, S.210).
[4] Franz.: für mich.   [5] Franz.: denken.   [6] Franz.: beten, bitten.
[7] Goethe, West-östlicher Diwan, Das Buch des Sängers, 4. Talismane.   [8] Hoheslied 2,14.

An Margrit Rosenstock am 11. Januar 1919

11.I.19

Liebes Gritli - das schönste sind die Couverts, allerdings auch die mit der dummen Lederimitationspressung. Aber es ist ja egal. Ich schicke dir einen Teil davon - dann sind sie balder verschrieben. Und da ich grade bei den Dehors[1] bin, und auch so bis zur Kehle voll davon bin, dass es doch nötig ist, dass ich es herauslasse: also bitte, solange ich noch hier bin, siegle bitte deine Briefe; ein Siegel ablösen ist zwar leicht, aber es so wieder aufkleben, dass das Gummi nicht übersteht, ist sehr schwirig. Und ich kann den Verdacht nicht loswerden, dass Mutter gelegentlich deine Briefe aufmacht; heute kam eine ganze Gruppe Verdachtsmomente zusammen; und es ist ja nicht das erste Mal, dass es so geht. ....
So nun bin ich leichter, und will erst nochmal zurück zum ✿.
Genug auch davon. Ich bin so sehr jetzt wieder in den einzelnen Büchern, dass ich mich wirklich besinnen musste, was ich denn in Einl. III für die Zuchtlosigkeit des Glaubens plaidiert hatte. Ich bin eben jetzt bei der Kirchenzucht und kucke gar nicht über die Mauer.   Rudi hat jetzt den ersten Teil ganz gelesen, d.h. im Manuskript. Vielleicht schicke ich Euch das einfach auch. Denn zum Durchsehen der Mündelschen Abschrift komme ich scheinbar doch nicht ..... seit ich III 1 hinter mir habe fürchte ich mich weniger vor den Juden. Ich lese ja wieder Jüdisches, heut morgen wieder auf der Bibliothek und nachher allerhand Jüdischdeutsches in dem Gebetbuch das ich aus Warschau mitbrachte. Da stehen nämlich ausser den Übersetzungen auch gelegentlich kleine Geschichtchen, Gleichnisse, höchst realistische aus dem ostjüdischen Leben, drin; ich müsste dir mal eins abschreiben. Weisst du wohl übrigens, dass ausser den Psalmen, die den Gebetbüchern meist als Brevier für die 7 Wochentage angebunden sind in diesen östlichen Gebetbüchern als <u>tägliches</u> Lesestück (am Schluss des Morgengebets) das Hohe Lied steht? und für den der sich nicht die Zeit dazu nehmen kann, 4 Verse daraus als Ersatz fürs Ganze, die mit ihren Anfangsbuchstaben zusammen den Namen Jakob geben. Ich hatte es ganz vergessen. Es ist wohl das einzige biblische Buch, das in extenso[2] drin steht.

Bis morgen. Dein Franz.

[1] Franz.: äußerer Schein, gesellschaftlicher Anstand.   [2] Lat.: ausführlich.

An Margrit Rosenstock am 12. Januar 1919

12.I.

.... Bis nachher - der ✿ wartet.
Guten Abend. Ich bin nicht recht zufrieden mit diesem Buch oder vielmehr: ich bin gar nicht zufrieden. Ich weiss nicht, woher es kommt. Entweder ist es doch verboten,

so von aussen über etwas zu schreiben - und nun gar darüber. Denn es ist ja von aussen und Eugens Wort von meiner „christlichen Theologie" war ja nur möglich, weil er, wie alle Christen, nicht wusste, wie weit das Gemeinsame geht. Es kann aber auch sein, dass es einen ganz andern Grund hat: ich bin vielleicht einfach „überschrieben". Nach den ersten 3 oder 4 Wochen kam die Pause von Üsküb bis Belgrad und dann nach wieder drei Wochen die Pause Belgrad - Freiburg. Seitdem aber habe ich höchstens die paar Tage von Säckingen bis Kassel pausiert und selbst seitdem sind es nun schon 6 Wochen. Es wäre mir beinahe recht, wenn ich jetzt nach Berlin müsste und sonst gehe ich jedenfalls nach Säckingen, auch wenn ich mit III 2 nicht vorher fertig bin. Vorlesen kann ich dann allerdings auch aus III 1 nichts. Ich kann es erst, wenn beides fertig ist. - Im Ganzen hemmt mich wohl im dritten Teil auch, dass ich ihn eigentlich nicht mehr schreiben muss, denn ich weiss ja schon alles was drin steht, wenigstens in den beiden ersten Büchern. Die beiden ersten Teile steckten im Rudibrief[1], ja in der Konzeption des Nachtwegs nach Prilep. Der dritte Teil wäre mehr eine Bestätigung, - ein Messen des Rudibriefs an meinen Schwarzen Büchern des Winters 1913/14. Ich weiss nicht - und du auch nicht, lass es dir nicht zu Herzen gehn, vielleicht ist es auch alles nicht wahr.
Noch von Born[2] etwas. Er galt bei seinen Kameraden in der A.P.K., in der er ja war, wegen seiner pessimistischen Äusserungen für rot. Infolgedessen kamen bei Ausbruch der Revolution diese Offiziere (genau wie zu Hans in Jüterbog!) zu ihm gestürzt, damit er durch seine Beziehungen, die er aber gar nicht hatte (er kannte nur Bernstein) sie schützte. Das Pack ist also überall das gleiche. Übrigens bestätigte er, dass zwar nicht die klügsten aber die besten Intellektuellen bei Spartakus wären, alle die wirklich etwas tun wollten. (Sag das nicht Eugen, sonst wird er wieder traurig). .....
Zu deinem Brief gestern: hast du wohl schon mal bemerkt, dass die grossen Proselyten,[3] die dem Katholizismus proselthiert sind in den letzten 150 Jahren, gar nicht Eroberungen waren wie die Proselyten, die ihm die Jesuiten zugebracht hatten; sondern sie sind in das gehütete Feuer hineingeflogen wie Insekten an die Lampe. Es war ein ruere in servitium.[4] Die ganz Starken sind nicht dabei gewesen. Und mindestens einer von ihnen, Bismarck, ist doch ein grosser Christ geworden. Vielleicht kommt es daher aber auch, dass die Kirche von diesen Proselyten eigentlich doch nicht viel gehabt hat; sie hat sie eben ohne eigne Arbeit und also ohne Mühen und Opfer ihrer Seele erobert, und so hat sie sich in ihrem Inneren wohl wenig erneuert, wie man es doch eigentlich erwarten sollte bei einer solchen nicht abreissenden Heimkehrbewegung seit den Stolbergs.[5] Nimm als Gegenbeispiel dies: die jüdischen Proselyten seit 1800 hat sich die protestantische Kirche durch ihre eigene „Johanneisierung" wirklich erobert; sie hat es sich etwas kosten lassen, sie wurde Kulturkirche; das tat weh aber es hat sich gelohnt; Proselyten wie Neander[6] oder gar wie Stahl[7] hat eigentlich die katholische Kirche von den Protestanten nicht aufzuweisen: so ganz ungebrochene.
....

---

[1] „Urzelle" zum Stern der Erlösung, abgedruckt in Zweistromland S.125-138.

[2] Max Born, 1882-1970, Schwager von Rudolf Ehrenberg, Physiker und Schüler von Albert Einstein. Er erhielt 1954 den Nobelpreis.

[3] Griech.: Hinzukömmlinge.

⁴ Lat.: sich (freiwillig) in den Sklavendienst stürzen. So bezeichnete Tacitus (Annalen 1,7) das Verhalten der römischen Stände gegenüber Augustus.
⁵ Christian und Friedrich Grafen zu Stolberg; letzterer (1750-1819) trat zum katholischen Glauben über, was großes Aufsehen erregte.
⁶ Johann August Neander, 1789-1850, Sohn jüdischer Eltern, ließ sich 1806 taufen und wurde evangelischer Professor für Kirchengeschichte in Berlin.
⁷ Friedrich Julius Stahl, 1802-1850, trat 1819 vom Judentum zum Protestantismus über und wurde Professor und Oberkirchenrat in Berlin. Er beeinflußte die preußische Politik unter Friedrich Wilhelm IV..

An Margrit Rosenstock am 13. Januar 1919

13.I.
Liebes Gritli, das war schön heut, du kamst gar in dreifacher Gestalt, morgens als Brief und als Muster ohne Wert und nachmittags nochmal als Brief. Ich habe dir heut auch von diesem Papier geschickt, es ist zwar ein bischen gelb, aber dafür sind die Tapeten der Couverts und die Bändchen schön braun, ähnlich wie dein braunes vom vorigen Februar, das du jetzt nur noch zum Haarwaschen trugst.

Mit mir und dem ✿ war allerlei seit gestern Abend. Da fing ich nämlich, im Esszimmer, mit Mutter an, den ersten Teil zu korrigieren, und verstand kein Wort, ich wohl aus Müdigkeit, Mutter sowieso, aber trotzdem war ich doch erschrocken, wie schwer er ist. Und so blass. Ich weiss nicht, ob es etwas am Stoff liegt. Aber jedenfalls - ich war bedrückt, und Mutter nährte die Stimmung kräftig. Natürlich dachte ich dann heut Morgen: nun grad nicht. Und es ging dann auch besonders gut, wenigstens verglichen mit den letzten Tagen. Und nach Tisch las ich in der Frankfurter und siehe da, von Margarete Susmann eine 6 Feuilletonspalten lange Anzeige eines Buchs von Bloch.¹ Bloch macht seit 1911 oder 12 Heidelberg von sich reden, zusammen mit Lucacz, einem Ungarn, der auch schon einiges veröffentlicht hat, Bloch aber m.W. noch nichts; dies ist das erste; diese beiden also traten offen auf als Besitzer einer eigenen Metaphysik, was Hans, der bis dahin sich noch etwas geniert hatte, veranlasste, sich ebenfalls als das was er war zu bekennen. Sodass also mindestens drei Metaphysiken in Heidelberg waren. Hans hat ein paar Nächte mit Bloch und Lucacz disputiert, daher weiss ich allerlei, Lucacz habe ich auch einmal, auf der Strasse, gesehen. Der interessanteste von den dreien schien mir Bloch zu sein. Er schrieb z.B. an den Papst, weil der irgend eine Rolle in seiner Apokalyptik spielte, sozusagen um ihn einzustudieren damit er auch richtig funktionierte. Eine grosse Rolle in seinem System spielten astrologische Parallelen zwischen Erde und Himmel (Lucacz war hauptsächlich Verfasser in spe² einer 7 bändigen Ästhetik, die aber auch Metaphysik war, denn sie sollte die Kunst als Teufelswerk zeigen, das „Luziferische" der Kunst, wie er es nannte). Bloch war ganz wild. Z.B. als Naumann mal Webers besuchte und über die Politik des Jahres - des Jahres, nun etwa 1913 1/2 orakelte und alles ihm sehr andächtig zuhörte, unterbrach ihn Bloch: das sei doch alles sehr nebensächlich, da grade jetzt demnächst der Sirius u.s.w. u.s.w. Nun liess er das Gespräch nicht wieder los und redete vom Sirius und der Gegenwart, und Naumann war ganz bestürzt, und auch Webers war es etwas zu viel. Nun also ist ein erster Band von ihm da, gefällt Margarete Sussmann und handelt scheinbar auch vom ✿. Ich will dir den Artikel einlegen. Die paar Sätze vom ✿ darin haben mir wieder etwas auf die Beine geholfen und ich fürchte mich nun schon wieder weniger vor dem Korrigieren nachher. Die Einleitung war ja wohl auch das Schlimmste. Sie wird nämlich wie du übrigens auf dem letzten Blatt das ich dir schickte schon siehst gleich nach den neuen ersten Seiten ganz und gar „in" oder vielmehr bloss „ad" philosophos.³ Du wirst es gar nicht lesen können mit Ausnahme ein paar „schöner Stellen", die ich dir anstreichen müsste, und Eugen nur bei sehr viel gutem Willen.

Weisst du, zum Aufwachen am Münsterplatz⁴ gehört auch noch dass gleich nach dem letzten Glockenschlag die Orgel anfängt; in manchen Zeiten ist es so. Vielleicht bin ich nun bald wieder da, und schreibe den Schluss des ✡.
Ich habe mich heute gar nicht nach dir gesehnt, du kamst ja dreimal und der ✡ schrieb sich gut - du warst eben einfach da. - Mutter wartet unten, ich will aufhören. Aufhören?? - ach nein, Liebe Liebe, wie kann ich denn! — niemals.

Immer - Dein

¹ 1918 erschien als erstes Werk von Ernst Bloch: Geist der Utopie.
² Lat.: in Hoffnung, im Sinne von: zukünftig.
³ Motto von „Stern" I.   ⁴ In Freiburg, wo Rosenzweig lange wohnte.

An Margrit Rosenstock am 14. Januar 1919

14.I.

Liebes Gritli, ich stürze mich wirklich in dies Papier; es gefällt mir auf dem weissen nicht mehr. Ich fürchte, dies III 2 wird nur schlecht, ganz einfach schlecht. Am liebsten setzte ich mich heute auf die Bahn und führe nach Säckingen und dann nach Freiburg. Wenn es nur an überschriebener Feder liegt, dann wird es ja danach wieder gehn. Und sonst? ich spüre es wohl zum ersten Mal wirklich, wie ganz unmöglich es ist, Wesentliches von aussen sagen zu wollen. Ich weiss doch alles, aber ich kann es nicht sagen. Die Feder stockt mir nur, weil mir die Zunge klebt. Du musst mir wirklich eia machen und mir sagen, dass es nicht schlimm ist.   Aber heute warst du noch gar nicht da. Auch die Zeitungen noch nicht, so hoffe ich noch immer. Ich rede mir ein, ich hätte dich heut besonders nötig. Ich bin so down, dass ich sogar lange schwankte, ob ich den Vortrag in der „Humanität",¹ den Prager voriges Jahr hielt, Ende Februar, annehmen sollte. Statt einfach zu wissen, dass ich sowas doch muss. Sag mir worüber ich sprechen soll. Vielleicht fahre ich auf ein paar Tage nach Frankfurt, auf die jüdische Bibliothek dort, sehe zu ob ich was drüber finde, und spreche über den - ✡, nämlich den authentischen; es muss doch irgendwas darüber geben. Etwas andres jetzt vorbereiten kann ich nicht und Unvorbereitetes - so komisch es klingt, aber mir ist nichts eingefallen, was ich so präsent hätte, wie ich es dafür brauchte.
Ich will zu Tante Emmy gehn, sie hat den Anfang von Rich. Ehrenbergs² „Familiengeschichte" da zum Abschreiben und ich soll ihr ein paar Worte entziffern und es überhaupt lesen; er hat natürlich sich weit und breit über das Judentum überhaupt ergangen und Ehrenbergs finden das „sehr rührend" von ihm. Liebes Gritli, kann ich denn was dafür, dass mir die Welt heut gar nicht gefällt?
Aber natürlich kann ich was dafür - ich vergesse ganz wie gut ich es habe. Ich will einmal daran denken. Also:

Ich bin Dein.

¹ Gesellschaft „Humanität" in Kassel, vor der Rosenzweig häufiger Vorträge hielt.
² Richard Ehrenberg, 1857-1921, Nationalökonom, Vetter von Rosenzweigs Vater.

An Margrit Rosenstock am 15. Januar 1919

15.I.19.

Liebes Gritli, wo ich gestern stecken blieb und so unglücklich war, das war - an sich schon komisch: - bei Staat und Kirche. Vor dem Schlafengehn fiel mir dann ein, dass ich ja die „stärksten von meinen Künsten"[1] ganz vergessen hatte, da wandte ich sie an, nämlich ich sah mir — den ✡ an! das hatte ich lange nicht mehr getan; und richtig da war plötzlich alles schon da, und heute habe ich also von Staat und Kirche und von Priester und Heiliger geschrieben, alles genau wie es im ✡ zu sehen ist. Aber so down war ich gewesen, dass mir das nicht einfiel, wo es doch das Naheliegendste war: an den ✡ zu denken, wenn man von ihm schreibt.

Und heute früh kamst auch du, und so war alles gut. Liebes Gritli, ich fahre am Montag oder Dienstag, aber dann gleich durch, sodass ich wohl am Mittwoch schon bei euch bin; ich muss ja einmal in deinem Zimmer mit dir gestanden sein, und dazu ist es ja nun der letzte Augenblick. Ich war ja schon einmal mit dir drin, einen ganzen Morgen, - aber das war beinahe zu <u>sehr</u> mit dir; ich weiss nicht, wie ich es sagen soll.

Ich schicke dir diesen Brief als Eilbrief, denn du musst mir wegen der Reiseerlaubnis ein Telegramm schicken, mit irgend einem geflunkerten Grund, etwa: „Beginn der Vorträge schon ~~ein~~ Donnerstag, reisen Sie spätestens ~~M~~ Dienstag. Hüssy". Ich bin mehr für solche „Wahrnehmung wichtiger Berufsangelegenheiten" als für „Krankheit naher Familienangehöriger". Übrigens ist es ja noch nicht mal geflunkert. Denn wenn ich bis dahin doch fertig oder sogut wie fertig sein sollte (ich habe jetzt mit dem liturgischen Teil begonnen, der kürzer wird als im III 1, dafür der vorliturgische länger), also wenn ich fertig sein sollte, dann wird ja die Vorlesung auf deinem Zimmer wirklich am Donnerstag beginnen. Und wenn es nun aus irgend einem Grund doch nichts wird - z.B. wenn etwa Montag die Berliner Sitzung sein sollte, so fahre ich euch entgegen nach Frankfurt oder Würzburg oder sonst wohin und ihr fahrt einen Tag früher von Säckingen ab und wir sind dort einen Tag zusammen. An Kassel hatte ich nur gedacht für diesen Fall, weil es ja jetzt Kopfstation geworden ist nach allen Richtungen. Rudi z.B. musste von Gött. nach Lpz. über Kassel fahren.

In Säckingen werde ich ja doch nichts arbeiten, höchstens den Vortrag; ich habe jetzt ein Thema, wozu ich gar keine Vorbereitung brauche: „Geist und Epochen der jüdischen Geschichte."[2] (Nämlich dass sie nur Geist hat und keine Epochen, - zum Unterschied von aller andren Geschichte - von wegen der Ewigkeit -. Das ist der Knalleffekt. Auch kann ich da grade bei Pragers Vortrag von vorigem Jahr über Grätzens Philosophie der jüd. Gesch. anknüpfen.[3] Und ausserdem kann ich den Leuten da die bösesten Sachen sagen. Also das kann ich mir ja in Säckingen im Fremdenzimmer durch den Kopf gehen lassen - wenn es noch nötig sein sollte.

Liebes Gritli, wenn du dir jetzt „dein Haus zusammenträgst", darfst du nicht an so böse Geschichten aus dem Evangelium denken. Es ist ja nicht „dein" Haus, es ist „euer" Haus. Und das ist ein grosser Unterschied, an den das Evangelium viel zu wenig denkt.

Hans Hess kommt eben, und auch so - ich möchte doch nur in einem fort Liebes Gritli schreiben, weiter gar nichts, aber dies immerzu. Das ist keine Stimmung für Briefe -

Liebes Gritli liebes liebes —

Dein Franz

[1] Goethe, Faust I, Studierzimmer.   [2] Abgedruckt in Zweistromland S.527-538.
[3] Rosenzweig verwies in seinem Vortrag, den er kurz darauf in Kassel hielt, auf die „Geschichte der Juden von den ältesten Zeiten bis auf die Gegenwart" des jüdischen Historikers Heinrich Graetz (1817-1891) und betonte, daß dieser sein umfassendes Werk nicht mit dem ersten, sondern mit dem vierten Band begonnen habe - nämlich mit dem Teil, der die Zeit „vom Untergang des jüdischen Staates bis zum Abschluß des Talmud" behandelt und mit der Gründung des Lehrhauses in Jawne anhebt. Graetz beginnt also genau dort, wo christliche Darstellungen - als Ausdruck ihrer Überzeugung, daß mit Jesus bzw. der Zerstörung Jerusalems Israel an sein Ende gekommen sei - gewöhnlich enden.

An Margrit Rosenstock am 16. Januar 1919

16.I.

Liebes Gritli,
es ist ganz spät und war wieder mal ein nervenzerreissender Tag. Ich beschwor ohne es zu wollen beim Mittagessen das Gewitter herauf und dann tobte es bis gegen 6. Danach kam ein freudiges Familienereignis, das glücklich ablenkte.
Der Vormittag ging mir auf - den „Pilger Kamanita" drauf, den mir Tante Emmy zum Geburtstag geschenkt hatte (d.h. in Wirklichkeit wohl Hans), eine romanformige Darstellung des Buddismus von dem Nobelgepriesenen Gjelerup;[1] anfangs hatte ich mich mehr drüber geärgert als gefreut, aber so in der Mitte des Buchs war ich gepackt und las deswegen heut Morgen in einem Zug zu Ende. In der Mitte stirbt er nämlich und dann spielt alles übrige im Jenseits. Es scheint mir gar nicht verzeichnet, und es ist doch irgendwas dran, obwohl, obwohl natürlich - aber das steht alles schon bei Tertullian und Augustin ganz klar, und der Buddismus ist eben doch bloss Antike.
Bei alledem habe ich aber doch eine Menge geschrieben; die Kunstphilosophie in III wird wohl schön. Es giebt ein Lob der angewandten Kunst: Architektur - Kirchenmusik - Tanz. (Das ist eine aufsteigende Linie). (Das ist schon aus Mazedonien vor der Flucht). Dass ich den Tanz zu oberst stelle, wird dir wohl passen? (Ich rechne natürlich auch Prozession, Festzüge, Turnspiele, Paraden, Manöver, Pferderennen u.s.w. dazu).
Rudi Hallo ist nicht bloss befangen, sondern wirklich schon umhüllt von einer dicken Schicht Akademischkeit (Es ist doch gar kein Wunder, dass ihm hier niemand eine Überzeugungstaufe zugetraut hat; er hat eben eine Façade vor sich aufgeführt.[2]
Gute Nacht - es ist schon 12, ich denke an dich.   — Dein Franz.

[1] Karl Gjellerup, 1857-1919, dänischer Schriftsteller, der 1917 den Nobelpreis erhielt, Verfasser des Romans „Der Pilger Kamanita".
[2] Rudolf Hallo, 1896-1933, studierte klassische Philologie und Archäologie, leitete später vorübergehend das Lehrhaus in Frankfurt und arbeitete dann am Hessischen Landesmuseum, Kassel. Unter dem Einfluß von Eugen Rosenstock erwog er, Christ zu werden, kam ein halbes Jahr später aber von sich aus zu Rosenzweig, um mit ihm über seine Rückkehr ins Judentum zu sprechen. Dazu Eugen Rosenstock, Judaism despite Christianity, S.75, sowie mehrere Briefe an Margrit Rosenstock ab dem 24. September 1919, S.432ff.

An Margrit Rosenstock am 17. Januar 1919

17.I.19.

Liebes Gritli,   ein Tag zum Verzweifeln. Zwar der Morgen war schön und Nachmittags war sie weg, aber Abends ging es los. Es ist einfach unmöglich für mich, länger als eine Woche hier zu sein; ich werde völlig in diese Strindbergsche Atmosphäre hineingezogen. Ich kann noch nicht zu Bett gehn, obwohl ich auch so kaput bin, dass ich mein überreiztes Wachsein auch nicht zum Schreiben verwenden kann. Hätte ich was zu korrigieren, so könnte ich die Nacht dran sitzen bleiben. Ich gucke jetzt wirklich aus dieser Höllenbolge[1] Terrasse 1 nach Säckingen und nach Freiburg aus wirklich mit dem Gefühl: riveder le stelle.[2] - Mit III 2 werde ich hier nicht mehr fertig. - Ich will einmal versuchen, ob ich noch in den schönen Vormittag zurückfinde; da kamen nämlich deine Briefe. Nein, ich kann dir nicht antworten, ich kann dir heut überhaupt nicht schreiben. Es geht nicht.   Dein Franz.

Ich habe gestern Abend oder vielmehr heut früh um 2 nicht zugemacht. Ich wollte dir am Morgen noch ein Wort drunterschreiben. Es geht aber immer noch nicht. Dabei war mir eben als strichest du mir mit der Hand über den Kopf.   Tus - bald.

[1] Ital.: bolgia - Höllengraben. In Dantes „Göttlicher Komödie" ist der achte Höllenkreis in zehn solche tiefen Gräben unterteilt.

[2] Bei Dante heißt es in der „Göttlichen Komödie", Hölle, 16. Gesang, Zeile 82f: „Però, se campi d'esti luoghi bui / e torni a riveder le belle stelle ..." - „Drum wenn du diesem dunklen Ort entkommen / Und wiedersehen darfst die schönen Sterne ..."

An Margrit Rosenstock am 18. Januar 1919

18.I. - der erste seit der Revolution![1]

Liebes Gritli,   Stille nach dem Sturm. Sie hatte einen Kater und war nett. Ich bin nachmittags zu Trudchen gegangen, um meine Hoffnungslosigkeit heraus zu schwätzen und bin nun auch erleichtert, nur müde. Ich weiss so genau, dass das einzige was sie auf die Dauer zufriedenstellen könnte, mein Tod wäre; danach würde sie einen Heiligenkult mit mir treiben, vorher giebt sie keine Ruhe; und da ich nicht vorhabe zu sterben, so muss es mit diesem ersten 6 Wochen-Versuch genug sein. Eine Woche lang wird sie mich ja vielleicht aushalten. Ich bin noch müde und schaukle in meinen Nerven. Die Telegramme kamen. Ich fahre wohl Montag Mittag hier ab, bleibe in Frankfurt über Nacht, im Basler Hof, sehe am Dienstag Vormittag die Stelle mit der ich III 2 anfange, dort auf der Bibliothek nach (hier sind nur zensurierte Exemplare, wo die Stelle aus Angst vor der christlichen Obrigkeit weggelassen ist), fahre Dienstag Mittag weiter, sodass ich Mittwoch auf jeden Fall in Säckingen bin. Fertig werde ich wohl keinesfalls, höchstens wenn ich auf der Bahn noch schreiben kann. Den liturg. Teil hoffe ich zwar morgen zu Ende zu kriegen, und sehr lang wird das nachher dann nicht mehr. - Heute musste ich lachen, dass ich gefürchtet hatte, mit III 2, wenn ichs drucken liesse, mir meine jüdische Karriere (a non Carrieremachendo[2]) zu verderben, - es wird wirklich so ganz anders. Eigentlich ist das ja nur natürlich. Den Unterschied, ob ich etwas selbst erlebt habe oder nur an andern erlebt (und etwa noch von aussen ge<u>sehen</u>), <u>muss</u> man ja merken. Und das ist der Unterschied von III 1 und III 2. Ich erkläre das Christentum an meinem erlebten Judentum. Sag das bitte Eugen nicht; ich möchte sein Urteil unbeeinflusst von mir.

Für das Purgatorium hat mich auch erst Dante warm gemacht. Und ist es nicht dichterisch der schönste Teil der Commedia? Es ist eben die Erde zwischen Hölle und Himmel und die Erde ist immer doch der wahre Gegenstand der Kunst, trotz Kamanita,[3] der grossenteils im Himmel spielt, ja und trotz Dante selbst.

Liebes Gritli, ich verstehe doch so gut, dass du dir jetzt endlich dein Haus einrichten musst und musst. Es geht dir ja nur genau wie mir: du willst eben endlich - heiraten. Und Basel? haben wir denn nie davon gesprochen? es ist wohl die einzige ausländische Stadt, nach der ich während des Kriegs manchmal Sehnsucht hatte. Immer wenn sich meine Phantasie malgré moi[4] ins Akademische verirrte, ertappte ich sie auf dem Ruf nach Basel. Nietzsches Fuxen-Professur hat ja ihren Glanz vielmehr davon dass es grade Basel war als dass er noch so jung war.[5] Und Burckhardt.[6]

Spürst du es also auch, dass der Krieg schon so unendlich lange her ist. Obwohl ich doch durch den Stern noch in einem unmittelbaren Zusammenhang mit seinen für mich letzten Monaten August und September bin, ists mir als war es Jahre.

Auf den Mantel mit der 165[7] habe ich ja Anspruch; er gehört zum Entlassungsanzug und ist ein notwendiges Kleidungsstück, wie du ja selber weisst -

Deine bibelkritische Frage (aber Gritli!!) nach dem Alter unsres hebräischen Texts beantworte ich dir lieber mündlich. Werden wir dazu kommen? man muss es nämlich an einzelnen Stellen sehn, da wird es erst lustig. An sich ist unser Text erst 3 Jahrhunderte <u>nach</u> Hieronymus[8] festgeworden. Und Luther lebte in der <u>lateinischen</u> Bibel, betete doch die Psalmen als Brevier, gelegentlich in einem Zuge, sodass ihm der Urtext beim Übersetzen dazu dienen musste, ihn von dem auswendiggekonnten lateinischen erst überhaupt einmal frei zu machen (wie heut jeder Übersetzer durch den Urtext erst einmal vom Luthertext freigemacht werden muss). Aber bei diesem Freiwerden ist er dann nicht selten <u>ganz</u> frei geworden und hat einen ganz eignen Vers gedichtet. - Notker[9] ist noch nicht da; um so schöner, wenn er dann kommt; so ein über Monate verteilter Geburtstag ist grade schön; für den Januar wars der Kluge.[10] - Über Luthers Verhältnis zu den Texten speziell in den Psalmen werde ich später einmal eine Anzahl kleiner Aufsätzchen schreiben, darauf freue ich mich schon lange; es geht das so gut, seit <u>alles</u> was es an Entwürfen von seiner Hand, Sitzungsprotokollen der Übersetzungskommission, Druckvarianten von ihm giebt, vollständig gedruckt ist.

Dies also nur für den Fall dass wir <u>nicht</u> dazu kommen. Wie wird es werden? Den Brief kriegst du wohl noch am Tag ehe ich komme. Ich freue mich auf dich, deine Augen, deine Hände, dein Herz.

---

[1] Am 18. Januar 1871 wurde im Versailler Schloß König Wilhelm I. von Preußen zum deutschen Kaiser proklamiert.

[2] „Lat.": (Das Wort Karriere leitet sich ab) von Nicht-Karriere-Machen. Von Rosenzweig frei umgestaltetes Zitat Quintilians, der in seinem Hauptwerk „De institutione oratoria" I,6,34 die Frage stellt, ob sich nicht einige Worte aus ihrem Gegenteil ableiten ließen, etwa „Wald (hat seinen Namen) von Nicht-Hell-Sein".

[3] Karl Gjellerup, Der Pilger Kamanita; dazu der Brief der Margrit Rosenstock vom 16. Januar 1919, S.223.

[4] Franz.: gegen meinen Willen.

[5] Friedrich Nietzsche bekam bereits im Alter von 25 Jahren eine Professur für klassische Philologie in Basel, die er aber bereits zehn Jahre später krankheitshalber aufgeben mußte.

[6] Jacob Burckhardt, 1818-1897, schweizer Kultur- und Kunsthistoriker, Professor in Basel.

[7] Während des Krieges diente Rosenzweig im Flug-Kanonen-Abwehr-Zug 165.

[8] Hieronymus, um 347-419/20, lateinischer Kirchenlehrer, der sich vor allem um den Bibeltext bemühte und die Vulgata - eine auf die <u>hebräische</u> (statt auf die griechische) Bibel zurückgehende, lateinische Bibelübersetzung - schuf. Auf jüdischer Seite waren es die sogenannten Masoreten, die ab dem 7.Jahrhundert versuchten, einen einheitlichen und eindeutigen Bibeltext festzuschreiben.

⁹ Die kommentierte Übersetzung des Psalters von Notker III. Labeo.
¹⁰ Kluges Ethymologisches Wörterbuch.

An Margrit Rosenstock vermutlich am 30. Januar 1919

Liebes Gritli, es wurde 9, bis ich in Freiburg war ... Ich bin jetzt nur müde und doch voller Liebe und Dank. Gute Nacht, liebes Herz. Es ist noch als wären wir bloss durch ein Stockwerk getrennt und doch seid ihr schon weit weg und bis euch dieser Brief erreicht, seid ihr schon im ersten wirklichen eigenen Haushalt. Ich bin bei Euch - wie ich bei dir bin. Sei auch bei mir - Geliebte.
Ich fühle wie du deine Hände um mich legst.
Gute Nacht. Schlaf schlaf
- Deiner.

Telegramm an Eugen und Margrit Rosenstock („bei schumann haydnstrasse 4 Leipzig"), in Freiburg am 30. Januar 1919 abgeschickt
guten tag! franz

An Margrit Rosenstock am 31. Januar 1919

31.I.19.

Liebes Gritli,
nun seid Ihr schon in Leipzig, habt im Hotel wohl Beckerath getroffen und seid jetzt schon im Haus. Ich habe auch meine verschiedenen Töpfe auf den Herd gestellt; III 3 brozzelt schon leise, und bei Mündel war ich heute Nachmittag 4 Stunden (Ergebnis: Lektüre von 60 Manuskript = 30 Maschinenschriftseiten). Rudi hat er schon fertig abgeschrieben. III 3 wird vielleicht doch gut, allerdings ganz anders als III 1 und 2, ja überhaupt anders als alles Vorhergehende. Aber es ist mehr eine Ahnung. So als ob hier erst das philosophisch Wichtigste kommen müsste, das mit der „Tatsächlichkeit". Übrigens habe ich heute beim Lesen von II 3 gemerkt, dass mir das bei dieser Art Lesen genau so zuwider war wie I, so dass also I vielleicht doch besser ist als ich dachte. III 3 kommt nun wieder auf I 1 zurück, indem es auch vor allem von Gott handelt, I 1 das was ich „vorher" von ihm weiss, III 3, was ich „nachher" weiss.
Ich habe noch viel an das „im Namen" denken müssen. (ἐν τῷ ὀνοματι¹ kommt wirklich erst bei Byzantinern vor, sodass also der weltliche Sprachgebrauch wirklich erst aus dem der Offenbarung stammt). Sag Eugen, es handle sich gar nicht darum, dass man selber das „im Namen" zu seinen Taten dazusagen müsste. Sondern man trägt den Namen an die Stirn gebrannt und die Welt sagt zu dem was er tut, immerfort: aha! Jede Tat wird so zur Heiligung oder Entweihung ⌈⌈des Namens⌉⌉. Oder mindestens zur Entweihung. Denn auf die ist die Welt scharf und lässt sich keine entgehn. Die Heiligung, wenn sie geschieht, wird allerdings meist von der Welt geflissentlich übersehen oder weggedeutet. Aber tut die Welt damit nicht gradezu Polizeidienste am Reich Gottes? Denn unser Gewissen muss ihr ja in 99 von 100 Fällen recht geben, wenn sie unsre guten Absichten uns wegstreicht. Wenn wir selbst nicht kritisch sind, so muss es die Welt wohl an unsrer Statt sein. - Und was geschieht dann wirklich unableugbar „im Namen"? Es darf doch nicht <u>alles</u> weggeleugnet werden können?

Gewiss nicht, aber deshalb betet ihr: „geheiligt werde dein Name"[2] und wir noch eindeutiger: „er heilige seinen Namen"[3]. Er! das Unleugbare muss er selber tun. Wir bringen es immer nur bis zu dem Leugbaren.

...

Bis morgen - liebes liebes
        geliebtes Gritli ——— bis morgen
        - und immer.

[1] Griech.: im Namen.   [2] Im christlichen Vaterunser.   [3] Im jüdischen Kaddisch.

An Margrit Rosenstock am 1. Februar 1919

1.II.

Liebes Gritli, heut nachmittag kam dein erster Brief. Es ist immer wieder wie ein allererster; die Spannung von ein paar brieflosen Tagen geht voran und steigert sich von Tag zu Tag und löst sich dann und diese Lösung ist weich wie deine Hand.

......

III 3 kocht langsam weiter. Es wird ganz anders als das Vorhergehende. Ich schreibe wie in einem leichten Champagnerrausch und ziehe Fäden aus den früheren Teilen hervor. Es wird der eigentlich orchestrierte Schlussteil. „Tor", dann nur noch der Kehraus, in piano,[1] kleines Orchester. Es wird die übertheologische Theologie wie I 1 die untertheologische war. Eine „Mystik", aber auf Grund all des Unmystischen was auf den 500 Seiten davor steht und dann ja auch wieder neutralisiert durch das antimystische „Tor", das noch nachfolgt. Hoffentlich kriege ich es hier fertig. Wird es so, wie ich jetzt ahne, so wird der veränderte Ton von III 1 und 2 im Ganzen nicht bloss kein Fehler, sondern gradezu eine Schönheit. Es ist dann in seiner Deskriptivität[2] wie ein Ritardando[3] vor dem Schlussaufstieg, der „Apotheose"[4] im wörtlichsten Sinn. Ich muss endlich einmal sehen, was Gott „ohne mich", ja „ohne uns" ist. So wird der III. Teil wirklich das Gegenstück zum I[ten]. Aber ich bin noch ganz leise und nur ahnend, wie es wird.

...

[1] Ital.: leise.   [2] Aus dem Lateinischen: (in seiner) beschreibenden Art.
[3] Ital.: langsamer werdend.   [4] Aus dem Griechischen: Vergöttlichung.

An Margrit Rosenstock am 2. Februar 1919

2.II.19.

Liebes Gritli,
das Wasser kocht! es wird wohl so, wie mir vorschwebt. Die Disposition kommt doch in eine gewisse Parallele zu III 1 u. 2. Es wird, wie ich es auch bei der ersten Konzeption damals mir schon dachte, eine Abhandlung vom Schnittpunkt der Parallelen. Und da mir das so wichtig ist, musste es ja wohl doch wirklich an den Schluss kommen.

...

Von Berlin (Bertha Strauss[1]) habe ich jetzt die Maimonidesstelle, die ich zu Anfang von III 2 zitiere.[2] Sie ist im Original viel schöner als in der Übersetzung, auch viel wüster; man begreift, weshalb sie wegzensiert wurde; das konnte man einer christlichen Obrigkeit nicht bieten. Die vielen „gänzlich ungebildeten" Völker, zu denen ~~sich~~ die ⌈⌈hl.⌉⌉ Schrift durch das Christentum gedrungen ist und die mir gleich übersetzungsverdächtig waren, heissen „Völker unbeschnittenen Herzens und unbeschnittenen Fleisches". So wird das Einleitungszitat jetzt in andrer Weise ebenso schön wie das Schlusszitat.

Übrigens diktiert mir Bertha Str. eine Cohenbiografie zu. Ich werde ihr schreiben, dass ich einen grossen Essay über ihn plane, und ihr vielleicht auch den Plan der ὑπομνημονευατα[3] verraten.

Ich muss zu H.U.[S4] Heilige Margerit, steh mir bei. Übrigens er rief mich heut mittag an, Herr Trescher verstand den Namen nicht, es sei eine „Tante Soundso" gewesen! Tante-Rowitsch!

Mir ist als hätte ich irgend was vergessen; vielleicht schreibe ich dir heut Abend nochmal. Bis dahin nimm Mich.

[1] Bertha Strauss, geb. Badt, 1885-1969, studierte deutsche und englische Philologie in London und Berlin, 1908 Promotion, war als freie Schriftstellerin vor allem für Zeitungen tätig.

[2] Stern der Erlösung S.373, wo Rosenzweig Maimonides, Mischne Tora, Buch Schoftim, Abschnitt Melachim 11,4, zitiert.

[3] Griech.: Erinnerungen. „Erinnerungen an Sokrates" lautete der Titel einer Schrift von Xenophon (etwa 430-350 v.d.g.Z.).

[4] Hermann U. Kantorowicz.

An Margrit Rosenstock am 4. Februar 1919

4.II.

Liebes, nur ein rasches Wort ehe ich heraus zu J.Cohn gehe. Ich wollte heute eigentlich in Krebsens[1] Kolleg, aber beides liess sich nicht vereinen.

Mit III 3 bin ich jetzt wieder bei den grossen Rationen angelangt, heut 9 Seiten. Morgen komme ich wohl an den Mittelteil, die beiden Ausstrahlungen des ✡ nach innen und nach aussen. Die nach aussen beschäftigt mich übrigens im Augenblick auf einem dauerhafteren Material als auf Papier. Ich denke nächste Woche wirst du das zu sehn kriegen. Sei ein bischen neugierig.

Und hab mich lieb.
Dein Franz.

[1] Engelbert Krebs, 1881-1950, katholischer Theologe in Freiburg.

An Margrit Rosenstock am 5. Februar 1919

..... 5.II.

Es war gestern sehr nett bei J.Cohn; er sprach viel von Spenglers „Untergang des Abendlandes"[1] von dem Eugen neulich auch sprach; er hatte eine Art Respekt davor. Und dann von - Wilamowitz[ens] Plato[2] (wo Eva Sachs im Vorwort ein Lorbeerkränzlein gewunden kriegt). Der scheint meinen Hegel noch zu überhegeln, nennt ein Kapitel „Ein heitrer Sommertag" und so ähnlich. Ich kam mir wieder arg kurpfuscherhaft vor (als Schreiber des ✡) und hatte ein schlechtes Gewissen, wie er so von „Vorarbeiten", die ihn die nächsten Jahre noch beschäftigen würden sprach. Mein Gewissen wird immer wieder erst besser, wenn er dann von der Sache selbst spricht, und etwa „Budda, Jesus und Jeremias" als religiöse Genies nebeneinander nennt. Mich persönlich amüsiert bzw. ärgert dabei immer am meisten diese Höflichkeitserwähnung irgend eines Profeten, den nun die „Wissenschaft" glücklich nach dem Schema des „religiösen Genies" wiederzurechtkonstruiert hat und der nun gelehrte Modepuppe geworden ist. Mir lag auf der Zunge, ihn mit „Budda, Jesus und Schmeie Tinkeles" zu korrigieren; ich verkniff es mir aber; er hätte doch nicht verstanden, dass es im Judentum „religiöse Genies" gar nicht giebt und geben darf. Und eigentlich im Christentum auch nicht; das ganze Dogma hat doch nur den Zweck zu verhindern, dass man Jesus für ein religiöses Genie erklärte und ihn Jesus Genius nannte statt Jesus Christus.

Am ✡ schreibe ich mit einer Mischung aus Leichtsinn und „Furcht und Zittern",[3] und dem Gefühl sehr mangelhafter Vorbereitung. Ich weiss nicht — aber vielleicht wird es doch gut.

...

[1] Oswald Spengler, Der Untergang des Abendlandes, 1918ff.

[2] Ulrich von Wilamowitz-Moellendorff, 1848-1931, Platon, 2 Bände, 1919. In der Einleitung dankt der Autor einem „Fräulein Eva Sachs" für die Mitarbeit (S.V).

[3] Im Mussafgebet am jüdischen Neujahrsfest heißt es in dem Abschnitt UNETANNÄ TOKÄF (ונתנה תקף): „Und in einen großen Schofar wird gestoßen, eine Stimme dünnen Schweigens wird gehört, die Engel geraten in Eile, und Furcht und Zittern ergreift sie. Sie sagen: Da, der Tag des Gerichts ..." „Furcht und Zittern" lautet außerdem der Titel eines damals sehr bekannten Werkes von Sören Kierkegaard aus dem Jahr 1844.

An Margrit Rosenstock am 6. Februar 1919

6.II.19
kamst du da
nicht voriges
Jahr nach Kassel?

Liebes geliebtes Gritli,

diesen Brief wollte ich dir schon in der Nacht schreiben, dann lag ich statt dessen viele Stunden wach, heut vormittag schrieb ich ⌈⌈am ✡⌉⌉ - ich dachte gestern ich würde es nicht können - und jetzt erst schreibe ich ihn, nachdem eben die Post deinen kurzen Antwortbrief auf meinen langen vom Tag heut vor einer Woche gebracht hat. Die Schleier, von denen du schreibst legen sich immer wieder um uns. Wir zerreissen sie wieder und wieder - und doch, mehr können wir nicht, weder du noch ich, können es überhaupt nicht einzeln, können auch dies, wenn je, nur - zusammen. Mein liebes geliebtes Gritli - ich kann nicht von dir und du nicht von mir. Das bleibt, wie wir uns bleiben. Gieb mir deine Hände, ich muss sie küssen, lang, lang, ohne Aufhören.

Hör von der Nacht: Loofs bestellte mich auf heute um, so ging ich Abends zu Eugens Eltern.[1] .... als mich der Vater nämlich plötzlich ganz rund heraus fragte, wie ich es denn eigentlich fertig brächte, mich religiös ~~Mu~~ mit Eugen zu vertragen. Worauf ich erst etwas von zwei Dickköpfen sagte, dann aber etwas über Judentaufen im Allgemeinen so grob formulierte, weil ich hoffte Ditha[2] damit zu ärgern (von 100 seien 99 aus äusseren Gründen, die 100te geschehe aus Unkenntnis des Judentums und erst die 101te aus Überzeugung). Das hinderte sie aber nachher gar nicht, die Taufe überhaupt als etwas ganz ausser allem Disput zu behandeln. Und ich hatte mir eingeredet, ich wäre weitergekommen seit vor 9 Jahren, wo ich Hans, der ja in Dithas Lage war, sagte: Tus.[3] Und wagte nun überhaupt nicht, den Mund aufzumachen. Was hätte ich ihr auch sagen sollen. Sie heiraten kann ich doch nicht, und das wäre das einzige. Alles andre - wo soll sie denn hin? was soll ich ihr denn für einen Weg zeigen? noch dazu ich, der ich - ein Buch schreibe. J.Cohn hatte gesagt, vorgestern als er über Muhamed und die „religiösen Genies" sprach, sie könnten das „Religiöse" nie zum Mittel machen, alles andre ja , aber dies nicht, und das „ganz grosse" „relig.Genie", „Jesus z.B." könne selbst nichts andres zum Mittel für das Religiöse machen. Aber das ist ja Unsinn. Dieser „extreme Fall" des „ganz grossen", ist ja das normale. Es ist einfach unmöglich, irgendetwas zu wollen. So nebenher ja. Aber wo es eigentlich drauf ankommt - es geht einfach nicht. Sowenig wie ich an Mutter etwas wollen kann oder sonst an irgend einem Heiden, sondern immer wieder nur warten, dass etwas geschieht, so ists auch hier. - Gewiss es ist nicht an mir allein, es ist die furchtbare Lage der Westjuden überhaupt. Eugen hat zwar nicht recht, dass man „ohne jüdische Eltern" nicht Jude werden kann; hat man das sichtbare Judentum irgendwo gesehn, so sieht man auch das unsichtbare, nur künstlich unterdrückte, in seinen Eltern. Obwohl ja der Fall der alten Rosenstocks (hier wie in allem) noch unendlich viel krasser ist als der Fall meiner Eltern, die ja beide sogar ein bewusstes Anhänglichkeitsverhältnis haben. Aber schliesslich ich springe ja doch darüber weg in die frühere Generation. Denk an das was ich vom Ahn und Enkel[4] schrieb; den Vater schalte ich da eigentlich aus. - Und dennoch trotz und trotz allem, durfte ich denn stille sein?? Wenn sie nun erwartet hätte, ich würde sprechen? Dies „Wenn sie nun" verliess mich nicht und liess mich nicht einschlafen, und lässt mich auch heute nicht zur Ruhe kommen. Ich habe ihr nichts zu geben und weiss keinen Weg für sie und Eugen hat ihr alles zu geben und weiss einen Weg für sie - und dennoch müsste ich und muss ich. Ich werde sie jetzt gleich mal anrufen. Obwohl ich nichts weiss was ich ihr sagen könnte, was nicht glatt an ihr abspringen wird. Es muss sie ja auch beleidigen, wenn ich ihr sage - und das werde ich ihr sagen - dass ich ihren Fall wirklich nur als Fall behandle und hier nur als Jude überhaupt Eugens in diesem Fall ganz persönlich gemeinter Christlichkeit entgegentrete. Ich mag sie ja einfach nicht recht leiden, obwohl sie grosse Qualitäten hat. Genug davon für jetzt.

Vielleicht hängt dies alles näher mit dem zusammen, was ich dir zu Anfang schrieb, als ich ~~dir~~ mir zugeben mag. Ich weiss es nicht, ich will es nicht wissen. Ich muss durch, durch all dies durch. Gieb mir deine Hand. „Lege mich wie einen Siegelring auf dein Herz."[5]

                Auf dem Siegel steht: Dein.

---

[1] Die Eltern von Eugen Rosenstock hielten sich gerade zu Besuch in Freiburg auf.

[2] Schwester von Eugen Rosenstock.

[3] Hans Ehrenberg war 1909 vom Judentum zum Christentum konvertiert. Damals hatte Rosenzweig diesen Schritt ausdrücklich befürwortet. Dazu Briefe und Tagebücher S.94f.

[4] Dazu der Brief an Eugen Rosenstock vom 22.-24. Mai 1917, S.9ff.

[5] Hoheslied 8,6.

An Margrit Rosenstock am 7. Februar 1919

7.II.

Liebes Gritli, ich dachte schon, es wäre kein Brief von dir gekommen, und war ein bischen down, nach dem letzten; ich dachte, ich hätte zu sehr in dir herumgewühlt, da brachte mir eben aber der Kellner den Brief doch noch und ich weiss nun wo ihr seid und wo du bist, du. Weisst du, der Arm von dem du gestern schriebst braucht nicht zu schlagen, er kann es auch ganz gelinde machen, wir wollen uns nicht sorgen. Heute stand ich mal am Fenster und sah auf den Münsterplatz, der wieder ganz zugeschneit war. Plötzlich war mir, du stündest neben mir und lehntest mit der Hand auf meine Schulter. Ich wagte mich gar nicht umzusehen, weil ich wusste, dass es dann ja nicht wahr sein würde. Oder war es doch wahr? Ich war dann trotzdem enttäuscht und traurig, als es nichts war und bloss mein Stuhl da stand mit dem schmutzigen Kissen vom Sopha, das ich drauf gelegt habe. Aber war es vielleicht wirklich doch wahr? Sag Gritli, du <u>bist</u> ja bei mir. Ich bin zum Zerspringen voll Sehnsucht nach dir, du bist mir nah und es ist mir doch als hätte ich dich soviel Monate nicht gesehn wie Tage. Nimm meinen Kopf in deine Hände und sage mir dass du mich lieb hast. Gritli?

Am Montag wird das kleine „lebendige Ding" fertig, auf das du ein bischen neugierig sein sollst. Dann geht es zu dir, ich habe es oft zwischen den Lippen gehabt die letzten Jahre und dann wirst dus zwischen die Finger nehmen, alle Tage ein Mal und wirst dabei an mich denken, und ich werde die Spur davon sehen.. - Das ist ja ein richtiges Rätsel geworden, und ich fürchte sogar ein so leichtes, dass du gar nicht mehr neugierig bist. Oder bist du ein bischen dumm? Bitte seis.[1]

Gestern Abend bei Loofs war es sehr nett, ich war nur etwas müde und es dauerte bis ½1. Es war so eine feine Zusammenstellung von Menschen. Husserls, Emil Straussens. .... Husserl. Ein Mensch auf jeden Fall. Wahrscheinlich in seinen Büchern ein schlechter Philosoph, grade weil er im Sprechen ein guter ist. Eine grosse Bescheidenheit, die man ihm glauben muss, weil sie mit ebenso grossem Hochmut zusammengeht. Ein verschwommener nach innen gemummelter Judenkopf; im Ton, besonders wenn er ironisch wurde, in den Singsang des „Lernens" fallend. Sich interessierend und dann wieder dozierend. Sicher für junge Leute sehr anziehend; ich wäre sicher zu ihm gegangen, wenn er damals gewesen wäre, wo ich war. Er ist katastrophal gesonnen, erwartet und <u>wünscht</u> das Chaos, zwecks Rückkehr zur Ursprünglichkeit (das hängt mit seiner „Phänomenologie" zusammen, die auch eine Rückführung des abstrakt und formelhaft gewordenen Denkens auf die einfachen unmittelbaren „Phänomene" sein will) und erwartet die Zukunft aus Russland. - Mich ritt aber der Teufel und ich verteidigte die Gegenwart gegen die Herabsetzung gegenüber 1800 und behauptete die schlechten Briefschreiber hätten damals auch schlechte geschrieben und die guten schrieben auch heut gute, und wer sich nicht zerstreuen lassen <u>wolle</u>, der <u>lese</u> heute die „Woche"[2] eben einfach nicht u.s.w. Es ist ja wahr, aber ich weiss nicht weshalb ichs sagte.

Ists nicht komisch, dass ich nicht bloss keinen Beruf habe, sondern noch nicht mal mein Fach angeben kann? es wurde mir gestern wieder so klar. „Philosoph" bin ich wahrhaftig auch nicht; das merke ich jedesmal wenn ich mit Professionel[s] zusammen bin. Der ✿ ist keine Philosophie, (obwohl Hans, der jetzt bei I 2 ist, die „spezifisch logische (logisch-metaphysische) Begabung" daran rühmt!!) (Übrigens findet Hans „einen gewissen Mangel an Architektonik im .Verhältnis zu dem inneren Reichtum"! Ich habe also meine ✿-förmigen Spuren ❦gut verwischt.) (was ich ja wollte.) (Er fährt fort, - bei I 1 und I 2! -: „Dadurch wirkt es etwas in der Richtung einer Selbstdarstellung").

III 3 wird wohl so lang wie III 1. Ich bin jetzt in der Mitte und habe mit den tümern³ angefangen. Es ist anders geworden als III 1 und III 2. Vom ✿ wird selbst in diesem Buch, das doch nach ihm heisst, nichts vorkommen, vielleicht. Sodass dann alles, was von ihm gesagt wird, in Übergang, Schwelle und Tor stünde und sonst nirgends.

Wenn ich bis Mitte der nächsten Woche mit III 3 fertig werde, so fahre ich vielleicht wirklich noch ein paar Tage nach Säckingen und schreibe „Tor" an deinem Schreibtisch mit deinem Blick.

......

[1] Rosenzweig schickte an Margrit Rosenstock ein Briefsiegel.
[2] „Die Woche" - 1899 gegründete Wochenzeitung.
[3] Juden*tum* und Christen*tum*.

An Margrit Rosenstock am 8. Februar 1919

8.II.

Liebe, heut nach Tisch war ich also bei Ditha. Ich war mit klopfendem Herzen hingegangen und in einer unsinnigen Erregung, aber es war doch sehr gut und notwendig, über Erwarten. Also sie hatte es doch erwartet, dass ich etwas sagen würde und es dann nur auf meine abenteuerliche Freundschaft zu euch geschoben, dass ich es nicht tat. Ich kann dir nicht mehr genau sagen, was wir sprachen; ich sprach nämlich nicht mehr als sie; Schmeie Tinkeles - wie komme ich nur auf den Namen - spielte eine grosse Rolle darin. Aber ich weiss das Einzelne nicht mehr. Dir wäre es auch nichts Neues. Aber das ist es ja: ihr war alles, aber auch alles neu. Und das darf doch nicht sein. Es handelt sich ja nicht um eine Heidin. Der würde man natürlich nicht mehr noch nachträglich ein bischen Heidentum anwünschen, sondern müsste froh sein, wenn es ihr erspart geblieben wäre; denn soviel wie sie zum Christwerden braucht, hätte sie auf jeden Fall in sich, wie jeder Mensch. Aber hier handelt es sich um eine nähere Berufung, die ihr nur noch nicht zu Ohren gekommen war. Eugen selbst hat in dem Brief vom Ende November, den sie mir zum Schluss zu lesen gab, ja etwas Ähnliches empfunden, aber doch zu formell, wie es ja bei seiner Unkenntnis des Judentums gar nicht anders möglich gewesen ist. Denn ein solcher Besuch beim Rabbiner hätte noch weniger zu bedeuten als ein Besuch beim Pfarrer, weil das Judentum nicht in Worten liegt und auch nicht in Worte zu fassen ist; man muss es sehen; hat man es gesehen, dann versteht man auch die Worte (ich konnte ihr auch nicht sagen: Lesen Sie mal das oder das. Im Gegenteil, ich musste sie warnen vor dem Lesen. Denn das was auf mich den Eindruck macht, weil ich dabei etwas sehe, macht ihr vielleicht gar keinen). Aber ausserdem was wäre ein solcher Besuch, selbst wenn der Rabbiner irgendwie Vertreter des Judentums wäre in dem Sinn wie der Priester Vertreter der Kirche ist, was wäre ein solcher Besuch, der nur in der Absicht geschieht,

diese Brücke hinter sich abbrechen. Eine künstliche Selbsttäuschung. Es ehrt sie, dass sie ~~sich~~ dieses billige Erkaufen eines guten Gewissens verschmäht hat. Eugen schreibt, dieser erste Schritt sei der leichteste und äusserlichste, oder so ähnlich (im Gegensatz zu dem dann folgenden zweiten und dritten: protest., kathol.). Und das ist eben nicht wahr. So wie der Abgrund zwischen Jud. u. Chr.tum ein Abgrund ist und der zwischen Kath. und Prot. eben doch nur ein Graben, so ist jener „erste Schritt" der schwerste und innerlichste, oder <u>sollte</u> es wenigstens sein, wenn er gemacht würde (<u>sollte</u>, vom christlichen Standpunkt aus) und <u>wird</u>, wenn er das ist, deshalb dann - nicht gemacht werden (sage ich vom jüdischen Standpunkt aus). Über Geschehenes denke ich anders. Den Bruch einer solchen Rückwärtsrevision in ein Leben bringen, darf man nur wenn man die Pflege dieses Menschen für das ganze Leben übernehmen will und kann. Aber hier wo noch nichts entschieden ist im Bewusstsein und das Unbewusste, die Berufung, da ist es ganz etwas andres. Das muss auch Eugen sehen, zumal es ja nur eine Ausführung dessen ist, was er, allzu offiziell, mit einem Besuch beim Rabbiner (wohl als dem Vorsteher des grossherzoglich badischen Konsistoriums der Israeliten, rheinbündischen Ursprungs - etwas andres wüsste ich nicht) erledigen wollte. Schwer ist es und bleibt es, und ich habe ihr nichts vorgemacht. Aber ihr andrerseits auch gesagt, dass ich <u>glaube</u>, wer sucht, der müsse da auch finden; nur einen Weg ihr sagen kann ich nicht; sie muss selber suchen; ich konnte ihr nicht sagen, wo, nur <u>was</u>; nämlich nicht etwas was ihr gefällt oder nicht gefällt, sondern nach etwas, was sie - <u>ist</u>. Das ist ja eben der Unterschied. Seht, wenn der Heide Christ werden will und sucht und findet etwas, was er <u>ist</u>, so wäre er sicher auf dem Holzweg. Wenn aber der Jude Jude werden will und findet etwas, was er ist, so ist das Zeichen, dass er schon - am Ziel ist. Liebes Gritli, ich war nachher sehr froh, dass ich es getan habe; noch gestern, das zweite Mal (das erste Mal als ich anrief, vorgestern war sie nicht da) bin ich gradezu zähneklappernd in der Telefonzelle gestanden. Und es kann nicht schlecht sein. Am Montag bin ich wieder mit ihr zusammen. Es musste sein.

Ich war bei J.Cohn; es war ein Dichter Lübbe da den ich nicht kannte, still und nett, mit seiner Frau; er übersetzt Dante, ist schon im Paradiso; grade das erfuhr ich leider erst als er schon fort war. Es war sehr hübsch, aber vielleicht kam es mir auch nur so vor, ich war so von innen heraus froh, nach der Spannung dieser Tage seit Mittwoch Abend wie befreit.

Dazu zwischen hinein auf dem Weg nach Güntherstal fand ich auch noch deinen Brief. Ich zähle auch schon die Wochen, bis ich nach Leipzig komme; es ist nämlich wirklich nicht mehr so lang. Ende Februar bin ich wohl sicher in Berlin. Da wird nämlich Schocken da sein und das Werbebüro organisieren. Das sind doch bloss noch 3 Wochen; es kommt mir kürzer vor als die 1½ die vergangen sind. Und vorher kommt noch der kleine Vorbote, auf den du neugierig sein sollst, aber du bist ja gar nicht zur Neugier angelegt, - Herr Mündel macht Feierabend. Nur rasch noch -   Dein Franz.

An Margrit Rosenstock am 9. Februar 1919

9.II.

Liebes Gritli, in der Zeitung lese ich eben die Todesanzeige von Gredas Mutter; ich sitze nämlich in einem Wirtshaus zwischen Herrn Mündel und Loofs. - Im ✿ bin ich

jetzt bei den beiden tümern, mit dem Chr. fertig, morgen kommt das Jud. Es geht ihnen beiden schlecht, etwas wie den Oberländerschen[1] Löwen, die sich gegenseitig auffrassen bis nur noch zwei Schwanzquasten auf dem Wüstensand lagen. Was dann danach kommt, ist mir wirklich noch etwas saharahaft; wahrscheinlich eine letzte Aufnahme von dem sehr Wichtigen was vorherging, etwas ins Naturphilosophische gewendet aus dem Logischen. Diese Schlussbogen schreiben sich mit einem sonderbaren Gefühl des Abschiednehmens; bei einzelnen Gedanken muss ich denken: das ist nun das letzte Mal, dass du vorkommst. Denn es kommen ja alle Gedanken fortwährend vor durch das ganze Buch. Es ist wohl überhaupt eine Art System, die es noch gar nie gegeben hat, dass so alles vorkommt aber unter Sprengung all der gewohnten Paragrafen, unter denen es vorzukommen hätte. Es müsste kein Vergnügen sein, so etwas zu rezensieren. Denn „Religionsphilosophie" ist es doch wahrhaftig auch nicht. -
Ich glaube wirklich, III 3 wird besser als III 1 u. 2. -
Liebe, du schreibst in deinem gestrigen Brief, an dem ich, mangels eines neueren, noch zehre, du hättest einen Faible für ältere Herrn die noch jung sind. Ich glaube, sogar für junge, die zu solchen älteren Hoffnung geben. Ich habe bei jungen Mädchen übrigens immer ein ganz bestimmtes Vorgefühl, was für alte Damen sie einmal geben werden. So ist mir bei Mutter schon lange, längst vor ihrer Katastrophe, klar gewesen, dass sie keine „feine alte Frau" werden würde. Es ist übrigens etwas Generationssache; aus der jüngeren Generation - ich meine schon unsre - wird eine ganze Menge kommen. Es ist eine sonderbare Sache ums Altwerden. Vorläufig wollen wir sein wie wir sind und jeden Tag nur um einen Tag älter. - Mir ist so schwätzig, als ob wir nah beieinander sässen. Leb wohl, Liebste, bis morgen nachmittag.

[1] Adolf Oberländer, 1845-1923, satirischer Zeichner.

An Margrit Rosenstock am 10. Februar 1919

10.II.
Liebes Gritli, der Montag ist ein guter Tag, mit zwei Briefen, aber es war auch gut, dass nachmittags noch der zweite kam. Der erste, des Morgens, hatte mich so irrsinnig sehnsüchtig gemacht, dass ich kaum schreiben konnte, ich rannte immerfort nur im Zimmer herum, wodurch aber die Entfernung nach Leipzig nicht geringer wurde. Ist es mir denn nur so, als ob noch nie das Fernsein so unerträglich, so vom ersten Augenblick an unerträglich gewesen wäre. Wenn ich dich jetzt herbeschwören könnte - o Gritli, es ist gut dass ich es nicht kann. Bis in drei Wochen müssen wir uns sehen, ich werde einfach schon über Leipzig hinreisen, sonst ist es ja wieder eine Woche länger.
Ich habe keine Lust mehr, dir zu schreiben - warum bist du nicht da, warum kann ich nicht sprechen. Ich war bei Loofs[ens] gestern; es sind zwei reizende Töchterchen da, von 2 1/2 und 3/4 Jahren. Die Frau ist wirklich etwas Besonderes. Sie war in der Mission in Egypten. Ich habe die Vorstellung, als ob sie dann an Stelle der Ägypter sich ihren Mann zum Missionsobjekt genommen hätte und als ob noch immer ein grosses ihr noch unerreichtes Gelände in ihm wäre; und sie trüge das mit einer himmlischen Geduld und Hoffnung. Vielleicht ist das etwas Phantasie, aber es schien mir so durchzuschimmern. Es war überhaupt ein recht hübscher Abend; er ist sicher etwas geworden, ohne dass ich ihm schon wirklich nah stehen könnte, ihr eher.

Jetzt gleich gehe ich wieder zu Ditha. Es ist eine schlechte „Vorbereitung", dass ich heut morgen grad die Beschimpfung des Judentums geschrieben habe. Bei unsrer langen Briefentfernung ist es ja beinahe wie in Mazedonien und man muss die gleichzeitig geschriebenen Briefe für Antworten aufeinander nehmen. So deiner vom Donnerstag und meiner. Dithas Idee mit dem Landerziehungsheim ist wirklich eine; hat Eugen vielleicht irgend einen Bekannten, der darin steht? Dass er in dem „besinnungslosen Tanz" um das, noch nicht mal goldne, Kalb der Wissenschaft je eine annehmbare Figur abgeben könnte, glaube ich auch weniger und weniger. Und dann schreibst du grade vom Münster und mir und dir, die immer nur - ich und du sein können, und keine wir.[1] Liebes Gritli, ist es nicht besser? ich will dir gestehn, es war mir manchmal ein guter und stillender Gedanke, dass uns dies immer getrennt hätte, jenseits aller Zufälligkeiten des sich Begegnens. Ich war ordentlich dankbar dafür. Ich kann nicht mehr darüber schreiben.

Und für den Brief neulich würde ich keinen geheimsten Grund suchen, der offene reicht aus. Sieh, dass wir nicht „wir" sein dürfen, das ist kein Geheimnis, es ist so offenbar, dass es jeder sehen könnte; aber dass wir Ich und Du, Du und Ich sind, dass wir es werden konnten, werden durften und - o du Geliebte - bleiben werden, Du mir Du und Ich dir Ich - das ist ein Geheimnis, an dem ich raten würde, solange ich lebe, wenn ich nicht lieber das Raten aufgäbe und das Geheimnis nähme als das was es ist: als ein Wunder für das ich nur danken kann.

Dein Dein - geliebte Seele

[1] Wohl eine Anspielung auf das mittelalterliche Eingangsportal des Freiburger Münsters, an dem Plastiken von Ecclesia und Synagoga stehen - als polemischer Ausdruck für die unüberwindbare Trennung und das Gegeneinander von Christentum und Judentum.

An Margrit Rosenstock am 11. Februar 1919

11.II.

Liebes, ein kurzes Wort doch noch; es ist spät geworden und gleich kommt Beckerath. Bei Ditha heut und gestern, jedesmal nur kurz, - es ist schwer für sie und für mich; aber morgen, wo es doch vielleicht das letzte Mal ist, werde ich mir einen Ruck geben und ihr einfach ein bischen vordozieren, gestern und heute das war blosse Zustandsanalyse: so geht es mir, so ist es mir gegangen und so. Sie hat starke und eigentümliche Widerstände gegen Eugen, die es mir grade schwer mit ihr machen; denn ich könnte leichter mit ihr sprechen, wenn ich Eugen bei ihr so voraussetzen könnte wie bei mir. Gegen das Katholische sträubt sie sich überhaupt. Wir waren eben bei Krebs im Kolleg, persönlich fein (etwas mehr „fein" als ich erwartet hatte, und insofern unter meiner Erwartung), als Kolleg sehr gut, aber ganz ausgesprochenermassen <u>nur</u> sehr <u>gut</u>, nicht mehr. Genau wie der Philalethes^{sche} Kommentar.[1]

Ich schreibe jetzt die Schlusspartien von III 3. Heut habe ich dem Judentum wieder Eiei gemacht, das war sehr schön. Ich habe dir ja heut das „Ding" geschickt. Es ist grade das was ich vorgestern oder vorvorgestern geschrieben habe. Ich habe es einmal ausprobiert. Es geht von mir zu dir - und so habe ich heut keine Sehnsucht, es ist als ob wirklich etwas von mir zu dir käme und du nimmst es in die Hand und es ist —— Dein

[1] Philalethes - griech.: Freund der Wahrheit - war der Schriftstellername des Königs Johann von Sachsen, der Dantes „Göttliche Komödie" übersetzte und kommentierte (3 Bände, 1839-1849).

An Margrit Rosenstock am 12. Februar 1919

12.II.
Liebes Gritli, ich bin greulich verschnupft (heute vor einem Jahr war mein Urlaub ja eigentlich zu Ende!), also ich bin so verschnupft, dass ich wahrscheinlich gar nicht in Säckingen anfrage, ob ich kommen darf; es ist ja auch schon etwas spät geworden; erst morgen früh werde ich wohl mit III 3 fertig, es wird so lang fast wie III 2. Vom ✡ ist doch darin die Rede aber in kurioser Weise, so dass der Leser nie recht weiss: ists bloss Gleichnis oder die wirkliche Figur. So dass ganz ausdrücklich von der Figur doch erst im „Tor" gehandelt wird. Morgen muss ich dann III 3 auch noch ganz durchlesen, um es Mündel zum Lesen zu geben, falls ich doch Freitag noch auf zwei Tage nach S. fahre. Es wäre ja schade, wenn nicht. Aber wenn ich noch nicht mal vorlesen könnte - so wäre ich doch zu wenig existenzberechtigt. Es war mir ganz recht, dass mir Ditha für heute absagte, so habe ich viel schreiben können und bin nun schon an dem kurzen naturphilosophischen Schluss. Das Buch ist doch das tiefsinnigste des Ganzen geworden, so tiefsinnig dass ich es selber nicht recht verstehe oder genauer: dass ich nachher wieder genau so schwummerig dazu stehe wie vor dem Schreiben. Es handelt ja von dem, was dir Rudi damals schrieb: vom Geborensein, vom Sichvorfinden als der Höhe der Tatsächlichkeit. (Auch die Wiedergeburt ist etwas Vorgefundenes; grade heut schreibst du selbst etwas in diesem Sinn und exemplifizierst auf Schweitzers Kongoentschluss[1]). Dabei wird nun alles Vorhergegangene rekapituliert, vor allem Gott Welt Mensch. So ist es ein richtiges Schlussbuch geworden. Wie ich Mittags grad daran schreibe, kommt „eine Dame" herauf und will in mein Zimmer; es war aber noch unaufgeräumt, so brachte ich sie wieder herunter und setzte mich mit ihr in den grossen Raum. Es war nämlich „Tante Paula". Sie wollte, ich sollte abends mit ihr in einen Vortrag über die Offenbarung Joh. gehen; mit Ditha gehen habe keinen Zweck, die verstehe nichts davon, so könne sie mit ihr nicht darüber sprechen. Ich konnte ja aber glücklicherweise nicht, wegen Mündel. So erzählte sie es mir so. Das war nun doch erschreckend. Der Ton und der Blick - ich hatte es mir doch nicht so vorgestellt. Sie brannte in einer Glut, die ich und wir alle vielleicht nicht das Recht haben krankhaft zu nennen, die aber jeder dritte doch so nennen müsste. Weisst du eigentlich die Rolle, die die Off.J. bei ihr spielt. Das neue Jerusalem, so hoch wie breit und lang also ein „Würfel", aber mit 12 Toren je aus einer <u>Perle</u>, also <u>kein</u> Würfel, sondern eine - Kugel. Und nun Tableau.[2] Sie hat sich das ganze Buch zusammenhängend gedeutet. Hätte sie nicht die naturalistischen Angelesenheiten, so wäre sie einfach jüdisch oder christlich. Es ist etwas Unheimliches um das Blut. Aber sie war überhaupt unheimlich; sie selbst. Man musste sich fragen, ob man genau so ist, mindestens genau so wirkt. Aber dass sie auf mich so wirkt, wo ich doch ihren Gedanken folgen kann, ist das eigentlich Unheimliche. Es fehlt irgendwie der Beisatz von Gewöhnlichem, Selbstverständlichem, der jeden extremen Gedankengang erst lebendig macht; dies ist ja alles, als ob sie selber es gar nicht spräche. Vielleicht sollte sie hier doch einfach an der Universität hören, um etwas Entspannung zu haben; so ist sie mit ihrem Dämon so greulich <u>allein.</u> Ich war erschlagen als sie ging. Ich hatte ihr klar zu machen gesucht, dass ihr „heiliges Urganzes" nicht der liebe Gott ist, sondern bloss die Welt. Es gelang mir aber nicht. Abends vor Mündel war ich beim hiesigen Rabbi-

ner, Eva S.[3] hatte nämlich geschrieben, ich möchte ihnen doch schreiben, wie es würde. Der Sitte entspricht es also ganz und gar nicht, dass jemand, der das jüdische Eherecht nicht beherrscht, traut, aber ungültig wird die Trauung nicht dadurch. Es ist also ungefähr, wie ich mir dachte; die Versuchung mich zu drücken trat nochmal sehr stark an mich heran (auch Evas Brief war nicht so dringlich gewesen) aber ich will die Gelegenheit nicht benutzen und wills tun. Aber der Rabbiner! Das wäre allerdings Eugens Mann gewesen! Fürs Katholische muss Muth[4] den Allerausgesuchtesten verschreiben, denn es kommt so unendlich, ja es „kommt alles auf die Menschen an", durch die man eingeführt wird, aber für zur Vorbereitung des Fusstritts, mit dem man das Jüdische abstösst, genügt irgend ein „bestellter Vertreter der Synagoge". Nein, da muss die Synagoge doch lieber auf die Ehre dieses Fusstritts verzichten. Mit der blossen Erfüllung der Form ist eine Sache wirklich nicht erledigt. Weisst du, es war kein ganz greulicher, nur eben ein junger, ganz uneindrücklicher, so mittelmässiger. Ich bin gespannt und erwartungsvoll auf morgen mit ihr, - ich weiss nicht warum.
...

[1] Albert Schweitzer brach seine Karriere als Theologe ab und gründete 1913 in Lambarene in Afrika ein Tropenhospital.
[2] Französischer Ausruf im Sinne von: Da haben wir die Bescherung!
[3] Eva Sommer, die spätere Frau von Victor Ehrenberg.
[4] Carl Muth, 1867-1944, katholischer Publizist, gründete 1913 die katholische Monats-Zeitschrift „Hochland".

An Margrit Rosenstock am 13. Februar 1919

13.II.

Liebe, also ich fahre morgen nach Säckingen und Montag Mittag zurück, Dienstag früh dann fort von hier und Mittwoch oder spätestens Donnerstag Abend in Kassel. Sonntag dann der Vortrag, dann wohl Ende Februar - über Leipzig oder dicht an Leipzig vorbei - nach Berlin. Weiter brauche ich nun nicht zu denken; schon die beiden letzten Worte waren zu viel. Ich bin mit III 3 heut früh fertig geworden, war zufrieden; dann beim Wiederlesen des Ganzen ganz unzufrieden; die zweite Hälfte steht mir noch heut Abend bevor, und ich habe nun Angst. Bei Ditha war ich eben, erst schien es grade nicht so zu werden wie ich mir gedacht hatte; dann fragte sie aber direkt und holte mich aus, sodass es nun genau so wurde wie ich gedacht hatte; sie hatte also das selbe Bedürfnis für heute gehabt wie ich. Ich habe ihr gesagt, sie soll hebräisch lernen; das ist ja das Einzige, was man in ihrer Lage mit Bewusstsein tun kann. Ein zweischneidiges Schwert überdies, wenn sie es alleine macht; aber auf jeden Fall ein soliderer „Schritt" als der „Besuch beim bestellten Synagogendiener". Ich muss morgen doch nochmal zu Trömer, da will ich sehen, ob er noch die kleine Stracksche Grammatik[1] hat und sie ihr zur Revanche für die vielen Thees, Brötchen und Gebäcks hinterlassen. ...

[1] Hermann Leberecht Strack, 1848-1922, Orientalist und Theologe, Professor in Berlin und Begründer eines Institutum Judaicum. Eine seiner wichtigsten Veröffentlichungen war eine „Hebräische Grammatik".

Am 14. Februar 1919 reiste Rosenzweig von Freiburg nach Säckingen in das Elternhaus von Margrit Rosenstock, wo er den „Stern der Erlösung" abschloß.

An Margrit Rosenstock am 14. Februar 1919

14.II.

Liebe Seele, ich bin in Säckingen, aber ich bin getrennter von dir als in Freiburg, wenigstens ich fühle es stärker; du müsstest ja hier sein und bist nicht da. Marthi trug heute die Haare hoch, da musste ich sie immer ansehen, weil sie dir manchmal auf Augenblicke (dir auf Augenblicke) glich. Aber ich wusste immer nur wieder: du warst es nicht. Es mag auch daran liegen, dass ich wieder in Marlieses Zimmer wohne und oben war dein Schreibtisch zu, als ich einmal heraufwischte; ich fasste mir aber ein Herz und fragte deine Mutter nach dem Schlüssel und da sah ich, dass sie doch erwartet hatte, ich würde hinaufgehn, denn sie sagte, sie hätte oben auch heizen lassen. Ich hätte auch hier unten glaube ich „Tor" nicht schreiben mögen, wenn oben der Schreibtisch gestanden hätte und wäre mir zu gewesen. Das kleine Verzichten ist ja soviel schwerer als das grosse. Hast du das nicht auch schon gemerkt? aber was frage ich — Dabei fuhr mit demselben Zug wie ich dein Brief hierher an deine Eltern, auf den sie schon gewartet hatten und über dessen Verzögerung deine Mutter auf dem Weg von der Bahn her mir klagte. Und so warst du ja doch da, aber doch so für alle, ich hätte gern mit dir allein beiseite gehn mögen, in irgend einen Winkel. Warum muss ich dich so lieben - .
Die Zwillinge sangen zu verstimmten Lauten, es war aber doch sehr schön, dann zum Klavier der Mutter. Deinem Vater gehts doch wieder recht gut. Ich las den I. Akt der Meistersinger.[1] Nun will ich noch am Rest von III 3 korrigieren, ich wurde nicht mehr ganz fertig damit. Und vielleicht kommst du dann, wenn ich zu Bett bin, noch einmal rein zu mir und sagst mir gute Nacht.
Liebes liebes ———

[1] Richard Wagner, Die Meistersinger von Nürnberg.

An Margrit Rosenstock am 15. Februar 1919

15.II.

Liebes Gritli guten Morgen! Nun sitze ich doch an deinem Schreibtisch; ich hatte ja ganz vergessen, dass du selber mir gezeigt hattest, wo du den Schlüssel hinlegtest. Aber die Bücher hier! Ob ich zum Schreiben komme? Heut früh habe ich erst die Lutherpostille entdeckt, 1581 gedruckt, 1740-1780 Familienchronik, dann durch Einheften zweier klassizistischer Stücke reinsten Heidentums auf die Höhe der Zeit von 1800 gebracht, und endlich beginnt mit „Weimar 9. Juli 1917" der Rückweg. Wirklich der Rückweg? - Aber ich will nun anfangen mit Schreiben.
Es ist ja noch ein kleiner goldener Siegellackklex auf dem grünen Wachstuch! guten Tag Gritli!

An Margrit Rosenstock am 15. Februar 1919

15.II.

Geliebtes, es ist wieder Abend, ich habe die Meistersinger heut zu Ende vorgelesen; ich habe viel am Tor geschrieben, 8 Spalten, und bin herzlich unzufrieden damit, wie auch mit III 3 jetzt beim Wiederlesen; alle sind reizend zu mir, und du siehst schon an dem blödsinnigen Wort, das mir da eben aus der Feder kam, dass es mir gar nicht

„reizend" zumute ist. Ich hätte nicht hierher gehn sollen. Ende November war es etwas andres, da war es Ouvertüre und dann fuhr ich zu dir, gleich darauf. Diesmal müsstest du überall sein und bist nicht da. .....

An Margrit Rosenstock am 16. Februar 1919

16.II.19

Liebes Gritli, es ist 12 geworden, ich habe den ganzen Hamlet vorgelesen. Und es kamen zwei Briefe von dir, nach Tisch. Und ich habe Tor fertig. Ich hätte immer gedacht, dies Fertigwerden des ✪ würde mir ein Telegramm an euch wert sein. Aber wie es dann heute kam, war es mir gar nicht zum Telegrafieren. Es gefiel mir nicht genug. Zwar habe ich dann noch allerlei gebessert und morgen vormittag wohl noch allerlei. Aber die richtige erlöste Fertigstimmung ist nicht da. Es kommt aber auch nicht etwa daher, dass ich nun traurig wäre, dass dieser Logierbesuch nun abreist; sondern es war eben wirklich bei diesem ganzen III. Teil schon nicht mehr das Rechte. Beim I. und II. Teil schrieb ich ja im Gefühl, für die Dauer zu schreiben; jetzt habe ich das Gefühl nicht mehr. Vielleicht irre ich mich ja. Aber ich habe z.B. keine Lust dir den Schluss abzuschreiben, obwohl es doch in den April dauern kann, bis ich Mündels Abschrift habe. - Du schreibst, es würde Ditha schwer werden über diesen Schatten zu springen. Sie selbst sagte mir [[nach dem ersten Mal]], es sei ihr als wäre ihr ein Klotz in den Weg gerückt und sie wüsste noch nicht was daraus werden sollte. Ich sagte ihr, wenn sie ihn umginge, so würde er mit jedem Umgehen etwas kleiner und zuletzt wäre er nicht mehr da; wenn sie aber ihn zu überspringen versuchte, so würde er mit jedem Sprung höher wachsen, obwohl sie immer höher springen würde, bis er zuletzt in den Himmel reichte und nicht mehr [[zum]] Überspringen auffordere. (D.h. so ausführlich ists ein Treppenwitz; ihr selbst sagte ich bloss: sie sollte versuchen ihn zu überspringen und ich könnte versichern, er würde dann jedesmal höher wachsen). ...... ich komme ja nun wieder zum Lesen. Schon auf der Reise hierher hatte ich mich eigentlich so jenseits des ✪ gefühlt (vielleicht ist dadurch dann Tor misslungen), dass ich mit Sanskrit angefangen habe (ich habe eine Grammatik mit lateinischer Schrift gekauft, darin wird es leicht gehen, du kannst das Beckerath sagen). Die zwei Tage Berlin sind mir noch etwas unwahrscheinlich. Bradt wird mich dort gewaltig beonkeln, wahrscheinlich muss ich sogar bei ihm wohnen. Aber vor allem, ich will nicht mehr so lang warten und entweder fahre ich über Leipzig hin oder wir treffen uns z.B. in Wittenberg, das ist ein merkwürdiger alter Ort und genug für einen Tag. ...

Ob du dich verändert hast zwischen den beiden Daten die im I. Band deiner Karamasoff stehen? Ich habe doch jetzt gelernt, dass du dich überhaupt nicht verändert hast, und habe dich lieben gelernt mit 3 und 12 und 17 Jahren wie heute. Ich weiss wirklich manchmal nicht an welches Gritli ich denke und welches ich eigentlich in die Arme nehme. Wozu übrigens wenig passt, dass ich deine Kinderlocke, die ich in einem Couvert in der Brieftasche trug, jetzt vor der Abreise aus Kassel beim Entleeren dieser Brieftasche höchst wahrscheinlich mit dem Couvert zusammen, das ich für leer hielt weggeschmissen habe. Aber es ist doch so. Ich weiss nicht mehr wie alt du bist, kaum wie du aussiehst, aber ich will es auch kaum mehr wissen. Ich will nichts mehr von dir wissen und haben als Dich und mein Deinseindürfen. Du —— Dein.

An Margrit Rosenstock am 17. Februar 1919

17.II.

Liebes Gritli,
es ist ja doch einfach schön, ich habe es eben nochmal durchgelesen. Ich werde es jetzt von Mündel nur lesen lassen und dann mitnehmen und ihm erst schicken, wenn ichs dir vorgelesen habe.
Ich versäumte nämlich heut Mittag den Zug, sodass ich nun noch bis morgen früh hierbleibe. Es war auch insofern gut als ich deiner Mutter grade den Schlussakt des Faust II angefangen hatte vorzulesen und nicht fertig geworden war. Mit ihr war ich überhaupt gut zusammen. Heut Abend gingen die Zwillinge früh zu Bett; ich versuchte, um die Abwesenheit der „Kinder" auszunutzen, Heine vorzulesen, es ging aber nicht .....

An Margrit Rosenstock am 18. Februar 1919

18.II.

Liebes Gritli, ich hatte mich auf den ersten gesiegelten Brief gefreut und da ist er nun. Bei Ditha war ich also nochmal. Ich weiss nicht - es ist doch sehr hoffnungslos, wo alle Fäden des Bewusstseins so sauber durchschnitten sind. Das Unbewusste allein tuts eben nicht. Weisst du, sie hat nun merkwürdig stark, das Gefühl, sich darum kümmern zu müssen, aber ebenso stark - nicht die mindeste Lust dazu. Wäre ich in Freiburg, so würde ich ihr die wohl allmählich machen können. Aber so - sie wird schliesslich doch einfach aus Selbsterhaltungstrieb den „Klotz" umgehen.
Das Unbewusste allein tuts nicht — ich habe es gestern gemerkt, daran wie rasend zuwider mir Heine war. Ich habe die Kühnheit gehabt, die „Disputation"[1] zu lesen (die ich dir zeigte). Leise geht es, aber laut ist es nur gemein. Ich wollte „vorurteilslos" sein, aber man ist nicht dazu da, vorurteilslos zu sein. Ich kam mir noch am Morgen beim Aufwachen beschmutzt vor und hatte das Gefühl mich bei deiner Mutter entschuldigen zu müssen, - was ich auch tat. - Bei dem Hamlet vorgestern hättet ihr dabei sein sollen, das war etwas Besonderes. Eugens Tieckfrage stehe ich übrigens noch genau so dumm gegenüber wie vorher; man braucht sich aber auch gar nicht unbedingt darüber klar zu sein. Die Schlegelsche Übersetzung ist ein rechtes Wunder. Sie ist viel Shakespearescher als Voss homerisch.[2]
...
Das Säckinger Zimmer habe ich dir nun doch ein paar Tage ähnlich vollgewohnt, wie du mir mein grünes.[3] Es hatte es freilich zum Unterschied von meinem nicht mehr nötig, es war ja schon gut durchgewohnt, und ich konnte bloss meinen Beitrag Bewohnung dazutun.
Bei Mündel bin ich nun auch fertig. Diese Fertigs machen mir wider Erwarten alle keinen Eindruck. Dieser ~~Ganze~~ ganze Abschluss des ✡ fällt bei mir einfach ins Wasser, während ich den Anfang doch stark empfand. Es kann doch nicht bloss daran liegen, dass der III. Teil abfiele; schlechter als der I^{te} ist er ja sicher nicht und über den macht mir Hans immer weiter Elogen.[4] Sondern es wird wohl dasselbe sein, weswegen ich ihm auch den - musikalisch zu reden - Halbschluss gegeben habe (wie wenn man auf der Terz über dem Grundton schliesst), dies offne Ende. Dass ich ihn anfing, war als <u>Anfang</u> wichtig; dass ich ihn abschloss, ist als <u>Ende ganz</u> unwichtig, und als

Anfang - ists ja nur ein Wort. — Ich habe ihn Mündel wieder weggenommen, so wirst du ihn zu lesen kriegen. Wo? wann? Aber es kann ja nicht mehr lange dauern.

Gritli ——— Dein.

[1] Gedicht von Heinrich Heine aus der Gedichtesammlung: Romanzero, Drittes Buch: Hebräische Melodien. Das Gedicht „Disputation" behandelt auf sehr polemische Weise ein mittelalterliches Streitgespräch zwischen Christen und Juden vor dem königlichen Hof in Spanien. Nachdem allerlei „tiefsinnige" theologische Argumente ausgetauscht wurden, entscheidet die entnervte und gelangweilte Königin am Ende: „Welcher recht hat, weiß ich nicht - / Doch es will mich schier bedünken, / Daß der Rabbi und der Mönch, / Daß sie alle beide stinken."
[2] August Wilhelm von Schlegel, 1767-1845, übersetzte die Werke Shakespeares ins Deutsche; Johann Heinrich Voß, 1751-1826, tat dasselbe mit Homers Odyssee und Ilias.
[3] Rosenzweigs Zimmer im Kasseler Elternhaus.   [4] Franz.: Lobrede.

An Margrit Rosenstock am 20. Februar 1919

20.II.

Liebes Gritli, gestern fuhr ich also über Heidelberg; mittags war ich da und ging aufs Häuschen, dann kamen Hans und Else aus dem Kolleg. Ich blieb bis heut früh um 5 da. Hans las mir aus seinen neuen Sachen vor, er hat ja drei gleichzeitig in der Arbeit „Tragödie und Kreuz" (in Vorlesungsform, wird ca 15 Bogen stark), das Ketzerchristentum (ca 4 Bogen), soll beides im März fertig werden. Ausserdem schreibt er an „Grösse und Untergang des idealistischen Systems", das ist auf 3 Jahre veranschlagt und ich kriege es gewidmet.[1] .... Hans ist in einem tollen Durcheinander von allerlei Praxis, hält Wahlreden in den Dörfern und in Heidelberg, macht mit in der „Neuen Gemeinschaft", einem undefinierbaren Verein für alle, die z.B. jetzt die Totenfeier für die Gefallenen der Universität weggeschnappt hat, und vor allem in der Volkskirche ... Hans steckt jetzt also schon viel mehr unter Pfarrern als unter Professoren. Neulich in einer Wahlversammlung sprach erst Hans, dann ein etwas übergeschnappter ehemaliger Pfarrer, der begann: „Gelobt sei Jesus Christus! Nach dem israelitischen Professor ...";[2] er hatte nämlich Hans, weil der viel von Gott aber gar nichts von Christus gesagt hätte, für einen frommen Juden gehalten! Heut früh kam ich nach Frankfurt, traf mich in der Universität mit Eva Sommer, nachher auch mit Putzi. Und Eva erklärte mir, sie habe inzwischen umgelernt, sehe jetzt, dass Heiraten keine Privatangelegenheit sei und da ich ihr selbst geschrieben hätte, mein Agieren sei gegen die Sitte, so wollten sie doch lieber den Rabbiner. Womit ich natürlich nur einverstanden sein konnte. Sie setzte mir das alles sogar mit einem gewissen erhitzten Pathos auseinander. ...

Ich bin rechtschaffen müde von der durchschwätzten Nacht. Dabei bin ich schon tief im Sanskrit drin. Und heut abend also Kassel und Post von dir; es ist mir aber gar nicht sehr darum zu tun; ich komme gar nicht los von der Vorstellung, ich führe eigentlich gar nicht nach Kassel, sondern zu dir; und Kassel wäre nur eine Zwischenstation. Fast ist es ja auch so.

Ich will ein bischen schlafen. Einen ganz müden kleinen Kuss von Deinem Franz.

Ich bin wieder aufgewacht, hinter Marburg. Das Gespräch mit Hans gestern war wieder das übliche; ich war aber besser gerüstet wie früher, weil ich ja wirklich die Notwendigkeit des „Bleibens in dem was einem gegeben ist"[3] erst jetzt begreife, theoretisch

begreife. Eigentlich bloss darum habe ich den ✡ schreiben müssen und der neue Begriff der Wahrheit, in den es zuletzt ausläuft, ist wirklich meiner Weisheit letzter Schluss.⁴
...

---

¹ Hans Ehrenberg: Tragödie und Kreuz, 2 Bände, 1920; Die Heimkehr des Ketzers - Eine Wegweisung, 1920; Disputation. Drei Bücher vom deutschen Idealismus, 1923-25.
² Punkte von Rosenzweig.   ³ Vielleicht Anspielung auf 1. Korinther 7,20.24.
⁴ Dazu Stern der Erlösung S.462f.

An Margrit Rosenstock am 21. Februar 1919

.... 21.II.

Ich schicke dir den Brief wieder als Eilbrief. Überhaupt, und dann weil ich etwas hetzen muss: nämlich dass ihr nicht mehr in die Kirche geht, wo es schön war, sondern in die „zuständige". Das ist wieder so ein „bestellter Synagogendiener", diesmal mit der Spitze gegen den Protestantismus. Etwas krampfhaftes. Die Katholiken machen doch ihre Wallfahrten und suchen sich ihre Heiligen aus und folgen ihrem Herzen. Und nun macht man sich im Protestantismus künstlich aus der reinen Verwaltungseinteilung, die doch nur um derentwillen geschaffen ist, die zu gleichgültig oder zu herzensträge sind, zu wählen und auszusuchen, eine Art geistliches Verhängnis. Sowenig man etwa gebunden ist, alles nur im Text des Sonntags, der grade ist, zu suchen, sondern es gehört einem die ganze Schrift und die Perikope des Sonntags kommt zwar zu einem und steht auch bereit, dass man zu ihr kommt, aber es ist einem freigestellt, sich selber überall zu suchen was man braucht. Wie da im Kirchenjahr, so ists auch in der Stadt. Das Gegebene ist natürlich der Sprengel, wird man da aber abgestossen, so ists nicht bloss erlaubt, wo anders hin zu gehen, sondern gradezu ein Unrecht, wenn mans nicht tut und sich die Freiheit und Lebendigkeit, die von der Kirche, der protestantischen, selber geschenkt wird, tötet. Die Freiheit nämlich, selbst an die Schrift heranzugehn; und dies Selbstherangehn kann sich ja beim Kirchgehn nur darin äussern, dass man sich den Wortverwalter auswählt; wie man im Lesen blättern darf und soll, so darf und soll man zum Hören sich seinen Sprecher aussuchen, wenn man kann. Auch der Pfarrer selbst muss das wünschen, dass Leute kommen, die ihr Vertrauen und ihre Erwartung zu ihm geführt hat. Wenn das wirklich die Schwäche der prot. Kirche ist, dass da soviel vom Pfarrer abhängt (immer doch auch nur viel, nicht alles), so ist es eben auch die Stärke; und sich an seinen Sprengel gebunden halten, heisst der Schwäche den Zusammenhang mit ihrer Stärke nehmen und sie absichtlich zur reinen Schwäche machen. Und nur um jener Verteilung mit einer [[neuen]] Stärke willen durfte man jene Schwächung des Priesters zum Wortverwalter wagen, die der Protestantismus gewagt hat. Das Wort selber hat er schliesslich ebensowenig in die Gewalt des einzelnen Pfarreres getan, wie der Katholizismus das Sakrament. Nur für jene bunte Mannichfaltigkeit des ganzen um das Sakrament als die Aussenwerke herumliegenden kirchlichen Lebens, wo der katholische Einzelne sehr viel Wahlfreiheit hat, - für jene ganze visibile Lebendigkeit gab Luther seiner Kirche zum Ersatz die invisibile Eigenmenschlichkeit der vielen verschiedenen Wortverwalter.¹

Da hab ich euch einmal in die Kur gepfuscht. Aber schliesslich habe ich den berühmten § soundsoviel für mich, der vom Schutz berechtigter Interessen handelt. Und ich bin doch wirklich daran interessiert, dass du einen schönen Sonntag Morgen hast. ...
... Und dann bin ich froh, dass du wieder griechisch lesen wirst. Deine Entdeckung des „Schulmanns",[2] die ich als eigene vortrug, unterschrieb übrigens neulich Philips vollkommen. Ich habe ihm seine schon 8 Jahre alte Übersetzung des 1. Gesangs Odyssee mitgenommen, die ich ja für einen genialen Wurf halte; ich wollte sie euch mitbringen. Lies drum doch bitte den 1.Gesang ganz. Der Sprung von I 100 zu V 1 ist sowieso eine kleine Schulbarbarei, mag auch die Wüstheit aller Wilamowitze[3] hier die „Telemachie"[4] „eingeschoben" finden. Eigentlich ist überhaupt Homerkritik viel gemeiner als Bibelkritik. Ich weiss nicht, warum es mir so vorkommt.
Den Vortrag[5] will ich morgen mal Mutter und Onkel Otto halten, die ihn ja beide nicht hören. Ich bedaure, nicht ein etwas weniger wichtiges Thema parat zu haben.
Jonas hat zwei schöne Bilder hier schon gemalt, wirklich schöne, so ganz ohne „Richtung" und dergl., beide übrigens wirklich zum Hinhängen. - Evas Brief: „....[6] für deine liebe Auskunft danken. Nein: „gegen jede Sitte" wollen wir bei unsrer Hochzeit nichts tun, dafür ist sie uns als althergebrachte und eingesetzte Institution doch zu heilig. Es war uns zu Anfang ein Gefühl des Vertrauens und der Sympathie, dass Du die Handlung vornehmen möchtest, aber grade solche innerlich persönlichste Augenblicke werden durch die Sitte überpersönlich, das ist mir jetzt ganz klar, und ich sehe selbst, dass man als kleiner Einzelmensch kein Recht hat, die begründete Überlieferung nach eigener Willkür anzutasten. Wir werden also zu dem zuständigen Herrn Dr. Seligmann gehen, und das Beste für uns hoffen! Dir danken wir aber noch einmal herzlich für deine Bereitschaft und ..."[6]
Ists wirklich das, so bin ich natürlich nur zufrieden. - Putzi war übrigens dumm und ununterrichtet genug, mich in Evas Gegenwart zu fragen: Was sagt denn Rosenstock dazu? Ich habe natürlich geantwortet: „Gar nichts". Ich konnte doch nicht sagen: Er schämt sich -
Deine Karte aus Basel ist ja angekommen, erst jetzt.
Vom ✡, die sonderbare Gefühllosigkeit schrieb ich dir ja. Ich merke nur, dass ich plötzlich furchtbar viel Zeit habe, und bin offen zum Lesen und zu allem Aufnehmen. Dabei werde ich sicher gar nicht zu soviel kommen. Ich werde an Bradt und an Schokken schreiben und ich glaube Ende nächster Woche fahre ich nach „Berlin". Das liegt dahinter, ganz dahinter und was liegt davor?? Du, du, du. ――――
　　　　Bald - es ist ja nicht mehr lange.　　Ich bin dein.

[1] Anspielung auf die theologische Rede von der sichtbaren (visibiles) und unsichtbaren (invisibiles) Kirche.
[2] „Schulmann" war die Bezeichnung für einen - bei Schülern sehr beliebten - sprachlichen Schlüssel zu Werken der antiken Klassiker, in dem die wichtigsten Formen eines bestimmten Textes der Reihe nach erklärt wurden.
[3] Ulrich von Wilamowitz-Moellendorff, 1848-1931, bedeutender klassischer Philologe, der sich auch um neue Methoden der Auslegung, etwa die Textkritik, bemühte. 1916 erschien sein Buch „Die Ilias und Homer".
[4] Die Bücher I bis IV der Odyssee, die von Telemachos, dem Sohn des Odysseus, erzählen.
[5] „Geist und Epochen der jüdischen Geschichte", abgedruckt in Zweistromland S.527-538.
[6] Punkte von Rosenzweig.

An Margrit Rosenstock am 22. Februar 1919 22.II.

Liebe - denk, ich habe plötzlich Lampenfieber gekriegt und werde mir den Vortrag[1] heut Abend vielleicht richtig aufschreiben und ablesen. Mutters Angst vor der Blamage hat mich angesteckt. Und dabei ist heut kein Brief von dir gekommen. Aber morgen doch? Übrigens gestern kam noch von Freiburg einer nachgereist, der vom 15. mit der Ausmietung. Ich kann mir „Frau Schumann" so gut vorstellen; so was giebts auch nur in Leipzig, und vor allem nur in Leipzig heisst sowas noch dazu Schumann und blasphemiert also schon mit dem blossen Namen. - Gestern Abend waren Gronaus[2] da; Jonas rettete die Situation. Es war hässlich. - Ich werde Jonas sitzen, wenn ich dabei genügend zum Lesen und Schreiben komme. Angefangen habe ich nun schon wieder, mit Lesen. Es ist mir ganz komisch dabei zumut, wieder Publikum zu sein und nicht mehr Verfasser. Dabei kurioserweise schon fast unglaubwürdig, dass ich es einmal war, und ist doch noch keine Woche vergangen.

Heut hatte ich ein paar mehrstündige Geschäftlichkeiten mit Mutter. Sie macht es sich und andern doch sehr schwer mit ihrem ständigen unkontrollierbaren Rekurs auf Vater. Vor lauter Gefühlen erfasst sie den geschäftlichen Kern gar nicht, und kommt dadurch dann zu ganz unbegründeten Aufregungen. Ich werde ihr nun wohl doch diese Sachen allmählich ein bischen abnehmen; mich regen sie ja nicht auf. ...

Ein Buch von Schrempf[3] lese ich; ich werde es euch wohl schicken, es ist leicht zu lesen und wie alles von ihm wirklich gesprochen und nicht wie die Schriftgelehrten; es ist sein erstes Wort nach einem mehrjährigen Schweigen, das durch eine persönliche Krise, wie mir scheint in seiner Ehe, veranlasst gewesen sein muss. Der Gegenstand ist die Theodizee, es heisst „Menschenlos" und handelt in 3 Kapiteln von Hiob, Ödipus, Jesus, davor und danach ein kleiner Dialog zwischen dem Verfasser und der andern Seele in seiner Brust.
...

Aber nun will ich wirklich an den Vortrag gehn. Aber morgen früh muss ein Brief von dir da sein. Sonst halt ich ihn keinesfalls. Also!   Dein Franz.

---

[1] „Geist und Epochen der jüdischen Geschichte", abgedruckt in Zweistromland S.527-538. Dazu auch der Brief an Margrit Rosenstock vom 15. Januar 1919, S.222.

[2] Georg und Dorothea Gronau. Sie war eine enge Freundin von Rosenzweigs Mutter.

[3] Christoph Schrempf, 1860-1944, evangelischer Theologe und Philosoph, wurde 1892 amtsenthoben und trat 1909 aus der Kirche aus. Im Jahre 1900 erschien sein Buch „Menschenlos". Dazu auch der Brief an Eugen Rosenstock vom 18. September 1917, S.37.

An Margrit Rosenstock am 23. Februar 1919 23.II.

Liebes Gritli, ein Wort nur, ich bin sehr müde, durch den Vortrag.[1] Mein Manuskript war sehr unleserlich geworden durch die Eile, so habe ich es erst direkt lesen geübt,

Skizze von Ludwig Jonas, Kassel 1919.

und so ging die Zeit hin. Nachher war es ein grosser Erfolg trotz des Ablesens, weil ich sehr auf interessant las und weil es inhaltlich gut und für das Publikum wenn nicht verständlich so doch packend war. Für euch war es kaum Neues.

... Ich glaube, Merseburg ist die von den türingischen Städten, die ich noch nicht kenne; wenigstens weckt die Beschreibung des Doms im Konversationslexikon keine Erinnerungen bei mir; Dehio[2] hab ich noch nicht nachgesehn. Es ist mir jetzt nach Eugens Brief beinahe leid, dass ich nicht auch III 3 noch von Freiburg wieder mitgenommen habe. Irgendwie haben wir uns da wieder Parallele geschrieben. Oder ist es doch kein Zufall, dass der Brief vom gleichen Tag ist, wo der ✡ fertig wurde? Kommt das wirklich nachher? Ich glaube es doch nicht recht. Aber ich will morgen davon schreiben, heut komme ich sonst nicht mehr zu Bett.

Von Bruckner hatte ich zum ersten Mal einen wirklichen grossen Eindruck auf einem Musikfest Ostern 12 in Meiningen unter Reger. Vorher hatte ich für diese Aufgelöstheit und dieses Sichverströmen keinen Sinn. Danach riss es wieder ab, einfach weil ich nie wieder etwas gehört habe; aber ich wäre nun immer ganz bereit dazu.

Zum vollkommenen Siegeln fehlt dir noch eins: dass du grade siegelst. Es geht ganz leicht weil ja der Griff nicht rund ist sondern flach ⌒. Du kennst „Schwelle" und „Tor" nicht, sonst würdest du wissen, dass der ✡ so: ✡ eine kleine Blasphemie ist. Und nach dem Vortrag liess ich dann eben noch das Mignon[3] spielen - muss ich dir sagen, was? Es war freilich arg verstimmt, aber doch schön. Liebste du freust dich schon, dass du bist - und ich, was soll ich denn erst tun? Freuen ist manchmal wirklich kein Wort. Vielleicht ist das einzig Unverbrauchte und Unverbrauchbare das Danken.

Dein.

---

[1] „Geist und Epochen der jüdischen Geschichte", abgedruckt in Zweistromland S.527-538.

[2] Georg Dehio, 1850-1932, Kunsthistoriker, Herausgeber einer mehrbändigen Kirchlichen Baukunst des Abendlandes.

[3] Welte-Mignon-Vorsetzer, der einem Flügel angeschlossen wird und mittels gelochter Papier-Tonrollen in der Lage ist, das Klavierspiel eines bestimmten Pianisten in allen rhythmischen und dynamischen Nuancen wiederzugeben.

An Margrit Rosenstock am 24. Februar 1919

Liebes Gritli, der 24. ist heut und dein Brief ist da wegen Berlin. Aber das geht nicht, glaube ich. Schon Mittwoch zu fahren, würde ich Mutter nicht begreiflich machen können, kriegte auch nur noch knapp das nötige Telegramm von Berlin. Ich muss warten, bis ich von Bradt Antwort habe. Dann wird es vielleicht gehn, dass ich etwas früher nach Berlin fahre, aber du unterschätzest Bradts Feuereifer; bin ich einmal da, so beschlagnahmt er mich doch; schon weil er mich ja nebenher auch noch verheiraten will, (mit Fräulein Landau). ......

An Eugen Rosenstock am 24. Februar 1919

24.II.

Lieber Eugen, fast hätte ich mit Kähler sagen müssen: „wenn die Christen anfangen sich zu judaisieren, dann sind wir verloren." Aber das wäre natürlich unrecht. Es ist aber etwas daran. Ungefähr so sagte ja der Ketzerchrist in Heidelberg[1] auch, nur mit ein bischen andern Worten. Ich schrieb Gritli schon, dass wir uns wieder Parallele geschrieben haben, indem ja auch ich die Wahrheit entdeckte und genau wie du in ihrem Endesein den Anfang, den Schöpfer, gerochen habe. Aber, aber, hier kommt der Unterschied. Die Wahrheit ist nicht der Schöpfer, die Wahrheit ist geschaffen, meinethalben als Erstling aller Kreatur, aber geschaffen. Gott ist die Wahrheit, heisst nicht: die Wahrheit ist Gott, — so formulier ichs. Und deshalb hat auch der Kuss, mit dem auch ich - vielleicht zur gleichen Stunde als du deinen Brief ~~schlossest~~ schriebst - den ✿ schloss, der tötende Kuss der göttlichen Wahrheit, bei mir eine andre Bedeutung. Wie ich ihn ja auch aus einer andern Geschichte nahm, aus der Sage vom Tod Moses, dem Gott das Leben in einem Kuss von den Lippen nahm.[2] Dieser Kuss der Wahrheit ist immer noch ein Kuss der göttlichen Liebe, auch er noch. Der letzte, endende, aber als endender zugleich vollendender, erfüllender. Das Ende scheint vom Anfang weit getrennt. Aber im Begriff der Erneuerung finden sich Anfang, Mitt' und Ende zusammen. Und die Erneuerung ist der Begriff der Mitte (euer „Es ist alles neu geworden"[3], oder das „neue, fleischerne Herz" Hesekiels[4]). Wir nennen die Schöpfung gradezu „Er-neuung der Welt" („neu" also wie in Neu-igkeit, novum et inauditum[5]) und die Erlösung auch („neu" da im Sinn von Renovatio). Die Wahrheit ist sowohl als der Weisheit letzter Schluss wie als Erstling der Schöpfung nur - offenbarte Wahrheit. Der Mensch wird von Gottes Finger gebildet, von Gottes Wort erweckt, von Gottes Kuss vollendet. Keins dieser dreie straft das andre Lügen. Der Tod nicht die Liebe, und die Liebe nicht das Leben. Sondern - Gott ist die Wahrheit, in allen dreien. Im Schauen der Wahrheit stirbt der Mensch, aber aus der Kraft der Wahrheit wird er geboren, und im Vernehmen der Wahrheit lebt er. Nicht die Wahrheit ist tödlich, sondern der Kuss der Wahrheit, das Schauen der Wahrheit. Die Wahrheit ist ebensosehr gebärend ~~, wie~~ und ernährend, wie verzehrend. Gott ist immer die Wahrheit. Es ist das einzige, was man per „ist" von ihm aussagen kann. Dass er die Liebe „ist" kann man eigentlich nicht sagen, man müsste sagen: er liebt - immer und immmer wieder; dass er die Liebe „ist", lässt sein Lieben zu einem Sein erstarren. Also Gott ist immer nur die Wahrheit.

Und wir: „was sollen wir nun dann tun?" Wir, die wir nicht wie Gott immer sind, sondern wurden, sind und gewesen sein werden. Das Wahrlich, mit dem wir⌈⌈zu⌉⌉ der göttlichen Wahrheit Amen, Ja und Amen sagen, wird sehr ~~verschieden~~ anders klingen, wenn wir geworden sein werden, als solange wir sind und wieder anders damals als wir wurden. Als wir wurden, war es stumm, stumm wie das Schreien des Neugeborenen, das noch kein Schreien ist,⌈⌈kein Schreien⌉⌉ das hinausschreit über es selbst, sondern das in den Wänden des Menschen verhallt; das ist der Egoismus der Kinder und der Tiere (solange sie stumm sind, also vor der Brunst und in den Zwischenzeiten) und der Steine.   Solange wir sind, ist jenes Ja und Amen das Wort der Liebe. Aber wenn es mit uns zu Ende geht, dann freilich hört die Liebe auf, soll sie aufhören; ⌈ das ist die grosse Entdeckung die du jetzt gemacht hast, eine unchristliche Entdeckung, etwas was der Christ eigentlich nicht entdecken darf und was ihm deshalb in dem Wort, dass die Liebe nimmer aufhört,[6] verschleiert wird; etwas wogegen du selbst dich vielleicht noch vor kurzem gesträubt hättest; ich weiss wie sehr sich Gritli dagegen sträubte, als ich es ihr vor einem Jahr, als ich von Berlin zurückkam, sagte und ihr die Geschichte erzählte, mit der Cohen mir auf die Frage von Frau Wellhausen,[7] ob es ein Wiedersehen gebe, antwortete, die Geschichte wie sein Vater starb und er, der Vater, ihn noch einmal gross und lang ansah, und der Sohn es in diesem Blick spürte: nun sehen wir uns nie wieder.[8] Der Tod, und erst der Tod zerreisst das Und zwischen Gottes- und Nächstenliebe. Er prüft den Menschen, ob in seiner Nächstenliebe Gottesliebe war. Er macht den Menschen einsam. So erzählt auch Beckerath das letzte Zusammensein mit seinem Vater. Und so gehen auch die Tiere, um zu sterben, in die Einsamkeit und verkriechen sich. Diese Einsamkeit ist die Einsamkeit mit Gott. Und es kann sein, dass die Abstumpfung der Liebe in der Welt das Zeichen ist, dass die Welt alt geworden ist, diese europäische Welt, und auf dem Sterbebett liegt. Obwohl, obwohl: wir wissen es nicht! Wir Einzelnen liegen deswegen noch nicht auf dem Sterbebett. Wenn wir zur Zeit, zu Europa, sprechen, mögen und dürfen wir ihr die Sterbegebete vorsprechen und ihr das Wollen und die Tat verwehren und sie zu lehren versuchen das (zu lehren! „Schweigeersatz"!) das Warten auf die letzte tödliche Schau. Aber zum Einzelnen, zum 20jährigen, dürfen wir nicht so sprechen, so wenig wie zu uns selbst. Wir leben noch. Wir müssen aus der Schau immer wieder zurückfinden ins Leben. Uns gilt noch das Ja und Amen der Lebendigen, die Liebe. An uns als Einzelne ist die letzte Prüfung noch nicht herangetreten, und wir haben nicht das Recht, sie uns selbst aufzuerlegen; wir dürfen nicht mit dem Sterben der Zeit durch einen Selbstmord unsrerseits Schritt zu halten suchen. Der Selbstmord, und alles was zum Selbstmord verführt oder verführen könnte, ist noch genau so sündhaft wie stets.   Dass du Europa das Sterbegebet vorsagtest, war von dir als Einzelnem selbstverständlich eine Tat der Liebe, denn zwar der Sterbende tritt aus der Liebe heraus, aber der, der zu ihm geht, der Lebende, nicht. Aber Und weil du selbst als Einzelner, solange du lebst, gar nichts andres tun kannst als Taten der Liebe, so durftest du dem lebenden Einzelnen Weidemann nicht anders kommen oder nein richtiger: du durftest nichts andres von ihm verlangen als das, woraus du selber zu ihm kommst; wie du selber zu ihm kommst aus der Kraft der Liebe, so durftest du auch in ihm nichts erwecken wollen als die gleiche Kraft. Wie sie für dich die Liebe noch nicht einmal da aufhörte, als du an Europas Sterbebett tratst und sahst wie in seinen Augen die grosse Einsamkeit dunkelte, so darf sie für keinen aufhören, mit dem du Mensch zu Mensch sprichst. Denn du bist Mensch, lebender, nicht schauender. Über die Selbstliebe des Neugeborenen bist du hinaus, seit du das Wort von der Nächstenliebe vernommen hast; aber dies Wort hört dir nimmer auf, bis du wirklich ein Sterbender bist. Gott ist der Herr der Wahrheit. Er teilt sie uns aus, je nachdem wo wir sind, so dass sie stets unsre Wahrheit ist oder besser: so dass wir stets Teil an ihr haben, ein ander Teil als Geborene, ein andres als Lebende, ein andres als Sterbende. So wenig wir in den Mutterleib zurückwollen dürfen, sowenig in den Tod voraus. Denn damit würden wir uns eine Wahrheit nehmen, die noch nicht unser Teil, ⎡⎡noch nicht⎤⎤ uns zuteil geworden ist, und würden be so leben, als ob wir die Wahrheit wären und nicht — Gott. Gott ist die Wahrheit.

Hoffentlich habe ich nicht zu sehr als Kommentator meines eigenen Buchs geschrieben; zu Anfang war es wohl so, fürchte ich. ...

[1] Hans Ehrenberg.
[2] Stern der Erlösung S.471 in Aufnahme von Midrasch Dewarim Rabba 11,10.
[3] 2. Korinther 5,17.
[4] Ezechiel 11,19; 36,26 u.ö.

⁵ Lat.: neu und unerhört.   ⁶ 1. Korinther 13,8.
⁷ Ehefrau des bedeutenden evangelischen Alttestamentlers Julius Wellhausen, 1844-1918.
⁸ Dazu auch Zweistromland S.217.

An Margrit Rosenstock wahrscheinlich am 24. Februar 1919

Liebes Gritli,   heut tu ich doch den ganzen Tag nichts als an euch schreiben. Nun bist du wieder dran. Nachmittags habe ich ein paar Stunden gelegen, um ein Kopfweh zu verschlafen. Abends war ich bei Prager, wo wir zu vieren, unter der Leitung seines Galiziers, des Althändlers Stretyner lernen wollen; es ist ein guter östlicher Typus; vorläufig geht es mir noch etwas zu rasch (obwohl wir heut in 5/4 Stunden nur 4 Verse gelesen haben; aber wir lesen mit Kommentaren. Deuteronomium. Du wirst lachen, wenn du die 4 Verse siehst. Aber es kam schon Schönes dabei vor. Z.B.: warum Moses diese grosse Gardinenpredigt erst unmittelbar vor seinem Tode halte? Das solle man <u>immer</u> tun, einmal weil einem sonst der Angeredete durch die Lappen ginge, zweitens weil er sich sonst in Zukunft, wenn er einen wiedersehe, schämen würde - ich weiss nicht mehr, es war noch mehr.
......
Eugens Debakle ist doch sehr bös. Den Professortitel hätte er doch wenigstens aus seinen 7 Privatdozentenjahren, die so fett im Privaten und so mager im Dozenten waren, mitheimbringen müssen. Schade. Aber um so mehr ist es nun nötig, dass er sich unter der Hand umtut. Am besten wirklich, er geht nach Berlin. Kultusministerium, Grabowski - irgendwo und irgendwie wird er etwas finden. Von selber kommt kein Landerziehungsheim zu ihm gelaufen. .....

An Margrit Rosenstock am 25. Februar 1919

25.II.

Liebes,   du magst nicht mehr schreiben und ich mag nichts andres mehr. Teils ist wohl auch das schöne neue Papier dran schuld. Ich habe dir heute auch eine Packung davon geschickt. - Ich war zu einer Beerdigung heut vormittag. Hans Hess seine alte, über 80jährige Grossmutter ist gestorben, eine harte und besondere Frau, an der er sehr gehangen hat; ich habe sie nicht gekannt. Der Pfarrer sprach wirklich schön; man bekam ein vollkommenes Bild von der Toten, vielleicht ein bischen retuschiert nach der Frömmigkeitsseite, das weiss ich nicht, vielleicht aber auch nicht. Grade ihre Absonderlichkeit hat er dargestellt. Auch von der Tischgemeinschaft, an der sie gehangen habe, hat er schön gesprochen als dem grossen Symbol der Gemeinschaft überhaupt. Text war Ps 31,6. Übrigens grade eine Stelle, die mir jetzt wichtig gewesen war, denn was Luther übersetzt „du treuer Gott", haben LXX und Vulg ὁ θεος της αληθειας und Deus veritatis.¹
Heut Nachmittag will ich zu Trudchen oder zu Tante Julie, weil ich doch dann wieder auf 14 Tage fort sein werde.
Mutter habe ich heut Morgen vorbereitet, dass ich in Berlin ausser Bradt noch etwas für mich arbeiten wolle, so 3 Tage würde es mich kosten. Da der Hegel² bei ihr nicht zieht, sie hat ihn zu oft schon als blossen Vorwand und Lückenbüsser kennen gelernt, so musste ich auf den ✡ rekurrieren; ich sagte ihr, ich wollte einen Vortrag über seine

wirkliche, ich meine seine alte Deutung vorbereiten. Das reizt mich ja wirklich, und sie hat es auch geglaubt. ......

[1] Die griechische Bibelübersetzung, die Septuaginta (= LXX), und die lateinische Übersetzung, die Vulgata, lesen: „der Gott der Wahrheit".
[2] Rosenzweigs Dissertation „Hegel und der Staat", die er damals für den Druck vorbereitete.

An Margrit Rosenstock am 25. Februar 1919

25.II.

Liebes Gritli,   als ich abends von Trudchen kam, war dein Brief da. Danach war ich mit Mutter und Jonas in dem 2ten Vortrag des Eschweger Rabbiners, eines jungen süddeutschen Orthodoxen, pathetisch, aber im Inhalt sehr gut, über jüdische Philosophen, Gabirol und Juda Halevi;[1] und nun bin ich wieder bei dir. ......

[1] Ibn Gabirol oder Salomon ben Juda, um 1020-1057, und Jehuda Halevi, vor 1075-1141, bedeutende jüdische Dichter und Philosophen.

An Margrit Rosenstock wahrscheinlich am 28. Februar 1919 im Wartesaal des Hannoverschen Bahnhofs

Liebes Gritli,   du hattest ja sehr recht mit Mittwoch - da wäre es noch gegangen. Obwohl es vielleicht besser ist, du bist in Leipzig geblieben. Ich werde nun wohl oder übel meinen Vorwand verwirklichen müssen und, wenn es geht, von Morgen ab auf der Bibliothek arbeiten. Wenn sich unerwarteterweise die Sache balder beruhigt als es aussieht, so könntest du ja immer noch kommen; Rudi ist sowieso schon instruiert, eventuell an Bradt ein Telegramm loszulassen, ich käme erst Mittwoch. Also selbst Sonntag oder Montag würde es sich noch lohnen.   Aber ist es nicht wahr, dass für uns über Berlin ein Un✡ steht? - Es war nett bei Rudi, Hilda hat mich freilich nicht recht goutiert. Ich habe vier neue Predigten mitgenommen. Die hättest du nun in Berlin lesen sollen. Jetzt bringe ich sie nach Leipzig mit. Denn ich denke, so nach dem 10ten wird man ja wieder fahren können. Ich komme mir recht wie ein begossener Pudel vor. Als ich gestern abfuhr, <u>wollte</u> ich einfach die Nachrichten nicht glauben, aber jetzt muss ich wohl. Ich bin zur Sicherheit über Hannover gefahren, weil mir Magdeburg zweifelhaft war. Schocken kommt Donnerstag auf eine Woche nach Berlin, so schrieb er wenigstens gestern. Nun ist das ja auch zweifelhaft. Überhaupt glaube ich diesmal nicht so recht an einen Sieg der Regierung. Ich glaube, jetzt kriegen wir den Bolschewismus.[1] Und, vom Persönlichen abgesehn, müsste man es ja wünschen. O weh! vom Persönlichen abgesehn! uns pfuscht er gleich recht kräftig ins Persönliche hinein, wie er nur anfängt. .....

[1] Bereits im Januar 1919 war es in Berlin zu blutigen Kämpfen zwischen kommunistischen Spartakisten und dem Militär gekommen. Anfang März rief die KPD abermals einen Generalstreik aus in der Hoffnung, diesen zu einer Revolution vorantreiben zu können.

An Margrit Rosenstock am 10. März 1919

Liebes Gritli, es ist schon der 10te, ganz früh; ich komme eben von Bradt. Ich ging also vom Bahnhof gleich zu Frau Cohen;[1] da wurde ein Mozartsches und ein Beeth. Quar-

tett gespielt, dann gab es Tee und viel Kuchen, ich sass neben dem einen Bratschisten, einem Rabbiner Hochfeld, den ich von vorigem Jahr bei einer Sitzung bei Cohn kennen gelernt hatte. Ich fragte ihn gleich rundheraus, was mit der Allg. Ztg. des Jud. würde. Also: sie habe zuletzt nur 800 Abonennten gehabt, Mosse (der Berliner Tagbl.-Mosse)[2] habe 20.000 M jährlich dabei zugesetzt und wollte sie eingehen lassen; da sei vorgeschlagen, sie in ein Publikationsorgan der grossen Verbände umzuwandeln. Für den redaktionellen Teil wusste er keinen, der es für Geigers Gehalt (5000 M) tun würde. Darnach sagte ich ihm, ich hätte Lust, zunächst zwar wohl noch nicht die Fähigkeit, aber die würde sich schon einstellen. Er war sehr begeistert davon dass ich wollte, Straussens,[3] denen ich dann auch davon erzählte (sie kamen erst nach dem Essen) auch. Nun gehe ich morgen auf Hochfelds Rat zu einem Mann, der bei Mosse etwas gilt, Kirstein, und auf meinen eignen Rat zu Cassierer, dem Philosophen, der ja das Schellingianum[4] gut kennt, und von dem ich mir eine Empfehlung an Mosse bez. meiner litterarischen und wissenschaftlichen Qualitäten geben lassen will. Wäre jetzt der Hegel[5] nur gedruckt! Das würde mir ein Relief geben. Und dann also zu Mosse, der alt und schwierig sein soll. Aber da ich schliesslich mit der letzthinigen Wurstigkeit „wenn nicht dies, dann sonst was" an die Sache herantrete, so wird es wohl grade klappen. Die Schockensitzung ist erst Donnerstag. So komme ich wohl erst Freitag nach Leipzig und dann also nur kurz. Aber wenn es mit Berlin klappt, so fahre ich ja Ende März schon wieder hin und hole dann den Tag nach. Ist es nicht lustig, wie rasch die Sache geht? Dann ging ich noch zu Bradt, da war Rosenzweig-Ost,[6] der herrliche Cohengeschichten erzählte, meist aus der letzten Zeit. Es scheinen noch ganz dolle Sachen in dem Buch zu stehen. Und Rosenzweig-Ost und Rosenzweig-West schwärmten gemeinsam. Ost hat einen dicken Schutzwall von Anmerkungen um das Buch herumgeschichtet, Belege, die Cohen z. T. selbst nicht kannte (z. B. zu Cohens Herleitung des Individuums aus der Sünde, also mit meinen Worten: der Seele aus dem Selbst, der Treue aus dem Trotz) die Talmudstelle: „Wenn unsre Väter nicht gesündigt hätten, wären wir nicht auf der Welt"[7] wozu Raschi erklärt: „sondern wären Engel". Dann hinreissende Geschichten von seiner russischen Reise. Bei der Beerdigung waren fast die Hälfte Russen. Es war noch viel. Schade, dass du nun nicht da bist und ich allmählich auftauen würde und es dir alles erzählen. So eine briefliche Gute Nacht — aber stille, ich darf mich wirklich nicht beklagen. Liebes Gritli, ich danke dir. Ich möchte dir alles Glück, was du mir in diesen „neun Tagen, neun Nächten" geschenkt hast, anwünschen — es wäre genug für ein Jahr.
Und nun also wirklich: gute Nacht.

[1] Witwe von Hermann Cohen.

[2] Rudolf Mosse, 1843-1920, Begründer der Rudolf Mosse Verlag A.G., eines großen Verlags- und Druckereiunternehmens, zu dem seit 1871 das Berliner Tagblatt - damals die einflußreichste Hauptstadtzeitung und eine der wichtigsten liberalen Stimmen, die im Deutschland der Weimarer Republik bald als „Judenblatt" deutschnationaler Hetze ausgeliefert war - und seit 1890 auch die Allgemeine Zeitung des Judentums gehörte.

[3] Bruno Strauß und Bertha Badt-Strauß.   [4] Abgedruckt in Zweistromland S.3-44.

[5] Rosenzweigs Dissertation.

[6] Leo Rosenzweig, im Unterschied zu Franz Rosenzweig (= Rosenzweig-West) „Rosenzweig-Ost" genannt, ein Schüler Hermann Cohens.

[7] Awoda Sara 5a.

An Margrit Rosenstock am 11. März 1919

11.III.

Liebes Gritli, gestern habe ich dir über Tag nicht geschrieben und abends war ich zu müde und auch etwas desillusioniert. Denn Kirstein, bei dem ich vormittags war, blies ab. Mosse brauche wenn überhaupt einen dann nur einen Mann von Namen. Nachmittags war ich bei Cassirer, dem Philosophen. Es war ganz nett, so ein bischen wie Jonas Cahn, mit dem er befreundet ist. Danach bei Dr. Auerbach, dem Präceptor occidentis,[1] Mutters Bekanntem, der alt geworden ist und mit dem ich ein Gespräch vom Zaun brach, um zu sehen, ob er vielleicht für die Akademie auszunutzen sein würde. Er war aber wie Nathan der Weise (nur nicht von Lessing. Es war doch schön?). Dann bei Straussens, die nun reizend wohnen; Budko[2] mit Braut war auch da. Heut vormittags entschloss ich mich, es nicht bei dem ersten Fehlschlag bewenden zu lassen und ging zu Hochfeld. Der wünscht es immer noch sehr und ich habe ihm nun gesagt, er soll sich dafür bemühen, dass Mosse interessiert wird. Das ist besser als wenn ich selber rumlaufe und mir Empfehlungen zusammenbettele. Ich muss mich etwas als die Kraft aufspielen, die man gewinnen muss, nicht als den stellensuchenden Jüngling. Wenn Mosse vorbereitet ist, dann schreibe ich ihm einen ganz knappen kühlen Brief, worin ich mich antrage; den lege ich jetzt schon Hochfeld vor, schicke ihn aber erst von Kassel aus. Ich habe Hochfeld gegenüber ausdrücklich auf diskrete Behandlung der Angelegenheit keinen Wert gelegt; es schadet gar nichts, wenn nichts aus der Sache wird, so haben immerhin allerlei Leute gehört, dass ich zu etwas derartigem bereit bin und dann kommt eben etwas andres. Dann ging ich zu Budko; er hat wirklich entzückende Sachen da; er ist ein Meister graphischer Kleinkunst (Vignette, Initiale, Verbindung von Text und Bild). Gelernt hat er auf Ciseleur. Also es wird sicher schön werden. Dann zu Mittag zu Straussens (Gestern Mittag habe ich ~~bei~~ in der Mittelstandsküche gefeiert. Es war gar nicht schlecht! und sehr reichlich). Bei Straussens war ein ganz reicher und bewegter Breuerscher Orthodoxer aus Frankfurt, ein 25jähriger, der Werfel auswendig konnte (aber nicht wusste, dass er Jude ist). Und nun muss ich herüber zu Bradt. Ich habe wohl allerlei vergessen, aber ich will den Brief doch zumachen. Ich fahre gleich nach der Sitzung am Donnerstag; wenn ein Zug geht, nachts. Frau Strauss fragte vorhin, was denn „das Gritli" mache. Ich war ganz erschrocken, wie da plötzlich dein Name so unerwartet auftauchte.

Bis in ein paar Tagen ! Dein Franz.

---

[1] Lat.: Lehrer des Abendlandes. Abwandlung des Ausdrucks Praeceptor Germaniae, „Lehrer Deutschlands", mit dem man Philipp Melanchthon wegen seiner Verdienste um die Schulen und Universitäten zu bezeichnen pflegt.

[2] Josef Budko, 1888-1940, Maler und Graphiker, seit 1910 in Berlin, ab 1935 Leiter der Bezalel-Schule für Kunst und Kunsthandwerk in Jerusalem, bekannt für seine kunstvolle Gestaltung hebräischer Buchstaben.

An Margrit Rosenstock am 12. März 1919

12.III.

Liebes Gritli, eben als ich nachhause kam, lag dein Brief da und endlich auch einer von Mutter, vom 6ten. Mir ist auch nur zum Erzählen. Und dabei habe ich noch nicht mal was zu erzählen. Ich war heut viele Stunden auf der Gemeindebibliothek und habe mich richtig verschmökert. Soviel habe ich übrigens dabei doch festgestellt: ich habe keine Vorgänger im ✡, —— leider. Die Grundbegriffe der Kabbala werden unmittelbar zur Figur eines Menschen zusammengestellt. Schade. Ich habe gar keinen rechten Respekt mehr nun vor dem, was ich gemacht habe, wenn es wirklich bloss von mir ist. Für andres habe ich schöne Bestätigungen gefunden, aber der Kopf schwirrt mir von den paar Stunden; ich muss nun bald wieder mit einem ruhigen und regelmässigen Lesen anfangen.   Gestern Abend bei Bradt war Landau.[1] Es wurde wieder an den Statuten gedoktert.   Heut Abend kommt Schocken, morgen Mittag esse ich mit ihm im ~~Fürsten~~ Kaiserhof. Abends Sitzung ...

Ich habe heut Vormittag in der Elektrischen, die wieder geht, Abels „Gegensinn der Urworte"[2] gelesen, das lustiggeschriebene Büchelchen, das mir Eugen im Oktober nannte; es ist wirklich die Illustration zu meinen „Urworten".

Es ist herrliches Frühlingswetter, aber ich habe eine Unruhe, fort von hier zu kommen, wenigstens fort aus dieser geschäftigen Nichtstuerei. Der Morgen auf der Bibliothek hat mir den Rest gegeben.   Ausserdem gestern die schreckliche Frau Bradt, mit der ich eine Stunde allein „plaudern" musste. Ein so grässliches kleines Hutzelchen, so „gebildet", so betont „unjüdisch", dabei eine Musterkarte aller „jüdischen" Eigenschaften.   Der Mann gefällt mir immer besser.

Liebes Gritli, dies ist vernünftig [[erweise]] der letzte Brief; am Freitag komme ich als mein eigener Eilbote. Bringt doch Frau Schumann[3] vorher um, damit es gemütlicher wird.

Dass du gleich zu Hauffe gingst! - ich war auch heute wieder in der Mittelstandsküche, vorher allerdings in 3 Konditoreien. Immerhin —

---

[1] Leopold Landau, 1842-1921, Gynäkologe und Förderer der Akademie für die Wissenschaft des Judentums in Berlin.

[2] Carl Abel, Über den Gegensinn der Urworte, 1884.

[3] Eugen und Margrit Rosenstock lebten in Leipzig zur Untermiete bei einer Frau Schumann, während sie auf Wohnungssuche waren.

An Margrit (und Eugen) Rosenstock am 17. März 1919

17.III.

Liebes,   nun sind wir also wirklich auseinander, Berlin am 9ten das war ja kein Abschied. Und nun ist es wieder auf - ich will keine Zeit sagen, es war ja noch stets kürzer, als wir bei der Trennung ausrechnen konnten.   Es war gut, dass du an der Bahn noch eingriffst und Eugen zu mir beordertest; so fuhr ich mit einem kompletteren Gefühl fort; ich habe dir gestern recht mit meinem Missmut zugesetzt, verzeih und halte mich in besserem Gedächtnis als ich war.   In Leipzig seid ihr nun eigentlich gar nicht wirklich gewesen. Es lag nicht am Chambre garnie[1] überhaupt, es war dieses Chambre garnie und Leipzig und „Frau Schumann" und ein undefinierbares Gefühl von Provisorischheit, z. T. auch einfach die wenigen Bücher, was alles nicht das Gefühl einer Wohnung - worin doch „Gewohnheit" steckt - aufkommen liess.   Dein Futter ass ich natürlich noch gestern Abend bis Mitternacht auf.
....

... Das N. D.,[2] das ich beilege, habe ich von Rudi, schicke es aber wegen Grabowski und wegen der Predigt über die bisher unentdeckten Verse des 46. Psalms. Es ist dir ja genau so damit gegangen. Ich habe ihn schon in den ersten Kriegstagen oder nein kurz vorher in den Tagen der Spannung auf dies „der den Kriegen steuert in aller Welt"[3] gelesen. Und bei Delius ist zu lesen, was eigentlich daran sei: virtuosenhaft-leere orientalische Sprüche. So eine Zeitschriftnummer ist ein lustiges Chaos. - Eben nach dem Abendessen fing Mutter wieder von Eugen an, und dabei kam sie auf eine wunderbare Idee: Disputationen! Eugen soll nicht zu Vorträgen mit, sondern zu reinen Disputationen sich engagieren lassen. Er teilt mit der Ankündigung des Themas zugleich seine These mit, und dann lässt er es gehen wies geht. Das wird viel mehr ziehen als die langweilige und ermüdende Form des Vortrags. Den Anfang könnte er etwa jetzt gleich in Heidelberg machen, in Hansens „Gemeinschaft" (das ist nicht die Volkskirche, sondern wieder was andres, Universität und Philister gemischt). Thema: Staat und Kirche, oder Deutschland als Staat oder Wilson oder Über Fremdworte oder sonstwas. Er müsste sich natürlich richtig bezahlen lassen wie für einen Vortrag. Es würde sicher glänzend werden. Zu verlieren hätte er gar nichts, zu gewinnen alles was er jetzt braucht: nämlich Bekanntheit, ein Publikum das alles von ihm liest, einen Namen auf den hin jede Zeitung ihm seine Aufsätze abnimmt, und endlich irgend was was sich nicht voraussehn lässt.

Es ist ja wirklich seine eigenste Form, das was ihm wirklich kein Mensch nachmachen kann (und auch er selber als Vortragender nicht, er diskutiert eben doch viel überzeugender als er predigt.) Lieber Eugen, wenn du willst, schreib mir (ev. gleich ein oder mehrere Themen dazu), ich werde ⌈⌈dann⌉⌉ an Hans schreiben, dass er die Sache managt. Was mir so imponiert an dem Gedanken ist dies, dass damit endlich einmal der Anfang gemacht würde mit der „neuen Universität" von der wir sprechen, aber immer sprechen, ohne zu wissen wie sie kommen soll. Sie muss im Schosse der alten kommen und die alte von innen heraus sprengen. Es muss üblich werden, dass die wissensch. Studentenvereine, vielleicht eines Tages sogar die Seminare bekannte Leute einladen zu mündlicher Aussprache. So allein kann das akademische Eis schmelzen. Fang an! Du bist nicht zum Vergnügen jetzt ein freier Mann geworden. Die Universität konnte dich nicht verdauen und hat dich wieder ausgespien. Jetzt kiekse sie von draussen so, dass sie denkt: hätte ich ihn nur noch sicher in meinem Bauche.[4]
...

[1] Franz.: möbliertes Zimmer.   [2] Das Neue Deutschland, herausgegeben von Adolf Grabowsky.
[3] Psalm 46,10.   [4] Anspielung auf Jona und den Wal (Jona-Buch, Kapitel 2).

An Margrit Rosenstock am 18. März 1919

18.III.
Liebes Gritli, heut früh kam ein Brief von Hochfeld: Mosse ist schon aufmerksam gemacht und so habe ich also meinen Brief an ihn geschrieben. Ich habe so eine Ahnung, dass die Sache wird - und ein gelindes Grauen davor. Jede Woche schreiben und so viel dummes Zeug lesen müssen, und die ganze Politik! Wüsste ich nicht, dass ich den ✡ geschrieben habe und so das Beste was ich geben kann, das was an mir verloren geht, schon unter Dach gebracht habe, so dass es nicht mehr verloren gehen kann — so würde ich es wohl doch nicht wagen. Aber so fühle ich mich doch frei zum Dienst. Das Ende der Kriegszeit war für mich doch providentiell[1] - wie wohl eigent-

lich die ganze Kriegszeit überhaupt.   Ich versuchte heut früh, wieder die Logik, die Cohensche,² anzufangen, - von vorn, weil ich nichts mehr davon wusste, aber ich kam einfach nicht hinein. - Mutters „satanische Schläue" ist natürlich doch auf der Spur! ~~he~~ gestern dachte ichs schon ein paar Mal, sie fragte mich so genau, ob denn gar keine Möglichkeit gewesen wäre, aus Leipzig heraus zu kommen. Heut sagte sie mir rundheraus [[mit Beziehung aus etwas was ich ihr verheimlichen wollte]], sie zweifle ob der [[Eisenbahn]]Streik ganz durchgreifend gewesen wäre. Dass wir uns also treffen wollten, hält sie für ganz sicher, ob überhaupt oder auf Grund eines Nachschlüssels zum Schreibtisch weiss ich nicht. Nur <u>ob</u> wir uns nun trotz Streiks getroffen <u>haben</u>, weiss sie nicht. Ich tat dumm, wurde aber gleich nachher so grünblass, dass sie mich ganz erschrocken fragte, was denn wäre. Da wird sie es also gemerkt haben. Liebes Gritli - das ändert aber gar nichts daran, dass wir zusammen waren - mag sie doch denken was sie will. ...

Vielleicht geht es nun ganz rasch mit Mosse, vielleicht bin ich schon nächste Woche wieder in Berlin.   Berlin - Säckingen ist weit, zwei Tage Brief, das ist fast mazedonisch. Und ich werde deine Worte dann doch sehr nötig haben, die Stenotypistin wird sich wundern - oder soll ich die Korrespondenz durch mein Faktotum Herrn Katz erledigen lassen? Oder am Ende doch selber? Wie du willst.

Jonas liest Bubers Baalschem,³ ich las ihm ein paar Originale vor aus einem der Kolportageheftlein, die ich aus Warschau mitgebracht hatte. Es gehört zu allem so viel Zeit, und wenn ich sie nicht finde, so bin ich auch für die Zeitung nichts nütze. Aber ich spreche etwas wie das Lafontainesche Milchmädchen.⁴

Morgen wird wohl ein Brief von dir kommen. Ich sehne mich doch schon wieder ein bischen nach seinem Eiei. Mach es bald

Deinem Franz.

[1] Aus dem Lateinischen: von der Vorsehung vorherbestimmt.

[2] Hermann Cohen, System der Philosophie, Teil 1: Logik der reinen Erkenntnis, 1914².

[3] Martin Buber, Die Legende des Baal Schem, 1908.

[4] Jean de la Fontaine, 1621-1695, französischer Dichter, Verfasser der „Fabel von Perette, der Magd", auf welche die Rede von einer Milchmädchen-Rechnung zurückgeht: Das Milchmädchen Perette ging eines morgens vom heimischen Hof in die nahe Stadt, um einen Topf Milch auf dem Markt zu verkaufen. Dabei kam sie ins Träumen: Was man alles mit dem Erlös kaufen könnte! Wofür man den Erlös wiederum ausgeben könnte! Wie das Geld dabei immer mehr würde! Am Ende könnte man sogar eine ganze Kuh kaufen! Leider geriet sie vor Freude über ihre Pläne ins Stolpern und verschüttete die Milch.

An Margrit Rosenstock am 19. März 1919

Liebes Gritli,   es ist noch gar nichts von dir da. Heut ist der 19te,[1] es geht besser herum als ich dachte; die Äusserlichkeiten der Besuche u.s.w. halfen ihr[2] wieder etwas. Sie hat sogar einen Kranz hinausgebracht; es kam mir doch sehr lächerlich vor, ihn zu tragen; aber ich kann da wohl nicht richtig mitempfinden, mich hält so etwas nur ab. Ich bin doch überhaupt sehr kühl dagegen geworden, es liegt nun hinter mir, teils abgetan, teils - und das wohl für immer - unabgetan, aber in beidem <u>hinter</u> mir. Auf dem Weg hin steckte ich den Brief an Mosse in den Kasten; ich rede mir nun einmal ein, es müsste etwas werden, - ohne es sehr zu wünschen, vielleicht grade deshalb habe ich diese kuriose Gewissheit. — Rudi schrieb, einen merkwürdigen Brief von dem was er während der Krankheit Helenens erfahren hat. Er ist wieder 5 Predigten weiter. Ich kriege sie und dann ihr, und dann müsst ihr die 10 nach Leipzig an O. Viktor[3] schicken. - Ich habe nun doch sachte mit der Logik angefangen, ohne mich aber schon recht für „andrer Leute Kinderchen" interessieren zu können. Gestern Abend habe ich mit Jonas eine ganze lange Baalschemgeschichte aus einem der Warschauer Kolportagehefte gelesen, dabei zwei unmittelbare Vorlagen Bubers (nämlich zu Der Fürst des Feuers und Die Predigt des neuen Jahres); sie werden Buber kaum in viel andrer Form vorgelegen haben; danach ist sein Umarbeiten ganz legitim; er hat den ganzen Inhalt einfach übernommen, hat dann aber die kabbalistische Theorie darüber ausgegossen, die in den Geschichten nicht drinsteht weil sie darin vorausgesetzt wird; der Leser von heut und hier, der diese Lehre nicht kennt, kann die Geschichten nur so richtig verstehen. Buber sagt also nicht zuviel, wenn er seine Stellung bezeichnet als die des nacherzählenden Enkels. Eigentlich sollte ich dir mal eine Geschichte übersetzen, aber es hat ja Zeit bis Säckingen, wo du das Buch von Buber da hast. (Hast du es eigentlich?)

Heut Abend habe ich (vor Mutter, Jonas, T.Rosette[4] und - Gotthelfts[5]) „Deutschlands Staatseigenschaft" vorgelesen und grosses Wohlgefallen, aber - wie mir schien - kein Nachklingen erweckt. Mir selbst schien es auch bei diesem zweiten Lesen irgendwie unausgeglichen. Mindestens müsste er es für den Druck noch etwas glätten und einige Gelenkstellen deutlicher herauspräparieren; es sind nicht alle Übergänge durchaus überzeugend.

Hoffentlich bist du noch zu einem Brief an Mutter gekommen Wie sie ⌈⌈nun⌉⌉ ist, vermisst sie ihn doch.

Und ich - ich „vermisse" ihn auch, den täglichen Brief. Kommst du morgen früh?

? ——— Dein.

---

[1] Am 19. März 1918 war Rosenzweigs Vater gestorben.

[2] Der Mutter Rosenzweigs.   [3] Onkel Victor, nämlich Victor Ehrenberg senior.

[4] Rosette Frank, geborene Alsberg, 1863-1920, eine Schwester von Rosenzweigs Mutter Adele.

[5] Richard Gotthelft, 1856-1933, Besitzer des Kasseler Tagblatts, und seine Frau Selma Gotthelft, geborene Alsberg, 1865-1933, ebenfalls eine Schwester von Rosenzweigs Mutter Adele.

An Margrit Rosenstock am 20. März 1919

......

Heut also war ich mit dir an der Cohenschen Logik, auf der Bibliothek und bei Prager. Und dazu kam nachmittags dein erster Brief. Du nennst Bassermanns[1] Hamlet christianissimus,[2] ich empfand ihn damals als stark renaissancenhaft (in dem Sinn, dass er ihn nicht auf fin de siècle[3] spielte, sondern auf die neueren Jahrhunderte überhaupt).

.....

---

[1] Albert Bassermann, 1867-1952, Schauspieler.   [2] Lat.: allerchristlichst.

[3] Franz.: Jahrhundertende. Nach dem Titel eines Lustspiels von Jouvenot und Micard (1888) Bezeichnung für die damals vorherrschende dekadente Kunst und Weltuntergangsstimmung.

An Margrit Rosenstock am 21. März 1919

21.III.

Liebes Gritli, ich schreibe auf der L. bibl.[1] - ich habe mir mal die Notkerschen Psalmen[2] bestellt, ich war neugierig.
Heut vor einem Jahr fing Ludendorf seine Offensive an!
Unsre Beängstigungen über den Redakteur kreuzen sich. Trotzdem — ich durfte es doch nicht lassen. Schliesslich ists ein Versuch. Geht es nicht, so komme ich schon wieder heraus. Das andre aber: zu fürchten, dass es „geht" — und das fürchtet man ja wenn man mich „zu schade dafür" findet — das will ich grade nicht. Ich meine übrigens „es geht" nur, wenn es mich nicht ganz beschäftigt. Ich kann ja da nur etwas leisten, wenn ich ausserdem noch zu mir selbst komme. Von Nichts kommt Nichts.
.....
Der Notker ist nicht leicht zu lesen, weil der Kommentar überall den Text durchwächst, sodass man ihn kaum herauslösen kann. Und auch weil gar keine Erklärungen zu den schwierigen Worten dabei stehn.
Ich bin jetzt in der Logik wieder durch die Einleitung durch. Ich kann ihn scheints noch weniger lesen als vor dem Stern. Er ist ein arger Idealist.
Bei Eugens Vortrag haben die Juristen doch vor allem gegen seinen Rechtsbegriff revoltiert, der eben mehr der Rechtsbegriff des Richters als des Anwalts ist. Daher Jacobis[3] Einwand mit dem Herrgott. Für ihn ist die Rechtswissenschaft die Schule der Anwälte.
~~Schw~~ Steiner plädiert also für Einbau des Rätesystems in die Verfassung, wenn ich recht verstehe. Das hätten wir doch auch unterschreiben können.
Verzeih mein Durcheinander.

Gute Nacht — liebes Gritli.

[1] Landesbibliothek.
[2] Die kommentierte Übersetzung der Psalmen von Notker III. Labeo.
[3] Erwin Jacobi, 1884-1965, Professor für Staatsrechtslehre in Leipzig.

An Margrit Rosenstock am 22. März 1919

22.III.

Liebes Gritli, ich vergass, die neuen Predigten ab 41 gehen nicht nach Leipzig weiter, sondern an Hans. Eben habe ich grade wieder eine Folge gekriegt, die schön tief in den August 14 hineinführen. Dieser Brief geht nun schon, wenn nicht etwa heut noch Gegenbefehl kommt, nach Säckingen. Dabei fällt es mir auf die Seele, dass ich noch gar nicht wieder geschrieben habe, seit ich dort war. Vielleicht tue ichs noch. - Bertha Strauss ist hier und kommt heut Nachmittag zu uns. Sie fragte schon am Telefon, ob ich nach Berlin geschrieben hätte; sie waren ja beide sehr weg von dem Gedanken. Sieh: was sollte ich denn tun? du sagst, das Wichtigste ist das Nebenher. Mag sein, aber ich musste und muss mich davon befreien, es nur als Nebenher zu behandeln. Auch „Nebenher" kanns (und muss es sogar) bleiben. Aber nur Nebenher - das ging nicht mehr. Es ging nicht mehr, schon seit 5 1/2 Jahren. Und inzwischen sind nun 5 1/2 Jahre verstrichen. Soll ich noch einmal anfangen, den Mund zu spitzen, um dereinst zu pfeifen? Ich muss etwas ergreifen, wo ich sofort mit Pfeifen beginnen kann. Zu allem andern bräuchte ich noch Vorbildung, viel Vorbildung. Ich weiss wohl ziemlich viel, aber ich kann noch erschreckend wenig. Wollte ich — um es nur mal zu sagen; geträumt habe ich vor 5 Jahren ja natürlich nur davon — aber wollte ich Rabbiner werden, so würde das drei Jahre Studium bedeuten. Und zuletzt - was wäre ich dann? Stünde ich nicht schliesslich in den selben Schwierigkeiten wie als Zeitungsredaktör auch? Eugen sagt, man kann nicht täglich von 8-9 bekennen.   Aber grade das nun wieder, müsste ich jedenfalls und müsste es in jedem ⌈⌈derartigen⌉⌉ Beruf. Davor allein, vor diesem Wöchentlichen und Zwangsmässigen fürchte ich mich ja auch bei der Zeitungsredaktion. Geht es gar nicht, so brenne ich eben wieder durch. Aber warum soll es eigentlich nicht gehn. Ich werde weder das Goethe-Jahrbuch nebenher zu redigieren haben, noch Vorlesungen an der Universität zu halten. Vorträge, Kurse u.s.w. werde ich mir so einrichten, dass ich sie z. T. nachher in der Zeitung drucken lasse. Denk auch mal, wie viel Rade[1] noch tut ausser die Chr. Welt schreiben.

Wäre nun der Krieg nicht gekommen, so stünde ich heute ja schon mitten in etwas drin. Ich wollte ja nur den Hegel noch zu Ende schreiben. Den Antibuberaufsatz „Atheistische Theologie"[2] schickte ich damals an das Jahrbuch mit einem Begleitbrief, worin ich schrieb, es wäre mir ganz recht, wenn sie ihn mir refüsierten[3], denn ich empfände mich auf diesem Gebiet noch nicht als veröffentlichungsreif. Und dennoch war ich bereit, schon anzufangen.   Nun kam mir das Gnadengeschenk der Kriegsjahre. Gelernt habe ich wenig in der Zeit, nicht mehr als etwa in 2 Friedensjahren (höchstens), aber Zeit zum Reifen war es voll, dafür waren es wirkliche 4 1/2 Jahre, nicht weniger. Beweis: ✡. Ich habe ja die Kriegsszeit immer so empfunden für mich, als eine Wartezeit, ein Geschenk auf das ich gar nicht gerechnet hatte, ein Nocheinmalatemschöpfen vor der grossen Arbeit. Soll ich nun wo die Arbeit anfängt, nocheinmal „verschnaufen zu müssen behaupten". Ich will den Schluss des ✡ nicht umsonst geschrieben haben.[4]

Wenn die Antwort aus Berlin negativ ist, oder wenn sich im Laufe der Verhandlung herausstellt, dass ich es nicht annehmen kann (also z. B. wenn M.[5] etwa eine zulange Probezeit verlangt, - bis zu einem halben Jahr würde ich allenfalls gehen) (oder wenn er nicht darauf eingeht das Spaltenhonorar für Mitarbeiter von 2 auf mindestens 8 M zu erhöhen, was freilich pro Jahr fast 5000 M Mehrkosten bedeutet), - so greife ich eben nach irgend etwas Kleinkreisigem, einem Vortragszirkel oder so. Aber ich meine, es wird etwas werden; ich habe so das Vorgefühl.   Fang ichs dann an, so ist es sicher nur — ein Anfang. Darüber kannst du ganz gewiss und beruhigt sein. Ich bleibe nicht „darin stecken". Vor dem Wort „Journalist" brauchst du nicht scheu zu werden. Denk doch wieder nur an Rade.[6]

.....

[1] Martin Rade, 1857-1940, evangelischer Theologe, Mitbegründer der Zeitschrift „Christliche Welt".
[2] Abgedruckt in Zweistromland S.687-697.   [3] Verweigern, ablehnen.
[4] Der „Stern" schließt mit den Worten: „ins Leben".   [5] Rudolf Mosse.
[6] Beim letzten Abschnitt war nicht ganz sicher zu entscheiden, ob er zu diesem Brief gehört.

An Margrit Rosenstock am 23. März 1919

23.III.

Liebes Gritli, eben kam das Telegramm. Nun ist schon ein Brief nach Säckingen, der wartet nun dort. An dem Telegramm habe ich übrigens etwas erfahren; ich dachte nicht, dass es von euch wäre, ich meinte, es wäre von Berlin, und ich bekam einen Schreck, ich müsste kommen. Ich bin jetzt wieder so ein bischen im Lesen drin und möchte mich gar nicht aus dem Haus rühren. - Ausser der Logik[1] lese ich das historische Buch von Heim über den Grund der Glaubensgewissheit bei den Scholastikern,[2] dazu auch ein bischen Thomas, den 1ten Band der Summa theol.[3] habe ich neulich in Freiburg gekauft. Und dazu allerlei. Die Baalschemgeschichten.[4] Hier nun wirklich eine: Einmal am Vorabend von Pesach ist der heilige Baalschem sehr eng gewesen und er hat nicht gehabt kein Geld zu kaufen alles was ein Jud gebraucht auf Pesach. Sitzend so verklärt (= in Gedanken) kommt zu ihm plötzlich herein eine Frau und sie verehrt ihm sehr ein grosses Geschenk, was ist genug gewesen auf 'n ganzen Pesach, und das hat in ihm erweckt eine ungeheure Freude, dass er hat sie gefragt, was für einen Segen sie will von ihm. Sie hat ihm erzählt, dass es ist schon 10 Jahr nach ihrer Hochzeit und sie hat noch kein Kind nicht geboren; und weil die grössten Doktoren haben fest beschlossen, dass sie bleibt eine ewige Unfruchtbare, will sich ihr Mann von ihr scheiden. Hörend ihr Weinen hat sie der Baalschem getröstet und ihr versprochen, dass noch in dem Jahr wird sie haben ein Kind. Die Zusicherung hat ~~gemacht~~ im Himmel gemacht einen ungeheuren Lärm, dass er erlaubt sich oft zu verändern die Natur; und ein Engel hat ausgeschrieen, dass dadurch verliert der Baalschem seinen ganzen Anteil an der künftigen Welt (also: seine ewige Seligkeit). Wie der Baalschem hat das gehört, ist er sehr fröhlich geworden und hat mit Courage gesagt: „Jetzt ist wirklich kommen die Zeit, da ich soll anheben zu dienen dem Höchsten in Wahrheit, weil auf einen Anteil an der künftigen Welt hab ich schon mehr nicht zu hoffen". Und mit die Wörter hat er gleich still gemacht seinen himmlischen Ankläger und man hat seine künftige Welt nicht zurückgenommen und bei Nacht ist sein Meister, Achja haSchiloni (der ihn im Traum Kabalah lehrt), zu ihm gekommen und ihm erklärt, dass das ist nur gewesen, ihn zu prüfen, ob er wird weiter bleiben bei seiner Frömmigkeit.

Wenn ich erst die Zeitung habe, werde ich der Stenotypistin viele solche Geschichten diktieren, dann kriegst du sie zu lesen. Da dies doch ein Litteraturbrief wird, so auch noch dies, dass ich die Novellen um Claudia gelesen habe, in den letzten Tagen, und ich finde es ein gutes Buch. Mutter sagte, du hättest es nicht gemocht. Ich finde es gut, wie er aus den Novellen einen kleinen Roman macht und wie die Novellen dabei zugleich ~~Vari~~ alle nur Variationen des einen Themas „und keine Brücke führt von Mensch zu Mensch" sind und wie innerhalb der Novellen jedesmal [[wieder]] eine „Novelle" das Zentrum, den „Falken" abgibt. Jedenfalls ein grosses Kunststück, und in sich viel kompletter als das Ritualmorddrama.[5] — Jonas hat wieder ein sehr schönes Blumenstillleben gemalt, rote, rosa und weisse grosse Nelken in dem langen rubinroten Glas.

Grüss München - ich war seit 1913 nicht dort. Hoffentlich giebts noch was schöneres zu sehen oder besser noch: zu hören, als Machiavell. Seine Staatslehre ist ja im Grunde auch „nur starker Tobak". Und hoffentlich überhaupt. Ich bin sehr, sehr gespannt. Guten Abend, Liebe - es ist mir immer als müsste ich dich in einer Viertelstunde wiedersehn; diesmal stehen die Kilometer wirklich mitten auf der Landkarte.

Guten Abend liebes Gritli.

[1] Hermann Cohen, Logik der reinen Erkenntnis, 1902.
[2] Karl Heim, 1874-1958, evangelischer Theologe, verfaßte das Buch: Glaubensgewißheit. Eine Untersuchung über die Lebensfrage der Religion, 1916.
[3] Thomas von Aquin, 1225-1274, bedeutendster Theologe des Mittelalters; sein Hauptwerk trägt den Titel: Summa Theologiae.
[4] Martin Buber, Die Legende des Baal Schem, 1908.
[5] Arnold Zweig, Die Novellen um Claudia, 1912; Ritualmord in Ungarn (späterer Titel: Die Sendung Semaels), 1914.

An Margrit und Eugen Rosenstock am 24. März 1919

24.III.

Liebes Gritli, ⌈⌈lieber Eugen⌉⌉, ich habe also gleich heut morgen die 10 Themen an Hans geschrieben mit einem orientierenden Beiwort. Die „Gegeninstanzen" nehme ich nicht tragisch - was ist ohne Gegeninstanzen? und „planmässiges Arbeiten mit Hypnose" wäre es nur, wenn die Themen Ende und nicht vielmehr Thesen wären, von denen man nur anfinge, um wer weiss wo zu enden. Das Wichtigste aber, das ruhige Wachsen der Bücher, lässt sich nicht erzwingen; wenn etwas anfängt zu kommen, dann muss man ihm eben Zeit und Raum schaffen; aber vorher nichts tun, damit es wächst ——— also schlafen, damit es einem der Herr gebe — ??[1] Ausserdem bleibt es ja ein Versuch, ohne alle Konsequenzen ausser den unmittelbaren. Ein Kolleg bedeutet Verpflichtung für ein ganzes Semester. So eine Disputa ist zu Ende, wenn sie zu Ende ist, und es steht ganz bei dir ob du eine neue anzeigst. Ich dächte mir übrigens, du liessest es in Heidelberg darauf ankommen, ob wie es das erste Mal geht. Wahrscheinlich stellt sich unmittelbar das Bedürfnis heraus, die Diskussion am folgenden Tag fortzusetzen. Jedenfalls immer nur eine These anzeigen. Sie muss wirklich These sein und was der Gegenstand des nächsten Tages ist, darf sich erst in der Diskussion selber herausstellen. Das habe ich auch an Hans geschrieben. ...... - Du hattest Recht mit Hans, aber er denkt ja unwillkürlich für die neue Universität nicht an „Wissenschaft von heut", sondern an seine Wissenschaft, und wie sehr die von morgen ist, hättest du doch gut sehen können an der Art wie der Wissenschaftler von heut (und der als Wissenschaftler stets „von heut" bleiben wird), Beckerath, noch in der Erinnerung nach einem Vierteljahr darauf reagierte. An der neuscholastischen Universität müsstest du ihm wohl oder übel einen Platz einräumen. Beckerath könnte man freilich nicht dahin berufen. Übrigens allen diesen Sorgen entreisst einen wie stets die Wirklichkeit: die alte Universität kooptiert schon von selbst die Jugend von „heute" in ihre Ordinariate, und speit die Ordinarien der Universität von morgen aus ihren Fakultäten aus (S. das lebende Bild). - Liebes Gritli, was du von Muth schreibst, von der Kraft zum Dennoch, die ihm ausgegangen ist, hat mich ergriffen, wie Spittelers junge Götter der Ausgang der alten.[2] Denn alles was ich bitten kann und muss, ist ja nur dass es mir anders geht und ich die Kraft behalte.

Seid gegrüsst und geküsst. Euer Franz.

[1] Anspielung auf Psalm 127,2.
[2] Carl Spitteler, 1845-1924, Nobelpreisträger für Literatur. Sein Epos „Olympischer Frühling", 1900-1905, entwirft ein pessimistisches Bild von der Welt, an dessen Ende der trotzige Verzicht auf das Glück steht - eine heroisch gemeinte Philosophie des Dennoch.

An Margrit Rosenstock am 25. März 1919   25.III.

.... Wie kommt das nur? Ich habe dich lieb ohne alle Sehnsucht. Du bist einfach da. Übrigens langweilst du dich wohl ein bischen „bei mir": ich arbeite den ganzen Tag, ich lese lese lese und möchte nochmal soviel lesen, wenn der Tag nochmal solang wäre. - Einen Brief von Eugen habe ich aus Leipzig nicht gekriegt, nur von dir. Aber Rudi Hallo hat kurz vor dem Streik (und nach meinem Vortrag, also dem 23.II.) an Eugen geschrieben und meint, dass der Brief wohl verloren gegangen wäre. Er war nämlich bei mir; es war steif und akademisch; ich liess mir von ihm über Nelson[1] erzählen. - Das Gegenstück zum Hochland (mindestens!) giebt es ja schon: den Buberschen „Juden".[2] Was fehlt, ist das Gegenstück zur Chr. Welt. Halbmonatsschrift ist allerdings auch noch besser als Wochenschrift. - Kantorowitzens Aufsatz über Properz kenne ich in der Urform; er las ihn uns damals in seinem Hausseminar vor. Dass mich Eugen wieder auf Henning[3] und also wieder in die Hegelsche Sphäre lockt, ist sehr brav, aber ich mag noch gar nicht wieder.

Du schreibst mir etwas, worauf ich dir mit keinem Wort antworten kann, weil es einfach wahr ist. Es begleitet mich den ganzen Tag. Nimm mich an dein Herz und lass mich Dein sein.

[1] Leonard Nelson, 1882-1927, Philosoph, seit 1919 Professor in Göttingen.
[2] Carl Muth gründete 1913 die katholische Monats-Zeitschrift „Hochland", Martin Buber 1916 die Zeitschrift „Der Jude".
[3] Leopold von Henning, Assistent von Hegel und Herausgeber seiner Werke.

An Margrit Rosenstock am 26. März 1919   26.III.

Liebes Gritli, heut geriet ich in den ☿, das Maschinenmanuskript, und habe in Einl. I, I 1 und II 2 richtig gelesen. Es war doch schön, obwohl freilich nicht leicht. Ich kam darauf durch den Heim, den ich lese: er handelt breit von den Gottesbeweisen Anselms v.Canterbury,[1] den Kant widerlegt haben soll; ich wusste nur noch, dass ich etwas darüber geschrieben hatte, konnte mich aber gar nicht mehr besinnen was; so sah ich nach. Es war wirklich schon beinahe wie das Buch eines andern. Nun habe ich es in Schnellhefter gelegt (zum Klemmen, nicht zum Lochen), da kann man richtig drin blättern wie in einem Buch. Ich möchte dir nur von Büchern erzählen; ich lebe jetzt darin. Mit den Baalschemgeschichten bin ich leider durch; ich muss versuchen noch andre zu kriegen, obwohl es hier in Deutschland nicht leicht sein wird; ich lese jetzt ein Traktätchen über die Kraft des Gebots (oder vielmehr des Bekenntnisses), die Erlösung herbeizuzwingen; es ist moderner im Ton als die Legenden. Heut früh ging mir durch den Kopf, wenn ich im Sommer doch nochmal an den Hegel gehen muss, dies Muss irgendwie auszumünzen, etwa Vorträge über ihn zu halten oder so; ich muss mich ja einfach zwingen, mich nocheinmal ein paar Monate für ihn zu interessieren. In Berlin etwa müsste man doch leicht aus den vielen von der Universität ausgesperrten Studentinnen Hörerinnen gewinnen. Mutter dachte übrigens neulich an dies Publikum für Eugen, aber das ist natürlich ein Missverständnis, denn denen würde er es noch weniger zu Danke machen wie den Studenten. Ich könnte das grade, und wäre dabei gezwungen, Litteratur zu lesen und dergl. Aber es ist nur eine Idee.

Der Neubauer, von dem ich ein Buch („Bibelwissenschaftliche Irrungen") gelesen habe, heisst wirklich Jakob und ist es also.[2] Das Buch war gut, wenn auch zu „katholisch". Dass ichs kannte, durfte er annehmen, denn der „Centralverein dtscher Staatsbürger jüd. Glaubens"[3] hat eine Anzahl Exemplare den Feldrabbinern zur Verteilung überwiesen.

Du schriebst neulich vom Isenheimer Altar und den Reproduktionen. Als ich ihn zuerst sah, gab es wohl noch gar keine. Es war 1906. Hans hatte ihn gesehn und mir gesagt, ich müsste auf jeden Fall hin. Der Eindruck war dann wirklich so unmittelbar, wenigstens bei der Kreuzigung. Wie du schreibst: dass es mit Kunst gar nichts mehr zu tun hatte. Und das „haben" nun die Franzosen. Die Kolmarer haben es auch 100 Jahre bald gehabt, ohne zu wissen was sie hatten; ich denke, seit der französ. Revolution.

Was sagt Eugen zu Ungarn? ich meine nicht zu Ungarn, sondern zu Deutschland und Ungarn. Müsste man nicht doch Bolschewist werden?[4]
.....

[1] Anselm von Canterbury,1033-1109, scholastischer Theologe und Philosoph.

[2] Jakob Neubauer, Bibelwissenschaftliche Irrungen: ein Beitrag zur Kritik der alttestamentlichen Bibelkritik an der Hand eines gerichtlichen theologischen Gutachtens, 1917.

[3] Ein 1893 in Berlin gegründeter Verein (gewöhnlich abgekürzt mit den Initialen CV) zur Verteidigung jüdischer Bürgerrechte gegen den wachsenden deutschen Antisemitismus. Er wurde 1938 aufgelöst.

[4] Der ungarische Ministerpräsident Michael Graf Karolyi war aus Protest gegen die Entscheidung der Alliierten, Siebenbürgen an Rumänien zurückzugeben, am 21. März 1919 zurückgetreten und hatte einer sozialdemokratisch-kommunistischen Regierung Platz gemacht, die schon kurz darauf von einer Räterepublik abgelöst wurde.

An Margrit (und Eugen) Rosenstock am 27. März 1919

27.III.

Liebes Gritli, es ist spät, Mutter in einer ihrer Sitzungen - sie ist eigentlich fast den ganzen Tag unterwegs, Jonas war in einem Vortrag ist eben zurückgekommen, ich habe mich aber in den Zwischenstock verflüchtigt, um dir zu schreiben. „Mein" Zimmer oben kriegt mich überhaupt nicht zu sehen, es bleibt dein Zimmer, ich kann mich eigentlich nicht daran gewöhnen. Wenn ich fortgehe, nehme ich ja wohl die Büchergestelle mit und den Schreibtisch wohl auch. Er ist so unangenehm stilvoll, und wenn man selber gar nicht (gar nicht mehr) stilvoll ist, so ist das eine so unbequeme Mahnung. Nachmittags (ehe ich zu Prager ging, da bin ich jeden Montag und Donnerstag von 7 - 1/2 9) waren Mutter und ich bei Paul Frank[5] zum Thee. Es war sein jüngerer (ca 30) Bruder da, ein sehr hässlicher, grundanständiger, eigentlich kindlicher Mensch. Er erzählte in grosser Naivität und Ehrfurcht von dem, was er unter polnischen Juden im Krieg erlebt hatte. Dabei von Haus aus gänzlich entfremdet. Es war scheusslich, wie er, besonders von Ida,[1] bespöttelt wurde. Dies Geschlecht <u>verdient</u> den Zionismus. Ich konnte gar nichts sagen, es schlug sich mir so auf die Stimmung (die vorher durch Waffeln, richtige Waffeln! und mittags durch Kartoffelklösse!) sehr hoch gehoben war. Herr Strettiner war dann ein richtiger Trost. Wenn es sich herausstellen sollte, dass ich etwas länger hier bin - ich habe von Berlin, weder von Mosse noch von Bradt, bisher kein Wort - so würde ich privat bei ihm lernen. Für die Anfangsgründe geht es nämlich wohl nur mit Einzelunterricht, wie bei Musikstunden.

Die 1 1/2 Wochen die ich hier bin, bin ich doch nun noch bei niemandem gewesen! Ich hocke den ganzen Tag über Büchern. Mit der Logik[2] bin ich noch nicht halb durch. Sanskrit habe ich — seit heut vor einem Monat als ich zu dir fuhr — nicht mehr wieder gelernt. So könnte ich immer weiter leben — es ist ein kurioser Gedanke. Es geht ja doch ein Gelehrter an mir verloren; ich merke es jetzt wieder.

Ich las heut wieder im ✡; es geht so bequem, jetzt wo er geheftet ist. Aber stylistisch ist vieles doch sehr verbesserungsbedürftig; ehe ich ihn nochmal abschreiben lasse, müsste ich ihn nochmal ganz durchgehen. Und dann nochmal Korrekturen lesen! es ist wirklich soviel Arbeit, als ob ich ihn drucken liesse. Leicht ist er übrigens wahrhaftig nicht. (Ich las in Einl. II).
...

[1] Ida und Paul Frank; letzterer war ein Vetter von Gertrud Oppenheim, Arzt in Kassel und Kommunist.
[2] Hermann Cohen, Logik der reinen Erkenntnis, 1902.

An Eugen (und Margrit) Rosenstock am 28. März 1919

28.III.

Lieber Eugen, über Spengler[1] schreiben werde ich auch, wenigstens wenn ich „meine Zeitung" kriege. Lesen werde ich ihn aber wahrscheinlich nicht. Diese Entdeckungen spannen mich gar nicht. Selbst nicht die vom Pantheon (die doch wahrscheinlich übrigens von Strzygowski[2] ist). Ich habe mich wirklich, bei Breysig und Lamprecht,[3] schon damit auseinandergesetzt. Seitdem wünsche ich diese Art der Geschichtsansicht, weil sie ehrlich-heidnisch ist und mit dem Christentum nicht (wie die Hegel-Rankesche) konkurriert. Ich habe 1910 darüber einen Brief an Rudi geschrieben der in einen sehr überhitzten Aufsatz (Typus Baden-Baden) ausartet. Die Wissenschaft muss qua „Wissenschaft" darauf verzichten, „Gott in der Geschichte" zu finden (oder selbst auch nur „zuweilen den Finger Gottes in ihr"); dass sie es qua Wissenschaft sich zutraute, war die Hegel-Rankesche Überhebung des Idealismus. In Lamprecht-Breysig-Spengler lernt sie nun fortiter peccare.[4] Die Geschichte war doch nur deshalb die Modewissenschaft des 19. scl. geworden, weil sie sich für Offenbarungsersatz anpries. Wir können nur wünschen, dass sie das verlernt. Und nun hat sies verlernt. Dass Spengler persönlich seine Wissenschaft und sein Leben auf zwei getrennte Blätter registriert, das spricht - wenigstens für seine Wissenschaft. Ich müsste meinen I. Teil nicht geschrieben haben, wenn ich das nicht begrüssen sollte (ich meine: das mit der Wissenschaft. Spengler selbst wäre dabei freilich - wenn man eben so konsequent richtete, absit![5] — ein rechter Höllenbraten). Entsinnst du dich nicht meines „Übergangs" mit den vielen Vielleichts?

Ich las ihn grade gestern, oder vorgestern wohl, wieder. Das eigentlich Entscheidende ist die Zertrümmerung des Alls in die drei unreimbaren „Gott, der Mensch und die Gestirne". Wer das gesehen hat, dem kann doch Spengler nur wie eine spezielle Ausführung erscheinen. Was er anzettelt, das bleibt ja alles innerhalb der „Gestirne". Nachdem das ganze All zerschlagen ist, zerschlägt er auch das eine der drei kleinen, die „Gestirne". „Ein schillernder Glanz des Vielleicht liegt über Göttern, Menschen, Welten. Grade weil es den Monismus eines jeden dieser drei Elemente im vollendeten

Eins- und Allgefühl ihrer Tatsächlichkeit ganz ausgebaut hat, grade deshalb ist das Heidentum —— „Polytheismus" nicht bloss, sondern „Polykosmismus", „Polyanthropismus"; grade deshalb zersplittert es das schon in seine Tatsächlichkeiten zerstückelte All noch einmal in die Splitter seiner Möglichkeiten. Die vollgewichtige, doch lichtlose Tatsächlichkeit der Elemente zerweht in die gespenstischen Nebel der Möglichkeit. Über dem grauen Reich der Mütter feiert das Heidentum den farbenklingenden Geisterreigen seiner klassischen Walpurgisnacht.[6] Die „Wissenschaft" muss verspenglern, ehe du überhaupt verstanden werden kannst. Weil du Spengler noch nicht kanntest, so musstest du ihn in der Zeitrechnung dir für dich inventieren (parce qu'il n'existait par encore[7]). Die Zeitrechnung, deine, spenglert ja selbst. Wir brauchen alle dieses Sprungbrett, diese Unterlage, diesen „ersten Teil", diese „Elemente". (Ich fabrizierte ihn mir 1917 in meiner Vergeographisierung der Weltgeschichte. Wir müssen ein jeder uns die Welt von jenem hausgemachten Schein von Überweltlichkeit befreien, mit dem sie der Idealismus auffirnisste. Das ist der Sinn unsres Kampfs gegen den Idealismus. Deswegen schreist du nach Naturwissenschaft. Deswegen möchten wir Häckel[8] gegen Hegel aufstellen, wäre er nur nicht so grässlich dumm. Und so müssen wir uns die Arbeit selber leisten, obwohl es nur eine Vorarbeit ist. Gut, wenn uns aber Spengler diese Arbeit wenigstens der <u>Universität</u> gegenüber abnimmt. Von den verspenglerisierten Universitäten kannst du dir ruhig Leute nach Köln schicken lassen, von der malgré tout[9] immer noch verhegelisierten von <u>heute nicht</u>. Denn obwohl der Geist längst über Hegel hinaus war, schon seit Nietzsche, so waren es die Kinderschulen des Geists, nein seine Kinder<u>gärten</u>, die Universitäten, noch nicht. Sie waren eben noch nicht bei Nietzsche. (Denk an Onkel Viktor, oder Meinecke, oder sonst irgend einen dieser älteren Generation, die doch eben noch regierte). Deswegen darf man Spengler nicht einfach ablehnen. Er ist unser Bundesgenosse. (Das Rätsel ist nur: warum glauben sie ihm, und seinerzeit Lamprecht <u>nicht</u>? Z.T. einfach die neue Zeit, Krieg und Revolution, z.T. auch weil Lamprecht den Fehler machte, seine Ansicht als eine neue — „<u>Methode</u>" aufzudrängen, statt als „Entdeckungen". Zweifel an seiner Methode betrachtet jeder Gelehrte als eine Unverschämtheit und wird grob. Mit „Entdeckungen" muss er sich „auseinandersetzen".

Du könntest also ruhig nach „Köln" gehen. Grade <u>wenn</u> Spengler, was bei 6 Bänden ja so gut wie gewiss ist, sich Berlin Leipzig Göttingen Heidelberg unterwirft. Die vorspenglerschen Universitäten konnten Köln hochmütig ignorieren, denn die hatten „Moses und die Profeten",[10] — Kant und die Idealsisten. Aber die nachspenglerschen werden sich selbst so leer fühlen und so finster, dass sie das Licht von „Köln" wenn es zu ihnen dringt, mit Löffeln aufzufangen versuchen werden, um es in ihre Säcke zu verstauen. Und die, die dazu nicht genug Schilda in sich haben, werden sich auf die Strümpfe machen und hinfahren dahin wo das Licht aufging.[11]

Nun noch etwas: wenn einer die Gleichung nomen = numen[12] leugnet, so hat er sich schon von vornherein kompromittiert. Das was er sagt, <u>kann</u> nun einfach nicht mehr stimmen. Wenn ich diese Gleichung leugne, kann ich natürlich alles behaupten, was ich nur will. Ich kann dann - geistreich sein. Geistreich ist jeder, der diese Gleichung leugnet. Man kann ja den Geistreichen kennzeichnen, indem man die Stelle bezeichnet wo er diese Gleichung leugnet. Wenn ich „eigentlich" sage, bin ich schon gerichtet. Mit dem Wort „Im Namen" begann die neue Zeit. Vorher lebte sie in numinibus und wusste nichts von einem Leben in nomine.[13] Cohens dantescher „Humor", den ich nicht aus dem Buch, aber mündlich kenne, war mir stets nur das Symptom dafür, wie er seine jüdische Unfähigkeit zu Dante vor sich selber vertuschte. Ernst habe ich das (quoad Dante, nicht quoad Cohen) nie nehmen können. Ich will dir nun erzählen, wie es sich mündlich ausnahm. 1918 Januar Spätnachmittag Hausseminar am runden Tisch, ein paar Damen, „Rosenzweig-Ost", ein kriegsbeschädigter Leutnant (protest. Theol. + Philos.), ich als Gast. Man las absatzweise seine letzte systematische Schrift „der Begriff der Religion im (Cohenschen) System der Philosophie",[14] die sehr schwer ist. Er erklärte und besprach nach jedem Absatz. Dabei begann er über die Grausamkeit der danteschen Höllenstrafen zu donnern und zu jammern (beides durcheinander) und das könne man sich nur erträglich machen durch die Annahme des Humors. Ich wurde sehr böse und platzte los, erklärte den Unterschied der per contrarium[15] geschehenden [[zeitlichen]] Läuterungsstrafen des Purgatoriums und der per idem[16] geschehenden ewigen Strafen des Inferno an einem bekannten talmudischen Wort „der Sünde Sold ist - die Sünde".[17] Er wollte es aber nicht wahr haben, fand wohl dass ich ihm Dante zusehr „idealisierte". Am andern Vormittag war ich allein bei ihm und wir kamen nochmal darauf zu sprechen. Da wurde er ganz deutlich, wie er durch den Begriff „Humor" wirklich glaubte, einen ganz verzweifelten Fall - und so erschien ihm dieser Fall Dante vom Standpunkt der Humanität - allenfalls zu retten. Es war doch immer ein grosser Dichter, wenn auch - nun eben ein mittelalterlicher Christ. Er sprach nocheinmal mit tiefem Entsetzen von Dantes Grausamkeit, verglich sie, ungern, aber doch mit dem Gefühl, auch diesen seinen wahren Heiligen nicht reinigen zu können, mit der ebenso furchtbaren Platons in der Tartarosschilderung der Gesetze und endete tief aufseufzend: Was ist der Mensch ——————— (sekundenlange Pause, und dann:) — wenn er ka Jid ist.[18]

So da hast dus. Gritli kennt es schon. Nicht zur Verwendung, aber doch zum Trost und zur Stärkung gegen alle Spenglerschen Humore. Diesen lendemain[19] unter vier Augen, wo die „feine" Unterscheidung von nomen und numen fallengelassen wird und einfach ehrlich nomen gegen nomen tritt und also das nomen so ernst genommen wird wie es verlangen kann, diesen lendemain werden wir ja wohl bei Spengler nicht erleben — obwohl wer weiss, ich glaube wenn er 6 Bände schreibt wird er sich schliesslich auch mal dekouvrieren[20] müssen; das hält ja kein Mensch aus. Aber vorläufig können und müssen wir ihn uns dazu denken, - ich meine den lendemain, und müssen der „feinen" Unterscheidung des nomen und des numen die Kraft entgegenbringen aus der sie selber gekommen ist: die Kraft des - Unglaubens, und zwar eines kräftigen, unbekümmerten, vor während und nach dem Lesen fröhlichen.

...

[1] Oswald Spengler, 1880-1936, Geschichtsphilosoph; sein Hauptwerk: Der Untergang des Abendlandes, erschien seit 1918.

[2] Josef Strzygowski, 1862 - 1941, Kunsthistoriker.

[3] Kurt Breysig, 1866-1940, Kulturhistoriker, Professor in Berlin, beeinflußte Osswald Spengler; Karl Lamprecht, 1856-1915, Historiker und Kulturphilosoph, Professor in Leipzig.

[4] Lat.: fest sündigen - Anspielung auf Martin Luthers Brief an Melanchthon vom 1. August 1521: „esto peccator et pecca fortiter" - „sei ein Sünder und sündige fest".

[5] Lat.: Das sei ferne!   [6] Stern der Erlösung S.95.

[7] Franz.: weil er noch nicht existierte.   [8] Ernst Haeckel, 1834-1919, Zoologe und Naturphilosoph, Darwinist.

[9] Franz.: trotz allem.   [10] Lukas 16,29.31 u.ö..

[11] Anspielung auf die Schildbürger.   [12] Lat.: Name = Gottheit.

[13] Lat.: in numinibus - in (der Verehrung) des (abstrakt-namenlosen) Göttlichen; in nomine - im Namen; als liturgische Formel „im Namen des Vaters ..." Ausdruck der monotheistischen Gottesvorstellung und persönlichen Gottesbeziehung.

[14] Hermann Cohen, Der Begriff der Religion im System der Philosophie, 1915.

[15] Lat.: in entgegengesetzter Weise. Die Strafen des Fegefeuers sollen nicht der Vernichtung des Sünders, sondern seiner Läuterung dienen.

[16] Lat.: im selben Sinne. Die Höllenstrafen sind - im Unterschied zu denen des Fegefeuers - im eigentlichen Sinne Bestrafung des Sünders.

[17] Awot IV,2: „Der Lohn eines Gebots ist ein Gebot, der Lohn einer Übertretung ist eine Übertretung."

[18] Dazu auch Zweistromland S.221.   [19] Franz.: der folgende Tag.   [20] Aus dem Französischen: enthüllen.

An Margrit (und Eugen) Rosenstock am 29. März 1919

29.III.

Liebe, liebe - heut morgen kamen deine zwei nachelmauer[1] Briefe. Es ist sicher gut so, gut auch dass zunächst bei Müller, noch gar nichts Bestimmtes herausgesprungen ist. Ich glaube vorläufig noch an ein Gemisch aus allem, was nun vorgekommen ist (Landerziehungsheim vielleicht ausgeschlossen). ... Es ist dann wirklich für zunächst egal, ob protest. oder kath., allerdings nur für <u>zunächst</u>, für die Dauer ist der Fels Petri härter und unbeweglicher als alle Weichheit und Beweglichkeit, die im einzelnen Menschen sein mag, und setzt am Ende seine steinerne Gewalt doch durch. Und deshalb wünschte ich, er überstürzte auch jetzt nichts. Muth ist doch eigentlich in dieser Beziehung nur eine Warnung. Denn um „der ideale protestantische Pfarrer" zu werden (ipsa dixisti![2]), dazu braucht man nicht katholisch zu werden. Und offenbar doch nur um seine lebendige Seele vor dem erstarrenden Gorgonenblick der Institution zu retten, müsste er sich persönlich so von ihr auf seinen persönlichen „Protestantismus" zurückziehn. Im Augenblick ist das alles weit, und wenn man so in der Schmiede, nein geradezu auf dem Ambos des Schicksals liegt wie Eugen in diesen Tagen, so ist freilich für den Augenblick keine Not. Aber auf die Dauer gesehn: ich bleibe dabei, dass zum mittelbaren Wirken („Disputa"-Teil des Programms) das Katholischgewordensein gar nicht nötig ist; ganz anders liegt es, wenn aus „Köln" etwas würde. Ich sehe die Berufs- (von dir aus gesehen: „Hausstands"-) Seite der Sache eben doch nicht für nebensächlich an; sich auf dem Lande Ansiedeln ist kein Beruf; das ist wirklicher „Protestantismus" im Schimpfwortsinn; <u>das</u> darf Eugen grade <u>nicht</u>. Sein äusseres Leben, sein Haus, seine Siedlung muss irgendwie καθολικως[3] sein, nur sein Reisen protestantisch. Diese Verteilung braucht er, einerlei ob er vor dem Standesamt protestantisch oder katholisch heisst; ohne sie wäre er als Katholik genau so unzufrieden wie als Protestant. Und seine Tendenz zum Katholizismus ist hauptsächlich das Gefühl jenes Mangels eines Stückes Katholizität im Leben. Müller hat wohl sehr wenig davon gehabt, etwas doch auch; er hat doch so eine Art Sanatorium geleitet - für kranke Seelen.

...

Es ist Hitze <u>und</u> Kälte nötig im Leben. Gehämmert wird das Schwert auf dem Ambos, solang es weich ist. Aber um geschwungen zu werden, muss man es erst in einen Griff passen, und das kann erst mit dem kalten Stahl geschehen. Nur soviel wollen meine Einwände sagen. Ich traue mir selber für mich jetzt auch nur, weil ich kalt und nüchtern bin bei dem was jetzt kommt, mir gar nichts Besonderes vorstelle, ja die gefährlichen und bedenklichen Seiten der Sache ganz klar sehe. Der Entschluss war heiß, die Tat soll kalt sein. Deshalb musste ich dir neulich auch so kurios ausführlich antworten auf deine Bedenken über meinen „Anfang";[4] ich habe sie eben durchaus auch, und durchdenke sie ganz gern; ich hatte sie grade in den Tagen sehr lebhaft, wo du schriebst, und werde sie wieder sehr haben, wenns Ernst wird. (Ich habe noch keine Antwort von Berlin, es scheint also ernst zu werden).

Ich habe gar keine Lust, dir noch mal wegen der Novellen um Claudia[5] zu schreiben. Aber - freilich die beiden Leute haben gar keinen Humor, aber der Dichter hat ihn ein bischen und ich Leser hatte ihn sehr stark. Aber ich lese jetzt etwas viel Schöneres, den „andern" Buber, die Erzählungen des Rabbi Nachman.[6] Ich hatte das Buch längst, aber nur die Einleitung und die erste Erzählung gelesen. Die Einleitung mochte ich, aber die erste Erzählung muss ich nicht verstanden haben, jedenfalls schnitt ich darauf die andern noch nichtmal auf. Jetzt lese ich sie mit Entzücken. Offenbar waren sie mir damals nicht lehrhaft oder wenigstens nicht pointiert genug und zu undiszipliniert. Ich muss damals noch keinen Sinn für die ganze Breite des Lebens gehabt haben; es war vor dem Krieg. Hast du sie? von zweien las ich anderswo die Originalfassung; Buber hält sich ganz dicht daran, offenbar weit dichter als im Baalschem. Zu der kleinen Geschichte, die ich dir neulich abschrieb muss ich dir nun doch sagen, dass die Pointe auch bei christlichen Mystikern vorkommt (z.B. bei Frau de la Mothe Guyon[7] um 1700).
...

[1] Margrit Rosenstock hatte sich offenbar eine Zeit lang in Elmau / Oberbayern aufgehalten.
[2] Lat.: du selbst hast es gesagt.   [3] Griech.: katholisch, das Ganze betreffend.
[4] Dazu der Brief an Margrit Rosenstock vom 21. März 1919, S.257f.
[5] Arnold Zweig, Die Novellen um Claudia, 1912.   [6] Martin Buber, Die Geschichten des Rabbi Nachman, 1906.
[7] Jeanne Marie Guyon du Chesnoy, geb. Bouvier de la Motte (Mothe), 1648-1717.

An Margrit Rosenstock am 30. März 1919

Liebes Gritli, heut früh rief Bradt an und ich muss also aus meinem Hieronymusgehäus, das ich hier grade bezogen hatte, wieder heraus. Schon die Antwort auf diesen Brief schreib bitte Berlin postlagernd Postamt Linkstrasse, ich werde wohl nicht im Regina wohnen, ich habe keine Lust dazu, habe es auch geflissentlich hier überall so schlecht gemacht, dass ich nicht gut selber da wohnen könnte.
Da bleibe ich eine Woche und fahre am Freitag d. 11ten nach Frankfurt. Vielleicht schliesst sich gleich an die Hochzeit eine Expedition der Berliner nach Frankfurt an, dann bliebe ich etwas dort; sonst ginge ich etwas nach Heidelberg. (Ich habe von Hans noch keine Antwort wegen Eugen; vielleicht hat er ihm direkt geschrieben). Ich gehe mit einem kuriosen Gefühl nach Berlin, so als ob es eigentlich ein Irrtum wäre, weil doch eigentlich du da sein müsstest. Es ist aber kein Irrtum —.
- Mir geht das Wort Beckeraths aus deinem gestrigen Brief nach. Es ist ja selbstverständlich richtig, ich werde am wenigsten etwas dagegen sagen. Diese Verpflanzung

des Erlösungsgedanken aus dem gestirnten Himmel der Zukunft in das Erdreich der geschehenen Offenbarung ist ja, mit Beckerath zu reden, „eminent christlich", ist das Christliche. Und für Beckerath ist hier alles am Ende, selbst wenn er eine Verbeugung vor den Russen oder vor Eugens Parusiepredigt macht. Er kann nicht anders: er muss sich „der Wissenschaft freuen". Das andre ist ihm irgendwie unheimlich und jedenfalls „nichts für ihn". Aber Eugen? und jeder Christ, der heute am Webstuhl der christlichen Zeit sitzt? Für die alle tritt heute ihr Schonerlöstsein irgendwie in den Hintergrund einer ganz innerstpersönlichen Angelegenheit; dahinein zieht sich dieser Christ, der die Zeichen der Zeit versteht, wohl zurück, zurück aus der Zeit, aber sowie er in die Zeit hineintritt, dann muss er - „jüdeln". Das ist die grosse Wahrheit an Hansens Begriff des Judenchristentums. Eugen kann sich, obwohl er es eigentlich müsste, nicht „der Wissenschaft freuen". Er kann Gottes Welt nicht „annehmen", sondern muss mit Iwan Karamasoff sprechen: Ich glaube an Gott aber ich nehme seine Welt nicht an. Er muss „des Heiles harren"[1] so gut wie irgend ein Jude. Er ist auch (deshalb) nicht „glücklich zu preisen". Die Christen (die am Webstuhl der Zeit) haben aufgehört, glücklich zu sein. Sie sind in all ihrem Tun Unerlöste, und nur am Sonntag wo sie sich aus ihren Werken [[zurückziehen und sich]] auf ihren Ausgangspunkt besinnen, nur da sind sie noch glücklich. Der ganze Unterschied von uns ist nur der, dass sie sich handelnd verzehren, wir leidend. In einer der ersten der Rudischen Predigten steht, es wäre nie so schwer gewesen wie heute, ein Christ zu sein.

Ich will dir ein Gleichnis aus dem jüdischen Büchelchen, das ich jetzt lese, schreiben: das Volk Israel ist gleich einem Kaufmann, der in eine ferne Stadt übersiedeln wollte und verkaufte alles was er hatte und kaufte dafür einen einzigen kostbaren Diamanten. Den steckte er zu sich denn er war gewiss, dass er in der fernen Stadt dafür alles wiederkriegen würde was er dafür gegeben hatte und mehr. Aber unterwegs — so lange er unterwegs ist, was ist natürlicher als dass er sich nichts kaufen konnte und oft Hunger leiden musste, denn er hatte nichts als den Diamanten, und für den konnte er erst in der fernen Stadt sich auf den Erlös Hoffnung machen.

Sollte ich dir das Gleichnis ergänzen, so wäre die Christenheit eine Karawane, die alle Güter und allen Bedarf für die lange Reise und reichlich Kleingeld mit sich führte. So kommen sie unterwegs nicht in Not; sie leben von dem was ihr Herr am Heimatort erworben hatte; teils unmittelbar leben sie davon, teils indem sie mit den Leuten der Länder durch die sie kommen gegen die Erzeugnisse der Länder tauschen. Aber freilich die Reise währt immer länger, das Reiseziel scheint nicht näher zu kommen; ja wo sie sich unterwegs erkundigen nach der fernen Stadt in die sie gesandt sind und wo ihr Herr ihnen Quartier gemacht zu haben versichert hatte, nirgends weiss man etwas von einer solchen Stadt. Und die Versuchung wird gross, sich irgendwo anzusiedeln in einer der Städte, die sie unterwegs berühren, denn ihre Vorräte beginnen auf die Neige zu gehn; niemand weiss ja wie weit der Weg noch sein mag und ob das Mitgenommene reichen wird. Wäre es nicht besser, meinen manche, erst einmal irgendwo zu bleiben und durch Fleiss und Klugheit die Vorräte wieder zu ergänzen, dann könne man sich ja wieder auf die Reise machen. Und noch andre meinen, im Stillen zuerst, doch bald immer lauter: man werde wohl gut tun überhaupt zu bleiben; wer könne denn wissen, ob die Stadt, von denen ihnen doch allein ihr Herr gesagt hat und von der in den Ortschaften unterwegs kein Mensch etwas weiss, überhaupt existiert. Aber wieder und wieder, wenn solche Gedanken aufkommen, begegnet ihnen ein Mann, ein Fusswanderer, in vornehmer aber abgetragner Tracht, der sich mühsam und hungrig vorwärtsschleppt, und sein Ziel ist das gleiche wie ihres, und er hat sich gar nicht für den Weg versorgt, sondern verkauft was er hatte für einen Diamanten, den will er am Ziel einlösen. Und wie die Leute der Karawane dieses Mannes Zuversicht sehen, da werden die Kleinmütigen, die sich schon sesshaft machen wollten, still; und der Zug zieht weiter.

Guten Abend liebes Gritli, es war ein richtiger Schneetag heute. Du merkst, ich vertrage das Wir-Ihr-sagen nicht mehr, obwohl ichs doch selbst angefangen habe; ich muss bis dahin klettern wo - nicht Wir Ihr und Ihr Wir werdet (dazu hälfe alles Klettern nichts), aber wo es heisst: Wir und Ihr. Du kommst doch mit bis zu diesem Und? Ich brauche nicht zu fragen; du warst da, solang wir uns kennen und solang ich sage, was ich dir sagen darf: Ich bin dein.

[1] Schabbat 31a. Dazu auch Briefe und Tagebücher S.289, Stern der Erlösung S.450f.

An Margrit Rosenstock am 31. März 1919

31. III.

Liebes Gritli,   nun bist du also sicher in Säckingen, denn dass du Freitag und Sonnabend in der Bahn gesessen hast, bestätigt mir in zweitägigem Abstand die Briefpause gestern und heute. So friere ich dir innerlich deine äusserliche Erfrorenheit nach. Und morgen früh kommt dann hoffentlich das Lebenszeichen aus der Säckinger Hauswärme und macht mir wieder warm. Aber das ist natürlich nur ein Spass.   Ich kann ganz gut zwei Tage ohne Brief sein, — solange hält es vor, nein sogar länger — voriges Jahr in Mazedonien. Es kommt mir schon viel länger vor wie „voriges Jahr". - Was sagst du zu dem Zeitungsartikel[1] (schick ihn bitte zurück, wenn Eugen ihn erst auch gelesen hat). Er steht —— aber bitte lies ihn erst mal selber.

Hast du? Also es steht sehr viel drin, alles wieder mit dieser merkwürdigen Fühlungslosigkeit mit dem wirklichen christlichen Leben der Gegenwart und doch mit einem unleugbaren Riecher geschrieben. Die „unveröffentlichte Arbeit von 1910" hat er damals aber doch veröffentlicht: nämlich als Vortrag in Baden-Baden. Ich habe damals dadurch Schweitzer gelesen, denn Hans besuchte mich in Freiburg als er daran arbeitete und trug mir auf, ihm Schweitzer von der dortigen Bibliothek zu besorgen, damit er während der Freiburger Tage weiter darin lesen könnte. Und Rudi wurde bei der Vorarbeit zu diesem Vortrag mit in die Fragen hineingezogen, und daraus und aus B[[aden]]-B[[aden]] überhaupt entstand der Halbhunderttag.   Schön ist die Lehre von der Kirche (auf der zweiten Spalte); das hätte er früher nicht so gesagt; es ist ihm wohl erst seit der Revolution aufgegangen, also seit er hier eine Aufgabe für sich entdeckt hat; erst seitdem beginnt er zu wissen was Kirche ist. Aber nun flucht er auch gleich wacker wie ein ganzes Konzil und ruft im ersten wie im letzten Aufsatz ein förmliches Anathema sit.[2] Wie hansisch ist der Schluss des zweitletzten Absatzes, wo der anerkannte Vertreter der Bildung dem Volk entgegentritt. Das dogmatische Hauptstück von der Nurmenschlichkeit Christi gehört auch zu dem, was er jetzt Gott sei dank nicht mehr Judenchristentum, sondern Ketzerchristentum nennt. Von den 4 Glaubensartikeln des Credo oder vielmehr der Confessio Heidelbergana führt er nur den von der Wiederkehr näher aus, das ist auch bezeichnend - die Zukunft! Dass er in diesem Dogma weniger „Heide" zu sein meint als die Verfasser des Apostolicum, darüber schlage ich natürlich meine jüdischen Hände über meinem jüdischen Kopf zusammen; ich sehe den Unterschied nicht. Ob man einen Menschen ruhig Gott nennt oder ob man ihm das Einzige zuspricht, wodurch sich Gott von allem Geschaffenen unterscheidet, nämlich die Einzigkeit (Einzigartigkeit, Unvergleichbarkeit), das kommt mir ganz auf eins heraus. Das „alte Dogma" hätte da wohl sogar den Vorzug grösserer Deutlichkeit und auch grösserer Unmissverständlichkeit; Hansens grenzt so dicht an Hero-worship,[3] dass er, um sich selber unzweideutig zu erklären, am Ende doch auf eine trinitarische Formel herauskommen müsste - und wohl auch würde.

Hier nennt er sich doch übrigens nun wirklich beinahe „Johannes Ehrenberg", um mit Eugen zu reden.

Mutter ist aus ihrer Sitzung zurück und liest auch noch Hans. Cohens Logik ist übrigens doch ein geniales Buch; ich bin jetzt „drin".

Gute Nacht - Dein Franz

[1] Von Hans Ehrenberg.   [2] Griech.-lat.: er sei verflucht.   [3] Engl.: Heldenverehrung.

An Margrit Rosenstock am 1. April 1919

1.IV.19.

Liebe, heut ist schon der dritte Tag. Ich baue sowieso hier ab, lese nur noch wenig — denk, ich wusste nicht mehr wie weit ich eigentlich damals im August die Logik gelesen hatte, nur noch ungefähr; heute wie ich an Seite 394 komme fällt ein vertrockneter Grashalm heraus, den ich damals in der Feuerstellung als Lesezeichen eingelegt hatte; ich hätte dir diesen Zeugen vom Aufgang des ✡ beinahe geschickt, aber es war mir doch etwas zu sehr Reliquienkult; aber verwundert war ich doch; so etwas macht den Abfluss der Zeit plötzlich wie ungeschehn. Geschickt habe ich heute sowieso was, ein Packet mit deinen Lyrikern, dem Schubert für Eugen, der ihn mehr goutieren wird als ich, Papier für dich (aber wenn du mir halbe Wochen lang nicht schreibst, wirst dus so bald nicht brauchen, - böses Gritli) und als Zugabe ein Heft „Ost und West"[1] für dich, aber bitte gelegentlich zurück (es steht allerlei drin, ein beinahe Porträt von - Hedi, ich meine den Zwilling; vor allem der Aufsatz „Lehre der Völker", der Schluss ist vielleicht Erfindung des Schreibers, aber das Büchelchen selbst natürlich echt, wo giebts das noch in der Welt, wirklich 5 M 4,7 und Umgegend; schön ist auch der erste Aufsatz, und kurios an der Warschauer^{schen} Rezension, dass ihr Verfasser offenbar nicht weiss, dass Heiler[2] auch katholisch ist; das Buch von Heiler muss man übrigens sicher lesen, es scheint etwas ganz Bedeutendes zu sein) (und das Blatt von Budko[3] ist schlecht, schön nur die Buchstaben). Ich wollte, ich hätte „meine Zeitung" erst auf diesem Niveau. Ich habe gar keine Lust auf Berlin jetzt, zumal wohl bis Ende der Woche wieder Generalstreik sein wird. Ich fürchte, es giebt dann auch wieder Briefsperre für uns — „wieder" sage ich, so habe ich mich in meine Lüge gegen Mutter hineingelogen, dass ich eben wirklich selber daran glaubte - nein: nicht „wieder".

......

... Schreib schnell, ehe Spartakus uns voneinander absperrt.⁴ Ich bin heut beim Aufräumen eine gute, nein eigentlich keine gute, Stunde in ein bald 10 Jahre altes Stück vergangenes Leben zurückgekrochen, als ich wieder herauskam, standest du da und gabst mir deine Hände. Ich küsse die geliebten beiden, ganz und jeden Finger besonders - und den kleinen noch ganz besonders, und bin   Dein.

[1] Ost und West. Illustrierte Monatsschrift für modernes Judentum, Berlin 1901-1922. Die deutsch-jüdische Zeitschrift hatte es sich zur Aufgabe gemacht, die Welt des Ostjudentums bekannter zu machen.

[2] Friedrich Heiler, 1892-1967, Theologe katholischer Herkunft, der sich der lutherischen Kirche anschloß. Seit 1920 war er Professor für vergleichende Religionsphilosophie an der evangelisch-theologischen Fakultät in Marburg.

[3] Josef Budko, 1888-1940, Maler und Graphiker, seit 1935 Leiter der Bezalel-Schule für Kunst und Kunsthandwerk in Jerusalem, bekannt für seine kunstvolle Gestaltung hebräischer Buchstaben.

[4] Im März und April 1919 kam es immer wieder zu Generalstreiks, die von den Kommunisten ausgerufen und organisiert wurden.

An Margrit Rosenstock am 2. April 1919

2.IV.

... ich glaube vorläufig noch an ein Mit- und Durcheinander aller der Möglichkeiten, die sich nun in diesen Wochen aufgetan haben. Aber dein „Beitrag" dazu muss ein „Etwas" sein und kein „Nicht" - um Himmelswillen, wie kannst du oder wie konntest du so einen Gedanken haben, dass Eugen um seiner Wirksamkeit willen ohne „Haus" bleiben müsste; dann hättet ihr nicht heiraten dürfen; es giebt keinen Mittelstand zwischen Ehe und Ehelosigkeit, und wenn die Zeit heut diesen Mittelstand geschaffen zu haben scheint — und es scheint allerdings so — um so schlimmer dann für die Zeit. Für uns ist das nichts. Das ist „Hans und Else" oder die von Philips eingesegnete Ehe. Nein du musst tun was du von dir aus tun kannst. Aus diesem Grund vielmehr als aus dem andern. Denn die Doppeltheit der Organe ist wohl bloss eine Schutzmassnahme des Lebens gegen seine eigene Verfeinerung und Verdifferenzierung. Ursprüngliche Organe sind Mädchen für alles und können gegenseitig noch ihre Geschäfte sich abnehmen. Höher hinauf spezialisieren sie sich mehr und mehr jedes auf sein eignes Geschäft. Jetzt wäre der Leib ein furchtbar zerbrechliches Wesen, wenn nun diese Differenzierung bis ins Letzte ginge (so wie es der Mensch mit seinen Händen ja gemacht hat). Die Natur aber hat da ein System von Stellvertretern eingerichtet, die sich gegenseitig vertreten können. Damit sie aber beide im Gebrauch bleiben, teilen sie sich solang sie beide da sind in die Arbeit und erst wenn eins allein zurückbleibt, übernimmt es schlecht und recht die Arbeit des andern mit.

Liebes, ich werde allerdings nach England fahren[1] aber „ohn Verlangen" und ohne Erwartung. Ich muss das nur hinter mich kriegen. So wie ich jetzt daran denke, nämlich bloss in der dritten Person, - so darf es nicht bleiben. Denn ich denke freilich immer daran, aber ganz bloss äusserlich. Würde ich - <u>so</u> ist es! - heute hören: sie hat sich verlobt, so wäre ich nur zufrieden. Wird es anders, wenn ich sie wiedersehe, nun dann - aber jetzt habe ich das Gefühl, als würde sich gar nichts regen. Manchmal steigt mir ein Bedauern auf, dass ich damals im Winter 13/14 in Berlin nicht zugegriffen habe; aber wie könnte ich auch das im Ernst bedauern; ich sag es dir nur, um dir zu zeigen, wie wenig die innere Nadel noch nach London zeigt. Dass ich dennoch hinfahren muss, ist nur weil ich so bestimmt unter dem Gedanken stehe, dass ich mich „1919" verloben werde; und daran würde mich ein ungelöstes Londonproblem hindern; deshalb muss es so oder so gelöst werden, durch Lösung oder Bindung, einerlei. Wie das dann für dich und mich wird, das kann ich nicht denken, heute. Du magst Recht haben, dass es zuerst unmöglich für sie, für jede Sie, sein würde. Aber auch das ist ja nur ein Gedanke. Er kann sich mir nicht hemmend an den Fuss heften. Das hat uns beide, jeden für sich, das Leben gelehrt, dass es im Leben nur ein Vorwärts giebt und dass alles scheinbar Unmögliche nur dadurch möglich wird, dass man es - verwirklicht. Wir können uns einander gar nicht anders bleiben, als indem wir uns lassen, immer aufs neue, und uns immer aufs neue wiederfinden. Würden wir bleiben wollen, express, so würde uns die Planke des Lebens unter den Füssen wegtreiben; wir müssen auf der Planke stehen bleiben, jeder auf seiner, aber so wird uns das Leben nicht auseinander führen, sondern immer wieder zusammen.   Liebste Seele, war es denn je anders, ist es denn heut anders? Reisst uns nicht jeder Augenblick voneinander, und läge ich dir Herz an Herzen; und führt uns nicht jeder Augenblick, wenn wir uns lieben und weil wir uns lieben, wieder zusammen?

Ich liebe dich ──────

[1] Um mit seiner Cousine Winnifred (Winny) Regensburg, 1897-1986, beider (seit 1913 oder 1914) geplante Hochzeit zu besprechen.

An Margrit Rosenstock am 3. April 1919

3.IIII.

Liebes Gritli, also ich fahre nicht nach Berlin (ich werde an das Postamt Linkestrasse telegrafieren, dass sie mir deinen etwaigen Brief zurückschicken); ich war so ganz ohne Lust; es wäre doch nichts als Paragrafenformuliererei geworden und die ist mir so gleichgültig. Auch aus Heidelberg im Anschluss an Frankfurt wird nichts, denn Hans und Else gehen nun doch nach München; so bleibt Frankfurt der einzige (vorläufig) ruhende Punkt. Es ist schade; von Heidelberg wäre es vielleicht nah nach Säkkingen gewesen. Ein bischen ist es auch um das Zusammensein mit Hans schade. Obwohl ich ja Eugens Abwehrgefühle gegen ihn auch habe; du bist die einzige die ihm wirklich glaubt (Rudi allerdings wohl auch). Es ist ja vielleicht jetzt bei mir einfach etwas Missgunst, dass er schon so mittendrin ist und ich bin noch immer vor dem Tor. Die Akademie empfinde ich ja jetzt gar nicht mehr als meine Sache, seit sie so vornehm und gelehrt geworden ist.

Gestern Abend waren Jonas und ich bei Trudchen. Das Loebkind war ganz hinreissend. Es erzählte und zeigte viel von der Odenwaldschule.[1] Das Beste scheint das Nebenher zu sein, z.B. die ganze Maria Stuart (ungekürzt), Don Carlos,[2] jetzt der Avare[3] französisch. Kostüme vom Frkfurter Theater; die Leistungen z.T., wie Gruppenfotografien zeigten, ausserordentlich. Der Unterricht selbst wird von den Kindern ebenso abgelehnt wie an andern Schulen auch. Eine Religionsstunde von Geheeb selbst lernte man aus einer momentfotografischen dramatischen Szene kennen; viel Auswendiglernen von Sprüchen (statt „Himmelreich" „Reich der Himmel" weil es doch βασιλεια των ούρανων heisst!), wogegen die Kinder passive Resistenz üben. Einen Jungen, der sich nur für Elektrotechnik interessiert, weckt Geheeb aus dem Schlaf: Jesus hat zwar für die Elektrotechnik nicht das mindeste geleistet, aber du kannst doch aufpassen. Die Besprechung offenbar so phrasenhaft drüberstehend wie man sichs schon nach „Reich der Himmel" nicht anders erwartet. - Trotzdem natürlich für die Kinder herrlich, eben durch das Nebenher.

Du fragtest gestern nach dem Bodensee? Ich bin ja auf deine Berge nur deshalb eifersüchtig weil ich sie nicht mitlieben kann, ich liebe sie nur exzentrisch (in jedem Sinn), (ich empfinde die Zeiten wo ich sie geliebt habe, nachträglich als verstiegen - ein sehr passendes Wort hier). Deshalb war ich froh als du den Bodensee mehr liebtest. Da bin ich ganz bei dir. Ich weiss nichts Schöneres, etwa noch neben dem Vierwaldstädter (wo ich mich immer über das Haus des Arztes in Vitznau freute, das in Stein gehauen hat: οὐ ποτ' ἐγω γε ἧς γαιης δυναμαι γλυκερωτερον αἰεν ἰδεσθαι).[4] Ich war 1909 acht Tage in Meersburg und von dort überall herum. Seitdem war es jahrelang mein Traum, einmal am Bodensee zu leben, die positive Seite zu meiner negativen Zukunftsidee, der Nicht-Habilitation. Erst seit 1913 habe ich diesen Traum entlassen. Er hatte mich so sehr beherrscht, dass damals Rudis erstes Wort war: nun ists aber nichts mit dem Bodensee. Wenn ihr „irgendwo" leben könntet, à la Johannes Müller (ich wünschte euch aber mehr: „Cöln" und nicht irgendwo) („irgendwo" ist protestantisch), aber wenn, so solltet ihr dort hin ziehen; so könnte sich doch wenigstens besuchsweise mein Traum erfüllen.

Leb wohl bis morgen, du Traum und Erwachen meines Herzens, - du -   Dein

[1] Heimschule in Oberhambach / Bergstraße, 1910 von Paul Geheeb gegründet.
[2] Dramen von Schiller.   [3] Moliere, L'Avare (Der Geizige), 1868.
[4] Frei zitiert nach Homer, Odyssee, 9. Gesang, Zeile 27f: „und wahrlich, süßer als Vaterland ist nichts auf Erden zu finden".

An Margrit Rosenstock am 4. April 1919

......   4.IV.

Ich will noch etwas vorschlafen, für Rudi.
Heut vor einem Jahr ist Cohen gestorben.
                                    Dein Franz.

An Margrit Rosenstock am 5. April 1919

5.IV.19.

Liebe, ... Bei Rudi habe ich nochmal Eugens Kaisertoast von 1919 vorgelesen; nun will ich ihn dir morgen schicken, so kannst du ihn selber noch zu Mündel bringen und mit ihm lesen (er ist nämlich grossenteils sehr schwer zu lesen). Mir hat er überhaupt noch nichts geschickt; er schreibt: da ich es ja doch nicht drucken lassen wollte, so wäre es ja nicht eilig. Kann man gegen ein solches „Ist nicht die ganze Ewigkeit mein?"[1] überhaupt noch was sagen?! Rudi hatte zwei neue Predigten, stark politisch zeitgeschichtlich (Lothringer Schlacht, Hindenburg, Russland), sehr gut rückgestimmt auf 1914, sodass man kaum denken würde, sie wären erst von jetzt, nun wird es sich bald wieder zuspitzen, sodass der Schluss wieder auf die Höhe des Anfangs steigt.

Aber im Augenblick scheint er zu stocken. Ich wollte, er würde zum Spätsommer fertig. Dann müsste er versuchen, ob es Rade für die Chr.W. annehme, von Advent bis Advent zu drucken, und nachher als Buch. Das wäre doch schön. Eine wirkliche grosse und tiefe Verbreitung. Ein ganzes Jahr würden die Leser mit ihm leben. Das ist ja das gleiche wie Eugens ganzer <u>Tag</u>, wo er sie las. Jede Predigt füllt etwa 2 1/2 Spalten grossen Drucks in der Chr.W.[2], also gar nicht zu viel.

Er selbst ist übrigens noch gar nicht wieder im Stand, er ist so müde wie ich nach meiner Grippe und hat selber noch das Gefühl, dass noch etwas in ihm steckt. Das Kind war diesmal zutunlicher, aber doch sehr ernsthaft. Ich habe ein ganzes Buch Mereschkowskischer[3] Aufsätze bei Rudi gefunden, ich schicke es euch in diesen Tagen. Es ist sehr aufregend. In der Bahn hierher liess es sich ein alter Herr von mir geben, der sah, dass ich darin gelesen hatte, und wurde ganz sichtbar aufgeregt und begeistert, ich schielte immer zu ihm herüber. Er hatte auch mit sicherem Instinkt gleich den stärksten Aufsatz, den letzten, gegriffen. .....

[1] Gotthold Ephraim Lessing, Die Erziehung des Menschengeschlechts, § 100.
[2] Die Zeitschrift „Christliche Welt".
[3] Dimitrij Mereschkowskij, 1865-1941, russischer Schriftsteller.

An Margrit Rosenstock am 6. April 1919

6.IV.

Liebes Gritli,   ich glaube, ich habe den Brief an dich doch nach Säckingen geschickt! wie ich ihn einwarf, merkte ich es. Der Mereschkowski geht auf dem Umweg über Rudi Hallo an euch. Es steht unglaublich viel drin. Es ist doch 1000 mal wichtiger, dass so einer als dass Spengler unser Zeitgenosse ist.   Von dir kamen die Drucksachen und die Briefhüllen. Von Berlin aber noch nichts zurück und von Säckingen noch nichts wieder. Bitte bitte -

Über Hansens Kirchenzeitungsartikel war die Gruppierung wieder die nun schon gewohnte: (du und) Rudi gefangen, Helene, ich (und Eugen) misstrauisch. Ich bin ganz sicher, dass die Parenthesen stimmen. Aber ich habe übrigens ein starkes „Misstrauen gegen mein Misstrauen"; vielleicht bin ich nur neidisch.

An Mereschkowski wird einem auch klar wie unsinnig das Bündnis Russlands mit der Entente war. Stimmen wie diese sind ja freilich in Deutschland auch nicht laut geworden, - leise wohl, aber es war eben bezeichnend, dass sie leise blieben, ~~leis~~ ungedruckt wie unsre oder ungelesen wie Pichts. Mereschkowski ist aber doch ein berühmter Mann, und die haben bei uns wohl alle versagt. Die blosse Objektivität der Marckse[1] und Meineckes, die eben bloss objektiv sein konnte, weil sie eine „grosse historische Linie in dem gegenwärtigen Geschehen nicht zu erkennen vermochte", zählt ja nicht. Von Heidelberg habe ich eine jüdische Einladung zu einem Vortrag gekriegt, für Juli - und zwar auf Anlass von Hans! vielleicht fahre ich doch noch von Frankfurt aus hinüber, Weizsäcker soll ja auch wieder da sein. Es ist freilich eine dumme Vorstellung, dass bei so einem Vortrag Hans und Else und Weizsäcker und - Philips Publikum sein werden. Von Berlin noch immer kein Wort, und am 19. hatte ich geschrieben.

Ich schrieb dir nach Säckingen, du könntest dir III 3 von Mündel mitnehmen; es wird ja leider doch noch lange dauern, bis er so weit ist. Entweder ihr entziffert es selber, oder wenn wir uns einmal sehen, lese ichs euch vor. Ich möchte dich bald wieder sehen, d.h. meine Ohren verlangen noch mehr nach dir als meine Augen. Die Augen halten ihre Erinnerungen viel besser dicht als die Ohren. Bis ich wieder „deine Stimme höre"[2], musst du wohl noch ein bischen schreiben. Liebe — Dein

[1] Erich Marcks, 1861-1938, Professor für Geschichte in Freiburg.
[2] Anspielung auf Hoheslied 2,14: „Laß mich deine Stimme hören".

An Margrit Rosenstock am 7. April 1919

7.IV.19.
.... Auf die Frage, ob die Ungarn recht haben wird ja nun in München das Experiment gemacht.[1] „Meinungen" sind immer heute so morgen so, nicht bloss bei dir; erst Erfahrungen sind jenseits von so oder so. Und die werden uns schwerlich erspart. Die Unsicherheit des Lebens jetzt ist eigentlich eindringlicher als sie im Krieg war. Da hatte man im ganzen und von vornherein auf Sicherheit verzichtet. Jetzt macht man den Anspruch darauf und erfährt täglich einzeln, dass man kein Recht dazu hat. - An der bodenlosen Gemeinheit der Franzosen zweifle ich keinen Augenblick. Aber leider doch an der deutschen auch nicht, wenn sie auch wohl nicht bodenlos war. Ich will sehen, dass ich dir noch einen Aufsatz von der Alice Salomon[2] herausfinde, aus dem B.T.[3] von gestern, worin sie, auch sie, jetzt den Schrei nach Bekennen ausstösst, den wie es scheint, nur Juden und Judenstämmlinge ausstossen und über den der Deutsche, ob Christ oder Unchrist oder „Jude", in so masslose Wut gerät. Das war ja auch der Fall Eisner.[4] Allerdings getrübt dadurch, dass man es immer auf die „andern" (die „Militärs" u.s.w.) ablud. Auch Rathenau[5] hat jetzt in seinem Büchelchen über den Kaiser ihn als Exponenten der deutschen Gesamtschuld und des deutschen Gesamtschicksals beschrieben. Und Eugen auch. Aber die Wachs möchten all solchen Dozenten die Venia[6] entziehen. Die Welt ist noch sehr jung. Und Eugen und Mereschkowski sagen, sie sei am Ende. Offenbar ist das beides das Gleiche. .....

[1] In der Zeit vom 7. April bis zum 2. Mai bestand in München eine Räte-Republik, die jedoch durch das Militär niedergeschlagen wurde.
[2] Alice Salomon, 1872-1948, Frauenrechtlerin und Sozialpädagogin.   [3] Berliner Tagblatt.
[4] Kurt Eisner, 1867-1919, Publizist und Kommunist, hatte am 7./8. 1918 November in München die „demokratische und soziale Republik Bayern" ausgerufen.
[5] Walther Rathenau, 1867-1922, Publizist, seit 1921 Wiederaufbauminister, der von Antisemiten als „Erfüllungspolitiker", der bei der Umsetzung des Versailler Vertrags half, ermordet wurde. Seine Schrift „Der Kaiser" erschien 1919.
[6] Venia legendi - Lehrerlaubnis an der Universität.

An Margrit Rosenstock am 8. April 1919

8.IV.19.
....
Über Weidemann bist du wohl etwas zu sehr erschrocken (du hattest mir noch nichts davon geschrieben), das gehört zu den vielen Dingen, die nachher doch anders werden. Nämlich wegen Weidemann, der bleibt nämlich nicht auf lange. Dass Eugen nun Konsequenzen aus seinem Brief ziehen muss, ist ja nur gut; der Brief war ja nur des-

halb unheimlich weil man sich fragen musste: was nun? Nun verkehrt er seinen Nachtwächterruf selber in einen wenigstens persönlichen Hahnenschrei und sagt ihm: komm zu mir. (Während er ihm in dem Brief gesagt hatte: Geh zum Teufel — denn die Glock hat 10 geschlagen). Und das ist freilich Liebe - was sonst. In der christlichen Liebe steckt immer ein Stück Herrschsucht mit drin, die Ecclesia ist ja immer militans, weil sie ja aufs Triumphieren ausgeht.[1] Das ist der fremde Tropfen, das „irgend etwas andres", was du in Eugens Gefühl für ihn verspürtest. Der gehört aber einfach dazu. Aber du? du musst ihn nicht mitlieben. Das Mitlieben (auf die Melodie: „les amis de mes amis sont mes amis"[2]) ist immer ein heidnisches Lieben; wenn du ihn ohne „auch", ohne „mit" einfach mit deinem eigenen Herzen lieben kannst, ist es gut, wenn nicht — dies ist der Punkt, wo die Ehe sich nie restlos ins Christsein lösen lässt; da bleibt immer ein sich gegenseitig Tragen und sich gegenseitig Lassen. Man wird nicht Ein Mensch, man wird Ein Paar. - Das was dir an Eugens Gefühl für W. unzugänglich oder nein: aber unfühlbar ist, ist Eugens Verlangen nach dem „Zwanzigjährigen" (dem Nachkriegsmenschen), und das ist grade jener Tropfen „Herrschsucht" in seiner Liebe. (Denn die Herrschsucht ist es, die weiss was die Liebe vergisst: dass der andre ein Alter, ein Junger, ein Mann ein Weib, ein Berühmter, ein Armer und sonst was ist; die Liebe selber weiss nur, dass es der Nächste ist, und sucht sie zu diesem „der" die Gattung, das „ein", so könnte sie nur sagen: ein Mensch oder gar: ein Geschöpf.
Um dies fürchte ich nichts. Viel mehr hat mich die böse Aussicht mit Säckingen erschreckt; ich bin, ebenso Laie, ebenso pessimistisch wie du. Übrigens aber sind wir alle in der Höhle des Polyphem und das höchste wessen sich einer getrösten kann ist dass er zuletzt gefressen wird; ans Geldverdienen werden wir alle denken müssen. Du aber nicht, da kommt nichts heraus (genau so wie Sparen nicht damit anfängt, dass man von Freiburg nicht nach Heidelberg reist); nur wenn du irgendwie Eugen in seinem künftigen Geldverdienberuf hilfst, das ist das einzige. Und zuerst, nämlich bis die Zeitrechnung geschrieben ist, könnt ihr ruhig vom Kapital leben. Tausendmal schlimmer als für euch ist ein solches Umstellen für die Eltern. Mit „Basel" musst du nun jedenfalls warten, bis sich das entschieden hat - aber deshalb und nur deshalb; man wählt sich nicht die Unbehaustheit.   Was würden die Eltern denn tun, wenn es soweit kommt? in die Schweiz gehn? und könnte dein Vater etwas andres anfangen? Du schreibst mir ja bald, - wenn wir uns nicht doch vorher sehen. Es wäre ja lächerlich, ich bin in Frankfurt, ihr in Heidelberg. Mutter ist jetzt schon ganz beruhigt. Nichtwahr, du telegrafierst mir noch, wenn du mir auf mein Telegramm hin abtelegrafiert hast.
Von Hans wirst du gehört haben, wie gut sich meine Hegelsache anlässt: Rickert beisst an.[3] Die Hildebrandplakette ist ganz herrlich, wirklich einmal eine voll erfüllte Hoffnung - (wann kann man das eigentlich sagen, doch sehr selten? es geschieht oft, dass Hoffnung betrogen wird und oft dass die Erfüllung alle Hoffnung weit unter sich lässt, aber eine voll erfüllte Hoffnung, das ist etwas ganz Seltenes.
Liebe, was mit uns geschehn ist, ist von der mittleren Art, wo die Erfüllung über alle Hoffnung geht.

Dein
...

---

[1] Anpielung auf die christlichen Begriffe der Ecclesia militans und triumphans - der soldatischen und triumphierenden Kirche seit dem 4. Jahrhundert.

² Franz.: Die Freunde meiner Freunde sind meine Freunde.
³ Bei der Veröffentlichung von Rosenzweigs Dissertation „Hegel und der Staat" war ihm Heinrich Rickert, 1863-1936, Philosophie-Professor in Freiburg und Heidelberg, behilflich.

An Margrit Rosenstock wohl vor dem 14. April 1919

Liebes Gritli, nur ein Grüsschen - der Zug geht bald. Ich schrieb Mutter eben schon von der Predigt.¹ Es war nicht bloss das Wie, sondern z.T. auch der Inhalt, der mich so ergriffen hat. Es schlug nämlich etwas in die Kerbe, in die Eugen in Säckingen geschlagen hatte, als er mir vorhielt weshalb ich eigentlich den Zionismus in seinem jetzigen Verwirklichungsstadium nicht für end-gültig nehmen wollte. Die Predigt flocht ein paar Stellen zusammen und erklärte daraus: das Volk habe sich nicht befreien lassen wollen - wie hätten sie sonst noch Brot backen können und gar noch sich ärgern, dass sies nicht mehr hätten säuern können und es gar noch heute „Brod des Elends" nennen² (als ob nicht das gesäuerte Brod, das sie bis zu jenem Tag gegessen hätten, das wahre Brod des Elends gewesen wäre und dieses vielmehr das Brod der Befreiung. Und so sei es nach einem „fast blasphemisch klingenden Wort Rabbi Akibas: „„eine Übereilung Gottes"" gewesen" - jene erste Befreiung also eine Übereilung Gottes!!! Das Volk war nicht reif - aber Gott kümmerte sich nicht darum. - Und wir wollen uns darum kümmern??? wo ⌈⌈wir⌉⌉ das was wir sind nur sind weil Gott sich übereilte?
...

¹ Anläßlich der Hochzeit von Victor und Eva Ehrenberg.
² Anspielung auf 2. Mose 12,39 und die Pesach-Haggada.

An Margrit Rosenstock am 14. April 1919

14.IV.19

Liebes Gritli, das war eine schwere Blamage gestern, mein Toast; es ist also <u>kein</u> Rabbiner an mir verloren gegangen; das kann ich nicht. Ich war sehr down infolgedessen. Übrigens sind die Züge so dass sie erst heut nach Heidelberg können, aber auch im übrigen war mein Antippen bei Hans erfolglos; Else behauptete, so „zartfühlend" seien Putzi und Eva nicht. Und im übrigen - Putzi <u>ist</u> gar nicht so schlimm und Eva liebt ihn doch - „gewaltig wie der Tod ist Liebe"¹ wie der Rabbiner immer wieder versicherte, es ist doch ein bedenklicher Text, den sich Eva da ausgesucht hatte. Vorher sangen sie ihr ein Bachduett aus einer Kantate (wachet auf ruft uns die Stimme) auf den Text vom Siegelring (als Bassrezitativ) und „mein Freund ist mein" als Duett.² Danach den Marsch aus Figaros Hochzeit.
.... Deinen Brief las ich gestern noch vor der Hochzeit und Abends nochmal. Es wäre besser gewesen, ich hätte ihn noch in Kassel gekriegt; denn dann hätte ich die erste Nacht in der Stiftsmühle - besser geschlafen ——— : durch die zwei Zeilen: „das meinte ich damals, d.h. Eugen glaubt das und ich weiss es einfach noch nicht". Nein, wahrhaftig: du weisst es einfach noch nicht; und du darfst es nicht glauben. Es geht manchmal so, dass sich ein ganzes Bündel von Schwierigkeiten in einer Nussschale zusammenlegen lässt; dies ist so eine Nussschale. Erhalte dir dieses Nochnichtwissen,

dieses einfache Nochnichtwissen - es hängt die ganze Echtheit und Wahrhaftigkeit von allem was geschieht daran, an diesem deinem Einfachnochnichtwissen. Ohne dies ists ein Gewaltsturm auf das Himmelreich. In tyrannos[3] - wie konnte Eugen das zitieren! es richtete sich doch in jenem Augenblick ganz gegen ihn.

Von Rudi bekam ich Eugens Brief nachgeschickt, ich lasse ihn erst dich sehen, ehe ich ihn zurückschicke; es steht etwas darin, was wir zusammen lesen müssen.

Wie bist du gefahren? die Züge sollen bös voll sein. Dann kommt der Ostertrubel, wenn auch zeitgemäss verkleinert - aber doch -

Es ist noch keine 24 Stunden her, mein Kopf liegt noch in deinen Armen, wir sind so stille ineinander, ganz still mein und

Dein

[1] Hoheslied 8,6.

[2] In der 140. Bach-Kantate („Wachet auf, ruft uns die Stimme") spielt ein Rezitativ auf Hoheslied 8,6 an: „Dich will ich auf mein Herz, / Auf meinen Arm gleich wie ein Siegel setzen". In der anschließenden Duett-Arie heißt es dann ebenfalls nach einem Vers des Hohenliedes (2,16): „Mein Freund ist mein!"; dazu auch die Briefe an Margrit Rosenstock wahrscheinlich vom 29. Januar, vom 11. März und vom 4. April 1920, S.540, 564 und 576.

[3] Motto von „Stern" III.

An Margrit Rosenstock wahrscheinlich am 15. April 1919

...

Nobel,[1] als er noch in Hamburg war, sah einmal während der Predigt plötzlich einen grossen, sehr breitrandigen hellen Hut, und erkannte daran, dass Cohen da war. Nun sprach er davon, dass das Unendliche überhaupt die Grundlage des Endlichen sei, nicht umgekehrt, und führte das dann auf das Verhältnis von Gott und Mensch weiter. Wie Cohen hörte, wie er so von der Kanzel herunter gepredigt wurde, „fing er plötzlich (erzählt N.) wie ein Kind zu weinen an" und begleitete von da ab bis zum Ende die ganze Predigt mit Nicken und allerlei Zeichen lebhaftester Teilnahme. Für Nobel hatte die Sache aber eine sehr angenehme Folge: es war ein Zionistenkongress in Hamburg und er, als Zionist und Rabbiner, sollte ihn von der Kanzel begrüssen, hatte aber gleichzeitig vom, natürlich antizionistischen Gemeindevorstand, die Weisung, zwar den Kongress zu begrüssen, aber nicht zionistisch! Wie nun der Vorstand sah, dass Cohen weinte, waren sie alle ganz beruhigt, achteten gar nicht auf das Mehr oder Weniger von Zionismus und meinten, antizionistischer als Cohen brauchten sie ja auch nicht zu sein.

Ich habe von Sommers[2] ein Billet zur Passion morgen geschickt gekriegt, ich habe nicht die mindeste Lust; ich habe den Sinn für die Kunst, als <u>solche</u>, fast ganz verloren, ich merke es wieder daran. - Die Kantate habe ich hier gekriegt - komm und hole sie.

[1] Nehemia Anton Nobel, 1871-1922, Zionist und Rabbiner, seit 1911 in Frankfurt, von Rosenzweig später sehr verehrt und geliebt.

[2] Eltern von Eva Ehrenberg.

An Margrit Rosenstock wahrscheinlich am 16. April 1919

..... Aus dem Zu euch kommen Weidemanns wird ja aber auch, wenn du ihn zurechtgekriegt hast nichts werden. Man kommt nicht bloss zu Menschen. Das „Folge mir nach"¹ hat kein einziger Heiliger der Kirche dem, der es gesagt hat, nachgesprochen. Es fällt wieder in das Gleiche, dass Eugen im Augenblick nicht Heiliger zu sein prätendierte, sondern ganz etwas andres. Das ist natürlich „Wahnsinn" - Weidemann hat ganz recht empfunden — aber Eugen ist der Kranke und der Arzt in einer Person, und das ists was das Genie vom „Wahnsinn" unterscheidet: der Wahnsinnige ist nur Kranker, der Normale nur Arzt und allein das Genie ist beides. Und eben da fängt meine Sorge an (wie du weisst): dass Eugen das hohe Fieber plötzlich durch eine Pferdekur kurieren wird; ich fürchte also grade nicht den Kranken in ihm, sondern den Arzt. Mutter schreibt etwas zur Sache: „Man soll sichs doch immer ⌈⌈sehr⌉⌉ überlegen ob man bei Andern eingreift, wenn sie Einen nicht selbst heftig heranholen. Der Mensch kann und soll sich eigentlich nur selbst helfen, wenn es ganze Lebensarbeit zu tun gilt". Das ist natürlich falsch. Der Mensch kann gar nichts selbst, sicher nicht „sich helfen". Aber der andre kann ihm auch nicht „helfen", weil er eben auch ein Mensch ist und d.h.: weil er eben auch nichts selbst kann. Wann hilft man denn in Wahrheit andern? Doch nur wenn man nicht wollte, wenn man etwa sich seiner eignen Haut wehrt. So hat mir Eugen damals 1913 geholfen, ohne selbst überhaupt etwas davon zu merken (ausser dass er glaubte, sich gegen mich verteidigt zu haben). - Es giebt nur ein Helfen, das man wollen kann. Das ist das Primitive, das leibliche helfen, das „Gut sein" zu einander, - das weswegen Eugen dich zu ihm schickte. Aber Eugen wollte nicht wahrhaben, dass das Recht des Leiblichen viel weiter geht: und dass auch sein Weidemannhelfen einen Leib haben muss, sonst verstört er ihm die kaum aufgeschlossene Seele. Deshalb eben kein blosses „zu uns"-Kommen, sondern ein Komm „zu uns" und zu irgend einer Sache. Auf dies Und kommt es hier wie überall an. Es ist das Und zwischen Leib und Seele, das beide erst zu einem, zum Menschen macht. Und auch den Leib kann man sich nicht aussuchen. Man hat ihn. Und der, den man hat, ist der Nächste. Ihm muss geholfen werden. Also in diesem Fall dem Marburger stud. jur. im ersten Semester, obwohl das - zugegeben - ein sehr hässlicher Leib ist und der Unterschüpfer Jünger ein sehr viel schönerer - wäre, wenn er schon Leib wäre und nicht vielmehr ein fernes Luftgebild und kein Nächster. Um ganz deutlich zu sein: warum nicht Unterschüpf! Aber Weidemanns Aufenthalt dort als ein Ferienaufenthalt mit dem benennbaren Zweck, dort Sohms Institutionen und Schröders Rechtsgeschichte zu lesen² und im übrigen viel mit euch zusammen zu sein. Eugen würde sagen: viehisch. Ja gewiss: der Leib ist „viehisch", οὐδεν γαρ γαστερος κυντερον ἀλλο,³ was Hündischeres als den Magen giebt es nicht, sagt Odysseus, als er bei den Phäaken weinte und plötzlich - Hunger spürte.

Nun bekümmere dich nicht, es wird noch alles gut werden. Lies den Schlussvers des 113ten, ich habe ihn in diesen Tagen so oft sagen müssen, du weisst ja dass diese Psalmen 113ff. ein Hauptstück an diesem Fest⁴ sind. .....

---

[1] Matthäus 4,19 u.ö..

[2] Rudolph Sohm, Institutionen. Geschichte und System des römischen Privatrechts, 1917¹⁵; Richard Schröder, Lehrbuch der deutschen Rechtsgeschichte, 1919⁶.

[3] Frei zitiert nach Homer, Odyssee, 7.Gesang, Z.216f: „Denn es ist nichts hündischer als des niedrigen Bauches Notdurft".

[4] Pesach.

An Margrit Rosenstock wahrscheinlich am 24. April 1919

Liebe - so sind diese Tage wieder herum, und ich sehe dich noch wie ich dich zuletzt durch das trübe Wagenfenster sah in deinen beiden Farben, braun und blau, wie du mir winktest und spüre dich überhaupt noch überall, deine leichten geliebten Hände deine weichen Haare - und bin doch fort, wirklich fort, es ist ja besser so als wie die letzte Nacht in der gleichen Stadt und doch unter getrenntem Dach, das ist gar nicht zu ertragen. Und wenigstens die nächsten Tage sind wir ja wenigstens nur einen Tag Briefentfernung auseinander. Freilich dann - aber ich vergesse, dass es ja auch dann nur an uns liegt, die Briefentfernung wieder einmal ganz auszuschalten und wieder einmal miteinanderzusein, Blick in Blick und ohne alles Erzählen, ohne alles Geschwätz. Briefe sind ja doch nichts - lass mich deine Fingerspitzen küssen.   In Offenburg hatte ich ein Malheur: meine Brille zerbrach und ich hatte diesmal vergessen, eine zweite in Kassel zu mir zu stecken. So lebe ich jetzt schon seit Mittag mit blossem Auge, und du hättest deine Freude an mir. Auf die Nähe geht es; sogar Lesen, was ich wirklich noch nie versucht hatte, aber schon auf der Strasse bin ich recht hülflos. Morgen früh kann ichs reparieren lassen. Hans kommt erst morgen Abend. Ich habe mir aber die Wohnung mitsamt den historischen Stätten vom Mädchen zeigen lassen. Wohnen tue ich heute natürlich im Darmstädter Hof. Den Brodschen Roman habe ich unterwegs ausgelesen; er ist noch schlechter als Tycho,[1] ein paar impressionistische Lichtlein sonst alles Gedanke, - der dann freilich immerhin so interessant, dass ich das Buch doch wohl morgen an Eugen schicken werde, aber du brauchst es nicht zu lesen. Das Zionistische sitzt genau wie in dem Zweigschen Drama als ein gänzlich unverbundenes Schwänzlein hinten dran, überhaupt das „Jüdische"; ich bin <u>nicht</u> „Parteimann" genug, um das <u>nicht</u> widerwärtig zu finden. Ich verspreche mir nun eigentlich doch nichts von seinem bevorstehenden Judenbuch. Ob es wirklich kein Zurück giebt? ich habe nie recht daran geglaubt, habe jedenfalls bei mir die geringen Restbestände, die mir meine Erziehung noch zugeführt hatte, immer für wichtiger gehalten als alles was ich mir später selbst auf eigene Faust wieder gewonnen hatte. Mit einer Ausnahme freilich: Cohen. Da ist mir in einem zweiten kindhaft empfänglichen Zeitpunkt meines Lebens abermals eine Quelle der Tradition aufgetan worden; was ich an ihm erlebt habe, sitzt mir ebenso fest und selbstverständlich (oder <u>fast</u> ebenso) wie das was ich als Kind noch habe erleben dürfen. Daraus, aus diesem <u>ererbten</u>, nicht aus dem erworbenen Besitz ist dann auch der ✡ grösstenteils gearbeitet. Ich glaube, er wirkt daher auch nicht als ein blosses Schwänzlein. Aber wirklich - ich muss doch noch zu Lebzeiten sehen, ob es so ist. A Jew, a Jew, a kingdom for a jew.[2] Übrigens ist Brods Roman über das gleiche Thema über das auch Meyrinks beide Romane gehn: Wahl oder Gnade, und über das ja auch der ✡ geht. Aber Meyrink, wenigstens das erste, der Golem, ist viel suggestiver.[3]   Ich bin nun zunächst einfach zufrieden, dass ich noch ein paar Tage hierbleibe und nicht weiter fort von dir bin. Vielleicht kommt schon bald dein Telegramm, dass ihr nach Stuttgart fahrt. Über dem Schreibtisch hier steht das Hoteladressbuch und für Untertürkheim steht eins „1 Minute vom Bahnhof" - aber das wird ja gar nicht nötig sein. Eugen habe ich mich heute morgen recht dumm gezeigt - er sich wohl mir auch; er fängt in solchen Fällen manchmal so an, dass man verwirrt werden muss, (wie neulich in der Stiftsmühle an dem

ersten Abend), so heut früh mit der „Giftnudel"; so war ich gleich ver-stimmt und wie er dann anfing zu spielen, gab es unreine Töne. Liebes Gritli nimm mich an dein Herz.
Dein Franz.

[1] Max Brod, Tycho Brahes Weg zu Gott, 1916.
[2] Engl.: Ein Jude, ein Jude, ein Königreich für einen Juden - Anspielung auf Shakespeare, Richard III: „Ein Pferd, ein Pferd, ein Königreich für ein Pferd".
[3] Gustav Meyrink, 1868-1932, Der Golem, 1915.

An Margrit Rosenstock wahrscheinlich am 25. April 1919

Liebe es geht gut an. Hier fand ich ein Telegramm vom 19.IV., es sei ein wichtiger Brief von Rickert da, sonst keine Nachricht. Ich fragte gleich telegrafisch an, was drin gestanden hätte und ob sonst etwas geschehen wäre. Wahrscheinlich zuckt Rickert also zurück, aber ich muss es ja wissen, ehe ich hingehe. (Weizsäcker ist heut früh auf 4 Tage nach Stuttgart). Nachher sass ich in Hansens Zimmer, da kam ein Brief vom Trudchen vom 23., ein Wunder von Brief, und darin schreibt sie mir, dass am Oster-montag die Depesche (aus der Bahn) Mutter zu einem Selbstmordversuch veranlasst hat, Trudchen selbst war nachmittags da (weil Tante Emmy ihr vormittags angerufen hatte, dass Mutter rase) und fand sie auf dem Sopha, Couvertierte Briefe und leeres Morphiumschächtelchen; sie rief Onkel Adolf, konnte sie aber noch ehe er kam selber aufwecken. ... Ich bin ganz ruhig. Einmal kommt es doch. Ich bin darauf gefasst, seit Vaters Tod. Ich werde sogar den Brief, den sie an mich schreiben wird, nicht selber lesen.   Onkel Adolf „schüttete sie dann ihr Herz aus, er trat ihr ganz sachlich als Arzt gegenüber und brachte ihr medizinische (Sanatoriums)-Pläne nah. Von den seelischen Gründen ihrer Aufregung, dass es sich um Dein Verhältnis zu Gritli dreht, hatte er keine Ahnung gehabt. Ich war sehr erleichtert zu sehen, wie ruhig und anständig er die Sache ansah angesichts ihrer übertreibenden und sich versteigenden Anklagen. Er sagte deiner Mutter, dass es zwischen ihr und dir nicht so weitergehe, dass ihr euch für eine Zeitlang trennen müsstet, um euer Verhältnis zueinander zu bessern". Dasselbe meint nun Trudchen auch. Ich müsse mir die Abgrenzung meiner Sphäre erzwingen dadurch dass ich sie auch mit meinen Sachen ganz in Ruhe lasse. Mutter dürfe keinen Grund haben, meinen Aufenthaltsort in jedem Augenblick wissen zu wollen. „Du musst sie an deinem Täglichen desinteressieren, so wird sie auch ihre Zukunftssorgen nicht durch täglich neue Nahrung zu dieser gespensterhaften Grösse anwachsen lassen und allmählich der Hoffnung wieder Raum geben". ...
... ich habe nun wirklich keinen Grund mehr, in Kassel zu bleiben; ich tats ja (ausser wegen Bett, Essen und meiner Bücher) nur um Mutters willen. (Für die Parenthese[1] finde ich überall Ersatz; auch die Essfrage verliert ihre Schrecken, seit mir heut mor-gen ein veritabler Bandwurm abgegangen ist!! daher also meine Unersättlichkeit bei gleichzeitiger Magerkeit). Ich denke aber, es ist besser, ich gehe nicht <u>deshalb</u>, son-dern für den Hegel oder aus sonst einem äusseren Grund weg. Das andre würde sie doch auf die Dauer deprimieren.   Wenn überhaupt noch von Dauer die Rede ist. Denn so einen Selbstmordversuch wiederholt man bloss dann nicht, wenn einem nach dem ersten Mal ganz gründlich geholfen wird; und das ist ja diesmal nicht geschehn;

ihre Lage ist genau wie ~~da~~ vorher. Mein Wegziehn ist ja auch keine Hülfe, nicht im mindesten, allenfalls eine Erleichterung. (Dabei glaube ich ihr durch meine Anwesenheit hin und wieder wirklich mal etwas geleistet zu haben; aber das rechnet sie für nichts, weil es natürlich neben dem Haufen ihrer Forderungen an mich wirklich nur ein Nichts ist.) Ihr wirklich helfen - was hiesse das jetzt? Es gäbe nur eins - und dass das um <u>ihret</u>willen zu tun eine Unmöglichkeit wäre, fühlen wir beide gleich unwiderleglich. Und ist es Selbstbetrug, wenn ich mir einrede, dass wenn wir ihr dies Opfer brächten, sofort die andern Punkte ihres Programms, vom Privatdozenten aufwärts, an die leere Stelle nachrückten? Ist das Selbstbetrug, wenn ich mir das einrede - ein blosser Versuch also, mir ~~d~~ jenes Unmögliche gar nicht in die Reichweite einer etwaigen „nächsten Pflicht" kommen zu lassen, weil ich es nicht ertrage? Man kann vielleicht Liebe um Liebe opfern - vielleicht, obwohl ich mir auch das nicht vorstellen kann. Aber Liebe um Hass - unmöglich. Und ich könnte sie nur <u>hassen</u>, wenn ich ihr dies Opfer brächte, das zu verlangen sie kein Recht hat ausser dem ihres Hasses gegen mich, gegen alles was mich auf meine eigenen Füsse gestellt und aus der schlechten Luft (oder selbst nur: aus der mir unatembaren Luft) ihres Hauses befreit hat.

Liegt es aber so, kann ihr also jetzt kein Mensch wirklich helfen, so wird sie ganz gewiss wiederholen, was ihr am Ostermontag missglückt ist.

Liebes Gritli, du erschrickst doch nicht zu sehr darüber? Es mag ja auch sein, dass sie sich zunächst durch das Aussprechen ihrer „Besorgnisse" jetzt etwas abregt und dass sie vielleicht selber glaubt, es würde besser, wenn ich wegziehe. Allerdings wahrscheinlich ist mir das nicht.

Ich schreibe ihr jetzt einen reinen Erzählbrief, weil ich fürchte, wenn ich irgendwas sage, so nimmt sie wieder Morphium. Vielleicht nimmt sies allerdings auch weil („weil") ich ihr einen reinen Erzählbrief geschrieben habe. Ich habe eben gar keine Fühlung mehr mit ihr. Denk auch, wie ahnungslos ich am Montag war. Die Fäden sind wirklich zerrissen. Und da sollte ich mich, weil die Fäden zerrissen sind, mit Ketten an sie binden?

Bleib stark und ruhig, ich bleibe es sicher.
Dein Franz.

[1] Aus dem Griechischen: Satzeinschiebsel - hier auf die vorangegangene Klammer „Bett, Essen und ... Bücher" bezogen.

An Margrit Rosenstock wahrscheinlich am 26. April 1919

Liebes Gritli, heut ein Brief von Mutter, vom 22., ich schreibe dir ihn ab, damit du selber siehst: Lieber Franz, ich habe gestern gern sterben wollen, es ist mir nicht geglückt. Das Morphium war wohl zu alt und als es grade wirken wollte, rief mich Hedi[1] dringend von Berlin an und ich schleppte mich schliesslich zum Telefon, um kein Aufsehen zu machen. Durch die Bewegung musste ich mich übergeben, so ist wohl auch ein Teil der Wirkung hin gewesen. Das kam mir erst heute Nacht wieder in die Erinnerung wie auch mein letzter Traum. Ich stand mit Vater in einer grossen Menschenmenge im Hydepark ähnlichen Gelände, ein alter wunderschöner Herr mit weissem Spitzbart redete und fixierte uns dabei ganz besonders. Es war Hildebrand, der am Schluss begeistert auf mich zukam, er hätte mich sofort an Vater erkannt und er wäre jetzt selbst über sein Werk erstaunt, für so gut hätte ers auch nicht gehalten. Und ich sollte mich freuen, zuhause läge schon das grosse Relief. Vater war verschwunden. - Mit einer gewissen Dumpf- und Stumpfheit sehe ich auf mein missglücktes Unternehmen zurück. So risslos wäre es gewesen, wenn ich Erfolg gehabt hätte, dass mir auch der Nichterfolg besonders gleichgültig vorkommt. Höchstens dass nicht unumstösslich dasteht, was ich in Kummer und Groll über dich noch aufschrieb, erleichtert mich. Darüber empfinde ich Reue, sonst nur tote Gleichgültigkeit.- Ein Tropfen macht den Eimer überlaufen. Wäre dies Eugen-Gritli-Telegramm nicht grad am „Feiertag" gekommen, diesen Gipfelpunkten der Verlassenheit, ich hätte das stürmende Auf und Ab der Erregung auch gestern überwunden. So bin ich nicht fähig gewesen, mit mir selbst den Kampf noch aufzunehmen und dir die gerechte Beurteilung zuteil werden zu lassen, die du wie jeder in Leidenschaft verfallene Mensch brauchst. - Ich glaube aber, wir trennen uns nun ganz für eine Zeit. Am besten wäre, du reistest direkt von Heidelberg nach Berlin, wo du ja erwartet wirst und ich schicke die Sachen dorthin. - Die Natur [nun einiges andre, dann] Hedi will mit der Kleinen gerne kommen, ich glaube ich werde es einrichten, weil sie mir durch ihre Umgebung auch etwas aushelfen wird. Das überwiegt die Schattenseiten des Wirtschaftsbetriebs. Ist sie dann fort und Frau Ganslandt[2] eingewöhnt genug und auch willig, mich zu vertreten, dann soll ich in ein Sanatorium, gegen welche „Folgerichtigkeit" ich mich ja nun nicht zu sträuben habe. Es ist zwar heller Blödsinn, weil ich ja Kummer und Weh mit hin- und wieder herausnehme, aber ich weiss ja dass man nicht anders über meine Handlungsweise quittieren kann. Damit wäre auch der Weg beschritten, den du wünschst. [dann noch Gleichgültiges - Gertrud Loeb, Putzi und Eva] Sei gegrüsst von Deiner Mutter". Ja da hast dus also. Es ist genau so, wie ichs mir nach Trudchens Brief vorgestellt hatte, auch dies dass sie mir noch eine Giftbombe zur Vergiftung meines ferneren Lebens bereitgestellt hatte, ehe sie aus ihrem herausging. Ich werde ihr ganz ruhig schreiben, denn sonst würde ich giftig. Ich werde ihr schreiben, dass ich doch über B Cassel fahren muss, ehe ich nach Berlin gehe, um dort den Hegel fertigzumachen; denn ich muss ja aus Kassel meine Notizen und Bücher zum Hegel mitnehmen. Hans erzähle ich von gar nichts; er ist so gar nicht im Bilde. (Er wunderte sich eben dass ich dir schon schrieb, wo ich doch erst ein paar Tage fort bin). Wahrscheinlich wissen auch in Kassel doch gar nicht viele von Mutters Ostermontag. So bin ich mit Hans sehr gut zusammen. Else ist zwar schrecklich in ihrer parzenhaften Düsternis. Aber Hans - kennst du denn seine beiden Entgegnungen auf die Angriffe? Und den Brief an Max Weber? ich war ganz weg davon und habe seit langem zum ersten Mal ein ganz warmes Gefühl für ihn aufsteigen spüren; ich wäre fast nachts nochmal aus dem Hotel rüber zu ihm gelaufen, als ich die Entgegnungen gelesen hatte. Ich schicke sie dir. Schick sie aber zurück. Nach Berlin muss ich wohl schon vor dem 4.V., weil da die „konstituierende Versammlung" sein soll. .... - Ich bitte dich wieder und wieder, nimm Mutter nicht schwer, ich verhärte mich in mir, anders kann ich nicht ruhig gegen sie bleiben. Am liebsten ginge ich jetzt wirklich an Kassel vorbei und führe erst von Berlin herüber, um meine Sachen zu holen. Ich habe so wenig Lust, lange in Berlin zu sein, dass ich wahrscheinlich den Hegel im Eiltempo absolviere.

Rickert schrieb (ich habe jetzt ein Telegramm von Mutter darüber) dass er es[3] der Akademie empfehlen wird. Also muss ich wohl oder übel nach Berlin. Ich werde Trudchen anfragen, ob sie es für besser hält ich komme jetzt, oder erst wenn Mutter das Haus verlassen hat, und hole meine Manuskripte. Zur Not kann ich 14 Tage auch ohne die Manuskripte in Berlin hegeln (indem ich die „neue Litteratur" durchsuche). Diesen Gedanken des Selbstmords rede ich ihr nun seit einem Jahr aus, zuerst in meinem Brief von der Rückreise nach Mazedonien ⌈⌈im⌉⌉ April, sie hat es nie begriffen. Es ist das grosse Schiboleth, an dem sich die Menschen scheiden, ganz selbsttätig, heute noch die Einzelnen wie ums Jahr 0 die Zeiten. Aber damit, mit dieser sehr weisen Weisheit meinerseits, ist ihr freilich nicht im mindesten geholfen.   Kann ich es denn? Sag ein Wort. Aber alles was ich ihr sage, wirkt falsch und das einzige was ich („ich"!) tun könnte, ich habe dir gestern gesagt, <u>wie</u> ganz und gar unmöglich es wäre - ich würde wirklich zur „Giftnudel" werden - nein nein nein. Ich wollte du wärest fort von der Tivolistrasse -, krieg ich ein Telegramm wenn es nach Stuttgart geht? es wäre zu schön. - Es ist in mir etwas ganz sinnloses, was mich wie mit Flügeln fortträgt über all das Greuliche, ich denke kaum viel daran, es ist wohl das, was Mutter „Leidenschaft" nennt, es ist aber etwas Besseres, du weisst und ich weiss, was.

Liebe ——— Dein.

[1] Hedi Born, geb. Ehrenberg, Tochter von Victor Ehrenberg sen. und Schwester von Rudolf Ehrenberg.

[2] Elisabeth Ganslandt, die gemeinsam mit Julie von Kästner für die bürgerliche Deutsche Demokratische Partei seit 1919 in der Kassler Stadtverordnetenversammlung saß und sich vor allem im Gesundheitswesen engagierte.

[3] Rosenzweigs Dissertation „Hegel und der Staat".

An Margrit Rosenstock am 28. April 1919

28.IV.

..... ich bin wirklich ausgedörrt im Innern. Die Heimatlosigkeit muss mir so auch noch äusserlich und ganz unwidersprechlich ins Leben hineingestellt werden. Ich hätte sie wohl vielleicht auf Augenblicke vergessen können, wenn ich wenigstens im massivsten äusseren Sinn gewusst hätte wo ich zuhause bin. Nun kann ichs nicht gut vergessen. Dann war ich bei Rickert, dieser kalten und leeren Maschine. Die Aussichten sind nicht schlecht. Heut gehe ich zu Winter, dem hiesigen Verleger, und zu Oncken,[1] damit Rickert nicht <u>allein</u> den Antrag zu stellen braucht. Rickert verlangte übrigens das Manuskript zerlegen zu dürfen - so geht Mutters „erster Enkel" in die Brüche! Mittags und Nachmittags dann bei Zimmermanns, Hans Herr auch dieser Situation. Der Papa ist mir übrigens sympathisch, die Mutter und Schwester weniger. Dann korrigierte ich an III 3 und Abends kamen Philips und Else Schick (Lehrerin aus Mannheim, seine langjährige amie). Es gab, nach politischen Anfängen ein greuliches (von Hans aber wunderschön gefundenes) Gespräch. Ich hielt den Schnabel. Die einzige, die wirklich einfach und glaubwürdig sprach, war Else Schick; ich habe sie gestern wirklich gerngehabt. Philips ist komplett verdreht und Hans tut ihm gar nichts Gutes damit, dass er ihn dauernd nach der richtigen Seite hin interpretiert, ich meine: ihm die christlichen Fetzen mit denen er sich, neben allerlei mystischen, theosophischen und häberleinschen, kostümiert, sofort mit ein paar raschen Stichen zu einem christlichen Katechumenengewand zusammenheftet. Im Gegenteil: vom Leibe sollte er sie ihm reissen, dass er endlich einmal vor sich selber in seiner ehrlichen <u>namenlosen</u> Blösse dastünde; dann, wenn er also sähe, dass er das nomen Christi <u>missbraucht</u>, dann vielleicht wäre Hoffnung, dass er Christ <u>würde</u>. Jetzt verhindert ihn grade Hans selber daran. Aber auch Hansens ganze Fremdheit empfinde ich, nicht bloss bei solchen Gesprächen; und denk: er kommt mit dem II^ten Teil des ✡ nicht recht ins Klare (wie es Eugen vorausgesagt hatte). Mir gehts genau so mit dem Ketzerchristentum[2] (ich bin auf Seite 40 von 140 Seiten); ich <u>sehe</u> sein Christentum, seine <u>Art</u> von Christentum nicht. Auch nicht wenn er ganz autobiografisch wird wie in der Einleitung, die er in diesen Tagen dazu geschrieben hat. Ich <u>sehe</u> es nicht wie ich Eugens oder Rudis oder irgend eines vergangenen Christen Christentum „sehe". Das bedeutet dann natürlich: ich glaube ihm nichts. Grade die Art, wie einerseits alles sehr dogmatisch korrekt ist und dann doch im eigenen, wie er es sagt, wieder ganz verdreht herauskommt. - Wir haben offen darüber gesprochen, und dass das geht, ist eigentlich das Schönste und doch eine Gewähr, dass es noch einmal anders werden muss. Den ✡ (II 2, das er jetzt liest) findet er „unaggressiv"! beinahe sagt er: sehr schön. Kurzum: er lobts mit einem Lob zum Davonlaufen. Ist es wohl in einer Geheimsprache zwischen uns zweien und dreien geschrieben?? das wäre bös. Vielleicht ist das ⌈⌈nur⌉⌉ eine notwendige Gegenseitigkeit zwischen mir und Hans, dies Nichtverstehen, oder vielmehr Nichtsehen.

Er hat mich dann heut morgen lang wegen Philips und meiner gestrigen Stummheit „gestellt". Ich habe geschimpft wie ein Rohrspatz. Ich habe gesagt, Philips triebe Dialektik der Seele, wo schon Dialektik des Geistes ein Laster wäre. Ausserdem käme er mir irgendwie nicht wie ein Mensch vor, sondern wie etwas Gebackenes.

Eben kam Eugens Brief vom 26. mit der Einlage von Tante Emmy. Ich bin froh, dass du dir ein Herz genommen hast und einfach herauf gefahren bist. Eugen braucht freilich keine Reue über Kassel zu haben, noch nicht einmal ich bringe dies Gefühl auf. Nur Scham, dass hier etwas wirklich „Nächstes" ist, das mir so über meine Kraft geht. Seid gegrüsst und geliebt von Eurem Franz.

[1] Hermann Oncken, 1869-1945, Professor für Geschichte in Heidelberg, München, Berlin u.a..
[2] Hans Ehrenberg, Die Heimkehr des Ketzers - Eine Wegweisung, 1920.

An Margrit Rosenstock am 28. April 1919

28.IV.

Liebes Gritli, liebes, liebes — mittags kam dein Eilbrief von gestern. Es geht uns also allen gleich diesmal mit Mutter. Beinahe erschrecke ich, dass du ihr geschrieben hast; es wirkt ja nun alles verkehrt. Aber sag: nennst du denn wirklich eine solche Budenexistenz in Berlin „Selbständigkeit"? Die habe ich ja vor dem Krieg gehabt; ich war damals kaum je länger als 14 Tage in Kassel. Die Selbständigkeit, nach der ich mich sehne, ist wirklich nur eine mit Amt. Das blosse Privatisieren irgendwo tuts nicht. Es wundert mich, dass du 1917 die Unmöglichkeit meines Seins in Kassel so stark empfunden hast, ich selber war damals viel zu sehr im Ferien- oder Urlaubsgefühl, um daran zu denken. Aber es <u>war</u> natürlich so, es stand dahinter, nur wunderts mich dass du es gesehen hast. Wenn ich nun jetzt, des Hegel wegen nach Berlin gehe, irgendwo in einer Pension wohne - es ist eben nur die Entfernung von dem malocchio[1] - freilich das genügt ja schon. Aber besser wäre es gleich mit irgend einem Amt. Vielleicht - aber nein, nichts bei der Akademie. Eugen sieht zu viel Entscheidung in London.[2] Ich erwarte eigentlich nur die negative, aber die brauche ich, um frei zu einer positiven zu werden. Denn „ob überhaupt" - darum handelt es sich nicht, darf es sich nicht handeln. Ich habe etwas Angst vor Eugens Profezeiungen, seit sich die mit dem Hegelbuch damals (1913) so bewahrt hat. Deshalb schreie ich so dagegen; du glaubst doch nicht daran?! Es wäre der Zusammenbruch für mich, wenn er Recht behielte. — Habe ich dir mal gesagt: dass ich immer Angst vor Mutter hatte, wenn ich einmal verheiratet wäre, und mir damals vorstellte, ich müsste vielleicht die ersten Jahre in Italien leben, bis Mutter mir nichts mehr zerstören könnte?

Ja, das Opfer wäre ganz sinnlos. Und übrigens ich könnte es auch nicht wenn es sinnvoll wäre. Ich kann nicht - ich — du weisst.

Was für ein Brief war das vom 21.IV.18? ich weiss gar nichts. Aber Greda hat Unrecht, es war und ist nicht „Sache der Frau", das Leben der Männer miteinander ins Konventionelle herunterzuziehn. Eugen hatte, ob mit oder ohne mein Gift, Recht. Die Frauen sind doch nicht dazu da, das Wunder zu verhindern.

... In diesem Jahr der Zeichen und Wunder 1919 geschieht alles in Wochen, was sonst in Jahren geschieht. Es ist doch wirklich „ein Anfang" und nicht „Schluss, Schluss, Schluss". Alles fängt an und kommt aus dem Nichts. Sei mir gut und halte mich warm im grossen Mantel deiner Liebe. Du magst sie mitteilen und kannst sie doch nie und nie teilen - sie gehört mir ganz so wie ich dir gehöre, nicht dir allein und doch ganz dir - dir, du Geliebte, du Meine.

Ich bin Dein.

[1] Ital.: böser Blick.
[2] Bezüglich einer Verheiratung Rosenzweigs.

An Margrit Rosenstock am 30. April 1919

30.IV.

... Vormittags war ich bei Oncken, der sehr skeptisch, aber andrerseits doch auch sehr bereitwillig war, und muss nun heut nochmal zu Rickert. Oncken meint nämlich, es wäre ausgeschlossen von der hiesigen Akademie alles zu kriegen, dagegen ev. von der hiesigen und der Freiburger „Gesellschaft" zusammen. Dann war ich bei Winter. Der berechnet aber seine Unkosten genau wie Meiner und schlug den Zuschuss auch auf ungefähr 100 M für den Bogen an, (immerhin weniger als Meiner, der 120 rechnete). Nach Tisch ging ich zu Weizsäcker. Der las mir eine Sache über Glauben und Wissen vor, die ganz zu uns gehört. Er ist ja sicher der einzige Naturwissenschaftler, der so etwas sieht. Und so muss er es auf jeden Fall einmal ausführen. Denn mit dem blossen Bekennen ist es dabei nicht getan, weil er ja nicht den Glauben neben dem Wissen bekennt, sondern das Wissen als die Frucht des Glaubens, das muss man machen, ausführen, zeigen, sonst bleibt es bloss ein erbauliches Kuriosum. Aber von diesem Ausführen ist er irgendwie noch weit. .....

Dann kam Hans, Else, Frühstück, und dann dein Brief und ich verkroch mich in die kleine Thestube vorn links in der Hauptstrasse und schreibe dir weiter. Um mit deinem letzten zu beginnen: das Bandwurmmittel habe ich mir gleich damals gekauft, es aber bisher noch nicht angewendet, denn man muss einen ganzen Tag Brei essen vorher. Über die Schicksale des Kopfes weiss ich selber nichts. - Du schreibst von Mutter. Gewiss - nur eins: wenn es gelungen wäre, wenn nicht Hedi antelefoniert hätte, das wäre doch schrecklich; nur weil es nicht gelungen ist, deshalb kommen wir so glatt drüber weg; und nur doch kann ich mit diesem „wäre" gar nichts machen. Ich habe noch nichts wieder von Kassel gehört, das geht wohl so langsam; von ihr selbst erwarte ich ja nichts oder wünsche wenigstens nichts zu hören, aber von Trudchen. Dieser vollkommene Abbruch der Ruinen meines Hauses, der mir wirklich geschieht, den ich so gar nicht selber veranstaltet hatte, im Gegenteil - das ist doch auch 1919. Hansens reiner Ton - aber ich höre ihn nur da, nur in solchen Äusserungen, nicht in seinen theoretischen. Ich komme nicht heran an das „Ketzerchristentum", ich glaube, es liegt nicht an mir, sondern es würde Eugen genau so gehn. ...

Ich lese Spengler, mit brennendstem Interesse, es ist ein wahrhaft geniales Buch. Ich verstehe doch jetzt erst, dass es Eugen wichtig genug war, dagegen zu schreiben. Die böse Moral von der Geschicht' vergesse ich beim Lesen über der toll spannenden Geschicht' selber. Ich las bisher 100 Seiten. Übrigens finde ich es ja nur gut, dass so ein Buch geschrieben wurde. Und Eugen muss sich eigentlich über das christliche Recht zu Zeitgleichungen doch nun wirkliche Bedenken machen, nachdem er sieht, wie elegant der Heide bzw. der Leibhaftige selber die Zeitzahlen vergleicht. Weiter: sein Begriff von der Antike (All als abgeschlossner nach aussen ausschliessender „Kosmos") ist ja genau was ich in der Metalogik I 2 entwickle; und es gehört dazu, wie Eugen ihm aufmutzt, dass sein eignes Buch selber ohne es zu wollen antikelt, die Geschichte in Kosmosse zerstückelt u.s.w. Das ist genau das Verhältnis von antiker Wirklichkeit und dem heute als Voraussetzung alles Weltdenkens wieder herzustellenden ehrlichen Heidentums, also genau das Verhältnis wie ich es in meinem ersten Teil behaupte, also das was Spengler meint und das was er, wie Eugen feststellt, tut - zusammen.

Hans sagt er hätte dir damals aus „Tragödie und Kreuz"[1] ein Stück vorgelesen? Hast du gemerkt, wie sich das aufs engste mit mir berührte? Auch ich habe diese Dinge ja zuerst an der Tragödie entdeckt. Die Nähe ist so gross, dass mir beinahe nichts Neues mehr übrig bleibt. Nur dass bei ihm vorläufig noch alles im Ästhetischen stecken bleibt. Aber im Ästhetischen sieht er schon die Sprache (und spricht sie infolgedessen auch); und es ist nun wohl entscheidend für ihn, ob er sie auch unmittelbar sehen wird, nicht bloss unter den tragischen und komischen Masken. Denn bis jetzt ist sein Christentum, wo es geistig sein will, einfach sprachlos, eben - „verdreht". Seine letzthinnige Verständnislosigkeit für den II. Teil des ✿ sucht er sich krampfhaft zu erklären an meinem Judentum, es liegt aber nicht an meinem Judentum, sondern an seinem noch unlebendigen Christentum. Ich habe daher auch gar nicht das Gefühl, mich gegen ihn wehren zu müssen, während ihm mein Nichtsehn und -hören beim „Ketzerchristentum" sehr auf die Nerven fällt.
.....

[1] Hans Ehrenberg, Tragödie und Kreuz, 1920.

An Margrit Rosenstock am 30. April 1919

Liebe - mittags kam ein Brief von Trudchen, genau auf unsre allgemeine Melodie, auch sie: „Ja ich glaube auch, du wirst erst einmal zu ihr kommen. Sie spricht zwar von „nicht sehen" wälzt aber dabei den Gedanken, dass du von Berlin nach Heidelberg über Kassel kommen und eine Nacht bei ihr sein musst. Und natürlich hofft sie im Untergrund ihrer Seele hierauf und auf eine Aussprache. Obwohl davon nichts zu hoffen ist. Ich habe diesmal aus ihren Worten und ihrem Verhalten, wie es ganz gemildert in ihrem Brief an dich [den ich Trudchen abgeschrieben hatte] noch nachklingt, deutlich gesehn was du immer schon gesagt hast und was ich einfach nicht glauben konnte, dass es ihre Verlassenheit, ihr Einsamkeitsgefühl, ihre Ansprüche an dich und ans Leben sind, die sich die Sorge um die Ehre ihres Namens, ihres Hauses, und um deine Zukunft zum Vorwand nehmen. Mein ursprüngliches Mitleid mit ihr hat auch eine starke Abkühlung erfahren. Nicht mitzuhassen, mitzulieben bin ich da.[1] Und doch - wer ist bedauernswerter als wer so lieblos ist. Es ist zum Heulen wirklich. Nie würde ich dich gebeten haben, ihretwegen den Briefwechsel mit Gritli zu lassen. Jetzt nach so vielem Gezeter darüberum würde sie ihres Erfolges nicht froher als kleine Kinder die mit Geschrei und Geheul ihren Willen durchgesetzt haben. Sie hat auch andre Dinge, von denen sie dich durch ihr verzweifeltes Gebahren abgebracht hat,[2] nicht weiter verdammt, nachdem sie ihren Willen hatte - im Gegenteil hinterher hat sie ihr Verhalten bereut. Dies ewig wiederkehrende „Hätte ich doch nicht ..."[3] das zeigt doch eigentlich die Wurzel- und Grundlosigkeit ihrer Wünsche und ihres Begehrens. Du kannst das Übel nicht an der Wurzel heilen, du wirst nur für ein oberflächlich freundliches Verhältnis sorgen können; wenn du zu Besuch bist dich ganz ihr widmen, ihr Bücher empfehlen. .... Dass grade dies freundlich konfliktlose Zusammensein schwierig ist ohne inneres Einverständnis, ist klar; aber ich denke, für immer nur wenige Tage wird es einfacher sein als für längere Dauer. Dass du den Wunsch der Trennung ganz ihr zuschieben willst, finde ich sehr richtig ...."[3]

...

[1] Sophokles, 496-406 v.d.g.Z., Antigone.
[2] Zur Erläuterung der Formulierung „abgebracht" der Brief an Margrit Rosenstock vom 4. Mai 1919, S.292.
[3] Auslassungszeichen von Rosenzweig.

An Margrit Rosenstock am 1. Mai 1919

1.V.

... Gestern bei Rickert - ich merkte wieder wie grundunsittlich (Hans hatte wirklich einfach simpel recht, Max Weber abzuschreiben) auch schon ein blosses Gespräch mit so jemandem mit dem man nicht sprechen kann wirkt. Man müsste ganz frei sein, um wieder sprechen zu können auch mit solchen. Ganz frei, also das genaue Gegenteil von dem was ich hier bin. Der Hegel zieht mich gradezu ähnlich in einen mir ungemässen Betrieb hinein, wie es eine Habilitation tuen würde. Am wahrhaftigsten wäre es, ich machte Eugens alte Profezeiung wahr und liesse ihn. Aber das hiesse die Rechnung ohne den Wirt, nämlich ohne die Juden, gemacht. - Von Weizsäcker las ich gestern, nach den „Thesen" von vorgestern, eine zweite Gefangenschaftsarbeit: 2 Dialoge (der dritte fehlt noch) zwischen „Arzt" und „Theologe" (wobei der Arzt der Theo-

log und der Theolog bloss Idealist ist). Sehr gut, und wenn der dritte abschliesst glatt zu veröffentlichen. Er sieht bisher nur, was ich als letztes sah: dass die Wahrheit geschaffne Wahrheit ist (er beginnt also mit dem Naturbegriff, den ich am Schluss von III 3 erst - habe); er sieht also bloss die Schöpfung, nicht die Offenbarung (nicht, dass die Wahrheit uns gegeben ist. In dem „uns gegeben" sieht er vorläufig bloss einen Grund der Unsicherheit, die beseitigt wird nur durch das Geschaffensein. Er weiss nicht, dass die Unsicherheit der „uns" (dass es Viele sind) in sich selbst ein Heilmittel trägt: die Einheit der Uns, die von der Offenbarung gestiftet wird. Eugen dürfte doch nicht auf den „Geist" schimpfen. Denn er ist der Irrtum, aus dem der Weg zur Offenbarung führt, während aus dem Irrtum „Natur" der Weg nur zur Schöpfung geht. Hans hat infolge meines Widerstands und zugleich nach meinem Rat das Ketzerchristentum neu begonnen: es heisst jetzt Die Ketzerkirche, beginnt erst bei den Aposteln und drängt das ganze missratene erste Drittel in ein kurzes und gutes Kapitel über Jesus zusammen, aus dem ich ihm alle Bibelkritik ⌈⌈einschliesslich Schweitzers⌉⌉ bis auf unschädliche Reste herausgeholt habe. So kann es nun gut werden. Dies neue erste Kapitel ist jetzt ganz einfach im Ton und doch wissenschaftlich. So hat II nun wahrhaftig schon eine wissenschaftliche „Wirkung ausgeübt"! (Übrigens nicht Scheinsprache meinte ich, sondern Geheimsprache).
Und nun plant Hans seit gestern Abend und infolge von Weizs' erstem Dialog, der ihm einen grossen Eindruck machte:

| Das Wort
Versuche zu christlichem Denken
Ein Jahrbuch
Verlag Siebeck. | Natürlich nur einmalig. Allenfalls zweimalig. Inhalt:
Eugen: irgendwas grösseres
Hans : Ketzerkirche
Weizsäcker: Dialoge
Picht: ?
Siebeck: ??
Ein Münchner: ? |

Zweck: einmal als Masse, als Lehmkolonie, hervorzutreten. Danach wird erst jeder Einzelne sichtbar. Auch die Aktivisten wurden erst sichtbar durch ihr Jahrbuch, das Ziel. Der Titel stammt natürlich vom Welterhalter. Giebs Eugen weiter, falls er noch nicht in Säckingen ist. - Der Profet, der nichts in seinem Vaterlande gilt,[1] wird wohl kaum im Talmud vorkommen. Doch weiss ichs nicht. Ich fahre mit Hans nach Mosbach, um ihn dort maifeiern zu sehn. Aber meine eigentliche Maifeier ist das nicht. Die ist, dass ich dir heute als am 1. Mai das gleiche sage wie an allen Tagen: Ich bin Dein.

[1] Matthäus 13,57.

An Margrit Rosenstock am 2. Mai 1919

2.V.19

Liebes Gritli, es ist „früh", 8 durch, von Hans und Else also noch nichts zu hören. So setz ich mich zu dir. Und nehme deine Hand. Und erzähle.
Also ich war gestern mit Hans in Mosbach. Wir wurden von den Parteihonoratioren abgeholt, Mosbach ist ein wirklich hübsches altes Städtchen an der Strecke nach

Würzburg, um nicht zu sagen: nach Unterschüpf. Es regnete Ströme; trotzdem kam zu Fuss mit Musik die Partei aus dem Nachbardorf (Hans, der Nachbarstadt in seiner Rede gesagt hatte, wurde extra eines bessern belehrt!) Neckarelz; sie sang ein Lied und dann fing Hans an (es waren auch die Bourgeois eingeladen, und auch viele gekommen). Er redete über eine Stunde, bandwurmhaft, nicht unverständlich, trotzdem Niveau, aber keine Rede. Ich glaube, die Leute haben sich sanft gelangweilt. Dann war schon Zeit, dass wir fort mussten. ...... Das Gespräch gestern Abend mündete in eins über die Kirche; sie geht nämlich öfters zu den Adventisten, und bildet das nun zu einem Punkt des Widerstands gegen Hansens volkskirchliche Absichten aus (believers church[1] gegen diese Kirche, wo die bösen Pfarrer den lieben Gott blamieren, der doch wenn er wüsste wie diese seine nächsten Diener wären ihnen „isch wüll nicht sogen einen Blitzstrohl, aber eine Blinddarmentzündung schicken müsste"). So nun habe ich mich ewas ausgeschwätzt. Dass ich hier bin, ist doch irgendwie gut, mindestens für mich und Hans. Hans ist ja so sehr impressibel - oder genauer: so usurpatorisch und assimilatorisch gegen alles was ihm zunächst fremd ist, dass es auf dasselbe herauskommt, als wenn er impressibel wäre.
.....
Ich lese den Spengler weiter, mit unverminderter Spannung. Eugen tat dem Styl des Buchs doch irgendwie Unrecht; es ist nicht „welk" geschrieben. Es ist nur nicht nachnietzschesch. Eher ein etwas lotterig gewordenes Goethesch. Aber wirklich, selten habe ich bei einem Buch so sehr das Gefühl, dass es geschrieben werden musste. Erst jetzt traue ich Eugen zu, dass er seine Zeitrechnung wird schreiben können; denn durch Spengler wird ihm die Selbstkritik aufgezwungen, die ihm bisher fehlte; er muss sich jetzt überlegen, was er dabei denkt wenn er von Zeit-rechnung spricht. - Rickert vorgestern erzählte: Spengler habe das Buch noch an Simmel geschickt, mit der Bitte darüber zu schreiben; Simmel habe sofort erwidert, er schriebe nie über Bücher. Darauf aber habe ers, schon seines Todes gewiss, angefangen zu lesen, und habe dann Bänsch, der von Strassburg nach München fuhr, aufgetragen, Spengler aufzusuchen und ihm auszurichten: er sei ein Sterbender, aber sonst würde er darüber schreiben. - Simmel glaubte selber an den Untergang Europas. (Rickert natürlich nicht). Wenn ich mich wirklich hier noch über Sonntag (wo ich zu Rickert gehe, der bis dahin sich den Hegel angesehn haben will) herumdrücke, so werde ich wohl Montag und Dienstag nach Frankfurt gehen, um meinen Hemden- und Kragenvorrat zu ergänzen. Mir wird bei meiner Akademiebettelei etwas schwummerig. Aus der einfachen Lüge, dass ich das Buch drucken lasse, mache ich dadurch dass ich jetzt soviele Leute persönlich darum bemühe, eine komplizierte. Das einzig Ehrliche wäre, ich liesse es ganz.
Sogar Hans fand heute, ich müsste mir „einen Wohnsitz" zulegen!!!   Dein Franz.

[1] Engl.: Kirche der Glaubenden.

An Margrit Rosenstock am 3. Mai 1919
                                                                                                               3.V.19
Liebe, wieder ein Regenmorgen, und auch heute nichts von dir da, aber der Tag ist ja noch lang. Auch von Mutter kriege ich nichts zu hören. Ich werde ihr heut vielleicht

über Trudchen hin schreiben, so dass Trudchen ihr den Brief geben kann, wenn sie meint, dass nicht grade einer der Tage ist, wo sie sich daraufhin umbringt. Denn ich muss sie doch über die Verzögerung der hiesigen Akad.angelegenheit benachrichtigen, da sie mich vielleicht in diesen Tagen in Kassel erwartet; ich habe zwar von Bradt direkt nichts gehört, weiss also nicht, ob die Konstituierende Versammlung in diesen Tagen nun wirklich stattfindet.   Dies hier ist ja wahrhaftig nur ein Herumdrücken. Zwar mit Hans ist es nett. Aber allzulange möchte ich es doch nicht. (Ich muss Mutter auch schreiben, weil sie mir noch keine Lebensmittelkarte geschickt hat, seit ich fort bin). Zwischen Weizsäcker und Hans war gestern ein langer wirklicher „Dialog" über Natur„wissenschaft" und Natur„philosophie". Es sind natürlich zwei Seelen in seiner Brust, (in Weizsäckers), die des Schülers seiner Lehrer und die des Lehrers seiner Schüler. Vorläufig kriegt der Lehrer noch ein schlechtes Gewissen, wenn er sich erinnert an das was er auf der Schule gelernt hat. Aber es ist mir doch sicher, dass er machen wird, was - höchstwahrscheinlich - er allein unter allen Heutigen kann. Sieh - und sieh, Eugen - hier ist ein Fall, wo wirklich weiter nichts zunächst zu wünschen ist als dass einer ein Buch schreibt. Das ist in diesem Fall viel mehr „christliche Tat" als alle Taten im engeren Sinn. Es liegt natürlich an dem besonders verlorenen Zustand der Naturwissenschaften und daran, dass der Christ der hineingeriet bisher stets nur ins Apologetisieren verfiel.

Ich war gestern etwas erschrocken als mir Hans seinen Brief an Eugen gab und ich darin las „Franz liebt Spengler". Aber es wird wohl schon wahr sein. Ich meinte, ich wäre nur verliebt. Aber das dann allerdings sehr heftig. So sehr, dass ich darüber vergesse, dass wir Feinde sind, er und ich. Es ist zuviel drin, was ich früher auch wollte. Eugens Kritik und jede Kritik kann dagegen höchstens als eine Verwahrung wirken, wirklich umbringen liesse er sich nur durch ein ebenso starkes Buch. Eugen wird nun wohl oder übel die Zeitrechnung doch schreiben müssen. Mit der Kritik hat er sich nicht losgekauft. Übrigens bin ich überzeugt, dass er den 2ten Band nicht bloss schreiben wird, sondern schon geschrieben hat und ihn nur noch zurückgehalten hat, weil er erst ein bischen den Gang des Kriegsendes abwarten wollte. - Das Buch bringt das Grösste fertig, was ein philosophisches Buch fertig bringen kann: es zwingt dem Leser die Intuition des Schreibers auf. Es zwingt einen, spenglersch zu denken. Mit andern Worten: ich habe schon jetzt nach 250 Seiten das Gefühl, ich hätte viel mehr gelesen. Kurz, er mag „der Teufel" sein, aber kein dummer. Und das Sonderbare ist, dass eigentlich nur ein millimeterbreiter Abstand seine Hölle vom Paradies scheidet, man möchte ihm immer zurufen: geh doch, nur einen Schritt, so bist du drüben. Aber er geht natürlich nicht, er fühlt sich ja wohl wo er ist, er ist eben der Teufel.   Vorhin kramte Else unter Hansens Manuskripten, da kam auch allerlei Eugensches zum Vorschein, darunter sein (anlässlich der finnischen Krone) Schwanengesang auf die Monarchie oder vielmehr Schwanengesang eines Monarchisten.

Die Sonne kommt heraus, ich hatte es gar nicht mehr gedacht. Nun kommt wohl auch ein Brief von dir? ich bin verwöhnt hier, es ist wirklich nur ein Katzensprung.

Mein Brief springt ihn. (Magst du eigentlich Katzen? ich mag sie lieber als Hunde.) Und dann nimmst du ihn, machst ihn auf und ich bin wieder bei Dir ——

Dein.

An Margrit Rosenstock am 4. Mai 1919

4.V.
.....
In Trudchens Brief hast du richtig (mit wahrhaft philologischem Instinkt - Kunststück, wenn man die „Materie" mich so beherrscht wie du -) die Auslassung gerochen. Hinter dem Satz vom Abbringen stand nämlich: (Taufe).[1] Das gehört nämlich zu Mutters unerschütterlichen Überzeugungen und so hat sie es auch Trudchen erzählt. Ich habe ihr auf diesen Punkt eine Berichtigung geschrieben, weil es mir doch peinlich ist, dass sie glauben konnte, ich hätte in so etwas nach Mutters Verzweiflungen gehandelt. Aber für Mutter ists doch auch bezeichnend. Sie macht sich sogar (mir gegenüber) ein Verdienst daraus: ihr verdankte ich es doch! Und dabei schrieb ich ihr damals, als ich ihr schrieb, dass ich es nicht tun würde: sie würde aber damit noch viel weniger einverstanden sein als wenn ich es getan hätte. Wie ja auch eintraf.
Ich merke dass die Rückseite ganz gut zu beschreiben ist. Aber ich werde es doch nicht mehr. Es hanselt im Zimmer, und so braun ist kein Papier, dass ich dann noch richtig mit dir zusammen sein könnte. Bis morgen früh also. (Ich freue mich schon darauf!) Guten Abend.

[1] Dazu der Brief an Margrit Rosenstock vom 30. April 1919, S.288.

An Eugen Rosenstock am 4. Mai 1919

4.V.
.....
Ich kam grade von Rickert und war noch bedrückt von der Unsauberkeit meiner Stellung in dieser Sache. Wenn ich mich <u>selbst</u> diesen Leuten präsentierte, würden sie nichts für das Buch tun. Das einzig Mögliche wäre, es selber zu bezahlen, und das einzig Anständige, es überhaupt nicht drucken zu lassen. Auf eins von diesen beiden wird es herauskommen und hoffentlich auf das zweite (<u>nicht</u> bloss, auf dass das Wort erfüllet werde, das gesagt hat der Profet Eugen).
Spengler berauscht mich dauernd weiter. Im Anfang stehen ja grade schlechte Sachen, so die törichten Definitionen, die er glücklicherweise nachher selber fortschwemmt.
Dein † Schema zwingt nicht.
Hans wünscht du möchtest ausser dem über Rel.pr. u. Off. auch etwas über Sprache schreiben (bzw. etwas Älteres herausrücken). Schon weil es doch Das Wort heissen soll. - Inzwischen ist es Abend geworden, und Rickert hat einen guten Gedanken zur Welt gebracht, nämlich: er hatte das dicke Manuskript mit meiner Erlaubnis in mehrere Kapitelteile zerschnitten. Als ich nun zu Hans sagte, ich würde es vielleicht einfach der Akademie hier oder sonst irgend einer Stelle, der Berl. Bibliothek etwa, schenken und nur in den Zeitschriften eine Notiz veröffentlichen, es läge ein Buch von mir da- und darüber dort und könnte von Interessenten eingesehen werden, meinte Hans, ob ich es nicht lassen wollte, wie Rickert es gemacht hatte: nämlich zerschnitten in mehrere Zeitschriftenaufsätze, Akademieabhandlungen und etwa das grosse Preussenkapitel als Buch (ca 8-10 Bogen). Und so wirds nun, und du behältst wirklich recht. Morgen gehe ich zu Winter und biete ihm an: „<u>Hegel und der preussische Staat</u>. Ein geschichtlicher Kommentar zur R̶e̶ Hegelschen Rechtsphilosophie". Und ev., wenn nötig, wer-

de ich dafür von der Akademie hier wohl den Zuschuss kriegen. Ausserdem aber ist ein Buch über dies „aktuelle" Thema von 7 M Ladenpreis immerhin verkäuflicher, als eins für 22 M. - Meinecke in der Hist. Zeischr. nimmt mir glatt ab „Studien zu Hegel (I Napoleon II Restauration III Julirevolution)". Bleibt noch „Die ~~Ursprünge~~ Geburt der Hegelschen Staatsanschauung. Eine ~~Bi~~ biographische Untersuchung". Und „Hegels ursprüngliche Staatsphilosophie. Eine Studie zur Entwicklung der Hegelschen Systematik von 1801-1806". Daran muss entweder eine Akademie glauben oder Zeitschriften. - Das Vorwort kann in die Preussischen Jahrbücher, die Einleitung in irgendwas und der Schluss ins Scheisshaus. Es ist doch sehr bezeichnend, dass das geht. Der Schluss war die Klammer die das Ganze hielt; die Klammer ist 1918 zerbrochen, nun fällt es in Stücke. Und ich bin das Ganze los, prätendiere nicht mehr, ein Buch geschrieben zu haben, und kriege noch Geld drauf statt was zahlen zu müssen. Es ist doch gut so?

An den Zeitgleichungen beängstigt mich immer noch dasselbe wie 1917, nämlich das primitiv (euklidisch!) Arithmetische. Grade aus Spengler musst du doch sehen, dass die Zeit ihre _eigene_ Mathematik hat. Deine Zeitgleichungen vergleichen zwei Zeitspannen als wären es wirklich Spannen, Raumstücke. Während in Wirklichkeit zwischen der Schuld- und ⌈⌈der⌉⌉ Sühneepoche nur eine _funktionelle_ Beziehung zu sein braucht. Ein Geschlecht kann in wenigen Jahren ausbaden, was ein andres in Jahrzehnten gesündigt hat. Gott zählt nicht, er wägt.

Liebesersatz? oh weh, du bist kein Ersatz, aber unersetzlich -   auch deinem Franz.
...

An Margrit Rosenstock am 5. Mai 1919

5.V.19

Liebes Gritli, heut früh endlich von Mutter ein Brief, eigentlich 2 Kärtchen; sie dachte wohl, es ginge alles auf eins. Immerhin also doch ein Brief und ohne „Aussprachen". Sie schreibt, dass sie dir geschrieben hat, „aber es greift mich zu sehr an, und schliesslich hat niemand was davon, wenn ich schreibe". Von Rudi hatte ich auch einen, ausführlichen, Brief; er stimmt eigentlich im wesentlichen mit Trudchen überein, alle wollen mich fort von Kassel haben, am besten „motiviert durch eine Anstellung" (O. Adolf) - ja woher nehmen und nicht stehlen. Von Bradt hatte auch Mutter kein Wort mehr gehört; es wird also wohl noch nicht konstituiert sein. Bei Winter war ich eben und trug ihm meine Alternative: das Ganze oder ein Stück vor. Kurioserweise schien er aber Blut geleckt zu haben, und sprach als ob er lieber das Ganze wollte und sagte gar nichts von Zuschuss. Ich werde nun ein paar Tage warten. Irgendwie werde ichs ja nun los. Verlangt er Zuschuss, so kapriziere ich mich auf den Teildruck. Übermorgen gehe ich wieder hin. - ... Rudi schreibt: O.Adolf „sah aber ein, dass auch der Privatdozent nichts Endgültiges helfen würde [meiner Mutter]. Ich sagte, dazu könne ich dir nur raten, wenn er dir für deine übrigen Pläne nützen würde. ~~Ich~~ Wie denkst du darüber?" Nun natürlich, dass es nicht geht; denn zwar würde er mir nützen, ähnlich wie das Buch; aber er würde mich, anders als das Buch, mit Beschlag belegen innerlich; niemand kann zweien Herren dienen.[1] Deshalb geht es nicht, _obwohl_ es nützen würde. Rudi schreibt noch: „Hat Dir Deine Mutter geschrieben [nein], dass Hans Hess bei ihr war, um ihr wegen W^s und Eugens sein Herz auszuschütten? - W. ziehe sich ganz zurück und beharre auf der Wahnsinnstheorie, er erzähle allerhand Christus-artige Aussprüche Eugens. Ich wünschte, die Briefe von denen du sprichst [es war natürlich nur der eine] auch kennen zu lernen. Natürlich glaube ich Eurem Urteil, aber hat W. dann nicht umsomehr einen eigenen Weg? - Wie denkst du denn jetzt über die Vergewaltigung des Himmelreichs? - Stuttgart wäre freilich schön in jeder Hinsicht, ist es politisch bedingungslos? -"

Ich muss zum Mittagessen herüber (ich schreibe im Wartesaal -). Es ist wieder ein Brief mit lauter Gästen geworden. (Das Hegelbuch ist doch auch bestenfalls ein Gast, eigentlich dir wohl fast so unheimlich wie der Gast Kähler). Aber einen Augenblick auf der Treppe sehn wir uns und ich sage dir schnell: Dein.

[1] Matthäus 11,12.

An Margrit Rosenstock am 5. Mai 1919

5.V.

Liebes Gritli, du rätst nicht, wo ich dir schreibe. Ich bin in Mannheim und höre heut Abend das Klinglerquartett, „nachträglich". ...
Mittags fand ich deinen Brief. Ich werde wohl Mutter erst auf ihrer Durchreise „nach Konstanz oder Badenweiler" sehen, hier oder in Frankfurt und zusammen mit O. Adolf. Das kann nicht so schlimm werden. Geschrieben habe ich ihr zwar: in Kassel auf der Durchreise oder hier, aber es wird schon hier werden. Das Gute dabei ist, dass es dann bei ihr steht, hier zu bleiben oder weiterzureisen, sodass sie sich nicht als von mir verlassen fühlen kann.   Die Zeitung über die sie so stöhnt wird ja nun sicher nichts. Es lohnt sich kaum, nochmal zu schreiben, nur der Ordnung wegen will ichs.   In den nächsten Tagen fahre ich nach Frankfurt; vielleicht weiss mir Lazarus, der ja aus Berlin stammt, Rat.
...
Empfindest du das mit dem Hegel also auch so entwürdigend. Ich bin in einer ganz unklaren Stellung dabei. Das kann man nicht immer vermeiden. Das Schlimme fängt erst da an, wo man bei sowas nicht einfach kurz und knapp selber handelt - mögen dann die Leute einen verstehen oder nicht - sondern andre für sich interessiert und in die eigne Unklarheit hineinzieht. Das ist Missbrauch der Liebe. Denn schliesslich steckt doch in der Hülfsbereitschaft, die man beansprucht, ein Kern Liebe. Und den verunehrt man. Das Buch einfach an einen Verleger verkaufen, - das ist ein trocknes Geschäft, „abgemacht" und abgetan. Erst durch das Hinlaufen zu Rickert, Oncken und dann noch wer weiss wem, Gradewitz, Meinecke, Below! - erst dadurch wird es widerwärtig. Ich war einmal schon in etwas ähnliches verwickelt: als ich als Krankenpfleger nach Asien wollte. Frühjahr 15. Da setzte ich auch wer weiss wen in Bewegung, und konnte meine Motive auch keinem sagen, aus ganz ähnlichem Grund wie jetzt. Auch da war es einfach eine Erlösung als mich das Rote Kreuz vor die Alternative stellte, wieder hinauszugehn oder auszutreten, und mir dadurch das Warten auf die asiatische Expedition abschnitt. Nun sichts ja fast aus, als ob Winter es für möglich hielte, den Hegel ohne Zuschuss zu verlegen. Er fragte mich wenigstens, ob ich an Honorar dächte (ich sagte natürlich: nein, nur Gewinnbeteiligung).
...

Es spenglert noch immer bei mir. Meinethalben dürfte er ruhig 6 Bände schreiben, ich läse sie alle. Er hat eigentlich alles in dem Buch, es fehlt immer nur ein ganz kleines Bischen, immer nur das Tüpfelchen auf dem I. Wir werden nun in unserm litterarischen Leben nichts weiter mehr zu tun haben als Ipünktchen machen. Braucht sich Eugen jetzt etwa noch die Finger krumm zu schreiben, um den Leuten sein Jahr 1000 beizubringen? Man braucht wirklich die von Spengler zerstückelte Welt nur in den Medeakessel[1] des Glaubens zu werfen, so ersteht sie herrlich wieder auf. Also genau das, was bei mir vom ersten zum zweiten Teil hin geschieht.

Spengler spricht nicht, gewiss. So wenig wie Goethe. Aber er schaut an, wieder wie Goethe. Er hat eine für mich gradezu zwingende Kraft des Anschauens. Dabei laufen ihm wohl auch Gezwungenheiten unter, aber wie wenig! Es ist doch eine schöne Sache um ein Genie. Erfüllst du deine Geniuspflicht, frag ich nach deinem Glauben nicht. ...

[1] Medea ist in der griechischen Sage eine berühmt-berüchtigte Zauberin und Giftmischerin.

An Margrit Rosenstock am 6. Mai 1919

6.V.

Liebes Gritli, als ich Nachts von H Mannheim zurückkam, fand ich ein Telegramm von Trudchen: „deine Mutter infolge Enttäuschung über dein Nichtkommen übererregt. Hatte dich trotz Brief erwartet. Komm sofort auf einige Tage." Es passt mir denkbar schlecht, da sich doch wohl in dieser Woche die Sache mit dem Hegelbuch ordnet. Ich warte jetzt auf ein Telefongespräch mit Trudchen. Denn sonst muss ich fahren, nicht grade Mutters wegen, der ich sicher nicht gut tue, sondern weil Trudchen so kategorisch telegrafiert hat und ich sie nicht vor den Kopf stossen kann. Was kann das für Tage geben! Selbst wenn Hedi dabei ist. Und dazu dann O. Adolf, T. Emmy, Hedi selbst nicht zu vergessen, allen Rede stehen, „was hast du vor, was hast du vor?" und ich habe gar nichts vor, ich weiss nur, was ich nicht vorhabe. Unter dieser allgemeinen Kontrolle darf ich dann nach London fahren! Ich danke! - Vielleicht kriege ich ja noch Aufschub von Trudchen. Sie wird sich eben einfach selbst nicht mehr zu helfen wissen und die „Verantwortung mir gegenüber" nicht ertragen. Dabei ist mir wirklich egal, was geschieht; ich bin auf alles gefasst. Das einzige, was mich etwas irre macht, ist der Gedanke, dass es vielleicht in ihren Jahren liegt (allerdings war sie eigentlich immer so), dann wäre es also in einigen Jahren wieder gut. Tante Julie ist glaube ich ein paar Jahre lang, zu Lebzeiten ihres Mannes, auch in diesem Alter, in einer Anstalt gewesen. Dann würde es also genügen, sie nur jetzt über den Berg wegzubringen.

Liebes, es ist zu scheusslich, womit sich jetzt die Briefe füllen. Dabei hatte ich mich auf heut Morgen gefreut, ich hatte dir viel mehr zu schreiben. Von der Musik hatte ich zwar nichts, aber es ging mir so vielerlei durch den Kopf. Jetzt weiss ichs kaum mehr. Es kam vor allem dabei heraus, dass ich den ☿ doch wohl drucken werde. Das hat Spengler gemacht. Ich empfinde ihn jetzt plötzlich, ~~als~~ anders als damals als ich ihn schrieb, als ein Zeitbuch. Um so komischer ist, dass ich mich noch um den Hegel bemühe.

Über kurz oder lang ist nun die schöne Nähe nicht mehr. Sie kommt mir viel näher vor als zwischen Kassel und Leipzig, und bloss weil man weiss, man braucht es nur zu

wollen, so ist man beieinander. Mehr als das zu wissen, ist ja gar nicht nötig; schon dadurch schrumpft jede Ferne zu einem „Katzensprung" und ist keine Wand mehr, an der man sich den Kopf einrennt, sondern nur wie eine Tür zwischen zwei Zimmern. Was du mir vom Opfern und Schadennehmen schriebst, hat mir ja neulich, in ihrem ersten Brief, auch Trudchen noch viel besser geschrieben. Es ist sicher so. Aber es ist nichts was mir heute vorstellbar ist, und darfs wohl auch gar nicht sein. Heute bin ich dir nah, und ich kann mir nicht denken, dass diese Nähe je Ferne werden könnte. Denn du bist mir Nahe und Nächste zugleich. Ich liebe dich wie mich selbst. Denn
- ich bin dein.

An Margrit Rosenstock am 6. Mai 1919

6.V.

Liebe, ich bekam das Telefonat doch noch und kurz zuvor einen Brief von Trudchen. Ich erbat mir Aufschub, weil ja vielleicht mein letzter Brief, den Mutter morgen haben wird, sie schon beruhigen wird, (vielleicht allerdings auch grade das Gegenteil). Ich sähe sie wirklich lieber hier als in Kassel. Sie wird sich hier sicher mehr zusammen nehmen als in Kassel, wo sie schon gewohnt ist zu toben.   Hedi wirkt scheinbar nicht beruhigend auf sie; sie lamentiert über „die fremden Menschen im Haus" u.s.w. Zu Trudchen hat sie gesagt, du habest ihr Hoffnung gemacht, „den Briefverkehr mit mir verebben zu lassen". Trudchen schreibt gleich dazu, sie habe nicht geglaubt, dass du das gesagt hast. Siehst du? - Mein ganzer Wunsch ist jetzt, sie so wenig als möglich zu sehen. (Und deiner wohl, so wenig als möglich davon zu hören; aber es hilft nichts: es geht mir zu andauernd im Kopf herum, wenn auch nicht im Herz; was da noch war, hat sie durch ihren Selbstmordversuch totgeschlagen).

Trudchen kam noch so früh, dass ich noch zu Hans ins Kolleg konnte. Es war ausserordentlich, ganz einfach, primitiv sogar. Er erzählte den Studenten - sein Leben, etwas obenhin, einiges - Verhältnis zu den Georgianern in Berlin - genauer. Das Kolleg, 4stündig, giebt ein System; er will zwischenhinein Fragen stellen; und um die Atmosphäre zu schaffen, vorweg diese Visitenkarte. Alles sehr souverän, erfahren, unpathetisch, menschlich. Lange kanns nicht her sein, dass er so etwas konnte.

Morgen höre ich vielleicht doch schon was von Winter. Und dann, wenn ers annimmt, fahre ich (falls Mutter nicht grade in den Tagen hier durchkommt) nach Kassel und von da baldmöglichst nach Berlin. Das ist eine unheimliche Entfernung.

Ich war bei Weizsäcker, den ich zwei Tage nicht gesehen hatte. Er sprach viel Merkwürdiges. Von der Jugendlichkeit katholischer Pfarrer und Nonnen. Katholische Schwestern würden keine „alten Jungfern".

Ein Kolleg heute wie Hansens ist schon nicht mehr Blüte der alten, sondern schon neue Universität. Man hätte Zwischenrufe machen mögen, - unerhört für frühere Vorstellungen. Ich werde ihn hören, solange ich noch hier bin. - Eugen wird am 14.VII. in der Gesellschaft sprechen über „die Institution in Recht und Staat." Den Folie-Vortrag dazu (das Individuum in Recht und Staat) hält Fehr.[1] Das muss ihn ja an sich reizen. Übrigens gereizt oder ungereizt - das Programm wird schon gedruckt. Falls ihn das Fremdwort (trotz des Schlusssatzes von Rathaus und Roland) ärgert, kann er ja mit einer Schimpfrede beginnen. Der ewige Prozess kam heute. Ja gewiss, es ist alles ganz einfach, aber die Menschen - der Prediger Salomo weiss etwas darüber (vgl. Konkordanz unter „einfach"). Ich jedenfalls möchte ganz einfach sein: Dein.

[1] Hans Fehr, 1874-1961, Rechtsprofessor in Heidelberg.

An Margrit Rosenstock am 7. Mai 1919

7.V.19

Liebe - beinahe „meine Liebe",   stell dir mich vor in einem Hemd und einem Kragen von Hans und „gieb dich zufrieden und sei stille";[1] und auch mit den Brotkarten will ich Else lieber nicht beunruhigen; ich habe ja Mutter geschrieben, dass sie welche schickt, übrigens auch gleich an dich.   Nach Frankfurt wäre ich zwischenhinein ja hauptsächlich wegen Lazarus gefahren, so in der vagen Idee, er würde mir etwas wissen. Aber wenn sich Winter wirklich hat dumm machen lassen, so fahre ich ja ohnehin fort von hier.   Nein, ich brauche nichts von dir ausser - dich. Ich könnte dir den ganzen Tag schreiben.
Rudi muss erst mit den Predigten fertig sein (er ist an der 4^{tletzten}). ...
In Rankes Weltgeschichte habe ich grade in diesen Tagen auch etwas gelesen (in einem Inselbändchen), „Muhamed"; ich war enttäuscht.
Gösta Berling[2] ist ihr Erstlingswerk. Denk, ich habe es nie gelesen, immer bloss drin geschmökert. Daher bin ich nicht bis zu deiner Ablehnung gekommen. Aber offenbar war es doch ein solches Gefühl. Überhaupt lese ich scheints Erstlingswerke nie richtig. Sowohl die Räuber wie den Götz kenne ich vollständig nur vom Theater, und auch den Werther habe ich noch nie durchgelesen.[3] Was hätte wohl die Agnes Günther[4] gemacht, wenn sie länger gelebt hätte?   Erstlingswerke von Genies sind doch immer so. Kennst du Michelangelos Centaurenkampf-Relief? Es ist immer dieselbe unzusammengefasste Massenhaftigkeit, alles schon da und doch noch unerträglich, mehr bedrängend als befreiend.
Ich gehe jetzt zu Winter, um ein Stück für Oncken abzuholen, das ich ihm versprochen hatte zu bringen, weil eine Schülerin von ihm daran arbeitet. Vielleicht kriege ich da schon überhaupt was zu hören. Ich lasse den Brief jedenfalls offen. Leb wohl bis bald. (So ein paar Mal am Tag schreiben, ist wirklich als wäre ich bei euch zu Besuch in Säckingen. Da sehe ich dich ja auch nicht den ganzen Tag.)
Inzwischen war ich also bei Winter. Ergebnis: 50 M Zuschuss pro Bogen. Das wären also 1500 M. Damit und mit dem Mskript ging ich zu Oncken. Der war sehr entgegenkommend und will ein Gutachten machen, ev. schon für die nächste Ak.Sitzung, die am 17.V. ist. Bewilligt die Akademie mir nur die Hälfte, so würde ich den Rest selber zahlen, um nicht auch die Freiburger noch belaufen zu müssen. Dass ich an Meinecke schreibe, wünscht allerdings Oncken auch, aber offenbar nur, weil er Wert darauf legt, dass Meinecke erfährt, dass man sich für einen Schüler von ihm bemüht, für etwaige spätere Gegenleistungen.   In dieser ganzen Sache werde ich also eigentlich mehr weitergeschoben als dass ich selber was tue. ....
Ich schreibe dir jetzt Briefe, die ich am liebsten gleich wieder durchstreichen möchte. Und aus Kassel werde ich überhaupt nur ganz verstohlenerweise dazu kommen. Ich weiss überhaupt nicht, wie es werden soll. Sie[5] wird mich künftig aus der Ferne noch

ärger beaufsichtigen als aus der Nähe. Im Hintergrund immer die ultima ratio[6] der Zäpfchen. - Ich weiss jetzt, was ich tue. Ich werde sie überhaupt zu nichts veranlassen. Sie will natürlich von mir zu etwas „gezwungen" werden. Ich werde sie aber zu gar nichts zwingen, sondern einfach sagen, ich sähe gar nicht ein, warum sie nicht in Kassel bleiben könne, wenn sie das wolle. Soll dann ihre geliebte „Familie" sehn, wie sie mit ihr fertig werden. Ich gebe ihrer Wut dann wenigstens keine neue Nahrung. Ich fürchte mich vor diesem Dämon.
.....

[1] Kirchenlied von Paul Gerhardt, 1607-1676.　　　[2] Von Selma Lagerlöf, 1859-1940.
[3] Schiller, Die Räuber; Goethe, Götz von Berlichingen; Goethe, Die Leiden des jungen Werther.
[4] Agnes Günther, 1863-1911, Schriftstellerin.　　　[5] Die Mutter.
[6] Lat.: letzte Vernunft, letztes (Beweis-)Mittel.

An Margrit Rosenstock am 8. Mai 1919

8.V.

..... An Meinecke habe ich heute auch geschrieben und ihm dabei in Kürze mitgeteilt, dass ich nicht auf Habilitation spekuliere. Rickert und Oncken habe ich es dieser Tage auch gesagt. Es ist freilich nichts Rechtes, nur das Nicht zu wissen und nicht das „Was denn?". Ich habe Meinecke von meinen hiesigen Schritten verständigt und ihn anschliessend an die Erklärung dass mir das Buch „einen Abschied und keinen Anfang" bedeute, einen „Abschluss einer Lebens- und Bildungsepoche" und nicht den Anfang einer „beruflichen Laufbahn", gebeten es ihm widmen zu dürfen. Ich bin etwas neugierig, wie er antwortet.

Hansens zweite Kollegstunde ging fort wie die erste begonnen hatte. Hans macht da wirklich was Eugen hätte machen müssen. Aber Eugen hätte es nicht gekonnt. Ich glaube so simpel und menschlich sprechen kann man in dieser vergeistelten Atmosphäre nur wenn man einmal so sehr reiner Geist war wie Hans. Es ist eine Freude zu sehn, wie nun der Schmetterling aus der Puppe kriecht. Er sagt ganz vergnügt zu den Studenten: „ein Professor ist kein Mensch". So hin, so ohne jede Ausdrücklichkeit. Nächste Stunde beginnt das Kolloquium. Leider sitze ich da auf der Bahn.

Deinen Breirat befolge ich heut aus andern dringenderen Gründen. Immerhin doch prompt, ehe dein Brief kam; schon zum Kaffe gabs Süppchen. Aber leider kann ich die zweite Fliege, welche hier - o Wunder der Natur! - ein Bandwurm ist, nicht mit dieser Klappe schlagen, denn morgen sitze ich - vgl. den Schluss des vorigen Absatzes.
.....

An Margrit Rosenstock am 10. Mai 1919

10.V.

Liebes Gritli,　Hedi und Trudchen waren an der Bahn, Hedi um mich gleich zu Mutter mitzuschleppen, was ich aber energisch verweigerte. Hedis Taktik (die sie auch mir empfiehlt) ist: à la Putzi: „ooch Muttchen". „Hingegen", wirklich „hingegen" empfiehlt Onkel Adolf bei dem ich abends noch war, vollkommene Offenheit, einfaches Aussprechen der Wahrheit - der „Wahrheit", nämlich: Liebe Mutter, wir wollen doch beide das Gleiche: du willst nur mein Glück, ich will nur mein Glück; auf

die Art wie du es meinst (Privatdozent) würde ich unglücklich, das kannst du doch nicht wollen. - Dies ist also die lautre Wahrheit. Ich habe mir gar nicht die Mühe genommen, dass das eine noch gröbere und plumpere Lüge wäre als das à la Putzi und dass Mutter sowenig darauf hineinfallen würde als auf jenes. Auch Trudchen ist inzwischen soweit gekommen wie ich schon war: dass es <u>nur</u> mit Taktik, <u>nur</u> mit Lügen geht. Ich habe keine Spur Gewissen mehr. Wichtiger als Onkel A^s gute Rate war mir seine Bestätigung, dass es sich höchst wahrscheinlich um eine Alterserscheinung handelt und dass man also hoffen darf, es wird besser wenn sie erst über die kritischen Jahre hinaus ist. Der Nervenspezialist, dem er den Fall in 3 Sätzen vorlegte, sagte sofort: hat also Suicid-Ideen (übrigens eine Wortbildung deren glatte Möglichkeit doch sehr bezeichnend für beide Bestandteile ist, sowohl für den „Suicid" wie für die „Ideen").
......

An Margrit Rosenstock am 11. Mai 1919

11.V.

Liebe Liebe Liebe, ich muss erst einmal wieder untertauchen in dich -
Ich bin heut Mittag abgefahren. Es war schrecklich. Noch in Göttingen war ich vollkommen ruhig, aber als ich sie¹ dann sah, verlor ich jeden Halt. Den Abend waren Kästners (ausserdem Frau Ganslandt, Jonas, Hedi) da, nachher um 12 kam sie auf mein Zimmer und dann fing es an. Dabei hatte <u>sie</u> den besten Willen, aber ich nicht. Mich ritt ein Teufel mindestens so schlimm wie ihrer. Ich sprach fortwährend was ich nicht sprechen wollte ⌐. Ich hatte weder Mitleid noch Liebe für sie. Es kam genau so wie ichs vorher gefürchtet hatte. So ging es den andern Morgen wieder los bis zum Mittagessen.   Nach Tisch ging sie auf ihr Zimmer, ich auf meins und suchte die Manuskripte zum Hegel; ich wäre am liebsten Abends mit Hedi abgefahren, so kaput war ich. Denn weder hatte ich vernünftig mit ihr sprechen können, noch mitleidig. Weil mir eben beides, Vernunft wie Mitleid bei ihrem Anblick verschlagen waren. Wie ich dann die Manuskripte suchte, fand ich dazwischen versprengt einen einzelnen Brief von Vater vom Oktober 14. Ich entsann mich noch wohl, ich hatte mich damals darüber geärgert, über diese betuliche und feige Fürsorglichkeit, derer er sich so gar nicht schämte. Jetzt las ich ihn trotzdem mit einer Art komischer Rührung wieder - und da konnte ichs plötzlich, ging zu Mutter herunter und war „nett" zu ihr und bliebs bis heut Mittag zur Abreise. Sie zeigte mir dann auch Eugens Brief und log mich kräftig an, wie schön sie ihn fände u.s.w. (Auch über dich, über den „Redaktör" u.s.w. lügt sie so hartnäckig, als ob ich nicht genau wüsste, wie sie zu andern darüber spricht). Mag ja sein, dass er irgendwann einmal wirkt (obwohl sie an sich „Briefe" nicht ernst nimmt - und andres natürlich auch nicht; sie nimmt ja gar nichts ernst). Es ist nichts bei ihr vorauszusehn. Es ist mir auch ganz lieb, dass mir alles Planmässige missglückt ist. Es schadet nichts dass sie mich in gemessenen Zeitabständen immer wieder in ihre Hölle hineinreissen wird. Ich habe gar kein Recht, mich dem zu entziehen. Im Grundsätzlichen mache ich ihr ja sowieso keine Konzessionen. Aber dass sie mich von Zeit zu Zeit mal verprügelt, muss ich ihr wohl gönnen, es ist das einzige, was sie noch vom Leben hat; auch ihre Liebe zu Vater nahm ja wohl meist diese

(⌐ nämlich dass wir uns trennen müssten)

Gestalt an. Ich erwarte also in 14 Tagen also neues Toben, neue Reise u.s.w. ad finem.[2] Jedenfalls wird sie, wenn je, nur so einmal wieder zurechtzukriegen sein, nicht durch noch so kluge Pläne von Trennung u.s.w. Die Trennung muss von selber kommen. Ende des Monats geht sie hoffentlich nach Konstanz. D.h.: sie geht nur, weil sie die Vorstellung hat: es hilft doch nicht. Denn sie <u>will</u> ihren Teufel behalten, er ist „ihr Leben". - Ich <u>habe</u> jetzt Mitleid mit ihr, aber die Angst ist noch viel stärker. Es liegt in jeder Kleinigkeit bei ihr so viel unbewusste Bosheit. Wirklich „Strindberg".[3]

Trudchen war Mittags da und brachte mich zur Bahn (Mutter war so kaput, dass sie nicht konnte, sie konnte kaum eine Treppe steigen, nur wenn ichs hätte tun müssen, und sie mir also ostentativ dadurch zeigen konnte, was ich für ein böser Mensch bin, dann sprang sie plötzlich wie ein Eichhörnchen.

Ich wünsche jetzt selber, dass sie unter Sanatoriumsdisziplin kommt. Sie zu veranlassen, sich gleich mal 2 Tage ins Bett zu legen, (was sie jetzt gut könnte) ist mir wohl nicht gelungen. Genug, genug.

Ich habe dir wohl recht verworren erzählt. Ich bin es auch noch. Ich weiss gar nicht mehr, wie ich dazu kam, dass der ✿ gedruckt werden müsste; du schreibst davon. Mein „Sanatorium" ist ja glücklicherweise sehr gross - die ganze Welt ausserhalb von Terrasse 1. Mit Rudi wars wie stets. Er ist bei der zweitletzten Predigt. Ein Buch, das er las, schicke ich euch von Heidelberg aus, hoffentlich habt ihrs noch nicht (Eugen zitierte nämlich an Hans neulich einen Nietzschebrief, der da auch zitiert wird). Es macht vieles überflüssig, was sonst wer und vor allem Eugen sagen müsste.

Eine Weile, 8 Tage oder 14, werde ich ja nun Ruhe vor ihr haben. Und heut Nacht oder morgen Mittag Heidelberg und Briefe von dir und überhaupt - nur ein Katzensprung. Ganz nah - und ganz Dein. Nimm mich, Geliebte.

[1] Die Mutter.   [2] Lat.: bis zum Ende.
[3] Johan August Strindberg, 1849-1912, schwedischer Dichter, der die Angst und Unbehaustheit moderner Menschen beschreibt.

An Margrit Rosenstock am 13. Mai 1919

13.V.19

Liebes Gritli, es ist wieder Tag und ich bin wieder bei dir. Ja ich bin glücklich, es dir wieder und wieder, täglich und stündlich sagen zu dürfen, dass ich dich liebe. In Kassel hätte ich es nicht gekonnt. Da konnte ich nur nach dir japsen wie ein Ertrinkender nach Luft. Aber nun haben sich die Wasser verzogen und der Bogen deiner Liebe steht wieder hell und herrlich über der wieder aufgetauchten Erde meines Lebens.[1] Ich küsse deine Hände und deine Knie.

Ich kam spät Nachts an. Hans und Else waren schon zu Bett. Aber du warst noch „auf". Ein Brief von dir und das schreckliche Logenbuch lagen da. Das werde ich aber vor Hans sekretieren. Es ist mir ja grade wertvoll dass er den ✿ liest, ohne eine Ahnung von dem ✿ zu haben. Das ist mir eine gewisse Gewähr; dass meine Gedanken, obwohl aus ✿ entstanden doch nicht an diesen Ursprung gebunden sind. Er liest ganz harmlos, obwohl ich ihm das Titelblatt und die drei Untertitelblätter aufgemalt habe. Er ist ja ein Mensch ohne Hintergedanken. Und wirklich, wozu braucht er davon zu wissen; ich habe ihm zwar den Rudibrief vom November 17 mitgebracht;[2] ich will ihn ihm vorlesen, wenn er mit II 3 zu Ende ist; ich bin selber wieder neugierig darauf. Aber der ✡ - es ist genug so; denk grade gestern Nacht auf deinem Brief hatte endlich einmal wieder das Siegel gehaftet; so grüsste es mich. Ist es nicht besser, es bleibt so zwischen uns?

Ich darf doch nicht aufhören zu hoffen, dass es einmal anders wird mit Mutter. Es ihr ins Gesicht zu sagen, hat ja keinen Sinn. Sie versteht nichts. ..... - Wie sie von Berlin sprach und ich sagte ihr: o, es wäre sehr nett gewesen, sagte sie: ja das glaube sie schon, aber warum käme ich nicht auf die Idee mal mit ihr nach Berlin zu fahren. Und so komisch dieser naive Eifersuchtsausdruck ist, so hat sie doch eigentlich recht. Ich müsste wirklich, so schwer das für mich ist, ein „besserer" Sohn gegen sie sein. Vielleicht mache ich es ihr nämlich wirklich etwas schwer. Freilich sonderbar ist es doch, wie alle eigentlich mir recht geben, auch die die nur von ihr wissen und gar nicht von mir (wie Hedi und Onkel Adolf. Hedi sagte das selbst). Auch Hans erzählte mir heute früh, seine Mutter habe ihm früher die Situation so beschrieben: ich hätte eine Lammsgeduld. Mir war das gar nicht so bewusst; es stimmt wohl auch nicht. Ich hatte ja leicht, Geduld haben, weil ich ja nur wieder „zuhause" (so nannte ich ja ungewollt immer meine Studentenbude) war, so konnte ich auf alles pfeifen und fühlte mich gleich wieder gesund.

Ich habe ihr die Huch auf dem Schreibtisch liegen gelassen, vielleicht guckt sie mal herein. Erst nach diesem Buch, nach dem Luther wahrhaftig nicht, habe ich den Wunsch, sie kennen zu lernen. - Ich muss aufhören, weil ich in Hansens Kolleg will. Nachher Oncken.   Bis nachher, ich glaube ich schreibe dir nochmal heute. Ich möchte dir ja den ganzen Tag schreiben. Eigentlich tue ichs. Und doch ist das nur ein Zeichen. In Wahrheit möchte ich nur bei dir sein, an deinem Herzen - und ich bins. Ich bin ja -

Dein.

[1] Anspielung auf 1. Mose 9,12ff.
[2] Brief an Rudolf Ehrenberg vom 18. November 1917, später als „Urzelle" zum „Stern der Erlösung" bezeichnet, abgedruckt in Zweistromland S.125-138.

An Margrit Rosenstock am 13. Mai 1919

13.V.19

Liebes Gritli,   bei der Huch auf Seite 51 steht eine ganz unerwartete Bestätigung für mein äusserstes Δ. Ihr entsinnt euch der Kritik des Christentums: „Vergeistigung", „Vermenschlichung", „Ver~~natur~~weltlichung" Gottes.   Im Einzelnen konnte ich das wohl vertreten; aber für die Zusammengehörigkeit dieser dreie fehlte mir der Beleg und grade die Zusammengehörigkeit (wenn auch starr, und in keinem Fluss mehr aufzulösen) behauptete ich. Und nun steht es bei der Huch: Unsre Religion lehrt, dass eine lebendige Willenskraft sich zwiefach offenbart, in der <u>Natur</u> und im <u>Geiste</u>, welche zwiefache Offenbarung im <u>Menschen</u> eins wird: Gott ist ein <u>dreieiniger</u> Gott. Das ist die stärkste Bestätigung, die ich für mein Ganzes wünschen konnte; grade weil sie eine äusserste Konsequenz bestätigt, jenseits deren (wie du schon auf deinem unserm Siegel siehst) nichts mehr ist. - Beim „bon pasteur"[1] war ich wirklich nur froh, dass keine „Bestätigung" darin vorkam. Es war überhaupt wohl gut, das ich mich früher noch nie um den ✡ gekümmert hatte, im Gegenteil eine Abneigung dagegen hatte. Nun habe eben <u>ich</u> gefunden, was er bedeutet.

Der Hegel - also Rickert hat den Antrag gestellt, Oncken wird ihn mündlich unterstützen, und so werde ich wohl am Sonnabend erfahren, wie es wird. Ich glaube, wenn sie mir 1000 bewilligen, so lasse ichs gut sein und lege die 500 selber zu; das Prinzip ist ja dann gerettet. - Es passt mir gar nicht, dass ich vielleicht schon am Montag nach Berlin fahren werde; ich habe gar keine Lust dazu. Obwohl - es fahren ja in Norddeutschland jetzt wieder Schnellzüge, so ist es gar nicht mehr so weit.
Hans ist im Zimmer - da kann ich dir nicht recht schreiben. Nur ein ganz kleines aber ganz ein Gutes —— Dein.

[1] Franz.: guter Hirte.

An Margrit Rosenstock am 14. Mai 1919

14.V.19.

Liebes Gritli, ich ging ganz spät zu Bett, denn ich las dann noch Rudis Predigten, heut Morgen habe ich sie euch geschickt. ...... H.Hess ... Den habe ich 1916 im Februar aufgabelt. Jetzt lebt er einen grossen und den besten Teil seines Lebens zwischen uns allen hin und her. Er kommt nach hier, um Hans zu hören; denn er ist sich höchst zweifelhaft, „ob Eugen recht hat oder Spengler". Eugen selbst - denk einmal wie sehr sich sein Kreis verändert hat, seit damals wo du ihn kennen lerntest. Den einen Picht ausgenommen. Sonst ist er ganz Hans Rudi ich Beckerath Hess Hallo Weizsäcker - es ist eine ganz neue Luft für ihn. So breite „Masse" sind wir nun schon. Ein Mit- und Füreinander das doch keiner von uns „gewollt" hat.
H.Hess - lupus in fabula[1] - taucht am Horizont auf, ich will ihn gleich stellen, der blinde Gockel sieht mich nicht. Er sieht eigentlich furchtbar komisch aus.
Bis nachher. Und immer.   Dein.

[1] Lat.: „der Wolf in der Fabel" - im Sinne von: „Wenn man vom Teufel spricht ...".

An Eugen Rosenstock am 14. Mai 1919

14.V.

Lieber Eugen, eben kam erst dein Brief aus Kassel zurück, ich habe gleich Schmeidler und einen unbemerkten bösen Fehler (Das neue <u>Wesen</u> wird chr. Anschauung sein) verbessert und es per Eil an Kösel geschickt; es ist sehr schön, schon genau so frech wie die Spenglerkritik (Hans schwärmt unmässig von „Recht und Staat", es gefällt ihm besser als alles andre!); verstehen werden es natürlich nur wenige, von den Alten ohnehin niemand (ich meine das Universitätspamphletchen). Anonym, um die Wirkung zu erhöhen? damit die Bonzen fragen: Wer ists? ? Aber im Hochland kannst nur du es sein. Übrigens dasselbe ausführlich, so dass es vielleicht - wenigstens im Negativen - auch Alte verstehen, wäre etwas fürs „Wort".
Von II hast du schon in Säckingen die Einleitung. Buch 1-3 sind hier; ich glaube Hans wird sie leicht herausrücken, denn im Grunde lässt es ihn ziemlich kühl, kommt mir vor. Er liest noch an II 3; aber so ganz „ohn Verlangen", ohne Spannung, alle paar Tage 4-5 Seiten.   Statt I liesse ich am liebsten ein leeres Blatt und schriebe darauf: An Stelle des I.Teils bitte ich den geehrten Leser, lieber Spengler zu lesen. Aber das geht doch nicht gut. Und so werde ich wohl noch durch Dazuschreiben es ein bischen

deutlicher machen. Ganz neu schreiben geht nicht, weil es eben doch das Fundament oder vielmehr der Keller des Ganzen ist.   Mehr als das Druckproblem interessiert mich im Augenblick, wann ich eine <u>Abschrift</u> des <u>Ganzen</u> haben werde. Mündel hat noch nichts wieder geschickt! - Ob ichs drucken werde, hängt nicht von mir ab. Und wiederum dein K.d.W. (habe ich diesen Kalauer schon mal gemacht?)[1] hängt nicht davon ab, ob der ✡ <u>gedruckt</u> ist. Wir kennen unsre Sachen doch auch so. Und öffentlich aufeinander beziehen wollen wir uns ja gar nicht. Sonst hätte ich ja doch den Anfang machen müssen damit. Ich habe es aber nicht getan.   Nocheinmal: ich habe zwar, mit Schrecken wie du, gesehen dass der ✡ ein Zeitbuch ist; grade Spengler hat mich das gelehrt. Aber lieber soll er untergehn als dass ich mich von ihm in die Rolle seines „Verfassers" drängen und damit vom Leben abdrängen lassen würde. Die Wahl zwischen „Redaktör" (et hoc genus omne[2]) und Verfasser des höchst interessanten und bedeutenden Buchs Der ✡ der Erl. — darf mir nicht schwer fallen.
.....

[1] K.d.W. (gewöhnlich Abkürzung für das Berliner Kaufhaus des Westens) war Rosenzweigs Akronym für „Kreuz der Wirklichkeit"; „Im Kreuz der Wirklichkeit. Eine Soziologie" lautet der Titel des mehrbändigen Hauptwerks von Eugen Rosenstock.

[2] Lat.: und dieses ganze Geschlecht.

An Margrit Rosenstock am 15. Mai 1919

15.V.

Liebes Gritli,   Alterserscheinung? gewiss, es war immer so, aber trotzdem ist es in dieser vollkommenen Hemmungslosigkeit doch erst jetzt. Es kommt eben allerlei zusammen: Vaters Tod und das „gefährliche Alter". Jedenfalls ist mir das ein beruhigender Gedanke, auf den ich gar nicht gern verzichten würde. Sonst könnte ich beinahe wirklich wünschen, sie wäre nicht wieder aufgewacht. Denn die blosse Hoffnung, dass vielleicht doch ein Wunder an ihr geschehen würde - und ein Wunder, das ihr doch zugleich die letzten Wurzeln ihrer bisherigen Sozusagenexistenz nehmen würde <u>wenn</u> es geschähe — ich weiss nicht. - Eugens Brief ist ja nun schon längst ein „schöner Brief" geworden. Briefen glaubt man nicht. Überhaupt glaubt man nicht. Das einzig Glaubwürdige in der Welt sind im Grunde eben doch Exzellenzen, und selbst dass man denen glaubt, will man nicht wahr haben und glaubt also auch wieder das nicht.   Aber ich beginne es wirklich wieder zu vergessen.
..... Schwetzingen ist uns gestern missglückt; so waren wir Abends im Bergkaffee (hinter dem Schloss); wir trafen Frau Lissauer, eine geschiedene Frau, Sozialistin (die aber die drei Parteien schon hinter sich hat), eine ganz nette Person, die vor allem den Vorzug hat, während des Kriegs Cohen gehört zu haben und für ihn zu schwärmen. Ich habe heut früh II 1, 2, 3 an Eugen geschickt. Mit Hans sprach ich gestern über den ✡ und wir formulierten unsre Differenzen. Es kam eigentlich darauf heraus, dass ich Eugenianer bin und nicht Hansianer.   Was ich ja auch so schon wusste. Jetzt will ich zu Hans ins Kolleg. Er wird es übrigens von jetzt ab dauernd lesen, jedes Semester, und zwar unter dem Titel: „Die Lehre und die Weisheit (Einführung in die Theologie und die philosophische Systematik)".   Ich glaube, das ist auch nur ein Stadium.
         Ein rascher Gruss und ein Kuss auf die Fingerspitzen —   Dein Franz.

An Margrit Rosenstock am 21. Mai 1919

21.V.

Liebes Gritli, nur ein kurzes Wort, du bist ja noch gar nicht weg, jeden Augenblick könntest du noch wieder zur Türe hereinkommen. Hans und Else sind nach Wiesloch zu einer Versammlung wo Hans spricht. Ich wäre mitgegangen, aber darauf entschloss sich Else mitzugehn, so blieb ich hier, denn sie war heut besonders unausstehlich (wirklich an sich, nicht bloss weil ich von dir kam,) sie misshandelte Hans scheusslich, und dabei ist sie so dumm. Ich blieb also, und nachher gehe ich noch zu Weizsäcker. Ich habe allerlei für den Hegel getan: Briefe an Winter und Meiner, ein Besuch bei Bezold.[1] Es kommt dieser Tage schon in die Zeitung!, dass die Heid. Ak.[2] dem Doktor Franz Rosenzweig aus Kassel 1500 M zum Druck seines Werks H. und der St.[3] gegeben hat; dies Geschoss war schon aus dem Rohr, als ich zu Bezold kam! Nun fehlt also nur noch das Wunder; die Profezeiung ist schon heraus.

Ich kann dir wirklich noch nicht schreiben, ich bin noch zu sehr bei dir, ganz eingesponnen in dich. Ich glaube diesmal sind die Fäden in die du mich gelegt hast, dehnbar: Wenn ich übermorgen nach Berlin fahre - ich glaube, ich werde nicht das Gefühl haben, ich führe weiter weg von dir. Es ist ja auch so, du hältst mich am Bändel. War es nicht auch ein schönes Abschiednehmen heute? wie erst noch ein paar Minuten lang das Geleis zwischen uns war, so dass wir noch uns mit der Stimme erreichen konnten und doch schon nicht mehr sprechen mochten, und dann erst der fahrende Zug und das letzte Winken. Ich denke, so müsste der Tod sein: auch so, dass man ihn erst eine Weile lang schon wüsste und er doch noch nicht da wäre und erst dann, nachdem man das ausgekostet hätte, diesen letzten Becher, den noch das Leben dem Tod kredenzt, erst dann käme er selbst. Ich habe mir immer gewünscht, bei Bewusstsein zu sterben. Die Verheimlichungstaktik der Ärzte wäre mir sehr zuwider, - in meinem Fall.

Aber Liebste - noch ist es nicht der Tod, noch ist es ein kurzer Abschied im Leben, ein Abschied zwischen einem Beisammensein und einem andern Beisammensein. Und was dazwischen liegt - ist es denn eigentlich etwas andres als auch ein Beisammensein? Nein, ich bin bei dir und du bei mir, ganz nah, ganz dicht, ganz Herz bei Herzen, ganz, was mein ist, Dein.

[1] Carl Christian Ernst Bezold, 1859-1922, Professor für orientalische Philologie in Heidelberg.
[2] Heidelberger Akademie der Wissenschaften.
[3] Hegel und der Staat - so der Titel von Rosenzweigs Dissertation.

An Margrit Rosenstock wohl am 22. Mai 1919

Liebes Gritli, ich bin noch hier. Ich fahre erst heut Abend, bin morgen ganz früh in Kassel und werde also wirklich zur Sitzung in Berlin sein. Von Winter hatte ich eine [[etwas]] einlenkende Antwort, die ich aber erst von Berlin aus beantworten werde, weil ich erst Antwort von Meiner und von Diederichs abwarten will. Winter begrenzt meine Haftpflicht auf 100 Exemplare und ist einverstanden mit 2800 Buchstaben (sodass also das Buch nicht über 30 Bogen anschwillt). Im übrigen bleibt er hart.

Ich habe gestern noch ein paar Besuche gemacht. Schrieb ich dir, dass ich vorgestern bei Bezold, dem Assyriologen, war, - ein ganz entzückender alter Mann. Gestern bei

Rickert, Oncken wo nur die Frau da war, Zimmermanns, Hellers. Abends Weizsäcker. Vorher war ich mit Else allein, die zu beichten anfing, was ihr glaube ich gut tat. Ich habe ihr in aller Höflichkeit etwas den Kopf gewaschen und ihr einmal gesagt, was sie eigentlich an Hans hat. Es ging mir leicht vom Munde, ich bin ja selber voll davon. Ich freue mich dass ich sein Kolleg heut Morgen nochmal höre.

Schwelle[1] habe ich gestern korrigiert und schicke es noch von hier an Eugen. Vergiss nicht ihm II 1, 2, 3 mitzubringen, er schrieb ~~neulich~~ an Hans darum, weil er nicht wusste dass es schon in Säckingen ist. Hast du eigentlich mal versucht, I zu lesen? über vieles müsstest du ja weglesen. Aber vieles doch auch nicht.

Ich komme hier nicht mehr recht zu was. Und nachher in Berlin wirds mir auch etwas über dem Kopf zusammenschlagen. Ich weiss nicht, ob ich schon ~~nach~~ Pfingsten nach Stuttgart komme, vielleicht auch erst später, so im Laufe des Juni. Ich muss einmal sehen, in was für einem Tempo das Buch sich abmachen lässt. Doch weiss ich noch nichts sicher. Ich werde ja nicht an Ferien gebunden sein, sondern kann fahren wie ich will. Hoffentlich kriege ich nur Mutter weg ins Sanatorium. Ich füchte, sie tuts nicht. Ich muss in Hansens Kolleg. Ob ich nachher noch mal ruhiger zu dir komme?

Sehr - dein Franz.

[1] Stern der Erlösung S.283ff.

An Margrit Rosenstock am 23. Mai 1919

23.V.

Liebes Gritli — im Frankfurter Wartesaal. Ich habe einen ganz schönen Drang nach vorwärts. Heidelberg hat sich so schön abgewickelt. Ich habe noch einmal so recht das grosse Glück empfunden das mir diese Wochen gebracht, wiedergebracht haben: Hans. Du hast es ja von Anfang an miterlebt, wie ich mich erst sträubte; es ist gut, dass du nun auch selber da warst und ihn jetzt gesehn hast. Wie hast du recht behalten. Du hast ihn besser erkannt als wir dummen Mannsleute. Seit 1911 hatten wir uns immer mehr entfremdet. Nun sind wir wieder zusammen, und können uns - jetzt erst - wirklich erzählen, wo wir während der Trennung waren. Ich habe ihm heut den Rudibrief vom Nov. 17 vorgelesen.   Auch Philips habe ich heut Nachmittag noch besucht und war ganz zahm, ich frass aus der Hand (er hatte freilich auch ein wahres Wunder von Caffee gebraut). Mit Weizsäcker war ich noch, auch nochmal bei Oncken, der mich bat, ihm die Korrekturbogen zu schicken, damit er das Buch möglichst bald lesen könnte - dies Buch für alte Herren und solche die es werden wollen.   Vor der Arbeit grauts mich ja nun freilich; so obenhin wird es sich nicht machen lassen. Im übrigen aber fahre ich mit einem freien Gefühl nach Berlin, habe keine Angst, weder vor Mutter morgen noch vor Bradt übermorgen. Und am Sonntag, wenn ich in Berlin bin, fährst du nach Stuttgart und unsre Briefe haben einen direkten Schnellzug zur Verfügung - was wollen wir mehr.   Liebes Herz, heut vor einem Jahr muss es gewesen sein, dass ich nach Warschau fuhr und du fuhrst mit nach Kreiensen, ich in meinen hohen Stiefeln, ich spüre heut noch den leichten Druck darauf -. Es ist doch besser jetzt. Obwohl es mir grade heute wieder das Herz etwas abschnürte, als Else ein altes Zeitungsblatt vom 1.VIII.18 brachte mit fetter Überschrift: Der Kaiser an Volk, Heer und Flotte. - Das ist alles nun weg, nicht bloss die 4 Substantiva, sondern auch das „und", es giebt keins mehr in Deutschland. Geblieben ist von all den Worten nur das eine, das „an". Und das ist der Gewinn. Statt des einen „an", das es damals gab - eben jenes - ist nun ganz Deutschland voller an^s geworden; jeder wendet sich an jeden, es ist ein lustigeres und luftigeres Leben geworden.

Und ich - ich schreibe „an" dich — und bin Dein.

An Margrit Rosenstock wahrscheinlich am 24. Mai 1919

Liebes Gritli, ein schöner Thee! Onkel Adolf riskiert die Reise nach Konstanz nicht, (wegen Besetzungsgefahr - und die wird ja für die Ängstlichen noch vielleicht Monatelang über uns hängen) - und so bleibt Mutter in Kassel. Sie schreibt mir einen sehr durchsichtigen Beruhigungsbrief. Nun werde ich O.Adolf und Trudchen mobilisieren, dass sie in den Odenwald oder wo dies Asbach liegt hingeht. Die Berliner Sitzung ist eine reine Formsache: die Stifter sind dazu geladen. Also werde ich dabeisitzen und vor Wut bersten. Indem ich dabei höflichst erwähnt und für das fossile Institut, das sie da herstellen, verantwortlich gemacht werde. Das einzige bleibt, dass ich mich dabei zeige. Vielleicht wars ein Fehler, dass ich nicht in den inneren Ausschuss gegangen bin, was ich damals vor 2 Monaten ablehnte weil mich noch das sachliche Interesse leitete (die Akademie braucht „Namen"). Jetzt wo es mir nur noch Sprungbrett sein soll, müsste ich drin sitzen, und könnte es quant à[1] jüdisches Wissen ja wahrhaftig so gut wie Cassierer. Auch vor dem Hegel ists mir schwummerig. Ich reise recht drück nach Berlin.

In diesen meinen Trübsinn kommt eben endlich von Mündel ein Lichtblick: Schwelle und Einl.III, leider nun doch auf <u>einmal</u>, sodass ich es so bald nicht mehr korrigieren kann. Immerhin.

Es ist doch ein Glück, dass ich den ✿ geschrieben habe.

Und noch ein andres ist ein Glück ——— Ich bin Dein.

[1] Franz.: was (jüdisches Wissen) betrifft.

An Margrit Rosenstock am 25. Mai 1919

25.V.

Liebes Gritli, also ich bin in Berlin, in „unserm" Berlin; wirklich habe ich mich heut Nachmittag immer auf Vergessenheiten betroffen. Aber wegen der Sitzung wäre mein Kommen nicht nötig gewesen. Trotzdem ich mündlich und schriftlich fast mythisch gefeiert wurde. Die Sache war nämlich schlecht vorbereitet und so lief alles auseinander. Anfangs, als ich den Saal voller Menschen sah, war mir noch etwas kurios, weil ich dachte: das habe ich nun also angerichtet. Aber nachher kam es mir bloss noch dumm vor. Einstein[1] habe ich bei der Gelegenheit gesehen. Er macht schon einen grossen Eindruck (etwas Typ Louis Mosbacher[2] ins humoristisch-groteske gesteigert), freilich wie alle Naturwissenschaftler, wenigstens seit dem 19. scl., mit einem kindlich unentwickelten Zug im Gesicht. Man könnte sie sich alle im Wägelchen vorstellen. - Ob nun die ganze Sache verkorxt ist? Der Täubler[3] war mir wieder sehr ärgerlich. Heut Abend gehe ich zu Bradt. Er hat es vorher überall als „historischen Moment" ausgerufen, und nun ists gar keine konstituierende Sitzung geworden, sondern die kommt nun erst. Es war schlechte Regie - und obendrein warens Juden - - was konnte es da anders geben als ein grosses Pele-Mele.[4] Ich hatte aber das Gefühl, als ginge es mich gar nichts an. Hermann Badt traf ich, der seit 4 Wochen hier bei Heine im Minist. d. Inn. arbeitet und jetzt seine Familie nachkommen lässt. Ich ass mit ihm zu Mittag. Dann suchte ich Wohnung, fand noch nichts. Die Nacht war ich von 9 bis 4 Uhr früh mit Rudi. Ich habe ihm den Brief an Rade[5] entworfen, den er heut abschikken wird, sehr ausführlich; Rade soll sich die Predigten[6] nur schicken lassen, wenn er nicht grundsätzlich ablehnt, sie ev. in der Chr.W. zu drucken. Das war besser als der Rummel heute. So viel Honoratioren sind schwer zu verdauen. Ich fühle mich heute vom Leben und der Zukunft, meiner Zukunft ganz besonders weit weg. Da ist kein Platz für mich. Ich muss ganz klein aber ganz als ich selbst anfangen. Wie mag das aber geschehn? Dein Franz.

[1] Albert Einstein, 1879-1955, Physiker. [2] Ein entfernter Verwandter Rosenzweigs.
[3] Eugen Täubler, 1879-1953, Historiker an der Lehranstalt für die Wissenschaft des Judentums in Berlin.
[4] Franz.: Durcheinander.
[5] Martin Rade, 1857-1940, evangelischer Theologe, Mitbegründer der Zeitschrift „Christliche Welt".
[6] Rudolf Ehrenberg, Ebr. 10,25. Ein Schicksal in Predigten, 1920.

An Margrit Rosenstock am 26. Mai 1919

26.V.

Liebes Gritli, ein ganzer Tag Wohnungssuche, am Spätnachmittag nahm ich dann schliesslich ein Zimmer, ziemlich übel, tageweise, so kann ich heraus, wenn ich was Besseres finde. Ich werde ja, ausser zum Schlafen, kaum drin sein; für die Dauer wäre es auch zu unsinnig teuer. Nun kann ich also morgen früh auf die Bibliothek. Ich glaube, es wird sehr fix gehn; ich kann ja von meinem Geschriebenen nie los. Das Beste bisher hier war der Abend gestern bei Bradt, wo Täubler auch war; mit dem st platzte ich heftig aufeinander. Anfangs warfen wir bloss Giftbomben gegeneinander, nachher gingen wir aber zur blanken Waffe über. Und das war besser. Er ist sicher eine Kraft. Mir so konträr in all und jedem wie man nur denken kann. Auf Cohen hat er einen grenzenlosen Hass. In vielem ist er (wie Spengler, an den er überhaupt stark erinnert) das was ich einmal war. Es ist ja ganz natürlich, dass ich so einem gegenüber in meinem augenblicklichen Stand der Unterlegene bin, denn er ist und ich bin noch nicht (der ✡ als das Geheimbuch das er ist } stärkt meine Position dabei gar nicht; im Gegeneil, ich vergesse selber dabei, dass ich ihn schon geschrieben habe, und komme mir vor, als müsste ich auch ihn erst noch versprechen). Das Gute war, dass wir uns beide etwas gesehen haben, und ich habe jetzt ein Herz für ihn. Während er - mich managen möchte! (ist das nicht reizend? ich habe ihm gesagt, ich würde mir alles gefallen lassen, es wäre mir alles recht. Verstehst du, mich managen nicht etwa nach seinem, sondern nach meinem Sinn, den er ja nun zu sehen glaubt.
Auf dem Postamt Linkestrasse war noch nichts von dir. Ich bekam einen kleinen Schreck, aber dann wischte ich ihn gleich wieder weg. Es kann dir nichts passiert sein.
Ich wollte, ich fühlte mich erst ein bischen fest hier. Vorläufig komme ich mir noch ganz schattenhaft vor. Und nun noch dieser Rückgang zu Hegel, der ja auch ein Weg ins Reich der Schatten ist - Ich klammre mich daran, dass ich sowie ich erst einmal mich durch diesen Hirsebreiberg halb (bis an das Kapitel „Restauration") hindurch-

gefressen haben werde, ich herunter zu euch fahre. Anders, ohne diesen Gedanken, würde ichs hier schlecht aushalten.

Ich muss wissen, ob Eugen bez. des III. Teils der Spenglerkritik gegen Picht hart geblieben ist. Ich fürchte etwas das Gegenteil, weil ihm ja der Brief im <u>Ganzen</u> mit <u>Recht</u> Eindruck machen muss.

Ich schreibe am Potsdamer Platz im Freien vor der Wirtschaft wo wir auch einmal waren. Überhaupt verwechsle ich die Zeiten. Ich habe einen so schwierigen Kalender dies Jahr.

Leb wohl und gut Nacht, liebe Kalenderheilige.   Dein Franz.

An Margrit Rosenstock am 28. Mai 1919

28.V.

Liebes Gritli, heut war also der erste Tag wieder auf der Kgl. Bibliothek, - die nun ja keine Königliche mehr ist. Ich war zum ersten Mal seit Kriegsausbruch drin. Auch die neuen Räume kannte ich nicht. Unter den Beamten fast alles alte Gesichter. Ich stürzte mich also kopfüber hinein - das neuste Heft der Histor. Zeitschrift war, offenbar zu diesem Zweck, gänzlich verhegelt - gleich 2 grössere Aufsätze die ich „lesen musste". Und dem Einleitungskapitel habe ich ein bischen die Runzeln wegmassiert, ich bin ja wirklich seit Anfang 1911, ~~als~~ wo ich es schrieb, um 8 Jahre jünger geworden. Nach Tisch ging ich aufs Postamt, da waren zwei Briefe von dir da. Nun ist mir wieder wohler, obwohl sie eigentlich beide ein bischen traurig sind.   Ich habe dir ja in den letzten Tagen in einem ähnlichen Gefühl geschrieben. Aber die Flucht nach dem Osten fliehe ich nicht. Ich gehöre in den Westen, sogar in den „W". Berlin W oder Frankfurt W - nichts andres wird einmal mein Feld. Ich habe eine grosse Scheu vor allem Gewaltsamen und Gewollten. So lasse ich mich auch von meinem Schicksal ruhig reiten und bocke nicht dagegen auf. Was ich erlebt habe und wie ichs erlebt habe, davon will ich nicht „absehen". Ich drehe niemandem und nichts den Rücken - das wäre es wenn ich nach dem Osten ginge —, es ist genug, dass man auch wenn man nichts weiter tut als gradaus gehen schliesslich doch allerlei in den Rücken bekommt - das ist die einzig erlaubte Art, Menschen den Rücken zu kehren: grad aus gehen.

So will ich mich jetzt auch um den Hegel nicht sorgen, nachdem ich nun einmal entschlossen (worden) bin, ihn zu machen. Gewiss ists eine Maskerade. Aber ganz ohne Maske lebt man ja überhaupt nur selten. Und diese setze ich nicht lange auf. Wer weiss überhaupt: vielleicht springt doch etwas bei der Arbeit heraus. Z.B. ich muss Hölderlin lesen, es ist seit damals viel Ungedrucktes gedruckt. Ich will etwas Lassalle lesen, etwas Marx und Engels - das lohnt sich doch auch. Und die Akademie - sie hat mich vorgestern Täubler gegenüber zu einer so vollkommenen Demaskierung gebracht - man kann eben wirklich nicht wissen, aus welchen Winkeln einem die Gelegenheiten und Augenblicke zugelaufen kommen.   Heut Abend gehe ich wieder zu Bradt. Ich habe allen Menschen gegenüber das Gefühl, wenn sie etwas von mir verlangten, müsste ichs tun. Ich habe eben keine Spur von „Lebensplan" mehr.

Am Donnerstag ist ja die Bibliothek zu, da will ich die Einl. III korrigieren, damit Eugen zum Sonntag sein in Tyrannos[1] lesen kann. ...

---

[1] Motto von „Stern" III.

An Margrit Rosenstock wahrscheinlich am 28. Mai 1919

Liebes Gritli, gestern Abend wieder Täubler (bei Bradt) und heut Mittag zufällig in der Bibliothek wieder. Mein Respekt vor ihm wächst. Er erzählte gestern die Geschichte seiner Habilitation; er hat sich ja erst vor kurzem habilitiert. Vorher, seit 1912, war er an der Lehranstalt[1] gewesen. Seine Gründe weshalb er sich nicht gleich habilitiert hatte, sind etwas ähnlich wie meine. Er hat alles jetzt ganz grob und unverblümt in seine Vita geschrieben gehabt und wurde daher auch von jedem einzelnen Professor darüber interpelliert. Überhaupt hat er eine grosse Schärfe und Offenheit. Er ist eben „Zionist". Da sagt man einfach: „ich musste mit dem Judenproblem ins Klare kommen" - und alle andern Leute die auch an nichts glauben, verstehen einen vollkommen.
- Ich kam mir heut recht dumm vor, als mich Bradt fragte, was für eine Art Stelle ich eigentlich wünschte. Ich weiss ja wirklich nichts, was ich ausfüllen könnte. Wo ich Lehrer sein wollte, müsste ich immer zugleich auch mein eigner Schüler sein. — Der Hegel ist da wirklich eine ganz gute Gelegenheit, sich zu verkriechen. Ich werde aber „trotzdem" ein starkes Tempo anschlagen. Das Buch ist so gut, es ist gar nichts dran zu verbessern. Jetzt, wo ich, seit gestern, wieder „Litteratur" lese, sehe ich, dass es sich wirklich neben allem sehen lassen kann. Die „Litteratur" ist eben durchweg frisiert, wie die Studentinnen im Kolleg und nicht wie -
Erzähl Eugen, dass die Kgl. Bibl. fast leer ist, jetzt mitten im Semester! Die Studenten arbeiten eben nicht mehr, scheints. Und die andern Menschen wohl erst recht nicht. Über die „Universitätsdämmerung" hat der Hebbel-Albert Malte Wagner (während des Kriegs in Warschau) einen offnen Brief an und gegen Eduard Meyer[2] geschrieben im Neuen Deutschland von Anfang Mai. Überhaupt habe ich gestern und heut Zeitschriften geschmökert. Im Ganzen wirds mir wohl mit meinen 4 3/4 Jahren so gehn wie Goethe als er einmal 4 Wochen keine Zeitungen gelesen hatte und nachholte: er fand, dass er eigentlich nichts versäumt hatte.
Ich freue mich auf morgen, wo ich für einen Tag zum ✡ zurückkehre. Was für ein Glück ist es doch, dass ich ihn geschrieben habe. Ich hielte jetzt diese Zeit schwer aus, vor lauter Zweifeln an mir selbst. So aber zweifle ich gar nicht. Ich habe den Beweis ja schwarz auf weiss. Und freilich nur schwarz auf weiss. Und das ist wieder das Schlimme.
Ich lege dir etwas Werbematerial bei, wie es neulich vor der Sitzung verschickt wurde. Nur der Kuriosität halber, nicht dass du es liest. Apropos lesen: ich lese Cohens Ethik,[3] ich bin noch im Grundsätzlichen zu Anfang. Da widerspricht mir fast jeder Satz. Ich weiss nicht, ob ich den Aufsatz oder die Aufsatzreihe über ihn je schreiben werde. Aber eigentlich müsste ichs.
Erst 2 Tage Hegel, und es kommt mir schon vor, als wären es Wochen.
Ich bin müde vom Tag. Es war auch kein Brief von dir da. Das postlagernde Fräulein in der Linkestrasse grient mich schon an, wenn ich komme. Aber nun beginnt ja bald der direkte Verkehr wieder. Das Zimmer werde ich übrigens nicht lang behalten.
Es ist nichts mit Schreiben, ich bin zu müde. Gute, gute Nacht.

---

[1] Lehranstalt für die Wissenschaft des Judentums in Berlin.

[2] Eduard Meyer, 1855-1930, Historiker.   [3] Hermann Cohen, Ethik des reinen Willens.

An Margrit Rosenstock am 29. Mai 1919

29.V.19.

Liebes Gritli, dein Brief lag schon seit gestern Mittag im Kasten, aber weil die Wirtin den Schlüssel verlegt hatte, konnte ich ihn erst heut früh kriegen! Leider, ich hätte gern gleich geantwortet.   Ich hatte mich so eingedacht in den Werkzeitungsplan[1] für Eugen, <u>einschliesslich</u> der Enttäuschungen, - dass es mir jetzt leid tut, wenn gar nichts daraus wird. Wann soll er denn endlich einmal mit den Menschen im Plural zu tun kriegen? Riebensahm[2] ist ja wieder <u>ein</u> Mensch. Eugen muss seinen Glauben an das Volk doch einmal im Leben - leben. Anders als mit „Mannschaftshäusern". So hoffe ich, dass auch wenn R. ihn nimmt, dabei schliesslich doch auch mal so etwas herausspringt.   Unbasiert ist ja die Stellung bei R. auch, <u>alles</u> „Private" ist unbasiert. Die Basierung, die das vor dem Werkzeitungsplan voraus hat, ist doch nur die finanzielle. Und grade um die war mir auch bei dem Zeitungsplan nicht bang.   Noch etwas: ich weiss es ja nicht, ich war nicht dabei, aber ich bin mir ganz sicher, dass R. von Eugens Innerstem gar nichts weiss, selbst wenn ihm Eugen davon „erzählt" hat (er hat das dann einfach überhört oder nicht ganz schwer genommen), und dass er sich also einestags, wenn Eugen sich einmal durch eine Tat dekouvrieren wird, als der Getäuschte vorkommen wird: ja wenn ich das vorher gewusst hätte. Dagegen würde auch ein noch so ausdrückliches Bekenntnis Eugen nicht schützen. Denn die Menschen glauben Bekenntnissen nicht - und haben Recht daran.

Das Katholische würde ich auch jetzt noch als einen Kopfsturz empfinden. Als ein Sich-die- Welt-ersparen. Er muss erst einmal in die weltliche Ordnung irgenwo eingewachsen sein; wenn er <u>dann</u> <u>noch</u> katholisch wird, <u>dann</u> ists <u>kein</u> Ersatz für weltliche, sondern eine geistliche Tat. Die Welt lässt sich umgehen, sie ist geduldig. Aber wehe dem der es tut.

Meine Kriegsküchenerfahrungen hier sind ähnlich wie deine. Aber es ist etwas Gewöhnungsfrage.

Dass euch dieser Brief in Stuttgart trifft ist mir ganz sicher. Denn auch ein Nein von Riebensam würde so gesagt sein, dass es euch festhielte.

„Ausgang" geht nicht, weil es ja in Verbindung mit Eingang nur den Sinn von exitus hat und gar nicht den von initium. Auch ist Anfang deutlicher. Denn es meint ja:

Anfang → Eingang

Tat   → Tod.

Ich habe noch nichts wieder gehört von meinen verschiedenen Verlagssachen. Dabei wollte ich eigentlich morgen Winter antworten. Vormittags werde ich wohl Meinecke nach dem Kolleg aufsuchen um vielleicht von ihm etwas geraten zu kriegen.

Es ist ein übles Leben hier für mich. Hätte ich wenigstens noch Loebs hier. Das blutet auch wieder frisch, seit ich hier bin.

Es ist nichts mit mir. Hab mich <u>trotzdem lieb</u>.

---

[1] Eugen Rosenstock wurde der Mitbegründer und Herausgeber der ersten Werkzeitung in Deutschland: der Daimler Werkzeitung.

[2] Paul Riebensahm, Vorstandsmitglied bei Daimler und Initiator der Daimler Werkzeitung.

An Margrit Rosenstock am 30. Mai 1919

30.V.

Liebe - gestern habe ich wirklich den ganzen Tag fest an der Einl. III herumgemalt und heut früh sind die drei Exemplare nach Göttingen (→ Kassel), Heidelberg, Stuttgart gegangen. Abends wollte ich zu Straussens, sie waren aber nicht da, so lief ich auf dem Rückweg in einem Kino auf und blieb das ganze Stück lang, so hübsch war es; ich habe nun wieder grosse Lust, mehr zu sehn. Es war ein Detektivfilm oder mehr ein Kriminalfilm, gar nicht sehr gepfeffert (es war nachher gar kein Mord, sondern bloss ein Unglücksfall gewesen), das Hübsche war die Technik der Rückblicke, nämlich bei den Verhören u.s.w. sah man immer wieder Teile des Vorgefallenen, die Ermordete also noch am Leben, etwas furchtbar Eindrückliches, was so auch nur der Kintopp geben kann.

Nun denk, die Allg. Ztg. taucht wieder am Horizont auf. Bradt in seiner Angst, mich zu verlieren, hats gemacht. D.h. eigentlich wars ein Zufall. Er war mit dem Sohn von Steinthal, einem alten Arzt, zusammen, und der klagte dass dies alte Blatt nun eingehen würde. Ich war heut bei ihm. Er schwört, mein Brief müsste verloren sein; unhöflich wäre Mosse nicht. Ich hatte einen Vorgeschmack von dem was kommt, indem er mich auf entschieden liberale, antizionistische Gesinnung festlegen wollte, kein Liebäugeln mit dem Zionismus. Ich sagte, liebäugeln würde ich auf jeden Fall. Er wird nun an Mosse herangehen lassen durch einen Oberbonzen, namens Minden - ich sah ihn neulich, ganz scheusslich - und so wirds vielleicht doch. Besser als dieses Nichts ist es auf jeden Fall. Es mag ja sein, dass es so kommen wird wie du meinst und dass es mir zwischen den Händen zerrinnen wird, alles wobei ich den ✡ im Hintergrund habe statt ihn vor mir her zu tragen. Aber das gehört dann zu den Dingen, die erfahren werden wollen. Es muss mir einmal erst etwas zerronnen sein, ehe ich Konsequenzen daraus ziehe. Tröste dich übrigens: wenns zerrinnt, dann sehr rasch. Es geht jetzt alles sehr rasch bei uns. Und so und deshalb wird nun also die Spenglerkritik ungedruckt bleiben. Was für ein Jammer! Weshalb ist er denn von Leipzig weg, wenn er nun den Mund halten will. An der Grenze des Aussprechbaren? Ja an der Grenze des in Leipzig (von dem zukünftigen „grossen Gelehrten") Aussprechbaren. Aber eben über diese Grenze ist er hinaus. Dass er jetzt vielleicht schon wieder nicht mehr so sprechen kann, weil er schon wieder in etwas hineinwächst - ändert nichts daran, dass er das Zeugnis dieses Augenblicks auf der Grenze zwischen Etwas und Etwas herausgeben muss. Mindestens muss ers Muth schicken. Nimmt ders, dann - es gehört wirklich nicht mehr ihm, dass er es zurückhalten könnte nach Belieben. Du weisst wie sehr ich Picht beistimmte. Aber hier ist er einfach noch universitätsverblendet. Sollen Leute wie A.M. Wagner das letzte Wort gegen „Eduard Meyer" gesprochen haben.[1] Und die, die wirklich das letzte Wort zu sprechen haben halten den Mund?

Die Wohnung wäre herrlich. Aber könnten nicht Donndorfs sie vermieten? warum diese doppelte Vermieterei, erst an euch und dann weiter.

Rudi ist auf der Rückfahrt des Morgens von Hannover ein - Einakter eingefallen, den er jetzt schreibt.[2] Er sagt nichts vom Inhalt, meint aber er könnte vielleicht ins Jahrbuch. Ich dachte, er hätte sich ausgeschrieben. Nun schreibt er also weiter. Ich denke, es wird trotz christlichen Problems eine Erholung von den Predigten sein, vielleicht von ihrer allzumännlichen Atmosphäre.

In den Hegel komme ich nun wirklich wieder etwas herein und könnte mich nun für „Probleme" interessieren. Z.B. für Montesquieu[3] jetzt, über den es auch weiter viel schlechte Litteratur gegeben hat, Kantorowicz ist nicht der Letzte geblieben, der ihn nicht verstanden hat. Ich habe mit Behagen die lange, hasserfüllte Anmerkung gegen ihn wiedergelesen, die ich 1911 geschrieben habe; wenn ich irgend Platz habe, lasse ich sie stehn. Es macht mir Spass, dass ich ihn nie habe leiden können. Nächste Woche lasse ich mir die grosse Hölderlinausgabe von dem gefallenen Sohn des bayr. Kriegsministers v. Hellingrath[4] geben, darauf freue ich mich. Mehr wie die ersten 160 Seiten will ich vor Pfingsten gar nicht durchgesehen haben. Pfingsten will Bradt ev. nach Frankfurt, da müsste ich mit und da würde ich dann Stuttgart anschliessen, auch wenn ich noch nicht so weit bin. Im Ganzen ist ja dies Durcharbeiten ziemlich ergebnislos für das Buch (nur ich selber komme wieder herein, und auch das ist ja gleichgültig). Wenn ich das Manuskript in einer Woche fertig zur Druckerei geben müsste, ginge es auch. Es ist nur eine alberne Gewissenhaftigkeit. Den Altmännerstyl kriege ich doch nicht heraus, auch wenn ich gelegentlich ein „eigentlich" (à la Ranke - „hier eigentlich begann..") wegstreiche.

Mein Zimmer ist ein dumpfes Kabüschen; gestern der Tag darin hat mich fast krank gemacht; Blick auf einen Hof, so einen schachtartigen Berliner Hof, ist etwas Scheussliches. Ja auf dem Libanon ists besser. Deshalb gehe ich heut Abend nach dem Essen zu Straussens, - Libanonersatz, eigentlich sehr komisch dass Straussens mir Libanonersatz sein müssen und mein wahrer Libanon mir dort steht, wo du deine Briefe einwirfst - meine Schwester, liebe[5] - ich kann es nicht zu Ende schreiben, es steht ja doch in keinem Buch ganz so wies ist, auch nicht im lebendigsten von allen. Nur eins steht ganz so darin wie es wahr ist:

Ich bin Dein.

[1] Dazu der Brief an Margrit Rosenstock vom 28. Mai 1919, S.309.
[2] Rudolf Ehrenberg, Das Letzte. Ein Gleichnis in einem Akt. Dazu der Brief an Margrit Rosenstock vom 13. Juni 1919, S.326.
[3] Charles de Montesquieu, 1689-1755, Schriftsteller und Staatsphilosoph.
[4] Norbert von Hellingrath, seit 1913 Herausgeber der Werke Hölderlins; seine Entdeckung vor allem des Spätwerks von Hölderlin leitete eine neue Phase in der Hölderlin-Rezeption ein.
[5] Anspielung auf Hoheslied 4,9ff: „meine Schwester, Braut".

An Margrit Rosenstock am 31. Mai 1919

31.V.

Liebes Gritli, es ist offenbar wieder nichts; der Besuch bei Minden zeigte mir, wie aussichtslos die Sache ist. Diese und jede. Nächstens hänge ich mich auf oder habilitiere mich für neuere Geschichte. Es war überhaupt ein dies ater:[1] des Morgens bekam ich von Hans einen Brief von Winter, worin er von dem bisherigen Vertrag überhaupt zurückspringt, und einen von Meiner, worin er ca 5-6000 M Zuschuss (ausser den 1500) verlangt, (also noch beträchtlich unverschämter als Winters erster Vertrag). Ich bin nun wieder bei dem Zerschlageplan angelangt, obwohl auch das wieder ein elendes Korrespondieren mit Zeitschriften und so giebt. Hätte ich dies Buch nur 1915 abgestossen! ich verbessere jetzt gar nichts Wesentliches. Ich war ein Esel. Diese Veröffentlichungsdinge sind das Einzige in meinem Leben, was ich bereue. Aber das ist natürlich nebensächlich. Viel übler ist das andre, dies nichts-über-das-eigne-Leben-sagen-können, denn das „nicht habilitieren" ist doch etwas Negatives. Ich möchte mich vor den Menschen verkriechen. Wirklich, ich schäme mich zu Meinecke zu gehen. Dabei muss ich es nun, schon wegen des Hegel.

Und die Juden - gestern „Muttel Badt"; ich hatte doch vergessen was für ein Greuel sie ist. Kein einziges natürliches Wort, lauter „Herzlichkeit", und dazu noch zu wissen wie hart und scheusslich sie gegen die „Friseurstochter" ist, (so nennt sie nämlich die Schwiegertochter! wenn es eine Geheimratsgöre wäre, so hätte sie ihr ihre Abstammung sicher längst verziehen). Übrigens war es ausserdem nett bei Straussens. Es waren viele Leute da. Ein Arzt, Geh.rat Rosin, der ein sehr sonderbares Erlebnis in Babelsberg erzählte: er war aus Versehen in den inneren Teil des Parks geraten und stiess auf die Kronprinzessin, die bekam erst einen Schreck und wollte sich verstekken! sie war mit einem Jungen; er grüsste sie und darauf führte sie ihn, ohne ihn zu kennen, durch den Park, zeigte ihm alles, sprach ganz offen, viel von ihrem Mann, etwa 1/2 Stunde lang. Er sagt, sie müsse offenbar ein ungeheures Sprechbedürfnis haben; sonst hätte sie es ja nicht getan.

Aber etwas Schönes habe ich noch: denk, der „Freund" an den „Luthers Glaube"[2] geschrieben ist, ist Wölfflin![3] Ich war ganz erschüttert als ich es hörte. Für beide Teile, und für den „Dritten" dazu. Dies hat sich also zwischen den 50jährigen abgespielt, das gleiche wie in unsrer Generation, aber mit welchen Hemmungen und doch auch wieder mit welch tieferer Resonanz. Mich hatte ja schon damals der „Roman" darin fast stärker gepackt als das Theoretische. Nun wo ich weiss, wer der Luzifer ist, und N.B. auch endlich, (aber nun mit einem Schlage) weiss wer Wölfflin ist - und wie lange wollte ich das wissen! Er ist ja von allen lebenden Gelehrten der der mich am stärksten beeinflusst hat, der der mir den Anstoss zur Produktivität gegeben hat. Nun weiss ich also, wer er war. Ich muss nun Luthers Glauben nochmal lesen.

Heut Abend werde ich endlich mit Badt zusammen sein; er fährt Nachts nach Breslau, um seine Frau zu holen, er ist seit gestern Dezernent im Min. d. Inn. (bei Heine). Ich wollte, ich wäre auch was.

Ich muss dir so vorlamentieren. Und die Post hat mir nichts von dir gebracht. Ich brauche dich sehr, ein Wort ein gutes jeden Tag.

Liebes liebes Gritli — Dein Franz.

[1] Lat.: schwarzer Tag.
[2] Ricarda Huch, Luthers Glaube. Briefe an einen Freund, 1916.
[3] Heinrich Wölfflin, 1864-1945, Professor für Kunstgeschichte.

An Margrit Rosenstock am 1. Juni 1919

1.VI.

Liebes Gritli, der Sonntag Morgen hier in dem Büdchen war gar nicht so schlimm diesmal, der Berliner Hof zeigte seine gute Seite: so zwischen 9 und 10 kamen etwa ein Dutzend Jungen mit einem Lehrer, wohl Waisenkinder und sangen zweistimmig ein paar Lieder, keine alten, sondern neue Machart und schlecht gesungen und kümmerlich und verhungert anzusehn, aber es war doch nett wie der Hof lebendig wurde und aus allen Fenstern die eingewickelten „Sechser" regneten. Das dritte Lied fing sogar an: Du bist der Stern auf den wir schauen.

Ich habe es satt, Absichten zu haben. Es muss jetzt etwas von selbst kommen. Vielleicht übernehme ich einfach das Korrespondenzblatt der Akademie und was so an kleinen Sachen kommt und arbeite viel für mich bis ich mich an der Lehranstalt habilitieren kann; das ist ja eigentlich das Natürlichste; einmal muss ich doch dazu kommen. Auf jeden Fall gehe ich Pfingsten mit nach Frankfurt, wenn etwas daraus wird (und komme dann anschliessend zu euch; sonst später). Ich muss eben jede Gelegenheit suchen, bekannt zu werden. Dann kann ich übrigens den ✪ ruhig veröffentlichen, da ich dann ja eben gar nicht auf etwas Sofortiges und Offizielles reflektiere. Im Gegenteil, es ist dann sogar gut, wenn ich ganz in der Gestalt bekannt werde, die wirklich meine Gestalt ist; dann wird am ehesten das Richtige für mich kommen. Schade, dass es dabei dann wohl Berlin wird, nicht Frankfurt.

Eben da kommt dein Eilbrief vom Freitag, ich hatte meinen Hunger schon bis auf morgen beschwichtigt. Du hast mir gar nicht schlecht geschrieben, ich hatte es mir so vorgestellt, wie du es jetzt beschreibst. Aber deswegen bleibt es doch schade, dass nun wieder einmal „die" Menschen „die" Menschen bleiben. Denn als Privatsekretär des Direktors verkehrt er, mag er denken was er will, mit den Arbeitern doch nur wie mit den Soldaten im „Mannschaftshaus". Und das bleibt schade. Es hat sich einmal wieder die Gemeinschaft von zweien (= vieren) vor die grosse Gemeinschaft geschoben. Und grade weil Eugen nach der verlangt, müsste er sie endlich auch einmal haben. Zweie sind nie die Welt. Es ist doch ein Klebenbleiben. Auch für die Werkzeitung wäre es nötig gewesen, dass Riebensahm Eugen liebte und nicht bloss über ihn erschrak, eben deshalb war mein Gefühl, dass du auf jeden Fall mit nach Stuttgart musstest, als du nach Marburg wolltest. Nun ist es anders gekommen. Was nur nötig gewesen wäre für das andre, wird nun das Einzige. Sehr gut und sehr schön, eine „Lösung", auch für dich sehr einleuchtend, weil ganz übersehbar (denn eines Menschen kann man immer gewiss sein, vieler nie). Aber nicht das was er braucht, nicht das weltlich-katholische, das protestantisch-katholische.   Und darum erschrecke ich auch, dass prompt als Ergänzung dazu das katholisch-Katholische wieder am Horizont aufsteigt - wie ja gar nicht anders sein kann.

An Riebensam selbst zweifle ich gar nicht, an Eugens Verhältnis zu ihm nur an dem einen Punkt, den ich dir schrieb, - du antwortest grade darauf nicht.

Sieh, ich müsste doch erleichtert sein: ich bin ja eine Verantwortung los, denn mein schrankenloses Zustimmen zu der prekären Stellung mit der Werkzeitung war ja ein Wagnis. Aber ich hatte dabei das bestimmte Gefühl, dass er da einmal hinein musste: nicht wegen „Sanierung" irgendwelchen „Werks", sondern um seine alte Liebe zum Volk einmal zu büssen. Jetzt fehlt etwas: diese Liebe zum Einzelnen mag vielleicht Schmerzen bringen, aber keine Enttäuschungen. Und das ist der Unterschied von Mann und Frau (und deshalb verstehst du hier nicht, worum es geht, und spricht dein Herz erst jetzt und nicht schon beim Arbeiterplan): dass die Frau nur die Liebe sucht, die Schmerzen bringt, der Mann aber ausser dieser auch noch die andre suchen muss, die Enttäuschungen bringen kann. Und deshalb traue ich mir hier mehr als dir. - Wäre nicht die andre Aussicht vorhergegangen, die jetzt zurückgeschoben (und damit auf-

gehoben) ist - denn en passant lassen sich „die" Menschen nicht lieben —, dann wäre ich ja jetzt ganz bei euch. Denn R. sah ich schon vor Deinem Brief so wie er ist. Aber nun kann ich nicht davon los, dass hier etwas zergangen ist, was gut und hart und nötig war. Aber ich hadre freilich nicht mit euch, sondern mit dem Gang der Dinge, der wieder einmal eine Entscheidung aufgespart hat. Vor Jahren (1916) schrieb mir Eugen mal (vgl. Briefbuch, hrsg. vom fleissigen Gritli, S.xyz)[1]: ich Sonderling redete ökumenisch wie ein Konzil und er Katholik redete immer nur zu Einem.   Soll denn das immer so bleiben? Und nun war ein Konzil da und grad wie er hineingehn will und seinen Platz einnehmen, stellt ihn Kaiser Konstantin[2] am Eingang zum Palast, worin die Bischöfe schon versammelt sitzen und nimmt ihn mit in sein Privatkabinett.
Es ist schwer immer Ja zu sagen zu allem, was der da oben anzettelt.
Immerhin da zettelt er doch wenigstens. Mich aber lässt er hier unten herum laufen und nicht wissen wohin. Wo ich hier auf einen Menschen stosse, tut sich ein Abgrund auf. Der andre merkts gar nicht, aber ich. Die Leute haben mich ja sogar gern — aber doch nicht mich! So gestern Abend Badt, so heut Nachmittag Rosenzweig-Ost, den ich zufällig traf (nachdem ich eine Stunde zuvor an ihn gedacht hatte). Es ist etwas nicht richtig mit mir.
Heut früh las ich in einem Notizbuch von Anfang Januar 14, - überall Ansätze zum ✡, auch manches was schon darüber hinaus weist und schon mehr Predigt als Gedanke ist. Wann? wann?
Du darfst mir nicht böse sein, dass ich dich quäle. Wenn ich mich selber quäle, quäle ich dich eben mit. Das ist nicht anders. Du hast mich doch sehr lieb, ich komme zu dir und lege meine Stirn in deine Hände. Liebes   —   _____

[1] Bereits Ende 1917 begannen Rosenzweig und die Rosenstocks mit dem Gedanken zu spielen, den Briefwechsel zwischen Eugen und Franz von 1916 zu veröffentlichen. Margrit Rosenstock fiel dabei die Aufgabe zu, den Druck technisch vorzubereiten. Dazu der Brief an Margrit Rosenstock vom 14. Dezember 1917, S.43, sowie die beiden Briefe an Margrit Rosenstock vom 1. Mai 1918, S.87ff.
[2] Kaiser Konstantin berief im Jahre 325 das erste ökumenische, d.h. reichsweite, kirchliche Konzil in Nicäa ein.

An Margrit Rosenstock am 2. Juni 1919

2.VI.

...
Die Napoleonmaske kenne ich wohl, aber sie „kann nicht lügen??" Wenn ich eine illustrierte Ausgabe vom NT zu machen hätte, so würde ich sie zu dem Vers abdrucken vom Satan, der sich verstellte in einen Engel des Lichts.[1] Wäre er anders gewesen, meinst du die ganze Welt wäre auf ihn herein gefallen, von Goethe abwärts? Aber gewiss, wenn Satan in einem Menschen Fleisch wird, so muss er irgend eine Schönheit in ihm schon vorfinden. Und die Totenmaske lehrt, welche das war. Es ist das erste Bild wo er wieder aussieht wie auf Davids[2] Zeichnung zum Arcolebild[3] der 26 oder 27jährige. Nur dass das Hamletische jenes Jugendbilds auf der Totenmaske cäsarisch versteinert ist; er ist hinaufgelangt und hat sich höchst königlich bewährt und alles ist schon wieder vorbei. Weisst du, welches Gesicht auf der genauen Mitte zwischen jenem Noch nicht und diesem Vorbei steht, das Hamletische und das Cäsarische in eines verschmilzt: Amenophis[4] in Berlin.

Dabei fällt mir ein, ich war noch weder in einem Museum noch in einem Theater und habe auch gar keinen Mumm dazu. Obwohl Koriolan gespielt wird, nach dem ich mich von Kind auf gesehnt habe - es war mein erstes Shakespearestück das ich las. Übrigens aber vor Landschaft hätte ich jetzt auch Angst, ich bin ganz froh, dass ich wenigstens zwischen Steinen sitze. Ich würde mich genieren, und hätte keine Ruhe. Ich habe von O. Adolf wegen der Sanatoriumssache, die er auf meine Verantwortung und Kosten einleiten sollte (über ihren Kopf weg) noch keine Antwort! Ich fürchte es wird nichts.

Den Hegel machen eigentlich die Heinzelmännchen. Ich lese ihn bloss und finde ihn sit ut est aut non sit.[5] Von Diederichs habe ich Antwort: augenblicklich nicht; ich soll, wenn ich ihn bis dahin nicht untergebracht habe, im Herbst wiederkommen; ev. fahre ich daraufhin doch mal nach Jena. Ich muss aber erst sehen, was Meinecke über Oldenbourg sagen wird, doch war der schon im Frieden an unsinnige Zuschüsse gewöhnt. - Viel dran arbeiten also keinesfalls! Ich werde wohl sachte in Judaica hinübergleiten, damit die Zeit nicht so verloren ist und die Germanica den ohnehin ja germanischen Heinzelmännchen überlassen.

Bei Frau Cohen war ich gestern; sie zeigte mir ein paar Briefe von ihm aus dem Anfang der 70er Jahre, an ihre Eltern. Wie seine frühen Bilder, ein viel ruhigerer, klassischerer, bourgoiserer Mensch. Die Risse in ihm die später zu Klüften auseinanderklaffen sollten noch höchstens als feine Linien zu erkennen. Auch im Einzelnen viel Interessantes. Ich habe ihr sehr zugeredet, ein Briefbuch vorzubereiten, sie hat ja die Schreibmaschine noch und kann die Briefe leichter bekommen als später Fremde. Nachher bei Bradt, wo Rosenzweig-Ost war, mit dem er lernt. Ich blieb dabei. Rosenzweig-Ost ist wirklich ganz blinder Cohenschüler, in verba magistri.[6] - Klatzkin[7] übersetzt die Ethik ins Hebräische. - Ich lese sie doch mit grossem Erstaunen und fortdauernder Spannung. Hast du sie eigentlich da?

Dein Franz.

[1] Dazu 2. Korinther 11,14.

[2] Jaques Louis David, 1748-1825, Hofmaler unter Napoleon.

[3] Vom 15.-17. November 1796 fand im Rahmen der französischen Revolutionskriege, an denen Napoleon als junger General teilnahm, in Norditalien die Schlacht von Arcole statt.

[4] Amenophis IV. Echnaton, 1364-1347 v.d.g.Z., ägyptischer Pharao.

[5] Lat.: er möge bleiben wie er ist, oder er möge nicht sein - Anspielung auf Papst Clemens XIII., der 1761 mit diesen Worten die Bitte König Ludwigs XV. abgeschlagen haben soll, den Jesuitenorden zu reformieren.

[6] Lat.: auf die Worte des Meisters (blindlings schwören); Horaz, Briefe I, 1, 14.

[7] Jakob Klatzkin, 1882-1948, jüdischer Publizist und Verleger.

An Margrit Rosenstock am 3. Juni 1919

3.VI.

Ich war gestern Mittag bei Budko wegen der Grabangelegenheit. Wunderschöne Blätter sah ich, auch Entwürfe zu einer hebräischen Psalmenausgabe, die ein christlicher Verleger bei ihm bestellt hat, das Schönste eine Initiale zum 90. Psalm (mit dem ja das 4te Buch nach der Büchereinteilung des Urtexts anfängt): unter einem grossen ה eine weite gewölbte Ebene, die die Vorstellung der Erdkugel heraufruft, eine ganz kleine einsame Figur eines stehenden Beters mit erhobnen Armen יה .

Nachmittags habe ich angefangen bei meinem östlichen Namensvetter zu lernen;[1] ich werde es jetzt in der nächsten Zeit so oft als möglich, damit ich endlich einmal diese gröbste Lücke ausfülle. Wir haben nichts Schönes genommen, sondern etwas richtig Schweres, rein Juristisches, über Verjährung; vielleicht heut, sonst morgen gehts weiter. Es geht eben doch nicht, dass ich Ansprüche mache und gar nichts Rechtes zu bieten habe. Heut Abend gehe ich zu Täubler in seine Übung und dann mit ihm zu Bradt; er will mir einen Vorschlag machen, sagt er. Ich weiss nicht was, aber ich werde wohl Ja sagen. Wahrscheinlich handelt es sich um das Korrespondenzblatt.
...

[1] Gemeint sind Talmudstudien gemeinsam mit „Rosenzweig-Ost".

An Margrit Rosenstock am 4. Juni 1919

4.VI.

Liebes Gritli, ich schreibe dir nur ein kurzes Wort zwischen Rosenzweig-O und Badts (die ja nun hier sind, ich fürchte mich etwas vor der Frau; dass er ein Dezernat im Min. d. Inn. gekriegt hat, schrieb ich dir wohl schon. Vielleicht schrieb ichs dir sogar schon ein paar mal; sowas imponiert mir ja jetzt. Aber grade dazu müsste ich sehen, dass zu all so was doch auch Vorbedingungen gehören und dass ich sehr wenig davon aufzuweisen habe. Gestern Abend bei Bradt eine dieser endlosen Statutsberatungen, die ebenso nötig als unfruchtbar sind. Täubler mit unermüdlichem Interesse. Ich war vorher bei ihm in der Übung. <u>Sehr</u> guter Universitätsdurchschnitt. In seinem Organisationseifer hat er nun auch endlich meine Beteiligung festgelegt: eine monumentale Mendelssohnausgabe[1] (Leitung: „Cassierer", „Max Herrmann"[2] und ich; ob ich auch mitarbeite, steht bei mir). Es ist eine sehr gute Idee, grade in meinem ursprünglichen Sinn: junge Litteraturhistoriker („Germanisten" a non Germanico[3]) und Philosophen aus dem allgemeinen Betrieb in diesen Garten hinüberzulocken. Ich selber werde etwa „Jerusalem"[4] übernehmen, die grosse Emanzipationsschrift, die ich seiner Zeit für den Hegel durcharbeiten musste, weil H. zeitweilig von ihr beeinflusst war; sie hat in der Zeit (z.B. bei Kant) eine gewisse Sensation gemacht (wie alles was von diesem Naturwunder eines „jüdischen Sokrates" ausging), hat nach der Vergangenheit zu interessanten Anknüpfungen (an Spinozas Staatsschrift,[5] sowie an unsre Scholastik) und nach vorwärts ins jüdische 19. Jahrhundert hinein ist sie von verhängnisvoller Wirkung gewesen - also genug, um eine schöne und ein bischen böse Einleitung und interessante Anmerkungen dazu zu schreiben. Auch der Bibelübersetzer[6] interessiert mich natürlich. Grade auch in seinem Verhältnis oder Unverhältnis zu den volkstümlichen jüdisch-deutschen Bibelübersetzungen, die er verdrängen wollte, und zu Luther und dem Jahrhundert Klopstocks[7] andrerseits.

Ich werde eben ins Gelehrte hinübergeschoben. Es ist vielleicht richtig so. Das Eigentliche darf man wohl nicht <u>suchen</u>; das muss von selber kommen.

Mit Rosenzweig-Ost werde ich schnell vorwärts kommen. Ich bin doch weiter als ich selber dachte. Ich habe eben in den Kriegsjahren eine Menge dazugelernt, mehr als ich wusste.

Und schliesslich wäre es ja gewaltsam, wenn ich mich den Konsequenzen von Zeit ists,[8] also schliesslich der Abhängigkeit von der Kreatur, die ich machte, entziehen

wollte. Es ist ja eigentlich das Natürlichste von der Welt, dass ich auf diesem Geleise zunächst einmal laufe und nicht auf neue Eingriffe von oben warte.
Den Hegel mögen inzwischen die Heinzelmännchen machen.
...

[1] Moses Mendelssohn, 1729-1786, jüdischer Philosoph und Aufklärer, Freund Lessings. Eine Neuausgabe seiner Werke erfolgte erst seit 1929 durch Ismar Elbogen, Eugen Mittwoch und Fritz Bamberger. Sie blieb allerdings unvollständig, da die Arbeit 1938 eingestellt werden mußte.

[2] Max Herrmann, 1865-1942, Literatur- und Theaterwissenschaftler in Berlin.

[3] Von Rosenzweig frei umgestaltetes Zitat Quintilians, der in seinem Hauptwerk „De institutione oratoria" I,6,34 die Frage stellt, ob sich nicht einige Worte aus ihrem Gegenteil ableiten ließen, etwa „Wald (hat seinen Namen) von Nicht-Hell-Sein". Demnach wären mit den „Germanisten a non Germanico" Literaturhistoriker gemeint, die gerade nicht Germanisten - nämlich auf ihr Spezialgebiet festgelegt - sind.

[4] Moses Mendelssohn, Jerusalem oder über die religiöse Macht und Judentum, 1783.

[5] Baruch Spinoza, 1632-1677, jüdischer Philosoph, der wegen seiner Ablehnung der „Zeremonialgebote" aus der Gemeinde ausgeschlossen wurde; 1670 entstand seine Staatsschrift „Theologisch-politischer Traktat", den er anonym veröffentlichte.

[6] Moses Mendelssohn übersetzte die Tora, den Psalter und das Hohelied ins (mit hebräischen Buchstaben geschriebene) Deutsche.

[7] Friedrich Gottlieb Klopstock, 1724-1803, Dichter.

[8] In seiner Schrift „Zeit ists. Gedanken über das jüdische Bildungsproblem des Augenblicks", abgedruckt in Zweistromland S.461-481, hatte Rosenzweig 1917 die Gründung einer Akademie zur Förderung der wissenschaftlichen Ausbildung jüdischer Lehrer vorgeschlagen.

An Margrit Rosenstock am 5. Juni 1919

5.VI.

Liebes, es war mir heut morgen zu lang mit Warten, dein Brief war ja schon 3 Tage alt; so telegrafierte ich. Über diesen Klotz dürft ihr ja jetzt nicht mehr stolpern. Allenfalls müsste sonst doch wieder der erste Plan, die „unbasierte" Werkzeitung, aufs Tapet gebracht werden. Aber von Stuttgart weg dürft ihr nun auf keinen Fall wieder.
Ich wollte, ich hätte erst ein Wort. Es ist mir, als ob Berlin und Stuttgart im Augenblick sehr weit von einander wären. In der Pfingstwoche gehe ich wohl nach Leipzig und Jena (ich telegrafiere noch rechtzeitig); Jena wegen Diederichs und S.Fischer. In Leipzig werde ich Rudi sehen. Er schrieb mir, dass Eugen ihm die Frucht des Todes geschickt hat.
Denkst du gar nicht mehr an Weidemann? ich muss noch viel an ihn denken. - -
Gestern bei Badts wars wirklich nett. Sie wohnen bei einem Bekannten, dessen Frau und Kind auf Monate aufs Land sind, einem Kaufmann mit einigen fast leidenschaftlichen litterarischen Interessen. Die Frau war doch nett. Sie hat damals als ich sie in Breslau sah für mich darunter gelitten, dass ich so absichtlich, beobachtend und mich verstellend zu ihr kam. Es ist ein grosses Unrecht was ihr von der Familie geschieht; allerdings weiss ich nicht, ob es nicht angenehmer ist von diesem Scheusal von „Muttel" geschnitten zu werden für eine Schwiegermutter (und selbst für einen Sohn) als von ihr umgeben und bemuttert zu sein. Ich verstehe jetzt auch ein bischen, wieso eine solche besondere Frau wie die Frau Cohn (-Vossen) (mit der ich 1918 damals den kleinen Briefwechsel hatte) sie schätzt. Und dann ist ein Clou da: der zweijährige Wolf. Der aber wenn man ihn fragt wie ~~man~~ er heisst, diesen Namen verleugnet und sagt — ja was wohl? — du rätst es nicht, und zwar sagt ers mit Inbrunst und Überzeu-

gung: Franz! Und weil es spät ist, ich noch essen will und zu Straussens gehen (um unsre seiner Zeit durch den Krieg bei Jes. 47 abgebrochne Lektüre mit Jes. 48 wieder aufzunehmen), so sage auch ich mit Inbrunst und Überzeugung: Franz.

An Margrit Rosenstock am 6. Juni 1919

6.VI.

Liebes, dein Eilbrief brachte die Antwort auf mein ungeduldiges Telegramm. Ich bin froh, dass ihr noch in Stuttgart hängen bleibt. Irgendeine Form muss und wird sich finden. Die Gefahr dabei sehe ich unverändert und es hätte gar nicht des Eintreffens des damals vorausgesagten Zeichens - das wieder Akutwerden des Katholischen - bedurft, dass ich sie hätte sehen müssen. Aber ich wüsste und wünschte kein Zurück. Dass es nicht das Gleiche ist als Sekretär und Freund des Direktors vor den Arbeitern zu stehen und als freier Litterat, müsstest du doch schon ganz äusserlich einsehen. Ausserdem ists aber doch innerlich ein ungeheurer Unterschied, ob man aus Liebe zu Einem handelt oder aus Liebe zu Vielen. Ich schrieb dir ja neulich schon davon. Aber das ändert nichts an der nächsten Notwendigkeit. Wie sehr ich die spüre, habe ich ja gestern früh selber an dem Anfall von Telegrafitis plötzlich gemerkt.

Es ist ja das grösste Glück, unter einer nächsten Notwendigkeit zu leben. Du hast ganz recht, dass ich nicht in Ordnung bin, und dass du es mir ansiehst. Aber ich komme allein nicht heraus aus dem Schleier. Vor dir trag ich ihn ja nicht. Und deshalb kannst du mir auch nicht helfen - bei dir <u>ist</u> mir ja schon geholfen.   Ich habe nun in diesen ganzen Wochen hier eigentlich doch noch mit keinem Menschen wirklich gesprochen. Es ist eine Wand zwischen mir und Badt, mir und Straussens, mir und R.-Ost, mir und Bradt, mir und Täubler. Dass der ✡ allein, wenn er gedruckt wäre, das bessern würde, glaube ich nicht; er ist doch schliesslich nur ein Buch - was ist ein Buch! Um anschaulich zu bleiben: meinst du, es hätte mir damals bei Ditha im mindesten geholfen, wenn der ✡ gedruckt gewesen wäre. Wenns brennt (und wo brennts nicht!), lesen die Menschen keine Bücher.   Heut Morgen war ich bei Meinecke; nach Besprechung der Hegelei fragte er mich auch, was ich vorhätte; ich sagte ihm, frei nach Täubler, bei dem ich ja nun gelernt habe wie das in der Professorensprache heisst: mich hätte schon seit Jahren, schon vor dem Krieg, das jüdische Problem gepackt, und dem müsste ich nun leben; in welcher äussern Form, wüsste ich nicht, danach suchte ich noch. Er sagte, das sei (wir waren auf der Strasse) sehr schade, denn es sei unlösbar bzw. lösbar nur so dass man es nicht zu lösen versuche, sondern in der allgemeinen Kultur aufginge; worauf ich: ich sei mir der Unlösbarkeit und dass es im einzelnen Falle und in meinem Falle vielleicht ein ergebnisloses Opfer würde, bewusst, aber ich wollte trotzdem und grade. Darauf er: es sei auch deshalb schade, weil wir alle jetzt uns zurückziehen müssten in die innerste Zelle des Lebens (er meinte: die Philosophie u.s.w.), worauf ich: diese innerste Zelle sei mir allerdings grade das Judentum, und Philosophie und Historie dürften mir nur <u>Hausgerät</u> in dieser innersten Zelle sein, nicht mehr.   Dann sprach er sehr viel pessimistischer und mit Jahrhunder<u>ten</u> rechnender als in dem Groninger Vortrag (für Eugen: Maiheft der Deutschen Rundschau), eigentlich in seiner Weise auch ganz richtig vom Weltuntergang, freilich immer wieder mit kleinen Unsicherheiten und mit Schwankungen ins Prinz Max[sche].[1] Immerhin für ihn alles Mögliche. Neulich sei er mit Gertrud Bäumer und Tröltsch[2] zusammengewesen, da hätten sie alle gemeint, es sei jetzt Zeit Orden, Bünde zu stiften, kleine Kreise in die sich das Leben zurückzöge. Ich sagte ihm, das sei ja schon da, da sei nichts zu stiften. Aber genug - das Eigentliche war ja doch das andre, und das ging so vorüber, ohne viel Mühe aber auch ohne viel Gewicht. Was sag ich denn gross, wenn ichs nun sage? Das blosse Bekenntnis, die blosse Absicht - wie leer ist das. Du wirst sagen: der ✡ ist mehr als blosses Bekenntinis und blosse Absicht - und da hast du recht. Übrigens vorerst machen wir jede Rechnung ohne den Wirt Mündel. Der hat wieder seit 4 Wochen nichts geschickt. Ist eigentlich Schwelle und Einl. III angekommen?

Ich muss herüber zur Universität, Bradt und Täubler zu sprechen. Da entscheidet sichs mit Frankfurt. Ich bin gar nicht dafür, jetzt, dass wir uns ɉ schon jetzt sehen. Wir müssen beide, ihr und ich, erst 14 Tage älter sein, ihr in Stuttgart, ich in Berlin. Aber ich schreibe wohl noch nachher ein Wort heran. Und sonst für alle Fälle schon - du hast mich doch lieb auch mit dem verschleierten Gesicht? du ———— dein.

[1] Prinz Max von Baden, 1867-1929, ehemaliger Reichskanzler.
[2] Gertrud Bäumer, 1873-1954, Schriftstellerin; Ernst Troeltsch, 1865-1923, evangelischer Theologe, Philosoph und Historiker.

An Margrit Rosenstock am 7. Juni 1919

7.VI.

Liebes Gritli, ich kam wirklich gestern Abend doch nicht mehr zum Weiterschreiben, durch Bradt und Täubler. Ich merke, dass ich da ganz von selbst in irgendwas hineingerate, und widersetze mich nun also auch nicht mehr. Schliesslich - morgen sind es 14 Tage dass ich hier bin — was erwarte ich denn eigentlich? das ist ja noch gar keine Zeit. ...

Aber sieh nun: H. Badt hört mir zu und verlangt mich zu hören, und ich habe auch gar keine Gêne[1] mit ihm zu sprechen. Und doch ists mir hinterher als hätte ich gar nichts gesagt. Es kommt eben nicht auf das Sprechen an. - Übrigens hemmt mich die Erinnerung an den ✡ beim Sprechen mehr als sie mich fördert. Es geht etwas, wie in der Becherrede[2] - ich messe meine Worte an dem „ausgeführten Konzept" und das ist besser als die Worte und so werden die Worte schlecht. Wenn der ✡ einmal spricht, muss er für sich selber sprechen. Ich kann ihm nicht helfen dabei.

Von Kassel, nämlich von O. Adolf und von Trudchen, die ich als er schwieg in Bewegung setzte, kein Wort! Nur Mutter selbst schrieb neulich, sie wolle etwas „noch vor ihrer Abreise" erledigen. Demnach denkt sie selber daran. Warum man mir nichts sagt, weiss ich nicht.

Das Schicksal der Spenglerkritik darf aber mit einem ablehnenden Bescheid Muths nicht entschieden sein. Sie ist mehr als katholisch oder protestantisch.

Mit Frankfurt wirds nun, nach dem Ergebnis gestern Abend, bis Anfang Juli dauern. Doch liegts ja ganz bei uns, ob ich nach Stuttgart vorher oder nachher fahre. - Die Cohensche Ethik[3] ist vergriffen, ich versuche, aber anscheinend vergebens, ein Exemplar noch in irgend einer Buchhandlung aufzutreiben. Gelesen habe ich erst 10 Bogen; es fällt mir bisher genau so schwer wie die Logik und reizt mich zu fortwährendem

Widerspruch, aber eigentlich zu unfruchtbarem. Ich könnte kaum gegen ihn sprechen; ich müsste nur alles anders sprechen - oder ja vielmehr: ich habe alles anders gesagt. Wir haben eben verschiedene Fronten.
Ich fahre wohl sicher diese Woche. Ich warte noch auf einen Brief von Rudi und einen von Rich. Ehrenberg, an den ich wegen des Verlegers S. Fischer-Jena geschrieben habe. Meinecke will übrigens in München, wohin er fährt, mit Oldenbourg sprechen (was er aber selbst für aussichtslos hält) und ausserdem mit Below[4] wegen eines Zuschusses der Freiburger Gesellschaft, auf den er scheinbar rechnet. Ich fürchte, dass ich damit auch nicht viel weiter bin.
So ein paar Stunden in meinem Hofloch können einen ganz trübsinnig machen. Ich brenne gleich durch, obwohl es noch zu früh ist zum Essen. Ich habe übrigens Bradt wegen des Bandwurms interpelliert und er will (natürlich) eine grössere Aktion unternehmen, mit 2 Tage Bettruhe etc! - also behalte ich ihn wieder einige Wochen -.
Was ist das für ein Schwätzbrief! ich komme mit so leeren Händen.

Und bin doch - Dein Franz.

[1] Franz.: Befangenheit, Zwang.

[2] Gemeint ist eine Rede Rosenzweigs anläßlich der Hochzeit von Victor und Eva Ehrenberg. Der genannte Becher stammte aus dem Nachlaß von Samuel Meyer Ehrenberg, dem gemeinsamen Urgroßvater von Franz Rosenzweig und den Ehrenbergs, und wurde in der Familie weitergegeben. Bei Hochzeiten war es üblich, daß ein Familienmitglied eine „Becherrede" hielt.

[3] Hermann Cohen, Ethik des reinen Willens.

[4] Georg von Below, 1858-1927, Verfassungs- und Wirtschaftshistoriker.

An Margrit Rosenstock am 8. Juni 1919

8.VI.

... An deiner Statt kam eben der langerwartete Brief von Trudchen. Am 17. erst entscheidet sichs also, ob O. Adolf geht und bis dahin soll ich noch warten. Und dann schreibt sie mir ein paar Worte über den ✡, über die ich froh bin. Ich habe es ja doch gut und darf wirklich nicht lamentieren.
Badt war gestern beim Lernen dabei und wirds nun auch weiter, soviel er Zeit hat; er ist mit seiner juristischen Bildung und Versiertheit sehr gut; ich selber hatte es mir schon angewöhnt, immer ja zu sagen, wenn ichs nur sprachlich einigermassen verstanden hatte; in der Beziehung habe ich schon in den paar Malen sehr viel gelernt.
Jetzt warte ich auf Täubler, um mit ihm und Bradt zu dem Russen zu gehn, einem dollen Kerl, der neulich Einstein aufs Korn genommen hatte und ihm begeistert auseinandersetzte, dass „Schaie" die Akademie geweissagt habe! Einstein wusste aber doch gar nicht, dass „Schaie" Jesajas ist - geschweige denn. Solche reiche russische Juden haben, wenn sie das „Chlad"[1] ausgezogen haben, etwas ganz Russisches, etwas wie der Fürst Galitzin[2] oder eine Romanfigur. Heut Abend lernen wir bei Badt.
Ich bin auf Buddes Hiobkomentar[3] geraten und sehr entzückt. Er ist im Wesentlichen ganz konservativ, hält nur kleine Stückchen für unecht; erst jetzt verstehe ich das Buch. Ich will dir die Hauptverse, aus denen er es erklärt, mal herausschreiben, wenn ich das Buch da habe. Jetzt muss ich herüber.
Es ist noch niemand da. Ich will dir inzwischen das Stück aus Trudchens Brief abschreiben: „Während ich an deinem Stern lese. Immer nur ganz wenig weiter, weil ich

nämlich sehr in Anspruch genommen bin, aber doch jeden Tag ein Stückchen. Noch bin ich im ersten Buch, bei der Schilderung des Idealismus. Ich bin ganz verblüfft von der Einfachheit und Klarheit der Formel auf die du ihn bringst - und wie alles andere in diesem Licht auch wieder klarer scheint. Überhaupt wirft jeder neue Gedanke immer Lichter zurück, sodass ich nun auf einmal auch das Vorhergehende, die A- und B-Symbole verstehe. In das 2. Buch habe ich bisher nur zufällige Blicke geworfen, aber da hatte ich Mühe, artig zu bleiben und mir das Vorweglesen zu versagen, und geduldig weiterzugehn, bis ich im Zusammenhang daran komme. Aber indem ich mich heimlich darauf freue, regt sich auch schon eine innige Dankbarkeit in mir dafür, dass ich werde wissen dürfen, was „von Menschen nicht gewusst oder nicht bedacht",[4] nur gelebt wurde. Es ist doch herrlich, wie du es weisst und sagen kannst."

Ja, Liebste! Dein.

[1] Vornehmer Morgenrock, der zu Schabbat oder anderen Feiertagen zu Hause getragen wird.
[2] Nikolaus Galitzin, 1794-1866, musikbegeisterter Fürst aus St. Petersburg, auf dessen Anregung Beethoven mehrere Streichquartette komponierte, die er ihm auch widmete.
[3] Karl Budde, Das Buch Hiob, 1913². [4] Goethe, An den Mond.

An Margrit Rosenstock am 8. Juni 1919

8.VI.

Liebes, seit Tagen nun kein Brief, ich weiss schon gar nicht mehr wie lange. Es wäre wirklich kein Wunder, wenn ich Dummheiten machte, wenn du mich so laufen lässt. Also hör, ob es eine Dummheit war; ich weiss selber nicht recht. Ich hatte Täubler gestern also verfehlt, traf ihn aber abends in der Stadtbahn als ich zu Badts fuhr und verabredete mich für heut wieder mit ihm. Und er hat mich richtig für die Akademie geworben, zum Leiter des Verwaltungsbüros (der Rechtsanwalt, der es jetzt macht, wird beseitigt, dafür eine Sekretärkraft engagiert) und der Agitation einerseits, des künftigen Korrespondenzblatts anderseits. Grade diese Doppelseite der Stellung hat mich gewonnen. Das Korrespondenzblatt soll erst in 2-3 Jahren öffentlich werden (tant mieux[1]), dann soll es aus den Arbeiten der Akademie essayistischen Honig für das Publikum saugen. Dadurch habe ich also sofort (d.h. im Lauf des Jahres) eine Stellung, die mich mit allen möglichen Leuten zusammenführt, mir soviel Einfluss auf die Akademie eröffnet wie ich will, und mir sicher weniger Zeit nimmt als die Zeitschrift nehmen würde. Diese Notwendigkeit, dass ich noch viel Zeit zur Weiterbildung brauche, sieht Täubler ganz stark.

Nach einem qualvollen Abend bei Frau Cohen weiter; ich muss mich wirklich erst wieder zusammenfinden. (Auch Rosenzweig-Ost, der auch da war, psychologisiert dass es eine schlechte Ehe gewesen sei, das sehe man jetzt). Das Gute ist die Allmählichkeit und die Zwangsmässigkeit. Es kommt einfach von selber. Das Schlechte, dass es ohne Liebe geschieht. Es springt kein Funke zwischen mir und Täubler über. Er ist scharf und doch geleckt. Ich habe es ihm nicht leicht gemacht, habe mich ihm von den Seiten gezeigt, die ihm einfach verrückt erscheinen mussten. Er hat alles geschluckt, mit der Miene eines geistigen Warenhauschefs. Das Ekligste dabei, dass mir selber meine Worte auch hohl vorkamen, wie ich zu ihm sprach, so steifleinen und dogmatisch. Das „[[Gross]]Inquisitorische" wächst in mir auf. Je l'ai voulu.[2] Ich

darf mich nicht beklagen. Eines Abends geht man noch schlafen als ein Mensch und am andern Morgen wacht man auf und ist Papst geworden!
Franz.

[1] Franz.: umso besser.   [2] Franz.: ich hab's gewollt.

An Margrit Rosenstock am 10. Juni 1919

10.VI.1919

Liebe - es ist schon spät, der Nachmittagszug, mit dem ich fahren wollte, ging nicht; so wird es nach 10 bis ich in L.[1] sein werde. Dafür wird nun aber dort morgen und übermorgen der Wurm erschlagen: ich bringe eine ausführliche Anweisung von Bradt mit, mit einer Diät, die Tante Lene zwar entsetzen wird, der sie aber dennoch nach allem was ich höre gewachsen sein wird. Es ist so dunkel im Zug, ich sehe mein Geschriebenes gar nicht. Ich fahre gern von Berlin weg, aber ich bin doch beruhigter als die Tage zuvor, ich sehe doch jetzt etwas in die Zukunft, - wenigstens soviel, um nun wieder ruhig in der Gegenwart leben zu können.

Und in Leipzig muss ein Brief von dir liegen. Du hast mich nun seit Freitag hungern lassen. Was das bischen gelbe Papier doch tut! Aber voriges Jahr war es eine andre Karenzzeit. Ich muss wirklich ganz stille sein. Ich kann übrigens kaum an voriges Jahr denken, meine Gedanken ziehen gleich die Fühler ein, so schmerzt es, und kriechen lieber in das vorvorige. Da verkrochen sie sich ja voriges Jahr auch immer hin.[2] Bist du mir denn gut? Heut Abend werd ichs schwarz auf weiss haben. Ich darf doch so sicher sein. So unverschämt sicher, zu wissen, was du mir schreibst. Ich weiss es: dass du mein bist und ich
Dein.

[1] Leipzig.

[2] Im Juni 1918 kam es zu einer Auseinandersetzung zwischen Rosenzweig und Eugen Rosenstock, weil letzterer eifersüchtig war; dazu S.105ff.

An Margrit Rosenstock am 11. Juni 1919

11.VI.

Liebes Gritli, also in Leipzig und nun trotz allem doch etwas enttäuscht, dass Ihr nicht mehr da wohnt. Aber in 14 Tagen oder 3 Wochen - es ist ja nicht mehr lange; ob vor oder nach Frankfurt wird auch von Mutters Abreise abhängen. Bis dahin wird uns beiden schon wieder gut geworden sein, ich glaube, sogar schon bälder; ich bin eigentlich schon seit den beiden Gesprächen mit Täubler wieder obenauf; diese 14 Tage Berlin - ich merkte es erst, wie ich sie Rudi referierte - waren doch <u>sehr</u> inhaltsreich; es hat sich sehr viel darin entschieden: dass der Hegel en bagatelle[1] behandelt werden kann, dass ich die Konsequenzen meiner Vaterschaft bei der Akademie ziehe, den gewaltsamen und mich vergewaltigenden Zeitungsgedanken aufgebe und den ✡ drucke - eigentlich genug für 14 Tage. Und nun muss dir auch wieder besser werden; zum grossen Teil habe doch einfach ich auf dir gelastet. Sei wieder sehr, ganz sehr, - du sehr Geliebte. - Die Frucht des Todes lassen wir durch Helene nachschicken, ich fahre frühestens Sonnabend (ich bin mit Hirzel in Verbindung getreten;[2] vielleicht wirds was; obwohl ich den Eindrücken solcher ersten Besuche gegenüber nun skeptisch geworden bin); den letzten Brief hatte Rudi ja da. Der beruhigt mich auch, nicht ganz, aber doch mehr als das was Rudi von den früheren erzählt. Es quält mich zu denken, dass Krebs³ glauben darf, Eugen gebe ihm zu, dass „die Kirche von Christus gestiftet ist". Das ist - nicht so wies Eugen „zugiebt", aber so wies Krebs aufnimmt - in Eugens Mund eine Lüge. Für Krebs ist das, grade das, ein juristischer Akt (also grade das woran sich Eugen noch stösst), ein juristischer Akt mit juristischen Folgen. Für Eugen hat Christus doch indem er die Kirche stiftete, die protestantische Gegenkirche genau so sehr mitgestiftet wie die Petruskirche in Rom (vom „johanneischen" „Ketzerchristentum" ganz zu schweigen.)   Ich fürchte den Zwang zur Lüge, den solch Zugeben über ihn ausüben müsste und würde. Ich habe noch mehr zu sagen, aber ich habe mich schon gestern Nacht bei Rudi ausgelassen. Grade bei Rudi bin ich mir dabei so ganz sicher, weil ich dann nämlich immer spüre, dass es gar nichts gegen den Katholizismus ist; denn ⌈[bei]⌉ Rudi würde ich gar keine Sorge haben, wenn er katholisch würde; weil es da ganz einfach und ohne selbstmörderische Konsequenzen (und selbstmörderischen Sinn - Frucht des Todes! -) geschähe. Auch weil Rudi nicht dem Geist lebt und der Tat, sondern allein der Seele, es steckt eben kein Gelehrter und kein Politiker in ihm nur ein Dichter. Und die röm. Kirche hat zwar den Geist an Aristoteles verraten und die Tat an die Juristen, aber die Seele, die Dichter lässt sie vorläufig noch frei.

Es ist nicht genug, aber lass es für den Augenblick genügen. Und für den Augenblick kann mich ja der Pfingstsonnabendbrief auch wirklich beruhigen.

Liebes Gritli, giebst du mir denn deine Hände herüber, dass ich sie lang, lang küsse?

Dein.

[1] Franz.: als Kleinigkeit.   [2] S.Hirzel Verlag, Leipzig, Stuttgart.
[3] Engelbert Krebs, 1881-1950, katholischer Theologe in Freiburg.

An Margrit Rosenstock am 11. Juni 1919

11.VI.

Liebes Gritli, ich habe mir ein Lob verdient und ein Eiei dazu. Denn ich habe die anbefohlene Bandwurmkur gemacht (dafür das Lob) und leider umsonst (dafür das Eiei) - der Kopf ist nicht mitabgegangen. So scheint mir wenigstens; ich habe es Rudi noch nicht gezeigt, weil er fort ist. So werde ich also meine Backenfalten, die ich „seit dem Stern" und in Wahrheit wohl seit dem Bandwurm habe, noch nicht loswerden. Denn gleich wiederholen soll man diese Pferdekur auch nicht. Am Ende erst in Stuttgart!! For God sake.[1]

Heut Abend werde ich Rudis neuen Einakter[2] vorlesen. Ich bin neugierig was andre dazu sagen. Bühnenwirksam ist er sicher sehr. Aber er grenzt an christliche Kunst im bösen Sinne des Worts. Rudi meinte, es wäre was fürs Jahrbuch. Einen naturwissensch. Artikel hatte er dafür angefangen, aber - trotz guter Gedanken - nicht ausführen können; es war kurios unlebendig geworden, so als ob er den Leser nicht vor sich sähe. Er wird aber demnächst einen Vortrag in Göttingen draus machen. - Heut hat er hier die Predigten fertig vorgelesen; seine Eltern waren von den beiden letzten ungeheuer ergriffen. Beckerath habe ich noch nicht allein ⌈[darüber]⌉ gesprochen, bin aber auch nicht begierig darauf.

...

Von Winter habe ich ein Angebot, das Buch bei weiteren 1500 M Zuschuss zu drucken. Gewinnhalbierung vom 200. Exemplar an, Verlustbeteiligung <u>keine</u>. Darauf gehe ich ev. ein, besonders da ich die 1500 M vielleicht ganz oder teilweise von Freiburg kriege, Meinecke will mit Below darüber sprechen. Doch will ich vorher noch Hirzel abwarten, und für alle Fälle doch auch nach Jena fahren und mit S.Fischer und Diederichs sprechen. Buchwald kennen zu lernen, hat sowieso Wert; ich kann vielleicht auch etwas Dampf hinter ihn machen für Hansens Tragödienbuch.[3]

Sagte ich dir, dass ich meine „Wohnung" in Berlin aufgegeben habe (ich habe zwar noch meine Sachen da stehn, aber sowie ich wieder in B. bin, suche ich mir eine andre; so ein Hofzimmer ist unerträglich. So ist meine Berliner Adresse zunächst noch postlagernd, aber nicht Linke- sondern Dorotheenstrasse (wo wir auch mal nachts telegrafiert haben, weisst du noch?) Ich telegrafiere dir aber noch. Heut war nichts von dir da. Und wenn es nur ein Wort ist, so ist es doch von dir. Liebe Seele -

[1] For God's sake - um Himmels willen!   [2] Rudolf Ehrenberg, Das Letzte. Ein Gleichnis in einem Akt.
[3] Hans Ehrenberg, Tragödie und Kreuz, 1920.

An Margrit Rosenstock am 12. Juni 1919

12.VI.

Liebes Gritli, denk es gefällt mir diesmal gut in Leipzig. Nach der Berliner Kälte ist mir ordentlich warm geworden. Ich habe Rudis Einakter gelesen, ein christlicher Reisser. Beckerath macht mir wenig Freude. Auch Rudi spricht jetzt von der „ständigen psychologischen Notwehr", in der er sich befinde. So ist es wirklich. Es ärgert ihn alles - und dabei hätte er es doch gar nicht nötig. Die Wirkung Eures Zusammenlebens hier scheint mir ziemlich weggewischt. Er ist doch der Christ, der sich aus dem „Schon erlöst <u>sein</u>" ein Kissen zurechtgeschneidert hat. Im Libertusaufsatz sieht er nur Ressentiment. Und mit der Konvertitia fühlt er sich in Anspruch genommen „auf Grund einer Übereinstimmung zwischen ihm und Eugen, die <u>so</u> doch nicht vorhanden ist" (wobei er natürlich Eugen auch für katholischer halten muss als er ist; aber das ist ja Eugens Schuld). Wenn ich über Rudi hinaus noch hier bleibe ziehe ich vielleicht 1-2 Tage zu ihm. - Er besinnt sich sogar, ob er für das Jahrbuch was schreiben kann, denn es fehle ihm die wissenschaftliche Reife! Dabei liest er Geschichte der sozialen Theorien (vor 100 Hörern, zweistündig!) und behandelt die christl. Theorien natürlich ausführlich darin. Aber einen <u>grundsätzlichen</u> Gegensatz zu Tröltsch[1] scheint er nicht zu verspüren, er findet ihn bloss nicht gründlich genug (im Sinne wissenschaftlicher Exaktheit). Wie steht geschrieben? „Wer heut der Universität dient -" Die Germanen sind und bleiben schlechtes „Material" für das Reich Gottes. Jedes Wirtshausschild „zum unheiligen Geist" oder „zur schönen Heimat" lockt sie unwiderstehlich von der Strasse weg, und dann kneipen sie sich fest und bleiben sitzen.

Mein Leipziger Wohlsein wird wohl auch etwas von der Hirzelaussicht bestimmt. Obwohl ich mir doch Mühe gebe, sie nicht zu sanguinisch zu nehmen. Vielleicht sitze ich in einer Woche schon wieder am Hegel und finde Blatt auf Blatt unverbesserlich, bis ich die grosse entsetzlich störende Lücke im Restaurationskapitel erreiche, die unbedingt ausgefüllt werden muss, <u>schon</u> wegen der - Restauration. Ach Gritli ——

Dein Franz.

[1] Ernst Troeltsch, 1865-1923, evangelischer Theologe, Philosoph und Historiker.
[2] Salomon Hirzel, 1804-1877, Buchhändler, Goetheforscher und Verleger in Leipzig; Besitzer einer berühmten Goethe-Sammlung, die er der Universitätsbibliothek übergab.

An Margrit Rosenstock am 13. Juni 1919

13.VI.

Liebe, ho capito.[1] Aber es ist hoffentlich nicht mehr nötig. Die Bude habe ich ja schon aufgegeben, meine Sachen stehen gepackt, und wenn ich wieder nach Berlin komme - es wird wohl Mittwoch werden - so suche ich mir eine bessere, schlimmstenfalls nicht in der inneren Stadt, obwohl es schön ist, über Tag mal hinlaufen zu können und sehen ob ein Brief da ist. Mit dem Bandwurm wirds ja nun nach dem vergeblichen Versuch wieder Monate dauern, bis in den Hochsommer; da wirkt das Mittel auch besser, denn da kann es aus frischen Farrenkräutern gemacht werden; da werde ich auch die Hungerkur vorher gründlicher machen. Ein paar Monate muss man immer nach einem „Abgang" wieder warten, weil das Viech erst wieder wachsen muss, ehe man ihm ans Leben kann. Und essen tue ich reichlich, nicht Kriegsküche, sondern Wartesaal Bhf. Friedrichstr. II. Kl., grosse Gemüseportionen, mit viel Kartoffeln. ...

Abends las ich versammelten Ehrenbergs und Beckerath den Einakter (Das Letzte. Ein Gleichnis in einem Akt.) vor; es ist doch gut und vielleicht geht es auch fürs Jahrbuch. Auf dem Theater würde es ihm das Tor des Erfolgs wohl aufreissen. Heut Abend kommen Wildhagens, da werde ich es nochmal vorlesen, die haben ja Bühnenbeziehungen, und das giebt dann vielleicht was.

Heut vormittag war ich bei Beckerath. Allein war er besser. Wirklich schon die Universitätsluft dieses Hauses genügt, um ihn zu akademisieren. Allein hatte ich ihn bald soweit, dass er, als ich ihm die neue Universität beschrieben hatte (die nicht auf der Freiheit und Voraussetzungslosigkeit der dozierenden Individuen beruht, deren Gemeinsames nur das gemeinsame „Objekt der Wissenschaft" und allenfalls noch der gemeinsame Zweck des Unterrichtens ist, sondern wo gemeinsam der Grund und Boden der Weltanschauung ist und die verschiedenen Wissenschaften alle in diesem gemeinsamen Boden wurzeln) — und ihn dann fragte, ob er nun, wenns diese neue Universität mal gäbe, dorthin gehöre („in zehn Jahren") oder auf die alte, er doch glatt antwortete: in zehn Jahren - natürlich dorthin. Man muss ihn eben allein haben und ihn nicht in Ruhe lassen; ich verstehe gut, wie Eugen, solang er ihn allein hatte, meinte, er hätte ihn wirklich. Aber es ist schwer.

Gestern Abend im Bett las ich noch die Frucht des Todes. Ich war doch erstaunt. So gewichtig wie Eugen meint, ist es sicher nicht. Ich war erstaunt, weil das was Eugen neu darin ist („Gott will uns wieder haben"), ja eigentlich das ist, wovon niemand anders als er mich befreit hat. Das ist ja das Thema des Halbhunderttages: „Du grosser ewiger Gott darfst wieder leben, - es starb ein Mensch für dich". Das Thema meines Briefs an Rudi vom September 1910 (ich zeigte dir mal die Abschrift, die Hedi[sche], davon). Das Thema meiner Schechina-Sonette an Rudi von 1911. Das Thema des Rilkeschen Stundenbuchs. Das Thema von Max Brod (in Tycho Brahe u.s.w.). Das Thema des ganzen Buberschen Kreises. Das Thema der Kaffehäuser. Es wäre ganz schlimm, hätte Eugen nicht doch auch noch die andre Hälfte: weil Gott gestorben ist, darf der Mensch leben. Obwohl auch hier eine kaffeemystische Färbung hineingekommen ist, indem er das was nur für die Offenbarung zutrifft, für die Schöpfung behauptet. Ich habe deshalb im ✡ (II 1) so gegen die Auffassung der Schöpfung als eines göttlichen Liebesaktes („Einsam war der Weltenmeister..")[2] polemisiert; sie nimmt der Offenbarung, was <u>ihr</u> gehört. Die Schöpfung sagt „Ja"; erst in der Offenbarung „verneint" Gott sich selber (schenkt sich, „verkauft" sich, steigt hernieder, ist „demütig").[3] Aber das ist nebensächlich gegen das andre, das Missverständnis der (mit dem ✡ gesprochen) Erlösung, das er nicht <u>begeht</u>, aber doch bedenklich streift. Wir streifen es alle, ich sicher auch. Achte mal in II 3 ⸢⸢und „Schwelle"⸣⸣ genau auf die Stellen, wo ich davon spreche, dass Gott in der Erlösung sich selbst erlöst oder gar selber erlöst wird[4] - inwiefern allein man das sagen könne; ich führe da geradezu Eiertänze auf, weil ich es sagen will und doch so vorsichtig sagen will, dass es nicht missverstanden werden kann; es ist eben ein gefährlicher Gedanke, wie jeder Gedanke, der einem über der Zeitlichkeit der Schöpfung und Offenbarung die Ewigkeit des Schöpfers und Offenbarers vergessen machen könnte.   Rudi fragt ganz mit Recht: Was <u>giebt</u> uns dieser Gedanke eigentlich, ausser dass es ein sehr angenehmer Gedanke ist? Wozu verpflichtet er uns? ausser dass er uns aufs hohe Pferd setzt.   Ich möchte noch dazu sagen: im Innern der Kirche schadet er nichts, aber sowie man aus diesem Innersten herauskommt und in der Welt wirken will, darf man dies Gefühl, Gott bemuttern zu müssen, nicht mehr haben, sondern braucht das andre, dass er uns - bevatert. Ein paar Stellen sind herrlich in dem Aufsatz. Ich muss ihn übrigens nochmal lesen. Ich bleibe noch hier, um Kahn[5] zu sehn. Morgen früh habe ich mich mit ihm verabredet. Ich bin gespannt, aber ich habe wenig Vertrauen zu mir. Am Telefon war er ganz fortissimo, dass ich da war. Also übel genommen hat ers mir nicht, dass ich ihm nicht geschrieben habe.

Das Haus ist wieder aufgewacht. Ich schreibe natürlich auf der Terrasse. Der Magen grummelt mir noch von der wüsten Misshandlung gestern nach. Aber es ist wirklich hübsch diesmal in Leipzig. Doch du sollst lieber in Stuttgart bleiben. Ich denke mir euch gern da. Hoffentlich kannst du mich nun bald in Berlin auch gern denken, - ich will das Meinige dazu tun.   Aber am schönsten wäre es schon wir brauchten uns bald einmal nicht zu denken, weder gern noch ungern - sondern würden uns sehen. Aber es ist ja nicht mehr lange. Gieb mir deine Hand - bis dahin.   Dein.

---

[1] Ital.: ich habe verstanden.

[2] Schiller, Die Freundschaft: „Freundlos war der große Weltenmeister, / Fühlte Mangel - darum schuf er Geister, / Sel'ge Spiegel seiner Seligkeit ..."; dazu Stern der Erlösung S.126f.

[3] Zu Gottes „Demut" etwa Schabbat 67a, Sota 5a, Schir haSchirim Rabba 3,9, Stern der Erlösung S.185, 448, Zweistromland S.80f, der Brief an Margrit Rosenstock vom 11. September 1918, S.151; zu Gottes „Herniedersteigen" etwa 2. Mose 19,20, Sota 5a, Stern der Erlösung S.354; zu Gottes Sichverkaufen etwa Schmot Rabba 33,1 (zu 2. Mose 25,2), Zweistromland S.696, Stern der Erlösung S.456.

[4] Dazu etwa Stern der Erlösung S.456f.

[5] Mawrik Kahn, Bekannter Rosenzweigs aus einem Lazarett in Leipzig.

An Margrit Rosenstock am 14. Juni 1919

14.VI.

Liebes Gritli, ich bin recht unausgeschlafen, eben habe ich Rudi fortgebracht und gestern Abend war es eine lange Sitzung. Das Stück hat Eindruck gemacht, aber wie langsam sind die Leute mit dem Gedanken an Helfen bei der Hand, man musste sechsmal bohren, bis sie sich endlich auf ihre Beziehungen besannen. Und dabei braucht ja der Bann der Namenlosigkeit nur <u>ein</u> Mal durchbrochen werden, und nachher vor dem anerkannten Namen liegen sie alle auf den Knien. ...
... Ist die Post nicht eine herrliche Einrichtung? Sie allein machts schon lohnend, in der „Neuzeit" zu leben. Vive la civilisation,[1] trotz und trotz allem, trotz missglückter Bandwurmkuren, Wildhagenscher Gestalten, Emilscher Akadämeleien und allem was sie sonst noch auf dem Gewissen hat. Schreib und schreib und schreib - das eine Wort um dessentwillen Sprache und Schrift erfunden sind.   Liebe ——— Dein

[1] Franz.: Es lebe die Zivilisation.

An Margrit Rosenstock am 14. Juni 1919

14.VI.

Liebes Gritli, es ist zwar schon spät, und ich bin ganz müde, ich komme von Beckerath, wo ich Mittags war, dazwischen eigentlich den ganzen Tag Kahn. Und das war schön, obwohl durcheinander; denn er war ganz aufgetan, aufgeschlossener als im Sommer, nicht mehr so intelligent, wenn auch noch immer ein bischen zu viel. Er hatte mir gar nichts übelgenommen, sondern rannte einfach auf mich zu. Da habe ich anders als in Berlin gespürt, wozu ich unmittelbar da bin.   Auf den ✡ brennt er, obwohl ich ihm nichts davon erzählt habe. Zufällig sah ich auch seinen nächsten Freund, einen schönen, aber ganz stumm-verschlossenen Jungen.
Morgen nachmittag gehe ich zu seiner Mutter, lerne da wohl auch seine Freundin kennen. Und für nächste Woche haben wir Berlin verabredet. Er hat viel erfahren in diesem Jahr und viel Dummheit abgestreift. Mich hat er neues am Zionismus sehen gelehrt, das ich heute in meiner Müdigkeit noch gar nicht recht verdaut habe.   Sein äusseres Leben werde ich auch zu managen versuchen, im ganz uneugenschen Sinne, nämlich indem ich dafür sorge, dass seine reichen Verwandten ihn studieren lassen. Der gute Onkel Viktor muss dazu morgen einen Geheimratsbrief an sie schreiben, den ich ihm aufsetze! Sein grosses Manko ist, dass er noch an Begriffe glaubt, statt <u>nur</u> an Namen. Ich habe es ihm an einer neuen Geschichte erklärt: zu Frau Cohen ist doch jetzt eine Krankenschwester (in Civil) getan. Als Frau Cohen neulich von ihr verlangte, sie sollte sie umbringen und ihr allerlei zu schenken versprach wenn sie es täte, sagte die schliesslich, weil sie sich gar nicht zu helfen wusste, zu ihr: „Aber Frau Geheimrat! was verlangen Sie da von einem jüdischen Kind!!?" Da sei sie wie zurückgeprallt und habe nichts mehr von ihr verlangt. So bannt der Name die Gespenster. .....

An Margrit Rosenstock am 15. Juni 1919

15.VI.

Liebes Gritli, ein Eilbrief von dir, aber sonst Schlechtes: Von Kassel - Rudi erzählte am Telefon, es hat wieder einen grossen Krach gegeben. Rudi meint, ich müsste alles laufen lassen. In ein Sanatorium ginge sie nicht. Dann: Rade hat abgelehnt, sich die Predigten schicken zu lassen (Rudi hatte ihm geschrieben, er möge sie sich nur dann schicken lassen, wenn er der Veröffentlichung in der Chr.W.[1] nicht grundsätzlich ablehnend gegenüberstehe). Raummangel. „Mit schwerem Herzen". Nun geht also das Herumlaufen los. - Von Hirzel ist für mich übrigens auch nichts mehr zu erwarten; der Geschäftsführer zieht die Segel ein und so habe ich O.Viktor gesagt, er solle nun auch nicht mehr durch einen Brief an Hirzel Wind zu blasen suchen. - Heut früh habe ich den Brief an Kahns Onkel aufgesetzt. Mit Menschen- und Engelszungen.[2]

Weisst du dass ich solche Geschichten wie die Verlobungsgeschichte von Frau R. einfach nicht ertrage. Dieser Freiheitsbegriff, mit dem sich seit 20 Jahren die Mädchen herumquälen, geht mir auf die Nerven. Es ist eigentlich das Symptom der Krankheit der Zeit.

Ich war heut vormittag ganz auf das Maul geschlagen; der arme Kahn war sehr verduzt. Ich glaube, es lag daran, dass ich dir noch nicht geschrieben hatte.

Der ✡ - denkst du aber daran, wie es ist, wenn einem so was nachher durch den Dreck der Rezensionen geschleift wird. Und schon vorher: es zu Verlegern tragen, es zurückgeschickt kriegen u.s.w. - Deine eigene Verbundenheit mit der Veröffentlichtheit des ✡ fühle ich dir ganz und gar nicht nach. Im Gegenteil eigentlich. Ich finde, die nimmt ja schon von der Handschrift zum Maschinentext ab und erst recht weiter zum Druck. Nein, das verstehe ich nicht.

...

[1] Zeitschrift „Christliche Welt".   [2] Dazu 1. Korinther 13,1.

An Margrit Rosenstock am 16. Juni 1919

16.VI.

Liebes - das Papier wird immer sommersprossiger; du auch? Der 16te ist heut, der immer ein grosses Datum in meinem Leben war; vor nun 18 Jahren war es mein „alter dies natalis",[1] der Tag des „Überfalls des Dämon" auf ✡sch gesprochen,[2] so habe ich ihn alle Jahr gefeiert; was ist mehr in der Ordnung als dass es dann vor 2 Jahren auch wieder dieser Tag war.   Vor 2 Jahren[3] - erst so kurz! Ist es dir nicht auch, als wären es ebensogut auch 20? Du Liebste, ich könnte glaube ich noch viele Nullen hinzugeben, aber ich bin ja kein Inder, die mit den Nullen freigebig sein können, weil sie sie erfunden haben, - ich bin bloss, was ich dir vor 2 Jahren des Morgens früh sagte oder wenigstens du zuerst von mir hörtest: Ich, — und auch das bin ich nicht mehr; denn ich bin Dein.

Es wurde noch ein guter Tag gestern. Es hatte wirklich am Vormittag bloss auf mir gedrückt, dass ich dir noch nicht geschrieben hatte.   Mittags also bei Beckerath. Ich habe ihm diese ganzen Tage viel von der Akademie erzählt, um ihm Gelegenheit zu geben, an Eugens Brief anzuknüpfen oder sonstwie darüber zu sprechen, weil doch Eugen offenbar meint, das würde ihm gut tun. Aber er hat die Gelegenheit nie benutzt, ist im Gegenteil immer gern in der akadämeligen Sphäre geblieben, ohne den Übergang ins Akadämonische zu provozieren. Sowas ist eben auch nicht zu erzwingen. Auf Eugens Römer XI wird er mit Galater x,y antworten - das hat mir schon Rudi gesagt. Auf Schrift eben mit Schrift. Um zu glauben, will er sehen. Und das ist nicht

329

einmal das Schlechteste an ihm. Er ist eben Skeptiker bis zur letzten Sprosse der Himmelsleiter.[4] Aber er steigt sie trotzdem. Das meine ich damit, dass ich sage: es ist bei ihm kein Fehler, sondern beinahe das Gegenteil.

Was er braucht, ist einfach, dass man ihn umgiebt. Briefe tuns nicht. Briefe stehn ihm „auf einem andern Blatt" als Menschen. Er macht keinen Brei aus beiden, wie wir es tun. Daher kann man den Einfluss seiner akadämeligen Umgebung (Voss, Süss u.s.w.) nur neutralisieren indem man ihn auch umgiebt. Ich fahre wohl bald, vielleicht noch vor Stuttgart (oder auf dem Weg dahin) ein paar Tage zu ihm und wohne bei ihm.

Von ihm fuhr ich heraus zu Kahn. In der elektrischen las ich einen kleinen Aufsatz von ihm, den er an den Jerubaal[5] geschickt hat, schön in der Tendenz und oft auch in der Form, teils auch zu verdacht, immerhin als erstes gedrucktes Wort doch gut, weil es ein breites und programmatisches Sichhineinstellen in die Öffentlichkeit bedeutet und eine Kampfansage. Er knüpft an an ein zionistisches Fest, wo für den National-fonds gesammelt wurde (wie üblich) und ein schönes junges Mädchen dafür Küsse à 100 M verkaufte! Leider gerät er zwischenhinein ins Systematisieren. Also ich kam hin, sein Freund war da. ... Danach musste ich noch mit den beiden auf seinem Zimmer allein sein und wurde philosophisch interpelliert, wobei aber die Ismen alle Ortsnamen hatten: das sagen unsre Münchner Freunde u.s.w. Ich suchte ihnen den Idealismus mit der Schöpfung zu verekeln. Und da passierte mir etwas Tolles. Mawrik, der Platon liest, wandte ein: man könne doch den Schöpfer schliesslich auch - „platonisch, wenn es meinetwegen auch bei Plato nicht steht" - als die höchste Idee denken, sodass also zwar die Idee der Wahrheit die Welt, aber die Idee Gottes ~~die~~ wieder die der Wahrheit erzeuge. Also genau das neuplatonische, das Emanationssystem, das ja wirklich grade nach „mir" (II 1) die Reaktion des Heidentums auf den (isolierten) Schöpfungsgedanken ist. Da blieb mir nichts andres übrig, ich musste ihnen auch von der Offenbarung sprechen, um ihnen zu zeigen, weshalb Gott auch als Schöpfer schon keine „Idee" sein kann. Und weil sie dann a tempo weiter fragten: wie ich denn dann, wenn ich Gottes Geschaffen<u>haben</u> und Sichoffenba<u>ren</u> behauptete, zu dem Prager (Buber-Bergmann[6]-Brodschen) Gedanken stünde, dass Gott erst durch die menschliche Hingabe lebendig <u>wird</u> (die Frucht des Todes!), da musste ich ihnen auch von der Erlösung sprechen. Nun habe ich endlich jüdische Leser für den ✡. Mawrik brennt darauf - obwohl er glaube ich noch gar nicht weiss, dass diese Dinge drin stehn; sondern er meint, es wäre ein „philosophisches System".

Am nächten Sonntag in acht Tagen kommen die beiden vielleicht auf ein paar Tage nach Berlin, auf ein bischen Schuleschwänzen kommt es nicht an. Armer Hegel! da müssen nun wieder die Heinzelmännchen dran.

In einer Stunde bin ich in Jena, und da bist du wieder und rufst: Ik bün all da.[7] Es lebe die Post! Liebe mich und sei mir „all da"!

Heut und immer
Dein.

---

[1] Lat.: anderer Geburtstag. Zur Bedeutung dieses Datums auch der Brief an Margrit Rosenstock vom 31. Januar 1921, S.720.

[2] Stern der Erlösung S.77: „Das Selbst also wird an einem bestimmten Tag im Menschen geboren ... Das Selbst, der 'Daimon', ... überfällt den Menschen das erste Mal in der Maske des Eros ..."

³ Im Juni 1917 lernten sich Rosenzweig und Margrit Rosenstock kennen.
⁴ Anspielung auf 1.Mose 28,10ff.   ⁵ Name einer jüdischen Zeitschrift.
⁶ Hugo Bergmann, später Bergman, 1883-1975, Zionist und Philosoph aus Prag, stark von Buber beeinflußt.
⁷ Anspielung auf die Fabel von dem Hasen und dem Igel.

An Margrit Rosenstock am 16. und 17. Juni 1919

16.VI.

Liebe, also in Jena. Zuerst in der Universität. Der Hodler[1] ist wirklich noch grösser geworden, so scheint es. Dabei steht er immer noch auf dem Flur, an einem unmöglichen Platz. Ich hatte oft an das Bild denken müssen, es ist ja wirklich die Vorwegnahme des August 1914 und vielleicht wird man es später gar nicht mehr verstehen (weil man später den notwendigen Zusammenhang der Aufbrechenden des Vordergrunds mit den Inreihundgliedmarschierenden des Hintergrunds, die Verwandlung der Einzelnen in Masse nicht mehr begreifen wird.

17.VI.

Inzwischen war dann allerlei, nur kein Brief von dir; das postlagernde Fräulein, obwohl es mir schon gestern beim Kommen einen Brief von Rudi auslieferte, hat schon ordentlich Mitleid mit mir. Bei S.Fischer war ich einem jungen American, der „vergeblich viel, um zu versagen" sprach. Um 6 ging ich zu Nohl,[2] er hatte mich in das Büro der Volkshochschule bestellt, wo er von 6-7 sitzt. Das war was. Du entsinnst dich: Nohl hatte mir damals anlässlich des Schellingianums den netten Brief geschrieben. Er selber ist noch netter. Sehr hübsch, gut gepflegt, kindlich heiter und unmittelbar. Zwischenhinein kam Rein,[3] der Pädagoge, und besprach allerlei mit ihm; sodass ich in Kürze einen Blick in das Thüringsche Volkshochschulwesen tat, das üppig ins Kraut schiesst. Die Macher sind Nohl und Weinel,[4] er für die Städte, Weinel für die Pfarrer und Bauern.   Nohl sieht die Sache ganz ohne „Ideen", einfach als einen verlängerten Kriegsdienst an (und zwar einen, den er im Gegensatz zum Krieg gern tut, aber eben doch nur vorübergehend, bis die Sache auf eignen Füssen steht und genug „jungverheiratete Doktoren" überall einer die Sache als Lebensberuf aufgenommen haben). So umfasst er auch alle Seiten mit gleichem Interesse, den Anstandsunterricht wie die Sprachkurse wie die Geschmacksbildung und die Algebra.   In diesen Tagen ist alles Faust. Denn auch eine Wanderbühne gehört dazu. Heut Abend werde ich es sehen: beide Teile in einem Abend. Und Nohl selbst hat nun sowie er sich aus der Volkshochschule herausgelöst hat, einen andern Plan. Auf Dornberg, dem Schloss hier in der Nähe - kennt ihr es? - ein Internat für zukünftige Oberlehrer-Studenten. Verbunden mit Schule. Die Studenten sollen von vornherein als Lehrer miteinander und mit Schülern zusammenleben, einige „ältere" (d.h. in unserm Alter) als Lehrer der zukünftigen Lehrer. Die Universität nur noch Hilfsmittel, die eigentliche Bildung im Arbeiten und Besprechen, immerfort Besprechen, Zusammenleben in Dornburg. In Nohls Beschreibung kam so oft das Wort „Besprechen" vor, dass ich ihm schliesslich sagte, er wäre gar kein Professor mehr, er sprenge ja die Universität; das wollte er aber für sich nicht wahrhaben und rühmte die Notwendigkeit des „Orare" neben dem Laborare.[5] Sogar die protest. Geistlichen sähen es jetzt ein.- Dann noch über Dilthey,[6] seinen Lehrer. Im Kolleg legt er auch Diskussion ein, hängt allerdings trotzdem an der Idee, das Kolleg müsse Gestalt haben — und ist überhaupt so lebendig wie ein Ästhet nur sein kann.   Heut Nachmittag gehe ich zum Thee hin. Gestern Abend waren wir bis 8 zusammen. Dann suchte ich meinen Flakkameraden vom Mai und Juni 16, den Architekten Rohde auf. Er erkannte mich nicht. Die Frau ist von Arbeit ausgesogen, sie ist Klavierlehrerin oder Geigenlehrerin; sie gehören zum Nohl-Buchwald-Diederichkreis. Er zeigte mir Pläne zu einem Städtebauprojekt für eine Strasse hier in Jena, ich habe viel gelernt, weil er mir alles bis ins Einzelne erklärte. Aber meinen Friedensansprüchen genügt er weniger als meinen mazedonischen. Er ging damals fort ehe ich auf den Dub[7] ging - vor 3 Jahren schon. Und 6 Jahre ist jetzt der Sommer 13 her!

Heut ging ich früh zu Diederichs. Sprach Buchwald und ihn selbst. Er ist ein Hüne, etwas Mischung von Faust und Falstaff. Ein bischen hohl. Den habe ich nun glaube ich richtig genommen. Er machts abhängig von - Nohl. Und zwar davon ob Nohl ihm sagt, es sei ein Standardwerk der Hegellitteratur. Das ists ja nun wirklich. Also ob Nohl ihm sagt: das müssen Sie nehmen (nicht vom Rentierstandpunkt, sondern qua Standardwerk). Und das wird Nohl wohl sicher. Dass aber D. es ernstnimmt, merkte ich daran, dass ich immer sagte, es wäre mir gleich, ob es erst 1920 gedruckt würde, er aber zuletzt die anfangs vorgeschobene Papierknappheit fallen liess und mich fragte, ob es druckfertig sei, denn wenn Nohl es ihm empfehle, wolle er es sofort und sehr schnell drucken; der Druck dauert dann keinen Monat! Ich sagte natürlich zu allem Ja. Das heisst dann freilich, dass es so bald nichts mit Stuttgart wird. Ich werde sogar auf alle Fälle mich gleich in Berlin dran machen müssen, damit ich wenigstens das halbe Mskpt hinschicken kann, wenn D. es annimmt. Und die Korrekturen muss ich in B. lesen weil ich anderswo keine Bibliothek habe.   Es war übrigens ein kurioses Gespräch und ich hätte gewollt, du hättest Zaungast spielen können. Empfangen tat er mich übrigens mit einem Brief von — Trudchen, die an seine Adresse geschrieben hatte! ziemlich das gleiche, was Rudi schreibt (schick mir seinen Brief zurück).

Es wäre doch gut, wenn der Hegel Ende Juli im Satz stünde! Bei Nohl musste ich aber denken, was doch alles im Rahmen der Universität immerhin möglich ist! Und was für ein Zufall eigentlich doch, dass Eugen nicht mit so einem zusammengeraten ist. Es wäre <u>auch</u> gegangen. Aber „wäre" gilt nicht. Es gilt nur wer ist und wird.   Ich <u>wäre</u> ja auch nicht, nein ich <u>bin</u> - dein.

---

[1] Der Maler Ferdinand Hodler schuf in den Jahren 1907-1909 für die neue Jenaer Universitäts-Aula ein Monumentalgemälde mit dem Titel „Auszug deutscher Studenten in den Freiheitskrieg von 1813".

[2] Hermann Nohl, 1879-1960, Pädagoge und Philosoph.   [3] Wilhelm Rein, 1847-1929, Pädagoge.

[4] Heinrich Weinel, 1874-1936, evangelischer Theologe.

[5] Lat.: orare - beten, laborare - arbeiten. Das bekannte Motto ora et labora - „bete und arbeite" wird gewöhnlich den Benediktinern zugeschrieben.

[6] Wilhelm Dilthey, 1833-1911, Philosoph.

[7] Berg in Makedonien, wo sich Rosenzweig im Sommer 1916 aufhielt; dazu etwa Zweistromland S.81.

An Margrit Rosenstock wohl am 17. Juni 1919

Liebe, es war nur nett heut nachtmittag bei Nohl. Vorher war ich noch mit Rohde zusammen. Die Diederichssache scheint wirklich was zu werden. Und auch das Tempo, <u>wenn</u>

es etwas wird. Täglich so ein Bogen Korrektur! Ein schöner Thee! Aber dann bin ichs los.   Jetzt sitze ich in Nohls Büro und nachher bringe ich ihn noch ein Stück.
Mit Nohl nun die üblichen gemeinsamen Bekannten in der kleinen Welt. Er wohnt schön, hat sehr moderne Bilder. Heut Abend dann der Faust.
Heut Nachmittag dann auch dein Brief. Und nun wirds so lang bis wir uns wiedersehn. Und wir dürfens noch nichtmal anders wünschen.   Denk doch, wie gut das wäre, wenn der Hegel in ein paar Wochen aus meinem Gesichtspunkt verschwunden wäre! Nohl meint übrigens, bei D^s Bereitwilligkeit spräche eigentlich etwas Steuerflucht mit. Da müsste ich ja eigentlich gleich sehen, ob ich nicht den ✡ ihm auch noch anhänge! Vielleicht hält ers für ein maurerisches[1] Symbol! Aber das hebräische Motto würde er freilich nicht schlucken. Schade.
.....
Es war doch in Weimar genug für 2 Tage? das hattest du nicht gedacht.
Morgen nun Berlin und dann ein par Tage brrr brrr Hegel. Dann bin ich ein Ertrinkender und meine Briefe sind die Hand die ich herausstrecke. Aber heut bin ich noch ganz <u>über</u> den Wassern   - Dein.

[1] Freimaurerisch.

An Margrit Rosenstock am 18. Juni 1919   18.VI.
Liebe - wieder in Berlin, und schon ein Brief von dir und von Hans eine lange Antwort auf meinen, den ich nach Stuttgart geschickt hatte, und eine Wohnung. Ich lief sehr müde herum und dachte schon, ich würde nichts finden. Als ich alles in der Nähe der Bibliothek abgeklappert hatte, fuhr ich zum Bahnhof Tiergarten, ging am Tiergarten entlang, aber das einzige was da war, war besetzt. So kam ich zum Bahnhof Bellevue und in die Claudiusstrasse, wo Hans in unserm gemeinsamen Berliner Winter 07 auf 08 gewohnt hat. Da fand ich ein grosses Doppelzimmer (nämlich durch einen Längsvorhang geteilt in Schlaf- und Wohnzimmer) im Parterre, es ist eine Strasse mit Bäumchen, so ist es nicht grad sehr hell, aber es hat einen Erker, und einen Balkon daneben. „Simonsohn" sind drei Fräuleins, das Zimmer wird erst am 1ten frei, mein Vorgänger ist Vorsänger, synagogaler natürlich. Solange wohne ich in einem kleinen Kabüffchen nach dem Hof heraus, wenigstens nicht nach Norden. Ich glaube, ich habe es trotz hohen Preises (130 M) gut getroffen. Die Wirtinnen gefallen mir. Dazu die Nähe des Tiergartens, die mich vielleicht doch auch mal lockt. Und vor allem, ich bin untergebracht. Ich hatte ordentlich Angst, wie das würde.   Übrigens noch: eine schöne Chaiselongue und ein herrlicher Schreibtisch. Abends sah ich noch in Mündels Packet herein. Ich freue mich doch darauf. Es ist 67 Blatt lang.
Gestern Abend der Faust war ein rechter Reinfall. Die Stilbühne (Samtvorhänge!) ist ein reiner Unsinn. Der Regisseur (Haas-Berkow) glaubt, der Faust wäre von Robert Kothe.[1] Ich mag gar nicht davon erzählen. Es war eigentlich alles schlecht ausser den ersten Gretchenszenen, wo Gretchen nämlich nicht im süsslichen „Naiven"ton sprach, sondern im genauen und akkuraten Ton eines artigen Kindes. Aber sonst war alles höchstens Durchschnitt, meist weniger. Das Publikum langweilte sich bei der ersten Hälfte; das *ist* eben kein Volksstück. Die Zwillinge hatten ganz recht. Kurz es war kein schöner Abschluss der schönen beiden Jenaer Tage. Ich bin nun sehr gespannt

auf Nohls Ergebnis. Ich fürchte, er wird sich zwischen mir und Diederichs durchwinden, mit einem sehr freundlichen Brief an mich und einem Abraten an Diederichs. Ich habe ihm selber (weil er sagte, es wäre ihm eine peinliche Sache, weil er wisse, Diederichs würde hier glatt tun, was er ihm sage) also ich habe ihm selber gesagt, er dürfe es nicht sehr schwer nehmen, da ich es immer noch bei Winter unterbringen könnte. Das wird er mir dann „raten", fürchte ich. Na, ich muss abwarten; er wird sehr rasch handeln, da er offenbar jetzt nur einen Blick hineinwerfen will.

„Die" Oper eine unmögliche Gattung? ich glaube, die Madam Butterflys[2] sind in jeder Gattung unausstehlich. Gegen die Gattung an sich ist gar nichts zu sagen (obwohl es heute, wo alles auf Wagner herumhacken zu müssen meint, üblich ist).   Denk einmal, es gäbe noch keine Oper, und ein Dichter - aber es könnte nur ein ganz grosser, ganz phantastischer sein - erfände in einem Roman diese Kunstgattung, ein gesungenes und orchesteruntermaltes Schauspiel; man wäre doch ganz weg bei dem Gedanken (so etwa wie bei Brods symfonischer Reise zu Anfang des grossen Wagnisses). Die Oper ist aber so herrlich, wie man sie sich nur erdenken könnte — nur verträgt die Form keine Überlastung, nämlich keinen vollkommenen Ernst. Es ist etwas so Phantastisches dass Menschen singen statt zu sprechen, dass die Oper rettungslos bombastisch, schwerblütig, gemacht wird, sowie sie ganz aus der Sphäre einer gewissen Ironie (eines „Es ist ja alles nicht wahr"[3]) heraustritt, wie sies bei Wagner, Beethoven, auch Gluck tut. Die komische Oper ist schon als Gattung etwas Herrliches. Auf dem Gebiet sind auch Durchschittssachen schon vollkommen schön. Bei Mozart ist bekanntlich sogar der Don Juan-Stoff in diese Form der „opera buffa"[4] gegangen, ein bischen komisch ist sogar Donna Anna,[5] ein bischen heiter. Und die Zauberflöte bleibt Singspiel bis in die Priesterchöre hinein (bis in die Knabenterzette und die Zornkoloraturen der Königin ohnehin). Und wo er ernst, nur-ernst sein wollte wie im Titus, da hat er etwas ebenso Unausstehliches gemacht wie alle opera seria.[6]

Wann werden wir einmal eine Oper zusammen wieder hören? Allein gehe ich ja nirgends mehr hin.

Ich hatte Kahn über die 2 Jenaer Tage fast vergessen. Erst dein Brief rief es mir wieder zurück. Ja gewiss, das ist das Eigentliche. Aber ein Leben, wo man das Eigentliche 2 Tage lang vergessen kann - was ist das? Und ob die Akademie schliesslich nicht die Menschen mehr abschreckt als fängt, die wirklichen Menschen?? Kahn jedenfalls würde mir da nicht in die Finger gekommen sein. Er sprach von der jüdischen Universität in Palästina,[7] und sagte, er sei sicher, sie würde nicht wie die deutsche sondern eher wie die russische, disputativ und ohne den Unterschied von Studenten und Dozenten. Er wird wohl recht haben. Man hat ja Exempel!
...

---

[1] Robert Kothe, 1869-1947, damals ein sehr populärer Sänger.

[2] Madame Butterfly - Oper von Giacomo Puccini, 1858-1924.

[3] Vielleicht Anspielung auf den Einakter „Kräfte" von August Stramm, 1874-1915.

[4] Komische Oper.

[5] Gestalt aus Mozarts Oper „Don Giovanni".

[6] Typ der ernsten Oper, die einen mythologischen oder heroischen Stoff zum Thema hat.

[7] 1925 wurde in Jerusalem auf dem Scopus-Berg die Hebräische Universität gegründet.

An Margrit Rosenstock am 19. Juni 1919   19.VI.

Liebes Gritli, der erste Tag wieder hier. Ich war fleissig und las den Hegel, um gegebenenfalls Diederichs gleich das halbe Mskr. schicken zu können. Inzwischen hat Meinecke, den ich mittags im Seminar abfing, mit Oldenbourg in München gesprochen; von dem kriege ich nun auch in kurzem ein Angebot. Diederichs wäre mir aber lieber, schon weil ich den Verlag später mal eher für irgendwas brauchen kann als den rein wissenschaftlichen Oldenbourg. Meinecke war kurios verzweifelt über das bevorstehende Unterschreiben.[1] Ich sagte ihm ins Gesicht, ich hätte seit November nie an diesem vollkommenen Untergang mehr gezweifelt und spürte deshalb jetzt keinen Ruck mehr. Er hatte also immer noch gehofft. Er erzählte mir, gestern im Mittwochskränzchen hätte er über die antike Parallele gesprochen: Pydna[2] (wo Griechenland durch Roms Sieg über Mazedonien aufhörte). So gründlich sieht er immerhin. Was er nicht sieht ist, dass mit Pydna auch Roms Ende anfing - und dass eben Griechenland und Rom beide in den „Untergang der Antike" hineingerissen waren.   Aber überhaupt ist es mir an ihm neu, dass er weltgeschichtlich zu denken versucht, und wohl auch erst ein Ergebnis des Zusammenbruchs. (Als ich 1910 ins Lenz'sche Seminar kam, roch ich zum ersten Mal seit meiner historischen Fachzeit wieder weltgeschichtliche Probleme) (nach 4 Semestern Meinecke!). Nachmittags kam ein Brief von Mutter, ganz ruhig und freundlich, statt der von Rudi und Trudchen vorausgesagten Wut. Vielleicht hatte sie schon abgewütet (aber sie sprach selbst ganz objektiv von ihrem Benehmen bei O.Adolf), vielleicht hatte auch die Einlage auf sie gewirkt, nämlich eine von Winter geschickte Rezension des Schellingianums von dem Breslauer Theol.professor Scholtz (Schüler von Dilthey und Harnack), in ganz überschwänglichen Tönen, so wie man sich vor dem Druck manchmal Rezensionen ausphantasiert, wider Willen. Sie steht in der Theol. Litt.ztg. N^r 9/10, wenn Eugen sie nachlesen will. Tadeln (aber mit einem ängstlichen „m.E.") tut er nur den letzten Abschitt, der „in Hinsicht auf Klarheit und Präzision m.E. hinter den vorigen zurücksteht". Kunststück! er enthält mein <u>eigenes</u> „Systemprogramm", und das konnte wohl damals noch nicht klar und präzis sein. Weizsäcker ist seinerzeit grade auf die Andeutungen dieses Abschnitts hin wieder zu mir gekommen. Aber so gut hat Scholtz es gelesen, dass er das gemerkt hat.

Ich selber habe mich heut auch gelesen, nämlich das erste Viertel von III 1. Es hat mir gut gefallen. Weisst du eigentlich, dass in III eine unbewusste Parallele zu Hans steckt. Hans teilt doch [[ein]]: „die Lehre" und „die Weisheit" (vor beiden vorher kommt Natur und Geschichte). Natur und Geschichte kongruiert mit meinem I; die „Lehre", was bei Hans die Theologie ist, natürlich mit meinem II. Die „Weisheit" aber enthält 1.) „Politik" 2.) „Ästhetik" 3.) „Logik". Nun entsinn dich, dass ich die genau so in dieser Reihenfolge in III abhandle: die Lehre von Volk und Staat in III 1, die von Kunst und Leben in III 2 und die von Wahrheit und Wirklichkeit in III 3. Hier ist nun wirklich keine Spur von Einfluss, sondern eine reine Parallele. Es muss also doch wohl stimmen. - Von Trudchen hatte ich ein paar Worte über II 2.

Manchmal hatte ich heute zwischendurch die Vorstellung, du wärest da und ich brauchte bloss aufzusehn, um mit dir zu sprechen. Und ich war doch nicht mal enttäuscht, wenn es dann nicht wahr war. Es war wohl doch wahr?   Liebe, liebe —

[1] Am 28. Juni 1919 wurde der Versailler Friedensvertrag unterzeichnet. Voran gingen in Deutschland lange und hitzige Diskussionen, ob man den Vertrag in der vorgegebenen Form annehmen dürfe oder nicht.

[2] Stadt in Makedonien, bekannt durch den Sieg der Römer unter L.Aemilius über Perseus von Makedonien (168 v.d.g.Z.), durch den die Region endgültig unter römische Herrschaft kam.

An Margrit Rosenstock am 20. Juni 1919

20.VI.

...

Über deinen Gedanken, den ✡ im Jahrbuchverlag zu drucken, musste ich doch lachen, - warum nicht gleich im Jahrbuch selbst? Nein, - wenn, dann muss ich schon in den sauren Apfel beissen und es bei Verlegern herumschicken; es ist an sich übrigens verglicher als ein „wissenschaftliches" Buch. Fünfhundert Exemplare ist sowieso schon öffentlich, - da ist nichts mehr mit „Herumgeben" und „Weitergeben" und mir genügen dann die üblichen 20 Freiexemplare. Zuschuss kann ich ja einem Verleger ruhig geben, aber „Geschäft" muss es bleiben. Wenn schon, denn schon. Wenn schon Veröffentlichung, dann auch richtige Veröffentlichung und keine private Geheimtuerei dabei. Zuschuss und dafür Gewinnbeteiligung. Ich begreife eben noch heute nicht im mindesten, weshalb du eigentlich darauf überhaupt drängst; nach meinem Gefühl müsstet du dich dagegen sträuben. Wenn es gedruckt ist, hast du ja die Handschriften nicht mehr. Überhaupt wie dieser ganze Entschluss zustande gekommen ist - als reines Produkt der Erfahrungen, die ich in der ersten Berliner Woche bei den „ollen Juden" gemacht habe - schon das müsste dich abstossen; auch mir wird etwas übel dabei. Ich brauche eben Bekanntheit à tout prix,[1] sogar um den prix der Berüchtigtheit. Das hat mich die erste Berliner Woche gelehrt. Dafür wird nun der ✡ prostituiert. Glücklicherweise ist ja die posthume Wirkung solcher Bücher fast unabhängig von ihren ersten Schicksalen. Sonst dürfte ichs wirklich nicht. Denn nur die posthume Wirkung ist hier wichtig. - Da sind wir sehr konträr.

...

Helene hatte an der Frucht des Todes das „Asketische" Eindruck gemacht. Ich muss es übrigens nun bald nochmal lesen und zurückschicken. - Über Rade bin ich nur traurig. Wenns nun wirklich Kurt Wolff druckt oder S.Fischer - was ist das dann! Kähler hat sich also hier gemeldet, ich will ihn jetzt anrufen. Überläufts dich? Wir treffen uns immer in den kritischen Tagen. Obwohl diese jetzt an mir ablaufen wie Wasser; ich habe den ganzen Einsturz im Oktober - November verspürt, seitdem - ich glaube, in unsern Briefen steht seit Monaten kein Wort Politik mehr? Dies gleichzeitige Korrigieren der Mskripte von „Hegel" und vom ✡ ist sehr drollig.

...

[1] Franz.: um jeden Preis.

An Margrit Rosenstock am 20. Juni 1919

20.VI.

Liebe   ich muss dir nochmal schreiben, obwohl es spät ist. Ich habe dir vorhin so verärgert und borstig geschrieben. Vielleicht bin ich krabbelig in der Ungewissheit mit Jena; von Nohl kriege ich nämlich vielleicht schon morgen Bescheid. Ich ärgere mich auch, dass ich bei ihm selber entgegengearbeitet habe, aus Anständigkeit und vor allem weil er mir so gut gefiel. Denn vor allem möchte ich doch den Stein mit Anstand los werden. Aber nun war ich also sogar eklig zu dir und habe dich mit dem

✿ geärgert. Wir wollen von der ganzen dummen Druckerei nicht reden (obwohl Mündel jetzt im Eiltempo schreibt, ich habe schon III 2 hier und von III noch keine 30 Blatt korrigiert) (auch den 29 Blatt langen Rudibrief schickt er mit!) - aber vorläufig ists ja noch nicht so weit, und nachher werde ichs zuerst bei den beiden in Frage kommenden jüdischen Spezialverlagen („Jüdischer Verlag" und Löwit, eventuell auch im Verlag der J.Monatshefte) versuchen, dann bei Rütten und Loening;[1] irgendeiner wirds ja wohl nehmen, da ich ja ein paar Tausend Mark Zuschuss anbieten werde. Nun habe ich doch wieder davon geredet. Es geht mir eben doch viel im Kopf herum, jetzt wo ich grade die kritischen Partien korrigiere. Ich glaube, sie sind gar nicht so gefährlich.

Der Gedanke, die Predigten stückweis zu veröffentlichen - was war denn das Schönste am ✿? doch auch, als du ihn „stückweis" kennen lerntest, jeden Tag wie er entstand. Was ist dagegen ein einmaliges „zusammenhängendes" Lesen. Gut Ding will Weile haben. Aber es ist nun nichts damit; man müsste Rade schon persönlich aufs Dach steigen, und wer kann das? Eugen doch nur, wenn er selbst ebenso überzeugt von dieser Notwendigkeit wäre wie ich.

Aber lass das alles - ich musste dir bloss nochmal eine gute Nacht sagen, eine <u>gute</u> Gute Nacht. Ich habe Sehnsucht nach dir und muss sie doch noch einen Monat zurückhalten. Und du? ist dir heute gut??   Gute Nacht.

[1] Löwit, Rütten und Loening - Namen von Verlagen.

An Margrit Rosenstock wahrscheinlich am 21. Juni 1919

Liebes Gritli, du <u>sollst</u> doch nicht krank werden. Wart nur, sonst komm ich mitten zwischen dem Hegel zu dir und lasse Herrn Diederichs warten. Der übrigens (oder vielmehr Nohl) vorläufig mich warten lässt und vermutlich durch den thüringischen Eisenbahnerstreik mich noch eine Weile warten lassen wird (übrigens wäre heute der früheste Tag wo ich Bescheid haben könnte).   Es war gar nicht schlimm mit Kähler. Er war viel runder (soweit er es sein kann) als er im Winter war. Es waren ein paar ganz hübsche Stunden. Ich musste für Hans einen Gang schlagen, Kähler hatte „Heidelberger Nachrichten" und sagte ihm allerlei auf den Kopf zu. Danach habe ich gehegelt und gesternt in der fidelen Abwechslung, die jetzt schon zur Gewohnheit wird, so hin und her zwischen dem guten und dem schlechten Buch (obwohl natürlich das schlechte die guten Kritiken kriegen wird). (Beim guten vertrage ich gar keine, noch nicht mal Eugens sehr sanfte; ich finde es je weiter es zurückliegt nur immer wunderbarer, dass ich es habe schreiben können; ich bringe es drum auch gar nicht fertig was dran zu ändern; es käme mir wie eine Unverschämtheit vor, wenn der jetzige wieder dummgewordene Franz dem damaligen was verbessern wollte.
...

An Eugen Rosenstock am 21. Juni 1919   21.VI.

Lieber Eugen, dasselbe habe ich neulich Meinecke gesagt,[1] wie er so klagte, ich verspürte nicht den mindesten Sturz; nach dem Oktober-November hätte es nicht mehr tiefer hinab gehen können. Aber es ist, wie du sagst. Auch Kähler bestätigte mir heute,

M. habe eben doch an den Völkerbund (als politische Karte in unsrer Hand) geglaubt. Und mir sagte er (M.), es hätte aber doch besser und schlechter enden können. An mir gleitet nun fast alles ab. Man kann eben nicht zweimal „erschrecken".
Warum nicht ⟨XX⟩? weil die Punkte des 2ten ⟨▽⟩ gar ~~keine~~ nichts andres wollen und sollen als dies eine: den Liniencharakter von ⟨△⟩ verderben. Dazu müssen sie aber ausserhalb der Linien liegen. Denn durch 3 Punkte lässt sich nur dann keine mathematische Linie ziehen, wenn sie - nicht in einer Linie liegen. ⟨·⟩² sind mathematische Punkte (daher die Scheusslichkeit des ersten Teils). Aber GW, GM, MW³ sind keine mathematischen Linien (daher die Vergnüglichkeit des zweiten Teils). Und des zum Zeichen müssen die Punkte, die ihnen den Namen geben, die Punkte Sch., Off., Erl. ausserhalb von ihnen liegen. Ich meine übrigens, so habe ich es in Schwelle selber schon erklärt. Aber ausserdem: ⟨XX⟩ würde ja bedeuten, dass Schöpfung und Offenbarung zu ~~den~~ ihren „Elementen" anders stünden als Erlösung. Und dafür ist doch gar kein Grund. Oder auch, dass der Mensch näher der Erlösung wäre als der Offenbarung, die Welt näher der Erlösung als der Schöpfung, und nur Gott gleich sehr Schöpfer und Offenbarer. Was doch auch wieder falsch wäre. Die Abstände sind nämlich auch immer sehr wichtig. Und endlich würde ⟨XX⟩ heissen, dass Gott unmittelbar aus seiner Verborgenheit heraus (denn die bezeichnet der Punkt G) schüfe und sich offenbarte, - ohne also Schöpfer und Offenbarer zu sein (es gäbe also Schöpfung und Offenbarung, aber keinen Schöpfer und Offenbarer, nur einen verborgenen Gott - ein Gedanke für idealistische Ordinarien à la Tröltsch).
Und weiter (immer noch zu ⟨XX⟩) würde dann die Welt unmittelbar, ohne erst wachsen, der Mensch unmittelbar ohne erst lieben zu müssen, erlöst sein. Die Erlösung wäre also beiden schon geschehen, nur die Schöpfung bzw. die Offenbarung müsste ihnen noch kommen (denn die geometrischen Orte der Kreatürlichkeit - des „Daseins" - und der Geliebtheit ⟨XX⟩ wären ja noch da). Siehst du aber wie richtig es war, dass ich dies ganze Gerüst abgebrochen habe und dem Leser [[es]] nur ganz kurz andeute, wo es gestanden hat? So ist es ja entstanden, aber was haben all diese Um- und Holzwege für ein Interesse. Ich bitte dich auch Hans nichts davon zu sagen; ich glaube er wird überhaupt nichts davon merken, trotz der drei Übergangskapitelchen, wo ja sapienti sat (superque)[4] drin steht.
...
Die Frucht des Todes - ich schrieb ja wohl selber, dass es bei dir nicht „Prag" oder „Rilke" oder dergl. ist, weil du ja das „andre" (Schöpfung und Offenbarung) auch glaubst, - was doch die Prager (Rilke ist ja auch aus Prag, fällt mir ein) nicht glauben. So gut wie es bei Lippert[5] (in der Jesuitenpsychologie) oder in der Kabbalah was andres ist als bei den Pragern (aus dem gleichen Grund). Aber der ton faisait la musique.[6] Und der ton war der der Entdeckung. Und so war es übermässig unterstrichen und konnte deshalb verwechselt werden. Und grade weil du es früher (im Halbhunderttag etwa - bitte nimm dir doch das Exemplar, das Hans hat; es steht in dem Bücherschrank auf dem Flur, mit) also weil du es früher scharf abgewiesen hättest, deshalb war es jetzt so auffallend. Ausserdem auch weil du überhaupt solchen Wert auf den Aufsatz legst, und man weiss nicht recht warum; so viel steht gar nicht drin; das geht ja meist so, bei Konzeptionsdokumenten; im Gritlianum[7] steht auch herzlich wenig, und doch nahmen wir es alle drei damals übermässig schwer; wir spürten eben, dass es die

Vorfrucht zum ✡ war, dessen Abfassung du mir ja dann in deinem Antwortbrief darauf prompt anbefahlest. (Warum ich nicht „Von der Erlösung" schriebe! ich müsse doch meine Begriffe nun auch endlich mal laut werden lassen! Worauf ich protestierte, „noch lange nicht" sagte und - es tat).

Hoffentlich, hoffentlich trifft dich dieser Brief nun wirklich in Heidelberg. Ich habe Sorge um Gritli; es kam so langsam herauf, als ob es lange bleiben wollte.

Was du von Gritli und dem Katholischwerden sagst ist mir lange, sehr lange schon klar. Aber es ist nicht wahr dass es Wahl und Aktivität bei ihr wäre. Dann wäre es schlecht. <u>Dann</u> „dürfte, müsste, würde" sie <u>nicht</u>. Sie darf nur, weil es — ohne Wahl ist und auch gar nichts Wahlartiges bei ihr bedeuten würde. Wählen würde ja heissen: eins besser finden als das andre. Und das wäre heute nur eine Apostasie von <u>der</u> Kirche, der ihr in Wahrheit angehört und die nicht katholisch <u>oder</u> protestantisch ist.

Lieber Eugen, in deinem Brief steht dazu eine Illustration, die Korrektur von „gebe es Gott" in „giebt es Gott". Die Korrektur ist mir lieber als die ganze „Frucht des Todes". In Wahrheit korrigiert sie überhaupt ihn, ich meine den Aufsatz.

Grüss Hans. Ich vertrage es nicht mehr, wenn jemand ihn „verwirft". Ich habe zu lange selber diese Sünde begangen.   Dein Franz.

[1] Dazu der Brief an Margrit Rosenstock vom 19. Juni 1919, S.335.
[2] **G**ott, **W**elt und **M**ensch als Eckpunkte des Dreiecks, das „Stern" I darstellt.
[3] Gott-Welt, Gott-Mensch, Mensch-Welt als die Seiten des Dreiecks.
[4] Lat.: Dem Weisen ist es genug (und mehr als genug). Mischzitat aus Plautus, Persa 7,19 und Cicero, De natura deorum 2,2.
[5] Friedrich Lippert, Maximilian I. von Bayern und die Jesuiten, 1913.
[6] Franz.: der Ton macht die Musik.   [7] Abgedruckt im Anhang, S.826ff.

An Margrit Rosenstock am 22. Juni 1919

22.VI.

Liebes Gritli,   wieder so ein Hinterhofsonntag. Aber es ist wenigstens etwas Grün darauf, sogar zwei Gartenzwerge! (warum treten die immer mindestens paarweise auf?) Und du liegst noch. Es ist doch gut, dass ich mir wenigstens das Zimmer genau vorstellen kann, so kann ich dich viel leichter besuchen an deinem Bett sitzen und dir die Hand auf den Kopf legen. Ich war heut oft da. Hast du es gemerkt?

Im übrigen wieder Heringssalat, ich meine kleingeschnittenen Hegel und ✡ durcheinander. Bald beginne ich die beiden Bücher zu verwechseln und weiss nicht mehr welches mir gefällt und welches nicht. Mutter macht wahrhaftig schon den Vorschlag, ich sollte den ✡ „auch" bei Diederichs drucken! das habe ich davon!

Heut Abend wird mir einer meiner frühesten Theaterwünsche erfüllt: Koriolan. Es war das erste Shakespearestück, das ich las. Ich gehe mit Badts Frau hin, Plätze vom Ministerium. Hoffentlich hat sichs nicht bald ausgeministert. Obwohl ich glaube, er hat sich auch so schon unentbehrlich gemacht; er ist ja ein grosser Arbeiter. Ihn davon erzählen zu hören, ist herrlich, schon weil er litterarisch genug ist, auch ein bischen dazuzuschwindeln, damit die Geschichten hübscher werden. Das ist wenigstens ein Eindruck, den man nicht loswird bei ihm; ertappt habe ich ihn eigentlich noch nie.

Kahn und sein Freund kommen erst Mitte Juli. Es ist mir ganz recht, dass sie es verschoben haben. Obwohl der Hegelfleiss ja sofort aufhören wird, ganz selbsttätig (oder vielmehr selbstuntätig), wenn ich negativen Bescheid von Diederichs kriegen sollte. In Kassel waren Spartakistenkrawalle mit Lebensmittelraub und tapfer zurückweichender Einwohnerwehr. Ich habe zu telefonieren gesucht, es ging aber nicht.
...
Ich habe Eugen nach Heidelberg geschrieben. Nun ist er ja wieder zurück, wenn er dort war. Er schrieb mir vom August in London. Ich „sehe" mich freilich in London, aber sonst sehe ich gar nichts. Oder vielmehr: ich sehe das Gegenteil von Etwas. Ich bin so gar nicht eroberungssüchtig; ich müsste schon erobert werden - und das liesse ich mir freilich ganz gern gefallen.[1] Antworte mir nicht hierauf, es ist schon zu viel gesagt. Oder antworte auch, wie du willst, ich kann dir doch keine Vorschriften machen. Nur die, dass du überhaupt nicht schreibst, solange es dir noch schwerfällt und dir keinen rechten Spass macht. Und noch die eine: Werde gesund. Und die letzte (und erste und ewige): Liebe mich.

Ich bin dein.

[1] In London lebte Rosenzweigs Cousine Winnifred Regensburg. Seit 1913 oder 1914 gab es Pläne einer Heirat mit ihr.

An Margrit Rosenstock am 23. Juni 1919

23.VI.

Geliebtes, nun ist Eugens Telegramm gekommen, und es ist also so. Und ich kann mir nun noch nichtmal vorstellen wie und wo du liegst; „Hegelplatz" sagt ja sehr wenig, wenns wenigstens „am kleinen Stern" wäre. Und Stuttgart wird bös heiss sein zum Liegen. Von Nohl noch kein Wort, so wird es wohl mit D. nichts geben, und dann bin ich ja gar nicht so mit meiner Zeit gebunden. Il y a encore des chemins de fer en Allemagne (feu Allemagne und auch feu chemins de fer).[1] ...
Ich war also gestern im Koriolan;[2] der erste Rang war ziemlich leer, ich vermute lauter so Minister wie wir (14 giebts glaube ich, also 14 x 2 = 28 Plätze). In das Stück kam ich erst nicht herein, teils weil die Volksszenen zu schlecht gespielt wurden, teils weil sie auch zu schlecht gedichtet sind; bei Masse versagt Shakesp. ja immer, und teils weil das Aktuelle einen immer wieder aufschreckte. Aber dann kams doch. Es kamen eben ein paar grosse Szenen von Mensch zu Mensch, am stärksten die wo Koriolan zu seinem Feind Aufidius kommt und sich ihm anvertraut; die Szene spielte in einem Vorraum beim brennenden Hausaltarfeuer; man hörte zuerst aus dem Innern her eine Musik von einem Diner. Und dann nachher die Szene mit der Mutter und Frau und Kind. Sie war so erschütternd, weil sie eigentlich undramatisch ist, nämlich innerlich vom ersten Augenblick an zweifellos entschieden; so spielte es wenigstens der Schauspieler (Somerstorf, wir sahen ihn wohl als Saladin? Nathan war doch Krausneck? Eugen wird das wissen. Jedenfalls er war sehr gut. Sprach auch die grossen Anpöbelungen des Volks prachtvoll (obwohl er mir dabei jetzt eigentlich nur unsympathisch war, während ich als Junge das Gelbertsche Bild wo er verbannt wird abzeichnete und mit Begeisterung drunter schrieb: Plebejerhunde - Ich verbanne Euch. Damals war ich eben für die Übermenschen. Das Publikum klatschte auf offener Szene bei allen Stellen, die man auf Ludendorf beziehen konnte, und merkwürdigerweise:

dies offne Klatschen war nicht mehr störend, während vorher der stille Zwang, selber an Beziehungen zu denken, mich ganz störte: Nun spielte man eben einfach mit. Diese Lebendigkeit des Theaterpublikums ist ja wohl auch eine gute Revolutionsfrucht. Es ist neulich bei Reinhard[3] noch etwas viel dolleres passiert. Da wurden Stücke von einem jungen Expressionisten, Kokoschka[4] glaube ich, uraufgeführt. Als es fertig war, stand ein Herr im Parkett auf und erklärte es für eine Schande, dass so was aufgeführt würde. Darauf blieb alles sitzen und es gab eine lange Debatte mit Hin- und Widerreden, fast 1/2 Stunde lang!
So, und nun will ich wieder an den Heringssalat. Bis nachher. Ein kleines Gutes. Sei gut.
Dein Franz.

[1] Franz.: Es gibt noch Eisenbahnen in Deutschland (damaliges Deutschland ... damalige Eisenbahnen).

[2] Shakespeare, Coriolanus, Tragödie, um 1608.

[3] Max Reinhardt (Max Goldmann), 1873-1943, Leiter des Deutschen Theaters in Berlin.

[4] Oskar Kokoschka, 1886-1980, Maler, Graphiker und Dichter.

An Eugen Rosenstock wahrscheinlich am 23. Juni 1919

Lieber Eugen, ich denke ja auch natürlich fortwährend daran wann ich komme. Hätte ich nur Bescheid von Diederichs. Vorhin hatte ich mir ausgerechnet, ich würde von hier am ~~Mont~~ Dienstag nach Kassel fahren, am 2. also an Vaters Geburtstag bei Mutter sein, am Mittwoch oder Donnerstag zu euch; alles übrige - Unterbringung und Tätigkeit - so wie dus gemeint hattest, höchstens dass ich etwas archivhegeln würde. Das letztere, und die Unsicherheit Diederichs' ist der Grund weshalb ich nicht vor dem 2. komme; ich müsste ja dann spätestens am 1. nach Kassel fahren, also wenn ich hegeln will, schon morgen hier fort oder übermorgen, und bis dahin bin ich nicht so weit, dass ich schon wieder weiss, was im Restaurationskapitel steht oder vielmehr nicht steht.   Und von Diederichs hätte ich auch noch keinen Bescheid, wahrscheinlich. Ich will jetzt Nohl schreiben, damit er mir antwortet, wie die Aussicht ist; ich werde ihm schreiben - Gritli wäre krank und ich müsste es wissen. ... ich habe etwas sehr Schönes für dich, in 3 Bänden, (nämlich „soweit erschienen"); du wirst es nicht erraten, es liegt jetzt dauernd bei mir auf dem Tisch. Übrigens das katholische Sederlein habe ich hier und brings dir nun wieder; ich habe es verbummelt.
An das ~~Kir~~ Sabbatjahr und das Jubeljahr[1] als die grösseren Zyklen (den 7 und den 50 jährigen) habe <u>ich</u> doch natürlich gedacht, aber es fehlt ihnen eben die Natürlichkeit. Sie sind bloss menschgesetzt. Die Planetenjahre sind für den Menschen nicht da! Ich weiss auch nicht: was hat das denn zu tun mit der Frage: Sonntag oder Werktag? Und Rudi bleibt doch so genau im Kirchenjahr wie nur möglich. Die „tiefe Wahrheit, dass die Schöpfung vom Sonntag, vom <u>ersten</u> Tag der Woche (es ist ja der erste nicht der siebente) her neu erbaut werden muss" ist doch kein „erst jetzt", sondern ist <u>das</u> Christentum, das ganze Christentum. Wenigstens habe ich sie so in III 2 vorgebracht, weisst du das nicht mehr? es ist eine alte Fixidee von mir.
Dass du als Zeitrechner auch die grösseren Zyklen brauchst, ändert nichts daran, dass sie nicht natürlich sind. Sie sind eben - (<u>wenn</u> sie sind) geschichtlich. Da sieht man eben, dass der Unterschied von Natur und Geschichte doch seinen guten Grund hat; er meint ja eben nur den Unterschied von Schöpfung und Offenbarung.

Für die Becherrede[2] hast du recht, hier nehme ich das technische Versagen selber für symbolisch. Aber das technische Gelingen des Kassler Vortrags nicht. Der war auch klug, auch taktvoll, und höchstens darin echt, dass ich das Kassler Publikum wirklich umwarb, bei Putzi und Eva aber nur so tat als ob.
Aber nimm mirs nicht übel, das ist mir alles im Augenblick egal. Und dir ja auch.

Dein Franz.

---

[1] Das Schabbat- oder Erlaßjahr soll nach 3. Mose 1-7 und 5. Mose 15,12 in Israel als Brach- und Ruhejahr für den Boden alle 7 Jahre begangen werden. Das Jubeljahr, das nach 3. Mose 25 mit Sklavenbefreiung und Schuldenerlaß verbunden ist, folgt auf jedes 7. Schabbatjahr.

[2] Dazu der Brief an Margrit Rosenstock vom 7. Juni 1919, S.320f.

An Margrit Rosenstock am 24. Juni 1919

24.VI.

Liebes, ich bin ganz früh aufgewacht, so aufregend war gestern der Nachmittag. Erst lag da ein Brief von Hans, worin er mir beizubringen sucht, ich müsste den ✡ im Christlichen Verlag - oder wie soll er heissen? - erscheinen lassen. Halt, nein, der Brief lag erst Nachts da, als ich zurückkam. Und ich muss es ihm gar ernsthaft beantworten, wahrscheinlich sogar mit „Gründen". Es ist das 1000 M-Projekt, von dem du neulich auch schriebst. Die Naivität ist komisch, aber ich muss doch ernsthaft denken, ob es nicht richtiger ist, ihn zu sekretieren, wie ich anfangs wollte; es war doch ein richtiges Gefühl, dass ich mich vor solchen Missverständnissen (und Erschwerungen des Lebens, bzw. natürlich Verbequemlichung, denn was ist bequemer, als „der geistreiche Schriftsteller F.R." zu sein) schützen müsste. Wenn es schon jetzt angeht, und bei Leuten die mich kennen, wie soll das später werden.   Also aber nun vor allem: Um 5 Sitzung bei Landau;[1] das schöne Haus am Pariser Platz (das ehemals Meyerbeersche). Täubler war nicht da, nur Landau, Brasch (der „Syndikus", dieser unglückliche ehemalige Leutnant, sehr anständig, sehr langweilig, ganz unwerbekräftig, Bradts Neffe, ich hatte von Anfang an gegen ihn protestiert, er war damals aus Billigkeitsgründen statt des von Schocken vorgeschlagenen H.Badt genommen, nach und nach haben Landau und Täubler den Missgriff eingesehn), ich, und 2 junge Kaufleute Goldschmidt und der sehr feine Typus Pariser (mit dem Täubler mich zwecks so einer Art jüdischen Privatunterrichts zusammenbringen wollte). Und die beiden Kaufleute regten nun (ohne es zu wissen) das alte Schockensche damals von Bradts Kleinleutigkeit zu Fall gebrachte Projekt wieder an: Büro von 30000 M jährlich mit einem ständigen hauptamtlichen „Sekretär" als Leiter (1000 M Anfangsgehalt) und vertraten es sehr energisch, stellten auch das Geld für das erste Jahr sofort als „Garantiefonds" zur Verfügung; dann würde es sich schon gezeigt haben, ob es sich rentiere, in solchem Umfang zu arbeiten. Da griff ich ein und schmiss Brasch, in seiner Anwesenheit, aus dem Amt heraus! Es war sehr lustig, aber auch sehr aufregend. Ich schlug gleich H.Badt vor, mit dem und mit Täubler ich heute sprechen will. Ich will durchsetzen, dass Badt (mit zunächst 2 Typfräuleins und 4 Bürozimmern) die ganze Werbe- und übrige Büroarbeit übernimmt und dass er sich bereit findet, sich wirtschaftlich unmittelbar von dem Wachstum der Einkünfte abhängig machen zu lassen, so dass sein Einkommen bei 10 Millionen auf 50-60000 M gestiegen sein würde. Das wird schwer halten, nach beiden Seiten, es durchzusetzen. Aber ich halte es für die einzige Möglichkeit, dass die Sache nicht klein und kleinlich wird. Brasch sind Hoffnungen weggeschwommen, er wird um seinen Posten kämpfen. Er tut mir leid, er ist ein anständiger Kerl, aber brauchbar nur für etwas Fertiges, nicht für etwas was erst werden muss. Es war aber mal wieder so: die einzigen mit denen ich glatt zusammenkomme, sind die Kaufleute. Es sind wirklich meine „Naturwissenschaftler" (d.h. bei mir ist es eine Erfahrung, Eugens „Naturwissenschaftler" sind ja eine blosse Idee). Das technisch Neue an der Sache war der Gedanke des Garantiefonds, der grade hier, wo es sich um eine <u>werbende</u> Anlage handelt, absolut am Platze ist (während ich <u>wissenschaftliche</u> Untersuchungen nicht darauf bauen möchte, weil die ja nichts einbringen). - Vater wäre gestern mit mir zufrieden gewesen, und ich musste viel an ihn denken (nur hätte er mir immer leise gesagt: ruhiger! Ich war nämlich scheusslich scharf und tyrannisch!). Bradt war nachher ganz niedergeschlagen. Der Kampf mit ihm beginnt erst. Ich werde heute früh Badts vorläufiges Einverständnis holen, Mittags mit Täubler sprechen, nachmittags vielleicht nochmal mit Landau, damit der bei der Stange bleibt, er ist ja herrlich, aber auch schon ein bischen senil. Seine Frau lernte ich auch gestern kennen, klein, sehr dick, aber proper. Ganz nett, aber mit ihm nicht zu vergleichen. Die Wohnung ist sehr vornehm altmodisch (ob echt oder archaistisch weiss ich nicht) eingerichtet. Nun merkst du ja: Badt tritt an die Stelle, die (nicht als tagausfüllende, sondern als 2 Stundenstelle) ich haben sollte. Das giebt mir auch die Kraft, die Sache zu betreiben. Es ist wirklich wahr, in dem Büro muss den ganzen Tag einer sitzen. Man muss „die Akademie" besuchen können, wenn man von auswärts kommt. Meine Stellung wird sich schon finden. Erscheint der Hegel, so kann ich ja auch, besonders da Cassierer zwar im Vorstand bleibt, aber doch nach Hamburg geht, in den Vorstand gehn und die „philos. Sektion" übernehmen (der Mendelssohnplan, von dem ich dir schrieb[2]). Mit Badt würde ich gut zusammenarbeiten können; so etwas ist doch auch sehr wichtig.   Schliesslich ist ja alles noch im Fluss. Um Mittag werde ich schon klüger sein.

Bis dahin leb wohl, Liebste.   Franz.

Liebe ich lese eben in der Zeitung Brockdorfs Abschiedsgesuch.[3] Er ist ja der Einzige, der spricht wie ein Mensch -, und grade er ist von Berufswegen „Diplomat". Eberts[4] Antwort dann wieder ganz konstitutionell-monarchisch-verblödet.
Von Diederichs noch immer nichts.

---

[1] Wegen der zu gründenden jüdischen Akademie.   [2] Dazu der Brief vom 4. Juni 1919, S.317f.
[3] Ulrich Graf von Brockdorff-Rantzau, 1869-1929, seit Februar 1919 Reichsaußenminister, der die deutsche Friedensdelegation in Versailles anführte.
[4] Friedrich Ebert, 1871-1925, seit 1913 Vorsitzender der Sozialdemokratischen Partei, seit 1919 Reichspräsident.

An Eugen Rosenstock wahrscheinlich am 24. Juni 1919

Lieber Eugen, ich komme wohl sicher nächste Woche. Was mich einzig hindern könnte, wäre die Sache Badt, die ev. meine Anwesenheit hier erforderlich machen wird, falls es mir nicht gelingt, sie entweder vorher zu erledigen (unwahrscheinlich) oder sie auf

8 Tage zu vertagen. - Scapa Flow[1] ist freilich das erste Ereignis seit dem Verrat am Kaiser. Dazwischen war nur Gespenstertanz, und dass die Leute das alles für ernst genommen haben (Wahlen, Nationalversammlung, Putsche, Strassenkämpfe, Versailles) beweiset nur, dass sie selber Gespenster sind.

Meine Sternerklärung neulich[2] war auch nur zu verstehn, wenn du sie partout verstehen <u>wolltest</u>. „Schwelle" ist <u>nicht</u> der Prozess des Gusses, sondern - eine methodologische Rechtfertigung. Der Geist, den ich gesehen kann ein Teufel sein. Hier wird nun der Geist, nämlich das Bild ⟦✡⟧, „genauer geprüft", ganz einfach gefragt: ist es denn nicht vielleicht glatter Nonsense? Warum grade ✡? warum nicht ★? oder ✭? oder ☺? oder sonst was. Zu dem Zweck reflektiere ich auf den verschiedenen Charakter der Punkte von △ und der Punkte von ▽. Nur ․ ʼ ‧ sind <u>Punkte</u>. ʼ ‧ sind keine Punkte, sondern kurzschriftliche Zeichen für <u>Linien</u>, nämlich für △. Jede dieser drei Linien wird durch einen ihr zugeordneten Punkt bezeichnet, z.B. ∠ . Diese drei Punkte geben dann zusammen wieder ein Dreieck - wenn man will. Man könnte es auch unausgezogen lassen, so wie ichs seinerzeit im Rudibrief ja tat, wo ⟦[nur]⟧ die Punkte ․ ʼ ‧ und die Linien △ da waren. Will man aber das Ganze auf Punkte bringen, dann allerdings giebt es nur <u>ein</u> Bild: ✡

Interesse hat das aber alles nicht, und ins Buch gehört nur, was interessiert. Übrigens gilt alles was für Schwelle gilt auch für Übergang und Tor. - Und das <u>Wort</u> „Schwelle" bezieht sich nicht auf den <u>Inhalt</u> des Kapitels sondern auf seine Stellung im Buch; es ist nur Ortsangabe (Länge und Breite am ✡himmel), nicht Ergebnis etwa der Spektralanalyse.

Was ich zu einem Buch „Die chr. Volksordnung" sage? <u>Ja</u>.   Dein Franz.

---

[1] Bucht der Orkney-Inselns, die 1918/1919 als Internierungshafen für die deutsche Hochseeflotte diente. Diese ließ Konteradmiral von Reuter am 21. Juni 1919 versenken, um sie nicht den Briten übergeben zu müssen.

[2] Dazu der Brief an Eugen Rosenstock vom 21. Juni 1919, S.338.

An Margrit Rosenstock am 24. Juni 1919

24.VI.

...

Das wird schwer halten mit Badt und wird mir fürchte ich in den nächsten Tagen viel Zeit kosten. Heut er selbst und Täubler. Täubler war sehr schwierig, sprach immer zwischen hinein von andern Dingen. Ich habe seinen Hauptschüler gesehen; er sieht nicht sehr grossartig aus. Der Tag ist mir so ziemlich draufgegangen. Badt wird dadurch aus einer aussichtsvollen Carriere herausgerissen. Dass er aber der Richtige ist, ist mir fast unzweifelhaft.

Mutter ist nach Lauenförde, zu Frau Löwenherz.[1]

Nebenan bei Simonsohns, wo offenbar eins Geburtstag hat, ist doller politischer Lärm. Alles spricht von „den Deutschen" in der dritten Person. Ich will noch etwas an III 2 zu korrigieren anfangen. Guten Abend - ist denn der Abend jetzt manchmal wirklich etwas gut? Aber sonst kann man ihn doch <u>wünschen</u>. Jetzt gehts doch per Wir drüben. „<u>Hassen</u> müssen wir lernen." Es mag ja wahr sein. Aber ich lese die Zeitungen schon beinahe unbewegt. Der Vorwärts[2] hat heut gut und stolz geschrieben.

Also schlaf ein bischen gut.

Bis morgen   Dein Franz.

¹ Bei Frau Komerzienrat Löwenherz, einer Freundin der Mutter, die bei Lauenförde an der Weser ein Gut besaß, verbrachten Rosenzweigs gelegentlich einige Tage zur Erholung.
² Name *der* sozialdemokratischen Zeitung in Deutschland bis 1933. Am 23. Juni hatte die Reichsregierung aus Furcht vor den Folgen einer militärischen Intervention den Versailler Vertrag angenommen.

An Margrit Rosenstock am 25. Juni 1919

25.VI.

Liebes Gritli, wie immer, wenn man schreibt; heute Morgen war Antwort von Diederichs da. Ablehnung. Ausdrücklich: <u>trotz</u> Nohl. Aber „Papiernot"! Ich war Optimist genug, dass ich jetzt traurig bin. Es wäre so hübsch gewesen. Ich war so flott am Fertigmachen. Nun wirds der eklige Winter. Ab mit Schaden! Immerhin fühle ich mich verpflichtet, hier noch einen letzten Versuch zu machen, bei der V.W.V. (Vereinigung wissenschaflicher Verleger). Ich will nicht so schlapp sein, es zu lassen; ich möchte es schon. Überhaupt bin ich unlustig. Aber es hat ja auch sein Gutes, nun komme ich ja ganz sicher, ich denke, gleich nach dem 2$^{\underline{ten}}$, nachdem ich bei Mutter gewesen bin. (Von Prager hatte ich eben einen Brief. Mutter ist bei ihm gewesen, hat ihm etwas vorerzählt und ihn dann einen Brief an mich schreiben lassen, Sanatorium wäre ganz verfehlt, sie dürfe nur dahin gehen na wohin sie eben gegangen ist. Offenbar hat sie gedacht, dass „er auf Prager doch was giebt"!) So wirds also die zweite Hälfte der nächsten Woche. Und nun werde ich überhaupt wieder Zeit haben, danach. Aber eigentlich ists mir gar nicht recht. Ich will sehen, dass ich nicht bloss noch ein Stück Hegel, sondern auch III 2 vorher fertigstelle. Auf die Bibliothek bin ich dabei schon tagelang gar nicht mehr gekommen! Ich muss auch noch zu Landau heute, wegen Badt. Zuletzt wirds nichts und bleibt doch auf mir hängen.
...

An Margrit Rosenstock am 25. Juni 1919

25.VI.

Liebes Gritli, etwas erholt hab ich mich schon wieder von dem Diederichschreck. Zum Teil auf meine Weise: nämlich indem ich in meinem Brief an Nohl heut nochmal eine kleine Angel auswarf, nämlich ihm den Zuschuss von 50 M/Bogen, den ich Winter ja zahlen werde, anbot. Es wird zwar nichts helfen, aber ich habe doch wieder so ein bischen zu hoffen. Diederichs wäre ja 1000 mal netter wie der grässliche Winter. Ausserdem aber habe ich auch an diesen grässlichen geschrieben. Denn vom Halse schaffen muss ichs mir nun auf jeden Fall. Heut Abend gehe ich zu Landau, wegen Badt; ich habe auch zur Abwechslung mal wieder einen „Aufruf" für die Akademie gemacht, um den mich Landau gebeten hatte, scheusslich schwungvoll, - um meine Unentbehrlichkeit zu zeigen; so hoffe ich wird mein Wort für Badt mehr Gewicht haben. Übrigens ist diese Sache hoffnungslos verkutzelt schon durch die Unauseinanderhaltbarkeit der drei Namen Bradt, Badt, Brasch. Wenn man gar müde ist (wie ich, ich schlafe jetzt immer wenig, ich weiss nicht woran es liegt). Und du?? heut war keine Nachricht da, aber ich habe so das kurios sichre Gefühl, es ginge dir besser. Ich bin so froh, dass ich in 8 oder 9 Tagen bei dir sitzen werde. Du brauchst nicht zu denken, ich ginge viel ins Archiv; so 2 - 3 Stunden am Tag, mehr sicher nicht. Ich habe sogar Mündel geschrieben, er soll die letzten Stücke an euch schicken; dann kann ich sie noch da unten korrigieren vielleicht und würde dann „daraufhin" noch ein bischen länger bleiben, wenn das Drucken nicht drängt, - und woher sollte es jetzt drängen.

Ich habe ein merkwürdiges Buch gelesen, den neuesten [[Emil]] Strauss.[1] Verfehlt im Ganzen, sehr schön im Einzelnen, und stofflich so dass ichs euch bringen muss. Magst du aber denn lesen? Ich glaube nicht, ich glaube, du liegst ganz müde da und bewegst dich nicht. Das sollst du auch nicht. Ich komme bald zu dir. Weisst du wie lieb ich dich habe? Ja? Schade, ich weiss es nicht.   Ich bin dein.

[1] Emil Strauss, 1866-1960, Schriftsteller. 1919 erschien von ihm „Der Spiegel".

An Eugen Rosenstock wahrscheinlich Ende Juni 1919

Lieber Eugen,   also schon wieder eine „Epoche". So geht es aber nicht. Du machsts wieder wie gewöhnlich: du denkst ein dickes Buch, dann statt es zu schreiben und zu drucken und lesen zu lassen, verlangst du dass alle Menschen a tempo[1] alles wissen was drin stehen - würde, wenn du es schreiben, drucken, lesen lassen würdest, und bist sehr verwundert, wenn sie ein Wort, das in ~~extenso~~ nuce[2] den Inhalt des ungeschriebnen Buchs meint, nicht verstehn. „Der christliche Wochentag" ist ein Buch von E.R. (München 1912), aber kein Jahrbuchtitel. Was „das Wort" heisst, weiss jeder, weil ja z.B. das Johannesevangelium nicht erst 1921 erscheinen wird, sondern schon lange veröffentlicht ist. Auch die Sprache lässt sich nicht überstürzen; auch wer an ihr den tyrannus spielen will und Worte als geflügelte in die Welt schicken möchte, die eben erst gezeugt, noch lange nicht geboren, geschweige denn grossgezogen sind, - auch der wird gestraft, indem er ins Leere redet. „Der christliche Wochentag" ist also höchstens (und sehr wahrscheinlich) ein Aufsatz für das Jahrbuch. „Das Wort"; und der Untertitel „Versuche deutsch zu sprechen" hat keinen andern Vorteil als dass der ~~Lese~~ Käufer statt vor den Kopf gestossen und erweckt zu werden, irregeführt wird.
Zu der „vergangnen Epoche", die noch nicht im mindesten vergangen ist: Ihr dürft genau so gut für mich mit<u>denken</u>, wie ich für euch. Das ist nämlich beides nicht zu vermeiden, es hängt gar nicht von uns selber ab, und ist deswegen auch immer so gewesen. Maimonides hat für die Scholastik „mitgedacht", andrerseits Kant für Cohen - u.s.w.   Aber daraus folgt genau so wenig, dass ich mit euch <u>gehe</u>, wie ihr mit mir. Gehen ist nichts Unwillkürliches. <u>Es</u> denkt in einem, aber <u>man</u> geht. Zusammen schreiben könnten wir nur an einem Jahrbuch: Die Offenbarung. Gefechte gegen das Heidentum.   Aber wie lahm wäre schon dieser Titel. Aber so gehts, wenn man „Christum verleugnet". Bist du bereit es zu tun? Nein? Nun, dann erwarte auch von mir kein „nomina sunt „ἀδιαφορα".[3]
Dass den Expressionisten Kirchenzucht nötig wäre, ist auch meine Meinung.

Dein Franz.

[1] Lat.: sofort, ohne weiteres.
[2] Lat.: in Kürze.
[3] Lat. und griech.: Namen sind unwesentlich.

An Margrit Rosenstock am 25. und 26. Juni 1919

25.VI.
Guten Abend, das war ein netter Abend bei Landau. Er kam aus der medizin. Gesellschaft, es war schon 1/2 10, anfangs war noch das kleine Elefantenweibchen dabei, dann war ich mit ihm allein und sehr d'accord in allen schwebenden Fragen. Ich glaube,

ich kriege Badt durch. Landau ist von vornherein dafür. Bradt macht vielleicht schon bloss noch ein Rückzugsgefecht. Und mit Badt wird glaube ich aus dem Ganzen was werden. Es gehört eben ein gewisses Quantum persönliches Harmonieren dazu, wenn man zusammen arbeiten will. Auch den Mendelssohnplan besprach ich mit Landau; er ist grossenteils von ihm, auch die gute Idee „durch Harnack". Von Täubler ist nur (natürlich!) der Punkt, dass es eine Mendelssohn<u>ausgabe</u> sein muss. Ich sehe schon, dass ich das wirklich machen werde, als Oberleitung. Eine Denkschrift für Harnack darüber, zur Weitergabe an Mendelssohns, habe ich ihm schon versprochen. Das kann natürlich nicht aus dem Ärmel geschüttelt werden; ich brauche mindestens 14 Tage, wenn nicht 4 Wochen, um „Mendelssohnkenner" zu werden. (Meine „Schellingkennerschaft" seinerzeit hat mich 4 Wochen gekostet, bis sie da war). Aber es ist 12. Gute Nacht.   Aber <u>wirklich</u> gute Nacht, bitte -

26.IV.[1]

Und schon wieder guten Morgen. Es ist schön draussen, sicher bei dir auch. Weniger vom Himmel als ich in meinem Hof kannst du von deinem Bett aus sicher auch nicht sehen. Sieh, es genügt, wenn nur das Wenige schön ist.   Ob heut ein Wort von Eugen kommt? Die erste und zweite Post wart ich auf jeden Fall ab. Die Zeit gehört dann dem Mündelschen ✿. - Der Aufruf gestern war übrigens, wenn ichs nachher überlege, richtige Privatsekretärsarbeit. Landau hatte neulich bei der Sitzung aus dem Handgelenk ein paar Punkte genannt, die „hinein müssten"; die hatte ich mir notiert und gestern einfach als Disposition benutzt. Eigentlich ist es ja nichts andres, als wenn ich für Rudi Verlegerbriefe dichte. Für die Akademie schreibe ich auch wie für einen andern, wenn auch für einen Freund.
...

[1] Von Rosenzweig fälschlicher Weise auf den 26. April datiert.

An Margrit Rosenstock am 26. Juni 1919

26.VI.

Liebes,   ich schreibe dir in einem kleinen Sitzungszimmer, der Unabhängige Cohn, den oder dessen Frau du ja aus Eugens Unabhängiger Zeit kennst, spricht grade. Ich bin da, um Badt mit Landau bekannt zu machen. Es ist noch nichtmal ganz uninteressant. Meinecke habe ich heut Mitttag verfehlt, so bleibt das für morgen.
Erst heut habe ich den Weismantelschen[1] Aufsatz gelesen. Die Einführung Eugens darin hat mich völlig überrascht und ganz unabhängig von dem Wie sehr gefreut. Denn es ist doch das erste Mal, dass ausserhalb des Hochlands oder nein dass überhaupt Eugen einmal als Grossmacht behandelt wird. Zwar nur in einem Winkelblättchen, aber doch überhaupt.
Weismantel hat mir wieder nicht unbedingt gefallen. Er hat, trotzdem er parteimässig zu uns gehört, doch etwas Philipssches.   Ob übrigens wohl Eugen sich richtig verstanden fühlt? Ich hoffe nicht ganz. Wo würden bei dem Baumgleichnis, das Weismantel macht, die Heiden bleiben?   Oder anders: Weismantel stellt ihn zusehr auf die Erhaltung und zeigt nicht, welche eigene Rolle bei ihm die Erneuerung spielt. Ich bin aber überhaupt froh, dass Eugen mal so fortissimo proklamiert wird. Der Soziologe ist übrigens eine komische Etikette.

Ich fürchte, es wird nichts mit der Reise, es giebt Streik. Sonnabend soll er ausbrechen.

Ich kann dir nicht schreiben, in diesem Durcheinander an diesem grünen Tisch. Bis morgen. Schlaf gut. Ich wollte, ich schliefe auch schon.

Dein Franz.

[1] Leo Weismantel, 1888-1964, Pädagoge und Schriftsteller.

An Margrit Rosenstock am 27. Juni 1919

Liebstes Gretl (auch anders lesbar!)   27.VI.

also die Besserung hält schon den dritten Tag an - du wirst doch nicht etwa schon gesund sein wollen bis ich komme, warte nur! ich will doch p-flegen. Ich bin immer noch so froh über deinen Brief von heut morgen. Dabei ist er so mit einer andern Handschrift geschrieben, eben vom Bett aus; manche Worte sehen fast aus wie von Eugen (trotz Hansens andrer Verwechslung). Noske hat den Streik verboten,[1] so werde ich ja sicher am Dienstag hier fortkönnen. Gebt mir dann nach Kassel Nachricht, ich bin noch Mittwoch da und vielleicht, wenn Mutter zu unzufrieden ist, auch noch Donnerstag. Länger als eine Woche wird „Tante Clara" wohl nicht da sein? Ich werde sie wohl grad noch treffen. Den ✿ Schluss von Mündel habe ich mir schon nach Stuttgart bestellt! Mit III 2 werde ich noch vor meiner Abreise fertig; es gefällt mir übrigens grade besonders gut. Die Änderung des Tons gegenüber II in III zum Monumentalen und doch Ungenierten (durch die ganze Skala vom Zarten bis zum Derben) ist ja grade richtig. III ist eben beschreibend. Nicht analysierend wie I, und nicht erlebend wie II, sondern malend — eben „Gestalt". Die drei Worte Elemente, Bahn, Gestalt waren eben richtig, das sehe ich jetzt grade an den drei Stylen, die durch sie erzwungen worden sind. Es ist doch ein dolles Buch.

Heut Nachmittag musste ich denken, wie nun durch die Akademie, und insbesondere wenn ich Badt hineinkriege (der freilich nur etwa 3 Jahre noch hierbleiben möchte; dann wenn Wolf [= „Franz"] auf die Schule kommt, möchte er hinüber), also wie mein Leben dann doch am Wissenschaftlichen ankrystallisieren wird. Die Mendelssohnausgabe ist eben eine glänzende Idee. Und mein Anteil daran, den ich mir schon jetzt vornehme, der „Jerusalem"-Band,[2] kann sehr schön werden, so ein Spezimen des „solchen Herausgebers". Es giebt ja nicht viele, die so die beiden Seiten des Buchs gleichmässig erleuchten können, die naturrechtliche der ersten Hälfte, die religionsphilosophischjüdische der zweiten. Und auch die merkwürdige sprachgeschichtliche der Bibelübersetzungsausgabe ist ja ein gefundenes Fressen für mich, wo ich immer wusste, dass ich grade auf dem Gebiet nochmal „fachwissenschaftlich" arbeiten würde. Obwohl ich da wohl nicht selber edieren, sondern bloss „anregen" werde. Im August oder September will ich mal eine Denkschrift über den ganzen Plan machen. - Und der andre wissenschaftliche Adler, den ich weder mir noch der Akademie schenken werde, ist der grosse Cohen-Essay, seis für das „Korrespondenzblatt", seis für eine eigene „Abhandlung". Alles andre muss sich dann von selbst geben. Das Praktische allein würde mich in kurzem auffressen, wenigstens so wie es hier in Berlin ausartet, als ein stundenlanger Kampf um Telefonverbindungen. Die letzten Tage war ich manchmal einfach am Ende; ich weiss nicht wie das die Menschen hier aushalten, - aber sie halten es ja auch nicht aus.

Eigentlich bin ich in diesen Berliner Wochen toll herumgeworfen. Ich erlebe so in kleinen Dosen die Vorschmäcke meiner Zukunft. Auch gestern Abend der grüne Tisch war eine Erfahrung. Ein Leben, das in so Sitzungskram aufginge — entsetzlich. Ich begreife nicht, wie das Vater gerngehabt hat. Denn schliesslich ists ja überall so, mit entsetzlich viel Gerede und mit furchtbar wenig Inhalt. Und doch muss es wohl sein. Für Badt wars freilich gar keine üble Einführung. Überhaupt waren auch sonst ein paar Jüngere da, die sich gut aufführten. Und dazu der wirklich feine, kluge und ruhige (er soll aber im richtig Politischen nicht so ruhig sein wie hier wo er sich neu und etwas dilettantisch fühlt), Cohn. Du schriebst damals (über ihn und Haase): <u>so</u> gute Leute, die machen nie Revolution. - Na ja!

An den Hegel bin ich seit Montag nicht mehr gekommen. Leise ziehen natürlich in das Vacuum schon wieder die Judaica ein. Ich habe zwei lateinische Übersetzungen von Jesajaskommentaren da, in denen sich bequem lesen lässt. Wieviel Jahre mag es noch dauern, bis ich solche Eselsbrücken entbehren kann!

Heut Morgen nun schon wieder zwei Abwehrbriefe an die Gemeinschaft der christlichen Szientisten. (Du gehörst ja auch dazu). Ich kann ja nicht anders. Wie könnt ihr plötzlich den Namen ~~plötzlich~~ so als quantité négligeable[3] behandeln! „Name ist <u>nicht</u> Schall und Rauch".[4] Vielleicht müsstet ihr mal den Kassler Vortrag vom Februar[5] lesen, damit ihr einmal deutlich fühlt, dass wir nicht als visibile[6] Verlagsgemeinschaft auftreten könnten (obwohl darin nichts steht, was nicht auch im ✡ stehen könnte oder steht). Bist du denn so wohl, dass du so einen langen und gescheiten Brief lesen kannst?? Aber wenn ich komme und du solltest wirklich schon wieder ganz gescheit sein, dann stell dich doch bitte noch ein bischen dumm. Ich möchte so gern nichts tun als still bei dir sitzen, die Hand auf deiner Stirn. Liebes liebes Herz - sei still und hab mich lieb.

[1] Gustav Noske (SPD), Leiter des Militärressorts im Rat der Volksbeauftragten (später Reichswehrminister im Reichskriegsministerium), der den Auftrag hatte, für „Ruhe" im Land zu sorgen. Unruhe gab es in dieser Zeit im Deutschen Reich genug: so kam es etwa wegen überteuerter Lebensmittel immer wieder zu gewaltsamen Auseinandersetzungen mit Demonstranten und der Polizei. Seit dem 21. Juni sorgte zudem ein Wechsel an der politischen Spitze für besondere Aufregung: die neue Regierung erklärte nämlich nur einen Tag nach ihrem Amtsantritt, daß sie lediglich unter bestimmten Bedingungen zur bevorstehenden und bereits lange hinausgezögerten Unterzeichnung des Versailler Vertrages bereit sei. Deutsche Militärs erwogen sogar, ob sie sich mit Waffengewalt gegen den wachsenden Druck der Alliierten wehren sollten. Doch aus Furcht vor einer Intervention lenkte die Reichsregierung bald ein. Am 25. trat Generalfeldmarschall Hindenburg zurück, am 28. Juni wurde in Versailles der Friedensvertrag unterzeichnet.

[2] Moses Mendelssohn, Jerusalem oder über religiöse Macht und Judentum, 1783.

[3] Franz.: nicht besonders zu berücksichtigende Größe.

[4] Stern der Erlösung S.209 in Aufnahme von Goethe, Faust I, Szene in Marthens Garten. Nach Rosenzweigs Meinung bildeten diese Worte das Zentrum des „Stern", so Briefe und Tagebücher S.752 und 758.

[5] Geist und Epochen der jüdischen Geschichte, abgedruckt in Zweistromland S.527-538.

[6] Lat.: sichtbar.

An Eugen Rosenstock am 27. Juni 1919

27.VI.

„Nee mein Lieber",

so wird es nichts. Auf die Weise erreichst du nur, dass ich den ✡ überhaupt nicht drucke. Ich hatte eben doch recht damit, dass er mich zum Litteraten macht. Wenn selbst du - bei Hans wunderts mich ja weniger - mich daraufhin als einen behandeltst! Der 23. Juni[1] bedeutet mir gar nichts. Mögen Katholiken, Heiden, Protestanten bei der Gelegenheit in den Käfig Deutschland gesperrt sein (wann waren sies nicht?), wir Juden sind es nicht. Beweis: der nächste Pogrom, bei dem Kath. Heid. Prot. in schönster Eintracht sich auf ihren jüdischen Mitgefangenen stürzen werden.   An die Wiederauferstehung glauben „selbst wir Juden" schon einige Jahrtausende länger als die Christen, aber an die Wiederauferstehung Deutschlands glaube ich genau so wenig - wie du. Vielleicht sogar noch ein bischen mehr. Denn ich sage ja: es <u>kann</u> wiederauferstehen, und du leugnest sogar dieses <u>Kann</u>sein. Aber mein <u>Kann</u> bedeutet ja auch herzlich wenig, denn ein „wiederauferstandenes" Deutschland fährt deswegen auch noch nicht gen Himmel. Das sind alles höchst irdische Angelegenheiten. So billig wie die Blühers u.s.w. möchten, ist die „Verjudung" für ein Volk nicht zu haben. Die Deutschen sollen erst einmal versuchen, Christen zu werden.[x)] Dann wollen wir uns wiedersprechen.

Was ist eine „Sparte"? ich kenne das Wort nicht.

Euer „trotzdem" kann ich mir nicht leisten, hoffentlich wenigstens. Denn es ist nur der Beweis dafür, dass ihr alle noch ein bloss papiererenes Christentum habt. Denn sonst dürfte auch das Papier nicht trotzdem sein. Es ist ja aber auch gar nicht so. Sondern es ist eben einfach ein Christlicher Verlag und weiter nichts. Und das gehört ein jüdisches Buch, ein Buch worin das Christentum von <u>oben</u> betrachtet wird, ein Buch worin das Christentum ein „Wahn" genannt wird,[2] nicht hinein. Der II. Teil könnte dort eventuell abgedruckt werden, als ein interessanter Versuch, das Gemeinsame vom Boden des Judentums aus darzustellen: der dritte unmöglich. Denn innerhalb des Judentums bedeutet er bloss eine Kühnheit, für den Christen aber eine Blasphemie.

Wolfenbüttel[3] wäre ein böser Witz. Ich hänge weder mit Hans noch mit Rudi über <u>Wolfenbüttel</u> zusammen, mit dir nun schon gar nicht.

Die Konstruktion deines Schlusssatzes geht dir so leicht von der Feder „Du bist hier, bei <u>uns</u>. Ausserdem bist du bei den Juden". Gewiss, so ist es. Aber ich bin verloren, wenn es so bleibt. <u>Such</u> is life.[4] Und der ✡ ist eine einzige Lüge, wenn es so bleibt. Aber das wäre ja schnuppe. <u>Geschriebenes</u> (γεγραμμένον, nicht γραφόμενον [5]) wird ja ohnehin zur Lüge oder ist es schon geworden. Aber dass <u>ich</u> verloren sein sollte das ist mir noch kein so in Gemütsruhe festgestelltes „Ohnehin".

Nein, auch Gritlis Stille hilft dir in diesem Fall gar nichts zum Sichtbarwerden. Denn ich sehe in diesem Fall auch ihren eignen Grund, weshalb ihr eigentlich auch nur das Mindeste an der Veröffentlichung dieses Buchs liegen kann, nicht mit Augen. Sie hat ihn mir geschrieben, aber ich sehe ihn einfach nicht.

Also wenn du mir hiermit „auf die Bude steigen" willst, so wundre dich nicht, wenn ich mich verleugnen lasse. „Mitarbeiter des Verlags für christliches Denken" lasse ich mir nicht auf meine Visitenkarte drucken. Am liebsten würde ich à la Weidemann „Schluss" machen, z.B. euch anbieten mich unter strenger Anonymität geldlich zu beteiligen!!!

Schade um den ✡; es ist ein hübsches Buch. Aber offenbar <u>zu</u> „hübsch", so dass man nicht mehr recht achtet auf das was drin steht -

                    Dein Franz.

[x)] in extremis - es ist also jetzt grade der richtige Augenblick dazu.

Lieber Eugen, noch etwas: Ihr hattet recht, als ihr meinen Gedanken, den ✡ nicht zu veröffentlichen bekämpftet, weil das ein Lenkenwollen bedeutet hätte; denn er ist ja einmal da. Etwas ganz andres aber ists doch, ob ich ihm nun durch Veröffentlichung in irreführendem Rahmen selber nun gradezu den Weg versperre. Das ist doch auch ein Lenkenwollen, nur diesmal nicht von mir, sondern von euch. Es mag ja sein, dass das Buch eines Juden auf Christen wirkt, aber dann müssen doch die Christen schon so gut sein und hingehen und sich es holen da wo es entstanden ist, eben „beim Juden". Und dürfen nicht erwarten, dass es der Jude ihnen bringt. Übrigens aber - doch das schrieb ich schon, dass du übersiehst, weshalb es auf Christen ganz anders wirkt als du jetzt aus Kenntnis meiner Person meinst. Ich verbiete ja die Übersetzung ins Lateinische nicht. Aber veranlassen werde ich doch nur die Übersetzung ins Hebräische.[6]

Noch etwas: die Juden müssen mir mehr werden, als dir die Katholiken, Rudi die Protestanten, Hans die Heiden - bis jetzt sind. Unsre Lage ist gar nicht so verschieden (Hans ist am weitesten - schliesslich ist er ja auch ein paar Jahre älter, sogar älter als Rudi). Aber da darfst du mir doch nichts zumuten, was mir den Weiterweg gradezu versperren würde, eine Tat die ganz unnatürlich wäre. Denn gewiss habe ich euch alle plagiert. Aber die Kraft es zu tun habe ich doch nicht von euch. Dass ihr meine ersten Leser seid, sagt noch weniger. Denn ich bin auch für euch oft genug erster Leser gewesen und trotzdem würde ich eure Bücher nicht in den „Abhandlungen der Ak. f. d. W. d. Jud."[7] veröffentlichen wollen. Das Publikum aber würde weder wissen was es von euch noch was es von mir halten sollte. Denk an Picht! er ist wirklich der sichere Barometer für die Unmöglichkeit so eines Vorschlags.

Aber nun wirklich „SCHLUSS". Franz.

[1] Am 16. Juni hatten die Alliierten dem Deutschen Reich ein Ultimatum zur Annahme des Versailler Vertrags gestellt. Einen Antrag auf Revisionsverhandlungen lehnten sie ab. In der folgenden Kabinettssitzung der Reichsregierung votierten angesichts des ablaufenden Ultimatums sieben Minister für und sieben Minister gegen die Annahme des Versailler Vertrags. Scheidemann hat sich schon vorher auf Ablehnung festgelegt. Am 20. Juni trat das Kabinett Scheidemann zurück. Einen Tag später bildete sich eine neue Reichsregierung aus SPD und Zentrum, die sich mit Billigung der Nationalversammlung zur Annahme des Versailler Vertrages bereit erklärte, falls Deutschlands Anerkennung der alleinigen Kriegsschuld gestrichen werde. Die Alliierten lehnten eine „bedingte Annahme" ab. Verschiedene deutsche Militärstellen prüften daraufhin die Chance eines bewaffneten Kampfes gegen die Alliierten. Da eine Niederlage jedoch unvermeidlich schien, sah sich die Reichsregierung aus Furcht vor einer militärischen Intervention am 23. Juni zur bedingungslosen Annahme des Versailler Vertrags gezwungen.

[2] Stern der Erlösung S.373. Dazu auch der Brief an Eugen Rosenstock vom 2.Juli 1919 sowie der Brief an Margrit (und Eugen) Rosenstock vom 3. August 1919, S.360 und 372.

[3] In Wolfenbüttel befand sich die Samson'sche Freischule, die - 1786 von Philip und Herz Samson als Lehrhaus gegründet - sich mit der Zeit zu einem liberalen Realgymnasium entwickelt hatte, das 1928 geschlossen wurde. Einer ihrer bekanntesten Schüler war Leopold Zunz. Samuel Meyer Ehrenberg, der gemeinsame Urgroßvater von Rosenzweig, Hans und Rudolf Ehrenberg war Direktor dieser Schule.

[4] Engl.: So ist das Leben.

[5] Griech.: „das, was (fertig) geschrieben worden ist" (und jetzt unveränderlich dasteht), nicht „das, was (soeben) geschrieben wird".

[6] Erst 1970, also mehr als 40 Jahre nach Rosenzweigs Tod, erschien eine hebräische Übersetzung des „Stern der Erlösung".

[7] Akademie für die Wissenschaft des Judentums.

An Margrit Rosenstock am 28. Juni 1919

28.VI.

Und guten Morgen! ich habe grade wieder meine Reflexmorgensonne aus einem gegenüberliegenden 4^(ter)StockFenster im Zimmer, die mich in den ersten Tagen immer weckte, bis ich anfing, „Massnahmen dagegen zu treffen". Also das war ein heisser Kampf gestern Abend. Bradt wie eine Löwin für ihr Junges (welches aber in diesem Fall ein Eselein war) für seinen Neffen Brasch. Nur etwas heimtückischer und schläuer als eine Löwin. Er hat mir wenig gefallen gestern. Um so besser Landau. Aber Bradt wird Stein auf Stein in den Weg wälzen; ich habe gestern schon seinen Kriegsplan entziffern können, werde heut noch allein zu Landau gehen und mit ihm sprechen. Dabei habe ich gestern mal einen Einblick bekommen, wie komplett hausierermässig die Korrespondenz durch Bradt geführt wird, ich sah ein paar Briefe von ihm; um all das sich auch nur zu kümmern, war Brasch viel zu interesselos; so blieb es alles auf Bradt hängen und der machte es auf posensch. Ich glaube, er hat eine Menge Leute durch seine Besuche gradezu verdorben. Tietz[1] (!!) hat 10000 M gegeben - ein Trinkgeld! Er dankt ihm „für die hochherzige Gabe, durch die er sein Interesse für das epochale Unternehmen bestätigt" habe. Aber ärgerlich war mir gestern die Hinterlist, die er dabei entwickelte, und doch so plump, und so giftig.

Eben sehe ich in der Zeitung Beilegung des Eisenbahnerstreiks. Na also. Und die Post bringt Antwort von Nohl, auch schon auf meinen letzten Vorschlag, negativ. Und von dir eine Eugenkarte, auf die ich ihm wieder selber antworten muss. Er zwingt mich jetzt zu dauernden Verteidigungen. Schwer sind sie freilich nicht. Er ficht mit ungestählten Klingen.

Dein Franz.

[1] Oskar Tietz, 1858-1923, dessen Familie durch die Gründung großer Kaufhäuser reich wurde. Er selbst war Präsident des „Vereins Deutscher Waren und Kaufhäuser". In der NS-Zeit wurde die Familie gezwungen, ihre Eigentümerschaft an der Kaufhaus-Gruppe abzugeben, die fortan den Namen „Hertie" (nach *Her*mann *Tie*tz) trug.

An Eugen Rosenstock wahrscheinlich am 28. Juni 1919

Lieber Eugen, Dank für den Krebsbrief. Wäre er nur nicht so furchtbar schwer geschrieben (wie übrigens alles, was du auch mir über dies Thema geschrieben hast in diesen Tagen). Es wird Krebs gehen wie mir, er wird nur ahnen können was du meinst. Du bist ja brieflich leicht überhaupt schwerer als gedruckt.

Es ist dir offenbar selber so neu, dass du daher noch gar keinen Ansatzpunkt findest, um das was du meinst überzeugend zu sagen. Ich verstehe dich nur, wenn ich ganz von dem absehe was du schreibst und einfach auf das reflektiere was ich selber darüber denke. Meine Formel, mit der ich das was du sagst (vor dem Krieg schon) zu fassen suchte, war: Anstelle des Verhältnisses Kirche-Staat ist das Kirche-Gesellschaft getreten. Gesellschaft ist ja im Gegensatz zu Staat das Formlose und das Grenzenlose. Also wohl genau was du meinst. Dieser Gedanke lässt sich sehr leicht illustrieren, man braucht noch nicht mal historisch zu werden. Man braucht bloss daran zu erinnern, dass der Staat tolerant (d.h. indifferent), die Gesellschaft aber ketzerisch (d.h.: fromm!) geworden ist. Das konnte man schon zwischen 1789 und 1914 sehen. Bei der grossen weltgeschichtlichen Rollenverteilung, die du dann vornimmst, geht mir etwas der Atem aus; so was muss man ein bischen breit machen, wenns der Leser begreifen soll. Ob also die Deutschen wirklich jemals nochmal lebendig werden, ob der commonwealth of the Jews[1] länger Bestand haben wird als das Englische Empire (also 50-150 Jahre) - ich weiss es nicht. Müssen wir wirklich Gott in die Karten sehen wollen? Den Untergang, den müssen wir sehen und spüren, und nach dem Ewigen sollen wir die Arme ausstrecken aus der Flut die uns alle in Europa umgiebt, aus diesen „Stricken des Todes".[2] Aber Wege suchen? Pläne machen? Rat dichten, wo es hinaus gehen mag? Wozu?! Hat Augustin über die Germanen kluggeschissen? Nein, er hat der Not der Zeit gedient und dazu die Civitas Dei[3] geschrieben. Tun wir das Gleiche, dann wird einst über 400 Jahre wohl irgendwo ein Kaiser ~~Kasp~~ (lies: Kurulutsch) (was ist das für eine Sprache und Schrift? Ja das weiss ich eben nicht und brauch es nicht zu wissen, „Gott wird wissen" sagen die Russen) also Kurulutsch der Grosse wird sich vorlesen lassen was wir geschrieben haben und wird danach sein Reich regieren. Oder, ein Kaiser wirds wohl nicht sein, sondern ein Volkswirtschafts-oberdirektor oder was weiss ich - Gott wird wissen.

Nimm dir ein Beispiel an deiner Frau und sei ein bischen - dumm. <u>Oder</u> sei viel ausführlicher!   Dein Franz.

[1] Engl.: Völkergemeinschaft der Juden.
[2] Anspielung auf Sprüche 13,14 u.ö..
[3] „Der Gottesstaat" - Hauptwerk Augustins.

An Margrit Rosenstock am 29. Juni 1919

29.VI.

Liebes Gritli, es war gestern, wegen der Schulferien, das letzte Zusammensein mit Straussens für 6 Wochen ...

Dieses kritische Lesen der kritischen Bibelerklärer zusammen mit den unkritischen alten ist wirklich lehrreich. Duhms Jesajas,[1] den wir zugrundelegen gilt als das Standardwerk der Bibelkritik überhaupt. Und er ist so grenzenlos dumm, so vollkommen beschränkt, so - rabulistisch[2] in den Schwierigkeiten die er findet, dass man wirklich jedes Vertrauen zur Kritik verliert. Ihre „sichersten Ergebnisse" beruhen auf der kompletten Unfähigkeit, sich in eine andre Logik hineinzudenken als in die des eignen hohlen Kopfs. Sie <u>reden</u> immer von den Profeten als ob es Dichter wären und dann korrigieren sie sie, als wären es Schulaufsätze von Tertianern. Wenn es heisst: die Fische faulen und sterben vor Durst[3] - so muss da der Text verderbt sein, denn erst müssten sie doch sterben und <u>dann</u> faulen. Und so ist es fast überall.

Heut will ich nun mal sehen, dass ich mit III 2 zu Ende komme. Es geht dir noch immer gut? heut glaube ichs selber. Ob ich eine Nachricht kriege? die Post brachte nichts.   Denkst du an mich? Meine Gedanken sind immerfort verreist zu dir. Sie küssen deine Fingerspitzen. Ich auch.

Dein Franz.

[1] Bernhard Duhm, Das Buch Jesaja, 1914³.
[2] Spitzfindig.
[3] Jesaja 50,2.

An Eugen Rosenstock am 29. Juni 1919

29.VI.

Lieber Eugen, ich beginne dich jetzt zu verstehn. Du hattest mich anfangs irre gemacht, weil du das was du sagtest als etwas Neues zu geben schienst. In Wirklichkeit ist es ja aber nichts andres als die Ansicht von der kirchengeschichtlichen Endzeit, in der wir alle, insbesondere Hans und ich, ich dachte aber du auch, schon lange übereinkamen. Dass du dich selbst im Brief an Krebs auf die Johanneskirche beziehst, war mir erleuchtender als alle Worte davor und danach (eben weil nur Namen deutlich sind). Mit „Wochentag" giebst du die Formulierung des Ketzerkirchlichen Dogmas, zu der du als Verfasser von Volksstaat und Gottesreich die natürliche Veranlassung hast (kath.: die Festtage, prot.: die Sonntage, johanneisch: die Werktage — Summa: das Kirchenjahr). An all dem ist ja wirklich nichts Neues und freilich ist der Mensch, dem ~~da~~ man das als etwas Neues sagen muss, ein katholischer Priester - oder allenfalls auch ein protestantischer Professor oder besser noch Beamter; - dass du es zu mir als etwas Neues sagtest, hat mir das Verständnis verlegt gehabt.

Neu bleibt dann nur die Verphilosophierung des 23.VI.1919.[1] Ich halte ja unsern alten Gegensatz ~~hier~~ hie 1789 hie 1914 als Anfang der dritten Zeit für einen rein taktischen - und finde immer wieder, für die Ruhe und Überzugskraft[2] der Darstellung bewährt sich das Rückgreifen auf 1789, einfach weil dann zur Illustrierung 130 Jahre zur Verfügung stehen und man nicht immer auf die Zeitungsnachrichten von gestern früh angewiesen ist (oder gar von heut früh?). Z.B. der Judenstaat allein (1919) würde wenig Gewicht haben, dass er aber das Ende des 130 jährigen Prozesses der Judenemanzipation ist, dieses Rückgreifen auf 1789 macht seine symptomatische Bedeutung deutlich. -

Die Grenze zwischen zwei Flächen ist in der (unmathematischen) Wirklichkeit eben selber eine Fläche, die erst ihrerseits begrenzt wird von mathematischen Linien, den Scheidejahren 1789 und 1914 (die natürlich bei näherem Zusehen und wenn man sie einem andern als Scheidejahre deutlich machen will sofort auch wieder zu „Flächen" werden müssen). Auch dass du die „Frucht des Todes" schreiben musstest, verstehe ich nun. Denn was du darin beinahe überstark unterstrichest (wieder, weil es dir neu war - neu natürlich nicht als Gedanke, sondern als Dogma -), das ist ja auch wieder „johanneisch". Es ist das, weshalb ich über die „dritte" Epoche" das Kennwort der „Hoffnung" schreibe. Und genau wie diese Unterstreichung der noch erst zu erwirkenden bzw. ersterbenden Erlösung nur erlaubt ist wenn man das „schon-Geschehen-Sein" der Schöpfung sogut wie der Offenbarung keinen Augenblick vergisst, so ist auch die „Johanneskirche", die Ketzerkirche oder wie dus nun nennen willst, nicht eine eigene neue Kirche, sondern nur möglich auf der Grundlage und sogar auf dem Boden und in dem Rahmen der beiden alten Kirchen. (Denn, - gegen deinen Protest schon gleich im voraus -: die Krebssche Kirche ist wirklich seine Kirche, nicht die Kirche, wie es deine Feder als Dienerin deines ersten Gedankens bekannt hat und erst dein korrigierender Wille wieder gestrichen hat. („die Kirche" - die Philologie ist doch eine fröhliche „Fachwissenschaft", wenn auch ein bischen boshaft).

Ich fahre wohl schon Montag Abend nach Kassel, bin Dienstag Mittwoch, ev. noch Donnerstag früh da.

Dein Franz.

---

[1] Dazu der Brief an Eugen Rosenstock vom 27. Juni 1919, S.350f.   [2] Unsicheres Wort.

An Margrit Rosenstock am 29. und 30. Juni 1919

29.VI.

Gut Nacht, du schläfst hoffentlich schon, es ist über dem Korrigieren 1 geworden und ich will auch gleich zu Bett. Nur gute Nacht -

30.VI. Es ist spät geworden auch mit dem Guten Morgen. Viel Post war da, aber nichts von Euch. Ob Eugen schon nach Kassel ~~ge~~ adressiert? Ich wollte, ich sässe erst wenigstens in der Bahn. Rudi erzählt mir von dem Wiesbachschen Verlagsplan und ist dagegen, aus sehr richtigen Gründen. Wenn schon Christlicher Verlag, dann auch christlicher Verleger und nicht ein Ästhet, ders im Nebenamt „macht". Vorläufig jedenfalls wird Rudi mal anfangen, zu suchen. Ich hielte ja auch die Eroberung eines alten Verlags für das Richtige. Die Constituierung als Christian Science geschieht durch das Jahrbuch. Dann ist es „der ~~Kreis~~ Wortkreis", und die übrigen Bücher des Wortkreises (à la „Ziel-Kreis") gruppieren sich um das Jahrbuch herum. Aber das Kurioseste: ich hatte neulich Eugen im Spass, und um mit einer Beleidigung à la Weidemann die Schreiberei über diesen Punkt abzubrechen, geschrieben: finanziell (bei strenger Anonymität) würde ich mich natürlich beteiligen, wenns nötig wäre. Und heute schreibt mir Hans ganz vom Himmel herab: „Deshalb frage ich dich trotz deiner Ablehnung des Sterndrucks nocheinmal, ob du dich mit Geldmitteln an einem Verlag beteiligen könntest, den wir für unsre Bücher auftäten, besonders wegen Rudis Predigten." Ja natürlich - das könnt „Ihr" haben. In dieser Form will ich euch gern „der Jude" sein. Schriebe ich nicht selber auch, so wäre da noch nichtmal Anonymität nötig. Warum soll ich nicht mache a Geschäftche mit meschuggenen Büchern von christliche junge Lait?! Ich war doch etwas paff. Nun habe ich sogar dir geschrieben, was ich ihm schreiben muss. Hansens ganzer Brief war ⌈⌈mir⌉⌉ überhaupt so unerfreulich - nun wie mir all diese Anzapfungen auf den ✡ hin allmählich werden. Er sagt es sei eine Tatsache, dass der Stern „beinahe auch von einem Christen geschrieben sein könnte". Gewiss, das könnte wohl jedes jüdische Buch. Genau wie umgekehrt. Und trotzdem wären wir alle verloren, wenn wir daraufhin anfangen wollten, Kirchen und Synagogen einzureissen. „Beinahe"! Bloss das bischen „Schall und Rauch"![1] Ungefähr so sagts der Heide auch, nur mit ein bischen andern Worten. Hoffentlich habe ich heute noch Zeit, Hans zu antworten. Aber schliesslich ist diese Vorantwort, die mir da aus der Feder gerutscht ist, auch für Eugen „gut und nützlich zu lesen"[2]. Für dich doch nicht? bitte nicht! du musst verstehn, dass es nicht auf das theologische Geschwätz ankommt, sondern auf die Wirklichkeit, - von der diese Mannskerle eben doch nichts wissen; sie glauben ja beide, trotz aller gegenteiligen Beteuerungen, im Grunde, Bücher wären lebendig.

Liebes Gritli - ich komme bald selber, nur noch eine halbe Woche. Schreiben hat keinen Zweck mehr.

Dein Franz.

---

[1] Dazu auch der Brief an Margrit Rosenstock vom 27. Juni 1919, S.349.
[2] Anspielung auf Luthers Einleitung zu den Apokryphen der Bibel.

An Margrit Rosenstock am 30. Juni 1919

30.VI.

Liebes Gritli,   endlich bin ich so weit. Aber das war ein wütiger Tag. Meinecke verfehlte ich - zum dritten Mal, aber es schadet nichts; denn heut Morgen bekam ich u.a. auch einen Brief auf den hin ich wenig Lust habe, mich noch an die Freiburger Gesellschaft zu wenden. De Gruyter[1] rief ich an, kriegte ihn aber nicht. So wirds bei dem Halunken Winter bleiben. Und da wird sicher noch mancher Ärger kommen. Aber das lief alles nur so nebenher.   Auch ein Besuch bei Budko; ich fürchte das Grabmal wird nichts besonders Schönes; er ist ein sehr begrenztes Talent.   Aber den ganzen Tag brannte mich der Brief von Hans weiter, überhaupt die Tatsache dieser Front Hans-Eugen (wer hätte das vor einem halben Jahr noch gedacht!) gegen mich. Ich habe es wieder und wieder geprüft, es bleibt unsinnig. Ich begreife diese Verständnislosigkeit nicht. Die (masslos überschätzte) Tatsache meines „Wiedergeborenseins" - gewiss das entschuldigt den Irrtum. Aber eigentlich doch nicht. Ich bin Jude weder durch noch seit 1913, sondern wirklich, soweit ich es bin, ganz von 1886 ff.[2] Dass das sehr wenig ist, ist wahr; aber es ist alles was ich habe. 1913 hat diesen Schatz um keinen Pfennig vermehrt. Was hat sich denn 1913 geändert? Bloss dass ich vorher dachte: mit 70 Jahren werde ich den ✡ schreiben (denn das stand mir immer fest!) und seit 1913 wusste ich, dass ich ihn schon mit 30 schreiben müsste. Es ist wirklich weiter nichts Neues in mein Leben damals gekommen als dies Sofort. Und dies Sofort ist ja nun etwas sehr Halbes geblieben, es ist (denn der ✡ ist geschrieben) und ist auch nicht (denn ich bin noch nichts). Mein Judentum ist nie wiedergeboren. Meine Weltlichkeit ist damals wiedergeboren, das ist richtig. Ich habe seitdem die Welt ernst nehmen können, weil ich seitdem die Welttätigkeit des Christentums ernst nahm. C'est toute ma renaissance.[3]

Ich habe furchtbar scharf heute an Hans geschrieben, so Sachen wie ich sie wirklich ungern schreibe und deshalb auch im ✡ nicht so brutal geschrieben habe - obwohl es so beiläufig wohl auch drin steht. Es ist mir aber peinlich zu denken, dass mich der gedruckte ✡ nun auch dazu zwingen könnte, diese Dinge ebenso nackt-brutal öffentlich zu sagen. Und doch merke ich jetzt an Eugen und Hans, dass das die Folge sein würde. Denn wenn meine nächsten Freunde nicht verstehn, was ich über das Christentum im ✡ gesagt habe, wie werdens da Fernstehende begreifen ohne die knüppeldicksten Worte.

Wahrhaftig, wärest du nicht, ja eigentlich: wärest du nicht krank, so führe ich jetzt nicht nach Stuttgart, denn das brieflich angezettelte Malheur müsste erst brieflich aus der Welt geschafft werden; so giebt es ja noch nächtliche Prügeleien zwischen Eugen und mir oder gar - noch schlimmer - am Tag an deinem Bett. Oder verträgst du das schon wieder? Aber ich will ja gar nicht. - Freuen tue ich mich jetzt nur auf Rudi. Er ist der Einzige von den Dreien, der noch bei Vernunft ist. Und jedenfalls der einzige der weiss, dass man mit solchen Gewaltsamkeiten den andern grade in die entgegengesetzte Richtung treibt als man will. Ich schwanke jetzt zwischen gar nicht veröffentlichen (wogegen sich meine Eitelkeit sträubt, - weil es doch „ein so schönes Buch ist") (und Veranstalten der hebräischen Ausgabe), oder pseudonyme Veröffentlichung. - Rudi hat kurioserweise grade III 1 gefallen. Offenbar sogar besser als II. Da kann ich natürlich nicht mit. Aber als Gegengewicht ist es mir schon recht.

Inzwischen setzt sich die Bahn in Bewegung und nun freue ich mich doch nicht bloss auf Rudi. Sprich mit Eugen ein Wort, er soll mich in Ruhe lassen. Auch mit Samsonschule[4] und ähnlichen Einfällen. (Ich erfahre von Rudi, dass er es ihm auch geschrieben hat; ich hatte es für einen blossen Witz gehalten).
Die Samsonschule ist heute eine ganz normale Realschule; ob überhaupt noch jüdische Schüler hingehn, weiss ich nicht. Aber was ich ausgerechnet in einer deutschen Kleinstadt soll, wäre unerfindlich. In Deutschland kommt nur eine der 3 oder 4 Grossstädte für mich in Frage, und da die Ak. hier ist, eben Berlin. Ausserdem nimmt die Samsonschule natürlich nur einen normal gebildeten Oberlehrer. Immerhin machts mir einen gewissen diabolischen Spass, dass das also ein ernsthafter Gedanke von Eugen war und kein Witz; und im gleichen Brief die Auseinandersetzung, dass ich unter die christlichen Denker gehöre.
Komisch dass ich mich nach 3 Jahren wieder genau an dem Punkt finde wie zu Anfang unsrer 1916er Korrespondenz[5]: ich muss ihn wieder erst mal benachrichtigen, dass es eine Synagoge giebt. Schade dass das Strassburger Münster nicht mehr zugänglich ist, ich dachte freilich ich hätte im III 1 und III 2 einen litterarischen Ersatz gemacht,[6] aber das ist ja schon passée; irgend eine der zahlreichen neuen weltgeschichtlichen Epochen, alle 14 Tage durchschnittlich eine, hat es abrogirt.
Kurzum es war ein wütiger Tag. Und ich hätte wohl deine Hände heut nötiger gehabt als du meine.
Aber nun will ich schlafen bis Göttingen,   Dein Franz.

[1] Walter de Gruyter, 1862-1923, Verleger.
[2] Geburtsjahr Rosenzweigs. Mit 1913 erinnert er an das Leipziger Nachtgespräch und seine Entscheidung, Jude zu bleiben.
[3] Franz.: Das ist meine ganze Wiedergeburt.
[4] Samson'sche Freischule in Wolfenbüttel. Dazu der Brief an Eugen Rosenstock vom 27. Juni 1919, S.350f.
[5] Gemeint ist der Briefwechsel zwischen Rosenzweig und Rosenstock aus dem Jahre 1916 über das Verhältnis von Judentum und Christentum, abgedruckt in Briefe und Tagebücher S.189ff.
[6] Nämlich für die berühmten gotischen Steinstatuen von Ecclesia und Synagoga, die am Portal des Straßburger Münsters stehen.

An Margrit Rosenstock am 1. Juli 1919

                                                           1.VII.

Liebes Gritli   Wartesaal in Göttingen; es ist noch zu früh, um bei E^s einzubrechen. Ich habe dir die Nacht etwas arg geschrieben, ich weiss wohl. Aber ich muss mir diese Konstruktionen und Gewaltsamkeiten vom Leibe halten. Da soll das Judentum mitwirken bei der „Vergesetzlichung des Werktags". Wohl weil es „Gesetz" ist? nichtwahr? Es ist aber nicht „Gesetz", sondern wenn denn einmal diese christliche Terminologie auf es angewandt werden soll, genau so sehr Gesetz und Liebe („alter" und „neuer" Bund) wie das Christentum - nur in andrer Verknüpfung.[x] Also mit dieser

---

[x] vor allen Dingen nicht so sauber, ach allzusauber getrennt, wie in der christlichen Welt, wo die Liebe so sorgfältig abgekapselt wird, dass sie nur ja den blutigen Kreislauf des Gesetzes nicht stört.

Rollenverteilung ist es nichts. Und so muss ich mich gegen diese Konstruktionen überhaupt wehren. Ich glaube, ich bin nicht gewaltsam gegen „euch". Ich nehme das Christentum ja, wie es sich selber nimmt.

Und Eugen unterschätzt die „ollen" Juden. Er hat es eben noch nie erfahren, wie es tut, wenn man wirklich in einer Kirche drin steht und als selbstverständlich genommen wird. Er ist bisher noch immer „originell" gewesen und als originell geschätzt. Bei mir weiss kein Mensch, dass ich „originell" bin, selbst wenn ichs sage. Ich kann es ruhig sagen, das regt die Leute gar nicht auf. Siehe mein Kassler Vortrag. Was sie hören ist einzig das Bekenntnis, der Name. Aber sowie der verleugnet wird, hilft umgekehrt die grösste dogmatische Richtigkeit nicht mehr, dann gehört man nicht mehr dazu. So ist eine wirkliche Kirche. Das ist ein grösseres Wunder als das papierene Idealgebäu, von dem wir die grossen Töne reden.

Am Donnerstag treffe ich mich vielleicht in Frankfurt mit dem Heidelberger Marx, dem Jugendverbands-Vorsitzenden. Dann käme ich erst Freitag nach Stuttgart. Ja sieh, meinst du ich könnte mich mit dem, - dem es an sich gar nicht beikommt, mich zu katechisieren - meinst du, ich könnte mit ihm nur noch ein Wort sprechen, wenn ich mich zum Kreis der Mitarbeiter am Jahrbuch für christliches Denken rechnete?   Und so ists überall. Christ ist, wer getauft ist. Und wer nicht getauft ist, hat im Christentum nichts zu suchen.

Liebes Gritli, du musst dafür sorgen, dass ichs in Stuttgart aushalte. Ich habe diesmal Angst davor.

Dein Franz.

An Margrit Rosenstock am 1. Juli 1919, von Rosenzweig in den falschen Monat datiert

1.VI.

Liebes, das war gut bei Rudi. In allem, - und vor allem steht er ganz mit mir gegen Hanseugen. Noch ehe ich ein Wort gesagt hatte. Im Gegenteil: ich fragte ihn ganz ruhig: ja warum soll ich denn nicht? (Weil ich sehen wollte, wie er ganz von sich aus urteilen würde).

Im Gespräch nach dem wurde mir auch klar, weshalb Hans und Eugen es auch selbst vom „Parteistandpunkt" aus gar nicht wünschen dürfen. Was wäre denn dabei, wenn nun wirklich ein Jude ein „christliches Buch" geschrieben hätte? Was bedeutete das mehr als jede Judentaufe bedeutet? Das Zeichen, das sie verlangen, liegt doch nur dann vor, wenn der Jude ein jüdisches Buch im jüdischen Rahmen erscheinen lässt. Nur dann ist liegt „Annäherung" vor, wenn keine Verschmelzung stattfindet. Wenn ein Ich und ein Du eins werden, nicht das Ich Ich bleibt und das Du Du, wenn das Wörtlein Und geleugnet wird - das ist Tristan und Isolde „so stürben wir nun ungetrennt, ewig einig ohne End u.s.w."[1] also nicht Liebe. Die Liebe erkennt die Getrenntheit der Orte an und setzt sie sogar voraus oder vielleicht gar setzt sie sie überhaupt erst fest (denn was hinderte in der Welt der lieblosen Dinge, dass eins den Platz des andern okkupierte!). Die Liebe sagt nicht Ich bin Du, sondern - und nun musst du mich doch ganz verstehn und mir recht geben - : Ich bin

Dein.

---

[1] Richard Wagner, Tristan und Isolde, II, 2: „So stürben wir, um ungetrennt, ewig einig, ohne End', ohn' Erwachen, ohn' Erbangen, namenlos in Lieb' umfangen, ganz uns selbst gegeben, der Liebe nur zu leben!"

An Margrit Rosenstock am 2. Juli 1919

2.VII.19

Liebe, Kassel und noch frühmorgens, ehe Mutter auf ist. Mutter u.s.w. haben Budkos Entwurf[1] (mit Recht) abgelehnt, nun macht Jonas einen Gegenentwurf, nach dem soll er dann diesen umarbeiten. Mutter hatte ja ein Telegramm vom Sonntag, so weiss ich, dass die Besserung anhält. Gestern dachte ich schon, ich sollte für meine leichtsinnigen Behauptungen gestraft werden, denn ich hatte mir am Morgen das Knie an Rudis Hausecke unten angerannt und im Lauf des Tages kams mir vor wie ein Erguss. Es ist aber glücklicherweise keiner geworden. Sonst hätte ich hierbleiben müssen!

Eugen hat schon deine böse Technik angenommen, mich wenn erst ein Wiedersehen greifbar nah ist, auf kleine Rationen zu setzen; ich glaube Sonnabend habe ich das Letzte gekriegt. Ich habe ihm wahrscheinlich durch meine bockigen Antworten („vorläufig"! nicht?) wohl auch die Lust zum Schreiben verdorben. Dies „vorläufig", das ich im Brief an Rudi sah („Franz wehrt sich natürlich [vorläufig!]"), hatte ich ja aus seinem und Hansens Briefen längst herausgehört und grade deshalb so heftig geschrieben. Aber ich finde, seit gestern ist die Sache erledigt. Rudi fragte mich übrigens allen Ernstes, warum ich nicht einfach schon mit einem Verlag angeknüpft hätte, um die ganze Diskussion abzuschneiden.

Rudi ist im vollen Dichten. Ein zweiter Einakter (als Gegenstück und Fortsetzung zum ersten) (Der Abend heisst: <u>Tod und Auferstehung</u>. <u>Zwei Einakter</u>.

    Das Letzte
     Personen
     - - - - - -
     - - - - - -

    Das Erste
     Personen
     - - - - - -
     - - - - - -

Ausserdem die Vorarbeiten zu dem historischen Drama. Eugens Stoff ist zu schwer für ihn. Das würde er wohl nur können, wenn er Eugens ganzes Wissen hätte. Übrigens (und vor allem) ~~kam~~ roch es mir auch etwas nach „Jambendrama", weisst du so „der Menschheit grosse Gegenstände",[2] ich könnte es mir von einem Schillerepigonen der Mitte des 19. scl., allenfalls auch noch von Hebbel denken. Heut hat eine Tragödie <u>einen</u> Helden oder mehrere, aber nicht zwei. Im 19. scl. hatten alle Tragödien 2 Helden. Aber da gerate ich mitten in mein feu livre sur la tragédie[3] hinein, und spiele Totenerweckung.

Ich fange an zu frieren, so im Hemd. Ich will Tag machen. Vielleicht kommt doch ein Brief von Eugen. Von dir ist nicht nötig. Ich freue mich, freue mich, freue mich

                auf Dich. (das soll aber kein Vers sein, trotz Rudi)

---

[1] Zu einem Grabstein für Rosenzweigs Vater.

[2] Schiller, Wallensteins Lager, Prolog.

[3] Franz.: damaliges Buch über die Tragödie.

An Eugen Rosenstock am 2. Juli 1919

2.VII.

Lieber Eugen, Krebsens Brief habe ich gleich damals per Eil zurückgeschickt. Zu grausam fand ich ihn nicht, bloss (wie alles was du jetzt äusserst) zu schwer ausgedrückt. Es mag jetzt nicht anders gehen bei dir. Du sprichst noch in Hieroglyphen, eines Tags wirst du schon dahin kommen, auch das in Buchstabenschrift umzuschreiben.

Das deutsche „auserwählte Volk" - wenn du nun partout ein auserwähltes Volk haben willst, das hättest du billiger haben können. Nun aber kannst dus nicht mehr haben. Die Deutschen sind und bleiben (solange sie bleiben) eins von den 72 „christlichen Völkern"[1] ([[christlich]] von heut oder von morgen). Auserwählt ist kein Volk, dessen Beste sprechen: ich würde auch Gott den ~~preisgeben~~ Rücken kehren um meines Volkes willen. So spricht Picht. So sprechen in dem einen einzigen ewigen auserwählten Volke nur die Schlechtesten. Das ist der ganze Unterschied. Über den hilft keine „weltgeschichtliche Epoche" (aus dem Morgenblatt des Stuttgarter Anzeigers oder Schwäbischen Merkurs) hinüber. Das sind ewige Tatsachen, die älter sind als die Zeitungen und sie überleben werden.

Und also - drängle nicht. Es liegt in deiner (und Hansens) Hand, ob ich mich „verstocke". Wenn ihrs für nötig haltet, mir Luft und Boden zu bestreiten, so wird mir nichts andres übrig bleiben als mich gegen euch verstocken. Aber es wäre so ganz und gar nicht nötig. Es wird an euch liegen, nicht an mir. Ich bleibe wie ich war. Hans kommt relativ neu heran, ihm nehme ichs nicht übel. Du kennst mich genug und hattest mich schon verstanden, dir nehme ichs übel. Der „Eintritt in eure Vier" (du zählst Rudi mit, der ja abgesehn von dem Punkt F.R. auch wirklich dazu gehört; aber wer ist denn der Vierte?) also dieser Eintritt geschieht durch die Taufe, anders nicht. Wenn ihr Ketzer eurer Kirchen das nicht begreift, um so schlimmer für euch. Aber um auch das zu sagen: ein getaufter F.R. müsste als erste Tat seines Christenlebens dieses tun: den ✿ in sämtlichen Exemplaren nebst allen Entwürfen und Notizen dazu in den Ofen stecken und die Asche in alle 4 Winde zerstreuen. Denn der ✿ beruht ganz und gar auf der einen Voraussetzung, dass das Christentum Lüge ist.[2]

Dixi tibi et salvavi animam meam.[3]

Dein Franz.

---

[1] Anspielung auf eine jüdische Tradition, die auf die Völkertafel in 1. Mose 10 zurückgeht und zwischen Israel und den 70 heidnischen Völkern der Welt (GOJIM) unterscheidet. In christlicher Tradition wurden daraus infolge einer abweichenden Textüberlieferung der griechischen Bibel 72 Völker.

[2] Im „Stern der Erlösung", S.373, bezeichnet Rosenzweig in - fast - wörtlicher Aufnahme von Maimonides, Mischne Tora, Buch Schoftim, Abschnitt Melachim (Könige), Kapitel 11,4, das Christentum vornehmer als „Wahn". Im Originaltext des Maimonides allerdings, der aber in den meisten Textausgaben der Zensur zum Opfer gefallen ist, heißt es tatsächlich „Lüge" - שקר.

[3] „Ich habe es dir gesagt und meine Seele gerettet" - Anspielung auf Ezechiel 3,19: „Du aber, wenn du den Frevler warnst und er nicht umkehrt von seinem Frevel und von seinem Weg, so wird er um seiner Sünde willen sterben; du aber hast dein Leben gerettet." Aus einer Verschmelzung dieses Textes mit der lateinischen Übersetzung von 1. Mose 19,17: „dicentes: Salva animam tuam" entstand das geflügelte Wort: Dixi et salvavi animam meam - „Ich habe gesprochen und meine Seele gerettet".

An Margrit Rosenstock am 2. Juli 1919

2.VII.

Liebe, dein Briefchen heut Morgen war so als wenn es das erste wäre das ich kriegte; ich mochte es erst gar nicht aufmachen, und mich nur am Siegel freuen. An Eugen hatte ich schon des Morgens geschrieben, auf seine Karte aus der Bahn; mir war ja alles seit gestern, seit Rudi schon abgetan; nun musste ich es doch nochmal aufrühren, ich bin nun auch gegen ihn einmal so massiv geworden wie neulich gegen Hans; das musste wohl sein, - obwohl es mich noch immer wundert dass es sein musste. Ich weiss nun ganz gewiss, dass du mir beistehst, du kannst gar nicht anders; und Eugen muss sich nun auch zurückfinden. (Er hatte geschrieben: Bitte hör auf, Rudi Verlagsbriefe zu diktieren. Bis Du Dich zum Eintritt in unsre Vier entschliesst, ist dir das verboten! Denn die Revolution ist zu Ende. Und so verlässt dich jetzt der innere Δαιμων[1] für uns, falls du dich verstockst.)

Liebste du darfst schon ruhig ein bischen gesund sein, bis ich komme. Du wirst es vielleicht doch nötig haben, wenn Eugen auch jetzt noch nicht weiss, was er verlangt oder verlangen müsste. Es giebt ja nur einen „Eintritt".

Tu dein Herz für mich auf. Ich schicke dir diesen Kuss voraus - und komme bald nach. Bald.

Liebe Seele - Dein.

[1] Griech.: Götterwille, göttliche Fügung, Geist, Glück.

Es folgte ein Besuch Rosenzweigs bei Rosenstocks.

An Margrit Rosenstock am 21. Juli 1919

21.VII.

Liebes Gritli, der Tag scheint fieberfrei zu bleiben, ich hätte also ruhig nach Heidelberg gekonnt. Aber es schadet doch nichts. Ich hätte mich nicht gern in ein grosses Gesprächs-Pêlemêle[1] begeben, nachdem ich mit Eugen noch auf so einem etwas dünnen Seil tanzte; ich will ihm lieber erst schreiben. Das Auseinanderpurzeln gestern auf der Bahn war so dumm; der Zug rangierte, nachher war Eugen fort, offenbar um zu telegrafieren (höchst unnötig, denn er wusste dass der Zug gar nicht über Heidelberg kam), und so wartete ich noch eine gute Viertelstunde aber er kam nicht wieder. Hier schwillt nun wieder allerlei andres um mich in die Höh, die Wohnungsfrage, ich werde morgen in die Höhle der Löwin Capelle gehen und Fraktur mit ihr reden, so geht es nicht; und dann: ich suchte für Eugen meine erste „wissenschaftliche Arbeit", das Berliner Referat von 1907 „Physiologie und Empfindungsqualitäten" - ich sah es mir wieder durch, es markiert eine erste Station auf dem Eroberungszug in das feindliche Reich Verstand, ungefähr ein Jahr nachdem ich ausgezogen war; es ist sehr schwer in seiner ganz klaren und kühlen Durchsichtigkeit und wer mir zwei Jahre zuvor gesagt hätte, das würde ich mal machen, den hätte ich wohl bloss dumm angelacht. Aber dabei hob sich dann allerlei andres aus der Kiste, die Nachschrift von Eugens Kolleg vom Sommer 13, das doch sicher ein gutes Kolleg war, trotzdem es auch aus der Gärung herausbrach; aber er gab uns überall Anschlüsse und Hinweise und lehrte, kurz man war eben doch in der Universität; also ganz wie ichs in der Erinnerung hatte. Dann aber der grosse Briefwechsel Hans-Rudi-ich aus dem Winter 13/14, d.h. nur

Hans und Rudi, von mir nur ein paar Notizen zu Briefen, offenbar wenn ich mir den Brief nicht gleich losschreiben konnte, vorher aufgeschrieben, dann ein vollständiger Entwurf zu dem grossen Brief an Beckerath vom November 13, der noch heut z.T. eine böse Aktualität hat, ich wusste doch nicht mehr wie dringlich ich geworden war, endlich von Anfang November Stichworte zu dem grossen Brief, in dem ich Rudi das im Oktober in Berlin an mir Geschehene mitteilte. Ich hätte dich da haben müssen, soviel abschreiben kann ich gar nicht. Hör dies (vom Jan. oder Febr. 14 an Hans, Notiz zu einem Brief) „aber ich bin so sehr geändert, dass ich ..... Ruhe brauche, um gewisse Dinge ...[2] (System!) mit mir allein auszudenken. Die Geschichte ist mir absolut Weltgeschichte geworden, und ich würde den Namen Philosoph, als Bezeichnung meines Ziels, nicht mehr ablehnen dürfen. Die Unfruchtbarkeit der Correspondenz hing darin, dass dir vieles fragmentarisch bei mir erschien, was es zwar war, aber nach meiner Intention nicht sein soll. Deshalb brauche auch ich Ruhe." Er hat doch eben solche Sachen einfach nicht hören wollen oder können; gesagt habe ich sie ihm also dennoch. Auf einem andern Zettelchen (ebenfalls an Hans:) „aber nur auf Grund dieses „Nichtphilosophentums" in deinem Sinne bin ich „Philosoph" geworden; nur dorther stammt mir die Unbedingtheit." Da konnte mich doch wirklich Eugens Anzeige vom Sommer 16, er sei unter die Philosophen gegangen, womit er mir aus fröhlichen Höhen lockend herabpfeifen zu können meinte, gar nicht so imponieren. Aus dem langen Konzept an Beckerath nur dies, weil es plötzlich durch seinen letzten Brief an Eugen wieder ganz aktuell ist: „.... Sie sollen und müssen sich einen Heidenrespekt aneignen vor dem, was Ihnen fremd ist, und nicht wie bisher in ihren Respektgefühlen (Schmoller!) nur Orgien Ihrer Selbstzufriedenheit feiern." Davor: „.... und wäre es auch nur das Pathos der Verneinung, aber dann bitte das Pathos der Verneinung, und nicht ein biegsam-schmales ›Es ist mir unsympathisch‹ oder ›Ich habe keinen Sinn dafür‹. Und: „Helfen Sie sich über meine Worte nicht durch eine Ablehnung meiner Persönlichkeit weg. Erklären Sie nicht den Geist wieder für ein Gespenst. Geister pflegen sich von Gespenstern dadurch zu unterscheiden dass sie reden. Da sehen Sie aus dem Hamlet sehr gut, dass ein und dieselbe Erscheinung sich dem einen nur als Gespenst zeigen kann und dem andern als Geist. Es kommt da eben darauf an, ob man Horatio ist oder Hamlet."[3] Und doch noch dies: „Was ich verlange? Nicht, dass Sie in die Hände spucken und sich eine Weltanschauung machen, aber dass Sie es grundsätzlich sich innerlich schwer machen (wieder schwer machen, darf ich sagen auf Grund unsres ersten Jahres). Alexander hat dem Artisten Erbsen anweisen lassen [der Erbsen in ein Mauseloch blies, weisst du, worauf ihm Alexander zur Auszeichnung - einen Sack Erbsen schenkte], aber den Aristoteles hat er ernst genommen; Sie haben sich mit der Zeit gewöhnt, überall Erbsen anzuweisen. Sie merken nicht, dass da allmählich nur noch die Männer es bei Ihnen aushalten werden, die nichts andres verlangen als Erbsen (oder in den betr. Stunden nichts andres verlangen), weil sie nichts andres sind als Kunstschützen. Wenn es wirklich [wie er offenbar auf meinen ersten Brief genotwehrt hatte] mein Fehler ist, die Menschen, mit denen ich zu tun habe, leicht zu ernst zu nehmen, so wünsche ich Ihnen recht viel von meinem Fehler. Es mag bei mir einer geworden sein, für Sie ist er noch dringend zu erwerben nötig. Es ist ein unheimlicher Umschlag, eben beim Zusammenlegen kriecht gleich wieder allerlei heraus.

Aber - nun das ist wie ein Vorlesen am Bett. Nun bin ich ja wieder ganz gesund, und die Rollen sind wieder vertauscht, oder vielleicht? geht es doch schnell zu hause? Ich bleibe nicht lange hier. Hier sind zu viel alte Papiere. Ich möchte gern mit dem ✡ abschliessen; ich glaube hier komme ich doch nicht dazu; er liegt ja auch in Berlin. Leb wohl - im Haus darinnen Milch und Honig fleusst.[4]

Dein Franz.

[1] Franz.: Durcheinander.
[2] Beide Auslassungen stammen von Rosenzweig.   [3] Gestalten aus Shakespeares Drama „Hamlet".
[4] Anspielung auf Israel als Land, in dem Milch und Honig fließt, dazu etwa 2. Mose 3,8.

An Margrit Rosenstock am 22. Juli 1919

22.VII.

Liebes, die Fieberfreiheit hält an. Heut Abend kommt Rudi und bleibt bis morgen Abend. Denk, er hatte seinen Anteil an der Correspondenz 13/14 herausgesucht und bringt ihn mit. So wirds tief ins Biographische hineingehn. Das Frauenstück schreibt er wirklich neu! hatte gestern schon 30 Seiten. Ich hatte ihm aus der Bahn meine Fieberträume für den Schluss geschrieben, er braucht sie aber schon nicht mehr. Gestern Abend haben wir uns sehr aufgeregt über den Juli 14, ich hatte in der Bahn die neuste Nummer der Zukunft gelesen, und meine Illusionen reissen eine nach der andern - ich hatte doch noch immer welche, ich merke es an den Schmerzen, mit denen sie reissen. Es ist zu furchtbar mit Deutschland und nichts kann einen darüber weg bringen. Ich nahm mir Schach von Wuthenow[1] mit ins Bett, um mich ein bischen an 1806 abzuregen, ich kannte ihn noch nicht. Aber es hilft alles nichts, alles bringt einen nur noch tiefer rein.

Heut früh lag aber ein Brief von dir da. Ja, es war durcheinandrig, aber schliesslich doch schön, unsre Seelen schwirrten so umeinander, - etwas gespensterhaft, aber da fühle ichs grade wie eng sie verbunden sind, sie lassen sich auch nicht, wenn die eine für sich hinträumt und zu schwach ist, der Schwester die Arme aufzutun. Ich spüre grade diesen letzten Augenblick wie du aus dem Zimmer gingst und ich spüre ihn mit einem tiefen sprachlosen Glück, - wie ich selber mich nicht regen konnte und es dir den Atem verschlug und nur eine spinnwebsdünne Brücke noch zwischen uns lief, spinnwebsdünn und doch so unzerreissbar. Nun hast du deinen Faden weitergezogen bis nach Säckingen ich mein Ende bis zur Terrasse, und fühlst du nicht jede Regung, als sässe ich bei dir in der Dachstube im Zauberkreis des goldnen Klexchens? Geliebtes Herz - grüss deine Mutter. Und sieh es wieder, unser altes Wort und Συμβωλον:[2]

Ich bin Dein.

[1] Erzählung von Theodor Fontane, Schach von Wuthenow, 1882.
[2] Griech.: Zeichen, Symbol.

An Margrit Rosenstock am 23. Juli 1919

23.VII.19.

Liebes Gritli, nur rasch ein Gruss, von der Bahn wo ich eben Rudi hin begleitet habe, ich muss gleich nachhause. Die Chininkur strengt scheusslich an, täglich 4 Pillen von dem Gift - man merkts.

Mit Rudi wars gut wie immer. Wir haben unsre Teile des 13/14er Briefwechsels zusammengelegt, doch ist er sogar heute nicht Hans zeigen könnten.[1]
Ich vermisse sehr ein Wort von Eugen. Von dir kam heut auch nichts. Aber das vermisste ich nicht. Du bist doch bei mir. Und ich Dein.

[1] Der Satz steht tatsächlich so da.

An Margrit Rosenstock am 24. Juli 1919   24.VII.19

Liebes Gritli, morgen fahre ich wohl auf ein paar Tage nach Berlin, um die ✡Manuskripte einzuholen, mit Badt zu sprechen (er ist angestellt!! ich bin sehr zufrieden, es hat also nichts geschadet, dass ich nicht da war), und um mit Meinecke zu sprechen. Währenddem unterbreche ich die angreifende Chininfresserei; dann fahre ich wieder hierher und bleibe wenigstens 8 Tage, esse und schlafe viel, korrigiere den ✡-Rest - und lese für Indien und China, womit ich heute schon begonnen habe. Vielleicht bin ich schon Montag zurück, also ists nicht nötig dass ich dir meine Adresse telegrafiere. Von dir kam ein Brief und einer an Mutter; etwas gehts mir wieder wie nach der Flucht im vorigen September, wo ich auch schon über die Not heraus war als deine Briefe kamen, die noch ganz drin waren. Ja, du kannst wieder schon ganz zu mir kommen, ich bin nur etwas müde, aber nur von dem ekligen Chinin. Ich bin froh, dass du selber rasch aufblühst, zuhaus.

Du schreibst nun an Eugen, ich müsste es wohl auch, denn er schrieb mir noch kein Wort; es waren eben doch nicht bloss die Nerven in jener Nacht; es war vielleicht gut, dass er gesprochen hat und in meinem Auszug am andern Morgen gleich Folgen sah. Ich muss ihn, durch mein blosses Dasein, immer wieder daran erinnern, dass es Kirchen giebt, und dann wieder dass es keine giebt. Beides immer abwechselnd zu erfahren, ist sein Schicksal; und ich bin offenbar dazu bestimmt, ihm dies Schicksal immer zu vermitteln.   Liebste, kannst du ihm jetzt sagen dass es „keine Kirchen giebt"? denn das muss er ja nun hören. War es denn gar Absicht, dass er an der Bahn plötzlich fort war? ich glaube es nun, denn sonst hätte er wohl ein Wort geschrieben.

Rudi las übrigens hier die Umarbeitung seines Stücks; es ist keine Spur kitschig mehr, war aber durch die Nacht etwas auseinandergelaufen, sodass ers jetzt nochmal resolut zusammenstreicht damit es wieder dramatisch wird; mit diesem dritten Akt wird dann die Entstehungsgeschichte wohl zu Ende sein; Ende der Woche schreibt ers neu ab; dann wirst du es also wieder lesen.

Vom ✡ I könnte ich dir höchstens die alten Handreinschriften schicken; aber da ich nicht weiss, ob ich die Änderungen so rasch machen werde, so werde ich sie wohl auch noch brauchen. Aber allzulange dauerts ja sowieso nicht mehr. Was sagst du übrigens hierzu: wenn es in Würzburg erscheint, so würde ich zu sicherem Unterschied auf dem Titelblatt überhaupt keinen Namen nennen, sondern auch meinen Namen nur auf dem Schlussblatt. Aber zunächst werde ich ja „zu den Meinen" gehn und sehn ob sie mich „aufnehmen" werden.[1]

Ich halte dich fest auf der schmalen Planke - und spüre wie du mich hältst. Liebes liebes -

[1] Anspielung auf Johannes 1,11.

An Eugen Rosenstock am 25. Juli 1919 25.VII.19.

Lieber Eugen, ich erwartete eigentlich immerfort ein Wort von dir, aber ich schrieb dir ja selber aus der Bahn auch nur ganz dürftig. Dies Auseinanderplumpsen an der Bahn geht mir noch nach. Wir dürfen uns grade um „Willkommen und Abschied" nicht betrügen lassen. Das Adieu ist unser Amen. War es etwa gar Absicht dass du es vermiedest?? Aber du erzwingst uns keine gemeinsame Form, die wir nicht haben und nie haben können, wenn du auf die verzichten wolltest, die wir haben und haben dürfen. Und die wir doch nicht aus <u>uns</u> haben! Diese Gemeinschaft, die zwischen uns ist, ob sie sich auch allen kirchlichen Formen entzieht, kommt doch von dem, von und zu dem alle kirchlichen Formen sind. So müssen wir sie achten, und dürfen nichts andres daraus machen wollen. Soll doch etwas daraus werden, was über uns hinausführt — <u>unsre</u> Sache jedenfalls ist das nicht, <u>wir</u> können davon nichts wissen. Wir dürfen nichts daraus machen, wir müssen es empfangen wie es uns gegeben ist. Wozu „gegeben"? — wer darf so fragen!
Schreib mir ein Wort oder entzieh dich jedenfalls nicht diesem nachträglichen schriftlichen Abschiedskuss

Deines Franz.

An Margrit Rosenstock am 25. Juli 1919 25.VII.19

... Was tue ich denn seit Februar als „mich erholen", ich habe doch in der ganzen Zeit seitdem noch nicht wieder länger hintereinander gearbeitet, es ist ordentlich komisch; übrigens giebt es nichts so anstrengendes als „Erholung", und man braucht immer wieder eine Erholung, um sich von der Erholung zu erholen. (Speziell mit den „Erholungen" in Kassel geht es so; im Augenblick ist alles ruhig, aber nach einiger Zeit kommt ja doch wieder ein Donnerwetter). .....
... aus den Indern, in denen ich lese. Es ist so unrecht, dass ich mich nicht einfach freue an diesen ganz echten Tönen, die nun hier wirklich unleugbar ganz von draussen kommen, sondern ängstlich und kleinlich ein Privileg unsrer Offenbarung festzustellen suche. Und dabei hatte ich mir eingeredet, ich fasse nun den Gedanken der Offenbarung ganz frei und weit und ohne künstliche Scheidungen von der Schöpfung. Ich habe also immer noch einen geistig-geistlichen Hochmut, der nun durch dieses Purgatorium hindurch muss, damit ich lerne, dass nichts aber auch wirklich nichts uns (= uns und euch) von den Heiden scheidet als die Berufung. Also etwas was wir durch keinen Beweis beweisen, nur durch Taten bewähren können. Die Geschichte von den drei Ringen kriegt ihr ganzes Gewicht erst da, wo wir ganz draussen plötzlich Brüder finden, von denen wir gar nichts wussten, und auch sie haben Ringe gleich dem unsern und auch sie haben die ihren vom Vater.
Der ✡ drängt mich gar nicht so zum Fertigwerden - das kannst du dir danach denken. An sich möchte ich viel lieber den Hegel vor dem Stern gedruckt sehn. Nur die Würzburger Druckgelegenheit hätte mich zur Eile gedrängt, im übrigen mags ruhig noch ein halbes Jahr dauern. Nur binden will ich ihn bald.
... Von Eugen kein Wort. Ich habe es nicht mehr ausgehalten und ihm eben geschrieben. Ich musste das Loch dieser Viertelstunde, die ich auf dem Bahnhof auf sein Wiederkommen wartete, wenigstens schriftlich füllen -

Dein Franz.

An Margrit Rosenstock am 26. Juli 1919

26.VII.19.

Liebes Gritli, morgen fahre ich nun wirklich nach Berlin; auf Badt bin ich wirklich ein bischen gespannt, sonst eigentlich auf nichts, auch auf Meinecke nicht. Von dir kam nichts heut, Hans schweigt beharrlich trotz Brief und zweier Rückantworttelegramme (er scheint die ✿Manuskripte verlegt oder höchst überflüssigerweise an Weismantel verschickt zu haben; dabei muss ich ev. in Berlin solange warten, bis er sie dorthin geschickt hat und deswegen habe ich versucht, durch RPTelegramme zu ergründen, ob und was er damit getan hat). Gestern waren Gottschawskis bei uns, Kunsthistoriker (Florenz, Gronau), jetzt Kunsthändler: euer Porzellangrüppchen ist unecht - was mir leid tut, denn nun werdet ihr es behalten und dafür ist es eigentlich zu hässlich. - Pichts Brief an Rudi lautet: Lieber Herr Ehrenberg, Eben schickte ich Ihren Uboot Einakter[1] an Ihren Heidelberger Vetter weiter, nachdem ich ihn gestern [[Abend]] von Eugen Rosenstock erhalten hatte. Sie haben Tiefstes in mir aufgerührt, und ich habe das Bedürfnis Ihnen dafür zu danken. Wenn uns so ganz unliterarisch, aber gestaltet, ganz untendenziös, aber werbend, ganz ohne dogmatische Fessel, aber ohne Scheu vor alten Formen des Glaubensausdrucks christliches Leben und Zeugnis wieder zuwächst, so haben wir das Recht zur Hoffnung auf eine Renaissance des Christentums in Deutschland und damit der deutschen Seele. / Meine Frau und ich waren tief erschüttert und geben die aufgepeitschte Dichtung der Kriegsneurastheniker vom Schlage Unruhs billig für Ihre schlichte Wirklichkeitsgestaltung. / Und ich glaube, dahinter eine innere Haltung zu spüren, die mir tief entspricht. Die Sorte revolutionärer Gesinnung, die an der Hand des Schicksals über die Vergangenheit hinausschreitet, hinausgezwungen wird ohne Fusstritte nach rückwärts, ohne ein Urteilen, das über die Predigt der Steine hinausginge, ohne Rausch und Programme und Fahnenschwingen.   Sie lieben Brodersen, nicht wahr? (Aber wen liebten Sie nicht!) Und Sie achten ihn tief. Ja Sie geben ihm eine Tat der Barmherzigkeit zu vollbringen, zu der keiner der anderen fähig wäre. Aber dabei wissen Sie, dass er mit seinem Faust in furchtbarer Einsamkeit zurückbleiben und als einziger die Waffe gegen sich kehren muss. / Machen Sie mir die Schrift zugänglich, wenn sie, wie ich nicht zweifle, veröffentlicht wird. Auch seien Sie versichert, dass es mir eine grosse Freude wäre, wenn Sie das Bedürfnis verspüren sollten, eine Beziehung wieder anzuknüpfen, aus der Kriegsumstände nichts haben werden lassen. Was wurde aus Ihrem damals geplanten Werk? / Es grüsst Sie in herzlicher Gesinnung Ihr ..
...
So ein Tag ohne Brief von dir ist nichts Rechtes.

Dein Franz.

[1] Erster Akt des Dramas „Stirb und Werde" von Rudolf Ehrenberg, der im Familienkreis als „Das U-Boot" bekannt war, abgedruckt in: Rudolf Hermeier (Hg.), Jenseits all unsres Wissens wohnt Gott. Hans Ehrenberg und Rudolf Ehrenberg zur Erinnerung, Moers 1987, S.117-146.

An Margrit Rosenstock am 28. Juli 1919

28.VII.19.

Liebes Gritli, wie schlapp ich noch bin, habe ich heute gemerkt; bloss weil ich nachts nicht so lang geschlafen hatte wie jetzt gewöhnlich, war ich zum Umfallen müde heute. Nach Tisch habe ich mich einfach ein paar Stunden hingelegt.

In meiner Abwesenheit von Berlin haben hier wirklich die Heinzelmännchen gearbeitet. Badt ist „ganz Akademie" geworden. Und Bertha[1] hat noch vor ihrer Abreise die Schwägerin besucht. Also alle meine Intrigen sind zu Ende gelaufen.
Gestern Nacht blieb ich noch lange auf über III 3 und Tor; ich hatte soviel vergessen. Nun tat es mir wirklich gut, besonders nach den vielen alten Indern. Etwas auch nach Eugen. Das frisst nämlich noch an mir. Schreiben muss er mir ja nun, nach meinem Brief. Aber warum war das erst nötig? Ich begreife es nicht.
Ich will wieder zu Badt, und dann auch zu Landau und Bradt. Morgen dann Meinecke. Vielleicht kann ich schon morgen zurück.
Ich lese Pichts Volkshochschulbroschüre[2] und bin nach allem was ich darüber gehört hatte, angenehm überrascht.

Dein Franz.

[1] Bertha Strauss.
[2] Werner Picht, Die deutsche Volkshochschule der Zukunft. Eine Denkschrift, 1919.

An Margrit Rosenstock am 29. Juli 1919

29.VII.19.

Liebes Gritli, es ginge ganz gut dass ich schon heute abführe, aber es fährt nur ein Nachtzug, so fahre ich erst morgen früh. Eigentlich war diese ganze Reise nach Berlin ein Unsinn. Das einzige sind die Mündelschen Manuskripte (die Abschrift des ✿ hat mich alles zusammen rund 1000 M gekostet!). Heut werde ich nun noch zu Bradt gehn, der krank sein soll. Er wird mehr und mehr an die Wand gedrückt; meine Attake damals gegen Brasch war eigentlich das Beste was ich bisher für die Akademie getan habe; gestern wie ich Badt und Landau zusammen sah, wurde mir erst ganz klar, wie gut das war, was ich da angerichtet habe; das Stadium des Dilettantismus ist erst jetzt überwunden. Mit Meinecke heute früh, nur kurz; es scheint nun wirklich Oldenbourg zu werden; ich bin nun ganz wurstig geworden und lasse es kommen wies kommt. Nur hätte ich gern, der Hegel erschiene vor dem ✿. Obwohl ja die Identität der Verfasser doch nicht leicht bekannt werden wird. Das einzige was mich jetzt interessiert, sind die alten Inder; ich habe hier ein paar Bücher gekauft. Ob ich den Mut zu den nötigen Einschaltungen in I aufbringen werde, weiss ich aber nicht. Heut früh traf ich meinen alten Führer, Leutnant Ruhbaum; es war ein sehr komisches Wiedersehen, ich hatte es gestern schon „geahnt". Er war mir trotz konsequenten Antisemitismusses immer sympathisch gewesen, wegen seiner für einen aktiven ungewöhnlichen Intelligenz und Bildung, eben Ministerialgeheimratssohn.
Hans schreibt (auf meine Anfrage): „Eugens Würzburger Vortrag gehört zu den grössten Eindrücken, die ich je gehabt habe. .. Wüsten war .."[1] auch ganz hingerissen. Und obwohl die Studenten eigentlich nichts davon hatten, konnten sie doch nicht dagegen etwas haben; es war einfach „trotzdem". Das Stenogramm ist ja immer unmöglich."
— Es ist also eine wirkliche Rede gewesen, wo das was man sagen <u>will</u>, unmittelbar auf den Hörer überspringt, - unabhängig von dem was man wirklich sagte.
Über III 2 schreibt Hans etwas verschnupft. Was er eigentlich dagegen hat, wird nicht recht klar; es ist mir aber auch nicht sehr wichtig; <u>dass</u> er was dagegen hat, ist die Hauptsache.

In Kassel werde ich nun auch Rudi noch sehn, ehe er zu Hans und zu euch fährt. Und nun noch etwas: dem englischen Parlament geht nächstens ein Gesetz zu, das die Einreise (nicht etwa Niederlassung) von Deutschen auf 3 Jahre hinaus verbietet, und wird <u>sicher</u> angenommen; Badt hatte es von einem englischen Zionistenführer der hier war. Ausnahmen bedürfen Spezialerlaubnis vom engl. Minister des Inneren. !!! ? ? ? Mein Vertrauen auf das „Jahr 1919" kriegt einen Stoss. Denn die Assemblée[2] in Holland oder St. Gallen hilft mir gar nichts; da brauche ich gar nicht hinzufahren.

Dein Franz.

[1] Beide Auslassungen stammen von Rosenzweig.
[2] Franz.: Versammlung. Gemeint ist die Begegnung mit einer Frau zwecks Heiratsanbahnung, da Rosenzweigs Lebensplan vorsah, daß er 1919 heiraten werde.

An Margrit Rosenstock am 30. Juli 1919

30.VII.19.

Liebes Gritli, wieder in der Bahn, zurück zu den heimischen Fleischtöpfen. Es war noch ein ärgerlicher Abend gestern. Zwar zu Bradt brauchte ich nicht; er fürchtete, ich würde mich anstecken. Aber mit Täubler war ich abends zusammen und wir hatten wieder einen der üblichen Zusammenstösse; es ist ja eigentlich doch eine Lächerlichkeit, dass ich mit dieser Sache, die wirklich nicht das Mindeste mit mir zu tun hat - Täubler ist ganz allmächtig jetzt - noch immer bekannt tue. Ich könnte eigentlich mit gutem Gewissen keinem mehr zureden, Geld dafür zu geben, ausser er verklausuliert sich so sorgfältig wie ich es für Mutters Stiftung gemacht habe. Aber der nähere Weg zu dem, was ich wollte, wäre jetzt Förderung der Volkshochschulbewegung. Es ist eigentlich viel verlangt, dass ich Vatergefühle für diesen Wechselbalg haben soll; denn <u>das</u> ist es, und nicht etwa ein „ungeratenes Kind". Die Kobolde haben das echte gestohlen und ein dummes Allerweltskind untergeschoben. Ich hatte etwas vergessen, wie die Dinge liegen. So fahre ich recht down und aussichtslos von Berlin weg. Auch Badt, der dabei war, muss einen tüchtigen Stoss gekriegt haben; ich sprach ihn nicht mehr hinterher. Er hatte sich ja auch unter der Akademie bisher immer noch eine jüdische Angelegenheit vorgestellt. Mir wäre jedenfalls die Stellung, die mir damals zugedacht war, ganz unmöglich gewesen; ich hätte mich in dauerndem Kampf mit Täublers Universitätsfimmel aufgerieben; hoffentlich nimmt Badt die Sache gleichgültiger.
Ich bin wirklich froh, dass ich nochmal fort von Berlin bin auf 1 oder 2 Wochen.
So einen Wutbrief schreibe ich dir nun! Du kannst doch wirklich nichts dafür!

Dein Franz.

An Margrit Rosenstock am 30. Juli 1919

30.VII.

Liebes Gritli, als ich eben heimkam, lag dein Brief da und eine Karte von Eugen. Die Karte las ich zuerst, natürlich; und sah daraus, dass ich wirklich keine Gespenster gesehn hatte - ich hatte es mich inzwischen in Berlin manchmal gefragt - und dass es wirklich so schlimm ist, wie nur möglich. Er kann mir auf meinen Brief nicht antworten, er muss noch um mich herumdenken!! Er schreibt, ich solle ein bischen Geduld haben! Ich solle die Pause benutzen, um gesund zu werden! (ich! dabei bin ich gesund seit Sonntag vor 8 Tagen und bedarf nicht der geringsten Schonung, wenn er mir was zu schreiben hätte). „Ich bleibe trotzdem dein Eugen". Er ist also, <u>trotz</u> deiner Briefe, noch ganz durcheinander. Es wäre wirklich gut, du hättest unsern 1916er Briefwechsel[1] schon abgeschrieben, damit er sieht, dass <u>nichts</u>, aber auch <u>nichts</u> Neues passiert ist, und dass er längst schon fertig damit war. Das Wort, was ihn jetzt erschreckt hat, habe ich ihm 1916 schon genau so geschrieben. Zwar wenn er abgeschrieben ist, der Briefwechsel meine ich, dann wird er ihn gleich veröffentlichen wollen, es „giebt ja nichts Privates". So ists vielleicht besser, es bleibt wie es ist; denn sonst giebts darüber einen neuen Streit. Vor allem aber, er soll sich jetzt nicht hinter ein angebliches Erstnochgesundwerdenmüssens meinerseits zurückziehn. Er soll mir schreiben, was er noch auf dem Herzen hat, und weshalb er - „nicht daran denkt, Riebensahm zu bekehren", sondern ausgerechnet mich.

Ich habe übrigens in Berlin durch Badt eine Zusammenstellung von Flugblättern, in denen der deutsche Christ seine geliebten Mitchristen zu Judenpogromen auffordert, gesehen, - eine erbauliche Lektüre zum Thema Bekehrung; Eugen hätte wirklich reichliches Material zur Bekehrung da und könnte sich die Juden ruhig auf den Jüngsten Tag aufsparen.[2]

Soll er wirklich noch 3 Wochen lang, denn solang dauerts ja bis Rudi kommt (selbst wenn er erst auf den Feldberg geht und <u>dann</u> erst zu Vater Kern), soll Eugen also wirklich noch soviel Wochen an dieser tollen Vorstellung kauen? Ich glaube, ich werde <u>keine</u> „Geduld haben" und ihm, sowie ich mich erst etwas beruhigt habe, schreiben. Augenblicklich bin ich noch übererregt; ich hatte die ganzen Tage auf die Antwort gewartet und nun kommt eine, die mir erst zeigt, wie schlimm es noch aussieht, schlimmer ja offenbar als auch du ahntest. Heute könnte ich ihm auch nicht schreiben; es kocht in mir über diesen christlichen Hochmut, der weil er die „Liebe" gepachtet hat, den Balken des Hasses im eignen Auge nicht sieht.[3]

Verzeih diesen Brief. Aber ich muss mich ausschütten. Ich bleibe <u>nicht</u> „trotzdem", sondern so wie ich bin und auch mitsamt diesem bösen Brief

Dein Franz.

[1] Abgedruckt in Briefe und Tagebücher S.189ff.
[2] Anspielung auf Römer 11,25ff.   [3] Anspielung auf Matthäus 7,3ff.

An Margrit Rosenstock am 31. Juli 1919

(Datum!!): 31.VII.19

Liebes Gritli, schon um deinem Fluch zu entgehn - und ausserdem wegen der furchtbaren Gefahren, die mir Rudi in Aussicht stellt - und ausserdem sowieso bleibe ich ja noch bis Mutter fortgeht hier in Kassel. Aber nun lass dieses Thema wirklich fallen, ich bin ja denkbar brav und erhole mich in einem fort, bis mir der Arzt Arbeit verschreibt, weil er sieht dass mir das dauernde Erholen schadet. ... Ich war wirklich so sehr in meiner eignen Not mit Eugen befangen, dass mir von deinem ganzen langen Brief nur die eine kleine Notiz sich einbrannte, dass es ihm zum Herkommen nach hier war. Ich will und kann nun wirklich „Geduld haben". Herkommen und Sehen ist ja ganz unnötig; es genügt vollauf, wenn ers nur erst wieder fertigbringt, mir zu schreiben. Er - aber ich bin es müde, von ihm per Er zu schreiben.

Was ist Picht für ein Mensch! Aber was stellt er für Ansprüche ans Leben. Er meint, die „Notwendigkeiten und Gesetzlichkeiten" müssten ihm wie gebratene Tauben ins Maul fliegen. Das ist vielleicht das sublimst „Heidnische" an ihm. Er weiss nicht, dass die Notwendigkeiten an deren pflanzenhafte Fix und Fertigkeit er glaubt, so scheinlebendig und scheinschön sind wie die Wunderblumen in Klingsors Zaubergarten,[1] die mit einem Mal verwelkt sind, und dass die echten und unverwelklichen Notwendigkeiten nur aus den schiefen und krummen, tauben und blinden Bettlergestalten des Lebens, „wie es nun einmal ist", wachsen, durch die Wunderkraft der lieben Not, die er selber an sie wendet, — und sonst nirgendwoher. So wie auch die echte und dauerhafte Gesetzlichkeit sich nur dem zeigt, der sich selber einsetzt, nicht dem der sie als sesshaftes Gesetztes irgendwo vorzufinden hofft.

Es ist spät geworden über Korrigieren von III 3, ich will noch herunter, weil es Jonasens letzter Abend ist. Gute Nacht, Liebes - ich fühle jetzt wie es besser wird und wie sich die Wunde dieser 1 ½ Wochen zu schliessen beginnt. Ich war unwirsch und verletzlich, auch wenn ich an dich schrieb, ich könnte dir gegenüber am wenigsten etwas was an mir zehrt verbergen. Ich weiss aber, dass du mir die Arme doch auftust, und grade dann.
                                            Mein liebes Herz - ich bin dein.

[1] Klingsor, ein mächtiger Zauberer im Epos „Parzival" des Wolfram von Eschenbach, das auch als Grundlage für Richard Wagners Bühnenweihfestspiel „Parsifal" diente.

An Eugen Rosenstock am 1. August 1919

1.VIII.19.

Lieber Eugen, du brauchst gar nicht selber zu kommen, ich bin schon froh, dass du mir wieder schreibst. Auch wenn es noch ein bischen Unsinn ist. Aber selbst der Unsinn wenn er einem nur ins Gesicht springt ist besser als die Zurückhaltung und das Nichtkönnen. Das habe ich in diesen 14 Tagen am eignen Leibe erfahren.

Sieh ich kann es von mir aus nicht begreifen, wie man etwas verlieren kann. Was ich habe, das halte ich auch und lasse es mir nicht nehmen. So musste mich deine erschreckende Fähigkeit zu vergessen und plötzlich wieder irgendwo zu stehen wo du vor Jahren standest, als ob inzwischen nichts geschehen wäre, — das musste mir den Boden unter den Füssen wegziehen. Ja, wenn ich selbst mich im gleichen Augenblick auch wieder auf das Damals zurück schrauben könnte! Aber das kann ich nicht. Wofür ich 1913 offen war, dafür bin ich 1919, eben weil ichs 1913 war, nicht mehr offen. Wir dürfen uns doch nicht immer wieder mit dem gleichen Stachel stacheln. Sollen wir selber wachsen und allein der Stachel soll nicht mitwachsen?

Für Mutter ist der Ostermontag wirklich eine Krise gewesen; es geht dauernd bergauf. Ich kann jetzt freilich ebensowenig etwas dafür wie vorher. Ich kucke einfach zu und freue mich, ohne zu begreifen woher es eigentlich kommt; denn alle Gründe sind unverändert, sie „müsste" eigentlich genau so sein wie vorher; es ist eben weiter nichts dazwischen getreten als das Ereignis. Ich bin nun jetzt sehr vorsichtig und mute ihr nichts von mir zu, sondern lasse mirs und ihrs einfach wohlsein. Es ist nun eine ganz andre Luft hier im Haus, man kann wieder atmen. Und ich kann wieder mit reineren Gefühlen an Vater denken, was ich eine Zeit lang wirklich nicht konnte, weil ich ja ihm die Schuld an der stickigen Atmosphäre, die Mutter ausatmete, zuschieben musste.

Ich hätte gedacht, die Veröffentlichung würde deiner Mutter gut getan haben. Freilich hätte wohl dazu gehört, dass sie irgeneine Ansprache daraufhin erfahren hätte. Von irgendeinem 50jährigen Naturwissenschaftler oder so. Ich hatte ihr auch schreiben wollen, tue es auch noch, aber das ist natürlich nicht das Richtige.
...

An Margrit Rosenstock am 1. August 1919

I.VIII.19

Liebe, heut ist ein Brief von Eugen gekommen und ich bin froh, einfach über die Tatsache; was drinsteht, verstehe ich nicht recht, aber ich kann nun wirklich leichter geduldig sein; dass ichs bisher nicht war, hast du ja gesehen; ich weiss auch nicht recht, wie er jetzt zurechtkommen soll; wenn er die letzten Bücher vom ✡ wieder lesen wird, so wirds ihm auch nochmal einen bösen Stoss geben; ich habe doch nun an III 2 gemerkt, wie es auf Hans und Rudi wirkt; und III 3 ist ja noch ungleich schlimmer, weil es ja nicht bloss schildert, sondern kritisiert. Jedenfalls wünsche ich eine Weile schriftliches Verfahren und bin ganz zufrieden, dass er nicht hierher gefahren ist. Er wird so ein Stück formulierter Klarheit brauchen, wie es sich nur schriftlich herstellen lässt. Die grössere Langsamkeit und Umständlichkeit gegenüber dem mündlichen Verfahren ist jetzt nur gut. Die Hauptsache ist, dass er nun überhaupt wieder sprechen kann. Ich verdanke es ja wohl Picht.
Ich bin heute wieder müde. Diese Chininfresserei! Nach Tisch kommt Rudi. III 3 und Tor sind durchkorrigiert.
Liebste —— Figaros Hochzeit, 2tes Finale: Es fehlte — Was denn? — Ein Geringes —

Ich vermisse es wirklich![1]

Dein Franz.

[1] Im 2. Akt von Mozarts Oper „Die Hochzeit des Figaro" heißt es am Ende: „*Figaro*: Es fehlte - *Graf*: Was fehlte? *Gräfin*: Noch das Siegel. *Susanna*: Das Siegel!"

An Margrit Rosenstock am 2. August 1919

2.VIII.19

Liebes Gritli, Rudi ist da, nur ein paar Worte. Er hat mir allerlei aus Eugens Brief erzählt; so sehe ich jetzt klarer, was ich gestern in seinem Brief nicht verstand - und zugleich, was ich immer noch nicht recht glauben wollte: wie tief es ihm geht; er hat es plötzlich wirklich wieder mit dem Juden<u>tum</u> zu tun, gar nicht mit mir. Er macht gar das Judentum für seinen Weidemann April verantwortlich - und doch war ich es damals, der ihm sagte, wenn er auf diesem Weg bliebe, so gingen unsre Wege auseinander. Ich weiss nicht recht, was ich ihm schreiben soll; gestern habe ich ihm so dürftig geschrieben, weil ich ihn ja nicht recht verstand; so würde ich ihm gern gleich nochmal schreiben.

Ich habe Rudi III 3 und Tor vorgelesen. Ich denke im Stillen, wenn er den ✡ jetzt wieder liest - er hat ihn ja sicher vergessen - so werden manche Gespenster sich einfach auflösen. Rudi brachte mir auch ein paar alte Briefe von ihm an mich wieder (von Anfang 1917), ich war nachträglich erschrocken über den furchbar scharfen und schroffen Ton, den er da gegen mich anschlug; ich muss gute Nerven gehabt haben damals. Er hat sich mir damals eigentlich viel mehr verborgen als ich ihm, - und doch habe ich durch die Schleier durchsehn können -
Kann ichs denn jetzt nicht??   Hilf mir dazu.   Dein Franz.

An Margrit (und Eugen) Rosenstock am 3. August 1919   3.VIII.19

Liebes Gritli, so ist es nicht. Lass dich nicht irre machen. Wenn ich das Christen<u>tum</u> eine „Lüge" (besser, korrekter: einen „Wahn",¹ denn zur Lüge gehörte ein Lügner, zum Wahn nur Wähnende) nennen muss, so müsst ihr <u>nicht</u> ›immer wieder hoffen, dass der Jude „bekehrt" werde‹. An den Strichen, die ich dir in deine Worte hineingemalt habe, siehst du schon, dass sich das <u>nicht</u> entspricht. Entsprechen würde sich und so erkenne ichs stets an: dass ihr hoffen dürft, dass die Jude<u>n</u> „bekehrt" werden, dass ihr das Juden<u>tum</u> für verstockt, meinethalben für verflucht haltet, selbst es hasst- denn wie könntet ihr über Christus hinaussehn, wie könntet ihr, da ihr ⌈⌈ganz und gar⌉⌉ auf dem Weg seid, wirklich fühlen dass der Weg am Ziel aufhören muss (selbst wenn ihrs mit dem Paulus des Korintherbriefs theologisch „wisst").² Aber der Jud<u>e</u>, zu deutsch: ich, dieser <u>einzelne</u> Jude, den ihr <u>liebt</u>, ~~dem~~ den dürft ihr, wenn es euch nun einmal geschehen ist, dass ihr ihn in seiner Jüdischkeit von Gott geschenkt bekommen habt und ihn als Juden lieb-gewonnen, nicht „bekehren" wollen, dem müsst ihr von Herzen wünschen, dass er Jude bleibt und immer jüdischer wird, und müsst sogar verstehen, dass eure Hoffnung für die Jud<u>en</u> davon abhängig ist, dass dieser euer jüdischer Nächster und nächster Jude unbekehrbar bleibt. (Denn sonst hätte euer Kirchengebet, das die „Bekehrung für Israel" <u>gesondert</u> erbittet neben der Bitte um Bekehrung der Heiden, keinen Sinn und kein Daseinsrecht). Wolltet ihr aber darauf bestehen, mich den einzelnen Juden zu bekehren zu hoffen, so würde dem entsprechen, wenn ich nicht das Christen<u>tum</u> Wahn, sondern euch einzelne Christen - Lügner nennen wollte (Schema: „Was? Augustin? - <u>der</u> Spitzbub!!") und das konnte zwar H.Cohen, aber ich kann es nicht, will es nicht und werde es nicht, und ihr könntet mir, soviel ihr wollt, jenes Unrecht antun, ihr würdet nicht erreichen, dass ich euch das „entsprechende" antäte.

„Ihr" - ich schreibe immer von „Ihr" —— du bist es doch! Du!! Und du willst mich doch wahrhaftig nicht „bekehren". Denn freilich in der Hoffnung halten wir uns gegenseitig fest als die „....tümer", „wir" und „ihr". Aber zwischen uns Einzelnen allen ist ein Wunder geschehn, das uns über die überlieferte offenbare Gemeinschaft der Hoffnung <u>hinaus</u> verbindet, verbindet durch das Band nicht der Hoffnung, sondern der Liebe. Und wolltet ihr mich bekehren, so fiele ich dadurch aus eurer <u>Liebe</u> heraus; genau wie ihr ⌈⌈aus meiner⌉⌉, wollte ich euch - brr! - Lügner nennen. Und so war unser Band doppelt geflochten, aus der überlieferten gemeinsamen Hoffnung und aus dem uns geschehenen Ereignis der Liebe - und es war alles gut, bis Hans als ein

Neuling hineinkam und als erster Papst der „Ketzerkirche" - schreckliches Wort und schrecklicher Gedanke, sich selbst für „Ketzer" zu erklären, fast so schlimm wie Eugens Ausfertigung von Prophetendiplomen - also bis Hans als erster Papst der Ketzerkirche in das zwiegeflochtene Tau noch den dritten Strang, den des Glaubens, der <u>dogmatischen</u> Gemeinschaft, hineinflechten wollte.[3] Die aber ist und bleibt uns versagt. Oder, ich will nicht mehr sagen als ich weiss, also: die ist uns nicht gegeben. Ob sie je einmal uns gegeben wird, - „über tausendtausend Jahre"[4] - das weiss ich nicht; ist sie gegeben, so werde ich es wissen; aber heute ist mir auch nur die <u>Vorstellung</u> unvollziehbar; heute weiss ich nur, dass wir hier getrennt sind, dass wir nicht gemeinsam beten, jedenfalls nicht (denn die Gemeinschaft, nämlich Gleichzeitigkeit, des Gebets kann uns wohl geschenkt werden; sie ist ja weiter nichts, als dass zweie im gleichen Augenblick im gleichen Gefühl sind; und das kann die Liebe wahrhaftig wirken, - ja was wirkte sie denn sonst!) aber jedenfalls nicht gemeinsam Amen sagen können.   Sollen wir aber nun deshalb, weil wir nicht unter einem Dach zusammenkommen können, <u>um zu</u> knieen, sollen wir deshalb vermeiden, uns zu begegnen und aus dem Ereignis der Begegnung heraus miteinander zu reden wie es uns ums Herz ist? und die Gemeinschaft der Liebe, die uns gegeben ist, verleugnen aus einem kindischen Trotz weil uns nicht auch die Gemeinschaft des Glaubens dazu geschenkt ist? Wo doch die Gemeinschaft der Liebe, wenn wir denn wirklich ungläubig genug wären, einmal daran zu zweifeln, ob sie uns denn auch wirklich von Gott gegeben ist, uns in alle Ewigkeit verbürgt ist durch die längst und über unsre einzelnen Häupter weg gegründete Gemeinschaft der Hoffnung!

Dieser Brief ist nun im Schreiben schliesslich auch zu einem Brief an Eugen geworden, zu dem, den ich ihm ja schon gestern am liebsten noch gleich geschrieben hätte. Schick ihn ihm also gleich, liebes Gritli.

Liebes Gritli, lieber Eugen ——— Euer Franz.

[1] Stern der Erlösung S.373.
[2] Dazu 1. Korinther 15,24-28 und Stern der Erlösung S.458f.
[3] Anspielung auf 1. Korinther 13,13, wo Paulus von Glaube, Hoffnung und Liebe schreibt.
[4] Anspielung auf Lessing, Nathan der Weise. Im dritten Akt schließt die Ringparabel mit den Worten des Richters: „So lad' ich über tausend tausend Jahre, / Sie wiederum vor meinen Stuhl ...", worauf Saladin Nathan entgegnet: „Die tausend tausend Jahre deines Richters / Sind noch nicht um."

An Margrit Rosenstock am 3. August 1919

3.VIII.19

Liebes Herz, heute Morgen der Brief, als er mir unter den Händen zu dem Brief an Eugen geworden war, musste fort. So schreibe ich dir jetzt erst auf deinen noch ein paar Worte. Zunächst noch ehe ichs vergesse, zwei Bestellungen: wenn du die neue Fassung des Ersten[1] noch nicht weitergeschickt hast, so tus auch nicht, denn es kommen noch eine Reihe teils unwichtiger teils wichtiger Änderungen; sonst halt es vielleicht bei Eugen noch auf, ehe ers an Picht weiterschickt. Dann: O.Viktor hat Eugen geschrieben (diskret natürlich) dass die Fakultät ihn zum Professortitel eingereicht hat und dass Eugen also, solange das in der Schwebe ist, alle etwaigen Schritte gegenüber der Fakultät (Urlaub oder sonstwas) nur nach vorhergehender Besprechung mit ihm vornehmen soll. Sorg also auch du dafür, dass er keine Dummheiten macht; es ist ja nur für kurze Zeit. Seine Stuttgarter Stellung ist sofort eine ganz andre, wenn er „Professor" ist; das versteht sich ja. Also bitte.

Ich bin wie entlastet, seit ich heut Morgen Worte an Eugen gefunden habe; er muss doch nun hören! Ich verdanke übrigens die Lösung der Zunge dir, nämlich dem Ärger, ja beinahe Zorn über das was du mir geschrieben hattest, was sich „entsprechen" sollte, - grade weil du es geschrieben hattest. Das „Persönliche", zu deutsch die Liebe, muss doch vorbehaltslos und rückhaltslos sein; wie könnte ich zugeben, dass du (oder irgend ein „Du") für mich über meinen Kopf weg und also hinter meinem Rücken eine Hoffnung anheftetest, die nur „ihr" für „uns", (aber nimmermehr „du" für mich) haben dürft. Ich wäre ja keinen Augenblick mehr sicher, ich müsste mich ja immerfort umkucken; und wenn ich das müsste, wie könnte ich dann noch dich (irgend ein „Dich") - ankucken. Nein du schreibst: sieh mich an, - und wahrhaftig: ich will dich ansehn und nicht hinter mich sehen müssen, keine „Rückendeckung nehmen" müssen, „rückhalts"los sein können - wie ichs bin - und wie du Geliebte es bist. Ja du, ich sehe dich an, es ist kein Raum zwischen uns, du sitzest hier ganz dicht vor mir und ich kucke dir ins Auge und nehme dir die Worte von den Lippen, die paar Worte, die vielleicht noch nötig sind - nein sie sind nicht mehr nötig, ich schliesse dir den Mund.

England, Täubler - das läuft ja in diesen Tagen alles ab von mir, es traf mich nur wie von aussen; was mir mit Eugen geschah das ging mir an die Wurzeln, da hab ich das andre kaum gespürt; ich hatte es vergessen; auf deinen Brief hin habe ich dann heut Morgen gleich an Badt geschrieben, wie ich es eigentlich gleich gewollt hatte als ich herkam. Und London? Wenn es jetzt nicht geht, dass ich sie sehe (und im Augenblick kann man noch überhaupt nicht herüberfahren; von England nach Dtschland natürlich, das wird man immer können, wir können uns keine Repressalien leisten, aber von Dtschland nach England nicht) also wenn es so kommt, dass ein Zusammenkommen auf unabsehbare Zeit vertagt werden muss, dann wird das für mich sein als wenn ich da gewesen wäre und es wäre nichts geworden, und ich werde irgendwie mich frei fühlen. Das meine ich heute zu wissen.

Gestern Abend las Mutter das „Erste" vor (schlecht); es wirkte meist schlecht; ich fand es nur noch etwas lang, wir haben dann noch allerlei gestrichen. - Es war schön mit Rudi. Obwohl ja auch ihn III 2 nach III 1 verschnupft hatte (wegen „Wahn") und er an sich selbst die blosse Verlagsgleichheit nicht gern sah (die ja aber sowieso ja noch in weiter Ferne liegen würde und mir gar nicht sicher ist). III 3, das ich ihm dann am folgenden Tag vorlas, hat ihm dann, wie es schien, die Wirkung von III 2, statt sie noch zu verstärken (wie ich erwartet hätte), eher paralysiert, - wohl weil er fühlte wie ich hier wirklich an die äusserste Grenze dessen was man noch aussprechen, ja auch nur wissen, kann, gehe.

Eugens Brief - verzeih, aber ich war zerstört genug, um selbst an ihm nur zu sehen, wie sehr nötig es (für mich, gewiss für mich! für ihn vielleicht, wenigstens heute, nicht) also wie sehr nötig es für mich war, dass ich die Sprache wieder fand. Ich bin nun kaum gespannt und gar nicht ängstlich, wie er antworten wird; ich habe ein ganz sicheres Gefühl.   Ich liebe dich und ihn.   Franz.

[1] Theaterstück von Rudolf Ehrenberg.

An Margrit Rosenstock am 4. August 1919   4.VIII.

Liebe - dennoch vertrage ich es noch kaum, wenn mich die Post wie heut Morgen ohne Brief von dir lässt, ich muss noch täglich dein Eia spüren.

Hans Hess war gestern Abend da, erzählte viel von Heidelberg; Eugen hat ihn gewaltig vermöbelt, in Weismantels Gegenwart ... Weismantel habe er nachher leid getan und er habe ihn daraufhin etwas unangenehm salbungsvoll getröstet und ihm gesagt, Eugen reisse ein und dann baue <u>er</u> wieder auf, - was ich ja nun schon wusste. Ich möchte übrigens nicht dass sich Eugen darauf festlegen lässt, ich denke er wird auch einmal zum Aufbauen kommen. Mir gefiel Hess gestern im Grunde doch gut, und ich sprach ganz ruhig mit ihm, wohl das Gleiche was Eugen ihm auch gesagt hatte, aber so dass ers anhören musste, ich zeigte ihm wie leer und „litterarisch" grade seine Skepsis, sein „Zweifel an Allem" wäre und dass ihn das Leben, das unlitterarische Leben, ja schon mehr als einmal zum Glauben genötigt habe (selbst Hans hat er jetzt, persönlich wenigstens, glauben müssen) - und dass diese Punkte des Glaubens eben die einzigen Wirklichkeiten auch in seinem Leben seien und es unwahrhaftig sei, dann noch vom allgemeinen Zweifel zu reden. Während er ja Recht und Pflicht zum Zweifel übrigens immer behalte, schon nach der Melodie ich glaube hilf meinem Unglauben.[1] Nur dürfe er, woran er schon glaube nicht mit dem woran er zweifle vermanschen.

Den Vortrag fand er sehr gut, obwohl er mehr historisch gewesen wäre und das Eigentliche nur durchgeschimmert habe. Und so sei ihm das Positive an Eugen schwer sichtbar, weil er es ja immer nur andeute - und das ist ja eigentlich nicht <u>seine</u> Schuld. Ich hoffe, Rudi kommt nach Säckingen; ich habe ihn etwas auf deine Mutter scharf gemacht; ich wollte für beide, sie lernten sich kennen.

Was ist das für ein sonderbares Bedürfnis, dass man die Menschen durcheinander bringen muss und nie zufrieden ist solange man sie bloss so ⟨Zeichnung⟩ hat, sondern erst, wenn man sie so ⟨Zeichnung⟩ hat. Eigentlich ist aller Kummer im Leben nur, dass das so schwer ist.

Liebste, zwischen uns gehen die Linien wohl wie in einem magnetischen Kraftfeld:

⟨Zeichnung⟩ - Dein

[1] Markus 9,24.

An Margrit Rosenstock am 5. August 1919   5.VIII.19

Liebe, ich habe mich so gefreut, wie ich wieder das Siegel sah; ich hatte es so entbehrt. Eine Karte von Eugen, einer Nachricht wegen, war auch da.   Mutter ist wirklich besser und ich hoffe eigentlich sicher, dass das dauernd und (in den Grenzen die ihr nun wohl mal gesetzt sind) wachsend sein wird; aber natürlich ists noch über einer dünnen Decke und darunter sind noch Löcher und Moräste. Du schreibst ihr ja wieder; es ist jetzt leicht, nett zu ihr zu sein, und ist das einzige was im Augenblick nötig ist.
...
H.Hess erzählte übrigens: die Professoren in Würzburg hätten ~~voll~~ vor Schreck über die Revolution ihrer Studenten beraten, ob sie nicht einen von den beiden Unruh-

stiftern, Eugen oder Weismantel, zum Professor machen und so den Sturm beschwichtigen sollten!!!!
Heut nachmittag habe ich Rudi Hallo hier.
Ich sitze über Indern und Chinesen und werde hin und her geworfen. Als du meintest ich schlief schon, werde ich wohl auch grade im Bett gelesen haben. Aber du hättest ruhig hineinkommen können, ich hätte das Buch schon weggelegt und deine Hände genommen und ihnen gesagt: Ich bin Dein.

An Eugen Rosenstock am 5. August 1919

5.VIII.19.

Lieber Eugen,
das Geld an Mündel ist schon seit Tagen unterwegs; ich konnte es ihm nicht eher schicken, als ich die Rechnung hatte und die war in Berlin in dem Manuskriptpaket. Übrigens sollte er ganz stille sein: die Seite Schreibmaschine für 1,50 M - das kriegt er so leicht nicht wieder. Die ganze Abschrift hat 1000 M gekostet.
Ich hab Meinecke gesagt, ich würde den Hegel an Oldenbourg geben, wenn der sein Angebot aufrechterhielte.   Nun warte ich auf Nachricht von Oldenbourg; Meinecke hat ihm geschrieben. Aber natürlich wird O. nicht bei seinem Angebot bleiben und so giebts wieder neue Hinzieherei. Das ist mir aber gleich; ich arbeite doch erst wieder daran, wenn ich sicher weiss, dass es gedruckt wird, vorher fehlt mir jede Lust.
... Dagegen hatte ich vorgestern Hans Hess hier, und habe den armen Jungen etwas beruhigt zunächst und ihm dann deine Scheltrede aus der Sprache der Götter in die Sprache der Menschen übersetzt.   Ich glaube wenigstens. Jedenfalls schien er mir nachher, nachdem er anfangs von Heidelberg her noch einfach verstockt war, etwas aufgeweicht. - Übrigens was ist das für eine tolle Geschichte von der Würzburger Universität, die er erzählt? Sie habe dich oder Weismantel, um euch unschädlich zu machen, berufen wollen??
Hatte denn Goethe und Bismarck eine Umarbeitung nötig? Wolltest dus nicht einfach als ein Dokument der Revolution vor der Revolution geben?
Bist du mit dem umgearbeiteten „Ersten" zufrieden? - Wie hast du bez. des Hölderlinbuches entschieden?
Und wie bist du? was bist du? Ich möchte so gern sein

Dein Franz.

An Margrit Rosenstock am 6. August 1919

6.VIII.19

Liebe,   ein Morgen ohne dich. Böse Post!! Statt dessen von Rudi Nachricht aus Heidelberg.   Denk, Hans will mir den zweiten Teil von „Tragödie und Kreuz"[1] widmen (also das Kreuz), den ersten Philips. Ich habe heftig abgewinkt. Aber du siehst, es geht immer noch weiter, und Hans als der eigentliche (diesmal) Ursprung des Übels hält auch am längsten daran fest. Rudi selbst hat ihm natürlich schon heftig abgeraten. Morgen kommt wohl Beckerath.
Rudi Hallo war hier. Zwischen ihm und mir steht seine Taufe, wenigstens von mir zu ihm. Ich kann ihn nicht einfach als Christen nehmen - denn er ist es ja nicht; ich weiss

und fühle, wie luftig der Boden ist auf dem er steht. Ich komme nicht darüber weg, dass es eine einfache Übereilung und innere Hülflosigkeit war, und dazu die (übliche) Oberflächlickkeit und Bequemlichkeit der Mutter.   Eugen kann nun Mitleid und Geduld mit ihm haben; ich hingegen muss mich beinahe hüten, dass ich ihn nicht hasse - und er kann doch wahrhaftig nichts dafür. - Sein grosser wissenschaftlicher Plan, den er mir gestern erzählt hat, ist ja weiter nichts als Verzweiflung. Ein Meer ohne Land. In 2 - 3 Jahren wird er abgründig gelehrt, in weiteren 5 Jahren Professor professoralissimus sein. Ich habe es ihm gesagt; sehr erschrocken ist er aber nicht; er will, scheint es, so einen sturmsicheren Winkel. Es ist nichts an diesem Plan, was nicht z.B. Hans Hess in seinem augenblicklichen Zustand, sich auch vorgenommen haben könnte. Oder noch krasser ausgedrückt: mit dieser Arbeit dürfte auch ich mich habilitieren. Denn es ist eine ganz seelenlose Fragerei: wer hat? wann hat? wo ist zuerst? hats der von dem? oder der von dem?

Komisch und tragikomisch, wenn so die Universität mitten unter uns und gar unter der nachwachsenden Generation wieder Boden gewinnt. Denn es ist die alte, die olle unehrliche Universität.

Er erzählte übrigens, dass der Göttinger Philosoph Misch,[2] ehe er seinen Freund Nohl auf das andre Ordinariat hinbrachte, bei Spengler angefragt hat. Der hat aber abgelehnt, weil er frei bleiben wollte! Muss man nicht beinahe sagen: solchen Glauben habe ich in Israel nicht gefunden??[3] -

Ob die Post heut Nachmittag ein Einsehen hat? Weisst du wie ich mich nach deinen Briefen sehne? Nur nach deinen Briefen. Aber nach denen auch so, als wenn es gar nicht bloss Papier und eingetrocknete Tinte wäre. Es ist ja auch mehr. Soviel mehr.

                Geliebte —— Dein.

[1] Hans Ehrenberg, Tragödie und Kreuz, 1920.
[2] Georg Misch, 1878-1965, Philosoph, von 1919 bis zu seiner Emigration 1936 in Göttingen tätig.
[3] Anspielung auf Matthäus 8,10.

An Margrit Rosenstock am 6. August 1919

                       6.VIII.19

Liebe, Geliebte   so brieflose Tage, da ist einmal schreiben nicht genug. Ich hatte vor ein paar Tagen in der grossen Schreibtischschublade ein Couvert mit Briefen von dir gefunden, September und Oktober 1918, auch das Büchlein mit Durchschlägen; ich weiss nicht woher ich sie verschlumpert hatte; heut Nachmittag verkroch ich mich hinein, ich habe ja sonst keine alten Briefe von dir hier; so war ich über den Zufall froh, einerlei ob Mutter sie nun sicher gelesen hat, das wird ja nachträglich so gleichgültig. Ich war nur froh, dass ich sie da hatte und lesen konnte, und es wurde mir ganz warm vor Liebe und Sehnsucht. Es waren auch erste Antworten auf die ersten Nachrichten über den ✡, nun alles schon längst erfüllte Profezeiungen.   Liebe, wie gut ist uns das Leben gewesen.   Ich spüre deinen Herzschlag, wie in den alten Briefen als ob sie von heute wären, so über die paarhundert Kilometer weg als ob du hier vor mir sässest und ich könnte meinen Kopf in deine Hände legen.   Es ist nichts zwischen uns.

                       Ich bin Dein.

An Margrit Rosenstock am 7. August 1919

7.VIII.19

Mein liebes Gritli, ganz müde bin ich heute. Chinin (nur von Sonntag bis Dienstag habe ich immer frei) und spät eingeschlafen (durch den tollen Chinesenroman, „Die drei Sprünge des Kwang-Lun" von Döblin,[1] das Kostüm ganz stupend echt, es steckt viel mehr Arbeit darin als in einem durchschnittlichen „wissenschaftlichen" Buch über so einen Gegenstand; aber das Aufregende ist der Inhalt, das Buch ist von 1915 und handelt vom Bolschewismus, d.h. vom wirklichen, es ist ein Spiegel des jetzigen russifizierten, tolstoiisierten Europa). Aber es war ein Brief von dir da. Ich bin froh.
...
Ich habe gestern auch 2 Briefe Eugens vom Juli vorigen Jahres gefunden, weisst du ins Lazarett. Sie waren auch vis-à-vis du rien.[2] Er spricht darin auch, als wenn nie etwas zwischen mir und ihm geschehen wäre und zerbricht sich den Kopf, ob es am Ende eine Sprache geben könnte, in der sich zwei Menschen auch ohne das gemeinsame Credo verständigen könnten.
Mein Brief neulich wurde mit für Eugen, aber er war für dich; bitte lass ihn dir von Eugen wiederschicken und leg ihn zu deinen. Zwischen mir und Eugen ist die Liebe nicht so natürlich und unbezweifelbar. Wohl von mir zu ihm; mir war es natürlich solang ich ihn kannte; aber er hat sich lange versagt und hat über meine ⟦steile umdüsterte⟧ „Stirn" meine „bösen jüdischen Ewigkeitsaugen"[x)3] und was weiss ich noch für Körperteile so lange philosophiert, während ich ihn längst mit Haut und Haaren verschlungen hatte. Beinahe ists mir jetzt schon gleich, wie er antworten wird; ich lasse ihn doch nicht.

Und dich, dich halte ich nicht einmal - meine Seele schmiegt sich an deine, nicht wie eine Hand die andre ergreift und hält und nicht lässt, nein grifflos, handlos, Schulter an Schulter, Wange an Wange aneinandergelehnt, und Herz an Herz.

Du meine - Dein.

[x)] die stehen im letzten Brief!

---

[1] Alfred Döblin, 1878-1957, Die Drei Sprünge des Wang-Lun. Chinesischer Roman, entstanden 1912/13, erschien 1915 und hatte großen Erfolg.

[2] Franz.: von Angesicht zu Angesicht mit dem Nichts.

[3] Anspielung auf das christlich-judenfeindliche Klischee des Ahasver, des „ewigen Juden".

An Margrit Rosenstock am 7. August 1919

7.VIII.19

Liebe, ich sitze wahrhaftig schon wieder bei dir, das braune Häuschen hat mich verlockt. Und morgen, wenn Beckerath da ist - aber nein, er kommt erst nachmittags. Wie fandest du Rudis Stück denn sonst? Kitschig ist es ja nicht mehr. Aber hat es den nötigen Zug und Schmiss - und die innere Wahrscheinlichkeit, vielmehr Wahrheit? Ich bin durch Mutters heftige Reaktion dagegen wirklich unsicher geworden. Sie (und auch die andern, auch Trudchen) fand das ganze Problem gekünstelt. Ist das nur der Hochmut der „anständigen Frauen" gegen „solche Personen"? Die Leipziger Ehrenbergs gar fanden die erste Fassung unvergleichlich besser! Mir bedeuten ja beide Stücke

nicht sehr viel und ich gebe sie beide billig für die letzten Predigten, in denen ja dasselbe steht. - Ich merke, dass dieser Brief wohl grade ankommen wird, wenn Rudi kommt. Er scheint ja früher zu kommen als er erst vorhatte.
......
Grüss Rudi wenn er da ist. So lernt ihn ja nun wenigstens Hedi auch noch kennen. Ob ich in der nächsten Woche es wage, die Einschaltungen in I zu machen?

Sehr sehr Dein.

An Margrit Rosenstock am 8. August 1919

8.VIII.19

Liebes Gritli, statt von dir oder von Eugen brachte die Post etwas von Hans, die zweite Nummer seines Traktätchens, mit einem herrlichen ganz kurzen Aufsatz von ihm, dem von den Zugvögeln.[1] Du wirst das Blatt wohl schon haben. Er spricht wie in den schönsten Augenblicken des Kollegs.   Mir ist wohl heute, weil ich ausgeschlafen bin - soweit es einem an diesen Chinintagen wohl sein kann. Ich will heut Morgen mal zu Trudchen gehn.

Weisst du eigentlich, dass wir hier in Wohnungsnöten sind genau wie ihr, nur umgekehrt. Sie sind sehr chikanös hier. Der Plan mit Kästners - davon schrieb ich dir doch und von meinem Besuch bei der Kapelle - ist misslungen; Julie laudabiliter se subiecit.[2] Die Kapelle, das Viech, hat auf einen wirklich prachtvollen Brief von Mutter überhaupt nicht geantwortet.   Nun ist uns diese ganze Lösung gar nicht so unrecht, - so schade es auch für Julie (und Hanna!) ist. Denn sie wären uns möglicherweise gar nicht angerechnet.   Mutter denkt nun an Zieglers oder eine derartige Familie und hat es sich so ausgedacht, dass dann das Haus im Ganzen doch gerettet würde. Z.B. würden wir im Oberstock Euer Appartement als Fremdenzimmer behalten. Abgeben würden wir die drei andern Zimmer im Oberstock ([[abgegebene]] Küche würde das Mädchenbad im Souterrain), Mädchenzimmer würde das Schrankzimmer im Mittelstock, Mutters graues würde mein „Arbeitszimmer". Die beiden Zimmer im Oberstock besetzte nominell Jonas als „Schlafzimmer" und „Atelier"; in Wirklichkeit schliefe er, wenn ich nicht da bin in meinem Schlafzimmer. Die Möbel würden sich verteilen lassen. So würde der Unterstock gerettet werden und das Appartement im Oberstock. Hoffentlich gelingts. Ich wünschte Mutter so sehr diese Erhaltung des äusseren Rahmens ihres Daseins, den sie jetzt allmählich wirklich wieder innerlich zu erfüllen beginnt.

Rudi (kannst du ihn grüssen?) schloss seine Briefe immer mit so einem kleinen herausfordernden „schreib mal". Also: Schreib mal!

Dein Franz.

---

[1] In einem Brief an Eugen Rosenstock vom 13. August 1919 heißt es dazu: „Die Zugvögelpredigt in der 2. Nummer vom Chr. V.".

[2] Lat.: Julie hat sich löblicherweise unterworfen. Mit der Formel „laudabiliter se subiecit" nahm die von Papst Pius V. (1566-1572) eingesetzte Index-Kongregation - eine Art katholische Zensur-Behörde - zur Kenntnis, wenn ein von der Kirche beanstandeter Autor seine Veröffentlichung „mit dem Ausdruck des Bedauerns" zurückzog oder widerrief.
Julie von Kästner, 1852-1937, war Leiterin einer Privatschule in Kassel und eng mit Rosenzweigs Mutter befreundet, bei der sie die letzten Jahre ihres Lebens wohnte.

An Margrit Rosenstock am 9. August 1919

9.VIII.

Liebes,　ein Wort nur, ganz spät. Ich lag sogar schon im Bett, aber ich kann nicht einschlafen. Es war ein schlechter Tag heut, das Chinin wirkt ganz mörderisch, ich war zu nichts zu brauchen vor lauter Nervosität.　Dazu hatte mir Mutter am Morgen auch noch den Arzt bestellt, wozu weiss ich nicht, der mich in einem fort fragte, ob ich auch wirklich gewillt sei, die Kur zu gebrauchen, worauf ich ihm ebensooft versicherte, ich hätte noch nie etwas andres beabsichtigt. Kurz - na.
....

An Margrit Rosenstock am 10. August 1919

10.VIII.

Liebes Gritli,　du setzest mich ja richtig auf halbe Rationen, jeder zweite Tag ein Fasttag. Von Eugen war die Daimlerzeitung[1] gekommen, sehr zu pass, indem nun Beckerath das Niveau sehen konnte. Ich hoffe, ihn jetzt zur Ausarbeitung des Aufsatzes zu kriegen. Aber wenn ich herunterkomme wird er wohl wieder über der ersten Zeile brüten.　Ich beschimpfe ihn heut den ganzen Morgen. Erst in seiner Abwesenheit vor Mutter, die ihn wegen seiner „Lebensnähe" „uns andern" rühmend gegenüberstellte, diesen Bücherwurm und homo-nichts-als-academicus.[2] Dann ins Gesicht, anlässlich allerlei „kluger" Bemerkungen über die Daimlerzeitung. Rudi hatte ihm Eugens Aprilkrise angedeutet, er fragte danach, denn sein Misstrauen und Ihmnichtglaubenwollen hatte sich dahinein verschanzt; so erzählte ich ihm etwas davon. Es ist eben alles Lebensangst in ihm; er geizt mit sich. Ich wurde zuletzt ganz grob und exemplifizierte mit dem Verhalten des Helden im peau de chagrin,[3] der sich zu Bett legt, nur um ja keine Freude und keinen Schmerz zu erfahren, denn von beidem nimmt das Chagrinleder, an das sein Leben magisch gebunden ist, ab.

... Ganz abgesehen von allem bin ich auch körperlich im Augenblick so herunter durch das Chinin; ich spüre zum ersten Mal was Nervosität ist, ich sitze vom frühen Morgen wie auf einem Pulverfass. Und das soll noch 4 Wochen so weitergehen. Also ich möchte es im Augenblick wirklich machen wie der Balzac^{sche} Romanheld, - wenigstens mit den Schmerzen - - wenn das ginge.

Darum schreib, Liebe, und wenn es nur ein paar Worte sind oder nur ein einziges - du weisst schon welches.　　　　　　　　　　　　　　　　　Dein.

[1] Daimler-Werkzeitung, die Eugen Rosenstock damals herausgab.

[2] Lat.: homo academicus - akademischer Mensch.

[3] La peau de chagrin (Das Chagrinleder), Roman von Honoré de Balzac, 1799-1850.

An Margrit Rosenstock am 11. August 1919

11.VIII.19

Liebste, Emil ist noch nicht auf, so kann ich früh zu dir kommen. Es waren ja zwei Briefe von dir da.　Es geht dir ja genau wie mir, wenn ich nicht schreibe; vorgestern trieb es mich noch nachts aus dem Bett heraus. Das Abschicken ist es dann weniger; wenn nur das geschlossene Couvert erst mal in der Tasche liegt - es sind ja geweihte Kugeln, die sicher treffen, so ists beinahe gleich, wann sie aus dem Rohr herauskommen.

Das rot eingerahmte Datum?¹ Ich denke zwar viel an jetzt vor einem Jahr, auch an das Gritlianum habe ich manchmal gedacht und an die brieflose Zeit. Aber der rote Rahmen sollte dich bloss aufmerksam machen auf den guten Gebrauch, Briefe zu datieren - und das hats gewirkt: du hast daraufhin zum ersten Mal wieder, seit ich fort von Stuttgart bin einen Brief datiert. Nun bist du wieder ganz gesund, und kehrst zurück in die Zeit? Ja?

Weismantels Brief ist wieder so nett. Schade, dass ich Kunstwerken gegenüber so anspruchsvoll bin wie Picht gegen Menschen. Die Kunst <u>darf</u> man ja - oder <u>kann</u> man ja nur heidnisch lieben, mit der Liebe zum Vollkommen. Hoffentlich wird nun sein neues Buch so, dass ich heran kann.

Ich wollte, Rudi liesse sich nicht abschrecken, zu kommen. Freilich in diesen babylonischen Turm, das wünsche ich beinahe wieder nicht.

Aus Eugens versprochenem „Morgen" ist nun schon ein „Übermorgen" geworden - und immer noch nichts. Es fällt ihm also immer noch schwer. Wahrscheinlich meint er, er müsste mich „widerlegen". Ich will aber gar nichts als das Ja oder Nein. Das Drumherum - oh weh.   Aber er hat freilich wohl jetzt durch den Hauskauf tief im Durcheinander gesteckt.

Ich glaube Emil ist heruntergekommen. Ich schreibe dir wohl heut Abend noch weiter. Bis dahin - und immer, immer
Dein.

¹ Dazu der Brief vom 7. August 1919, S.378.

An Margrit Rosenstock am 11. August 1919
11.VIII.

Liebes Gritli,   Emil ist fort, ich bin sehr müde. Wir hatten gestern und heute doch noch ein gutes Gespräch, dessen dritter Teilnehmer Eugen war, allerdings sehr passiv. Ich erzählte Emil, soviel ich durfte, von der Aprilkrise. Es war nötig, denn was er von Rudi davon wusste, genügte grade, dass er sich davon absetzte als eine andre Art Christ. Ich zwang ihn dieses Sichabscheiden von diesem ihm „durchaus unsympathischen Christentum" aufzugeben, und es als einen Mangel in sich selber zu empfinden dass es ihm so „durchaus unsympathisch" war. Wir sprachen in aller Ruhe und ganz leicht, - so wie es ihm allein eingeht. Er begriff ja einfach den Missionär nicht. Sein Christentum ist eine Art Buddhismus: Selbsterlöstheit, von der man wohl Zeugnis ablegt, die man aber nicht mehr dem Wind und dem Wetter aussetzt. Er begreift auch jetzt nicht, aber er ist wieder aufgeschlossen geworden und weiss wieder dass er erst im Anfang ist.

Mir sind, wie ich es so erklären musste, die Ereignisse vom April auch wieder wach geworden; ich sehe sie jetzt ganz klar und auch weshalb sie vorausgehen mussten, ehe Eugen Hans finden konnte - denn erst danach hatte er ihn und grade ihn nötig. Denn bei Hans fand er den Weg, den er selber nicht gefunden (und sich deshalb verstiegen hatte), den Weg, der auch die „Ketzer" wieder in eine „Kirche" versammelte und ihnen damit das Recht gab, weiterzuleben. Dem einzelnen und zur Einzelheit verurteilten „Ketzer" bliebe ja wirklich nur - Eugens Aprilweg.

Du schreibst von Hansens Wort zu dir. Er hat etwas leicht, von „Opfer" zu reden, wo er in diesem Fall kaum aus eigner Erfahrung weiss, was er „opfert". Meine Ansicht über die „Ketzerkirche" kennst du: sie (die Johanneskirche) besteht aus lauter Menschen, die in der Petrus- oder Pauluskirche zu hause sind. Aber dies „Haus" gilt ihnen, seit sie sich im Geiste in der Johanneskirche vereint wissen, nur als Haus und nicht mehr als Burg. Aber zu „warten" braucht man also gar nicht. Selbst in Säckingen hast du doch nun mindestens einen Menschen, Hedi, mit dem du zusammen hingehn könntest. Und in Stuttgart käme es sicher nur auf den Versuch an, ob unter den 30 oder wieviel Pfarrern da nicht einer oder zwei wären, zu denen man gern ginge. Mit der „Ketzerei" ist es ja gar nicht so dogmatisch, wie Papst Hans I. es gern machen möchte. Ich hatte übrigens einen langen Brief von ihm; er verzichtet kampflos auf eine Widmung, glücklicherweise.[1]

Aber ich bin ganz müde. Gute Nacht, gute Nacht - gutes Gritli - ich bin dir gut.

[1] Dazu der Brief an Margrit Rosenstock vom 6. August 1919, S.376. Hans Ehrenberg hatte vor, den zweiten Teil seines Buchs „Tragödie und Kreuz" Rosenzweig zu widmen.

An Margrit Rosenstock am 12. August 1919

12.VIII.19.

Liebes Gritli, ich habe mein Hauptquartier in dem kleinen Gartenhäuschen aufgeschlagen, so schön ist das Wetter geworden. Und also mit den Einschaltungen in I angefangen, heut in I 1, das dadurch von ca 20 auf ca 30 Seiten angeschwollen ist. Ich habe nichts weggelassen, denn es stimmte auch nach meiner jetzigen besseren Kenntnis; es ist alles mit Einschüben gegangen. Die vorher nur ganz dünnen Anspielungen und Vordeutungen auf das, was erst in II kommen wird, sind sehr vermehrt, sodass das Stück nicht mehr so trübetrostig heidnisch grau in grau schliesst, sondern mit allerlei schönen Ausblicken. Doch habe ich noch nicht gewagt, es wieder durchzulesen. Nun werde ich die Chininpause noch etwas verlängern und morgen und übermorgen die Einschübe in I 2 und I 3 (und wohl auch ein bischen in „Übergang") machen. Sodass ich vielleicht noch vor meiner Abreise das Ganze einbindefertig habe.

Das ist lange her, dass ich dich so brieflich an ~~den~~ meinen Schreibtisch geholt habe. Jedenfalls I 1 ist nun nicht mehr so viel dürftiger als I 2 und I 3. In I 2 und I 3 werden die Einschübe kürzer.

Nachmittags war Hallo da, den ich gestern in der Bibliothek getroffen hatte, wo ich Beckerath zur Materialbeschaffung hingeschleppt hatte (der Aufsatz ist denn auch gestern noch fertig geworden und per Eil an Eugen gegangen); Hallo fragte ob er kommen dürfe, aber es war trotzdem für uns beide sehr langweilig; er interessierte mich geflissentlich weiter für seine Zahlengeschichte, obwohl ich es wieder en bagatelle[1] behandelte. Nur als er von Hans Hess sprach, wurde er etwas aufgeknöpfter; facit indignatio versum.[2] Er hatte übrigens einen langen Brief von Eugen vom 5ten. Ich habe keinen und möchte beinahe, Eugen quälte sich nicht damit. Er braucht am Ende nicht zu antworten. Warum soll ich denn nicht mal einfach „recht gehabt" haben? Hans hat den schönen Gedanken des Herausgeberkreises auf den Titelblättern als „pretiös" zu Fall gebracht. Sehr schade! Was ist denn „pretiös"? Dann wäre es doch vor allem die ganze Selbstverlagsidee. - Übrigens zu dem was Weismantel schrieb: sie wirkten abstrakt - gegen diesen Vorwurf hilft kein Umstylisieren sondern einzig das Veröffentlichen selber. Eine sichtbare Menschengruppe wirkt nie abstrakt - und

wenn sie nichts reden als mathematische Formeln. Und ein Einzelner wirkt immer abstrakt - und wenn er ein Deutsch schreibt wie Jakob Grimm.[3]
Ich weiss nicht recht, wohin ich diesen Brief schicken soll. Säckingen? Hinterzarten? Aber wo er dich trifft, einerlei, er sagt dir das Gleiche: Dein.

[1] Franz.: als Kleinigkeit.
[2] Juvenal, 60-140, römischer Satiriker, Saturae I,79: Si natura negat, facit indignatio versum - Wenn die Natur sich weigert, macht die Entrüstung den Vers.
[3] Jakob Grimm, 1785-1863, Germanist, Begründer der deutschen Philologie.

An Margrit Rosenstock am 13. August 1919

13.VIII.19.

Liebes Gritli,   heut früh kamen eure Stuttgarter Briefe. Eugen spricht von <u>meinem</u> „Nicht-Antworten" - da ist also irgend eine Tücke der Post im Spiel gewesen. Es ist ja aber jetzt gleich; c'est le ton qui fait la musique,[1] und der „ton" ist fast wieder rein.
...
Ich habe die Einschaltung in I 2 geschrieben. Nachmittags waren Walter Löbs ältestes und jüngstes Kind da, die bei Trudchen sind, vormittags Trudchen. Das Jüngste, Eva, 10jährig ist ganz kostbar, jungensmässig frech und reizend. Trudchen ist erst in III 2. Sie ist sehr kühl gegen III und findet es nichts gegen II. Es passe ja alles sehr gut, aber es sei doch als ob es von irgend jemand andrem auch hätte geschrieben werden können. Ein bischen, glaube ich, hat sie bei III 1 die „Tendenz" (das Jüdische) verschnupft, aber übrigens hat sie ja recht und ihr und ich urteilen ja genau so.
Nun also Hinterzarten. Denk zwischenhinein manchmal an   mich.

[1] Franz.: Es ist der Ton, der die Musik macht.

An Eugen Rosenstock am 13. August 1919

13.VIII.

Lieber Eugen,   ist etwa ein Brief von dir verloren gegangen? weil du einen „Schreck über mein Nicht-Antworten" gekriegt hast. Ich habe ja immer geantwortet.
Ich schreibe die asiatischen Einlagen in I, sodass ich wohl schon einbindefertige Exemplare nach Berlin nehmen kann.
....

An Margrit Rosenstock am 14. August 1919

14.VIII.19.

Liebes Gritli, diese Nacht von 10 Uhr ab habe ich nun auch noch die Einlage in I 3 gemacht. Und das kam so: Vorgestern früh kam ein Telegramm von Kahn aus der Lüneburger Heide, ob er über Kassel zurückfahren solle. Mir passte es gar nicht, wegen meiner allgemeinen Nervenkaputheit und weil ich den ✡ bindefertig machen wollte. Ich telegrafierte also: „Durch Chininkur ungeniessbar. Kommen Sie trotzdem, wenn momentan unbedingt wichtig" — damit er nur käme, wenn er unbedigt wollte; ich wusste ja nicht was mit ihm war. Gestern Abend ist er plötzlich da. „Auf Ihr Telegramm hin musste ich ja kommen, da gab es nichts". Es stellte sich heraus, dass aus dem „wenn" ein „denn" geworden war!!! Aber trotz dieses offenbaren „Finger Gottes" ists bisher für uns beide sehr unerquicklich. Ich bin geladen und wütend und vertrage ihn nicht. Um nun wenigstens heute für ihn frei zu sein habe ich mich dann nachts hingesetzt und das Pensum von heute vorweggeschrieben. Aber dadurch bin ich nun heut auch wieder müde und nervös und unwirsch. Es ist schade für uns beide. Er will mich diesmal hauptsächlich zum Zionismus bekehren, da er selbst inzwischen sich ihm wieder genähert hat. Er sagt, in den drei Jahren, seit er sich nicht mehr darum gekümmert hätte, sei alles anders und besser geworden. Er ist entsetzt über meine Enttäuschung an der Akademie. Als wir uns zuletzt sahen, war ich ja grade wirklich hoffnungsvoll für sie und mich in ihr. Ich habe selber jetzt mit Schrecken den Unterschied von jetzt und damals erkannt.

Ich bin müde und kaput, - dabei werde ich dick und fett und die Falten, die ich von Mazedonien mitgebracht hatte, verschwinden zusehends. Ich kriege wieder das breite Gesicht wie auf den komischen Fotografien von Edith,[1] die Mutter heut für Kahn hervorkramte.

Dein Franz.

[1] Edith Fromm.

An Margrit Rosenstock am 15. August 1919

15.VIII.19

... Der Junge ist zwar wieder hinreissend, es ist schade dass du ihn nicht zu sehen kriegst. Er brennt lichterloh und ist dabei ganz ehrlich. Von vollendeter Kritik gegen mich, an der Eugen seine Freude hätte. Denn er sagts mir jeden Augenblick ins Gesicht, wenn ich bin (oder spreche oder aussehe) „wie ein deutscher Professor" - Gegensatz dazu natürlich: ein Jude (womit er etwa das gleiche meint, was Eugen „Christ" nennt). Über meine alten Photographien, die ihm Mutter gezeigt hat, hat er gerast; da hat ihm der „Professor" noch nicht genügt, „wie ein Assimilant" sähe ich da aus. Kurz er weiss genau, was Universität ist, und wird nicht mehr darauf hereinfallen. Dann wollte er von dir Bilder sehn! schwärmte von dem blauen Tuch im grauen Einerlei des Lazaretts! Über Ediths Fotografie von dir war er ein bischen ernüchtert, eben weil er dich vom „blauen Tuch" her in der Erinnerung hatte, fragte dann, ob du katholisch wärest? du sähest ⌈⌈da⌉⌉ aus wie eine katholische Heilige! Und weil er so selig vom blauen Tuch sprach, konnte ich mich nicht halten und zeigte ihm auch das Bild das auf Mutters Schreibtisch steht und stellte ihm so sein Erinnerungsbild wieder her.

Jetzt ist er bei Prager. Gestern Abend rief - Schocken an, der auf Wilhelmshöhe ist! damals im Lazarett war er auch grade als Mawrik neben mir lag. Vielleicht habe ich sie heut Nachmittag alle hier. Abends reist Mawrik ab. Aber die zweite Hälfte des Winters kommt er vielleicht nach Berlin. Mutter ist auch ein bischen bezaubert von ihm, jedenfalls überwiegt die Bezaubertheit die übliche Verschnupftheit. Doch gewöhnt sie sich ja überhaupt zunehmend an die Juden.

Heut kein Brief, gestern kein Brief, - liebe katholisch-protestantische Unheilig-Heilige, willst du mich denn ganz verjuden lassen? Ich weiss ja, dass du jetzt vor lauter Leben und Menschen schwer den Augenblick für dein-mein kleines goldbraunes Tabernakel erübrigst. Aber mir deinen heilig-unheiligen Segen zu spenden, genügt ja ein ganz kurzer Augenblick. Sieh, es ist so rasch hingeschrieben und ist doch alles alles drin, das Wort, unser Wort, unser heiliges:

Dein

An Margrit Rosenstock am 16. August 1919

... 16.VIII.19

Kahn ist gestern Abend abgefahren, Nachmittags hatten wir nichts Rechtes mehr voneinander, weil Schocken da war, der aber auch ganz verliebt in Kahn ist, er war vorher alleine bei ihm. Abends habe ich dann mit dem Diktieren der Einlagen begonnen. Morgen wird alles fertig, und dann beginnt das Spiessrutenlaufen durch die Verlage. (Ich werde wohl übrigens weder [[„bedeutet"]] noch „Eine Deutung" aufs Titelblatt schreiben, sondern einfach „von Franz Rosenzweig" - obwohl mans ja dann auch für einen Roman oder sonst was halten kann. Von dir und Eugen hab ich ja gar keine Antwort bekommen, was ihr zu den verschiedenen Vorschlägen meintet.
Mit dem Hegel wirds nun wahrscheinlich zum Klappen kommen. Bei Oldenbourg. Er ist entgegenkommend und scheint bald drucken zu wollen. So werde ich wohl Dienstag nach Berlin fahren (NW 23. Claudiusstr.14), ich telegrafiere aber noch vorher (wenn ich bis dahin weiss, wohin - ?).
Hier ist nun wirklich noch richtiger Sommer geworden. Selbst ich kann den Garten nicht mehr ignorieren. ...

An Margrit Rosenstock am 17. August 1919

17.VIII.19.

Liebes Gritli, es fehlt mir sehr, sehr ein direktes Wort von dir. Ich habe einen langen Brief von Rudi, aus dem ich, ohne dass es grade drin steht, merke dass Eugen hart geblieben ist und dass jeden Augenblick sich wiederholen kann was damals geschah. Vielleicht war es wirklich gut gemeint von der Post, dass sie mir seinen Eilbrief unterschlagen hat. Ich kann dir nicht weiter schreiben, gleich kommt die Schreibmaschinöse und überhaupt bin ich zu sehr bedrückt, auch über andres noch.
Muss man sich denn alles Gute was einem geschehen ist durch die verdammten Dogmen zerstören lassen? Muss alles „stimmen" und irgendwo „geschrieben" sein und „öffentlich" bekannt gemacht werden? Im Grunde war doch Eugens letztes Wort an mich (vielmehr an „den" Juden, denn ich existierte ja da nicht mehr für ihn) nur die Fortsetzung von der Hanseugenschen Attake auf den ✡.
Schreib ein Wort, ich halte es nicht mehr aus. Dein Franz.

An Eugen Rosenstock am 17. August 1919

Lieber Eugen 17.VIII.19.

ich muss dir wohl, nachdem ich zwei Briefe nach Säckingen kouvertiert habe, auch noch ein Wort schreiben.   Ich weiss nicht, ob ich mich freuen oder ärgern soll, dass dein Eilbrief - lucus a non lucendo[1] oder „nun grade nicht" - sich nicht hierher gefunden hat.   Rudis Brief hat mir, ohne dass ich wüsste warum, bange gemacht.   Ich fürchte, (um es nur zu sagen), du hast mir gescheit geschrieben. Schliesslich wäre ich ja daran dann selber schuld gewesen, denn ich hatte dir eine „Theorie" geschrieben, und davon gilt das „auf einen Schelmen anderthalbe".   Aber es handelt sich ganz und gar nicht um Theorien. Es handelt sich nur um mein Mit-dir-leben (mit allem, was daran hängt). Was ich dir geschrieben habe, mag geklungen haben wie eine Auseinandersetzung (auf die du dann mit „Gegengründen", „besseren Gründen" und was weiss ich) antworten konntest, aber es war keine, es war ein Ultimatum, auf das es also nur Annehmen oder Ablehnen giebt. Sowas tut man nicht, wenn man nicht muss. Denn es ist eine äusserste Zumutung. Trotzdem habe ich es getan. Und ich bitte dich mit aller Kraft und so wie man Menschen sonst nicht bittet, schreib mir dass du „angenommen" hast oder jetzt annimmst oder einmal annehmen wirst (auch das genügt mir) — das „Ultimatum" meine ich, die „Gründe", die Theorien, die Motivationen magst du in kleine Stücke zerreissen und in den Rhein werfen für die Fische und die alliierten und assozierten Mächte.   Bitte!   Dein Franz.

Lieber Eugen,   gleich hinterher
kaum ist der eine Brief zur Post, so mache ich Ordnung auf meinem Schreibtisch, ärgere mich über das Riesenkouvert von der Lionardonummer das noch da lag, lege es weg, dabei durchzuckt es mich plötzlich, ich greife hinein - wahrhaftig da kommt der Brief heraus, der seit einer Woche also schon bei mir war. Warum ich erst so herunterkommen musste, wie meine Briefe von vorhin zeigen, weiss ich nicht. Aber es wird schon nötig gewesen sein.
Und nun ist der Brief da. Lieber Eugen, es ist ja der „gescheite" Brief und mit „Geist" deckst du mich wirklich und wortwörtlich zu, aber zugleich ist es ja auch die „Annahme des Ultimatums". Und so bin ich froh und danke dir so sehr wie ich vorhin gebeten habe - bitten und danken gehört ja zusammen —, verschiebe das Antworten und das Denken auf morgen (denn gleich kommen Ehrenbergs und Onkel Viktor). Denn freilich, geantwortet muss werden und es war nur die Verzweiflung in der ich war, ob der Boden auch noch trug, nur diese Verzweiflung war es, die mich auf das Denken schimpfen liess solange ich eben nicht wusste, dass der Boden hält. Nun weiss ichs und nun geht wieder alles, auch das Denken, auch der „Geist" (und Geist).
Lieber Eugen, dir und überhaupt   ───────────   Dank!
                                                          Dein Franz.

[1] Quintilian, De institutione oratoria I,6,34: „Der Wald (hat seinen Namen) vom Nicht-Hell-Sein". Mit diesem Zitat verweist Rosenzweig auf die Unzulänglichkeit mancher sprachlicher Benennungen.

An Eugen Rosenstock am 17. August 1919
                                                          17.VIII.19.
Lieber Eugen,   es ist Nacht, Ehrenbergs sind fort; ich sitze wieder vor deinem Brief und will nun also „gescheit" sein.
„Ad 1)": Dass wir Juden nicht „der jüngste Tag sind", ist selbstverständlich richtig. Der jüngste Tag geht die ganze Welt an. Wir sind nur, wie du schreibst, „der erlöste Bestandteil der Welt" und also „bis zum jüngsten Tag". Aber umlernen brauchen wirs dann nicht. Sondern nur umleben. Die jüdische Welt, die Welt des Gesetzes, in der wir lebten, zerbricht dann. Aber der jüdische Gott wird nicht zur Lüge. Er bleibt, was er war: Gott.   Und darum kann ich das Judentum nicht Wahn nennen,[1] sondern wenn ich denn wirklich schimpfen soll, so müsste ich Verstocktheit, Härte, Schirm vor den Augen und was du sonst noch willst, zugeben - alle Untugenden des Lebens; aber die Wahrheit haben wir.   Dem Christentum gehts umgekehrt. Seine Welt wird ihm nicht

zerbrechen. Aber der, den es Gott genannt hat - den wird es nicht mehr so nennen können, sondern wird nur noch Gott selber Gott nennen.

Es ist eine Frage der terminologischen Sauberkeit, dass ich die beiden Begrenztheiten, die ich sehe, nicht über einen Kamm schere. Aber ich muss es auch ausserdem. Ich kann allenfalls zugeben, was uns fehlt; aber dass ich nun auch verleugne, was wir haben, das kannst du nicht verlangen. Es wäre als verlangte ich von dir, du solltest sagen, euer Weg wäre ein Irrweg. Und das verlange ich wahrhaftig nicht. Ich weiss ja, dass es keiner ist. Es wird mir sogar immer ein bischen unheimlich, wenn ich auch nur sehe, dass einer von euch wider alle christliche Sitte einmal das Ziel sieht oder wenigstens sieht dass der Weg nicht das Ziel ist. (Wie mir dein Lob des Schweigens, des Todes, der Wahrheit - kurzum der Weidemannbrief und was ihm folgte - unheimlich war. Wie mir Hansens Christologie zum Teil unheimlich war). Ich erwarte von Christen gar nicht, dass sie etwas andres sind als - Christen.

Aus meinem „Judenstolz" zu reden habt ja wirklich erst du und Hans mich gezwungen. Sonst behalte ich ihn da wo er hingehört: in mir. Aber ich finde, in all diesem sind wir uns ziemlich einig, waren es vor Hans und sind es nach Hans wieder geworden.

Anders ists mit dem andern. Nur dass ich dir da nicht, wie du glaubst, als Jude widersprach. Was du da zuletzt über den Mord, den die Juden alle Tage begehn, schreibst, verstehe ich überhaupt nicht. Ich widerspreche dir hier nicht anders wie dir auch ein Christ widersprechen könnte und vielleicht schon widersprochen hat. Ich sehe dich da ganz nah bei Hans. Du formulierst Dogmen für die Ketzerkirche, mögen dir auch beide Worte unangenehm klingen. Ich wiederhole, was ich dir neulich schon schrieb: es kann sein, dass wir „institutionell" sind. Aber wir können es nicht wissen; es geht uns gar nichts an, wenn es so sein sollte; und wenn wir es in Dogmen zerschwatzen, so ist uns das Leben, das uns geschenkt ist, dahin, und wir behalten einen kalten theoretischen Rückstand im Kolben, mit dem weder wir selbst noch irgend jemand etwas anfangen kann. Du schreibst, der Geist wehe von wannen er will. Aber du schreibst ihm ja seine Bahn vor. Er soll und muss in uns auf unsrer besonderen Platform fahren. Aber ich spüre nichts von ihm da. Ich glaube nicht das Gleiche, was du, Gritli, Rudi, Hans, Emil glauben. Und ihr nicht das, was ich glaube. Was helfen da deine Kommandos und Hansens Konzilsbeschlüsse. Er weht doch, wo er will.[2] Und so weht er unter die Christen und weht unter die Juden. Aber von den „Judenchristen", „Christenjuden" und dergleichen Hansischen Hirngespinsten weiss er nichts. Unser Glaube spricht zweierlei Sprache. Und wir wären einander fremd geblieben, wenn nur aus dem Glauben gesprochen werden könnte. Aber dem widersprechen die Tatsachen. Wir sind uns nicht fremd geblieben. Es ist einfach nicht wahr, dass sich „Liebe und Hoffnung keine Briefe schreiben". Von der Liebe wirst du es selbst nicht aufrecht erhalten. Aber die Hoffnung - wir haben uns aus der Hoffnung geschrieben, von 1916 an, und auch heute dieser Brief ist aus der Hoffnung geschrieben. Aus dem Glauben (deinem? meinem?) könnte ich ihn dir wahrhaftig nicht schreiben. Was ist mir der, cui credidisti?![3] Aber die vita venturi saeculi[4] - die ist mir was sie dir ist, und das hierzu gehörige Amen wird uns gemeinsam sein.

Aber in diesem saeculum habt ihr „einen andern Geist als wir".[5] Mit Gewalt und Dekretieren ist da nichts zu machen. Sowenig wie mit welthistorischen Konstruktio-

nen (unserm gemeinsamen Fehler). Gott lässt sich den Anfang des venturum saeculum[6] nicht mit Gewalt abzwingen und nicht mit spekulativem Tiefsinn ablisten. Warten wir ab. Was uns gegeben ward, wollen wir nicht verleugnen. Es giebt eine Sprache der Liebe und eine Sprache der Hoffnung. Ich spreche sie z.B. in dem Buch von dem dies Papier ein missratenes Titelblatt ist.[7] Aber höre: ich könnte sie nicht sprechen, wenn ich nicht zuerst und zuvor die Sprache des Glaubens sprechen gelernt hätte. Denn es ist ja einfach nicht wahr, dass der Glaube aus Liebe und Hoffnung wächst. Umgekehrt. (Erst wenn Liebe und Hoffnung aus ihm gewachsen sind, erst dann fängt die Wirkung an die du meinst und die eine Rückwirkung ist). Wäre deine Reihenfolge richtig, dann hätten ja die Heiden recht, die vom Menschen den ersten Schritt verlangen. Aber Gott tut den ersten Schritt. Gott weckt den Glauben. Die Begeisterung ist wirklich das erste. Wir müssen sie haben, um lieben und hoffen zu können. Und Gott giebt sie im Glauben. Deshalb, weil ich das weiss, respektiere ich euren Glauben, den ich doch weder sehe noch verstehe; denn ich weiss, dass aus ihm eure Liebe die ich spüre, eure Hoffnug die ich teile hervorwachsen. Nicht entgeisten will ich diese Liebe und Hoffnung; ich könnte es ja gar nicht auch wenn ich es wollte; denn der Geist kommt ihr ja von daher, wohin mir Zutritt und Einblick verschlossen ist: aus eurem Glauben. Wäre in eurer Liebe und Hoffnung ein eigner nicht aus eurem Glauben gekommener, sondern unmittelbar in sie eingeblasener oder aus ihnen gar erst gewachsener Geist, dann wäret ihr mir nicht Christen, sondern Menschen mit denen ich zufällig zusammengekommen wäre, und das Wunder wäre nicht mehr da. So aber ist es da. Ihr habt einen andern Geist wie ich. Ihr wachst aus andern Wurzeln. Und trotzdem verschlingt sich ineinander, was aus den getrennten Wurzeln wuchs. Quälen wir uns doch nicht um das, was Gott damit will. Es ist. Ob nun Raum dafür ist oder nicht in der Woche und im Jahr und im Weltalter. Denn soweit wir sehen sind auch da die Tage getrennt. Nicht bloss die Feiertage, auch die Werktage. Und doch haben wir uns gefunden. Es muss also doch wohl Raum dafür gewesen sein. Wo, weiss ich nicht. Aber wieder: es ist so.
Und daran halte ich mich. Sieh, ich sage: ihr habt einen andern Geist als wir. Und trotzdem (nicht deswegen) schreibe ich mein Es ist hier vor mich hin. Als das Wort das uns trotz der zweierlei Geister vereint. Es meint wie jenes Marburger ἐστιν[8] ein Wunder, vielleicht ein ganz ähnliches Wunder wie jenes, das Luther meinte: nämlich dass die Tatsache die wir erfuhren und erfahren kein Zufall ist, nichts was die Wissenschaft mit ihrem Begriff von Erfahrung begreifen kann, sondern eine gottgeschaffene Tatsache. Die Gottgeschaffenheit der Tatsachen das ist die Wahrheit, der „zu gut" ich durch das ganze lange Buch, das nun in diesen Tagen endgültig fertig geworden ist, „einherziehe".[9] Dieses „Es ist" anzunehmen, empfangen, und nicht wieder es auf den Kopf zu stellen und es zu „verstehen" oder darauf „aufbauen" und was dergleichen Menschenspässe sind - das wird von uns verlangt. Dies „Es ist" ist stärker als alles was man „möchte". Ich „möchte" nicht sein, sondern

ich bin   Dein Franz.

---

[1] Im „Stern der Erlösung", S.373, bezeichnet Rosenzweig das Christentum in Anlehnung an Maimonides, in dessen Originaltext sogar „Lüge" steht, als „Wahn".

[2] Johannes 3,8.   [3] Lat.: an den Du glaubst.

⁴ Zitat aus dem lateinischen Credo: „das Leben der kommenden Welt". Mit den Begriffen Glaube, Liebe und Hoffnung spielt Rosenzweig auf 1. Korinther 13,13 an.
⁵ So sagte Luther zu Zwingli 1529 im Marburger Streitgespräch um das rechte Verständnis des Abendmahls.
⁶ Lat.: die kommende Welt.
⁷ Der Brief ist auf Konzeptblättern zum „Stern der Erlösung" geschrieben, auf denen in Schreibmaschinenschrift steht: „DER STERN DER ERLÖSUNG / von / Franz Rosenzweig" und „Zweiter Teil / DIE BAHN".
⁸ In dem Streit Luthers und Zwinglis über das Abendmahl ging es vor allem um die Bedeutung der griechisch-neutestamentlichen Formulierung: ἐστιν (1. Korinther 11,24f). Luther übersetzte „das ist (mein Leib...)" und leitete daraus die Realpräsens Christi im Abendmahl ab, während Zwingli die Meinung vertrat, es sei als „das bedeutet" zu verstehen, und daher die Realpräsens ablehnte.
⁹ Anspielung auf Psalm 45,5 nach der Lutherübersetzung: „zieh einher der Wahrheit zu gut". Rosenzweig stellte diesen Text im hebräischen Original als Motto dem gesamten „Stern der Erlösung" voran.

An Margrit Rosenstock wohl am 17. August 1919

Liebes Gritli, ich bin zum Heulen glücklich, ich merke jetzt erst ganz, wie kaput ich heute zuletzt war. Offenbar hatte ich nicht genug „gebetet", und deshalb musste sich der Brief eine volle Woche verstecken, bis ich mir nicht mehr aus und ein wusste und nur noch bitte sagen konnte. Alles, damit ich nun danke sagen kann.
Liebes, sei mit mir froh.
                                                                                                           Dein.

An Margrit Rosenstock am 18. August 1919
                                                                                                   18.VIII.19
Liebes Gritli, endlich endlich. Es war doch eine kleine Atemnot und gestern wurde ich verrückt, wie du gesehen hast, - sah Gespenster und pochte an die Tore des Himmels. Mit dem wunderbaren Erfolg. Das Merkwürdige dabei war, dass Eugens Brief doch <u>auch</u> der Brief war, den ich gefürchtet hatte, wenn auch eben nur auch. Aber ich spüre jetzt ganz deutlich, wie notwendig ihm mein Widerstand ist. Denn im Grunde tue ich ja weiter nichts als ihn an das Dasein der Kirchen, der Dogmen, der Christenheit erinnern, über die sein „Ketzerchristentum" immer wieder hinwegfliegen will. Es ist gar nicht speziell der Jude F. R. der ihn daran erinnert. Ein Christ, ein katholischer oder protestantischer, könnte ihm das gleiche sagen. Es mag einen Glauben geben, der <u>zuletzt</u> kommt, den zu glauben man „hofft", von dem Eugen mir vor 6 Jahren sprach. Aber es giebt <u>auch</u> einen Glauben, der zuerst kommt, den man als unmittelbares Gottesgeschenk oder als tradiertes Erbgut - aber jedenfalls <u>empfängt</u>. Diesen Urquell des Lebens möchte Eugen vor lauter Jüngstem Tag verleugnen. Und doch weiss er ja vom Jüngsten Tag nur, weil auch ihn jene Quelle getränkt hat. In Stuttgart ganz zu Anfang sagte er mir mal, ich hätte Recht, wenn er katholisch würde, aber er würde es eben nicht. Ich habe ihm damals nicht gesagt, aber mir doch gedacht: dass ich freilich auch jetzt um nichts andres bei ihm kämpfte als um seine Kirchenzugehörigkeit. Vom Weidemannbrief und der Stiftsmühler Nacht an.
Heut habe ich den ✡ buchbinderfertig gemacht. Bei der Paginierung hat Frau Ganslandt ein Exemplar übernommen! So ists also genau ein Jahr her, seit ich anfing, und heute habe ich die Titelblätter gemalt. Ich nehme die beiden Exemplare übermorgen mit nach Berlin und lasse sie dort binden, wohl doch jedes nur in einen Band, denn es liest sie ja jetzt niemand mehr, ich gebe sie ja nur noch an die Verlage.

.....
Wenn Rudi schon weg ist, so mach du den Brief auf und nimm ihn dir zu Gemüte. Gute Nacht. Schreibst du morgen? ich meine: kommt morgen was Geschriebenes von dir? Ich bin ungebärdig wie ein kleines Kind und brauche einen Schnuller in den Mund. Und das wenigstens sind Briefe ja. Setz dich also in das braune Papierschiffchen und komm zu   Deinem Franz.

An Margrit Rosenstock am 19. August 1919

19.VIII.

Liebes liebes Gritli,   habe ich denn so trübetrostig geschrieben? Aber es wird wohl so gewesen sein. Die scheinbare Antwortlosigkeit Eugens drückte eben auf mir. Ich habe seinen Brief nun wieder und wieder gelesen und laufe immer mehr auf gewissen Stellen auf; ich habe ihm wohl noch nicht deutlich genug geantwortet. Manches, was ich beim ersten Lesen nicht verstand, verstehe ich auch erst jetzt. Er verlangt ja wirklich Unmögliches.   Ich lese ja nicht im Neuen Testament, aber an das eine Mal, wo ich es - 1916 - ganz durchgelesen habe, denke ich mit gradezu physischen Übelkeitsgefühlen zurück. Ich kann nur Christen sehen und Christen lieben und ihr Christentum als ein Stück von ihnen, - aber wenn ich mich unmittelbar Auge in Auge „Christus" gegenüberstelle, so graut es mich. Dies alles muss ich nun wohl sagen, denn Eugen weiss es immer noch nicht recht. Seinen Glauben kann ich lieben, weil er sein Glaube ist. Aber abgesehen von meiner Liebe zu ihm ist mein Gefühl gegenüber seinem Glauben kaltes Entsetzen, ein „wie kann man nur!" Cohen half sich leichter aus der Affäre; er nahm subjektive Unwahrhaftigkeit an („es hat noch nie einer dran geglaubt"). Ich kann das nicht. Ich glaube an die subjektive Wahrhaftigkeit von Christen. Aber objektiv bleibt mir das Christentum, was es ist und was ich nicht immer wieder sagen mag. Aufgeben kann ich diese wie Eugen es nennt „mörderische" Stellung nie. Der Geist wird uns immer scheiden. Das habe ich immer gewusst. Aber ich habe auch immer gewusst, dass uns die Liebe einigt. Ich habe eben Eugen immer geliebt, auch zu der Zeit wo ich ihm noch nichts andres bedeutete als ein Schrank voll Ansichten. Ich habe immer ihn selbst gesucht. Deshalb habe ich seinen Glauben ihm glauben müssen. Und daher hat er zu mir freier sprechen dürfen als ich zu ihm.   So frei wie ich zu dir sprechen darf. Eben weil auch du mich ansiehst und immer wieder mich. Du siehst mein Judentum, aber ich bin dir nicht „der" Jude. Kann Eugen denn das nicht auch? Ich schreibe dir vielleicht heut Abend nochmal. Ich bin noch nicht fertig.

Es war gut und nötig, dass ich nicht dabei war in Hinterzarten. Eugen muss einmal den Unterschied spüren, der zwischen der „institutionellen" Gemeinschaft ist und der institutionslosen. Und er muss die Geschichtskonstruktionen verlernen, (nach denen plötzlich im Jahre 1919 alles anders ist wie im Jahr 1819 oder früher). Das müssen wir alle, Hans besonders. Wir haben die Geschichte nicht zum „Verstehen". Gott lässt sich nicht in die Karten kucken. Die Institutionen und ihr Geist ist uns gegeben. Daran haben wir uns zu halten und dürfen nicht alles was uns nun sonst noch mehr privat ~~gegeben~~ geschenkt wird, durch geschichtsphilosophischen Leim als eine neue weltgeschichtliche Phase an die alten Institutionen anzuleimen suchen. Unser Leim hält nicht. Und Gott stückt nicht an, er lässt wachsen.

.....

Aber ich frage - und du, ich glaube du hast mir seit 4 Wochen auf keine Frage geantwortet. Es kommt mir vor, als müsste ich meine ganzen Briefe seitdem dir nochmal schicken, soviel ungestillte kleine und grosse Fragezeichen stünden drin.

Ich gehe nicht gern nach Berlin. Diesmal nur wegen des Hegel,[1] der jetzt offenbar endlich ins Rollen kommt. Und nebenher zur Entgegennahme der Réfus'[2] der jüdischen Verlage. Danach geht es auf die Wanderung zu den Heiden.   Mir war ja sonst diesmal wohl hier. Mutter war so nett. Zudem passt die Chininfresserei mir schlecht in die Berliner Unruhe. Es ist aber nicht zu ändern.

Ich lege ein Stück Brief an Eugen bei, das ich zwischen diesen Brief zwischenhinein geschrieben habe. Es ist so scheusslich, das alles jetzt durchdiskutieren zu müssen, und doch muss es wohl sein. Wir müssen alle die Grenze klar sehen, die uns trennt. Liebes Herz, du weisst und ich weiss, dass man Grenzen klar sehen kann und dass es dennoch grenzenlose Kräfte giebt, die über alle Grenzen hinweg tragen. Sag ihm das, mit deinen Worten, wenn meine zu schwach sind. Liebes Liebes ——— Dein.

[1] Rosenzweigs Dissertation „Hegel und der Staat", die damals zum Druck vorbereitet wurde.
[2] Franz.: Weigerung, Ablehnung.

An Eugen Rosenstock am 19. August 1919

19.VIII.19

Lieber Eugen,
im Schreiben an Gritli merke ich, dass das an dich direkt gehen muss. Ich habe deinen Brief vom 9. 8. immer wieder gelesen und bin mir über die härtesten Stellen erst jetzt ganz klar.   Ich weiss jetzt, was du mit „Morden" meintest. Und ich kann dir das nur zugeben und dir nur versichern, dass wir immer weiter so „morden" werden. Was du Morden nennst, ist ja weiter nichts als dass wir - nicht an Christus glauben.[1]   Kannst du das nicht ertragen? Sieh, ich finde es nur natürlich, dass du sowie du mal ein bischen jüdischen Glauben siehst, gleich ~~von~~ über Judenstolz schreist. Ich erwarte das kaum anders. Wie könntet ihr unsern Glauben glauben? Wie du eine Nacht lang dagegen getobt hast, das hat mich gar nicht verletzt. Es hilft nichts, der Glaube kann uns nur trennen. Wenn du das bei mir oft nicht empfunden hast, so lag das daran, dass mir die Liebe zu den wirklichen Christen, die mir begegnet sind, leicht über das Entsetzen hinweghilft, das ich immer wieder verspüre wenn ich mir den Gegenstand eures Glaubens vorstelle. Einen kleinen Ruck aber kostet es nur immer, wenn ihr mir aus eurem Glauben heraus sprecht. Ich muss erst immer wieder euch selbst ansehen, damit ich über das wegkomme was ihr glaubt.   Ist es denn umgekehrt so viel schwerer?

[1] Dazu auch Briefe und Tagebücher S.252.

An Eugen und Margrit Rosenstock am 19. August 1919

19.VIII.19.

Lieber Eugen, liebes Gritli,
    „Wovon aber lohnt es Männern zu reden wenn nicht vom
    gemeinsamen Heranarbeiten an die Hoffnung?"
                   Eugen an Franz, 18.VII.1918.

Also - die Hoffnung schreibt sich offenbar doch Briefe.

Aber ich werde heut auch gleich wieder in die Schule genommen. Als ich von Trudchen zurückkam ..., war bei Frau Ganslandt ihr Neffe der Pfarrer Schafft.[1] Ich hatte schon von ihm gehört. Ich bat ihn, da er mitten im Sprechen war, zu Abend zu bleiben. Er war fein. Ganz zu uns gehörig. Wir konnten uns die Worte beinahe aus dem Mund nehmen. Er setzte Frau Ganslandt die Notwendigkeit des Untergangs und die Wiedergeburt auseinander. Bis in die Einzelheiten der Worte war alles so, als ob wieder einer da wäre, der - nun der auf der gleichen Schulbank des Lebens gesessen hätte. Er ist 36 Jahre alt, noch unverheiratet, worüber er herrlich sprach, sehr gescheit aber dabei einfach, Taubstummenpfarrer für den Bezirk („die Taubstummen halten mich am Rockzipfel, darüber bin ich glücklich, so kann ich so leicht nicht aus der Kirche herausfallen" - er sprach davon, dass er auch in der Beziehung nichts „wolle", weder festhalte, noch sich loslasse, sondern auch das nehme wie es ihm gegeben werde.) Er hat in Halle studiert, offenbar von Kähler[2] beeinflusst, ganz frei und weit, im Aussehen etwas gepresst und etwas ins peinlich Selbstzwingerisch-Asketische. Aber mehr im Aussehen als im Wesen. Das Aussehen ist doch oft nur die Vorgeschichte des Menschen. Und nun sprach er, ohne unangenehme Absichtlichkeit so ketzerkirchlich-hansisch-eugensch über das Und von Juden und Christen, wie von etwas Zukünftigem und doch auch wieder wie von Gegenwärtigem (er hatte nämlich grade für das Theol. Litt.blatt[3] einen Aufsatz von Cohen kritisiert und als „ethischen Idealismus" vermöbelt, und grade trotzdem behauptete er die im Grunde Einerleiheit) kurz er sprach so, dass ich mich schämte und grämte, euch heute vorhin so viel mit dem Unterschied zugesetzt zu haben. Magst du, Eugen, auch Schuld daran haben und mich herausgefordert haben, es war doch mehr als ich sagen durfte; und grade der Zusammenklang mit diesem Fremden, ein Zusammenklang der doch zunächst nur rein gedankenmässig war, (denn ihn gleich zu lieben, verhinderte mich etwas wie ein Ressentiment, das ich gegen seine Reinheit und bei aller Bewegtheit doch Ruhe empfand), also es war nur gedanklich und doch ein so vollkommener Ein- und Mitklang, dass ich heute zum ersten Mal grad nachdem ich es so heftig abgestritten hatte, verspürte dass da doch etwas Institutionelles im Keimen ist. Hier konnte ich ja nichts aufs Private abschieben; ich kannte ihn ja nicht, kenne ihn auch jetzt noch kaum, obwohl wir sehr gut miteinander wurden. So wurde mir zum ersten Mal glaubhaft, was Hans und du Eugen meintet, als ihr den ☿ zu euren Büchern haben wolltet. Für Menschen wie diesen Pfarrer wäre es gegangen. Aber solche Menschen finden ja auch, was im andern Garten wächst. Immerhin ich sehe nun, dass da mehr ist als eine geschichtsphilosophische Konstruiererei. Als ich ihm übrigens im Laufe des Gesprächs (d.h. er redete meist und ich hörte - und stimmte - zu), also als ich ihm von meiner jungen Skepsis gegen alles Geschichtsvertheologisieren sprach, meinte er es sei ebenso sündhaft sich gegen solche Erkenntnisse wenn sie sich einem aufdrängten zuzusperren wie sie mit Gewalt ertrotzen wollen, wie nichts-geschenkt-nehmen-wollen genau so sündhaft wäre wie nehmen was einem nicht zukommt. Dagegen konnte (und kann) ich ja einfach nichts sagen, er hat einfach recht.

Ich will also nun wirklich das was du Eugen das Institutionelle nennst, stehen lassen. Ich kann es nicht wie du laut rühmen, aber wenigstens kann ich auch nichts dagegen sagen und will es wachsen lassen — wenn es wachsen will.

Denn - „das Wunder der blossen Gegenwart zweier vertrauender Menschen zeugt vielleicht eine neue Sprache?"
Eugen an Franz 18.VII.1918.

Das Fragezeichen, das du damals hinter diesen Satz, der dir eben aufgestiegen war (aus einem „Aber vielleicht ist es anders"), schriebst, frage ich heute, - während es dir sich schon lange in einen Punkt verwandelt hatte und du nicht ertrugst, dass ich noch nicht einmal das Fragezeichen setzen mochte. Nun frage ich, wie du damals frugst. Und „obwohl wir das innerste Heiligtum des Glaubens gegenseitig vor einander zugesperrt haben und den Schauplatz des Höchsten, dessen ein männlicher Geist gedenkt, in zwei ewig getrennten Idiomen abbilden" („a.a.O."), sollte trotzdem die „neue Sprache" wenigstens zwischen uns schon gewachsen sein? als eine Sprache der Hoffnung? und des Glaubens, der auf den Flügeln der Hoffnung emporgetragen wird; des Glaubens, den du „zu glauben hoffst"; und der ein andrer ist als der der uns über und vor aller Hoffnung gegeben wurde. Und durch den doch auch ein begeisternder Geist wehen muss, so gut wie durch jenen der „innersten Heiligtümer". Und freilich ist dies Wehen selber erst ein zukünftiges Wehen, und der Geist der durch die neue Sprache rauscht, rauscht erst leise wie aus weiter Ferne. Und wir müssen das Anschwellen wohl erwarten. Und uns indess weiter vertrauen, damit die neue Sprache diesen Sonnenschein der Liebe hat, unter dem allein sie wachsen mag.

Liebet mich.   Euer Franz.

[1] Hermann Schafft, 1883-1959, nach dem ersten Weltkrieg Pfarrer in Kassel, engagiert in der Jugendbewegung und Erwachsenenbildung, lehrte später auch am Frankfurter Lehrhaus und gründete 1953 die Kasseler Gesellschaft für christlich-jüdische Zusammenarbeit.
[2] Martin Kähler, 1835-1912, evangelischer Theologe, seit 1867 Professor in Halle.
[3] Theologisches Literaturblatt.

An Margrit Rosenstock am 20. August 1919

20.VIII.19.

Liebes Gritli, ich war ja nicht böse, auch nicht „beinahe", nur kaputt. Aber Schreien musste ich. Schreien ist Menschenrecht. Dass du nicht schreiben konntest, wusste ich wohl; aber was tut das ungebärdige Kind Herz mit dem Wohl-Wissen des Papa Kopf! Die Nacht war ich über Packen und dem Brief an euch lange auf, so schlief ich wenig und jetzt schreibe ich aus der Bahn.
...
Die beiden ☿e füllen meinen halben Koffer. Viele Verlage? Jüdische nur zwei, die ernsthaft in Frage kommen. Aber heidnische eine ganze Menge. Duncker u. Humblot, Rütten u. Löning, Insel, Kurt Wolff, S. Fischer, Reinhard. Und sicher noch viele. Die beiden Exemplare werden wohl als umgekehrte Handwerksburschen den ganzen Winter auf der Walze sein.
Wie lang bleibt ihr in Säckingen??
Noch etwas von Schafft: auf Frau G^s Wunsch musste er - er hat vor seiner Verwundung musiziert - die Variationen zu hören kriegen. Als ich ihm nachher sagte, sie würden von der toten Clotilde Kleeberg[1] gespielt war er ganz weg von dieser Verwi-

schung der Zeit und bedauerte, dass er es nicht schon gleich zu Anfang schon während des Zuhörens also gewusst hätte! So menschlich muss man doch eigentlich die Kunst lieben. Dann ist sie nicht mehr gefährlich. - Zwei Grüsse und ein Gutes.

Dein Franz.

[1] Clotilde Kleeberg, 1866-1909, Pianistin.

An Margrit Rosenstock am 21. August 1919

21.VIII.

Liebes Gritli,   also ich bin wieder in Berlin und will nun nachher zu Badt und zum Buchbinder. Gestern Nachmittag und Abend war ich - bei Kähler. Ich habe seine Mutter kennen gelernt, ein grosser Eindruck. 78jährig, ganz scharf hart und geschlossen. Ich hatte ihn mir ja immer als Sohn seines Vaters vorgestellt, nun sah ich dass er ganz sicher mindestens sosehr Sohn der Mutter ist. Man spürt noch eine grosse Lebenskraft hinter ihr; sie soll auf ihre alten Tage erst gesund geworden sein, früher immer leidend. Neben dem Vater hat sie im Haus keine herrschende Stellung haben können, obwohl ihr ein tüchtiger Kommandoton zu Gebote steht: Abends ass die „Stütze" mit, ein schönes Mädchen von 18 Jahren; ehe sie rein ins Zimmer kam, sagt mir die Alte rasch: „ich werde Sie vorstellen, es ist aber übrigens keine Notiz von ihr zu nehmen." In einem solchen raschen leisen widerspruchslosen Ton, dass ich wirklich gar nicht gewagt hätte, „Notiz" von ihr zu nehmen und ordentlich erschrak, als der Sohn nachher sie mal ins Gespräch hineinzog.

Im Haus natürlich viele alte Möbel, doch wie so etwas eben in einer Witwenwohnung nachher steht. Der Sohn hat ein prachtvolles Bibliothekszimmer. Darin allerlei, z.B. eine kleine Vollstatuette W. v. Humboldts,[1] nach dem Leben, von Drake,[2] Gips, die ich noch nie anderswo gesehen habe (und er auch nicht), von ganz stupender Wirklichkeit. Er selbst in all seinen Schwächen, und ich habe ihn <u>doch</u> gern. Wenn ich freilich denke, wie gross und empfindlich die Narbe war, die ich fast 9 Jahre von ihm mit mir herumschleppte,[3] so kann ich nur erstaunen, wie völlig spurlos sie verschwunden ist. Auch gestern wieder regte sich eigentlich nichts, ich mag mich ihm auch nicht gern sehr exponieren und doch ist etwas zwischen uns von Herzlichkeit, ein warmer Ton, der eigentlich gar nicht aus der Gegenwart und aus dem was wir unmittlbar heute an einander erleben, herkommt, sondern aus der Vergangenheit und aus dem was wir einer am andern gelitten haben. Und eigentlich um dieser kleinen Wärme willen müssen wir uns von Zeit zu Zeit sehen.

Er gab mir seinen Humboldtbrüder-Doppelporträt-Aufsatz aus der Histor. Zeitschr. mit, den er für das beste oder einzige Gute hält was er gemacht hat (er fügte zu: und machen wird); er scheint wirklich gut zu sein; ich habe ihn erst angelesen. Wahrhaftig stand im gleichen Heft auch ein gleichfalls guter Nachruf vom H.U. auf Dove.[4] Wobei die „Güte" freilich so zustande kommt, dass der U. erst aus sich heraus einen „feinen Geist" abscheidet, und der muss dann den Aufsatz schreiben. Vom U. <u>selber</u> ist infolgedessen gar nichts drin. Aber es giebt wohl sicher Leute die darauf hereinfallen und den künstlichen Prozess, wie so etwas entsteht nicht merken. Ich würde es wohl auch nicht merken, wenn ichs nicht von mir selber her kennte.   Das Hegelbuch ist grossenteils so schauspielerhaft geschrieben. Der Jude, der in deutschem Geist macht. Die Philosophie der „Liebe" ist in all ihrer Scheusslichkeit doch wenigstens echt.

Ich kam übrigens erst nachts um 2 1 hier an und ging durch den Tiergarten in meine Wohnung. Ich hatte plötzlich ein so kurioses Gefühl von Hierzuhausesein, - das ich schon jetzt nicht mehr begreife.

Kähler sprach übrigens von den Folgen der Auslieferung in ähnlichen Untertönen wie andre vom kohlenlosen Winter. Ich bringe es nicht mehr fertig, mich im voraus zu ängstigen oder aufzuregen. Es ist früh genug dafür, wenns soweit kommt.

...

Ich freue mich so, dass Rudi deine Mutter kennen lernt.
Euch alle - und dich und immer wieder dich grüsst

Dein Franz.

[1] Wilhelm von Humboldt, 1767-1835, Gelehrter und Staatsmann.
[2] Friedrich Drake, 1805-1882, Bildhauer.
[3] 1910 fand in Baden-Baden eine Konferenz junger Historiker und Philosophen aus Südwestdeutschland statt, an der auch Rosenzweig und Siegfried Kähler teilnahmen und auf der es schon bald zum Streit kam. Dazu Briefe und Tagebücher S.96f.
[4] Alfred Dove, 1844-1916, Historiker und Essayist, seit 1897 Professor in Freiburg.

An Margrit Rosenstock am 21. August 1919

21.VIII.

Liebes Gritli, ich dachte zwar, ich könnte es ohne euch zu bemühen, machen; aber es geht doch nicht. Also, am letzten Abend in Kassel erzählte mir Trudchen, dass Martha Reichenbach [[bei]] ihren Eltern in St. Gallen zu Besuch ist. Es ist die von mir als Sekundaner „bzw." Primaner angeschwärmte Cousine, die sich dann mit O.Hermanns Compagnon Rosenheim verheiratete, der während des Kriegs starb. Da nun London zunächst aussichtslos ist, ich aber zum mündlichen Verfahren übergehen muss, so will ich sie sprechen.[1] Vielleicht bedeutet das dann schon Schluss, vielleicht auch das Gegenteil, jedenfalls etwas bedeuten wird es.   Durch Badt bekam ich nun eben bestätigt, dass nach der Schweiz reisen immer noch eine sehr langwierige Sache ist; ich weiss nicht, wie lange sie bleibt; wüsste ich, dass sie etwa auch nach München führe (was ich aber kaum glaube), so wäre alles sehr einfach.   Sonst aber müsste es auf dem Wege des „kleinen Grenzverkehrs" gehn. Wie ist das nun? Kann ich von Säckingen aufs andre Ufer, wenn deine Eltern für mich bürgen, oder was sind da für Formalien. Lieber wäre mir ja, es ginge bei Rohrschach,[2] wo ich ihr keine so grosse Reise zumuten müsste. Oder geht es etwa leichter, dass sie als Engländerin und geborene Schweizerin über die deutsche Grenze kommt? Dann ja jedenfalls am Bodensee.

Bitte antworte mir gleich, eventuell, wenns so kurz zu fassen und positiv ist, telegrafisch. Dann schreibe ich sofort an sie - und so dass sies mir nicht verweigern <u>kann</u>; ganz vergisst sich ja keine Melodie, die man mal gesungen hat - auch wenn man Jahrelang nicht daran gedacht hat, - 15 Jahre.

So sehen wir uns dann auch wieder. Deshalb fragte ich vorgestern, wie lange ihr noch in S. bleibt. Du siehst, länger als 2 Tage kann ich dir nichts verheimlichen.

Der Buchbinder weigert sich, den ✡ in einen Band zu binden, so werden es also drei. Vielleicht schreibe ich noch heute Abend an den „Jüd. Verlag".

Dein Franz.

[1] In London lebte Rosenzweigs Cousine Winifred Regensburg, mit der seit 1913 oder 1914 eine Heirat geplant gewesen war. Dazu auch der Brief an Margrit Rosenstock vom 2. April 1919, S.271f. Martha Reichenbach sollte offenbar als Vermittlerin zwischen Rosenzweig und seiner Cousine fungieren.

[2] Rorschach, Bezirkshauptstadt im Kanton St. Gallen, Schweiz, am Südufer des Bodensees.

An Margrit Rosenstock am 22. August 1919

22.VIII.19.

Liebes Gritli, was sagst du zu dem fröhlichen Radau-Brief an den Verleger? Ward je in solcher Laun ....?[1] Aber ich hatte das Gefühl, dass es hier einmal „Zeit, zu lärmen"[2] ist. Auch noch bei Löwit. Die Juden kann ich noch bei der Ehre packen. Nachher muss ich mich still und bescheiden aufs Bitten verlegen.

Kählers Humboldtaufsatz ist wirklich sehr gut. Viel empfänglicher als du ihn kennst, und doch auch mit einigen Güssen seines persönlichen Essigs übergossen, so dass man nicht etwa das Gefühl hat, dass er sich verstellte. Er muss irgendwie glücklich gewesen sein - soweit er es sein kann - als er das schrieb.

Badt war ganz down über Täubler gestern. Er hat genau wie ich das Gefühl, dass man für diese Sache[3] mit gutem Gewissen nicht werben kann. Es ist alles sehr verfahren.

Dein Franz.

[1] Shakespeare, Richard III., I, 2: „Ward je in dieser Laun' ein Weib gefreit?" Die Auslassungspunkte sind von Rosenzweig.

[2] Schiller, Wallenstein, Wallensteins Tod V,7.

[3] Für die in Berlin geplante jüdische Akademie, deren Gründung Hermann Cohen als Reaktion auf Rosenzweigs Bildungs-Schrift „Zeit ists" (Zweistromland S.461-481) von 1917 gefordert hatte.

An Margrit Rosenstock am 22. August 1919

22.VIII.19.

Liebes, ich nehme wieder Chinin und bin schon gleich wieder so kaput wie vorher. Dazu das immer (schon durch die Entfernungen) anstrengende ~~Ca~~ Berlin. Es war ein guter Einfall von euch, mir schon hierher zu schreiben, so hatte ich heute Karte und Brief. Und du hast also diesmal „Männer und Berge" in idealer Konkurrenz gehabt. Rudis „breite Natur" - ich dachte gar nicht dass du die noch nicht kanntest. Mutter rühmt die doch immer, wenn sie von ihm spricht. Oder hat am Ende sogar bis jetzt noch Eugens alter Sammelbegriff „Ehrenbergs", unter den er ja auch Rudi begriff, nachgewirkt, ohne dass dus wusstest?

Pichts Hochlandsaufsatz habe ich heut auf der Bibliothek gelesen. Eigentlich ist P. ein ganz neuer Typ, der christliche Feuilletonist. Seine Aufsätze sprengen nie den Rahmen, aber sie füllen ihn genau. Es ist nichts drin, was nach einer grösseren Form verlangen würde, etwa nach dem Essay, was Eugens Form ist (solange der Systematiker in ihm noch seinen Winterschlaf hält.) (Eugens Frucht des Todes ist deshalb schlecht, weil sie ein Essay in die Form eines Feuilletons presst). Übrigens habe ich trotzdem ein Stück Kritik. Die Sprache ist schön wie immer, die Gedanken richtig wie immer — und trotzdem: die verkehrten Revolutionäre, Eisner, Landauer, Lewinet, Liebknecht, die Luxemburg, Toller[1] und wie sie heissen imponieren mir, und der christlich korrekte Revolutionär Picht, der sich hinter einen glücklicherweise schon vor 1900 Jahren erledigten Revolutionär zurückzieht, imponiert mir eben deshalb - als Revolutionär nicht . Obwohl er doch recht hat und ich ihm theoretisch vollkommen rechtgeben muss. Aber es gehört mehr dazu zu irren als recht zu haben, in diesem Fall.   Ich muss an Rudis Antwort an Helene denken, als er sich Hans gegenüber, der unter die Sozialisten gegangen war, heruntersetzte und Helene ihm sagte: „Aber du hast es dir doch reiflich überlegt, ob du es tun müsstest". Darauf er: „Ja, und habe es eben nicht getan". Das Nichttun, mag es dogmatisch noch so recht sein, ist eben immer - sehr bequem. Mit einem Wort: Den Aufsatz „Der Jude und Zionist", das genaue Gegenstück zu Pichts Aufsatz, ebenso richtig, ebenso unbezweifelbar, ebenso schön und tieftönig, zu schreiben, würde mich stets - mein Schamgefühl verhindern. Dies Schamgefühl vermisse ich an Picht. Vielleicht haben alle jene verkehrten Revolutionäre, wie Picht meint, die Saat des Teufels gesät, mag sein. Aber mir ist sicher, dass sie selber, auch wenn es so ist, nicht zum Teufel gegangen sind, sondern im Gegenteil im Himmel und zwar über denen sitzen, die christlich korrekt revolutioniert und also heutzutage in praxi: nicht revolutioniert haben. Wenn anders diese nicht doch noch andre bona opera[2] aufzuweisen haben als dieses ihr Verhältnis zur Revolution. - Bedenk einmal selbst: Stehen Eugens Breitscheid[3]-Versuchungen nicht über Pichts versuchungsüberhobener Tugend?

Dein Franz.

[1] Die genannten Personen waren wesentlich beteiligt an den revolutionären Unruhen in Deutschland nach dem ersten Weltkrieg und fanden dabei fast alle einen gewaltsamen Tod: Kurt Eisner, Publizist, ermordet 1919; Gustav Landauer, Philosoph und Literaturwissenschaftler, 1919 im Gefängnis ermordet; Eugen Leviné, führender Kopf der zweiten Münchner Räterepublik, 1919 erschossen; Karl Liebknecht, Rechtsanwalt, 1919 ermordet; Rosa Luxemburg, Politikerin, 1919 ermordet; Ernst Toller, Politiker und Schriftsteller, zu 5 Jahren Festungshaft verurteilt, beging 1939 Selbstmord.

[2] Lat.: gute Werke.

[3] Rudolf Breitscheid, 1874-1944, einflußreicher SPD-Politiker, von November 1918 bis Januar 1919 preußischer Innenminister, starb im KZ Buchenwald.

An Margrit Rosenstock am 23. August 1919

...   23.VIII.19.

Ich habe es noch nicht über mich gebracht, wieder an den Hegel zu gehn, weswegen ich doch eigentlich hier bin. Und der Jüd. Verlag hat noch gar nicht geantwortet - die Juden sind unser Unglück, sagt Treitschke und alle braven Deutschen mit ihm, und wenn ich nicht bald Antwort kriege, schliesse ich mich an.   Ich habe nun auch das zweite Exemplar zum Binden gegeben. Wenn ich so drin blättre, kommts mir eigentlich sehr unwahrscheinlich vor, dass es ein Verlag nehmen sollte. Auch ein „deutscher" nicht. Nimm dus - das ist besser.

Dein Franz.

An Eugen Rosenstock am 23. August 1919

23.VIII.

Lieber Eugen,   hat dir eigentlich Beckeraths (oder eigentlich mein) Eisenbahn-Aufsatz gefallen? Ich meine, ob er zu brauchen war. - Ich bin etwas bange wegen der Umarbeitung der Spenglerei. Grade die Universitätskritik gehört hinein. Dass die idealistische Universität gegen sowas wehrlos ist, ist ja eigentlich das einzig Interessante

daran. Von dem beinahe-Ruf nach Göttingen schrieb ich dir doch. Aber soviel ich mich entsinne, steht das ja nicht im I^ten Teil. Der verträgt allerdings eine Umarbeitung. Hast du eigentlich die Monumentalität der Hauptsätze im III^ten Teil („Wer heute ... dient, der ...") wiederhergestellt?
Den Wagenmann will ich mir hier auf der Bibliothek ansehn. Auf „Kabbalah" bin ich ja nicht neugierig.
Dass ichs auch grade mit R.Otto[1] hatte, weisst du vielleicht von Rudi. Ob ich mich zum „Heiligen" versteige weiss ich nicht. Im allgemeinen habe ich ja wenig Verlangen nach Religionsphilosophie, fast noch weniger als nach andrer. Ich glaube, ich habe seit Ende 17, wo ich Hansens „Parteiung"[2] zum zweiten Mal las, kein philosophisches Buch mehr gelesen. Halt, doch: Fichtes grässliches Buch vom seligen Leben.[3]
Was du neulich über Hans Hess schriebst, hatte ich grade in diesen Tagen auch georakelt über ihn Rudi Hallo gegenüber. Ich habe Hess nur das eine Mal gesehen; er rief mich an, aber erst am Tag ehe ich hierher fuhr.
.....

[1] Rudolf Otto, 1869-1937, evangelischer Theologe, Verfasser des Buchs: Das Heilige (1917) - damals ein Klassiker der Theologie.
[2] Hans Ehrenberg, Die Parteiungen der Philosophie. Studien wider Hegel und die Kantianer, 1911.
[3] Johann Gottlieb Fichte, Anweisung zum seligen Leben, 1806.

An Margrit Rosenstock am 24. August 1919

24.VIII.19.

Liebes Gritli, manchmal möchte ich dir nur die zwei Worte schreiben. Was braucht es eigentlich mehr. Und alles andre ist ja nur Ausschmückung. Denn was habe ich dir zu geben, ausser diesen zwei Worten. Ich fühle mich arm vor dir und nur an diesem einen reich. Meine Hände sind leer, sie haben nichts als die Bewegung zu dir hin und sie werden erst voll wenn du dich hineingiebst.
Liebes liebes Gritli, es ist mir jetzt manchmal, als könnte ich dich nicht erreichen, als spräche ich ins Leere. Es ist doch eine unleidliche Sache um die Entfernung. Man schreibt sich und weiss nicht, wo es den andern trifft und wann. Und was hintereinander wie es die Not der Tage hervorrief aufs Papier floss, das häuft sich in Säckingen zu einem kleinen Haufen und wird mit einem Male aufgenommen, in einer halben Stunde, wie ein Buchdrama, wo man den Schluss vor dem Anfang lesen kann wenn man will. Ich bin böse auf die Erfindung der Schrift und doch - was wäre mein Leben jetzt ohne. Aber es bleibt dabei, das Beste am Brief ist das braune Papier, das Siegel, die Über- und die Unterschrift. Alles andre ist Füllsel.[1]
Ich langweile mich am Hegel und warte auf morgen und auf eure ersten Briefe aus Säckingen —

Dein Franz.

[1] Dazu auch der Brief an Margrit Rosenstock vom 27. November 1919, S.484.

An Margrit Rosenstock am 25. August 1919

25.VIII.19.

Geliebtes Gritli, ja ich hatte es gespürt, mehr noch fast von ihm her als aus deinen beiden Briefen. Obwohl ich von ihm ja nur das Scherzgedicht hatte. Und es hat mich durchschüttert diese Tage, du wirst es aus meinen Briefen der letzten drei Tage gespürt haben. Erst gestern fand und fasste ich mich, eben indem ich dir schrieb. Und dann schrieb ich glücklicherweise - denn heute unter der Flut eurer beiden Briefe könnte ichs nicht - an Martha[1] und liess den Brief liegen, weil ich noch warten wollte, ob heute das Telegramm käme. Das kam heute früh. Und danach eure Briefe. Liebste, ich bin ganz bei dir. Es ist alles untergesunken, was mich in den vergangenen Tagen noch quälte. Schon gestern bei mir selbst. Und heut bin ich ganz offen für euch und glücklich mit euch, und kräftig nicht bloss zu halten, sondern auch - zu tragen. Komm zu mir, heute und immer, heute wo es nur zu halten gilt und inskünftige wenn das Tragen beginnt. Denn ich liebe dich heute und immer.

Von Martha werde ich Antwort erst in der zweiten Hälfte der Woche haben können. Dann kann ich je nachdem wie lange sie bleibt u.s.w. vor oder nach dem 9ten September an die Grenze fahren. Wenn es geht, so möchte ich natürlich ihr die weite Reise ersparen, so dass sie schon Abends wieder in St.Gallen wäre. Das hiesse also irgendwo am Bodensee. Sie hat ja sicher einen guten Personalausweis schon für ihre Reise nach St.Gallen, so dass die Grenzüberschreitung ihr zufiele; sie ist ja ⌈⌈als Engländerin⌉⌉ auch weniger verdächtig ⌈⌈auskneifen zu wollen⌉⌉ als ich ⌈⌈als Deutscher⌉⌉. Wenn also die Bestimmungen auch für Konstanz oder Friedrichshafen gelten, so fahre ich dorthin. Säckingen-Stein käme nur dann in Frage, wenn es nicht (oder nicht sicher) ohne Beziehungen geht. Ich vermute eigentlich, dass das der Fall sein wird und dass ich also unter Hüssy-Waltyscher Ägide werde operieren müssen.

Darüber schreibt mir noch, soweit ihrs wisst. Vermutlich wirds ja in der Woche vor dem 9ten sein. In dieser Woche mache ich wohl die erste Hälfte des Hegel druckfertig und wahrscheinlich gehts dann nach dem 9. schon mit den Korrekturen los. - Vom Jüd. Verlag keine Antwort! Hepp Hepp!![2]

Ich sehne mich nach deinen Briefen. Liebe, liebe, Geliebte ─────

[1] Martha Reichenbach; dazu der Brief an Margrit Rosenstock vom 21. August 1919, S.395.
[2] „Hep" - Akrostichon für „**H**ierosolyma **e**st **p**erdita" (Jerusalem ist untergegangen), eine Parole, die auf Kreuzfahrer-Zeiten zurückgehen soll - lautete der Schlachtruf deutscher Antisemiten bei den schweren anti-jüdischen Ausschreitungen des Jahres 1819.

An Margrit Rosenstock am 26. August 1919

..... 26.VIII.19.

Warum ich Martha sprechen will, weisst du ja selber. Nicht um irgendwas zu erfahren, sondern nur um mal zu sprechen; das weitere, was sie dann sagt, muss sich finden. Brieflich wäre mir gar nicht geholfen, das hätte ich ja schon den ganzen Krieg tun können, an Martha schreiben, wenn ich nicht direkt schreiben wollte. Aber brieflich kann ich nicht sagen, wie es wirklich ist. Es würde immer ausgesehn haben, als toggenburgerte[1] ich noch (wie es ja im Jahr 14 und 15 und noch Anfang 16 wirklich war); ich will aber jetzt wirklich nur noch irgendwie zu einem Ende kommen, für mich. Und da ich nach London nicht kann, von einem Besuch von Regenburgs auf dem Festland noch keine Rede ist und ich plötzlich hörte: Martha ist da, so griff ich eben nach dieser Gelegenheit als der einzigen die ich sah.   Übrigens unterschätzest du was sie weiss. Sie weiss alles was Tante Ännchen weiss, mindestens. Das ist die einfache Folge der allgemein menschlichen Untugend der Schwatzhaftigkeit. Was Winie nicht vor aller Welt, ja eigentlich: was sie nicht sogar vor sich selber verschwiegen hat, das weiss Martha alles von A - Z. Lehr mich in dieser Beziehung die Menschen im allgemeinen und die Löwenbaums im besonderen kennen!

Sehen werden wir uns auch. Obwohl ich noch eine Scheu habe Eugen wiederzusehn, ähnlich wohl wie er damals an der Bahn mich nicht sehen mochte. Denn es sind zwar viele und vielzuviele Worte gemacht worden, aber doch immer noch eins zu wenig. Solange dies eine Wort fehlt, solange hören die vielzuvielen Worte nicht auf. Die Wunde, die er mir in jener Nacht geschlagen hat, bricht immer wieder auf. In Stuttgart selbst hast du mir am andern Morgen ein Pflaster drauf geklebt, es sei „nur Nervosität" gewesen. Aber das Pflaster hast du selbst ja bald abreissen müssen, und seitdem sind allerdings Worte auf Worte gemacht, aber keins, das sich auf diese Wunde legte. So muss ich mich auch heute noch schützen und muss, mir selbst zum Überdruss, immer wieder hervorholen und ans Licht zerren, was ich sonst, eben weil ich vermied, die Evangelien selber zu lesen und sie nur in Predigttexten und Citaten, also nur in Menschen eingewickelt, zu mir nahm, ruhig im Dunkel lassen konnte. Solange ich das Gefühl habe, umgangen zu werden, muss ich mich mit dem Rücken an die Wand stellen und mich nach vorne wehren. Solange Eugen nicht einsieht was du an jenem Morgen mir aus deiner nicht theoretisch zerfressenen unmittelbaren Einsicht sagtest (und damals auch für ihn mit sagen zu können glaubtest): er könne und dürfe das im Ernst gar nicht wünschen oder hoffen, —— solange er das nicht selber einsieht, solange muss ich - zwar nicht Gleiches mit Gleichem vergelten, denn das kann ich nicht; ich kann nicht meine Hoffnung und Überzeugung, dass die Christenheit einst sich bekehren wird, in eine Hoffnung für heute und für ihn den Einzelnen umsetzen; denn ich weiss, dass <u>heute</u> der Christ der Christus absagt, dadurch nicht Gott findet, sondern Gott überhaupt verliert; in dieser Beziehung unterscheide ich mich scharf von den meisten Juden heute, die, wie Cohen, in der liberalprotestantischen Verlegenheit um Christus den Anfang der Bekehrung der Christen sehen. Also nicht gleiches mit gleichem kann ich vergelten, aber wehren muss ich mich, nur für mich, nur meiner eigenen Haut. Warum kann denn Eugen nicht <u>mich</u> sehen, wie du <u>mich</u> siehst und <u>nicht</u> einen Haubenstock für theoretische Modelle. Warum kann er das nicht auch? Ich sehe doch ihn, <u>sein</u> Christentum <u>in</u> ihm, und nicht <u>das</u> Christentum <u>an</u> ihm oder doch nur sehr selten (und wenn es mal geschieht, so habe ich solchen Gedanken, die ihn zum Exempel machten - aus einem Menschen zu einem „Fall" — immer rasch den Abschied gegeben: denn ich wollte nicht <u>ihn</u> verlieren, um ein Exempel mehr zu haben).

Dies alles ist so und macht mich scheu vor dem Wiedersehn; denn er bringt es doch offenbar nicht fertig, das Wort von jener Nacht ungesagt zu wünschen oder besser noch: es ungesagt zu <u>machen</u>, indem er mir ein Mal sagt, dass er mich so sieht wie du und keine Hoffnungen an mich heftet, deren Erfüllung mich aus dem, meinetwegen inexakten, Menschen, der ihn liebt, zum exakten Schulfall abtöten müsste, der keinen Menschen mehr lieben oder hassen könnte. So ist es, und was ich neulich an dem Pfarrer Schafft erfahren habe,[2] ändert <u>daran</u> gar nichts, da habe ich bloss gesehn, dass mein Misstrauen in Hansens Ketzerkirchen- und H Eugens Werktagsheiligungs-Konstruktionen zu misstrauisch war. Denn ich sah einen Menschen, den nicht seine grosse dialektische Kunst rasend gemacht hatte wie diese beiden, und der doch ganz naiv, ungelehrt und ohne spekulativen Ehrgeiz, von der Zusammengehörigkeit von Juden und Christen sprach. Und so konnte ich zugeben, dass vielleicht wirklich die Möglichkeit besteht, dass aus dem was wir ganz undogmatisch, ganz unformulierbar, nur als Überwältigte des Herzens, ganz ungeistig also erlebt haben, doch einmal irgendwann etwas Geistiges wachsen mag. Aber mir bleibt das für mich persönlich ganz unvorstellbar, wie dies Geistige aussehn mag; es ist ein Vielleicht, ein Möglicherweise, und auf Vielleicht schlafe ich nicht ein, auf Möglicherweise wache ich nicht auf. Es „auszugraben" komme ich gar nicht in Versuchung, denn wir werden die ersten Agenden, Konzilien, Apostolica, Confessionen dieser Kirche nicht erleben. Der Geist, den ich erlebe, ist und bleibt der, der mich von euch scheidet, und umgekehrt. Und selbst auch nur auf diesen zukünftigen Geist zu hoffen, liegt mir nicht. Ich bin zufrieden mit dem Geist, qui locutus est per prophetas,[3] und der Liebe, die mir gegenwärtig ist, und der gewissen Aussicht auf den ✡ der zukünftigen Erlösung. Was der Geist etwa möglicherweise zwischen der Liebe von heute und der Erlösung von morgen noch Neues sprechen wird, das macht mich nicht heiss, denn ich weiss es nicht und verlange nicht das Horoskop der Stunden zu stellen, die das gewisse Heute noch von dem gewissen Morgen trennen. Aber ich will Eugen nicht verwehren, es zu stellen; dies Interesse für die Zwischenstunden mehr als für die letzte ist wohl etwas spezifisch Christliches. Nur darf er nie verlangen, dass ich um seiner Träume willen von dem was in der 5ten, 6ten, 7ten Nachmittagsstunde „vielleicht" geschehen wird, ich verleugne was mir in der frühen Morgenstunde - nicht vielleicht, sondern gewiss - widerfahren ist und wovon ich jetzt im Mittag meines Lebens - nicht vielleicht sondern gewiss - lebe und was mich, einerlei was - nicht gewiss, sondern vielleicht - die Nachmittagsstunden mir noch bringen werden, mich in die Mitternacht[[stunde]] meines Lebens - nicht vielleicht, sondern gewiss - tragen wird, „auf Adlerflügeln".[4] Und im Grunde gilt das Gleiche auch für ihn. Auch er lebt nicht von den Angaben seines Horoskops über das was noch geschehen wird sondern von dem was jetzt geschieht, einerlei obs im Horoskop stand oder nicht und lebt von einer Gegenwart zur nächsten Gegenwart wie das Leben ihn weiterträgt und ihm Gegenwart auf Gegenwart, Erfüllung auf Erfüllung schenkt, und Liebe um Liebe, - was alles 1000mal besser ist als Weissagungen, Zungen und Erkenntnis.[5]

Wenn er doch das wüsste! Oder weiss ers? und ich bin stumpf genug, es nicht zu fühlen auch ohne dass ers mir ausdrücklich sagt. Dann hab du Nachsicht mit meiner Stumpfheit aus so viel zermürbenden Wochen, und sag dus mir, ob ihm jenes Wort zerronnen ist und ers nicht mehr als sein eignes Wort weiss. ?

Dein Franz.

---

[1] Toggenburg: Talschaft im Kanton St. Gallen.

[2] Dazu der Brief an Eugen und Margrit Rosenstock vom 19. August 1919, S.392.

[3] Lat.: „der gesprochen hat durch die Propheten" - Zitat aus dem nizänischen Glaubensbekenntnis.

[4] 2. Mose 19,4; Jesaja 40,31.

[5] Dazu 1. Korinther 13,8-13.

An Eugen Rosenstock am 27. August 1919

27.VIII.19

Lieber Eugen, du bist ein arger Theoretikus, wenn dir der Schafftbrief[1] den Speer aus der Wunde gezogen hat. Denn ich habe nichts, aber auch nichts weiter damals gelernt als dies, dass ihr (du und Hans, der „Ketzerchrist" und der „Werktagschrist") vielleicht (vielleicht!!!) doch recht habt mir euren Konstruktionen von möglicherweise in irgend welcher (mir sehr gleichgültigen) Zukunft sichtbar werdenden Verinstitutionierungen dessen was wir heute ganz <u>ungeistig</u> und ganz <u>uninstitutionell</u> erfahren (und dies Heute ist mir <u>nicht</u> gleichgültig). Ich weiss - noch <u>gar nichts</u>, ich <u>sehe</u> <u>gar nichts</u>. Was ich von Geist und Geistern weiss, das ist der schlechtweg nur feindliche Gegensatz, in dem mein Geist (<u>Geist</u>!) und eure Geister stehen. Ich weiss und fühle als lebendig ⌈⌈in meinem <u>Geist</u>⌉⌉ nur den unaussprechlichen Ekel gegenüber Christus. Und das ebenso unaussprechliche Glück, Jude zu sein und die Wahrheit mir nicht auf dem Umwege über die Lüge suchen zu müssen. Dies ist mein Geist, der einzige, den ich schon habe und kenne. Die Möglichkeit zukünftiger Geister leugne ich nicht, mein gröbstes Misstrauen gegen euer fixes Konstruieren (gegen Hans von Baden-Baden her,[2] gegen dich aus der Revolutionszeit her stammend) ist durch Schafft zum Schweigen gebracht; aber wollte ich (<u>könnte</u> ich) euch auf die Bahn des Konstruierens folgen und könnte in uns heute den Keim von etwas Institutionellem mit Augen ~~se~~ erkennen, weisst du denn nicht, <u>was</u> ich dann erkennen müsste? Ich müsste sagen: gut, was ich bisher nur als Schwächen eures Christentums ansah, als euer noch nicht ganz Christ sein, also all eure „Ketzereien", Abweichungen vom Apostolikum, alles was euch in die Nähe von Harnack, Traub[3] und Konsorten bringt, all das ist also - der sichtbare Anfang einer Bekehrung der Christenheit von ihrem Aberglauben. ⌈⌈(So hat Cohen gedacht und denken viele Juden)⌉⌉. Genau wie ihr mein unjüdisches Leben ⌈⌈, das mich in die Nähe von Rathenau[4] und Consorten bringt, dann⌉⌉ nicht als meine Schwäche, als mein NochnichtJudesein ansehn dürft, ⌈⌈sondern⌉⌉ (ich fürchte, ihr tuts) ~~sondern~~ als den Anfang einer Bekehrung der Juden von ihrem Stolz. Und <u>ich</u> kann und will nicht so über euch denken. <u>Das wäre der Tod meiner Liebe zu euch</u>. Ich liebe dich als Christen, als werdenden Christen, nicht als Symptom der Selbstzersetzung des Christentums. Ganz abgesehen davon, dass ich nicht weiss was aus der Welt werden soll, wenn wirklich die Selbstzersetzungen der beiden ..tümer heute (<u>von Menschengnaden und unter Menschenbegutachtung</u>) beginnen sollten. Dann gäbe es morgen kein Judentum mehr und kein Christentum und die Welt läge wieder im heidnischen Chaos. Nein nein und nochmal nein. Es mag sein (vielleicht, vielleicht, vielleicht), dass sich aus unsrer geist<u>losen</u> ⌈⌈seelen<u>vollen</u>⌉⌉ Gemeinsamkeit ein Geist entwickelt; wollen wir ihn aber heute herauspräparieren, bemessen, Konsequenzen daraus ziehen (und was dergleichen Geschaftlhubereien mehr sind) so zerstören wir nicht bloss unsre Gemeinschaft (denn wir lieben dann nicht mehr uns ⌈⌈einander⌉⌉, sondern Begriffsgespenster aus der geschichtsphilosophischen Retorte), sondern ausserdem den Geist der uns, einen jeden für sich, vivifiziert und uns so zum Leben Erweckte erst fähig gemacht hat, uns zu lieben. („Denn der Hauch Gottes erst macht den Menschen zur lebendigen Seele" (1 M. 2,7).

Schick mir den Brief über Schafft einmal auf einen Tag wieder. Ich muss sehen, ob ich mich darin so ausgedrückt habe, dass ich selbst an diesem Missverständnis Schuld habe (ich lese ja weil ich allein bin, meine Briefe fast nie nochmal durch, sondern stecke sie gleich nach der Unterschrift ins Couvert).

Ich muss dir das alles schreiben, denn es ist nicht möglich, dass ich euch den Stachel aus der Wunde gezogen habe und gleichzeitig deiner noch unverändert in meiner Wunde steckt. Ich habe gestern Gritli darüber geschrieben. Ich habe noch nicht das sichere Gefühl, dass du mich wieder ⌈⌈(wie vorher)⌉⌉ liebst wie ich bin (und werden soll). Ich kann die Nacht nicht vergessen, wo du plötzlich meine Wurzel „ausrotten" wolltest und nicht bedachtest, dass das mein Tod wäre (denn der Spiritus qui me vivificat[5] steigt in mir auf aus dieser Wurzel). Hast du sie vergessen? Du brauchst nicht zurückzunehmen; wenn du sie nur vergessen hast und nicht mehr weisst, wie du zu dem Wort kamst, - das genügt. Erst dann nimmst du mir das entsetzliche Gefühl, mich wehren und wahren zu müssen, aus dem - ich weiss es ja selber - auch dieser Brief geschrieben ist. Du kannst das Judentum hassen soviel du willst (den „jüdischen Stolz"), das stört mich nicht; du wirst es ja nicht oft sagen, ich werde dir wenig Gelegenheit dazu geben; und ich werde ganz von selbst ohne dass ichs mir viel vornehme, einfach aus meiner Liebe zu dir und den anderen Christen die ich liebe, dich nicht verstören durch Aussprechen meiner Gefühle gegen das Christentum. Hasse also das Judentum, soviel du magst und musst, aber liebe den Juden in mir, damit ich so unbedingt sicher mit dir leben kannst, wie du es als Christ wahrhaftig neben mir kannst.

Während ich dies letzte schrieb, bringt die Post die Aufforderung vom Jüd. Verlag, ihm den ✡ zur Einsicht zu schicken. Ich hatte leider grade letzte Nacht eine ziemlich spitze Mahnkarte mit Rückantwort geschickt, weils mir zu lange dauerte. Damit komme ich auf Weismantel etc. Du hast ja wohl meinen Brief an den Verlag gelesen. (Bitte sag Gritli, sie möchte ihn mir doch wiederschicken), du weisst also, dass ich ihn am liebsten dort hätte. Es ist doch so viel einfacher. Man braucht nichts dazu zu erklären, ist nicht fortwährenden Missverständnissen (mit obligaten Richtigstellungen u.s.w.) ausgesetzt; es ist eben ein jüdisches Buch in einem Jüdischen Verlag und damit gut. Freilich halte ich es für mehr als unwahrscheinlich, dass er es nimmt. Denn er ist eben obwohl er sich J.V.[6] nennt, doch wesentlich zionistischer Parteiverlag. Es ist gewissermassen eine Prüfung, die ich am ⌈⌈mit dem⌉⌉ Zionismus vornehme, ob er genug gesamtjüdisches Gefühl hat, um mich aufzunehmen. Lehnt der J.V. ab, so schicke ich einen (schon entworfenen) Brief an Buber und bitte ihn, das Buch zu lesen und einen Druck auszuüben auf den J.V. oder auf Löwit. Schlägt das fehl, dann habe ich keine Bindung mehr nach dieser Seite; denn an einem der unmondänen Verlage (Kaufmann, Lamm, Papelaner u. drgl.) wo die Rabbiner ihre Eier ablegen, liegt mir nichts. Dann käme also Weismantels Verlag in Frage. Vorausgesetzt allerdings, dass Pat„h"mos[7] nicht der Obername des Ganzen wird. Hier müsste ein gemeinsamer Name (der auch den Dodona-, besser Olympia-Verlag [denn das Heidentum rauscht nicht, sondern bildet] also der auch den Dodonaverlag mit umspannen müsste.[8] Oder ein ganz indifferenter Name: Würzburger Verlag. „Das Wort" würde übrigens auch das Heidentum mit umspannen. Denn die Sprache ist ja dem Menschen anerschaffen. Sinai-Verlag ist übrigens nicht recht ängängig, wegen Konkurrenzgefahr mit dem uralten Unternehmen dieses Namens, das noch heute mit dem grossen Schlager „die 10

Worte" mit dem es debütierte, den Markt beherrscht. Ich wäre etwa für Zion-Verlag (was ebenfalls ein Berg ist, vgl. Jes.2). Auch für die etwaige Ausdehnung dieser Verlagsabteilung über das „eine Buch" hinaus wäre „Zion" besser als Sinai.

Wie gesagt, ich habe nichts dagegen, eigentlich sogar viel dafür; denn ich möchte, wenn ich nur erst dir gegenüber wieder ganz sicher bin (verzeih, dass ich immer wieder davon anfange, aber ich bin krank daran und muss schreien wie Philoktet[9]), furchtbar gern also möchte ich mit euch und doch in klarer Geschiedenheit von euch erscheinen. Fast <u>wünscht</u> etwas in mir, der J.V. [[u.s.w.]] möchte ablehnen. Der hohe Ton, in dem ich an ihn geschrieben hatte, war ja von diesem Wunsch im geheimen wohl bestimmt. Im Einzelnen hat es ja noch keinen Sinn, meine Wünsche zu sagen; was Weismantel über 3. den Juden sagt, müsste im gedruckten Prospekt anders lauten, wie, das weiss ich noch nicht, würde es aber mit ihm zusammen wohl vereinbaren können (es müsste einfach zu 1.) und 2.) besser in Parallele kommen, als es jetzt bei ihm ist. Der „ewige Jude", der ganz unorganisch in einer Klammer hereinpurzelt, müsste weg.) Hinter den Symbolen der Synagoge steht eine blutdurchpulste Volksewigkeit [[(nicht Rassenwirklichkeit)]]. Aber das hat Zeit. (Ich würde vielleicht auch vorschlagen: der Christ lebt auf Patmos, der Heide spielt in Olympia, der Jude ruht in Zion. - Vielleicht.) Die Parallele 3.) der Jude ist nicht leicht. So wie bei Weismantel geht es aber nicht.

Ich behalte W^s Brief noch da. Caros auch. (Er muss mal eine Leuchte des Rickertschen Seminars gewesen sein, nach meiner Zeit). Ob ich jetzt zu ihm komme, weiss ich nicht. Der Hegel drängt, und du weisst ja, wodurch meine Zeit im Augenblick eingeteilt ist. Auch bin ich - ich muss es immer wieder sagen - jetzt nicht recht gesund. Die Heilung liegt bei dir. Ich kann schwer sprechen, würde vielleicht, wenn ich ihn jetzt sähe, <u>über</u> dich sprechen. Und das willst du ja selber nicht.

Weismantel ist übrigens famos und doch unheimlich. Seine „allenfallsigen Filialen" - da wäre es besser, „Patmos" erschiene unter Diederichs, Kurt Wolffs, Insel-Ägide, nach Art der Kelltelgemeinschaft. Und seine Kapitalisten - na, na! Den nicht verwandten oder verschwägerten Kapitalisten möchte ich sehn, der darauf hereinfällt.

Lieber Eugen, das Schlimmste ist, dass ich dir vielleicht Unrecht tue. Und dass du wirklich schon vergessen hast. Ich hätte diesen ganzen Brief an Gritli schreiben sollen, statt an dich.

Ist es nicht sonderbar? Sonst sagt man: vergessen und vergeben. Aber zwischen uns ist es jetzt so, dass der eine vergessen [[haben]] muss, was er gesagt hat, - damit der andre ihm vergeben kann. Sieh, so unglaublich es klingt nach diesem Brief: ich habe immerfort vergessen, was ich dir hartes gesagt habe; ich spreche es aus, und doch ist es gleich wie weggewischt, ich brauche bloss an dich zu denken; ich <u>kann</u> es gar nicht festhalten, wenn ich dich ansehe. Und das hast du wohl gespürt und hast mir deshalb vergeben, auch diesmal wieder (o wäre es das letzte Mal, dass dies zwischen uns vergessen = vergeben werden müsste!) Und wenn ich wüsste, du hast es auch vergessen, was du mir gesagt hast, und kannst es gar nicht wieder hervorrufen, wenn du mich, mich <u>selber</u>, mich Deinen Franz, ansiehst, so wäre ich gesund. Hilf mir doch![10]

---

[1] Dazu der Brief an Margrit und Eugen Rosenstock vom 19. August 1919, S.392.

[2] 1910 fand in Baden-Baden eine Konferenz jüngerer Historiker und Philosophen aus Südwestdeutschland statt, an der Rosenzweig und Ehrenberg teilnahmen.

[3] Gottfried Traub, 1869-1956, evangelischer Theologe, der infolge des sogenannten „Apostolikumstreits" am Ende des 19. und zu Beginn des 20. Jahrhunderts 1912 aus dem kirchlichen Dienst ausscheiden mußte. Gestritten wurde damals über die gottesdienstliche Verwendung des apostolischen Glaubensbekenntnisses, da Teile der Pfarrerschaft sich weigerten, Sätze wie den von der Jungfrauengeburt öffentlich zu bekennen. Als es daraufhin immer öfter zu Entlassungen kam, baten Theologiestudierende den damals berühmtesten Theologen Adolf von Harnack um eine Stellungnahme, die 1892 unter dem Titel „Das apostolische Glaubensbekenntnis" erschien und etliche Auflagen erreichte.

[4] Walther Rathenau, 1867-1922 (ermordet), Industrieller und Politiker.

[5] Lat.: der Geist, der mich belebt.   [6] Jüdischer Verlag.

[7] So spöttisch von Rosenzweig geschrieben. Patmos ist der Name einer griechischen Insel mit dem Kloster des heiligen Johannes, dazu auch Offenbarung 1,9.

[8] Dodona: berühmtes griechisches Orakelheiligtum des Zeus.

[9] Sagenhaft berühmter Bogenschütze vor Troja, der auf der Fahrt dorthin durch einen Schlagenbiß verwundet wurde. Da er ständig schrie und seine Wunde außerdem stank, ließen ihn die Griechen auf Lemnos zurück.

[10] Der Brief ist teilweise auf Blättern geschrieben, auf denen (auf dem Kopf) in Schreibmaschinenschrift steht:

Zweiter Teil	und	Dritter Teil	und	DER STERN DER ERLÖSUNG
DIE BAHN		DIE GESTALT		
oder		oder		
die allzeiterneuerte Welt		die ewige Überwelt		

An Margrit Rosenstock am 27. August 1919

27.VIII.19.

Liebes Gritli, ich habe heut nochmal an Eugen geschrieben, zum Teil das Gleiche wie dir gestern. Es musste wohl nochmal sein, aber ich wollte es wäre das letzte Mal dass ich einen solchen Brief schreiben muss. Dabei immer das Gefühl: Vielleicht ist es gar nicht mehr nötig. Aber ich konnte auch nicht mehr warten, bis deine Antwort kam. Ich bin müde und traurig, dabei von einer nervösen Lebendigkeit - kurzum übel. Eben irgendwie krank. Es ist auch bös, dass ich so bin, grade in einer Zeit in der du so glücklich bist. Aber es ist zwischen uns das Band im Augenblick auch lockerer, es schleift auf der Erde, ich fühl es ja ebenso von dir zu mir wie du es von mir sicher spürst; es ist doch kein irriges Gefühl, was ich dir neulich schon mal schrieb: dass du mir eigentlich nicht antwortest. Es ist nicht so, dass der kleinste Zug hier auf dem andern Ende des Seils gespürt würde. In Mazedonien hat uns 14tägige Briefentfernung nicht hindern können, dass wir gleichzeitig lebten; jetzt in diesen Wochen nach Stuttgart hindert 3 tägige Entfernung nicht, dass ich traurig bin zur gleichen Zeit wo du froh bist. Ich strecke den Arm über den Zwischenraum weg, ich habe auch das Gefühl als ob er dich erreichte, aber nicht als ob deine Hand ihm entgegen sich streckte und ihn fasste. Vielleicht wird es mit einem Male wieder gut, so wie es mit einem Male schlimm geworden ist. Es ist wie ein böser Traum.

Ich war auf dem Jüd. Verlag und habe das Mskr. abgegeben. Bloss abgegeben, absichtlich. Ein Briefchen hatte ich beigelegt, worin ich bitte, nicht nur im („zwar grundlegenden, aber <u>nur</u> grundlegenden") ersten Teil allein zu blättern, sondern vor allem im zweiten und dritten. So habe ich von mir schliesslich ja getan was ich konnte. Es ist doch wichtig, dass ichs erst in der Sphäre versuche, für die das Buch auf die Länge doch bestimmt ist. Denn die Wirkung auf Christen wird, wenn nicht Schafft-Eugen-Hans doch recht haben (womit ich aber nicht rechnen kann, auch wenn ichs für möglicherweise möglich halte) mit eurem Leben erlöschen. Mein späteres Publikum muss

ich mir doch bei den Meinen erwarten. Insbesondere wenn ich erst die Übersetzung ins Hebräische erreicht habe (die zwar viel Tote und Verwundete kosten wird, aber ein Rest meiner Worte wird doch bleiben). Wenn aber die jüdische Gegenwart mir es ablehnt (die Zukunft akzeptiert es ja sicher), dann soll es natürlich viel lieber als in einem „deutschen" Verlag in dem Kreis erscheinen, in dem es entstanden ist. Die kleinen Modifikationen, die dazu an Weismantels Programm nötig wären (Patmos nicht als Obername für alle drei „Verlage" und Änderung von „3. der Jude" etwa so wie in dem beiliegenden Brief an Eugen), das würde wohl keine Schwierigkeit machen. Grade was Weismantel schreibt: das feste weltanschauungsverbundene Publikum (als Masse) hatte ich ja nur im J. Verlag. Bei Weismantel im „Zion-Verlag" wäre grade ich in der Lage, mein Publikum erst erwarten zu müssen. Denn ihr, du und du und du und du, ihr seid doch kein „Publikum". Um Himmelswillen!
Immer wieder, auch durch die kränksten Träume hindurch,
                              Dein Franz.

An Margrit Rosenstock am 27. August 1919

                                27.VIII.19.
Liebes Gritli,
ich habe eben, statt endlich zu hegeln, deine Briefe seit Stuttgart wieder gelesen. Ich hatte sie mitgenommen. Nun schäme ich mich wegen des Briefs den ich dir vorhin geschrieben habe. Dass mein Herz nicht geduldiger schlägt. Dass es so am Augenblick hängt. Sieh, ich weiss doch ganz genau, weshalb du mir diese zwei Tage wieder nicht schriebst und ich müsste bei dir sein, bei dir in solchen Tagen wo es dir nicht zum Schreiben ist, noch mehr als wenn du mir schreiben kannst. Ich müsste. Und doch bin ich ungeduldig und verlangend nach deiner Hand. Als ob das Immer unsrer Liebe aus Tagen bestünde. Und doch -, - besteht es denn nicht aus Tagen? aus allen Tagen? und wär es jeden Tag nur ein Augenblick, nur ein Siegel, nur ein Dein. Aber jeden Tag; jeden Tag neu. Mag es auch jeden Tag das gleiche sein. Das Heute lässt sich von keinem Immer vertrösten. Obwohl es doch nur von dem Immer lebt und ohne es ein schales stumpfes flüchtiges Ding wäre. Und doch ist es undankbar gegen das Immer und verlangt nach seiner Nahrung, nach seiner eigenen.
Kannst du das verstehn? Aber du kennst es ja selber, du weisst es doch. So versteh es und hab Geduld mit meiner Ungeduld.
Mein Herz sehnt sich nach deinen Händen   Liebe, liebe ——

An Margrit Rosenstock am 28. August 1919

                                28.VIII.19.
Liebes Gritli, ich schlief wieder erst ganz spät ein und wachte früh auf. Da war dein Brief vom Montag Abend da. Du hattest also doch geschrieben. Ich hatte es nicht gedacht, weil ich ja weiss wie schwer und verstörend ein solches Abschiednehmen ist. - Du hast meinen Brief über Werners Hochlandsaufsatz Eugen vorenthalten.[1] Das brauchst du nicht. Sogar Picht selber dürfte ihn sehn. Ich halte ihn ganz aufrecht. Es ist eine Kritik, über die er mir grollen könnte, aber die er nicht ablehnen kann. Soll ich mich davon, dass er unter uns allen sicher der vollkommenste Schriftsteller ist, der

einzige bei dem es nie einen unechten Ton giebt, blenden lassen und hinwegtäuschen lassen über den Preis, den ihn diese Vollkommenheit kostet? Der Preis ist, dass er, der am meisten Angst hat Litterat zu sein, es gleichwohl am meisten von uns allen ist. Er ist nie unecht, weil er sein Christentum aufs genauste auf den Grundton seiner Natur abstimmt. Dadurch werden seine christlichen Äusserungen so rein, so wahrhaftig - und so unfruchtbar wie, nun um in christlichen Bildern zu bleiben: wie die Äusserungen des Pharisäers, der nämlich auch sein Wesen rein und ohne falschen Ton ausspricht; denn es ist <u>wahr</u>, dass er dreimal fastet, den Zehnten giebt u.s.w. Der Ton des Zöllners ist sehr unrein dagegen. Der Pharisäer mag wohl Gott danken, dass bei ihm anders als wie bei diesem Zöllner alles klar ist und gut stimmt.[2] Ein Aufsatz wie der im Hochland ist bei aller vollkommenen Echtheit und Korrektheit gradezu mörderisch. Wer sich davon bestimmen liesse, nicht auf die Barrikade zu gehn, sondern lieber „Herr Herr"[3] zu rufen - und darauf kommt es heraus - den hat Picht auf dem Gewissen. Und sich selber dazu. Versteh mich recht: er <u>darf</u> konservativ sein. Aber er darf sein Christentum nicht dazu benutzen, dieses sein Dürfen zu rechtfertigen oder gar mit einem Heiligenschein zu verklären. Sondern sein Christentum muss ihm der Stachel und die ewige Unruhe sein, die ihn bei seinem Konservativismus, der ihm natürlich ist, nicht zur Ruhe kommen lässt. Und die ihn die revolutionären Zöllner als die besseren Menschen verehren (verehren!!!) lässt, solange bis er selber unter sie gegangen ist. Wenn er selber unter ihnen und neben ihnen steht, <u>dann</u> und keinen Aubenblick früher, hat er das Recht und die Pflicht die Waffe seines Christentums gegen ihr Heidentum zu kehren. Dann braucht er sie nicht mehr als die besseren Menschen zu verehren, sondern kann sie und soll sie zur Rede stellen. Aus dem sicheren Port seiner Gesetzlichkeit heraus, wie jetzt im Hochland, ist sein Gemächlich Raten kein schöner Anblick.[4] Anders gesagt: sein Verhältnis zu Eugen, seit der ihn endlich einmal schwach gemacht hat, ist das wahrhaft Christliche an ihm. Ein Aufsatz wie der im Hochland ist grade in seiner reinen und ruhigen Stärke und kühl die Gemeinschaft mit den Sündern ablehnenden Selbstzufriedenheit nur widerchristlich.

Als ich gestern deine Briefe durchlas, stiess ich auf ein paar Briefstellen von ihm; da fiel mir mein Brief an dich ein und ich musste grade denken, dass er da eigentlich sich selber genau so beurteilt wie ich seinen Aufsatz. Und an den Parallelen Hans und Rudi; Eugen; ich und Kahn (vor allem an dieser) musstest du sehen, dass es mir völlig Ernst war, und dass ich ihn nicht kritisierte um ihn zu kritisieren (was bei unsrer Entfernung heute noch ein unfruchtbares Tun wäre), sondern weil mir an seinem Bilde ganz hellbeleuchtet meine eigene Vielleicht-bloss-Mattherzigkeit und -Bequemlichkeit in meiner Stellung zu <u>meinen</u> „Revolutionären", den Zionisten, aufg. Entsinn dich, dass mir Eugen selbst einmal (in Säckingen, im Januar glaube ich) in diese Kerbe schlug; das habe ich nicht vergessen.

„Eugen selbst" - damals konnte er das. Schaff du dass er es wieder kann, oder sag mir, dass du es gar nicht mehr zu schaffen brauchst, dass das Wort, das sich zwischen solche wirkenden Worte von ihm und mich gestellt hat, ausgelöscht und vergessen ist. Bis dahin stehe ich in der Luft. Aber sag mir um Himmelswillen nicht so etwas wie dass ich doch nicht „aus seiner Hoffnung herausfallen" dürfe; er darf nicht auf meinen Tod hoffen. Die ungeheure Lieblosigkeit die in solcher „Hoffnung" liegt, das über das

Du in mir Hinwegsehen auf irgend ein abstraktes Er-Gespenst im Hintergrund, - das ist ja das Unerträgliche. Er muss <u>mich</u> sehen können, wie du <u>mich</u> siehst.

Genug davon; ich schreibe ja seit Tagen jetzt immer wieder dasselbe. Aber es ist auch das: du selber als du nach meinem Weggang von Stuttgart Eugen schriebst und versuchtest, ihn von dem Gespenst weg wieder auf mich sehen zu lehren, hast damals gehofft, dass Rudi das vollenden würde, was du angefangen hattest schon zu wirken. Und ich fürchte, es ist grade nicht so gegangen. Er hat sich mehr zu ihm herüberziehen lassen als dass er ihn die Wirklichkeit sehen gelehrt hätte; auch in seinem (letzten) Brief steht so etwas von der „Hoffnung". Vielleicht verstehe ich es miss. Denn es steht auch andres, genug andres, der alte Rudi der mich kannte, in dem Brief. Aber ist es so gemeint, so tötet diese „Hoffnung" mir Vertrauen, Sicherheit und alles. Auch zum „Sinai-Verlag" kann ich erst dann unbefangen stehen, wenn ich persönlich erst wieder ganz sicher bin. Vorläufig sage ich „Ja" und (wenn sich mir die Meinen verschliessen) „furchtbar gern". Aber das ist im Grunde vorläufig nur ganz bedingungsweise gesagt. Denn wenn es so bleibt, wie es heute noch ist (oder jedenfalls wie ich bis heute noch glauben muss, dass es ist), wenn also im Hintergrund noch immer unverleugnet Eugens Nachtwort steht, - dann würde ich den ✡ lieber bei Kurt Wolff, S.Fischer oder sonst einem Botokuden[5] erscheinen lassen als auch nur im entferntesten Zusammenhang mit Eugen.

Und du, Liebste? ich soll dir etwas „deuten"? Als ob du es nicht selber wüsstest. Zu deuten ist hier wenig, zu tragen wird viel sein. Denn Helene ist nicht bloss ein „holdes Geschöpf", sondern auch wie wir alle, du (z.B. wenn du einen neuen Hut hast oder keine Wohnung) und ich (ja wirklich ich auch; ich habs in diesen Tagen gemerkt), - : eine böse Sieben. Und das zu sein ist ihr (wie jedes Menschen) gutes Recht; sonst wäre sie kein Mensch. Wenn noch nicht einmal ich, der ich Rudi liebe wie dich und euch beide und Eugen dazu wirklich - glaube ich - „wie mich selbst",[6] wenn also noch nicht einmal ich, der ich mich doch ganz drin weiss in diesem Kreis und der glücklich ist über <u>diese</u> Erweiterung, glücklich von mir aus ganz unmittelbar und gar nicht erst über den, doch auch nur kleinen, Umweg über dein Glück, wenn also noch nicht einmal ich ohne Eifersucht war und bin (da stehts!), wie kann sie es dann sein. Und so wird es Schmerzen geben. Viel Leid. Und wieder noch mehr Liebe. Denn Leid und Liebe nähren sich gegenseitig. Und erwecken einander wie Ich und Du. Das Leid wohnt ja im Ich, und die Liebe wohnt im Du. Und beide zusammen geben erst das Leben. Ich liebe dich. -

---

[1] Dazu der Brief an Margrit Rosenstock vom 22. August 1919, S.396f.
[2] Anspielung auf das neutestamentliche Gleichnis vom Pharisäer und Zöllner, Lukas 18,9-14.
[3] Matthäus 7,21f.   [4] „Vom sichern Port läßt sich's gemächlich raten", Schiller, Wilhelm Tell I,1.
[5] Indianerstamm in Ostbrasilien mit einer isolierten Sprache.   [6] 2. Mose 19,18.

An Margrit Rosenstock am 28. August 1919

28.VIII.19.

Liebes Gritli, du schriebst mir beinahe den Brief den ich nötig habe (beinahe, soweit es eben Briefe nun tun können) - und dabei hast du erst meine Briefe von vor dem Sonntag; aber da litt ich freilich schon wie jetzt. Geliebte, du bist doch nicht traurig, dass ich dir das schreibe; ich habe es eben sogar Rudi geschrieben, aus einem andern Grund freilich (um ihm das Herz zu stärken für die Erfahrung die er sicher macht, und damit er es dann weiss, dass solches Leiden unvermeidlich ist, dass es nicht, wie er jetzt noch - o ich kenne das - meinte, umgangen werden kann, sondern dass man hineinsteigen muss in dies Wasser der Tränen und dass sich die Liebe darin und nur darin reinigen kann). Nein dir schreibe ich es nur, weil ich vor dir nicht schweigen kann, und weil ich zu dir kommen muss mit meinen Schmerzen, auch wenn du selbst die Quelle bist, aus der sie entspringen. Denn sieh: nur an Rudi geschieht es mir in diesen Tagen, dass meine Liebe wächst. Er ist mir jetzt erst ganz nah. Das Letzte von einem Verkehr zweier sehr vertrauter Geschäftshäuser, das letzte Stück Bundesgenossenschaft, das letzte von Kameradschaft, was noch in unsrer Freundschaft war, das ist nun hingeschmolzen im Feuer der Schmerzen dieser Tage und es ist nur, wie schon lange zwischen mir und Eugen, die nackte Liebe geblieben, gar nichts mehr von Männerfreundschaft, Schiller und Goethe („Werter Freund") und solcher Stuss, sondern nur noch Mensch und Mensch. So ist meine Liebe hier gewachsen. Und das macht mich glücklich über alle auch hier noch keine Stunde ganz schweigenden Schmerzen. Aber zu dir, ich sage es wie ichs weiss, hat meine Liebe nicht mehr wachsen können; ich bin dir so nah und war so offen vor dir hingebreitet, es konnte nicht mehr werden als es schon, mindestens seit dem Juli 18, war. Und so ist das einzige was mir, was meiner Liebe zu dir die Leiden dieser Tage bringen, dass sie sich - vielleicht reinigt. Grösser konnte sie nicht mehr werden. Aber vielleicht tiefer und stiller und klarer. Vielleicht. Dazu kannst du mir helfen, indem du mich immer wieder ansiehst. Sieh doch, ich ertrug es nicht, dass du dich nicht „nach mir umsahst". Obwohl ich wusste, dass du es aus grossem Vertrauen in meine Liebe tatest. Aber dieses Vertrauen war mir zu schwer. Nicht dass meine Liebe es nicht überdauert hätte. Ich glaube, sie würde ein jahrlanges Schweigen überdauern, unverändert. Aber <u>ich</u> würde es nicht überdauern. Ich würde vor Schmerz erlöschen. Das haben mich schon jene Tage gelehrt. Meiner Liebe kannst du alles zumuten, aber meinem Ich sehr wenig. Meine Liebe ist gross und reich, aber mein Ich, nein mein Herz, das sie doch trägt, ist ein ungebärdiges Kind, ist arm und verlangt nach Pflege. Und was wolltest du schliesslich mit meiner Liebe, wenn mein Herz, die animula vagula blandula,[1] stürbe. Und so steht es still wenn es spürt, dass du ihm den Rücken kehrst und es nicht ansiehst. O sieh es an, immer wieder und wieder, mach es wieder lebendig, sieh es drängt sich an deine Kniee, o nimm es auf, sprich zu ihm, was es in diesen Tagen zu dir nicht über die Lippen bringen konnte, - sprich zu ihm: Du bist mein.

[1] Mit diesem Wort beginnt ein Gedicht, das Kaiser Hadrian auf dem Sterbebett gedichtet haben soll (Historia Augusta, Vita Hadriani 25,9): „Mein Seelchen, du kleine schweifende, kleine schmeichlerische ..."

An Margrit Rosenstock am 29. August 1919

....   29.VIII.19.

... Heut früh im Bett musste ich daran denken, was es eigentlich ist, was ich von Eugen fordre. Nämlich dies: es könnte ja sein, dass ich mal schwach werde, dass mir meine Wurzel keine Säfte mehr zuführt und dass ich - es ist ja schon einmal so gewesen-

nach der andern Seite hinüberschiele. Sieh, wenn das heute wiederkäme, dann müsste ich heute (damals 1913 nicht, aber heute) gewiss sein können, dass Eugen eine solche Schwäche nicht ausnutzt zu „Bekehrungs"-Versuchen, sondern dass er im Gegenteil, so gut ers kann und mit den Mitteln die er hat, mich wieder in mein Eigenes zurückzuführen sucht und meine austrocknende Wurzel neu begiesst, so gut ers eben kann. So und nicht anders handle ich an ihm und an euch allen, ja an jedem Christ der mir in die Nähe kommt. Und dieses Vertrauen hat mir Eugen in jener Nacht gebrochen; damals schien ich ihm - es war nach Frau Riebensahm - schwach und er hat meine Schwäche ausgenutzt oder ausnutzen wollen. Du hast mir damals auch gezürnt, aber du hast genau das zu mir gesprochen, was mein Vertrauen von euch in so einem Fall erwarten muss; du sagtest: Franz, ich suche dein jüdisches Herz. Eugen aber sagte: Franz, lass dich taufen. Und ich darf verlangen, dass Eugen ⌈⌈sein Wort⌉⌉ vergisst und vernichtet und dein Wort mitspricht. Denn er selber hätte es kurz zuvor, vor dem Hansischen Jameson-Raid[1] auf den ✡, nicht anders gesagt als du. Er muss, er muss. Er kann gar nicht nein sagen. Noch in seinem Verhalten damals zu Ditha - nicht wie ichs zeitweilig auf Grund der misshörten Briefstelle auffasste, sondern wie es wirklich war - hat er so gehandelt, wie es mein Vertrauen von ihm erwartete; ja da es sich nicht unmittelbar um mich handelte, sogar noch über mein Erwarten oder wenigstens über das was ich fordern durfte, hinaus.

Dass ich dies von ihm fordere und er des Umgekehrten von mir gewiss sein kann - ist das denn nicht 1000 mal wirklicher und lebendiger als alle Verlagssymbole? Was ist ein Verlag, was sind überhaupt Bücher! selbst so schöne wie der ✡. Ein Mensch in all seiner Hässlichkeit ist mehr. Die Bücher kommen doch höchstens in den Himmel, wenn wir sie unterm Arm mittragen. Und wozu sollten wir uns dann eigentlich noch damit abschleppen. „Es geziemt keinem Soldaten noch Liebhaber, die Arme eingewickelt zu tragen".[2] Auch die Soldaten und Liebhaber Gottes müssen die Arme frei haben

Euer Franz.

[1] Jameson Raid: bewaffneter Einfall von 800 britischen Freischärlern unter Führung von Leander Jameson in Transvaal, Südafrika, im Jahre 1895-1895 mit dem Ziel, die Buren zu stürzen.
[2] Goethe, Egmont, 3. Akt, Klärchens Wohnung.

An Margrit Rosenstock am 29. August 1919

29.VIII.19.

Liebes Gritli, o weh der Telegrammstil. Es kam gegen Abend, und ich merkte, dass ich kein Neues Testament da hatte, trotzdem ich diesmal wohl 50 Bücher mithabe. Auf die Stelle vom untergetanen „Sohn"[1] riet ich zwar, aber ich meinte, sie stünde im 15. Kapitel und im Telegramm stand 14. So war ich unruhig, denn mehr als den guten Willen konnte ich aus der blossen Tatsache des Telegramms nicht erraten, und habe ich an dem je gezweifelt? Und ich musste zu Badt, er war besonders nett, aber ich besonders unruhig und verstört, überhaupt, ich ging früh weg, weil ich wissen musste, was er mir telegrafiert hatte, ging in ein christliches Hospiz, bat um eine Bibel, bekam statt dessen zunächst - die Rangliste,[2] liess mich aber, bei meiner skeptischen Haltung gegen Picht, mit dieser Heiligen Schrift des Takts nicht abspeisen, und kam so endlich auch an die Heilige Schrift des taktlosen Christentums. Fand dann, dass doch bloss 15

gemeint sein konnte. Vers 28 nun ja, gewiss. Der locus classicus der „Ketzerkirche". Aber Vers 29[3] - den habe ich nie verstanden (es giebt ja dicke Abhandlungen über die urkirchliche Sitte oder Unsitte, auf die er anzuspielen scheint), und da ihn Eugen mir nun offenbar irgendwie auf sein Nachtwort bezieht, so verstehe ich ihn ganz und gar nicht. Bin ich der „Tote"? oder wer sonst? was meint er? ich bin noch genau so dumm wie zuvor, und sehe nur dass für Eugen die Sache fertig ist, aber wie? in welchem Sinn? ob er mich noch weiter zerhofft? ich weiss es nicht. Ich warte nun erst recht auf deinen Brief. Denn ich sehe, Eugen kann sich gegen mich nicht mehr einfach ausdrücken in dieser Sache. Er macht Reservationen, verschanzt sich hinter dunkle Verse, und bringt es nicht fertig, mir einfach zu sagen: Lieber Franz, ich hoffe (wenn schon partout „gehofft" werden muss) ebenso ehrlich und rückhaltslos, dass du Jude wirst, wie du hoffst, dass ich Christ werde, immer mehr und mehr.   Ich erwarte nun von dir ein undunkles, einfaches, klares Wort, ob du den Eindruck hast, dass ⌈⌈er⌉⌉ hinter seiner Dunkelheit und Theologie im Grunde dies meint. Von ihm selbst erwarte ich gar kein Wort mehr. Wenn du es mir mit gutem Gewissen schreiben kannst, dass ich wieder ebenso sicher mit ihm leben kann wie mit dir und wie vor der Stuttgarter Nacht auch mit ihm, so soll mir das genügen; ich will dann wenigstes mir alle Mühe geben zu glauben, dass du dich nicht irrst. Aber schreib es mir nur, wenn du sicher bist, soweit du es sein kannst.   Ich sehe ja schon aus dem Telegramm, dass er jedenfalls wohl <u>meinte</u>, mir damit ganz genug zu tun. Sonst hätte er doch wohl nicht telegrafiert. Oder vielleicht doch? War ihm das Festhalten seiner neugewonnenen Nachtansicht auch ein Telegramm wert? Ich dürste nach Hochdeutsch und nicht nach der dunkeln und vieldeutigen „Sprache Zions".[4] Sprich du mir deutsch, wenn ers gegen mich verlernt hat. Und quäl ihn nicht mit diesem Brief, wenn er vielleicht bei dem Vers 29 schon das gemeint hat, was ich von ihm hören möchte. Ich kann es allerdings nicht heraus schälen. Auch hinter den auferstehenden Toten vermute ich irgend eine Spitze. Er glaubt doch, die Totenauferstehung sei ein christliches Spezialdogma. Also hilf mir; er wird es dir ja erklärt haben, was er dabei gedacht hat.   Es ist schrecklich: ich speie ganze Lavaströme von Briefen aus über dies und immer nur wieder hierüber und von Eugen kommen immer nur telegrafisch kurze Anspielungen, - alles zusammen, was er mir nach dem Brief vom 9ten noch hierzu geschrieben hat, geht glaube ich auf eine halbe Seite wie diese. Und das einfache kurze Wort: ich habe vergessen; ich will nicht ~~wahr~~ mehr wissen was ich damals gesagt habe, ich will es nicht gesagt haben - dies Wort fehlt.
...
Ich bin zerquält. Dieser Nachmittag war wieder ganz wirr und traurig. Dann kam Abends mit dem Telegramm dein Brief. Er hat mich auch bedrückt. Ich bin dir besser erschienen als ich bin. Es war an dem Montag Morgen auch wirklich so, einfach eine Erlösung nach der peinigenden Unruhe der Tage vorher. Du sprachest doch wenigstens wieder. So war ich befreit und glaubte wohl, es ganz zu sein. Wenn ich dir schreibe, bin ich es auch immer wieder. Aber dazwischen, die vielen Stunden dazwischen. Es kommt immer wieder, auch wenn ich - wie heut Morgen einmal - meine, ich wäre darüber hinaus. Ich kannte mich selber nicht.   Du hast es ja inzwischen nun schon erfahren, ich durfte dir kein Geheimnis daraus machen. Meine Hände halten dich immer. Aber das Gewicht, mit dem deine Hände in meinen ruhen, ist leichter

geworden. Das ist so. Ich wusste es nicht und hätte es nie geglaubt. Ich bin dein wie je. Aber es ist ein Gefühl von Michverlieren, von irgenwie - nicht ganz aber teilweis - ins Leere fallen hineingekommen in dieses Deinsein. Es ist nicht mehr die grosse Ruhe darin, die mich den ganzen Tag trug. Und ich könnte dir heute das Wort, das ich dir zum ersten Mal in jenem ersten Brief aus Leipzig (noch nach Leipzig) zu schreiben wagte, heute nicht mehr schreiben. Und so ist das andre Wort, das Wort das ich dir immer sagen konnte, seit wir uns zum ersten Mal in die Augen sahen und das ich dir immer sagen können werde aus einem Wort des reinen Glücks zu einem Wort voll Schmerzen geworden, das ich doch nie aufhören könnte zu sprechen, denn noch diese Schmerzen sind seliger als alles andre Glück, - das Wort: Ich bin dein.

[1] 1. Korinther 15,28.
[2] Nach Truppengliederung und Dienstgraden geordnetes Verzeichnis der aktiven Offiziere des Heeres.
[3] 1. Korinther 15,29: „Was soll es sonst, daß einige sich für die Toten taufen lassen? Wenn die Toten gar nicht auferstehen, was lassen sie sich dann für sie taufen?"
[4] Sprache Zions oder Sprache Kanaans nannte man in der pietistischen Erweckungsbewegung des 17. und 18. Jahrhunderts im positiven Sinn eine sich eng an die Bibel haltende Sprache. Später wandelte sich der Begriff zum Negativen und bezeichnete fortan die unzeitgemäße, abstoßende Rede vor allem kirchlicher Amtsträger.

An Margrit Rosenstock am 30. August 1919

30.VIII.19.

Liebes Gritli,   heut früh kam ein Telegramm aus St.Gallen.[1] „Mitte September. Abwarte meinen Brief". Ich kann sie also auch nach dem 9ten sehen. ......
Ich habe mir den unglücklichen Vers 29[2] heut Morgen nochmal überlegt, verstehe ihn jetzt, wie er von Paulus gemeint ist (es fiel mir ein dass Luthers „über Toten" in Wirklichkeit natürlich heissen müsste „für Tote"; es muss im Text heissen ὑπερ νεκρων; also es war Sitte unter den Korinther Christen, dass Lebende sich zugunsten von Toten taufen liessen, damit die auch Teil hätten an der durch die Taufe verbürgten und bedingten Genossenschaft mit dem erhöhten Christus beim Eintritt der künftigen Welt. Und Paulus zeigt ihnen, dass sie, indem sie so tun, dadurch schon ihren Glauben an die Auferstehung der Toten bezeugen - denn wozu sonst, wenn jene Teilhaberschaft voraussetzte, dass man den Eintritt des Reichs erlebt, ehe man „den Tod geschmeckt" hat, „wozu dann jene Taufe für Tote"!)   Also so meints Paulus.   Aber wie meints Eugen? Was hats zu tun mit dem „Franz lasse dich taufen"? Meint er, ich brauche mich nicht taufen zu lassen, weil ich „ja nicht an die Auferstehung der Toten glaube"? Das redet er sich ja ein, es stand komischerweise auch in seinem Heidelberger Brief an mich und schon vorher mal schrieb er: jetzt wo das deutsche Reich stürbe um wieder aufzuerstehn, müssten „sogar die Juden an die Auferstehung glauben". „Sogar die Juden!" „Sogar"!!   Nein, die Juden nennen Gott täglich dreimal den „Beleber der Toten"[3] - und lassen sich doch nicht taufen, weder für die Lebendigen noch für die Toten. Nein, damit ist es auch nichts. Aber wenn er etwas derartiges gemeint hat, so sind wir genau so weit wie zuvor.   Und wie kann er dann aber meinen, damit sei nun alles gut (denn dass er das meinte, klingt ja durch sein Telegramm durch). Sieht er mich denn so gar nicht? Kann er mich nur noch bedogmatisieren und verdogmatisieren

und - zerdogmatisieren? Hilf mir doch. Mach ihn doch einfach. Wenn er Nein sagt, ein einfaches unverbibeltes Nein, wenn er also festhalten will und muss an dem was er mir in der Nacht gesagt hat, so will ich mich gedulden, will vorsichtig sein, wenn wir uns sehen, was ja doch geschehen wird eben wegen Martha, und werde warten, ob er nicht eines Tages doch noch zu einem Ja kommt, einem einfachen untheologischen, mir und nicht „Institutionen", Gestalten und Gespenstern gesagten Ja, auf Grund dessen wir dann wieder sprechen können. Dieser raptus theologicus[4] ist ja unerträglich. Ich möchte ihm einen Rousseau schicken. „Rousseau der aus Christen Menschen wirbt". Kannst du nicht dieser Schillersche Rousseau sein??[5]

Wenn ich so an dich schreibe, Liebste, ist mir wohl und ruhiger zu Mute, - und eigentlich nur dann. Ich möchte dir gern sagen, was mich quält; ich habe es dir gestern Abend, kommt mir vor, nicht ganz richtig gesagt; da war ich zu bedrückt durch den überschwänglichen Glückston, der aus deinem Brief drang und der die Wirklichkeit, meine ach so zusammengesetzte Wirklichkeit überjubelte und - vergass. Ich will noch einmal versuchen mir klar zu machen, weshalb ich deinen Worten zum Trotz so leide und unter Schmerzen spät einschlafe und mit Schmerzen früh aufwache. Es ist ein Stück Besitzenwollen in der Liebe. Man will etwas haben, woran kein andrer Teil hat. Das ist kein <u>guter</u> Wille, sondern es ist das Böse im Menschen. Das Eigenhabenwollen. Aber die Liebe lebt von diesem Bösen. Es ist der irdische Boden, von dem sie los möchte und doch nicht los kann und auch nicht darf. Nur der Tod kann die Liebe davon lösen. Denn davon gelöst werden ist der Tod der Liebe. Und diesen Tod soll sie nun bei lebendigem Leibe sterben. Sie soll bei lebendigem Leibe verklärt werden zu einer Liebe, die nicht mehr das ist, was wir Menschen Liebe nennen. Die etwas rein Übermenschliches ist, etwas was wir erst jenseits des Lebens erleben, kurz nur ersterben nicht erleben können. Das ist meine Qual. Meine kranken (und doch ganz lebendigen) Gedanken gönnen Rudi alles das was ihr miteinander gemein habt und was ich nie mit dir gemein haben kann, - du weisst es, den gemeinsamen Frankfurter Dom, das gemeinsame Amen. Und sie sind froh, dass sie nun ganz offen vor Rudi da liegen. Aber zugleich irren sie umher wie Abgebrannte, die nun plötzlich kein eigenes Dach mehr überm Kopf haben und suchen überall nach einem Stückchen, einem Winkel Eigenem, nach etwas was ihnen mit niemandem gemein ist. Nach etwas Eigenem. Das ist böse, ich weiss es. Aber meine Gedanken wissen es nicht; sie suchen und suchen. Sie fragen in allen Winkeln nach und finden nichts. Vielleicht weil sie nur geblendet sind von dem Feuerschein des Brandes. Aber sie finden nichts. Sie möchten Mein sagen und finden nur (ausser dem was sein ist ⌈⌈und⌉⌉ was sie froh und glücklich als sein erkennen) nur was Unser ist. Unser ist ein herrliches Wort. Du bist nun unser. Das ist ein unbeschreibliches Glück für meine Gemeinschaft mit Rudi. Aber mein Herz schreit, unvernünftig und böse nach etwas von dir, wozu es Mein sagen kann. Nur Mein. Und es findet nichts. Vielleicht soll es nichts finden. Aber diese Qual erträgt es nicht. Denn es ist ein <u>lebendiges</u> Herz. Es ist wohl ein neues, ein fleischernes.[6] Aber es hat das harte alte Gestein der Erde, von der ⌈⌈es⌉⌉ gekommen ist, noch nicht vergessen. Und kann es nicht, solang es lebt. Und so sucht es, was es nicht suchen dürfte und doch nicht aufhören kann zu suchen - und was es vielleicht <u>nur finden würde (und dann auch <i>dürfte</i>), wenn es - aufhörte danach zu suchen.</u> O Liebste,

Geliebte, das ist es vielleicht, dies Letzte, was ich noch nicht wusste und [[um]] wessentwillen ich dir diesen langen Brief schreiben musste. Hilf mir mit deinem Gebet, dass ich dies Suchen verlerne.

Dein Franz.

[1] Von Martha Reichenbach.

[2] 1. Korinther 15,29.

[3] מחיה מתים - aus der zweiten Bracha des Achtzehnsegens.

[4] Lat.: theologischer Riß. Vielleicht meint Rosenzweig den auf Melanchthon zurückgehenden, gegen die unerbittliche Orthodoxie strenger Lutheraner gerichteten Ausdruck „rabies theologorum": Raserei der Theologen.

[5] „Rousseau": Gedicht von Friedrich Schiller: „Monument von unsrer Zeiten Schande, / Ew'ge Schmachschrift deiner Mutterlande, / Rousseaus Grab, gegrüßet seist du mir! / Fried' und Ruh' den Trümmern deines Lebens! / Fried' und Ruhe suchtest du vergebens, / Fried' und Ruhe fandst du hier! / Wann wird doch die alte Wunde narben? / Einst war's finster, und die Weisen starben! / Nun ist's lichter, und der Weise stirbt. / Sokrates ging unter durch Sophisten, / Rousseau leidet, Rousseau fällt durch Christen, / Rousseau - der aus Christen Menschen wirbt."

[6] Anspielung auf Ezechiel 36,26.

An Margrit Rosenstock am 30. August 1919

30.VIII.19.

Liebstes Herz, wie ichs schon fühlte, als ich dir heute früh fertig geschrieben hatte: heut habe ich Ruhe gefunden; ich war ganz still und habe dich geliebt und war Gott dankbar, dass er dich mir gegeben hat.

Mir ist auch eingefallen: das, wo ich mich heute Morgen wiederfand: dass ich zu eigen haben <u>darf</u>, aber dass Gott mir das giebt <u>ungebeten</u> und <u>ungesucht</u>, weil er mich ja zu einem Eignen und zu einem Eigner schon geschaffen hat, und dass ich gar nicht anders kann als dich zu eigen haben, wenn ich dich überhaupt habe; und dass ich mein Eigen an dir nur dann verliere, wenn ichs suche und haben <u>will</u>, statt zu danken dass ichs habe - mir fiel ein, dass dies alles ja längst im ✡ steht; so habe ich das Buch vergessen. Eine Zeitlang verstellte es mir ja beinah das Gefühl selbst, und ich hätte immer nur zitieren mögen „steht da" „steht da", „habe ich so und so gesagt"; in dieser Zeit der Not ist mir die Zunge wieder gelöst von dem Buch an dem sie festgeklebt war. Und auch wenn ichs damals geschrieben habe, jetzt ist es erst wahr.

Ich möchte immer nur danken und in deine Augen sehn, du Geliebtes, ja selbst wenn du mir heut den Rücken kehrtest, so machte es mir nun nichts mehr, ich habe dich doch, grade dann. So habe ichs heute wirklich gar nicht gespürt, dass dein Brief zur gewohnten Abendstunde heut ausblieb und freue mich nur ganz still auf morgen. Du mein liebes liebes Herz.

Aber Rudi schrieb mir heut Abend, ich soll an Helene schreiben. Ich hatte ihm schon gestern geschrieben, dass er hinfahren muss, und ich werde ihr nicht schreiben, es muss sie verstören, so ein Briefbombardement. ...

Ich fühle schon genau, was mit Rudi und Helene ist, das kann ich aber niemandem schreiben, vielleicht sage ich es dir einmal leise, wenn wir uns sehen.

Der Jüd.Verlag hat sich auch heut Abend gemeldet und bittet, ich soll mich etwas gedulden, so schnell könnten sie sich nicht entscheiden.

...

An Margrit Rosenstock am 31. August 1919

31.VIII.19.

Sieh da, Liebste, gleich stellst du meine vermessene Behauptung von gestern Abend auf die Probe und lässt mich, eine rechte pikmoderne - ab 22. Juni 1919 bei der Weltgeschichte akkreditierte - „Werktagschristin" nach Eugens Entdeckung, Sonnabend und Sonntag ohne Brief. Aber sieh, ich schreie nicht. Sondern ich habe dich bloss lieb. (Aber morgen würde ich vielleicht doch schreien. Wer kann für sich garantieren. Ach Gritli -). Heut aber jedenfalls bin ich auch ohne Brief noch so froh und gestillt, dass ich mir jetzt gar nicht vorstellen kann, dass du mir nicht auch von Eugen nun gute Botschaft schreiben kannst, und vielleicht hat er sich ja bei dem rätselhaften Vers 29[1] irdendwie das Richtige gedacht - ich komme freilich mit allem Nachdenken auch heute nicht darauf, wie.

Diese ganze Zeit war ich so tot für Welt und Menschen, ich habe einfach nichts und niemanden gesehn. Gestern war es wie ein Aufwachen, ein Sehen dass die Welt die alte vertraute schöne Welt noch da ist und wieder jung, morgendlich und ausgeschlafen dasteht und einen ansieht. Bei Straussens abends nahm zum ersten Mal ein Kaufmann teil, Ende 30 wohl, ein wundervoller Jude, schön, reif, ausgeglichen, zart und dabei von einer bescheiden-sicheren Klugheit, voller ererbter Tradition und voll stiller Lebendigkeit eigner Gefühle. Ein Mensch wie man sein möchte und nie werden wird. Kennst du eigentlich so einen? Wohl nicht. Sie sind das unter uns, was die Pichts und Weizsäckers unter den Deutschen sind. Er wohnt in meiner Nähe und ich werde zu ihm gehn.

Ich glaube beinahe, heute wird es mir sogar endlich gelingen, zu hegeln. Ich bin soviel freier. Fast zu frei schon, um zu Helene so zu sprechen wie sies jetzt braucht. Ich habe dich lieb, über alle Ferne, du liebes liebes Herz.

Dein, Dein -

[1] 1. Korinther 15,29.

An Margrit Rosenstock wahrscheinlich am 31. August 1919

Liebes Gritli, ich las zwar nicht Hegel - ich kriegs nicht fertig, sondern im (doch sehr schönen) III. Teil vom ✡ - Strauss hatte gestern Abend als wir das Pensum durch hatten aus den Druckbogen zu Cohens Buch,[1] den späteren mir unbekannten Partien, herrliche Stücke vorgelesen, so war ich plötzlich wieder neugierig geworden, also da kam ein Eilbrief von Martha (48 Stunden unterwegs!). Ein schöner Brief. Ich möchte ihn dir am liebsten schicken, schon damit du siehst was für einen guten Geschmack ich als Sekundaner hatte. Sie hat noch genau die Handschrift von damals. Ich könnte daraus, wenn ichs nicht so schon wüsste, sehen: dass Winnie unverlobt ist aber nicht im entferntesten mehr an mich denkt. Aber da ich beides schon weiss, so ist das ja gleich. ....

Ich bin so heiter und gewiss.[2] Verlass dich drauf, es wird alles gut. Nicht von heut auf morgen, sicher nicht, und es genügt auch, wenn sie sich im Augenblick nur beruhigen lässt, die wirkliche Ruhe wird dann auch eines Tages kommen. Und ich spüre Kräfte in mir, ihr jetzt etwas zu helfen. Und du Liebste sei nicht traurig, und wenn du weinst,

so lach ein bischen zwischen die Tränen hinein und freu dich, dass du uns alle hast und dass wir dich alle liebhaben, du liebes liebes Herz. Ich küsse die geliebten Augen.
Dein
Ich lege Marthas Brief doch bei. Schick ihn nach Kassel zurück.

[1] Hermann Cohen, Religion der Vernunft aus den Quellen des Judentums.
[2] In Bezug auf Helene Ehrenberg.

An Margrit Rosenstock am 1. September 1919
1.IX.19.
Liebes Gritli,   wie schade wär das, wenn du nicht nach Konstanz könntest. Eugen kann ja sicher, und du wirsts auch möglich machen können, du musst eben schon am 9. mit allem so weit fertig sein, dass die Sachen bloss noch in den Wagen gehoben werden müssen, - was du ja selbst mit deinen neugewonnenen Riesenkräften nicht selber tun könntest. Ich denke sogar, statt der langen Reise über Singen fährst du über Freiburg wo wir uns alle am 10. Abends im Geist[1] (inkognito vor der Tivolistrasse) träfen und am 11. durch den Schwarzwald nach Konstanz führen. Was meinst du dazu? Es muss einfach gehn. Dass es wirklich gut ist, dass ich Helene noch vorher besuche, musst du doch auch sehn. Rudi wünscht es selber so sehr.
Dein Brief vom Samstag ist so herrlich veraltet, fast wie ein Brief von vor 100 Jahren. Gar daran, dass du nie anders von mir wolltest als dass ⌈⌈ich⌉⌉ „werde der ich bin" - daran hatte ich aber auch keinen Atemzug gezweifelt. Du hattest es mir ja am Morgen nach jener Nacht, als wir die Bergstrassen heraufkletterten, beide noch klapperig und krank, noch einmal gesagt. Und im Vertrauen gesagt (vom „Verfasser des ✡"): du kannst es sogar als Christin verantworten.
Ich wollte schon immer nach Herrn Klein fragen. Ich wünsche Marthi[2] so einen Guten. Überhaupt freue ich mich auch auf Säckingen sehr, wo ich dann ja doch noch vorbeiflutsche und mich ein bischen in deinen Möbelwagen hineinsetze - ich bin ja doch ein Möbel von dir und nun schon beinahe ein altes; du musst mir einen Ehrenplatz in eurer Wohnung aussuchen, da werde ich schön gedrungen und vierbeinig stehn, so halb Silberschrank, halb Anrichte und du musst mich täglich abstauben (aber du selbst, nicht das Mädchen). Nach deiner Mutter habe ich ein bischen richtige Sehnsucht, nicht bloss weil sie die Grube ist aus der du gegraben wurdest (welches Kapitel wir morgen Abend noch lesen werden, der Neue, Herr Boschwitz, ist dran), sondern auch an sich.
Aber also du musst wirklich mit nach Konstanz kommen ins Hotel Noah. Denk doch du würdest am 10. auf 5 Tage krank, dann müsste es auch gehen und du hättest nicht einmal die Tage vorher schon auf Vorrat dafür gearbeitet. Und nun sollst du nicht krank sein, sondern ~~blo~~ wir wollen bloss ein paar Tage gesund sein und uns freuen, dass wirs sind. Ich freue mich eigentlich den ganzen Tag.
Den Pass will ich versuchen mir hier mit Hülfe des Regierungsrats (seit vorgestern! also jetzt der ranghöchste meiner Freunde, denn Rat 4ter Klasse ist noch keiner, und Mercedes-Ruth wird nun auf Eberts Hofbällen vor euch allen rangieren) also mit Hülfe des Reg.rat Badt besorgen; denn in Kassel verweigert der Passgewaltige die Ausstellung von Inlandspässen, ich wollte ja schon das vorige Mal für Stuttgart einen haben.

Das befohlene Bild habe ich mir schon besorgt - Beleg liegt bei, das Fräulein hat mir den Kopf ganz schief gerückt, damit man die Augen hinter dem Kneifer sehen soll und nun sieht man sie halb und ich mache ein Gesicht als wärs noch Freitag - und es war doch schon Sonnabend. Ich streich es durch, damit du nicht etwa in Versuchung kommst es aufzuheben. Überhaupt Bilder! Denn ich selber bin ja Dein.

[1] Name eines Freiburger Hotels.   [2] Eine Schwester von Margrit Rosenstock.

An Margrit und Eugen Rosenstock am 1. September 1919

1.IX.19

Geliebte, - nein: geliebte <u>Beide</u>   ja nun ist alles gut. Auf dem Weg zum Telegrafenamt las ich eure Briefe an, aber ich musste das Telegramm beantworten, ehe ich alles gelesen hatte. Dass Pindar[1] hell machen musste, was mir Paulus nicht hatte erleuchten können, war ja Grund genug für das Meyersche etc. Huttenzitat.[2] Dass ich das ausdrückliche Wort brauchte — ich hätte es ja nicht von <u>dir</u> gebraucht, wenn mir es nur Gritli über dich gesagt hätte, das wäre mir ja fast lieber gewesen, aber sie sprach ja nicht - aber dass ich es brauchte, - es war eben ein Wort gewesen und ein Wort wird durch ein andres (ob von dir selbst oder von sonst jemandem ist gleich) zum Schweigen gebracht. Dass deine Briefe im August den Ton wiederfanden, wie sollte ich das nicht gespürt haben; was uns am Stuttgarter Bahnhof geschehen war, das war mit ihnen schon restlos aus der Welt geschafft. Aber hinter dem Ton der Briefe stand, vorsichtig umgangen und stehengelassen, das Wort jener Nacht. Und grade weil ich jenes nun <u>ganz</u> vergessene Attentat,[3] genau wie du schriebst, als einen „Mordversuch in majorem Dei gloriam"[4] empfand, so musste ich nun auch in der wiedergekehrten Liebe so etwas wie einen Hinterhalt (reservatio) von Inquisitorentum fürchten, das sich nicht scheut, schliesslich wenns nicht anders geht die Liebe auch mit Scheiterhaufen zu betätigen. Und deshalb machte der Ton in diesem Fall die Musik nicht, sondern ich musste auf das Thema achten, das sogetto[5] das als Grundbass unter allen Variationen deiner Ciaconna[6] der Liebe durchklang, und musste mir doch jeden Augenblick vorwerfen, dass meine Ohren nicht scharf genug waren, es unter diesem Reichtum deiner Arpeggien über alle 4 Saiten weg herauszuhören, sondern dass ich dir (und vor allem weil du ja spieltest, Gritli, die dir die Noten umwandte) sagte: ach bitte, um Himmelswillen, lass mich doch mal die Noten sehen, damit ich mal das Thema merke (so gehts einem ja bei Ciakonnen; ich habe die Bachsche wohl 100 mal gespielt, meinst du ich hätte jemals das Thema gemerkt? obwohl ich doch das Stück auswendig konnte natürlich).

Was du sonst noch schreibst - ich las es erst einmal - geht mir zum Teil über mein Wissen und Verstehen, aber nur über mein Wissen und Verstehen. Das ist unwichtig. Es ist wieder die Institutionsfrage. Ich sehe, dass wir sie oder nein, dass ich sie bei dir stehen lassen muss. Es ist ja wahrscheinlicher dass du recht hast als ich. Denn du siehst und hörst hier einen Geist, ich sehe und höre ihn nicht. Wenn ich ihn sehe oder höre, werd ichs dir sagen. Du hast manchmal vor mir gesehen. Vielleicht also auch diesmal. Aber aus dem was im Augenblick an unsern Herzen, deinem und meinem, Eugen, frass, daraus habe ich glaube ich schon in meinem letzten Brief jene Frage als

eine „Meinungsverschiedenheit" (oder vielleicht eine Blindheit von mir oder vielleicht auch - aber wirklich weniger vielleicht - als eine Halluzination von dir) herausgerückt. Ans Leben ging nur der „Mord". Und nun, erst nun, ists wieder „eine Lust zu leben".[7] Ich danke sie dir. Aber ich glaube vorläufig nur an das „Wunder der Gemeinsamkeit", das schon da ist und das wir in unsrer Liebe erleben, und nicht an eines das erst „heraufzieht". Ist denn Gegenwart nicht doch noch mehr als Zukunft? für uns schwache Menschenherzen? Und wenn du selber das „des Glaubens" bei „die Einheit" weglässt, wie dus ja tust, und dich mit der fraglosen Einheit, der Einheit κατ ἐξοχην[8] - nein ohne Litteratendeutsch und Philosophengriechisch: der Einheit, die uns von Gott geschenkt ist, zufrieden giebst, so sage ich Ja, — Ja und Amen.
...
Ich freue mich auch auf das Zusammensein mit Helene. Rudi hat mir heute Morgen ihren so ganz echten Brief geschickt, mit dem sie auf Eugens fast zu grossen (nämlich für ein verwundetes Herz um eine Spur zu - zukunftsinstitutionellen) Brief ~~geschickt, mit~~ antwortete, sich verwahrend gegen das „zu" und sich ergebend dem „grossen", und in beidem ganz wahrhaftig, ganz einfältig, ganz echt, und so alle Tore der Hoffnung aufschliessend, dass wahrhaftig Gott nur noch auf die Klinken (die Rudi ja in diesem Fall nicht abgedreht hat!) drücken braucht, so werden sie weit aufspringen.
Und wir? ich brauchs doch nicht erst zu schreiben, dass ihr am 11ten nach Konstanz fahrt (ich fahre am 10. in Kassel ab). Bestellt schon Zimmer auch für mich mit im Inselhotel. Es ist nicht mehr als recht, dass ihr wie weiland der Patriarch, der den Pflug erfand, der die verfluchte Ackererde umwühlt und fruchtbar macht für den himmlischen Samen, und der den Wein pflanzte, den gesegneten, der uns über die Nöte dieser verfluchten Erde trösten soll,[9] - dass also ihr wie weiland Noah aus seinem Inselhotel mich fliegen lasst, damit ich sehe ob sich die Flut schon zu verlaufen beginnt; ich werde ja diesmal noch gewiss zurückkehren, nur ob wie die Taube beim ersten Mal oder wie beim zweiten, also ob leer oder ob mit dem Ölzweig im Schnabel, das weiss ich freilich nicht.

Auf Wiedersehn also in der Arche Noäh, - und möge sie nicht aussen und innen verschmiert sein mit Pech. Damit ich als kein Pechvogel ausfliege, sondern als euer glücklicher euch liebender Franz.

---

[1] Pindar, um 520 v.d.g.Z., griechischer Lyriker.

[2] Conrad Ferdinand Meyer, 1825-1898, Huttens letzte Tage (1871).

[3] Eugen Rosenstock hatte von Rosenzweig gefordert: „Franz, laß dich taufen". Dazu der Brief an Margrit Rosenstock vom 29. August 1919, S.410.

[4] Lat.: zum größeren Ruhme Gottes.

[5] Ital.: Thema.

[6] Musikalische Form, bei der über einem stets wiederkehrenden Baßthema Variationen erklingen. Berühmt ist die Chaconne für Solo-Violine aus der Partita in d-moll von Bach.

[7] Ulrich von Hutten zum Abschluß eines Briefes vom 25. Oktober 1518: „Es ist eine Lust zu leben."

[8] Griech.: schlechthin.

[9] Anspielungen auf 1. Mose 3,17; 6,14; 8,7ff.21; 9,20.

An Eugen Rosenstock am 1. September 1919

1.9.19.

Lieber Eugen, es ist Nacht und ich nehme zwischen der Hegelei (ich will den 1^(ten) Band noch möglichst druckfertig machen, um ihn wenn Oldenbourg anbeisst, ihm trotz der Reise gleich in den Rachen schieben zu können) also ich nehme deinen Brief wieder vor. Nur ein paar Worte, nicht mehr wichtige, denn wir können ja nun wieder sprechen miteinander und ich habe selbst kein Bedürfnis mehr dir nur zu schreiben. Aber der Briefbogen hat auch zu mir gesprochen und doch anders als zu dir. Ich kanns auch „angesichts dieses Kopfes" nicht gelten lassen, dass „Gott tot" - mit Hans verbessert: die Menschen dieser Generation, oder was geht mich das an, also: mein Vater für Gott tot war. Ich habe immer den heimlichen Wunsch gehabt, mich von Mutter zu Vater hin zu entwickeln, und ich sehe auch jetzt noch in seiner vollkommenen Gradheit und Offenheit und Bedenkenlosigkeit etwas vor mir, das ich mir heut noch nicht denken kann wie ichs je erreichen werde. Sieh, er hat grade das „Einfältig wandeln" aus dem Michaspruch, den du mir beinahe telegrafiert hättest, gehabt, mit dem ich den Stern geschlossen habe eben weil es mir „das Einfachste und Schwerste" schien und so noch jenseits dieses Buchs lag und also sein Schluss sein durfte und musste. (Denn dass ich das Buch einmal „mit 70 Jahren" schreiben würde, hatte ich mir ja vorgestellt, aber dass ich je das „einfältig wandeln mit meinem Gott"[1] lernen würde und wäre es auch erst mit „70 Jahren", das habe ich mir nie vorstellen können, und kann es auch jetzt nicht. Den Grabspruch, den ich ~~ihr~~ ihm ausgesucht habe, den (du kennst ihn wohl: Wer den Menschen genug tat, der hat auch Gott genug getan) den wird man mir wohl nicht aussuchen können; heute sicher noch nicht, wenn ich heute stürbe. Heut bliebe es noch bestenfalls bei Ps 73, V. 22 u. 23.[2] Und darum also: Gott war nicht „tot" bei Vater. Aber in der Ehe, die er schloss und aus der ich gekommen bin, da war er nicht mehr; so sicher er in ihm war und selbst auch in ihr irgendwie ist, - in dem Hause war er nicht mehr. Und so wäre ich allerdings für ihn gestorben. Und da ist mir das erste und doch entscheidende, jedenfalls grundlegende (mich schaffende) Wunder geschehen, dass ich Onkel Adam noch erlebte und an ihm etwas erfuhr, was — mir nicht etwa mehr Eindruck machte als mein Vater oder meine Mutter, aber mehr Eindruck als ihre Ehe, als das „Haus" in dem ich lebte. Das Haus wurde mir von da ab unglaubwürdig. Ich spürte in seiner Leidenschaft etwas was — nicht wirklicher war als Vaters „immerkindliche" Tatkraft und Mutters Lebendigkeit, aber wirklicher als der Ungeist des Hauses. Ich spürte einen Strom, der bis in ihn noch fortfloss, da aber abbrach und in unser Haus keinen Einlass mehr fand. Und da haben sich meine Wurzeln nach dieser Seite zu gestreckt, bis sie in das Erdreich gekommen waren, das noch von der Feuchte dieses lebendigen Wassers (von dem Hesekiel in der Stelle, die du zitierst, spricht[3]) befeuchtet wurde. Von dieser Wurzel also darf ichs nicht gelten lassen, dass sie krank war, von den andern Wurzeln, die sich nicht nach jener Richtung ziehen konnten, da mag es so sein wie du meinst. Aber dies eine ist ein besonderer Zug meines Lebens, den ich mir nicht wegvergleichen lassen kann, und wenns auch ein Unterschied sein sollte, der mich von euch trennt. Denn so bin ich geschaffen, geistig geschaffen. Und die Schöpfung, die das Geschaffene eben so und so beschaffen sein lässt, trennt. Erst die Offenbarung, die immer irgendwie ein zweites

Erlebnis ist (denn es geht ihr immer ein erstes, eine Schöpfung irgendwie profetisch voraus), erst die Offenbarung verbindet. Von ihr allein spricht dein Brief.

Etwas noch: ich habe damals das Gebet wirklich nicht abgetan. Entsinn dich doch, ich habe dich ja selbst am folgenden Abend daran erinnert, dass in der gestrigen Nacht das siebente Jahr begonnen hatte seit der Nacht wo ich durch dich zum letzten (und ganz ernsthaft auch zum ersten) Mal in meinem Leben vis-a-vis du rien[4] bzw. vis-a-vis der andächtig heruntergeholten Phiole gestellt war, von welcher Nacht für mich mit vollem ⌈⌈nicht mehr unterbrochenen⌉⌉ Bewusstsein das anfing, was für dich wohl erst mit nachträglichem Bewusstsein von dem Kierkegardzusammenstoss angefangen hat. Der Anfang des siebenten Jahrs - was konnte ich dir denn grade in deiner Sprache Stärkeres sagen? Und ich glaube es hat schon begonnen sich zu bewahrheiten, dass dieses Jahr ein siebentes wird für uns.

Immer noch eins: Man kann sogar, was „vor" einem liegt, nur tun, wenn man das was „hinter" einem liegt, nicht tun kann. Denn was hinter einem liegt, das soll man nicht tun, sondern davon soll man getan werden. Der Dämon deiner Mutter, - du darfst ihn deshalb nicht hat austreiben, weil er dich dein Leben lang vorwärtstreiben soll. Damit magst du wohl, als Christ, das Verhältnis des Christentums zum Judentum vergleichen. Du wärest noch nachträglich, nach 13 Jahren, ins Unrecht gesetzt, wenn jener Dämon austreibbar wäre. Während es meine letzte Rechtfertigung sein würde, wenn meiner Mutter Herz einmal ganz wieder zu mir gekehrt wäre (vgl. Maleachi, Schlussvers!). So wie es das erste wirkliche Ereignis in meinem jüdischen Leben (nicht Er-, sondern Be-leben) gewesen ist, dass sich dies Wunder an mir und meinem Vater vollzogen hat, die grosse symbolische Rechtfertigung zu Beginn meines Laufs. Und endlich - ein methodischer Ratschlag (zur „neuen Wissenschaft"): Wälz nicht wegen mir das „Alte Testament". Du wirst mich nicht drin finden. Denn du kannst und sollst es nur christlich lesen. (Über keine jener drei Profetenstellen die du nennst - ausgenommen allenfalls Micha 6,8 - wäre ich vorvorgestern wenn du sie mir statt 1 Kor 15,29 telegrafiert hättest, nicht genau so verzweifelt gewesen; in Hesekiel hätte mich z.B. die Sprengung des reinen Wassers[5] ⌈⌈vor⌉⌉ vorgestern erschrocken aus deinem Munde). Sondern wenn du das Judentum sehen willst, so wälz — mich (oder sonst irgend einen Wennauchnureinkleinbischen-Juden), dann wirst du das Alte Testament in ihm finden. „Schmeie Tinkeles" ist der wahre Empfänger der Offenbarung, nicht Moses oder gar Jeremia oder sonst eine der Lieblings„gestalten" der neuprotestantischen „Alttestamentler". Wir lernen: Der Gottesgeist ruht auf dem Profeten einzig nur um des Volkes willen. Solange Gott dem Volk zürnte, so lang redete er auch mit Moses nur unvertraut. So Raschi[6] zu 5 M. 2,17. Und nun hör ich endlich deine Stimme wieder wie in Stuttgart wenn du mir gute Nacht sagtest und das „gute" so betontest, dass man gleich Lust zum Einschlafen bekam.   Also Gute Nacht.

Dein Franz.[7]

---

[1] Micha 6,8; dazu auch Stern der Erlösung S.471.

[2] Auf Rosenzweigs Grabstein in Frankfurt steht ein Teil des Verses Psalm 73,23: ואני תמיד עמך („Dennoch bin ich stets mit dir").

[3] Dazu Ezechiel 47,1-12.

⁴ Franz.: von Angesicht zu Angesicht mit dem Nichts. Dazu auch der Brief an Eugen Rosenstock vom 13. August 1917, S.21f, sowie Stern der Erlösung S.4.

⁵ Ezechiel 36,25.

⁶ Raschi = Rabbi Schlomo ben Jizchak, 1040-1105, der bedeutendste Bibelausleger und Talmudkommentator des Mittelalters.

⁷ Der Brief besteht aus vier Seiten. Für die zweite und vierte Seite benutzte Rosenzweig ein Konzeptblatt zum „Stern der Erlösung", das mit Schreibmachine beschriftet war:
Seite 2: DER STERN DER ERLÖSUNG   Seite 4: Zweiter Teil DIE BAHN oder Die allzeiterneuerte Welt

An Eugen Rosenstock am 2. September 1919

Lieber Eugen, was soll ich nun tun?   2. 9.~~XIII~~. 19.

Es war alles gut. Nun kommt deine Antwort auf meinen letzten bösen Brief, der doch nur böse war, weil mir bis dahin das eine Wort nach dem ich schrie, ebenso stillschweigend wie [[scheinbar]] konsequent versagt worden war. Inzwischen hast du mir das Wort telegrafiert, schreibst es heute wieder, Gritli hat sich dafür „verbürgt" - eins von diesen dreien hätte ja genügt, um alles gut zu machen. Und nun macht die elende Entfernung - oder nein, nicht die Entfernung aber dies dass unsre Briefe nicht Zug um Zug gehen (denn dann macht selbst mazedonische Entfernung nichts) - und ~~Zug um Zug~~ „a tempo" schreiben kann man nur wenn man einig ist - also unser a tempo Schreiben droht jetzt wieder neue Verwirrung. Am liebsten liesse ichs bei den Antworten, die ich dir im voraus in diesen Tagen gestern und vorgestern geschrieben habe, bewenden. Wenn sie dein Gehirn nicht schon „repariert" haben, so könnte es jetzt meine Antwort gewiss nicht. Denn die muss dabei stehen bleiben, dass uns keinerlei Institution verbindet. Keine Kirche, kein Konzil, kein Sakrament, keine Möglichkeit gemeinsam zu singen (das ist dir vielleicht deutlicher als das mit dem Amen; ihr habt ja keine so ausgebildete Amen-Theologie wie wir; so war dir die Überschätzung dieses Worts bei mir unverständlich). Ich sehe keine Institutionen. Ich bin keine Institution. Du auch. Gritli auch. Rudi auch. Aber deshalb sind wir noch lange keine „Zufälle". Du verwirrst die Worte, wenn du gegen „Institution" „Zufall" stellst. Nein sondern Leben, Mensch und - theologisch gesprochen - Wunder. Das Wunder zu leugnen wäre mir ganz unmöglich. Aber die „Institution", die leugne ich weder noch erkenne sie an, sondern sage wie die Dame die nach der Akustik des Konzertsaals gefragt wurde: Ich rieche nichts.

Das könnte ja ein blosser Wortstreit sein. Du bestehst darauf, „Geist" zu nennen was ich „Wunder" nenne. Aber dass es mehr ist als ein Wortstreit und dass ich irgendwie diesen Streit gegen dich für dich streite, sehe ich z.B. in deinem Brief wieder da wo du die „Entwertung" der Taufe behauptest. Was mir der Tod wäre und dir der Anfang deines Lebens gewesen ist, das kann nicht „entwertet" sein. Wozu man so mit seinem ganzen Wesen Nein oder Ja sprechen muss, das ist kein Adiaphoron.¹ Die alten Institutionen, die wir sehen und nicht erst zu erahnen brauchen, sind keine Adiaphora. Sie sind die Kanäle durch die die Säfte des Geists aus unseren Wurzeln in unsre Kronen steigen. (Deinem Protest gegen dies Gleichnis zum Trotz).

Bereuen? Ich bereue wenn ich dies Wort gebraucht habe. Ich meine nur: Vergessen. (Es ist vergessen. ~~V~~zerreden wir es nicht wieder!) Fruchtbar war dies Leiden nicht. Es war eine Wand an der ich mir den Kopf blutig stiess. Und dabei Worte ausstiess, die ich - wie ich wusste während ich sie ausspie — nie ausgeschrien hätte ohne diesen Zwang. Dass ich jene Worte um mich herumwarf und euch alle damit tief verletzte (während ich wenn ich mich in Ruhe fühle nicht anders darüber spreche als ich im ✡ getan habe, also unverletzend) — das war die einzige Folge. Und diese Folge habe ich wahrhaftig (obwohl ich sie ebensowenig, weder intellektuell noch sonstwie „bereuen" muss) <u>vergessen</u>, einfach vergessen, sie sind nicht mehr lebendig in mir; ich höre sie nicht mehr. Und ebenso hast du jenes Wort und jene ganze Aktion von der es (ohne dass du es vorher schon in Gedanken gehabt hättest) doch die letzte Zuspitzung war, vergessen. Das lasse ich mir nicht nehmen.

Über den Zusammenhang zwischen uns kann ich nicht reflektieren. Und das müsste ich, wenn ich zugeben sollte, dass er gesetzmässig ist. Gesetze erkennen wir nur durch Reflexion, Spekulation und ähnliche Gescheitelessionen. Dass der Zusammenhang aus Gottes Willen ist, das - wieder und wieder muss ichs dir sagen, und nie nie nie habe ich es bezweifelt und wenn ich es bezweifeln sollte, so bräche ich <u>genau so</u> zusammen wie wenn mir meine <u>geistigen Wurzeln</u> abgeschnitten würden. Ganz genau so. Denn ich habe die Sonne des Wunders der göttlichen Liebe genau so nötig um nicht zu verdorren und abzusterben, wie den Platzregen des göttlichen Geistes, der das Erdreich in dem ich verwachsen bin getränkt hat und dessen Feuchte mir nun meine Wurzeln zuführen. Das Gleichnis stimmt auch darin, dass die Sonne bald hell bald hinter Wolken aber jedenfalls täglich neu aufgehen muss und der Regen vor Tagen gewesen sein kann. Wahrhaftig ich sträube mich nicht dagegen, dass es morgen wieder regnen mag. Wenn es kommt werde ich auch meine Blätter und Zweige den Tropfen durstig entgegenstrecken. Aber darauf rechnen, dass es <u>täglich</u> regnet, das scheint mir eine Verwechslung mit der Täglichkeit des Sonnenlichts, auf das sich mein Stoffwechsel eingestellt hat, dass meine Blätter grünen. Täglichen Regen braucht es dazu nicht. Ich bin keine Gartenpflanze, die täglich begossen werden will. Die tägliche Giesskanne des Geistes ist ein Bedürfnis der Litteraten, Akademiküsse et hujus generis omnis.[2] Das Wasser ist denn auch danach. So bin ich nicht oder nicht mehr. Und du, Lieber, erst recht nicht. Wir wachsen im Freien dehnen unsre Wurzeln allmählich so weit aus, dass wir irgendwo schon immer etwas von dem Nass des letzten Platzregens erreichen und an uns saugen. Aber was wir täglich brauchen, ist eben der Tag, ist das tägliche Wunder des Sonnenaufgangs. Wehe mir, wenn ich das leugnen wollte. Doch könnte ichs denn überhaupt?

Und nun ist genug gesprochen. Ich habe eine ganze Litteratur ausgespritzt in diesen Wochen. Wehe den Germanisten, oder vielmehr, da's die nicht mehr geben wird im erneuerten Europa, den - furchtbar, aber „ihr werdet immer Arme des göttlichen Geistes, scil. Philologen haben in eurem Lande"[3] - also wehe den Judisten und Christisten, wenn wir mal berühmt werden sollten. Vorläufig aber wollen wir nicht um ihret- sondern um unser selber willen das Briefeschreiben sein lassen und uns lieb haben; denn es ist wirklich alles gut, trotz dieser brieflichen Nachwehen. Das Kind ist da. Nächstens baden wir im Bodensee. Es ist ein schönes gesundes Mädchen, und wir wollen es nach dem Kind im letzten heidnischen Mythos, dem Kind Amors und Psyches, das auch erst nach vielen Leiden geboren wurde, Ἡδονη[4] nennen.

      In Freude an, mit und auf euch

                                                      Euer Franz.[5]

[1] Griech.: Gleichgültiges, Nebensächliches.   [2] Lat.: und dieses ganzen Geschlechtes.
[3] Dazu Matthäus 26,11.
[4] Griech.: Freude, Vergnügen. Dazu die Metamorphosen des Apuleius, Kap. 4,28-6,24.
[5] Wieder ist die zweite Seite dieses Briefes ein Konzeptblatt zum „Stern der Erlösung" und folgendermaßen beschriftet: Dritter Teil   Die letzte Seite trägt die Beschriftung: Zweiter Teil
DIE GESTALT   DIE BAHN
oder
die ewige Überwelt

An Margrit Rosenstock am 2. September 1919

2.IX.19

Liebes, doch noch auch ein leises Wörtchen zu dir. Ich war erst so erschrocken über Eugens Brief, wusste kaum, wie ich ihm antworten könnte. Und ich entbehrte ein eignes Wort von dir so sehr, dass ich allen Ernstes schon dachte, die Reise morgen zu verschieben, um erst die Post abzuwarten; ich dachte gar nicht, dass auch dich ja wohl der Brief vom Freitag Nacht so traurig gemacht haben könnte, dass du deshalb nicht schriebst. Und doch wirds wohl so gewesen sein. Denk doch wie kaput ich war. Das Paulustelegramm[1] war ja wirklich nicht zu verstehen; Rudi hat es wieder ganz anders gedeutet, wenn auch in günstigem Sinn für mich. Und dazu dann die Krämpfe, an die ich noch kaum zurückdenken kann und über die sich auch schon so ein Schleier von Vergessen zu legen beginnt. Und dann - es war eben noch nicht Samstag früh, ich hatte eben den Brief noch nicht geschrieben, in dem ich mich ins Freie fand. - Aber dies alles nur ganz leise. Es ist nun vorbei und gut. Und wie ich dann anfing an Eugen zu schreiben vorhin, da hoben sich auch da gleich die Nebel, die sich bei seinem Brief wieder hergezogen hatten und die Sonne kam wieder durch. Ich habe die Sonne, die wirkliche am Himmel (die aus dem „Mineralreich" wie mir mein Schuft von Mathematiklehrer in Sexta in der ersten Naturkundestunde sagte) noch nie oder seit lange nicht so gegrüsst wie jetzt; ich laufe immerzu zwischendurch auf die Strasse und stelle mich hinein.   Hab mich lieb und sag Eugen, jetzt hörte das Gezänk aber wirklich auf.   Ich habe genug davon und er auch. Und nie genug von deiner Liebe.

——— Dein.

[1] Dazu der Brief an Margrit Rosenstock vom 29. August 1919, S.410ff.

An Margrit Rosenstock am 3. September 1919

3.IX.19.

Liebes, nur rasch noch vor dem Schlafengehn. Ich bin in Hagen geblieben, weil ich nicht Mitternachts in A.[1] ankommen wollte. So bin ich morgen um 8 da. Es war eine wüste Fahrerei, die ganze Zeit auf dem Gang. - Jetzt bin ich müde. Ich habe untertags noch an manches aus Eugens letztem Brief gedacht. Vielleicht muss unser theoretischer Gegensatz, der ja bleibt, einmal praktisch entschieden werden. Es muss sich ja einmal herausstellen, ob das Wunder das an uns geschehn ist, „verantwortbar", sichtbar und wirksam sein wird. Ich halte das für unmöglich. Ich halte das Fiasko von mir bei Riebensahms schon für eine Instanz gegen Eugens Meinung. Damit unser Wunder einem ⌈⌈andern⌉⌉ sichtbar werde, bedarf es immer wieder eines neuen Wunders („dies war ehedem paradox, aber nunmehr hat es die Zeit bestätigt"). Während es das

423

Wesen der Institution ist, dass sie zwar einmal durch das Wunder einer Geistausgiessung entstanden ist, dann aber damit ein für alle Mal unter die Menschen gestellt, ihnen gegeben ist. „Sie ist nicht (mehr) im Himmel".[2] Es kann sogar, glaube ich, kein Wunder, kein echtes Wunder geben, durch das sie, einmal da, zerstört werden könnte. Die Wunder die „trotz der Lästrer Kinderspotte bei unsrem ewig unbegriffnen Gotte auch heute noch per omnia tempora[3] in einem Punkt geschehen",[4] können jene einmal gesetzten Institutionen nur neu lebendig machen, aber nimmermehr „entwerten". In der Stiftung der Institutionen hat sich Gott eines Teils seiner Allmacht begeben und seinen Kindern Kraft und Recht verliehen, sich sogar gegen ihn zu verwahren. Du entsinnst dich der Geschichte aus dem Talmud, wo Gott am Schluss lächelt und spricht „meine Kinder haben mich besiegt".[5] Nicht gegen die Wunder geht diese Geschichte, aber dagegen dass man aus den Wundern „Beweise" macht gegen die Institution. Gott korrigiert nicht seine alten Wunder durch neue, sondern er fügt die neuen den alten hinzu. - Ich bin zu müde, um mehr zu schreiben.

Es ist schön geworden, draussen. Wart erst mal, wie schön es in einer Woche am Bodensee sein wird. ...

Übermorgen Abend bin ich in Kassel.

Das Zusammentreffen im „Geist",[6] dem Freiburger, ist nach allem eigentlich eine grosse „Konzession" von mir an Eugen. Eigentlich müsste ich ja, nach meiner Theorie, im Engel wohnen, und Eugen nach seiner im Geist. Aber da ihr zwei seid, so folge ich, wie in jener talmudischen Geschichte, „der Mehrheit" und wohne mit im Geist.

<u>Bin</u> aber in <u>Liebe</u>
Euer Franz.

---

[1] Attendorn im Kreis Olpe, Nordrhein-Westfalen.   [2] 5. Mose 30,12.
[3] Lat.: für ewig und alle Zeiten.   [4] So Goethe in seinem Gedicht „Des ewigen Juden erster Fetzen".
[5] Baba Mezia 59a/b, ein Text, in dem 5. Mose 30,12 die Pointe bildet.   [6] Hotel in Freiburg.

An Margrit Rosenstock am 4. September 1919

4.9.19.

Liebes Gritli,   wieder todmüde, und doch froh. Ich bin in Attendorn, schon im Hotel, habe eben Helene adieu gesagt und fahre morgen ganz früh weg. Es war gut, wirklich gut, dass ich hier war. Es bleibt dabei: hier ist nichts von heute auf morgen, aber von der Zeit alles zu hoffen. Eben die Hoffnung konnte ich ihr stärken. ... Erwarte im Augenblick nichts Übermenschliches von ihr, erzwinge die „fünf" nicht, wo sie noch erstaunt und erschüttert ist (wie ich selber ja auch) über die „drei".[1] Die Fäden sind gesponnen, doch sie sind noch zu schwach als dass man sich daran herüber seilen könnte. Aber ich meine, sie hat heute etwas <u>gesehen</u>, etwas was sie nicht als „grössere und weitere Herzen" über sich hinausheben konnte und es damit von sich abschieben, und sie ist wenn auch noch nicht über den Berg, doch soweit dass sie schon die Passhöhe sieht und ihr jetzt sichereren Mutes zusteigt.

Über Eugens Brief war ich im Augenblick noch einmal tief erschrocken und musste mir dann doch sagen, dass inzwischen ja meine späteren Briefe angekommen sind - und überhaupt: dass es doch nicht möglich ist, dass jetzt von meinem Gefühl nichts zu ihm herüberschlägt und sich auf die Wunde legt, die ihm nun grade im letzten Augen-

blick noch meine eigene Verzweiflung geschlagen hat.   Ich kann es nicht anders denken. Aber ich sehne mich doch nach euren Worten, die ich in Kassel finden werde. Auf morgen und gut Nacht. Schlaft wohl, liebe Zwei.
Euer Franz.

[1] Die „drei" steht für Rosenzweig, Margrit und Eugen Rosenstock. Durch das Hinzukommen von Rudolf Ehrenberg und dessen Frau Helene sollte sich der Liebeskreis auf „fünf" erweitern.

An Margrit Rosenstock am 5. September 1919

5.9.19

Geliebte Seele,   eben komme ich in Kassel an, da liegen zwei nachgesandte Briefe von dir da, vom Sonntag und Montag, die mir das Herz zerreissen müssten über das was es dir angetan hat, - wäre es nicht so fest geworden und so gewiss, so einzig gewiss seiner Liebe zu dir und dass alles alles gut sein muss.   Sicher habt ihr noch weiter nach Berlin geschrieben, sonst müsste ich jetzt schon hier ein Wort haben, das alles besiegelt und das die Leiden der Entfernung, die wahrhaft teuflisch über diese Briefnachzügler grinst, ins Dunkel des Vergessens zurückschleudert - nein, aber in den hellen nicht mehr zu verdunkelnden Tag unsrer Liebe hineinhebt, wo sie in Nichts verblassen.   Ich kann jetzt nicht mehr schreiben, aber meine Gewissheit ist ganz gewiss und so wie ich dich am Sonntag weinen fühlte, so fühle ichs heute über alle Entfernung weg, dass du mit in meiner Freude bist - und dass Eugen mir die Abweichung meines Denkens von seinem (und gewiss auch meiner Natur von seiner) mir nachsieht. Nicht „Zufall" und Zeichen ist ja unser Gegensatz, sondern: <u>Wunder</u> und Zeichen. Das Wunder will <u>empfangen</u> werden, das Zeichen <u>gedeutet</u>. Gewiss eine grosse Abweichung. Aber kann sie ihn in seinem Glauben erschüttern? Das könnte sie doch nur, wenn er mir Worte wie „Zufall", „Sympathie" und dergl. in den Mund legt, die ich nie gesprochen und die vor allem mein Herz <u>nie</u> gedacht hat.

In der Gewissheit unsres Wunders, auch wenn mir
Kraft und Wille zur <u>Deutung</u> versagt, Euer - <u>Dein</u> und
Sein Franz.

An Margrit und Eugen Rosenstock am 5. September 1919

5.9.19.

Liebste,   nun verlange ich doch sehr nach einem Brief. Morgen früh muss ja etwas kommen. Ich spüre hier bei Mutter plötzlich, dass ich doch noch eine empfindliche Oberfläche habe, obwohl das Herz stark geworden ist. Die Einsamkeit in Berlin in jenen Tagen war ein Glück. So konnte ich mich immer ins Asyl der Briefe flüchten. Meine erste Sorge um dich nach den beiden Briefen, die ich vorfand, wurde ja schon beruhigt, als ich den langen und ruhigen Brief an Mutter vorfand, den du doch am Montag Abend hattest schreiben können.   Ich war sogar etwas verduzt wie du bei mir alles aufs Chinin schobst. Das war doch nur für Mutter gesagt? Denn in Wirklichkeit - ach nein.   Ich müsste dir mal meinen Chininkalender schreiben.   Auch ist der Körper nun so daran gewöhnt, dass er es anders als in den ersten Wochen ohne sonderliche Beschwerden verträgt.   Ich verstehe freilich so gut, dass es dir einfach unverständlich sein musste. Man kann es nur verstehen, wenn es einem passiert ist. Ich hatte Eugen voriges Jahr im Grunde auch nicht verstanden. Obwohl ich wusste, dass es „nur natürlich" ist. Aber die unbezähmbare Macht dieses „nur Natürlichen" ahnt nur, wer sie erfahren hat. Ich kannte mich selbst vorher nicht. Und wiederum konnte ich deswegen, eben weil ichs noch so kurz hinter mir hatte, alles noch so gut verstehen, wie es in Helene aussieht. Und wusste deshalb, wie vorsichtig man im Augenblick in seinen Ansprüchen an sie sein muss, und doch auch, wie sehr und wie gewiss man bei (und mit) ihr hoffen kann. Obwohl sie es augenblicklich in ihrer grossen und tiefen Ehrlichkeit einfach noch nicht glauben <u>kann</u>, dass am Ende dieser Leiden wirklich eine himmlische Freude stehen kann, wie man sie vorher noch nicht gekannt hat. Grade weil jenes <u>Mass</u> von Ausschliesslichkeit, auf das auch unsre Liebe gebaut war, jener <u>Bann</u>kreis, in den sie sich bannte, zerbricht und über die gefallenen Schranken dieses Masses, des letzten das sie noch kannte, auch hier das Unermessliche einbricht. Ich habe es so verspürt, wie ich es jetzt Helene, vor der ich mich immer gescheut hätte, laut und jubelnd sagen konnte und musste, dass ich dich liebe.

Und doch - dies alles ist nur möglich in dem nun gesprengten, doch nur erweiterten und gleich wieder neu geschlossenen Kreise des Wunders. Die <u>Welt</u>, - vor der Welt können wir, wie dus selber in deinem Brief an Mutter tust, dem was uns geschehen ist, nur die Namen geben, die die Welt gelten lässt; die Namen, die wir doch als tief unwahr erkennen: Freundschaft nennst du, was mit Rudi geschehen ist. Wiederum darf und kann das Wunder nicht zur „Institution" gemacht werden. Gemacht werden. Für uns ist es freilich „Institution" („bestimmt unsern Stundenplan"), aber die wahre Institution kennt kein bloss für uns oder für irgendjemand, sondern ist sichtbar für jeden und giebt sich keine falschen Namen nach aussen. All das können wir dem, was uns geschah, nicht gewaltsam anzwingen. Wir müssen es nehmen wie es uns geschah und nichts daraus machen wollen. Helene wollte in ihrer Not immer Vergleiche, - „wo es denn schon einmal so etwas gegeben hätte?" Was ich ihr doch hart ablehnen musste. Denn das gäbe ja eben die Umfälschungen und Entwertungen dessen, was geschehn ist. Wer nach vergleichbaren Namen, nach Begriffen sucht, unter die er das Ereignis unterbringen kann, der stellt sich heraus aus dem Zauberkreis und hinein in die Welt. Er entsagt der Gemeinschaft. So musste ich ihr grade das obwohl und weil sies „beruhigt" hätte, verwehren. Deshalb habe ich auch versucht, sie zu hindern sich Tante Dele „die ja soviel Verständnis hat" auszuschütten und habe ihr viel von Mutter und ihren Grenzen, den Grenzen ihres „Verständnisses", gesprochen. Denn da würde sie Namen und Vergleiche zu hören bekommen. Es wird auch Rudis schwerste Aufgabe sein, sie nicht zu „beruhigen".

Es geht mir wie Eugen: mir schmilzt das Ereignis mit unserm theoretischen Kampf irgendwie zusammen. Ich fühlte das schon auf der Fahrt nach Attendorn, wo ich zum ersten Mal - denn mit Trudchen war es anders - Zeugnis ablegen musste von dem was ich bis dahin nie vor andern bezeugt hatte, ich spürte es, wie ganz anders gleichwohl ein solches Zeugnisablegen ist als das was uns die Institution abfordert und das wir in die Öffentlichkeit, die 1000köpfige, hineinsprechen. Jenes bleibt auch wenn wirs noch so unumwunden sagen, ein Geheimnis; denn wir sagen es nur dem (in Wahrheit) der mit im Kreis ist. Und das andre können wir noch so dunkel sagen, wir sagen es doch in voller Öffentlichkeit und wer nur will und kann, der hört es und verstehts.

Eugen, es ist ein ungeheurer Unterschied zwischen dem was ich aus der Gemeinschaft mit dir (und also für dich) tue und dem was ich in meiner institutionellen Ge-

meinschaft tue. Was ich bei Riebensahms angerichtet habe, das war in jedem Augenblick ganz unter deiner Herrschaft; du konntest mich vielleicht dazu treiben, sicher jeden Augenblick zurückpfeifen; denn ich tat es nur aus dir heraus und nur für dich (wie etwa 1914 das Mitteleuropaprogramm). Was ich aber als Jude unter Juden tue, da kannst du mir wohl Treiber sein, es zu tun, aber wenn du zurückpfiffest, so würde es mich nicht im mindesten berühren. Genau so ist es (oder kann es sein) auch umgekehrt: du kannst mir wohl in meinem jüdischen Tun dienen, aber sowie du als Christ auftrittst, da mag ich dich wohl vorwärts treiben, wie ja schon geschehen ist, aber wenn ich abblase, dann berührt dich das kaum; denk an mein schroffes Nein in jener Nacht in der Stiftsmühle, als ich dir sagte, hier trennten sich unsre Wege, — du hast es kaum beachtet, und durftest es nicht beachten, denn nicht von mir durftest du die Entscheidung über das was du als Christ tatest, annnehmen. So haben wir jeder eine Welt, wo wir einander keine Rechenschaft mehr geben dürfen, obwohl wir auch dort jeder vom andern getragen und getrieben werden. Das aber, was du ⌈⌈unser⌉⌉ gemeinsames Tun nennst, das ist zwar Gemeinsamkeit, aber nur die ⌈⌈jeweils⌉⌉ einseitige des Dienens. Ein Wort von dir und alles was ich an Riebensahms tat, hörte auf. Dies Wort mag ungesprochen bleiben, aber es kann jeden Augenblick gesprochen werden; und eigentlich hättest du es und nicht das andre in jener Nacht sprechen müssen. Nicht: komm zu uns, sondern: geh zu den Deinen. Denn das ist die richtige Reaktion in dem Augenblick, wo ich wie dort mich als ein schlechter Diener erwies. Liebes Gritli, wenn er ~~mir~~ - ich bin heut Abend unsicher - doch noch empfindlich und verletzlich ist an diesem Punkt, so gieb ihm dies nicht zu lesen. Ich möchte ihn jetzt schonen und hier kann und darf ichs jetzt. Um mich selber braucht mir ja nicht ⌈⌈mehr⌉⌉ bange zu sein. Im Grunde ist mein bleibender Gegensatz auch heute noch der von jener Stiftsmühler Nacht, wo er an Stelle der gestifteten Sakramente, der „entwerteten" („heute", „nach dem Krieg"), die von ihm neu erlebten setzen wollte. Ich weiss genau, dass ich diesen Kampf für ihn führe. Aber grade darum bin ich nicht ungeduldig, sondern erwarte die Hülfe der Ereignisse und „Erfahrungen". - Auf morgen, Liebste. Mein Herz fliegt zu dir nach dem Haus am Rhein und legt sich an deines und spricht:
Dein.
Um Himmelswillen! das soll kein Vers sein. - Ach nun reimt sogar dies. Deutsche Sprak plumpe Sprak!

An Margrit Rosenstock am 6. September 1919

6.9.19.
Liebe geliebte Seele, die Nacht ist herum, ich bin früh aufgewacht, es liess mich nicht weiterschlafen, selbst die Dämonen brummten leise in ihren Gefängnissen (aber fürchte nichts, sie brechen nicht aus). Ich habe es immer wieder versucht, ob ich Eugen nicht einen Schritt weiter entgegenkommen kann. Dein Wort aus deinem Sonntagsbrief, das Mehralswort, das ja ganz unnötig war (sogar war) und das doch so unendlich beglückend ist, wies ja eben auch das Unnötige, nein grade das Unnötige sein kann - und sieh also, es ist unumstösslich wahr, ein Wirklich jenseits aller Vielleicht, dass wir den heiligen Namen eins vor dem andern nennen dürfen und dass er nicht blass und begrifflich wird davon, sondern dass er so wirklich und so lebendig in unserm Munde vom einen hin zum andern bleibt, wie ers ist wenn wir ihn ein jedes für

sich so nennen wie er uns offenbart wurde. Es ist uns aneinander und miteinander eine Offenbarung geschehn, ein neuer Name, den sich Gott unter uns gegeben hat, zu den alten. Dass ein jeder von uns - ich rede vor allem von dir und mir, weil da jede Einmengung von Theorien ausgeschlossen war, die ja sonst noch hätten mithineinspielen können - also dass ein jeder von uns den neuen Namen auch im Munde des andern dem eignen altvertrauten und altgeliebten näher verwandt fühlte als dem, den er sonst im Munde des andern lebendig wusste, - das ist ja grade eine Bestätigung dafür, dass es wirklich ein neuer Name war, der sich uns, nur uns offenbart hatte. Ich fühle die Gewissheit dieses uns gemeinsam geschehenen Offenbarungswunders <u>jenseits</u> des blossen Schöpfungsgeheimnisses unsrer „Sympathie", um dies Wort einmal zu gebrauchen für das was uns im ersten Augenblick als wir uns sahen aufging, - ich fühle die lebendige Macht dieses Wunders so gewiss so über allen Zweifel —— <u>Aber</u>: im Augenblick wo von mir verlangt wird, dem Wunder eine weltlich sichtbare <u>Deutung</u> zu geben, ihm mit Bewusstsein weltliche Folgen zu schaffen ausser denen, die es ohne mein Bewusstsein haben mag, im Augenblick also wo ich aus der „Himmelsstimme", die wir hörten, „Beweise" machen soll (immer wieder nach der talmudischen Geschichte, die du - hoffentlich doch? - von mir kennst?[1]), in diesem Augenblick bin ich plötzlich aus der lebendigen Gewissheit in die graue Atmosphäre der Möglichkeiten, der Vielleichts, der spekulativen Himmelreichsvergewaltigung[2] versetzt, und alles ist vorbei. Da kann ich nicht mehr weiter.   Im Bannkreis des Wunders selbst muss ich <u>alles</u> (auch alles etwa Zukünftige) für möglich halten, denn bei Gott ist <u>alles</u> möglich.[3] Aber aus diesem Bannkreis heraus in den Kreis meiner menschlichen Deutungskünste getreten, kann ich alles nur noch für möglich halten. Denn bei Menschen ist alles nur <u>möglich</u>. Und damit ich auch in der <u>Welt</u> Licht sehe und nicht „im trüben Reich gestaltenschwangerer Möglichkeit"[4] zu wohnen verdammt werde, halte ich mich in der Welt an das was Gott darin <u>wirklich</u> gemacht <u>hat</u>, an die Institutionen die als Quellen göttlicher Erleuchtung allsichtbar auf die Erde gesetzt sind und die auf dieser zu erlösenden und erlösten Erde ebenso wirkliche und dieser Welt angehörige Zeugnisse Gottes sind wie das Wunder der Offenbarung ⌈⌈es⌉⌉ im engen Zauberkreis unsrer Herzen ist und das Geheimnis der Schöpfung im dumpf bewusstlosen Dasein unsres Lebens.

Franz, dein Franz.

[1] Bawa Mezia 59a/b.
[2] Dazu Matthäus 11,12 sowie Stern der Erlösung S.302.   [3] Anspielung auf Matthäus 19,26.
[4] In Goethes Festspiel „Pandora" von 1808 heißt es (Nacht, Zeile 8ff): „Meines Namens altes Unheil trag' ich fort; / Denn Epimetheus nannten mich die Zeugenden, / Vergangnem nachzusinnen, Raschgeschehenes / Zurückzuführen, mühsamen Gedankenspiels, / Zum trüben Reich gestalten-mischender Möglichkeit." Dazu auch Stern der Erlösung S.94.

An Margrit Rosenstock am 6. September 1919

6.9.19

....   Von Martha hatte ich heut Antwort auf meinen Brief vom Sonntag Abend. Es wird der 12. oder 14. werden; sie scheint auf Konstanz zu bestehen. Besonders wenns der 14. wird, wird das leicht gehen. Ich werde da vielleicht doch über Säckingen hinfahren, - d.h. nein, ich müsste ja doch möglichst schon am 13. mein Heil bei den Behörden versuchen. So würde für Säckingen knapp ein Tag abfallen und noch zwischen deinen Packtrubel und dein Unwohlsein - das wäre nicht schön. So würde ich vielleicht vorher noch Eugen in Stuttgart besuchen - kann ichs denn wagen, so ohne dass du seinen Geist ein wenig dämpfst?[1] ich denke aber doch. Es fiel mir auch auf, er hat wirklich nicht umsonst auf der ersten Seite seines Buchs sich auf Hegel berufen; er steht ihm eben doch viel näher als ich. Ich lege übrigens die Druckbogen bei, wegen einiger Lapsüsse und Zweifel. Der Titel des Ganzen ist sehr pretiös und nicht gut. Bismarck und Goethe hat mir wieder sehr gefallen. Im ganzen aber wurde mir klar: er würde wohl weniger toll auf den „Geist" sein, wenn er sein grosses Buch einmal geschrieben hätte, wie ichs nun habe. So muss er ihn immer noch respektieren, weil er noch als eine unerledigte Aufgabe vor ihm steht, und er den Weg „Vom Tode"... „ins Leben"[2] als einen Weg des Geistes noch nicht gegangen ist. Wäre er ihn gegangen und hätte ihn hinter sich, so wüsste er (was sein eignes Wesen ja über alle Worte lehrt): dass das Leben wirklich erst jenseits dieses Weges anfängt, den wir freilich, belastet mit der Erbschaft des Denkens, einmal gehen müssen, aber doch nur um ihn gegangen zu sein. Es ist zuletzt doch nur ein Tribut, den wir der Erde dafür dass sie uns Wohnrecht gab, zahlen müssen. In den Himmel nehmen wir unsre Bücher doch nicht mit. Was <u>denn</u>?? ——————————— Ich bin dein.

[1] Dazu 1. Thessalonicher 5,19.
[2] So lauten die ersten und letzten Worte des „Stern der Erlösung".

An Margrit Rosenstock am 7. September 1919

7.IX.19.

Liebes Gritli, es ist Abend geworden, ehe ich dir schreibe, obwohl gar nichts Besonderes vorwar; aber ich war etwas lethargisch und passiv den ganzen Tag, habe so etwas geschmökert, aber ich vertrage noch keine Bücher wieder. ... Von Hans hatte ich einen Brief, den ersten seit Wochen, worin er seinerseits ein Schlusswort zu den Dingen sagt, die von ihm angefangen haben und dann ohne ihn weitergelaufen sind. Sehr nah übereinstimmend mit mir, beinahe überraschend, wie nah. Er geht übrigens von dem „Schafftbrief"[1] aus, anscheinend, den er für einen Schluss hält. „Alles Private ist auch mehr als privat. In welcher Weise das wissen wir noch nicht. Warum auch sollten wir es schon wissen. In Sachen der Liebe ist ja das Wissen so gleichgültig." Ich bringe euch den Brief wohl mit. Ich werde Hans ja nur kurz sehen; sie kommen erst morgen Abend. .... Auf der Reise, wenn ich in Frankfurt Aufenthalt habe, besuche ich dort vielleicht den Verfasser einer Broschüre die mir merkwürdig nah steht.[2] Für den Fall des „Zijon-Verlags" müsste ich doch irgend einen andern Autor im Hintergrund haben. Dann vielleicht die (von Br. Strauss zu veranstaltende) Sammlung der Cohenschen jüdischen Aufsätze und Reden, - ein totsicherer Verlagsartikel. - Denn um dem „Verlag" die Anführungsstrichelchen, die mir jetzt noch unwillkürlich in die Feder kommen, zu nehmen, darf er nicht auf das „einzige Buch" hin gegründet sein. Eine eigene Farbe (<u>positiv</u> - liberal; Rabbiner und ähnliche Leute, bei denen das Positive von Amtswegen ist, ausgeschlossen) also eine eigene Farbe würde er dadurch schon kriegen. Der Frankfurter soll medizin. Privatdozent sein; es ist der Mann von dem Mutter immer erzählt, dass seine Frau ihn erst genommen hat, nachdem sie ihn sich einmal ohne Kragen angesehen hatte. ...

¹ Dazu der Brief an Eugen und Margrit Rosenstock vom 19. August 1919, S.392f.
² Gemeint ist wohl Eduard Strauß, der eine Broschüre über „Judentum und Zionismus" veröffentlicht hatte. Dazu auch Briefe und Tagebücher S.645 sowie unten der Brief an Rudolf Ehrenberg vom 16. September 1919.

An Margrit Rosenstock am 8. September 1919

8.9.19.

Liebes Gritli, und wirklich schon „Hausfrau" in des Worts anführungsumstricheltster Bedeutung, ——— dieser Einfall, ich und Eugen sollten packen weil der Packer Stundenlohn (20-40 M je nachdem im Ganzen!) kriegt, ist so ganz „betulich", „tüchtig", „sparsam" - dass ich nun beinahe glaube, Konstanz wäre abgesehn von dem schlechten Eindruck eines solchen Durchbrennens ganz gut möglich gewesen. Wenn du auf „solche" Gedanken kommst, traue ich deinem Gefühl für Gehen und Nichtgehen nicht mehr. Also: ich rühre kein Buch an, solange ich da bin. 2.) Ich komme nicht, wenn Eugen packt, solange ich da bin. 3.) Wenn der Packer vor dem 15. nicht an die Bücher kommt, so macht ers nachher und sie gehen als Frachtgut. 4.) Wärs nicht am praktischsten, sie stehen zu lassen, den Mann von Ragocy [[oder von Mirbts Geschäft]] kommen zu lassen und wenn er ein passables Angebot macht, den ganzen Krempel bis auf 100 Bände, die Eugen jetzt heraussuchen würde loszuwerden. Im Ernst braucht man ja doch keine Bücher. Die Antiquariatspreise sind so doll gestiegen in den letzten Monaten, dass ihr noch tüchtig daran verdienen würdet. ....
..... Ich fühle mich auch wieder schwach werden. Vielleicht sinds nur Abstinenzerscheinungen vom Chinin. Ich will heut wieder nehmen ...

An Eugen Rosenstock, wohl am 9. September 1919

Lieber Eugen, ... Ich habe deiner rasenden Hausfrau geschrieben, dass wenn sie dich oder mich oder gar dich und mich zum Bücherpacken verwenden wollte, ich nicht käme, solange noch was zu packen ist. Stundenlohn! Schlimmstenfalls können grade die Bücher noch nachkommen; und vor allem wäre doch hier mal sehr zu überlegen, ob man nicht lieber den Antiquar nach Säckingen kommen lässt und den ganzen prähistorischen Mist teuer verkauft. Behalt 100 Bände, zum Andenken.

Auf Wiedersehen.

Dein Franz.

Wenn du dich noch nichtmal von den Schmökern trennen kannst, so glaub ich dir die ganze Krise der Universitäten nicht.

An Rudolf Ehrenberg am 16. September 1919

Lieber Rudi,

16.9.19.

es ist mir noch immer gar nicht leicht. Ich kann dir eben noch gar nicht so schreiben wie du es gern möchtest. Hätte ich das Telegramm heut früh in meinem Namen allein geschickt, so hätte ich dir wohl Jeremias 17,9 telegrafiert. Über den Hoseatext haben Gritli und Eugen letzten Sonntag (wirklich grade „am dritten Tage"¹) die Predigt gehört. Zu dreien konnte ich es auf mich mitbeziehn (und auch auf dich und auf Helene). Aber es kostete mich ein innerlich und äusserlich nächtliches Aufwachen aus dem

Schlaf früh um 5 und wohl zwei Stunden voll Not, bis ich es aussprechen konnte. Und so geht es auf und nieder. Nicht aus Psychologierlust, sondern nur damit du siehst wie sehr und wie rasch auf und nieder: schon heut Nachmittag ergriff es mich aufs neue. Gewiss vor dem Abgrund der Hölle, die mich am Donnerstag Nachmittag verschlungen hatte, hoffe ich nun auf immer sicher zu sein, seit mich Eugens gewaltige Kraft in der unvergesslichen Nacht vom Donnerstag auf Freitag daraus herausgezogen hatte. Dies war auch so unausdenkbar (und nie für möglich gehalten) furchtbar, dass ich nicht wüsste wie es nochmal auszuhalten. Hätte es freilich auch vorher nicht gewusst, wenn mir einer gesagt hätte, das würde mir geschehen; ich hätte ihn ja auch nur ausgelacht. Aber auch so geht es ruckweise, „in Sprüngen" ganz wie Eugen es in seinem schönsten Brief an Helene, dem dritten, beschreibt. Sorge dich nicht darum. Am wenigsten mach dir irgenwelche Vorwürfe; du trägst keinen Hauch „Schuld" daran, so wenig wie Gritli. Aber erschrick nicht wenn es mir immer wieder begegnet. Das trotzige Herz trägt oft eine Centnerlast wie nichts, und dann bricht plötzlich gleich darauf das verzagte unter einer Flaumfeder zusammen. So läuft nun mein Tag - und meine Nächte -. Ich kann nichts daran tun. Es ist so schwer sich darein zu finden, dass etwas anders geworden ist, worin man Ruhe gefunden hatte. Und doch ist es seit jenem Donnerstag Nachmittag nicht mehr abzustreiten - auch wenn jener Nachmittag selber vorübergegangen ist. Die Gewissheit, dass da etwas Nichtrückgängigzumachendes geschehen, etwas „zerbrochen" ist, bleibt. Auch der Glaube, dass dieser Bruch, dieses Zerbrechen des Herzens, geschehen <u>musste</u>. Aber es ist <u>schwer</u>, die Hand Gottes zu ertragen. Auch wenn man sie selbst herbeibeschworen hat. Denn ich habe einmal darum <u>gebetet</u>, dass sie mich einmal treffen solle. Nun hat sie mich, an jenem Nachmittag, getroffen (nicht ohne mir schon in der Frankfurter Nacht vorher ein ebenso gewisses Pfand seiner unwiderstehlichen und unauslöschlichen Gnade gegeben zu haben, das ich auch in jenem Abgrund der Hölle keinen Augenblick vergessen konnte, die Begegnung mit dem ersten ganz gleichgerichteten Juden;[2] und nicht ohne mir aus dem Abgrund selbst unmittelbar, durch Eugen, wieder herauszuhelfen), aber immerhin sie hat mich getroffen, und indem ich danken muss, muss ich doch auch immer noch aufs neue wieder unter ihrer Wucht stöhnen. Gritli selbst in ihrer unverminderten Liebe und doch letzthinnigen Verständnislosigkeit - wie könnte sie es auch wirklich verstehn! - kann mich wohl trösten, auf Stunden und Augenblicke, aber zum Unterschied von früher spüre ich ihre stillende Nähe nur in den Augenblicken, wo sie mir wirklich nah ist, und nicht wie früher unvermindert auch in den Zwischenzeiten; ich sehe ihr Auge nur wenn sie mich ansieht, nicht mehr immerfort. Der wahre Trost ist das nicht. Ich kann den Vers, den ich dir am Morgen nach der Nacht in deine Gritlibibel schrieb noch nicht so sprechen, wie ihn Luther wider den Urtext übersetzt: „und dein Zorn sich gewendet <u>hat</u> und tröstest mich", sondern wie es wirklich dasteht: „nun wende sich dein Zorn und wollest mich trösten" oder allenfalls (wie es auch heissen könnte): „nun wendet sich dein Zorn und bist daran, mich zu trösten".[3] <u>Danken</u> (als für etwas <u>Vollendetes</u>) kann ich wirklich erst dafür, dass er mir „<u>gezürnet</u> hat".

Das ist nun alles so. Und so allein kann ich es dir schreiben, - anders nicht. Hab drum Geduld mit mir („mit" in beiderlei Sinn!) und liebe mich wie ich dich liebe.

Dein Franz.

[1] Hosea 6,2.

[2] Gemeint ist wohl Eduard Strauß, 1876-1952, Biochemiker am Georg Speyer Haus in Frankfurt, im Volksbildungsheim tätig und mit seiner Bibelstunde später einer der wichtigsten Dozenten am Lehrhaus.

[3] Jesaja 12,1.

An Margrit (und Eugen) Rosenstock am 24. September 1919

24.9.19.

Liebe Seele, es ist schon Mittwoch früh, solange kam ich nicht zum Schreiben, so jagte eins das andre und in den Pausen dazwischen war mir nicht zum Schreiben, ich musste einfach tief Atem holen und herumlaufen, schwer von allem was geschah. Ich kann auch jetzt nur referieren. Denn ich muss heut und bis spätestens übermorgen den Heidelberger „Vortrag" (den ich nun plötzlich doch schon am 6.10. halten muss) aufschreiben; ich will es ja nicht riskieren, frei zu sprechen, teils weg überhaupt und teils wegen des heikeln (bei der jetzigen Pogromstimmung an den Universitäten heikeln) Themas. Als ich von Freiburg fort fuhr, sass mir der Schreck über Eugens „durchheulte halbe Nacht" in den Gliedern. Das war ja nicht bloss das Lügenmüssen, es war noch mehr. Ich hatte ja selbst ein unheimliches Gefühl gehabt über unser allzuabgeredetes und abgemachtes Durchgehen zu zweien, und hatte deshalb gegen ⌜⌈die Möglichkeit⌉⌝ Freiburg mich so heftig gesträubt, weil das ja wirklich nichts als die Verabsentierung um der Verabsentierung willen gewesen wäre. Und nun hatte es Eugen ähnlich empfunden und unbetäubt durch das Glück der beati possidentes,[1] das uns ward.

Gritli ich bin noch voll davon. Ich war es auch auf der Fahrt. Aber zugleich blieb wie ein starrer Klotz in mir die Angst vor einem Zusammentreffen mit Rudi und ich überlegte allen Ernstes wie ich den Aufenthalt in Kassel abkürzen wollte, um der Möglichkeit nach Göttingen hinüberfahren zu müssen, zu entgehen. Statt dessen war in Frankfurt kein Hotelzimmer frei und gegen die überall ⌜⌈auf der Strasse⌉⌝ angebotenen Privatzimmer sträubte ich mich - warum weiss ich nicht - hartnäckig. Sondern beschloss, wider meinen Willen (denn ich wollte ja möglichst spät nach Kassel kommen), schon Nachts zu fahren. Telefonierte Strauss an, der war im Theater. Ging darauf zu Lazarus.[2] Das war sehr mittelmässig, bis gegen Ende die Frau (du weisst, die Martha Wertheim, die du mal auf dem Kassler Urlaub 1918 bei uns gesehen hast) das Gespräch in die Hand nahm und ganz persönlich wurde. Ich hatte gesagt, weil der Mann so albern organisatorisch sprach, eine einzige Überzeugungstaufe, die hätte „vermieden" werden können, bedrückte mich mehr als alle Pogromgefahren, Antisemit- und Zionismen, Abfalls„statistiken" (über die Statistikabfälle) u.s.w.   Da fragte sie nach Eugen, ich musste von mir sprechen, und plötzlich geriet ich - wie das aus meinem Unterbewusstsein aufstieg weiss ich nicht - in eine Klage über Rudi Hallo, so als ob ich eigentlich nichts andres im Kopf hätte als ihn. Dabei hatte ich aber wahrhaftig in den ganzen Tagen in Säckingen nie an ihn gedacht. Ich sprach so, als ob sich in ihm alle meine Not sammelte. Wie ich dazu kam, so zu sprechen, weiss ich nicht.   Nachts fuhr ich nach Kassel. Als ich um ½ 7 ankam, giebt mir Mutter einen Brief, den - Rudi („Ehrenberg") mir dagelassen habe, er fährt nachher um 8. So erfuhr ich erst, dass er da war! Der Brief war herzzerreissend, sein Aussehen auch, ich lief ja natürlich gleich hin (sprach auch Hans noch eine halbe Stunde) und nahm ihn nachhause, dass er erst nachmittags führe.

Ich kann immernoch kaum schreiben; ich muss noch immer umherlaufen. Also Rudi kam mit, ich sagte ihm unterwegs wie es mit mir wäre und dass ich ihn nicht hätte sehen wollen. Als wir nachhause kamen, lagen zwei Briefe da. Einer von Kahn über sein Buch („"Der Andre"). Das Ganze ist so: ~~es kom~~ Drei Menschen (es könnten auch drei Millionen sein): zwei die sich einander zugehörig finden, der Andre, der sich fern verbannt von diesen tausendfach gespeisten. Und auf der ersten Stufe, die ich „Brand" genannt ~~habe~~, weicht er von ihnen, tritt vor ihrem Brand zurück. Die zweite Stufe ist das „Feuer" das zwischen beiden lodert, den andern aber zu entbrennen nicht vermag: er geht in Kühle wieder. Die dritte Stufe aber ist das Licht: es eint mit sieghaftem Erleuchten die Bahnen, die einander fern und abgewandt. Und das Weib sagt - wenige Zeilen nur vor Schluss - das Geheimnis das unser Leben erfüllt:

....[3] denn die Menschen ziehn zur Gemeinsamkeit hin
und Einsamkeit ist nur der Wegbeginn. ――

Sie sehen: es hat keine Handlung. Eben: weil das Leben jenseits des Handelns geschieht.-   So hat er für uns geschrieben, ohne etwas von uns zu ahnen. Aber es war doch gut, dass ich eine Hemmung gehabt hatte ihn einzuladen nach Berlin. Denn der andre Brief war zwar an Mutter aber ganz für mich, und kam von Rudi Hallo. Was darin stand mag ich nicht abschreiben. Aber es machte all mein Rudi („Ehrenberg" - zu blödsinnig!)-nicht-sehen-können mit einem Schlage zur Vergangenheit. Es kommt mir ganz unbegreiflich vor. Ich kann gar nichts andres denken seitdem. Mein erster Gedanke war, dass ich R. Hallo für die Tage zwischen den Festen nach Berlin nehmen muss, zu mir. Er war noch in Wildungen. So fuhr ich nicht gestern vormittag wie ich wollte, sondern wartete auf den Nachtzug, um ihn vorher zu sprechen.   Ihr wisst doch, dass ich nie so etwas gedacht habe, dass ich es nicht im entferntesten herbeigeführt habe, dass ich stets dachte, mit jenem ersten Gespräch wäre meine Berührung mit ihm zu Ende und ich hätte ihn nun ganz euch, dir Eugen, überliefert. Ich musste wirklich alle meine Gedanken umstürzen um zu verstehen, dass er nun plötzlich zu mir kam, und dass mir da auferlegt wurde, einem den leiblichen Vater zu ersetzen. Das ist etwas Ungeheures. Wird es so, dann habe ich zu allem Mut. (Rudi - Ehrenberg!!! - und Trudchen haben in ihrer Weise in Eugens - und ja auch deine - Kerbe gehauen). Gestern Morgen kam, so als kleines Zwischenspiel, ein Brief eines längst vergessenen [[christlichen]] Schulkameraden der mit dem Einjährigen abging; er schickte mir eine [[von ihm verfasste]] Denkschrift über Bekämpfung des Antisemitismus, ob ich mal mit ihm darüber sprechen wollte; na da ich grade da war, bat ich ihn auf nach Tisch; es war gar nicht übel. Des Vormittags hatte ich Trudchen da. Auf 6 hatte ich Rudi Hallo gebeten. Um 5 kommt unvermutet und ebenfalls ohne Ahnung dass ich da war - Hans Hess. Es gab trotz Mutters Dabeisein und ohne dass ichs eigentlich wollte, ein Gespräch mit Keulenschlägen, beim Auftauchen von R.Hallo zog er, gar nicht überzeugt aber schrecklich verprügelt, ab. Rudi Hallo, der ganz zerstört aussah, fuhr zusammen als er ihn, der ihn ja eines Nachmittags im August so furchtbar vis-a-vis du rien[4] gestellt hatte (wie Eugen mich in jener Leipziger Nacht[5]) in diesem Augenblick sah. Ich steuerte die beiden Schiffe aneinander vorüber und nahm Rudi herauf. Da haben wir, gar nicht lange, eine Stunde vielleicht, ins Dunkelwerden hinein, gesprochen; es war alles so wie ichs aus seinem Brief gemerkt hatte;

ich wagte gleich zu Anfang, das Wort auszusprechen. Er hatte es gar nicht anders erwartet. Er kommt am Sonnabend nach Berlin. Äussere Form gegenüber den Müttern: zwecks gemeinsamen Durchlesens des Sterns. Ich bezweifle dass daraus was werden wird. Er selber fragte, ob es denn möglich sei, dass er am Jom kippur in die Synagoge ginge; ich hatte nichts davon gesagt, es vielmehr bei unsern Dispositionen ausgeschaltet, durfte ihm aber nun natürlich ja sagen; das Kol nidre[6] ist ursprünglich für solche entstanden, die in seiner Lage waren.[7] Meine Mutter ahnt nichts. Von Kahn war am Nachmittag ein Brief an sie gekommen, aus dem hervorgeht, dass ich mich geirrt hatte, dass es gar nicht bei ihm ist wie voriges Jahr, sondern dass er schon von sich aus diesmal, - aber ich will lieber abschreiben: „Aber eins muss ich Ihnen doch noch schreiben wiewohl ich nicht weiss, ob es für Sie von Wert sein wird: ich will Ihnen sagen, dass ich Ihnen zu den jüdischen Festtagen, zu den Hoheitstagen des jüdischen Lebens, Glück wünschen will. Ein neues jüdisches Jahr beginnt. Und an der Schwelle dieses neuen, unsres neuen Jahres will ich Ihnen viel Glück für die Zukunft wünschen. Ich weiss nicht, ob es recht ist, dass ich es tue: aber ich lebe so im jüdischen ~~Kalender~~ Jahre, im jüdischen Leben, dass ich wirklich aufrichtig Ihnen keine Glückwünsche zum Neujahr des 1. Januars sagen könnte. [Anmerkung des Abschreibers: und sollte am Ende auch für mich sich die Ahnung für „1919" erst da erfüllen, wo es mit „5680"[8] zusammenfliesst?] Die jüdischen Festtage stehn vor der Tür. Ich hoffe sehr dass sie für jüdische Festtage, dass das neue Jahr ein jüdisches Jahr werden wird. Denn ich trete mit viel Weihe zu ihnen heran. Mit viel Erschauern zum Versöhnungstag. (Ich merke, dass ich doch sehr Jude bin) -" Also sieh, er hat mich gar nicht nötig. Diese Bestätigung fehlte noch grade. Darum also hatte ich ihm die ganzen Wochen die Einladung nicht schreiben wollen! Noch etwas aus seinem Brief an Mutter: „Ich danke Ihnen für Ihren Brief. Denn ich sehe, dass auch Sie den Gedanken haben, der mich immer so erfreut: dass es ein Etwas giebt, das die Menschen eint über die Verschiedenheiten ihres realen Lebens hinweg, ein Etwas, das sie mehr bindet als Meinungsverschiedenheiten sie trennen könnten: das, was Sie so schön das Allgemeinmenschliche nennen. Ich weiss heute (Gott sei Dank, ich weiss es sehr fest) dass wir sehr, sehr arm wären, wenn wir nur mit denen leben könnten, die einer Meinung mit uns sind, die dieselben Wege wählen wie wir. Liegt nicht darin das Grosse, dass die Menschen über sich hinweg, sich selbst überwindend, sich miteinander einen: und so nicht nur Gemeinschaft der Gleichgesinnten (- der Staat -), nicht nur die Gemeinschaft der Gleichartigen (- die Nation -) bilden - nein, dass die Menschen fähig sind, die Gemeinschaft der Menschen, die Welt und den Kosmos zu schaffen? - Sie sehen wohl, gnädige Frau, auch als böser Zionist kann man den Gedanken an die Welt haben. Ja muss man ihn haben, würde ich gern sagen, denn die Lehre des Judentums, die zu erfüllen der Zionismus gedenkt, ist nicht die Lehre eines Volkes, ist die Lehre der Welt. Wie es heisst: und alle ~~Menschen~~ sollen an der Lehre genesen.-" Wahrhaftig, ich gerate ins Abschreiben, weil mir - nicht das Herz allein, auch der Kopf und alle Glieder zum Zerspringen voll sind. Ich kann nicht schreiben. Ich weiss auch, dass ihr ganz bei mir seid. Das ist ja keine Zufallssache wie damals zwischen mir und Ditha, wo es etwas werden konnte oder auch nicht (denn etwas Lebendiges, durch Fleisch und Blut bestätigtes wäre es auf keinen Fall geworden); sondern hier bin ich ganz engagiert, was hier geschieht, muss ich als Zeichen nehmen für meine eigene Wirklichkeit und ob mir Gott die Kraft gegeben hat, im Geiste zu zeugen, wo Fleisch und Blut versagt haben. Siegt hier durch mich der Geist über Fleisch und Blut, dann darf ich das Zutrauen haben, dass er auch weiterhin in mir stark genug sein wird Fleisch und Blut zu erfüllen. Dann brauch ich mich nicht zu fürchten. Und eigentlich fürcht ich mich schon jetzt nicht.

Ich bin über die ersten Festtage hier geblieben; warum weiss ich eigentlich selber nicht. Post kriege ich von Berlin zurück. Am Sonnabend fahre ich, über Göttingen, treffe irgendwo Weismantel. Oldenbourg geht auf meinen Vorschlag ein. Die Farbenproben gehen gleichzeitig ab. - Aber dein Bild steht unverändert auf Tante Deles Schreibtisch! Nur Winies verschwindet!! Mutter ist (ohne es wahrhaben zu wollen) gekränkt! Dank für das Telegramm, als es kam war es ja schon kaum mehr nötig. Und für das Wort auf den Oldenbourgbrief.

Ganz   euer Franz.

[1] Lat.: glücklich Besitzende.
[2] Arnold Lazarus, 1877-1932, liberaler Rabbiner in Frankfurt.   [3] Punkte von Rosenzweig.
[4] Franz.: von Angesicht zu Angesicht mit dem Nichts.   [5] Im Leipziger Nachtgespräch von 1913.
[6] Kol Nidre (aramäisch: „alle Gelübde") ist ein berühmtes jüdisches Gebet, mit dem der Jom Kippur, der Versöhnungstag, beginnt und das Rosenzweig derart wichtig war, daß er eine eigene Übersetzung anfertigte; dazu Briefe und Tagebücher S.832f. Mit dem Kol Nidre erbitten Juden die Auflösung aller Gelübde, die gegenüber Gott geleistet wurden und aus Versehen oder durch höhere Gewalt nicht eingelöst werden konnten. Von Gelübden zwischen Menschen befreit Kol Nidre dagegen nicht.
Im Jahre 1917 stellte der österreichische Rabbiner, Publizist und Politiker Joseph Samuel Bloch, ein engagierter Kämpfer gegen den Antisemitismus, folgende These auf: der historische Grund für die Einführung dieses Gebets in die Versöhnungstagsliturgie sei die Situation der Marranen gewesen. Diese Juden waren in Spanien und Portugal infolge staatlichen Zwanges zum Christentum übergetreten, aber im Geheimen oft zum Judentum zurückgekehrt. Sie sollten - so Bloch - durch das Kol Nidre von ihrem Taufversprechen befreit werden, damit sie an den höchsten jüdischen Feiertagen teilnehmen konnten. Rosenzweig teilte offenbar diese Meinung, die allerdings von modernen Wissenschaftlern kaum mehr vertreten wird.
[7] Rudolf Hallo hatte - wie einst Rosenzweig - unter dem drängenden Einfluß von Eugen Rosenstock den Entschluß gefaßt, sich taufen zu lassen. Doch mit Rosenzweigs Hilfe fand auch er den Weg zurück zum Judentum; dazu Eugen Rosenstock, Judaism despite Christianity, S.75.
[8] Das jüdische Jahr 5680 entsprach nach christlicher Zählung 1919/1920 und endete am 12. September 1920.

An Margrit Rosenstock am 24. September 1919

24.9.19.

Liebes Herz,   heut Nachmittag kam wirklich schon ein Brief von dir aus Berlin zurück. Ich hatte dir noch nach Freiburg geschrieben; hoffentlich - muss ich ja nun sagen - hat er dich dort nicht mehr erreicht und du bist wieder auf und konntest nach Stuttgart fahren.   Es ist so traurig, dass du dir um mein „wie es mir zu Sinn ist" so Sorgen machen musst und dass ich dir gar nicht davon helfen kann, dir die Sorgen zu machen. In den schwachen Stunden (wo das Herz kein „trotzig" sondern ein „verzagt" Ding ist[1]) hilft einem kein Gedanke, kein künstliches sich sein Eigen suchen und zurechtmachen und kein Abgrenzenwollen. Und in den starken - da ist man über alles solch Abgrenzenwollen und über alles Haften am Eigenen hinaus und begreift sich selber kaum, wie man in den schwachen war. So gehts mir ja jetzt. Denke ich jetzt an die Zeit vor einem Jahr, so denke ich grade <u>nicht</u> daran, dass du damals jene Angst um mich und nur um mich hattest - sondern ich denke lieber daran, dass du sie mit Rudi gemeinsam hattest und dass es das erste Gemeinsame war, was ihr hattet, der erste starke Faden des Bandes das euch verbindet, und ich bin dieser Faden. Es giebt eben nichts was einen über die Schwäche des Herzens hinwegträgt (von Schlafmitteln abgesehn, die gelegentlich gut sind) nichts als dies: dass das schwache neue Kraft gewinnt und auffliegt wie die Adler.[2] Solche neue Kraft aber gewinnt es ja nur aus einer Quelle, sie steht ja im gleichen Vers. Sie fliesst mir seit dem Morgen meiner Ankunft in armdickem Strahl; und wenn ich auch heute ruhiger geworden bin, nachdem ichs euch heut Vormittag alles geschrieben habe, so bin ich doch nicht weniger gewiss. Es ist mir etwas Grosses geschehen.

Werde doch nicht wieder krank, Geliebte. Du sollst doch eine richtige fröhliche gesunde „Hausfrau" werden und alle Sonnabend euer Schild blank putzen.

Ich küsse deine liebe Stirn - und deinen Mund ——————— und deine Nasenspitze! Spürst dus?
                            Dein Franz.

[1] Anspielung auf Jeremia 17,9.
[2] Anspielung auf Jesaja 40,31.

An Margrit Rosenstock am 25. September 1919

                                 25.9.

Liebes Gritli, es ist spät, ich habe den Nachmittag - ausser einem Besuch bei Tante Julie - vergeblich versucht, den Heidelberger Vortrag aufzuschreiben; ich habe einen ungeheuren Ekel dagegen. ... Am meisten brennt mich doch R.Hallo. Du verstehst doch, dass es sich hier für ihn eigentlich gradezu um ein <u>Gesund</u>werdenmüssen handelt, einfach darum dass er sich auf einen Boden des Vertrauens zurückfindet, aus der furchtbaren Unruhe und Haltlosigkeit, in der er ist. Sein Christwerden damals war eben nur eine <u>theoretische</u> Befriedigung gewesen. Ich merke dass ich es schwer ausdrücken kann, obwohl ich es im Gefühl habe. Ich sehe einfach seine Krankheit: dass er nur diese beiden Extreme hat: eine verschlossene Scheinkühle und eine leidenschaftliche Selbstzerstörung - seine dunkeln Augen sehen entweder nächtlichkalt nach aussen oder heiss nach innen. Er kennt nicht den ruhig warmen Ausblick dessen, der warten kann. Ich meine selbst schon die Gesundheit zu sehen, zu der er kommen muss. Dennoch bangt es mich etwas vor den Tagen; nicht für mein Verhältnis zu ihm, das ist nun ganz gewiss und von allem Hass befreit (der hier ja wirklich nur der Vorreiter der Liebe war) und ist ganz unabhängig von dem was mit ihm wird; aber für mich selbst.

Mutter liest den ✡. Sie nennt ihn (wegen der Nichtnichtse etc.) den Christian Morgenstern der Erlösung. Von Ännchen war heut endlich ein netter Brief an Mutter da, worin sie unter sorgfältiger Umgehung meiner Existenz den ihr doch von mir via Martha unter dem ...[1] gegebenen F Vorschlag macht, sich in Holland zu treffen. Übrigens Onkel Adolf hat ihr zum Geburtstag, wörtlich, folgenden Brief geschrieben:

  „Liebes Ännchen!
    Heil dir im Siegerkranz.
      Dein Adolf."[2]

Das ist doch herrlich als Antwort auf ihre etwas sehr englischen letzten Briefe.
Eben kommt Mutter und macht mir den gescheiten Vorschlag, eventuell einfach den Kassler Vortrag in Heidelberg nochmal zu halten. Darauf wirds wohl herauskommen. Es langt im Augenblick nicht zum Geist bei mir; es wird rettungslos akademisch, mit Fremdwörtern und allem. Eigentlich ist ja schon das Thema so: „das Judentum unter den Weltreligionen" - brr!
Aber es rächt sich auch, dass ich so lange nichts mehr geschrieben habe. Ich bin ganz aus der Routine.
...

[1] Unleserliches Wort:
[2] Onkel Adolf (Adolf Alsberg), Adele Rosenzweig und Anna Regensburg (Tante Ännchen) waren Geschwister; letztere lebte in England. Die Melodie der englischen Nationalhymne ist identisch mit der von „Heil dir im Siegerkranz".

An Margrit Rosenstock am 26. September 1919

26.9.19.

Liebes,　das ist heut schon der dritte Hüssybrief, einer an Mama, einer an Lotti[1] (ein ganz furchtloser, - das Hübscheste konnte ich ihr freilich nicht gut erzählen; denk als ich gestern aus der Synagoge kam und fand ihren Brief vor, war ich noch voll von einem Vers eines Gebets, den ich noch nie früher bemerkt hatte, wo darum gebetet wird, dass die „Zwei Herzen" (die jeder Einzelne in der Brust trägt) „zu einem" werden möchten, und grade darauf, auf das „Ganz" das ich ihr gewünscht hatte, ging ihr Brief hinaus. - Ich will mich nun wirklich nicht mehr fürchten. Freilich - „ich will mich ...", es ist ein bischen ähnlich wie die Geschichte von den beiden Handwerksburschen allein im stockfinstern Wald, wo der eine ganz zaghaft stottert: „hast du Angst?" und der andre mit Donnerstimme brüllt: „Neieieinnn". Aber - nun ja.
Liebste, deine Lösung der „letzten Gedankens"-Frage ist freilich die einzig mögliche; das habe ich ja nun immer wieder erfahren. Aber freilich: sowenig sie dir immer gelingen wird, sowenig ist man immer dafür empfänglich. Leider. Denn gewiss, man sollte es immer sein. Aber (heut früh in der Predigt kam es vor) das „Schwarz bin ich, doch lieblich" des Hohen Lieds erklären die alten Rabbiner „schwarz" an allen andern Tagen, „doch lieblich" am Jom kippur.[2] Und so erschrick nicht, wenn ich eines Tages einmal wieder „schwarz" sein sollte. Heute bin ich wirklich „lieblich" (s.v.v.) ich liebe dich mit ganzer reiner Liebe. Du unser, du mein Herz ———

Dein.

[1] Schwester von Margrit Rosenstock.
[2] Midrasch Schir ha-Schirim Rabba 1,5.

An Margrit Rosenstock am 27. September 1919

27.9.19.

Liebe,　also ich fahre nach Berlin. Rudi Hallo fährt mit. Ich war über Mittag ein paar Stunden bei Rudi, meist zu dreien, und quasi absichtlich diesmal ohne ein „Privatgespräch" mit Helene - das ist vielleicht grade das Beste für sie, dass man es einfach mit einer gewissen Selbstverständlichkeit behandelt. ...

An Margrit Rosenstock am 28. September 1919

28.9.19.

Liebes Gritli, also wir¹ wohnen zusammen in meinem Zimmer, dessen ganze Scheusslichkeit mir erst jetzt aufgeht. Es ist ein sonderbarer Zustand; ich merke, dass ich nicht recht darüber schreiben kann. Eigentlich ist er ganz fest entschlossen, so sehr dass wir darüber kaum sprechen. Es kommt jetzt heraus, was ich früher doch nicht so wusste, dass er eigentlich die ganzen Jahre nur unglücklich war: er ist seit seiner Taufe nicht mehr zur Kirche gegangen! während er sich, wenn er an einer Synagoge während des Gottesdienstes vorbeikam zwingen musste, <u>nicht</u> hineinzugehn. Er ist hier viel ruhiger als in Kassel; es war ihm eine grosse Sache, dass wir vorigen Dienstag mal offen darüber sprachen; das hatte auf ihm gelastet. Wir sind uns nun beide klar, dass er den Schritt erst tun darf, wenn er ihn mit vollkommener Ruhe tun kann, schon seiner Mutter wegen, die ja nicht aufgeregt werden darf. Trotzdem es sich also noch eine Weile hinziehen wird, werde ich es doch auf mich nehmen, wenigstens am nächsten Sonnabend (am Versöhnungstag) mit ihm zusammen zu gehn. Ich bin seiner sicherer - als ich meiner selbst bin. Denn ich glaube an ihm doch zu spüren, wie ich für ihn doch wirklich nichts weiter bin als die Gelegenheit; sein Judewerden selbst ist so elementar, so fraglos - und eigentlich so unbegreiflich woher, dass ich mit ganz in den Schoss gelegten Händen vor ihm sitze und ihm kaum etwas helfen kann. Unsre Zweieinsamkeit war ja nur von Montag bis Dienstag vollkommen. Nun beginnt sich das Zimmer schon mit Gestalten zu füllen, von meiner wie von seiner Seite. Morgen kommt ja euer erster Brief wo ihr davon wisst. Ich bin sowieso etwas ausgehungert nach einem Brief von dir. Obwohl ich ja „alles weiss".
An dem Vortrag kann ich nicht arbeiten diesmal. Man kann wirklich gar nicht, was man will. Man lebt doch ganz von dem fortior me.² Ich liebe dich.

Dein Franz.

¹ Rosenzweig und Rudolf Hallo.   ² Lat.: stärker als ich.

An Margrit Rosenstock am 30. September 1919

30.IX.19.

Liebes Gritli, es ist schwer von diesen Tagen zu schreiben. Das Unbe-schreibliche ist das Stück Selbstverständlichkeit bei allem. Von den „Hauptsachen" reden wir eigentlich gar nicht, oder mehr in äusserem Zusammenhang. Wir gehen einfach <u>im</u> Garten spazieren und kümmern uns wenig um den Gartenzaun.¹ Er war eben schon durch das Gartentor gegangen, als er mir den Brief schrieb. Es ist ein wunderbares Leben. Und da wir uns auch sonst gut verstehn und zusammen lachen können, so —

Hab mich lieb. Dein Franz.

¹ Zum umzäunten Garten als Bild für das Diaspora-Judentum auch Briefe und Tagebücher S.700f, wo Rosenzweig ebenfalls an Rudolf Hallo schreibt: „Die Mauer steht ... Die Mauer steht ohne unser Zutun. Ob wir in der Mauer unbebautes Erdreich bewohnen wollen oder einen schönen Garten, das steht bis zu einem gewissen Grade bei uns".

An Margrit Rosenstock am 1. Oktober 1919

1.10.19.

Liebes Gritli, heut Nachmittag kam dein Brief vom Sonntag; ich war schon traurig gewesen, dass ich so lang ohne ein Wort von dir geblieben war auf meinen langen

Brief aus Kassel. Und auch sonst lag ein Druck auf mir; der Heidelberger Vortrag will nicht werden. Zuletzt wuchs mir der eine Druck mit dem andern zusammen. - Gestern kam Kahns „Dichtung", ganz schlecht (aber prachtvoll geschrieben), heute Nachmittag er selbst, bleibt bis morgen Mittag, trug meine erbarmungslose Kritik mit sehr schönem Anstand; es fiel mir ein, dass dies nun eine Gelegenheit ist; ich schicke das Manuskript an Eugen, es ist eine Zumutung, obwohl er es in 1½ Stunden gelesen haben kann. Kahn ist einverstanden. Eugen soll ihm kurz oder lang (egal) schreiben oder sonst mal wenn er ihn in Leipzig sieht; ich kann und will ihn nicht mehr vor euch sekretieren. Und da das Thema ganz unheimlich uns auf Leib und Seele geschrieben ist, so ists nur natürlich, dass Eugen es liest, und auch du fliege es mal durch, obwohl es in der Ausführung zum Übelwerden geworden ist.

Morgen früh werden wir zu dreien zusammensein; es ist nicht schön, weil ja ein Geheimnis zwischen uns steht; aber Rudi[1] will wegen seiner Mutter nicht davon geredet haben. Ich getrau mir übrigens es jetzt seiner Mutter so beizubringen dass es sie nicht erschrecken wird; ich sehe ja mit Augen, wie er ruhig und sicher geworden ist; sie muss das auch sehn.

Ich bin froh, wieder einen Brief von dir zu haben; du darfst es mir nicht schwer machen, Geliebtes. Das ist wie das tägliche Brod: man muss es <u>täglich</u> haben, sonst hat man es gar nicht. Ich muss es täglich spüren, dass du mein bist und ich

Dein.

[1] Rudolf Hallo.

An Margrit Rosenstock am 2. Oktober 1919

2.10.19.

Liebe, ich sitze da und es ist zu Ende. Ich weiss nicht warum das alles sein musste. Es schien alles so einfach und so - fast <u>zu</u> selbstverständlich. Was waren es für Tage, voller Erfüllung. Die Flamme brannte wirklich zwischen uns. Und heute Abend, nach Kahns Abreise, spreche ich - Trudchen, der ich Lottis Brief geschickt hatte, damit sie zum Geburtstag eine Vorstellung von ihr bekäme, hatte so überschwänglich geschrieben und uns schon zu zweien angedichtet, und da war mir wie schon zunehmend in den letzten Tagen das Gefühl der Unmöglichkeit stark geworden, denn grade an Rudi hatte ich es so sehr erlebt, wie gar nichts der „Geist", wie gar nichts „ich" dabei war, wie wirklich alles, alles bei ihm unmittelbar aus dem Brunnen des geheiligten Bluts kam, so ganz ohne dass „ich" etwas dabei bedeutete - und so rührte ich also, in der Vorstellung, nur von mir zu sprechen, an die Gefahr der Mischehe als die einzige die wirklich verdiente, dass man sie fürchtete; da sagte er: er merke, dass ich von mir spräche. Was ich denn aber zu ihm sage, der nicht bloss sich eine Hoffnung, sondern vielleicht ein andres Leben zerstöre. Nun erzählte er mir, was ich nicht gewusst hatte, auch nicht geahnt hatte (ich hatte allenfalls an Gertrud Rubensohn[1] gedacht!). Ich war ganz erschüttert und verbot ihm sofort, morgen mit mir zu gehn, denn das wäre etwas gewesen, was er rückgängig nicht mehr hätte machen dürfen und können (vor allem können). Zugleich spürte ich in diesem Augenblick wo ich ihn aus meinem Blutkreislauf, in den ich ihn schon eingeschlossen hatte, losriss, wie sehr er schon darin festgewachsen war und musste ihm du sagen - dies Wort mit dem ich ihn von mir weisen musste, war das erste auf Du. Wir haben nicht mehr viel gesprochen. Er fährt schon morgen nach Kassel, zu ihr. Er meint noch, er käme wieder; aber ich weiss dass er nicht wieder zu mir kommt, wie er in diesen wunderbaren Tagen mit mir war. Ich habe ihm gesagt, dass man Leben wohl göttlichem Leben opfern darf (das ist <u>mein</u> Fall), aber nicht menschlicher Wahrhaftigkeit (was sein Fall wäre). Mag aus seinem Kampf um seine innere Wahrhaftigkeit, aus dem ihn jener Dienstag Abend bei mir in Kassel zu befreien schien, werden was wolle, Leben, geliebtes Leben darf er ihm nicht opfern. Die Wahrheit ist <u>bloss</u> Wahrheit.   Es war mir als ob ich mir das Herz erstarren fühlte in dem Augenblick wo ich ihn für morgen fortwies und doch musste ich es tun; der fortior me[2] befahl es unwidersprechlich.   Nun sitze ich da. Er schläft schon. Ich verstehe nicht warum das alles geschehen musste. Ausser für ihn. Denn so zweifelhaft bisher seine Liebe war, die ja schon vor seiner Mutter zurücktrat, so sicher muss und wird sie nun werden, wo er ihr dies grösste Opfer bringt, was er zu bringen hat. Ich kann es nicht anders sehen.

Er hat den Wunsch dich zu sprechen, mehr noch als Eugen. Aber das Wichtigste ist nun, dass er sie spricht.

Aber warum? warum?

Dein Franz.

[1] Die spätere Ehefrau von Rudolf Hallo.
[2] Lat.: stärker als ich.

An Eugen Rosenstock am 2. Oktober 1919

2.10.19.

... Der Name Eleusis[1] ... der Parallelität wegen mit Patmos und Moriah (wenns zu Moriah kommen sollte) ist der Name nötig. Es ist ja kein „Ort". Es ist nur ein Schauplatz. Neben Jude und Christ kann man nicht „Einsamer" sagen; dadurch würde man Jude und Christ zu blossen „Gemeinschaften überhaupt" degradieren.   Will mans nicht Heide nennen, dann <u>Grieche</u>, aber ein <u>Name</u> muss sein; genannt zu werden braucht er nur <u>ein</u> Mal; dann kann er nach Herzenslust durch <u>Definitionen</u> à la Einsamer, Einsiedler u.s.w. ersetzt werden.   Wenn du wirklich „Patmos" zu „Äther" destillieren wolltest, - die <u>Juden</u> sind <u>un</u>destillierbar; Moriah steht <u>nur</u> innerhalb des „<u>Jüdischen</u>" und keines Begriffsdestillats irgendeiner Art. ...
....

[1] Eleusis war das zentrale Heiligtum des griechischen Fruchtbarkeitskultes bei Athen. Es geht in diesem Brief im Grunde um das Problem, ein adäquates und nicht abwertendes Wort für den Begriff „Heide" zu finden, das als Name für den dritten der drei geplanten Verlage - neben Patmos (christlich) und Moria (jüdisch) - dienen sollte.

An Margrit Rosenstock am 3. Oktober 1919

3.10.19.

Liebes Gritli,   Rudi[1] ist fort, und ich bin fertig. Ich kann dir auch nichts weiter schreiben. - Ich gehe mit dem deutlichen Gefühl nach Heidelberg, dass ich den Vortrag besser nicht hielte, zumal er auch ganz einfach <u>schlecht</u> wird; es steht kein Satz darin, den ich vertreten möchte; alles kalte blosse <u>nochnichtmal</u> akademische Masche. Das typische Bild wenn man etwas tut was man nicht tun soll.   Ich weiss noch nicht, was daraus entstehen wird, aber etwas Schlimmes jedenfalls.   Übrigens habe ich auch erst 2/3 geschrieben, und schon die sind so, dass ichs noch nicht über mich brachte, sie nochmal anzusehen. Hans redet mir aus Kräften zu. Auch ein böses Omen.

Aber es ist ja alles so gleichgültig. Ich kann auch dir nicht schreiben. Zumal auch heute noch grade dein briefloser Tag ist. Es ist keine gute Methode. Obwohl eine „Methode" -. Ich meine keine absichtliche, aber eine unabsichtliche. Es ist eben „so gekommen". Da aber ich nicht bloss einen Tag um den andern leben kann - so geht es eben auf die Dauer so nicht. Wenn einem daran die Flügel abfaulen, die einem gewachsen waren, dann liegt man eben auf dem Boden. Es war alles nicht wahr. Ich habe viel zu viel Mut gehabt. Ich war auf einem lebensgefährlichen Wege. Ich kann zufrieden sein, dass ich [[es]] noch gemerkt habe, ehe es zu spät war. Das was ich an diesem prätendierten „geistlichen Sohn" nun erlebt habe, möchte ich an meinem leiblichen einmal <u>nicht</u> erleben.
...

[1] Rudolf Hallo.

An Margrit Rosenstock am 4. Oktober 1919

4.10.19

Liebe   es tut mir weh, dass ich dir gestern so bös geschrieben habe. Aber sieh was mir geschehn ist.
Der Tag heute fällt soweit ein jüdischer Abend-und Morgen-Tag[1] und ein christlicher Morgen-bis-Abend-Tag zusammenfallen können, zusammen mit dem Tag, zu dem du mir vor 2 Jahren - es war wohl das erste Mal, dass du mir etwas derartiges schriebst - den Psalmvers „lex Dei ejus ..."[2] aus deinem Messbuch schriebst. Aber nun <u>wanken</u>, ja sogar <u>gleiten</u> meine Schritte und in meinem Herzen schweigt das Gesetz meines Gottes. Oder es spricht, was ich nicht hören will.   Und ich bin doch   Dein.

Aber giebt es denn etwas Klareres, als mir an Rudi H. geschehn ist? Giebt es da überhaupt noch einen Zweifel?

[1] Für Juden beginnt ein neuer Tag nicht morgens, sondern abends nach Sonnenuntergang.
[2] Psalm 37,31: „Das Gesetz seines Gottes ist in seinem Herzen, seine Tritte gleiten nicht". Punkte von Rosenzweig.

An Margrit Rosenstock am 6. Oktober 1919

6.10.19.

Liebes Gritli,   ich sitze im Zug Frankfurt-Heidelberg, todmüde, nach 2 Nächten mit kaum Schlaf, vorgestern wegen des Vortrags, gestern wegen Rudi (Ehrenberg!) den ich mit nach Kassel zitiert hatte. Aber die Hauptsache: Rudi Hallo kam gestern Abend noch; er ist mit dem Mädchen auseinander. Ich war ganz verdutzt. Er muss sie doch wirklich nicht sehr geliebt haben, und sie scheint durch seine damalige Muttersohnschaft doch (mit Recht) sehr verschnupft gewesen zu sein. Jedenfalls war er sehr erstaunt und enttäuscht, dass sie ihm eigentlich den Laufpass gab, noch ehe er nur von dem was ihm geschehen war überhaupt hatte sprechen können.
Mir war etwas zumute, wie wenn man nach einem Selbstmordversuch wieder aufwacht. Ich hatte es so vollständig aufgegeben, dass ich gar nicht gleich mich wieder hineinfinden konnte. Immerhin habe ich ja nun die schöne Gewissheit, dass ich wirklich ohne „pfäffischen Bekehrungseifer" bei der Sache war, wirklich nur Sanatoriums-

arzt. Er wird es nun seinen beiden, Grünbaum und Gertrud Rubensohn, erzählen. Die Mutter ist im Augenblick besonders schonungsbedürftig. In Frankfurt werde ich mich unter der Hand mal nach den Formalitäten erkundigen. Ich bin etwas abgestumpft durch die Müdigkeit dieser beiden Tage und vor allem durch den namenlosen Ekel gegen meinen Vortrag. Ich wollte es wäre erst vorüber. Rudi (Ehrenberg), dem ich ihn gestern vorlas, war auch entsetzt; also es ist nicht bloss Autorenhypochondrie.
...

An Margrit Rosenstock am 6. Oktober 1919

6.X.

Liebste, ich war so froh, hier ein Wort von dir vorzufinden und so ein liebes nahes. Ja gewiss, du hast es ja gemacht, dass ich am 4. X. nun auch an meinen Namen denke,[1] unsre Briefe von dem Tag haben sich ja gekreuzt. Irgendwie (wirklich ↗ „irgendwie") muss es doch gutgemacht werden, dass meine Eltern mir den Namen sinnlos gaben. Nun ist es gut. Der Name hat Sinn. Aber hier ist etwas Ungeheures geschehn. „Man nimmt keinen Beweis von einem Wunder".[2] Meine Kinder dürfen einmal nicht Franz heissen. Das sagt eigentlich alles. Es ist auch die Antwort auf Eugens Simson-Brief![3] Ich danke dir so für die Worte, die du darüber schreibst insbesondere für die „A Scheu". Denn wenn Eugen schreibt, ihn ginge der besondere Fall nicht an - wenn mich etwas dabei angeht, so ist es nur der besondere Fall. Eugens Theorien würde ich ja selbst noch dann widersprechen, wenn ich zur „Bestätigung" dafür würde. Du bist ja auch gar keine „Bestätigung" für irgendwas, ich habe viel gewusst, ob du „Schweizerin" bist, ich muss ja jetzt noch lachen, wenn ich dich Schwyzerdütsch sprechen höre! Und auch dass du Christin warst, hat mich nie aufgeregt; es war eben, und hatte allerlei Konsequenzen, gewiss; aber über Konsequenzen regt man sich nicht auf. Das Einzige, das ganz Einzige, was mich erschütterte war immer nur dies, dass du „meines Nächsten (ja wirklich Nächsten!) Weib"[4] warst. Wärst du Jüdin gewesen, es wäre genau der gleiche Schrecken gewesen.

Wie es nun mit Rudi Hallo geworden ist - dass alles beinah ein blosser Irrtum war! aber er selber meint, es wäre doch gut gewesen, und er mag recht haben. Vergleichen (wie Eugen meint) wollte ich ihn nicht mit mir; aber dass ihn im Augenblick wo wir uns ganz nah waren, dies von mir fortriss, wie sollte mir das nicht zu denken geben! Zu denken allermindestens. Und grade das <u>theoretische</u> Zugeständnis, das Eugen will, kriegt er doch nicht. All seine Gedanken stimmen ohne weiteres etwa zwischen Protestant und Katholikin oder zwischen Christ und Heidin. Der Jude aber kann sich das „nicht leisten". Es ist keine Entfernung von der er wieder zurückkehren kann, keine Kurve ⊃, sondern man zahlt wirklich mit seinem Blut, ohne Ersatz und ohne Wiederzurück.
...

Ich werde zur Hinrichtung geholt (habe übrigens keine Angst mehr). ...

---

[1] Der 4. Oktober ist der Tag des heiligen Franz von Assisi.

[2] Anspielung auf Bawa Mezia 59a/b.

[3] Dazu der Brief an Eugen Rosenstock vom 7. Oktober 1919, S.443.

[4] Anspielung auf 2. Mose 20,17; 5. Mose 5,21.

An Eugen Rosenstock am 7. Oktober 1919

... 7.10.19.

Auf deinen Simson-Brief habe ich gestern schon Gritli etwas geantwortet. Du weisst doch: „Simson war ein böser Mensch." (Eine Antwort, die Max Brod erhielt, als er in Prag galizischen Flüchtlingsmädchen Unterricht gab, sehr schön über Simson, Heldentum etc. gesprochen zu haben glaubte und sich nun von der intelligentesten kurz wiederholen lassen wollte, was ~~er ge~~ sie verstanden hatte. Er war sehr erschüttert und hat sich geschämt). Also siehst du: er war ein böser Mensch. Und wenn man wohl selber auch einer ist, so richtet und rechtfertigt man sich doch nicht nach und durch andre, die es auch sind.

Aber der Unterschied von privat und öffentlich, von dem was einem <u>geschehen</u> ist, und von dem was man <u>hinstellt</u>, kurz: von Liebe und Ehe ist ungeheuer. Das willst du Verlobungserotiker nicht wahrhaben. Es ist aber doch so. Gewiss, man liebt nicht ungestraft, nie. Aber man vollzieht die Strafe nicht selbst. Das wäre Selbstmord. Und den will Gott ja nicht. Sondern er lässt jedem seinen ihm bestimmten Henker geboren werden, der dann bei <u>Gelegenheit</u> das Urteil vollstrecken wird. So würde ich mir nie den Korb holen, ~~auf~~ der dir als Bestätigung deiner Theorien ja reichlich genügen würde. Aber ich würde ihn mir nie holen, nicht aus Angst vor Körben; sondern nur weil das Selbstmord wäre. Mich hinrichten zu <u>lassen</u>, bin ich ja bereit. Dazu gehörte es aber, krass ausgedrückt, in diesem Fall, dass nicht ich, sondern - sie den Antrag ~~stellte~~ machte. Und dass ich mich, solange noch eine Aussicht ist, davon zu kommen, auch gegen die Hinrichtung sträuben würde und nur wenn jede Aussicht auf Begnadigung weg wäre, meinen Kopf ergeben auf den Block legen würde, das ist doch mein gutes Verbrecherrecht.

Dass Gritli niemals „Schweizerin" oder „Christin" für mich gewesen ist, schrieb ich ihr selbst gestern. Ich habe etwas ganz andres an ihr erlebt als den Schreck dass die Liebe einen in die Ferne reissen kann; das war mir nie schrecklich. Über meine Liebe zu Christen, wie dir oder Rudi, bin ich doch nie erschrocken gewesen. Es fällt mir ein, dass du das wohl immer gedacht hast; es war das erste Wort, was du mir, im April 1918, schriebst. Aber es stimmte nicht.

Was machst du in Berlin?

Der Vortrag war der ~~verdiente~~ Misserfolg, aber wenigstens keine Blamage, sodass ich immer noch ganz zufrieden bin. Weizsäcker war da, das war vielleicht ganz gut, ich will jedenfalls nachher rübergehn und ein bischen nachbohren.

Jenes „beherzt hinausgehn" von dem du schriebst, mag <u>uns</u> „erfrischen". Aber wir sind nicht letzte Menschen. Das letzte Geschlecht mag einmal beherzt hinausgehn aus allem und „sich erfrischen". Nathan der Weise, Schlussapanthropose: „Sie sind es! meine, deine, seine Kinder!" Stimme von oben: „<u>Keine</u> Kinder".[1] - Wir sind eben nicht das letzte Geschlecht. Ich jedenfalls will es nicht sein.

Verzeih den bockigen Brief. Ich sähe dich lieber morgen selber. Nicht etwa wegen dessen was nun in diesem Brief steht. Sondern bloss an sich und überhaupt. Nein: an mich und an dich und überherz.

Dein Franz.

---

[1] *Sehr* freie Paraphrase und (analog zum Ende von „Faust I") Rosenzweig'sche Fortspinnung der Schlußszene von Lessings „Nathan der Weise", in der die handelnden Personen feststellen, daß sie alle miteinander verwandt sind, und in einer nicht enden wollenden Folge von Umarmungen über alle Grenzen der Religion hin-

weg zueinander finden. Rosenzweig schätzte diese Szene gar nicht. Vielmehr empfand er ein derartiges happy end als trivial, flach und blutleer (Zweistromland S.449, 450 und 453). Dazu auch der Brief an Margrit Rosenstock vom 20. Dezember 1919, S.496, wo er vom „Tendenzgespenst" des letzten Aktes schreibt.

Der Begriff „Schlussapanthropose" ist eine Wortschöpfung Rosenzweigs, die in Analogie zu Apotheose - „Vergottung" - „Vermenschlichung" im Sinne von Erhebung des Menschlichen zum höchsten Ideal bedeutet.

An Margrit Rosenstock am 7. Oktober 1919

7.10.19.

... inzwischen bin ich bei Weizsäcker,[1] er hat gestern sein naturphilosophisches Kolleg angefangen; es wird wirklich eine grosse Sache; die Naturphilosophie füllt wahrscheinlich nur das halbe Semester, dann kommt das Andre! .....

Ich versuche Hansens Tragödienbuch[2] zu lesen, es geht aber nicht recht, ich kann mir nicht helfen, es zwingt nicht. Und im übrigen geht es mir etwas wie den Kasselern: er ist mir zu verpfarrert, es wird eigentlich von nichts andrem gesprochen; so muss es dir damals in Kassel manchmal mit der Akademie gegangen sein; man steht der Sache durchaus sympathisch gegenüber, aber es wird einem doch ein bischen viel.

...

Heut Abend schleppt mich Marx, mein Manager hier, auf eine jüdische Studentenversammlung; ich soll in der Diskussion mitsprechen. Ich habe Kopfweh und keine Lust. Also werde ich es - wohl tun.

So ist der Mensch.
            Liebe —— Dein.

[1] Rosenzweig hielt sich zu Besuch in Heidelberg auf, wo Viktor von Weizsäcker Professor war.
[2] Hans Ehrenberg, Tragödie und Kreuz, 1920 veröffentlicht.

An Margrit Rosenstock am 8. Oktober 1919

8.10.19.

Liebes Gritli, ich bin arg ärgerlich auf mich selber; ich war gestern mit Marx in der jüd. Studentenversammlung und habe trotz heftiger äusserer (und innerer) Anforderung nicht gesprochen. Und dabei wäre es wirklich sehr gut und nötig gewesen. Und wenn ich dort nicht spreche, wo denn sonst? Aber ich hatte einfach nicht den Mut, das Nächste zu tun. Jetzt bin ich infogedessen bis obenhin voll mit Treppenwitz - ein scheusslicher Zustand. ...

... Dann suchte ich das Fräulein Salomon[1] auf, eine ganz reizende und sehr kluge Person ... Sie war nicht in meinem Vortrag, hatte aber von Studentinnen davon erzählt gekriegt und mich daraufhin angerufen. Übrigens hatten ihr die gesagt, es wäre was Ausserordentliches gewesen, so dass also das Publikum doch zufrieden war, was mir ja recht sein kann. Ich habe 200 M dafür gekriegt.

Heut Nachmittag gehe ich nach Würzburg, schreib nach Frankfurt postlagernd. Oder schreib auch nicht. Es ist wirklich nicht nötig. Schlaf und denk manchmal an mich, so zwischenhinein. Und werd gesund, gesund, gesund. Ich möchte nichts als Heileheilesegen machen, du liebes geliebtes Herz. Es ist so gut dass Hedi bei dir ist. Grüss sie sehr und sie soll so gut zu dir sein wie wir bösen Männer es offenbar nicht können. Denk übrigens: Hans schwor heut Mittag darauf, du müsstest ungeheuer viel lesen und quittierte meine Verneinung nur mit einem Lächeln als ob ich es „nicht wahrhaben wollte"! O du geistiger Mittelpunkt! O du Mittelpunkt - ich schwirre jetzt wirklich so im Kreis um dich herum wie das Insekt um die Lampe - - bis ich schliesslich in einer Woche doch hineinfliege und ganz aufbrenne in der Flamme deines geliebten Herzens.   O du ——— dein.

[1] Wohl eine Assistentin von Max Weber in Heidelberg.

An Margrit Rosenstock am 9. Oktober 1919

9.10.19.

Liebes Gritli,   ich sitze bei Weismantel; er ist leider überarbeitet; aber er gefällt mir sehr gut, wie ichs erwartet hatte. Weniger seine Frau, viel weniger. Überhaupt dies „unheilige Haus" - ich weiss nicht. Aus dieser Unheiligkeit wächst jedenfalls kein Leben. Auch W^s Katholizismus selber ist eine merkwürdige Sache; jedenfalls ist er mehr Litterat als Katholik.

In seiner Freude am Machen passt er ja zu mir. Wir haben heut schon einen Haufen guter Einfälle produziert. Statt Dodona heisst es z.B. Eleusis.[1] Als N^r.3 zu der Jude und der Christ tritt nicht der Heide, sondern die Namenlosen („denen jeder Name, ausser dem selbstgeschöpften, Schall und Rauch ist"). Die Finanzierung ist sicherer als ich dachte. Der Stern scheint ihm Sorge zu machen, nachdem ich ihm gesagt habe, dass es kein grosser Erfolg werden kann, sondern nur etwa so wie Tragödie und Kreuz.[2] Aber ich habe ja selber Lust zu der Sache. - Als übergeordneten Namen: „Gemeinschaftsverlage der Neubaustrasse". Das ist doch eine schöne Ausnutzung der Ortssymbolik. Nicht bloss Neubau sondern Neubau<u>strasse</u>.

Würzburg ist wieder herrlich. Ich war sehr lange nicht da. Leider bin ich nicht mehr in der Sonne untergekommen.

Für Rudi habe ich auch allerlei in Ordnung bringen können.- Weisst du, es geht mir mit W. etwas wie mit — Juden, vor Ed. Strauss und Hallo ...[3] Man versteht sich, aber es bleibt eine Lücke gerade im Letzten. - Diesen Satz schrieb ich vorhin halb und habe ihn darum jetzt zu Ende geschrieben. Aber er stimmt schon nicht mehr ganz. Er ist wohl ein Mensch, den man gleich zuerst „irgendwie" (<u>nicht</u> ↗ „irgendwie") ganz hat und dann <u>doch</u> erst nochmal ganz von vorn und Blatt für Blatt wie eine Artischoke verspeisen muss.

Ich will den Brief einwerfen. Für den gestern hast du also 40 Pf.[4] zahlen müssen (ich wusste nicht dass das bayrische Reservatrecht[5] alle Stürme überdauert hat, ich glaube selbst nach dem jüngsten Gericht werden die seligen Bayern noch auf blau weissen Flügeln bestehn). 40 Pf. - war er dir das wert? viel stand ja nicht drin; aber doch etwas. Dies: Dein.

[1] Namensvorschläge für einen der geplanten Verlage. Dazu auch der Brief an Eugen Rosenstock vom 27. August 1919, S.403f.
[2] Von Hans Ehrenberg.   [3] Punkte von Rosenzweig.
[4] Hier steht im Original nicht „Pf", sondern „d" (für Denar) in Sütterlin-Schrift, das als altertümliches Zeichen für Pfennig üblich war.
[5] Verfassungsmäßig nur teilweise festgelegte und abgesicherte Sonderrechte süddeutscher Staaten. So gab es seit 1870 in Bayern etwa eine eigene Porto-, Telegrafen- und Eisenbahnverwaltung sowie eine eigene Bier- und Branntweinsteuer - Sonderrechte, die allerdings im August 1919 fast alle wieder verloren gingen.

An Margrit Rosenstock am 10. Oktober 1919

10.10.19.

Liebes Gritli,
im Zug nach Frankfurt. Patmos, Eleusis, Moriah. Eleusis klingt nicht so bloss apollinisch sondern auch asiatisch-dionysisch wie Dodona und dabei ist doch auch das theaterhaftplastische dabei.
Gesamtname:
Gemeinschaftsverlage der Neubaustrasse
oder bloss: „Verlage der Neubaustrasse"
oder gar bloss: Neubau-Verlage.
Weism. und ich sind für das erste. Die Insel heisst auch so vermöge einer glänzend ausgenutzten Namenssymbolik (Inselstrasse). Bei uns ist aber auch die „Strasse" symbolisch.
An W^s Künstlertum glaube ich nun wohl. Aber es lässt nicht recht an ihn selber herankommen. Ein Mensch, der weder töten noch sterben kann. Weil er so nicht eigentlich lebt, hat er wohl auch nie gemerkt, was für eine schreckliche Person er geheiratet hat. Furchtbar. Gymnasialprofessorentochter, die durch 3 Universitätssemester „geistig frei" geworden ist. Eine richtige von den modernen Puten.   Das Kind ist nett. Seinen Bruder sah ich auch. Der sieht doll aus, reines Volk. Bei ihm selbst geben ja Herkunft und Geist einen sehr gewagten aber ganz wunderschönen Zusammenklang.
Für die Verlage bin ich nun wirklich hoffnungsvoll. Nur der heidnische (oder jetzt: der Namenlosen). A kingdom für nen Heiden.[1] Weisst du keinen? aus deiner vorarnoschen Heidenkindheit? Wir haben nun in der Anzeige fürs Buchh.börsenblatt den Heiden nochmal so lang und dreimal so schön als Juden und Christen zusammen geschildert, bloss um einen zu verlocken. Aber alle sind nur mal Heiden gewesen. Selbst die Physiologie ist heut kein Naturschutzpark mehr, selbst dort wandeln statt der zu erwartenden letzten Büffel gezähmte christliche und jüdische Haustiere wie Rudi und Eduard Strauss. Was tun?
Ich freue mich auf Frankfurt wegen Strauss und Nobel (den ich vielleicht zu einer Schrift kriege) und wegen - eines Briefs von dir, der da liegt?
Liebe, wie ist dir? du hast keine Schmerzen - bitte nicht.

Liebe uns ——— Dein Franz.

---

[1] Engl.: ein Königreich; Anspielung auf Shakespeare, Richard III.: A horse! a horse! My Kingdom for a horse - „Ein Pferd! ein Pferd! Mein Königreich für ein Pferd."

An Margrit Rosenstock am 11. Oktober 1919

Frankfurt 11.10.19.

Liebe,   als ich ankam und aus dem Speisewagen ins Coupé[1] zurückging, war mein Koffer weg - Oberhemden, Decke, Kragen, Waschzeug, der Koffer selbst und - was würde Eugen daraus folgern! - der noch nicht unterzeichnete Verlagsvertrag mit Oldenbourg. Aber glücklicherweise nichts Wirkliches, da ich Deine Briefe alle im Rock hatte und in der Mappe nicht bloss Manuskripte, sondern auch was ich wegen der Festtage mitgenommen hatte, weil ich es ja in Würzburg benutzt hatte, ausser dem kleinen Samtmützchen,[2] worin ich „Barmizwoh"[3] geworden bin, das ist hopp.   Ich stieg im Viktoria ab, kämpfte einen vergeblichen Kampf, um auf der Post meine Briefe zu kriegen, es war schon zu spät (so habe ich sie auch jetzt noch nicht), fuhr zu Straussens. Es war wunderschön. Sie ist wenigstens erträglich. Und er ist eine Freude. Es war wieder ein fortwährendes Finden. Beim Verlag ist er ganz dabei, obwohl er mit Kaufmann (dem Verleger für jüd. Theolog.) befreundet ist und ihn also für alles zur Verfügung hätte. Aber er sieht ganz, was die Phalanx wert ist. Ich fahre morgen nach Heidelberg, höre Weizsäcker, bin Dienstag Abend wieder hier, da hält Str.[4] seinen Vortrag über „profetische und mystische Frömmigkeit" vor den Jugendvereinen (auch einem christlichen als Gast), der ein Bekenntnis zur „profetischen" werden soll (die Antithese „profetisch-evangelisch und mystisch" ist von Heiler, dem Verfasser des „Gebets"-Buchs,[5] das übrigens doch eine grosse Sache sein muss. Heiler ist auch Schüler von Alois Schmidt, dem Freund und Wecker von Strauss). Ich veranlasse, dass mitstenografiert werden wird. Eventuell wird es dann schon in der mündlichen Form das erste was im Moriah-Verlag erscheint. Er hat noch einen herrlichen ⌈⌈jüdischen⌉⌉ Freund, einen Arzt Koch,[6] nach einem Brief, den er mir vorlas.

~~Er~~ Strauss gab meiner Formulierung des „Juden" für die 3er Anzeige im Buchh.-Börsenblatt erst den richtigen Schliff; alle seine Änderungen sassen. Dann fanden wir ein Verlagszeichen für die „Verlage Naubaustrasse". Ein sehr gutes. Nachher. Man muss es genau erzählen.
...

[1] Franz.: Wagenabteil.
[2] Die Kippa, die Kopfbedeckung, die Juden zum Gebet und zum Lernen tragen.
[3] Aram.: Sohn des Gebots. Am ersten Schabbat nach dem 13. Geburtstag feiern jüdische Jungen ihre Bar Mizwa, eine Art jüdische Konfirmation, durch die sie in die Gemeinde der Betenden aufgenommen werden.
[4] Bruno Strauss.
[5] Friedrich Heiler, 1892-1967, katholischer, dann lutherischer Theologe, Verfasser des Buchs: Das Gebet, 1918.
[6] Richard Koch, 1882-1949, Arzt, Professor für Geschichte der Medizin in Frankfurt, später auch Dozent am Lehrhaus und Rosenzweigs Arzt während seiner Krankheit.

An Eugen Rosenstock vermutlich am 11. Oktober 1919

Lieber Eugen,
3. Der Jude ist ~~der~~ Polmensch. Er weiss vom Unfrieden, aber ~~da er~~ in sich selber ~~Frieden hat, ist ihm~~ befriedet ward ihm Kraft, der Erlösung zu harren, die er doch ~~herbeiführen kann~~ zwingt nur durch ~~sein~~ Harren.[1] So ~~ist er~~ im Bewusstsein über den Christen hinaus - denn er ruht schon an jenem Ziel, dem ~~der Christ~~ jener erst zuschreitet -, bleibt er im Leben noch unter dem Heiden, dem gleich er ziellos die Strassen der Welt durchirrt, ohne wie er im vollendeten weltlichen Werk ausruhen zu dürfen. So ~~wird er~~ ewig hinundhergeschleudert zwischen Innen und Aussen ~~erhofft erreicht erschwingt~~ erreicht er nie ~~ganze alle die~~ Synthese nie reine Analyse.[2]

Uff. Das war schwer, bis ichs auch auf 90 Worte zusammengepresst hatte, dass es nicht länger wird als 2. der Christ. Ich meine, dass hier das Richtige aus Weismantels Definition drin ist, sogar sein „ewiger Jude"[3] der eben nur deshalb falsch (nämlich ⌈⌈nur⌉⌉ von aussen gesehn ist) (nicht umsonst kein echter aus dem Selbstbewusstsein geborener Mythos, sondern eine von aussen geformte Allegorie) also der nur deshalb falsch ist, weil er nur den Werktag, nicht den Sabbat sieht.

Auch glaube ich, dass es genügend objektiv klingt und dass mein 3. der Jude nicht sympathischer aussieht als Weismantels

1.) der Heide und 2.) der Christ.
.....

[1] Anspielung auf Schabbat 31a. Dazu auch Briefe und Tagebücher S.289 und Zweistromland S.589.

[2] Bei dem von Rosenzweig korrigierten Text handelt es sich um den Anzeigentext des geplanten jüdischen Moriah-Verlags.

[3] Gemeint ist der christlich-judenfeindliche Mythos von Ahasver, dem ewig wandernden Juden, der das Judentum in seiner Heimatlosigkeit in der Welt verkörpert. Auch in der Auseinandersetzung zwischen Rosenzweig und Eugen Rosenstock klang dieses Motiv gelegentlich an, dazu etwa Briefe und Tagebücher S.279 und 286 sowie der Brief an Margrit Rosenstock vom 7. August 1919, S.378.

An Margrit Rosenstock am 11. Oktober 1919

11.10.19.

Es ist Nachmittags, Liebste, und weisst du, wo ich dir schreibe? aus dem Restaurant hinterm Dom, wo ich damals mit dir nach Kassel telefonierte. O du -

Bisher stand der ganze Tag unter dem Zeichen Nobel; d.h. vielleicht sein Tag noch mehr unter dem Zeichen F.R. als umgekehrt; denn meistens sprach ich. Nachher gehe ich nochmal hin und werde dann mit ihm von Rudi H. sprechen. Auch wegen seines Buchs - richtig wie ich wünschte: eine Einführung in den Sohar[1] - habe ich auf den Busch geklopft, noch ohne ihm vom Moriah Verlag zu sprechen. Das Buch ist zum Abfallen reif. Er selber sagt, er schriebe nichts von selbst, man müsste es von ihm verlangen. Ich solle ihm ein Dutzend Franz Rosenzweige (früher hätte ich geantwortet wie Alkuin[2] deinem Ahnherrn, aber jetzt ist es ja gar nicht mehr so unverschämt: E.Strauss, R.Koch (der von Nobels Predigt hingerissen war), Rudi Hallo, Mawrik Kahn, das sind ja schon 5), also ich solle ihm ein Dutzend F.R.s stellen, denen würde er erzählen und daraus würde dann etwas Schriftliches entstehen. Er nennt das: er sei nicht produktiv. Er weiss nicht, dass das die einzig erlaubte Form ist, wie man „produktiv" sein darf. Ich weiss nur nicht, ob ich [[von]] ihm Lust erwarten darf, in diesem Verlag zu erscheinen, ehe er da ist und ehe er Strauss kennt; den kennt er nämlich noch nicht. Vielleicht wenn Weismantels Denkschrift da ist. (Andrerseits wäre es schön wenn eine versprochene Schrift von Nobel über den Sohar schon unter den nächsten Verlagsprodukten am Schlusse der Denkschrift aufmarschieren könnte). .....

[1] Hauptwerk der jüdischen Mystik.

[2] Alkuin, um 730-804, fränkischer Theologe, Lehrer Karls des Großen.

An Margrit Rosenstock am 12. Oktober 1919

12.10.19.

Geliebte, heut früh war das erste der Schutzengeldialog.[1] Ich war so aufgelöst, dass ich beinah statt nach Heidelberg nach Stuttgart gefahren wäre. Nachher schrieb ich stattdessen in der Bahn die Einlage, die dir Rudi schicken wird und die ja auch für das „Kunstwerk" noch nötig war. Ich sitze nun allein bei Hans, sie sind in einer politischen Versammlung; vorher war ich hier mit Doz und ihrem wirklich ausserordentlich netten und gescheiten Mann zusammen. Und nun dringt wieder der Dialog auf mich ein. Dies war es ja, wovor ich mich vom ersten Augenblick an, als ich es wusste, gefürchtet hatte. Und nun war es gekommen; so furchtbar wie ich gefürchtet hatte und doch zugleich voll Trost. Ich habe in Tränen geschwommen heut Morgen, und nicht bloss Tränen der Rührung sondern mehr noch der Wut und des Zorns. Und dabei war und ist doch eine Freudigkeit in mir und ich kann den Schlussdialog ganz mitleben, - grade weil selbst er noch weiss, dass dem Leid auf Erden kein Ende gesetzt ist, nur ein Ziel.

Nobel habe ich gestern von Rudi Hallo erzählt. Er war sehr fein und menschlich. Auch meine Berufsbedürfnisse habe ich ihm gesagt, damit er gelegentlich an mich denkt; also ein bischen Corriger la fortune.[2] Und vom Moriah-Verlag weiss er auch. Versprochen hat er aber nichts dafür. Doch würde ich ihn dazu eventuell noch kriegen. Bei Strauss abends war es doll, aber anders herum: er war von einer variétéhaften Ausgelassenheit, schauspielerte, las, erzählte - er liest (Morgenstern und etwas Prinz v. Homburg[3]), so dass Eugen und ich uns vor ihm verstecken müssen. Vorher war ich mit der Frau allein. Sie steht ähnlich zu seinem Judentum wie - Mutter zu meinem und sträubt sich gegen einige (Kindererziehungs- bzw. Hausfest-) -Konsequenzen, die ich ihr am Abend vorher schon nahlegte, mit beiden Händen.

Aber es ist heut alles wie schon lang her. Ich ginge gern zu Bett. Nun hörst du grad den Schluss der Zauberflöte. „Wir wandelten durch Feuergluten" - Gottesflammen![4] Warum haben wir eigentlich sie nie zusammen gehört?

Dein Franz.

[1] In diesem Werk „verarbeitete" Rudolf Ehrenberg die Beziehung zwischen Rosenstocks, Rosenzweig, ihm selbst und seiner Frau. Dazu auch der Brief an Margrit Rosenstock vom 24. Oktober 1919, S.453, sowie Rudolf Hermeier, Jenseits all unsres Wissens wohnt Gott. Hans Ehrenberg und Rudolf Ehrenberg zur Erinnerung, 1987, S.97f.

[2] Franz: das Schicksal korrigieren.   [3] Von Heinrich von Kleist.

[4] Anspielung auf Hohelied 8,6, wo das hebräische Wort שלהבתיה - „starke Flamme" - steht, das von manchen als „Gottesflamme" (שלהבת יה) gelesen wird. Dazu auch Stern der Erlösung, S.226.

An Margrit Rosenstock am 13. Oktober 1919

13.10.19.

... Überhaupt ist nun eine Unruh in mir und es war gestern doch ein richtiges Gefühl, ich hätte nach Stuttgart fahren sollen. Werde ich dich überhaupt sehen? Ich weiss zwar gar nicht, warum nicht. Aber ich habe so ein Gefühl, als ob ich diesmal vorher fortmüsste. Wann kommt denn Eugen nach Würzburg. Ich musste gestern denken: wenn nun Rudi jetzt <u>auch</u> nach Würzburg käme, mit ihm zusammen würde ich noch nicht zu dir kommen können. Das brächte ich nicht fertig. Überhaupt - kann ichs denn ändern, dass die Vergangenheit doch hinter mir liegt wie ein verlorenes Paradies? ich meine die Vergangenheit vor dem August.[1]

Werde ich dich denn wiedersehen? Und wann? Und wie? Wie? Ich kann dir heut kein Wort der Liebe schreiben. Meine Sehnsucht ist heut grösser als meine Liebe. Ich möchte bei dir sein, - in deinen Armen,   - Dein.

[1] Seit damals hatte sich der Liebeskreis zwischen Rosenzweig, Margrit und Eugen Rosenstock um Rudolf Ehrenberg erweitert.

An Eugen Rosenstock wahrscheinlich aus der ersten Oktoberhälfte 1919

Eugen, Eugen! weisst du denn gar nichts mehr? Du merkst ja gar nicht, <u>wie</u> christlich du denkst. Du verchristlichst die Juden. Wir <u>stehen</u> in Gefahr, seit Abraham. Wir <u>sind</u> „letzte Juden", <u>nur</u> „letzte" - seit Abraham. Wir „wirken" nur mittelbar - seit Abraham. Als mit ergriffene - seit Abraham. Und wir haben keine „eigene" Zukunft mehr, seit Abraham seinen eigenen Sohn, also seine eigene Zukunft, zum Opfer gebunden hat.[1]

Nein, eben weil geistige Söhne gar nichts helfen, muss ich leibliche haben. Söhne von einer Heidin müsste ich mir ja zu geistigen machen, damit sie Juden wären. Und eben dass das nicht geht, das habe ich an Rudi H. erprobt, wenn ichs wirklich vorher nicht gewusst hätte. Rudi H. kam <u>nicht</u> wie ichs im ersten Augenblick meinte zu mir, um sich geistig zeugen zu lassen, sondern er kam gleich als mein Bruder auf die gemeinsame Blutssohnschaft hin. Er verweigerte es, sich bevatern zu lassen. Das Du war ihm gar nicht erschreckend, sondern ganz natürlich.

Alles was du jetzt von der Schöpfung sagst ist gut christlich. Der Christ hat das Gesetz Gottes immer in der Schöpfung gefunden.[2] Um Christi willen die Welt zu <u>verachten</u> (wie wir um der Thora willen) ist er nie in Gefahr, eher sich um Christi willen in die Welt zu sehr zu verlieben (seit 313!).[3]

Grüße Picht

Verlern die <u>Namen</u> nicht. Die Sache verlernst du sowieso nicht. Aber den Namen zu verleugnen, bist du im Augenblick in Gefahr. Sprich mit Picht, aber nicht über Deutschland, sondern über den Namen. Weil du über Deutschland so denkst wie er, meinst du er verleugnete auch den Namen wie du.

Quod non.[4] Ich kann dir nicht so widersprechen wie dus brauchst. Denn mir darfst du nicht glauben, wenn ich „zurückpfeife"; du fühlst da eben, dass wir zweierlei „Geist" haben, was du so ungern zugeben willst. - Hättest du aber mit deinem „Heidentum" recht, so möchte ich lieber mit den Christen gemeinsam Unrecht haben, als mit den Heiden Recht.

Weshalb ich Picht nicht <u>durch</u> dich kommentiert kennen lernen möchte und also auf meine Frankfurter Tage <u>nicht</u> verzichte, schrieb ich dir. Wir sehen uns nachher noch in Stuttgart.

Franz.

[1] 1. Mose 22,1-14. Dazu auch Briefe und Tagebücher S.284f.

[2] Dazu Römer 1,20 und 2,14ff.

[3] Damals erlies Kaiser Licinius eine Konstitution, die im römischen Reich uneingeschränkte Religionsfreiheit garantierte und damit dem Aufstieg des Christentums zur weltumspannenden Staatsreligion die Bahn bereitete. Dazu auch Zweistromland S.113 oder der Brief an Margrit Rosenstock vom 16. März 1918, S.61.

[4] Lat.: Das nicht! im Sinne von: Das soll und darf auf keinen Fall sein; aus den „Briefen der Dunkelmänner" II,8, einer satirischen Dichtung, geschrieben von Humanisten, die sich am Vorabend der Reformation gegen die alte Kirche wandten.

An Eugen Rosenstock wahrscheinlich Mitte Oktober 1919

... - Strauss. Er liest seit kurzem auf Aufforderung von jungen Leuten mit ihnen die Bibel, gestern Kap. 12-15 der Genesis. Einer liest und er unterrichtet, fragt, lässt sich fragen und erklärt. Druckbar ists natürlich noch nicht, aber gehört ist es etwas Grosses.

Er ist ganz unvorbereitet, ganz ahnungslos über die älteren jüdischen Kommentare, sogar über den Urtext, (es wird die Kautzsche Übersetzung[1] gelesen), er horcht einfach in sich hinein, und das Tolle ist: was er da hört und ausspricht, das ist gar nicht „bloss Eduard Strauss", sondern liesse sich fort und fort an Altes, das er gar nicht kennt, anknüpfen. Hier hast du <u>wirklich</u> deinen „profetischen" Juden. Er ists mit ganz gutem Gewissen. Und alles ganz einfach, auch in den Worten, (die ihm aber zu<u>strömen</u>). Er giebt en passant[2] meine „Grammatik", auch wieder ohne dass ich ihm je davon gesprochen hätte.   Deine Neubaubroschüre hat er sehr gelobt. Der Aufsatz „Psychoanalyse und Pädagogik" ist von ihm (war es der?). Eine grosse naturwissenschaftliche Sache zur Konstitution der Eiweisskörper steht vor dem Erscheinen. Kurzum - ein doller Kerl, und man muss schon gradezu seine Frau sein, um ihm nicht zu glauben.   Wäre ich nicht auf Gritlis Telegramme heute noch hier geblieben, so hätte ich sie heut Nachmittag (Nachts wird sie doch kaum fahren, sonst könnte sie schon Vormittags in Göttingen sein, wenn die verschiedenen Personenzuganschlüsse klappen) also ich hätte sie zu ihm dirigiert.   Ich war wirklich weg von ihm, er ist so vom Himmel gefallen. Im Frühjahr trat er zum ersten Mal hier öffentlich auf, dann gab eins das andre; jetzt haben sie hier eine neue jüdische Loge (- „Hermann Cohen-Loge") gegründet und ihn zum Präsidenten gemacht. Beweis, dass er jetzt schon jemand hier „ist".
Herrlich wars wie er die Bibelkritik untern Tisch fallen liess.
Diese Bibelstunde ist Dienstag Abend. Es würde sich richtig lohnen, auch für deine Barth-Besprechung, wenn du es mal einrichten könntest, am Dienstag hier zu sein. An Ursprünglichkeit von <u>Haus</u> aus, nicht erst nach dem Durchgang durch eine Theologie wiedererworbener, ist er ja Barth überlegen. Seine „Theologie" ist die allgemeine Religionswissenschaft, die er bis zu einem gewissen Grade beherrscht.
Dabei hat er — damit du das nur nicht vergisst — ein Stück Narr und Variété in sich. Er ist ein Kindskopf. Er ist überhaupt Mensch genug, auch Unmensch zu sein.
Ich habe wieder wachsende Lust auf den ✡. ...

[1] Emil Kautzsch, 1841-1910, evangelischer Theologe, übersetzte und kommentierte die hebräische Bibel neu unter dem Titel: Die heilige Schrift des Alten Testaments. Das Werk stand damals in dem Rufe, das Ergebnis von anderthalb Jahrhunderten alttestamentlicher Wissenschaft zu bieten, da etwa die „Ergebnisse" der Quellenscheidung wie der Textkritik bei der Übersetzung berücksichtigt wurden. Zu Rosenzweigs Kritik an Kautzsch auch Zweistromland S.761f.

[2] Franz.: beiläufig.

An Margrit Rosenstock am 21. Oktober 1919

21.10.

Geliebte, ich sehe die Bleistiftschrift kaum, so dunkel ists im Zug. Es ist auch nur ein blosses Stammeln - alles was ich dir sagen kann. Diese Tage hätten es mich ja gelehrt, hätte ich es nicht schon vorher gewusst, wie über allen Sinn und alle Sinne meine Liebe zu dir ist. Ich kann sie nicht lassen, ich liesse mehr damit als mich selbst und dich. So ist sie mir in alle Fasern meines Fleisches und meines Geistes eingebrannt. Sieh du: und wenn es wahr wäre, was nicht wahr ist, denn das Wunder deiner Liebe macht das Unmögliche möglich, aber sieh: wenn es wahr wäre und du würfest mir nur Brosamen hin, - ich würde mich von diesen Brosamen nähren und nicht von dem gedeckten Tisch des Lebens, der darüber stünde.[1] Aber es ist ja nicht wahr. Deine

Liebe ist grösser als mein Kleinmut, sie ist selbst grösser als deine eigene Kraft, denn die ist freilich begrenzt und wir leiden alle darunter, aber deine Liebe ist grenzenlos - des bin ich froh. Liebes Gritli, du hast mich so oft in diesen Tagen gefragt, ob ich froh bin. Hier steht das Wort. Bewahr es dir und mir, und giebs mir wieder, wenn die Kraft mich einmal wieder verlässt, dass ichs aus deinen Händen wieder empfange. Und bleibe mir, Geliebte, Liebste — Dein.

[1] Anspielung auf Matthäus 15,27.

An Margrit Rosenstock am 22. Oktober 1919

22.10.19

... Eugens Dreifarbensymbolik für den ✡ wird vielleicht verwirklicht. Nur statt des sowohl unjüdischen als vor allem undeinen Rot das Blau - du weisst welches. Also Schwarz - Blau - Gold. Am schönsten wäre ja, die ganzen Initialen jedes Teils könnten in der Farbe durchgedruckt werden. Aber das wäre zu teuer. Vielleicht für eine Luxus-Ausgabe. - Ich suchte heut einige Stellen für das Subskriptionsheft (ganze Seiten), es ist doch ein wunderbares Buch. .....

An Margrit Rosenstock am 23. Oktober 1919

23.10.19

......

Mit Gertrud Rubensohn, die nett ist, aber ein bischen Tante Emmy Ehrenberg,[1] ging ich heut vormittag durch die wunderbar herbstliche Allee. Ich sprach, von ihr kam eigentlich nicht viel. Aber der Weg durch den sonnig vernebelten Park über dicke Teppiche von gelben Blättern war schön. Überhaupt trägt die Welt heut deine Farben, der Himmel blau und die Erde braun und gelb. Du sagst, unsre Liebe hat kein Haus, es ist wahr, aber eines hat sie doch, ein heimliches, das nun doch bald aller Welt sichtbar werden wird, das Schwarz-blau-goldne, das uns vor einem Jahr die guten Geister bauten wie in einem Märchen aus 1001 Nacht - wir selber haben ja nicht viel daran getan.

...

[1] Mutter von Hans Ehrenberg.

An Margrit Rosenstock am 24. Oktober 1919

24.10.19

Liebe, es ist spät, ich gehe noch herauf um dir zu schreiben, ich schob es bis jetzt auf, ich bin jetzt wieder ruhig. Die Tage mit dir und ganz und nur mit dir erhielten gestern gleich als ich in Göttingen ankam, eine sehr komische Schlussvignette: Rudi und mich, von zwei Seiten gleichzeitig an dem Bahnbriefkasten „den Brief" einwerfend — der Briefkasten stand im Profil und du plötzlich auch, du hast doch keinen Januskopf der gleichzeitig nach zwei Seiten sehen kann. Und dann habe ich mich erst wieder in der Wirklichkeit, in dem was nun meine Wirklichkeit geworden ist, zurechtfinden müssen wieder und darauf sind diese 30 Stunden hingegangen. Du darfst nicht denken, dass ich sehr traurig war, immer zwischenhinein sah ich dich wieder, konnte auch dich und Rudi zusammensehen, aber zwischenhinein riss es wieder an mir und fremdete mich an. Die Ferne war doch früher manchmal wie eine schöne Abwechslung nach der Nähe, es war schön Briefe schreiben zu dürfen, wie es schön war beieinander zu sein; so ging es mir diesmal bis zu jenem Vignettenaugenblick wieder und dann trat die Gegenwart ein mit ihrer Qual und Unruhe. ..... Genug davon. Rudi Hallo sah ich; er war trüb und verworren; das Mädchen hat sich ihm wieder genähert; ich fühlte, wie ich jetzt um seinetwillen fest sein musste und war es; morgen kommt er hierher; morgen früh vorher gehe ich zu seiner Mutter, ich nehme Rudi (unsern natürlich) dazu mit. - Mit der neuen Szene sind ja die Schutzengel[1] nun ganz rund und schön. Aber sie sind es nun auf meine Kosten. Denn ich bin nun ganz herausgefallen. Das ging ja nicht anders, wenn es schön werden sollte, aber es schmerzt doch. Und dennoch dennoch mir ist immer wieder als wäre es nur ein dünner Schleier zwischen mir und dir und ich brauchte bloss die Hände mutig auszustrecken, so faltete er sich und wiche zurück und legte sich um deine liebe Gestalt und ich hielte sie in den Armen. Ist es denn nicht so? sprich ja, Geliebte, ja! .....

[1] Dazu der Brief an Margrit Rosenstock vom 12. Oktober 1919, S.448f.

An Margrit Rosenstock am 26. Oktober 1919

26.X.19.

Liebste, es ist wirklich gut, dass ich nicht den ganzen Tag mit Feder und Briefpapier verbunden bin, so auf und nieder geht es. Das ist nun nicht anders. Glaubst du denn wenigstens, dass ich dich im Nieder nicht weniger liebe wie im Auf? Glaubst - weisst du überhaupt wie ich dich liebe? Ich glaube, meine Liebe hat jetzt deine überschwungen, denn sie liebt dich unter vielen Schmerzen, du Heiss- du Inniggeliebte.
Rudi und Mutter sind spazieren, ich blieb um die Denkschrift,[1] das Weismantelianum, endlich fertig zu schreiben; morgen werde ich sie wohl diktieren. Mittags war R. Hallo eine Viertelstunde da, ruhig und froh; er hatte seine Mutter durch unsern gestrigen Besuch beruhigter gefunden, und Hedwig[2] hatte die Maske der Kälte fallen lassen, die sie das vorige Mal vorgezogen hatte und es war ein gutes und liebevolles Auseinandergehen gewesen. Des Morgens kam Straussens Brief, den ich dir schicke samt meiner Antwort (natürlich auch für Eugen). Ich war ja sehr erschrocken. Der ✡ wäre ja doch gedruckt, eben anderswo, im J.V.[3] oder bei Kaufmann; aber der Moriah-Verlag wäre nicht zustande gekommen. Aber auf meinen Brief muss er hören. Wenn nicht, so war alles eine teuflische Täuschung und das ist nicht möglich. Im schlimmsten Fall habe ich gedacht müsstest du hinfahren und dem Patmosverlag sein Geschwister retten. Aber ich glaube, es wird nicht nötig sein. Er wird auch aus meinem Brief schon sehen, wer er ist. Er ist eben auch Familienmensch und guter Kerl, und das ist immer schlimm. Ich habe aber heute Morgen gemerkt, wie sehr mir das Nebeneinander der Verlage schon selbst Herzenssache geworden ist (ganz abgesehn davon, dass der Moriah-V. mir nun ein Anfang beruflichen Lebens wird, das spüre ich deutlich); es handelt sich ja nicht um den ✡, sondern um den ✡ in <u>diesem</u> Verlag. - Rudis Brief, der nachgeschickte, war wieder ganz erschütternd gewesen, vom gleichen Tag, wo es mir erst nach zwei vergeblichen Versuchen gelang, ihm sozusagen zu schreiben. Und trotzdem, trotzdem - ich kann es nicht sagen. Nur dies, dass ich dich liebe, immer nur dies und ewig dies.

Dein Franz.

...

¹ Die Denkschrift „Hic et ubique! Ein Wort an Leser und andre Leute" zur Gründung der Neubau-Verlage wurde erst 1937 erstmals veröffentlicht (erneut gedruckt in Zweistromland S.413-421), da von den geplanten drei Verlagen nur einer, der Patmos-Verlag, tatsächlich entstand.
² Hedwig Rubensohn, die Schwester von Gertrud Rubensohn. Sie heiratete später Rudolf Stahl, einen der „Studenten" im Lehrhaus.
³ Jüdischer Verlag.

An Margrit Rosenstock am 27. Oktober 1919
27.X.19.

Liebste, nun ist Rudi fort, und ich bin froh dass er fort ist; es waren schwere Tage für mich, es ging dauernd an die Grenzen meiner Ertragefähigkeit. Er selber hat es wohl nicht gemerkt, sollte es auch nicht, er litt schon zu sehr unter Helene und sollte nicht mich noch dazu tragen müssen. So haben wir dauernd von dir gesprochen, ähnlich wie neulich an dem Göttinger Abend zu dreien. Und wie dies Experiment damals wohl über Helenes Kraft ging, so diesmal über meine. Er hat wohl gemeint, es wäre gut, wenn ich mich daran gewöhne. Aber das giebt keine Gewohnheit. Es bleibt immer gleich ungewohnt und unerträglich, wenn er des Abends oder Morgens im Bett neben mir zu schreiben anfing, ich kroch immer in mein Kissen. Du fragst nach dem vergangenen Jahr — ach ich habe nicht das Gefühl dass es ein Jahr war; es waren 10 Monate und zwei Monate und zwischen diesen beiden Zeiten ist eine Scheidewand niedergelassen; jenseits liegt die Ruhe, diesseits der Unfriede. Meine Liebe ist zur Krankheit geworden; sie ist nicht schwächer, aber sie zehrt mich auf, denn sie hat das Schlafen verlernt. Und die Gefühle, die ich anfangs Rudi gegenüber zu haben meinte, blättern auch ab. Meine Liebe zu ihm wächst <u>nicht</u> durch die Leiden, ich bin masslos empfindlich gegen ihn; was er sagt und tut, bekommt eine Nadelspitze, und meine Instinkte verkehren sich gegen ihn in Hass. Ich weiss nicht, wieviel er davon gemerkt hat. Ich habe ihm gesagt, ich würde ihn auf der Reise nach Berlin in G.¹ besuchen; ich will nicht vor ihm davonlaufen. Das alles muss ~~ang~~ ausgestanden werden, solange es geht. Aber es wird nicht mehr lange gehn. Ich fühle meine Schwäche und eines Tages wird alles zu Ende sein. Alles, nur meine Liebe nicht; die wird als ein geheimes Flämmchen weiter brennen; ich fühle sehr deutlich wie sie nicht ausgehn kann; aber jetzt brennt sie mich zu Schlacke. Sag nicht, es wäre immer so gewesen, es hätte sich nichts geändert; grade solche Worte waren mir entsetzlich, du hast sie anfangs vor 2 Monaten manchmal gebraucht; sie zerstörten mir zur Gegenwart auch noch die Vergangenheit; nein es <u>war</u> anders; daran muss ich festhalten dürfen; es war so dass ich ganz ruhig sein durfte in deiner Liebe; es war so, dass du mir Gesundheit warst, nicht Krankheit, und dass ich nichts vergessen musste in deinen Armen, sondern in klarster Bewusstheit meines ganzen Lebens dem Herzschlag deines Lebens horchte. Nun ertrage ich mein Leben nur noch in den Augenblicken des leibhaftigen Beisammenseins, da vermag ich das Unmögliche zu glauben und alles zu vergessen. Aber hier kann ich nicht vergessen - und das Wort Vergessen kam früher im Wörterbuch meiner Liebe zu dir nicht vor. Ich habe Eugen keinen Augenblick vergessen; Rudi muss ich vergessen, wenn ich bei dir sein will; an ihm vorbei kann ich nicht zu dir.

Dies alles ist so. Dass es sich nicht zum <u>Schatten</u> eines Wunsches oder gar Willens verdichtet, weisst du. Ich kann <u>nichts</u> anders wollen als es geschah. Aber ich zerbreche unter der Last des Geschehenen. Und du kannst mir nicht helfen. Du kannst die

Schmerzen mir lindern durch den leichten Hauch deiner Liebe, den ich spüre, und durch das Gebet deiner Nächte das ich ahne. Liebe.

[1] Göttingen.

An Margrit Rosenstock am 27. Oktober 1919

.... 27.X.19

... Nachmittags will ich das Weismantelianum[1] diktieren, Rudi und Mutter fanden es beide gut, ich schicke es dann Eugen. Berlin? ich werde schon hinmüssen. Die zweite Hälfte des Mskr. durchzulesen und bei den Korrekturen der ersten die Zitate vergleichen, was zweimal zu tun (nämlich erst für das Mskr. und dann nochmal für den Druck) ich zu faul war. Aber vor übermorgen können keine Korrekturen von München kommen, ich habe die ersten noch hierher bestellt. Übrigens damit du alles von mir weisst: heut und morgen kämpfe ich wieder mit meinem Lindwurm. Wenn ich dann morgen in seinem Blute bade, hoffe ich ein Stuttgarter Vögelchen singen zu hören.[2] Lieber, lieber Vogel - sing!

[1] Hic et ubique! Ein Wort an Leser und andre Leute, Zweistromland S.413-421.
[2] Rosenzweig litt seit einiger Zeit an einem Bandwurm, den er mit jenem Lindwurm verglich, den Siegfried der Sage nach besiegte.

An Eugen Rosenstock am 27. Oktober 1919

27.X.19.

Lieber Eugen, Weismantel hat nichts mehr hören lassen, trotz meines Telegramms. Deshalb - und auch überhaupt - schicke ich das Weismantelianum an dich (und gleichzeitig an Hans. Rudi kennt es schon und findet es gut). Es ist glaube ich besser als W. selbst sowas machen kann; natürlich nur für Gebildete bestimmt, aber andre brauchen von dieser Reklame auch gar nicht erfasst zu werden. Die Gedanken die W. hat sind wohl alle drin, nur meist etwas besser fundiert. Die eigentliche Reklame bleibt ganz heraus, wegen der Vornehmheit; dafür wird dann ja dem Heftchen das Subskriptionsheftchen beigelegt. Erscheinen müsste es entweder unter ~~meinem~~ Unsinn natürlich grade <u>nicht</u> unter meinem, sondern entweder unter Weismantels Namen oder wenn er das nicht mag, anonym (einfach als vom Verlag). Auf dem Umschlag müsste möglichst schon das gemeinsame Verlagszeichen, also mindestens die 3 Ringe[1] stehn und:

    NEUBAU · VERLAGE
Patmos · Verlag   Moriah · Verlag
    Eleusis · Verlag
    Würzburg · 1919.

Das ist stärkere Reklame, als wenn die Broschüre selbst „Neubau-Verlage" hiesse. Der Titel muss zugleich neugierig machen und amüsieren; das tut dieser Ober- und Untertitel.

Inhaltlich bin ich doch wieder über den Heiden gestolpert. Man spürt dem Ding doch an, dass kein Heide an der Wiege der Gründung gesessen hat. Es ist eben doch ganz antiheidnisch geworden. Wider meinen Willen.   Nun hängt ja übrigens alles von Strauss ab für mich, bzw. für Moriah. Wird nichts daraus, so könnt ihr die Broschüre nach Belieben für den Patmosverlag umschneidern. Auch sonst kannst du natürlich nach Herzenslust umändern aber bitte möglichst nur mit Gritlis Placet.
...

Ich quäle meinen Bandwurm; morgen soll er dran glauben.
......
Bei Hennar Hallo[2] war ich heut wieder. (Rudi H. ist heut früh im Schatten unsres Rudi abgefahren). Sie schwor, dass man ihr in Kassel zu Unrecht nachsagte, dass sie Rudi im mindesten im Sinne der Taufe beeinflusst habe. Im nächsten Satz floss dann wie etwas ganz Selbstverständliches unter, dass sie ihn „natürlich" von Anfang an seit dem ersten Schultag am christlichen Religionsunterricht habe teilnehmen lassen. Sie war ganz ehrlich betroffen, als ich sie darauf aufmerksam machte, dass man das immerhin als Beeinflussung bezeichnen könne!!! Grüss Gritli - oder nein, ich schreibe ihr noch selbst, es ist vielleicht gut. So grüss ich nur dich, - du weisst wie sehr.

Dein Franz.

[1] In Anlehnung an die Ringparabel von Lessings „Nathan der Weise", dazu Zweistromland S.421.
[2] Mutter von Rudolf Hallo.

An Eugen Rosenstock am 28. Oktober 1919

28.X.19.
Lieber Eugen, ich hatte heut zwei Karten von Weismantel. Auf die erste habe ich ihm einen Durchschlag der Broschüre nach Essen geschickt; es war da noch Aussicht, dass er auf dem Rückweg über Kassel führe. Die zweite Karte schliesst auch das aus. Ich schrieb ihm ausserdem, er möge mich doch durch Seifert möglichst auf dem Laufenden halten lassen über alles, was die Neubau-Verlage im Ganzen anginge. Ich muss Bescheid wissen, ob der Moriah-Verlag schon existiert, ob und wie Weismantels Vertrag mit Brunfleck[1] geworden ist, was aus der Pichtschen Serie wird u.s.w. Sowohl für Berlin (Frau Cohen) wie gegenüber Strauss muss ich Bescheid wissen. Seifert muss wissen, dass ich - nicht juristisch aber faktisch - für den Moriah-Verlag die Stellung einnehme, die W. für den Patmos-V. hat. Ohne regelmässige Information kann ich schwer etwas tun. Ich schreibe es dir, damit du Bescheid weisst und es ev. Weismantel gegenüber unterstreichst, wenn es nötig sein sollte. Heute schreibt Weism. z.B., mit der Denkschrift habe es noch Zeit. Wieso nun plötzlich, weiss ich nicht. Ebensowenig, ob nun etwa auch die SubskriptionsReklame noch vertagt wird. Du weisst ja (und Weism. habe ich es heute kurz mitgeteilt), wie sehr ich mich Strauss gegenüber nun eingesetzt habe. Das geht aber nur, wenn ich nicht bloss auf zufällige Nachrichten angewiesen bin, sondern von dem was für mich Bedeutung hat, durch Kopien, Durchschläge etc. Kenntnis kriege.
...
Dann habe ich meine heutige verfehlte (das Biest[2] ist nicht gekommen) Bettliegerei dazu benutzt, um Lessingsche Theologica zu lesen, für die ewigen Höllenstrafen, für die Dreieinigkeit und für Neuser.[3] Ich will „meinen lieben Kasselianer Juden" am 28.XII. einen Vortrag über Nathan den Weisen halten,[4] hauptsächlich um Tante Emmi[5] zu ärgern, d.h. all die vielen Tante Emmis, die hinkommen werden. Lessing ist schön. Weisst du nicht einen besseren Anfang für meine Broschüre? Irgend eine lustige Anekdote über Bücher aus dem Krieg oder so? Der jetzige Anfang ist zu ledern. Vielleicht so: ~~Dem ei einzigen bedeut~~ ⌈⌈Das⌉⌉ eine geniale Buch, das in ~~Deutschland~~ deutscher Sprache während des Kriegs gedruckt wurde, hat kein deutscher Verleger als den Schlager, der es wurde, erkannt: Spenglers Unterg. d. Ab.[6] ~~hat~~ musste bei einem österreichi-

schen Verlage unterschlüpfen. Und dabei war der deutsche Verleger gar nicht so wählerisch. Das Verlagswesen siechte schon vor dem Krieg an ....[7]
Dies Blümchen wird ihn übrigens vielleicht in den Eleusis-Verlag locken. Er ist ja doch der einzige. Ich glaube, so genügt der Anfang und lockt die „Leser und andre Leute".[8]   Seid gegrüsst.   Euer Franz.

[1] Unsicherer Name.   [2] Der Bandwurm.
[3] Theologische Werke von Lessing, darunter „Leibniz von den ewigen Strafen" und „Des Andreas Wissowatius Einwürfe wider die Dreieinigkeit" sowie „Von Adam Neusern, einige authentische Nachrichten".
[4] Das Vortragsmanuskript ist abgedruckt in Zweistromland S.449-453.
[5] Emmi Ehrenberg, Mutter von Hans Ehrenberg.   [6] Untergang des Abendlandes.
[7] Punkte von Rosenzweig.   [8] Untertitel der Denkschrift „Hic et ubique".

An Margrit Rosenstock am 29. Oktober 1919
29.X.19.
Liebste, o weh fängt der Turnus wieder an: man schläft doch täglich und wacht täglich auf, so muss man auch täglich seinen Brief haben. Man. (Männer, am - einen Superlativ giebt es nicht). Ihr bittet doch um das <u>tägliche</u> Brod,[1] nicht um Brod für einen um den andern Tag, das wäre ja Kuchen. Du bist mir Brod geworden, Kuchen warst du mir höchstens 1917. Du mein täglich Brod, gieb dich mir heute. Und morgen, und immer. Liebe Seele, gestern Abend war Prager da, da fiel mir hinterher als er weg war ein, dass ich dir neulich auf deine Frage wegen 1 M. 12[2] noch nicht geantwortet hatte. (Übrigens steht das denn im Brevier? oder wie seid ihr für die Hausandacht darauf geraten? war da etwa sein Heiligentag?) Also du fragst wie man ihn da „herausrisse"? ich habe noch nicht nachsehn können, aber ich vertraue ja in solchen Fällen einfach auf meinen Instinkt, der sich nachher meist als traditionsgemäss bestätigt, und der sagt in diesem Fall wirklich, wie du auch selber schon vermutest: Gar nicht.   Aber freilich nun nicht, wie du dies „gar nicht" wohl gemeint hast, so dass hier etwa eine <u>Sünde</u> von Abraham (wie von Adam oder Moses oder David) erzählt werden sollte, dazu fehlt die Voraussetzung, die im biblischen Stil dazu gehören würde: das vorhergehende ausdrückliche göttliche Verbot. Sondern Abraham ist (V.10) in einer Zwangslage und er handelt (V.11 ff.) wie ein Mensch in einer Zwangslage, ein Mensch dem in diesem Augenblick keine besondere göttliche Weisung geschieht, die ihn über den Zwang der Lage hinausrisse (wie etwa in 21,12 oder in 22,1 f.), sondern einfach ein alleingelassener in die Welt und ihre Nöte verstrickter Mensch, ein Mensch, <u>kein</u> Stoiker, <u>kein</u> „Heiliger" - die Sorte kommt in der Bibel nicht vor, die muss man im Plutarch suchen und in den Traktätchen. Und nun machen wir den Fehler und lesen die Schrift wie einen Zeitungsartikel, d.h. ohne Glauben an Gott. Denn wir bleiben bei V.11 ff. stehn und beurteilen Abrahams Verhalten und fragen: wie kann man ihn da allenfalls herausreissen. <u>Man</u> braucht ihn gar nicht herauszureissen, denn — <u>Gott reisst ihn heraus</u>: V.17 ff.   Läsen wir die Schrift recht, und nicht ungläubig, so wüssten wir bei V. 11-13 ganz sicher, dass nun im weiteren Verlauf Gott eingreifen und ein Wunder tun muss. Abraham <u>selbst</u> wusste das, denn — „er glaubte an Gott".   Die Schrift erzählt keine vorbildlichen Taten, die der Mensch aus eigner Kraft täte („moralische" Taten), sondern sie lehrt dieses an Gott Glauben. Weiter gar nichts. Moralisch beur-

teilt - wie wir immer wieder urteilen möchten (weil wir eben nicht glauben wie Abraham) - moralisch beurteilt wird die Tat nur an sich „ohne Rücksicht auf die Folgen", so lehren alle „Idealisten" und sie klappen die Bibel bei Vers 13 zu und rümpfen ihre sündenfreie Nase (wo doch eigentlich nur ich eine sündenfreie Nase habe, nämlich weil ich nicht riechen kann). Weniger urteilsgeschulte Heiden lesen etwa noch bis V.16, aber dann klappen auch sie das Buch zu, denn nun wird auch ihnen die „Ehrlosigkeit" Abrahams zu viel, wo sie sehen, dass es wirklich soweit kommt, wie er in seiner Angst anfangs vermutet hatte. Der Gläubige aber liest nun weiter und nun geschieht, was geschehen musste und woran er gar nicht hätte zweifeln dürfen: Gott greift ein und rettet die verfehlte Situation, zu deutsch: Lage; er reisst Abraham heraus. Er lässt es nicht zu den Folgen kommen, er rettet alle drei Beteiligten (auch Pharao, vgl V.18 f. wird von der Schrift ganz als Beteiligter behandelt, ganz als Hauptperson und als Gegenstand der wunderbaren Fürsorge Gottes) also er rettet alle drei Beteiligten vor der Sünde, in die sie soweits an ihnen lag, alle drei glatt hineingelaufen wären (und es lag an ihnen; Gott hatte vorher geschwiegen, zu allen dreien). Vor Gott gilt nämlich weder die Tat allein (wie für die Heiden) noch [[gar bloss]] die Absicht allein (wie für die Idealisten), sondern Absicht Tat und Folgen sind vor ihm zusammengehalten. Und deshalb macht Raschi zu V.11 ff. nicht den mindesten Versuch Abraham herauszureissen (ich bin innig überzeugt, dass die Modernen hier alle apologetischen Künste spielen lassen, denn sie sind ja alle „Idealisten"), nur zum entscheidenden Punkt, zu V.17, macht er zu „mit grossen Plagen" eine Anmerkung, durch die das Wunder ganz scharf zugespitzt wird, so dass der Rest von schwankmässiger Schadenfreude des Hörers, der sich freut, dass es Pharao schlecht geht, ausgelöscht und die Geschichte ganz theologisiert wird; nämlich zu „mit grossen Plagen" bemerkt er: „nämlich mit Impotenz".

Liebes Gritli, muss ich dir denn diese ganze Erklärung noch extra geben? Kennst du denn diesen ganzen Zusammenhang des Lebens nicht selber? kennst ihn von - mir? den Zusammenhang von Sünde, die freilich für sich Sünde wäre und bliebe und aus der nur keine menschliche Entschuldigung, sondern allein Gottes Arm, der da „plagt mit grossen Plagen", und zwar immer mit den grade hier hingehörigen, „herausreissen" kann? Der erste Brief von Freiburg vom Ende Januar -

Liebes, liebes Gritli ——————————— Dein, Rudis, Eugens Franz.

[1] Anspielung auf das „Vater unser".
[2] 1. Mose 12,10ff: die Geschichte von Abram und Sara in Ägypten.

An Margrit Rosenstock am 29. Oktober 1919

29.X.19.

Liebes, nur noch ein Gute Nacht vor dem Schlafengehn. Ich war Nachmittags bei Trudchen. Nach Tisch bei Prager. Ich habe bei ihm den dritten der drei klassischen Kommentatoren nachgesehn, Nachmanides,[1] aus dem 13. Jahrhundert, den ich in meiner Ausgabe nicht habe, er sagt zum Ganzen:[2] „Und wisse, dass unser Vater Abraham eine grosse Sünde begangen hat in Verwirrung, indem er sein frommes Weib in den Fallstrick der Schuld brachte aus Angst sie möchten ihn erschlagen; und er hätte vert sein Vertrauen setzen müssen auf den Namen dessen, der da gerettet hätte ihn und sein

Weib und alles was sein war; denn bei Gott ist Kraft zu helfen und zu retten; auch schon sein Auszug aus dem Lande, wohin ihn Gott zuerst gewiesen hatte, wegen der Hungersnot ist Schuld, die er auf sich lud, denn Gott hätte ihn auch in Hungersnot ~~erlöst~~ gerettet vom Tode; und wegen dieser Sache ward über seinen Samen verhängt die egyptische Gefangenschaft unter Pharaos Hand."

.... Ich muss - volens nolens[3] - wollen, was hier geschehen ist. Aber weil es so ist und weil ich also Rudis und deine Liebe zueinander nicht als einen Zufall - in die Hölle jeder Zufall, aus der er entstiegen ist! - also nicht als einen Zufall sehe, sondern sie mir die höchste Tatsache und das oberste Gesetz meiner Liebe und meines Lebens geworden ist seit dem Augenblick wo sie Euch gegeben wurde - ich schreibe das unter Tränen aber es ist so -, weil also dies so ist, so musst [[du]] es ertragen mit aller Kraft, die du aus deiner Liebe zu mir hast, wenn meine Schwachheit ~~sich~~ diesem ungeheuren Gesetz, das zu leugnen sie sich nicht unterstehen darf, bisweilen zu entfliehen sucht. .....

Sieh, so ist es doch: mir ist eine ungeheure Umkehrung (das was Eugen „Inversion" nennt) geschehen am 21. August, Eugen ja unmittelbar gar keine, nur mittelbar durch mich hindurch. Seitdem hat meine Liebe ihr höchstes Gesetz nicht mehr in sich selbst (denn Eugen war nicht ihr höchstes Gesetz, sondern ihr tragender Pfeiler), nicht mehr in sich selber also hat sie ihr Gesetz nun, sondern ausser sich, in Rudi und Dir. ....

[1] Nachmanides = Mosche ben Nachum, 1194-1270, jüdischer Bibelausleger, Talmudgelehrter und Philosoph.
[2] Zu 1. Mose 12,10ff.   [3] Lat.: wollend nicht-wollend, wohl oder übel.

An Margrit Rosenstock am 30. Oktober 1919

30.X.19.

... ich bringe den Brief fort und telegrafiere; dann gehe ich bei Prager vor, um ihm den Nachmanides zurückzubringen, den ich gestern von ihm fortgenommen hatte. Da sind grade zwei junge Leute bei ihm, ein Student und eine Studentin, mit denen er Jesajas lernt. Ach, sagt er, Sie kommen uns grade recht, das ist ja Ihre Spezialität (er meint: Jesajas), wir können ja mitten fortfahren, Sie kennen es ja ganz genau", legt mir das Buch vor die Nase und der Student fährt mitten im Satz fort: dass du mir gezürnet hast.[1] Ich denke, der Stuhl sinkt unter mir weg. Wir haben dann das Kapitelchen zu ende gelesen, und speziell zu dem ersten Vers auch die Kommentare, ich war ganz weggenommen. Unter den Kommentaren war einer, der es so umschrieb: denn wenn du dich nicht über mich erbarmt hättest, so wäre ich gar nicht wieder so geworden, dass dein Zorn sich wenden konnte.
.....

[1] Jesaja 12,1.

An Eugen Rosenstock wahrscheinlich Ende Oktober 1919

Lieber Eugen,   ich kann dir nicht auf das Eigentliche in deinem Brief antworten. Ich schäme mich. Ich habe wohl an Gritli auf alles mit geantwortet, soweit ich es kann. Den Schlussaufsatz der Hochzeit lese ich erst heut Nachmittag. Grade als ich an Gritli fertiggeschrieben hatte, kam ein Brief von Rudi: „Gritli ist wieder krank und zwar in Folge der Kälte, du hast sicher auch schon überlegt, dass das so nicht weiter geht. Sie

haben ja keine Feuerung und es ist doch sinnlos, dass sie krank im Bette liegt statt irgendwohin ans Warme zu gehn. Da der Besuch bei Helene ja doch für bald geplant ist, so sollte sie jetzt nach Cassel gehen und dort bleiben, bis sie in St.[1] heizen können. Was hat Eugen von einer kranken Frau? Er sollte mitkommen und von C.[2] aus - sogut wie Picht von Hinterzarten aus - solange redigieren bis Feuerung da ist, dann sorgt Riebensahm auch wohl dafür. Aber Gritli mit ihrer Nierendrohung muss aus der Kälte raus. Willst Dus ihr und Deiner Mutter nicht vorschlagen?"
Ja und vor allem Dir. Hier ists herrlich warm. ...
Nun aber ein neuer Novembersturm, dessen Heraufziehn ich ja schon seit dem zweiten Würzburger Aufenthalt gespürt habe. Lies die beiliegende Briefabschrift, ich schreibe Seifert wahrscheinlich heute nur, dass ich dich, Hans und Rudi von seinem Brief in Kenntnis gesetzt habe und von Euch Rat erwarte. - Ich halte ja selbstverständlich auf dieser Grundlage den Moriah-Verlag für unmöglich. Entweder Weismantel will ihn. Dann muss er mich wollen. Und muss die Imponderabilien[3] meiner Person (Subskriptionsidee! Denkschrift! die Straussiade! Cohen! überhaupt meine ganze Managerschaft bei euren Sachen, und alles was er in Zukunft noch von mir als Autor und Organisator erwarten kann) in seine Rechnung einstellen und mich darf mich nicht behandeln (denn Seifert hat den Brief nicht ohne Weismantels Zustimmung geschrieben!), wie ein Geschäftsverleger (mit Recht) einen - Kommerzienratssohn geschrieben hat behandeln darf, der ihm ein ganz begabtes Manuskript bringt, das er allenfalls - warum nicht? - risikolos zu drucken sich nicht weigert; seine Beziehungen mit dem jungen Mann sind eben damit abgeschlossen, - risikolos.
Schreib mir, ob du es nicht genau so ansiehst. Ich hätte natürlich in diesem Fall nicht den mindesten Grund, grade bei Weismantel zu verlegen, denn der Moriah-Verlag ohne meine volle Aktivität ist ein totgeborenes Kind und ich werde mich hüten, dem mein Buch in den Sarg mitzugeben. Ich muss aber diese Sache bald zur Klärung bringen, denn ich habe keine Lust mich weiter noch so für eine Sache aufzuregen und interessieren [[und zu exponieren (Strauss!!)]], die wie ich nun sehe, von ihrem Träger gar nicht als meine Sache angesehn wird. - Du kannst wenn du lieber willst auch direkt an Weismantel schreiben. Es ist ja übrigens eine sehr unwahrscheinlich, dass der ✿ schlechter gehen sollte als Hansens beide[4] und sogar als dein Buch. Geschehen muss natürlich für alle was. Ohne Reklame ist selbst „Kreuz und Krieg"[5] spurlos verpufft. ...

[1] Stuttgart. [2] Kassel. [3] Aus dem Lateinischen: Unwägbarkeiten.
[4] 1920 erschienen von Hans Ehrenberg „Die Heimkehr des Ketzers" sowie das zweibändige Werk „Tragödie und Kreuz" im Patmos-Verlag.
[5] Werner Picht, Kreuz und Krieg, 1917.

An Eugen Rosenstock wahrscheinlich Ende Oktober 1919

Lieber Eugen, ich schreibe dir in der Bibliothek - ich bin zum ersten Mal seit vielen Wochen in einer. Also: inzwischen habe ich mir überlegt: Der Moriahverlag ist nicht so eilig. Sowieso nicht. Nun ist mein Vorschlag: ich versuche jetzt in Berlin, Cohens Aufsätze zu kriegen; das wird wahrscheinlich leicht gehen. Dagegen wirds ohnehin länger dauern, bis der sehr akrib langsame Philologe Bruno Strauss fertig mit der Bearbeitung ist. Auch Ed. Straussens Broschüre ist noch nicht da. Sowie die da ist, erscheint sie. Die 2-3 Bogen tuen Weismantel ja nicht weh.   Dann gleichzeitig die Subskriptionsreklame, ⌈⌈die der Strausschen Broschüre schon beiliegen muss⌉⌉. Ist ebenfalls, wenn der Einladungstext der gleiche ist wie beim Patmos-Verlag keine grosse Ausgabe, da die Probeseiten ja im Satz stehen bleiben können. Und gleichzeitig beginnt der Druck des Sterns. Nach zwei Monaten, also etwa Anfang März ist er fertig. Inzwischen ist die Subskription gelaufen. Und nun bleibt es Weismantel überlassen, ob er auf Grund des Ergebnisses der Subskription dann lieber das Buch so nehmen will wie eure Bücher, also mit ganzem Risiko seinerseits und Abgabe von 15% des Nettopreises an den Autor (meinethalben in diesem Fall auch erst vom 500. Exemplar an ⌈⌈die⌉⌉ 15%) oder ob er lieber will, dass - genau umgekehrt: - ich die ganzen unmittelbaren Kosten, also Papier, Druck und die nachweisbar für <u>dieses</u> Buch entstandenen Unkosten wie Porto u. dergl. (aber nicht die „allgemeinen Geschäftsspesen") ganz allein trage, dafür aber auch den ganzen Gewinn kriege - abzüglich 15% des Nettopreises an den Verlag. Ich finde, auf diese Weise kann Weismantel wirklich bezüglich des Sterns „ruhig schlafen".

Ich habe diesen Modus mit niemandem besprochen, glaube aber auf jeden Fall, dass er Weismantel den Moriah-Verlag ermöglicht. Natürlich darfs keine Kostenberechnung à la „64 500 M" sein, sondern eine reelle auf Grund der Tarife. Bei Cohens Buch rechnet er selber nicht mit einem Reinfall. Mit dem Druck von dem könnte sowieso noch nicht im Januar begonnen werden, weil Br. Strauss bis dahin sicher noch nicht fertig ist.

Ich will nicht länger oben sitzen. Also Schluss. Eventuell kannst du diesen Vorschlag ja Weismantel weitergeben. Er setzt natürlich voraus, dass die Grundstruktur der Verlage die ursprüngliche bleibt, <u>ohne</u> „Consortium".

Dein Franz.

An Margrit Rosenstock am 31. Oktober 1919

31.X.19.

Geliebtes, Rudi ist hier und siehst du (nicht: „siehe"): es ist sehr gut.[1] Wirklich <u>sehr</u> gut. Leg dir die beiden Hälften des Bogens zusammen, sie passen.[2]   Als ich kam, denn ich war nach Tisch zu Prager um mit ihm zu lernen und er zeigte mir ein wunderbares Stück Kommentar von Nachmanides zu dem Abschnitt vom Sündenbock, vom Bösen im Haushalte Gottes und dass auch der Bock der in die Wüste geschickt wird, <u>Gott</u> geopfert wird, denn vor Ihn wird er zuerst gestellt wie der andre,[3] - also als ich heimkam, sass Rudi schon da und hatte den 2. Satz von op. 109 angefangen; den hörten wir erst still zusammen und dann erzählte ich ihm das Geheimnis dieses Satzes.[4] Und nun lieben wir dich und sind, ja: <u>sind</u>

Dein.

---

[1] Anspielung auf 1. Mose 1,31.

[2] Gemeinsam mit Rosenzweigs Brief erhielt Margrit Rosenstock auch einen Brief von Rudolf Ehrenberg.

[3] Dazu 3. Mose 16,6ff.

[4] Dazu die Briefe an Margrit Rosenstock vom 25. und 27. Dezember 1918, S.205f.

An Eugen Rosenstock wahrscheinlich im Oktober oder November 1919

Lieber Eugen, also doch in Stuttgart! Dass W.[1] nun eventuell auf die Denkschrift[2] <u>ganz</u> verzichten will, ist jedenfalls besser als wenn seine erschiene. Dass deine Strauss sehr gefiel, schrieb ich dir schon. Mutter gefiel sie auch sehr. Weismantels „viel zu knapp" ist ja <u>dumm</u>. Neben dem kurzen lesbaren und eindringlichen Text von dir bleibt eben noch reichlich Raum für die Buchanzeigen, und die Leute bleiben mit Weismantels unausgegorenen Religions- und Geschichtsphilosophischen Lehrgedichten verschont. Jedenfalls ich erkläre mich ausserstande, in diesem Stil über das Judentum zu schreiben. Vielleicht kann man das, wenn man als „Katholik" über den Heiden und als eigentlich-Heide über den Christen schreibt, wie Weismantel. Die Denkschrift muss sauber sein - aut <u>non</u> sit.[3] Ich habe meine preisgegeben, die doch hoch über der Weismantelschen stand, nun soll er seine auch preisgeben.

„Für ihn selbst" habe ich doch im Stern ausführlich genug über das Judentum geschrieben. Ich mag dasselbe nicht nochmal im abendroten Lämmerwölkchen-Stil schreiben. Basta.

Von Seifert hatte ich eben eine wirklich klare Kostenberechnung für meine Verhandlung mit Gotthelfts. Es wird wohl darauf herauskommen, dass der Verlag das Papier zur Verfügung stellt, denn Gotthelfts behaupten zu diesem Preis kein so gutes zu haben. Das hatte Weismantel mir übrigens schon in Würzburg gesagt, sie könnten das. Seiferts Angabe des Papierpreises (von heute) stimmt mit dem Preis, der aus der an dich geschickten Aufstellung über die Kosten der Patmosbücher hervorging. Woraus du übrigens aber auch siehst, mit welchem granum salis[4] diese Berechnung zu lesen ist. Denn gekauft hat der Verlag das Papier ja im Sommer zu einem erheblich niedrigeren Preis. Diese Kostenberechnungsart ist aber wohl die übliche. Immerhin ein Grund mehr, das Mitleid mit diesen notleidenden Librariern[5] etwas zu dämpfen.   Dein Franz.

[1] Weismantel.

[2] Hic et ubique! Ein Wort an Leser und andre Leute, abgedruckt in Zweistromland S.413-421.

[3] Lat.: oder sie darf (überhaupt) nicht sein.

[4] Lat.: mit einem Körnchen Salz = richtig verstanden, abwägend.

[5] Vom Lat.: liber - Buch.

An Margrit Rosenstock im Oktober oder November 1919

Du liebes Herz, es ist mir immer noch so wie leer zu Mute; mein Herz ist in dem Brief von vorgestern zu dir gefahren und ich muss warten bis du es mir zurückschickst. So geht es mir eigentlich genau wie Rudi, der dir in diesen Tagen kaum schreiben kann, zwar nicht weil ich Antwort von dir brauchte; die braucht ja nun auch er nicht mehr, denn er weiss sie ja nun schon im voraus. Sondern wirklich nur, weil ich mich erst aus deiner Hand zurückbekommen muss. Du Liebe Liebe, ich warte auf dies Geschenk von dir, so ganz gewiss, so ohne Neugier und Unruhe wie ein Kind vor - nein nicht wie ein Kind vor dem Geburtstag, wenigstens ich war immer sehr neugierig. Sondern eben nur so wie ich immer auf die Geschenke deines Herzens warte, du grosse Schenkerin.

Ein Wort aus deinem Brief, den ich gestern bekam geht mir nach. Du schreibst so, als ob mir Heiraten je von dir Gehen bedeuten dürfte. Denk das nicht. <u>Sowenig</u> wie „ins

Kloster Gehn". So wie ich „ins Kloster" nur ein Herz tragen könnte, das voll ist von deiner Liebe und Gott schon mit mir vorlieb nehmen müsste wie ich bin und es auch, das weiss ich, täte und das Opfer das er verlangen könnte nur Opfer der Hände und Lippen wäre, nicht Opfer des Herzens, ganz genau so ists auch in der Ehe. Der Baum deiner Liebe, den du in meinem Herzen gepflanzt hast, den könnte ich nicht ausreissen und die Frau, die mich einmal lieben wird, muss schon den Mut haben, mein ganzes Herz zu tragen, kein zerstörtes und zerrissenes. Das Opfer der Hände und Lippen, der Hände die deine halten, der Lippen die zu dir sprechen, - das mag und darf sie fordern, wenn sie muss und - kann, aber das Opfer des Herzens selber kann und wird sie nicht fordern. Denn sie liebt doch mich. Und ich bin mein Herz. Sieh, es ist bei dir. Und so bin ich
Dein.

An Margrit Rosenstock am 1. November 1919 1.XI.19.

Liebes Gritli, nur dass du Montag früh ein Wort hast. (Mutter will mit uns ausgehn). Wir sind alle müde und verkatert von der ungeheuren Schlemmerei gestern Abend bei Adolfs. - Es geht diesmal wirklich ganz gut mit Rudi; man kann es eben nie im voraus wissen, und Davonlaufen ist immer Unsinn. Nur nachts hatte ich wieder eine längere Attacke.   Siehst du, ich spreche schon davon wie von einer Krankheit. Es ist auch eine. Und du liebst mich doch auch, wenn ich krank bin. Nichtwahr? Sei gut und froh. Ich küsse deine lieben Haare.   Liebe -
Dein Franz.

An Margrit Rosenstock am 2. November 1919 2.XI.19.
....
Was sagst du zu Weismantels Dummschlauheit gegen mich? Erst hiess es: „Bringen Sie mir den Stern tot oder lebendig!"   Wenn kein kleines Wunder geschieht, so lande ich nun doch im Jüdischen Verlag. Und gegen Strauss bin ich der Blamierte. Aber in einen solchen Verlag, wie den, den sich Weismantel und Seifert unter dem Moriahverlag vorstellen, dürfte ich ihn wahrhaftig nicht von seinem Freund Kaufmann fortlocken.
...

An Margrit Rosenstock am 3. November 1919 3.XI.19.

... Wie mag es überhaupt jetzt werden, wenn die Briefe nur noch mit Güterzügen gehen? Ich erwarte heut Antwort von München, ob vor dem 10. Korrekturen kommen. Sonst bleib ich nämlich bis zum 15. hier im Warmen.   Ich schreibe dir übrigens aus dem Bett und unter Bauchgrimmen; ich bin wieder auf der Bandwurmjagd, scheinbar wieder vergeblich; vielleicht habe ich gar keinen mehr.   Etwas müde bin ich heute von diesen Nächten und auch von der Kur.
Gestern Abend habe ich Mutter und Rudi den Nathan[1] gelesen. Es war mir merkwürdig, mit wie ganz andern Gedanken als in Säckingen. Dabei ist die Verliebtheit eigentlich noch genau so lebendig wie damals; nur der tolle Gedanke, es dürfte vielleicht sein, ist weg, und der hatte mich ja da lesen lehren.
...

[1] Lessing, Nathan der Weise.

An Margrit Rosenstock am 3. November 1919

3.XI.19.

Liebstes, meines, den Nachmittag habe ich richtig verschlafen, so müde war ich von dem mehr oder weniger im „Badezimmer" verbrachten Vormittag. Dabei wieder kein Erfolg. „Wohingegen" es bei Helene nun loszugehen scheint.[1]

Mir ist sonderbar, dass ich nun diese ganzen Wochen noch hier zubringen soll. So angenehm die Wärme und das gute Futter, so unangenehm ist ja auf die Dauer das uneigene Leben, das ich hier führe, dies Leben unter Aufsicht und ohne rechten Inhalt. An sich verzieht sich ja nun der Druck des Hegel sicher bis Ende Januar. Ich will aber sehen, dass ich in dem Monat bis Weihnachten in Berlin die zweite Hälfte schon im Manuskript schon soweit fördere, dass ich die Korrekturen eventuell auch anderswo lesen kann. Voraussetzung freilich, dass ich Oldenbourg daran interessiere, schnell zu drucken. Dazu möchte ich ihn auf das Hellersche Buch[2] hinweisen. Dann wird er sich eilen. Wie heisst es? ist es auch ein „umfangreiches Werk"? und hat er schon einen Verleger? wird es „demnächst" erscheinen? Ich begreife ja von mir aus nicht, was an all diesen Sachen so diskret ist, meine Diskretion geht auf ganz andre Dinge und ich hätte gar ~~kein~~ nichts dagegen, wenn Heller mich gleichzeitig in derselben Weise als Butzemann benutzte (hätte übrigens überhaupt nichts dagegen, wenn er mich benutzen will; ich ihn ja bloss deshalb nicht weil mich ~~das~~ mein Buch nicht mehr interessiert.)

Was werde ich nun diese 3 Wochen hier tun? Jonas kommt heut abend wieder. Ich werde wohl viel pragern. Aber vom Lernen allein (- ich meine Lernen nicht im jüdischen Sinne, wo es mit Lehren sozusagen _ein_ Begriff ist[3]) also vom Lernen allein kann ich nicht mehr leben. Ich muss Lehren und Geldverdienen. Dies letzte gehört auch dazu. Sonst glaube ich selber nicht daran. Es braucht gar nicht viel zu sein. Es muss nur Geld überhaupt sein.

.....

[1] Gemeint ist die Bekämpfung eines Bandwurmes.

[2] Hermann Heller, Hegel und der nationale Machtstaatsgedanke in Deutschland, 1921.

[3] Das Wort למד bedeutet im Hebräischen sowohl „lernen" als auch „lehren".

An Eugen Rosenstock am 4. November 1919

4.XI.19.

Lieber Eugen, du schüttest das Kind mit dem Bade aus. Seifert muss bleiben. Die Vertrauenswürdigkeit des Verlags beruht darauf, dass dieser ältere und geschäftskundige Mensch dabei ist. Zu Weismantel _allein_ hätte ich damals in Würzburg nicht das Vertrauen gefasst, dass die Sache gehen würde. Weismantel plus Seifert. Aber auch Weismantel muss seine, wie dus nennst „grossspurige", Stellung den Autoren gegenüber behalten. Kollegienregiment taugt nie etwas. Er muss entscheiden. Die Autoren dürfen nur beraten (schon ein grosser Unterschied gegenüber den alten Verlagen: Autorenparlamentarismus, aber doch monarchische Spitze; Seifert gewissermassen die Bürokratie. Diese Faktoren sind _alle drei_ nötig. Du Bolschewist willst aus dem Parlament der Autoren eine Räteregierung machen und deshalb den Monarchen entsetzen, den Minister zum Teufel jagen. Das geht nicht. Das System, wie es schon sich hergestellt hatte, kann tadellos funktionieren, _wenn_ ja wenn der Monarch nicht den

Kopf verliert und ⌈⌈sich nicht⌉⌉ sowohl über das technische Gutachten des Ministers wie über das geistige des Parlaments sich die letzte Entscheidung vorbehält. Jetzt hatte Weismantel den Kopf verloren, er sah nicht mehr das Ganze. Er liess sich, im Falle Becker, vom Minister beraten, statt (mindestens auch) vom Parlament.   Und in meinem Fall ähnlich. Die Stellung die ich im Moriahverlag haben muss kann ich nicht ausfüllen ohne Seiferts allgemeine Branchekenntnis. Ich verstehe die Unterschiede von Kommandit- und andern Verträgen nicht. Ich weiss nur: dass es unmöglich ist, einen Verlag ohne Verleger zu machen. Aus so etwas würde ich meine Finger sofort herausziehen. Weismantel hatte den absolut richtigen Gedanken, dass der Geldgeber keinen Einfluss haben darf; das ist nur so möglich, dass er dafür den ganzen Gewinn kriegt und der Verleger bloss ein festes Gehalt. Wenn das sich juristisch am besten als Kommanditvertrag[1] konstruieren lässt, dann ist es so am besten.   Ich weiss ja leider immer noch nicht, was nun eigentlich mit Pichts Volksh.sch.b.[2] los war, obwohl es mich, da sie doch in den Neubau Verlagen nicht im Patmos-Verlag, erscheint, ebenfalls angeht. Aber im übrigen ist die Patmossache bisher reibungslos und gut verlaufen (mit Ausnahme der Becker-Affäre). Und die Moriahsache kann genau so gut laufen. Mein Vorschlag, eventuell mit mir als Autor einen rein geschäftsmässigen Vertrag zu schliessen, dann aber gleichzeitig mir als Gutachter u.s.w. Gehalt zu geben, ist ganz ernsthaft gemeint.   Obwohl ich die ursprüngliche Form 1.) für schöner (und 2.) für Brunfleck finanziell vorteilhafter) halte. Hans, der zu merken anfängt worum es sich handelt - du hast ihm geschrieben — macht allerlei komische Kompromissvorschläge. Also nocheinmal: einen verkappten Selbstverlag mache ich nicht mit. Seifert N̶o̶c̶h̶ ̶e̶t̶w̶a̶s̶ muss bleiben und Weismantel muss Verleger bleiben.
Noch etwas andres: Hans möchte scheinbar den Moriahverlag finanziell von den beiden andern trennen. Das wird nur unter sehr durchdachten Kautelen[3] gehn. Sonst ist da eine Quelle ständiger Reibungen. Denn ein Büro kann nicht zwei Herren dienen, ohne dass die beiden Herren aufeinander misstrauisch werden. Solange Brunfleck trätabel[4] bleibt, solange lässt man besser keinen andern Geldgeber hinein. Denk einmal wie schwer allein die Reklame auseinanderzurechnen sein würde.
Nun weiter: die Reklame. Hic et ubique[5] ist keine Reklame im gewöhnlichen Sinn. Verlass dich drauf: „expressionistisch", d.h. ⌈⌈zu deutsch:⌉⌉ reklamehaft kann ich genau so gut schreiben wie Weismantel. Ich will euch gern ein Reklamegeschrei von 1-2 Seiten verfassen. Aber das hilft gar nichts. Darüber liest man heute hinweg. Oder vielmehr: das liest heute kein Mensch. Und grade die Menschen nicht, auf die es hier ankommt. Denn das Publikum, auf das die N. Verlage[6] spekulieren, sind nicht die 20jährigen. Unter den sämtlichen Büchern, mit denen wir hervortreten, ist keins, das auf die Eindruck macht. Das mag dich kränken. Es ist aber so. Wir schreiben malgré tout[7] und malgré nous alle für Vorkriegsmenschen. Expressionismus für N̶a̶ Vorexpressionisten. Die Pfarrer ⌈⌈bzw. Vikare,⌉⌉ Zeitungsschreiber, Extraordinarien, Lehramtsassessoren - kurzum die 35jährigen, d.h. die bei Kriegsausbruch beinahe 30jährigen, die alle durch das Vorgefühl des Kriegs in einer künstlich verlängerten Jugendlichkeit gehalten waren, kurzum die Menschen, die sind wie wir, - das ist unser Publikum. Für die muss man schreiben, wie ich in Hic et ubique,[8] scharf, blitzend, aber nicht schreiend. Ich habe ja grade in dieser Beziehung Erfahrung -: „Zeit ists"![9]

Weismantel schickt übrigens heut schon eine Karte aus Würzburg, er will es nicht gewesen sein:

L.H.R.,[10] eben komm ich aus Essen zurück. Von Rosenstock erfahre ich, dass Herr Seifert Ihnen Verträge vorgelegt hat, die Unmöglichkeiten sind. Ich werde morgen die an Sie abgegangenen Korrespondenzen überprüfen und mitteilen, inwieweit ich dafür verantwortlich bin. Entgegen Ihrer Annahme hat Herr Seifert in keiner Sache von mir Formuliertes erhalten, ich ersuche Sie also abzuwarten. M. besten Grüssen Ihr sehr erg. L.W.[11]

„nichts Formuliertes"! diese Aussage ist so „formuliert", dass er sie im Beichtstuhl verantworten könnte.

Ich schreibe dir heut Nachmittag noch weiter; dieser Brief muss erst zur Post, um noch den letzten Schnellzug mitzubenutzen.

Grüss Gritli,

Dein Franz.

Ich habe gestern auf alle Fälle mal einen Fühler an [[Bruno]] Strauss wegen der Cohenschen Aufsätze losgelassen, noch ohne vom Verlag zu sprechen, bloss als ob ich ev. auf die Herausgabe spe Absichten hätte.

---

[1] Vertrag über ein Zweiggeschäft.
[2] Volkshochschulbroschüre.
[3] Sicherheitsklauseln, Vorsichtsmaßnahmen.
[4] Franz.: passend, fügsam.
[5] Titel der Rosenzweig'schen Denkschrift, abgedruckt in Zweistromland S.413-421.
[6] Neubau-Verlage.
[7] Franz.: allem zum Trotz ... uns zum Trotz, gegen unseren Willen.
[8] Abgedruckt in Zweistromland S.413-421.
[9] Abgedruckt in Zweistromland S.461-481.
[10] Lieber Herr Rosenzweig.
[11] Leo Weismantel.

An Eugen Rosenstock am 4. November 1919

4.11.19.

Lieber Eugen, also Fortsetzung: die „Arbeitsgemeinschaft" ist ein bischen wenig, aber das schadet wirklich nichts denn das ganze Buch ist ja nur ein Aufsatzbuch, also schliesslich doch nur eine Sammlung von mehr oder weniger ausgewachsenen Aphorismen. Es ist der Buchschluss einer Epoche. Und die „Arbeitsgemeinschaft" ist wieder der Buchschluss dieses Buchschlusses. Deine Stellung bei Riebensahm ist auch „ein bischen wenig". Warum soll da der Aufsatz anders sein? Mit all dem hängts ja auch zusammen, dass ich dem Buch keinen grossen Erfolg weissage. Z.B. die Spenglerkritik wird im Hochland ein Schlag gewesen sein; in dem Buch wird sie was Resonanzloses haben. Ich glaube nicht, dass ich mich täusche. Es wäre auch gar nicht gut, wenn ich mich täuschte. Denn dann wäre es deine Bestimmung, dich in solchen Aufsätzen auszugeben. Und das glaube ich nicht.

Als Redaktör habe ich dich nie gesehn bei der Daimler-Werkztg. Du weisst doch, dass ich den Tag wo du zu dem Arbeiter mit dem Schöpfungsaufsatz herausfuhrst, als den eigentlichen Beginn deiner Stuttgarter Tätigkeit angesehn habe. Andrerseits aber ist die Redaktion, die volle, ohne Muff, die notwendige Grundlage deiner Stellung. Nur wenn du „Redaktör bist", nur dann brauchst du dich nicht mehr um die Zeitung zu sorgen. Jetzt bist du grade deshalb viel zu sehr auf die Zeitung gerichtet, weil du sie nicht selber beherrschst. So wollte ich also grade, du verdrängtest Muff. Es ist so: du selbst verglichst vorher deine Stellung im Werk mit der des Pfarrers auf dem Gut. Die ~~beruht~~ besteht auch nicht in der sonntäglichen Predigt. Aber ein blosser Vikar, der etwa nur jeden 3ten Sonntag predigt, könnte diese Stellung nicht haben; sondern grade der würde wesentlich Prediger sein. Während der Pfarrer grade dadurch nicht Prediger ist, weil er jeden Sonntag predigt. Du bist vorläufig noch ein blosser Vikar und bei der Herrschaft gut empfohlen. Das ist das Falsche an deiner Stellung. Erklärlich durch die Art deines Hinkommens. Aber für die Dauer nicht möglich. Die Ehe mit Riebensahm war die Frucht des Todes. Aber sie ist in der jetzigen Form ebenso ungenügend wie - jener unglückliche Aufsatz auch. Jener Aufsatz war nur ein Embryo deiner künftigen Bücher. Und du machtest dich vor allen Leuten lächerlich, indem du verlangtest, sie sollten im Embryo ein ausgewachsenes Geschöpf erkennen. So ist die Ehe mit Riebensahm nur der Embryo deiner Stellung. Du kannst nicht verlangen, dass man dir glaubt, das wäre nun alles. Dass es ohne „Embryo" nicht geht, wissen „wir" wohl. Aber eines Tags kommt die Geburt, die Lungen ziehen und von da ab atmet der Mensch allein, und eines Tags fängt er an zu sprechen und zu laufen und endlich zu zeugen und zu sterben. Vielleicht meinen Embryonen immer, sie wären mit ihren respektiven Müttern verheiratet, - von wegen des „Bein von meinem Bein und Fleisch von meinem Fleisch".[1] Aber eines Tags wirst du merken, dass Riebensahm nur die Mutter ist und nicht deine Frau. Genug von dem Vergleich ...

[1] 1. Mose 2,23.

An Margrit Rosenstock am 4. November 1919
4.XI.19.
Liebes Gritli, ich kam heut Vormittag nicht mehr zum Schreiben, der Brief an Eugen musste fort und dann hatte ich mich zu Prager angesagt. Eben rief Rudi an, es war nicht leicht, du wirst es ja schon von ihm selber haben.
Jonas ist hier, seit gestern. Mir ist nicht recht wohl zu Mute. Ich spüre die Grundlosigkeit meines bürgerlichen Daseins hier im Haus, wo ich plötzlich über 14 Tage vor mir sehe. Zugleich meine innere Unfähigkeit etwas zu „arbeiten"; ich habe einfach ganz und gar keine Lust zu arbeiten wie man vor 10 Jahren arbeitete, mich zu interessieren u.s.w. Dafür bin ich nun wohl verdorben. Ich werde wohl Prager in diesen Tagen kräftig frequentieren. Vielleicht auch etwas Sprachen treiben, das ist ja immer das Indifferenteste - wenn man das „Messer des Geistes"[1] selbst nicht führen kann, dann muss man eben die „Scheiden" putzen.
Und im übrigen - ich habe Sehnsucht nach dir, aber es ist nicht schlimm Sehnsucht zu haben, wenn wenigstens alle Tage ein Brief kommt; ich freue mich ganz ruhig auf die Nachmittagspost, da ist er dabei. Und manchmal küss ich dein letztes Siegel, ob wohl noch ein Hauch von dir darauf ist. Und so ist das Leben ganz gut zu ertragen.
Hedi kommt wohl nicht? sonst wäre ja wohl schon ein Telegramm da.
Eine Frage: Lina behauptet steif und fest, du hättest die beiden grünen Lederstücke mitgenommen, - weisst du die, aus denen ich eigentlich eine Tasche für II 2 machen lassen wollte? Ist es wahr? wenn du sie noch so hast, so schick sie mir wieder, ich habe eine - dringende Verwendung dafür.
Ich habe deinen letzten Brief wohl zwanzigmal wieder gelesen und immer weniger könnte ich noch darauf antworten, so ruhig ist mir und so unendlich gewiss bin ich

meiner - deiner Liebe. Ich fühle wieder ganz wie ich dich in mir trage. Liebste, du darfst wieder flüstern, ja es genügt wenn du atmest, deine Atemzüge bringen alle Saiten meines Herzens zum Schwingen - ich liebe dich.

Ja, ich liebe dich Dein Franz.

[1] Martin Luther schrieb 1524 an die Ratsherren deutscher Städte: „Die alten Sprachen sind die Scheiden, darin das Messer des Geistes steckt." Bei Goethe heißt es in den „Zahmen Xenien" VIII: „Das mußt du als ein Knabe leiden, / Daß dich die Schule tüchtig reckt. / Die alten Sprachen sind die Scheide, / Darin das Messer des Geistes steckt."

An Margrit Rosenstock am 5. November 1919

Liebes, mein liebes Gritli,   5.XI.19.
es sind die Tage wo ich vorm Jahr II 2 schrieb. Dies Jahr ist zur Erinnerung daran Bahnsperre und unsre Briefe werden sich verzögern. So war es ja voriges Jahr, da brauchte ich dir kaum zu schreiben, so warst du bei mir, und die Briefe waren mehr eine Zugabe zu jenem einen grossen Brief. Gäbe uns der Himmel doch auch in diesem Jahr die Kraft des Beisammenseins ohne dass wir beisammen sind, dass keins das andre einen Augenblick vermisste.   Bist du nun bei mir? jetzt? in diesem Augenblick wo ich dies schreibe? Was wäre unsre Liebe, wenn ich es nicht zu hoffen wagen dürfte. Ja ich wage es, Geliebte, du bist bei mir, jetzt weil du es immer bist; denn nun bist du es auch (nicht bloss in Eugens Armen - da warst du es schon immer) sondern auch wenn du bei Rudi bist; ich glaube das ist mir geworden, jetzt, meine Arme sind so gewachsen, ihr Ring ist so gross, du kannst nicht mehr heraus - wenn du nur selber drin bleiben willst und welches Wenn wäre weniger „wenn" als dies, du Geliebte, du ganz Meine, du mir teuer Erkaufte mit Herzblut und Tränen, o du mein Gritli -
Ich habe Hans auf zwei Briefe wegen Weismantel geantwortet. Es ist eine unerquickliche Sache geworden, und ich habe durchaus kein sicheres Gefühl mehr, wie es ausgehn wird. Ohne einen tragfähigen Boden von Vertrauen ist eine so heikele Sache wie dieser Verlag ein Unding. Und Weismantel hat offenbar seine Vertrauenskraft an Hans, Rudi, Eugen und Picht ausgegeben und so meinte er, mich geschäftlich ausnützen zu dürfen. Bei jedem andern Verlag hätte ich dabei gar nichts gefunden. Hier aber ists unmöglich, denn er will ja mehr von mir als einen risikofreien Verlagsartikel. Ich bin jetzt sehr zufrieden, dass ich wenigstens dem Jüdischen Verlag noch nicht abgeschrieben hatte. Unangenehm und beschämend ist meine Situation nur gegenüber [[Ed.]] Strauss. Weismantels Schwäche liegt wirklich ganz ausgedruckt in den Falstaffkarten. Er meint auch, das Leben liesse sich „einrichten". Pichts „Taktfrage". So Leuten ist es immer gesund, wenn sie erfahren, dass das Leben sich das nicht gefallen lässt, sondern beisst und spuckt. Pichts „Taktfrage" ist sogar besser, denn Picht weiss wenigstens, was er tut, wenn er das Christentum zur Taktfrage macht, und stöhnt darüber, wenn auch nur im Kämmerlein. Weismantel aber ist ganz naiv, schreibt Doubletten und hält es für Briefe, behandelt mich als Kommerzienratssohn und beansprucht mich als Menschen, heiratet seine Frau und hälts für eine Ehe - „hic et ubique". Hoffentlich wirds trotzdem gelingen, ohne einen „Stellenwechsel" auszukommen.[1]
...

[1] Die Denkschrift Rosenzweigs „Hic et ubique" trägt als Motto ein Zitat aus Shakespeares Hamlet I,5: „Hic et ubique - Wechseln wir die Stelle!", Zweistromland S.413.

An Margrit Rosenstock am 5. November 1919

5.XI.19.

Liebes Gritli, Mutter hat wieder einen ihrer schweren Hexenschüsse, jetzt liegt sie. Sie ist wie ein kleines Kind, so schwierig. Dazu liest sie die Karamasoff.[1] Trudchen übrigens auch. Mutter ist sehr kaptiviert[2] davon, wie er „in den schlechten Menschen das Gute erkennt und in den guten das Schlechte". Das ist doch eigentlich wirklich alles gesagt.

Der Nachmanides neulich zu 1 M 12[3] ist übrigens gar nicht so abweichend von „meiner" Erklärung. Er ist eigentlich nur die exoterische Fassung dazu. Das was man, ohne Gefahr missverstanden zu werden, „Greda" sagen könnte. Die Finesse, die du wohl übersehen hast, weil du den technischen Ausdruck nicht merken konntest, lag in dem „aus Verwirrung". Nachmanides differenziert die beiden Sünden: die eine geschieht „aus Verwirrung", „aus Wahn",[4] - „aus Versehn", [[„in Unwissenheit"]] übersetzt es Luther („per ignorantiam") 3 M 4, 2ff., 22, 27, 5, 15, 4 M 15, 22ff. vor allem V.26, der am Versöhnungstag als Motto des ganzen Tags vorweggesagt wird. Diese Sünde wird nicht bestraft, [[obwohl sie ausdrücklich als eine grosse Sünde bezeichnet wird]], hier reisst ihn Gott einfach heraus. Hingegen die andre, wo er ein Gebot überschreitet, nämlich das von 12,1, und in ein Land geht, das Gott ihm nicht gezeigt hat, die wird von Nachmanides ausdrücklich als „Schuld" bezeichnet und für sie konstruiert er eine Strafe, ihre Strafe, und nun steht sein ganzer weiterer Kommentar zum Kapitel unter diesem Gedanken, den er nun im einzelnen durchführt: wie das egyptische Exil Strafe ist für jene Auswanderung Abrahams. In der verschiedenen Behandlung der beiden Sünden steckt eigentlich auch alles; überlegs dir mal.
...

---

[1] Dostojewski, Die Brüder Karamasoff.   [2] Gefangen.

[3] Dazu der Brief an Margrit Rosenstock vom 29. Oktober 1919, S.458f.

[4] Hebräisch: בשגגה. Verwirrte oder Wähnende sind nach traditionell-jüdischem Verständnis Menschen, die einem Irrtum anhängen und dadurch sündigen, *ohne es zu wissen*. Von eben diesen Sünden aber reinigt nach 3.Mose 5,18 das Opfer am Jom Kippur: es sühnt ausschließlich - so etwa Hermann Cohens Umschreibung von שגגה - SCHEGAGA (Religion der Vernunft aus den Quellen des Judentums, S.234) - Vergehen, die jemand begangen hat, und er wußte es nicht.
Dazu auch Stern der Erlösung S.363 über das Kol Nidre-Gebet, mit dem der Versöhnungstag beginnt, sowie Stern der Erlösung S.373, wo das Christentum als „Wahn" bezeichnet wird.

An Margrit Rosenstock am 6. November 1919

6.XI.19.

Liebes Gritli, „anbei" ein Brief von Weism., an dem ich dich das Datum, Eugen den Inhalt zu bemerken bitte. Ich habe gleich geantwortet und den Frieden ratifiziert. Einen Vertrag für meine Stellung im Moriah-V. kann ich nicht gut entwerfen; ich habe W. geschrieben: meine Rechte beschränkten sich auf das Veto, meine Pflichten bestünden im Zurverfügungstellen meines Kopfs. Er scheint mir übrigens ein bischen böse. Aber das wird sich schon verlieren. ....

Was sagst du zu diesem Papier? oder vielmehr, sag lieber nichts - es ist ein Schritt der Verzweiflung, ich fand kein andres Blockpapier, es ist das gleiche wie unser schönes, aber eine böse Farbe. Grüne Tinte würde schön darauf aussehn, aber das wäre lächerlich. Ich - freu mich auf Berlin, da habe ich noch von dem schönen. Und du kommst

nun vielleicht doch hierher mit Hedi? Eugen schriebs an Rudi. Wenn ihr vor dem 20. kommt, bin ich ja noch hier. Einen Monat Berlin brauche ich ja sicher, für die zweite Hälfte Hegel.[1] Dass die ✡korrekturen nicht damit zusammenkommen, ist nun schliesslich gut.
...

[1] Rosenzweig bereitete seine Dissertation „Hegel und der Staat" zum Druck vor.

An Margrit Rosenstock am 7. November 1919

7.XI.19.

.... Jüdische Kommentare auf deutsch? es giebt natürlich einiges; aber du würdest es doch nicht richtig lesen können. Die eigentlichen Pointen bleiben ja dem blossen Le-ser, und das ist der Christ wenn er Jüdisches zu lesen sucht, immer unverständlich. Denk mal, wie wenig du neulich von dem Stück gemerkt hast, das ich dir wörtlich übersetzt hatte; der Sinn davon wird doch nur für den klar, dem schon bei dem Wort „in Verwirrung"[1] (auch in Ps. 19,13 wo Luther übersetzt „wie oft er fehlet" steht in Wirklichkeit nur dies eine Wort), also dem sofort bei diesem Wort der ganze Versöhnungstag aufsteigt. Und so ist es überall. Gewöhnlich weiss der blosse Leser gar nicht, wieso überhaupt eine Erklärung nötig ist, er versteht gar nicht was für ein Zusammenhang zwischen Schriftstelle und Erklärung besteht. Die Erklärung ist eben nicht einfach Erklärung. Sie ordnet sich dem Wort nicht unter, sondern grade umgekehrt: sie führt das Wort hinein in einen grösseren Zusammenhang, sie überwindet das blosse Wort, sie macht aus dem Leser einen lebendigen Menschen, indem sie ihn an etwas Lebendiges erinnert. Ob man nachher die Bibel besser versteht [eben Rudi: es geht weiter gut], also, ob man ...?[2] schwerlich; ist auch gar nicht nötig. Man soll gar nicht die Bibel verstehn, man soll lebendiger werden. Aber weil dies Leben nun ein jüdisches Leben ist, so ist der Kommentar dem christlichen Leser verschlossen. Was du dennoch verstehst, kannst du nur verstehn weil du mein Leben mitlebst. Und so muss du dich auch weiter „damit begnügen, was ich dir wiedererzähle".
Von Barth habe ich damals den ersten Druckbogen der Broschüre gelesen und war auch hingerissen.
Wir haben uns am gleichen Tag wohl unsre Sehnsucht mit den gleichen Worten geschrieben. Liebste, nun ist Briefschreiben wieder schön, wenns auf kein Wort mehr ankommt weil jeder das Wort des andern weiss und Überschrift und Unterschrift mehr sagen als alles was dazwischen steht - und bei dir gar schon das Siegel. Liebste lass deinen geliebten Mund versiegeln mit einem

Dein.

[1] Dazu die Briefe an Margrit Rosenstock vom 29. Oktober und 5. November 1919, S.458f und 469.
[2] Punkte von Rosenzweig.

An Margrit Rosenstock am 8. November 1919

8.XI.19.

... Schrieb ich eigentlich, dass ich neulich in meiner Antwort an Weismantel ihm etwas gegen Eugen beigesprungen bin und ihm geschrieben habe, ich würde eine Entlassung Seiferts für ein Unglück und eine Änderung seiner eignen Stellung zwischen Brunfleck und den Autoren für sehr wenig wünschenswert halten? ich denke, er wird

Eugen gegenüber seinen Standpunkt - diplomatisch, aber doch - gewahrt haben. Dass er mir übrigens meinen „Stil" ankreidet; bei Hic et Ubique[1] möchte ich den Inhalt viel weniger vertreten als den Stil. Auf seine Antwort an Eugen bin ich nun wirklich neugierig. Da du sie doch nicht abschreibst, so schick mir doch einfach das Original, es geht dann über Göttingen zurück (und ev. über Heidelberg). - Die 12000 M sind gut und werden mit Zinsen, Schriftstellerhonoraren und den Einkünften des grossen Sommerkollegs über Geschichte der Staatslehre (für Staatslehre selbst hat er ja glaube ich keine venia[2]) auch „reichen". .....

Ich flüchte mich aus ihrem[3] - wirklich - Dunst-Kreis alle Tage etwa zwei Mal zu Prager, wir lernen zusammen, es ist sehr schön. Es ist so schwer davon zu erzählen, wenigstens wenn man es tun <u>will</u>. Wenn es mir mal einfällt, so kommt es zu dir. Aber auf dem Hinweg gehe ich ja immer an der Post vorbei und werfe den Brief an dich ein, und so begleitest du mich ein Stück Wegs. ...

[1] Abgedruckt in Zweistromland S.413-421.
[2] Venia legendi: Lehrbefugnis (an der Universität).   [3] Der Mutter.

An Margrit Rosenstock am 9. November 1919

9.XI.19.

Geliebte, die Revolution hat mich wohl voriges Jahr ganz kalt gelassen? ausser dem was ich so unmittelbar davon sah, muss ich so einfach darüberweggerutscht sein.
Es gewittert. Mutter gewittert. Rudi gewittert. Schreib ihm doch mal richtig. Nimms doch als das was es, ohne dass ers vor sich selber wahrhaben will, eben ist: als einen Anfall von ganz richtiger Eifersucht. Wahrhaftig grundlos, aber es ist doch nun mal. Und vielleicht ist ihm auch etwas zu mute wie mir voriges Jahr nach dem Juni. Da braucht man doppelt gute Worte.
Ich kann dir selber gar nicht recht schreiben, solang ich das Gefühl dieser Wolke habe. Ich merkte heut am Telefon, dass sie noch da ist.
Ich will dir etwas übersetzen, nämlich den Anfang des Vorworts der Talmudauswahl, aus der Prager und ich jetzt lernen, nichts Altes, sondern aus diesem Jahr.[1] Ich las es heute Morgen und es bestätigt so genau das was ich dir vor einigen Tagen über jüdische Kommentare und ihr Verhältnis zur Schrift schrieb.
„Auf zweierlei Art ist die Thora Israel zu eigen worden; als Schrift und als Überlieferung. Und herrlicher ist die Kraft der Überlieferung als die Kraft der Schrift, denn wäre die Überlieferung nicht, so wäre auch die Schrift als wäre sie nicht. Die Schrift ist einzig gekommen um der Überlieferung willen, und was nicht überliefert wird, das ist, auch noch wenns geschrieben steht, als stünde es nicht geschrieben. Die geschriebene Thora hat, wo keine Überlieferung zu ihr trat, keinen Zusammenhang mit dem Leben, und ist nichts als Buchstaben die in der Luft flattern. Die Träger der Überlieferung, die Weisen der Geschlechter und Zeiten, die da vorwärtsdrehten das Rad des Volkslebens, sie sind es die lebendigen Odem einbliesen den Buchstaben der Thora und Geist hineinsenkten, auf dass sie bestehen möge durch die Zeiten. Jene Thora die gegeben ward dem Geschlecht das am Sinai stand - ewig ist sie und wandert durch alle Geschlechter in allen Wandlungen der Geschichte. Jegliches Geschlecht haucht ihr seine Seele ein und jede Epoche drückt ihr Siegel ihr auf. Und jene Offenbarungen die sich offenbaren von Geschlecht zu

Geschlecht den Forschern, von Geschlecht zu Geschlecht den Weisen, einem jeglichen nach dem Mass seiner Kraft und nach der Fassungsgabe seiner Zeit, und einem jeglichen Weisen nach dem Mass der Überlieferung, die er besitzt, - sie alle, Funken nur sind sie des Urlichts der Thora, und steigen herab und wandeln sich in das wechselnde Licht dieser Welt der Dinge. Denn so wie es nichts Neues giebt in der Natur, sondern nur Offenbarungen der Kräfte, die in ihr verborgen lagen von der Schöpfung her, so giebt es nichts „Neues" in der Thora - „auch was ein eifriger Schüler einst in Zukunft noch lehren mag, auch das ward alles schon dem Mose am Sinai gesagt", denn die Thora - nicht im Himmel ist sie [natürlich Anspielung auf 5 M 30,12] und nichts ist drin ausser dem was offenbart wird den Weisen der Geschlechter. So ist auch die mündliche Thora nichts als die Offenbarung der schriftlichen und nichts ist in der einen was nicht in der andern wäre, - denn beide trinken an der gleichen Quelle."

Aber ist das nicht schön? So im Schreiben merke ich ganz was andres noch: meinst du nicht, das so einer den ✡ gern übersetzen würde, und es auch könnte. Es ist doch wirklich die gleiche Art zu denken. Und ich habe mir eben alle Mühe geben müssen mit meinem Deutsch halbwegs auf der Höhe des Hebräisch zu bleiben. Um nicht zu sagen: - „mit meinem Stil". Das tolle Zitat mit dem eifrigen Schüler[2] habe ich dir wohl schon mal erzählt, oder es steht im ✡.

Liebe, ich will hinein zu Mutter. Leb wohl - ein kleiner rascher Kuss - bis nachher

Dein Franz.

[1] Es handelt sich um die Talmud-Auswahl von Chaim Tchernowitz (Raw Tza'ir), Kitzur ha-Talmud, Vol.1, Lausanne 1919, S.2.

[2] Schmot Rabba 47,1: „In der Stunde, als der Heilige, gesegnet Er, sich am Sinai offenbarte, um Israel die Tora zu geben, sagte Er Mose nach der Ordnung: Schrift, Mischna, Talmud und Aggada ... Sogar was der Schüler den Lehrer fragt, hat der Heilige, gesegnet Er, Mose in derselben Stunde gesagt." Dazu auch Zweistromland S.703, Arbeitspapiere zur Verdeutschung der Schrift S.94.

An Margrit Rosenstock am 10. November 1919

... 10.XI.19.

Für mich ist das Zusammensein mit Mutter wieder eine rechte Blutvergiftung. Ich fürchte mich, zu ihr hineinzugehen. Überhaupt ist dies Haus hier ja ungefähr der Ort auf der Welt wo mir am aller unwohlsten ist. So ist es nun seit 20 Jahren, und immer gleich. Schon als 13jähriger habe ich begonnen genau so gegen meine Eltern zu empfinden wie jetzt, und aus den gleichen Gründen. - Ich habe, abgesehn von der Trägheit, eine abergläubische Scheu, mich auswärts richtig einzurichten; als ob ich mich dadurch zum ewigen Junggesellentum verurteilen würde; sonst müsste ich es wahrhaftig tun; ihr meintet es ja auch alle damals im Frühjahr, es wäre die einzige Lösung. Ich freue mich, nachher zu Prager zu gehn, und wäre es nur um aus diesem Haus für eine Stunde herauszukommen. Es war ein rechtes Experiment, hier 4 Wochen wohnen zu wollen.

...

An Margrit Rosenstock am 11. November 1919

11.XI.19.

... Mutter sagt von mir: Beruf: Briefschreiber. In der letzten Zeit stimmts wirklich. Denn das bischen Lessing und Prager und - Goethe (ich habe allerlei von ihm jetzt wieder gelesen) und Esra und Nehemia (an dem ich grade mal wieder bin) - das ist ja alles noch kein Beruf. Aber du bist ja mit Mutters Berufsangabe einverstanden. Mutter hat heut übrigens etwas fertiggebracht, dank ihrem Nachahmungstalent, was ich ihr nicht zugetraut hätte: sie hat den Judasdialog,[1] den sie von Rudi mal gehört hatte, schlechthin vollkommen vorgelesen, für Jonas. Ganz männlich, ohne eine Spur Sentimento,[2] und mit einem ungeheuren Gesicht.

Das Regal geht nach der Bahnsperre ab, ihr habts also noch in diesem Monat. Riebensahms Arbeit an Eugen unterschätze ich gar nicht. Aber ich „unterschätze" die ganze Redaktion (das im Einklang mit Eugen) und (gegen Eugen) die ganze Privatsekretärschaft, die absolut nötig ist, aber nur als Eingangstor. Das will Eugen nicht wahrhaben, braucht es auch nicht; aber du musst es genau so gut fühlen, wie du fühlst, dass die Hochland- etc. Aufsätze nicht Eugens schriftliches Lebenswerk sind, sondern nur ein Präludieren dazu. Auch das weiss er heute nicht und will es nicht wissen. Und auch das schadet nichts, dass er es nicht weiss. Aber du musst es wissen und innerlich unzufrieden sein, wie dus ja bist. Das Eigentliche muss - im Schreiben wie in der äusseren Lebensstellung - erst noch kommen. Dabei bleibt Riebensahm doch schon etwas ganz Wirkliches, in sich gar nicht „Verbesserbares". Die Spenglerkritik auch! Und trotzdem sind beide noch nicht das Letzte.

Also spricht der Laubfrosch. -

Ich habe ja bei Moriah eigentlich nur an 1 M 22 gedacht. An den Tempel nur ganz nebenher. Natürlich sind sie identisch. ... Gestern nacht las Mutter Briefe von Tante Ännchen[3] von 1909, in jedem eine Antwort auf Klagen über - mich! im Grunde schon genau so wie jetzt. Mein Egoismus, die Unmöglichkeit mir die „Wege zu ebnen", dabei mein „tadelloser Charakter" - kurz es war nie gut. Schade.

...

[1] Rudolf Ehrenberg, Ischariot und der Schächer. Ein Dialog, 1920 im Patmos-Verlag gedruckt.

[2] Ital.: Gefühl.

[3] Anna Regensburg, geb. Alsberg, 1875-1959, eine Schwester der Mutter Rosenzweigs.

An Margrit Rosenstock am 12. November 1919

12.XI.19.

Liebes Gritli, wenn das Zimmer warm ist, dann ist der Winter doch schön? ich liebe verschneite Strassen so. Haben wir eigentlich mal das Freiburger Münster zusammen im Schnee gesehn - nein, als ihr im Januar nach Leipzig fuhrt, da fuhrt ihr ja durch Freiburg bloss durch. Gestern als ich spät nachts von Prager heimging -

Heut Mittag rief ich Rudi zum ersten mal nicht an, weil Mutter meinte, es wäre nicht nötig. So rief er an, weil er dachte, es wäre etwas passiert. Es läuft ausserdem trotz Bahnsperre eine rege Korrespondenz zwischen hier und Göttingen, auch zwischen mir und Rudi Hallo, auch von Gertrud Rubensohn hatte ich seinetwegen einen Brief, dies Verhältnis zu seiner Familie hat etwas Krankhaftes; es sind tatsächlich die einzigen Menschen, bei denen seine ungeschützte Seele sich nicht dauernd en vedette[1] fühlt; bei allen andern fühlt er sich fortwährend „beurteilt" u.s.w. Ich habe es ihm auszureden gesucht; obs gelungen ist? Wie schwer es für die allermeisten Menschen ist, sich nicht zu „fürchten", nicht immerfort um das Morgen oder gar Übermorgen zu sorgen, sondern dem heute zu leben - und ich kann ihm ja auch nichts andres geben als

Worte und Beteuerungen. Glaubt er denen nicht und hält mich immer noch für ein grosses Tier, das ihn in den Fängen hält und das ihm eine ihm fremde Kraft leiht, die er von sich aus nicht hätte - was ist der Mensch, „der Odem in der Nase hat"![2]
....

[1] Franz.: im Mittelpunkt, im Rampenlicht.
[2] Jesaja 2,22.

An Margrit Rosenstock am 13. November 1919

13.XI.19.
Liebes Gritli, ... ich sprach Rudi, der genau so erschrocken über Weismantels Brief ist wie ich und gleich selber an ihn schreibt, dass er absolut kein „Consortium" wünscht, es sei doch alles gut gewesen, wie es war, und er wolle nichts anders. Ich selbst sehe auch jetzt in Eugens Anregung nur einen grossen Fehler und hoffe - ganz abgesehn von der Moriahangelegenheit - auch für euch, dass nichts aus der Sache wird. Eugen soll sich einmal die kleine Mühe machen, Weismantels Zahl 64500 für die reinen Druck-Kosten der bisher begonnenen Kreuzwegbücher nachrechnen. Ich komme auf ca 600 M pro Bogen. Da sind offenbar Zins und Zinseszins des hineingesteckten Kapitals auf 30 Jahre mitgerechnet: Denn ohne solche Rechenkünste kostet der Bogen vielleicht M 150. Es ist aber bezeichnend für die ganze Manier. Will Eugen durchaus ein „Consortium" (wobei aber wie gesagt ich auf keinen Fall mitmache), dann muss er wenigstens eine richtige Gesellschaft gründen für den ganzen Verlag, nicht für einen Teil der Bücher; denn sonst seid ihr immer die Betrogenen. Aber warum eigentlich das alles? Es lief so schön. Die Bücher wurden gedruckt, zwar nicht zu Phantasiepreisen von 600 M pro Bogen aber auch schon ganz hübsch, sie wären erschienen, alles war in Ordnung, nun ist Weismantel plötzlich vom kapitalistischen Fimmel gepackt, es müssen gleich 20 oder 25 Bücher auf den „Markt" fliegen, sonst gehts nicht. Also ein „Unternehmen". Gut, - lässt sich auch machen. Aber dann keine Garantiefonds für Brunflecksches Kapital, sondern eigenes Kapital, bzw. mit dem Brunfleckschen gleichberechtigtes. An sich verstehe ich aber die Leidenschaft, selber als Kapitalist mittun zu wollen, überhaupt nicht. Ich werde jetzt in Berlin sofort auf den J.Verl.[1] gehn und da rasch abschliessen, einerlei obs etwas mehr oder weniger kostet, - einfach um den ganzen Kram loszuwerden. Die ganze Phraseologie von unkapitalistischem Verlag u.s.w. musste sich ja wohl mal rächen. Geschäft ist Geschäft.
Hingegen: wenn Weismantel grundsätzlich wieder auf die allein vernünftige Urform des Verlags zurückgeht, uns mit Kostenberechnungen à la „64500 M" ungeschoren lässt, so wäre es ja sein gutes Recht zu sagen: ich arbeite mit begrenzten Mitteln, will mein Unternehmen nur allmählich wachsen lassen, werde also für jetzt nur die Kreuzwegbücher und den Anfang der V.hochschulserie herausbringen, und mit dem übrigen warten. Dagegen hätte ich „als Moriahverlag" gar nichts. Wenn der ✡ im März erscheint, ists auch noch früh genug. Und das Cohenbuch[2] braucht bei einem so langsamen Arbeiter wie Br.Strauss ist auch noch Zeit. Eduard Straussens Broschüre ist auch noch nicht fertig; er bittet sehr „nicht zu drängen". Ich würde mir dann den Moriahverlag so denken: dass sobald die Strausssche Broschüre da ist, diese gedruckt wird - die zwei oder drei Bogen machen nichts - und gleichzeitig mit der Subskriptions-

reklame für die beiden Bücher begonnen wird, also etwa Ende dieses Jahres. Durch das Ergebnis der Subskription wird sich dann herausstellen, ob das Risiko noch sehr gross ist. Ich glaube es eigentlich nicht. Zugleich wird Weismantel inzwischen schon gesehen haben, wie die Patmosbücher gehen. Es wird ein bischen Allmählichkeit in die ganze Sache kommen.
Genug von „Geschäften". Ich stecke in noch einem: ich bin dabei, mir die Bibliothek des verstorbenen Rabbiners hier - er starb als du hier warst, Febr. 1918 - für 2000 M zu kaufen. Nicht grade billig, auch nicht grade teuer, natürlich meist Bücher, an die ich mich erst heranlernen muss und auch Makulatur dabei. Immerhin auch viel, was ich gleich haben möchte. Und eben vor allem: der Ersatz für ein ausdrückliches „Noch-ein-paar-Jahre-Studieren". Ich habe dann eben die Bücher da, und die Folgen werden schon kommen. Gestern Abend war ich ganz aufgeregt von der Vorstellung. Heute bin ich schon wurstiger.
...

[1] Jüdischer Verlag.
[2] Die (erst 1924 erfolgte) Herausgabe der jüdischen Aufsätze und Vorträge von Hermann Cohen, die Rosenzweig sich für den zu gründenden Moriah-Verlag wünschte. Dazu der Brief an Eugen Rosenstock am 4. November 1919, S.466.

An Eugen Rosenstock am 13. November 1919

13.XI.19.

Lieber Eugen, mit Weismantels neuem Vorschlag verändert sich alles. Ich mache da nicht mehr mit. Und ich rate dir sehr, dich ebenfalls auf den ursprünglichen Punkt zurückzuziehn und den Verlag (Patmos) so weiter laufen zu lassen wie er schon in Gang war. Auf die Gefahr hin, dass sich [[vorläufig]] Patmos nicht über die 200000 M Brunnflecks hinaus erweitert und der Gedanke der Neubau-Verlage überhaupt aufgegeben wird. Die „432000" M des Weismantelschen Briefs (nach meiner Berechnung sind es übrigens bloss 431972 M und 56 Pfennige) sind einfach zu viel. So anfangen ist entweder unsolide oder - ganz was andres. Ich glaube allerdings: ganz was andres. Ich habe den Eindruck als ob Brunfleck doch noch ganz ein andrer Geschäftsmann ist als Oldenbourg oder Winter. Er selber bleibt Kapitalist im dunkeln Hintergrund für den Fall dass etwas dabei gewonnen wird, und für den Fall des Verlusts hält er sich an „seine lieben Dummen". Dein Buch würde dich im Selbstverlag, je nach der Berechnung (die nämlich um 100% schwankt) 5000-10000 M kosten, dafür kriegtest du dann aber auch wirklich, was es einbringt.
Ich fürchte, du hast durch deinen Brief an Weismantel, von dem ich ja nur ganz fragmentarische Kunde habe (auf Grund deren ich aber schon Weismantel meinen Widerspruch schrieb), - du hast damit fürchte ich quieta moviert.[1] Mein ganzes Vertrauen zu den Verlagen beruhte auf der Auseinandersetzung des Verhältnisses Weismantel-Brunnfleck, die mir Weismantel bei meinem ersten Besuch in Würzburg auf dem Weg in seine Wohnung gab. Ich bin jetzt froh, dass ich wenigstens noch nicht in Berlin bin und mich dort für den Verlag exponiert habe. An Strauss muss ich nun schreiben und ihm erklären, dass der Verlag nicht zustandekommt; das ist peinlich, aber nicht zu vermeiden. Aber für euch wünschte ich sehr, dass die ursprünglichen Verhältnisse wo die Autoren Autoren, der Verleger Verleger, der Kapitalist Kapitalist war wieder-

hergestellt würden. Die Kreuzwegbücher und der Anfang der Volkshochschulserie wird sich mit 200000 M schon machen lassen.

Für den ✡ bin ich ohne Sorge. Wenn ich ein paar 1000 M zuzahle, kriege ich ihn überall unter.

Und um noch etwas klarzustellen, was offenbar euch allen unklar ist: ich kann für den Moriahverlag, so wie er geplant war, d.h. im Büro der „Neubauverlage", keinen Pfennig Geld aufbringen, von X Y Z aus geschäftlichen Gründen nicht (weil kein vollsinniger Kapitalist ⌈⌈mir⌉⌉ Geld giebt, das absolut unkontrollierbar in ein andres Unternehmen hineingesteckt wird). Und von Strauss, an den ihr etwa denkt, aus inneren Gründen nicht, ganz abgesehn von den geschäftlichen die ja auch hier bestehn. Bliebe also nur ich selbst. Ich selber kann aber nicht Verleger werden, jedenfalls nicht mit meinem eignen Buch. Und mein Geld als Verlustdeckung Brunnfleck zu geben, fällt mir gar nicht ein.

Das einzige Unangenehme an der Sache bleibt mir der Brief an Strauss.
...

[1] Lat.: Ruhiges bewegt.

An Margrit Rosenstock am 13. November 1919

13.XI.19.

Liebes Gritli, schade. Aber die ganze Verlagsgeschichte ist alle. So hatte ich es mir ja vorher vorgestellt, daher mein geschäftliches Misstrauen damals. Das war dann zerstreut durch die klaren Mitteilungen die mir Weismantel in Würzburg machte. Erst nachdem ich diese Mitteilungen hatte, habe ich mit ihm vom „Sinai-Verlag" gesprochen. Ohne diese sichere geschäftliche Grundlage wäre mir jedes Wort darüber Zeitverschwendung gewesen. Die Grundlage war: Ein Kapitalist, Brunfleck, der den ganzen Gewinn und den ganzen Verlust trägt, und der Weismantel so weit vertraut, dass er sich jeder Einsprache in den inneren Betrieb des Verlags begeben hat; ein Verleger, Weismantel, Vertrauensmann Brunflecks, mit festem Gehalt; die Autoren. Das war klar. Und mit 200000 M liess sich ein Anfang machen. Auf dieser Einrichtung der Sache beruhte mein Vertrauen. Wäre es wahr, was du schreibst, und wäre der Moriah-Verlag wirklich meine Zukunft, so würde ich ihn wohl oder übel nun selber gründen müssen. Das habe ich aber glücklicherweise nicht nötig. Ich habe ein Buch geschrieben. Gut. Aber irgend ein Zwang nun weil ich ein Buch geschrieben habe einen Verlag gründen zu müssen, besteht nicht. Und wenn ich partout einen Verlag gründen wollte, so würde ich den ✡ nicht hineinnehmen. Es schadet sowohl dem Autor wie dem Verleger, wenn der Verlag ein Selbstverlag zu sein scheint.

Ich hoffe nur, Eugen schreibt mir auf meinen Brief keinen ungeschäftlichen zur Antwort. Ich muss immer wieder betonen, dass ich für die in Hic et Ubique[1] entwickelten Gedanken keinen Finger ins Feuer legen möchte. Das war alles reine Geschäftsreklame, ich glaube nichts davon. Hat Brunfleck nicht den Mut, die Sache zu finanzieren, so taugt das Ganze einen Dreck. Dann ists eben der Gehirnluxus von ein paar Litteraten, den sich ein Kapitalist zu nutze macht, wenn und weil er ja schliesslich - nichts dabei verlieren kann, denn für den Verlust treten die Esel selber ein.

Die ganze Geschichte tut mir leid, und E.Strauss gegenüber ist sie mir sehr unangenehm, aber da er mit Kaufmann ja wirklich befreundet ist, so wird ihn der schon wieder in Gnaden aufnehmen. Das einzig Richtige wäre aber selbstverständlich, dass Weismantel seine Pläne ein bischen zurücksteckte und erst mal den Erfolg der Kreuzwegbücher und der ersten 2 oder 3 der Pichtschen Serie abwartete. Ich habe mich sehr geärgert heute früh, jetzt bin ich schon wieder etwas ruhiger. Der ganze Moriah-Verlag war eben doch eine Kateridee. Weismantel selbst empfindet das jetzt. Und da gehts eben nicht.

Dass ich von Strauss nach allem Bisherigen nicht plötzlich Geld verlangen kann, verstehst du doch?

Du schreibst, Kapital wäre nicht bloss dazu da uns Zins zu geben. Das Kapital das z.B. ihr jetzt hineinzustecken im Begriff seid, ist aber <u>nur</u> dazu da, Zinsen zu geben, freilich nicht euch, sondern - Herrn Brunfleck. Und meine Zukunft beruht <u>allerdings</u> auf <u>meinen Zinsen</u> und nicht auf dem Moriahverlag. Ich kann sozialistisch <u>schreiben</u> (auf Verlangen für Weismantel), aber <u>leben</u> kann ich, soweit ich sehe, nur kapitalistisch. Ich habe bisher noch niemanden gefunden, der mich hat bezahlen wollen. Wenn ich ihn finde, dann sicher nur durch den ✡, nicht durch den durchaus grade im Moriah-Verlag erschienenen ✡.

Ich kann dir im Augenblick weiter nicht recht schreiben. Mir ist aus deinem Brief vom Sonntag auch ein bischen angst geworden, wenn ich denke, wie unbekümmert du in jenen Tagen bis zum Sonntag „geschlafen" hast. Du musst inzwischen selber einen gewissen Schreck bekommen haben, über welchem Abgrund du geschlafen hast. Er geht auch nicht zu, wenn du wieder einschläfst. Denn dass jener letzte Sonntag ihn nicht wirklich geschlossen, nur überbrückt hat, das spüre ich zu deutlich aus Rudis Briefen, du selbst musst aus dem, den ich dir gestern schickte, auch spüren.

Und auch ich ertrage es nur schwer, wenn du mich hungern lässt. Beinahe sonderbar: ich habe es die Tage her nicht gespürt, es trug mich etwas darüber weg und ich konnte in diesen Fasttagen nur inbrünstiger mit deinem Schutzengel reden; aber heute wo du mir wieder das liebe Brod deines Herzens hinreichst, heut spür ich plötzlich dass ich gehungert habe. Nachträglich spüre ich es. Der Leib meiner Seele meldet sich plötzlich, den die Seele meiner Seele tagelang vergessen hatte. Und nun schreit er nach deiner Täglichkeit, nach der Täglichkeit seines Brods. Er fleht dich an: liebes Gritli, setze nicht aus, lass nicht ab, gieb mir täglich, morgen übermorgen, alle Tage. Denn er hungert täglich. Nach Dir Dir — Dir. Gieb ihm.

[1] Abgedruckt in Zweistromland S.413-421.

An Margrit Rosenstock am 14. November 1919

14.XI.19.

..... Berlin? Ist scheusslich, und schwer zu erreichen. Wollen wir uns sehen, - was meinst du, wir fügen der deutschen Landkarte einen neuen Ort hinzu, in Thüringen, Eisenach, oder noch besser das wunderbare Erfurt, das noch dazu an der Schnellzugsstrecke Berlin-Stuttgart liegt und wohin von Kassel in 31/3 Stunden abends um 7 der einzige Schnellzug fährt, der überhaupt in der nächsten Zeit durch Kassel geht (der Köln-Leipziger) (das ist übrigens also überhaupt die einzige Schnellzugsverbindung Cassel-Stuttgart; d.h. dann fährt man natürlich nicht über Erfurt, sondern von Eisenach gleich nach Meiningen (Grimmenthal). Bin ich nicht das reine Auskunftsbüro?

d.h. zuverlässiger als die jetzt sind. Wollen wir zusammen anonym in den Neubau-Verlagen ein „Handbuch für Reisende trotz Streik und Sperre" veröffentlichen?
...

An Margrit Rosenstock am 15. November 1919

15.XI.19.

Liebes Gritli, und doch kein Brief. Warum denn nicht? Rudi vertritt dich, wie jetzt gewöhnlich. Er schreibt übrigens ad Thema Herbipolense:[1] „An Weismantel habe ich geschrieben. Eugen hat es glücklich so weit gebracht, dass die Autoren durch die Geldgabe nun erstrecht Knechte dieses Verlags werden, denn was soll das „Consortium" fern von Würzburg und zerstreut machen. Und ausgerechnet Hans als Sachwalter! Ich habe geschrieben, ich wolle gar keinen Einfluss. Eugen hat ihm einfach eine bequeme Handhabe zur Geldablockung geschaffen, weiter nichts. Aber wie gerissen der W. doch ist!"

Das ist ja sehr deutlich. Aber ich musste auch lachen, wie ich sah, dass Weismantel Seiferts Brief an mich nur deshalb desavouiert hatte, weil ihm Seifert meinen Geldbeutel noch lange nicht genug angezapft hatte. Weismantel ist ein guter Menschenkenner und weiss, dass man im allgemeinen die Leute leichter zu einer grossen Dummheit verlocken kann als zu einer kleinen. Aber grade gegen seine Autoren diese „Menschenkenntnis" spielen zu lassen, dazu hat ihm wirklich erst Eugen Gelegenheit gegeben.

Rudi Hallo ist von meinen drei Briefen an ihn und an Frl. Rubensohn wieder lustig geworden. Ich schrieb dir doch mal davon. Die kranke Kindheit hat ihn eben so daran gewöhnt, sich immer beobachtet zu glauben. Wer ihm das Gefühl nimmt, der hilft ihm. Ich fahre Dienstag und Mittwoch nach Göttingen, er nach Kassel, ich denke ihn aber am Dienstag noch zu sehn.

Ich mag jetzt nicht mehr schreiben. Mir fehlt dein Brief. Ich hatte mir so fest eingeredet, es läge einer da.

„Bettle" ich denn eigentlich um deine Briefe? Fast siehts so aus. Ists dir denn gar nicht mehr natürlich, mir schreiben zu müssen? Ich verstehe es doch nicht recht. Das hat sich doch nicht geändert. Schläfst du denn jetzt gut ein, auch wenn du mir nicht geschrieben hast? Lass mich doch nicht zum „Bettler" werden. Sieh, ich umfasse ja deine Knie, aber doch nicht wie ein Bettler, sondern wie, nein als ein Liebender; und ich muss Mein sagen können, um das Wort zu sagen, das mich und dich selig macht:

- Dein.

[1] Lat.: zum Thema Würzburg (wo der Sitz der Neubau-Verlage sein sollte).

An Margrit Rosenstock am 15. November 1919

..... Über Göttingen habe ich heute Morgen aus allen Kräften nachgedacht und bin dabei zur vollkommenen Klarheit gekommen: du musst zuerst - mit Helene allein sein. Das ist für sie die einzige Möglichkeit. Sonst tut sie alles nur um Rudis willen. Selbst wenn ihr euch „schlecht" verstehen würdet, also selbst im schlimmsten Fall ist das besser als alles Gezwungene. Und Helene würde sich sonst nur zwingen. Ich habe Rudi genauer und besser darüber geschrieben als jetzt dir. Lass es dir von ihm schreiben. Aber du wirst es auch sofort einsehn, wenn dus dir einen Augenblick überlegst (oder schon vorher). Und nun wird mir noch etwas klar. Das geht ja nur, wenn Rudi ein paar Tage weg ist. Er wollte ja sowieso mal gern heraus in den Schnee. Das schrieb ich ihm schon heut Morgen auch. Aber nun, wo du schreibst, du wolltest gleich nach Göttingen, ohne Kassel, ist ja alles ganz einfach. Nämlich: Rudi fährt Freitag (den 28.) Mittags fort in den Harz, ist Montag früh zurück. Und du kommst Freitag Abend oder Sonnabend früh zu Helene, unangemeldet und ausdrücklich weil er fort ist und um erst mal allein zu ihr zu kommen. Weiss sie es vorher, so regt sie sich auf und leidet und schliesslich umpanzert sie sich theologisch - for God sake. Du musst einfach dastehen, plötzlich. Mit Rudi musst du es natürlich vorher verabreden, das schadet auch nichts. Fürchte dich nicht vor den zwei Tagen, auch wenn es schwer wird für sie wie für dich. Tus! ich bitte dich, tus. .....

An Margrit Rosenstock am 15. November 1919

15.XI.19.

..... die kommende Woche räumt sie[1] die Wohnung um für unsre Proletarier; ein Sergeant von der Reichswehr mit Frau, Tochter und Junge. Sie kriegen das Mädchenzimmer und das kleine Schlafzimmer, wo Jonas jetzt liegt (wo Beckerath lag), dazu das ~~We~~ Jonassche Atelier unten als Küche, und nominell das Gastwohnzimmer. In Wirklichkeit behalten wir also die ganze Gastwohnung; sind keine Gäste da, so schläft Jonas in meinem jetzigen Schlafzimmer.   Die Mädchen kriegen das Schrankzimmer. Mutters Zimmer wird mit Möbeln vollgestellt.   Im ganzen also eine erträgliche Änderung. Du wirst sie kaum merken, weil dein oberer Bereich, einschliesslich des grünen Zimmers unangetastet bleibt.   Allerdings die neue Bibliothek wird vielleicht schon darin stehn. Da kannst du dann fleissig Talmud lernen. Ein paar Tage wirst du ja von Göttingen herkommen.

Ich hatte mir eigentlich gedacht, Eugen würde im Sommer alle 14 Tage auf 2 Tage ~~hin~~ nach Leipzig fahren, dort 3 Stunden Kolleg und eine Stunde Kolloquium halten. Die Aufregung muss er sich doch mal abgewöhnen. Es sind doch Studenten, also Leute die Mund und Nase aufsperren, wenn er ihnen das kleine Einmaleins sagt, denn die es mal gelernt haben, habens im Krieg doch wieder vergessen.
...
... Verzeih mir das harte Wort, das ich dir heut Nachmittag wegen Frankfurt schrieb, von Einrichten oder so. Es war nicht hart aus Unglauben, sondern hart aus zu starkem Glauben. Beides, die Verzagtheit wie die überkühne Gewissheit ist sicher nicht das Richtige. Sieh, nein, ich bin nicht kleingläubig, sondern voll warmem Glaubens an dich, aber ich bin in Wahrheit doch auch nicht überstark, wie ichs wohl auf Zeiten meine - und so auch heute Nachmittag -, sondern ich bin bedürftig nach deinen Wundern und Zeichen, jetzt und immer. So ist jener Glaube nur ein sehr menschlicher Glaube, stark und schwach zugleich, reich und arm zugleich, gläubig und ungläubig zugleich, wie alles Menschliche. ...

[1] Rosenzweigs Mutter.

An Margrit Rosenstock am 16. November 1919

16.XI.19.

Liebes Gritli, ich habe Rudi - übrigens aus Versehen auf diesem Papier - obwohl ich ihn morgen sehe, nochmal geschrieben; denn er redet immer noch mit der sophisti-

schen Harmlosigkeit des Herzens, ganz unbefangen von der Eventualität eines Wiedersehens vor und ohne Helene. Es ist dir doch jetzt ganz klar, dass das nicht geht. Dass es dann besser wäre, Rudi käme zu dir nach Stuttgart und du sähest Helene einmal später, als so. Denn da bliebe schliesslich nur alles so wie es schon ist, also gewissermassen in der Schwebe. Aber wenn ihr euch jetzt (Rudi meint: in Kassel, nämlich wenn du kommst, ehe Helene soweit auf ist) vorher seht und dann zu Helene „kommt", so ist dieser Moment auf den alles ankommt, von vornherein vergiftet. ... Hör diese Geschichte,[1] die mich seit einer Woche verfolgt, ohne dass ich wusste wozu. Erst ist ausführlich von diesen „Leiden der Liebe" (so genannt im Gegensatz zu den Leiden, die als Strafe über den Menschen kommen) die Rede. Und dann kommt eine Geschichte, die immer auf die gleiche Pointe herauskommt, aber in drei oder vier Fassungen erzählt wird und die letzte und schönste Fassung heisst: Rabbi Soundso war krank. Besuchte ihn Rabbi Soundso. Fand ihn in einem dunkeln Gemach, das war hell von dem Licht, das ausstrahlte von dem entblössten Arm des Kranken, so schön war der. Sah der Besucher, dass er weinte. Fragte ihn: Warum weinst du? etwa um deine Versäumnis des Studiums? aber wir haben ja gelernt: gleich gilt wer viel tat und wer wenig, wenn es nur geschah aus dem Drange des Herzens. Oder um deine Armut? aber sieh: keiner kann an zwei Tischen sitzen [im Sinne von: zwei Herren dienen[2]]. Oder um deine Kinderlosigkeit? schau her, hier trag ich ein Knöchlein bei mir von meinem zehnten.[3] Sprach der Kranke: Um all dies nicht. Ich weine nur um so viel Schönheit, die nun modern soll. Sprach der Besucher: [und nun kommt die Pointe, die in allen Fassungen gleich ist, nein noch nicht, erst bei der nächsten Frage] [also:] So weinst du mit Recht. Und sie weinten beide. Sprach der Besucher: Sind dir diese Leiden lieb? Erwiderte der Kranke: Weder sie selbst noch ihr Lohn. Da gab jener ihm die Hand. ~~Da~~ Stand er auf und war heil.
Da zerbricht ein System!
Zu einer der vorhergehenden Fassungen wird gefragt - denn die Personen sind in jeder andre, und daher ist der, der in der einen durch seine Hand heilt, in einer andern der Kranke, also zu dieser Fassung fragt der Talmud:
so hätte er doch sich selber heilen können?! Nein. Kein Gefangner befreit sich selbst.

Also hab Mut und geh zu Helene.
Dein Franz.

[1] Dazu Brachot 5b.

[2] Matthäus 6,24.

[3] Das zehnte Kind, das ihm gestorben war.

An Margrit Rosenstock am 18. November 1919

18.XI.19.

Liebes Gritli,   also in Göttingen. Wir waren heut mit Skiern fort, um nach B...[1] zu Herrn Hirsch zu gehen, wo ich das „Incidatur"[2] zur Inschrift auf Vaters Grabstein zu geben habe. Deswegen musste ich nämlich hierher. (Wir verliefen uns, kamen wieder an die Bahnstation zurück - glücklicherweise, denn es taute. Nun muss ich morgen, trotz Geburtstag, hin. Schade. Aber ich bleibe bis Donnerstag Nachmittag und dann fährt Rudi wohl mit nach Kassel. Heut hat Oldenbourg den ersten Bogen[3] geschickt, so dass es jetzt wirklich eilig wird, denn ich will nun rasch ein weiteres Stück Manuskript fertig machen. Durch die Bibliotheksfrage (die rabbinerliche)[4] werde ich freilich erst Montag fahren können. ....

Als ein Nachläufer in jedem Sinn kam dein Brief vom 12ten (ich vermute Irrtum für 11ten). So war es wirklich nur die Post und die Verkehrssperre. Sei mir nicht böse, Liebste. Nun ist aber doch alles wirklich „nicht mehr wahr", wenn es je wahr war; es heilt doch täglich, die Vorfreude und Gewissheit ist doch auch eine Heilung.

Und Liebste (sieh, ich nenn dich heut schon zum dritten Mal so, aber muss man es nicht „dreimal sagen"? Herein denn![5]), also sieh, ich meine, auch die „Busspredigt" ist überholt (ich rede nicht von Barth, sondern von der Wirkung auf dich an jenem Tag. Es war doch der Tag ehe dir aus Rudis Brief der Reiseentschluss aufstieg. Ich bin so masslos untheologisch jetzt - ich glaube, dass die Reise vor Gott mehr wert sein wird als „Busse". Ich glaube an das lebendige Leben mehr als an Busse. An den „morgigen Tag" (den aus eurer Vaterunser-Variante) mehr als an alle „Umkehr" zum Gestern und Vorgestern. An deine Kraft (die Kraft deiner Ohnmacht) mehr als an deine Unkraft (die Ohnmacht deiner Kraft). Liebe, glaub auch, und „fürchte dich nicht".

Dein Franz.

[1] Unleserlicher Ortsname:

[2] Lat.: es möge eingeschnitten (= eingraviert) werden; Rosenzweig'sche Wortbildung in Analogie zu „imprimatur" (lat.: es möge gedruckt werden): nach Abschluß aller Korrekturen angebrachter Vermerk auf Korrekturbögen zur Erteilung der Druckerlaubnis, insbesondere bei vom Bischof zu genehmigenden, theologischen Büchern.

[3] Von Rosenzweigs Dissertation „Hegel und der Staat".

[4] Dazu der Brief an Margrit Rosenstock vom 13. November 1919, S.475.

[5] Goethe, Faust I, Studierzimmer: „*Faust*: Es klopft? Herein! Wer will mich wieder plagen? *Mephistoteles*: Ich bin's. *Faust*: Herein! *Mephistoteles*: Du mußt es dreimal sagen. *Faust*: Herein denn!"

An Margrit Rosenstock am 23. November 1919

....
23.XI.19.

... Die Post ist ja träger als je. Ich fahre morgen nach Berlin. Die Korrekturen kommen in scharfem Tempo; gehts so weiter, so ist das Buch Ende Januar fertig. Das Arbeiten dran ist eine Qual. Was ich jetzt korrigiere ist Anfang 1911 geschrieben! Eben sagt Mutter, es sei so wie eine fleissige Formenarbeit. Sie hat leider recht.

......

An Margrit Rosenstock am 24. November 1919

24.XI.19.

... Diese ganze Woche mit Rudi war schwer für mich. Anfangs glaubte ich mich ganz sicher, war es auch. Allmählich aber verdichtete sich zwischen uns ein Gefühl von Fremdheit, er muss es genau so gespürt haben wie ich, ich empfand neben meinem Rudi (der auch deiner sein muss!) einen andern, den ich wohl kannte, aber nie gemocht hatte. Du kennst ja die Geschichte unsrer Freundschaft von ihm her, hör sie auch einmal von mir. Ich hatte bis etwa 1909 abgesehen von dem Reiz seines Esprit, den ich natürlich verspürte, eine tiefe Abneigung gegen ihn. Die germanisch-allzugermanische Mischung seines Wesens - Brutalität und Sentimentalität - widerte mich an. Ich kam zu ihm, als ich spürte wie in einem gewissen Wiedervonvornanfangen in ihm ein neuer Rudi entstand; er spürte das auch, und alles was er dir über sein Verhältnis zu mir schrieb, beruhte darauf, dass ich den neuen Rudi in ihm liebte und nur den, und dass er an meiner Zu-neigung zu ihm das Wachstum des Neuen in sich spürte ⌈⌈und gewissermassen ablas⌉⌉. Was so an mir in der Allmählichkeit des geistigen Lebens ihm spürbar wurde, das geschah ihm mit der Plötzlichkeit des Erlebnisses an Helene. Mit seiner Verlobung war das Neue festgeworden, be-schlossen. Von da ab war er mein Rudi, wurde es nicht mehr bloss. Deshalb habe ich in Helene, in der Macht die sie über ihn üben durfte, immer die Bürgin unsrer Freundschaft gesehn. (Sie wusste das selber nicht, glaubte komischerweise sogar das Gegenteil, bis ich ihr in Attendorn sagte, wie es wirklich war). Nun ist durch dich nach sieben Jahren zum ersten Mal wieder Bewegung in die Monumentalität seines Charakters gekommen. Und in dieser Bewegung geschieht nun, was dann immer geschieht: alles Alte quirlt wieder an die Oberfläche. Es giebt eben in der Seele kein wirkliches Ersterben; es ist immer alles noch da. So taucht jetzt auch wieder der Brutale und Sentimentale wieder auf, den ich beinahe vergessen hatte. Nicht in deiner Nähe. Da sind diese παθηματα[1] ebenso gereinigt wie meine entsprechenden es sind wenn ich bei dir bin (es ist doch klar, welche ich meine. Der Brutalität und Sentimentalität bei ihm entspricht die Hysterie und das Komödiantentum bei mir, Hysterie mein mütterliches Erbteil, mehr das Laster ⌈⌈(die Gefahr)⌉⌉ meiner Zukunft übrigens als das meiner Vergangenheit; Komödiantentum, selbstbespiegelndes und selbstbelügendes Möchtegern, das beherrschende Laster meiner Jugend von meinem 13ten Jahr an und fast ganz und gar Vergangenheit für mich). Also diese alten Sünden wachen wieder bei ihm auf und verfremdeten mir sein Bild in diesen Tagen ganz entsetzlich. Und mein Kampf für Helene ist natürlich in Wahrheit ein Kampf um Helene. Ich muss sie mir und damit gleichzeitig ihren Rudi mir retten. Denn es ist die höchste Gefahr, dass er sie jetzt vergewaltigt. Die Kraft dazu hat er, hat sie jetzt mehr als vor sieben Jahren, hat sie weil er von ihr in diesen 7 Jahren Ströme von Kraft bezogen hat, die er nun zurück auf sie wenden kann. Er kann es erzwingen, dass sie besinnungslos mit ihm geht; und das Schreckliche ist: er wäre zufrieden damit, er wünscht es kaum anders. Er fühlt nicht mehr, dass seine Unterwerfung unter sie es war, die ihn gross gemacht hat, und dass das andre ein billiger Triumph wäre, bei dem er sie (und ich ihn) verlöre. Es liegt bei dir, dass es nicht so kommt. ....

[1] Griech.: Leidenschaften.

An Eugen Rosenstock am 25. November 1919

25.XI.19.
Lieber Eugen, bitte besorg mir auf der Stuttgarter Bibliothek die eine der beiden Gegenschriften gegen Hegels in den Heidelberger Jahrbüchern erschienene Rezension der Landtagsverhandlungen von 1816. Sie heisst glaube ich: „Bemerkungen zu u.s.w."; die andre die ich nicht will, heisst: Freymütige Widerlegung. Und schick mir das Heftchen als Eilbrief, du kriegst es nach 2 Tagen zurück. In der Cohenbuchsache kann ich hier nichts tun, weil ich ja nichts über den Verlauf der Weismantelangelegenheit weiss. Du hast mir nichts geschrieben, was du z.B. zu der 64500 M-Berechnung gesagt hast u.s.w. Da Hans ja auf die ganze Sache auch sauer reagiert hat, so ist

vielleicht nichts daraus geworden. Aber das müsste ich doch wissen, ehe ich hier mit der Sprache herausrücke. Für Weismantel wird fürchte ich mein Angebot den Stern eventuell in Selbstverlag zu nehmen, nur der kleine Finger sein, bei dem er dann meine ganze Hand zu ergreifen hofft. Aber das tue ich nicht. Wenn ich Geld in den Verlag stecke, dann nicht in Herrn Brunnfleck seinen.   Also ich muss erst Bescheid wissen. <u>Das</u> Gute hat ja Rudis Anwesenheit in Stuttgart, dass du mit ihm mal über die Sache sprechen wirst.   Übrigens habe ich heute wieder an den Jüd. Verlag geschrieben, um auf alle Fälle zu wissen, zu welchen Bedingungen er den Stern nehmen würde.

Auf eure Briefe könnte ich höchstens dir antworten. Du hast ja im Ganzen recht, im Einzelnen ganz Unrecht. ...... - Ich fürchte dass du recht hast und dass hier wirklich etwas zerbrochen ist. Indem nicht geschehen ist was an der Zeit war und indem Helene sich nun für immer darauf einstellt zu tragen statt zu lieben. Und damit ist für mich auch etwas („etwas"!) kaputt. Denn ein Gritli, das den helenelosen Rudi liebt, kann ich nicht lieben. Da steht es ganz nüchtern, wie es ist. ... Von Gritli aus ist alles sehr klar und sehr richtig gesehn —— nur die Hauptsache hat sie vergessen. Es giebt kein Sehen „vor" Helene mehr, dies erste „ohne" sie ist ein „gegen" sie .....

An Margrit Rosenstock am 26. November 1919

..... ob nicht, ganz wie ich fürchtete, ein unwiederbringlicher Moment verpasst ist, das wage ich nicht auszudenken. Ich habe dir vorgestern Abend ja geschrieben, was für <u>mich</u> daran hing. <u>Mehr</u> als Helene: - Rudi; und <u>mehr</u> noch als Rudi: Du. Ich kann jetzt nur die Augen zuzumachen versuchen und die nächsten Tage verschlafen - könnte man das nur wirklich! - während ich dein in Göttingen Sein mit aller Kraft meiner Seele getragen hätte. Ich muss nun versuchen wegzukucken und nicht an euch zu denken. Erschrick nicht, wenn meine Briefe eine Weile ausbleiben. Auch diesen hier wollte ich eigentlich schon nicht mehr schreiben, tat es nur, damit du mein Schweigen nicht falsch auffasst. Ich kann eben piano nur singen, wenn die Kraft zum forte in meiner Kehle sitzt. Jetzt aber ist sie einfach heiser. ... Am liebsten führe ich nach Göttingen. Aber ich muss ja fürchten, Helene aus dem Schlummer, in den sie nun hineinsteigt - nur du (<u>nicht</u> Rudi) hättest die Kraft gehabt, sie wach und lebendig zu halten -, sie also aus diesem Schlummer zu wecken, und wenn sie dann aus dem Schlaf wieder herausgerissen wäre, stünde ich mit leeren und kraftlosen Händen vor ihr. So geht auch das nicht. Vielleicht bin ich ja zu ängstlich. Vielleicht ist, wie ichs zuerst dachte, mit der Stuttgarter Reise nicht der Augenblick verschleudert, sondern nur Zeit verloren - du selber glaubst das ja.

Mach dass ich wieder an dich glauben kann. Ich kann dich nicht lieben, wenn ich nicht an dich glauben darf. Du weisst, woran dieser Glaube hängt; ich sage es dir jetzt seit 14 Tagen.

Dein Franz.

An Margrit Rosenstock am 26. November 1919

26.XI.19.

...
... Sag Eugen bitte, ich wäre heut bei Straussens gewesen, hätte aber das Gefühl gehabt, nicht vom Moriah-Verlag sprechen zu können, weil ja alles noch im Dunkeln ist

und ich mich nicht gern exponieren möchte. Hat Weismantel Geld dafür? oder nicht? Es sind jetzt über 14 Tage her und ich weiss noch gar nichts. Am einfachsten wäre es, Eugen schickte mir, was er von seiner Korrespondenz hierüber hat, mal her. Es ist doch klar, dass Frau Cohen nur einen normalen Autorenvertrag mit ihm schliessen kann.[1] Und von mir darf er kein Geld erwarten.
Gute Nacht. Jetzt ist die Reihe des Müdeseins an mir. Gieb mir von deinen überschüssigen Schlafkräften!

Dein Franz.

[1] Es ging damals um die Veröffentlichung der Aufsätze und Vorträge von Hermann Cohen. Dazu der Brief an Eugen Rosenstock am 4. November 1919, S.466.

An Margrit Rosenstock am 27. November 1919

27.XI.19.

Liebes Gritli -

Liebe, Liebe ——————— Dein

An Margrit Rosenstock wahrscheinlich am 28. November 1919

Es scheint, als habe Rosenzweig diesen Brief zunächst nicht abgeschickt. Dazu der Brief an Margrit Rosenstock wohl vom 29. November 1919, S.486.

..... Helene „hereinholen", „herein" „zu euch". Dein eignes Wort verdammt euch schlimmer als irgend ein Wort eines andern es könnte. ..... Die menschliche Freiheit ist ein zartes Ding, Rudi hat sie in Helene für immer ausgerottet. Dafür hat er jetzt die Sicherheit, nach der er verlangte: „<u>beide</u>" zu „haben". Er hat jetzt Helene wie er seine Stühle Bücher und sonstigen Möbel hat. Das war es was ich verhindern wollte und wogegen (gegen mein Verhindern) er sich mit Händen und Füssen sträubte. Und dennoch hätte er mir nicht standgehalten, da sprangst du ihm bei und glaubtest seinem Lamento lieber als mir. Denn so war es ja auch für dich soviel bequemer. Alles garantiert sicher, ein tadellos funktionierender Apparat. Helene die rechte „Künstlersfrau", zu der der geniale Gatte „zurückgekehrt", wenn er mit einem Seitensprung fertig ist und zum neuen noch nicht angesetzt hat. „Du bist doch mein Bestes".
..... du hast mir nicht glauben <u>wollen</u>, es passte dir besser wie es Rudi nun eingerichtet hat: eine zerbrochene Frau, die nicht mehr Nein sagen kann und die ~~die~~ ihr Haus

auftut für die Freundin ihres Mannes, Gritli oder sonstwie geheissen. So hast dus. Es war sehr schön mit Rudi jetzt? Nichtwahr? eine narkotisierte Helene, ein vor den Kopf geschlagener Franz - wie kann mans sich besser wünschen. Aber ich kann da nicht mehr mitspielen. Ich habe mich eingesetzt mit aller Kraft, um euch und das was mich mit euch verbindet zu retten. Du hast es nicht gewollt. Du hast „Sicherheit" gewollt. Die hast du nun. Mich hast du nicht mehr. Und um den Rudi den du du nun hast, beneide ich dich nicht. Um den lass dich von Greda beneiden. Ich habe selbstverständlich jetzt nichts mehr gegen die Veröffentlichung der Schutzengel. Im Gegenteil, ich fände es bei dem Charakter den nun die Dinge angenommen haben, unnatürlich, wenn ein so wertvolles Kunstwerk nicht der Öffentlichkeit zugänglich gemacht würde. Begreifst du denn gar nichts???? Dass euer Finden im August ohne eure Schuld geschah. Das habe ich Rudi geschrieben und er hats Helene vorgehalten, um sich Zeit damit zu gewinnen, wie er durfte. Jetzt aber ists Schuld geworden. Denn euer Wiedersehn ist eure Schuld. Ihr wart gewarnt. Die Warnung war so glaubwürdig, dass auch Eugen sie nur auf Selbstaufopferung zurückführt. Das war ja nicht der Grund. Ich wusste, dass es um mich sogut dabei geht wie um euch. Ihr habt alles zerstört. Dir bleibt nur noch Eugen. Zieh dich auf ihn zurück und gieb alles andre auf, das ist der einzige Weg, wie du dich noch vor dem vollkommenen Zugrundegehen im Gewöhnlichen, Gredahaften retten kannst. Das ist das Letzte was ich dir sagen kann. Franz.

An Eugen Rosenstock am 28. November 1919

28.XI.19.

Lieber Eugen, vergiss doch bitte nicht, dass ich noch nichts über den weitren Verlauf der Weismantelaffäre habe. Denn dein „Beruhigungstelegramm" enthält ja nichts ausser dem Anlass meiner Unruhe. Ich weiss also im Augenblick gar nichts und kann also auch nicht mit Br. Strauss sprechen. Ed. Strauss schweigt sich glücklicherweise aus, ich wüsste wahrhaftig auch nicht, was ich ihm antworten sollte, wenn er mich fragt. Weismantels Nöte scheinen mir von den stark in die Höhe getriebenen Papierpreisen zu kommen. Was er nicht von seinen Vorräten drucken kann, wird dadurch so teuer, dass er es nur bei Massenartikeln wagen kann. Nun hat er sich offenbar entschlossen, den wie es scheint sehr umfangreichen Pichtplan (ein mir immer noch mythischer Begriff) mit seinen alten billigen Papiervorräten zu machen; infolgedessen bleibt dann für den Moriah natürlich nichts übrig. Unter diesen Umständen würde aber auch ich meinen Vorschlag, den ich dir mitteilte, wieder zurückziehen, denn zu einer vollkommen unmöglichen Sache habe ich genau so wenig Lust wie Weismantel. Er müsste also schon sehen, ob er für den Stern noch Papier zu den alten Preisen übrig hat. Ich würde ev. sehen, ob ich etwa durch Verquickung mit dem Druckauftrag noch billiges Papier beschaffen kann. (NB sind aber Gebr. Gotthelfts keine billige Firma, mein Vater hat nicht viel bei ihnen drucken lassen; auf „Verwandschaft" darfst du also gar nicht dabei rechnen). Aber schon um diesen Versuch zu machen, brauche ich von Weismantel eine Aufstellung („aber ehrlich, Jude!") über das, was ihn selbst sein Papier gekostet hat und was die Druckerei für den Bogen berechnet; nur dann habe ich ja ein Urteil, ob es sich lohnt, mit Gebr. Gotthelft anzubändeln. Es kommt bei dieser Berechnung nicht auf den Pfennig an, er darf alle Zahlen auf 0 abrunden. Nur auf die

64500 M-Berechnungen muss er verzichten. Ferner muss ich auch wissen, ob er das Cohen-Buch von Brunflecks Kapital drucken will; er darf sich keine Hoffnung machen, dass er von mir Geld dazu kriegt.
Soweit das Geschäftliche. Es ist unaufschieblich. Am besten wäre es, du schicktest mir aus deiner Korrespondenz die betr. Stücke mal her, damit ich ein wenig Einblick kriege in das was vorgegangen ist bzw. noch vorgeht. Du siehst ja dass ich an sich noch den besten Willen habe, den ✿ drucken zu lassen, obwohl mir das Buch persönlich fremdgeworden ist und ich mich vor dem Wiederlesenmüssen bei der Korrektur fürchte. ...

An Margrit Rosenstock etwa am 29. November 1919

Ach du Liebe Liebe Liebe — ach was waren das für Tage. Sie warens, seit heute früh waren sie es. Heute früh kamen zwei Briefe von dir, vom Mittwoch einer und wunderbarer Weise auch schon der kleine von Donnerstag, der erst nachts abgestempelt wurde, der Zug muss viel Verspätung gehabt haben oder es wird Post noch auf einem andern Weg hierhergeleitet als mit dem direkten Schnellzug. Solange hatte ich kein Wort von dir, seit F dem Sonntagsbrief nicht. Und der Sonntagsbrief selbst hatte auf mich wie ein Keulenschlag gewirkt, ich konnte dir nicht mehr schreiben. Ich schickte dir — siehst dus nicht meiner Schrift an? sie kann noch nicht wieder — ich schickte dir einmal ein Lebenszeichen, weil ich erschrak und dir nicht wehtun wollte. Aber schreiben konnte ich nicht. Ich habe es versucht, mehr als ein Mal, aber es wurde immer so schrecklich, dass ich es nicht abschicken konnte. ... sieh, das war ja alles Missverständnis; ... alle meine Befürchtungen die ich dir geschrieben hatte, von Liebesvergewaltigung, schienen sich zu bestätigen. Die Freiheit ist ein gar so zartes Ding. Sie will geschont werden, auch von der Liebe. Du kennst Eugens Rilkeverse. Sieh, diese Furcht habe ich auch jetzt noch, auch nach E deinen Briefen von heute noch, es kann ja beinahe nicht anders sein. ..... Und so habe ich diese Tage verbracht, in dem Gefühl, alles sei aus. Ich habe mich wirklich „hineingelebt" in diesen Gedanken. Die Gegenstimmen sprachen, aber sie drangen nicht durch. Schrieb ich - versuchte ich zu schreiben, so wurden es einerlei wie ich anfing schliesslich Abschiedsbriefe. Ich konnte nicht mehr. Die Hand zittert mir noch jetzt. Es ging um dich, um deine Kraft, nein um deine Seele. Und meine Seele eingemischt in deine. Gott selbst wird am jüngsten Tag schwer haben, sie wieder herauszufällen, wenn er wirklich darauf besteht, jede Seele für sich zu richten. Ich glaube aber, er wird nicht so theologisch sein und wird uns zusammen richten. Fühlst dus denn wie sich meine Atome zwischen deine drängen und wie du nicht atmen kannst ohne dass sich meine Brust hebt und senkt, nicht zittern ohne dass ich wanke, nicht auseinanderfallen ohne dass ich zerbreche? Dass wir eins sind? Nicht Ich und Du, sondern Du mein Ich und Ich deines? ..... wäre es wie in den letzten Tagen, so hätte mir kein Wiedersehn geholfen, und heute braucht es mir nicht mehr zu <u>helfen</u>, Liebe, - mir ist geholfen seit ich wieder weiss, weiss, weiss, das wir eins sind, und unser Sehen wird nur dies eine Wort kennen: <u>eins</u> -. Kein Wehklagen mehr „über die Zahl zwei",[1] sondern Dein.   Mein, ——— Dein, du Liebe.

---

[1] Als Motto heißt es zu Beginn des Gritlianums: „Sieh, es wehklagen all deine wissenden Kinder / Seit eh und je über die Zahl Zwei." Dazu S.826.

An Margrit Rosenstock am 29. November 1919

29.XI.19.

Mein liebes Gritli, es ist Abend und endlich wieder ein ruhiger Tag hinter mir. Wie gut tut das. Ein Tag ohne den John Gabriel Borkmann Löwenkäfig Kreislauf um den Tisch herum.¹ Ein ganz ruhiger Tag. Ein Tag, wo ich kaum an dich gedacht habe - wie schrecklich ist dies an dich „denken" - sondern wo du einfach bei mir warst; ich brauchte mich nur umzusehn, dann warst du da. Dabei warst du doch heute mit Bewusstsein sicher (und hoffentlich) gar nicht bei mir, sondern ganz bei Rudi - sieh so wenig macht der dafür; deine Seele kann auf Reisen gehn ohne dass dus merkst, sie war hier bei mir und war doch nicht fort von dir, begreifst du das? Ich nicht, aber es ist so. Ich müsste nun allerlei nachholen aus der vergangenen Woche, aber glaubst du? es ist gar nichts zu erzählen, ich muss gewesen sein wie wahnsinnig. Ich wars wohl wirklich. Gestern war ich Abends bei Straussens, aber ich weiss fast nichts mehr davon, so wirr war mir, ein paar Tage vorher schon mal bei Bertha Strauss, um ihr was von Pragers abzuliefern. Es schwebt für Br. Strauss eine Anstellung in - Frankfurt. Eine grosse Verbesserung, obwohl er ja schon Oberlehrer ist; Haupteinwand seine Jugend und die zionistisch + orthodoxe Herkunft der Frau. Ich gönnte es ihm sehr. Und sonst - ich habe den Hegeltext gelesen, auf der Bibliothek ist geheizt, im Zimmer auch, da wirds aber nicht warm, ich sitze in Polarausrüstung: Mantel und darüber Vaters Pelz! - den wirst du dann auch kennen lernen, denn auf Reisen ersetzt er mir eine Decke. .....
Das Hegelbuch ~~hat~~ ist streckenweise sehr schön. Das Frankfurt-Kapitel hat mich beim Wiederlesen jetzt sogar ein bischen ergriffen. Wie ich da als 24jähriger mit aller philologischen Akuratesse und doch mit dem profetischen Gefühl „et de me fabula narratur"² die Lebenskrise eines 26jährigen erzählt habe, eben mit dem heiligen Respekt „du kommst auch noch dran" - das hat dem Kapitel einen komisch [[zugleich]] feierlichen und verlegenen Ton gegeben, so wie ein erster Kuss in einer Kinderliebe. Und im späteren ist manches sehr souverän hingeschrieben. So ists eine erträgliche Arbeit jetzt für mich. Allerdings habe ich nur immer stundenweis dran arbeiten können, dann riss mich die Verzweiflung wieder auf —— kein Wort mehr davon, ich habe dich wieder.
.....
Noch eins: Bei Br. Strauss habe ich nichts vom Moriah-Verlag gesagt. Obwohl er selber ausser dem Aufsatzbuch auch an ein Briefbuch denkt! Aber mir fehlt seit meinem Brief an Eugen jede Nachricht. Eugen soll mir doch mal seine Korrespondenz soweit er sie hat schicken, damit ich weiss was los ist. Ich reime mir jetzt Weismantels Lage so zusammen: Der Pichtplan hat seinen, obschon grossen, Papiervorrat beschlagnahmt. Um jetzt die Patmos und Moriah-Bücher zu drucken braucht er neues Papier. Das ist infolge von Auslandsankäufen ungeheuer in die Höhe geschnellt. Deshalb kann er seine alten Berechnungen nicht mehr aufechterhalten. Die Hineinzwängung der Pichtsache in die Patmos- etc.-Verlage hat ja auch innerlich den ganzen Charakter der Sache zerstört. Die Bücherei Pichts könnte doch genau sogut in jedem andern Verlag erscheinen, ich meine „grundsätzlich". Nun würde sich über all diese Dinge reden lassen, wenn man - darüber redete. Aber diese tropfenweise und zufällige Information setzt mich ganz aus dem Spiel heraus. Ich schrieb Eugen vor 3 Wochen! Mit dem Versteckspielen und mit Weismantels lügenhaften Zahlenangaben kommen wir

nicht weiter (64500!) Kann Pichts Bücherei, für die doch wahrscheinlich der Staat Interesse hat, nicht auf andres Papier gedruckt werden? so dass Weismantels alte Vorräte zur Verfügung für die Bücher ohne „öffentliches Interesse" bleiben? Ferner, wie wirds mit der Subskription? und überhaupt, und überhaupt. Ich kann hier keinen Schritt tun, wenn ich nicht ehrlich (und fortlaufend) informiert werde.   Von Ed. Strauss habe ich (glücklicherweise! möchte ich in diesem Zusammenhang sagen) lange nichts gehört.

Denk, ich habe mich, da ich doch schon in der Hölle war, in diesen Tagen auch dem Teufel des Bücherkaufens ergeben. Es war aber ein billiger H̶o̶ Teufel - 30 - 50 Pf[3] der Band! Eine 6 bändige Weltgeschichte von dem alten H. Leo,[4] dem christlich-germanischen, mit Jes.V,20 als Motto ⌈⌊vor⌋⌉ jedem Buch. Und dann - du bist doch lutherisch? eure symbolischen Bücher, die Conf. August., ihre „Apologia" und die Schmalkald. Artikel,[5] in schönem altem Deutsch. Kennst du die? man muss sie nämlich kennen, schon um zu sehen, wie der Protestantismus ursprünglich aussah, als er z.B. noch die Messe hatte und auch die Beichte (nur ohne den Zwang, die Sünden einzeln zu nennen, dies mit Beziehung auf Ps 19,13). Wenn ich mehrere Exemplare hätte kriegen können, so hätte ich an sämtliche mir befreundete Bischöfe der Ketzerkirche eines geschickt. So ist Hans auf den Badischen Katechismus[6] angewiesen und schreibt da an den Rand zu dem Dogma das ihm nicht passt, sein lapidares Nein.

Ach Gritli liebes Gritli es ist so schön dir wieder schreiben zu können - so schön
_____ kein Wort, nur   Dein

[1] „John Gabriel Borkman" - Schauspiel von Henrik Ibsen, in dem der „Held" in selbstgewählter Isolation wie „ein kranker Wolf in einem Käfig" in seinem Zimmer auf und ab geht.

[2] Lat.: auch von mir wird die Geschichte erzählt.

[3] Hier steht im Original nicht „Pf", sondern „d" (für Denar) in Sütterlin-Schrift, das als altertümliches Zeichen für Pfennig üblich war.

[4] Heinrich Leo, 1799-1878, Historiker, verfaßte in den Jahren 1835 bis 1844 ein „Lehrbuch der Universalgeschichte" in 6 Bänden.

[5] Die Confessio Augustana - Augsburger Konfession (1530), die Apologie der Confessio Augustana (1531) sowie die Schmalkaldischen Artikel (1537) sind wesentliche Bestandteile der lutherischen Bekenntnisschriften.

[6] Gemeint ist wohl der Heidelberger Katechismus, eine reformierte Bekenntnisschrift von 1563.

An Margrit Rosenstock am 30. November 1919
                                                                                                               30.XI.19.
Liebes Gritli, es ist Abend geworden ehe ich dir schreibe und war ein ziemlich vertrödelter Tag. Ich muss ja einfach erst wieder aufleben, richtig physisch, vom Essen und Trinken angefangen. Gestern habe ich die Wurst die mir Mutter mitgegeben hatte, angeschnitten, heute eine Zigarre geraucht u.s.w., - ich hatte eben zu allem den Impetus verloren.   Lach nicht, es war wirklich so. Heut Mittag war ich sogar eine halbe Stunde im Kaiser Fr. Museum,[1] zum ersten Mal seit ich mit dir da war. Ich suchte etwas, fand es aber nicht. Aber ich fand auch nichts, was ich nicht gesucht hätte, die grosse Leichenkammer in der die Leute umhergingen und die Toten „besichtigten", ob vielleicht ein Verwandter von ihnen dabei wäre, lächerte mich an.   Aber etwas Schönes sah ich doch bei diesem Weg in die Stadt, Reinhards neues Theater,[2] den umgebauten Zirkus. Zwar nur von aussen, aber schon das war schön. Und dabei eine

Schönheit, die gar nicht so unter den Häusern ringsum stand, dass man das Gefühl gehabt hätte: wenn sie nur nicht dreckig wird. Gar nicht ganz „anders" als alles drum herum, aber sicher und wie hingeschmissen. Ich bekam Lust hineinzugehn, aber drinnen spielen sie die Orestie[3] in Übersetzung von Vollmöller[4] - da graute es mich. Und vor allem graut es mich, allein ins Theater zu gehn. Auch in Jaakobs Traum[5] nicht, das so schön sein soll.

Zuhause schmökerte ich in meiner Löwschen Weltgeschichte.[6] Vorn steht Ernst Dohm[s] Name drin.[7] Lass dir von Eugen sagen, wer das ist. Habent sua fata libelli.[8] Ich stiess auf Erstaunliches. Unmittelbar im Anschluss an den Tilsiter Frieden[9] ein paar Seiten Schmähungen auf die Wahlverwandschaften![10] Er weissagt, dass die Enkel „darin lesen werden mit Bewunderung vor Gottes Meisterschaft und mit Schauder vor der tiefen geistigen Armut und dem Unglück, in welchem einmal ihre Väter gelebt haben". 1845. Er hat recht bekommen.

.....

[1] Kaiser Friedrich Museum in Berlin.
[2] Das Deutsche Theater in Berlin, das der jüdische Regisseur Max Reinhardt in den Jahren 1905-20 und 1924-33 leitete.
[3] Tragödientrilogie des Aischylos, 525-456 v.d.g.Z..
[4] Karl Gustav Vollmoeller, 1878-1948, ein Modeautor der Jahrhundertwende.
[5] Das 1918 veröffentlichte Theaterstück „Jaakobs Traum" des jüdischen Autors Richard Beer-Hofmann, 1866-1945.
[6] Heinrich Leo, Lehrbuch der Universalgeschichte in 6 Bänden.
[7] Ernst Dohm, 1819-1883, Schriftsteller, Mitbegründer und Redakteur des „Kladderadatsch", einer satirischen Zeitschrift, die in Berlin erschien.
[8] Lat.: (Je nach geistiger Verfassung des Lesers) haben Bücher ihre Schicksale. Satz von Terentianus Maurus, De litteris, 1286.
[9] Friedensschluß von 1807 zwischen Frankreich, Preußen und Rußland.
[10] Goethe, Die Wahlverwandtschaften, 1809.

An Margrit Rosenstock am 1. Dezember 1919

1.XII.19.

Liebe, - heut früh ein Briefchen vom Freitag (weisst du, dass deine Daten, <u>wenn</u> du sie schreibst, fast immer falsch sind, ich verdanke es dir, wenn meine bei Meinecke erlernte „historische Kritik" nicht einrostet; die Chronologie deiner Briefe ist eine immer neue Übungsaufgabe) - aber im Ernst ich bin froh, dass ich es über mich gekriegt habe, dir wenigstens das „Lebenszeichen" am Mittwoch oder wann es war, zu schikken, das musst du ja dann gekriegt haben.   Hansens Brief bleibt in wesentlichen Punkten noch unklar. Was geschieht, wenn die Hälfte der Auflage sich <u>nicht</u> innerhalb 10 Jahren verkauft und Hansens Rechtsnachfolger (denn in solchen Dingen muss man immer mit <u>diesen</u> rechnen, nicht mit den Leuten selbst; Verträge sind für die, die <u>nur</u> geschäftlich interessiert sind, also für die „Rechtsnachfolger"; ich nehme also an, dass Hans und Else von Hansens geliebtem naturphilosophischen Ziegelstein erschlagen sind), also: Hansens Rechtsnachfolger kündigen am Ende des 10. Jahres das Darlehen. Soll dann Brunfleck (bei ihm brauche ich keinen „Rechtsnachfolger" anzunehmen) sagen dürfen: bitte, nimm die übrig gebliebenen Bücher und tapezier dir dein

Zimmer damit, das Geld kriegst du nicht wieder. Heisst das „Verpfändung der Bücher"? Immerhin ist mir der Brief wertvoll, weil ich daraus doch nun wieder einiges kombinieren kann. Demnach geschieht eine Subskription. Aber wie? Ein kleiner Rabatt, etwa von 10 - 20 % lockt keinen Käufer, das weiss ich von mir selbst. Der Reiz ein Buch, das ich eventuell kaufen würde, wirklich zu kaufen, beginnt bei mir bei einem Nachlass von 33 1/3 % und wird unwiderstehlich bei 50 %. Ich würde beim ✡ auf mindestens 40 % dringen. Das ist ein Wagnis, aber eins, das sich lohnt. Um so mehr als der ✡ leichter auf 3 geschickt ausgewählte Probeseiten hin gekauft wird als auf das angeblätterte Buch selbst hin. Es muss eben nur die Lockung da sein, es vor Erscheinen zu kaufen. Und die liegt in den 40 %.

Das giebt ja einen richtigen Geschäftsbrief. Aber ich bin noch immer so froh, dass ich dir überhaupt wieder schreiben kann, so dass es mir gar nicht drauf ankommt, was.

... ich habe diese Nacht von - Winie geträumt und war so selbstverständlich verliebt in sie ——— wie lehrreich sind unsre Träume ...

An Margrit Rosenstock am 2. Dezember 1919

2.XII.19.

...

... gestern Abend war ich vor lauter wiedergekehrter Normalität (und vor Kälte) im Kientopp, es gab einen richtigen ollen ehrlichen Film wie von früher, mit Bassermann[1] (sehr mässig) in der Hauptrolle, ich war aber von dieser Berührung mit dem „was die Welt sagt" ganz erschüttert - der Kientopp als moralische Anstalt.[2]

Die Einsamkeit tut mir nicht gut. Trotzdem werde ich wohl nicht versuchen, vor der Bahnsperre heim zu kommen. Schon weil ich dadurch vielleicht um die Kassler Vorträge herumkomme, die mir etwas schwer aufliegen. Du weisst doch, ich hatte versprochen zwei Abende über Nathan d. W. zu sprechen.[3] Da meinte ich noch, Lessing wäre anders als die Leute. Im Grunde ist er aber doch genau so, und man hat gar keinen Grund, ihn zu propagieren.

Vorläufig denke ich jetzt hier allerdings überhaupt nicht daran, sondern ringele mich durch meinen Hegel.

Wenn wenigstens Oldenbourg mir mehr im Nacken sässe, dass ich mehr vorwärts gehetzt würde! dann würde es besser gehn. So bin ich am Morgen vor dem Anfangen schon so müde, wie man eigentlich erst am Abend nach dem Aufhören sein darf. So auch jetzt.

Dein Franz.

---

[1] Albert Bassermann, 1867-1952, Schauspieler, arbeitete lange unter Max Reinhardt am Deutschen Theater und seit 1913 auch als Filmschauspieler.

[2] 1784 hielt Schiller eine Rede mit dem Titel: „Vom Wirken der Schaubühne auf das Volk", die bekannt und 1802 in überarbeiteter Form gedruckt wurde unter der Überschrift: „Die Schaubühne als eine moralische Anstalt betrachtet".

[3] Das Vortragsmanuskript ist abgedruckt in Zweistromland S.449-453.

An Margrit Rosenstock am 3. Dezember 1919

3.XII.19.

..... Dies zu Ende gehende „1919" schaudert mich an. Ich hatte auf diese Zahl gesetzt. Man soll das nicht. Das Leben ist kein Lotteriespiel.

....

An Margrit Rosenstock am 13. Dezember 1919
.....
13.XII.19.

Mit R. Gotthelft[1] sprach ich. Denk, im Januar kommt eine neue Preissteigerung der Druckereien. Aber ich lasse jetzt drucken. Er hat ein hübsches Papier für 100 M. Was soll man nun zu Weismantels 175 und 300 M-Angaben sagen? Auch die Preissteigerungen bei erhöhter Auflage sind einfach unwahr. Nur 1/3 oder 1/4 des Preises (vom Papier abgesehn) steigt im Verhältnis der Auflagehöhe, also 1000 : 2000 : 3000 : 4000 = 1 : $1^{1/3}$: $1^{2/3}$: 2. Vielleicht lässt sich ja Weismantel von seiner Druckerei übers Ohr hauen. Was sagt denn Rudi zu dem ⌈⌈Laden⌉⌉Preis der Predigten?[2]
Das ist ja ein Geschäftsbrief! Ich bin diesmal zu pausenlos von dir weg unter die kalte Dusche Mutter gekommen. Es ist mir aber gar nicht kalt wenn ich an dich denke. Nur kein lautes Wort möchte ich dir jetzt sagen. Das leise weisst du.   Schreib mir etwas von Rudi und von Helene, wenn du schon die Sprache dafür findest. (Die ollen Juden sagen, es heisse „Gott Abrahams und Gott Isaaks und Gott Jakobs",[3] weil er jedem von ihnen besonders erschien. So schreibe ich eben unwillkürlich: „von Rudi und von Helene"). Und wie geht es dir? (ich habe dich das dieses Mal so oft gefragt, also wirklich: Wie geht es dir?   ?
Dein Franz.

[1] Richard Gotthelft, 1856-1933, ein Onkel Rosenzweigs mütterlicherseits, Besitzer des Kasseler Tageblatts.
[2] Rudolf Ehrenberg, Ebr. 10,25. Ein Schicksal in Predigten, Würzburg 1920.
[3] 2. Mose 3,6.15; 4,5; aufgenommen im ersten Segen des Achtzehngebets אבות - AWOT („Väter").

An Margrit Rosenstock am 15. Dezember 1919
15.XII.19.

Liebes Gritli,   nur ein paar Worte. Ich komme so unbegreiflich langsam vorwärts mit den Korrekturen, sodass ich noch gar nicht wieder zum Fertigstellen der zweiten Hälfte gekommen bin. Dabei braucht es einigermassen Frische, weil ich sonst überhaupt keine Fehler merke. So will ich heut Abend, wenn ich ein Billet kriege, ins Deutsche Theater, wo nochmal in der guten Besetzung Jaakobs Traum[1] gespielt wird. Es graut mich zwar vor dem Alleingehn, ich habe versucht, Badt anzurufen, aber ihn nicht erreicht, und wenn, so hätte er ja doch sicher keine Zeit. - Der Hegel ist wirklich kein schlechtes Buch, die Heidelb. Akademie hat von ihrem Standpunkt aus ganz recht gehabt.
...
Denk zu meiner Zimmer-Polarausrüstung ist jetzt auch noch eine riesige Pelzmütze getreten, sie war wirklich so hässlich, wie Mutter schrieb, aber hierfür längst schön genug. Mir ist nicht recht schreiberig. Das Korrekturlesen laugt aus.
Dein Franz.

[1] 1918 veröffentlichtes Theaterstück „Jaakobs Traum" des jüdischen Autors Richard Beer-Hofmann, 1866-1945.

An Margrit Rosenstock am 16. Dezember 1919
...
16.XII.19.

Ich war gestern noch spät bei Badt, blieb die Nacht bei ihm, denn er reiste heute früh fort, nach Breslau. Im Februar erwartet seine Frau das Dritte! Die Akademie[1] hat ihn wieder abgestossen. Und Täubler hat die ihm nominell gleichgeordneten Beiden aus dem Ausschuss gedrängt, in dem jetzt ausser ihm nur noch Cassierer (in Hamburg, und ganz sachfremd) und Dessau (Onkel eines der drei Täublerschen Rayonchefs und dadurch also stummgemacht) ist. Sekreteuse ist jetzt eine Cousine von Kurt Hiller.[2] Die Finanzen sind erschreckend, man lebt vom Kapital. Aber da Täubler ja nur einige Jahre Interesse an der Sache hat, so schadet das gar nichts; so lange reichts.

Dass ich die Schutzengel aus dem Schreibtisch genommen habe - ich glaube, unberührt -, versteht sich; du brauchst also nicht mehr danach zu suchen.[3] Lesen mocht ich aber nicht wieder darin, sie sind mir nicht mehr recht nah, sie sind eben doch kein „Kunstwerk" -, sondern erfordern einen Vorschuss von Vertrauen genau wie ein Brief. Aus dem gleichen Grund möchte ich ja jetzt auch keinen Brief von Rudi kriegen.

Doch quäl ihn nicht damit. Durch Beschwätzen - das schrieb ich ihm - kommen wir um den bestehenden Gegensatz nicht herum, im Gegenteil nur noch immer tiefer hinein. Sein „Glaube" in den sich „Helene ganz geta gegeben" hatte an jenem Montag als ich hier ankam, ist eben ganz und gar nicht der meine. Das wird durch Worte nicht ausgeglichen. Seit jenem Brief von dem Montag ⌈⌈vor Stuttgart⌉⌉ ist mir das einfache Vertrauen zu ihm gestört. ...

[1] Die geplante „Akademie für die Wissenschaft des Judentums" in Berlin zur Förderung der wissenschaftlichen Ausbildung jüdischer Lehrer. Dazu Briefe und Tagebücher S.511f.
[2] Kurt Hiller, 1885-1972, Schriftsteller und Pazifist.
[3] Margrit Rosenstock hatte vor, Rosenzweigs Mutter in Kassel zu besuchen.

An Margrit Rosenstock am 17. Dezember 1919   17.XII.19.

..... Nun stehe ich da und weiss einfach nichts. Das schrankenlose Vertrauen zu deiner Gefühlssicherheit, das Eugen hat, habe ich ja eben nicht; das weisst du ja. ... Rudis „geliebte 3", „4" oder „5"[1] sind mir ein Brechreiz. Aber ich sehe auch ganz, dass ich mich irren kann, ja selbst dass es wahrscheinlich ist, dass ich mich irre. Nur von Rudi möchte ich keine Überzeugungsversuche hören, ihm glaube ich im Augenblick in diesem Punkt gar nichts mehr. Und bei dir genügt mir jener halbe Glaube. Indem selbst wenn du irrst, dieser Irrtum immer noch ein Baustein zur Wahrheit ist. Denn du willst ja nicht irren. ..... Man kann wohl Menschen überhaupt nicht glauben. Und soll es nicht. Man kann und soll sie nur lieben. Ich möchte dir glauben. Aber ich muss dich lieben. „Muss" ist mehr als „möchte". Hier wie immer. Und so liebe ich dich.

                                                                                                           Dein Franz.

[1] 3 = Rosenzweig, Eugen und Margrit Rosenstock; 4 = 3 + Rudolf Ehrenberg; 5 = 4 + Helene Ehrenberg. Dazu auch die Briefe an Margrit Rosenstock vom 4. September 1919 sowie wahrscheinlich vom 28. November 1919, S.424f und S.484f.

An Margrit Rosenstock am 17. Dezember 1919   17.XII.19.
...

Jaakobs Traum - ich weiss nicht. Es stimmt alles zu schön. Ich habe gegen ein so wohlgeordnetes Dichtertum, dem sicher im Dichten keine Einfälle mehr das Konzept verrücken, ein ganz grosses Misstrauen, war deshalb auch nicht richtig gepackt. Schade. E.Strauss hat ja recht: es ist „unser" Dichter. Das „unser" gebe ich zu, das „Dichter" nicht.
...

An Margrit Rosenstock am 17. und 18. Dezember 1919

17.XII.19.

Ja also liebes Gritli ich war eben in Jaakobs Traum, eigentlich auf deinen Brief hin, und es ist mir doch nicht viel anders gegangen wie beim Lesen: ich war nicht richtig gefesselt. Was ist der Geschmack doch für ein unbestechlicher Richter! Ich meine nicht, dass er unbedingt recht haben müsste. So nicht. Aber dass er sich von seinem Spruche nicht abbringen lässt, obwohl ihm doch so gut zugeredet wird. Ich habe mich einfach - ein bischen gelangweilt. Ich meine auch, entweder ist das ein Dichter und Rudi ist keiner, oder umgekehrt. Was du bei Kaiser[1] neulich sagtest: ein guter Mensch, das empfinde ich viel stärker hier, z.B. in der menschlich wunderbaren Szene mit dem Knecht. Aber wie ein wirklicher Dichter so etwas machen würde, wie wirklich überraschend - denk mal an die schönsten Szenen im Nathan (Nathan und Recha im 1. Akt, Nathan und der Tempelherr). Es ist alles zu programmgemäss und die Personen wissen das Programm. Idnibaal sagt: Herr, wo hast du nur das grosse Mitleid her. Und Jaakob sagt: ja - wenn ich nicht das grosse Mitleid hätte. Quod est demonstrandum.[2] Und das Versgeklingel der Engel ist gar nicht begnadet, sondern stark Wachsfigurenkabinett. Schade, schade. Aber denk, ich möchte es doch nicht vorlesen. Und das ist mir eigentlich ein sicheres Zeichen, dass sich etwas in mir dagegen wehrt. Ich vertrage es nicht, wenn so alles restlos aufgeht. Wenn die Trilogie, die folgt, nicht sehr ungefüge ist, dass dadurch das Vorspiel zum blossen stilisierten Umschlagbild wird— das ist die einzige Möglichkeit das Ganze herauszureissen. Aber ich fürchte, der Mann mit diesen „ach so guten" Versen wird das nötige Chaos zu einem wirklichen König David[3] nicht in sich haben. Es ist eben „kirchliche Kunst".
Schade, wirklich schade.
Das Publikum war übel. Neben mir sass ein Kriegsstudent mit Prothesenbein; ein Breslauer, hier zu Besuch, ich fuhr mit ihm zurück, und diese „ich bin nämlich auch Jude"-Anbiederung war eigentlich das Netteste. Moissi war als Jaakob sehr gut, Idnibaal auch, die andern z.T. schlecht, ganz schlecht z.B. die Gottesstimme.
Es war zum ersten Mal, dass ich wieder im D.Theater[4] war seit „Wie es euch gefällt". Auch in der kleinen Wirtschaft von Bergemann war ich wieder. Es kam mir komischerweise vor als ob das alles höchstens 4 Wochen her wäre und nicht 3/4 Jahr.

18.XII.19

Guten Morgen - aber es bleibt dabei. Halt mal diese wohlbehelmten und -geschienten Erzönkel gegen die Philipsschen im Mephisto - es ist gar nicht zu denken. Wie sonderbar, dass ich hier gegen eine geschlossene Front von Ed.Strauss (die hiesigen beiden Strässe will ich gar nicht rechnen), Rudi, dir (und wer weiss noch sonst wem) stehe als der „Ästhet". Aber ich meine, es ist keine Ästhetelei, wenn man über dem Unterschied von „christlicher" und „kirchlicher" Kunst - um die Begriffe mal zu nehmen - streng wacht. Jaakobs Traum ist nicht aus der Erde des jüdischen Volks hervorgewachsen, sondern aus der Lehre der jüdischen „Konfession". Dass ich diese Lehre unterschreibe, ändert nichts daran; ich unterschreibe sie ja nicht weil sie Lehre ist, sondern weil und insofern sie selber in dieser Erde des Volks wurzelt. Ich muss mich ja nun freilich fragen: Trifft das alles am Ende auch auf den ✡? ich glaube es doch nicht. Ja wenn der III. Teil der ganze Stern wäre. Der III. Teil ist wirklich mit einer ähnlichen bewussten künstlerischen Energie gemacht wie Jaakobs Traum. Das haben

Rudi und Hans empfunden und gelobt, ich und ihr ⌈⌈und Trudchen⌉⌉ auch, aber getadelt. Aber es sitzt ja nur auf I und II, und bei denen übernehme ich keine dogmatische Garantie; das mag und wird jüdisch sein, aber ich habe es nicht jüdisch gemacht, sondern einfach aus mir heraus, und nur wenn ich jüdisch bin, ist es es auch. Daher aber auch mein Urteil über Beer-Hofmann: ich erwarte von ihm, dass er in der Trilogie sein I und II nachliefert. Dann soll ihm alles verziehen sein, so wie ich mir ja auch, nach I und II, mein III ruhig verzeihe. (Ich meine, wenn ich von III spreche, hier vor allem III 1 und III 2. III 3 nur zum Teil. Teilweise schlägt es ja Wurzeln in I und II, nämlich die ganze „Logik", die ich darin gebe, und das Tor-Kapitelchen, und dazu stehe ich ganz, eben grade weil ich das nicht dogmatisch verantworten kann, sondern es vielleicht ketzerlich ist. Damit wird sich meine „Kirche" auseinanderzusetzen haben, mit III 1 und III 2 und den dazugehörigen Stücken in III 3 (also der ganzen Konfrontation von Jud. und Chr.) gar nicht, das liegt alles schon dogmatisch fest. Aber dass ich endlich einmal wieder die Wahrheitsfrage neu stelle und die Synagoge aus dem bequemen Moses Maimon- (und -Mendel-)sohn[schen] Ruhebett der „Übereinstimmung" von Judentum und Philosophie herauswerfe, das wird sie spüren und das wird ihr für einige Zeit zu tun geben. Die korrekten Stücke aus III sind nur meine Legitimation dafür. Ohne die würde das Buch von Juden ja gar nicht gelesen werden müssen. Aber ich bin schon weit von Jaakobs Traum und schon ganz bei mir. Und also ja bei dir. Guten Morgen!

Dein Franz.

[1] Georg Kaiser, 1878-1945, Schriftsteller und Theaterautor.
[2] Lat.: was zu beweisen ist.
[3] Das Theaterstück „Jaakobs Traum" war von Richard Beer-Hofmann lediglich als Vorspiel zu einem ganzen Zyklus über „Die Historie von König David" gedacht, der aber nicht zur Ausführung kam.
[4] Deutsches Theater in Berlin.

An Margrit Rosenstock am 18. Dezember 1919

18.XII.19.

Liebes Gritli, ich muss dir schreiben. Mir ist so unheimlich zumute, als ob es jetzt in Kassel sehr schlimm wäre. Ich wollte lieber, ich hätte Mutter gelassen, wie ich sie fand, sodass sie dich nicht zu sich gelassen hätte. Denn sie ist ja so wütend auf dich, dass sie wirklich recht hat: es ist besser sie wird dir gar nicht zwischendurch wieder gut. Ihre verruchte Psychologie treibt ihr doch kein Mensch aus (kennst du sie eigentlich in Bezug auf dich? Hauptsatz - unerschütterlich - : sie liebt Eugen weniger als Franz). Ich fürchte mich vor ihr und all den schönen Geschichten mit denen sie mich bewirten wird. Meine Taktik, deinen Namen in ihrer Gegenwart nicht in den Mund zu nehmen, wird sie mir ja erst nach einigen Krächen wieder zugestehn. Hoffentlich hast du ihr nicht zu viel Stoff gegeben. „Gritli hat selbst gesagt!!" - ich höre es schon. Ich könnte mir etwas die Haare ausraufen, wenn ich denke, dass ich diesmal selbst schuld bin. Denn von sich aus und von Onkel Adolf aus war sie diesmal durchaus bereit, auf deinen Besuch zu verzichten (hatte nur Angst, ich würde es ihr übel nehmen!)

Von Patmos kriege ich einen Haufen Korrekturen von Eugen. Zu viel für den Augenblick, da ich ja auch noch Hansens lesen soll (ausserdem bedeutet so lesen für mich: vollkommen ohne auf den Sinn zu achten, lesen. Und da das meiste schon ausge-

druckt ist, so brauche ich doch wohl nur die letzten Bogen noch ⌈⌈zu⌉⌉ lesen. Um Hansens Buch ist es mir direkt leid, dass ich es in dieser Form kennen lerne. Denn man verdirbt sich dabei ja auf einige Zeit die Lust, das Buch zu lesen.
Mein Zimmer hier habe ich aufgegeben, was vielleicht auch eine Dummheit war; heute ist es schon wieder vermietet. Ich sah heut ein andres Zimmer an, da merkte ich, dass meines noch billig war. Doch denke ich, wenn ich nochmal hierher muss, wohne ich einfach bei Straussens.
Ich habe Blut geleckt, gehe heute Abend vielleicht wieder ins Theater, in die Orestie. Ich kann nicht den ganzen Tag Hegel korrigieren. Und an Lessing[1] wage ich mich gar nicht heran. Das droht im Hintergrund, und wird mir wohl den Geburtstag verderben, soweit das Mutter nicht schon besorgt.
Dein Franz.

[1] Die für Ende Dezember geplanten Lessing-Vorträge in Kassel.

An Margrit Rosenstock wohl am 19. Dezember 1919

Liebes Gritli, heut früh kamen Druckproben von Gotthelfts, z.T. sehr schöne, aber die Preise so hoch, dass es wohl doch bei der Würzburger Druckerei bleiben muss und damit bei der Verschiebung des Drucks auf den Sommer. Wenn überhaupt. Denn ich traue Weismantel nicht eher, als bis der Druck begonnen ist und ich den Vertrag in Händen habe. Zunächst bin ich sicher, dass sie mir aus der Unterhandlung mit Gotthelfts in Würzburg erst einmal einen neuen Selbstverlagsstrick drehen werden, ich meine die „sehr geehrten Herren" Weismantel und Seifert; ich habe es so im Gefühl als ob sie hier nach dem Spruch: „Aufgeschoben ist nicht aufgehoben" vorgingen. Ich habe das Gotthelft^{sche} Angebot nach Würzburg weitergegeben. Jedenfalls will ich nicht ungeduldig werden, denn dann hat mich Seifert in der Hand.
Gestern war ich wirklich in der Orestie, und infolgedessen komme ich noch nach Kassel! ich traf nämlich eine Bekannte, die mir sagte, dass es auf dem normalen Weg keine Billette mehr giebt; sie gab mir einen Umweg, und nun wird ein Billet bestellt für einen englischen Chauffeur, der in Kassel ein Auto abholen soll - das bin ich! Also ich darf nichts gegen die Orestie sagen. Das Schönste war übrigens das riesengrosse gefüllte Haus. Einzelnes in der Aufführung auch. Vor allem der wunderbar gesprochene Apoll im dritten Stück. Die szenischen Möglichkeiten sind ungeheuer. Aber ausser Rudis ½100tag[1] weiss ich auch heute noch kein Stück dafür. Die klassischen sind doch nur Notbehelf. Und die Orestie ist viel zu langweilig. Eine Oase war die Muttermordszene. Die Kassandra wurde durch die dumme Gans, die Heims, verdorben. Aber es war immerhin eine ganz hübsche Langeweile, es gab schöne Bilder und bisweilen auch schöne Klänge und vor allem: ich habe ein Billet. Dass ich zu dem Zweck ins „Theater der 5000"[2] musste und da auch richtig grade die Bekannte treffen. Wenn ich im Augenblick gestimmt wäre an Fügungen zu glauben, müsste ichs wohl hier. Ich bins aber gar nicht, sondern glaube im Augenblick viel mehr an Zufall, I can't help it.[3] Kunststück wenn ich zwei Tage ohne Brief von dir bin. Du weisst gar nicht, wie gebrechlich ich bin. Ich stehe nicht mehr fest wie vor einem Jahr. „Ein Lüftlein kann mich fällen". Weisst du das denn nicht? Es ist nichts mehr mit mir.
Dein Franz.
.....

[1] „Der Halbhunderttag" - ein frühes, wahrscheinlich 1912/13 von Rudolf Ehrenberg verfaßtes Drama.
[2] Spitzname des „Circus-Theater 5000", einer 1912 eingeweihten, riesigen Manege des Circus Sarrasani in Dresden.
[3] Engl.: ich kann es nicht ändern.

An Margrit Rosenstock am 20. Dezember 1919

20.XII.19.

Liebes Gritli, eben habe ich mir den Gang der Kassler Vorträge[1] doch mal notiert, nun ist mir weniger bange davor. Ich sehe allerdings, dass ich mir doch noch einiges dazu aufschreiben muss, nämlich die wörtlichen Citate oder wenigstens Lesezeichen in die Bücher hineinlegen, - also sozusagen das Lichtbildermaterial. Aber es kann schön werden. Ich werde ihn ruhig kritisieren. Und eben z.T. einfach mit seinen eigenen Worten. Ich werde den wirklichen Nathan, den des IV. Akts gegen das Tendenzgespenst des V^{ten} ausspielen.

Die Druckproben schickte ich dir gern, aber eine Reihe musste ich schon nach Würzburg schicken und mich selber wollte ich auch nicht davon trennen. Wenn Mutter noch welche hat, schicke ich sie dir von Kassel. Eine Sensation ist es ja doch. Es ist eine Stelle aus dem Anfang von III 1. Wobei mir wieder der neue jüdische Wildenbruch[2] einfällt. Ich las ihn gestern Abend wieder. Wieder hingerissen vom Inhalt, wieder erschreckt durch das fade Geklingel der „schönen Verse". Nein, ich kann nicht. (Ich rede mir ein, so Verse könnte ich auch machen, wenn ich mal ins Dichten gerate. Also ist er kein Dichter.)
...

[1] Über Lessing, Nathan der Weise. Die Vortragsnotizen sind abgedruckt in Zweistromland S.449-453.
[2] Ernst von Wildenbruch, 1845-1909, der repräsentative Dramatiker des Gründerzeit-Theaters, der vor allem historisch-nationale Themen verarbeitete. Als seine jüdische Entsprechung betrachtete Rosenzweig den Autor Richard Beer-Hofmann.

An Margrit Rosenstock am 21. Dezember 1919

21.XII.19.

Liebes Gritli, o weh - du hast dich von ihrer[1] Schlauheit fangen lassen, obwohl ich dich doch vorbereitet hatte. Die Aufrichtigkeiten, die ich „nicht zurücknehmen" soll, hast erst <u>du</u> ihr gesagt!!! Ich habe sie, wie ich dir ja schrieb, konsequent belogen und nur dadurch war sie etwas eingelullt. Leider nicht genug, um nicht doch noch zu versuchen, ob ich ~~dir~~ ihr auch die Wahrheit gesagt habe, und dich zu diesem Zweck auszuholen unter dem Vorwand von „Aufrichtigkeiten" meinerseits! Die Wahrheit (oder was ich dafür hielt) habe ich ihr nur in folgenden Punkten gesagt: 1.) du seiest durch ihren Selbstmordversuch in deinem Gefühl für sie etwas erstarrt und verängstigt worden, nicht mehr so unbefangen wie vorher. 2.) dass du Eugen liebst 3.) dass du mich nicht hindern würdest, wenn ich mich „anderweitig verliebte" (gegen die Theorie: Franz hat sich in Lotti verliebt, aber Gritli hat gesagt: „es ist noch nicht die Stunde" und dadurch ist es nichts geworden). Im übrigen habe ich gelogen wie stets, höchstens etwas geschickter, habe ihr eingeredet, das was sie „Leidenschaft" nenne sei längst vorbei, es sei alles blosse Freundschaft, wie sie ja am besten jetzt an der Parallele Rudi-Gritli sehe, die sie doch selber für nichts andres halten könne als für Freundschaft. ..... - Nun wirds also sehr bös. Ich muss versuchen, dich nach Kräften zu desavouieren, die Ausdrücke die du gebraucht hast („Gritli hat selllbst gesaaaaaagt") zu diskreditieren u.s.w. Gelingt mir das nicht, so wird die Terrassenhölle[2] noch unerträglicher als sie schon ist. Auf alle Fälle fahre ich noch nicht morgen ~~Mit~~ Vormittag, sondern erst Abends, und benutze morgen den Tag dazu, mir ein Zimmer hier zu suchen; ich muss irgendwo eine Bleibe haben, wo ich sofort hin kann, wenn es in Kassel zu doll wird.   Aber begreifen tue ichs doch nicht; ich hatte dir doch so deutlich geschrieben, dass ich sie <u>nur</u> eingelullt hatte und dich gebeten, den Schleier den sie braucht nicht zu zerreissen. Ich kann mich irren, aber ich meine schon in dem kurzen Brief von ihr die aufgesammelte Wut zu spüren, nachdem sie mir ein paar Mal wirklich ruhig und besänftigt geschrieben hatte.

Warum muss denn alles so schwer werden! Ich weiss ja selbst, dass dies Verhältnis zu meiner Mutter, bei dem sie für mich einfach die Kranke ist, schlecht ist. Aber ich gebe das ja offen zu, ich habe es nie mit theologischem und sonstigem Gewäsch verbrämt. Ich <u>will</u> gar nichts, als Ruhe <u>vor</u> ihr und <u>für</u> sie. Beides.

Ich habe so zu ihr gestanden seit meinem 13<u>ten</u> Jahr. Ich bin, im Guten und Bösen, der geworden der ich bin, weil ich sie mir seitdem vom Leibe (und von der Seele) gehalten habe. Der Versuch, anders mit ihr zu stehen, der mit dem März 18 begann, hat am Ostermontag 19[3] sein Ende gefunden. Das ist eine grosse Tatsache, die schaffe ich nicht aus der Welt. Seitdem suche ichs ihr wieder zu machen wie sie will; je weniger sie von mir weiss, um so wohler ist ihr. <u>Soll</u> ihr „wohl sein"! ...

... ein langer Brief von Kähler: „... Von Ihnen unmittelbar habe ich ja auch seit drei Monaten nichts gehört, aber das Echo Ihres Briefwechsels mit Engelbert Krebs[4] ist auf mancherlei Umwegen bis hierher gedrungen. Sie haben sich die Bahn frei gemacht zur Gegenwart, vor der für mich noch eine ganze Reihe unübersichtlicher Scheidewände stehen. Und das ist ein schlechter Historiker, der keinen Weg zu seiner Zeit sieht. ..."[5]

Was sagt Ihr dazu?? Einer von uns beiden, Eugen oder ich, muss sich umnennen, also doch natürlich Eugen. Oder er soll wirklich als „Rosenstock-Hüssy" auftreten. Dabei hatte ich Kähler gesagt, <u>mehr</u> als ein Mal, dass ich Jude bin und wie sehr. Hilft alles nichts.

Von Strauss einen begeisterten Wisch über Eugens Besuch. Theoretisch ist doch eigentlich er und nicht ich „Eugens Jude". Das spüre ich auch aus dem Brief wieder. Er nennt ihn „wahrlich ein jüdischer, ein prophetischer <u>Katholikos</u> - nicht katholisch, ausdrücklich: καθολικός![6]

Ich muss noch weiter abschreiben, sehe ich:

„Mir sehr begreiflich, dass mit solchem Manne mein Franz Rosenzweig ~~verbündet~~ verbrüdert ist. Und ich - stolz - darf sagen: ich bin dabei! Übrigens: habe gar nichts gemerkt von dem von Ihnen vorausgesagten „Scheinstandpunkt", von der Einnahme einer reizartigen Gegenstellung. Mag sein, dass ich dazu nicht der geeignete Gegenwurf bin; mag sein: höheres war da als Disputationsbedürfnis. Heil uns - die Welt geht <u>nicht</u> unter!!"

Dass das mit der Wippe[7] <u>nicht</u> mehr stimmt, war mir selbst gestern grade plötzlich aufgegangen. Das ist für ihn das Ergebnis dieses Jahres. „Er hat <u>Gedächtnis</u> gekriegt", sagte ich mir gestern. Straussens Brief bestätigt das ja.

Dass du dich von Mutter hast dumm machen lassen, braucht dich weiter nicht zu beschweren. Denn unerträglich war es auch schon vorher, und wenn ich nur ein Zimmer hier habe, um ausweichen zu können, so ist alles halb so schlimm. Dass ich dieses hier los werde, ist mir nur recht. Es ist mir verhasst geworden. -
Strauss macht Andeutungen über Frankfurt, ich glaube noch nicht recht daran, aber wenn so wäre es natürlich das Beste. ....

[1] Der Mutter. [2] Das Haus der Rosenzweigs in Kassel hatte die Adresse: Terrasse 1.
[3] Damals unternahm die Mutter einen Selbstmordversuch. Dazu der Brief an Margrit Rosenstock wahrscheinlich vom 25. April 1919, S.281f.
[4] Engelbert Krebs, 1881-1950, katholischer Theologe, Dogmatiker in Freiburg. Es handelt sich offenbar um ein Mißverständnis auf Seiten Kählers; gemeint ist wohl der Briefwechsel mit Eugen Rosenstock von 1916.
[5] Die beiden Auslassungen sind von Rosenzweig. [6] Griech.: KATHOLIKOS = allgemein, allumfassend.
[7] Dazu der Brief an Margrit Rosenstock vom 10. August 1917, S.19.

An Margrit Rosenstock am 21. Dezember 1919

21.XII.19.

Liebes Gritli,   ich habe an Rudi doch lieber offen geschrieben und ihn kurz um Geduld gebeten, ich könne ihm eigentlich nicht schreiben, weil ich es nicht vertrüge aus seinem Mund etwas über Helene dich, ihn zu hören.   Es ist anständiger so, als wenn ich ihm einen Scheinbrief geschrieben hätte, obwohl er das ja vermutlich nicht gemerkt hätte, denn es kam ihm ja nur auf die Tatsache des Briefs (zwecks Absendung der „3", „4" oder „5") an. Ich brauche wirklich Zeit, vielleicht auch noch andres als Zeit. Es knackt und reisst in mir, ich weiss nicht was. Vielleicht ist Rudi nur der Prügelknabe dieses internen Geschehens bei mir. Obwohl ich es nicht glaube. Denn schliesslich geht ja die ganze Zeit von ihm etwas aus, was mir das Leben finster macht. Ich ertrage ihn jetzt einfach nicht. - Aber das habe ich dir ja alles geschrieben.
Ich habe ihm geschrieben, vom 29. ab könnten wir uns sehen, in Wirklichkeit werde ich das aber wohl möglichst vermeiden, wie weiss ich noch nicht. Zimmer sah ich heut Abend noch allerlei, Morgen nehme ich eins. Aber aus Straussens Worten scheint hervorzugehn, dass er Frankfurt für mich für sicher hält. Eugen wird wohl Näheres wissen. Hast du etwa Strauss auch kennen gelernt? das wäre hübsch.
Die Krebsiade[1] geht noch in mir um und macht mir Spass. Grade heute früh überlegte ich mir, ob ich eine Stelle im Hegelbuch, die missverstanden werden kann, nicht retouschieren soll, mit Rücksicht auf mich. Die Krebsverwechslung zeigt mir, dass ich es wirklich muss. Auch das ganze Schlusskapitel muss ich eigentlich neuschreiben, nicht bloss weil es vor 1914 ist, sondern in diesem Fall wirklich einmal weil es vor <u>1913</u> ist.[2] Hier hat Eugen recht, wenn er meint, ich hätte „vor ihm" überhaupt nicht schreiben können. Es ist vom Februar 13. Ich war selbst sehr zufrieden mit, las es Eugen vor, der es gleich ablehnte, - „so säuselnd". Das fiel mir ein, als ich es jetzt wieder las und mich entsetzlich schämte. Ich lasse es nun vielleicht <u>ganz</u> weg.
Ich bin mitten im Packen. Ich habe keine „Sehnsucht" nach dir, aber es wäre so gut, wenn du mal immer auf einen Augenblick hineinkommen könntest und ein vernünftiges Wort mit mir sprechen. Ich bin so allein und ich fühle, wie mir Zukunftsgedanken, an die ich mich geklammert hatte, zerbrechen. Du weisst schon: „1919".[3] Eugen nennt es: falsche Romantik. Aber mir ist <u>nur</u> bange. Den „eigenen" Weg kann ich nicht

gehen wollen. Strauss ist eben darauf gekommen er weiss selber nicht wie. Aber ich sehne mich nach dem andern, dem „nicht-eigenen", seit wieviel Jahren. (Und nun wage ich selber nicht mehr, daran zu glauben. Sei gut und hab Geduld mit
                                                                                      Deinem Franz.

[1] Die Verwechslung Eugen Rosenstocks mit Engelbert Krebs durch Kähler im vorangegangenen Brief.
[2] Vor Rosenzweigs Heimkehr ins Judentum.
[3] Rosenzweig hatte sich vorgestellt, im ersten Nachkriegsjahr - 1919 - eine Familie zu gründen und einen Beruf zu finden.

An Margrit Rosenstock am 22. Dezember 1919
                                                                                      22.XII.19.
Liebes Gritli, ich sitze im Wartesaal in Kreiensen; da bin ich hängen geblieben. Früh um 4 wird es weitergehn. Es ist mir gar nicht unrecht, dass es sich noch etwas hinzieht. Auch habe ich bei der Gelegenheit endlich meine Briefschuld an Mawrik Kahn erledigt. Ich war in Berlin heut früh noch auf Budensuche, fand allerlei - es ist nicht so schwer. Aber als ich mieten wollte, und schon angezahlt hatte, schnappte die Wirtin plötzlich zurück, ich weiss nicht was sie hatte, sie sagte lauter Ausreden; so nahm ichs für einen Wink vom Himmel. Es kostet mich immer nur schlimmstenfalls eine Nacht im Wartesaal wie diese; des Morgens habe ich dann in 2 Stunden ein Zimmer. Dass ich im Januar nochmal nach Berlin muss (selbst wenn vorher was aus Frankfurt wird oder ich noch vorher nach Berlin durchbrenne) ist ja fast sicher, weil dann Frau Cohen da ist.

Die Fahrt hierher war schwer und voll drückender Gedanken. Es geht mir wie den alten Rabbinern, von denen ich dir neulich mal schrieb. Ich kann meine Leiden, obwohl ich weiss, dass sie mir von Gott aufgelegt sind, nicht lieben, „weder sie noch ihren Lohn".[1] Und ist es denn auf die Dauer möglich, dass sie mir nur erträglich sind in den Augenblicken, wo du mir „die Hand giebst"? Und doch ist es so. Mir fielen beim Packen Briefe von dir in die Hände vom September 18. Du weisst, dass ich sonst alte Briefe von dir scheue; ich tat es immer schon, auch in den Zeiten des Glücks. Es war mir immer wie eine Sünde an der Gegenwart. Auch jetzt also geschah es ganz ohne Absicht, es war einer ohne Couvert, dann las ich noch 2 oder 3 anschliessend. Und da ging mir so auf - es waren Briefe von der Reise Kassel-Eisenach - wie damals die Zeiten der Trennung und des Schreibens eigentlich obwohl anders doch genau so schön waren wie die Zeiten des Zusammenseins. Dieser Gedanke war stärker als alles Einzelne was mich noch in den Briefen schmerzte. Denn grad dies ist nicht mehr. Die Zeiten der Trennung sind kein Leben mehr. Ich muss deine Hand leibhaftig halten, um des Lebens unsrer Liebe gewiss zu sein. Das ist furchtbar. Denn es geht ja nicht. Es geht immer nur auf Augenblicke - „Wiedersehn ein klein Kapitel, fragmentarisch".[2] Dazwischen schreie ich in die Ferne - wo bist du. Du bist eben - ach ich weiss es wohl, und ich kann es nicht anders wollen, und doch schreie ich und strecke die Hände aus - wo bist du - wo bist du. Und ich weiss, dass dich mein Rufen quält und dass dir die Kraft nicht langt, mir da zu sein, so dazusein, dass ich es spürte über alle Ferne weg. Und ich möchte meine Kraft verdoppeln, um von mir zuzugeben, was dir fehlt, sodass deine Gedanken mir nur einen kleinen Weg entgegenzufahren brauchten. Aber ich kann es nicht mehr, ich bin wirklich am Ende meiner Kräfte, meine Liebe kann nicht mehr längere Arme ausstrecken als sie tut, ich meine du müsstest es spüren, müsstest es grade unter dem Zwange spüren, der mirs in diesen Tagen ich weiss nicht warum unmöglich macht, dir sie anders zu sagen als mit dem allereinfachsten Über- und Unterwort: Liebes Gritli und

Dein Franz.

[1] Brachot 5b. Dazu der Brief an Margrit Rosenstock vom 16. November 1919, S.480.
[2] Goethe, West-östlicher Diwan, III. Uschk Nameh: Buch der Liebe, „Lesebuch": „Wunderlichstes Buch der Bücher / Ist das Buch der Liebe. / Aufmerksam hab ich's gelesen: / Wenig Blätter Freuden, / Ganze Hefte Leiden; / Einen Abschnitt macht die Trennung. / Wiedersehn! ein klein Kapitel, / Fragmentarisch. Bände Kummers, / Mit Erklärungen verlängert, / Endlos, ohne Maß. / O Nisami! – doch am Ende / Hast den rechten Weg gefunden: / Unauflösliches, wer löst es? / Liebende, sich wiederfindend."

An Margrit Rosenstock am 23. Dezember 1919

23.XII.19.

Liebes Gritli,   seit heut früh bin ich hier.[1] Mutter ist ruhiger als ich dachte, wenigstens äusserlich. Es wäre auch zu viel, wenn ich ihr gegenüber in diesen Tagen noch mehr leisten müsste als mich Zusammennehmen. Ich bin wie in kleine Stücke zerbröckelt, ich habe kein rechtes Gefühl mehr ob ich eigentlich lebe. Was da aus dem Vortrag[2] werden soll, wundert mich selbst, doch ist mir das im Grunde beinahe gleichgültig, und nur Mutter gegenüber schiebe ich meinen Zustand, den sie ja doch merken muss, darauf ab. Es ist eine Qual zu leben.   Dies ist ja ein Brief, den ich vor Wochen zerrissen oder nicht abgeschickt hätte. Jetzt schicke ich ihn ab. Ich habe mir das gelobt, diese furchtbare Gewohnheit nicht Gewohnheit werden zu lassen. Was ich schreibe, musst du lesen, ich will dir nichts mehr ersparen, einerlei wohin es führt. Solange du meine Briefe überhaupt noch aufmachst.   Ich kann dich nicht mehr schonen. Wenn mir so sehr elend ist wie jetzt.   Ich hätte deine alten Briefe nicht lesen sollen. Sie fressen mir am Leben, ich kann sie nicht wieder vergessen.   In einem stand das Wort, das du mir zuletzt noch einmal im August, Anfang August, schriebst: du könntest schlecht einschlafen ohne das Siegel auf deinen Tag. Und das ist ja das einzige woran du dir selbst bestätigen kannst, dass sich unser Leben entleert hat. Denn alles was du jetzt sagst, ist: der Brief an dich fällt mir leicht. So ist es mir lieber, du kannst mir auch das nicht mehr sagen. Denn auch dies Wort vergiftet mir das Leben. Ich will keine Briefe, die dir leicht fallen. Ich will keine Almosen, auch nicht wenn sie aus Liebe gegeben werden. Ich habe lange gewartet, ehe ich das sagte. Ich <u>musste</u> ja warten. Aber frage dich selbst und sieh mich dabei an: Früher fiel es dir schwer, mir <u>nicht</u> zu schreiben. Da empfing ich deine Briefe mit gutem Gewissen. Jetzt fällt es dir bestenfalls noch „leicht", mir zu schreiben. Aber eine Mühe, auch eine „leichte", ist schon zu viel. Du sollst dich nicht mühen. Und sei gewiss: die leichte Mühe wird sehr leicht zur schweren. Vielleicht ist sies schon geworden.   Wir wollen keine Narkotika, du nicht, ich nicht. Das stand <u>auch</u> in ~~den~~ einem von den 3 oder 4 Briefen vom September 18! Aber seit Monaten <u>leben</u> wir von Narkoticis. Wir narkotisieren uns das aufkommende Bewusstsein immer wieder weg. Und es ist doch so einfach zu wissen, wie es um uns steht.   Was ich dir vor ein paar Tagen schrieb: wir leben nur noch vom Zusammensein, nicht mehr im Entferntsein (und für mich ist dieses Wir <u>Alles</u>, für dich ists nur ein Teil, so merkst dus nicht), also dies was ich dir schrieb, ist ja nur ein andrer Ausdruck dafür dass wir von Narcoticis leben.

Eugen nennt das was ich hier tue, Selbstzerstörung und zürnt mir. Mit dem ersten hat er recht: es ist Selbstzerstörung. Ich will lieber unter ehrlichen Trümmern sitzen als in der Baufälligkeit unsres gemeinsamen „Lebens". Dieses Lebens, das sich aus Andeutungen nähren muss. Was weiss ich denn noch von dir! Gewiss, wenn ich bei dir bin, alles. Ich fühle, welch schweres Unrecht ich dir mit all diesem tue, denk ich an die Tage wo wir zusammen waren. Aber fühle du auch, dass ich dir kein Unrecht tue für alle die vielen vielen Tage, diese unerträglichen Zeiten, wo wir nicht zusammen sind. Da muss ich mir aus einem hingeworfnen Wort einen Vers machen.   Liebes Gritli, ich kann doch nicht. Ich will warten bis morgen, und dir diesen Brief nicht schicken. Ich will dich ja nicht traurig machen.   Gritli ————

[1] In Kassel.
[2] Über Lessing, Nathan der Weise. Die Vortragsnotizen sind abgedruckt in Zweistromland S.449-453.

An Margrit Rosenstock am 23. Dezember 1919

23.XII.19

Mein liebes Gritli, ich bin hier seit heute Morgen. Mutter ist ganz ruhig. Mag es nur vorläufig sein, es ist schon etwas. Und ich brauche jetzt Schonung. Ich bin so sehr traurig. Alle „Gründe" sind mir selber ja nicht ganz glaublich. Es muss irgendwas sein was ich selber nicht weiss. Ich mache alles Mögliche zum Prügelknaben, eben z.B. dich, ich schrieb an dich und schicke es dir nicht, denn es ist doch nicht wahr. Meine Wut auf Mutter neulich, auf Rudi — ich glaube an alles selber nicht recht. Es muss noch was andres sein. Kannst du mir denn nicht helfen? mit einem Wort, Gritli? mit einem guten Wort? einem Brief? Wer soll mir denn helfen. Sieh, auf wen ich die „Schuld" schiebe, das glaube ich selber nicht, aber die Heilung, das weiss ich, ist bei dir, daran werde ich nicht irre. Sprich doch zu mir.   Ich kann es nicht denken, dass du es nicht kannst. O sprich - deine Worte vertrage ich, nur deine Worte. Ich bin so gar nichts - ich laufe ganz auseinander. (Das wird ein schöner Vortrag werden!) ...

An Margrit Rosenstock am 24. Dezember 1919

Liebes Gritli und liebe Margrit Rosenstock,
nun hast du ja doch die Drohung erfüllt, die du einmal - ich weiss nicht mehr wann - aussprachest: du würdest „deine Margrit Rosenstock" unterschreiben. Im Jörgensen[1] steht es vorne drin und „Franz Rosenzweig" hat sein Teil. Und er kann es sogar ruhig auf den ganz öffentlichen Geburtstagstisch zum 25ten (da der Judenbaum zum 24ten nicht so recht brennen will - weisst du eigentlich, dass Weihnachten für mich von Kind an mein frühest und bewusstest antichristlicher Tag war und ich es auch noch heute so empfinde? das ist ja ganz natürlich, es war bei uns im Haus eigentlich der Tag des betonten Andersseins, natürlich nur negativ betont, aber doch immerhin[x]) also ich kanns ruhig auf den öffentlichen Geburtstagstisch legen, denn die kleine Bosheit „Weihnachten und" werden die Leute die „mich" besuchen, kaum merken; und Margrit Rosenstock - Franz Rosenzweig ——— was ist ihm Hekuba, was ist ihr Pyrrhus.[2]

[x] Ich begreife sehr gut den alten Prager, der an diesem Abend[3] und an keinem sonst im Jahr — Karten spielte.

Und das andre, das wohl von Gritli an Franz ist, das liegt in Berlin! Muss denn der Zufall so symbolisch sein? Was habe ich ihm denn getan? Auch er ist jetzt gegen uns im Bunde.
Gestern Abend war ein Vortrag von Nahum Goldmann,[4] sehr glänzend, auch inhaltlich sehr gut. Er war nachher noch bei uns, mit Prager und einigen andern. Es war gut für mich. Es riss mich etwas heraus, wenigstens oberflächlich. Wir hatten ein sehr heftiges und gescheites Gespräch. Er machte den advocatus diaboli gegen seinen eigenen Standpunkt. Ich den advocatus angelicus <u>für</u> ihn.[5] Es ist ein Russe, Mitte der 20er Jahre, so gescheit wie man in diesem Alter irgend sein kann, ein strömender Sprecher. Den Ansichten nach so eine Art Zionist, wie er glatt für den Moriah-Verlag ginge. Aber menschlich würde ich ihm doch dafür nicht grade nachlaufen. Es ist eine kleine Höhlung in ihm, eine Höhlung aber immerhin. Er hat recht, sich selber noch nicht recht zu trauen. Über das was Eugen von Strauss sagt, habe ich mich sehr gefreut. Es ist ja das, wo~~nach~~für ich immer vergeblich Worte suchte: der <u>Kalk</u>, aus dem sein heisser Quell hervorbricht. Dass er für Eugen son juif à lui[6] sein würde, wusste ich ja. Weisst du, dass ich über die persönliche Entlastung, die das für mich bedeutet, froh bin? Es <u>war</u> eine gewisse Last, dass ich von Eugen als repräsentativ empfunden wurde und damit anders als ich bin. <u>Ein</u> Mensch ist eben wirklich <u>kein</u> Mensch. Erst bei zweien fängt es an.
Eugens Würzburger Ergebnisse leuchten mir eigentlich ein. Die Stellung, die hier die verschiedenen Faktoren haben, ist die natürliche. Der Vertrag würde sich der Klarheit halber wohl immer gleich auf die „Neubau-Verlage" beziehen, so dass Patmos, Moriah, Eleusis eingeschlossen wären. Von Weismantel bekam ich heut einen Brief ~~worin er~~ mit Aufdruck Moriah-Verlag, leider grün statt des jüdischen Blau. - Und von Weiser hat dir Hans wohl erzählt. Der Frankfurter Fakultätsplan[7] hat allerdings Schwierigkeiten; 1.) wollen die Frankfurter Stifter keine jüdische Fakultät, weil so was „zu <u>jü</u>disch" ist. Und 2.) ist es unmöglich, Orthodoxe und Liberale zusammenzubringen. Das „Machen" scheint mir hier besonders gefährlich. Aber ich werde Weiser schreiben, schon weil er so ein netter Kerl ist (und ich ihm die Bekanntschaft mit - Tristram Shandy[8] verdanke). Es war also ein reicher Briefsegen heute Morgen. Und von dir war ja auch ein Wort dabei. Nicht das, um das ich gestern bat, aber doch ein Wort. Es ist unrecht von mir, dass ich so dränge, ich weiss es. Aber soll ich mich lieber verhärten? und die Schreie meines gepressten Herzens überhören? das geht ja auch; gestern Abend ging es; aber wie hohl ist da alles, wie druckerschwärzig kommt dann jedes Wort einem aus dem Mund. So als Verfasser seiner Bücher, bisheriger und künftiger, sitzt man da, und glaubt sich selber kein Wort. Ich kann nicht vom Vergangenen leben. Und ich kann dir, <u>dass</u> du mir nicht vergangen bist, nur sagen indem ich klage. Wollte ich mir den Mund verstopfen, so wäre alles aus. Dass ich dir Unrecht tue, dass ich dich quäle, dass ich - ich weiss das alles. Aber es ist alles besser als wenn ich mich verkrieche. Und so danke ich auch dir für dein Wort, auch wenn es kein Wort ist. Es ist alles besser als wenn du mir schweigst. Es <u>konnte</u> einmal Schweigen zwischen uns sein. Jetzt nicht mehr. Die Worte sind das Dach über unserm Kopf. Draussen regnets. Tritt doch zu mir. Sprich, sprich. Du musst doch fühlen wie mir ist. Auch wenn ich das Warum nicht sagen kann. (Ich kann es wirklich nicht sagen, ich weiss gar nicht war-

um mir so ist; aber mir ist so, mir ist sehr eng. Versuch nicht mir das Warum zu sagen. Sag, dass du bei mir bist; das ist besser als alles Warum. O sprich, sprich zu mir. Es hält nichts in mir, es fällt alles auseinander; wenn du deine Hände nicht zur Schale formst und mich darin sammelst, so sickre ich weg in die Erde. Hilf mir, Liebe, hilf mir Gritli, wie du kannst, ich weiss nicht wie, aber du kannst doch.

Dein Franz.

[1] Johannes Jörgensen, Der heilige Franz von Assisi. Eine Lebensbeschreibung, 1908.
[2] Anspielung auf Shakespeare, Hamlet, II, 2: „Was ist ihm Hekuba, was ist er ihr, daß er um sie soll weinen ..."
[3] Dem christlichen Heiligabend.
[4] Nahum Goldmann, 1894-1982, zionistischer Politiker und Schriftsteller, Mitbegründer des Jüdischen Weltkongresses.
[5] Advocatus diaboli, „Anwalt des Teufels", nannte man bei kirchlichen Selig- oder Heiligsprechungen den von der Kirche bestellten Anwalt, der mögliche Gegenargumente vorzutragen hatte. Advocatus angelicus, „engelhafter Anwalt", oder advocatus dei, „Anwalt Gottes", hieß der dafür argumentierende Anwalt.
[6] Franz.: *sein* Jude.
[7] Schon lange gab es die Idee, von der Rosenzweig bereits während des Krieges Kenntnis hatte (Briefe und Tagebücher S.227), an der Universität Frankfurt (am Main) drei Fakultäten zu errichten, je eine für die drei in Deutschland bestehenden Religionsgemeinschaften - Protestanten, Katholiken, Juden. Stattdessen wurden nach dem Ende des ersten Weltkriegs lediglich separate Vorlesungen in den jeweiligen Bereichen gehalten. Für das Judentum sollte Rabbiner Nehemia Nobel den Lehrstuhl bekommen. Als er jedoch 1922 starb, wurde Rosenzweig als sein Nachfolger berufen. Aber auch er mußte wegen seiner damals gerade ausgebrochenen Krankheit absagen, so daß 1924 schließlich Martin Buber die Berufung erhielt. Aber schon 1933 endete dessen Lehrauftrag mit dem Machtantritt der Nationalsozialisten.
[8] Roman von Laurence Sterne, The Life and Opinions of Tristram Shandy Gentleman, 1759ff.

An Margrit Rosenstock am 24. Dezember 1919

Liebe, für den Jörgensen habe ich dir gar nicht recht gedankt. Das tut mir leid und beschämt mich am allermeisten. Aber grade darum muss ichs dir auch schicken, obwohl ich was drum gäbe, könnte ich wenigstens diese Stelle aus den Briefen herausbringen. Sie ist roh und schlecht. Ich schäme mich. Verzeih mir. Und sei nicht traurig, bitte bitte nicht. Ich habe mich inzwischen doch auch schon längst über das Buch gefreut, wirklich gefreut, wie ich anfing, drin zu lesen. Und alles, was ich „symbolisch" nahm - es ist so unrecht von mir. „Symbolisch" ist doch nur, dass du das Buch lieb hast und mir schenkst. Gritli das weiss ich doch, und weiss jetzt nichts andres, und all das vorhin lösch es aus. Ich bitte dich, Liebe, sei mir gut und sei nicht traurig. Nur kein Geheimnis vor dir, kein Schweigen, nur Wort und Antwort. Ich will ja leben, ich will ja, glaubs mir. Und wisch das Böse aus und lass das Gute stehn. Ich will bitten, dass ich wieder gesund werde.

Liebe, Liebe -

An Margrit Rosenstock am 24. Dezember 1919

24.XII.19.

Liebes Gritli, bei Tisch sprach ich mit Mutter nochmal über Eugens Würzburger Brief, Mutter war sehr bedenklich. Ein Rechtsanwalt genüge nicht, die dächten zu unkaufmännisch. Man müsse Erkundigungen über Brunfleck einziehen, für wieviel er „gut" sei, und darauf bestehen, dass er Bürgschaften gebe. Papier sei keine Bürgschaft, weil es verbraucht werde. Überhaupt müsse der Vertrag so abgefasst werden wie ihn nur ein Kaufmann und kein Rechtsanwalt abfassen könnte. ~~Wenn~~ Ich selber habe bei Eugens Brief vermisst, welche Rolle in dem neuen Vertrag das von Brunfleck schon eingeschossene Geld spielt (im Fall eines Bankerotts). Und was macht Weismantel denn nun mit seinem katholischen Verlegerkonzern? Ich schrieb dir schon, dass mir grundsätzlich die neue Konstruktion der Verlage einleuchtet. Aber dass diese Voraussetzungen nicht blindlings für vorhanden angenommen werden dürfen, sondern dass man gar keinen Grund hat, Brunfleck mehr Vertrauen entgegenzubringen als jeder Kaufmann einem andern von dem er nichts weiss, entgegenbringt (nämlich <u>gar</u> keins) das ist auch meine Ansicht. Also wenn Eugen nicht Hamburgers Hilfe haben kann, wenigstens schriftlich, dann will ich hier den Vertragsentwurf mit Louis Mosbacher[1] durchsprechen. Nur keinesfalls blind hinein! Es ist besser, ich bin vorher misstrauisch als ihr werdets nachher. Brunfleck, der sein Geld abwechselnd in Kinos und religiösen Verlagen arbeiten lässt, darf sicher nur als der genommen werden, der er ist. Eine Million ist nicht viel Geld als Deckung für ein Unternehmen, das von vornherein ca 300 000 M verschlingt. Also Vorsicht, Vorsicht, Vorsicht. Schimpft meinetwegen auf mich, auf mein „Misstrauen", „Geiz", „skrupellosen Geschäftssinn" u.s.w. Aber in dieser Sache ist neben dem was unverkennbar <u>gesund</u> ist, etwas <u>faul</u>, von Anfang an; mal stank es aus Brunfleck, mal aus Seiferts, mal (ganz leise) aus Weismantels Munde - aber es stank. Also ein feuchtes Taschentuch vor den Mund, aber dann allerdings rein in die Atmosphäre!

Von Weiser und Frankfurt lasst euch von Hans erzählen. Ich schrieb ihm gleich, obwohl ich den Fakultätsplan nicht mehr für aussichtsreich halte.

Ich bin wohl krank. Die letzten Briefe, drei, schicke ich dir nicht. Ich weiss nicht was mir ist. Du hast aber in den nächsten Tagen rein äusserlich so viel zu tun, dass man dir nichts zumuten kann. Vielleicht geht es vorüber.   Vielleicht schreib ich dir aber einfach mal nicht mehr. Denn dies Schreiben und nicht Abschicken - das <u>geht</u> doch nicht? das vergiftet. Vielleicht bin ich dann in ein paar Tagen wieder gesund, dann schreibe ich dir wieder.

Nein Nein Nein —— ich schicke dir alle Briefe <u>doch</u>. Es ist das einzige. Es muss gehn. Wir sind verloren - nein ich weiss nicht, aber <u>ich</u> bin verloren, wenn ich das nicht mehr kann. Beschwer dich nicht mit der Antwort, es ist schon ein Stück Heilung, wenn ich nur nichts vor dir zurückzuhalten brauche. Und ich bin lieber elend <u>mit</u> dir als glücklich <u>ohne</u> dich. Gritli, Gritli es ist besser so. Nur dann ists ja keine Lüge, wenn ich schreibe: <u>Dein</u> Franz —— Dein.

---

[1] Louis Mosbacher, Anwalt und Geschäftsmann in Kassel, ein entfernter Verwandter von Rosenzweig.

An Margrit Rosenstock am 25. Dezember 1919
                                                                                           25.XII.19.
Liebes Gritli, endlich komme ich zum Schreiben, es ist schon Nachmittag. Ich muss wohl schreiben. Solange du meine Briefe noch annimmst, kann ich nicht anders. Denn alle die hohen Zusammenhänge liegen ausserhalb meines Begreifens. Ob Gott will? was Gott will? wie Gott will? die Theologie, auch die des Privatlebens, ist mir so fremd geworden wie die Philosophie mir schon war. Ich habe und halte nur noch das

eine: ich muss wahrhaftig sein, ich darf dir nichts verbergen, ich darf nicht auswählen. Darauf und darauf allein hat unsre Liebe vom ersten Augenblick an gestanden (ich glaube, wenn ich dir auf dein erstes Geschenk, die Äpfel damals auf dem Dub,[1] hätte einen Bedankemichbrief hätte schreiben müssen, diese erste Konventionalität hätte alles Künftige zwischen uns in der Geburt erstickt). Ich muss mich dir ausschütten; und wenn Saft in mir ist, ich muss es vor dich hin giessen. Das kann mich darum auch nie reuen, einerlei wie die Folgen sind. Meine Liebe ist gar nichts andres als diese Wahrhaftigkeit. Du bist gar nicht die Herrin meines Herzens, mein Herz hat keine Herrin und nur einen Herrn und gegen den rebelliert es; ich erwarte und will kein Absolvo te[2] von dir noch von irgend einem Menschen, ich würde es auch von keinem Menschen annehmen. Aber mein Herz liegt offen vor dir, mit allem, mit Blut und mit „Gift Galle und kleine Steinerchen". Du kannst nicht absolvo te sagen, aber du kannst es annehmen, aufnehmen (denn es ist dein) oder apage[3] zu ihm sagen (denn es ist dein). Diese Offenheit, gar nichts andres, ist das Deinsein meines Herzens. ... Jedes „Dein" das mein Mund oder meine Schreibhand dir gesagt, jedes war ganz aufgetan für das Entweder-Oder, jedes wusste, dass du es annehmen oder abweisen konntest, und lebte von diesem Wissen, und jedes Vondiraufgenommenwerden war mir wie das erste, ein neues ganz neues Geschenk, fast eine Überraschung. Zwischen uns gab es keine andre Sünde, ich meine eine von mir gegen dich oder von dir gegen mich als ein zurückgehaltenes Wort. Wo ich diese Sünde begangen habe, und nur da, habe ich dich wie ein Mensch einen Menschen um Verzeihung gebeten, die nachträglich gezeigten Briefe - da hast du mir dein absolvo te sagen müssen, sonst nie.   Als ich gestern Abend dir endlich alles Schreckliche was sich aufgehäuft hatte, schickte — ich musste ja zittern, wie du es ertragen wirst — aber ich war wie erlöst, ich stand — nicht rein, wahrhaftig nicht rein, sondern krank, giftbesudelt, hässlich - was weiss ich - vor dir, nicht rein, aber dein, und nur darauf kommt es an; als die Briefe im Kasten waren, konnte ich dir das Telegramm schicken, nun hast du es heute und weisst wie mir zu Mute ist. Es ist mir nur so, wie in dem Telegramm steht. Ich kann ja nur dann Liebes Gritli sagen mit allem was darinnen ist, wenn ich dir auch das Dein Franz sagen kann, mit allem was darinnen ist.

Und du fragst, was ich denn unter Gottes Gericht verstehe? Lass dich doch nicht dumm machen. Eugen ficht da ja gegen ein Phantom bei mir. Wahrhaftig ich verstehe nichts darunter, worauf man für ein „andres" Leben warten müsste. Sondern grade genau so, wie du es aus Jörgensen[4] S.415 zitierst.   Von wem hast du denn das Wort „heute" gelernt?! Aber ich suche mir die Stimmen nicht aus, die mich fragen, verklagen, freisprechen, verdammen. Versuche ichs einmal, schalte ich etwa meine Mutter aus, weil sie „krank ist", plötzlich wird grade sie mir zur Stimme.   Gott ist nicht überraschend in dem was er sagt, aber immer in dem, durch dessen Mund (einschliesslich der Steine die schreien wenn Menschen schweigen[5]) er spricht. Selbst „Wolken"- und „Feuerwerk" (dies für Eugen) wird er wohl bisweilen nicht verschmähen, hat in den letzten 4 1/2 Jahren 1914-18 reichlich Gebrauch von diesen Theaterrequisiten gemacht, und insofern der „jüngste Tag" das Gericht über die Welt ist, ist es da wirklich die natürlichste Vorstellung, an Wolken u.s.w. zu denken, denn es müssen ja alle sehen. Aber das ist grade mir sehr nebensächlich. Ich habe ja sogar in den 4 1/2 Jahren

weltlos gelebt, und so hat er mir nicht im Granatfeuer gesprochen, sondern durch Menschenstimmen und bisweilen selbst „Steine". Aber dies alles nur nebenher, nur zur Verteidigung der handgreiflichen Jüngsttägler. Was ich dir entgegenstelle, ist: ich suche mir meine Verdammer und Freisprecher nicht aus. Ein Mensch, ein bestimmter, ist mir nur dann und insofern zum Richter gesetzt, als ich <u>ihn</u> verletzt habe. Durch wen mir aber <u>Gott</u> sein Urteil sprechen und vollstrecken lässt, das ist ganz seine Sache, ich weiss es gar nicht. Eugens Absolvo te oder Apage gilt nur zwischen ihm und mir.   <u>Gott</u> sagt mir sein Condemnatus es[6] vielleicht durch Ed. Strauss, du weisst wie mich sein Wort neulich traf, als ich Scheler durch das Absolvo te seiner Frau für absolviert erklärt hatte, er sagt es mir <u>vielleicht</u> (aber nicht notwendig) durch Eugen (warum nicht <u>auch</u> durch <u>ihn</u>!), er hat es mir wohl sicher gesagt durch Rudi und dich, ich meine durch den 22.VIII. - denn im Grunde glaubt man doch an das Urteil erst, wenn die Vollstreckung fühlbar beginnt. Und das Absolvo te? Hat er mir das gesagt? Glaub mir Gritli, ich habe es schon oft zu hören gemeint, aber darf ich mir trauen? <u>darf</u> ichs hier?? im ✿ kam es mir, und wie oft an deinem Herzen, und jeder deiner Briefe ists von neuem, aber darf ich mich zufrieden geben? Wird nicht das Urteil und seine Vollstreckung auch immer wieder erneuert bis zum letzten? Und so muss auch die Freisprechung immer wieder erneuert werden bis zur letzten. Es giebt kein endgültiges Condemnatus es und keine endgültige Absolution - vor dem Tod, dem wirklichen leibhaftigen Tod. Erst der ist Vollstreckung und Befreiung, beides. Der Tod selbst, nichts „nach" dem Tod. Der Tod <u>selber</u>, der zu diesem Leben <u>gehört</u>. Das Franciscuswort bleibt wahr, wahrer sogar als es mein Schutzpatron wider Willen (beiderseits) gemeint hat, denn es gilt ja <u>nicht</u> bloss für die, die Gott liebt, sondern für alle, allerdings nur, weil Gott eben alle liebt. Was in diesen Tagen mit mir geschieht ist mir ja völlig rätselhaft. Dass es ein Stück Leben ist, ein Stück Wegs zum Tod, ein Stück Condemnatio und Absolutio, das ist ja sicher. ...... Trudchen der ich heut Vormittag als sie kam, zwischenhinein - sie war ganz ahnungslos - ein Wort über meinen Zustand sagte, fragte sofort, ohne irgend einen andren Gedanken: „weil 1919 zu Ende geht, wohl?".[7] Das glaube ich ja beinahe auch, dass es das ist. Es <u>war</u> eine Frechheit, Gott Vorschriften machen zu wollen. Vielleicht ist es das.
...

[1] Berg in Makedonien, wo sich Rosenzweig im Sommer 1916 als Soldat aufhielt.

[2] Lat.: ich löse dich aus. Die Formel stammt aus der christlichen Beichtliturgie.

[3] Lat.: fort mit dir.

[4] Johannes Jörgensen, Der heilige Franz von Assisi. Eine Lebensbeschreibung, 1908.

[5] Dazu Habakuk 2,11 und Lukas 19,40.

[6] Lat.: Du bist verdammt.

[7] Rosenzweigs Lebensplan sah vor, im ersten Nachkriegsjahr einen Beruf und eine Frau zu finden, um ein jüdisches Haus gründen zu können, auf daß seine Jüdischkeit endlich sichtbar werde.

An Margrit und Eugen Rosenstock am 25. Dezember 1919

25.XII.19.

Nein Gritli ich muss auch die Antwort an Eugen an dich anfangen, vielleicht komme ich dann in die an ihn hinein. Ich war heut früh, als ich seinen Brief zuerst las, hingenommener als beim Wiederlesen jetzt. Ich suchte ja nach dem was eigentlich an mir vorgeht. Und darum hatte ich gar nicht gedacht, dass es etwas zwischen Mutter und mir sein könnte. Aber nein, jetzt weiss ich, es darf nicht so sein wie Eugen meint. Eugen schliesst mir ja mein Leben mit dir ab, wie er es auch immer mit dir anfangen lassen möchte. Das zweite kann hingehen, das ist ein Geschichtsirrtum und also gleichgültig. Aber das andre - versteh, es ist so: Eugen sagt wahr, es kann noch Heilung kommen für Mutter und mich. Aber das ist das Ende meines Lebens. (Schrieb ich dir oder ihm das nicht schon mal so ähnlich?). Wie sie selber im Stillen hofft: wenn er mal „verheiratet ist". Und Eugen will nun, dass die ⟦⟦Heilung⟧⟧ mit dir geschieht. Und also dies Ende meines Lebens jetzt schon da wäre. Denn wenn Mutter mir dich verzeihe, dann hätte ich gar keinen Grund mehr, noch einen Tag länger zu leben. Mehr als mit meinen Eltern versöhnt sein, kann ich nicht. Ich habe nicht umsonst den Riss so früh und so gründlich erlebt. Eugen rückt dich da an die Stelle, die offen bleiben muss für eine andre. Ich kann den Brief Mutter vorlesen, ihr Instinkt wird aber dagegen toben und ich werde ihm recht geben. Dich in meinem Leben so anzusehn wie Eugen es sieht, das ist eine Zumutung für sie, beinahe eine Beleidigung.

..... Sie kann nicht zu Gritli sag ja sagen. Denn das hiesse für sie (weil sie ja an nichts glaubt und die Arithmetik des Lebens nach der von Adam Riese gelernt hat, wo 1 durch 2 gleich einhalb ist und nicht gleich zwei u.s.w.) also für sie hiesse das: Verzicht auf alles was sie wünschen muss. Sieh, ich glaube ich würde sie gar nicht so beherrschen wollen, selbst wenn ich es könnte. Sie hat nämlich einfach Recht. Das weiss ich. Sie hat Recht, weil ich ja nicht am 16.II.19, am Tag wo du ich den ✡ abschloss und du mit dem Brief an Weidemann den Weg nach Stuttgart zu Riebensahm u.s.w. u.s.w. antratest, gestorben bin. Deshalb hat sie Recht gegen dich (und auch gegen mich von heute.) Sie hats, damit ich ihr übermorgen einmal recht geben kann, nicht so theoretisch superklug wie hier auf dem Papier, sondern wirklich im Leben. Sie wird mir wohl einmal glauben. Aber nicht auf Gritli hin.

Woraufhin denn? Ich weiss es nicht. Da kommt das, worin du einfach recht hast: zur Orthodoxie habe ich keinen Weg mehr. Den hat mir Gritli verlegt. Das ist einfach wahr. Dazu gehört weiter keine „Öffentlichkeit" - ich nehme das Wort nicht so leicht in den Mund wie du - aber einfach vor mir selbst müsste ich mich genieren. Hier ist ja nichts, was ich je hinter mich schieben könnte, und sagen: das war ich nicht wie man es zu den Alibisachen nachher sagt, oder: das war ich, wie mans zu Erlebnissen sagt, sondern dies bin ich. Es hat sich eingefügt in mein Leben so, dass es ein wenig auch zurück gefärbt hat, vor allem aber alles Künftige. Gritli hatte ja recht - auch das sehe ich jetzt - mit ihrem Gefühl, das sie der Frage ob der ✡ gedruckt werden sollte, gegenüber hatte; ihre Stellung in meinem Leben ist wirklich in die Antwort darauf ausgedrückt. Und dass ich nicht einfach willkürlich Ja gesagt habe, sondern das Leben dieses Jahres, eigentlich die Begegnung mit Strauss, es mir abgezwungen hat - um so gewisser ist es so. Gritli kann nicht mehr aus meinem Leben verschwinden, auch nicht wenn sie mich jetzt nicht mehr erträgt und mich fortschickt. Aber das ist nun so: Wollte ich, - könnte ich wie du sagen (von ihr oder von sonst irgend jemand): sie ist die Herrin meines Herzens - könnte ich also mein Gewissen bei ihr in Ruhe geben, so wäre mir kein Weg verlegt. Und ebenso auch wenn ich sagte: es ist Sünde. Im einen

Fall hätte ich ein gutes Gewissen, im andern würde ich es bereuen, und in beiden Fällen würde ich dann gehen können wohin ich will. So ists aber nicht. Meine Liebe lastet mir auf dem Gewissen, aber ich kann nicht bereuen. Ich weiss dass ich gegen Gott rebelliere und ich kann doch nicht aufhören an ihn zu glauben. Ich trage gutes und böses Gewissen in mir wie ein einziges.[1] Ich werde vorwärts getrieben. Aber „katholisch" kann man mit dieser Verflechtung nie mehr werden. Vom „katholischen" Gesichtspunkt aus ist das der schlimmste Sünder, der weiss dass er sündigt und tuts doch. Ich aber wage kaum das Wort „Sünde" dafür zu gebrauchen, es grummelt im Hintergrund, aber ich spreche es nicht aus (du legst es mir bloss in den Mund, ich habe es sicher weder gesagt noch geschrieben). Es mögen 100 „einzelne" „Sünden" hineingestreut sein, aber das Ganze wage ich nicht Sünde zu nennen. Das Ganze ist mein Leben. Gottes Zorn und Gottes Liebe wirken stündlich hinein. Das passt aber in keine orthodoxen Begriffe mehr. Ein Pfarrer Schafft kann nur warnend den Zeigefinger heben. (Ich hätte ihn selbst früher auch gehoben). Ich kann nicht widersprechen. Ihm nicht, auch Strauss nicht, überhaupt niemandem den nun grade Gottes Zorn sich zum Mundstück gegen mich macht. Ich bin offen für Strafe und Lohn jede Stunde. Und ich kann zur Strafe kein gottseliges Gesicht machen und zum Lohn kein erbärmliches. Ich will die Leiden nicht lieben[2] und die Seligkeit nicht verachten. Aber sag doch: was ist das für ein Weg, wenn man weder orthodox sein kann, noch der Orthodoxie widersprechen. Ich werde weder ein „katholischer" noch ein „ketzerischer" (also zionistischer) Jude. Was werde ich? Was bin ich?   Du hattest ja 100mal Recht, wenn du mich im Sommer anschnobst, weil ich meine Liebe zu Gritli noch einzäunen wollte in einen Bezirk meines Lebens. Das fühle ich jetzt, wo - grade wo ich (ich weiss es) im Begriff bin, Gritlis Liebe zu mir zu zerstören.   Denn es ist ein schweres Stück für sie mich anzunehmen wie ich bin, mit Lachen und mit Weinen. Denn beides steckt an. Und beides gräbt sich ins Gesicht, auch in ihrs. Man lebt nicht umsonst. Und zu zweien kostet alles das Doppelte. Ich liebe die Runzeln die sie von mir hat, die alten vom September 18, aber auch die neuen. Das kannst du wohl nicht. Oder?
Lieber Eugen ——— Franz.

[1] Anspielung auf Brachot 61a.
[2] Anspielung auf Brachot 5b. Dazu der Brief an Margrit Rosenstock vom 16. November 1919, S.480.

An Margrit Rosenstock am 26. Dezember 1919

26.XII.19.

Liebes Gritli, liebes, liebes —— ich will an dem Unglücksvortrag[1] arbeiten, aber es geht nicht, es geht alles nicht, es lastet noch so auf mir.   Ich erschrecke, wenn ich denke was ich Eugen gestern zugestanden habe, aber ich kann es nicht zurücknehmen. Aber was heisst das? was bleibt da noch? ein Litterat (und noch dazu einer, der zum Schreiben nicht die mindeste Lust hat). Ich weiss, man soll nicht vorsorgen, nicht fragen, nicht wissen wollen.[2] Aber wenn mir die Hoffnung zerfliesst, an die ich mich gehalten hatte, die Hoffnung, dass es mir doch einmal gegeben werden würde, jüdisch zu leben - du selber sprachest das letzt Mal vom Sabbat, und nun sage ich selber: ich werde leben müssen wie Ed.Strauss, ein (bestenfalls) unsichtbar jüdisches Leben; und ich habe von früh auf doch eine Verachtung gehabt gegen alles bloss Unsichtbare;

weshalb bin ich denn nicht „Idealist"? doch bloss weil die Idee unsichtbar ist. Und nun entdecke ich in diesem kraftlosesten Augenblick, dass mein Leben ganz unsichtbar bleiben soll. Es ist wirklich so, wie ich es die ganzen Tage spüre: ich fliesse auseinander, es bleibt kein Kern übrig. Wenn ich Kinder kriege, so werden sie noch verlorener in die Welt hinausgeworfen werden, als meine Eltern mich hinauswarfen. Denn ich hatte noch Onkel Adam, aber sie werden nichts und niemanden haben. Aber wozu braucht ein Litterat Kinder? Er schreibt ja Bücher. „Für die Ewigkeit". Danke für eine Ewigkeit aus Tinte und Druckerschwärze. Da ist mir eine Zeitlichkeit aus Dreck und Feuer noch lieber.

.... Gritli, es ist die Art Liebe, die ich zu dir habe, sie ist sehr anders wie Eugens, das weiss ich wohl. Ich glaube, grade weil sie so anders ist, weil ich kurzgesagt an Gottes Tochter genau so wenig glaube wie an Gottes Sohn, grade deshalb ist Raum da für unsre Liebe neben Eugens Liebe. Denn sieh, den Eva Sommerschen[3] „Glauben an die Frau", den hab ich wohl, es war lange mein einziger Glaube beinahe, aber ich hab ihn zu Trudchen, hab ihn auch zu Helene. Zu dir hab ich ihn nicht. Zu dir hab ich ausser (oder vielmehr: in) meiner Liebe noch das Gefühl wie zu einer Schwester. Nicht Herrin meines Herzens bist du, sondern „Schwester Seele",[4] in gleiche Stricke mit mir verstrickt; ich glaube nicht an dich, sowenig ich an mich selber glaube, aber ich weiss von dir, soviel ich von mir selber weiss. Ich sage dir das alles nur leise. Aber wir sind nie leise beieinander gewesen, ohne dass ich nicht diesen Untergrund von Geschwisterlichkeit spürte; das ist unser Geheimnis. Bewahr es. Trudchen hat mir die Mutter ersetzt, gar nicht die Schwester, obwohl Mutter sich es natürlich so ausgelegt hat. Nein, Schwester bist du mir. Erst seitdem hat meine Seele nicht bloss eine Herberge und Unterkunft, sondern eine Weggefährtin. Trudchen ist nicht mit mir gewachsen, im Grunde ist sie mir heute noch genau was sie mir seit bald 20 Jahren ist; so wie eben eine Mutter immer Mutter bleibt für das Kind. Wir aber, du und ich, wir wachsen miteinander, und deshalb kannst du mir auch Leiden nicht abnehmen wie es Trudchen kann, du kannst sie nur annehmen und leidest sie dann mit. Ohne dass ich weniger leide. Aber wir leiden dann zusammen.

Hörst du? Sei ganz still, du brauchst nichts zu antworten.   Liebe Schwester - Dein

[1] Über Lessings „Nathan der Weise", dazu Zweistromland S.449-453.
[2] Dazu Mathhäus 6,25ff.
[3] Eva Sommer, 1891-1973, heiratete 1919 Victor Ehrenberg jun..
[4] Mit diesen Worten schließt das „Gritlianum", dazu S.831.

An Margrit Rosenstock am 26. Dezember 1919
26.XII.19.

.... Sie[1] blenden mich. Zuviel theologisches Feuerwerk. Zuwenig Dunkel, ich meine nicht <u>Nebel</u> und <u>Dampf</u>, sondern wirkliches Dunkel, fühlbare Nähe, Herz an Herz, Stille, - Menschensprache.
...
So sprich, Gritli. Ich weiss ich dränge dich und mache dir viel zu tun. Aber denk, dass dies äusserliche Gedräng ja einmal aufhören wird, es ist alles nur auf Zeit. Und ich glaube doch fest an unsre Ewigkeit.   O weh, das klingt ja nun selber theologisch. Es

war aber gar nicht so gemeint. Sondern ganz simpel, wie ichs doch einmal, an Trudchen, erlebt habe: dass ein Verhältnis ganz aus der Schicht der Krisen heraustreten kann und doch nicht im geringsten tot werden, sondern ganz stark und sicher und jeden Augenblick da sein kann, wenn man es braucht - und das heisst ja „ewig". Glaub, es wird einmal ganz einfach für uns beide miteinander werden; ich fühls in diesem Augenblick ohne Widerrede. So trag mich noch eine Zeit. Ich möchte dich wohl heut schon lieben, wie dann. Nimm vorläufig vorlieb mit meiner bösen Liebe von heute, die dir Schmerzen macht und Falten und Arbeit. Nimm ihn wie er heute ist — Deinen Franz.

[1] Rudolf Ehrenbergs Worte.

An Margrit Rosenstock am 27. Dezember 1919　　　　　　　　　　　　　　27.XII.19.

Liebes Gritli, mir ist soviel leichter. Es ist, als hätte ich schon Antwort. Sogar auf den Vortrag[1] beginne ich nun ganz sachte mich zu freuen, obwohl ich ja weniger als je weiss, was ich eigentlich sagen darf. - Oldenbourg schiesst seine Korrekturbögen[2] im Schnellfeuer auf mich ab. Heut ist Onkel Viktor hier. Putzi und Eva auch, ich sah sie aber noch nicht. Sie müssen immer bei meinen rhetorischen Blamagen dabei sein. ... Habe ich dir schon erzählt, dass ich den Mahlerschen Trauermarsch,[3] den ich zum Geburtstag gekriegt habe, so sehr liebe. Nicht wegen der T dem Marsch, aber wegen der Trauer, wegen des ungehemmt ausströmenden Herzbluts. Er ist zur Melodie des vorgestrigen Morgens geworden und hat vielleicht auch sein Teil daran, dass mir jetzt ruhiger ist. Nun sprich, du liebes Gritli.

　　　　　　　　　　　　　　　　　　　　　　　　　　　　　　　　Dein Franz.

[1] Über Lessings „Nathan der Weise", dazu Zweistromland S.449-453.
[2] Des Rosenzweig'schen Buchs „Hegel und der Staat".
[3] Gustav Mahler, 1860-1911, Komponist und Dirigent.

An Margrit Rosenstock am 28. Dezember 1919　　　　　　　　　　　　　　28.XII.19.

Liebes Gritli, liebe Schwester, ich bin so froh, dass dein Eilbrief heute kam, er war ja nicht „nötig", aber er tat so gut. Ich kann dir jetzt nicht im einzelnen antworten, es ist schon spät und ich bin müde von dem Vortrag,[1] und morgen ist ja noch einer. Wie es war? das Eis ist jedenfalls gebrochen, ich habe fast mühelos frei gesprochen, ohne in meine Skizzen hineinzusehn. Das ist mir für jetzt die Hauptsache. Im übrigen wars nicht gut, zu mündlich und zu intim, vielmehr salopp. Aber das wird sich ja bessern. Es war im Saal der Landesbibliothek, viele 100 Menschen. Morgen will ich versuchen, gefasster zu sprechen. Inhaltlich wurde ich wohl über meine Vorgedanken hinausgetragen, aber eigentlich nur ins Roh-Demagogische, also mehr in die Tat als in die Wahrheit. Allerdings habe ich von der Ungewissheit dessen, was man als „liberaler" (Eugen würde sagen „profetischer") Jude nun eigentlich tun solle, offen gesprochen; ich kam plötzlich dahinein, ich hatte es nicht beabsichtigt. Die Tatsache Eduard Strauss gab mir den Mut dazu, von mir aus hätte ichs nicht gekonnt. Können also Menschen Tatsachen sein? Wäre das die Lösung? Ja, es ist sogar der Inhalt für den Vortrag morgen!! Danke schön und gute Nacht, liebes Gritli.

　　　　　　　　　　　　　　　　　　　　　　　　　　　　　　　　Dein Franz.

[1] Über Lessings „Nathan der Weise", dazu Zweistromland S.449-453.

An Margrit Rosenstock am 29. Dezember 1919
29.XII.19.

Liebe, es ist wirklich wieder 12 geworden. Ich habe heut formell gut gesprochen, weil man mir gestern gesagt hatte, es wäre zu gepurzelt gewesen. Das ist weiter nicht schwer. Aber inhaltlich war es gar nicht, was in mir war. Das ist der bei mir übliche Zustand unmittelbar nach einem Durchbruch: ich kann das Neue noch nicht sagen, ich sage es noch in den alten Worten. Es war ein Durchbruch, gestern aus dem Brief an dich heraus. Ich wollte heute nur von Ed. Strauss sprechen. Ich tat es aber gar nicht. Schadet aber nichts. Es ist da.
Ich schreibe erst morgen richtig. Gute gute Nacht.

Dein Franz.

Am 4.I. lese ich an Stelle eines ausfallenden Vortrags von Goldstein-Darmstadt: „Das jüdische Jahr. Ein Kapitel aus einem demnächst erscheinenden Buch „der Stern der Erl."" Also III 1 stark gekürzt! Für jeden Abend kriege ich 100 M.

An Margrit und Eugen Rosenstock am 30. Dezember 1919

Mein liebes liebes geliebtes Gritli - 30.XII.19.
Und du lieber Eugen -
ich bin extra nicht hinauf nach Wilhelmshöhe gegangen, um schreiben zu können (heut Vormittag habe ich knapp ein bischen Korrektur lesen können, so müde war ich von den zwei letzten vor Aufregung halb schlaflosen Nächten - aber es war eine gute Aufregung). Die „Klasse" muss also ohne mich zusammenkommen,[1] ich muss doch am 1. Januar bei euch sein und euch wünschen - o ihr wisst das eine das ich euch wünsche, und wird euch das nicht (und ich wag es ja kaum mehr zu glauben, dass es wird), möge euch das Versagte hundertfach ersetzt werden - so wie nur er, der grosse Schenker und grosse Versager, ersetzen kann. Denn ihr seid ja auf dem Weg, ihr steht nicht mehr noch vor Antritt der Reise und vor Anbruch des Tages, wie vor einem Jahr, nein ihr seid im Gehen. Eugen, wie sehr du im Gehen bist, das habe ich in diesen Tagen gespürt, wo du mich dir nachgerissen hast. Denn das ists ja, was mir in diesen Tagen geschehn ist, ich spüre wieviel Feigheit von mir abfällt, und ich sehe nun dass dein Schritt weg vom Nurkatholischen für mich und für uns alle mit geschehen ist.
Den ersten Vortrag[2] hielt ich ganz mit dem Gefühl der Unklarheit nicht über Lessings bloss, sondern vor allem über meinen eignen Standpunkt. Ich hatte mir vorgenommen, nur Historie, nur Vorgeschichte (alle Geschichte nur Vorgeschichte) zu geben und vom Nathan selbst erst in dem zweiten Vortrag zu sprechen. Ich geriet aber plötzlich im ersten schon darüber hinaus und sprach von - Eduard Strauss, d.h. ohne ihn zu nennen, aber er gab mir den Mut, so sprach ich per Wir, nannte es „Wir Liberale". Es war gar nichts Rechtes. Aber es war ein Stück Mut darin. Wie ich dann heimkam, und an Gritli ein Wort schrieb, wurde mir plötzlich klar, was du Institutionelles Leben nennst, eben das, dass ein Mensch wie Strauss selber Institution ist. Ich hatte am Schluss des Vortrags gesagt, heute hätte ich sie bloss unklar gemacht, morgen hoffte ich sie klar zu machen. Ich hatte aber versprochen ohne zu wissen wovon ich es bezahlen sollte. Nun war es plötzlich da. So sehr da, dass es — im Vortrag selber, in dem was ich gesagt habe, gar nicht recht herausgekommen ist, ich empfand das selbst, und

Trudchen sagte es auch. Aber ich habe es doch gesagt. Ich sprach von Kirche und Synagoge wie sie sich in Strassburg gegenüberstehn, die allegorischen Frauen, statt der Menschen. Und wie Nathans „Menschen"-Toleranz nötig war, um nur erst einmal die Menschen ~~unter~~ aus dem umhüllenden Mantel Mariens ins Freie und Sichtbare zu führen. Und dass <u>nun</u> an Stelle der unbehausten <u>nackten</u> Menschen Nathans („Sind Christ und Jude eher Chr. u. J. als Mensch?") nicht etwa wieder die allegorisch riesenhaften ...tümer treten dürften, ~~gradezu~~ denn wahrhaftig sind Christ und Jude nicht „Vertreter" von Chr.- und J.<u>tum</u>, da hat Nathan <u>recht</u> („sind wir unser Volk?"), sondern Chr. und Jude sind chr. und j. <u>Mensch</u>, und dies sind sie <u>allerdings</u> „eher als Mensch". Der behauste Mensch ist mehr als der unbehauste (dies Nathans Irrtum, gegen den ich sprechen <u>wollte</u>), aber auch mehr als sein eignes <u>Haus</u> (dies <u>mein</u> Irrtum, gegen den ich gesprochen <u>habe</u>). Der behauste Mensch, der jüdische, der christliche Mensch, und sein Haus nur um dessentwillen, aber um dessentwillen auch wirklich. Nein Gritli, wir werden alle keine Bolschewisten, wir brauchen nichts zu zerstören, wir dürfen und sollen die Häuser <u>bewohnen</u> und selbst die Hütten, selbst die baufälligen - aber was wir <u>aufbauen</u> müssen, das sind <u>nicht</u> die Häuser, das sind - wir selbst.

Meint ihr, ich hätte das gestern sagen können? Ich habe nur im vollen Gefühl, dies zu <u>meinen</u>, gesprochen - und doch muss so etwas herausgeklungen haben. Ich habe heut zwei schöne Briefe bekommen, von Hans und Dorothea Mosbacher[3] zusammen einen, und das Zusammen macht mir grade Spass, und einen fast ganz gelösten von Rudi Hallos Freundin Gertrud Rubensohn, von ihr grade auf den zweiten Abend hin. Es ist etwas frei geworden in mir. Ich habe das Gefühl als könnte das auch im ✡ noch nicht drin stehn. Da habe ich doch immer noch so geschrieben als stünden sich die beiden Strassburger Figuren gegenüber. Gestern habe ich alles erklärt an der Konfrontation von Nathan-Tempelherr (II. Akt) und - Jaakob-Edom,[4] beides ja der gleiche Inhalt: der geschmolzene Judenhass. Aber jenes Lessing-Mendelssohn, dies wir. Dann wie ihrs wisst an der letzten Mensch-haftigkeit (Kinderlosigkeit, Tempelherr, Recha, Saladin „Onkel ist er bestenfalles" (habe ich wirklich gesagt!)) der Schlussszene konfrontiert mit Nathans Lebensbeichte im IV. Akt, wo sichs zeigt, dass dieser „Mensch" ein ganz jüdisches Leben gelebt hat. Zuletzt an der Ringgeschichte mit ihrer flachen Hälfte (die von Boccacio[5] ist), die Saladin nur zum „Verstummen" bringt und mit ihrer <u>grossen</u> Hälfte, die ihn zum Menschen macht; ich schloss mit „die 1000 Jahre des Richters sind noch <u>nicht</u> um".[6]

Denk, Gritli, Edith Hahn[7] war in den Vorträgen, sie ist hier zu Besuch, sie sah wieder so lieb aus, und wenn ich abergläubisch wäre, - aber ich <u>bin</u> nicht abergläubisch - so könnte ich meinen, es wäre weil es noch „1919" ist. Aber es ist gar nicht mehr 1919, es ist 1920, ein neues Jahr und ein neuer Anfang. Ich grüsse und küsse euch beide zum Anfang des neuen Jahres.

Dein und Dein und Euer
Franz.

...

---

[1] In Kassel-Wilhelmshöhe fand ein Klassentreffen statt.   [2] Dazu Zweistromland S.449-453.

[3] Hans Mosbacher, 1882-1973, ein entfernter Verwandter Rosenzweigs mit seiner Frau.

[4] In dem Theaterstück „Jaakobs Traum" von Richard Beer-Hofmann, das Rosenzweig im Dezember in Berlin gesehen hatte.

⁵ Die Novellensammmlung „Il decamerone" von Giovanni Boccaccio, 1313-1375, entstand in den Jahren 1349 bis 1353. Die Urfassung der Ringparabel in Lessings „Nathan" stammt aus der dritten Novelle des ersten Tages.

⁶ Die berühmte Ringparabel Nathans schließt bei Lessing mit den Worten des Richters: „So lad' ich über tausend tausend Jahre, / Sie wiederum vor meinen Stuhl ...", worauf Saladin Nathan skeptisch entgegnet: „Die tausend tausend Jahre deines Richters / Sind noch nicht um."

⁷ Edith Hahn, 1895-1979, Rosenzweigs spätere Ehefrau.

An Margrit Rosenstock am 31. Dezember 1919

31.XII.19.

Liebes Gritli,   also Prager war gestern Abend da; ich hatte ihn überhaupt und da er heute nach Leipzig fährt, auch wegen Mawrik Kahn sprechen wollen, er fährt nämlich weiter zu Schocken und soll den dann auch mal für Mawrik interessieren. Und Prager griff mich wegen meiner Vorträge an. Es war wohl etwas auch Antwort auf einige Offenheiten, die ich ihm neulich bei dem Abend mit Goldmann[1] gesagt hatte. Also wegen zu grossen Interesses für christliche Theologie.   Infolgedessen nicht genügend jüdischer Instinkt (und infolgedessen nicht Zionist). Ich ärgerte mich wütend und wusste mir nicht anders zu helfen, als indem ich ihm - Mutter und Jonas waren dabei - in konstruktiver Kürze meine Biografie, insbesondere das was ihn an 1913 erzähl interessieren musste, offen erzählte. Und da kam das Schöne: er war ganz umgeschmissen und so ergriffen wie ich ihn in biograficis[2] noch nie gesehn hatte, er sprach von göttlicher Führung. Obwohl ich ihm ja alles bestätigt hatte, ja noch mehr als er gedacht hatte. Und dann habe ich ihm die ersten 30 Seiten von III 1 vorgelesen. Und nun war er natürlich ganz weg und merkte dass auch das was dabei herauskam, jüdisch herauskommt. Wir waren beide sehr froh, die Frau, die ich heut auf der Bahn sah, bestätigte mir, bisher sei ja zwischen mir und ihm wirklich gar nichts gewesen. Nachher im Bett erzählte ich dann Mutter einmal so gut ich konnte, von 1913 im einzelnen, um ihr einmal die törichten Vorstellungen von den „unberechenbaren Schwankungen" zu benehmen; sie war durch den Eindruck den es auf Prager gemacht hatte, geneigter mir zu glauben als sonst.   Heut Vormittag dann das Satirspiel:[3] Ida Frank[4] ruft an: ja es hätte ihr sehr gefallen, nur hätte sies, besonders am Sonntag, geärgert, wie ich - den Juden geheuchelt hätte, in meiner ganzen Gestikulation, Sprache u.s.w.!!! Ich musste es ihr mit Mühe ausreden und ihr klar machen, dass sie (durch ihre eigene Schuld z.T.) mich seit Jahren nie lebhaft gesehn hätte, sondern immer nur schlafmützig. Aber auf mein Vorlesen hin traut man mir jede Schauspielerei zu, sogar dass ich „den Juden heuchle".   Immerhin konnte ichs Prager als Schlussvignette zum Ergebnis des gestrigen Abends erzählen. Am Vormittag war Eva Sommer da, nachher auch Putzi, schrecklich wie je, sie liebt ihn und - verdirbt ihn vollends. Sie erzählte übrigens in aller Harmlosigkeit, dass sie - sein Buch schreibt, er giebt nur die „nötigen Hemmungen". Sie ist eine brave und famose Person, aber aber -. Und ich kann mir nicht helfen: ihr Pathos bringt mich zum Lachen - und ich habe mir das Lachen noch nicht abgewöhnt.   Abends war ich an der Bahn, brachte Prager weg und - Nobel der von Mittag bis Abend zu einer Rabbinerkonferenz hier war. Er schwärmte von Strauss, nannte ihn Freund, sprach auch davon, dass er und Strauss mich und zwar als hauptamtlichen Entrepreneur[5] der Volkshochschule hinhaben möchten, aber Gestalt hat der Plan scheints noch nicht.[6] Nobel meinte aber, nebenamtlich ginge das nicht, also wäre

eine solche Stelle zu schaffen. Ich werde nun an Strauss schreiben, vielleicht wenn mir was einfällt (fällt mir eben ein) eine kleine Denkschrift über j. Volkshochschulen,[7] was sie leisten können und müssten. Ja das werde ich. Und dann mich mit ein oder zwei Vorträgen bekannt machen. Oder auch
- grade läutet es 1920! also —
ich weiss nicht mehr das „oder". Aber das Entweder ist gut so. Ich muss mich doch den Leuten zeigen und es Strauss und Nobel leichtmachen mich hineinzuheben. Ich brauche ja weiter nichts als an die 20 u.s.w.jährigen zu denken, die ich kenne. Das „oder" wäre, dass ich in Straussens Loge auch III 1 vorlese.   Ich werde hier am Sonntag übrigens das ganze Buch vorlesen, nicht bloss das Mittelstück, aber es steht nun schon so in der Zeitung, ich werde in den einführenden Worten den Titel rektifizieren, damit die Leute nicht ungeduldig werden.   Die Wucht der ersten 10 Seiten hat mich gestern beim Vorlesen selber wieder erschüttert. Ich werde sie auch ganz so vorlesen, nachher die Festschilderungen bewegter und die soziologischen Stücke natürlich ganz lustig. Es wird 2 mal 3/4 Stunden dauern, mit einer Pause von 10 Minuten dazwischen. - Übrigens wars sehr komisch auf dem Bahnhof, nämlich die orthodoxen Rabbiner sassen im Wartesaal allesamt unter einem - Weihnachtsbaum.
Rudi Hallo hat mir Niederschriften von 1916 gegeben, ich war doch überrascht, grosse Intellektualität und echtes Chaos. Er hat sich wirklich zerdacht an der Sorte Theologie, die es damals gab. So recht weiss ich nicht, was eigentlich im Augenblick mit ihm ist. Die Vorträge haben ihn übermässig ergriffen, so als ob ich wirklich das gesagt hätte, was in mir war und das habe ich sicher nicht. Ich hab es heute in meiner Antwort an Gertrud Rubensohn zu sagen versucht; es ist unter der Hand gleich auch ein Brief an Rudi Hallo geworden.
Von Rudi ist der neue Dialog „König und Narr" (ein „Amerongen") da; ich schick es euch morgen weiter.
Ich bin müde, ich habe dich lieb, ich bin Dein. Vorm Einschlafen lese ich immer ein bischen in deinem Buch, so bist du da auch bei mir, ich lese es langsam, so hält es vor.
               Liebes - Dein Franz.

                   1.I.1920.

[1] Dazu der Brief an Margrit Rosenstock wahrscheinlich vom 24. Dezember 1919, S.502.

[2] Lat.: in biographischen (Dingen).

[3] Antike Literaturgattung, die durch Spott und Ironie Menschen oder Ereignisse verächtlich macht.

[4] Ida Frank, Ehefrau von Paul Frank, einem entfernten Verwandten Rosenzweigs.

[5] Franz.: Unternehmer, Lieferant.

[6] Aus diesen Plänen ging ein halbes Jahr später das Freie Jüdische Lehrhaus in Frankfurt hervor, dessen Leiter Rosenzweig wurde.

[7] „Bildung und kein Ende", abgedruckt im Zweistromland S.491-503.

1920

An Eugen Rosenstock am 1. Januar 1920

1.I.20.

Lieber Eugen, mit Onkel Adolf habe ich gleich gesprochen, er wills machen, wenn er irgend kann. Gut wird es sicher, du wirst nicht mehr viel dran zu tun haben.
Die Sorge wegen des neuen Vertrages geht ja nur gegen Brunfleck, nicht gegen Weismantel. Was man von B. weiss, (Weine, Kino, christlicher Verlag), das sieht doch eben so rein nach Schieber aus, dass man auf die Idee kommen muss, sich soweit möglich vorzusehn. Wenn du gehört hast, dass er ein anständiger Kaufmann ist - tant mieux.[1] Aber wird er auf die neue Form eingehn? und bleibt Weismantels Haftung nicht automatisch noch 5 Jahre bestehn? Die Personalfrage, wer an Stelle von Seifert treten soll, ist natürlich schwer. Kann Mirbt nicht? Erfahrung ist da doch wirklich weniger wichtig als ein bischen Verve.[2]
Ich quant à moi[3] glaube ja doch erst, wenn ich die ersten Druckbogen vom ✡ in der Hand habe. Was ich dann tun kann, durch Vorlesen von III 1 Reklame für die Subskription zu machen (etwa noch in Frankfurt und Berlin) soll geschehn. Freilich muss Weismantel da etwas auf meinen Rat hören. Es ist nämlich leichter, das Buch in jüdischen Kreisen subskribieren als nachher kaufen zu lassen. Weil nachher die Schwierigkeiten abschrecken werden. Während durch eine geschickte Auswahl von Stellen die Subskribenten angelockt werden können.   Ich bin mir eigentlich dieses Erfolges für Sonntag ganz gewiss. Am besten wärs die Subskriptionseinladung ginge ganz bald heraus - an welche Adressen, muss ich ihm auch sagen -, damit eventuell sogar die Höhe der Auflage sich danach noch bestimmen lässt. Und der Subskriptionspreis darf nicht über 20 M sein, der spätre Preis meinetwegen dann 40 M. Das ist alles unseifertsch. Aber dies Publikum kennt Seiffert nicht. Sonst hätte er ja das Buch überhaupt nicht so pessimistisch beurteilt.
Warum glaubst du denn nicht an Frankfurt? ich dachte, du hättest mit Strauss doch auch darüber gesprochen. Mach meinen letzten Brief an Gritli, wenn er noch nicht weiter gegangen ist, mal auf; da steht allerlei auch zu diesem Thema drin.
Ich bin gar nicht so traurig wie du vermutest. Vorher war ichs. Aber auch nicht so gelöst, wie du meinst. Jedenfalls nicht in deinem Sinne. Die „Theologica", die ich in den Briefen vom 25. u. 26. „formulierte" lasse ich gar nicht beiseite.   Dein „aus ganzem ungeteiltem Herzen" habe ich eben nicht. Daran ist nichts anders geworden und kann auch nichts anders werden.   Ich erwarte und verlange von Mutter gar nichts andres als die äusserliche Zurückhaltung und Freundlichkeit, die sie im Augenblick hat; dass es in ihr noch genau so aussieht, wie sonst, ist mir sicher - und ich verlange es auch gar nicht anders.   Ich gebe ihr wirklich recht. Wenn zwischen Eltern und Kindern das wirkliche Wunder geschieht, dann ist die Welt fertig (vgl. Maleachi Schlussvers,[4] und vgl. Rudi Hallos Sich Zerstören an seiner Mutter); das gleiche Wunder das zwischen den Gleichaltrigen die Welt erneuert, tötet die Welt ab, wenn es zwischen den Alten und Jungen geschieht. Bruder und Schwester - das kommt wirklich in den „besten Familien" vor (bei den Wälsungen,[5] den Kroniden[6] und Pharaonen[7]), aber Mutter und Sohn, das ist der Untergang, Ödipus.[8]
Ich bin jetzt wirklich sehr offen mit ihr, aber doch nur mit dem Gefühl des ungeheuren Leichtsinns, mit einem Mein-Sach-auf-nichts-Stellen, und ohne Liebe; denn ich traue ihr nicht über den Weg. Ich traue ihr erst, wenn es „mit rechten Dingen zugeht". Wes-

halb habe ich denn an die Versöhnung mit meinem Vater geglaubt? Weil sie nicht in meinem oder seinem Kopfe bestand, sondern höchst reale und normale Gründe hatte. Er sah, dass ich auch auf meinem Wege zu seinen Zielen kommen könnte. Das war eine solide Grundlage. Dass sie gelegt wurde, war das Wunder und ist nicht durch meinen Willen geschehn. Dass er sie betrat, das war dann weiter gar nicht wunderbar. Nun zieh die Parallele zu jetzt mir und Mutter. Ehe nicht eine Grundlage da ist, auf die sie normalerweise treten kann, eher ist alles nur Umnebelung für sie. Gelegt kann auch hier die Grundlage nur per miraculum[9] werden, nicht „normal", das weiss ich wohl. Zeit ists in Majno Morikowo[10] und Bradt in Berlin - das war auch ein Wunder. Kommt dies Wunder für mich und Mutter nicht, so ist jetzt gar nichts geschehn. Denn was ich in diesen Tagen lebendig spüre wie seit langem nicht, ist die Unverjährtheit jener Versöhnung mit Vater; die Medaille, die mir Martha geschenkt hat, sehe ich alle Tage an; von dem mit Mutter spüre ich gar nichts; es passiert alles nur vor ihr, was jetzt passiert, - nichts in ihr.

Dein Franz.

[1] Franz.: umso besser.   [2] Franz.: Schwung.   [3] Franz.: was mich betrifft.
[4] Maleachi 3,24: „Und er wird das Herz der Väter zu den Söhnen wenden und das Herz der Söhne zu ihren Vätern ..."
[5] Aus dem sagenhaften Geschlecht der Wälsungen stammen in der nordischen Sage die Geschwister Siegmund und Sieglinde, die gemeinsam Siegfried zeugen.
[6] In der griechischen Sage zeugte der Titan Kronos mit seiner Schwester Rhea den Zeus.
[7] Im alten Ägypten war es unter den Pharaonen üblich, daß Geschwister einander heirateten, um so die „Reinheit" der Dynastie zu erhalten.
[8] Ödipus tötete seinen Vater und heiratete seine Mutter.
[9] Lat.: durch ein Wunder.
[10] „Zeit ists", entstanden in Makedonien, ist abgedruckt in Zweistromland S.461-481.

An Margrit Rosenstock am 1. Januar 1920

1.I.20

Liebes Gritli, ich habe Eugen (schon nach Stuttgart) noch geantwortet, so bin ich nun ganz müde. Wie fast immer in den letzten Tagen, wenn ich an dich schreibe. Wie komisch! Heute war wieder, ausser viel Korrekturen, allerlei, mittags Herbert Ganslandt, sehr langweilig, nachher Hans Hess, anfangs auch, aber nachher kam es doch noch zu einem Gewitter. Vormittag war Rudi Hallo einen Augenblick da. Eugen schreibt, er glaubt nicht an Frankfurt. Ja aber woran denn? Schrieb ich dir, wohl nein, dass grade gestern mir Prager auch einen Brief von Bradt gab, worin der ihn bat, mich zu beeinflussen, dass ich doch der Berliner Akademie treubliebe. Aber wieder ohne bestimmtes. Ich zeigte den Brief gleich Nobel, der wollte an Bradt schreiben, ob ich nicht von Frankfurt aus mich an der Berl.Ak. beteiligen könne. Das wäre mir natürlich recht, obwohl ich mir nichts dabei denken kann. Die Hauptsache ist jetzt wirklich der V.hochschulplan. Heute kam ich noch nicht dazu, und vor Montag wohl überhaupt nicht. Rudi sprach ich heut telefonisch, er war ja auf. Er wäre beinahe zum Sonntag herübergekommen. Aber ich habe es doch verhindert. Ich warte wirklich auf ein paar Worte von dir. Alleine kann ichs noch nicht. Denk doch, ich habe ja nicht das mindeste Bedürfnis ihm von allem zu erzählen, was in dieser Zeit vorgefallen ist. So ist es noch! Im Gegenteil, ich scheue mich beinahe, ihm zu erzählen.

Ich war so verwundert als heut Nachmittag eure Briefe kamen. Eugens hat mich ja etwas verstört. Er konstruiert so falsch und gewaltsam. Vor lauter Wundersüchtigkeit vergisst er das Recht der Schöpfung, das Recht des Normalen, des „Immerwährenden". Glaub, ich weiss, dass ich jetzt wieder in Wundern lebe und dass mir jeden Tag etwas „passieren" kann, wie mit Strauss oder mit Rudi Hallo - und alles was damit zusammenhing. Aber ohne den Generalbass der Schöpfung wäre die Melodie der Offenbarung und ihrer Wunder eine verwehende Improvisation. Nicht bloss der nackte Mensch ist „unbehaust", auch der übervolle, der trunkene ists. Wenn ich jetzt auf den „jüdischen Menschen" traue, so ist darin wirklich beides, das „Jüdische" und das „Menschliche" so eng verflochten wie zwei gefaltete Hände, so dass ich gar nicht weiss, welches jeweils die Rolle des ⌈⌈offenbaren⌉⌉ Wunders und welches die der geschaffnen Regel spielt — so verschlungen ist beides in eins. Bald ist der Mensch das Wunderbare und bald der Jude, aber nie eins ohne das andre. Eben weil auch die Behaustheit wunderbar ist, deshalb ist sie nie „blosse" Behaustheit.
Weisst du was ich meine? Ich sage es noch dunkel. In der Straussdenkschrift muss es hell gesagt werden. Aber Eugen darf nie vergessen, dass ich mit dem <u>blossen</u> Wunder ebenso halbgar herumliefe wie mit dem <u>blossen</u> Haus. Denn das blosse Wunder allein ist eines Morgens wenn man aufwacht entwundert, weil dann die Kraft des „Wunders" in das „Haus" hinübergewandert ist. Nur wenn beides beisammen ist, Gefäss der Schöpfung und Gefäss der Offenbarung, nur dann kann die Kraft niemals ausgehen, denn sie tauscht höchstens ihren Sitz, aber sie bleibt bei ihm wohnen.
Sei geduldig mit diesen Dunkelheiten, du hörst sie bald so, dass sie dir eingehen. Hab mich doch lieb, du Liebe Liebe. Ich geh noch zu deinem lieben Heiligen in die Portiuncula,[1] so müde ich bin. Gute Nacht -

[1] Mutter-Gottes-Kapelle bei Assisi, Lieblingskirche des heiligen Franz.

An Margrit Rosenstock am 2. Januar 1920

2.I.20

Liebes Gritli, ich muss dir gleich schreiben, ich bin so verstört. Dein Geschenk oder euer Geschenk kam, ich vertrage ja so etwas nicht, weisst du das denn nicht? ich vertrage ja kaum Bilder, könnte mir keins aufstellen, ich habe tatsächlich keins von dir so dass ichs finden könnte, alle liegen irgendwo in einem Briefcouvert wie sie kamen. Und nun gar so ein Panoptikumsgegenstand.[1] Ich weiss gar nicht in welchem „wo-es-am-tiefsten-ist" ich ihn vergraben soll und hoffe, dass ich nie in den Fall kommen werde, den einzigen denkbaren, wo es mir Freude machen würde, ihn zu haben. Die Maske tötet. Und nun gar die Maske deines Lebendigsten, dessen was ich am ersten liebte, das ich in jener Stunde, wo der Zwiespalt in mein Leben kam, der ungeheilt ist und bleiben wird — denn Eugens „aus ungeteiltem Herzen" ist mir fremd - was ich in jener Stunde küsste,- Liebe, und das soll ich jetzt als einen toten Gipsklotz auf den Tisch legen - wohl gar als Briefbeschwerer, nein fort in den - ich weiss noch nicht wohin, nur wo ichs nicht finde ohne es zu suchen, und hoffentlich also nie nie finden werde. Wahrhaftig, ich war nicht sehnsuchtskrank diesmal, aber jetzt möchte ich bei dir sein und deine lebendige in meiner Hand halten und spüren wie sie sich in meine still hineinlegt - nur um den Eindruck dieses Vitzliputzli[2] loszuwerden. Gritli Gritli -

Everich und Viktorine³ waren da, heut Vormittag, es gab wieder ein dolles Gespräch. Eva gefällt mir gar nicht sehr. Und Putzi ist wirklich unter aller Kritik. Heut Abend kommt Edith Hahn, Mutter hat schon Jonas ins Vertrauen gezogen, dass er sie mit [⌈mir⌉] oder ohne mich noch nachhausebringt, damit na u.s.w. Ich war doch etwas entgeistert als ichs hörte. Und fast hätte ich das Ereignis von heut früh vergessen: ein langer englischer (- allzuenglischer) Bedankemichbrief von Winie. Worauf ich ihr nun morgen oder heut Nacht noch mit einem „richtigen" antworten werde; denn schaden kanns ihr ja keineswegs, wenn ich etwas in ihre englische Windstille ~~etwas~~ hineinblase.

Liebste, ich versuche nochmal das Götzenbild anzusehn, aber es ging nicht und es wird nicht gehen. Bleib leben, bleib leben, liebes, geliebtes Leben ——— Dein Franz.

¹ Rosenzweig hatte zum Geburtstag (am 25. Dezember) eine Nachbildung von Margrit Rosenstocks Hand geschenkt bekommen. Dazu auch der Brief an Margrit Rosenstock vom 16. März 1920, S.566.

² Verderbter Name der aztekischen Sonnengottheit Huitzilopochtli, der Menschenopfer dargebracht wurden. Ein Gedicht von Heinrich Heine aus der Sammlung „Romanzero" (Erstes Buch) trägt den Namen „Vitzliputzli".

³ Eva und Victor Ehrenberg.

An Margrit Rosenstock am 3. Januar 1920

3.I.20

Liebes Gritli, zwei Briefe auf einmal waren eben da, der von Silvester und der vom Neujahr. Die Hand - ich hätte dir gern heut ein besseres Wort geschrieben, ich nehme sie immer mal hervor, aber es schaudert mich jedesmal und ich werfe sie wieder fort. Sie schiebt sich jetzt wirklich zwischen mich und dich, zwischen meine wirkliche Stirn und deine wirkliche Hand - ich fühle wie es den Heiden zumute sein muss und weshalb sie es wirklich nur zum Christentum bringen können und das schon etwas Ungeheures für sie ist. ...

Auch auf dein Wort vom Bolschewismus habe ich dir ja geschrieben. Eugen selbst weiss es ja, dass alles was er sagt für andre nur die Hälfte der Wahrheit sein kann und nur für ihn den Kinderlosen die ganze. Nur daher kann er die Grenzen dessen was z.B. mit Mutter geschehn kann, so verkennen. Du fragst, ob es „ebensoviel" wäre, meine Kinder sähen mich mit meiner Mutter in Frieden leben? ebensoviel? gar nichts wäre das, eine blosse Selbstverständlichkeit, es wäre ein Wunder wenn es anders wäre; ja im Ernst: wenn ich als Vater ihrer Enkel mit ihr in Unfrieden lebte, das würde wahrscheinlich den Kindern ebensoviel bedeuten, als wenn sie jüdisch lebten. Denn beides wäre ihnen das Wunder mitten in der Welt. Das andre kann nur uns Unbehausten, Entwurzelten, als ein grosses Wunder erscheinen. Die Kraft, die ich jetzt in das Verhältnis mit Mutter hineinstecke, werde ich später gar nicht hineinzustecken brauchen. Ach du Geliebtes, über Bildnis und irgendein Gleichnis Geliebte, und nun geht es so: Gestern Abend war Edith Hahn bei uns. Sie ist die mir Bestimmte. Es ist ein Paradoxon, dass wir uns nicht heiraten. Sie - aber das Schlimmste ist, wenn ich so mit ihr zusammen bin, zerreisst es mir das Herz, wenn ich denke was so aus ihr wird und was mit mir aus ihr werden könnte, denn sie hat wirklich alles Gute, was eine Frau haben kann, Ehrlichkeit, Feinheit, auch Klugheit. Jetzt hat sie sich in eine „Selbstständigkeit" eingepanzert, lässt sich offenbar als „die kluge Edith Hahn" behandeln, „beschäftigt sich mit..", nennt weibliche Wesen per „Mensch" u.s.w., aber in ein paar Jahren ist das alles (jetzt noch nicht) sauer, wies eben werden muss. Sie hat jetzt den ganzen Relig.unterricht an einem Lyceum,[1] 10 Klassen = 20 Stunden, dazu noch Privatstunden. Und ich weiss, wie lebendig sie mit mir werden könnte und wie sie die künstliche Redseligkeit von gestern (gestern führte sie die Unterhaltung! früher war sie ganz still) wieder verlernen würde und selbst die schrecklichen nervösen Krächztöne. Aber es fehlt - ja wirklich nur „ein Geringes - was denn? - was denn? - das Siegel"..! wies im Figaro heisst,[2] ja wirklich nur das Siegel, nur die Nagelspitze voll Verliebtheit, nur das Gramm Müssen, ach was sage ich „Müssen", nur das Gramm von wirklichem Möchten. Gar kein Zweifel, dass das „nachher" alles kommt, wenn wir ohne die Zurückhaltung von jetzt aufeinander angewiesen wären, denn ich fühle ja wie ich ihr Schicksal bin und sie meins wenigstens erfüllen würde. Aber eben es fehlt dies kleine Etwas. ...

Und - ja trotzdem ich weiss nicht was geworden wäre, aber (lach nicht! es ist doch eher zum Weinen) eben hat Fritz Mosbacher, Hansens etwas jüngerer Bruder,[3] bei dem oder vielmehr bei dessen sehr feiner Frau sie zu Besuch hier ist, sich - bei Mutter angemeldet, er habe sie zu sprechen. Das arme Mädchen soll ausgeboten werden wie sauer Bier. Und nun wird es also sicher nichts. Und es ist nur gut, dass es auch sonst nichts geworden wäre. Obwohl ich jetzt, nach diesen letzten Tagen und Wochen des Jahrs die Kraft gehabt hätte - das wirst du mir glauben - diese Ehe nicht zum „Kloster" werden zu lassen. Heut früh hatte ich mit Rudi H. und Gertrud R. ein Gespräch, sie wollten meinen Brief nochmal auf Kleingeld haben; ich bin mir des Neuen so ganz sicher, ich habe wirklich keine Spur von schlechtem Gewissen mehr gegen irg die „Orthodoxie". (Aber ich habe eigentlich nur bekannt - , wie es wirklich in Rudi H. selbst aussieht, weiss ich nicht.) Ich habe ein Gleichnis gesagt: früher stand dies ..tum vor mir und hatte mir an einem bestimmten Verfallstag einen bestimmtem Wechsel zu präsentieren; heute habe ich Bürgschaft geleistet für alle eintretenden Fälle, in unbestimmter Höhe, eventuell selbst in der Schillerschen, also ganz unbestimmt, aber wirklich eine Bürgschaft (grade durch ihre Unbestimmtheit) „mit ganzer Seele, ganzem Herzen und ganzem Vermögen".[4]

Alles schön und gut. Aber warum bin ich nur nicht in Edith Hahn ein bischen - verliebt?

Sag was in dir ist, du liebe Lebendige, du mein liebes Gritli.

    Es wartet auf dein Wort, dein lautes oder stilles   Dein Franz.

---

[1] Sechsklassige, höhere Mädchenschule.

[2] Im 2. Akt von Mozarts Oper „Die Hochzeit des Figaro" heißt es am Ende: „*Figaro*: Es fehlte - *Graf*: Was fehlte? *Gräfin*: Noch das Siegel. *Susanna*: Das Siegel!" Dazu auch der Brief an Margrit Rosenstock vom 1. August 1919, S.371.

[3] Fritz und Hans Mosbacher, entfernte Verwandte von Rosenzweig.   [4] 5. Mose 6,5.

An Margrit Rosenstock am 3. Januar 1920

                           3.I.20

Liebes Gritli, eben habe ich das unheimliche Ding wieder herausgenommen, es ist wie eine Spur von dir; für einen Augenblick ehe man erschrickt, dass es tot ist, ist es

beinahe schön. So wie ein Hauch von Freude, den man verspürt, aber nur ein Hauch und er vergeht wieder und man zittert gleich, <u>dass</u> er vergeht.
Wirklich also war Fritz Mosbacher deshalb da. Mutter hat mit ihm allein gesprochen und hat wie wirs ausgemacht hatten, abgewinkt. Es ist so traurig. Es wäre alles gut. Aber ich will doch nicht plötzlich auf meine alten Tage anfangen zu „wollen". Damals, 1914 im Januar, erschrak ich plötzlich, dass ich „wollte" und liess mich treiben, und es war gut so. Denn im Ernst, ich kann doch nur dankbar sein, dass ich damals vor dem höllischen Wollen auch wenn es himmlische Gestalt angezogen hatte, bewahrt blieb.[1] Und jetzt sollte ichs aus blosser Ungeduld? Ach Gritli, ich <u>bin</u> ja ungeduldig, ich bins. Soll ich nun warten, und immer weiter warten?
...
Liebes Gritli, es ist der 4te und Abends nach der Vorlesung. Es hat ungeheuer gewirkt, ich hatte es auf etwa 2/3 zusammengestrichen und las in zwei Hälften. Mit allen Mitteln der Sprache. Es war schade, dass du es nicht gehört hast, du hättest auch einen grossen Eindruck gehabt. Überhaupt - wenn du jetzt da wärest! Mit Trudchen sprach ich Nachmittags, ich brachte sie auf den Stand von heute. (Morgen reist sie nach Köln auf 8 Tage). Aber danach fiel mir was ein und ich sagte es dann Trudchen auch auf dem Weg zur Landesbibliothek. Und dabei warst du auch. Ich werde dies Gespinst zerreissen und mit Edith rückhaltlos offen sprechen. Es muss etwas passieren. So oder so. Aber es kann nichts passieren, wenn ich nicht die Schleusentore der Wahrheit aufziehe. Was dabei herauskommt? wahrscheinlich ein grosser Schmerz für sie, denn ich muss ihr eben sagen, dass ich nicht verliebt bin in sie. Aber sie muss dabei überhaupt sehen und hören wer ich bin. In wen ist sie denn verliebt? Was weiss sie denn von mir! Wie stellt sie sich denn das Leben vor! Damals, 1914, konnte nichts werden, denn es war alles auf meinen Willen gestellt. Jetzt soll nichts darauf gestellt sein. Ich will Raum schaffen für das „Geschehen". Jetzt ists wie 1914: es könnte nur etwas nach der Schnur eintreffen, zum Geschehen ist einfach kein Raum, kein Raum für ein Entweder-Oder. Aber es liegt doch bei uns Menschen, Gott Raum zu schaffen, dass er wirken kann. Das Mittel das dazu in unsre Hand gelegt ist (wenn wirs auch nicht immer gebrauchen <u>können</u>) ist: die Wahrheit sagen. Sie sagen zu <u>können</u>, liegt selber schon nicht bei uns. Schon das ist Gottes Erlaubnis. Aber <u>die</u> spür ich nun. Das Weitere steht dann nicht mehr bei mir.
    Sei bei mir in diesen Tagen.
    Und immer, immer - ich kann nicht leben ohne deine Liebe.
                                                                                                           Dein Franz.

[1] Gemeint ist die damals geplante Hochzeit mit Winnifred Regensburg.

An Margrit Rosenstock am 5. Januar 1920
                                                                                                                         5.I.20
Liebes liebes Herz, ich habe den Tag so hingehen lassen, ich wollte erst noch etwas über den Gedanken des Briefs so ein bischen hinwegleben, ich blieb ganz ruhig, wartete noch auf die Nachmittagspost, sie brachte nichts von dir, dann schrieb ich. So wie ichs vorhatte. So also, dass sie[1] sich aus dem Brief keine falsche Hoffnung machen kann, sie wird nur erschrecken. Es ist jetzt genau die Lage hergestellt, die „Gelegen-

heit" die eben bisher fehlte. Irgendwas kann nun geschehen, wahrscheinlich - nichts. Aber das ist dann ein geschehenes Nichts, nicht wie sonst jetzt ein ungeschehenes. Ein ungeschehenes Nichts ist doch wirklich zu wenig.   Wie ichs geschrieben hatte, wuchs es Abends, als Hans Hess da war (dem jetzt endlich mal wieder seine Kartenhäuser zerbrechen) also da wuchs es mir ins Ängstliche auf. Aber ich trug es doch noch Nachts zur Post. Sieh, am Nachmittag ehe ich schrieb, flüsterte mir ein kleiner Teufel (nicht der grosse der Gottes Diener ist, das kann man unterscheiden) also ein kleiner flüsterte mir zu, ich sollte nicht schreiben, „kann dir denn je besser werden als dir ist?" wirklich, so sprach er. Da schrieb ich <u>grade</u>!

Ach wie nötig ists, dass man verliebt ist um zu heiraten. Es ist doch etwas so Ungeheures; ohne Verliebtheit - wie wagt man sich da durch das grosse Tor hindurch?[2] Liebe, Liebste, so sei bei mir, bei allem was geschieht.   Ich bin ja dein und bleib es.

                                                                Geliebte ——— Dein.

[1] Edith Hahn.
[2] Wohl eine Anspielung auf das „Tor" am Ende des „Stern der Erlösung" (S.472), das „ins Leben" führt.

An Margrit Rosenstock am 6. Januar 1920

                                                                          6.I.20

Mein liebes geliebtes Gritli,   es ist doch so gekommen, ich habe mich heut Vormittag mit Edith verlobt. Das Wie kann ich dir noch kaum sagen. In meinen Gefühlen ists gar kein plötzlicher Umschwung, kein „Damaskus",[1] es ist alles noch da was vorher da war, es ist nur — ja Liebste ich konnt es nicht ertragen wie sie litt und hart wurde in sich selber und wie die süssen Augen - du wirst sie sehen und lieben - sich verschleierten. Ich konnt es nicht ertragen, da habe ich zaghaft und leise die Hände hingehalten und ihr Herz das zerbrechen oder versteinern musste, darauf genommen, dass es ganz bleibt. Ist es denn nicht ein Wunder dass es mir noch entgegenschlug, auch als sie alles wusste, alles was sie erschrecken musste, ich habe ihr ja natürlich nichts abgeschwächt, nichts verkleinert, ja die Dinge bei den Namen genannt, die ich selber nur mit Scheu gebrauche. Sie konnte nicht meinen, es wäre weniger als es ist ... Ich will nun zu ihr gehn. Mutter ist ja in Göttingen, ich habe sie eben angerufen, sie muss ja natürlich erschrocken sein, nach den letzten Tagen.   Kannst du dir denn das denken, das alles? Ja wirklich „ward je in solcher Laun..."[2] und doch, ich habe es vorhin als wir uns trennten, zu Edith selbst gesagt - ich muss ihr doch alles selbst sagen können, auf diesen Grund der Wahrhaftigkeit habe ich durch meinen Briefentschluss vorgestern[3] die Sache gestellt, und auf diesem Grund ist es nun so gekommen; in diesem Erdreich wächst nun seit heute meine Liebe zu ihr - „ein zartes Pflänzchen, aber es lebt". Sieh, ich hätte mich einfach nicht <u>nicht</u> mit ihr verloben können, heute Morgen. Sei bei mir - so sprach ich heut Morgen, als ich mich auf den Weg machte, zu einem andern, so sprech ich nun zu dir. Und sei auch bei ihr. Sei bei uns beiden.

                                                                    Geliebte Seele ——— Dein.

[1] Anspielung auf das Damaskus-Erlebnis des Apostels Paulus (Apostelgeschichte 9,3ff; 22,6ff; 26,12ff).
[2] Shakespeare, Richard III., I, 2: „Ward je in dieser Laun' ein Weib gefreit? / Ward je in dieser Laun' ein Weib gewonnen? / Ich will sie haben, doch nicht lang behalten."
[3] Dazu der Brief an Margrit Rosenstock vom 3. Januar 1920, S.521.

An Margrit Rosenstock am 6. Januar 1920

6.I.20

Liebes liebes — nachmittags kam dein Brief, ich hatte ja erwartet, dass ein gutes Wort zum Tag drin stehen würde und so war es auch. Das was du von Thurneysen[1] sagtest und wie du sein Wort über Deutschland auf mich gewandt hast. Denn sieh - auch Eugen! - wir sind ja nicht wie 1913/14 „in der Synagoge" zusammengekommen, sondern was wir in diesen Tagen seit meinem Briefentschluss und heute Morgen vor allem empfangen haben, das haben wir unmittelbar aus der Hand empfangen, die über uns allen, euch wie uns, aufgetan ist. Wirklich, erst heut Nachmittag fiel uns wieder ein, dass wir nun ein jüdisches Leben zusammen werden führen dürfen. Das ist nur eine Folge, eine wunderschöne, aber nicht das Band das uns umschlungen hat. Nur so konnte es geschehn, dass wir es ganz vergessen hatten.

Diese ganzen Wochen nun - ich kann ja nun Rudi wieder sehen, selbst ohne das was du heute schreibst (ich kann das nicht recht nachfühlen, wie du das <u>jetzt</u> schreibst; so sprachst du ja <u>vor</u> Göttingen; was in Göttingen geschehen ist, weiss ich daraus auch nicht; aber ich brauche es jetzt kaum zu wissen. Ich kann ihn eben nun sehen. Diese Wochen haben also hierhin geführt. Vielleicht war es ein <u>Abbrechen</u> einer Krise. Eugen wird es vielleicht so sehen. Aber nein, - was in dieser Zeit geworden ist, bleibt unverloren; ich nehme nichts zurück von dem was ich am 25. XII. und den folgenden Tagen schrieb, und eben die Art, wie wir heute zueinanderkamen, wir zwei beide im Tor der Synagoge stehend und doch nicht dort sondern unter Gottes freiem Himmel zusammengeschleudert, zwei Herzen, nicht zwei Juden —— ist das nicht selber schon ein Siegel auf die Wirklichkeit meines letzten Geburtstags? Dass alles noch keimhaft ist - wie sollte es anders sein. Aber dass das „zarte Pflänzchen", das doch lebt, ja wahrhaftig lebt, - dass es wächst, dafür bietet uns nun die Wärme des alten Hauses, in das wir es tragen dürfen, Gewähr.

Aber ists nicht wirklich so, als ob mir mein frivoles Belaubfroschen des Jahres „1919" verwiesen werden wollte und „1919" ausdrücklich hart an den Anfang von 1920 gelegt wird - nur damit ich lerne, was ich eben erst in den letzten „unwiderruflich letzten" Tagen von 1919 hatte lernen können: nicht wollen. Denn nun <u>habe</u> ich ja was ich wollte, aber erst als ich nicht mehr „<u>wollte</u>".

Dass ich unter der Zartheit des Pflänzleins leide wenn ich daneben den sturmfesten Baum <u>unsrer</u> Liebe sehe, Gritli, muss ich dir das sagen? Ich kann nur von ganzem Herzen bitten, dass es wachsen möge und dass der Baum ihm Stürme auffängt und den Sonnenschein nicht verschattet. Und da bitte ich um ein Wunder. Aber lohnt es sich, um <u>Geringeres</u> zu bitten? Und Edith selber nannte es ein Wunder. Aber sie glaubt daran. Sie <u>glaubt</u> an Wunder. Braucht es mehr?

Dein Franz.

[1] Eduard Thurneysen, 1888-1977, evangelischer Theologe.

An Margrit Rosenstock am 7. Januar 1920

7.I.20

Liebes, du mein liebes Gritli, ein Brief von dir kam heut sonderbarerweise nicht, so nahm ich heut Abend noch einmal deinen von gestern heraus, sieh, da stand ein Wort, du sprachst von dir und Rudi, aber es leuchtete auch in <u>mein</u> Herz. Dass zwei Seelen die keine Geschwister sind, es nicht werden können. Das ists zwischen mir und Edith. Wir sind uns gar nicht geschwisterlich,[1] die Liebe langt über einen Abgrund weg, hier steht ein Mann und dort ein Weib - ich habe bei dir nie gewusst, dass ich ein Mann bin, noch dass du ein Weib, so schlugen unsre Herzen in eins. Ediths und meins schlagen gar nicht den gleichen Takt, es ist schmerzhaft für mich dem ihren zu horchen, es muss wohl schreckhaft für sie sein, meins schlagen zu sehen, so muss mein Herz überströmen, um ihres zu umfluten, ihres muss wachsen (sie nannte es selber heute so), um in meins hineinzufinden. Es ist keine andre Gelegenheit für uns als diese des Überströmens und des Wachsens. Wie es in dem Augenblick war, der uns zusammenzwang. Wie zum A̶ Ersatz dass uns dieser Gleichklang der Herzen, der geschwisterliche - o du Geliebte - versagt ist, ist uns ein andrer Gleichtakt gegeben: unsre Füsse gehen den gleichen Schritt. Ganz wirklich. Weisst du wie schwer es uns wird, wenn wir, du und ich, Arm in Arm gehen wollen? Und wie alles „ganz Wirkliche", ist auch dies ein Zeichen, wo uns der Gleichklang der uns von der Schöpfung her versagt ist doch geschenkt werden wird. Es ist nicht mehr um meinetwillen nötig dass ich jüdisch lebe, und nicht um ihretwillen, dass sie es tut; wir müssens beide um unsrer beider willen. U̶n̶d̶ Um nicht unter der Anstrengung des ständig Ganz-Mann-und-Ganz-Weib-sein-müssens zu erliegen. So brauchen wir diesen Kreis, wo wir im gleichen Schritt und Tritt gehen. Aber ach Geliebte, so sehne ich mich selbst an ihrer Seite nach deinen lieben Worten .....

Weisst du, dass ich das Gefühl habe, ich möchte gern, sie läse alle Briefe, die ich dir seit vorgestern geschrieben habe? Vorher keinen. Seit vorgestern - obwohl sich doch nichts geändert hat - alle. Dies eine hat sich eben geändert: dass ich dies möchte. Und ich weiss genau, dass sie es kann. Obwohl ihre Gedanken in dem Hafen des heutigen Tages vielleicht nicht daran gedacht haben. Ist es nicht merkwürdig, dass ich „vielleicht" sage? So fern ist sie mir wie - ein Weib einem Mann. Und so liebe ich sie.

Du liebes, geliebtes, du κοινον αὐτάδελφον,[2] du Herz — wir sehen uns, wenn ich am 15./16. in Würzburg bin, dort oder gleich danach in Stuttgart. Dann Frankfurt, und am 23. hat Edith Geburtstag in Berlin. Denk sie kann Haushalt und Schneidern, aber man merkt ihr gar nicht an, dass sie was „kann". Überhaupt ists herrlich über wie viele Dinge man nicht spricht. Sie wird 25. Ich hatte sie für 2 Jahre älter gehalten. Gritli liebes -
Dein.

[1] Dazu der Brief an Margrit Rosenstock vom 26. Dezember 1919, S.509.

[2] Griech.: gemeinsam-schwesterliches (Haupt). Im ersten Vers der „Antigone" von Sophokles redet die Protagonistin ihre Schwester Ismene feierlich mit den Worten an: „O gemeinsam-schwesterliches Ismenes Haupt".

An Margrit Rosenstock am 8. Januar 1920

... meine Liebe schlägt heute über all den dummen gefühllosen „Gefühlen", die mich ängsteten, zusammen; es ist gar nichts mehr davon zu sehen, sie liegen vielleicht wie Riffe noch dicht unter dem Wasserspiegel, aber selbst wenn es so ist - der Lotse oben weiss den Weg zwischen hindurch. Und warum sollten die Wasser nicht noch steigen? Liebes Gritli, das sind ja alles dumme Worte gegen das eine - ich liebe sie. Auch du wirst sie lieben, ich zweifle eigentlich gar nicht daran. So zu recht kamen heut dein

Telegramm und deine Briefe.   Ach ich spüre jetzt den Zusammenhang dieser Wochen, auch das Unrecht das ich Rudi tat; er war eben einfach wie ich ihm heute schrieb „der Prügelknabe der Entwicklung". Sonnabend kommt er. Gute gute Nacht geliebtes Herz ——— Dein.

An Margrit Rosenstock am 9. Januar 1920

9.I.20

Mein liebes Gritli,   ich bin so froh, es ist so gut mit Edith. Es war wieder so ein schöner, wahrer Tag. Wir haben heut einmal zusammen „gelernt", die Schriftabschnitte dieser unsrer Woche, 2 M.1,1 - 6,1 und Jerem.1,1 - 2,3.[1] Lies sie einmal, es stand so viel drin für uns beide. Sie kann übrigens so viel Hebräisch wie ich (oder ich so wenig wie sie), das ist auch lustig. Mit zweitem Namen heisst sie, nach einer Grossmutter, Mirjam. Ist das nicht schön? auch grade für morgen.   Und es ist doch gut, dass ich am Dienstag nur zu „Edith" gekommen bin und dass „Mirjam" nur die erst am Nachmittag wiederentdeckte „Zugabe" war.   Wir fahren morgen am Spätnachmittag zu Helene und abends mit Rudi zurück. Denk, sie fährt nicht am Sonnabend - ich habe Mittags gewollt — sie hat sich seit Jahren, so gut sie es in ihrem Elternhaus konnte, ihren eigenen Sabbat zusammengestückt; das gehörte dazu. Es ist so schön, wie das nun ohne jeden Zwang für mich beginnt, wirklich einfach eine Zugabe zu diesem neuen lieben Stück Leben. Ach könntest du sie schon. Ich mag dir von ihren Bildern keins schicken, es ist keins richtig. Ihr Konfirmationsspruch - sie ist in der [[bei uns]] neumodischen Weise konfirmiert worden,[2] obwohl sie beinahe noch am Tag davor gestreikt hätte, als sie merkte wie theatralisch es war — also ihr Spruch war Micha 6,8; das kam eben heraus, als ich ihr den Schluss von „Tor" zeigte, zu deinem Brief; als die Stelle kam, da lachten ihre Augen;[3] - ach wenn du sie känntest die Augen! sie sind blau und ganz samten in einem ganz zartfarbenen Gesicht, die Haare ganz dunkel, die Stirn klar gewölbt, die Nase ganz fein, aber an den Mund kommt man nur schwer heran! das Untergesicht springt nämlich zurück, sonst wäre sie eine Schönheit; so ist sie nur - mehr.

Ach so viel mehr, Gritli. Ja ich las deinen Brief mit ihr mit Ausnahme der Worte über Rudi und Helene, die Zeilen bat ich sie zu überspringen. Es ist so gut. Ja Gritli, es ist <u>gar</u> kein Schnitt; ich habe das immer gewusst, dass es einmal <u>so</u> kommen musste, so sanft.   Als ich damals, jetzt vor bald einem Jahr, um einen Schlag von Gottes Hand bat, aber einen sanften, sieh er hat es mir erfüllt, beides, den Schlag am 22.VIII., das Sanfte am 6.I. (und gestern - und nun immer). Nun habe ich, worum ich gebeten habe und nun kann mein Herz nicht mehr zittern, wenn es bei dir ist.   Du Geliebte - fast bin ich traurig, dass ich es nicht mehr soll schreiben dürfen, das „Allermeist", aber Liebste ist gar nicht <u>mehr</u> als Geliebte, und wenn selbst - es käme mir gar nicht darauf an - auch du hast es wohl erst <u>vermieden</u>, seit ich dich damit neckte, denn neulich in den Briefen vom September 18 fand ich es auch. Aber nein, du mehr als Liebste und Geliebte, du Meine, du Seele, Du Schwester ——————   Dein.

---

[1] Die beiden Texte wurden zum Schabbat am 10. Januar 1920 (nach christlichem Kalender) in der Synagoge verlesen. Es sind die für jede Woche festgelegten jüdischen Bibelabschnitte Parascha (aus der Tora) und Haftara (aus den NEWIIM, den sogenannten Propheten).

[2] Ursprünglich gab es im Judentum nur für Jungen eine „Konfirmation", BAR MIZWA. Infolge der Emanzipation führten manche Gemeinden eine entsprechende Feier auch für Mädchen ein.

[3] Micha 6,8 steht am Ende des „Stern der Erlösung", S.471.

An Margrit Rosenstock am 10. Januar 1920

10.I.20

Liebes Gritli, heut Nachmittag waren wir dann in Göttingen. Es war so schön, alles ganz natürlich, und wir konnten sprechen wie stets, es war keine Verborgenheit. Rudi ist nämlich mitgefahren, er ist schon zu Bett, und ich gehe auch gleich; diese Wochen meines „Zürnens" sind ja nun vergangen, wir werden kaum mehr nachträglich davon sprechen. Insofern ist das Neue ein Anfang.

Auch sonst war es das heute. Es war so schön, wie wir heut morgen zusammen zur Synagoge gingen und wieder heim. - Ich schreibe dir immerfort nur: es war so schön. Aber was soll ich dir anders schreiben! Ja, es ist so schön. Es ist mir immer ganz verwunderlich, dass ich sie Abends noch in ein fremdes Haus bringen muss. So sehr sind wir schon beieinander. Es ist mir ganz „verheiratet" zu Mut. Und immer wieder wünsche ich nun, du sähest sie. Du wirst sie lieben.

Liebes liebes Gritli ——— Dein Franz.

An Margrit Rosenstock am 12. Januar 1920

12.I.20.

Mein liebes Gritli, ich bin noch bis Kreiensen mitgefahren. Da sassen wir am selben Tisch wie heut vor drei Wochen ich. So kurz ist die Zeit dazwischen. - Ich bin heut Abend etwas furchtsam. Ich fürchte die Entfernung. Ich weiss ja noch nicht, ob ich sie mir über die Ferne weg halten kann. In der Nähe brauche ich ja nur ihre Augen zu suchen, diese allerschönsten Augen, so hab ich sie ganz, und in diese Stille kann kein falscher Ton dringen. Aber auf die Ferne - ich fürchte mich vor ihrer Handschrift, die ist so leer und hart, so ganz noch aus der Zeit vor dem Erwachen. Und so schnell kann sie ja noch nicht mit erwacht sein. Es ist wohl unrecht von mir, sehr unrecht. Vielleicht kann ich noch diese Woche hinfahren, denn Weismantel schreibt eben, wegen Bahnstreiks wäre es am 15./16. noch nichts mit dem Zusammentreffen. So hätte ich, wenn ich morgen bald fertig werde mit der Strauss-Denkschrift,[1] die ich morgen anfangen will - der Zusammenhang ist mir im Gespräch mit Edith in der letzten 1/4 Stunde in Kreiensen aufgegangen! - so könnte ich also vielleicht schon bald nach Berlin und erst nach dem 23. nach Frankfurt. Für mich und Edith wäre das gut, für mich und Frankfurt schlecht; denn alles was ich in Berlin tun kann, hängt davon ab, was für Form die Frankfurter Aussichten gewinnen; - nun ich will mich jetzt nicht besinnen, sondern morgen erst mal das V.hochschulding schreiben (Motto aus Pred.12,12[2]).
.....

[1] „Bildung und kein Ende", abgedruckt in Zweistromland S.491-503.

[2] Prediger 12,12: „Des vielen Büchermachens ist kein Ende, und viel Studieren macht den Leib müde." Dazu auch der Brief an Margrit Rosenstock vom 18. Januar 1920, S.533.

An Margrit Rosenstock am 13. Januar 1920
...   13.I.20.

Gegen die Vereinfachung alles Ereignisses auf den Gegensatz kath.-prot. habe ich Rudi gegenüber sofort Einspruch erhoben, als er sie mir erzählte. <u>Obwohl</u> sie <u>richtig</u> ist. Aber sie gehört zu den tödlichen Richtigkeiten. In Wahrheit hat eben jeder wirkliche Mensch Kirche und Ketzer, Haus und Herz im Bezirk seines eigenen Lebens beisammen. Es giebt da keine Verteilung auf zwei Träger. Oder der eine (oder beide) sind keine lebendigen Menschen. .....

An Margrit Rosenstock am 13. Januar 1920
...   13.I.20.

Zum Straussianum[1] kam ich noch gar nicht. ~~Ab~~ Denn es kam ein schwerer aber gewaltiger Brief von Rudi Hallo, ein rechter Ketzerbrief. Und weil ich nicht „Priester" bin und Edith, die mich nach <u>meinen</u> Gedanken dazu machen sollte, nach <u>Gottes</u> Gedanken mich nun grade verhindert, es zu werden, so konnte ich ihm ketzerlich antworten. Ich schrieb es ihm in einem mit der Nachricht von der Verlobung. Um die Wirkung ist mir nun bange. Denn er steht hart an irgendeiner Grenze. Und ich habe ihn stark angefasst und versucht, sein Ketzertum, das Gott den Rücken drehen möchte, auf den Fersen herumzudrehen, dass er ihm wieder ins Auge sieht.
...

Die Nacht zum Einschlafen lese ich immer Jörgensen.[2] Jetzt habe ich die heilige Clara[3] hinter mir. Aber ein bischen viel schweinslederne Hemden mit den Borsten nach innen ist es mir doch. Weisst du, im Leben ist das alles anders. Da ist die Welt drum herum mit seidenen Hemden ohne Borsten. Und da ist die Heiligkeit so lebendig, wie - nun wie irgend eine grosse oder kleine Entsagung in einem selber einem lebendig ist, weil sie eben mitten in dem steht, dem entsagt wird.   Aber in der Legende wird die Heilige so isoliert, die Welt ist nur Folie, da wirkt alles <u>kalt</u>-gewaltsam; man spürt die lebendigen Kräfte der Abstossung nicht mehr, die zwischen Heiligkeit und Weltlichkeit sich spannen. Und erst die machen alles wirklich und glaubhaft. Am Anfang der Legende ist das naturgemäss noch nicht, da ist die Welt noch da, da ist noch Sehnsucht nach Heiligkeit und ein Umblicken nach dem Pfluge.[4] Aber nachher wirds mehr und mehr abstrakt, fast - technisch, ja das ist das Wort: eine <u>Technik</u> der Heiligkeit. Ich kann mir nicht helfen, aber es widert mich an, wenn dieser Mann, dem ichs wirklich zutraue, dass er sich untergekriegt hat, immer wieder demonstrativ (versteh: <u>demonstrativ</u>) seine Sündigkeit betont. In solchen Demonstrationen steckt ein Stück Routine.
...

---

[1] „Bildung und kein Ende", abgedruckt in Zweistromland, S.491-503.
[2] Johannes Jörgensen, Der heilige Franz von Assisi. Eine Lebensbeschreibung, 1908.
[3] Weggefährtin des Franz von Assisi.
[4] Anspielung auf Lukas 9,62.

An Margrit Rosenstock am 14. Januar 1920

14.I.20.

Liebes liebes Gritli, ich dachte heut Vormittag, ich fahre Freitag Abend auf alle Fälle nach Frankfurt und Montag treffe ich dich, ob mit oder ohne Eugen hättest du selbst bestimmen müssen, denn ich weiss ja, so sicher wie ich von Anfang an deine Freude wusste, dass er sich ärgern wird und dass er mir das was seinen Ärger beschwichtigen müsste, nur halb glauben wird, es auch nur halb glauben kann, nachdem er sich so stark andersherum engagiert hat; so weiss ich selber gar nicht, ob ich ihn jetzt im Augenblick gern sehen möchte. Aber nun ist alles wieder anders. Denn heut Nachmittag ist mir, als ob ich trotz Schwiegerelternfolterbank nach Berlin zu ihr fahren müsste. Ich habe noch so wenig Kraft für die Entfernung. Zwar wird mich auch in ihrer Nähe der Familienrummel verstören und schon hier vertrage ich ihn nicht (seit heut ist er im Gang). Und besser wärs, ich spräche E. Strauss und Nobel vorher über mich. Aber vielleicht lass ich alles und fahre zu ihr. Geschrieben hat sie mir noch kein Wort. Und ich hätte es jetzt so nötig. Dass von dir auch nichts kam, wird ja wohl an dem verwirrenden Einfluss von Eugen liegen. Glaub mir doch, es ist gut, auch wenn es schwer wird. Es wird ja schwer. Aber hatten wirs denn je leicht? Liebes Gritli, denk freundlich an mich. Ich brauche deine Gedanken, brauche sie jetzt für mich und für dies gute Menschenkind, das den Mut zu mir hatte. Sei uns gut. Dein Franz.

An Eugen Rosenstock am 15. Januar 1920

15.I.20.

Mein lieber Eugen, ich brauchte ⌈⌈heute⌉⌉ Rudis Bestätigung nicht, dass du dich „nicht freuen kannst"; ich schrieb ja gestern schon Gritli, dass ich es von Anfang an wusste. Für dich hat sich ja bei mir wiederholt, was dir 1913 an mir geschehen war. Damals bekehrtest du mich zum Christentum, ich gab mich überwunden und - ging in die Synagoge. Das war in unserm ersten Jahr. Heut, in unserm siebten - du erinnerst dich der Nacht, wo ich dich daran erinnerte, du hattest seinen Anfang selber bezeichnet mit deinem Gebet, es war wohl wirklich die gleiche Nacht wie damals in Leipzig 1913 - heut also wolltest du mich zum Heidentum bekehren, ich gab mich überwunden und ——— gründe mein jüdisches Haus. Das ist also offenbar dein Schicksal mit mir. Aber du kannst mir glauben: meine Unterwerfung ist diesmal genau so vollständig wie 1913, und kann mir genau so wenig verlorengehn; und wie ich meine jüdische Einkehr nicht von jenem Tag in Berlin Oktober 13 sondern von unsrer Leipziger Nacht her datiere, so meine Ehe nicht vom Tag der Verlobung, sondern wieder vom Tag meiner Unterwerfung unter dich, also etwa vom 25. XII (oder selbst von „seit Lotti", wenn du das lieber hören willst). Wenn du dies jetzt zweimal Geschehene (und also, nach Hegel, Wahre) ernstnimmst, dann hast du vielleicht zum ersten Mal wirklich verstanden, was Judesein heisst, besser als ich es selber dir im Augenblick begrifflich ausdrücken könnte. Den Juden macht eben alles noch jüdischer. Aber wie dir die Synagoge seit dem Augenblick sichtbar und glaubhaft wurde, seit du mich aus dem Schatten der Kirche in ihr Tor verschwinden sahst, so - nun so hoffe ich auch jetzt auf deinen Glauben (seit sich uns dies Wort theologisch so schön entlastet, dürfen wir doch wieder unter uns Menschenkindern brauchen). Und wenn es dir schwerfällt - nun so hör von der, an der du selber ja jetzt den Gang meines Lebens ablesen willst,

von meiner Mutter. Sie war gestern Nachmittag ganz unglücklich über mich, so unglücklich wie in den ersten Tagen als sie an Gritli schrieb. Sie erkannte ganz richtig, wie wenig die (in ihren Augen) Besserung meines Benehmens während der spätren Tage von Ediths Hiersein in Wahrheit zu bedeuten habe. Sie jammerte um „das Mädchen" und um mich. Ja noch mehr um „das Mädchen". Sie sah mich ohne Leichtigkeit, ohne sichtbare Freude, gedrückt, kalt; dass ich unter der Entfernung litte, gab ich ihr selber zu. Das dürfe doch nicht sein, das sei doch ein entscheidendes Zeichen, <u>wie</u> Unmögliches ich mir und Edith zumutete. Sie sprach schliesslich von nichts anderm als von Zurückgehenlassen.   Ich wurde <u>nicht</u> etwa grob, blieb recht ruhig und freundlich. ... Aber als ich schon im Bett lag, geschah etwas ganz Unerwartetes. Mutter kam zu mir und, obwohl ich ihr doch gar nicht böse gewesen war und ihr das auch gezeigt hatte und obwohl doch am Tatbestand sich nichts geändert hatte und die Glücksaussichten gleich ängstlich standen wie vorher und sie durchaus spüren musste, dass der „erste Tag", und nicht die späteren, der Erste Tag unsrer Ehe sein würde, trotz alle dem: nahm sie alles zurück und sagte: du musst sie <u>doch</u> heiraten.
......

An Margrit Rosenstock am 15. Januar 1920

15.I.20.
......
Wie es ihr mit dir gehen wird? Sie ist bereiter als Helene. Sie ist ja neuer. Und sie muss es fühlen, das du jetzt mit ihr bist, dass du es in den entscheidenden Augenblicken warst, ja dass ohne dich - sie muss es wohl fühlen. Denn es ist ja einfach so. Deine Art Frauen, die du liebst, ist sie ja so wenig wie Helene. Aber eben sie ist ohne etwas, was sich dir verschliessen möchte. Es wird wohl gehen. Wenn ich ihr von dir sprach, wenn sie mit mir deine Briefe las, so hat sie wohl stets - mehr geliebt, freilich nicht dich (glaube ich) sondern mich. Aber so begrenzt ist ja der Umkreis der Liebe nicht. Sieh, wenn Helene es schwer wurde dich zu lieben, so wars weil sie (glaube ich) auch Rudi nicht recht lieben konnte in den Augenblicken wo sie ihn mit dir sah. Und das ist hier so ganz anders. Das habe ich gefühlt. Das ist das einzige was ich schon weiss. Aber das ganz sicher. Wir haben ja so offen miteinander gelebt, tun es auch jetzt, in dieser Trennung, die mir schwer war, heute wo ich Briefe habe nicht mehr schwer ist. Es war ihr nichts verborgen was in mir war, doch vielleicht einmal, als sie Jonasens schöne Zeichnung von mir, du weisst welche, nicht mochte und die andern eher, da habe ich etwas verschluckt. Sieh, Rudis erste Frage an Mutter war: „hat er ihr von ihr erzählt?" !!!!!! und dann: „hat er ihr Briefe gezeigt?" !!! Das ist eben der Unterschied. Es ist nicht mein Verdienst, wahrhaftig nicht, es lag wohl einfach an der ganzen Lage, eben daran dass hier dein Schutzengel schon in der ersten Szene dabei war, und <u>allein</u> dein Schutzengel.

Ich möchte dir gern von ihr erzählen. Aber ich habe doch das Gefühl, du weisst viel von ihr. Wie schön sie wurde, von Tag zu Tag schöner, wie die überirdisch schönen Augen schliesslich das ganze Gesicht nach sich bildeten, - und sie trägt wieder statt einer Frisur den schlichten Scheitel den sie als Kind trug, einen Madonnenscheitel hinten mit einem kleinen à la Grecque[chen].[1]   Für Eugen zum Angewöhnen noch eine kleine Geschichte. Ich zeigte ihr, um ihren jüdischen Instinkt für mich auszunutzen, die Lagerlöfstelle des Hegelbuchs, ob man mir den <u>zitierten</u> „Christus" jüdischerseits aufmutzen können würde (denn am Hegelbuch will ich nicht zum Märtyrer werden, sagte ich ihr dazu). Sie fand nichts dabei (ich ändre es übrigens doch), aber sie monierte die „grosse nordische Dichterin": warum schreibst du nicht „die Lagerlöf". Im ~~Hegelb~~ Stern kannst du so schreiben, aber in das Hegelbuch passt das doch nicht. Also Eugen hat eine Bundesgenossin an ihr in diesem Punkt. Es versteht sich, dass sie ausser dieser Stelle kein Wort aus dem Hegelbuch kannte. Nur aus dem ✿ habe ich ihr die Schlussseiten vom Tor vorgelesen und den Schluss von II 3, über den Psalm Non nobis;[2] und ein paar Sätzchen über Laotse[3] aus I. Dazu natürlich aus dem Vortrag sogut wie ganz III 1.

Aber das ist ja alles so unnötig für dich zu wissen. Liebe, Liebe, du hast ihr ja dein Herz aufgetan. Und wenn sie heut noch stumm ist für dich, so lass es mich mit für sie sprechen und hör es auch ~~für sie~~ von ihr mit; denn wie kann ich nun noch Ich sagen, ohne dass sich die Gewissheit meines Wir darin bärge, meines neuen und - trotz allem - glücklichen, erlösenden Wir ———   Ich bin dein.

[1] Franz.: nach der Weise der Griechen; gemeint ist eine Hochsteckfrisur.
[2] Lat.: Nicht uns; Beginn des 115. Psalms.
[3] Laotse, chinesischer Philosoph aus dem 4. bis 3. Jahrhundert v.d.g.Z..

An Margrit Rosenstock am 16. Januar 1920
        16.I.20.

Mein liebes Gritli, ich kam grad von Trudchen, ich hatte, weil ich sie ja nun zum ersten Mal sprach, erbarmungslos gegen mich selbst die Wahrheit in kleinen Mosaiksteinen vor ihr ausgebreitet; es war schwer für sie, schwer für mich, und doch ging es und die Liebe schloss zuletzt den widerspenstigen Wirrwarr der Steine dennoch zum Bild, zum Bild des geliebten Antlitzes. .....

Und ich brauche auch nicht zu erschrecken, dass meine Liebe zu dir - sieh ich dachte, sie könne nicht mehr wachsen, ich schrieb es dir einmal, sie könne nur noch in Schmerzen reifen und sich reinigen, - aber nein, in diesen Tagen dieses Januar ist sie gewachsen, ich habe eine grosse - aber gar keine schmerzliche - Sehnsucht nach dir, dich in die Arme zu nehmen und dir zu sagen, wie sehr ich dich liebe. Nein ich will und kann nicht darüber erschrecken, es ist ja alles verflochten; verflochten, nicht vermischt, es ist ein Leben aus vielerlei Fäden der Liebe, ja nur ein Leben.

Montag fahre ich nach Frankfurt, wir werden uns wohl kaum noch ~~vorher~~ vor Berlin sehen können, immerhin halt dir Mittwoch bitte frei. Denn ich fahre nun nicht über Kassel nach Berlin, sondern direkt und da kann ich eventuell nach Stuttgart oder, wenn Weismantel es lohnt, Würzburg. Am Freitagfrüh spätestens müsste ich natürlich in Berlin sein, da hat Edith Geburtstag. Und lieber schon am Donnerstag.

Die Straussdenkschrift wird glaube ich doll.

Liebe, du Geliebte - ich bin und bleibe   Dein

An Margrit Rosenstock am 17. Januar 1920
        17.I.20.

O du liebes Gritli, ich bin so weg von deinem lieben Einfall mit dem alten Brief. Ich las ihn wirklich gleich zuerst; die Schrift, obwohl ich sie ja kenne, erkannte ich zuerst auch nicht, und ich war ganz erstaunt, wie anders du damals warst, gewiss auch lieb, aber wie wenig warst du doch. Ich hatte es ja früher immer gesagt, dass Eugen dich geschaffen habe, und seit ich wusste dass es nicht so war, hatte ich es doch vergessen; aber es war <u>doch</u> so, neugeschaffen jedenfalls hat er dich. In diese Schrift hätte ich mich <u>nie</u> verliebt, während mir doch heute schon heiss wird, wenn ich nur eine Adresse von deiner Hand sehe, sie braucht gar nicht an mich zu sein. Und ein bischen gestolpert wäre ich sogar über das was drin stand. Kurz es war eine gute Lektion, und ich danke dir, du meine liebe Lehrerin.

Aber nötig war sie gar nicht so. Denn denk, Edith schreibt oft wunderschön; ganz einfach, wie sie ist, und gar nicht abgekühlt kommen die Worte. Es strahlt vielleicht nichts von den Briefen aus wenn man sie gelesen <u>hat</u> und sie wieder ins Couvert legt (deine leg ich glaube ich deshalb immer ins Couvert, weil es sonst ist, als könnten sie sich wie Radium verstrahlen und ich hätte schliesslich nur noch die leeren braunen Blätter; so ist es nicht bei ihr, aber solange ich den Brief lese bin ich im Briefbann und spüre sie hinter dem Papier.

Ja diese Woche ist mir lieb, um des Briefschreibens willen. Ich habe Sehnsucht nach ihr, aber immerhin auch soviel Angst vor dem Berliner Rummel, dass ich ganz gern hier war. Anfangs war es mir ja angst, wir würden durch die Entfernung uns ferner, jetzt spüre ichs schon, wir sind uns doch näher gekommen. Heute Morgen fand ich einmal Worte dafür, als ich ihr schrieb.

Eugen hat mir ja geschrieben, ich mag ihm nicht schreiben, denn auf meinen langen Brief hin schreibt er mir ja ganz von selbst nochmal.

Du siehst uns schon als verheiratet; genau so gehts mir. Schon am zweiten Tag wars mir komisch, dass ich sie Abends zu fremden Leuten bringen musste. Wir heiraten, denke ich, Ende März, hoffentlich mit möglichst wenig Civilbrimborium.
.....

Würzburg scheint also schon pleite, ehe es angefangen hat. Wenn Eugen Max Hamburger nicht herkriegt, ists ein Malheur. Ich bin einem Kaufmann <u>auch</u> nicht gewachsen. Denn ich weiss ja auch nicht, an welcher Stelle der Unterhaltung ich sagen müsste: bitte, wie<u>viel</u>? Der Grundfehler ist jetzt: das Getrenntverhandeln. Nötig wäre: Eugen, Hans, ich zusammen <u>ohne</u> Weismantel: gemeinsames Programm mit Mindest- und Höchstgrenzen. <u>Darauf</u> Besprechung mit Wsmtel. Hans hat doch scheinbar ganz naiv alles was Eugen schon erreicht hatte, gleich wieder preisgegeben. Und hat sich von Wsmtel das dümmste Zeug aufschwätzen lassen: z.B.: <u>ich</u> hätte die Kassler Druckpreise niedriger gefunden. Während ich in Wirklichkeit zweimal nach Würzburg Warnungen vor Gotthelfts Preisberechnungen geschickt habe, denen aber keine Folge gegeben wurde! - Eugen soll zunächst mal einfach kein Geld hinschicken. Papier ist nur dann eine Sicherheit, wenn die Reihenfolge der Befriedigung der Ansprüche feststeht. An sich halte ich es überhaupt wie schon Anfangs für Unsinn, dass Eugen, der kein Kapital hat, sondern einen Reservefonds, einen <u>Sparpfennig</u>, diesen plötzlich in Kapital, das ihm Zinsen bingen soll, verwandelt.

Ich denke jetzt manchmal, ich lasse einfach auf eigne Rechnung drucken, wie ichs anfangs vorhatte. Denn wer weiss, was noch alles kommt. Allerdings macht mich das auch noch nicht vom Verlag los. Ich möchte am liebsten ganz raus; mit dem nötigen Zuschuss nimmt mir ein andrer jüd. Verlag den ✡ auch ab.

Früher hast du mir abgestritten, wenn ich meinte es bedeute nicht viel für uns, dass der ✡ geschrieben sei, und du meintest das Schicksal unsrer Liebe wäre an seine Veröffentlichung gebunden. Ist er nicht doch etwas wie ein Kind? Und Kinder sind nicht bloss Früchte der Liebe, sondern ich glaube, die Liebe nährt sich auch vom Duft ihrer eignen Früchte. Aber ich weiss wirklich nicht - ich habe ja grade II 2 seit wir es vor 13 Monaten zusammen lasen, nie mehr wieder gelesen, ich hatte eine Scheu davor. ....

Edith Hahn an Margrit Rosenstock am 17. Januar 1920

Berlin, d. 17. I. 20.
Liebe Gritli!
So habe ich es zum ersten Mal geschrieben, aber gedacht und gefühlt schon viele, viele Male, seit ich Dich durch Franz kenne. Du stehst so lebendig, so gegenwärtig vor mir, daß Du mir wie altvertraut erscheinst und das „Du" sich mir vom Herzen in die Feder drängt. Ich bin's noch nicht gewohnt, wie Ihr alle, mein Innerstes zu Papier zu bringen. Doch ich denke, Du wirst verstehen, wie ich's meine, auch wenn's etwas unbeholfen ist.   Ich weiß, was Du meinem Franz warst und bist und danke Dir dafür. Ich fühle mich so eins mit ihm, daß alle Liebe und Freundschaft, die er empfängt und gibt, mir zugleich als von mir gegeben und empfangen erscheint.
Eine wunderbare Fügung war unser Einswerden, und das Wunder wirkt und wirkt weiter. Voran leuchtet mir das eine Ziel: Er soll ganz, ganz glücklich werden.
Wie gern würde ich Deine Hand fassen und Dir ins Auge schauen. Wir hoffen, daß sich irgendwie ein Zusammensein in absehbarer Zeit ermöglichen läßt.

Nimm meinen Schwestergruß[1]
deine   Edith.

[1] Vielleicht auch: Schwesterkuß.

An Margrit Rosenstock am 18. Januar 1920

18.I.20.
......
Das Gripplein, das schon diese ganze Woche leise rumort, meldet sich heut energischer. Hoffentlich hinderts mich nicht an der Frankfurter Reise. Und um die Denkschrift[1] ist es mir ganz bange; sie wird wohl nicht fertig werden. Strauss hat grade heut Vormittag eine Besprechung in seinem Plan für mich. Das scheint komischerweise nun auch wieder auf „Wissenschaft" herauszukommen; Strauss hat noch nicht mein Berliner Qui mange du pape y meurt[2] erfahren; auf dieser schiefen Ebene giebt es kein Halten; irgendwo geräts immer ins Täublersche.
... Weisst du, dass ich in Ediths Armen verdorren würde wie eine abgeschnittene Blume, wenn je der Grund deines Herzens aufhören würde, seine Säfte in mich hinaufzutreiben. Alle ihre Liebe könnte mich da nicht retten. Geliebte, aber du bleibst mir ja und ich bleibe dir, es giebt keinen „Schnitt", ich habe das auch nie für möglich gehalten. Uns kann nichts scheiden.

Du Meine ——— Dein.

[1] „Bildung und kein Ende", abgedruckt in Zweistromland, S.491-503.
[2] Franz.: wer vom Papst ißt, wird daran sterben.

An Margrit Rosenstock am 18. Januar 1920

18.I.20.

Mein liebes Herz, ich kann gar nicht einschlafen vor Vergnügen, so mache ich das Licht wieder an und schreibe auch noch an dich. Nämlich das neue Zeit ists[1] ist fertig geworden und ganz puppenlustig. Eugen wird seine Freude dran haben und wird ganz beruhigt sein, wenn er diese meine erste jüdische Kundgebung seit dem 6.I. liest. Denn sie ist ganz vom 25.XII., ganz „An Eduard Strauss", ganz „bolschewistisch". Ich bin ja so glücklich, Gritli, dass ich mir das „Bolschewistische" nun ohne Furcht leisten kann, ich habe ja nun mein Haus (Habe ich dir wohl mal erzählt dass in der Sprache des Talmud Haus direkt für Frau gebraucht wird?). Das Neue ist ganz fidel, voller Spässe, kleiner und grosser Bosheiten, ich stecke ganz drin. Nun wenn sie mich daraufhin nach Frankfurt holen, wissen sie wenigstens wen sie holen. Das Ganze ist nur eine lange Selbstofferte. Es ist nicht viel kürzer wie Zeit ists;[2] morgen Abend lese ichs E.Strauss vor, und dann wird sich herausstellen was damit geschieht. Jedenfalls wird ihm die „Volkshochschule" dadurch erst mal wieder als das Wichtigste vorgesetzt, wichtiger (und billiger) als diese „Akademiepläne".

Bildung - und kein Ende.
Pred. 12,12.
Neue Gedanken
zum jüdischen Bildungsproblem
des Aubenblicks,
insbesondere zur Volkshochschulfrage.
An Eduard Strauss.

Heut Abend als ich fertig war habe ich plötzlich eingesehn, das mir ganz recht geschehn ist mit der Akademie. Ich hatte eben in Zeit ists eine Bonzenmiene aufgesetzt, um den Bonzen bonzig zu kommen. Das ist mir gelungen und infolgedessen ist mein Gedanke dann auch - vor die Bonzen gegangen. Ich darf mich gar nicht beklagen, ich habe selber die Schuld.

Aber nun Licht aus! Gute Nacht, du Geliebte, verlass mich nie!

—— Dein Franz.

[1] „Bildung und kein Ende", abgedruckt in Zweistromland S.491-503.
[2] „Zeit ists. Gedanken über das jüdische Bildungsproblem des Augenblicks", abgedruckt in Zweistromland S.461-481.

An Eugen Rosenstock wahrscheinlich in der 2. Hälfte Januar 1920

Lieber Eugen, lass gut sein - was machst du dich unnötig schlecht. Als ob alle deine Theorien nur „um zu .." gewesen wären. Da kenn ich dich wirklich besser. Du hast sie alle wirklich geglaubt. Selbst die unsinnigste, diesen Herbst, dass ich nicht heiraten würde. Und dass ich eine Christin heiraten müsste. Oder eine Heidin. Oder gar nicht. Und dass meine Mutter dieses „Garnicht" wahrhaben und gutheissen müsste. Nein, so trennen zwischen deinen Worten und deinen Meinungen tust du nicht. Und wenn dus heute tust, so ist es ein Rückzugsgefecht. Und wirklich ein ganz unnötiges. Von dem was ich dir zugegeben habe, nehme ich ja kein Wort zurück. Und über deinen Schreck bin ich ja <u>nicht</u> erschrocken. Ich habe sofort zu Mutter, die über dein Nichtschreiben bourgeoisement[1] entsetzt war, gesagt: Eugens Fluch wäre mir noch mehr wert als Hansens mit familiensinniger Besinnungslosigkeit gezückter Segen. Wie <u>rasch</u> du deine Theorien ab- oder umbautest, konnte ich nicht wissen, ist auch Nebensache. Die Hauptsache: dass du ja die Theorien ruhig stehen lassen kannst und nur die angehängten „praktischen Beispiele", die Profezeiungen (Franz muss, Franz wird, Franz wird nie u.s.w.) nur die musst du in der Neuauflage weglassen. Aber die Lehrsätze, das q.e.d. - demonstratum <u>est</u>.[2] Ich lasse mir die Freude, abermals, ein zweites Mal, nach jenem ersten nun im siebten Jahre, von dir überwunden zu sein, nicht nehmen, - von niemandem, auch von dir selber nicht. Wehr dich nicht dagegen. Es hat sich wirklich etwas wiederholt. Du hast mich nocheinmal geboren, wie schon damals 1913. Das ist meinetwegen Theorie, aber kein „Um zu", sondern einfach die Wahrheit. Und die auszusprechen, ist immer gut. Aber nun wollen wir nicht weiter beschwätzen. Die eigentliche Antwort auf deinen Brief ist dir ja Edith schuldig. Hoffentlich werde ich mich genügend dünn dazu machen können, dass sie sie dir nicht schuldig bleibt. Sonst nimm mit diesem unvollkommenen Männergeschreib vorlieb. Es ist sehr unvollkommen. <u>Einen</u> Vorsprung habe ich doch immer vor dir. Ich muss dich nicht jedesmal erst wieder entdecken. Ich sehe dich eigentlich unverändert nun schon seit vielen Jahren. Meine Liebe zu dir ist lange schon aus den Überraschungen, dem Trotzen und nicht Wollen heraus. Mein Verstand trotzt jedesmal aufs Neue. Gegen deine Theorien steht immer gleich eine ganze Front Widerspruch in mir auf. (Ich fühls jetzt, schon ehe ich ihn gelesen habe, beim Brief an Picht wieder im voraus - ich meine die Ehrlos-heimatlos-These). Aber meine Liebe trotzt nicht mehr. Sie <u>kennt</u> dich. Da kannst du gar nichts gegen machen. Lass es dir also gefallen.

Dein Franz.

[1] Franz.: bürgerlich.

[2] Lat.: **q**uod **e**rat **d**emonstrandum - was zu beweisen war; demonstratum est - es ist bewiesen.

An Margrit Rosenstock wohl am 22. Januar 1920

Du Liebe, es wäre gar nicht nötig gewesen, dass wir uns schon trennten, der Zug ging erst um 3/4, die Maschine war noch nicht vor. Ich war noch im Wartesaal, aber ich fand dich nicht mehr. So ging ich wieder in den Zug, es sass ein reizender alter Mann neben mir, ein Angestellter (offenbar rechte Hand des Chefs) in einer kleinen Plauenschen Weberei,[1] vielleicht bitte ich ihn um seine Adresse für Eugen, er sagte so merkwürdige grundsätzliche Sachen über das Neuaufkommen der Hausindustrie durch den Motor. Er kenne Häuser, wo neben dem Handwebstuhl des Vaters die Maschine des Sohns stünde, und das sei die Zukunft und die Erlösung aus der Fabrik. Er heisst Ferdinand Reiher, Plauen i/V. Lessingstr.116. Wenn ~~du~~ Eugen ihm schreibst, wird er ~~dir~~ Eugen sicher einen schönen Aufsatz schicken. Er war auch in Amerika und hat überall die Augen sehr offen gehabt. Sein Interesse scheint ganz auf solche Dinge zu gehn, die in die Daimlerztg. gehören, gar nicht auf Politisches.

Liebe, so glitt ich dann fast unvermerkt fort von dir und bins doch weniger als je. Vielleicht durch das gar nicht recht bis ins Bewusstsein gedrungene militärische Wekken heut früh; ich bin noch so bei dir. Es bleibt ja schmerzhaft dass ein Stück Schweigen, Schweigen der Gedanken, das von Edith in mir sein muss, aber es ist ja nur auf

Zeit, auf kurze Zeit; es ist mir wirklich als hätte ich einen Vorschuss von ihrem Herzen genommen, und freilich auch, als müsste ichs ihr nun mit mehr Zartheit als ichs ihr bisher gezeigt habe, vergelten - die unbewusste Grossmut dieses Vorschusses. Oder ist das ein Sophisme? Könnte jeder Dieb so sprechen: er habe nur einen Vorschuss nehmen wollen? Kassenfraudenten[2] empfinden glaube ich meist so. Aber nein, es ist kein Betrug. Denn ich sage ja nicht: irgendwann, sondern ich weiss genau: bald, bald und für mein ganzes Leben gehöre ich ihr so, dass nach und nach nichts mehr in mir von ihrer Ahnung nicht erreicht wird. So muss es doch werden? Herrgott, was wäre die Ehe sonst. Du hast ja recht, Rudi und Helene das ist wirklich genau wie es nicht sein darf. Es war von Anfang an ein Schonen darin, das kein Schonen der Geduld war (so wie man schonen darf, nämlich wenn es einem selbst weh tut, zu schreien, aber man tuts doch), sondern ein Schonen, das Helene gern so erhalten hätte, wie sie war, als den heiligen katholischen Engel und das ihr die „geheimeren tieferen Schmerzen des Lebens" gern erspart hätte. Weisst du das? Rudi empfand es als Bräutigam, trotzdem ihm ja die lange Brautschaft natürlich sehr schwer fiel, doch mit Kummer, dass Helene einmal aufhören werde, „reine Jungfrau" zu sein! Er hätte das Leben gern festgebannt. Darin steckte eigentlich alles. Die Unmöglichkeit, das Lustspiel ihr vorzulesen oder zu geben war ja nur ein Symptom dafür.
Ach du Liebe, aber du und ich - wie schön war es wieder - wie sprach das zweisaitige Instrument wieder an, wie gab es jeden Ton her. Ich habe solchen Mut jetzt wieder zu Edith, sie auch die Töne die noch stumm und heiser in ihr sind, singen zu machen, sie war ja ein Instrument ohne Saiten, edelster Bauart, aber ganz tonlos, ganz unbespannt; nun habe ich mich selbt darauf gespannt, mein ganzes Mich, es ist eine G-saite, nämlich ein E um das ein Silberfaden herumgewickelt ist, nun giebt sie statt der hohen Eigentöne einen tiefen vollen Ton, den stärksten von allen Saiten. Kennst du den Silberfaden, du Geliebte, weisst du wer er ist? Ach du weissts seit je und ich wills nie vergessen. So, Saite mit Silber umsponnen, hat mich der 6.I.[3] aufgespannt, nun nehmen mich diese Tage und Wochen beim Wirbel und stimmen mich, bis ich auf dem rechten Ton stehe. Und dann mag der göttliche Maestro seinen Bogen ansetzen. Ich bin bereit.   Einen Kuss auf deine Hände — Dein Franz.

[1] Die Stadt Plauen in Sachsen ist berühmt für ihre gewebten Spitzen.
[2] Kassenbetrüger, Unterschlager.   [3] Tag der Verlobung.

An Margrit Rosenstock am 23. Januar 1920
                                                                                                                        23.I.20.
Liebes Gritli,   der Geburtstag[1] war heute. Ich war den ganzen Tag drüben. Und ich habe sie wieder <u>gesehen</u>. Des Morgens früh (übrigens ich wohne von heut ab gegenüber, also Brüderstr. 7 bei Weisspfennig) des Morgens früh hab ich ihr erst ein schönes Gedicht gemacht für das Buch, das ich ihr schenkte, eine „Zennerenne", das ist ein „Weiber-Chumesch",[2] d.h. eine Weiberthora, das altjüdische Frauenbuch, worin die alten Legenden zu den einzelnen Wochenabschnitten stehen, Legenden und Moralien, die herrlichsten Sachen, auf jüdischdeutsch, mit alten Bildern, Holzschnitten, mein Exemplar ein Sulzbacher Druck von 1790. „Zennerenne" heisst es nach den Worten „Geht und schaut" (Hohelied III, Schlussvers) („ihr Töchter Zions u.s.w."). Darauf

habe ich ihr ein Gedicht gemacht, das am Schluss in den Hohelied-Vers auf Deutsch mündete, diesen Schluss und den Vers im Original in Goldtinte, die 5 Strofen dazwischen in silberner, es sieht reizend aus. Aber weil ich das Buch erst Vormittags beim Buchhändler (und Verleger) Lamm, wo ich es bestellt hatte, abholen konnte, so konnte ichs ihr erst Abends schenken. Aber denk, Lamm, als er merkte, dass ich „der grosse Franz" bin, wurde ganz enthusiastisch und bat mich dringend, ihm etwas in Verlag zu geben, irgendwas! „Zeit ists" wäre noch zu hoch, etwas noch viel Einfacheres sollte es sein. „Von Ihnen möchte ich gern was haben!" Ich erzählte ihm vom Moriah und dass ich da gebunden wäre; nun schreibt er gleich dahin, wegen der Subskription auf den Stern. (Vielleicht auch um mal auf den Busch zu klopfen, was denn mit diesem neuen Verlag los sei). Aber eigentlich - ich könnte es offenbar doch bequemer haben als mit Weismantel, und ohne 20000 M zu mobilisieren. Die Broschüre ihm einfach zu geben, war ich wirklich in Versuchung, tue es aber nicht.

.... wenn du ihre Augen lang ansiehst, wirst du sie lieben können. Denk eigentlich wie sonderbar: es geht mir immer nur darum, dass du sie lieben können wirst, gar nicht ob sie dich. Es müsste ja eigentlich grade umgekehrt sein. Aber es ist so, nur so. Vielleicht weil ich weiss, dass wenn du sie mit echter Liebe lieben kannst, sie dir ebenso gehören wird wie mir. Nicht weil deine Liebe so unwiderstehlich ist. Aber weil ihr Herz bereit ist, geliebt zu werden. Denn es liebt. Und da versagt der mich peinigende Vergleich mit der armen lieben Helene. Denn der ihr Herz ist nicht bereit, sich lieben zu lassen. Denn es hat ja eben selber in diesem Jahr nicht neu zu lieben gelernt. Es ist eine grosse Gnade Gottes um das Neue. Wir nennen ihn in einem Gebet den „der Neues macht".[3] Das ist vielleicht sein grösster Name.

Willst du noch ein bischen Theologie hören vor dem Schlafengehn? Aus dem Weiberbuch? in dem kurzen Stück des morgigen Wochenabschnitts, das wir vorhin noch rasch zusammen lasen. Da heisst es zur „Herzensverhärtung" Pharos durch Gott: Wohin der Mensch will, dahin führt ihn Gott. Will er gut sein, so hilft ihm Gott, will er böse sein, so hilft ihm Gott auch.

Das stand auf der 10. Zeile; etwa 20 lasen wir. Was sagst du zu dieser Frauenlitteratur? (das Buch wurde am Sabbat während des Gottesdienstes von den Frauen gelesen). Ist das nicht was andres als Thomas von Kempis?[4] Freilich als ich Edith fragte, ob sie nun aber heut einen einzigen Rabbiner wüsste, der so von der Kanzel herab spräche, so ernsthaft und wahr, ohne liberale Flachheit oder orthodoxen Aberglauben, da musste sie verneinen. Aber es giebt ja Gott sei Dank - wirklich Gott sei Dank - noch andre Kanzeln als die Kanzel.

Gute Nacht, liebes liebes Gritli, grüss Eugen —

Dein Franz.

---

[1] Von Edith Hahn.

[2] Chumesch: Fünfbuch (Moses), von hebr.: חמש - fünf.

[3] Im jüdischen Morgengebet heißt es von Gott: „der die Erde erleuchtet und die auf ihr wohnen, mit seiner Barmherzigkeit und in seiner Güte erneuert er an jedem Tag beständig das Werk des Anfangs" - Siddur Sefat Emet S.33. Dazu auch die Briefe an Margrit Rosenstock vom 29. August und 9. Oktober 1918, S.135 und 166, sowie Stern der Erlösung S.123, 135.

[4] Thomas von Kempen, 1379-1471, Seelsorger und vielgelesener Schriftsteller. Seine Bücher über die Nachfolge Christi wurden Weltbestseller.

Gertrud Oppenheim an Margrit Rosenstock am 23. Januar 1920

Kassel, d. 23.1.20

Liebe Frau Gritli,

Franz fragte mich, als wir uns heute vor einer Woche zum erstenmal nach seiner Verlobung sprachen, ob ich in letzter Zeit mit Ihnen keine Briefe gewechselt hätte, und wir stellten fest, daß Ihr Brief und meine Antwort im Mai die letzten gewesen waren. Damals schrieb ich Ihnen „ich vertraue ..", und in dies Vertrauen war eine Bitte mit eingeschlossen; hätte ich inzwischen an Sie schreiben wollen, so hätte es heißen müssen: „ich bitte Sie". Aber nach Zweifeln und Tränen, die ich bekennen muß, (denn ich weinte und kämpfte um Ihr Bild in meiner Seele), blieb diese Bitte ungesagt, doch wieder aus - Vertrauen. Heute nun breche ich gern das Schweigen zwischen uns, da der graue Himmel sich so entwölkt hat, und wir solch frohe Aussicht genießen. Und mein Wort an Sie ist: ich dank Ihnen. Ich danke Ihnen nicht heute zuerst. Ich tat es bewegten Herzens in dem Augenblick, da ich sah, wie Sie Franz erkannten und liebten. Das hatte ich ja noch nicht an andern erlebt. Und als ich weiter sah, wie Sie sein Leben, das ich ihm aus einer frühen gemeinsamen Vergangenheit nur notdürftig durch wirre, verschlungene Wege in eine erhoffte Zukunft hinüberfristen half, mit einer leuchtenden Gegenwart erfüllten - hätte ich da anders gekonnt als Ihnen danken? Daß diese Gegenwart nicht angetan schien, eine Zukunft aus sich erstehen zu lassen, das machte mir - Sie wissen es - Sorge vom ersten Augenblick an.[1] Und wenn ich immer wieder Vertrauen faßte, so war es eben, weil ich fühlte, daß all diese gegenwärtigen Augenblicke ewig waren, und daß schließlich - irgendwie - unter ihrer Ewigkeit doch auch die Zukunft Platz haben müßte. Und so ist es denn nun wirklich gekommen. Jedem Heute ist ein neues Heute gefolgt und nun - unbegreiflich plötzlich - dies Heute, das auf morgen weist und auf das ganze Leben, das noch kommt.

Liebes Gritli, ich danke Ihnen, daß Sie Ihre Gegenwart freundlich über diesem Heute leuchten lassen - Sie haben ja damit meine unausgesprochenen Bitten erfüllt und mein Vertrauen gerechtfertigt. Und ich wünsche und glaube, daß sie immer weiter so leuchten wird über Franzens Zukunft, seiner Größe und seinem Glück.

Ihr Trudchen

[1] Die Angst um Rosenzweigs Zukunft, die aus diesen Worten klingt, wurde auch und vor allem von Rosenzweigs Mutter geteilt, über die Margrit Rosenstock am 8. April 1918, kurz nach dem Tod von Georg Rosenzweig, einmal schrieb: „sie sorgt sich um Dich - meinetwegen. Nicht aus Eigensucht. Darum will sie mich vielleicht jetzt nicht um sich haben, wo der Gedanke an Deine Zukunft das einzige ist was sie am Leben hält ..... Im übrigen ist mir gar nicht bange vor Deiner Zukunft, ich fühle mich gar nicht im Wege, auch nicht in dem Sinn wie es Deine Mutter fürchtet."

An Margrit Rosenstock am 24. Januar 1920

24.I.20.

Liebes Gritli, wieder ein schöner Tag. Des Morgens nach der Synagoge ein Besuch bei einem wirklich feinen Rabbiner, dem liberal + zionistischen hier, Warschauer,[1] mit netter Frau und einem entzückenden 15jährigen Töchterchen. Er sprudelte von Anekdoten aus seiner Studentenzeit; wir waren über eine Stunde da; am Schluss beim Verabschieden ritt ich komischerweise noch rasch eine Attacke gegen seine Theologie oder vielmehr Untheologie, ohne das gehts wohl nicht mehr. Er hatte auf „Lohn und Strafe" gescholten; das gehört ja zu den modernen Hochnäsigkeiten. Sie tuen alle, als wäre es so eine <u>Kleinigkeit</u>, an „Himmel" und „Hölle" zu <u>glauben</u> und als täten sies bloss nicht, weils unter ihrer Menschenwürde wäre. In Wahrheit gehört eben wirkliche Glaubenskraft dazu, dran zu glauben. Und auf einen Augenblick wo ich dran glaube, kommen 10, wo ich viel zu viel Angst habe dran zu glauben, und also lieber - <u>nicht</u> dran glaube. Und auf diese 10 Augenblicke stellt sich der „moderne Mensch" und kommt sich wer weiss als was vor. Abends war Hermann Badt da; es war sehr nett. Ich besprach die Weisersche Idee mit ihm, da ich ja Weiser an ihn weitergeben werde. Nachmittags hatte ich „das" Gespräch mit dem Schwiegervater. Anfangs verstand ich ziemlich alles, nachher tat ich nur so. Aber es sind nette Leute.- Am 7. II. hat die Schwiegermutter Geburtstag, so könnte Edith erst am 8. reisen. - Das Manuskript der Broschüre schicke ich morgen an Gotthelfts, damit sie es kalkulieren und lasse es ev. gleich drucken.   Mü - müde   ———   Dein Franz.

[1] Malvin Warschauer, 1871-1938, Rabbiner in Berlin. Er traute Franz Rosenzweig und Edith Hahn. Dazu auch Briefe und Tagebücher S.673f.

An Margrit Rosenstock am 25. Januar 1920

25.I.20.

..... Ich habe mich, da auch Bradt mich in <u>Frankfurt</u> wünscht, von ihm ruhig wieder für die Akademie einwickeln lassen, so ein bischen wenigstens. Wenn ich nämlich für Frankfurt die Organisation irgend einer Aufgabe (meinetwegen der Mendelssohnausgabe[1]) übernähme, so werde ichs mit einigem Geschick einrichten können, Mitarbeiter in die Provinz zu setzen und damit meinen Ak.-Gedanken verwirklichen. Natürlich muss das mit List und Tücke durchgesetzt werden, denn an sich wird Täubler es nicht wollen; und Landau ist inzwischen ganz vertäublert. Edith war etwas erschrocken, dass ich mich möglicherweise nun doch selbst mit der Mendelssohnausgabe belud; aber es ist ja zunächst nur ein Fühler, nicht mehr. Bradt war kostbar in seinem hochstaplerischen Idealismus. Am Nachmittag nahm mich Edith zu einem kleinen Zusammensein bei einer Bekannten von ihr; es sollte eine Schrift von Buber gelesen und beschwätzt werden. Es waren zwei feine Leute da, ein Bruder von Kurt Hahn[2] und vor allem ein Ollendorff aus Breslau, Freund von dem Pfarrer Siegmund Schultze (er kennt auch Caro und wusste durch ihn von mir). Das wurde nun durch mich zu einer dollen Stunde, richtig eine Illustration zu dem „Machen Sie das" Nobels. Erzählen lässt es sich eben deshalb schlecht. Im grossen ganzen wars eine Verlobungsanzeige. Das war schön. ...

... Seit gestern tragen wir die Ringe.
.....

[1] Dazu der Brief an Margrit Rosenstock vom 4. Juni 1919, S.317f.
[2] Kurt Hahn, 1886-1974, Pädagoge, Leiter von Schloß Salem.

An Margrit Rosenstock am 26. Januar 1920

26.I.20.

Liebes Gritli, es ist noch Tanzstunde nebenan, mein Bett in der „Pension" kann noch nicht aufgeschlagen werden. Dabei wollte ich morgen früh heraus, um Edith in ihre Schule zu bringen; sie hat ja noch keine Vertretung gefunden. Die Aussicht auf eine

Wohnung in Frkft. die sich plötzlich aufgetan hatte - ich hätte auf alle Fälle zugegriffen - ist leider nichts. Überhaupt habe ich ja noch nichts gehört. Heut der Tag hat insofern nichts Neues gebracht. Er war überhaupt nur ein Ausklang des starken Akkords, den der gestrige angeschlagen hatte.
Die Tage fliegen ja rasch herum. Aber das Leben ist ja lang. Edith bringt eine ganz schöne Mitgift von Menschen, selbsterworbenen, mit in die Ehe, mehr als ich dachte; schon was ich in diesen Tagen gesehen habe.
Heut Abend waren wir bei der Grossmutter (Salomon), verbitterte Witwe, klug, unangenehm anzusehen. Edith steht ihr nicht näher. Überhaupt hat eigentlich der Kompass unsres Menschengeschmacks bisher immer gleich gezeigt, so dass ich schon anfange, mich einfach auf sie zu verlassen. Überhaupt - (wenn sie nicht so krächzte, wenn sie lustig ist, wäre sie eine ganz vollkommene Person, - es ist also gut, dass sie krächzt, denn was finge ich mit einer vollkommenen Person an; übrigens aber wir müssen nach Frankfurt, schon damit unsre Kinder Frankfurter statt Berliner Kehlen kriegen). Verzeih das dumme Zeug - ich habe sie lieb.
                                Ach, und dich auch. Sehr — Dein Franz.

An Margrit Rosenstock am 28. Januar 1920
                                                                                    28.I.20.
Mein geliebtes Gritli, heut vormittag gab mir Edith das Tagebuch, von dem sie mir geschrieben hat. Es ist gar kein Tagebuch. Ein Wachstuch-Kollegheft mit Linien; Einträge, die ersten im August 14, der letzte im Mai 17, eine Entschuldigung vorweg, dass sie in dieser Zeit der allgemeinen Not anfinge ihr eigenstes privatestes Leid auszuschütten, aber sie habe keinen Menschen, dem sie es sagen könnte; und dann kommen die Einträge, anfangs häufig, nachher nur mit grossen Zwischenräumen, und alle nur über das eine Thema, andres höchstens einmal en passant.[1] Das ahnte ich ja nicht, bis heute noch nicht, auch aus ihren Worten nicht. Die Sprache ist dumm klug, aber das Herz, das spricht, ist so weise, eine so abgründige Weisheit, dass Gott selber wohl nicht anders konnte, er musste diesem Herzen zuwenden, worum es bat. Ich habe nie gewusst, dass ein Kind so Seinen Willen lenken konnte. Ich wusste ja noch jeden Augenblick, den sie darin durchklagt und durchbetet, und denke ich, wie mein Herz ihr abgekehrt war während der ganzen Zeit, ja selbst in jenem ersten Winter 13/14, den sie selbst mit dem ersten geschriebnen Wort schon als das erste Jahr ihrer Liebe hineinzieht - so überläufts mich, wie ein lebendiges Herz ein totes, ein <u>ihr</u> totes, lebendig, für <u>sie</u> lebendig, machen konnte. Ich musste weinen vom ersten Wort an, und immer wieder aufs neue, so schlicht war alles, so rein und so unendlich stark.
Ich habe ja keine Worte dafür, ich sagte ihr selber, dass ich ihr nur mit einem ganzen langen Leben darauf antworten kann, auf dies eine unermüdliche von keiner Hoffnungslosigkeit zum Schweigen gebrachte Wort der Liebe. Denn die Hoffnungslosigkeit, die sie von Anfang an ahnt, ist ihr ganz erbarmungslos klar seit dem Oktober 14, wo ihre Mutter bei mir war. Und doch hört ihre Liebe nicht auf, es war eben wirklich „die" Liebe. Ich kann mein Leben lang nichts tun als ihr dies gedenken, verdanken.
Mein Name kommt gar nicht darin vor. Ich heisse nur „er". Ich ahnte ja nichts, trotz des Besuchs von ihrer Mutter bei mir, nichts von diesem „er". Und still und unermüdet hat dies „er" mein Schicksal in seinen Bereich gezwungen, bis es sich verwandeln

konnte in ein „du". ... es ist wirklich die Seele im Pilgerkleid mit Stab und Wanderschuhen, die ausging und ging und ging und sah wohl nicht viel von der Welt, durch die sie ging, bis sie „ihn" — mich gefunden hatte. Und ich habe mich ja gesträubt, noch bis heute, diese „6 Jahre" ernst zu nehmen, ich wollte sie für sie genau so wenig wahrhaben wie sie es für mich waren. Aber das Sträuben ist mir vergangen, es war ein letztes Sträuben, ich wollte ihr die ganze Grösse ihres Vorsprungs vor mir nicht eingestehn, aber nun kann ich nicht mehr, mein Herz liegt vor ihr auf den Knien.
.....
An Hans und Weismantel habe ich Brandbriefe geschrieben. Denn wenn Moriah nun nicht prompt funktioniert, warte ich nicht wieder neue Tarif- und Papierpreissteigerungen ab und gehe zu Kaufmann. Gut Nacht, ich muss morgen früh zur Schule!

Dein Franz.

[1] Franz.: beiläufig.

An Margrit Rosenstock wahrscheinlich am 29. Januar 1920

.....

Um die Predigten[1] brauchst du dich nicht gross zu bekümmern. Rudis Werke wirken auf die ihm Nahstehenden immer nur in statu nascendi.[2] So auf dich die späteren, die du entstehen sahst (denk vor allem an die letzten, über die Stiftsmühle). Im Entstehen verliert sich Rudi in den Dichter, da giebt es gar keinen Rudi, nur den Dichter Rudi. Nach der Schwester musst ich ihn umarmen, später könnt ichs nicht mehr, das ist sicher; denn später würde auch der Dichter der Schwester wieder nicht mehr Rudi sein. Mich zieht jetzt auch nichts Besonderes mehr zu den Predigten. Lese ich sie wieder, so wirds wohl ganz objektiv sein. Aber **ob** ich sie wiederlesen werde? Vielleicht durch Edith. Allein schwerlich. Wären sie Produkte, überhaupt, wären seine Werke Produkte, so könnte man ihn selbst immer wieder dahinter suchen. Aber seine Werke sind wie ein Bergführer, der einen ungewandten, ja feigen Touristen (der aber den Ehrgeiz hat, Erstbesteigungen zu machen) nachseilt. So bleibt von ihm selbst so wenig mehr darin oder dahinter, wie von der Kletterei bleibt. Es sind eben Schritte, nicht Produkte. Im Schritt findest du den Schreiter nur, solange er ihn schreitet; schon der nächste Schritt macht den vorigen zu einem Nichts. Als Produkte können sie nur die Entfernten lesen. Z.B. etwa schon Pichts.
.....
Die Kantate kam heute - wir haben uns so sehr gefreut. Wie seltsam - ich schenkte sie dir damals wegen der einen Zeile im Recitativ (vom Siegel), alles was dann im Recitativ folgt hatte ja mit dir und mir überhaupt nichts zu tun, und nun für uns stimmt es, als wäre es nur für uns gesagt. Und wie sehr es stimmt, weiss ich doch erst seit gestern.[3] Selbst die Verspätung war also gut. Den Text der ~~Arie~~ Duette hast du ja selbst so umgeschrieben, Geliebte, dass er nun uns allen, dir mir und ihr, zugeschrieben ist. Und wie ich mit ihr die Titel auf dem Umschlag las, fand ich unversehens eine andre, aus der wir uns auch noch etwas singen lassen müssen, ich kaufe sie morgen; es ist natürlich die 40te (er hat dir gesagt, o Mensch).[4]
Heut sah ich alten Kinderschmuck von ihr mit ihr durch, ich wollte etwas haben, um es in ein Petschaft[5] verarbeiten zu lassen (für mich an sie; sie selber braucht nicht zu siegeln - warum eigentlich nicht? aber es ist so). Da fand ich etwas, was ihre Mutter

schon als ⌈⌈ganz kleines⌉⌉ Kind getragen hatte und dann Edith in den ersten Jahren: ein blaues Emailherzchen und darauf — o Liebe, du weisst wohl, was darauf sein musste? sie selber ahnte nichts mehr davon — der ✿ !!!

Es war überhaupt ein Tag der Funde. Am Nachmittag geriet ich zufällig in ein Papiergeschäft, fragte frech nach dem „Papyrus" von Max Krause - und siehe, es ist eins von den paar unmittelbaren Detailgeschäften mit denen M. K. arbeitet und für nächste Woche ist unser Papier nach Jahren endlich wieder angezeigt, viel teurer natürlich, aber wahrscheinlich doch wieder das Richtige. Ich wäre der Inhaberin fast um den Hals gefallen.

Abends war ich mit ihr im Volksheim bei der Leiterin, Gertrud Walkanos. Wieder eine besondere, ganz besondere Person, wie eigentlich alle mehr oder weniger, mit denen Edith umgegangen ist. 30jährig oder älter, schön, leider unverheiratet, trotzdem ganz reif, ganz süss, etwas mit einem - lach nicht - jüdischen Heiligenschein, nämlich gar nicht nonnenhaft heilig, sondern fraulich überfliessend ⌈⌈und doch begrenzt⌉⌉. Ich kam mir recht nichtsnützig vor ihr vor. -   Nachher haben wir uns noch in der Gegend im Volkstheater Bülowplatz im Schlussakt eines ganz kitschigen Stücks („Predigt in Litauen"[6]) Jürgen Fehling[7] in einer Hauptrolle angesehn. Es rührte sich nichts mehr in mir. Freilich gilt das ja nicht. Der Schauspieler ist ja wirklich nicht der Mensch selbst. Eine Schauspielerin vielleicht eher.

Gute Nacht. Ich freue mich auf morgen. (Obwohl leider Emil da ist, und mir gar nichts an seiner kritischen Besichtigung liegt; wir sehen ihn morgen Vormittag). Aber nein, ich freue mich doch. Gute Nacht liebes liebes geliebtes Gritli

Dein Franz.

[1] Rudolf Ehrenberg, Ebr. 10,25. Ein Schicksal in Predigten, Würzburg 1920.

[2] Lat.: im Zustand des Entstehens.

[3] Dazu der Brief an Margrit Rosenstock vom 14. und (wahrscheinlich) 15. April 1919, S.277f. Gemeint ist die 140. Bach-Kantate: „Wachet auf, ruft uns die Stimme" (dazu auch der Brief an Margrit Rosenstock vom 11. März 1920, S.564, aus dem hervorgeht, daß diese Kantate bei der Hochzeitsfeier von Franz und Edith gesungen werden sollte). Darin heißt es in einem Baß-Rezitativ in Anspielung auf Hoheslied 8,6: „Dich will ich auf mein Herz, / auf meinen Arm gleich wie ein Siegel setzen / und dein betrübtes Aug ergötzen. / Vergiß, o Seele, nun die Angst, den Schmerz, / den du erdulden müssen; / auf meiner Linken sollst du ruhn, und meine Rechte soll dich küssen."

[4] Die 45. Bach-Kantate trägt den Titel: „Es ist dir gesagt, Mensch, was gut ist". Dieser Vers aus Micha 6,8 steht am Ende des „Stern", S.471.

[5] Tschechisch: Stab oder Ring mit gravierter Platte.   [6] Rolf Lauckner, Predigt in Litauen, Drama, 1919.

[7] Jürgen Fehling, 1885-1968, Schauspieler und Regisseur, der seit 1920 an der Berliner Volksbühne wirkte.

An Margrit Rosenstock am 30. Januar 1920

30.I.20.

Mein geliebtes Gritli,   wie schön, wenn ich abends herüber komme und es liegt dein Wort da und du nimmst mich noch einmal vor dem Schlafengehn in deine Arme.

Liebe, die Nähe zwischen Rudi und Helene ist wieder da, wieder? vielleicht zum ersten Mal, und wenn auch nur stossweise, nicht dauernd, so spüre ich doch die „Stösse" bis hier; es ist eine neue Nähe zwischen uns allen. ..... Mir will er komischerweise auch jetzt wieder nachträglich „Gescheitheit" andichten und vergisst ganz, dass ich schon seit Mitte Dezember ihm nicht mehr schreiben konnte, weil ich seinen einsamen Wahnsinnsgespräche mit seinen Phantasiegebilden ... einfach nicht mehr aushielt. ... Man kann ihm jetzt schreiben. Und da muss man es eben auch tun. Es wird ein bischen wie im Gleichnis vom Sämann gehen:[1] vieles wird nebenaus fallen und das fressen dann die Phantasievögel unter dem Dichterhimmel, aber einiges geht nun ganz gewiss auf und bringt die nicht hundert- sondern ein-fältige Frucht der Antwort.   Hätte ich deine Worte nicht nötig wie das liebe Brod, ich würde dich gern „entlasten", aber du weisst ja, mir genügt das eine, kleine Wort; es ist soviel wie viele; darin bin ich wirklich wie der liebe Gott - „eins ist wer viel und wer wenig bringt, bringt ers nur aus dem Drange des Herzens".[2]

Weiser ist auch die Sorte wie Bradt und Weismantel. Das Wort „maestro" ist herrlich. Strauss hat mir nichts geschrieben, weder ob Weismantel bei ihm war, noch über mich. Ich schreibe ihm morgen einen Eilbrief. Und wenn Weismantel mir bis Sonntag nicht geschrieben hat, so telegrafiere ich dringend und bleibt das unbeantwortet, so gebe ich zunächst einmal die Broschüre an Lamm (den Verleger der mich neulich hier so inständig um irgendwas für seinen Verlag bat, als er in mir den Verfasser von „Zeit ists" erkannt hatte).[3] Das ist dann das einzige Mittel: ihm zeigen, dass ich Ernst mache und nicht mehr warte. Die Sprache wird er verstehn.   Ich habe mir das Manuskript von Gotthelfts unter einem Vorwand nochmal zurückschicken lassen, um die nächsten Tage freie Hand zu haben.

Emil heute - es gab am Vormittag ein komisches Verfehlen, durch das ich 1 ½ Stunden allein mit ihm war, da wars nur professoral. Nachmittags dann zu dreien, da war es gut (obwohl er von Edith anscheinend degoutiert war), ich tat wieder was ich immer wieder bei ihm tue und nahm ihn bei der Locke an der ihm lose angewachsen der Heiligenschein baumelt und rückte ihn (den Heiligenschein) grade; dann sitzt er immer ganz fröhlich darunter und fühlt sich wohl, bis der nächste Ordinarius in Sichtweite kommt, dann schüttelt er den Kopf ein bischen und der Schein baumelt wieder; es ist eben doch nur ein Heiligenschein.   Und doch habe ich ihn eben so gern, dass ich immer wieder anfangen muss; es ist so ein grosses natürliches Wohlgefallen zwischen uns, das mich so sehr an ihn, ihn an mich bindet, so dass doch immer wieder etwas geschehen muss, wenigstens die Andeutung von einem „etwas Geschehen".

Ach Liebe, aber wie gehen die Tage, ich fühle sie jetzt so körperlich verfliessen, ich fühle eben wie mein Leben einen Körper bekommt. Auch die Leiden dieser Verkörperung fühle ich, nichts andres bedeuten ja meine immer wiederkehrenden Klagen und du, du Liebe, du nimmst sie ja von selber nicht anders auf. Aber die Wonnen sind grösser als die Leiden und wenn ich fühle wie das geliebte Wesen unter meinen Lippen zum Leben erwacht, wie dieser bittere Mund süss wird und diese Augen leuchten— gewiss alles nur unter meinem Kuss und meinem Blick, - aber kann sich denn Leben verschliessen, es muss doch hervorstrahlen, ich brauche bloss ein wenig Geduld und glaub mirs ich habe viel, ich liebe sie so langfristig, eben für ein ganzes Leben, ich bin keine Spur ungeduldig. Und die Reinheit dieser Seele - spürst du sie nicht auch schon aus den sicher schwachen Worten ihrer Feder - ich meine, man müsste es. Sieh, ihre Art Menschen zu spüren, aufzuspüren, - ich fand heute ein Gleichnis: sie zuckt wie eine Wünschelrute, wo trinkbares Wasser, wo echtes Metall verborgen ist. Und die Metalle freuen sich wenn die Wünschelrute zuckt. Aber freilich, empor stei-

gen sie nicht vom Zucken der Wünschelrute, da muss man selber in die Nacht der Erde hineinwühlen - und das hat sie noch nie getan, ausser das eine Mal. So fühlt sies selber mit Recht, obwohl sie doch mich zu herrlichen Menschen hier geführt hat, dass sie eigentlich auch mit diesen und überhaupt mit keinem Menschen je gelebt hat. Und so erschrickt sie an uns allen ausser an mir und ist doch ganz bereit und aufgetan für uns alle eben durch mich.   Ich muss sie halten, jeden Augenblick - sieh mitten in diesen Brief hinein habe ich ihr eine lange Widmung in ein Buch geschrieben, das ich ihr heute kaufte und das sie mir zufällig wiedergab sodass ichs eben in der Tasche fand.   Heut Nachmittag kam es einfach rein quantitativ zu viel auf einmal über sie, der Maria Eugenia Elternbrief und deine beiden von gestern. Nur das Zuvielaufeinmal wars, nichts andres, - und dann — ach wozu alle Worte, es ist doch so gut, so gut. Gritli liebe sie und schenk ihr einen von deinen letzten Gedanken vor eurem Einschlafen, ich glaube mehr daran als an Krebssche Kirchenfürbitten vor der Wandlung; dein Einschlafen ist auch eine Wandlung, - aus dem Tag- in das Nachtgritli - Liebe, Geliebte, ich habe dir ja mal im „Gritlianum"[4] eine richtige Zwei-Naturen-Lehre dazu geschrieben - Gott verzeih mirs.   Ich liebe dich, du spürst dus? es *ist* keine Ferne —
ich bin Dein.

[1] Dazu Matthäus 13,3-8.   [2] Brachot 5b u.ö..
[3] Dazu der Brief an Margrit Rosenstock vom 23. Januar 1920, S.536.
[4] Das „Gritlianum" ist abgedruckt im Anhang S.826ff.

An Margrit Rosenstock am 31. Januar 1920

31.I.20.

Liebes Herz,   Rudi Hallo hat sich mit Gertrud Rubensohn verlobt. Ich bin so selig. Mein grosser Brief an ihn vom Tag nach Ediths Abreise schloss damit, (nachdem ich vorher wirklich jeden Gedanken daran aufgegeben hatte, aber in seinem Brief - du entsinnst dich - war sie an zwei Stellen so vorgekommen - und die andre gar nicht mehr - , dass ich am Schluss alle meine und seine Worte mit ihrem Namen umwerfen und bedecken musste). Nun ist erst das Siegel gesetzt auf alles was zwischen mir und ihm geschehen ist. Und sicher ein rechtes Siegel, keins aus dem schlechten Siegellack-Ersatz des Willens und der Absichtlichkeit, sondern ganz gewiss aus dem weichen Wachs des Herzens. Ich bin, ohne ein Wort mehr zu wissen als die „Tatsache", davon so gewiss, dass ich sie eben als ich Rudi noch anrief und sie unerwarteter Weise auch ans Telefon kam, gleich duzte.
Sonst? Von Weismantel ein <u>sehr anständiger</u> Brief, der mich meiner Moriah-Verpflichtung eigentlich (wenn auch nicht ausdrücklich) entlässt. Er rät mir, da jede Woche den Druck verteure, auf eigne Kosten ⟦[den Stern]⟧ selbst zu drucken. „Mögen Sie es nun später dem Moriah-Verlag - oder falls derselbe infolge der auch Patmos betreffenden finanziellen Schwierigkeiten nicht zur Auswirkung käme - einem <u>anderen</u> Verlag übergeben - jeder wird Ihnen dafür dankbar sein, denn jede Woche verteuert das Werk". Und da gleichzeitig Strauss sehr hoffnungsvoll bez. Frankfurt schreibt (am 25. II. lese ich dort), so werde ich Dienstag nach Kassel fahren, Mittwoch dort Strauss hören und Donnerstag mit ihm nach Fr. fahren und dort mit Kaufmann sprechen. Lieber wärs mir ja, ich könnte bis zum 25. warten - denn <u>dann</u> würde Kaufmann mit <u>mir</u> sprechen;

aber „jede Woche..."   Etwas Bestimmtes steht eigentlich in Straussens Brief auch noch nicht, nur: Zweigstelle der Akademie. Morgen gehe ich mit Edith zu Landau. Nita Rockamore, Winies Freundin, war heut Nachmittag zum Thee da. Sie war vor dem Krieg hier verlobt und hat nachher geheiratet. Sie erzählte politisch Ärgerliches von Regensburgs und von England überhaupt.

Vormittags waren wir bei kostbaren alten Verwandten von Edith, einer Schwester ihrer Grossmutter väterlicherseits, die mit ihrem Mann einem richtigen Österreicher, uralt, aber im Benehmen ein junger Mann, fesch, lebendig, „ungebildet", witzig und - „Mädchen für alles" (denn sie ist blind) zusammenlebt.   Nachher bei ⌈⌈einem⌉⌉ führenden orthodoxen Rabbiner hier, Hildesheimer,[1] der mir diesmal auch viel besser gefallen hat als früher (die Wünschelrute hatte mal wieder recht geführt).
......

Ediths Reise wird ja nun, da ich am 25. in Fr. spreche, sich bis dahin hinziehn; d.h. wohl vorher. Die Eltern waren heut, als ich sagte, sie müsse nach Fr. mit, gar nicht widerspenstig. Strauss hatte es „auf Verlangen" in den Brief geschrieben!

Das „Selbanderschreiten" ist wohl schön und gut, aber es ist ja gar nichts. Es ist - ich meine das Wirkliche ist furchtbar anstrengend, denn es bleibt dabei: ich kann sie nur lieben, wenn ich sie, sie mich, wir uns ansehn. Sehe ich sie so, ohne ihr in die Augen zu sehn, so frage ich mich noch heute: was habe ich denn mit ihr zu schaffen.[2] Und sehe ich ihr in die Augen, so ist das „Untrennbar" so alt, so selbstverständlich, als wären wir damit zur Welt gekommen. Diese Bitterkeit ist mir in den Kelch dieser Tage gegossen - ich weiss zu genau, dass es nicht so sein muss, als dass ich es nicht als eine wirkliche Bitterkeit erlitte. Freilich ist der Weg ja nah und ich kann ihn jeden Augenblick gehn, denn ihre Augen warten nur, dass meine hineinsehn. Aber etwa, wenn ich eben mit ihr war und plötzlich wird sie gerufen und muss irgend was tun und ich folge ihr mit den Augen, so bin ich entsetzt, wie mein Herz augenblicklich erkaltet und erstarrt; sie ist mir wie eine Fremde. Nur wie eine Fremde, denn ich weiss ja: sie ist mir die Nächste, meine Nächste, mir gegeben dass ich an ihr das Gebot erfüllen lerne. Muss sie mir deshalb sein „wie eine Fremde", damit ichs an ihr erfüllen lerne, dass der Fremde zum Nächsten werden muss??[3] Ists deshalb? Sag ja, geliebtes Gritli. Ja, ich sage selber schon: Ja.

Gute Nacht, liebes Gritli - und Eugen, du brauchst keinen „netteren Brief zu schreiben", Edith kommt ja zu euch und ich habe dich ja jenseits von Tinte und Papier, und brauche also von Briefen höchstens (von Zeit zu Zeit) einen von den „unnetten", den „Keulenschlägen" (Aber eigentlich nicht). Liebe Beide   -   Dein und Dein Franz.

[1] Meir Hildesheimer, 1864-1934, seit 1899 Prediger an der Adass Jisroel Synagoge in Berlin; Repräsentant der orthodox-deutschen Judenheit.
[2] Dazu Johannes 2,4.   [3] Anspielung auf 3. Mose 19,18 und 19,34.

An Margrit Rosenstock am 1. Februar 1920

1.II.20.

Liebes Gritli,   wir waren wieder in diesem „Sprachraum- und Sprachzeit"-Nachmittag wie vorigen Sonntag; es war fast noch schöner wie das vorige Mal. Der Hauptsprecher ausser mir ist ein Breslauer Ollendorf,[1] der Fritz Caro kennt (der übrigens jetzt auch ins Jüdische hineinkommen soll). Ollendorf hat eine ziemlich genaue Parallelentwicklung zu meiner. Es geht ihm auch so, dass seine Bekehrer ihn jetzt nach dem „Misslingen" noch mehr lieben als vorher. Freilich ists dabei ein ungesund aussehender Mensch. Aber die Nähe ist doch gross, und eigentlich unter allen, die beisammen waren, wenigstens denen die sprachen. Dass manche, wie eben dieser Ollendorf, die Spuren der Zerbrochenheit mit sich herum tragen, ist ja nur klar. Meine verhältnismässige Unzerstörtheit kam doch immer nur aus der Gewissheit, dass ich, sowie ich heiraten würde, die nötige Verkörperung schon gewinnen würde; ich nahm eigentlich eine <u>zukünftige</u> Gesundheit vorweg, wenn ich aussah wie ein Gesunder, und konnte das nur, weil ich an der Gewissheit dieser Zukunft mir niemals rütteln liess. Daher ja eben jener heftige Widerstand gegen „Lotti", der Eugen damals so entsetzte. <u>Bloss</u> in der Luft des Wunders kann eben kein Mensch leben; man braucht eine Gewissheit der Ver-wirklichung, Ver-körperung. Man braucht sie sich nicht künstlich und gewaltsam zu <u>schaffen</u>, aber man darf auch nicht wie Eugen damals von mir wollte, sich die Möglichkeit gewaltsam <u>wegnehmen</u>. Als ich dennoch diesen Mut, bloss in Wundern zu leben, mir aus dem Wunder Rudi Hallo schöpfte, da wurde ich 8 Tage später eben <u>aus</u> diesem Wunder R. H. und <u>an</u> ihm belehrt, dass die Wunder eine Grenze haben - solange eben die Welt noch übrig ist. Jener Augenblick, wo Rudi H. mir sagte: „das sagen Sie nicht theoretisch, das sagen Sie aus und auf sich selber" und seine Enthüllung die dann folgte, haben meine Seele bereit für Edith gemacht. Und ich denke, im gleichen Augenblick - ich empfand ja, wie er in diesem Augenblick mein Bruder wurde - ist Rudi H. das gleiche geschehn: auch seine Seele ist da bereit geworden zu ihrer Verkörperung. Nur bereit. Gewusst wird er so wenig haben wie ich.

Vormittags waren wir bei Salomons, wo wir neulich ⌈⌈(Mittwoch)⌉⌉ Abend waren, Ediths Onkel; ich habe Edith einmal tanzen gesehn; sie sieht ganz entzückend dabei aus; sie tanzt die ausschweifenden neuen Tänze mit einer so heiteren schlanken Herbigkeit - wir Männer sind die grössten Esel von der Welt, dass wir dies Mädchen, bloss weil es nicht zu sagen verstand „seht wie entzückend ich bin", 10 Jahre lang haben sitzen lassen und selbst ich erst mit der Nase drauf gestossen werden musste. Schade übrigens nun, dass ich so schlecht tanze, Rudi dürfte da wirklich sagen: „und diese Frau hast du an dich gekettet". ...

[1] Friedrich Ollendorf, 1889-1951, Experte für Sozialwohlfahrt.

An Margrit Rosenstock am 2. Februar 1920

2.II.20.

Ach liebes Gritli, heute Abend - ich ging mit ihr aus dem Theater, Hamlet, nachhause - ich hatte schon gleich nicht hingehn wollen, sondern die Freiheit des Abends benutzen wollen, um mit ihr allein den Abend zusammen zu sein - es wäre besser gewesen, aber es scheiterte an ihrem Ordnungssinn, da wir die Billette einmal hatten, und ich selbst drang auch nicht sehr energisch darauf, sonst hätte sies ja getan -, so überfiel mich auf dem Heimweg an ihrem Arm eine solche Welle von Kälte; sie spürte es selber und ich verbarg es ihr nicht, sie wollte selber auch keine Schonung; wohl ganz grundlos, sinnlos, ein blosses Aussetzten der Kraft; kam es, weil durch den Sonntag heut und gestern kein Brief von dir gekommen war? denn es ist ja schon so, dass mir aus deinen Briefen immer aufs Neue die Kraft grade für die kraft<u>losen</u> Augenblicke kommt; es ist mir manchmal, als hätte ich dein Wort und deine Hand nie so nötig gehabt wie jetzt seit diesem 6.I. wo dein Wort und deine Hand mich vorwärts stiessen. Es war so schwer wie in den allerersten Tagen. Wird das immer wieder kommen? Wie mir das ein Mal bei dir passierte, glaubte ich, ein zweites Mal würde ich es nie aushalten. Und jetzt liegt es ständig als ein Abgrund unter mir und tut sich fast täglich auf. „Dazu ist man verheiratet, dass das nichts schadet", sagte damals Eugen - oder sagtest du es? - , und Edith sagte auch heut Abend: wenn sie mich jetzt doch nicht allein zu lassen brauchte ———

Wir haben uns (zu dem Zweck) heut früh aufbieten lassen; es war ein sehr hübsches Standesamt, und in den 10 Minuten wo wir im Wartezimmer sassen, war mit uns ein Sterbefall, eine Geburtsanzeige, eine Trauung - also das ganze Leben (Was die Kirche noch dazu giebt, ist eigentlich doch bloss noch Butter; das Brot des Lebens selbst wird uns doch schon in jenen drei nackten Tatsachen verabreicht.)

Bei Landau war ich heut Morgen, Edith kam zur zweiten Hälfte des Gesprächs nach. Er rast auf mich, weil ich in Frkft. gegen die Akademie „gewühlt" habe, er hat mich direkt <u>bedroht</u>, sie würden mir was ich etwa machen würde ebenfalls nach Kräften „konterkarrieren"! Dass mir auch Strauss und Nobel schrieben, ich dürfte die Broschüre[1] keinesfalls ohne Rücksprache mit ihnen herausgeben, schrieb ich dir schon (?). Zu deutsch also: sie wird <u>ungedruckt</u> bleiben. Und ich werde die Wahrheit <u>ungesagt</u> lassen. Denn das wird ja bei der „Rücksprache" herauskommen. - Guter Wille, Frankfurt und mich daselbst selbständig von Täubler zu lassen, ist bei Landau nicht die Spur vorhanden; extra Columbarium nulla salus.[2] Was sich aber die Frankfurter einreden. Insofern, nämlich um ihnen das wieder auszureden, ist es ganz gut, dass ich bei Landau war. Ich habe ihn ganz offen gefragt, und er hat nach einigen Ausflüchten ganz klar geantwortet; Edith hat ihn genau so verstanden wie ich. Auf Täubler schwört er, schon immer, aber jetzt mehr als je.

...

[1] „Bildung und kein Ende", abgedruckt in Zweistromland, S.491-503.
[2] Anspielung auf den Spruch: extra ecclesiam nulla salus - „außerhalb der Kirche gibt es kein Heil"; Columbarium - „Taubenschlag" wegen Täubler.

An Margrit Rosenstock am 3. Februar 1920

3.II.20.

Liebes Gritli, es war so gut, wie ein Brief von dir dalag, als ich vor dem Fortgehn nochmal rüber in meine Wohnung ging. Es war wie ein Aufwachen; ich war ja bei ihr, ich drängte mich an sie, aber fluchtweise, es war ohne Kraft. Liebe, ich bin einfach ganz <u>wirklich</u> geworden, ich kann nur noch soviel Kraft aufbringen als mir zugeführt wird - nein, so ist es wohl nicht, aber es setzt sich alles in mir um, das blosse „Denken, es wäre" hilft gar nichts mehr. Recht zur Illustration dessen war Täubler Nachmittags bei uns, der reine wilhelminische Gast, Jude im Gardeleutnantston, klug bis zum Exzess, fast so klug wie ich vor 10 Jahren war, in „Baden-Baden".[1] Sein Wissenschaftsstand ist auch wie unsrer damals die „Selbsterkenntnis". Sag Eugen: wir sind <u>doch</u> „Theologen", wenigstens wenn wir mit einem solchen Auto-logen sprechen - wie sollten wir das anders ausdrücken, was wir sind. Als ich ihm sagte, die Wissenschaft müsste für

Frauen werden, wies er allen Ernstes darauf hin, dass die Akademie eine Dame, die über Gesch. der Emanzipation arbeitet, beschäftigt!! Edith rief: das ist ja ein Mann. Das Schlimme aber (oder doch wohl das Gute) ist, dass der Akadamieplan für mich in Frkft. eine Unmöglichkeit ist. Und das ist gut, denn es würde doch eben nur eine Lüge sein. Wenn ich mein Leben jetzt nicht auf die Messerschneide der Wahrhaftigkeit stelle, bin ich verloren. Diplomatie jetzt - dann heiz ich mir selber meine Hölle.
.....

[1] 1910 fand in Baden-Baden eine Konferenz jüngerer Historiker und Philosophen aus Südwestdeutschland statt, an der auch Rosenzweig teilnahm.

An Margrit Rosenstock am 5. Februar 1920

.....   5.II.20.

Über Strauss habe ich eben an Edith so viel geschrieben, dass ich sie bat, den Bogen an euch zu schicken. Dass ich nun wieder auf die steinigen Verlegerwege muss mit dem ✡, wurmt mich. Am liebsten druckte ich selbst, und liesse nachher von Weismantel Scheinadoption vornehmen. Sonntag bin ich in Frkft., Montag bei einer Sitzung des dortigen Akademie-komites (hoffentlich) dabei; vielleicht bringe ich einen kurzen Plan mit für das „Frankfurter Hochstift der deutschen Juden" - ein schöner Name für den Verl., den Strauss und ich gemeinsam ausgeheckt haben.

Dein Franz.

An Margrit Rosenstock am 6. Februar 1920

6.II.20.

Liebes Gritli, du schreibst mir ja genau so ein kurzes mü-müde-Briefchen, wie ich dir gestern Abend. Und beinahe bin ichs heute genau so. Von Rudi hörte ich heute am Telefon, dass Eugen in Leipzig ist. Das ist sicher gut, besser jedenfalls als wenn ers verschöbe. Und er muss wenigstens auch alles getan haben, was er tun konnte. Gehts dann nicht, so hat er sich wenigstens keine Vorwürfe zu machen. - So nehme ich jetzt etwas auch meine Frankfurter Reise. Ich glaube nicht mehr recht daran. Denn die Frankfurter, die mich nicht kennen, sind ja genau die gleichen Leute wie die Berliner Akademiemenschen und haben gegen die nur einzuwenden, dass sie in Berlin, nicht in Frankfurt sind. Es giebt kein lokalpatriotischeres Judentum als das Frankfurter. Weil es ausser dem Wiener überhaupt keinen lokalpatriotischeren Deutschen giebt als den Frankfurter.

A propos Deutschland - so wird man an seine Existenz ja wieder mal erinnert. Wie immer jetzt, in der Form, dass einem seine Nichtexistenz („im Eigensinn" wie Morgenstern sagt) zu Gemüte geführt wird. Sehr ergreifen tuts mich aber nicht. Ich leide viel mehr unter dem Zustand der Edithferne (meiner, nicht etwa ihrer) als unter allem was die Zeitung bringt. Der Tag verstreicht und es giebt wohl ganze Stunden, wo ich sie überhaupt vergesse. Während du mich doch keinen Augenblick verlässest. Es ist wohl sehr nötig, dass wir heiraten. Aber was es für eine Tollheit (bürgerlich gesprochen) war, sie an mich, mich an sie zu binden, wirklich ein „Ward je in solcher Laun"[1] - das spüre ich sehr in diesen Tagen wieder. Ich soll es wohl nicht vergessen. Wie ichs dir von Berlin aus schrieb: ich soll wohl die Liebe an ihr lernen.[2] Dich zu lieben, das war leicht „und ist nicht erst zu lernen".³ Bei dir musste ich wohl nur das „Lassen" lernen. Aber bei ihr - trotz Rilke - das „Halten". Hilf mir ohn Unterlass. Dein Franz

¹ Shakespeare, Richard III., I, 2: „Ward je in dieser Laun' ein Weib gefreit? / Ward je in dieser Laun' ein Weib gewonnen? / Ich will sie haben, doch nicht lang behalten."
² Dazu der Brief an Margrit Rosenstock vom 31. Januar 1920, S.544.
³ Rainer Maria Rilke, Requiem. Für eine Freundin: „Denn das ist Schuld, wenn irgendeines Schuld ist: / die Freiheit eines Lieben nicht vermehren / um alle Freiheit, die man in sich aufbringt./ Wir haben, wo wir lieben, ja nur dies: / einander lassen; denn dass wir uns halten, / das fällt uns leicht und ist nicht erst zu lernen."

An Margrit Rosenstock am 7. Februar 1920

7.II.20.

Liebes Gritli, im Zug nach Frankfurt, und ziemlich ohne Hoffnungen - ich weiss nicht warum. Das einzige was ich mit Sicherheit zu finden hoffe, sind - Briefe. Von Berlin ist mir keiner mehr nachgeschickt, (hattest du am Montag noch geschrieben?). Ich habe ganz viel gehegelt, Oldenbourg druckt schon am 2. Band. - Trudchen war da, vorhin. Denk, sie erwartet wieder ein Kind, - d.h. es ist noch lange hin, bis in den Spätsommer. Ich hatte ihr nie geschrieben, im Erzählen stand dann alles wieder sehr deutlich vor mir auf. Das „ward je in solcher Laun" bleibt ja unverändert bestehn, und alle Hoffnung steht darauf, dass das nichts ist was wächst, und das andre wächst.
Eine alte Liebe von mir ist gestorben, Liesel Wertheim, Grippe. Sie war 27 alt, unverlobt, hatte sich in ein brav talentiertes Künstlertum geflüchtet. Vor 7 Jahren hätte es einmal beinahe zwischen uns etwas gegeben. Seitdem (und infolgedessen) hatten wir uns nicht mehr wiedergesehn, bis jetzt Weihnachten, wo sie mir zu dem Billet nach Kassel verhalf, da sah ich sie plötzlich drei Mal. So geht es mir nah, näher jedenfalls als es mir sonst gegangen wäre. - Dass ich mich damals, Anfang 13, nicht mit ihr verlobte, hatte ja seine guten Gründe: mit ihr hätte ich kein 1913 erlebt. Vor gewissen Erlebnissen ist man als Verheirateter eben doch sicher. Oder sie sind so stark, dass die Ehe dabei zerbricht. Bei „die Ehe" fällt mir ein, dass Rudi heut am Telefon wieder über „so theoretische" Briefe von dir klagte. Gib ihm doch wirklich etwas Ruhe. Er ist verändert, glaub mir, ich habe ihn ja gesehn.
Strauss hat mich doch wieder nicht eingeladen! Ich wohne im Viktoria, ziehe vielleicht (aber unwahrscheinlich) zu Hedi und versöhne sie auf diese Weise. Die Vorlesung am 25. ist ja das einzige sichere Datum in näherer Zeit. Ich will versuchen, Edith vorher von ihren Eltern loszueisen, das wird freilich schwer werden, denn da sie von Freitag Nachmittag bis Sonnabend Abend und die Bahn am Sonntag nicht fährt, so müsste ich sie schon eine volle Woche vorher freikriegen, etwa so, dass wir am Mittwoch Abend nach Leipzig fahren und am Donnerstag Abend sie nach Stuttgart ich nach Frankfurt. Aber ich muss ja erst sehn, was dort wird. Am Montag werde ich ~~III~~ ✡II zu Rütten und Löning bringen und ✡III zu Kaufmann. Das Ende wird ja doch Selbstverlag, und dann kann ja proforma vorn Moriah draufstehn oder auch nicht, (denn Strauss ist für Moriah nun doch verloren, nachdem ich ihm gesagt habe, wie es jetzt steht - und nachdem Weismantel ihm gegenüber eine seiner grossen Dummheiten gemacht hat; er hat ihn, statt sich mit ihm zu verabreden oder ihn aufzusuchen, durch eine dritte Person, wahrscheinlich die Sekretaise im Volkswartbund,¹ zu sich bestellen lassen, telefonisch! Strauss hätte übrigens sowieso zu der von W. angesetz-

548

ten Stunde nicht gekonnt). Die politische Unsicherheit (ich bin zwar ganz optimistisch, und glaube dass wir mit Besetzung Essens und einem Haager Gerichtshof davonkommen werden)² aber für jetzt wird sie jedenfalls die Verleger auch nicht grade besonders ✡ensüchtig machen. Überhaupt - die ✡e die begehrt man nicht.³
...

[1] Unsichere Lesart: *[handschriftlich]*

[2] Am 10. Januar 1920 trat der Versailler Vertrag offiziell in Kraft. Teile Deutschlands wurden abgetrennt, das Rheinland etwa wurde von den Alliierten gemeinsam verwaltet. Zu Beginn des Jahres 1920 nahm außerdem im Rahmen der Neuordnung Europas nach dem ersten Weltkrieg in Genf der neu gegründete Völkerbund seine Tätigkeit auf, zu dessen Institutionen der Haager Ständige Internationale Gerichtshof gehörte.

[3] Goethe, Trost in Tränen: „Die Sterne, die begehrt man nicht, / man freut sich ihrer Pracht, / und mit Entzücken blickt man auf / in jeder heitern Nacht."

An Margrit Rosenstock am 8. Februar 1920

8.II.20.

Liebes Gritli, gestern Nacht war noch nichts von dir da. Aber heut früh, ehe ich zu Strauss ging, zwei Briefe und dazu einer von Rudi von gestern, schon nachdem er an dich geschrieben hatte. Ich bin tief erschrocken, obwohl ich doch deutlich wieder Rudis gewaltsame Phantasie am Werke spürte. Ich fühle einfach, wie sehr ich dich brauche, einfach brauche, du bist ja jetzt mit deinem Leibe die Brücke über den Abgrund, über dem zu wohnen mir Gebot (und gewiss auch Verheissung) geworden ist. Edith ist ja aus eigner Kraft keinen Augenblick „bei mir", ich betreffe mich ständig darauf, dass ich sie vergessen habe, so wie ich mich ständig darauf betreffe, dass ich an dich „denke". Das ist so, es wäre sinnlos wollte ich es leugnen. Wie ich erschrak, hielt Edith nicht mein Herz; es zitterte bei dem Gedanken, einsam sein zu müssen, so als ob es wirklich - einsam wäre. Also ist es einsam, von Edith her.
Ich zittere bei dem Gedanken, dass du die Augen abwendetest und mir auch nur eine Weile lang das Leichentuch über den Kopf zögest. Ich könnte eben die Kraftlosigkeit (und ich habe keine eigene Kraft mehr!) jetzt weniger ertragen als je; da hilft mir kein Ring, der mich und sie umschliesst, ich habe es heute Vormittag gespürt bis an die äussersten Grenzen der Ketzerei. Es giebt gar nichts, wenn du dich abwendest.
..... Du liebst immer und nur im Superlativ. Damit es da keinen Mantsch giebt und keine Leichen, bleibt nichts als: es müssen vielerlei Superlative sein, ein gegliedertes Leben. Gegliedert, das heisst: jede neue Liebe erschafft auch ein neues Leben zwischen denen, die du liebst. Rangordnung - das wäre gar nichts. Liebeskommunismus (geliebte Drei, Vier, Fünf u.s.w.) auch gar nichts. Aber zwischen uns ist ja so etwas entstanden wie ein Reich der Liebe. Im Reich Gottes giebt es auch keine Näheren, sondern nur Nächste. Die Ausdehnung dieses Reichs ist eine Kraftfrage, deine Kraftfrage. Du selbst hast einmal gezittert vor dem Gedanken. Aber dein Zittern gilt nicht; Gott kümmert sich nicht darum; vielleicht zerbricht er dich freilich, oder einen von uns. ...
...
In Frankfurt trolle ich nun so rum. Ich kann nicht sehr ernsthaft an das denken, um wessentwillen ich hier bin. Strauss will alles durch „Diplomatie" machen. Zu Nobel will ich jetzt. Aber mein Kopf ist ganz wo anders.
Fragst du, wo? Dein, Dein, noch wenn er zerbricht Dein.

An Margrit Rosenstock am 8. Februar 1920

8.II.20.

..... Du schreibst Rudi über mich „....¹ solange er nur will". Ach Geliebte, wollen - ich muss wohl wollen, ich bin ganz fadenscheinig wenn ich nicht mehr wollte. Solange ich mit dieser geliehenen Kraft nicht ein zweites Leben mit trug, solange konnte ich mir wohl noch einreden, es gäbe eine Grenze auch für deine Macht über mich, wie für alle Menschenmacht. Jetzt weiss ich von keiner Grenze mehr, und will ich noch an die Macht über allen Mächten glauben, so muss ich wohl glauben, dass er dir diese Macht über mich gegeben hat. Das war mir bisher ein Vielleicht. Jetzt muss ich es glauben, wohl oder übel. Erst wenn man glauben muss, glaubt man. Du musstest es schon immer. Wohl um Eugens willen. Man muss immer erst, wenn man nicht mehr allein in etwas ist. Solange man allein in etwas ist, solange kann man darin „wählen". Zu zweien hört das Wählen auf und das Müssen fängt an. Ich bin nun zu zweien unter der Allmacht deiner Liebe; so muss ich nun glauben, dass es wirkliche Allmacht, Macht aus dem Brunnen aller Macht ist.

Halt fest, du über alles Geliebte
— Dein

¹ Auslassung von Rosenzweig.

An Margrit Rosenstock am 11. Februar 1920

11.II.20.

..... Für mich ist ja der 6. I.¹ überhaupt kein Datum. Ich habe nichts was vorher nicht war und nachher war, ausser Edith selbst. „Scheiden" sollte - der 6. I. doch „nichts". Die Schutzengel waren mir ein Siegel auf unser aller Zusammengehörigkeit, es hatte keiner ein privates Verfügungsrecht darüber. Dass sich der Kreis ihrer Leser erweitern würde, war mir immer notwendig geschienen, ich habe es immer gehofft. Aber eben wirklich der Kreis musste sich erweitern. Erweitern, nicht zerstört werden. Diesen Kreis hast du einfach zerstört.² Es bläst ein kalter Lufthauch hinein. Hättest dus vorher gesagt, dass du eine Tür aufmachen müsstest, so hätte ich mich wohl darauf vorbereitet; so geschah es plötzlich und nun bin ich erkältet und habe das Reissen. Gewiss der „Kreis" hat mir nie das bedeutet was er Rudi bedeutet. Ich habe immer die einzelnen Verhältnisse für wirklicher genommen als den Kreis. So stört er meine Liebe zu dir nicht. Aber das bischen Vertrauen, das wusste, hier würde einer nicht ohne den andern handeln, das ist dahin. Es hat keinen Zweck wenn ich mir das verheimliche. Ich habe das Gefühl, ich müsste „vorsichtig" sein!!! Ich kann diese ganze Geschichte ⌈⌈auch⌉⌉ Edith nicht erzählen. Auch das spüre ich ganz deutlich. Ich kann ihr meine Nächsten zumuten. Aber nicht Herrn X und Frau Y. Das muss sie verstören. Denk doch bitte einmal, wie ungewöhnlich an sich diese unsre „Öffentlichkeit" der geheimsten Beziehungen ist. So etwas ist nur möglich, wenn man die Gewissheit hat, dass Offenheit, mit der ich mein Inneres (und damit auch Ediths Inneres) vor dir hinbreite, nicht weiter geht als bis zu denen mit denen du ⌈⌈und⌉⌉ ich gleichzeitig verbunden sind. Vor Eugen, Rudi, Helene habe ich keine Scham und wage es drum, auch Ediths doch natürlich vorhandenes Schamgefühl zu ~~ver~~ überwinden. Wo aber einer von uns seine Hände aus diesem Kreis herausstreckt (wie wirs alle müssen und sollen), da muss er das Gesetz der Diskretion, das innerhalb des Kreises aufgehoben ist, heilighalten, solange bis eben der ihm Nahe, doch den andern noch Ferne, wirklich allen

550

nah geworden ist. Dagegen hast du dich vergangen. Es ist ganz unrecht, wenn du wie dus vorhin gern getan hättest, dich in eine Wolke von Trotz und Tränen hüllst und ~~dir~~ wie ein verzogenes Kind auf dein unveräusserliches Gritlirecht des Nurgradausgehens pochst. Dies Gritlirecht hat eine Grenze, eben jene (ich merke sie selber erst heute, natürlich! wo sie verletzt wird). Die Grenze hast du überschritten. Das musst du einsehn, darfst nicht trotzig sein und musst es mir sagen. Das ist ja das einzige was man tun kann, wenn man einem Unrecht getan hat. Ein „Zurück" steht nicht in unsrer Macht. Ein „Wiedergutmachen" — es ist an dir, aber in deiner Macht steht es nicht, wir können nur bitten, dass der Riss wieder geheilt wird; Mittel und Wege dafür wissen wir selber nicht.

Ich habe wohl noch nie so zu dir gesprochen. Du hast mir auch wohl noch nie Unrecht getan. Ich dir schon sehr oft. Aber ich glaube, ich habe mich dann auch noch nie besonnen, es dir zu sagen; mehr braucht es nicht; und so ist noch keines der vielen Unrechte die ich dir getan habe jemals zwischen uns getreten (ich meine nicht zwischen unsre Liebe, die „trägt alles"[3], aber zwischen unser Vertrauen; denn Vertrauen ist ein empfindliches Ding, trägt nicht „alles"; und dein Vertrauen, dein Mir-alles-sagen-können hätte ich schon manchmal zerschlagen, wenn ich nicht immer bald hinterher meinen Trotz kleingekriegt hätte und dir gesagt hätte, dass ich dir Unrecht getan hatte. Dann kann man wieder weiterleben. Und dann wird es auch nicht mehr auf mir lasten. Und dann, (wenn es gar nicht mehr in mir lebendig ist) brauch ichs ja Edith auch nicht mehr zu sagen, denn mit „alten Sachen" handle ich nicht. - Liebes Gritli, hilf mir dazu, es braucht nicht viele Worte, die habe ich ja eben gemacht, es braucht nur eins, ein kleines, ganz einfach.

Grüss Rudi und Helene.   Dein Franz.

[1] Rosenzweigs Verlobungstag.
[2] Wahrscheinlich hatte Margrit Rosenstock Rudolf Ehrenbergs „Schutzengel" den Pichts gezeigt, die Rosenzweig nicht sehr schätzte.
[3] 1. Korinther 13,7.

An Margrit Rosenstock am 12. Februar 1920

12.II.20.
...
Gritli, es ist ja keine „scheinbare" Nähe, morgen kommt ein Brief von dir und giebt mir wieder, soviel du mir wieder geben kannst, und vor allem auch die Gewissheit, das Vertrauen, ohne das man nun einmal nicht so leben kann wie wir leben; das Vergangene ist geschehn, aber ich darf nicht jeden Augenblick fürchten müssen, es könnte ähnliches für die Zukunft wieder geschehen. Um die Schutzengel handelt es sich ja dabei nicht mehr, die sind profaniert und prostituiert, sie müssen jetzt wirklich, mit 4 „objektiven" Personenbezeichnungen gedruckt werden; auf die Weise wird am ehesten alles wieder ins Gleiche gerückt, es ist dann eben ein Werk und man wird es lesen, wie Siebeck es gelesen hat: jeder wird sich selber darin sehen, und ich werde nicht mehr das Gefühl haben, dass meine oder dass Ediths Nacktheit entblösst ist vor Fremden. (Auch Helene hat es ja für sich, mit Recht, so empfunden). Also um die Schutzengel geht es nicht mehr. Aber um irgend sonst was, ich weiss nicht was. Wir müssen nur wissen, dass wir nicht einer allein handeln dürfen in dem was uns allen

und nur uns allen gehört. Sonst ist unser „Kommunismus", der kein „Liebes-Kommunismus" ist, aber ein „Lebens-Kommunismus", jedem von uns unmöglich gemacht.
.....

An Margrit Rosenstock am 13. Februar 1920
....
                                   13.II.20.
Und bitte nun „ruf Rudi": Ich habe das Gleichnis von den 3 Söhnen gelesen. Das ist ja die „Heimkehr des Ketzers"!!![1] Das hätte er an den Schluss schreiben müssen. Das ist Hans, der dritte Sohn, der die Kirche (die sich aus dem Volksleben zurück in den Schoss des „religiösen Erlebnisses" geflüchtet hat) erschlägt und den Sozialismus (der sich an das Volksleben verloren hat) wieder lebendig gemacht.
Mit Rudi ist es jetzt ein ganz andres Leben, als es zuletzt war. Ein bischen zerbrechlich noch immer. Aber die Scheu, zu ihm zu sprechen, ist weg. Er lebt.
Von gestern - Ritter,[2] und Prager - wird er dir erzählen.
Weisst du, vorgestern am Telefon, etwas war es doch auch der Telefonschreck, dies Zirpen zu dem da die geliebte Stimme wird - auch Hermann Cohens Stimme habe ich das letzte Mal im Leben ja so gehört.
Ich bringe den Brief noch zur Bahn.
        Geliebte, über alles Geliebte ——— Dein.

[1] Hans Ehrenberg, Die Heimkehr des Ketzers. Eine Wegweisung, 1920.
[2] Gerhard Ritter, 1888-1967, Historiker.

An Margrit Rosenstock am 13. Februar 1920
                                   13.II.20.
... Sieh, Kassel und Göttingen sind gar nicht so nah! - Aber denk - und „sags Rudi" - von Hans eben eine Karte: „Moriah gesichert. Weismantel bittet, es dir mitzuteilen". Zu spät! (wenigstens hoffentlich). Und Lamm, bei dem Edith etwas zu besorgen hatte, „profezeit mir eine grosse Zukunft". Nun kommen also die Verleger in Scharen. Es scheint wie mit dem Unglück: eines kommt nie allein. Vorher sind sie wie die Schutzleute: wenn man einen braucht, ist sicher keiner da.
Ich bin bei Pragers heut Abend. Eben hatte ich Schafft da und habe ihm „die Meinung gesagt". Er war sehr zugänglich und lehnte Identifikation mit Ritter ab. Es war sehr komisch: ich hatte ihn heut Morgen angerufen, einfach um meinen Ärger zu entladen; ich traf ihn nicht. Dann rief er, ohne von meinem Anruf zu wissen, mich an, um sein schlechtes Gewissen zu entlasten. Da verabredeten wir uns auf den Nachmittag.
                                   Dein Franz.

An Margrit Rosenstock am 14. Februar 1920
                                   14.II.20
Geliebte, ich bin so froh, es ist ja so wie ich dir eben telegrafierte.[1] Nämlich es ist doch so wie wirs als Kinder sagten; wir können ja überhaupt als Erwachsene nichts andres, als zu Gott und untereinander wieder so sprechen lernen wie wirs als Kinder taten.
„Ich wills nicht wiedertun" ist wirklich der Boden, auf dem das Vertrauen neu gebaut wird, das weisse Blatt, nach dem du verlangst. Ich wills, nicht ich werds - wie könnt ich das von dir erbitten, du kannst und sollst und brauchst nicht zu wissen, ob es dir

nicht wieder einmal passieren wird, [[denn es ist dir ja aus dem Besten was in dir ist passiert]], nur wollen kannst und sollst und darfst du, dass es nicht wieder geschieht. Das ist das weisse Blatt, lass es uns beschreiben .....

[1] Wortlaut des Telegramms an Margrit Rosenstock bei Rudolf Ehrenberg in Göttingen: „Geliebte es ist alles wieder gut".

An Margrit Rosenstock am 17. Februar 1920

17.II.20.

Liebes Gritli, du warst nun hier - und Sehen ist doch immer etwas. Du hattest eben noch nicht gesehen, und so hattest du das Nicht, das viele Nicht - mag sein: Nochnicht- leichter nehmen können als ich. ... Mir ist's lieber so, dass du das nun selber genau so fühlst wie ich, und dass du die ~~gl~~ Gefahr spürst, die nun über mir hängt und der von Ediths Seite nichts aber auch nichts entgegenwirkt: die Gefahr, an der Seite eines mehr oder weniger gracious silence[1] zu vermännern. In ihrem Beisein zu sprechen - nun: nicht als ob sie nicht dabei wäre, sondern mit dem deutlichen Gefühl: sie ist dabei und es fällt doch alles an ihr aussen herunter. Denn es ist fast am schlimmsten wenn sie mir sekundiert. Das tut sie bisweilen. Ganz richtig, denn sie ist ja gar nicht dumm, aber — nun eben wirklich ohne selber dabei zu sein; sie ist in solchen Augenblicken wohl bei mir, aber nicht sie selber, nur ihr Sekundantenschläger fuchtelt einen Augenblick vor mir her. Das hast du nun alles gesehn, hast auch das andre gesehn, und verstehst wohl nun erst ganz die Angst, mir der ich in die Zukunft sehe. Denn die liegt wenig, sehr wenig in meiner Hand. Liebte ich sie stärker, mit einer selbstverständlichen Liebe — aber nein: ich will nicht Wenn sagen. Es liegt gar nichts in meiner Hand. Alles was ich tue, kann genau so gut die natürlichen Kraftquellen, die ihr doch fliessen (wenn sie auch nur für sie ausreichen, nicht für mich) abdämmen. Und doch muss ich um den Kraftüberschuss bitten, den ich für sie brauche und ohne den mir das Leben mit ihr unerträglich werden wird; ich fühl es ja täglich in den Augenblicken und Stunden, wo er aussetzt.

Ich kann dir jetzt nicht mehr sagen. Es ist ja alles auch nur, was du weisst, seit heute doch erst richtig weisst. Die Vergleiche der „erwachsenen Schwester" müssen dir ja doch versagen; es ist eben - natürlich - doch alles anders; wie sollte es nicht? Es hat jeder sein eigenes unvergleichliches Leben. Und es sind mir ja Hülfen gegeben, die ihren Dienst nicht versagen können. Und du bist mir gegeben. Ich danke wirklich Gott für dich - noch anders als Tante Helene für Rudi dankte. Oder schliesslich - was heisst hier „anders"? das ist auch ein falscher Hochmut. Man kann doch immer nur mit allem Lebendigen zusammen danken; man ist nicht allein.

Dein Franz.

[1] Engl.: freundliches Schweigen.

An Margrit Rosenstock wahrscheinlich am 18. Februar 1920

Liebes Gritli, Eugen schickt mir einen Brief von Weismantel, in dem nicht viel für mich drin steht, der ihn aber zu seinem Telegramm veranlasst hat. „Es ist doch anscheinend eine reife und gesicherte Lage jetzt geschaffen. Ich bin der festen Hoffnung, dass du trotz alles Vorangegangenen uns jetzt nicht im Stich lässest. Der Brief an Dich, durch den Wsm. dich freigab, war ja ~~unsre~~ wirklich nur als Anständigkeit von ihm gedacht, um dich vor Schaden zu bewahren. Komm wieder, Nöck![1] Es steckt eben doch ein zu gesunder Kern in dem Plan der Neubau Verlage. Selbst Weizsäcker sieht ein, dass er dort erscheinen müsste."

Ist ja alles gut und schön, aber gewiss war Wsm.s Brief damals (endlich einmal!) anständig. Aber auch anständige Handlungen haben unter Umständen Folgen und die müssen nun ihren Lauf haben. Ich habe heut Abend mit Strauss telefoniert und an Kauffmann geschrieben, um den Abschluss mit K. zu beschleunigen. Übrigens wenn Eugen Wsmtels komischen letzten Brief an mich kennte, den Edith mitbrachte, so würde er doch über die Gesundheit von Moriah anders urteilen; ich bin wirklich froh, dass ich nun wahrscheinlich mit heiler Haut heraus bin.

Er schreibt überhaupt so nett. Nur will er den ✿ in Pergament gebunden haben, weil er doch noch romantisch und Mittelalter sei; und denk, beim Durchblättern merke ich doch, dass in Einl. III und III 3 dennoch alles Wesentliche auch zum Thema „Ketzer" steht - nur eben allerdings selber nicht ketzerlich gesagt. Ist das nicht vielleicht grade gut? Es ist die Wahrheit über den Ketzer. Es grenzt ihn also auch ein, es reisst nicht alles um, was steht, es verketzert nicht um der Wirklichkeit des Ketzers willen alle noch sichtbaren Kirchen, es zeigt die ganze Wirklichkeit, die des Ketzers und die der Kirche. Von da aus lässt sich dann ganz lustig ketzern.

Es war ein toller Nachmittag heute. Ein Gespräch mit - Louis Oppenheim. Unter unmittelbarem Eingreifen der Hand von oben, die bald ihn vor mir, bald mich vor ihm in die Hölle schleuderte. Mit dem Endergebnis, dass er mir seinen Sohn anvertrauen wird! Ich muss es dir richtig erzählen, wie es ging. Es giebt eben gar keine Unterscheidungen vor dem Auge Gottes, und er lässt uns die Klingen im Gefecht vertauschen wie im Hamletschluss[2] — keiner kann gewiss sein, selber die reine zu führen und der andre die vergiftete. Damit wir lernen, immer wieder, dass seine Macht grösser ist als unsre Gewissheiten.

Der Brief muss noch fort. Gute, gute Nacht, du liebes — Dein Franz.

[1] Ein durch seinen Gesang betörender Wassergeist.   [2] Dazu Shakespeare, Hamlet, V,2.

An Margrit Rosenstock am 20. Februar 1920

20.II.20.

Liebes, liebes Gritli, morgen kommt ihr also. Es ist nicht leicht hier. Das Zusammensein mit Mutter, die alles weiss und nichts begreift, macht alles schwerer. Ich ertrage die Mitleidsgesten nicht, mit denen sie Edith umgiebt, genau wie mich auf die Dauer doch auch ihre ständigen Bitten, doch die „Partie" „zurückgehen" zu lassen, nervös machen; sie spricht wirklich als ob ich mir Edith „ausgesucht" hätte, und warnt mich vor allem wovor ich gewiss mich fürchte, aber sie warnt mich so erbarmungs- und trostlos, dass es kaum zum Aushalten ist.   Im übrigen möchte sie, dass ich mich einmal von einem Irrenarzt beobachten lasse, weil meine Handlungsweise normal nicht zu erklären ist. Ich bin auch grob geworden und habe ihr gesagt, meine Liebe zu Edith sei immerhin so gross wie die von Vater zu ihr oder von ihr zu Vater, und nur gegen Ediths Liebe zu mir gehalten sei sie so dürftig und so jammervoll klein, wie ichs empfände.

Dass ich mich dann gegen sie auch zu hysterischen Worten hinreissen lasse, in denen ich die Dinge nicht aussage, sondern verzerre - weil sie ja eben das Verzerrte hören will, denn nur verzerrt „begreift" sies -, kannst du dir auch denken. So wie ichs dir oder Trudchen sage oder auch Edith selbst, so kann ichs ihr nun eben nicht sagen. Ich versuche es ja immer wieder; aber sie will nur entweder den seligen Bräutigam oder die zurückgegangene Partie — und da ich von beidem gleich unendlichweit entfernt bin, so kann sie eben nichts rein aufnehmen, was ich ihr sage. Es wäre richtiger gewesen, gegen sie stumm zu sein und die Tatsachen sprechen zu lassen, mit denen sie ja einverstanden sein kann.

Vorhin als ich sehr kaput war - ich bins noch - schlug ich die Predigten[1] auf und las das ganz vergessene Axtgleichnis, mit dem die Ostersonntagpredigt beginnt. Geht das nicht auf mich? Wir müssen fort. Und ihr kommt ja morgen. Nimm sie mit nach Stuttgart, es ist ja wichtiger als alles andre. Ich kann es nicht allein tragen.
Dein Franz.

Und denk doch, diese Nacht konnte ich nicht schlafen, stundenlang, vor hellen und frohen Gedanken an sie. Und dann des Morgens, als Mutter anfing, war alles wie weggeblasen. Wir müssen wohl zusammen sein; ich glaube so empfindet sie es selbst und deshalb hat sie Mut.

[1] Rudolf Ehrenberg, Ebr. 10,25. Ein Schicksal in Predigten, 1920.

An Margrit Rosenstock am 24. Februar 1920
24.II.20.

Liebes Gritli, das war also unser „zweiter Jahrestag", selbst bis auf die Stunde! Ich bin noch ganz verdutzt davon. Es war so viel gewollt und ungewollt Bedeutungsvolles - der Vortrag über den ✡, dein Auftauchen bei Nobel, der schwarze ✡ bei hellem Tag und à quatre,[1] endlich auf der Bahn die letzten Minuten mit dem ungewollten Auseinanderbrechen nach Männern und Frauen und dem gewollten Ver Auslassen der Abschiedsaugenblicke. Liebe, und dennoch kann ich an alle „Bedeutungsvolligkeiten" nicht glauben, noch nicht mal an die deines Einschlafens während ich auf deine Frage Eugen das mit Louis Oppenheim erzählte. Denn alle Kraft mit der ich in dies unser, ja unser, drittes Jahr hineingehe, stammt aus den Kräften die mir diese zwei Jahre gegeben haben, das fühl ich jeden Augenblick; wo die Kraft mich zu verlassen droht, am meisten.

Ich schreibe dir vom Bahnhof aus. Nachmittags waren wir etwas bei - Hedi. Denk, wir könnten bei ihnen drei Zimmer und Küche haben! Der Nachteil wäre nur, dass Hedi wahrscheinlich etwas viel Ediths Hülfe beanspruchen würde, wenn sie sie braucht. Vertragen würden wir uns ja schiedlich-unfriedlich. Die Kinder sind reizend, sie gefiel mir wieder gut. Aber sie leidet wieder an den Depressionen wie vor drei Jahren. In Straussens Vortrag war es so schön, dass mir leid tut, dass ihr ihn nicht gehört habt. So wirklich gut. Sprachlich ganz lebendig, klar, eigen, richtig und ohne alle Schwierigkeit für die Hörer. Viel besser als der Kassler Vortrag.

Morgen früh nun der Besuch bei Mayer.[2] Besser wäre das alles nach meiner Vorlesung. Bei Borns[3] war es sehr merkwürdig. Er klagte über seine ihm von Rudi (aus sehr schlechten, nämlich Familieneitelkeits-Gründen) abgezwungene Taufe!

Gute Nacht, ich bin müde. Der Tag hat mich verwirrt, wie eigentlich jetzt alle Tage. Die Angst vor dem Vermännern verlässt mich nie. Eigentlich ist ja auch dieses „gute

Verhandeln" mit Kauffmann ein rechtes Männerstück, - so auf die Melodie „Heinrich, wieviel hast du heute umgebracht". Oh weh.
Du willst das alles nicht hören. Aber du musst schon. Dafür ist der 24. II.! Gute Nacht, du Liebe

Dein Franz.

[1] Franz.: zu Viert.
[2] Eugen Mayer, 1882-1967, Rabbinersohn und Jurist, nach dem ersten Weltkrieg Rechtsbeistand der jüdischen Gemeinde in Frankfurt.
[3] Max und Hedi Born. Max Born 1882-1970, Schwager von Rudolf Ehrenberg, Physiker, Einstein-Schüler und Nobelpreisträger, war damals Professor in Frankfurt.

An Margrit Rosenstock am 25. Februar 1920

25.II.20.

Liebes Gritli,   die Eroberung Frankfurts macht Fortschritte. Heut früh der Macher der j.[1] Volkshochschule, ein Dr. Maier,[2] Syndikus der j. Gemeinde. Ein sehr netter, einfacher Mensch, Jurist und doch gelöst, etwas wirklich Sympathisches. Mit dem gehe ich morgen zu einer Dame, der andern Macherin der V.h.sch. Ich fordere 8000 M, (nämlich die Hälfte des Existenzminimums!). Es giebt einen organisatorischen Posten; Maier hält ihn für nötig, ob die Frau auch, wird sich morgen zeigen. Die Frau (Dessauer) war leider nicht heut Abend in der Vorlesung. Leider überhaupt nur etwa 70 Menschen. Meine einleitenden Worte waren diesmal gradezu schlecht, besonders nach Straussens sehr schönen und herzlichen, mich zuletzt mit Du als Freund und Nächsten grüssenden. Aber dann war es ein grosser Erfolg. Der grösste: Frau Strauss, die mir vorher aufs Neue „aufgesagt" hatte, war umgeschmissen, sie war ganz klein und hässlich, und sagte es mir. Das hätte ich nie gedacht. Edith hatte sie beobachtet; sie sei anfangs ganz widerwillig gewesen, dann habe sie doch zuhören müssen und zuletzt hingerissen. Es sind nun viele, die mich haben wollen und ich glaube selbst daran. Maier nannte meine Forderung von 8000 M ein Minimum. Von ganz links kam Lazarus:[3] der Mann, den wir brauchen. Kurzum rechts und links will man mich. Mittags waren wir bei Borns. Im Notfall kriegen wir bei ihnen von Mitte April ab zwei schöne Zimmer und müssten uns dann weiter umsehn. Eine Wohnungsmöglichkeit tauchte heut Abend auch schon auf: Bertha Pappenheim[4] will ihren Haushalt vielleicht auf ein Mindestmass reduzieren.   Es war nett bei Hedi. Sie geriet allerdings wieder in einen maxfernen, rudinäheren Zustand, und das bedeutet ja bei ihr Krankheit. Auf ihrem Nachttisch lag eine Bibel und in einem Gespräch zwischen mir und Max hatte ich das Gefühl, sie stünde bei mir.
Von Bildung u. kein Ende[5] war die Erstkorrektur da. Der Titel macht sich grossartig. Überhaupt wird das wohl ein Schlager.
So ein Tag fliegt nun leicht dahin, und Edith fliegt so mit, - getragen. Da habe ich kaum viel Zeit, nach ihr zu sehen, und weiss viel, ob sie „dabei" ist oder nicht! sie ist ja doch eben an mich gebunden und so ich an sie. Ist das nicht schliesslich doch gewichtiger als alle „Gefühle"? Rudi übersetzt, in einem merkwürdigen Brief heute, credo quia absurdum[6] mit: ich muss, denn ich kann nicht!!!
Schlaf wohl, liebe Seele -

Dein Franz.

Auch Straussens Schlussworte waren ganz herrlich, weich und gelöst.

¹ Jüdisch.   ² Gemeint ist Eugen Mayer.   ³ Arnold Lazarus,1877-1932, liberaler Rabbiner in Frankfurt.
⁴ Bertha Pappenheim, 1859-1936, Sozialarbeiterin und Frauenrechtlerin, Begründerin des Jüdischen Frauenbundes und Leiterin eines Heims für gefährdete jüdische Mädchen in Frankfurt-Neuisenburg. 1917 baute sie die „Zentralwohlfahrtsstelle der deutschen Juden" auf, 1914-24 war sie Vorstandsmitglied des „Bundes Deutscher Frauenvereine". Als „Anna O." ging sie in die Geschichte der Psychoanalyse ein: als junge Frau war sie Patientin von Josef Breuer, der - gemeinsam mit Sigmund Freud - 1885 „Studien über Hysterie" veröffentlichte und ihre erfolgreiche Behandlung als Keimzelle der Psychoanalyse bezeichnete.
⁵ Abgedruckt in Zweistromland S.491-503.
⁶ Lat.: Ich glaube, weil es absurd ist. Der Spruch wird meist auf Tertullian (De carne Christi 5) zurückgeführt, bei dem er sich in dieser Form aber nicht findet.

An Margrit Rosenstock am 1. März 1920

1.III.20

..... Ich muss S Edith immer anlachen, und nun strahlt es aus ihr wieder; nicht als ein starkes Strahlen, nein, aber ein Wiederstrahlen und eine einzige frohe Gewissheit.
Heut Nachmittag Jacobus.¹ Er ist wohl der Mann für Kassel. Ein bischen sehr rechts, trotzdem er von der Lehranstalt, nicht vom Seminar herkommt. Und natürlich nicht „mein" Mann, noch nicht einmal in dem Sinne, wie Eugen Mayer es ist. Aber sehr anständig, klug, bescheiden (trotz der kolossalen Heftigkeit jener Attacke, die er auf der Rabbinerversammlung von 1916 gegen die Alten ritt und durch die er mir zuerst aufgefallen war) und mit einem grossen Werk beschäftigt, von dem der erste Band, über das mosaische Gesetz, jetzt fertig ist (die künftigen behandeln seine Fortentwicklung). Ich will ihn hier nochmal sehen und dann in Kassel versuchen, was sich tun lässt.
Heut früh haben wir Stoff für das Brautkleid gekauft.
Mein Schwiegervater behauptet, es gäbe einen grossen Preissturz, das Barometer „altes Eisen" sinke schon.
Von der Broschüre² ist die Revision da. Und von Oldenbourg auch; er scheint beide Bände gleichzeitig machen zu wollen. Gute Nacht.

Dein Franz.

¹ Vielleicht Adolf Jacobus, 1883-1973, Rabbiner in Magdeburg.
² „Bildung und kein Ende", abgedruckt in Zweistromland S.491-503.

An Margrit Rosenstock am 2. März 1920

2.III.20

..... zu Picht habe ich keine Zeit; die Broschüre hat für ihn kein Interesse, zwischen der deutschen und der jüdischen V.hochschule besteht nur die eine Gemeinschaft des (für die jüdische unzutreffenden) Namens.   Heute früh erst wieder ein paar Stunden Jacobus, dann Rabbiner Liebermann, der uns trauen soll.¹ Nachmittags Besorgungen, Umsehen nach Pension für Mutter und euch (wir haben etwas sehr schönes gefunden: am Gendarmenmarkt), Badt. Dazu ständige Kämpfe mit den Schwiegereltern über die Details der Hochzeit. Kurzum es ist so aufreibend wie möglich, sodass ich auch meinen Nerven eine so schwierige und ungemütliche Bekanntschaftsmacherei, wie es die mit Picht notwendig werden muss, jetzt nicht zumuten will. Und endlich bleibt es dabei: den ersten Schritt muss <u>er</u> tun, nicht ich. Auch ist jetzt ja alles noch erschwert dadurch, dass ich ihn hier nur mit seiner Frau sehen könnte, wo ich mich also <u>noch</u> mehr zurückhalten müsste, als schon ihm allein gegenüber.

Morgen Vormittag wird wieder draufgehn auf Wege für Beschaffung des Traulokals, der Nachmittag ist auch schon besetzt und so geht es weiter bis Sonntag. Dazu Korrekturen.

Liebermann ist Ediths Lehrer gewesen in den letzten Jahren. Er soll sehr gut sprechen, ist reichlich orthodox und mir sehr fremd, aber nicht unsympathisch. Er wird uns ohne Ornat trauen; das war das Netteste, wie er selber davon anfing. Natürlich müssen wir das den Schwiegereltern verheimlichen, die sonst aus der Haut fahren würden. Es ist ihm Herzenssache, Edith zu trauen; er hat übrigens alle Amtsfunktionen aufgegeben.

Ich bin müde von dem Tag, beinahe schriebe ich da besser nicht. Ob ich morgen ein Wort von dir habe? Eugens Brief an Edith kam heut früh.

Dabei trägt mich eigentlich mein jüngstes Glück mit Edith fast schlafend durch diese Tage, ich bin eben doch einfach froh. Heut merkte ich, es sind erst 8 Wochen. Wieviele Abschnitte haben aber diese 8 Wochen schon gehabt, es ist wie eine ganz lange Zeit, auch der jüngste Abschnitt seit dem Stuttgarter Tag kommt mir ja schon ganz lang vor.

Dein Franz

[1] Die Trauung nahm am Ende des Monats dann allerdings nicht Liebermann, sondern Rabbiner Warschauer vor. Dazu Briefe und Tagebücher S.673f.

An Margrit Rosenstock am 3. März 1920

3.III.20

Liebe, wieder einer dieser leer-vollen und doch im Grunde glücklichen Tage. Eigentlich bin ich ja erst jetzt verlobt. Ich bin einfach froh, bei ihr zu sein, und in diesem Frohsinn versinkt vieles, was mich sonst verstörte.

Von dir auch heut kein Wort. Du schreibst doch nicht gar nach „C 2"? Zu erzählen ist wenig von so einem Tag. Besorgungen u.s.w. Für die Trauung haben wir jetzt einen sehr schönen Raum, wenn wir ihn kriegen. In einer Synagoge gehts nicht, weil wir einen orthodoxen Rabbiner haben und liberale (nämlich begleitete) Musik; in den orthodoxen Synagogen sind keine Orgeln.

Abends waren wir in der Synagoge, es ist der Abend, wo Esther verlesen wird.[1] Nachher bei Salomons,[2] es war wieder nett, die Eva doch sehr hübsch. Mit Badt trafen wir uns in der Synagoge. Er tobte vor Wut auf die Juden überhaupt und die Synagoge insbesondere und behauptete man müsse täglich dreimal hingehn, sonst hielte mans nicht aus; nur das könne einen immun dagegen machen; er sagte immer: zeig mir ein Gesicht. Ich konnte es natürlich nicht.

Ich empfinde es ja ganz anders, brauche keine „Gesichter", weiss ja auch nicht, ob ich selber eins habe. Sucht man freilich nach Gesichtern, so ist man aufgeschmissen, das geht mir auch immer so. Auf den Gesichtern ist der Name Gottes genau so unsichtbar wie — im Buch Esther, wo er ja auch nicht vorkommt. Und wo er doch vorkommt, und auf den Gesichtern auch! Und wer das Buch im rechten Ton zu lesen und die Gesichter mit dem rechten Blick anzusehen weiss, der macht ihn hier wie dort sichtbar. Gute Nacht, liebe Seele.

Dein.

[1] Aus Anlaß des Purim-Festes.
[2] Ernst Salomon, Onkel von Edith Hahn (Bruder der Mutter), und Eva Salomon, seine Tochter.

An Margrit Rosenstock am 4. März 1920

4.III.20.

Liebes, heut früh endlich ein Wort von dir. Wie sonderbar, dass du schon anfängst, unsre beiden Köpfe in einem Rahmen zu sehn. Mir ist das noch ganz unmöglich. Ich weiss die Zusammengehörigkeit nur, ich sehe sie noch nicht im mindesten, und wundere mich immer aufs neue, und ganz besonders eben wenn ich durch irgend einen Zufall uns zusammen in einem Spiegel sehe. Mir ist so aufgefallen in dieser Zeit wie man alle Verheirateten in Gedanken immer zu zweien sieht; mich sehe ich noch gar nicht zu zweien. Bei „Franz und Edith" kann ich mir noch nichts Rechtes denken. Auch das viele Alleinsein zu zweien, selbst das Zusammenreisen hat daran nichts geändert. In den Schaufensterspiegeln erstaune ich immer wieder, dass ja „Edith Hahn" da bei mir ist.

Der Tag einer von diesen Tagen: Besorgungen (ein Sommerhut!), Besuche, das Traulokal (etwas ganz famoses: das Lessinghaus, in der Brüderstr. schräg gegenüber; ein Museum mit einem kleinen Musiksaal für etwa 150 Menschen. Ganz Altberlin. Das Haus hat Nicolai[1] gehört! Prachtvolle Alte Treppen, Hof u.s.w. Schöner konnten wirs gar nicht finden. Dass es keine Synagoge ist, ist mir ja nur recht. Abends kleine Gesellschaft bei dem Arzt und Freund der Familie. Der ~~Rabbiner~~ „Prediger" der Reformgemeinde war da, ein fetter, roter, freundlicher Prälat, seine Stieftochter ist die Braut des Sohns, diese Stiefkinder sind alle etwas, aber zugleich ein schlagender Beweis für die vollkommene Nichtsigkeit des 10jährigen stiefväterlichen Einflusses. Es war von einem katholikgewordenen Sohn von Alexander-Katz die Rede. Die Tochter, obwohl sie nicht begriff, dass er grade Katholik geworden war, begriff doch vollkommen, dass ihm das liberale Judentum „nichts Positives" habe geben können. Es war aber überhaupt ein nettes Gespräch; die Braut ein Entweder-Oder von Hässlich und Schön (also für meine Begriffe ja schön). Edith sass wieder so stumm aufnehmend (und im Aufnehmen nichts gebend, wie es vorhandenere auch im blossen Aufnehmen tun) dabei - und doch müsste es eigentlich mit sonderbaren Dingen zugehen, wenn das alles nicht seine Spuren in sie graben sollte, eben weil sie ja schliesslich doch aufnimmt und froh ist, dass sie dabei ist. Es ist eben so: sie wird wohl schon dabei sein, man merkt es nur nicht. Man merkt überhaupt so wenig. Manchmal denke ich, sie hat alles, euch alle, vergessen oder es ist nie etwas bis an sie herangekommen, und ich möchte sie gradezu „erinnern", - aber das wage ich dann doch nicht, es wäre Gewalt. Und vielleicht irre ich mich auch. Oder vielleicht wächst es drinnen in ihr, und ich muss Geduld haben. Und das, das Geduldhaben, fällt mir ja jetzt nicht mehr schwer. Mir ist ja doch soviel wohler als mir vor 8 - nein selbst als mir vor einer Woche war ———

Denk übrigens: in dem kleinen Hut sieht sie wirklich etwas dotzig aus! Dass wir zueinander passen, merke ich übrigens nirgend so als beim - Kleideraussuchen. Oder eigentlich ja nur, dass ich sie verstehe. Verstehe? Warum wage ich eigentlich das richtige Wort nicht hinzuschreiben??

Dein Franz

---

[1] Friedrich Nicolai, 1733-1811, Schriftsteller und Verlagsbuchhändler, Freund von Lessing und Mendelssohn.

Edith Hahn an Margrit Rosenstock am 5. März 1920

B. d. 5.III.20.

Liebes Gritli, jeden Tag will ich Dir schreiben und komme nicht dazu; es drängt sich so vielerlei zusammen, und abends falle ich müde ins Bett. Ich bin so froh, so sehr froh, daß ich bei Euch in Stuttgart war, für mich und für Franz. Die Tage jetzt sind wunderschön trotz aller Unruhe und Hast, die diese letzten Wochen mit sich bringen. Ihr werdet in den nächsten Tagen die offizielle Hochzeitseinladung bekommen. Schreibt mir bitte recht bald, wann Ihr kommt, damit ich Zimmer rechtzeitig bestellen kann. Eugen herzlichen Dank für seinen Brief und viele Grüße. - Ich freue mich so auf Euch - noch drei Wochen!
Laß Dich umarmen von

Deiner Edith.

An Margrit Rosenstock am 6. März 1920

...
6.III.20.

Wir waren ⌈⌈Vor⌉⌉Mittags bei Warschauer, den ich nach Kräften über die j.Volkshochschule auspresste; ich weiss nun genug. Morgens rief ich Strauss an, der hier ist aber seine Zeit zu besetzt hat; er war bei Mayer, Mayer will über die „Finanzierung" mit den bisher Interessierten sprechen. Nach bald sieht es alles nicht aus, und ich rechne nun damit, dass wir wirklich den Sommer in Kassel sein müssen. Schade. Die hiesige V.h.sch. ist der Typus, wie es nicht gemacht werden darf. Warschauer war wieder reizend.   Nachher trafen wir Richard Gotthelft der hier ist. Er war bei Kauffmann gewesen, der einen riesigen Auftrag für sie hat (den die Kerls also mir verdanken!). Und er erzählte mir: Kauffmann will für den ✡ „wissenschaftliches Format" - also grosse engbedruckte Seiten, sodass das Buch 3-400 Seiten stark wird. Das ist doch scheusslich! Ich werde morgen an ihn schreiben und ihm klar zu machen suchen, dass das Buch eine gewisse Dicke braucht. Leider hatte ich im Vertrag nichts darüber ausgemacht. Wer denkt an sowas! Stell dir mal den ✡ vor gesetzt wie Pichts Buch (das übrigens auch noch mal so schön wäre, wenn nicht jede Seite doppelt belastet wäre) oder wie Barths Broschüre (die so gesetzt sein darf).
Abends waren wir im Deutschen Theater und sahen Zweigs Ritualmordstück.[1] Es wirkt z.T. (in den irdischen Szenen, ausser in den zu „frommen") doch sehr stark und Reinhard führte es so auf, wie ich es mir damals vor 4 Jahren auf dem Kala Tape von ihm vorstellte. Die Himmelsszenen sind auf dem Theater genau so papierern wie im Buch. Wir haben heut viel in der Zennerenne (dem „Weiberbuch")[2] gelesen, herrliche Sachen, eine nach der andern, eine ganze Reihe zufällig über Hansens „Einziges, was das Christentum neu zum Judentum hinzugefügt hat", den „Jubel über den bekehrten Sünder".[3]
Gute Nacht - wann werde ich mir wohl wieder angewöhnen, des Tags zu schreiben und nicht so müde wie jetzt immer! (Ich sitze im Zimmer des Sozius, da schlafe ich nämlich nachts).
Denk, „Papyrus Rex" ist von Max Krause, dem Schuft, nicht neu hergestellt! Kannst du wohl von diesem „Echt Deutsch" (Czechs Büttenblock) noch aufkaufen, was da ist? Papier ist jetzt so toll in die Höh geschnellt, dass vom 1. IV. ab bei den neuen Portos ein Brief zwischen 1 M und 1.50 M kostet! So pleite und so pleite ——

Dein Franz

[1] Arnold Zweig,1887-1968, Ritualmord in Ungarn (späterer Titel: Die Sendung Semaels). Im Jahre 1882 war es im Ort Tisza-Eszlar in Ungarn zu einer Blutbeschuldigung gekommen, nachdem man dort am 1. April die Christin Esther Solymossi tot aufgefunden hatte. Aufgrund einer lügnerischen Aussage des Knaben Moritz Scharf kam es zu einer Ritualmord-Anklage gegen Juden, die aber am 3. August 1883 wegen erwiesener Unschuld mit einem Freispruch endete. Zweig verarbeitete diese Vorkommnisse 1914 zu einem Theaterstück.

[2] Dazu der Brief an Margrit Rosenstock vom 23. Januar 1920, S.535f.

[3] Lukas 15,7.10.

Edith Hahn an Margrit Rosenstock am 8. März 1920

B. d. 8. III. 20.

Liebe, liebe Gritli,

zum ersten Mal komme ich an Deinem Geburtstag zu Dir, und mein Herz ist voller Wünsche für Dich. Dank, Liebe und Dank, nichts andres kann ich Dir sagen, und darin ist auch alles enthalten, was ich für Dich erhoffe. Eben habe ich Franz zur Bahn gebracht. Es waren so schöne Tage, und ich bin so heiter und hoffnungsfroh wie noch nie.
.....
Grüße Eugen sehr von mir.   Viel, viel Liebes von Deiner

Edith.

An Margrit Rosenstock am 8. März 1920

8.III.20.

Liebes Gritli, ich will den Brief noch zur Post bringen, damit du ihn sicher zum Geburtstag hast. Hab ich dir eigentlich schon mal zum Geburtstag geschrieben? vor zwei Jahren ja nicht, und voriges Jahr doch auch nicht. Und auch dieses Jahr kann ich dir nicht „zum Geburtstag" schreiben, denn dass du geboren bist, daran freue ich mich jeden Tag, ich müsste schon wirklich mit vom Geburtstagskuchen essen, um mich grade an dem einen Tag noch besonders und anders zu freuen. Und ich habe ja auch keine Wünsche für das Jahr. Ich habe mir die weitsichtigen Wünsche für dich ganz abgewöhnt. - Anfangs hatte ich ja noch welche, oder wenigstens einen; nun sind auch alle meine Wünsche für dich ganz kurzsichtig, ganz all-täglich, ganz von einem Tag auf den andern geworden, und wie ich jeden Tag für dich danke, so kann ich auch nur <u>jeden</u> Tag für dich bitten, nicht mehr um gute Jahre sondern nur immer um gute Tage, nein gute Stunden, gute Augenblicke. Du geliebtes Herz - hab einen guten Tag.
Auch unser Geschenk, das dir Edith heute abschickt, ist recht aus dem Tag gekommen; erst gestern bin ich auf das Buch geraten, Edith hat es schon lange und hatte mir davon erzählt, aber nicht recht; nun liess es mich gar nicht los; gestern Abend fiel es uns im gleichen Augenblick ein, es würde ein Geschenk für dich sein. Ich kenne eigentlich wenig, - und da nur lauter anerkannt Grosses - wo das Menschliche so wahr und echt ist und doch das Schicksal einer ganzen Welt sich unverkleinert und unverkleinlicht drin abspiegelt. Das Buch gehört einfach zu den ganz grossen Selbstbiografien. So erschütternd ist doch eben nur das Leben selbst; keine Legende kann da heran. Freilich wird es so nackt sichtbar auch nur in den Augenblicken, wo es aus den Fugen geht, der Tod ist hier wirklich der teure allzuteure Preis, der für das Leben gezahlt wird. Wo konnte sich diese Welt so spiegeln, als in einem Herzen, dem sie

gestorben war? Aber solche Herzen verbürgen dem Gestorbenen, das in ihnen begraben wird, doch auch die Auferstehung. Lies es und spür nicht bloss den Tod daraus, sondern auch die Auferstehung, deren Anheben noch die Alte selber (in ihrem zweiten Vorwort) vernommen hat. Und dann denk an uns - und auch an euch, denn sterben tut zwar jeder allein, aber die Auferstehung geschieht keinem oder allen. Also denk an uns beide, wir brauchen dich - und euch.   Es küsst dich   Dein Franz.

An Margrit Rosenstock am 10. März 1920   an deinem Geburtstag 1920

Liebes Gritli, es hätte gar nicht der furchtbaren (und augenblicklich, wo du schon so kaum schreibst, gar nicht so furchtbaren) Drohung bedurft, du würdest in der Proletarierkolonie keine Briefe mehr schreiben (ist doch auch gar nicht mehr nötig, denn Voraussetzung wäre ja das Zusammenleben), also es hätte gar nicht dieser Drohung bedurft, damit ich über Rudis Brief lachte. Ich las ihn nämlich zuerst, noch vor deinem.   Weisst du, ich kenne ihn ja länger und kenne auch diese Epoche bei ihm von früher. Das hat bei ihm gar nichts zu sagen, es sind nur die Geburtswehen eines neuen Gedichts. Während bei Eugen aus dem entsprechenden zwar nicht die Tat von der er spricht, aber eine andre Tat, und immerhin also eine Tat herauskommt.   Was du dazu schreibst, stimmt fast alles. Nur das noch: das Rudische daran ist, dass er sich die Tat, statt sie zu tun, sich zunächst mal dichtet; er „fordert auf", es müssen zunächst mal alle mittun, er baut sich eine ganze Bühne voller Personal auf, denkt sich auch noch den Zuschauerraum dazu, und dann Klingelzeichen und dann beginnt - nicht die Tat, sondern das Drama. Ich fühle mich von diesem Ruf zur Tat nicht im mindesten getroffen oder auch nur beunruhigt. Unser Nichttun ist uns viel näher, als Rudi sichs jetzt hinstellt. Es ist jedem sein eigenes Nichttun. Deshalb ist Hans nicht nur etwas besser als wir, sondern wirklich gut. Denn er tut seine eigene Tat, die in seinem Kreis und an seinem Ort ihm vor Händen liegende Tat, ganz und gar. Bei ihm fehlt gar nichts. Rudis Nichttun besteht in so etwas wie diesem Kassler Vortrag oder jetzt in seinen Göttinger Volks-Vorträgen, wo ihm die Leute, wohl mit Recht, davonlaufen, offenbar weil er den Professor nicht ausziehen kann, da wo er ihn ausziehen müsste. Es ist sehr billig, dieses Ausziehen des Professors von dem Heute wo es gefordert wird, auf ein Übermorgen, wo mans selbviert, dann aber auch „radikal" tun wird, verschiebt. - Was ist mein schlechtes Gewissen? (in diesem Punkte, dem „Nichttun")? nur dies: dass ich nicht Zionist werde. Das ist aber nicht etwa die Frage: soll ich nach Palästina oder hierbleiben. Die stelle ich mir gar nicht, würde sie mir auch nicht stellen, wenn ich Zionist würde; ich bliebe auf jeden Fall hier, bis ich von den „Christen" fortgejagt würde (hast du die Münchener Szenen in der Zeitung gelesen? und die Baden-Badener?). Sondern es ist einfach eine Frage meiner Wirkungsart hier in Deutschland; ob ich mich eingliedern soll in die starke bestehende Organisation und mich auf ihre Leisten schlagen lassen, damit doch mindestens ein rechtschaffener Schuh aus mir wird, - oder ob ich frei und alarmbereit bleiben muss wie ich bin. Und so hat jeder von uns hier sein ganz eigenes schlechtes Gewissen zu haben. Über Picht sprachen wir schon. Über Eugen (sein freiwilliges Sichkleinmachen) auch schon. Für die Frauen liegt ohnehin alles anders. .....

Wir schmähen ja weder die Wissenschaft, noch bolschewisieren wir die Kirchen, noch begraben wir den Staat. Nur die Götzenbilder der drei stürzen wir, oder richten vielmehr die gestürzten nicht wieder auf. Aber wenn Menschen nach Wissen verlangen, geben wirs ihnen so gut wirs können. Nur nicht mehr das unverlangte, das von niemandem als dem Götzen „Wissenschaft" verlangte Wissen. Und wenn Menschen nach Ordnung verlangen oder nach Gemeinschaft - von „uns" sollen sie doch nicht umsonst bitten, wenn wir nur irgend ihnen geben können, was sie wollen.   Wir <u>dienen</u> aber, wir demonstrieren nicht. <u>Wegen</u> unsrer Werkzeitungen, Akademien, Volkshochschulen, Verlage und was weiss ich soll und kann uns <u>niemand</u> glauben. Aber vielleicht <u>bei G̶e̶g̶ Gelegenheit</u> aller dieser schönen Dinge.   Und was ists für ein komischer Einfall, die Frucht müsse ausserhalb des Leibes liegen. Das Gleichnis führt eben hier ganz irre, es ist bloss eine dumme Metapher. Unsre „Früchte" bestehen ja grade darin, dass irgend ein Mensch oder ein Ding aus seinem bisherigen Ausserhalb in unsern gemeinsamen Leib hineingezogen wird und <u>nicht</u> ausserhalb des Hauses bleibt. Wie gross dies Haus ist oder wird - ist das unsre Sache? Und weil bisher immer nur einzelne von draussen hineingekommen sind, können deswegen nicht einestags auch mal 100^e und 1000^e kommen? und dann natürlich anders hineinkommen als die Einzelnen bisher. Mir ist um die Masse und das Aussen gar nicht bange, das kommt alles. Aber in der Lüneburger Heide käme nichts weiter hinzu, und nichts weiter <u>heraus</u> als - Rudis Satire.

Wenn ich des Morgens hier im Haus ein Ei kriege und Jonas nicht, wie heute Morgen, so legt sich mir das wirklich mehr aufs Gewissen als alle künstlichen Überlegungen, dass ich „Kapitalist" bin.

Beim Abgewöhnen des Wörtchens „an" ist Rudi jetzt bei dem ebenso gefährlichen Wörtchen „mit" hängen geblieben und fragt (oder vielmehr dekretiert), was wir „mit" Volksh.schulen Werkztgn. u.s.w. erreichen oder nicht erreichen können. Während in Wirklichkeit die Welt weder mit „an" apotheosiert noch mit „mit" instrumentalisiert werden darf, sondern nur mit „bei Gelegenheit von.." er-, ge- und be-lebt werden soll. Wäre es anders, hätte Rudi recht, dann wäre ja z.B. meine Heirat, (abgesehn von der fehlenden „Sichtbarkeit") ganz und gar eine „Tat" im Rudischen Sinne. Und das ist sie doch ganz und gar <u>nicht</u>.

Übrigens bin ich ja <u>der</u> Gegenbeweis gegen die Kolonieidee überhaupt. Denn mein „Judentum" würde ja, wenn ich mit euch in der Kolonie leben wollte, zum blossen Kostümfest. Und doch - was wäre die Kolonie ohne mich. Also. Q.e.d. ...

An Margrit Rosenstock am 11. März 1920

11.III.20.

... Ich habe das Lesen wieder angefangen seit einigen Tagen. Kennt Eugen Bahrs Expressionismus-Büchlein?[1] sonst muss ers lesen. Er muss überhaupt jedes Nein zu diesem Menschen in sich stille machen, so laut es ist und sein muss; denn er ist doch der E̶ einzige Ältere, der wirklich zu Patmos gehört.   Und dann: zum Werdenden in der Piperschen Ausgabe (dort der „Jüngling" geheissen) hat Mereschkowski[2] ein paar Seiten Vorwort geschrieben, die wohl noch über das zu den Karamasoffs[3] hinausgehen; ihr müsst es beide lesen, es handelt von dem was Eugen im August seinen „Verrat an Christus" nannte, er spricht davon als wäre es eine Selbstverständlichkeit und sagt,

dass das was Tolstoi wie Nietzsche, jener schaudernd, dieser jubelnd, als den Antichristen erkannten, in Wahrheit das Gesicht des wieder kommenden Christus sei! Und da ich grade von Gelesenem spreche: die Isolde Kurz hat in ihren Florentinischen Erinnerungen[4] ihren Nachruf auf ihren Bruder Edgar abgedruckt, eine wunderbare Arzt-Biografie, aus der man mal wieder erfährt, was die Heiden für gute Menschen sind - wenn mans aus dem Buch Jonas noch nicht gelernt hat.
Aber genug vom Gelesenen. Waren Eugens Vorwürfe wegen Karoline nicht 100mal begründeter als Rudis komischer „Aufruf zum Pauperismus". Übrigens denk mal, der hl. Franz hätte mit einem <u>Aufruf</u> zur Armut angefangen. Überhaupt das Aufrufen!
Wie profetisch wieder meine Ahnung war, dass dir etwas wäre. Wobei ich übrigens an gar nichts Bestimmtes gedacht habe, also auch gar nicht etwa an Krankheit. Aber ich bin im Augenblick so merkwürdig gewiss, dass es bald vorübergehn wird und du wohl gar doch noch nach Berlin kommen kannst.[5] Und dort hören, dass „die Liebe soll nichts scheiden"[6] -
Du mein liebes Herz, - du mein, du unser liebes Gritli — Dein Franz.

[1] Hermann Bahr, 1863-1934, Expressionismus, München 1916.
[2] Dimitri Mereschkowskij, 1865-1941, russischer Schriftsteller.
[3] Dostojewskis Roman „Die Brüder Karamasoff".
[4] Isolde Kurz, 1853-1944, Florentiner Erinnerungen, 1910.
[5] Zur Hochzeit von Rosenzweig.
[6] In einer Arie der 140. Bach-Kantate „Wachet auf, ruft uns die Stimme" heißt es: „Mein Freund ist mein, / Und ich bin sein, / Die Liebe soll nichts scheiden." Dazu auch der Brief an Margrit Rosenstock vom 29. Januar 1920, S.540f, und vor allem der Brief an Eugen und Margrit Rosenstock vom 4. April 1920, S.576.

An Margrit Rosenstock am 12. März 1920
...
12.III.20.
Heut Morgen war ich bei Trudchen und bei Helene. Es war sehr schön, mit beiden. Nach Tisch kam dann Rudi. Die Broschüre ist fertig, ich habe mir meine Freiexemplare schon genommen. An Mayer geht sie mit einem Brief; es ist ein letzter wohl schon aussichtsloser Versuch, den Stein Frankfurt noch ins Rollen zu bringen; vorläufig werden wir uns ja wohl den Einzug in die „eroberte Stadt" verkneifen müssen und du wirst auch weiter bei der alten Adresse Terrasse 1 bleiben.
Ich kann dir heute nicht recht schreiben, mir fehlt ein Wort von dir. Wovon lebe ich denn?
Dein Franz.

An Margrit Rosenstock am 13. März 1920
13.III.20.
Du Liebe - was war es nur, aber es war so schön heute Morgen, zwei Briefe von dir kamen und zugleich auch von Edith zwei, aus denen es mir auch so wirklich entgegendrang, dass sie da ist, <u>doch</u> da ist; ich hatte es gestern wirklich nicht mehr recht glauben können; freilich hatte ich deine Briefe zuerst gelesen und vielleicht war das nötig, damit ich Ediths recht lesen konnte; aber das merkte ich selber erst nachher.
...
Das Weiberbuch[1] ist ja mit hebräischen Buchstaben gedruckt und selbst wenn du die Schwierigkeit überwindest, was dich keine 2 Stunden kosten würde, so kommen so

viele hebräische Worte zwischen den deutschen vor, dass du schon das kleine Wörterbuch des Jüdischdeutschen von Strack[2] brauchtest - und da würde es zu viel Mühe. Also du wirst dich da nicht vom Lehrer emanzipieren können - etsch! Bei Pessele hatte ich erst ein Bedenken, Eugens wegen. Gegen den eigentlichen, <u>über</u>-genrebildmässigen, Inhalt des Buchs muss sich doch etwas in ihm aufbäumen; der Kampf zwischen alt und neu wird ja doch von der grossartigen Person geschildert als eine Pöbelrevolte des Neuen gegen das Alte, wobei der Pöbel freilich siegt, aber eben wie Pöbel, und nicht auf immer.

Mit Frankfurt - das darf ich nicht anders machen als ich es mache, nämlich Schritt vor Schritt. Erzwingen kann ich gar nichts dabei. Es ist ja ausserdem einfach nicht wahr (oder vielmehr eine christlich-germanische Wahrheit), dass kein Mensch eines anderen Sache vertritt als wäre es die eigene. Bei Juden kommt das durchaus vor. Ich muss hier nur das eine: nicht lügen. Also kann ich z.B. Mayer nicht sagen, warum ich kein halbes Jahr warten kann. Denn - ich <u>kann</u> ja warten. Warum denn <u>nicht</u>? Ich habe Mayer die Broschüre geschickt mit einem <u>gar</u> <u>nicht</u> dringlichen Brief, trotzdem mir Edith zuerst geraten hatte, ihm „die Pistole auf die Brust zu setzen"; ich habe sie dann aber zu meiner Ansicht bekehrt.   Der Grundunterschied zwischen Eugen im vorigen Jahr und mir jetzt ist der: dass Eugen nach St. ziehen konnte, sogar <u>musste</u>, ich (auch nach Ediths Ansicht) nach Frkft. nicht ziehen <u>darf</u> ohne den Anfang einer Stellung. Daran halte ich fest.   Irgend eine Folge wird ja die Broschüre haben. Wo, wie, was? weiss ich nicht. Aber sogar Zeit ists hat Folgen gehabt. Dass ich den Folgen damals selber keine Folge leisten konnte, lag daran dass Zeit ists gelogen war. Und Lügen werden immer offenbar, wenn der Lügner sie ins Leben umsetzen soll. Diesmal habe ich die Wahrheit gesagt. Also bin ich diesmal bereit, <u>jeder</u> Folge, die diesmal entspringen wird, persönlich Folge zu geben. Aber ich muss warten. Ich <u>war</u> in Frkft., meine Broschüre <u>ist</u> erschienen, ich <u>habe</u> an Mayer geschrieben; nun ist die Reihe des Antwortens an „Frankfurt".

Jonas? aber er ist ja noch gar nicht verlobt. Eigentlich soll michs doch wundern wenn sie ihn nimmt. Sie ist nach den Bildern eine ganz besondere Person und wunderhübsch. Er ist allerdings jetzt auch netter als je. Heut hat er wieder ein schönes Bild fertiggemacht, eine Alte in Blau.

Liebes Gritli, ich denke immer an den Gang durch den Garten.   Dein Dein Dein

---

[1] Zennerenne. Dazu die Briefe an Margrit Rosenstock vom 23. Januar und 6. März 1920, S.535f und 560.

[2] Hermann Strack, Hebräisches Vokabularium (In grammatischer und sachlicher Ordnung), 5. ganz neu bearbeitete Ausgabe 1897.

An Margrit Rosenstock am 15. März 1920

15.III.20.

Liebes Gritli, ich hätte wohl nach Berlin fahren sollen und Edith herausholen? Die Trauung hier etwa durch Prager. Wer weiss jetzt, wies wird.

Durch die Streiks[1] konnte ich heute nicht nach Lauenförde.[2] Rudi und Helene sind auch noch hier. Wie mag es dir gehen?

Mir wurde heute so klar, was die innerste Unmöglichkeit bei allen Lehmkoloniegedanken ist: die Unmöglichkeit für uns alle, zusammenzuwohnen. Eugen darf die nicht wahrhaben, aber wir mit unserem Vorrecht eines Überschusses an Wahrhaftigkeit (das ja nicht unser Verdienst, sondern Folge unsrer Schuld ist) müssen es uns doch einfach eingestehn. Weder Rudi noch ich könnten mit dir in einer Strasse wohnen. Es wäre unerträglich für uns alle. Briefe, Besuche — das sind nun mal die Naturformen für ein so ganz un- und übernatürliches Verhältnis wie es zwischen uns besteht. Nur Eugen darf (und muss vielleicht) das „um-" und „über-" leugnen und alles für natürlich (im Zeitalter des Antichrists, früher der „Ketzerkirche" geheissen, natürlich erst natürlich) erklären. Wir dürfen es nicht. Wir dürfen nicht vergessen, was wir tun. Denn uns ist das Tun gegeben, nicht, wie ihm in diesem Fall, das Leiden.

In Sehnsucht und Liebe, in brennender, unverlöschlicher, Dein.

[1] Am 13. März hatte die Marinebrigade Ehrhardt unter der Führung von General Lüttwitz das Berliner Regierungsviertel besetzt - ein Unternehmen, das unter dem Namen Kapp-Lüttwitz-Putsch bekannt wurde. Die Reichswehrführung lehnte jedoch jede militärische Maßnahme gegen die Putschisten ab. Mit Unterstützung von Lüttwitz erklärte sich daher der Jurist und Politiker Wolfgang Kapp zum neuen Reichskanzler. Ein Teil der verfassungsmäßigen Reichsregierung wich nach Dresden, später nach Stuttgart aus. Reichspräsident Ebert und die sozialdemokratischen Minister der Reichsregierung proklamierten den Generalstreik.
Die linken Parteien und die Gewerkschaften forderten ebenfalls jeweils gesondert zum Generalstreik gegen die Putschisten auf. Am 15. März bildeten links eingestellte Arbeiter im Ruhrgebiet die sogenannte Rote Ruhrarmee, um gegen die putschenden Freikorps und sympathisierende Teile der Reichswehr zu kämpfen. Zwölf Millionen Arbeiter beteiligten sich am 16. März reichsweit am Generalstreik der Gewerkschaften. Am 17. März gab Kapp seinen Rücktritt als Reichskanzler bekannt. Am 20. März kehrte die Nationalversammlung von Stuttgart nach Berlin zurück. Sowohl Kapp als auch Lüttwitz blieben unbehelligt.

[2] Stadt im Kreis Holzminden, Niedersachsen.

An Margrit Rosenstock am 16. März 1920

16.III.20.

Liebes Gritli, es ist noch keine Antwort da, auf unser Telegramm gestern, (über das sich übrigens Mutter schwer erregt hat, weil ich nicht gleichzeitig daran gedacht habe, eins an Edith zu schicken!! um deren Befinden mich zu sorgen ich doch nicht den mindesten Grund habe. Um deins ja auch nicht so sehr, aber weil du wahrscheinlich doch in diesen Tagen nicht schreiben wirst sondern denkst, die Briefe kämen nicht an - wir hatten heut einen vom 13. abgestempelten Brief aus Tübingen! -, so wollte ich wenigstens so etwas von dir hören. Ich habe eine so unmögliche Sehnsucht nach dir, nach deiner Nähe, deiner Stimme, deinen Händen. Die Steinhand hilft wenig, sie ist nur eine Parodie, nicht auf deine Hand, aber auf meine Sehnsucht.
...
Gestern Abend kamen wir auf alte Sachen. Ich las aus dem Entwurf die in der Reinschrift leider von Philips verschlamperte Prometheusparodie von 1913 vor, ich hatte sie fast vergessen, sie war wirklich sehr gut. Dann suchte ich nach meinem Brief über Grünewalds Colmarer Bilder, von 1906.[1] Dadurch geriet ich überhaupt auf die Briefe dieses Freiburger ersten Winters und las sie in der Nacht noch durch. Es ist ja eine Epoche in meinem Leben gewesen, die typische „erste Krise" (das Erwachen mit 14 ist ja keine Krise, sondern ein Erwachen). Der Winter ist noch voller Musik gewesen und - selbst in dieser zurechtgestutzten und vergeistreichelten Aufmachung für die Eltern - ganz quietschlebendig. Aber schon fängt die Philosophie an, und den Abend wo ich über das J. Cohnsche Seminar den Anfang eines Konzertes versäumen musste,[2]

empfand ich schon damals gradezu als symbolisch; wenigstens ulke ich so darüber an die Eltern. Der geistreich-spritzige [[Ulk-]]Ton, den diese Briefe anschlugen, hat mich doch etwas erschrocken gestern, wenn ich denke wie anders es in Wirklichkeit in mir aussah. Aber die Rolle ist so gut gespielt, dass ich wirklich kein Recht habe, es meiner Mutter übel zu nehmen, dass sie mir diesen Mist geglaubt hat. Übrigens werden die Briefe mit dem fortschreitenden Semester immer dürftiger und unliebenswürdiger, wie ich selber doch wohl auch. Man kann eben eine Maske mit soviel Grazie nur tragen, wenn sie einem immerhin - mag sie auch Maske sein - doch passt. Die nächsten Jahre passte sie nicht mehr, und die neue war die der Unliebenswürdigkeit. Mutter hat freilich wohl die ganzen Jahre gleichmässig über mich gejammert; das weiss ich ja aus den Briefen von Tante Ännchen, die ich einmal las und die eine Kette von Trostbriefen über mich sind.

Was schwätze ich. - Ich möchte bei dir sein, nur bei dir.   Dein Franz.

[1] Briefe und Tagebücher S.59f.   [2] Briefe und Tagebücher S.62.

An Margrit Rosenstock am 17. März 1920

17.III.20.

Liebes Gritli,   Eugens Telegramm heute gab uns seit Tagen die erste Nachricht wieder. Ich war schon recht gedrückt gestern, nicht ob du nach Berlin kommen könntest oder nicht - das liegt ja nun überhaupt in weitem Feld, die ganze Hochzeit. Aber so gar nichts von dir zu hören.

Eugens „Frieden" fängt gut an. Heut Abend sind hier aufregende Bolschewismus-Gerüchte.[1] Ist es so, dann ist Edith in Brüderstr. 39 sicherer aufgehoben als in Terrasse 1.[2] Das ganze Jahr, was jetzt vorbei ist, nach dem Berliner März und dem Münchener April[3] war vielleicht die letzte friedliche Episode, und wir haben es nur nicht gemerkt, solange es war. Was wird nun kommen?

Die Broschüre[4] macht weiter — keinen Eindruck. Tante Emmy heute; dann rief ich Trudchen an: „hübsch, hübsch, soweit es überhaupt etwas ist, aber es ist doch sehr wenig". Dabei gefällt sie mir selber immer noch besonders gut, wenn ich wieder reingucke. Ich spüre die Basislosigkeit meines Lebens wieder so sehr, wenn ich jetzt mir vorstelle, es käme wirklich die bolschewistische Revolution. Eugens Mutter, die mir 1913 erklärte, sie würde mir keine ihrer Töchter geben, denn ich könne mein Brod nicht verdienen, hat eigentlich ganz recht gehabt.

Helene leidet unter dem Getrenntsein von den beiden Kindern. Wir gehen jetzt nachts nochmal zur Bahn, um zu sehen, ob Züge fahren. Ich will auch Edith noch schreiben vorher, gestern konnte ichs nicht recht, ich tue es eben so gar nicht aus Bedürfnis; weisst du nicht wegen des abgehenden, nur wegen des ankommenden Briefs, zu deutsch: ihretwegen, nicht meinetwegen. Es ist mir nur Pflicht, nicht Notwendigkeit, ihr zu sagen wie mir ist. Sie ist eben eigentlich in meinem Leben doch noch nicht vorhanden und liesse heute noch wenn sie plötzlich verschwände keine Lücke, wenigstens in meiner Gegenwart keine, in meinen Zukunftsphantasien wohl schon. Aber worin lebt man eigentlich? In der Gegenwart oder in den „Phantasien"? Man kann wohl das eine so gut wie das andre. Stärker freilich sicher in der Gegenwart.

—— —— —— —— Dein Franz

¹ Zu den politischen Ereignissen Anmerkung 1 in dem Brief an Margrit Rosenstock vom 15. März 1920, S.566.
² Adressen der Eltern von Edith Hahn in Berlin und von Rosenzweigs in Kassel.
³ März 1919: Spartakus-Aufstand in Berlin, April 1919: Ausrufung der Räte-Republik in München.
⁴ Gemeint ist „Bildung und kein Ende", abgedruckt in Zweistromland S.491-503.

An Margrit Rosenstock am 18. März 1920

18.III.20.

Liebes Gritli, ich bin so froh, dass wieder ein Brief von dir da ist, das geht beinahe über alles weg was drin steht. Was du zuletzt schreibst, vom nie-für-immer-beieinander-sein das ists ja auch was mich in diesen Tagen so ausfüllt. Ich meinte immer, ich <u>hätte</u> es längst erfasst; auch ohne Eugen mussten uns ja immer, und schon „vorher", die getrennten Häuser unsrer Seelen trennen; wie wirs an jenem ~~Morgen~~ Abend im Oktober 18 in Frankfurt erlebten, und wieder an jenem Morgen in Breisach; ja das war mir immer eine Stütze in meinem Gefühl für Eugen, dass ich ihn auch mit Wenn und Aber für die Vergangenheit nicht wegdenken konnte; dies „es <u>ist</u> nicht möglich" lag auf der breiten Basis eines „und es wäre auch nie möglich <u>gewesen</u>"; und durch dies zweite wurde das erste ganz entgiftet. Und dennoch hatte ich es nicht ganz erfasst. Erst seit nun auf jenem breiten Grund des „es hätte nie sein dürfen" zu dem einen „es darf nie sein", das Eugen heisst, nun das andre, das Edith heisst, hinzutritt, erst seitdem weiss ich es ganz. Aber dies vollkommene Wissen legt sich schwer auf mich. Es ist nur Bestätigung, es sagt gar nichts Neues, aber es sagt das Alte so — ich habe kein Wort dafür. Du verstehst mich auch so. Aber fühlst du auch — ja du tusts —, dass meine Liebe, wenn sie es konnte, noch wächst in diesen Tagen, wo ich unter das Joch - das Gott sei Dank süsse - Joch dieser Bestätigung mich beuge. Ich habe auch dafür keine Worte. Es ist etwas Eisernes dabei. Ein mich-gar-nicht-vom-Platze-rühren-können und es auch gar nicht wollen, ein von dir geatmetwerden und dich atmen. Nein, vor allem dies Gewichtigwerden meiner Liebe, etwas wie ein Erstarren, etwas also was nicht sein darf, wie wirs beide doch wissen, - was aber nun doch <u>ist</u>. Ein Festwerden, mehr ein - ja nun hab ich das Wort: durch diesen Schluss des Ringes der Sakramente, die unsre Trennung verewigen, wird unsere Untrennbarkeit selber Sakrament. Sie ist kein blosses „Wunder" mehr, unsre Liebe. Sie ist ein Sakrament, - trotz aller Sakramente.   Du mein geliebtes Herz, du nun, <u>erst</u> <u>nun</u>, ewig Meine ——
ewig Dein.

An Margrit Rosenstock am 18. März 1920

18.III.20.

Liebe,   Rudi und Helene sind fort, und die Zeitungen klingen ja so, als ob wir uns darum, wo wir „in 1 - 2 Jahren" sein werden, die geringsten Sorgen zu machen brauchten. In den nächsten 14 Tagen werden sich wohl ganz andre Dinge entscheiden. Gar das Datum des 28<u>ten</u>¹ ist ja nun ganz in die Wolken geschrieben. Heute Abend wurde zwar ein Telefongespräch nach Berlin angenommen, vielleicht kann ich also sogar hinreisen, schleunigst Civiltrauung machen, die richtige dann dort oder hier, das ist ja gleich, und sie jedenfalls hierhernehmen. Denn je östlicher, um so bolschewistischer; die Teilung Deutschlands zwischen einen russischen und einen französisch-amerikanischen Teil kommt ja nun doch, und die Elbe wird zwei feindliche Länder von einander trennen.   Mutter jammerte heute, als ich nicht dabei war, sehr über meine

Berufslosigkeit. Kunststück! Sie versteht freilich darunter doch nur, dass ich nicht Privatdozent bin; dann wäre alles gut. Sie verspricht mir auch jüdische Erfolge davon (trotz Cohen) und ahnt gar nicht, dass ich heute, selbst wenn ich wollte, nicht mehr könnte: ich bin viel zu kompromittiert, kein Ordinarius könnte mich, nach den beiden jüdischen Schriften und dem ✡ mehr vorschlagen. Ob der ✡ nun je aufgehen wird??
....

[1] Der 28. März war als Hochzeitstag festgesetzt.

An Margrit Rosenstock am 19. März 1920

19.III.20.

Liebes, liebes Gritli, ich fahre morgen früh doch nach Lauenförde. Berlin ist nach der Bahn-Auskunft hier frei, nach dem Abendblatt gesperrt. Der letzte Brief von Edith ist vom Sonnabend Abend. Überhaupt sind ja die Berliner Nachrichten so, dass es wohl kaum zur richtigen Tschiumbumm-Hochzeit mit Essen u.s.w. kommt. Stattdessen werde ich morgen früh von der Bahn aus telegrafieren und anfragen, ob sie mit abgekürztem Verfahren einverstanden sind.
Ich war heut Morgen allein auf dem Friedhof,[1] Mutter konnte nicht mit; so schwach ist sie doch noch. Weisst du, wenn ich allein in Berlin bin, möchte ich keinesfalls eine Festerei, bei der ich dann als Waisenkind dabei sässe; das dürfen wir Hans nicht zumuten. Sie werden aber wohl überhaupt kaum in der Brüderstrasse nächste Woche Feste feiern können.
Eugen selbst trifft die „Pöbelrevolte" natürlich gar nicht. Aber doch seine Eltern. Und deren Verhalten hat er doch nicht unter diesem Gesichtspunkt angesehn.
Es ist vielerlei zu erzählen. Ich lese viel Luther. Hat Eugen nicht meinen II. und IV. Band mitgenommen? Sieh mal rein, er ist doch ein ganz grosser Mann, ein grösserer Deutscher als Goethe. In jedem Wort steckt er ganz drin.
Mit Jonas hatte ich heut ein Renkontre,[2] das erste überhaupt - so empfand ers -, seit er hier ist, wo er mir doch ins Ungreifbare und Unangreifbare wuchs.
Und mit Mutter gestern Abend ein Berufsgespräch, wo auch sie ernsthaft vom Rabbiner anfing - schrecklich!
Ob einer verzeihen kann, der noch nicht erfahren hat, dass er Verzeihung braucht?

Vielleicht nachher nochmal ein Wort.
Ich bin so eilig. Aber immer,
immer Dein.

[1] Am 19. März 1918 war Rosenzweigs Vater gestorben.
[2] Franz.: Zusammenstoß.

An Margrit Rosenstock am 20. März 1920

20.III.20.

Liebes Gritli, Eugen wendet das „Die in Tränen säen, werden in Freuden ernten"[1] auf mich an - ich weiss nicht. Wenn ich wenigstens „weinte". Aber mir ist gar nicht zum Weinen, mir ist nur so unendlich dürre, so liebeleer. Noch nie habe ich bei einem Schritt meines Lebens so sehr nur das Gefühl des Sterbens gehabt und gar nicht dabei zugleich das des Auferstehens. Gewiss 1907 oder 1913 oder auch der Urlaub 1918 - das war auch jedesmal ein Sterben, aber doch auch verbunden mit der ganzen unwiderstehlichen Lust eines Geborenwerdens und dasLichtderWeltErblickens. Diesmal ist davon nichts. Es ist nur ein Tod. Ich habe mich in den 8 Tagen nach Stuttgart darüber hinweg betäubt - ich werde das wohl immer wieder tun - , aber in Wahrheit sind grade diese Tage jetzt in meiner Erinnerung wie eine völlige Leere, wir haben ja auch wirklich in dieser ganzen Zeit kein einziges Wort von Herz zu Herzen gesprochen. Sie hat das wohl nicht gespürt - ich <u>weiss</u> nicht, was sie spürt, ich weiss es genau so wenig, wie irgend sonst jemand, und ich weiss wenig Menschen, bei denen ich es so wenig weiss - aber ich habe mich nur darüber hinweg gelullt. Ich weiss nur, dass unsre wirkliche Nähe in all den Wochen kaum gewachsen ist und das ist doch das einzige was den Namen Liebe verdient. Die „Arbeitsgemeinschaft" und das, was jeden Mann mit jeder Frau zusammenführt, funktioniert natürlich, aber hätte ich je noch Kameradschaft und Sinnlichkeit mit Liebe verwechselt, so hätte ich mir den Irrtum jetzt gründlich abgewöhnen können; es war nur gar nicht mehr nötig. Eine Ehe mag man auf diese beiden Surrogate der Liebe wohl aufbauen können, die meisten Ehen sind auf nicht mehr aufgebaut, aber ein Leben? überhaupt Leben? Ich fühle mich auf dem Gang zum Schaffot, und meine Eiligkeit, mein - übrigens nur betriebsamer, gar nicht herzlicher - Wunsch, einen Aufschub zu vermeiden, ist nur der Wunsch eines Hinzurichtenden, der die Hinrichtung will und die Begnadigung ablehnen würde, lieber heute als morgen hingerichtet zu werden. „Was muss geschehn, mags <u>gleich</u> geschehn".[2]   Ein Vorgefühl von Leben, wirklichem Leben meine ich, wie ichs seit 1900 gehabt habe und wie dus seit 1917 oder 18 mit mir lebst, habe ich für das Jenseits dieses Augenblicks nicht. Wohl allerlei Betrieb, Wirksamkeit, Macherei, „Mich-Beschäftigen-mit...", „mich-interessieren-für..."[3] wahrscheinlich auch allerlei sentimentales „Glück" - wahrscheinlich ists auch für eine Leiche ein ganz schönes Gefühl, so ein angenehm gewärmtes, wenn sie allmählich verwest. Wieviel stärker das Muss ist als aller eigner Wille, wie aller eigne Wille mir hier höchstens noch im Wenn-Falle steht - ich <u>würde</u> wollen, wenn ich wollen könnte, - das erfahre ich nun so stark wie noch nie. Dass es nur mein Geschick ist, nicht ihres, das ist das einzige, was mich die Wochen dieser „Verlobung" gelehrt haben. Vor 8 Wochen hätte ich so einen Brief an <u>sie</u> geschrieben, oder wenn ich ihn an dich <u>geschrieben</u> hätte, ihn zuvor ihr geschickt. Jetzt erspare ich ihn ihr. Nicht weil sie ihn zu schwer tragen würde, sondern im Gegenteil, weil mich diese Wochen gelehrt haben, dass sie ihn zu leicht nehmen würde; sie vertraut noch heute auf all die Mächte des „Zusammenlebens", auf die sie ja auch durchaus vertrauen kann, denn sie funktionieren ja sicher; nur sinds keine Mächte des Lebens, sondern Mächte des Todes, und <u>deshalb</u> funktionieren sie so sicher.

Dein Franz.

Ich zerreisse den Brief nicht. Aber ich habe eben, als ich ihn schon kouvertieren wollte, Helenens Brief hervorgenommen, den ich in der Brieftasche trage, und wieder gelesen. Und nun ist mir wieder gut. Es bleibt alles wahr, was ich da eben geschrieben habe. Aber in diesem „Müssen", in diesem Ablehnenmüssen der „Begnadigung" steckt auch eine Wahrheit. Eine Wahrheit, von der ich weiter gar nichts weiss, keine <u>Gewissheit</u> also, aber doch eine <u>Hoffnung</u>, dass auch diesem Tod noch eine <u>Geburt</u> folgt. Freilich bleibt er darum nicht weniger Tod. Und also furchtbar. Aber ich habe doch wieder

Mut. Und nicht bloss den Mut des Hinzurichtenden, mit <u>Anstand</u> zu sterben. Sondern wirklichen Mut. Ein bischen wenigstens.

Dein Franz

[1] Psalm 126,5.

[2] Goethe, Faust I, Wald und Höhle, Faust: „Sie [Gretchen], ihren Frieden mußt ich untergraben! / Du, Hölle, mußtest dieses Opfer haben. / Hilf, Teufel, mir die Zeit der Angst verkürzen. / Was muß geschehn, mag's gleich geschehn! / Mag ihr Geschick auf mich zusammenstürzen / Und sie mit mir zugrunde gehn!"

[3] Punkte von Rosenzweig.

An Margrit Rosenstock am 21. März 1920

21.III.20.

... Im ganzen rechne ich ja trotz Straussens Brief (oder <u>wegen</u>) mit - mindestens - dem Sommer hier in Kassel. Über Mayer schreibt Strauss bloss: „die Sache scheint im Gang". Und wegen der Akademie hat er „bindende schrifliche Zusagen von Berlin" erhalten; mein diesmaliger Besuch bei Landau scheint den Berlinern einen Schrecken eingejagt zu haben, sie bekämen das Frankfurter Geld nicht. <u>Die</u> Absicht hatte ich nicht. Aber es scheint mir so unmöglich, dass überhaupt die nötigen Hunderttausende in Frkft. jetzt zusammenkommen sollen. Obwohl - für das Unfruchtbare ist schliesslich <u>immer</u> Geld zu kriegen.

Schrieb ich dir, dass meine hiesige „Aktion" eine Rechnung war, die ohne Gast wie ohne Wirt gemacht war? Der Gast hat anderweitig angenommen, und die Wirte haben auf den blossen Plan hin Zetermordio geschrien, sodass ich gar nicht traurig war. Er sei „Zionist" (heimlicher!), hat es geheissen. Huhu!!!

Von Berlin immer noch kein Wort. Aber von dir gestern und heute auch keins. Dass Mutter nach Berlin geht, gebe ich noch nicht auf. Es wäre doch sehr bös für sie, wenn sie nicht dabei wäre.

Die Telefonsperre schneidet uns auch von Göttingen ab.

Ich lese Luther; im übrigen ist mir elend zumute, wie du wohl auch ohne ausdrückliche Versicherung an diesem Brief merkst. „Ward je in solcher Laun?...."[1]

Dein Franz

[1] Shakespeare, Richard III., I,2: „Ward je in dieser Laun' ein Weib gefreit? / Ward je in dieser Laun' ein Weib gewonnen? / Ich will sie haben, doch nicht lang behalten." Punkte von Rosenzweig.

An Margrit Rosenstock am 22. März 1920

22.III.20.

Liebes Gritli, - ich sitze in einer hochpolitischen IV. Klasse, auf der Rückfahrt von Frau Löwenherz. Es war ein schöner Tag - gut gesprochen, gut gegessen, gut gefahren (im Wagen nach und von Amelith[1]). Das Land an der Weser ist wunderschön, so hanna v. kästnersche Landschaft. Nun müsste ich nur nach Berlin können - und NB. von Berlin wieder heraus; es sieht ja eben wieder sehr trüb aus mit den Fahr- und sonstigen Plänen. Am Ende werde ich Zivilfreiwilliger statt zu heiraten.

Aber weisst du, so ein Tag wie der heute, wo ich das Heiraten und Verheiratetsein mehr als eine äussere Angelegenheit behandle und etwas „dafür" zu tuen habe und nicht bloss daran denken muss als ein Aufeinanderangewiesensein von Edith und mir, tut mir gut. So wird es ja schliesslich werden. Man wird „etwas" zu tun haben, und so wird alles leichter werden als ich jetzt fürchte. Dass es nicht das Richtige so ist, das weiss ich ja. Es ist sogar grade das, was ich neulich „Tod" nannte. Die meisten Menschen nennen das ja das Leben. Aber <u>wir</u> doch nicht. Oder kann uns, wenn wir wissen, dass <u>dieses</u> „Leben" nur Tod ist, etwa auch aus <u>diesem</u> Tode das wirkliche Leben wachsen? wenn wir <u>wissen</u>, dass es der Tod ist.

Ich kann im Dunkeln und zwischen den Gesprächen nicht recht schreiben was ich meine. Ich beisse wohl in die Kandare, die mir <u>Gott</u> ins Maul gelegt hat? Aber wie kann ich das eigentlich wissen? Hat ers 1913/14 wirklich <u>nicht</u> gewollt und will ers jetzt?

Du sollst mir ja auf all das nicht antworten, du kannst es nicht. Aber die Fragen musst du anhören.

                                                Du geliebte Frau -   Dein

[1] Kleinstadt nordwestlich von Göttingen.

An Margrit Rosenstock am 23. März 1920

23.III.20.

Liebes Gritli, von einer Verfrühung der Hochzeit ist gar nicht die Rede. Programmgemäss, oder überhaupt Verschiebung. Von Edith oder ihren Eltern hatte ich gestern ein wortkarges Antwortstelegramm aus dem ich nichts entnehmen konnte. Ich fahre nun die kommende Nacht nach Berlin und lasse den Dingen ihren Lauf, und wenn sie nur „Puppchen" zur Trauung spielen!

Ob Mutter kommt, ist noch unsicher. Wenn ihr kämet, so dass sie jemanden zum Rückreisen hätte, täte sies wohl. Da freilich Thüringen so rasch nicht frei werden wird, so werdet ihr wohl über Frankfurt fahren müssen.   An Rudi schreibe ich, er möchte kommen, auch wenn Helene nicht kommt; so hätte Mutter jemanden, der sie hinbrächte.   Ich überlege diese ganzen Sachen, als ob es sich um jemand anders handelte. Nicht bloss die „Hochzeit", sondern die ganze Heirat kommt mir so vor, als wäre ich es gar nicht. Ich kenne mich eben noch nicht in dieser Gestalt. Wie kann Edith es eigentlich wagen? Aber freilich sie kann es wohl; denn mit dem, was von mir übrig bleibt, kann sie ganz gut verheiratet sein; sie hat wohl recht, sich auf die Macht der grossen Henkerin Zeit zu verlassen, wie sie es tut. Bin ich erst geköpft, so werde ich ganz brauchbar sein.
....

An Margrit Rosenstock am 24. März 1920

24.III.20.

Liebes Gritli,   nach einer ganz fahrplanmässigen Nachtfahrt bin ich hier in Berlin. Von dir hatte ich in Kassel noch einen Brief, den wo du schreibst, dass ihr beide nicht kommt. Die arme Thea![1] ich glaube ja nicht an ein Matt, ehe die Partie nicht wirklich ausgespielt ist, und habe es nie begriffen, wenn beim Schach mein Gegenspieler die Steine zusammenschob und sich für besiegt erklärte; es steckt ein Unglauben an das Leben darin, den doch das Leben selber immer wieder Lügen straft. Denn wer sagt meinem Partner, dass ich wirklich das Spiel so klug weiterspielen werde, wie ers meint, dass ich müsste. Vielleicht wirft die abenteuerliche „Dummheit" meines nächsten Zugs all sein voreiliges Verzweifeln über den Haufen und macht ihn wieder zum Herrn der Situation.

Müsste ich diese Predigt nicht eigentlich mir halten? Ich halte sie mir auch immerfort und ihr haltet sie mir alle. Aber dann erschrecke ich wieder vor meiner eignen Predigt, und die Gewissheit des Todes ist mir gewisser als alle Hoffnung auf ein Auferstehen. Was ist das nur für ein Tag heute. Ich ging ja fast im Zorn zu ihr. Wie ich sie dann sah, war ich freilich gleich gerührt und alles wie weggeblasen. Aber es blieb doch auch eine grosse Leere. Und nun laufen die Leere und die Rührung den ganzen Tag nebeneinander her, wie ein Text und eine Begleitung, wirklich so, denn die Leere ist schrecklich geschwätzig und die Rührung ist stumm. Was soll das für ein Leben werden! Und glaub mir, ich weiss weniger von ihr als je. Wir sind stumm gegeneinander geworden. Und doch sieht sie mich an, als ob sie alles wüsste. Ja es kann gar nicht sein, dass sie mich so ansieht und wüsste nicht, was in mir vorgeht. Oder mindestens: dass nicht in ihr das gleiche vorgeht.   Wüsste sie <u>nicht</u>, hätte sie wirklich (wie ich damals, an dem stillen Tag nach unserem Verlobungstag es fürchtete) <u>vergessen</u>, - das wäre schrecklich. Gute Nacht, ich bin müde. Gestern in Kassel ist Vaters Stein gesetzt.[2] Er ist ganz prachtvoll geworden, ganz so wie wir ihn uns gedacht hatten.
Grüss Eugen und sag ihm, dass ich immer zwischen hinein an ihn denke und bei ihm bin.

Dein Franz.

[1] Eine Schwester von Eugen Rosenstock, die kurz darauf starb.

[2] Der Grabstein für Georg Rosenzweig.

An Margrit Rosenstock am 25. März 1920

25.III.20.

Liebes Gritli,   von Mutter kam heut ein Telegramm: es kommt nur Rudi mit ihr, auch Trudchen nicht. Ich will ja nicht klagen, es kann ja niemand etwas dafür, und schliesslich was ist der Tag der Hochzeit, das Leben hat noch viele Tage, und wenn ihr mich an diesem Tag allein lassen müsst, so stehen noch viele vor uns, wo wir zusammen sein werden. Spräche ich dies alles nur nicht so allein von mir aus und fühlte dabei so deutlich, dass ~~Gritli~~ (verzeih!) Edith gar nichts davon spüren kann. Wirklich nicht <u>kann</u>, das weiss ich wohl. Alles das in den Wochen der Verlobung rasch Vorweggenommene war eben <u>nur</u> vorweggenommen. Es fängt alles erst jetzt an. Und ich fürchte, sie weiss heut weniger von mir als in den ersten Wochen. Sie hofft auf den Tod -, und ich <u>will</u> nicht sterben.   Ich kann ihr keinen Schrecken ersparen. Sie hat jetzt nicht erschrecken wollen; so wird sies später müssen. Ich habe, ausser mit nächsten allernächsten Blutsverwandten - mit Mutter und Vater -, noch nie so lange mit jemandem nahe zusammengelebt ~~, ohne~~ und dabei sosehr das Gefühl der Fremdheit behalten. Noch heute stolpre ich über ihre Worte wie am ersten Tag, und dann am meisten wenn es „meine" Worte sind die sie mir abgelernt hat.
...

An Margrit und Eugen Rosenstock am 26. März 1920

26.III.20.

Geliebtes, unser geliebtes Gritli,   Rudi brachte heut Abend Eugens Brief. Gritli, um Himmelswillen werd wieder gesund, ich habe solch einen Schreck gekriegt. Und was habe ich dir grad in den letzten Tagen alles geschrieben! Grade heute kann ich dir schreiben, dass es nun wieder gut ist. Ich hielt es nicht mehr aus; nach der Ziviltrauung sprach ich. Ich zerhieb einfach die Wand des Schweigens, es war Zeit, sie selber hatte sich dahinter auch nicht mehr wohl gefühlt; und ich stellte uns wieder auf den Boden der Wahrheit, auch wenn sie weh tut. Es ist ja gar nicht schön, sich mit ihr „auszusprechen", es entstellt sie und ich selber entstelle mich auch dabei; es ist eigentlich scheusslich, aber grade darum ists wohl nötig, denn schliesslich wenn man den Mut gehabt hat, mit ungeschickten stöckerigen Bewegungen die Schleier zu zerreissen, dann ist wieder alles gut, und wir spüren wieder das Muss, das stärker ist als mein Ich-will-nicht - und auch stärker als ihr Ich-will. Und danach konnten wir auch wieder reden. Es kam ein Nachzüglerbrief von dir aus den Streiktagen, sie fragte endlich wieder einfach nach dir und ich schob ihr ebenso einfach und selbstverständlich den Brief hin. ...

Lieber Eugen, um Thea ist es mir auch sehr leid. ... Ich glaube nicht an die vorzeitig ausgelebten Leben. Der Mensch hat ein Recht auf alle seine Alter. Nur Greise können Hamlets letztes Wort[1] nicht sprechen. Faust spukt nicht. Aber Hamlet „geht um". Wir dürfen nicht darum bitten, unser Leben ausleben zu dürfen. Es ist Gottes höchstes Recht, es damit einzurichten, wie <u>er</u> will. Aber es ist <u>unser</u> Recht, ⌈⌈nur⌉⌉ das ausgelebte ausgelebt zu nennen und das abgeschnittene abgeschnitten, ohne den Spruch des Schicksals umzudichten.

Dein Franz.

[1] „Der Rest ist Schweigen."

An Margrit Rosenstock am 27. März 1920

Liebes Gritli, es ist Sonnabend Abend, und es war ein Tag wirklich wie kurz vor dem Sterben, es heisst doch dass da das ganze Leben an einem rasch vorüberzieht; so drängte sich heut eins ans andre; des Morgens Mutter, die gestern bei der Ankunft furchtbar gewesen war, Edith hatte sie etwas zurechtgekriegt, sie war auch des Morgens noch schrecklich, ich ging dann mit Rudi fort, nachdem ich Edith von Mutters Pension (wo sie übernachtet hatte!) heimgebracht hatte, und ich hatte so recht gespürt, wie gut sie ist, nur freilich eine mir fremd und ferne Güte. Mit Rudi also dann, der so widerwärtig war wie nur je, Mittags allein bei Hahns, Nachmittags mit Rudi und da war es wieder so schön mit ihm wie nur je. ... Abends - dazwischen allerlei Vorbereitungen natürlich - also Abends alles bei Salomons, ein schrecklicher Abend für mich (an sich sehr hübsch), ich sass neben Edith und es ging mir wie eigentlich meist: ich hatte nichts, aber auch <u>nichts</u> mit ihr zu reden; wir müssen doll ausgesehen haben, die einzigen am Tisch, die nicht sprachen, nur gelegentlich nach der andern Seite. So ist es also, - und wenn ichs nach Tisch Rudi - aufgrund von gestern - anders geschildert hatte und alles sei sehr gut, so wurde ich nun gleich wieder mit der Nase drauf gestossen, dass es gar nicht gut ist, und dass mir wirklich nichts übrig bleibt als grundlos zu hoffen, dass es noch wird. Ich weiss ja wohl, weshalb ich es sterben nenne. .....

Am 28. März heirateten Franz Rosenzweig und Edith Hahn.

An Eugen und Margrit Rosenstock am 4. April 1920

4.IV.20

Lieber Eugen, ich bin froh, dass ich dir auf deinen Brief diesmal die Antwort schon vor ein paar Tagen schrieb. Grade weils nicht Antwort war, sondern gleichzeitig mit dir, muss es dir doch dein Gefühl wieder soweit <u>ent</u>kräften, wie es sich entkräften lässt. Es ist ja so: du rühmst das Mass. Aber es gäbe kein Mass, keine messbare Grösse, keine begrenzte Zahl, gäbe es nicht die beiden Grenzen der Welt von Zahl und Mass, die unzählbare Zahl und das übermässige Mass, die 0 und das ∞. Aus Null und Unendlich wird alle endliche Grösse gespeist, ohne die beiden wäre sie starr und tot. Wenn es wahr ist, dass jetzt zwischen unsern - Ediths und meinen - neuverbundenen Händen etwas Endliches entsteht (und die beiden vergangenen Abende, wo wir unsre jüdischen Ostern feierten[1] mit lauter alten Worten und lauter jungen Weisen, haben selbst mich Kleingläubigen glauben gemacht, dass es wirklich so ist, und hier wirklich, über unser Wissen und Vermögen hinaus, etwas entsteht), - also wenn es so ist, würde dies Endliche entstehen ohne die beiden Unendlichkeiten die kleine und die grosse, das Null und Unendlich? Und gehört uns also nicht dein 0 von heute wie uns dein ∞ von vorigem Jahr gehörte? Du kannst wirklich nichts mehr bloss für dich leben. <u>Du gehörst uns allen</u>, ob du als „Staub" lebst oder „wie Götter". Es ist <u>nicht</u> wahr, dass es nicht mehr bedarf als einmal wie Götter gelebt haben. Wissen wir es nicht anders als diese Heiden von 1800? (das einzige Jahr wo es wohl wirklich „Heiden" gegeben hat). Wissen wir wirklich nicht, dass es des einmal als Staub Lebens <u>genau so</u> „bedarf" wie des einmal wie Götter. Denn es bedarf nur dieses einen: unsres <u>Lebens</u>, einerlei wie. Sogar damit wir sterben dürfen, bedarf es (und bedarf es <u>einzig</u>) unsres <u>Lebens</u>. Darum lebe wie du kannst und musst: <u>Wir</u> bedürfen dein nicht anders wie „es" deiner bedarf, als Staub oder wie Götter, gleichviel, aber lebend.

Lebe für uns. Dein Franz.

Geliebtes Gritli, ich müsste dir viel schreiben oder nur dies eine Wort. Hörst du nicht auch jetzt wieder alles aus dem einen heraus? Es ist so viel Anfang in diesen Tagen und heute kam, gleichzeitig mit Eugens schönem Brief ein Brief von Strauss, der die offizielle Einladung für die Stelle des „Leiters der j.V.h.sch. Frkft." enthielt. Das Gehalt wird noch geringer als das Minimum das ich forderte, nur 6000 M. Aber das ist ja ganz egal. Es ist ja bloss ein Anfang und wäre es mir bloss nicht um die Festlegung meiner Gehaltbedürftigkeit von Anfang an [[(wegen meiner Terrasse eins-igkeit)]] zu tun gewesen, so hätte ich doch (auf Strauss + Nobel + Mayer hin) den Anfang genau wie Eugen in Stuttgart ganz ins Blaue hinein, <u>ohne jedes</u> Entgelt gemacht. Also um die Zahl feilsche ich nicht. Die wächst von selber.

Und noch? Hör doch bitte mehr als ich dir schreiben kann, heute und jetzt. Es ist nicht so, dass es nicht auch noch immer wieder an mir risse. Aber das Reissen ist doch wie bei einer Operation mit Lokalanästhesie: ich spürs, aber es tut nicht weh. Und wie ich an Eugen schrieb: ich spüre ein Wachsen neben mir und in mir und singe wirklich „ein neues Lied" zu alten Worten. Wird die neue Weise auch in <u>unser</u> Wort, unser altes, erst und letztes, hineindringen? ich glaube <u>nicht</u>, denn unter allen Worten ist das das einzige was keiner neuen Weise bedarf, denn es war immer offen und bereit für jede Weise und jeden Ton, und war nie starr geworden wie sonst alte Worte; so ist ihm auch die neue Weise schon vertraut, als ob es sie es immer begleitet hätte. Und hat sie es nicht? vom ersten Augenblick an? Ist nicht das Lied der Lieder² unser, ⌈⌈dein-mein⌉⌉ Lied? Und hast du es uns, Edith und mir, nicht zur Hochzeit gesungen?³

Und ich bin
Dein.

¹ Pesach.

² Das Hohelied, hebräisch: „Lied der Lieder" - שיר השירים.

³ Margrit Rosenstock hatte den beiden die 140. Kantate von Bach („Wachet auf, ruft uns die Stimme") geschenkt; dazu der Brief an Margrit Rosenstock wahrscheinlich vom 29. Januar sowie der Brief vom 11. März 1920, S.540 und 564. In dieser Kantate heißt es zu Beginn einer Arie (Sopran, Baß): „(Seele:) Mein Freund ist mein! / (Jesus:) Und ich bin dein! / (Beide:) Die Liebe soll nichts scheiden". Das von Rosenzweig in Notenschrift wiedergegebene Motiv entspricht weitgehend dem Part der Baßstimme: „Und ich bin dein!"

An Margrit Rosenstock am 10. April 1920

10.IV.20

Liebes liebes Gritli, heut oder morgen ist der letzte Tag in Amelith,¹ dann fahren wir nach Kassel und von da so bald es geht nach Frankfurt. Frankfurt ist ja jetzt ganz sicher; ich schicke dir von Kassel aus einen zweiten Brief und meine Antwort darauf: ausser der V.h.sch. will mich nämlich auch die „Konkurrenz", die Jugendvereine, und zwar entweder im Sinne des Ausspannens oder im Sinne konkurrenzloser Nebeneinanderarbeit. Eugens grosses Wort von der „Eroberung Frankfurts" wird also doch noch wahr; der zweite Brief (von Löffler²) sieht ganz so aus. Löffler bietet mir auch noch eine dritte Möglichkeit: geistiger Spiritus rector³ („Sekretär" und Herausgeber des Vereinsorgans) für die Jugendvereine (es handelt sich immer um die neutralen, die zionistische orthodoxe und liberale Kreise umschliessen) für ganz Deutschland zu werden; das wäre eine nicht an Frankfurt gebundene Stellung, sondern eigentlich sogar an Berlin, uneigentlich selbst an Kassel oder wo ich wollte, und mit viel Visitations- und Vortrags-Herumreisen in Deutschland. So nun bist du auf dem Laufenden der Ereignisse.

Die letzten Tage habe ich es schwer ertragen, dir nicht zu schreiben. Die Zeit wurde eben zu lang. Ich hatte mir doch nur eine Woche vorgestellt, nun wurden es zwei. Und es war mir nun von meiner Seite so, als ob das Seil am Boden schleifte. Liebste, was machen wir denn ohne Briefe? wir haben es uns ja hundertmal gesagt, dass es so ist, und trotzdem hat mir die Erfahrung dieser Wochen noch etwas hinzugefügt, noch dazu wo du krank warst, und meine Briefe hätten doch eiei machen dürfen. Und jetzt ist mir, als wüsste ich gar nicht recht, wo du bist. Ich weiss ja übrigens wirklich nicht. Gehst du wohl erst nach Säckingen, und dann erst nach Wildungen? Aber du müsstest da doch rechtzeitig bestellen. Vierzehn Tage Säckingen würden dich doch schon soweit hochbringen, dass du Wildungen vertrügest.

Mit Edith ist es wohl gut. Wir leben eben in dem was uns gemeinsam ist. Das ist soviel, dass ich wohl vergessen könnte, dass es nicht alles ist. Wollte ichs aber wirklich vergessen, diese Woche mit der dauernden Qual, dass sie, obwohl sie fast täglich an irgend jemand schrieb, keinmal daran dachte, dir ein Wort zu schreiben, wo sie doch sah, dass ichs nicht tat und wo ich sie am Sonntag gefragt hatte, ob sie ein Wort ~~unter~~ in meinen Brief an euch beide einlegen wollte (da war sie zu müde gewesen, aber so wusste sie ja, dass es gut gewesen wäre, wenn sies getan hätte) - ja diese Woche hätte mir dann gezeigt, dass das Gemeinsame nicht alles ist. ...

Dabei merke ich täglich, dass ich eigentlich „glücklich verheiratet" bin, zu meiner eigenen Verwunderung, richtig glücklich, und dass wohl auch Edith alles in allem viel glücklicher dabei ist als nach Eugens Theorie die armen Frauen bei uns bösen Männern sein dürften. Aber dies „glücklich verheiratet" ist hier wirklich ein reines unbegreifliches Geschenk, und ich würde mich keinen Tag wundern, wenn es eines Morgens beim Aufwachen plötzlich nicht mehr da wäre. Zu innerst und unterst spüre ich unaufhörlich die Leere. Sei nicht böse, Geliebte, dass ich dich damit quäle. Soll ichs für mich oder zwischen mir und Edith behalten? Liebe -

Dein.

Vielleicht hätte ich doch lieber immer schreiben sollen! Ich habe mir zuletzt Gewalt angetan.

[1] Amelith bei Bodenfelde, 60 km nördlich von Kassel.
[2] Ein Funktionär der Frankfurter jüdischen Gemeinde.   [3] Lat.: führender Geist.

An Margrit Rosenstock am 11. April 1920

11.IV.20

Liebes Gritli,   durch Bummeln des Verwalters ist gestern unsre Post liegen geblieben, und so hätte ich heute nicht übel Lust gehabt, das als ein Zeichen zu nehmen und den Brief von gestern zu zerreissen. Aber es wäre doch eine Unwahrheit, denn es bleibt alles stehn und ich will nicht wieder mit dem Briefzerreissen anfangen, wir haben genug davon gehabt, und vor allem: du nimmst es schwer wie es ist, aber nicht schwerer. Über alles weg spüre ich ja das innre Wachstum dieser Seele, die immer feinhöriger wird, die mich etwa diese Nacht, als ich wachlag und mit meinen Gedanken abirrte, plötzlich ansprach, nicht was mir wäre, sondern weil sie sich selber plötzlich „so allein" fühlte. Das Wunder des 6.I. kann eben doch nicht ohne Ausläufer bleiben; miracle oblige.[1] Und ich war vielleicht undankbar geworden für die überreiche Erfüllung, die unsre Ehe meinem jüdischen Leben bringt, und unterschätzte in der Verwunderung darüber alles was sonst noch, in der Stille und ungreifbar geschah. Das Jüdische ist ja mit Händen zu greifen. Wir bringen, ausser dass wir alle Tage irgend ein „zum ersten Mal" erlebten und dass Frankfurt nun wirklich ⌈⌈sich⌉⌉ „erobert" giebt, auch ein ganz schwarz auf weisses Produkt mit, Produkt der Ehe zunächst, aber doch auch ein bischen der „Arbeitsgemeinschaft". Ihr werdets bei uns im Haus kennen lernen, denn wir fingens für unsre künftigen Gäste an, für die unhebräischen Juden und für die Christen. Eine Übersetzung des Tischgebets, eine grosse und wie mir scheint wunderbar gelungene Arbeit. Es ist wohl die erste wirkliche Verdeutschung eines jüdischen Gebets,[2] in engstem Anschluss an Wort, Klang, Tonfall, Rhythmus. Es waren stundenlange Kämpfe um je 3 - 4 Zeilen, und wir haben die vielen schlecht Wetter-Stunden und selbst manche gute dazu ausgenutzt, und das wunderbare Essen hier (wirkliche Ströme von Milch, und Butter, und Eier, ganz vor-Kriegs-

Gutswirtschaft) das tat auch seinen Anteil am Gelingen. Jetzt in Kassel oder später werde ich zur Sicherheit noch alles, was ich an Kommentar habe, dazu lesen und dann wirds mit aller Kunst ins Reine geschrieben, und wenn du dann zu uns kommst, kriegst dus nach Tisch. Es ist so sehr aus dem wirklichen Sagen heraus entstanden, dass ich z.B. die grosse Festtagseinlage erst heute, nachdem gestern und vorgestern noch Festtage gewesen waren, herausbringen konnte; neulich wo bloss die beiden ersten Festtage vorangegangen waren konnte ichs noch nicht. Über Ediths Anteil (ausser dem eigentlichen, der ja doch die Hauptsache bleibt) war ich selber erstaunt; er war nicht bloss kritisch (mit [[fast]] absolut sichrem Gefühl), sondern auch positiv sind so viel erlösende Einfälle, z.T. ganz gewagte und doch vollkommen sinndeckende, von ihr, dass ich, wäre sie ein Mann und nicht meine Frau, es bei einer Veröffentlichung ehrlicherweise als Kompanie-Arbeit geben müsste; die ganze Tendenz und der entscheidende Grundeinfall (die rhythmisch-dekorative Schreibweise, mit viel Einrücken also u.s.w.) stammt natürlich doch von mir.

Aber nun gute Nacht, Liebe. Ich will geduldig sein. Es wird mir doch so leicht gemacht. Ich hab dich lieb. Dein Franz.

Durch die Besetzung[3] bleiben wir natürlich ein paar Tage [[mindestens]] in Kassel. Denk, Oldenbourg hat gestern prompt wieder angefangen, Korrektur zu schicken! Scheinbar will er nun den 1. Band[4] doch beschleunigen.

[1] Franz.: Wunder verpflichtet. Der 6. Januar war Rosenzweigs Verlobungstag.

[2] Der Tischdank. Dazu Sprachdenken im Übersetzen, 1. Band: Hymnen und Gedichte des Jehuda Halevi, S.XIIf.

[3] Am 24. März hatte die Reichsregierung ultimativ gefordert, die Aufstände im Ruhrgebiet zu beenden, die im Zusammenhang mit dem Kapp-Lüttwitz-Putsch begonnen hatten. Einen Tag später trat die Reichsregierung zurück. Am 26. März beauftragte Reichspräsident Ebert daher den SPD-Politiker Hermann Müller mit der Bildung einer neuen Regierung. Nach Ablauf des Ultimatums marschierten am 2. April Reichswehreinheiten ins Ruhrgebiet ein. Darunter befanden sich auch solche, die vorher den Putsch von Lüttwitz und Kapp unterstützt hatten. Auf einer Delegiertenkonferenz der Arbeiterräte in Essen sprach sich Wilhelm Pieck (KPD) für den Abbruch der Kämpfe aus. Am 5. April flohen große Teile der Roten Ruhrarmee in die von französischen Truppen besetzte Zone. Einen Tag darauf besetzten französische Truppen aus Protest gegen den Einmarsch der Reichswehr ins Ruhrgebiet u.a. Frankfurt/Main, Darmstadt und Hanau.

[4] Von „Hegel und der Staat".

An Margrit Rosenstock am 12. oder 14. April 1920

..... Edith ist schon schlafen, ich habe noch Korrekturen[1] gelesen; der grösste Teil der Anmerkungen zum 1. Band ist gekommen. Vielleicht erscheint der nun doch mal.
...
Ich bin noch so im Nachholen. Wann kommt wohl ein Wort von dir? Ich war so froh heut Morgen, als ich auf Ediths Nachttisch den Brief liegen sah, den sie gestern Abend nach dem Heraufgehn, als ich unten noch an dich schrieb, geschrieben hatte; ich hatte ja kein Wort gesagt, obwohl es mich auf der Zunge brannte. Sie ist besser als ich es verdiene. Kunststück! - was schreib ich da für Unsinn. Gute Nacht. Dein Franz.

[1] Für „Hegel und der Staat".

An Margrit Rosenstock am 12. oder 14. April 1920

13.IV.20.

Liebes Gritli, so ein Profiltag wieder wie in der Brautzeit, sie sind noch immer schwer zu ertragen, soviel näher wir uns sind; es ist eben doch eine so eingeschränkte Nähe, und so reich, so unerwartet reich das Gebiet ist was innerhalb der Schranken liegt, so wenig ist doch ausserhalb davon schon angebaut. Ich war den Tag über mit Hans und da war es eben wieder so, dass Edith kaum vorhanden war - und dass ich kaum darunter litt; am ehesten noch wenn sie dabei war. Hans selbst, das ist nun sonderbar, durch das viele Schweigen steht so sehr viel zwischen uns, nichts das uns verfeindet, kaum etwas was uns eigentlich trennt, aber viel was uns <u>auseinanderhält</u>. Schön wars dabei doch. Ihn über Eugen kennend und doch gar nichts wissend reden zu hören, ist auch seltsam.
Gute Nacht. Sie sind noch unten. Edith ist schon zu Bett.
Gute, gute Nacht, Liebe -

An Margrit Rosenstock am 15. April 1920

15.IV.20

.... Mit Mayer habe ich heut telefoniert, um unser Frankfurter Passvisum zu beschleunigen; er selbst heiratet Anfang Mai; vorher muss ich doch die Sache da im Reinen haben. Den Löffler-Brief und -Gegenbrief schickt mir bitte gleich gelesenhabend zurück (oder eventuell auch, mit ein paar Worten, an Strauss, denn seinetwegen will ich ihn bloss wiederhaben; Strauss soll die beiden Briefe lesen). Dass wir das Visum schon nächste Woche kriegen, glaube ich kaum. Aber vielleicht kann Mayer ein Wunder tun; er war ja lang in Paris.
Denk wie traurig: der ✡ wird in einem Riesenformat gedruckt, wie die Gundolfschen Bücher[1] (aber natürlich sicher nicht so schön), und er passt so gar nicht dafür. Aber Kauffmann hat den Ehrgeiz, ein „wissenschaftliches" Buch daraus zu machen; mein Vertrag giebt mir keine Handhabe dagegen, und ein gut-Zurede-Brief hat nichts geholfen. So wird mir wirklich die letzte Freude am „Büchermachen" genommen, noch ehe es überhaupt da ist.
...

[1] Friedrich Gundolf, Pseudonym für Friedrich Gundelfinger, 1880-1931, seit 1920 Professor für Literaturgeschichte in Heidelberg.

An Margrit Rosenstock am 16. April 1920

16.IV.20

Liebes Gritli - ein kurzes und betrübtes Grüsslein; es giebt keine Juden hier, Prager hat seinen Nervenanfall den er manchmal hat, (immer 1 - 2 Tage), und so können wir auch heute Abend kein „Wiedersehn" feiern. Und überhaupt, der Probesatz vom ✡ ist abgründig scheusslich; dabei durch mein Dazwischentreten bei Gotthelfts schon etwas besser als sie ihn selber gemacht hatten. Es sieht aus wie eine Dissertation! Ich habe an Strauss geschrieben, aber für den ist Kauffmann Tabu. An Kauffmann selber schreibe ich vielleicht auch noch, obwohl das ja nichts hilft, ich habe schon einmal ihm einen Brief über dies Thema geschrieben, ohne Erfolg.
...

An Margrit Rosenstock am 17. April 1920

17.IV.20

Liebes Grilti, die Tage laufen schnell weg, ohne dass man recht weiss, wohin. Die Atmosphäre hier ist mörderisch für unser eben anfangendes Zusammen. Das Leben besteht aus lauter „Störungen", lauter Von-aussen, so sehr bloss von-aussen, dass es gar nichts Gemeinsames werden kann. Hoffentlich gehen wir bald nach Frankfurt. Du weisst ja, wie wenig <u>ich</u> Edith im „Profil" vertrage, und hier muss ich sie den ganzen Tag so sehen. Dabei kann ich Mutter wirklich keinen Vorwurf machen, sie ist nett zu uns und „bei uns" könnten wir sie gern haben, aber bei ihr sind gar nicht wir, sondern ich mit jemand, der wie ich <u>weiss</u> meine Frau ist.

Sag, ist es denn immer so schwer, verheiratet zu Besuch zu sein? War es am Ende für euch hier auch so eine schwere Zeit 1916, und ihr habt es bloss nicht gesagt, weil ihr ja froh sein musstet es so zu haben?

Mit dem ✿ ist mir heute wieder leichter; ich habe nach den ersten beiden scheusslichen Proben heute eine endgültige fertiggebracht, die sehr schön wirkt; auf „monumental", da Kauffmann eben das grosse Format will. (Muster: Gundolfs „Sh. und der deutsche Geist",[1] also die dicke Kapitelüberschrift und ~~der~~ ein dicker Strich über jeder Seite ... So geht es nun an Kauffmann. Aber durch sein Verschleppen ist der Druck inzwischen fast <u>doppelt</u> so teuer geworden, so dass ihn das Exemplar über 20 M kosten würde, das bedeutete einen Ladenpreis von 60 - 70 M!! Hoffentlich kann er nicht abschnappen; ich weiss nicht, wie das verlagsrechtlich ist.

Auf die Seite geht bei diesem Satz etwa 1 ½ Seiten des Maschinenmanuskripts, also nicht allzuviel. Ich wäre sehr zufrieden so.   Gute Nacht - ja es <u>ist</u> gut sichs wieder sagen zu können. Aber - ich kann wieder nicht sagen, was ich sagen möchte. Hab wieder genug mit dem Dein.

[1] Friedrich Gundolf, Shakespeare und der deutsche Geist, 1911.

An Margrit Rosenstock am 18. April 1920

18.IV.20

Liebes Gritli, ich war mit Edith aus heute Vormittag, auf dem Friedhof und dann über den Forst zurück.   Nach Tisch waren wir bei Tante Julie. Wir sahen ein paar wunderbare frühe Photographien von Tante Emmy; sie ist einmal ganz hinreissend schön gewesen, dabei eine geistdurchstrahlte Schönheit, wirklich die Mutter von Hans. So waren wir wenig zuhause, nach dem Abendessen sogar oben, zum Nähen und Briefeschreiben, - und das war dann schon ein besserer Tag.

Im ganzen freilich — sag: muss man denn nicht das Gefühl haben, es wäre <u>selbstverständlich</u>, verheiratet zu sein, und mit dem, mit dem man es <u>ist</u>. Ich habe das Gefühl eigentlich nie, und wenn ichs mal habe, so zerreist es mir schon der nächste Augenblick (wirklich Augen-blick). I can't help it.[1] -

Morgen Abend kommen Rudi und Gertrud und Martha Kaufmann zum Essen zu uns. Hat Eugen in der Frkftr. Ztg. Kerns Auslassungen gesehen? Es stimmt charakteristisch zu dem, wie Weizsäcker sein Kriegsverhalten beurteilte. Überhaupt lese ich wieder Zeitungen.   In Breslau, wo Pragers über die Festtage waren, werden seit den dortigen Kapptagen[2] in 8 jüdischen Familien Angehörige vermisst, z.T. spurlos, z.T. schon mit bekannten Détails. Man hat Leute einfach zuhause aufgegriffen und „beseitigt".

Gute Nacht. Grüss Rudi, wenn er bei dir ist (ich meine: wirklich <u>bei</u> dir ist).

Dein Franz.

[1] Engl.: Ich kann es nicht ändern.
[2] Zum Kapp-Lüttwitz-Putsch die Anmerkung 1 im Brief an Margrit Rosenstock vom 15. März 1920, S.566.

An Margrit Rosenstock am 20. April 1920

20.IV.20

... Ach Liebe, nun bin ich wieder so viel freier als die letzten Tage; ich habe so gar keine Kraft übrig, und es wäre wohl schlimm, wenn ich dir mit meinen Überschüssen zum Gesundsein helfen müsste, sie sind ja einfach nicht da, es langt kaum für „hier". So ist es auch weiter nicht schlimm, dass wir uns jetzt nicht sehen werden; durch Dithas Besuch wird es ja jetzt unmöglich; ich hätte sonst daran gedacht, dass wir am Montag oder Dienstag zu euch herübergefahren wären (denn in Frankfurt werden wir da wohl fertig sein; Sonntag ist eine Sitzung). Die V.h.sch. will mich erst auf I.VIII., damit ich von da an den Winter, der am 1.X. beginnt, vorbereite. So sind wir ev. bis dahin noch hier, die 5 Wildunger Wochen mal ganz sicher für uns;[1] es wäre mir auch recht; ich würde mir dann das Vorlesungen Halten hier angewöhnen, sodass ich in Frkft. gleich als „Routinierter Dozent" anfinge; doch vielleicht wirds durch Löffler anders und wir müssen <u>gleich</u> nach Frkft. Z.T. ists ja auch Wohnungsfrage.

Du schreibst von unserm Nicht-Einsam-Sein so sicher als wäre das ein Besitz. Ich spüre jetzt täglich, dass es etwas eben so Heikles ist wie alle andern Geschenke, und dass es einem jeden Augenblick entzogen werden kann. Man ist eben nur zusammen, wenn man lebt; der Tod ist die Einsamkeit. Die Gleichung von Tod und Liebe ist heidnisch. Liebe und <u>Leben</u> gehören zusammen.

Gestern war mir <u>so</u> einsam, ich wollte zu Trudchen, um irgend jemanden zu haben; von dir war kein Brief da, an Rudi kann ich gar nicht denken. Um Edith laufe ich herum und wundere mich, dass sie immer da ist. Meine Verheiratetheit ist mir richtig unwahrscheinlich. Wenn ichs merke, dass ich es bin, so macht mich das nicht etwa unglücklich, durchaus nicht, beinahe eher glücklich. Aber von der Verwunderung komme ich auch dann nicht los. Diese Ehe war das tollste Wagnis meines Lebens. Das ist die Ehe wohl immer? man weiss es gewöhnlich nur nicht so genau. (Und dabei setzt sich für den Aussenstehenden diese doch aus „Garantien" gradezu zusammen).

Hansens Wirkung ist doch immer die gleiche; Rudi Hallo, der gestern vor Tisch 1/4 Stunde bei mir war, hatte ihn zweimal hier gesprochen und auch gar keinen Zugang zu ihm gefunden, er stellte ihn auch immer als etwas für sich auf die eine Seite, mich, Eugen, Rudi auf die andre. Zu Rudi möchte er wieder - <u>trotz</u> der Predigten, denen er den Leichengeruch anriecht! So schlugen wir eine Spirale um den heissen Brei und als es uns heiss wurde, stand er auf, sagte ganz unerwartet, sie ässen um 1/2 1 zu Mittag und verschwand! Vorher, und abends wieder, redete er dauernd von Wiedersehn in Frankfurt, worauf ich ihm natürlich sagte, meines Wissens wäre ich <u>hier</u> und nicht in Frankfurt, was aber nichts half (ebenso natürlich).

Hansens Ehe mit Else - schon! aber Elsens mit Hans? sie hätte einen paschahaften Germanen nötig gehabt und keinen Christen aus guter jüdischer Familie. Was meinst du wie glücklich sie dann wäre. Morgen nur 1/2 Tag Briefentfernung! Dein Franz.

[1] Rosenzweigs Mutter hielt sich zeitweise zur Kur in Bad Wildungen auf.

An Margrit Rosenstock am 23. April 1920

.....   23.IV.20

Hier gestern Strauss, Mayer, Sommers, Straussens. Der Besuch bei Mayer war sehr aufschlussreich. Es hat mir gar nichts geholfen, dass ich in der Broschüre die Wahrheit über mich sagte: sie wollen mich trotzdem, nicht wegen. Und ich werde zu allem Ja sagen. Bin ich erst einmal hier, so wird ja doch alles anders. Die V.h.sch. selbst wird dann eben nur ein Sprungbrett. Aber mit Löffler werde ich nun ganz sicher etwas ausmachen, schon um hier auf 2 Beinen stehen und ausser der V.h.sch., die tot von der Geburt an ist, noch eine andre, wenn auch an sich ebenso tote Organisation zur Verfügung zu haben.
- Wahrscheinlich fahren wir Anfang der nächsten Woche erst nach Heidelberg. Es wird sich wohl heut Vormittag entscheiden. Die entscheidende V.h.sch. sitzung ist Sonntag Vormittag.
Aber ich kann dir nicht von diesem dummen Zeug schreiben. Es wird ja was werden „und kein Ende".[1] Ich bin müde, ehe es überhaupt angefangen hat. Dazu die Stummheit über alles worin ich eigentlich leben lebe und das So-tuen-als-ob-mir hier die Dinge auch nur einen Hauch Atem lohnten. Und doch muss ich so tun - was bleibt sonst von meiner „Ehe".

Dein Franz.

[1] Anspielung auf die im Brief erwähnte „Broschüre" Rosenzweigs: „Bildung und kein Ende".

An Margrit Rosenstock am 23. April 1920

.....   23.IV.20

... Edith ... Sie fühlt natürlich, dass etwas in mir los ist (wirklich „los", mein Räderwerk ist in Unordnung, und ich wundre mich, wenn es trotzdem, nach einigem Schlingern, wie heut Nachmittag wieder bei Löffler, wieder läuft.) Sie fühlt, dass etwas geschieht, aber sie geht fraglos und still darüber weg. Sie kann noch nicht fragen, und ich kann ungefragt nicht sprechen. Und so kann ich auch die schrecklichen beiden Anführungsstriche um das Wort Ehe, die mich noch mehr bedrücken ... nicht zurücknehmen ... Ich weiss wohl, dass das keine Ehe ist, worin ich mit Edith lebe. Aber gesagt wird es noch schlimmer als es schon so ist. ... Wir sind so unendlich weit auseinander. Aber dies ehrliche Auseinandersein ist mir ja immer noch lieber als die billige Illusion eines Zusammenseins, die ich mir ja leicht schaffen könnte.
Die Kraft ist von mir gewichen. Heut Nachmittag kam ein Brief von Hans, worin er meine (ganz toten) Tage mit ihm in Kassel als die wiedergefundene Resonanz bejubelt! Du weisst, wie ganz anders ichs empfunden habe. Er meint, es Edith zu verdanken!!! Ich habe ihm gleich geantwortet und ihm rund heraus gesagt, dass ich in den Tagen in Kassel überhaupt kein Gefühl der Nähe gehabt hätte. Dann fügt er noch einen zweiten Bogen hinzu, den schicke ich mit. Was er da sagt, ist einfach wahr. Ich komme wirklich nicht mehr mit. Es lag ein Brief von Barth an Rudi dabei, den hab ich einfach nicht verstanden. Ich verstehe aber auch mich selber hier nicht mehr, und höre mir, wenn ich hier grosse Worte mache, manchmal zu wie einer Walze, die in mir abläuft. Dies überhitzte Scheinleben, was der Leichnam manchmal noch zeigt, ist wohl die Verwesung. Du würdest das wohl auch bald merken, wenn du mich sähest.

Ich bin nichts mehr. Und in dem Augenblick kauft man mich für „etwas". Es ist so beschämend, lebender Leichnam zu sein und es selber zu wissen!!
    Dein Franz

An Margrit Rosenstock etwa am 25. April 1920

....

Wir fahren Mittwoch nach Frankfurt zurück, Donnerstag nach Kassel. Die Wohnungssuche läuft. Gestern Abend Bertha Pappenheim, ein grosser Eindruck.
...
Die äusseren Erfolge bei gleichzeitiger innerer Pleite scheinen ja überall zu sein. Eugen gewinnt Prozesse, ich „erobere Frankfurt" (beinahe <u>ohne</u> Anführungsstriche diesmal), es sollte mich nicht wundern, wenn Rudi doch noch Millionär würde.
    Dein Franz

An Margrit Rosenstock etwa am 30. April 1920

30.IV.20.

Liebes, mein liebes Gritli, das Herz ist mir schwer und doch leicht. Es war ja so gut, wieder ein paar Tage mit dir und um dich zu sein, auch wenn es nur auf kurze halbe Stunden ein „bei dir" war. Das Bei-dir hab ich ja auch so, auf dem gelben Papier.
Ich sah ja auch, wie es dir war, im letzten Augenblick, und wir sind doch schon schwerer auseinandergegangen; es steht doch über allem jetzt ein Hoffnungsstern, - nicht mehr als ein kleiner Stern, aber der auch wirklich. Ich werde das eigentliche „Verzichten" nie lernen, und will es auch gar nicht lernen. Ich kann mich doch nicht dabei beruhigen, bei diesem Auseinanderleben meines Lebens in mehrere Leben. .....

An Margrit Rosenstock am 2. Mai 1920

2.V.20.

... Der Tag heute ging über Schwätzen mit Mutter und über einem langen Brief an Oldenbourg hin (ich habe nun doch den Stein ins Rollen gebracht und Oldenbourg auf Kauffmann gehetzt, schon um etwas Dampf hinter K. zu machen.   Schade ists ja um die Bekleckerung, aber da K. sonst doch irgend ein Traktätchen oder „Kunst"-Blatt aus seinem Verlag hinten anzeigen würde, so änderts nichts.) Vor allem habe ich Oldenbourg auf sein Verlangen einen Waschzettel gedichtet, dass selbst du jetzt Lust auf das Buch bekämest. Ich habe Eugen als Rezensenten fürs Hochland genannt.
......
Mutter reist Dienstag. Nachmittags werde ich dann die einleitenden Schritte für meine Kurse[1] tun. Was ich ausser Hebräisch geben werde, weiss ich noch nicht.
Ich will noch mit Edith die Briefe fortbringen. Es ist mir so dürr heute Abend. Die seelenmörderische Tätigkeit dieses Waschzettelschreibens hat auch ihr Teil daran. Nimm mich wie ich bin, ich kann mich dir nicht besser geben, verstaubt, dürr und lahm. Nimm mich!
    Dein.

[1] Von Mai bis Juli 1920 gab Rosenzweig in Kassel jüdische Kurse, bevor Ende Juli der Umzug nach Frankfurt erfolgte.

An Margrit Rosenstock wahrscheinlich am 3. Mai 1920

.....

Der ✡ hat neuerdings wieder Aussicht auf kleines Format. Es ist mir aber alles so fern.

An Margrit Rosenstock am 4. Mai 1920

4.V.20.

Liebes Gritli, Mutter ist fort, mit Pech und Schwefelgeruch, und uns ist wohler. Ich habe heute die 2 Dämchen hier gehabt und mit ihnen die Kurse besprochen. Es wird wohl werden. Hebräisch für Anfänger, 3 stündig, Wissen und Glauben, Jüd. Gesch. im Rahmen der Weltgesch.,[1] und eine Arbeitsgemeinschaft, je 1 stündig. Das Ganze also 6 Stunden, und 6-8 Wochen, sodass ich Anfang Juli fertig bin. Morgen werden die nötigen äusseren Fragen (Saal, Bekanntmachung u.s.w.) geregelt. Eintritt wahrscheinlich für Hebr. 3, für die Vorlesungen 4, die Arbeitsgem. 5 M die Stunde. Für Ehepaare etwas ermässigt. Der Ertrag für die entstehende jüd. Bibliothek hier. Nächste Woche fang ich an. Die Weltgeschichte habe ich mir eben schon etwas überlegt. Von Wissen und Glauben weiss ich bisher nur den Anfang, die Geschichte von Zunz und Cohen („„ein ehemaliger Theologe ist <u>immer</u> ...")[2]

Zu allem kam auch dein Brief. Ich bin froh, dass ihr euch aufgemacht habt. In Wimpfen bin ich mit Hans mal gewesen, da hab ich allerdings auch die alte Kirche mit ihrem schiefen Chor (der an das geneigte Haupt des sterbenden Gekreuzigten erinnern soll in guter Erinnerung, besonders von aussen. Wir waren damals weiter nach Komburg und Hall, und das war dann erst der ganz grosse Eindruck. Auf dem Hinweg sahen wir Maulbronn, auf dem Rückweg glaube ich Heilbronn. Es war wohl das einzige Mal, dass ich vor eurer Zeit im Württembergischen war.

Es ist spät geworden. Gute Nacht.

Liebes Gritli - Dein Franz.

[1] Die Vorlesungs-Entwürfe sind abgedruckt in Zweistromland: Jüdische Geschichte im Rahmen der Weltgeschichte (S.539-552), Glauben und Wissen (S.581-595).

[2] Punkte von Rosenzweig; Leopold Zunz, 1794-1886, Wegbereiter der jüdischen Emanzipation und Begründer der Wissenschaft des Judentums. Zu der angespielten Anekdote Zweistromland S.185.

An Margrit Rosenstock am 5. Mai 1920

5.V.20.

Liebes Gritli, es ist wieder so spät. Aber es ist wirklich schon besser, seit wir für uns sind. Einfach weil wir dann doch auch das merken was schon da ist, und mag es noch so wenig sein.

Ich war bei Tante Julie heute, und habe mich ihr einmal wieder ganz geben können; ich tat es ohne Rücksicht, wie sie es „vertrug", sie war erschüttert und doch froh, dass ich so zu ihr kam.

Mir ist über Mutter etwas klar geworden dabei. In der furchtbaren Umstellung bei der Nachricht von Vaters Tod, die sie ja zuerst auf mich bezogen hatte, hat sich ihr ganzes Leben umgestellt: von mir auf Vater. Daher lebt sie erst seitdem mit Vater in einer wirklichen Ehe; noch gröber: erst seitdem liebt sie ihn. Was ist die Ehe für eine verrückte Sache! keine gleicht der andern, und doch haben sie alle den gleichen Namen.

Die Kurse sind eingeleitet, nächste Woche, am Montag fange ich an. Ich werde wohl nur Damen haben; die meisten Herren können zwischen 5 und 7 nicht. Aber Abends wollte ichs nicht machen, es ist mir zu aufregend. Ich habe mir ja nun doch, faute de routine,[1] wieder aufregende Themen gewählt, besonders an die Weltgeschichte[2] gehe ich mit der bekannten Mischung von Angst und Freude. Übrigens nebenbei noch mit

der privaten (ungemischten) Angst, über Ediths Kopf wegsprechen zu müssen (und nicht weil ich schlecht oder „zu hoch" sprechen werde).
Bei den Besprechungen heute habe ich einen ganz vergessenen Schulkameraden der in Quarta abgegangen war, kennen gelernt; er war ein ganz netter Kerl geworden. Ich wundere mich ja immer, wenn ich hier in Kassel jemanden kennen lerne.
Gute Nacht. Wirst du morgen wieder da sein? Gute, gute Nacht
- Dein Franz.

[1] Franz.: aus Mangel an Routine.
[2] Jüdische Geschichte im Rahmen der Weltgeschichte, abgedruckt in Zweistromland S.539-552.

An Margrit Rosenstock wohl am 6. Mai 1920

Liebes Gritli, heut Vormittag war ich auf Mutter hin bei dem Menschen, der hier die V.h.sch. macht gegen den üblichen Widerstand der Lehrer u.s.w. - ganz der normale Fall. Dr. O̶k̶t̶ Bräuning-Oktavio ..... Morgen liegen 300 bedruckte Postkarten in den Häusern. Mir ist schwummrig. Was werde ich sagen? nur für die Sprache ist es mir einigermassen klar, und selbst das wird eine Improvisation, denn ich will den Leuten ja keine Regeln erzählen, sondern ihnen zeigen, dass sie die grammatischen Regeln jeder Sprache in sich haben, sie brauchen bloss - zu sprechen. (Und ich rede mir ein, auf die Weise die Sprache lehren zu müssen, und dass es so besser gehen wird als nach der Methode der Schulmeister)
Dein Franz.

An Margrit Rosenstock am 7. Mai 1920
7.V.20.

Liebes Gritli, es ist ja so etwas andres, deine „Leere" und meine. Meine ist eben nichts Zeitweiliges und wenn kein Wunder geschieht, so wird es nie besser, sondern nur immer schlimmer. Sie hat ja einen Grund, und keinen vorübergehenden. Es hat wohl so sein sollen.
.....
Das alles ist leicht zu wissen und allenfalls zu verstehen, aber schwer darunter zu leben, einen Tag wie den andern, und mit den Resten von Leben die noch von vorher in einem sind, Geschäfte zu machen und „zu tun, als ob". Ich komme mir vor wie Goethes Mann von 50 Jahren, der sich schminken liess um jung auszusehen. Ich bin alt geworden und passé. Was hast du noch an mir?
Dein Franz.

An Margrit Rosenstock am 8. Mai 1920
8.V.20.
....
In den Kursen giebts aber nichts zu „lernen". Die neuste Christin Ditha hat sehr wohl gespürt, dass man mit Hebräischlernen dem Judengott den kleinen Finger giebt. Nun ist sie ja aus aller Gefahr.
Also für deine „Lernlust" wärs keine Speise. Aber was sonst? mir ist so hundeelend, und ich weiss wirklich nicht, ob mich die Ereignisse so herunterbringen oder ich die Ereignisse.
Ja — es war im Krieg besser.
Dein Franz

An Margrit Rosenstock am 9. Mai 1920

9.V.20.

.....

Ich erkläre nun aber Eugen, dass ich mit dieser Reise zu Picht das Äusserste an Selbstentwürdigung auf mich nehme. Ich tue es Eugen und Rudi zuliebe. Ich will Ruhe vor ihnen habe. Picht soll also heut Nachmittag durch Augenschein konstatieren, dass mir die allgemeinen Kennzeichen des Typus Mensch, trotzdem ich „bloss Jude" bin, nicht fehlen - 2 Augen, Nase, Mund u.s.w. Wenn er dann immer noch nicht zufrieden ist, so liegt es jedenfalls nicht mehr an mir.

Die Reise kommt mir in jeder Beziehung sehr zu unpass. Korrekturen, die Vorbereitung auf die Kurse - alles bleibt liegen. Aber es muss sein, damit ich diese unsinnigen Vorwürfe nicht mehr hören muss, die die Schuld von Pichts Voreingenommenheit gegen mich - auf <u>mich</u> abwälzen.

Übrigens will ich dir mal den Badener Vortrag heraussuchen,[1] damit du siehst, wieviel Recht eine selbst darauf begründete Abneigung eigentlich hat. Er wird dir nämlich ganz gut gefallen. Er ist jugendlich kernlos gewesen, aber ganz lebendig. Die lebendige Keimzelle, aus der dann die Totgeburt des Hegelbuchs gekommen ist. Aber Schluss (sonst kommt Barth gleich mit Kybeledienst angelaufen).

Die Leute sind entrüstet über meine hohen Preise. Ich lege eine Anzeige bei.

Dein Franz.

[1] 1910 fand in Baden-Baden eine Konferenz jüngerer Historiker und Philosophen aus Südwestdeutschland statt, an der auch Rosenzweig und Picht teilnahmen. Dazu Briefe und Tagebücher S.96f.

An Margrit Rosenstock am 9. Mai 1920

9.V.20.

Liebes Gritli, ich bin zurück von Göttingen ... Picht habe ich nun also hinter mir, Gott sei Dank. Ich habe kein Bedürfnis ihn wiederzusehen. Objektiv war er mir ja ganz bekannt, es war mir nichts überraschend an ihm. Es ist ein ausserordentlicher Mensch — soweit er ein Mensch ist. Er ist mir tief unsympathisch im Ganzen — das hätte ich nicht erwartet. Denn alles Einzelne an ihm ist bewunderungswürdig. Aber sein Ganzes ist wie sein Gesicht: embryonenhaft. Man kann nicht sagen, dass er herzlos wäre, oder kalt, oder lieblos, oder seelenlos, aber das Sonderbare ist: er wirkt, als ob er das alles wäre. Und das kommt wohl so: es ist alles bei ihm ausgewogen und im Gleichgewicht, nun bleiben nirgends Über- (oder Unter-) schüsse. Die Waage neigt sich nicht, sie steigt auch nicht. Er ist ein Mensch ohne Gefälle, und auch ohne Auftrieb infolgedessen. Wenn er mal stirbt, wird seine Seele im Körper bleiben und weder gen Himmel noch nach unten fahren. Vielleicht kann man ihn lieben wie ein Kunstwerk. Wie einen Menschen nicht. Eugen liebt ihn <u>nicht</u>; das ist mir klar geworden. Eugen hat ihn aus Ehrgeiz oder Eitelkeit oder wie ers nennen mag, <u>erobern</u> wollen als eine Bestätigung und Befriedigung für sich.

Es war übrigens ein sehr angeregter Nachmittag. Ich habe auch nicht etwa mich künstlich verschlossen, sogar ruhig von jüdischen Dingen gesprochen, wobei er, wie überhaupt, tadellos Haltung bewahrte. Aber natürlich dass es unmöglich ist, sich in seiner Gegenwart zu geben - auch Rudi war ganz komisch, nicht zum Wiedererkennen. Die einzige, die sie selber blieb von uns dreien, war Helene; er war ordentlich, als stünde ein Öfchen im Zimmer, solange sie da war. Wie sie rausging, um die Kinder zu besorgen, ging ich mit und blieb einfach bei ihr, bis ich wieder allmählich Mensch wurde. Aber glaub bitte nicht, ich wäre eklich zu ihm gewesen. Ich war so nett wie ich konnte, - nur eben „vornehm". Und ich bin nicht vornehm, Gott sei Dank ich bin es nicht. In all meiner Leere und Kaputheit ist mir doch wohler in meiner Haut, da darf ich doch schreien und flüstern wie mir zu Mute ist. Das verfluchte Mezzoforte!

[1] Nein! noch nicht ff [fortissimo - sehr laut], aber doch f [forte - laut]. Dein.

An Margrit Rosenstock wahrscheinlich am 10. Mai 1920

Liebes Gritli, ich bin sehr zufrieden, der Anfang der Kurse war sehr gut. Ich bin wohl von allen verstanden worden. Die „Klugen" fanden es sogar „zu einfach" und meinten, ich hätte populär sprechen wollen. Das ist aber gar nicht wahr. Ich kann diese Dinge jetzt gar nicht mehr anders sagen als ganz einfach und alles per Du; es bleibt nichts bloss-objektiv, nichts bloss wahr, es wird alles wirklich. Ich habe die ganze Stunde nur von Glauben und Wissen[1] überhaupt gesprochen und es die Leute erleben lassen, dass sie alle im Leben fortwährend glauben und wissen, und dass sie um wissen zu dürfen, immerzu glauben müssen. Alles gruppiert um eine Gegenüberstellung von „Ich glaube dir" und „ich kenne ihn". Dazu viel Anekdoten und überhaupt ein Durcheinander von Pathos und Drolerie. Vierzig Menschen, meistens Frauen. - Im Inhalt gar nicht spec. jüdisch, noch nicht einmal spec. theologisch. Im Sprechen zwar nicht entfernt so gut wie Hans, aber doch sehr gut, durchweg so gut (wenn auch ganz anders) wie Rudi in den Diskussionsantworten am Schluss des Todvortrags war. Ich hatte eben noch ein Notizblatt mit, will das zunächst auch weiter so machen; ich fühle dass ich jetzt wirklich Dozieren lernen werde. Die nächsten Stunden kommt nun jede Stunde ein Wissensbegriff und ein Glaubensbegriff, immer so dass der Wissensbegriff von dem Glaubensbegriff erst verwirklicht (aus dem blossen Kannsein-kannseinauchnicht des Wissens herausgerissen) wird. Und zwar werde ich, nächste Stunde, die „Naturphilosophie", übernächste die „Geschichtsphilosophie" geben und wieder jedesmal es den Leuten zur Erfahrung machen, also nächste Stunde von ihrem Leib, übernächste von ihrem Leben sprechen - und nur nebenher von Sonn und Welten[2] und von hinten weit in der Türkei.[3] Weisst du was das Naturgesetz in den Gliedern ist? Der Tod. Und das Schöpfungswunder in den Gliedern: die Geburt. Und dann ists kinderleicht zu zeigen, wie man in jedem Augenblick sowohl aus dem Wunder wie unter dem Gesetz lebt. Und so ist dann die ganze Welt draussen auch. Wird das nicht schön?

Louis Oppenheim setzte aus: was ich „glauben" genannt hätte, wäre doch nur so, wenn man verliebt wäre. Du siehst also, es war richtig.

Es tut mir jetzt doch leid, dass du es nicht hören kannst.

Dann war heute Mittag Kaufmann hier und der ✶ wird nun doch endlich gedruckt, im Gundolfformat, hier bei Gotthelft. Ich bin neugierig, wann ich den ersten Korrekturbogen habe.

...

Was du von dem Nichts-zu-überbrücken-haben schreibst, ist wohl wahr. Formen sind nur da nötig. Im Haus also normalerweise nur, wenn Eltern und Kinder da sind. Unser Fall, wo sie schon zwischen uns selber die Brücke schlagen müssen, ist abnorm. Übrigens aber und vor allem: es geht nur, wenn die eigenen Formen sich zuordnen zu bestehenden allgemeinen Formen. Will man die eigenen Formen als eigene (und doch als Formen), dann wirds rettungslos — lächerlich. Nur die Vorstellung, „es" (die bestehende allgemeine Form) doch „recht schön" (also eigen oder wenigstens „selber") machen zu müssen, giebt einem den nötigen Ernst. Übrigens ists auch für uns sofort furchtbar (nein nicht „furchtbar", aber „lächerlich") schwer, sowie wir eine Form erfüllen wollen, für die uns der wenn auch dünne Faden der Tradition überhaupt fehlt. So löste sich neulich einmal die „heilige Handlung" in ein befreiendes Gelächter auf, das dann heiliger war oder jedenfalls heilsamer und heiler als die heilige Handlung. Also: eure „Form" ist: ihr geht am Sonntag in die Kirche. Das ist (qua „Form") das einzig Mögliche. Irgendeinen anständigen Pfarrer wird es in Schwäbisch-Stuttgart doch schon geben. .....

[1] Glauben und Wissen, abgedruckt in Zweistromland S.581-595.
[2] Goethe, Faust I, Prolog im Himmel: „Von Sonn und Welten weiß ich nichts zu sagen, / Ich sehe nur, wie sich die Menschen plagen."
[3] Goethe, Faust I, Vor dem Tor: „Wenn hinten, weit, in der Türkei / Die Völker aufeinanderschlagen ..."

An Eugen Rosenstock am 10. Mai 1920
... 10.V.20.
Ditha?[1] ... natürlich stehe ich heute zu Judentaufen anders als 1909 bei Hansens,[2] ich habe auch das Recht dazu. Auch Ditha hat ja voriges Jahr gemeint, es mir gegenüber objektiv begründen zu dürfen, weil das Judentum doch so eine üble Religion sei u.s.w., ohne lieben Gott, ohne Vergebung der Sünden und was weiss ich, statt mir ehrlich und grob zu sagen (wie sie durfte): lassen Sie mich in Ruhe, was gehen Sie meine Privatangelegenheiten an. Wer diesen Schritt objektiv begründen zu dürfen meint, dem darf ich heute (ich, heute) ebenso objektiv sagen, dass er - mindestens leichtsinnig ist, wenn nichts Schlimmeres. Tut Ditha das nicht, sieht sies gar wie du als ein „nachzusehendes" „Ärgstes" an, so kann ich natürlich nur schweigen, - bei Ditha, die sich mir fern stellt, höflich, bei jemandem der mir nah steht, liebevoll.
...

[1] Die jüdische, aber vollkommen assimiliert aufgewachsene Schwester von Eugen Rosenstock, die zeitweise erwog, bewußt zum Judentum zurückzukehren, und dabei auch den Kontakt zu Rosenzweig suchte, sich dann aber taufen ließ.
[2] Als Hans Ehrenberg sich 1909 teils gegen den Protest seiner Familie taufen ließ, äußerte Rosenzweig Verständnis für diesen Schritt. Dazu Briefe und Tagebücher S.94f.

An Margrit Rosenstock am 11. Mai 1920
11.V.20.
Liebes Gritli, es war ein schöner Nachmittag mit Martha Kaufmann, sie ist eine echte Person. Auch Edith war mehr dabei als sonst. (Ich meine nicht etwa, dass sie mehr gesprochen hätte). Vielleicht ist es einfach schwer für sie, „dabei" zu sein, wo

ich einen Vorsprung vor ihr habe, und wo wir zusammen kennen lernen, fällt es ihr leichter. Das wäre ja ganz natürlich. Wie ich am Sonntag mit dem peinlichen Gesamteindruck von Göttingen zurückfuhr, hatte ich so gar nicht das Gefühl, nun „nach Hause" zu fahren; ich fühlte mich eigentlich heimatlos in der Welt umher pendeln, heimatloser als etwa voriges Jahr, wo meine Gedanken ja gleich wussten, wo sie ihre Heimat finden würden, weil sie eben gleich zu dir liefen; jetzt laufen sie dann zuerst natürlich zu Edith oder wollen es wenigstens, und dann merken sie dass sie da noch keine Aufnahme finden, aber dann stehen sie müde da und können kaum mehr den Weg bis zu dir machen. Das Anklopfen und Nichtgehörtwerden an der ersten Tür hat sie eben schon lahm gemacht. Dabei ists ja aber ein „erträglicher Zustand".

Eugens Buch ist gekommen. Ich war erst so dumm, dass ich - die Widmung nicht verstand. Erst beim Blättern stiess ich auf die Stelle und wusste es nun. Allerdings hatte mich das „Wir" irre gemacht.

Etwas bange ist mir jetzt doch vor den Sprachstunden. Ich bin ja selber grammatisch gar nicht sehr sicher.

Martha K. war von der Stunde gestern auch nur mässig befriedigt. Es wird wohl wirklich nicht sehr gut gewesen sein.

Ist es nicht ein herrliches Papier? Ich kann es dir wohl noch besorgen, wenn es dir für dich gefiele.

Dein Franz.

An Margrit Rosenstock am 12. Mai 1920

12.V.20.

Liebes   heut und gestern nichts. Ich bin müde von dem Nachmittag. Es ging gut im Hebräischen; ich hatte nicht ganz 20 da, auch Louis, Trudchen,[1] Paul Frank,[2] Hans Mosbacher.[3] Ich hörte noch allerlei über Montag. Von zweien, einer ganz entjudeten jungen Frau und einer jüdisch interessierten Bäumer-Schülerin,[4] sie seien noch eine Stunde nachher zusammen herumgelaufen vor Aufregung; aber andre hätten es grade deshalb abgelehnt: es wäre nur Seele gewesen und in einem Vortrag dürfe man auch „Geist" verlangen. - Das Hebräische heute habe ich wohl sicher glänzend gemacht. Ich bin müde. Gute Nacht.

Dein Franz.

[1] Louis und Gertrud Oppenheim. [2] Paul Frank, ein Vetter von Gertrud Oppenheim.
[3] Hans Mosbacher, ein entfernter Verwandter Rosenzweigs. [4] Gertrud Bäumer, 1873-1954, Schriftstellerin.

An Margrit Rosenstock am 13. Mai 1920

13.V. Heute ja wieder nichts.   Tante Emmy rief eben an, enthusiasmiert von gestern, und nun sehr offen abfällig über Montag. Ich nehme aber beides nicht an. Ich freue mich sehr auf nächsten Montag, es wird eine dolle Stunde. Ich werde Morgensterns Elef-anten-Gedicht aus den Galgenliedern[1] deklamieren und ein gutes Wort für den - Storch einlegen.

[1] Christian Morgenstern, Galgenlieder, Anto-logie.

An Margrit Rosenstock am 14. Mai 1920

14.V.20.

...
Strauss schickte einen kleinen merkwürdig verbauten Aufsatz über seine Bibelstunde, den ich ihm eben etwas einzurenken versucht habe. Und nun kommen noch die - letzten - Korrekturen zum ersten Hegel-Band dran (das Titelblatt ist doch jetzt ganz hübsch so?) und so wird das auch nur wieder ein „halber" Brief.
Rudi sprach ich schon am Telefon. Er weiss also inzwischen, dass es mit mir und Picht nichts ist. Für Picht wars natürlich anders. Er hatte ein Vieh erwartet und einen (für seinen Begriff) Menschen „kennen gelernt". Ich hatte einen Menschen erwartet und einen - für meinen Begriff - Unmenschen gefunden. Ich habe ja seit ich ihn gesehen habe gar nicht mehr meine frühere sehr starke Kritik gegen ihn (die ich ja wirklich gegen ihn hatte wie gegen irgend einen meiner Nächsten). An ihm ist alles verloren. Er mag weiter vollendet schöne Aufsätze schreiben und aus dem Dunkel irgend eines Kabinetts die Welt regieren. Mit Menschen kann er ja gar nicht leben. Was ich früher dachte: warum macht er selber nichts von seinem Volksh.sch.programm, denke ich jetzt nicht mehr. Er kann es einfach nicht und wird es nie können. Es könnte ihm dabei doch einmal passieren, dass er einem Menschen von nicht vollkommenem ausgeglichenem Charakter, vielleicht gar einem - Gott behüte! - „Albernen" begegnete. Und das könnte er sich doch nicht zumuten. Papier, schönes sauberes Papier, für Feuilletons einer- und für Akten andrerseits - mehr braucht er nicht. Ich freue mich, [[über]] morgen Rudi wieder in natura zu sehen, nicht in der Zwangsjacke, die einem Picht schon durch seine „gepflegte Sprache" - und dazu das Kaulquappengesicht - anlegt.

Dein Franz.

An Margrit Rosenstock am 15. Mai 1920

15.V.20.

Liebes Gritli, es war so ein schöner Tag von gestern Abend bis heute Abend. Das giebt einem doch immer wieder die Hoffnung, dass in diese Form doch auch einmal der Inhalt hineinfliessen muss. Manchmal habe ich das Gefühl, es läge vielleicht überhaupt nur an mir, dass es noch nicht geschieht, und gar nicht an ihr.
Wo magst du wohl sein? Es war ja wieder ein Tag ohne ein Wort von dir. Mutter würde meinen, du wolltest mich jetzt endlich „entwöhnen". So die Einzelheiten des Tages zu erzählen wird mir sogar wirklich schwer, wenn ich gar nicht recht dein Wo und Wie weiss.
Von Trudchen, die Feuer und Flamme für mein Hebräisch ist, habe ich schon eine Postkarte mit hebräischen Buchstaben!
Ich will noch vor Schlafengehen den endgültig letzten Bogen des ersten Hegelbandes korrigieren. Vom ✿ ist wieder alles still! Aber doch wohl nur die Stille vor dem Korrekturensturm.

Dein Franz

An Margrit Rosenstock am 16. Mai 1920

16.V.20.

Da ist doch wieder ein Brief von dir. Ich war ja etwas ausgehungert. Und selbst wenn sich ein Abgrund darin auftut zwischen uns, wie in dem wie du von Ditha schreibst und wie ich es empfinde, - so ist es immer besser, man sieht sich über einem Abgrund

als man sieht sich gar nicht. Ditha - wenn ein Mann dabei wäre, so fände ich gar nichts dabei. So aber ist es für mein Gefühl eine glatte Abscheulichkeit. Ich habe zu gut in der Erinnerung wie sie voriges Jahr schleunigst retirierte,[1] als sich ihr die Möglichkeit der Entchaotisierung ihres Lebens auf <u>jüdisch</u> zeigte. Eugen spricht zwar von der Ernsthaftigkeit der Geschwister Rosenstock in Glaubenssachen. Aber diese Ernsthaftigkeit beginnt, <u>wenn</u> sie beginnt, doch erst <u>jenseits</u> des Jüdischen. Das ist nun einmal deklassiert. „<u>Er kann doch Pichts keine jüdische Frau vorsetzen</u>" (Ernsthaftigkeit in Glaubenssachen!?). Schwamm (mit <u>ungeweihtem</u> Wasser) darüber. Nur von Überzeugung, Ernsthaftigkeit u.s.w. möchte ich in diesem Zusammenhang nichts mehr hören. Ich habe in diesem Fall auch genug zugesehn, um zu wissen, was - in <u>diesem</u> Fall - daran ist. Das „sie weiss nicht, was sie tut",[2] was Eugen und Hans damals zugute kam, kommt ihr <u>nicht</u> zu gute. Sie wusste es und tat es doch. Es ekelt mich, daran zu denken. Und dass es dich <u>nicht</u> ekelt, das ist eben ein Abgrund zwischen uns. (Dass Eugen nicht so frei sein kann, diesen Ekel zu verspüren, verstehe ich wohl. Das ist etwas andres. Du könntest es wohl.)
....

[1] Retirieren: sich zurückziehen, sich zur Ruhe setzen.   [2] Anspielung auf Lukas 23,24.

An Margrit Rosenstock am 17. Mai 1920

...   17.V.20.

Heute die zweite Stunde Wissen und Glauben, sehr schön und diesmal auch für die ~~zuvor~~ voriges Mal nicht genügend Geistbeschwerten genug. Natur → ~~Natur~~Gesetz → Tod
Schöpfung ← Wunder ← Geburt
Du merkst schon an dem Schema (das ich natürlich <u>nicht</u> gegeben habe), dass ich mich nicht etwa selbst plagiiert habe. Es war wirklich schön.   Das Hebräische gelang weniger. Aber denk: Trudchen hat Edith gebeten, ihre Kinder zu unterrichten. Es wird vielleicht noch der kleine Baumann und zwei kleine Mosbachers dazukommen. Wir werden also eine ganz hebraisierte „Mischpoche"[1] hier zurücklassen.
...

[1] Jiddisch: Familie; von Hebräisch: משפחה.

An Margrit Rosenstock am 18. Mai 1920

                                                                    18.V.20.

Liebes Gritli,   Seelenlos? ich <u>kannte</u> doch den Brief, du hattest ihn mir damals in Heidelberg, noch ehe du ihn an Eugen schicktest, fast ganz vorgelesen, ich hatte ihn genau in Erinnerung. Das, und vieles andre, und die Aufsätze, - das alles zusammen ist ja der Picht, den ich bis zum Sonntag vor 8 Tagen <u>liebte</u>; ich darf das Wort ruhig gebrauchen; ich liebte ihn wirklich, meine Kritik war Liebe, und nur weil ich ihn so sah (<u>ehe</u> ich ihn gesehen hatte) konnte ich ja damals dein Verhalten zu ihm nicht begreifen, denn so tut man ja nicht gegen einen <u>Menschen</u>. Seit ich ihn gesehen habe, begreife ich dein Verhalten, weiss dass ich in der gleichen Lage genau so gegen ihn handeln würde, weiss aber auch, dass ich ihn damit ausstreiche aus der Reihe der Lebendigen. Seelenlos - nein das habe ich nie gesagt; er ist seelenvoll wie ein Musikstück, aber (sowenig wie ein Musikstück) ein <u>Mensch</u>. Der seelenloseste härteste

Mensch könnte mehr Mensch sein als er. Ich weiss mich wirklich frei von Gehässigkeit gegen ihn, er ist mir nur völlig „nicht existent im Eigensinn", seit ich ihn gesehn habe.   Ich lese den Brief, wie ich einen Humboldtbrief[1] lese, lese ihn eigentlich mit dem Gefühl der Druckreife und habe gar nicht mehr wie vor einem Jahr das lebendige Gefühl, helfen zu müssen, ja und nein sagen zu müssen - was weiss ich. Es ist geformtes Leben, Musik der Seele, - aber eben <u>Form</u>, <u>Musik</u> - ein Kunstwerk auf zwei Beinen. <u>Ich aber bin albern</u>, das ist das Gegenteil vom Kunstwerk, und <u>halte mich zu den Albernen</u>, - ob Jud oder Christ, ob „Germane" oder „Semit", einerlei, solange es nur Menschen sind, Menschen die ich hassen kann oder lieben, Menschen in deren Gegenwart ich atmen kann und leben und die nicht mir (und Rudi und - dir) Atem und Rede verschlagen.
....
Nun aber wirklich genug, von diesem Thema. Es ist nichts mehr darüber zu sagen. Und wenn er hoffnungslos ist, so ist er doch auch gar kein Grund sich zu sorgen. Er ist ja jemand, dem nichts passieren kann. Im Schneckenhaus ist es eine ungefährliche Sache, Seele zu haben. Er begiebt sich in keine Gefahr. So kann er auch nicht „umkommen".[2] Hätte ich mit der deutschen V.h.sch. zu tun, so würde ich jetzt, nachdem ich ihn kenne, seinen Einfluss bekämpfen. Denn seine Richtlinien sind nur die Folge seiner persönlichen Lebensfeigheit. Er möchte eine Elite von, möglichst wenigen, wohlgewaschenen, gutgezähmten Herrn Arbeitern, damit er nur ja das schmutzige, „alberne", aber <u>wirkliche</u> Volk vergessen darf. Aber da ich mit der d. V.h.sch. nichts zu tun habe, so werden wir uns auch da nicht in den Weg treten. Ich habe wohl noch nie bei so vollkommener Konformität der Intellekte ein so vollkommenes Aneinandervorbeigehn der Menschen erlebt, wie hier. Es wäre mir wirklich lieber, wenn es anders wäre. Aber dann müsste <u>er</u> anders sein.

Dein Franz.

[1] Wilhelm von Humboldt, 1767-1835, Politiker und Gelehrter, Freund von Schiller und Goethe.
[2] Sirach 3,27: „Wer sich in Gefahr begibt, der kommt darin um."

An Margrit Rosenstock am 19. Mai 1920

19.V.20.
Liebes Gritli,   es ist wieder spät geworden, wir waren nachher noch zu Trudchen mitgegangen. Sie ist ja meine getreuste Hörerin. Ausser ihr hab ich nur den Obersekundaner Levy, einen feinen Jungen, sehr klug, hübsch, ketzerisch, aber aus altstyliger (kleiner) Familie; der war auch in jeder Stunde.   Heut war die erste Bibelstunde; ich werde, immer mit dem Wochenabschnitt,[1] das 4. Buch durchsprechen, heut also bis 4,20, nächsten Mittwoch bis 7 einschl.   Ich mache es ganz anders als Strauss, nämlich ganz aus den alten Kommentatoren heraus, es kostet zwar viel Vorbereitung, das ist ja aber grade gut. Und bei dem heutigen Abschnitt hätte, glaube ich selbst Strauss nicht recht gewusst, was sagen. Es war dafür, dass es das erste Mal war, sehr lebendig und mehr als ich erwartete „Gemeinschaft". Ich fragte nämlich viel und dabei kamen dann ganz von selbst, (natürlich durch mein Fragen gelockt) die Stimmen der alten Erklärer aus den ahnungslosen Münder meiner 6 Leute heraus. Besonders schön ein Mal, wo in einem Zusammenhang dreierlei Liebe Gottes zu seinem Volk unterschieden wurde, die natürliche wie zwischen Vater und Kind, Mann und Frau, dann die

Liebe die einen Menschen liebt, weil er gut und fromm ist und endlich die Liebe zwischen König und Volk, und ~~mit~~ von der zweiten Art gesagt wurde, das sei die Liebe, die Gott zu Israel gehabt habe nach dem Ereignis mit dem goldnen Kalb - und mir auf meine Frage a tempo ein Junge, ein Untersekundaner erklärte, es gäbe doch keinen Besseren als den Sünder der sich wieder zurückfände. Das wollte ich hören, denn so hatte es der alte Erklärer, aber ich hatte nicht erwartet, es zu hören.

An meinen Hebräern lerne ich mit Wasser kochen. Aber ich habe Trudchen da und Paul Frank und Hans Mosbacher - was will ich mehr.

Löwenbaums[2] waren am Montag entsetzt, dass ich (im dazu einleitenden Gespräch) einmal „Schabbes" gesagt hätte, statt Sabbat.[3] Ausserdem über meine schrecklichen Bewegungen. Seit ich nämlich jüdisch sichtbar werde, finden sie mich alle mauscheln![4] Es ist auch wahr, aber vorher hätten sies nicht gefunden.

Gestern war Martha Kaufmann nachmittags wieder da. Diesmal hatte sie vom Montag eine „schlaflose Nacht" gehabt. Es war wunderschön mit ihr. Im Gespräch gab sichs sonderbarerweise, dass ich mein Leben erzählen musste (sie sprach von Strauss und fragte, ob wohl meine Vergangenheit ähnlich wäre wie seine); so hörte Edith eigentlich zum ersten Mal, wie ich als Schüler und junger Student war und wie ich dann zwischen 1906 und 1913 mich umstülpte, bis 1913 Eugen mich wieder ans Licht riss.

Am Sonnabend Nachmittag kommen Rudi und Helene mit Hilla. Der kalendarische Zufall des Zusammenfallens der beiderseitigen Feste[5] muss in den 3 zuständigen Kirchen doch gefeiert werden. Dienstag fahren Edith und ich Nachmittags zu Mutter, auf ein paar Stunden.

Nun gute Nacht. Morgen noch die Weltgeschichte, von Achill[6] bis Christus. Und dann „Ferien" bis Mittwoch. Ich erleb ja etwas die Sensationen des Privatdozenten im ersten Semester:

Dein Franz.

---

[1] Die Parascha, der wöchentliche Abschnitt aus dem Fünfbuch Moses, der Tora, die im jüdischen Gottesdienst im Verlauf eines Jahres vollständig verlesen wird.

[2] Verwandte von Rosenzweig.

[3] „Schabbes" ist die jiddische Aussprache von hebräisch: SCHABBAT - שבת. „Sabbat" wurde im Hochdeutschen über das Griechisch des Neuen Testaments (SABBATON - σάββατον) als Aussprache üblich.

[4] Jiddisch „mauscheln" (von dem Namen „Mosche" abgeleitet) bedeutet: wie ein Jude sprechen, nämlich auch mit den Händen.

[5] Schawuot und Pfingsten.   [6] Held des Trojanischen Krieges.

An Margrit Rosenstock am 20. Mai 1920

20.V.20.

Liebes Gritli,   ich schreibe dir wirklich gern gleich über Eugens nur zu natürliches Ditha-Verteidigen. Aber ich kann unmöglich, wegen heute Nachmittag; ich muss noch was dafür tun. So „rationell" gehts im Leben zu — nur bei Judentaufen gehts übernatürlich zu. Sonst täte es ja keiner und keine.

Eigentlich habe ich dir gestern Abend mit der Geschichte von Löwenbaums schon alles gesagt. In Dithas Fall habe ich gesehn, und genug gesehn, um zu wissen, dass dies der Grund war und alles was dazu kam und woran ich gar nicht zweifle (denn auch das habe ich gesehn), zu dieser „Entscheidung" nur führen konnte, weil jener

Grund da war und vor der grossen Erschütterung, die ihm drohte, von Ditha selbst ängstlich beschützt wurde. Eugen muss allen Wert auf das „Dazugekommene" legen, du tust es wohl leider, und der Pfarrer tuts von Berufswegen. Aber ich kann nicht davon ab, den Grund und Boden zu sehn, und danach richten sich in diesem Fall meine Gefühle, die nicht gehässig sind, sondern ganz rundweg Hass und Zorn, - eigentlich ja kaum auf Ditha, die eben wirklich nur „Fall" ist, sondern auf das ganze Geschlecht, Löwenbaums e tutti quanti.[1] Und nebenher freilich noch auf die Christen, die doch eigentlich in diesem Punkt mit uns zusammenstehen sollten. Da begreife ich etwas nicht. Giebt es keine Christen? in dem Sinn wie es uns „giebt".

Sag doch ein Wort. Verstehst du nicht was ich meine? Links Löwenbaums „Schabbes"-Ärger, rechts Käthes[2] „er kann doch nicht .." - und da soll es einen in so einem Fall nicht ekeln?

Dein Franz.

[1] Ital.: und alle anderen.   [2] Schwester von Eugen Rosenstock.

An Margrit Rosenstock am 20. Mai 1920

20.V.20.

Liebes Gritli,   Eugen operiert in den tollen Konstruktionen seines Briefs mit dem Jahr 1919 monatweise. „Da war das" und „da war das noch nicht". Aufs Einzelne mag ich nicht eingehn, es ist zu dumm; ich empfinde mich wirklich Ditha gegenüber nicht als „blamiert". Aber ich weiss nicht, was ich von Eugen, Hans und all diesen Päpsten der Ketzerkirche halten soll. Die letzten Sätze von Eugens Buch unterschreibe ich. Sie sind, seit Ende 1919, auch meiner Weisheit letzter Schluss; ich habe sie am 28.XII. in dem zweiten Natanvortrag[1] öffentlich bekannt oder wenigstens sie bekennen gewollt, denn es ist wohl nicht so deutlich herausgekommen wie es in mir war. Was steht bei Eugen? dass es auf das Menschsein ankommt und nicht auf Jud und Christ. Und dass die „tümer" nur die „dogmengetragenen Prunkbauten" sind, in denen wir wohnen mögen, die aber als blosse Häuser „langsam, langsam" zusammensinken. Gut und schön. Dazu stehe ich. Aber dann muss auf das Vergnügen von Judentaufen verzichtet werden. Denn jede Judentaufe, wenn sie nicht wie Käthes einfach zugiebt, dass sie „wegen Pichts" geschieht, oder wie die von Eugen erwähnten ungarischen, um den allzu innigen Umarmungen der christlichen Liebe zu entgehn, oder endlich um eines zu gründenden Hauses willen zwischen Mann und Frau (wo dann das eine so gut geschehn kann wie das andre, umgekehrte) — jede andre Judentaufe (und die meisten wollen ja „andre" sein und durch eure Beteiligung wird Dithas auf jeden Fall zur „andern" gestempelt) jede solche Judentaufe schlägt dem Eugenschen Buchschluss ins Gesicht. Denn sie giebt den Prunkbauten den Wert, den ihnen Eugen abspricht. Wenn man zwischen ihnen entscheidet, dann kommt es eben doch auf sie an, und nicht auf den Menschen selber. Der Mensch selber könnte da bleiben wo er ist. Wenn er die Türe des einen Baus hinter sich ins Schloss fallen lässt und knieend über die Schwelle des andern rutscht, dann glaubt er eben an die Häuser mehr als an Gott. Und wenn Eugen wirklich zu seinen Worten stünde, hätte er, soviel es an ihm lag, Ditha jetzt verhindern müssen. Vor einem Jahr hatte ich das allerdings nicht erwartet. Denk doch, dass ich damals eine Nacht mit mir kämpfte, ehe ich überhaupt eingriff; so sehr respektierte ich damals Eugens Recht über seine Schwester und übrigens eben auch noch die „dogmengetragenen Kunstbauten". Heute ists einfach ein Malheur (nicht für Ditha, Gott bewahre, wenn auch nicht das ungeheure Bonheur, für das sies jetzt halten mag; sie wird schon eines Tages merken, dass auch „Christi Blut" ihr die Schmerzen des Lebens nicht abnimmt, sowenig wie Abrahams). Aber ein Malheur für uns. Es erschüttert unsre gemeinsame Basis (eben die Basis der letzten Eugenschen Aufsatzschlüsse). So etwas darf nicht vorkommen. Noch dazu in dieser Form der Mitteilung, dass du mir eines Tages schreibst: „am 11. - 13. sind wir in Heidelberg zu Dithas Taufe". Das erste Wort, was ich davon höre.   Ich war so entsetzt, dass ich drauf und dran war, trotz Picht, Kursanfang und allem sofort hinzufahren, und mit Ditha zu reden. Nur das Gefühl, dass mit ihr zu reden, zwecklos war, (ich hätte zu Eugen fahren müssen und mit ihm reden - und ging das, wenn ers überhaupt wortlos soweit kommen liess?) so tat ichs nicht. Es ist toll, dass Eugen den Fall „Rudi Hallo" damit vergleicht. Erstens ists wirklich was andres, wenn einer geborener Jude ist und durch kein menschliches Band verchristet (glaub mir, wäre Eugen nicht durch die Ehe mit dir wirklich Christ, die schönsten Bekenntnisse zu dem „gekreuzigten Nazarener" würden mich nicht im mindesten abschrecken, sein Christentum als eine blosse geistige Verirrung anzusehn; nun ists freilich anders; aber durch dich, durch die „leibhaftige Liebe", nicht durch den geisthaftigen „Glauben"). Sowie ich glaubte, dass auch Rudi Hallo schon durch ein leibhaftiges Liebesband dem andern Hause angehöre, habe ich meine Hand von ihm genommen. Was aber jetzt mit ihm ist, weiss ich nicht. Er wird gesund, das ist sicher. Aber wo er sich anbauen wird, das weiss ich nicht. Und ich rühre keine Hand drum. Ich habe ihn lieb und will dass er gesund wird.

Ich nehme die Häuser nicht mehr tragisch. Den Hauslosen muss man sie aufschliessen. Ich zerstöre nichts an eurem Haus, auch wenn ichs könnte, - denn schon das ~~wäre~~ hiesse zu viel Wichtigkeit dem Haus überhaupt beimessen.   Eugen kann mir viel erzählen, der „gekreuzigte Nazarener" wäre der Messias. Ich weiss doch ohne ihn, dass das die Christen glauben. Oder: es widerspräche der jüdischen Verheissung, wenn ein Mensch ohne Judenblut ein sichtliches Kind Gottes wäre. Ich weiss lange, dass die Christen sich die „jüdische Verheissung" so vorstellen, so nach dem Schema „extra ecclesiam nulla salus".[2]   Ich habe von Picht dem Menschen geredet, - Jude hin Christ her. Hätte er soviel Judenblut wie Hans - ich habe bei allem was ich schrieb, auch immer an Hans denken müssen, denn (in verkleinertem Massstab) passt es auch auf ihn und macht mir das Leben mit ihm schwer („Ehrenbergs sind keine Menschen" sagte Eugen früher), aber dann spürt mans doch immer wieder, dass er einer ist - aber das Judenblut hat es mir bei ihm nie leichter gemacht. Doch ich will nicht mehr ins Einzelne. Da ist zu viel Unsinn. ...

... wegen Ditha, oder vielmehr wegen Eugen schreib mir ein Wort. Es steht wirklich ähnlich wie im Juli und August wo ich nicht mehr recht wusste, wie ich mit ihm dran war und wo er plötzlich mit Taufbecken und Weihwedel um mich herum ging. Jetzt nicht um mich, aber doch wieder ein Herumgehen. Nächstens werde ich erklären, „meine Religion" verböte mir, mit euch zu essen.

Ich hatte nur etwas über 30 Leute heut in der Vorlesung, war selber wenig, die Leute sehr zufrieden. Ich habe schon beinahe Routine, heisst das doch. Ich schloss noch vor

Christus. Zu Beginn deklamierte ich die Nänie und nahm die 3.^{tt} und 2.^{t}letzte Zeile als Text für den Griechen überhaupt.³ Aber ich glaube, ich werde nie wieder eine Geschichtsphilosophie vortragen. Es ist etwas Unanständiges dabei. Auf die Montagstunden freue ich mich; das ist das Rechte.

Schreib ein Wort. Wann gehst du denn nach Säckingen? ist die Hochzeit nicht bald? Der Druck des ✡ scheint jetzt endlich zu beginnen.

Dein Franz

¹ Das Manuskript ist abgedruckt in Zweistromland S.449-453.
² Cyprian, Epistola 73,21: außerhalb der Kirche (gibt es) kein Heil.
³ Nänie: Totenklage im republikanischen Rom sowie Überschrift eines Klagelieds von Schiller. Aus Zweistromland S.541 geht hervor, daß es sich bei den zitierten Versen um die Nänie I, 244 handelt: „Siehe, da weinen die Götter, es weinen die Göttinnen alle, / Daß das Schöne vergeht, daß das Vollkommene stirbt. / Auch ein Klagelied zu sein im Mund der Geliebten, ist herrlich, / Denn das Gemeine geht klanglos zum Orkus hinab."

An Margrit Rosenstock am 21. Mai 1920

21.V.20

Liebes Gritli, endlich ist der endgültige Druckauftrag für den ✡ an Gotthelfts gekommen. Dienstag beginnt der Druck. Das kleine Format, wobei das Buch sicher 500 Seiten stark wird, aber mit dicken Überschriften über jeder Seite (das ist der Rest der Gundolfformat-Episode). Druck und Satz allein kosten 475 M! Also ohne Papier, Heften, Umschlag, schon 15000 M, das Ganze also über 20000 unmittelbare Kosten. Also ~~60000~~ 60 M Ladenpreis! Weismantel hätte es bequem für die Hälfte machen können. Ich bewundere eigentlich Kauffmanns Mut. Dabei jetzt sinkende Preise und sinkendere Kaufkraft!

Unsre Wohnung in Frkft. hat sich verflüchtigt. Aber der „Seusal"¹ schwört, uns nicht im Stich zu lassen, und ich bin ganz ruhig, Edith nicht so ganz.

Heut war ein kleines Fräulein aus Berlin da, eine Bekannte von Edith, die nach Hessen kommt, um durch persönliches Zureden ostjüdische Kinder hier bei Landjudenfamilien über den Sommer unterzubringen. Sie ist den „Organisationen" um eine Nasenlänge vorausgefahren, auf eigene Faust, und wirds sicher fertigkriegen. Der Herr hier, der es voriges Jahr für hier versucht hatte, hatte auf seine Briefe meist überhaupt keine Antwort bekommen. Sie war ganz voll von unsrer Trauung, die sie mitangesehn hatte, es wäre die schönste ihres Lebens gewesen, sie wäre noch den ganzen Tag vergnügt davon gewesen, was eigentlich so schön daran gewesen sei, wisse sie nicht.

...

Auch Prager war von gestern ganz begeistert. Mit irgend einer Nebenbemerkung hätte ich ihm das Wesen des Zionismus gesagt. So gehts also sogar, wenn man nicht mit vollem Herzen dabei ist. Geschichtsphilosophie ist verboten. Ich versuche sie zwar, aus dem Historischen ins Deutsche zu übersetzen, indem ich, gestern z.B. wieder den Leuten zeigte, was der Grieche in ihnen ist, und so immer aus dem Historisch-Vergangenen ins Menschlich-Gegenwärtige hinüberleite, — aber recht gelingen kann das wohl nicht. Es wird noch keine gaya scienza,² was der Montag ganz und gar ist.

Immerhin ists besser als das Beifolgende, das Eugen lesen muss, vor allem den herrlichen Satz über den Kirchgang der Interessenten für Religionsphilosophie. Muss er da wirklich Juden taufen? Übrigens könnte ers für die Hochland-Rundschau verarbeiten, obwohls zu schade dafür ist, denn da kriegen es die Interessenten für die Religionsphilosophie ja nicht zu sehn.

Dein Franz

[1] Wohl Spitzname eines Frankfurter Immobilienverrmittlers, den Rosenzweig mehrfach erwähnt.
[2] Ital.: gaia scienza - fröhliche Wissenschaft.

An Margrit Rosenstock am 22. Mai 1920

Liebes Gritli,   nur ein Wort vor Schlafengehn. Rudi und Helene sind da, seit heut Nachmittag; ... Diese Sabbate sind ja immer ganz richtige Sabbate und sehr schön. Mit Rudi und Helene haben wir dann Sabbataus- und Festeingang gefeiert. Helene war sehr komisch angefeierlicht; so wie in der Kirche meinte sie wärs. Dann machte sie immerfort Pläne, sie wollte auch einen „Freitagabend" einführen. Es war aber abgesehn davon wirklich schön zu vieren.

Frag Eugen, ob ich ihm Rockinger,[1] Briefsteller und Formelbücher des 11.-14. Jahrhunderts, München 1863 besorgen soll? Die [[eigene]] Vergangenheit muss man doch wenigstens im Bücherschrank komplett haben.[2]

Aber wirklich Gute Nacht

Dein Franz.

Guten Morgen und guten Feiertag!

[1] Ludwig Rockinger, Briefsteller und Formelbücher des 11. bis 14. Jahrhunderts, München 1863.
[2] Eugen Rosenstock schrieb später auf diesen Brief auf die „Rockinger"-Frage hin: „Ja möcht ich haben. Eugen."

An Margrit Rosenstock am 23. Mai 1920

23.V.20

Liebes Gritli, wieder nur ein Gute Nacht, - aber es war ein schöner Tag, das zu Vieren, und Hilla[1] so zwischendurch. Dazwischen grollte Mutter am Telefon zwar vernehmlich aus dem Hintergrund, (aber wir fahren Dienstag doch hin, und Edith die Arme muss über Nacht - improvisierter Weise, damits ihr auch „angerechnet" wird - bleiben und den Sturm auffangen. Sie zürnt nämlich, dass wir nur so kurz kommen. Sie kann sich nicht vorstellen, dass ich durch die Kurse nicht mehr so Herr meiner Zeit bin wie ichs ihretwegen sein müsste. Ich habe ja nicht bloss in den 6 Stunden selber zu tun. Sonderbar heute Abend. Wir sassen auf der Veranda und Edith las das Buch Ruth vor, das ja „du jour"[2] ist. Helene, die ich erst bat zu lesen, kannte es gar nicht! Edith las es sehr schön. Und denk, sie verstanden es eigentlich beide nicht. Rudi noch eher, obwohl auch er nachher das zarte Gespinst nicht unzerrissen liess. Es ist eben so gar nicht „religiös" gepfeffert, und etwas wird einem wohl wirklich durch das N.T. der Sinn für so was Einfaches verdorben. Durch „Thomas v. Kempis"[3] ganz gewiss.

Aber es ist doch wunderschön dass sie da sind, es ist ein wirkliches Fest. Und gegessen und getrunken wird - gradezu passahhaft.[4] Oder wie in Tante Deles besten Zeiten.

Dein Franz

[1] Hilla Ehrenberg, älteste Tochter von Rudolf und Helene Ehrenberg, die damals noch ein Baby war.
[2] Franz.: aktuell. Das biblische Buch Rut wird zu Schawuot, dem jüdischen „Pfingstfest", gelesen, das an die Tora-Übergabe am Sinai erinnert. 1920 begann Schawuot am Abend des 22. Mai.

[3] Thomas von Kempen, 1379-1471, Seelsorger und vielgelesener Schriftsteller. Seine Bücher über die Nachfolge Christi wurden Weltbestseller. Dazu auch der Brief an Margrit Rosenstock vom 23. Januar 1920, S.536.
[4] Das Pesach-Fest zeichnet sich durch ein langes Nachtmahl, den Seder-Abend, aus.

An Margrit Rosenstock am 25. Mai 1920

...

25.V.20

Ich habe den Anfang des ✡ heut zur Druckerei gebracht, Initialen ausgesucht u.s.w. Ich bin wie entsetzt schon von der Einleitung, als ich sie im Mskr. wieder las. Jetzt in den Montagsvorlesungen sage ich das alles direkt und ohne Apparat.

...

An Margrit Rosenstock am 26. Mai 1920

26.V.20

Liebes Gritli, wir sitzen auf der Veranda, nach einem sehr heissen, schwülen Tag. Durch die Reise gestern hatte meine Vorbereitung gelitten, so sass ich schon etwas auf Kohlen des Nachmittags in der Bibelstunde (4,20-7 Schluss[1]), und dann kam noch der junge orthodoxe (sehr tüchtige, von der ganzen Jugend dort angeschwärmte) Rabbiner von Eschwege, Freier, und nun musste ich den Eiertanz der Formulierungen, die ihn nicht verletzen sollten und doch mein eigentliches Publikum packen, tanzen. Es waren ausser Trudchen auch Louis und Ida Frank da, dazu ihr Bruder Wilhelm, und ein reizendes 19jähriges Mädchen, ausserdem Prager, und noch ein paar jüngere. Ich war durch alles sehr nervös, aber alle fanden es trotzdem sehr gut, und Prager meinte es wäre besser gewesen, ich hätte nicht versucht meine Formulierungen alle nach rechts zu „decken", obwohl es für Frankfurt wohl eine gute Übung gewesen sei. Ich sprach übrigens nachher mit Freier selbst noch einen Augenblick darüber. Im Hebräischen wirds jetzt, nachdem ich mein Niveau heruntergeschraubt habe, endlich Licht; nach der vorigen Stunde war ich noch ziemlich unglücklich.

Ja also gestern. Also Mutter tobt - über uns, Edith und mich. Und natürlich über das, wo wir am ver-„und"-esten sind, über das Jüdische. Kunststück, dass sie nicht eifersüchtig war, solange sie das Gefühl hatte, keinen Grund dazu zu haben. Jetzt hat sie aber offenbar etwas Grund. Das ist das Gute dabei. Sie kleidet ihre Wut in die Form: wir hätten das doch in ihrer Gegenwart doch auch machen müssen. Sie hätte uns doch darum gebeten (ist wahr) und ich hätte es abgelehnt (ist auch wahr) unter der Begründung, ich wollte nicht Vaters Geist aus ihrem Hause vertreiben. Den toten Vater gäbe ich vor zu respektieren aber die lebende Mutter na u.s.w. Wir haben es ihr mündlich und schriftlich so gut es ging auseinandergesetzt, weshalb es uns unmöglich wäre, wie sie es sich vorstellte, an ihrem Tisch „Freitag Abend" zu „machen". Sie denkt sich das ja wie eine Theatervorstellung und ahnt nicht dass es doch nur Sinn hat, wenn man so wie wirs jetzt tun können, Sabbat und Festtage überhaupt feiert. Die Ceremonie ist ja nur der Rahmen für die Wirklichkeit des - nun eben des keine-Kisten-auspackens (um Eugens grosses Wort aus dem September zu zitieren). Das Tragikomische war aber wie bei allem dann doch auch Mutters eigentliches Entsetzen herausguckte. Erstens: die Mädchen sähen es! Zweitens: meinte sie, als Rudi und Helene dagewesen wären hätten wir es wohl gar nicht oder heimlich „gemacht". Drittens: auf der Veranda - da hörten es ja Staatsanwalt Bär[5]! Nun haben wir ihr beide heut nochmal geschrieben, und sie müsste es eigentlich verstehen, wäre nicht die Eifersucht und die Judenangst zu stark in ihr. Das Hübscheste dabei war Ediths Brief, der richtig einen ~~Stück~~ Schritt vorwärts für sie bedeutet. Denn sie verleugnet darin ausdrücklich die formale („gesetzliche" nennt ihrs) Art wie sie sich früher einen Sabbat zusammenstückte und sagt, so würde sies jetzt gar nicht mehr können, so ohne das wirkliche Leben als Inhalt für die Form.

Heut früh waren wir freilich traurig; denn wir hatten plötzlich gleichzeitig die Vorstellung: nun, nach gestern, gehts nicht mehr, und wir müssen bis Frankfurt warten. Da als wir grade runter kommen, telefoniers. Das kleine Fräulein, das hier Judenkinder aufs Land unterbringt, telefoniert an: 20 Kinder schon, und von Donnerstag bis Sonntag möchte sie bei uns wohnen, um am Freitag noch hier herumzureisen und am Sonnabend bei uns zu sein. Da konnten wir nicht gut ablehnen; sie lud sich so selbstverständlich ein, und ihre Freude über die 20 Kinder war so famos. Nun hatte ich leider, im besten Glauben, Mutter gestern wieder erklärt, wir nähmen doch die Rücksicht auf sie, niemanden ins Haus zu lassen, der nicht ihr bekannt wäre. Und nun plötzlich unbekannter Logierbesuch! Ich musste sehr lachen, aber so gehts einem. Nachher schrieben wir die Briefe, und wollten bei ihr anrufen, das ging nicht, wegen Gewitter; so musste ihr Edith heut Abend beichten. Sie hat auf meinen Rat die „Konfession" unterdrückt, hat sie „in der sozialen Arbeit" kennen gelernt und sie bringt „Kinder" „hier auf dem Land" unter. Da der Name, Caspari, hier in Kassel auch christlich ist, so wirds Mutter vielleicht nicht merken und sich dann weniger aufregen als wenns eine Jüdin ist.

Ist das eigentlich zu glauben? aber es *ist* so. Wenn Kähler (du weisst wie sie ihn leiden mag) herkommt, so ists ihr ganz recht. Malgré tout[2] „ehrt" das nämlich ihr Haus. Reserveleutnant, Theologensohn, Neffe von Stöcker[3] — kurzum. Ich konnte ihn unbedenklich einladen. Um diese Jüdin muss ich mir 1000 Kopfzerbrechen machen. - Weisst du, der Antisemitismus der Christen lässt mich sehr kalt (mindestens quant à moi, nicht quant aux Chrétiens[4]), aber dieser Antisemitismus der Juden geht mir ans Leben, ungefähr so wie Eugen der Antisemitismus der Christen.
...

[1] 4. Mose 4,21 bis Kapitel 7 einschließlich: Parascha NASO - נשׂא. [2] Franz.: trotz allem.
[3] Adolf Stoecker, 1835-1909, war 1874-1889 Hofprediger in Berlin und einer der Begründer des modernen Antisemitismus.
[4] Franz.: soweit es mich betrifft, (nicht) soweit es die Christen betrifft.

An Margrit Rosenstock am 27. Mai 1920

27.V.20

Liebe, wieder nur rasch vor Schlafengehn. Denn wir hatten nach dem Vortrag noch Besuch, Martha Lazarus aus Frankfurt, die hier bei ihren Eltern ist; nachher kam unser Gast, das Frl. Caspari; es war sehr nett. Das Netteste aber war, dass heut früh, sich mit unsern Briefen kreuzend, ein schöner gelöster Brief von Mutter da war; ich möchte ihn dir wohl schicken; sie sagt so etwas Tiefes über sich selber und über das Leben.

Meine Geschichtsvorlesung hat mich heut zum ersten Mal selber befriedigt. Ich sprach ziemlich die ganze Stunde von dem Anfang des Christentums, ganz frei, gut fundiert, und ohne laute Töne. Ich glaube, heute würde es auch Christen nicht haben verletzen können, obwohl ich keinen Gegensatz ausglich und keine Härte verweichlichte. Ein

Christ hätte wohl zu jedem Satz Nein sagen müssen und wäre doch wohl auch ergriffen gewesen. Meine Leute waren es. Sogar Louis Oppenheim. - Es sind ja die Sachen, über die Eugen im Sommer so entsetzt war. Aber ich glaube, diesmal wäre er nicht entsetzt gewesen. Es war alles einfach und ganz unpolemisch, eben einfach ungereizt. Es lief alles nachher auf die persönliche „Nutzanwendung" heraus, dass „heute" jeder Mensch in seinem Lebensgefühl sowohl „jüdisch" als „christlich" sei, also sowohl exklusiv wie inklusiv. Das ist ja die neue Freiheit des Jahres 1919, die ich im Sommer damals noch nicht hatte; und dass ich auf diese Nutzanwendung lossteuerte, nahm auch dem Geschichtlichen schon die Schärfe, die es damals noch hatte. Aber ich bin müde, müde. Wenn du wüsstest, wie wohl mir dein tägliches Wort tut. Der ganze Tag ist ja gleich anders. Ich brauche dir gar nicht zu „antworten", du spürst es wohl schon an meinen Briefen.
Dein.

An Margrit Rosenstock am 28. Mai 1920

Liebes Gritli, ich war so verwöhnt durch den Briefsegen der letzten Tage, dass ich heute ganz unruhig bin, weil er ausgeblieben ist. Mir tut es ja wenig, ob die Briefe „dürr" sind oder nicht; ich merke es kaum, habe es in den letzten überhaupt nicht gemerkt, - das wird wohl an meiner eigenen Dürre liegen. Die ist ja da, trotz „Freitagabend und Lernen". Manchmal denke ich, es wird nie mehr anders. In meinem Innersten ist etwas hohl geworden. Und doch hat es sein müssen und ich dürfte den 6. I.[1] nicht wegwünschen aus meinem Leben, selbst wenn ich es könnte. Es ist mir ja auch allerlei Ersatz dafür geworden in den äusseren Schichten meines Lebens; eben „Freitag Abend und Lernen", - aber ———
Genug, und schon zuviel.
Kennst du Dostojewski, „aus einem Totenhaus"?[2] es giebts in Reklam. Ich finde es nicht, sonst hätte ich es dir mitgeschickt.
Unser Gast ist heut nochmal über Land. Sie macht uns weiter viel Spass, eine so echte Person. An einem Ort hat sie ihren Erfolg erreicht, indem sie - es war grad Schabbes - nach dem Nachmittagsgottesdienst in der Synagoge eine Ansprache losgelassen hat. Im Osten ist das für Wahlreden u. dergl. (natürlich nur bei Mannsen) eine ganz übliche Form; ich habe es selber mal in Warschau miterlebt, dass plötzlich einer sich in die Mitte stellte und grossen Radau schlug wegen Unregelmässigkeiten der Mehlverteilung. Aber in Deutschland ists was Unerhörtes.
Dabei eine ganz einfache und stille, aber lustige und eben Herz-auf-dem-rechten-Fleck-Person. Sowas giebts leider nur unter Zionisten.
Vormittags war ich bei Prager. Er war sehr weg von gestern der Stunde. Er habe doch immer wieder Angst, ich sei zu sehr christlich beeinflusst. Aber es sei ganz wunderbar gewesen. Und er findet andrerseits jetzt zum ersten Mal euch „gewissermassen entschuldigt". (Ich hatte auseinandergesetzt, weshalb die Heiden nur Christen werden konnten und nicht Juden). Also!
Hab Nachsicht mit mir und meinen Briefen.
Dein.
Ich merke eben: ich bin heut 2 Monate verheiratet!

[1] Tag der Verlobung. [2] Dostojewski, Aufzeichnungen aus einem Totenhaus, Roman (1860-1862).

An Margrit Rosenstock am 29. Mai 1920

29.V.20

....

Deine Not mit den Heiligengeschichten - das haben die ollen ehrlichen Kirchen von vor der Ketzerkirche so an sich. Wenn ich über einem Buch so recht gottsjämmerlich stöhne und lamentiere, dann fragt Edith auch schon bloss: na Franz was hast du, jammerst du wieder über die Juden?
Es lohnt sich aber immer, sich zu <u>ent</u>jammern. Denn die <u>eine</u> Hälfte der Schuld liegt dabei doch immer an <u>uns</u>. Die Alten glaubten und lebten so viel <u>handgreiflicher</u> - es ist immer ein Stück schlechtes Gewissen dabei, wenn wir über sie lamentieren. Wir <u>zahlen</u> eben für das was wir vor ihnen voraushaben mit dem schlechten Gewissen dessen was uns fehlt. Deshalb müssen wir unserm schlechten Gewissen Nahrung zuführen und - Heiligengeschichten lesen. Die „schöne Seele" brauchen wir nicht zu <u>lesen</u>.

Dein Franz.

An Margrit Rosenstock wohl am 31. Mai 1920

31.V.20

Liebe, heut hatten mich die beiden allein gelassen und waren nach Hof gegangen, einem Dorf hier in der Nähe; die Kleine hat wieder einen grand succés[1] gehabt: 15 Kinder, - nachdem der Lehrer ihr vorher gesagt hatte: ausgeschlossen, er habe es selbst versucht und nichts erreicht („da kriegte ich Mut" erzählte sie nachher). Sie hat einfach eine Versammlung einberufen: wer da nicht hinkam, den hat sie nachher besucht. „Frau Dr. Rosenzweig" wurde als Attraktion verwendet. Die beiden kamen erst Abends um 8 zurück, morgen früh fährt Hebe weg. Ich war den ganzen Tag auf der Veranda und habe gelernt. Vor Tisch war Schafft eine Stunde da; aber schwer ist er, wenn er so spricht! man muss immer sein gutes Gesichtchen ansehn und sich dazu sagen: er meints ja ganz leicht, - sonst hielte mans nicht aus. Ich habe ihn für morgen in die Vorlesung dirigiert. Rudi wird wohl auch kommen. Und Bertha Strauss, die zur Erholung auf Wilhelmshöhe ist, mit der ~~Schwieger~~ „Muttel" wohl auch. Es kommt morgen: Geschichte - Entwicklung - Ereignis - Offenbarung.
Am 29. Juni ist die Hochzeit in Berlin.[2] Wir werden ~~Donn.~~ Freit. d. 25. hinreisen und Donn. 1.VII. zurück, wenigstens ich (wegen Vaters Geburtstag). Vom 6. - 21.VII. sind Regensburgs in Kassel (Tante, Winnie, und Walter „Reaburn"), die beiden ersten bei uns, Walter bei Tante Selma. Die Kurse werde ich Donn. 24. schliessen, nur die Bibelstunde und möglichst das Hebräisch noch weiter machen, bis Mitte des Monats. Denn dann müssen wir ja ernstlich ans Umziehen gehen. Wohin?
So ein Tag allein hat noch ganz ähnlich demoralisierende Wirkung auf mich, wie damals als ich verlobt war; es wird wieder alles zur blossen unwahrscheinlichen Möglichkeit, und es ist als hätte mein Herz noch gar keine Wurzeln in ihr geschlagen, so schmerzlos ist der Abschied, so freudlos das Wiedersehen. Ich hätte doch nie geglaubt, dass ich einmal in <u>dieser</u> Weise verheiratet sein könnte. Wer mirs gesagt hätte, den hätte ich ausgelacht.

Dein Dein.

[1] Franz.: großer Erfolg.
[2] Hochzeit von Ediths Schwester Gertrud Hahn.

An Margrit Rosenstock wohl am 1. und 2. Juni 1920

1.VI.20.

Liebes Gritli - bis morgen früh; ich bin wieder so müde, heut Nachtisch kam ja Rudi, ich schlief also nicht.

Es war, von mir aus, sehr schön. Rudi hat viel Ausstellungen. Morgen mehr. Wirklich bis morgen -
Dein Franz.

2.VI.20.

Liebes, das ist ja schrecklich, dass du einen Brief zurückhältst, weil der „Wisch" die 40 Pf. nicht lohnt! du weisst eben immer noch nicht - Ich schicke dir gleich alle 40er Marken, die grad im Haus sind, für die nächsten sechs solchen Fälle, wo es „nicht lohnt". Ich habe sie gleich auf schöne Couverts geklebt, damit du dann wenigstens das Gefühl hast, dass es sich doch lohnt - wegen des Couverts!

Du Böses!

Also gestern: die „Gesellschaft auf gegenseitige Bewunderung" hat mal wieder versagt. Ich hatte zuletzt ein richtig schlechtes Gewissen, dass ich Rudi hergelockt hatte, zumal wir vorher und nachher auch nicht viel voneinander hatten, vorher hatte Edith, nachher ich Hebräisch und Abends danach waren wir müde, Rudi ist schon früh um 5 mit dem Rad wieder fort. Ich hätte auch Lust, mir mein Rad wieder bereifen zu lassen. Ich hatte gestern nur noch 25 Hörer. Weggeblieben waren die 7 vom Pensionat Heine, und einige Alte. Die Jungen waren alle da, auf dies mir ja ankommt. Aber nach Rudi (und auch nach Trudchens Beobachtung) fürchte ich, es gelingt mir doch nicht mit ihnen. Rudi sagt: die Gefahr ist, dass sie sagen, nun es ist eben ein temperamentvoller Mensch. Ich hätte zu schnell gesprochen, dann hatte er allerlei Einzelheiten aufbautechnisch zu kritisieren, dann: ich ~~hätte~~ wäre gleich Anfangs zu sehr ins Zeug gegangen, so dass ich nachher nur noch das Mittel gehabt hätte, die Stimme zu senken, statt zu steigern. Er hätte immer Angst gehabt, ich würde mich übernehmen vor Aufregung (das ist aber nicht wahr; ich spüre wie ich mich innerlich beherrschen lerne).

Ich war aber selber sehr zufrieden mit der Stunde; es war herrlich, zu sprechen. Trudchen war auch begeistert. Schafft hat mich inhaltlich kritisiert!! der verlehrte Esel! Statt zu verstehen, was er jeden Sonntag von der Kanzel herunter „lieset",[1] will er noch heute immer nur verstehen, was ihm die Esel auf der Universität vorgelesen haben. Er veranstaltet jetzt mit seinen Volkshochschülern „Einführung in Kant"! Ich hatte gedacht, ihm ein bischen auf seine eignen Beine zu helfen, gestern mit der Stunde; deshalb hatte ich ihn zu kommen gebeten. Aber er will noch nicht „darum reden" weil er glaubt, sondern meint durch viel ungläubiges Reden die Leute an den Glauben heranzureden. Der „Idealismus" als die Vorschule zum Glauben!

Ich freue mich so sehr auf die nächsten Montagsstunden. Jetzt auch auf die allernächste. (Politik und Erlösung).

Edith fährt gleich nach Wildungen.[2] Mutter rief gestern an. Ich fragte, warum sie denn unsre Briefe ignorierte. Da kam raus, dass sie aufs neue einen Sturm bei ihr erregt hatten. Ich war sehr wütend gestern, nahm mir vor, organisierter Zionist zu werden; man kann die Scheidelinie gegen diese „Juden" nicht scharf genug ziehn. - Es handelt sich ja gar nicht um zwei Haushaltungen. Wenn Mutter da ist, sind wir einfach Gäste an ihrem Tisch, weiter gar nichts. Ich würde genau so wenig auf den Gedanken kommen, bei Mutter eine jüdische Revolution inszenieren zu wollen wie etwa in eurem oder Rudis aus.³ Aber wenn sie, wie jetzt, nicht da ist und Edith, wie selbstverständlich, die Hausfrau vertritt (das Haushaltungsgeld unter Verwahrung hat, mit Lina, soweit die das von Mutter her überhaupt noch gewöhnt ist, den Haushalt berät u.s.w.), dann führen wir hier unser Leben, - immer natürlich unter der Einschränkung, dass wir nichts veranstalten, was nicht bei Mutters Wiederkommen sofort aufhört, also z.B. Leute, die Mutter nicht will, laden wir (ausser in dem Fall neulich für den wir nichts konnten) nicht ein, damit solche gar nicht ins Haus gekommen sind, u.s.w. ...

[1] Dazu Apostelgeschichte 8,30.
[2] Rosenzweigs Mutter war zur Kur in Bad Wildungen.
[3] Gemeint ist wohl „Haus".

An Margrit Rosenstock wohl am 2. Juni 1920

2.VI.20

Geliebte, ich muss dir gleich schreiben, ich habe eben den Wächter unterm Galgen[1] gelesen, ich bin ganz voll. Ich habe sicher nicht alles „verstanden", aber das weiss ich: es ist grosse Dichtung, weiss es grade, weil ich die vielen kleinen Entgleisungen (fast durchweg nur sprachlicher Natur und leicht herauszubringen) wohl gespürt habe, aber immer sofort wieder ganz drin war. Ja, er ist zwar „bloss ein Künstler", aber er gehört doch zu uns. Mit der gedichteten Clarissa hat er seine wirkliche Frau, die ihn uns fernrückt, ausgeglichen. Ich merke wohl, ich kann noch gar nichts „drüber" sagen, ich habe auch nicht das Bedürfnis dazu, eher es nochmal zu lesen. Ich habe so von Phase zu Phase das mea res agitur[2] gespürt, wie sonst nur bei Rudis Sachen, und nur ganz am Schluss warf mich die katholische Feigheit, dass er den Wächter nur Wartenden und Überliefernden +...+....+....+.... werden lässt, statt (wies der ganze Atemzug des Stücks verlangt) gleich ihn selber zu jenem König der Endzeit, der das Schwert aus den Händen des letzten Einsiedlers empfangen wird (denn wie könnte er diesem letzten König anders und besser überliefert werden als ihn aus Clarissens Hand!) - das warf mich im Augenblick aus dem Flugbogen der Handlung heraus. Aber das ist eine Schwäche, die ich doch so gut verstehe, die Angst vor der Verantwortung des Heute, aber W. hätte sie tragen dürfen, diese Verantwortung.

Es wird ein grosser Bühnenerfolg werden durch die sinnliche Herrlichkeit der Geschehnisse. Ich sehe eben, er nennts Tragödie eines Volkes - das ist unnötig, weil zu wenig. Es engt das Symbol ein. Dies Drama darf keinen Untertitel haben, selbst „Tragödie" ist schlecht, es ist mehr als Tragödie, es ist ja nicht tragisch, es ist göttlich, divina commedia,³ das Schauspiel der göttlichen Welt.

Liebe, ich fühle so sehr, was du mir bist. Ich bin Dein.

[1] Leo Weismantel, Der Wächter unter dem Galgen. Die Tragödie eines Volkes in einem Vorspiel und einem Nachspiel, Würzburg (Patmos-Verlag) 1920.
[2] Lat.: meine Sache wird betrieben.
[3] Lat.: göttliche Komödie; so lautet auch der Titel des Hauptwerks von Dante Alighieri.

An Margrit Rosenstock am 2. Juni 1920

2.VI.20.

Liebe, hast du gemerkt? ich schreibe schon Tage lang ein falsches Datum (Edith auch! sie hat ein Ersatzmädchen infolgedessen einen Tag zu früh entlassen!).

Der Inhalt des Wächters ist mir heut auch gedanklich ganz klar und aussprechbar aufgegangen. Das Grossartige daran ist ja, dass es doch trotz allem eine wirkliche Behandlung des Witwe von Ephesus-Stoffes[1] geworden ist.

Gestern und heut kamen die ersten ✡korrekturen, 3 Bogen (Einl. I und I 1). Das Titelblatt zum Ganzen sieht sehr schön aus, das Format (klein, etwas enggedruckt, aber mit dickem Strich und Titel über jeder Seite) auch.

..... M Der erste Teil des ✡ ist ein reiner Unfug, weiter gar nichts. Wie konnte ich dir das voriges Jahr zumuten? Aber umschreiben hätte ich ihn auch nicht gekonnt; das Buch ist aus einem Guss. Daher plagiiere ich mich jetzt auch nie.

...

[1] Das Motiv der Witwe von Ephesus wurde berühmt durch den Abenteuer- und Schelmenroman „Satiricon" von Gaius Petronius Arbiter, gestorben 66 n.d.g.Z..

An Margrit Rosenstock am 3. Juni 1920

3.VI.20.

Liebes Gritli, eine schlechte, sehr schlechte Geschichtsstunde, merkwürdigerweise z.T. von den Leuten sehr goutiert. Rudi schickt mir eine Abschrift von seinem Brief an dich über Montag. Er mag in allem Einzelnen recht haben und im Ganzen sicher nicht. Ich bin sicher, du wärest von diesen Montagstunden ebenso entzückt wie ich. Auch im einzelnen stimmt aber nicht alles. Am meisten leider das mit der Wortarmut. Nicht das mit dem Tempo. Ich habe das Tempo, das mir die Hörer abzwingen, mal rasch, mal langsam, es giebt da keine absoluten Masse; so wie Rudi damals in Kassel sprach, hätte er ganz langsam sprechen können und wäre doch unverständlich geblieben. Ich wechsle das Tempo viel.

Das „Versparen" der theologischen termini technici[1] ist kein Trick, sondern die Vorstufe zum vollständigen Weglassen. Ich komme eben jetzt schon ohne aus.

Nächsten Montag wirds wieder schön. Ich habe es heute Morgen ausgedacht und schon aufgesetzt.

Ich bin arg besetzt, durch Korrekturen dazu. Heut fängt auch Oldenbourg wieder an!

......

Es ist schon wieder so spät geworden, über dem grässlichen ✡. Aber der Druck wird hübsch.

Dein Franz.

[1] Lat.: Fachausdrücke.

An Margrit Rosenstock am 6. Juni 1920

... 6.VI.20.

Der Tag ging so hin mit Lesen und Korrigieren. In Hans das Apostelkapitel. Und das Christuskapitel[1] nochmal, es ist mir aber wieder nicht gelungen. Vielleicht spricht das ja grade dafür. Aber wie kommts dann, dass ich meinetwegen Augustin oder von Heutigem eine noch so christologische Predigt von Rudi ohne dies gewisse Übelwerden lesen kann, das mich bei Hans ankommt (obwohl doch sein Ton gar nicht verzerrt ist, oder fast gar nicht). Ist das wirklich bloss, weil ich weiss dass ein getaufter Jude der Schreiber ist?? Aber dabei giebt er sich doch direkte Mühe, am Judentum viele gute Haare zu lassen, und bei dem sehr zufälligen Ausschnitt den er kennt (ich bin ja grossenteils die Quelle gewesen, und wo meine Mitteilungen zufällig aufgehört haben, da konstatiert er prompt ein „das Judentum aber kennt nicht" oder „der Jude hat nicht"), also bei dem zufälligen Ausschnitt den er kennt, ists alles Mögliche, wie dies Bild geworden ist. Es gehört schon Hansens ganze Lichtehöh-haftigkeit und beflügelte Unbeteiligtheit dazu, dass er so wenig angerührt ist von dem Bild wie es im Bewusstsein der Christen lebt und wie es von aussen gesehen ja <u>richtig</u> ist. Und trotzdem - ja es wird schon den Grund haben.

Die neue Form von Hansismen, - so nannten wir früher jene unnachahmbar persönlichen - Sprachverirrungen - ist ja reichlich häufig drin, die Anleihen an die Pfaffensprache. Aber dazwischen hinein dann immer wieder grosse Partien einfacher eigener Worte.

Die sind es wohl, die für euch so ein Kapitel wie das Chr.kap., zu einer grossen Sache machen? Dass er da neue Worte findet, denen man anspürt: sie sind aus ihm gekommen, und die doch gleich einen so überpersönlichen Klang kriegen, als ob sie vor des Lesers Augen zu Dogmen würden.   Ich habe bei keinem von uns allen so sehr das Gefühl, man müsste ihn „beim <u>Wort</u>" nehmen wie bei ihm. Er ist eben <u>doch</u> ein kleiner Papst oder wenn du lieber willst ein kleines Konzilium. Er formuliert doch mit Bewusstsein das „neue Dogma".

Weisst du, was der Grundfehler seiner Darstellung vom Verhältnis Jesu zum Judentum ist? dass er (<u>alle</u> christlichen Theologen machen diesen Fehler, - bezeichnenderweise) Jesus immer mit den „<u>grossen</u> Gestalten des Alten Bundes", mit Moses und den andern Profeten vergleicht. Und nicht mit dem kleinen, dem Durchschnittsjuden. Die Profeten sind ja nicht mehr, sondern <u>weniger</u> als die „Pharisäer und Schriftgelehrten". Sie sind grosse <u>Menschen</u>, aber eigentlich nicht grosse Juden. Allenfalls das Bild, das die pharisäische Überlieferung von ihnen zeichnet, das trägt jüdische Züge. Aber das kennt er ja nicht. Er liest in der Bibel und dann meint er, die grossen Männer darin, das müssten nun die Verkörperungen des jüdischen Wesens sein. Aber ich, selbst ich, bin mehr Jude als es Jesajah war, ich meine den Jesajah (und selbst <u>den</u> Moses) den Hans als Bibelleser allein kennen lernen kann. Selbst ich - von irgend einem einfachen Juden gar nicht zu reden.

Kannst du das verstehen? wohl kaum. Warum müssen wir uns damit plagen!?

Mein liebes Gritli -
Dein Franz.

[1] Hans Ehrenberg, Die Heimkehr des Ketzers, 1920, die Kapitel „Jesus der Christus" und „Apostelchristentum".

An Margrit Rosenstock am 7. Juni 1920

7.VI.20.

..... am Dienstag und Mittwoch müsste ich auf den Mittwoch arbeiten und am Donnerstag mich vor der Donnerstagstunde grauen. (Nur auf den Montag freue ich mich ja wirklich. An „deinem" Montag käme die „Ethik" - nämlich: Tat, Freiheit, Gebet, Erfüllung, was ein Kreislauf ist, indem es bei der Tat <u>anfängt</u>, die Freiheit <u>beansprucht</u>, ins Gebet <u>umschlägt</u> und die Erfüllung <u>findet</u>.   -   Heute kommt die „Politik". Da kommt das, was Eugen in der „Arbeitsgemeinschaft" bringt. Also Organisation, - Fortschritt oder Bolschewismus?, - Ehe, - Erlösung (nämlich die Ehe als das „media in vita in morte"¹ ~~esse~~ sein). Kurzum die Politik des „Heute" und „Hier", die Utopie des Topos.   Ich freue mich sehr darauf.

Jetzt will ich zu Gotthelfts wegen der Satzanordnung der Überschriften. Das ist bequem diesmal.

Der einzige, der diesmal einen Wahlzettel ins Haus gekriegt hat, ist Jonas! und von den Deutschnationalen!² ...

---

¹ Lat.: mitten im Leben im Tod (sein). Dazu auch Zweistromland S.588, Stern der Erlösung S.362.

² Die Deutschnationale Volkspartei (DNVP) bildete in der Weimarer Republik die stärkste rechts-gerichtete Partei; sie bekämpfte mit antisemitischen Parolen den Versailler Vertrag und das parlamentarisch-demokratische System.

An Margrit Rosenstock am 7. Juni 1920

7.VI.20.

Liebes Gritli,   es war eine herrliche Stunde heut Nachmittag und die nächste wird es auch. Es ist einfach schön, so eine Stunde lang dazustehen und die Wahrheit zu sagen. Nachher das Hebräische war auch schön. Wir lasen den 113. und den 121. Psalm. Nachher war Bertha Strauss da und es war auch ganz hübsch.

Die Leute haben es verstanden, ich sah Tränen in manchen Gesichtern. Dabei sprach ich technisch sicher noch weniger gut als vorigen Montag. Aber es kommt wirklich wenig darauf an. Das Wort „Erlösung" kam nur einmal ganz beiläufig vor, ich habe doch ein ganzes Buch darüber geschrieben, das genügt (ausserdem sagt Hans, die Juden „glaubten" nur daran - und Hans muss es wissen).

Übrigens hat mich Hans gestern Abend wieder ins - Übersetzen hineingebracht. Ich musste mir einfach ein Gegengewicht holen zu seinen unsinnigen Konstruktionen und seinem Knochengerüst aus „Glaube", „Offenbarung" und „göttlichen Befehlen", das er Judentum nennt, damit er Liebe, Erlösung und das göttliche Wohlgefallen als christliches Vorbehaltsgut reklamieren kann. So übersetzte ich das was - nicht vor 2000 Jahren ein Mal am Jordan, sondern heute an jedem Freitag Abend im jüdischen Haus gesagt wird.¹

Warum kann kein Christ das Mass von Ehrlichkeit aufbringen, dass er versucht, nur an den Früchten zu erkennen und zu unterscheiden.² Es ist das einzige anständige und wahrhaftige Verfahren.   Ich habe die Vorstellung, ich würde dem Christentum gerechter als irgend ein Christ dem Judentum. Versteh: dem Dogma des andern kann man wohl nicht gerecht werden (das Wort gerechtwerden wäre da auch nicht am Platz); aber der Seele des andren kann mans. Und Hans wie alle dörrt schliesslich die jüdische Seele zu einem Gespenst aus, - in majorem Christi gloriam.³ Das kommt wohl davon, dass ihr den Menschen hier nicht Mensch bleiben lassen könnt. So muss ihm künstlich eine Ausnahmestellung geschaffen werden, - eigentlich kam das alte Dogma, wenn es ihn einfach zum Gott machte, der Wahrheit näher als diese im Grunde doch nur liberalen Versuche, im Menschen als Menschen den absoluten Unterschied gegen alle andern zu finden.

Ich merke, dass ich fast spreche wie Goethe zu Lavater;⁴ wir lasen den Brief neulich in Göttingen. - Tante Lene⁵ gings gestern Abend etwas besser. Gut Nacht, geliebtes Herz -

Dein Franz.

606

[1] Die „Häusliche Feier"; dazu Sprachdenken im Übersetzen, 1. Band: Hymnen und Gedichte des Jehuda Halevi, S.XIIIff.
[2] Anspielung auf Matthäus 7,16.   [3] Lat.: zum größeren Ruhme Christi.
[4] Johann Kasper Lavater, 1741-1801, philosophisch-theologischer Schriftsteller, der mit Herder und Goethe befreundet war und Mendelssohn zum Christentum bekehren wollte.
[5] Helene Ehrenberg, geb. von Ihering, die Mutter von Rudolf Ehrenberg.

An Margrit Rosenstock am 8. Juni 1920

8.VI.20.

Liebes Gritli,   die schlechte Nachricht aus Frankfurt hat heut über dem Tag gelegen. Rudi ist mittags hin, ich hatte heut Nachmittag das Gefühl, er würde sie[1] nicht mehr am Leben finden.
Ich war Nachmittags eine Stunde bei Tante Julie. In ihrer inneren Lichtigkeit sehen sich alle Dinge anders an, - dabei muss man ja meistens sie „trösten", aber in Wirklichkeit gehts einem dabei umgekehrt. Dennoch fürchte ich mich auch für sie; sie fürchtet sich selber so sehr davor, dass sie eins ihrer Kinder überleben würde, - und es ist ja eigentlich ein unerhörtes Wunder bei dieser dreiundneunzigjährigen, die 5 Enkel im Krieg hatte, - dass es bisher noch nicht geschehen ist.
...

[1] Rudolf Ehrenbergs Mutter.

An Margrit Rosenstock am 9. Juni 1920

9.VI.20.

...
Morgen wird mich also Edith wahrscheinlich von 7 - 8 im Hebräischen vertreten müssen! Heut die Bibelstunde war ganz besonders schön. Es war glaube ich für alle die da waren eine Erschütterung, eine Stimme aus dem 13. Jahrhundert, die ganz wie für heute klang. Es lässt sich nicht so in Kürze wiedergeben. Ich hatte in einem Kommentar wo ich gar nichts derartiges vermutete eine Auseinandersetzung mit der Tatsache des Christentums und der Tatsache der jüdischen Assimilation gefunden, zu der ich kein Wort hinzuzusetzen hatte.
Ich bin in den letzten Tagen gar nicht dazu gekommen, Hans weiter zu lesen. Vielleicht auf der Reise nach Frankfurt.

Gute Nacht - Dein Franz.

An Margrit Rosenstock am 10. Juni 1920

10.VI.20.

Liebes Gritli,   heut Nachmittag kam der Hegel. Er sieht sowohl gebunden wie broschiert glänzend aus, broschiert fast noch schöner. Ich schicke an Eugen natürlich ein gebundenes Exemplar, aber mit der Auflage, dass er mir ein ihm etwa als Rezensionsexemplar vom Hochland oder so zugehendes broschiertes mir zuschickt. Denn ich habe masslos viel Leute mit diesem Buch zu beglücken.
Nachmittags die Geschichtsstunde (1000-1750), die vorletzte, ein Gebräu aus Eugens Revolutions-, - Rudis Todes - und Hansens [[Strindberg]]- Papst in der Jahrtausendwende - Theorie (vor allem aus ~~Hansens~~ Eugens und Rudis), war ein grosser Erfolg. Ich selbst hatte beim Sprechen sogar nicht das Gefühl, dass ich löge; sondern sprach mit so einem gewissen Genuss, als wäre es die Wahrheit.

Ich weiss nicht, was es mit dieser Vorlesung ist. Aber dass ich sie innerlich nicht kann, muss doch was bedeuten, grade weil mir sogar der gerechte äussere Misserfolg gnädig erspart bleibt. So gut wie die Erlaubnis zu der vollkommenen Reinheit und Wahrhaftigkeit der Montagsvorlesung etwas bedeutet, sogut muss auch das etwas zu sagen haben. Bei der Montagsvorlesung habe ich so das Gefühl, als setzte jedesmal Gott sein Siegel unter den 6. I.[1] Und bei der Donnerstag, als sagte er mir jedesmal: in der <u>Welt</u> bist du noch <u>nicht</u> auf dem rechten Weg. - Vielleicht (ich glaube es beinahe) meint er, ich müsste Zionist werden.

Gute Nacht, Geliebtes - Dein Franz.

[1] Rosenzweigs Verlobungstag.

An Margrit Rosenstock wohl am 10. Juni 1920

...

Die Geschichtsstunde war wieder schlecht, obwohl ich eigentlich von schönen Dingen zu reden hatte. Vor allem - weil ich fort zur Bahn musste, kam ich nicht richtig zu Ende, sodass mir nun sogar der <u>Rahmen</u> für die beiden Schlussstunden (1500 - 1800, 1800ff.) gesprengt ist und ich wohl ~~faute de mieux~~[1] malgré moi[2] nun Eugens 1000 - 1800 machen muss in der nächsten Stunde, und meinen konservativen Hang für 1453, 1492, 1517 und dergl. Daten verleugnen.

Gute Nacht. Dein Franz.

[1] Franz.: in Ermangelung eines Besseren.
[2] Franz.: mir zum Trotz, gegen meinen Willen.

An Margrit Rosenstock am 11. Juni 1920

11.VI.20.

Liebes Gritli, heut früh war die Beerdigung.[1] Dieser ganze Schluss des Lebens hat etwas Ekliges, aber Verbranntwerden, besonders so, ist sicher eine der unmöglichsten Formen dafür.[2] Grade weil es mit allem Komfort der Neuzeit geschieht. Es hat etwas Theaterhaftes; alles „klappt", und es ist ein abscheulicher Massenbetrieb, pausenlos eine hinter der andern. Wo die Verbrennung Volkssitte ist, da ist sie doch anders: da sieht man den Scheiterhaufen und sieht wie der Leichnam verbrannt wird, - aber hier- Statt Erde wirft man Blumen hinterher, und das ist noch das Schönste.

Hedi war nicht mit, sie musste im Bett bleiben, hatte Fieber. So waren es ausser Rudi und Helene und Kurt nur O.Otto und T.Emmy, Mutter, Paul, Max und ich, und der Arzt. (Die Begrüssung von Arzt und Pfarrer bei so einer kleinen Beerdigung hatte sogar etwas Hochkomisches). Zuerst spielte die Orgel den Schlusschor der Matthäuspassion (Ruhe sanfte), dann sprach der Pfarrer fast unsichtbar aus einer Palmentribüne über dem Sarg heraus, und zwar zunächst las er auf Rudis Wunsch (Rudi hätte eigentlich selbst gern gesprochen, traute sichs aber nicht zu, natürlich, - und so sollte das der Ersatz sein) die Neujahrspredigt[3] bis zu den „Herrgott ..."-Absätzen (einschliesslich). Das war völlig unmöglich und ging an Toten und Lebenden vorbei, ein grosser Missgriff; es wirkte teils wie eine Abhandlung, teils wie „Kunstprosa", ganz unmenschlich. Man wurde ganz erkältet dabei. Glücklicherweise hatte er dann noch 4 oder 5

Bibelstellen angegeben zum Vorlesen, nämlich die Hoheliedstelle, die Hoseastelle (Du hast uns geschlagen, du heilst uns wieder[4]), Es werden nicht alle, die Herr Herr sagen[5] u.s.w., eine sinnverwandte (auf die ich im Augenblick nicht mehr komme), 2 Seligpreisungen (die Barmherzigen und Die reinen Herzens sind)[6] und I Kor.13.
Das war dann wieder schön. Dann das übliche kurze Gebet mit Vaterunser und Priestersegen. Dann Largo v. Händel, Versinken des Sargs, Nachwerfen der Blumen (Rosen), Onkel Viktor küsste eine Blume ehe er sie hineinwarf, und das war das Wirklichste von allem, wirklicher auch noch selbst als die Bibelstellen und überhaupt ist Onkel Viktor ein herrlicher Mann und ich bin wieder einmal ganz voll Liebe zu ihm, man möchte ihn immer umarmen. Er war ja so gar nicht bedacht bei der Feier, die eben so ganz von Rudi her kam und auch in den Bibelstellen eben auf Rudis Mutter mehr ging als auf Onkel Viktors Frau; und doch war in dem Augenblick wo er die Blume an den Mund drückte, die ganze Feier - „Verfehltes" und „Gelungenes" ganz gleichmässig-ausgelöscht und nur er war da mit der Toten. Die Heiden sind doch bessre Menschen. Die Christen höchstens, wenn sie es so sind wie Helene. Bei uns andern giebts falsche Töne. Dass ich Rudi in und mit den falschen Tönen genau so liebe als wenn er anders wäre, - nein <u>mehr</u>, - das brauche ich ja nicht zu sagen.
...
Warum muss man doch immer wieder schaudern? Es ist <u>nicht</u> wahr, was über dem Eingang des Krematoriums steht (drinnen stehen dann Bibelsprüche): Des Todes rührendes Bild steht nicht als Schrecken dem Weisen[7] - die „Weisheit" muss immer wieder erschrecken, erst war der Mensch da und dann ist er plötzlich weg, da kommt man nicht drüber weg.
......

[1] Am 9. Juni war die Mutter von Rudolf Ehrenberg gestorben, deren Leiche auf ihren eigenen Wunsch hin verbrannt wurde.

[2] Bei Juden werden Verstorbene traditionell nicht verbrannt.

[3] Aus Rudolf Ehrenberg, Ebr. 10,25. Ein Schicksal in Predigten, 1920.

[4] Hosea 6,1.   [5] Matthäus 7,21 u.ö..   [6] Matthäus 5,7f.

[7] Goethe, Hermann und Dorothea, 9. Gesang: „Lächelnd sagte der Pfarrer: 'Des Todes rührendes Bild steht / Nicht als Schrecken dem Weisen und nicht als Ende dem Frommen. / Jenen drängt es ins Leben zurück und lehrt ihn handeln; / Diesem stärkt es, zu künftigem Heil, im Trübsal die Hoffnung; / Beiden wird zum Leben der Tod.'"

An Margrit Rosenstock am 12. Juni 1920

12.VI.20.

Mein geliebtes Gritli, ja ich war froh als ich heut Mittag hier beim Wiederkommen wieder einen Brief von dir fand.
Ich war unterwegs entsetzt, wie ich mich so gar nicht, keinen Augenblick, nach Edith sehnte. Erst als ich hier war und ihre Liebe spürte, war mein Herz wieder gerührt. Dabei <u>ist</u> es doch gar nicht hart, - warum nur grade gegen <u>sie</u>? Manchmal ist mir, als wäre noch nichts besser geworden ⌈⌈(in mir)⌉⌉. Ich entbehre sie so gar nicht, wenn sie nicht bei mir ist.
Die 2 Zimmerwohnung <u>mit</u> <u>Küche</u>? darauf käme es an. Zwei <u>Zimmer</u> würde man ja auch in einer Pension kriegen. Und im August hätten wir zur Not Hedis vermietete

Zimmer im Oberstock; da gehen die Mieter wahrscheinlich auf Reisen; eine kleine Notküche ist da dabei. Also wenns mit Küche ist, dann schreibe bitte an Frau Curtis. Onkel Viktor war bei Tante Julie, und es ist sicher gut so gewesen, am besten. Morgen mehr. - Der ganze 1te Teil des ✿ ist gesetzt. Ich muss Manuskript für den 2ten vorbereiten.

Liebe, ich möchte dich sehn, ich habe Sehnsucht. Dein.

An Margrit Rosenstock am 13. Juni 1920

...
13.VI.20.

Schrieb ich dir schon, dass - Tante Emmy so begeistert von der Einleitung zum 1ten Teil vom ✿ ist? Nun begriffe sie uns erst! Unser Verhältnis zu Nietzsche und Schopenhauer, u.s.w.!!

...

Gestern Abend als wir zu E^{s1} gingen und Edith O.Viktor zum ersten Mal überhaupt sah, sah ich plötzlich, wie sie gewachsen ist. Sie machte eine mir ganz unerwartete und unvergessliche Bewegung, - die sie früher sicher nie gefunden hätte: sie beugte sich über seine Hände und küsste sie. In der Nacht ist mir daraus die letzte (übernächste) Montagsstunde entstanden.

Liebes - Dein Franz.

[1] Ehrenbergs.

An Margrit Rosenstock am 14. Juni 1920

14.VI.20.

Liebe - heut war also die Vorlesung, die du gehört hättest wenn du hier gewesen wärest. Es war diesmal auch technisch im Sinne der Rudischen Kritik besser, im übrigen aber überhaupt wieder wunderschön. Ich hatte es sehr ausführlich aufgeschrieben, weil ich vor Mutters Anwesenheit gêne[1] hatte. Sie machte sich aber ganz klein hinter Trudchens augenblicklicher Breite, sodass ich sie gar nicht sah.

...

Von Oldenbourg hatte ich eine Karte: die Freiexemplare[2] sind unterwegs. (Hat er sich eigentlich an Eugen gewandt wegen einer Rezension? wohl nicht). Es wird nun also Ernst.

Im Hebräischen habe ich heute einen Psalm mit meinen Schülern - im Chor gesungen! Du siehst, ich komme immer mehr zu kindlichen Methoden. Aber ich bin jetzt auch wirklich über den Berg mit ihnen.

....

[1] Franz.: Befangenheit.   [2] Des Buchs „Hegel und der Staat".

An Margrit Rosenstock am 15. Juni 1920

15.VI.20.

Liebes Gritli, wenn ich so die Überschrift schreibe, und mitten aus diesen eigentlich befriedigten Tagen heraus, ist es mir doch als müsste ich mit der Feder den Raum durchstossen, der uns trennt. Bloss der Raum? Ja doch! bloss der Raum.

Wann werden wir uns wiedersehen? es kann ja freilich nur ein Sehen sein, und mehr als je sind wir jetzt auf Briefe angewiesen und die sind dürftig. Auch wenn wir uns

viel schreiben.   In Frankfurt sind wir uns näher; das ist gut. Könntet ihr nicht doch nach Darmstadt gehn?
.....
Mutter goutiert jetzt Edith immer mehr. Der Besuch in Wildungen hat dies Wunder gewirkt. Sie erzählte mir gleich, dass schon die Tatsache, dass sie Blumen aus dem Garten, ein Körbchen voll, mitbrachte, ihr den Weg freigemacht hätte.
Aber das Zusammenleben ist jetzt ganz gut möglich. Die paar Wochen, die wir für uns waren, haben das gewirkt. Weisst du, es giebt jetzt manchmal schon die „stumme Verständigung", und dann schadet der „Dritte" ja nichts mehr.
Ich lese viel, bin ja überhaupt in diesen Wochen zum ersten Mal seit Kriegsende ⌈⌈und ✡-Ende⌉⌉ wirklich fleissig. Heut hab ich für Kauffmann eine „Inhaltsangabe" vom ✡ machen müssen.
                    Gute Nacht. Grüss Säckingen.   Dein —

An Margrit Rosenstock am 16. Juni 1920

16.VI.20.

Liebes Gritli, die Stunde heut war nicht besonders gut. Dabei ersticke ich etwas unter Korrekturen u.s.w. - Ob du wohl kommst? Fast ist mir bange, ich würde vor lauter Zutunhaben gar nichts davon merken.
Weisst du nicht, ich schrieb dir schon einmal auf das Gleiche, was du mir heut vom Tod schreibst. Dass er uns zwingt, Menschenliebe und Gottesliebe auseinanderzuleben. Solange der andre lebt, leben wir beide Lieben als eine. Aber wenn er stirbt, dann wird es zweierlei. Denn zwar unsre Liebe kann seinen Tod überleben, - warum nicht! Aber seine nicht, denn sie wird dann in seine Gottesliebe aufgenommen. Und davor prallen wir dann schliesslich auch zurück. Einen „Seligen" kann man nicht lieben.
Ich bin mehr als müde heute von dem Tag, beinahe „kaput". Ich bin das Arbeiten noch nicht wieder gewohnt.
                    Gute Nacht   Dein.

An Margrit Rosenstock am 18. Juni 1920

18.VI.20.

Liebes Gritli,   wie lang wird es nun dauern! ich hatte ja das nur als die auf lange einzige Möglichkeit gemeint. Das Rechte wäre es freilich nicht gewesen. Immerhin hättest du mich dabei sprechen hören, und wer weiss, ob mir so etwas wie diese Montagsvorlesungen in Frankfurt nocheinmal glücken wird; ich habe manchmal das Gefühl: so was kann man nur einmal. (ich fühle jedesmal wieder - und höre es auch immer wieder von den Hörern - dass es etwas Besonderes ist und dass Rudis Kritik nicht richtig war; das Technische mache ich sowieso jedesmal besser). Das hättest du nun noch gehört, darum ists schade. Und wie es nun in Frankfurt auch sonst werden wird? unser „Seusal" hat sich noch nicht wieder gerührt. Von Frau Curtis auch noch nichts (wars am Ende doch nicht mit Küche?).[1]
Die Frage „Zionismus" springt mich jetzt, wie es so geht, aus allen Ecken an, aus jedem Buch in das ich hineinsehe, aus jedem Menschen, mit dem ich spreche.   Ich lese viel Maimonides. Er hat viel von dem, wofür „man" bei Spinoza schwärmt („amore

Dei[2] - selig aus Verstand"), aber ohne das, was mir bei Spinoza unerträglich ist. Er ist eben „selig aus Verstand" und <u>doch</u> Jude, also <u>doch</u> ein Mensch geblieben.

Dein Franz.

[1] Rosenzweigs waren in Frankfurt auf Wohnungssuche.
[2] Amore Dei intellectualis - verstandesmäßige Gottesliebe: in der Affektenlehre des Philosophen Baruch Spinoza gilt die geistige Liebe zu Gott als höchstes Gut und höchste Tugend.

An Margrit Rosenstock am 20. Juni 1920

20.VI.20.

...

Es sind jetzt so schöne stille Tage, und Mutter stört uns diesmal garnicht. Diese paar Wochen für uns allein haben uns soviel fester gemacht. Was fehlt, fühl ich ja genau. Aber es macht mich jetzt nicht unruhig.

Ich möchte dich einmal wiedersehen. Ich kann dir gar nicht mehr recht schreiben. Ich habe eine Sehnsucht, die gar keine erlösenden Worte findet, sie ist wie auf den Mund geschlagen. Selbst soviel kann ich ja niemandem sagen als dir selbst. Aber das versteht sich ja eigentlich, und war nie anders. Es ist doch überhaupt schon sonderbar genug, dass ich mich darüber <u>wundre</u>, dass ich es nur <u>dir</u> sagen kann und niemand sonst.

Ich lese viel Jüdisches und wachse immer breiter hinein. Aber es schmerzt, dass es so seitab von dir geschehen muss. Ich werde noch unter die Übersetzer gehen, pass acht! (Ich will wirklich jetzt in Berlin mit einem der neuen jüd. Verlage, der Übersetzungen sucht, sprechen. Ich will die Arbeit doch auch bezahlt haben).

Gute Nacht, liebe, liebe -
Dein.

An Margrit Rosenstock am 21. Juni 1920

21.VI.20.

Liebes Gritli, die Montagsvorlesung habe ich heute geschlossen, Thema: die Gebärde. Es war eine Kombination von Ästhetik, Pädagogik und Metaphysik. Verbunden mit einer wüsten Polemik gegen die „Ideale", unter teilweiser Vorlesung von Schillers Das Ideal und das Leben.[1] Die Alten waren sehr entsetzt, und ich nähme ihnen doch das Einzige was sie hätten, wenn sie nicht mehr an das Wahre Gute und Schöne glauben dürften. So sagten Tante Emmy und Hennar Hallo.

Ich hatte Kopfweh tagsüber und bei der Vorbereitung war mir schwummerig, weil ich nicht wusste, ob ichs mehr pädagogisch oder mehr ästhetisch machen sollte. So machte ichs dann aus Verlegenheit beidlebig.

Es war übrigens die landesübliche Verbindung von Kirchentum und Ketzertum, - eigentlich ein unerklärlicher Mischmasch für den ders von aussen sähe. - Der Gegenbegriff gegen die „Ideale", mit dem ich schloss, war natürlich das „Himmelreich".

So gut wie die andern Stunden war aber heut die nicht.

Die Vorlesungen sind übrigens das einzige, was diese Woche aufhört. Die Arbeitsgemeinschaft und das Hebräische geht nach Berlin weiter.

Gute Nacht.   Franz.

[1] Titel eines Gedichts von Schiller.

An Margrit Rosenstock am 22. Juni 1920

22.VI.20.

Liebes Gritli,
wir waren im Theater, in den Gespenstern.¹ Es sind nämlich „Festspiele" hier, lauter Auswärtige, und dies war der einzige Abend, wo wir konnten. Es war ganz lustig, mal wieder im Theater zu sein, alles gut angezogen. Die Aufführung war aber stillos, trotz guter Schauspieler und trotzdem die Mutter von der Bartens prachtvoll gespielt wurde. Der Ibsenstil ist offenbar schon verloren gegangen. Ich habe ja all die Sachen noch unter Brakes gesehen, das war das einzig Mögliche. Heute suchen die Schauspieler alle nach Ausbruchs-Gelegenheiten, sie sind alle viel zu sehr wieder auf Pathos gestellt, und das verträgt Ibsen ganz und gar nicht.
Dann ist der Theseninhalt doch nachgerade so komisch unmodern geworden, dass man es kaum mehr verträgt. In 20 Jahren, wenn er erst aus „veraltet" zu „historisch" geworden sein wird, wirds wieder geschehen. Denn gespielt werden die Sachen da sicher auch noch; die Arbeit ist zu gut. Aber heute! Knalleffekte wie der „gefallene Mann" und dergl. - und zu denken, dass schon die 50jährigen im Theater doch noch ernst bleiben, wenn sie so was hören und erst unsereins einfach lacht!
Ibsen ist <u>doch</u> ein Dichter, ich bleibe dabei. Er ist nur jetzt in dem Stadium zwischen Modern und Klassisch, das das allergefährlichste für den Nachruhm ist.
Wenn man übrigens so lang nicht im Theater war, so ist ein Nichtkostümstück immer der schlechteste Wiederanfang.
Liebe, das Schreiben ist ja nur noch ein Ritus. Wo bleibst du selbst? Ich möchte immer an der Entfernung rütteln, aber sie bleibt bestehn. Es ist auch nicht <u>bloss</u> die Entfernung. Früher wäre ich ja einfach zu dir gefahren. Dass das jetzt nicht geht, ist doch <u>nicht</u> bloss eine „äussere Tatsache".

Liebes Gritli — Franz, dein Franz.

¹ Henrik Ibsen, 1828-1906, Gespenster. Ein Familiendrama (1882).

An Margrit Rosenstock am 23. Juni 1920

23.VI.20.

Liebes Gritli,
die Bibelstunde (cap.19 - 21)¹ war sehr schön, es ist ein ganz lebendiges Hin und Her.
...
Dann wieder eins der kleinen jetzt schon gewohnten Renkontres² mit Tante Emmy, wegen der letzten Montagsstunden. Wobei sie aber immer sehr nett bleibt; denn sie liebt mich ja. Aber reden lässt sich nicht mit ihr. Dabei versteht sie uns schon, sie spürt das Bolschewistische und schliesslich ist es für das Renommée des lieben Gottes („in majorem Dei gloriam"³) besser, er gilt bei den Heiden für einen Patron der Revolutionäre als für ein Götzenbild der Reaktion.
Wobei mir übrigens einfällt: Was habt ihr gewählt? die Politik interessiert mich augenblicklich wieder und ich kucke manchmal in der Frkfter Zeitung verstohlen über den Strich.

Dein Franz.

¹ In der Woche war die Parascha (die Toralesung) CHUKKAT an der Reihe: 4. Mose 19-22,1.
² Franz.: rencontre - Gefecht.   ³ Lat.: zum größeren Ruhme Gottes.

An Margrit Rosenstock am 24. Juni 1920
24.VI.20.
Liebes Gritli,   jetzt habe ich auch die Donnerstagvorlesung geschlossen; die Hörer begeistert, ich nicht. Heute 1789 - 1920. (Goethe, Judenemanzipation, Weltkrieg, Zionismus). Mein Verhalten zum Zionismus wird ja immer mehr à la Bileam: ich bin ausgezogen, um ihm zu fluchen, und segne ihn bei jeder Gelegenheit.[1]
Auf Goethe habe ich so geschimpft, dass auch die Goetheanerinnen es vertragen haben, das hat mich gewundert.
Nun bin ich aber doch angenehm erleichtert, dass die Vorlesungen zu Ende sind. Es nimmt doch mit, - innerlich und äusserlich. Das Sprechen selber ist ja ein Genuss, und so freue ich mich doch auch in dieser Beziehung auf Frankfurt.
.....
Es gehört wohl übrigens zum Bilde in solchen Fällen,[2] dass einen grade die Teilnahme der Nächsten nicht befriedigt. Ich weiss, dass ich im April 18[3] in allen Antworten an meine Nächsten sie immer „richtiggestellt" habe, so Eugen, so Rudi, so Hans, dich ohnehin -. Während ich mit den im Grunde natürlich viel konventionelleren Teilnahmebezeugungen der Fremderen viel zufriedener war. So geht es jetzt auch Rudi.
Es ist ein Stück Bedürfnis nach dem bloss Typischen in einem in so einer Zeit. Und das können einem die Fremderen am besten leisten. Man sollte immer daran denken wenn man „Fremderer" ist, dass man dann grade etwas geben kann.
...

[1] Zu Bileam (hebräisch: BILAM) 4. Mose 22-24.   [2] Bei Todesfällen.
[3] Nach dem Tod von Rosenzweigs Vater am 19. März 1918.

An Margrit Rosenstock am 25. Juni 1920
25.VI.20.
Liebes Gritli,   ich wollte dir eigentlich nicht schreiben heute, denn ich fühlte den ganzen Tag deutlich, dass du mich absichtlich mit Eugens Brief allein lassen wolltest, und ich war gar nicht verwundert, auch hier nichts von dir vorzufinden. Nun schreibe ich dir doch, ins Leere, ich weiss ja noch nichteinmal, wo du bist, ob in Stuttgart oder Hinterzarten oder Landeshut.   Wenn du wüsstest, was du tust. Es kann sein, dass du deine Macht zum Guten über mich verloren hast, das weiss ich nicht. Aber zum Bösen hast du sie jedenfalls noch ganz und gar. Solche Tage, wo du mich im Stich lässt, machen mich mit einem Schlag zur Ruine, in der 1000 Teufel ihr Wesen treiben. An solch einem Tag wie heute stürzt das bischen Ehe was vielleicht schon da ist zusammen wie eine Theaterdekoration, und es umgiebt mich das reine Nichts. Ich sitze Edith gegenüber, wie heut den ganzen Tag in der Eisenbahn, und frage mich: wer ist das? Ich habe nichts mehr, um das ich keine Anführungsstriche mache. Ich kann vielleicht noch beten, aber nicht um die Wirklichkeit, nur um die Illusion der Wirklichkeit. Denn ich glaube an so einem Tag höchstens an Illusion.
...
Weisst du denn nicht, dass du mich trägst? Dass du das einzige Leibhaftige in meinem Leben bist? Es ist furchtbar, das zu schreiben. Ich habe dich lange damit verschont. Aber so ein Tag wie heute, wo ich einfach in ein Nichts verwandelt bin, lehrts mich, selbst wenn ich es je vergessen könnte.   Ich habe auf der Erde nichts ausser dir.

Nichts, verstehst du? Ich weiss dass ich mit diesem „Nichts" meinem Leben das Urteil spreche, aber habe ich mir dies Leben selber gezimmert? Ich nehme die Schatten ernst, mit denen ich lebe, denn ich weiss, dass sie mir von Gott in mein Leben hineingeworfen sind, aber ich kann doch nicht vergessen, dass es nur Schatten sind. Mein Blut hat nichts andres zu tun als diese Schatten zum Leben zu wecken. Aber noch sind sie Schatten, dieser Tag lehrts mich. Du bist das einzige Wirkliche in meinem Leben. Vergiss das doch nicht! keinen Augenblick!   Dein Franz.

An Margrit Rosenstock am 26. Juni 1920
                                                                                  26.VI.20.
Liebe, dann lag heut auf dem Kaffetisch ein Brief von dir, und es waren nur Gespenster gewesen. Ich rief Eugen an, er kommt heut Nachmittag heraus, und es ist alles gut. Aber ich bin müde von gestern und wie zerschlagen. Was ich dir gestern Nacht schrieb, bleibt ja doch wahr; so sieht mein Leben aus, wenn die Schleier fallen. .....
Heut morgen konnte ich dann auch zu Edith sprechen. An so einem Tag wie gestern ist mir ja der Mund verriegelt. Ich kann dann nur zu dir sprechen.
Denk, gestern in der Bahn habe ich grade die erste Hälfte vom ✿ II 2 im Manuskript durckfertig gemacht; es war nicht schön. Das soll nun gedruckt werden! Es ist aber ein Buch mit mehr als sieben Siegeln. Obs ein Mensch verstehen wird? ich meine von denen, dies gedruckt zu sehen bekommen. Ich glaube, wirken wird nur III. Also grade das, was schon seit 1913 fertig war. Im Grunde war es ja ein <u>Brief</u>. Man kann es zu jedem sagen. Aber man muss es jedem ins eigne Gesicht sagen. So wie ich jetzt meinen 30 Montagshörern ins Gesicht gesprochen habe. Das wäre auch nicht druckbar.
Ich war überhaupt verzweifelt fleissig gestern in der Bahn. Heut bin ich wie lahm.
...

An Margrit Rosenstock am 27. Juni 1920
                                                                                  27.VI.20.
Liebes liebes liebes Gritli, so zerschlagen war ich gestern nun auch körperlich, in der Nachwirkung von dem schrecklichen Vorgestern, dass ich Abends um 8 ins Bett ging, wie ein kleines Kind, und durchschlief bis nach 7! Ich war noch so gar nicht beisammen, gestern den ganzen Tag, Eugen müsste es eigentlich gemerkt haben, ich war ja kaum für ihn da und habe an ihm herumgeredet, als wäre er kein lebendiger Mensch, sondern ein Stein, der nichts fühlt; ich habe es erst nachher gemerkt. Ich weiss noch nicht mal, weshalb er hierher fahren musste, ich konnte ihn nicht fragen, und er hatte recht, es mir nicht zu sagen. Das einzige was noch da war, war das Glück, dass das Vorgestern vorbei war, und die Sehnsucht nach dir. Die lässt mich keinen Augenblick. Sie ist stärker selbst als das Gefühl des Unrechts, das ich Edith in solchen Tagen wie den letzten tue (denn sie spürts doch natürlich, wenn ich den Mund nicht zu ihr auftun kann und sie kaum anreden kann und erst recht nicht <u>mit</u> ihr reden). Meine Hände sind nun bei ihr und suchen gut zu machen was wund ist, aber meine Gedanken laufen weg und wo anders hin.
......
Die Mendelsohnübersetzung der Psalmen[1] habe ich auch gerade vor kurzem gekauft,

allerdings mit hebräischen Buchstaben gedruckt; ich habe das Bändchen wegen zweier alter Kommentare gekauft, die drin standen. Sie ist übrigens schön, und hat etwas was sich sogar neben der Lutherschen behauptet. Ich kenne sie noch wenig.

Ich werde Eugen am Montag nochmal anrufen, vielleicht sogar nochmal sehen. Edith bleibt da in der Stadt, um Gertrud[2] am Hochzeitsmorgen zurechtzumachen.

Ich wollte, ich könnte ein bischen so gut zu ihr sein, wie sies um mich verdiente.

Ich bin bei dir. Dein Franz.

[1] Moses Mendelssohn übersetzte die Tora, das Hohelied und die Psalmen ins Deutsche, wobei er allerdings hebräische Buchstaben verwendete, damit die Juden seiner Zeit es sollten lesen können, um bei dieser Gelegenheit auch noch Hochdeutsch zu lernen.

[2] Gertrud Hahn, eine Schwester von Edith Rosenzweig.

An Margrit Rosenstock am 28. Juni 1920

28.VI.20.
...
Wir hatten einen ganz besuchslosen Tag gestern. Vormittags waren wir ein bischen auf dem See.[1] Ich las das herrliche Märchen von Hofmannsthal Die Frau ohne Schatten,[2] etwas vom Bezauberndsten das ich kenne. Obwohl man die Zusammenhänge, ähnlich wie beim Goetheschen Märchen, wohl immer nur ahnen, nie verstehen wird. Abends gingen wir dann zu vieren nach dem Abendessen durch die Gegend. Zuerst gerieten wir auf den Kirchhof der Kolonie. Ein Friedhof der reichen Leute. Lauter Familiengrabplätze, immer einer vom andern durch hohe, oft über mannshohe Buxbaumhecken geschieden, wunderschöne Gräber. In der Mitte wie ein üppig-verwilderter Garten für sich die Siemensgräber, gruppiert um das Grab des Schwiegervaters Helmholtz, das doch aus den 90er Jahren ist, aber ganz vollkommen schön. (Drauf das A und Ω[3] und „der Geist der Wahrheit wird euch in alle Wahrheit leiten"[4] und ein flacher Loorbeerkranz.   Sonst noch von Merkwürdigem das Grab des Baumeisters Joh. v. Otzen,[5] des zweiten Schwiegervaters von Kurt Breysing, offenbar von Melchior Lichter, gotisierend mit einer kleinen bunten Glasscheibe in der Rückwand. Aber viel Schönes. Wir waren hinaufgegangen, weil der Vater einer Bekannten da liegt, der Frau Levy, von der ich Eugen zu erzählen anfing (der mit der Geschichte des Symbols). Ich erzählte Eugen nicht zu Ende. Sie hat sich also dann für sich so eine Art Ketzerjudentum zurechtgemacht, indem sie wöchentlich den Wochenabschnitt liest und viel im Gebetbuch, aber ohne Fühlung mit der Gemeinde. Aber sie hat bezwingende graue Augen, sodass sie keine Gemeinde nötig hat.
...
Zwischen mir und der Akademie ist es, bei gewahrtem Standpunkt, wieder zu einer Annäherung gekommen. Ich bin Mitglied der philosophischen Kommission geworden. Es ist mir, da es nach der Broschüre und trotz nochmaligem ausdrücklichen Hinweis darauf, geschehen ist, nur recht.

Leb wohl - bis zum nächsten Brief. Liebes liebes Gritli - Dein.

[1] Wannsee in Berlin.   [2] Hugo von Hofmannsthal, 1874-1929, Die Frau ohne Schatten, 1919.
[3] Alpha und Omega nach Offenbarung 1,8; 21,6 und 22,12.   [4] Frei nach Johannes 16,13.
[5] Johann von Otzen, 1839-1911, Architekt, der Kirchen im neu-gotischen Stil baute.

An Margrit Rosenstock am 28. Juni 1920

28.VII.20[1]

Liebes Gritli, es geht heut an deine Adresse ein Buch für Eugen zum Geburstag (7.VII.??) ab. Bitte fang es ab. Du wirst es auch lesen. Ich habe euch bloss nichts davon erzählt, weil ichs versparen wollte. Es ist das erste, was ich neben oder eigentlich über ✡ III stellen muss. Es ist genauso entstanden wie so etwas entstehen muss: so, dass ॻ noch die Entstehungsart überall zu sehen ist; es löst sich nirgends von der Beschreibung der „Gesichter" und giebt doch darin alles. Die Zeichnungen sind ja künstlerisch wertlos, aber sie geben eben soviel wie gute Amateurbilder auch geben würden, und das genügt hier. Der Zweig hat natürlich seine Verdrehtheiten, er ist etwas Mensch seines Kreises, manches was auch an ihm ärgerlich sein wird, ist einfach Kreisschiboleth.[2] Aber im ganzen ists ein grosses Buch.[3]

Beim jüdischen Buchhändler war schon eine Bestellung (von - Schocken!) auf ein neues Buch von Franz Rosenzweig „Der Stern des Volkes" „oder so ähnlich" eingelaufen, gleich auf 3 Exemplare! Und in der einen Universitätsbuchhandlung stand der Hegel eingebunden ans Fenster gelehnt und sagte: Wenn doch einer käme und mich mitnähme.

Es war ein herrlicher Abend überm See, wie ich wieder hier draussen ankam. Wie ich so auf das Wasser hinaussah und das Bild in mich hineinnahm, spürte ich plötzlich, dass ich zufrieden war, dass Edith nicht neben mir stand. Denn wir sehen nicht einerlei. Wir können uns höchstens ansehn, aber nicht zusammen sehen. ... Ich darf wohl das Erstaunen oder gar Entsetzen über den 6. Januar[4] nie verlieren. Dass mein Leben seine Erfüllung kriegen sollte grade um den Preis solch unüberbrückbarer Fremdheit ... Wie soll man das verstehen?

Gute Nacht. Ob morgen ein Brief von dir da ist? Mein Herz drängt sich nach den Zügen deiner Hand auf dem selben Kouvert.

Dein

[1] Von Rosenzweig falsch datiert.
[2] Schibbolet - hebr.: Ähre, wurde durch Richter 12,5f zu einem Ausdruck für Losung, Parole.
[3] Arnold Zweig, Das Ostjüdische Antlitz. Zu fünfzig Steinzeichnungen von Hermann Struck, Berlin 1920.
[4] Tag der Verlobung.

An Margrit Rosenstock am 29. Juni 1920

29.VI.20.

Liebes Gritli, ich kam gestern gar nicht zum Schreiben, es war ja der Tag der Hochzeit.[1] Vormittags war ich zum Rasieren im Dorf, da ist eine gelbe ~~Sand~~ Backsteinkirche, wie man sagt; von Schadow,[2] sehr schön, hinter einer, auch stilgemässen - Wand von Bäumen aufgebaut. Das Dorf selber so trostlos wie ⌈[diese]⌉ märkischen Halbdörfer meist. Dann ging ich noch eine Stunde zu Frau Lewy und sass bei ihr am Wasser; es war herrlich, sie ist etwas Wunderbares, freilich ganz Gepflegtes und nur in der Gepflegtheit Mögliches, aber in diesem Rahmen von Pflege steht nun nicht etwa ein Stück Kultur, sondern eine ganz reine Natürlichkeit. Von dem Gespräch kann ich schwer schreiben, wir kamen uns aber zum ersten Mal wirklich nahe, bis dahin hatte uns die Kirchengemeinschaft, wie es so geht, grade auseinandergehalten. Sie ist

37 Jahre alt, ihre jüdischen Anfänge, ganz ohne einen Faden Tradition, liegen schon 20 Jahre zurück, also in einer Zeit, die ihr noch nicht die geringste Stütze bot.

Dann fuhr ich mit Eva zur Hochzeit. Es war in einem Logentempel. Der Rabbiner traute, der auch uns getraut hatte, aber viel besser sprach er als bei uns. Es war ganz unpersönlich, aber grade dadurch gut; auch die Braut selber sagte, sie hätte eigentlich keinen Augenblick das Gefühl verloren, dass es für jede andre auch gepasst hätte, aber das wäre grade das Schöne gewesen. Beim Essen war etwas Nettes: im selben Saal an einem Tisch für sich die Dienstmädchen der beiden Familien.

Die Gegenfamilie ist doll, eine durch Inzucht potenzierte verkümmerte Zwergengesellschaft. Dagegen machten „wir" uns gradezu aristokratisch. Die kleine Hildegard, die Eugen ja gesehen hat, sah süss aus in ihrem Blumenkränzchen. Mein Schwiegervater in all his glory,[3] wie immer bei solchen Gelegenheiten, wenn ihm nicht wie bei uns durch den bösen Schwiegersohn das Betätigungsfeld eingeengt ist, - übrigens <u>wirklich</u> famos. Ilse[4] entwickelte abgründige Schauspielerkünste (sie gab ein „Butterfräulein"), und tanzen können die drei Schwestern ja alle; Edith sehe ich gar zu gern zu dabei (kannst du sie dir vorstellen?), ich kriege mit ihr sogar noch einen ganz passabeln Walzer heraus.

Nachts lag ein Brief von dir da, vom Sonntag. Aber Liebste, eure vielen Hochzeitstage - das ist eine Wissenschaft für sich, du darfst keinem dritten zumuten sich darin zurechtzufinden.

Hast du übrigens darauf geachtet, dass <u>die</u> Margarete, die ich unter allen in Frage kommenden, einzig für deine Schutzpatronin halte, Margarete Alacoque,[5] vor kurzem heilig gesprochen ist? bisher war sie nur „selig". Nimm dir ein Beispiel dran.

Dein Franz.

---

[1] Hochzeit von Gertrud Hahn, Schwester von Edith Rosenzweig, mit Siegfried Jordan.

[2] Mit dem Namen Schadow verbindet sich eine ganze Dynastie von Berliner Künstlern und Architekten. Zu letzteren zählen vor allem Friedrich Gottlieb Schadow, 1761-1831, sowie Albert Dietrich Schadow, 1797-1869.

[3] Engl.: in all seiner Pracht.

[4] Ilse Strauss, geb. Hahn, 1902-1977, Schwester von Edith Rosenzweig.

[5] Marguerite-Marie Alacoque, 1647-1690, Nonne, die durch ihre Visionen die Herz-Jesu-Verehrung kirchlich institutionalisierte. 1864 wurde sie selig, 1920 heilig gesprochen.

An Eugen Rosenstock, wahrscheinlich im Juli 1920

..... Es giebt eine Brüderlichkeit über die Grenzen weg. Aber man bezahlt sie mit einem Stück Fremdheit <u>in</u> den Grenzen. Deshalb jammern wir alle über unsre Ketzerei, abwechselnd und reihum. Und entsetzen uns, dass man Donnerstagsvorlesungen von uns verlangt, wenn wir Montagsvorlesungen geben.

Das alles wussten wir voriges Jahr, am Anfang des „siebenten Jahrs" - weisst du noch, Eugen? - noch nicht. Ich möchte das Jahr nicht noch einmal erleben. Aber noch weniger möchte ich's nicht erlebt haben. Denn es hat mir gebracht, was ich vor einem Jahr für unmöglich hielt: ich kann heute, wenn du betest, Amen sagen, - lieber Eugen

Dein Franz.

An Margrit Rosenstock am 1. Juli 1920

Liebes Gritli, 1.VII.20.
wir waren bei Meinecke gestern Nachmittag. Es waren aber betrübte Stunden. Ich war ganz niedergedrückt nachher. Obwohl ichs natürlich nicht anders hätte erwarten dürfen. Aber schliesslich geht man doch nicht zu einem Menschen mit der Erwartung dessen, was man „erwarten darf", sondern erwartet jedesmal wieder das Wirkliche, Nichtzuerwartende, sodass man dann doch nachher wieder ganz unvernünftig enttäuscht ist. Es war ja genau so damals mit Picht: Vernünftigerweise hätte ich gar nichts andres erwarten dürfen; aber wenn ich hingehe, so verleugne ich eben meine erwartende und weise Vernunft; sonst ginge ich besser gar nicht.
Bei Meinecke gabs also ein grosses „politisches" Gespräch über mein pessimistisches Vorwort. Ich habe ihm alles höflich aber deutlich ins Gesicht gesagt. Er - soi-disant[1] „Historiker" - weiss aber nur von Jahrhunderten. Dass es auch Jahrtausende giebt, ist ihm eine Botschaft aus der Ferne und geht ihn nichts an. Seine Hoffnungen sind ganz klein; er lässt sich auch ruhig sagen, <u>dass</u> sie es sind, und giebt es sogar zu; aber ihm gehts wie dem König, der dem Profeten Jesaja[2] auf die Verkündigung, dass seine Kinder nach Babel geführt werden werden, nur zu erwidern weiss: wohl! so wird doch also Frieden sein in <u>unsern</u> Tagen. Um diese Frage „wird noch Frieden sein in unsern Tagen?" kreist sein ganzes Denken.
Das wäre nun alles noch hingegangen, denn es ist Generationssache. Aber das andre war das Furchtbare: er hat, obwohl ichs ihm mehrmals so hinschob, dass er nur den Mund hätte zur Frage auftun müssen, mich überhaupt nicht nach mir gefragt. Er wollte nur sehen, dass ich nicht Nachwuchs für ihn sein will. Aber was ich nun wirklich will oder bin, alles was hinter jenem „nicht" als Positives steckt, das wollte er einfach nicht berühren. (Ich hatte ihm schon in meinem Brief von der Frankfurter Sache geschrieben). Dabei spürte ich deutlich, dass er dieses Nicht ernster nahm als bisher, denn er sprach mir immer wieder seine Hoffnung aus, ich würde doch noch zu „unsrer Wissenschaft" zurückkehren. Ich wurde ein bischen Menetekel[3] für ihn; insofern hatte sichs also „gelohnt".
Ich war ganz bedrückt davon und bin es noch. Wieviel muss noch zugrundegehn? Und das sind nun noch die Besten. Denn er ist ja nicht alldeutsch; sein nahpolitisches Auge ist scharf und unverblendet. Aber das Leben will er nicht sehen. Und zur Fortsetzung der „Tradition" (des 19. Jahrhunderts) genügen ihm „ein kleines Häuflein", und die werden wohl kommen. Ich fragte ihn, ob er meinte, dass diese Epigonen[4] die Besten sein würden. Ja! Dass dieses kleine Häufchen dann ohne jeden Zusammenhang mit dem Ganzen leben würde, sah er wohl ein, aber fand, das wäre auch in andern Zeiten so gewesen. Und dass in diesen andern Zeiten neben dem gelehrten Mönch der Priester gestanden hat, und also nur dadurch, nur durch die organisierte Kirche für alle die ständische Vorbehaltung der Bildung für Wenige dem Ganzen nichts geschadet habe, das wollte er nicht sehen.
...

---

[1] Franz.: angeblich, sogenannt.   [2] Jesaja 39,8.
[3] Dazu Daniel 5,25.   [4] Nachgeborene ohne eigene schöpferische Kraft.

An Margrit Rosenstock am 3. Juli 1920

3.VII.20.

Liebe, es ist zum ersten Mal dass ich dir Abends schreibe, heute. In Wannsee hatte ichs mir, nach dem schrecklichen ersten Abend, ganz angewöhnt, dir Tags, meist sogar Vormittags früh, auf der Terrasse zu schreiben. Das war besser, und es ist durchaus nicht so, dass es so sein müsste, mit dem Abends. Dass ichs heute tue, kommt ja nur daher, dass ich tagsüber soviel Arbeit hatte für die Bibelstunde, die ausnahmsweise heute Nachmittag war (cap. 22 ff.). Sie war wieder sehr schön. Prager gab diesmal viel. Es ist sein Konfirmationsabschnitt gewesen.

Ich selber hatte das Schönste bei der Vorbereitung gefunden, es aber nicht vorgebracht, ich muss es noch erst in mir garkochen, ein Gleichnis von Mutter und Sohn. Liebe Seele, bestimmte Pläne habe ich keinen. Vielleicht muss ich mal vor 1.VIII. schon nach Frankfurt (es hat sich immer noch nichts gewegen Wohnung gerührt!), dann gäbe es sich ja von selber. ...

Schrieb ich dir eigentlich, dass ich in Berlin bei einem der vielen neuen jüdischen Verlage war mit meiner Tischgebets-Übersetzung;[1] es wird wahrscheinlich in einer (Nicht Luxus aber immerhin) 2 Farbendruck-Ausgabe von 2000 Exemplaren gemacht werden; ich erwarte noch den endgültigen Bescheid. Wir werdens wahrscheinlich Frau Löwenherz widmen - das ist doch eine pompöse Form des Danks. ...

---

[1] Der Tischdank. Dazu der Brief an Margrit Rosenstock vom 11. April 1920, S.577f, sowie: Sprachdenken im Übersetzen, 1. Band: Hymnen und Gedichte des Jehuda Halevi, S.XIIf.

An Margrit Rosenstock am 5. Juli 1920

5.VII.20.

Liebes Gritli,

nur ein gute Nacht, nach einem verarbeiteten Tag. Morgen kommen Regensburgs. Heut Vormittag war Bruno Strauss auf der Durchreise hier. Er sprach etwas aus, was ich mir manchmal nicht recht gestehen wollte: dass es zu Ende ist mit den deutschen Juden. Es ist ja nur ein Teil des deutschen Untergangs überhaupt. Die Zukunft wird auch hier in Russland und Amerika liegen.

Bei Bruno Strauss ist das wichtig, wenn ers sagt; denn er spricht ja als Antizionist, und letzter der Mohik- will sagen: Cohen-ianer, der er ist.

Ich habe noch nachgedacht über das, was ich gestern an Eugen schrieb. Dass ich mich vor einem Jahr da zurückzog, lag ja einfach daran, dass er damals das Amen als Consequenz des ✡s erwartete. Da hatte ich <u>recht</u>, abzulehnen.[1] Zwischen Juden und Christen als Juden und Christen hat sich gar nichts geändert und wird sich auch nichts ändern. Aber im Juden, im Christen hat sich etwas geändert oder muss sich etwas ändern. Es lässt sich nicht propagieren, organisieren, dogmatisieren — das sind Hansens Sünden. Man kann und darf keine Bücher darüber schreiben, da wird alles unwahr. Man kann es nur erfahren und sagen. Also allenfalls dichten, aber nicht denken. ...

---

[1] Dazu etwa der Brief an Eugen Rosenstock vom 17. August 1919, S.385ff, oder an Margrit Rosenstock vom 19. August 1919, S.390f.

An Margrit Rosenstock am 6. Juli 1920

6.VII.20.
...
Die Londoner[1] kamen heute Mittag. Die Überraschung war Walter, den ich vor 9 Jahren gesehen hatte und der nun ein schöner riesengrosser 23jähriger geworden ist. Winie ist unverändert, noch schöner vielleicht, leider freilich von einer nur durch gelegentliche Alsbergismen gemilderten Englischkeit des Wesens. Es ist ein barbarisches Volk, - ein wirkliches Unglück, dass sie gesiegt haben. Überhaupt ertrage ichs noch nicht, mit ihnen zusammen zu sein; die ganze Wut über den Kriegsausgang steigt mir wieder hoch.
Kähler kam Nachmittags, ich ging eine Stunde mit ihm spazieren, er war ganz (oder fast ganz) famos, - so hätte er euch auch besser gefallen; wir harmonisierten herrlich über Meinecke. Dann brachte ich ihn zu Hans Rothfels,[2] lernte Rothfelsens Frau flüchtig (aber mit grossem Eindruck) kennen, ich werde nochmal hingehen, ehe wir weggehen. Endlich brachte die Post mir - den ersten „Ruf". Vom Ministerium für jüdische Angelegenheiten der Republik Litauen eine Anfrage, ob ich die Leitung des Lehrerseminars für Litauen übernehmen würde! In Litauen giebts nationale Autonomie für die Juden; deren praktische Ausnutzung ist von der Schaffung eines grossen Lehrerstandes abhängig. Das Seminar soll sich zu einer Art Hochschule entwickeln.   Ich werde nicht einfach ablehnend schreiben, sondern ruhig mal sehen, ob sich die Anfrage vielleicht zu einem wirklichen Ruf entwickelt, mit dem ich dann in Frankfurt krebsen gehen könnte.
Was sagtest du aber, wenn ich wirklich in die Gegend von „Struck und Zweig"[3] ginge? Es ist ein bischen weit, nichtwahr. Schon deshalb täte ichs nie. Eine Vortragsreise wäre was andres.
Aber es ist ja alles dummes Zeug. ...

[1] Anna und Winnifred Regensburg sowie Walter Raeburn (vormals Regensburg).
[2] Hans Rothfels, 1891-1976, Historiker.
[3] Anspielung auf das Buch: Arnold Zweig, Das Ostjüdische Antlitz. Zu fünfzig Steinzeichnungen von Hermann Struck, Berlin 1920.

A Margrit Rosenstock am 8. Juli 1920

8.VII.20.
...
Ich habe gestern Abend nicht mehr schreiben können. Ich war zu verdonnert von einer Erzählung von Tante Ännchen.
Winie - du wirst von ihr wissen wollen - gefällt mir <u>so wie sie ist</u> immer weniger, aber ebenso mehr weiss ich, dass ich, wenn nicht u.s.w., ich mich wieder genau so in sie verliebt hätte. Jetzt tut ihre Art, so „lieb" sie ist, mir gradezu weh, so englisch verengt und versteift ist sie äusserlich, - natürlich steckt unter dieser Decke die ganze Alsbergsche Temperamentsnatur. - Aber Ännchens Erzählung ging auf Walter.
Auch sonst wars ein Tag der Erschütterungen.   Zwischenhinein habe ich nachmittags die vorletzte Arbeitsgemeinschaft abgehalten (c.25 - 28), es war wieder sehr gut; ich werde in Frankfurt ganz sicher die Genesis[1] so durchnehmen.
...
In der Frankfurter vom 6. VII. stand ein ganz überherrliches Kleines Feuilleton von Richard Koch („Dr. R. K."). Wenn ihrs nicht gesehn habt, so schreib bitte; ich habe es

aufbewahrt und wills dann schicken. Das ist ein Arzt! Ein wahrer „Ketzerjude", an dem kein Falsch ist.[2] Die Gleichklänge, die bis ins Wörtliche gehn, sind ganz aufregend für mich gewesen.
Ich fahre heut Mittag wohl zu Rudis Vorlesung nach Göttingen.
Die Tischgebetübersetzung[3] erscheint.
Verzeih das Fragmentarische. ...

[1] Das 1. Mose-Buch.   [2] Anspielung auf Johannes 1,47.
[3] Der Tischdank. Dazu Sprachdenken im Übersetzen, 1. Band: Hymnen und Gedichte des Jehuda Halevi, S.XIIf.

An Margrit Rosenstock am 9. Juli 1920

..... 9.VII.20.

Von Hans kriegte ich ein christliches Volk mit dem viehischen Aufsatz über den Antisemitismus.[1] Ehe er sich nicht diese Sorte Christentum abgewöhnt, ist er mir ungreifbar. An seine Mutter hat er geschrieben, an den Reden bei Max Webers Bestattung sähe man, dass er keinen Freund gehabt habe und auch nicht hätte haben können, denn er sei - kein Christ gewesen. Ich <u>weiss</u> ja, wie er das meint. Aber es ist eine so ungeheure Engigkeit (und ein Zeichen dafür, wie von gestern noch dies sein Christentum ist), dass er noch <u>übersetzt</u> werden muss, damit man hinter den viehischen Worten das menschliche Herz spürt. - Und wie einfach unwissend, wie befangen in den pfäffischen Schemanten ist er in dem Antisemitismus Aufsatz! Der Blutstolz, den er dem Judentum vor Christus erlaubt, ist vom jüdischen Standpunkt aus genau so unzulässig, genau so heidnisch wie ers nach Christus wäre. Wenn Jesus die Zurechtweisung des kananäischen Weibes[2] wirklich nötig hatte, so wäre das ein Beweis dafür, dass er ein <u>schlechter</u> Jude gewesen wäre.
Für Hans bin ich glaube ich etwas ein Unglück.[3] Ehe er mich „beachtete", war er viel naiver, und hatte keine solche Paraxysmen[4] des schlechten Gewissens nötig wie jetzt. Ich greife sein Christentum ja nicht an. Er bräuchts also auch nicht zu rechtfertigen. Seine schrillen Töne tun mir im Ohr weh.

Dein Franz.

[1] Hans Ehrenberg war zeitweise verantwortlicher Redakteur der seit 1919 im Rahmen des Badischen Volkskirchenbundes erscheinenden Kirchenzeitung „Christliches Volksblatt". Im 2.Jahrgang, Nr.14, 4.Juli 1920, erschien ein von ihm verfaßter Artikel, der den Titel „Der Antisemitismus" trug. Darin bezeichnete er zwar den Antisemitismus als die „furchtbarste Krankheit unserer Zeit und unseres Volkes", der eine Welt des Hasses errege und daher jedem Christen entsetzlich sein müsse. Ursache des Antisemitismus sei der „Blutstolz des Volkes", der völkisch-heidnische Nationalismus, der spätestens im Weltkrieg in all seiner zerstörerischen Kraft entlarvt worden sei. Das große Ziel müsse daher künftig sein, jeden übertriebenen Nationalismus zu überwinden zugunsten „der großen Völkerfamilie der europäischen Menschheit".
Im dann Folgenden aber führte Ehrenberg den *heidnischen* Blutstolz ausgerechnet auf das *Judentum* und seine Lehre von der Erwählung zurück: „noch heute wirkt im Judentum, selbst in dem westeuropäisch emanzipierten, dieser altunbändige Stolz [auf die Erwählung] nach und erzeugt ein jüdisches Selbstbewußtsein, das dem Rassenhaß des teutonischen Siegfriedanbeters immer wieder neue Nahrung geben muß. Und damit haben wir die zweite Quelle des Antisemitismus entdeckt: / Der Antisemit ist vom Juden angesteckt. Der Bazill des Stolzes einer Weltmission überträgt sich auf die heidnischen Deutschen und verjudet sie. Und dieser verjudete Teutone ist der Antisemit." Einziger Schutz gegen Juden wie Antisemiten ist nach Auskunft Ehrenbergs der Geist Jesu, weil dieser - obwohl Jude - seinen eigenen Blutstolz überwand und sich den Völkern der Welt öffnete. Dadurch erscheint ausgerechnet die Judentaufe als wirksamstes Instrument, um den Antisemitismus endlich zu überwinden.

[2] Matthäus 15,21-28.
[3] Anspielung auf die antisemitische Parole: „Die Juden sind unser Unglück", die auf Treitschke zurückgeht.
[4] Griech.: überflüssige Kratzer.

An Margrit Rosenstock am 10. Juli 1920

10.VII.20.

Liebes Gritli, der Aufenthalt der Londoner ist aufreibend für mich. Diesmal vor allem (vom Politischen abgesehn, das mich auch zum Kochen bringt, es sind ja doch die ersten vom andren Ufer die ich wiedersehe) aber vor allem durch Walter.[1] Er steht dicht vor der Taufe. Er ist ein wunderbarer Mensch geworden, in jeder Beziehung und die anglikanische Kirche kann sich zu ihm gratulieren. Es ist ja an sich das Natürlichste von der Welt. Er hat stets nur christlichen Religionsunterricht gehabt, ist immer in Internaten gewesen, jeden Sonntag zur Kirche gegangen, hat nie Juden gesehen. Sein Christentum hat er offenbar von wirklichen lebendigen Christen bekommen, es ist eine erlebte Sache, die Taufe wird nur noch eine blosse Form sein. Ihr würdet eure Freude an ihm haben. Denkt ihn euch wie mich, aber in schön (äusserlich und innerlich). Alles was bei mir krank und halb und schwach ist, ist bei ihm wunderbar ganz und gesund und stark. Eine anima candida[2] und grundgescheit.

Ist es nun unbegreiflich, dass sich alles in mir gegen dies fait accompli[3] aufbäumt? Aber es ist so. Er will nichts von mir wissen, lässt mich nicht an sich heran. Ich könne ihm ja nur zersetzten was er habe, nichts geben. Ausserdem sei ich nicht der Mensch dazu. Er spricht mir das Gericht, auf meine mangelhafte Nettigkeit im Umgang mit meinen Tanten hin. Das klingt ja komisch, aber es ist ja was dran, und wenn er mich mehr kennte, müsste er mich mehr, und mit besseren Gründen, verurteilen.

Edith ist, wie stets wenn ich jemanden neben mir brauchen würde, nicht vorhanden. Nachher wenn sie sieht dass ich mich in Verzweiflungen winde, ist sie verwundert und unglücklich darüber. Dann darf ich sie trösten und ihr sagen, es wäre alles gar nicht so schlimm.

In diese Situation hinein kam gestern Hansens Aufsatz, der mich, wohl auch deshalb, mehr erregte als ers wert war. Denn es braucht am Ende keinen „christlichen Denker", um zu entdecken, dass es keinen Antisemitismus gäbe, wenn die Juden Christen würden. Und was andres steht ja in der zweiten Hälfte nicht drin.

Walters Schicksal ist in England nur typisch für das Kind eingewanderter <u>deutscher</u> Juden. Nur die lassen ihre Kinder so aufwachsen. So ist auch diese Taufe, sogut wie Hansens und Eugens und Rudi [[Hallos]] eine Folge des deutschen Antisemitismus, vor dem ~~sich~~ die letzte Elterngeneration ihre Kinder ins Nichts flüchtete, wogegen die Kinder dann wieder revoltieren mussten. Walter hat gegen seine <u>väterliche</u> Abstammung eine Art Hass, er will nicht von da kommen.

Sehr traurig — Dein Franz.

[1] Walter Raeburn.
[2] Lat.: eine reine, lautere Seele. Horaz (Sermones, Gespräche I, 5, 41) nannte so seinen Dichter-Freund Vergil.
[3] Franz.: vollendete Tatsache.

An Margrit Rosenstock am 12. Juli 1920

12.VII.20.
.....
Ich war heut Nachmittag ein paar Stunden mit Walter spazieren. Mein Entzücken an dem Jungen wird nicht geringer, er ist der Höhepunkt unsrer Familie. Was zwischen uns steht, ist wohl, dass er von der wirklichen Sünde nichts weiss und deshalb die kleinen Sünden zu schwer nimmt. Immerhin konnte ich mich ihm heut sichtbarer machen, weil ich die Absichtlichkeit etwas verloren hatte, wohl dank Rudi gestern. Abends las ich dann Jaakobs Traum[1] vor. Mir hats diesmal besser gefallen, Mutter nicht, sie sagte: blosses Wortgeklingel. Ich bin freilich auch von dem Inhalt doch wieder sehr hingerissen gewesen. Lesen tat ichs gut.
Schrieb ich dir eigentlich, dass zwei Wohnungsaussichten in Frankfurt aufgetaucht sind? bei Hedi und bei Bertha Pappenheim? Bloss Aussichten, Hedi allerdings ziemlich wahrscheinlich (sehr kleine Küche, mit Gasherd, aber immerhin).
...

[1] Das 1918 veröffentlichte Theaterstück „Jaakobs Traum" des jüdischen Autors Richard Beer-Hofmann, 1866-1945, das Rosenzweig im Dezember 1919 in Berlin gesehen und in seine Kasseler Vorträge über Lessings „Nathan" eingearbeitet hatte (dazu auch die entsprechenden Briefe, S.492ff und 511f).

An Margrit Rosenstock am 13. Juli 1920

...   13.VII.20.
Die Fahnen von II 2 sind da, es ist ein sonderbares Gefühl, eigentlich siehts aber hübscher aus als in Schreibmaschine.
Kauffmann als echter Jude will „Im Jahre der Schöpfung 5680"[1] nicht, sondern 1920. Ich glaube, bei Rütten u. Löning oder Insel[2] oder so hätte ich diese Widerstände nicht. Ich habe an Eduard geschrieben, um ihn auf Kauffmann zu hetzen, ich glaube, K. fürchtet das „Unwissenschaftliche".
Überhaupt die Juden! Tante Ännchen (und Tante Selma[3]) hatten von Jaakobs Traum grade soviel verstanden: es sei doch sehr „arrogant", das mit dem „auserwählten Volk". Manchmal möchte ich am liebsten den Kopf unter die Bettdecke stecken und nichts sehen, nichts hören.
Wärest du hier!   Dein Franz.

[1] Jüdische Jahreszählung, die - betont anti-christlich - die „Zeitenwende" des Jahres 0 (= Christi Geburt) ignoriert und seit der Erschaffung der Welt ohne Unterbrechung weiter zählt.
[2] Namen von „christlichen" Verlagen.
[3] Selma Gotthelft, geborene Alsberg, 1865-1933, eine Schwester von Rosenzweigs Mutter Adele.

An Margrit Rosenstock am 14. und 15. Juli 1920

Liebes Gritli,   14.VII.20.
heut war die letzte Bibelstunde. Ich will aber, dass Prager es weiter macht; die nächsten beiden Stunden bin ich ja noch da und werde als Hörer dabei sein. Es wird natürlich weniger gut als bei mir, aber doch besser als nichts.
An Frankfurt denke ich jetzt wieder öfter, auch an die Details - Lehrplan und so. Ich werde wieder eine philosophische Vorlesung halten: „Vom Glauben", nach einem ganz

andern Schema als hier. Nämlich jede Stunde ein andres „Glauben und ..." (Zweifel, Wissen, Schauen, Leben, Werke, Aberglauben, u.s.w.). Dann eine Vorlesung „Grundriss des jüdischen Wissens" - eine Art Enzyklopädie für Neugierige. Dann die Bibelstunde, wo der Zeit nach das 1. Buch dran ist.[1] Strauss muss seine Bibelstunde und N.T. machen. Auf Nobel habe ich auch ein Attentat vor. Dann kann der Rest ruhig schlecht sein, und wahrscheinlich ist ers noch nichtmal. Gerne hätte ich Koch zu irgendwas.

               Gute Nacht. Dein Franz.

                       15.VII.

Liebe, ich sehe es doch anders. Ich sehe in diesem Nichtglaubenwollen einfach einen Akt der Selbsterhaltung. Hans zu glauben ist, wenn man nur <u>selber</u> kein schlechtes Gewissen hat, sehr leicht. Aber für all die, für die er ein Mene Tekel[2] ist und eine Widerlegung ihrer eignen Existenz, bleibt eben kein andrer Ausweg: sie müssen ihm seine Sichtbarkeit (die grösser ist als bei irgend einem von uns) einfach ins Angesicht hinein leugnen. Ich finde meinen Instinkt, der sich vor einigen Wochen gegen Ditha gewendet, herrlich gerechtfertigt, mehr als ichs ahnen konnte, durch diese Nachricht, dass sie gegen Hans „revolutioniert"; ich glaube schon, dass ihr der unangenehm ist. Ich schrieb Hans eben deshalb nicht über den Antisem. Artikel.[3] Der Ärger über alle einzelnen Entgleisungen ändert ja nichts daran, dass man ihm - jetzt - im Ganzen einfach glauben <u>muss</u>.

Auch um meine Sichtbarkeit ists mir nicht bange. Sie ist nicht zu <u>gering</u>, sie ist den Leuten zu <u>gross</u>. Wäre ich irgenwo ein besserer Akademikus, karrieregetauft[4] u.s.w., so würde mir niemand „nicht glauben". Diese Mühe, einem nicht zu glauben, machen sich die Menschen immer nur dann, wenn irgend eine grobe Tatsache da ist, die ihnen als Stein in ihrem Wege liegt, solange sie sie nicht durch das billige Misstrauen „ich <u>glaube</u> ihm einfach nicht" aus dem Wege geräumt haben.

Weshalb glauben wir uns denn untereinander? obwohl wir doch viel mehr von einander „wissen" um uns nicht zu glauben (wenn wir darauf auswären) und uns mit viel schärferer Kritik gegenüberstehen, als die anderen uns. Weshalb? Weil wir den Mut haben, uns gegenseitig <u>nicht</u> aus dem Wege zu räumen. Weil wir uns einander exponieren. Weil wir uns — ernstnehmen. Was werfe ich denn Walter[5] vor? oder Ditha damals? Dass sie nicht diesen Mut haben, sich zu exponieren. Dass ihnen ihr Christwerden nichts Centrales ist, sondern nur etwas was so mit anderm mitgeht. Dass sie nie im Leben an den Punkt kommen, wo ihnen klar wird: alles, alles muss hingegeben werden um der Ehrlickeit an diesem einen Punkt willen. Sein <u>Englischwerden</u> nimmt Walter so; aber wenn es geschehn könnte, dass Christus und die Hochkirche ihm auseinandertrieben, dann müsste <u>Christus</u> schweigen und nicht die <u>englische</u> Kirche. Das ist der Unterschied von mir damals. Ich war wirklich doch schon einigermassen ins Leben eingelebt. In dem Augenblick aber war ich bereit, alle meine Wurzelfäden loszureissen. Um der Wahrhaftigkeit willen. Und von vorn anzufangen. Die Umstellung meines Lebens seit damals ist ein verteufelt sichtbares Zeugnis für diesen Augenblick. Grade ~~die~~ deshalb ist der, den es angeht, gezwungen ~~mit~~ mir nicht zu glauben, - sonst könnte es geschehn und es ginge ihn wirklich etwas an.

Mein Leben nach <u>diesen</u> Menschen zu richten, fällt mir gar nicht ein. Die werden nur bezwungen durch den äusserlichen Erfolg. Nicht mein <u>Leben</u>, meine <u>Handlungen</u> muss ich nach ihnen orientieren. Meine „Kirchenpolitik". Denn um dieser Leute willen ist die „Kirchenpolitik" nötig. Meinem Gesicht würden sie nie glauben. Nur meinen Kleidern, Amtsketten und dergl; Habeant.[6] (So ganz nebenher). Denn so jetzt stellen sie sich in den Fuchsbau mit zwei Ausgängen: über dem einen Ausgang steht: ich glaube ihm nicht, denn er ist ein schlechter Mensch; und wenn man ihm diesen Ausgang verschliesst, dann entwischt er durch den andern, über dem steht: ich glaube ihm zwar, aber das ist seine Privaterfindung, die er nur mit dem <u>Namen</u> Judentum behängt. Und <u>diesen</u> Ausgang (und durch <u>den</u> geht jetzt, seit Montag, Walter) kann man nicht nackt verstellen, nur im Amtskleid, mit Bäffchen und Talar. Das ist aber eine Frage der Zeit. Ich habe mich anfangs gegen Mutter gesträubt, die das (mit dem fehlenden Amtskleid) <u>sofort</u> sagte; aber es stimmt, die Macht der Konvention ist über so einem Engländer noch <u>besonders</u> gross.

Es tut mir leid, wenn Eugen wirklich den Hegel noch einmal liest. Das soll er doch <u>wirklich</u> nicht. Er kann ruhig aus dem Gedächtnis rezensieren, es ist kaum etwas geändert an dem Mskr. das er von 1916 kennt. (Aber <u>schicken</u> soll er mir das broschierte Exemplar!)

Dein Franz.

[1] Im jährlichen jüdischen Lesezyklus, der im Herbst nach Simchat Tora, dem Tora-Freuden-Fest, mit dem 1. Mose-Buch neu einsetzt.

[2] Ein warnendes Beispiel, nach Daniel 5,25.

[3] Dazu der Brief an Margrit Rosenstock vom 9. Juli 1920, S.622.

[4] Im 19. Jahrhundert mußte ein Jude, der an einer deutschen Universität Karriere machen wollte, sich taufen lassen, wodurch die Taufe oft zu einem rein formalen Akt wurde, der nicht mehr Ausdruck einer persönlichen Überzeugung war. Eine Ausnahme bildeten lediglich die 70er Jahre, als unter dem preußischen Kulturminister Adalbert Falk, der treibenden Kraft im Bismarck'schen Kulturkampf, vorübergehend eine relativ liberale Atmosphäre herrschte. Die Berufung eines Professors an eine staatliche Universität *ohne* Ansehen seiner „Konfession" galt damals als Schlag gegen die Orthodoxie jeglicher Couleur. Dieser besonderen Situation verdankte etwa Hermann Cohen seine Professur.

[5] Walter Raeburn.   [6] Lat.: mögen sie (ihren Willen) haben.

An Margrit Rosenstock am 15. Juli 1920[1]

15.VII.20.

Liebes Gritli, wie ich eben versuchen wollte, an Hans zu schreiben, merkte ich dass es nicht geht. ... Er ist mir zu — wenig Ketzer! Er hätte sich das Ketzerbuch[2] verkneifen müssen, bis es <u>wirklich</u> ein Ketzerbuch geworden wäre. Seine Glaubwürdigkeit und seine Christlichkeit sind noch zweierlei. ...

... Ich kann nicht von jedem solche Todesbereitschaft = Selbstmordbereitschaft verlangen, wie ich sie damals 1913 vom Juli bis Oktober allerdings hatte. Habe denn ich selber sie später noch einmal gehabt? Nein. Sondern später habe ich mich immer einfach wachsen lassen und auf <u>nichts</u> „verzichtet". Wie kann ichs da von andern verlangen. Es ist eine Gnade Gottes, dass er mich einmal im Leben so aus dem Leben herausgerissen hat. Aber Regel kann das nicht sein. Die meisten Menschen haben nur einfach ihr Lebensschicksal, ihren Lebensgang und weiter nichts. Es ist das Besondere von uns fünf oder mit Eduard sechs Menschen (Eugen Hans Rudi Werner ich Eduard) dass sich Gott bei uns nicht begnügt hat, nur durch unser Leben zu uns zu sprechen, sondern einmal das Leben um uns hat einstürzen lassen wie Kulissen einer Theaterdekoration und auf der leeren Bühne mit uns geredet hat.   Das muss man wissen, dass es etwas Besonderes ist, darf keine Regel daraus ziehn, und muss nur freilich um so fester miteinander zusammen halten.

Man kann ⌈⌈von⌉⌉ der Revolution zeugen, aber nicht sie dogmatisieren, erstrecht nicht sie kodifizieren. Wir sind auch nichts „Besseres". Nur etwas „Besonderes". „Auserwählt" - und das müssen wir wissen, grade um uns nicht zu entsetzen über die Gesichter, die uns angucken.

Schreib mir von Hans.   Dein Franz.

[1] Eugen Rosenstock hat in seinem Buch „Judaism despite Christianity", S.76, diesen Brief Rosenzweigs - obwohl als Zitat gekennzeichnet - nur sehr ungenau, unter falschem Datum (15.6.1920) und in englischer „Übersetzung" abgedruckt. Eine Rückübersetzung davon findet sich offenbar in Briefe und Tagebücher S.675.

[2] Hans Ehrenberg, Die Heimkehr des Ketzers. Eine Wegweisung, 1920.

An Margrit Rosenstock am 17. Juli 1920

17.VII.20.

Liebes gutes Gritli,   ich musste sehr lachen heut Morgen über deinen Brief oder vielmehr dein Désinteressement an Eugens Brief. Das habe ich mit meinen Zuständen neulich am Tage der Reise nach Berlin auf dem Gewissen, - ich weiss schon.   Aber diesmal wars gar nicht nötig, Eugens Brief war ja so nur gut (gemeint und wirklich). Verstanden habe ich ihn ja zwar auch nicht richtig. Du weisst meine Methode bei schwierigen Eugenbriefen: ich antworte. Im Antworten verstehe ich dann so ungefähr, was er gemeint hat.

Rudi kam schon gestern Mittag. Er brachte mir auch seine Gedichte, von denen doch wenigstens eins (das Flammenbild) ein Gedicht ist. Den andern wärs meist besser gewesen, sie wären Gedanke und Briefwort geblieben.   Was Eugen ihm schreibt, das vom „reinen Genuss seines Schmerzes", ist ja das was ich vom ersten Augenblick an empfand und weshalb ich nicht mitwollte. Grade um ihm das was ihm wirklich geschehen ist, mitzutragen, durfte ich (und will ich) den Riesenschatten, den er an die Wand wirft, nur als Schatten nehmen, nicht als Wirklichkeit. Ich bin ja nicht sein Leser (hier so wenig, wie bei den Predigten,[1] - die Art, wie das Buch jetzt auf Leute wirkt bleibt mir ganz oder fast ganz fremd) (obwohl das ja kommen muss, und ich auch wünsche, dass es kommt.)
.....

[1] Rudolf Ehrenberg, Ebr. 10,25. Ein Schicksal in Predigten, 1920.

An Margrit Rosenstock am 18. Juli 1920

18.VII.20.

Liebes Gritli,   ich bin nur noch zerschlagen; Gott sei Dank reisen sie[1] morgen ab. Es ist ja ein Ende, und ich muss innerlich lachen über das Stück familiensentimentaler Anhänglichkeit, mit der ich grade an diese Verwandten während des Kriegs gedacht habe. Das Komischste ist, dass die Familie von nichts was merkt und die verachtungsvoll hingeschmissenen Brosamen[2] von Höflichkeit für bare Münze nimmt.   Hier bedeutet der Namenswechsel wirklich schon alles; die Kinder verleugnen Vater und Mutter ganz gleichmässig, und England einschliesslich seines nationalen Gottes namens „Kreist"[3] bleibt übrig. Und die wollen mich die Pietät lehren!

Ich habe heut Mittag auf Mutters Wunsch das U-Boot-Stück[4] vorgelesen (Ich fand es dabei doch wirklich gut, diesmal). Sie waren sehr ergriffen, Walter will es ins Englische übersetzen. So kann es sein, dass Walter für euch existieren wird, aber ich spüre dann den Abgrund, der auch <u>uns</u> trennt, denn für mich wird er dadurch, dass er Rudi sieht, um keine Spur existenter.   Ich bin eben allein, in einer Welt in die ich nicht hingehöre. Ich kann auch Hans nicht schreiben, es ist mir alles ungreifbar, Abfall bleibt Abfall, Lüge Lüge und Verleumdung Verleumdung.

Wie unsinnig Eugens Konstruktion ist! Walters[5] Familienmimik ist billig, sein liebenswürdiges Engländergrinsen hat er für <u>jeden</u> auf Lager. Überhaupt - was will Eugen? mein „Fleisch und Blut"[6] ist gut aufgehoben, das braucht kein Streicheln. Aber dass die Erstgeburt des Geistes hier und dort und dort und überall wohin ich sehe verkauft wird um dreckige soziale Linsengerichte,[7] Verlobungsanzeigen in der Kreuzzeitung und drgl. - das ists. Darum komme ich nicht herum, und wenn ich mir all dies Pack ansehe, dann weiss ich auch nicht wie es besser werden könnte. Ausser man giebt dem Pack was es verlangt: Orden zum ✡ der Erlösung I., II., III. Klasse, mit Olivenzweigen, Professuren für Technologie an der Universität Jerusalem u.s.w. Die Zionisten sind die einzigen auf dem richtigen Weg. Ich bin ein Schlag ins Wasser.

Warum soll ich noch anfangen. Ich bin am Ende, noch ehe ich angefangen habe. Was soll ich in Frankfurt? Und überhaupt auf der Welt.

Franz.

[1] Die Londoner Familie Regensburg bzw. Raeburn.
[2] Dazu Matthäus 15,27.   [3] Englische Aussprache von „Christ".
[4] Rudolf Ehrenberg, „Stirb und Werde!", Drama in zwei Akten von 1920, das im Familienkreis als „Das U-Bott" bekannt war.
[5] Walter Raeburn.   [6] Etwa Matthäus 16,17 u.ö..   [7] Dazu 1. Mose 25,29-34.

An Margrit Rosenstock am 19. Juli 1920

19.VII.20.

Gestern Nacht als ich dir geschrieben hatte, hatte ich noch solche Sehnsucht nach einem menschlichen Herzen, dass ich nochmal herunter zu Mutter ging. Sie fühlte auch gleich, warum ich kam, und war so gut und verständig-verständnisvoll, dass ich wirklich erleichtert wurde.   Sie sieht das was ihr an dem Ganzen sichtbar ist (also das „Soziologische" der Sache) genau wie ich. Als ich sagte, dass nach Tante Ännchens Tod einmal alles aus sein würde, sagte sie, das wisse sie auch. (Dabei ist Walter natürlich auch zu ihr „reizend" gewesen; ich bin wirklich der einzige, bei dem er <u>nicht</u> ganz mit dieser Walze auskam). Das Einschnappen auf Rudi nahm sie noch viel „soziologischer" als ich; sie hatte da auch mehr Detail-Beobachtungen gemacht. Er sei ihnen ganz der „berühmte Mann" gewesen, so das was zum Weekend in die vornehmsten Familien eingeladen würde.

Bei alledem bleibt <u>im Rahmen</u> des Soziologischen das Wirkliche durchaus bestehen. Aber immer nur im Rahmen. Es ist eben doch ein furchtbares Volk, und dass sie die Welt regieren, ist das Ende der Welt und das Ende des abendländischen Christentums. Denn was bleibt von Christus, wenn er schliesslich doch nur ein Fremder von Distinktion ist, so eine Art von europäisch renommierter Virtuos auf der Geige der Seele. Dass Picht sich in dieser Rahmenkultur zuhause fühlt, ist wirklich nur ein andrer Aspekt für meine Reaktion auf ihn (Meine Reaktion ist sicher nicht auf den ganzen Picht gegangen, aber eben auf dies an ihm).

Das Schlimmste ist, dass dies Volk nun nicht bloss über die Welt herrscht, sondern auch über die Juden, sogar als unser „Wohltäter".[1] Unser Schicksal hängt davon ab, dass wir undankbar sind; ich habe Anzeichen dafür, dass wir es sein werden.
...

[1] Vermutlich denkt Rosenzweig an die Balfour-Deklaration von 1917, in der sich Großbritannien für die Schaffung einer nationalen Heimstätte der Juden im Israel-Land, dem damaligen Palästina, aussprach.

An Margrit Rosenstock am 20. Juli 1920

20.VII.20

Liebes Gritli, das dicke Kouvert heute Morgen traf mich schon in einigermassen wieder beruhigtem Zustand. Mittags waren die Engländer abgefahren (eine widerwärtige Bemerkung über den Selbstmord Prinz Joachims[1] und ein darauf folgender Losbruch meinerseits hatten die Kluft noch einmal aufgetan), und so war der Nachmittag in dem wieder leeren Haus eine Erholung. Schade ists, denn alle drei sind besondere Menschen. Aber auch ihnen wird jetzt wieder wohl sein. Die dreizehntägige Schauspielerei (für die Kinder, die Mutter brauchte nicht zu schauspielern) war doch eine schwere Last. Am schwersten ja für Walter.

Über Hans hast du mir jetzt so viel geschrieben, dass ich genau zu sehen glaube, wie es ist. Das Hinarbeiten auf den Pfarrer[2] taugt aber auch nichts. Richtiger wärs, er könnte jetzt („nebenher") der Universität geben, was der Universität ist. Die Jungens (und Mädchen) wollen geschuhriegelt werden. Wer sie schlecht behandelt (Gundolf!), vor dem machen sie Kotau.[3] Wenn er sich so einen „weiteren Kreis" schüfe, dann würden sie es wieder zu schätzen wissen, zu seinem näheren zu gehören. Und das (der „weitere Kreis") müsste möglich sein. Er muss eben die christliche Wissenschaft mit dem ganzen hochnäsigen Weihrauchbrimborium der „Wissenschaft" zelebrieren. Das geht! In Berlin sitzt ein Privatdozent Tillich.[4] Theologe. Mann der Zukunft. Unser Generationsbruder. Seit gestern mir bekannt, ich schicke das Programm durch Hans weiter an Eugen. Er programmiert das, was ich im ✡ gemacht habe. Aber dabei jeder Zoll ein Privatdozent. Schwimmt in Terminologie und kann doch auch auf dem Festland der wirklichen Sprache gehen. Das ist der richtige Typ. Es giebt ja kein Bleiben. Es giebt nur Sichhindrängen oder Ab-fallen. Wer sich auf den hohen umdampften Tron setzt, wie der byzantinische Kaiser mit Lift beim Gesandtenempfang, zu dem drängt man sich hin. Wer selber zu den Leuten geht, der lässt ihnen nur die eine Tätigkeit übrig, abzufallen. Etwas tun muss man ja immer. So hat mans aber eigentlich schon in der Gewalt, den Leuten vorzuschreiben was sie tun sollen, je nachdem wie man sich hält. Aber im Ernst: ich meine, Hans sollte - aber nein, es geht ja nicht. Das „Geistige" wird heut in unserm Munde einfach zur Lüge.

... Ganz los kann Rudi ja von der „Kunst" nie. Das sieht man doch jetzt wieder an Tante Helenes Tod. Aber ganz unter kriegt sie ihn auch nie. Sondern plötzlich enthüllt sie sich ihm immer wieder als Weg zum Leben. So auch hier. Der er-dichtete Christ wird nun er selber. Wir wissen doch alle, dass die Forderungen, die an den Prediger gestellt werden, erst das Eigentliche sind, um wessentwillen das Buch geschrieben werden musste.[5] Das ist ja der Grund, weshalb ich Eugens Hoffnungen auf Rudis

Naturwissenschaft nicht mitmache, obwohl auch ich ihn nicht als „Dichter" will. Aber ich will, dass ihm sein Leben aus der Dichterei heraus wächst, aus, nicht neben. Ich will, dass die Predigten ihm leibhaftige Folgen kriegen. Und deshalb mussten sie als Roman erscheinen, und nicht als Predigten. Wer sie als Predigten gelesen hat und ihn daraufhin (als den Haber und Äusserer so schöner Gedanken) anspricht und beansprucht, der verdirbt ihn. Das war Gredas Verhältnis zu dem Buch. Ich habe das Buch seit 1912 sofort nur als Roman empfangen: nämlich nicht mit der Spannung: was sagt der Prediger nun? sondern was wird aus dem Prediger und damit aus Rudi (denn da wo der Prediger aufhören würde, musste - das wusste ich - Rudi dann anfangen). Die rechte Wirkung kann das Buch nur da haben, wo es so gelesen wird. Das hat der Holländer getan. Und so muss es sein. Ohne diese „Mystifikation" wäre das Buch nur ein Zeugnis der „neuen mystischen Bewegung" und damit wirklich Mysti-fikation, nämlich grade der nicht Mystifizierten. „„Meister Ekhart"⁶ ist wieder da!" Nun wenn schon! Mystische Schwätzer hats genug gegeben. Ein Mensch soll da sein, kein Prediger. Das Buch als ein Predigtbuch soll wertlos werden. Für jeden, so wie es für uns wertlos geworden ist. Das ist die Aufgabe und Bestimmung dieses Buchs. Es soll nicht liebevoll als eine SonntagvormittagsLektüre im Bücherschrank aufbewahrt werden wie die „grossen Mystiker", sondern man soll gleichgültig und ein bischen ärgerlich darüber werden und es irgendwo, und ziemlich achtlos, stehen haben. Man soll es nicht lieben. Sondern ihn. Nicht das Buch und nicht den Verfasser, sondern Rudi.
...
Noch eins: du schreibst, ich litte bei meiner Familie nicht darunter, dass ich mich nicht sichtbar machen könnte. Das ist wahr, bei denen die mir nicht glauben, leide ich nicht darunter. Aber bei denen, die mir glauben möchten, also vor allem bei Trudchen, nebenher bei Mutter, bei Tante Ännchen und sonst noch, da leide ich drunter. Grade weil sie mir glauben. Da spüre ich den Abstand zwischen „mir und mir". Aber um den Unglauben der andern wäre mir jede Träne zu schade.

[1] Joachim, jüngster Sohn Kaiser Wilhelms II., 1890-1920. Er beging am 17. Juli Selbstmord.
[2] Hans Ehrenberg, der bereits Nationalökonomie und Philosophie studiert und je mit einer Promotion abgeschlossen hatte, begann nach dem ersten Weltkrieg, auch noch Theologie zu studieren. 1924 wurde er zum Pfarrer ordiniert.
[3] Chinesisch: Sichniederwerfen, wobei die Stirn dreimal den Boden berührt.
[4] Paul Tillich, 1886-1965, evangelischer Theologe, Führer der religiösen Sozialisten, der 1933 Lehrverbot erhielt und in die USA emigrierte.
[5] Rudolf Ehrenberg, Ebr. 10,25. Ein Schicksal in Predigten, 1920.
[6] Meister Eckart, um 1260-1328, Dominikaner, bedeutendster deutscher Mystiker.

An Margrit Rosenstock am 21. Juli 1920

..... 21.VII.20.

Ilse ist gestern gekommen.
Dann eine Antwort vom jüd. Ministerium Litauen,¹ die ich euch schicken würde, wenn ich nach der Erfahrung mit dem Hegel noch auf Zurücksendung rechnen dürfte! Sie wollen „trotz meiner Bedenken über meine Eignung" nicht locker lassen. Ich soll auf litauische Staatskosten den „Herrn Minister" in Glotterbad (bei Freiburg) besuchen, wo er ⋔ vom 5.VIII. ist.!!

Ich werde die Sache weitertreiben. Vielleicht wird wirklich ein Ruf daraus, mit dem ich dann wieder in Frankfurt krebsen gehn kann. Dazu darf er nur nicht zu früh kommen. Etwa erst Ende des Jahres. Denn vorher kann man ja in Frankfurt noch nicht wissen, dass ich ihnen unentbehrlich bin.
Ach Gott, mir ist gar nicht so zumute.   Dein Franz.

[1] Dazu der Brief an Margrit Rosenstock vom 6. Juli 1920, S.621.

An Margrit Rosenstock am 22. Juli 1920
...   22.VII.20.
Gestern sah ich das erste Ausgedruckte vom ✡. Es wird doch <u>sehr</u> schön. Das Format durch sehr breiten Rand doch recht gross (so hoch wie der Hegel und breiter), aber dein Exemplar wird - „verzeihen Sie den harten Ausdruck" - beschnitten und dann kriegts das richtige Format, der Spiegel ist ja so klein. (Es geht doch nichts über jüdische Institutionen).
Ich korrigiere die Fahnen von II 2 und bin doch selber hingerissen.
Heut Vormittag war ich mit den beiden Schwestern auf Wilhelmshöhe, Ilse ist wirklich lieb.
Gestern war Pragers erste Stunde. Ich bin froh, dass auf die Weise wohl etwas Dauerndes übrigbleibt. Es war sehr gut, und hat den Leuten zugesagt. Es war V M 1-3 und Jes 1, 1-27.[1]
...

[1] 5. Mose 1-3,22, die Parascha DWARIM, und die zugehörige Haftara Jesaja 1,1-27 für den folgenden Schabbat (24. Juli).

An Margrit Rosenstock am 23. Juli 1920
...   23.VII.20.
Die Relativitätsnummer kommt mir zu schwer vor. Vor allem Weizsäckers Aufsatz. Mit einem blossen „Verdeutschen" von Worten wie „Koordinatensystem" ist noch gar nichts getan; damit macht mans dem Wissenden unverständlich und dem Unwissenden nicht verständlich. Ich finde die erste Abbildung, die von den Gehörgängen, charakteristisch für das Ganze. Da steht, auf „deutsch", „halbkreisförmiger" Gang und was weiss ich, und dazu 7 anatomische Ausdrücke (alle auf „deutsch"), alle unnötig. Wenn man das Gleichgewichtsorgan erklären will, so ists eine unnötige und deshalb verwirrende Gelehrsamkeit, den Leuten zu erzählen, dass dort das Ding „Steigbügel" heisst. Es durften auf dem ganzen Bild nur die drei Gänge bezeichnet werden; alles andre durfte nur abgebildet, nicht benannt sein.
Auch Weizsäcker kann eben nicht aus dem Nichts aufbauen. Das ist aber das einzige was man können muss. ... Von den sämtlichen Lesern der Zeitschrift haben keine 100 eine anschauliche Vorstellung von einer Planetenbewegung, keinen 100 ist es geläufig, um wieviel Uhr der Mond aufgeht, wenn er voll, um wieviel, wenn er halb ist. Die Mehrzahl weiss nicht, dass die Gestirne auf- und untergehn, nur vom Mond und von der Sonne ist das bekannt. Die Fachleute sehen kurioserweise all diese Dinge voraus. Aber ihre Theorien sind Gift für alle, die noch nie gelernt haben zu <u>sehen</u>. Die neuere Astronomie hat das Wissen um den gestirnten Himmel gradezu ausgerottet. Heut weiss

jeder dass die Erde sich um die Sonne dreht, aber die wenigsten wissen, dass die Sonne im Sommer höher am Himmel steigt als im Winter. U.s.w. u.s.w.

Die „neue Wissenschaft" darf sich nicht ~~gang~~ zufriedengeben wenn sie wo anders aufhört als die alte, sie muss vor allem wo anders anfangen. Sonst könnte man sie ruhig weiter den Universitäten überlassen. Die Volkshochschule ist nur dazu da, dass sie den neuen Anfang erzwingt, das Anfangen bei der Erfahrung. Und die Aufgabe des neuen Lehrers ist nicht so sehr die, zum richtigen Ziel zu leiten (das, diese kritische Begabung war auch schon die des alten Lehrers), sondern: aus dem Chaos der möglichen Erfahrungen die nötigen herauszuheben (also z.B. im Fall Weizsäcker: das erste Bild auf das Notwendige zu reduzieren, das Koordinatensystem „erleben" zu lassen u.s.w.).

Das wollte ich eigentlich an Eugen schreiben. Die Nummer ist dabei doch schön. Aber die einzelnen Aufsätze sind nicht genug zerredigiert. Übrigens bin ich gespannt, was Einstein selbst zum Ganzen sagt. (Und Max Born).

Ich habe dem „Minister" geschrieben,[1] wollte ihn in Stuttgart treffen!!
Wann fahrt ihr denn nach Säckingen? und wielange bleibst du da?

                                                                ?   Dein Franz.

[1] Dazu die Briefe an Margrit Rosenstock vom 6. und 21. Juli 1920, S.621 und 630f.

An Margrit Rosenstock am 24. Juli 1920

                                                                                                                          24.VII.20.

Liebes Gritli,
Edith muss sich zu Bett legen, sie hat eine Halsentzündung, die möglicherweise - es grassiert grade in Kassel - Diphterie sein könnte; deshalb die Vorsicht.

Ilse ist noch da, wird nun aber wahrscheinlich schon morgen abreisen, schon wegen der Ansteckungsgefahr. Gestern waren wir zu dreien bei Pragers. Du weisst von deinem Kalender, dass morgen der Trauertag um die Zerstörung des Tempels ist;[1] das geht schon durch die ganzen Wochen vorher und färbt sogar den Sabbat vorher, den mit Jes. 1., schwarz. Diesmal ists ja gut mit meiner eigenen privaten Stimmung zusammengetroffen. Menschen wie Walter[2] würden uns nicht verloren gehen wenn der Tempel noch stünde.   Wir hätten uns freilich dann auch nie zu Gesicht bekommen und ich hiesse nicht Franz, sondern Lewi ben Schmuel,[3] - aber aussehen würde ich genau wie ich jetzt aussehe; ist das nicht sonderbar?

                                                                      Du Liebe — Dein.

[1] TISCHA beAW, der 9. (Tag im Monat) Aw.

[2] Walter Raeburn.

[3] Levi war Rosenzweigs jüdischer Name, mit dem er in der Synagoge zur Tora-Lesung aufgerufen wurde, Schmuel war der entsprechende Name seines Vaters Georg Rosenzweig.

An Margrit Rosenstock am 26. Juli 1920

                                                                                                                          26.VII.20.

Liebes Gritli,   ich war recht ausgehungert nach einem Brief.
Es ist eine gewöhnliche Halsentzündung bei Edith. Sie soll aber noch im Bett bleiben.
Tillich mag „übel" sein. Trotzdem ist er der einzige Universitätsmensch den ich weiss,

von dem ich den ✡ besprochen haben möchte. Ich weiss keinen andern, der verstehen könnte, was ich will. Und dass es so etwas überhaupt an der Universität noch giebt, ist einfach ein Mirakel.   Oder auch <u>kein</u> Mirakel. Warum soll der „Zeitgeist" (und wir sind eben <u>doch</u> „Zeitgeist") nicht auch die Universität belecken.
Aber dann müsste auch für Hans Platz an der Universität sein. Und das glaube ich wirklich. In diesem Sinne habe ich ihm neulich geschrieben. Umhabilitation in die Theologische Fakultät. Also nicht Pfarrer, aber Pfarrersbildner. (Allenfalls dann auch, wenn gepredigt werden soll, - Universitätsprediger). Meine „Psychologie" neulich war Unsinn, das schrieb ich ja gleich dazu. Aber hier ist das Richtige: Nicht eine <u>innere</u> Umstellung - das geht nicht. Aber die <u>äussere</u> Umstellung, durch die er ganz von selbst von der Schiefheit seiner jetzigen Stellung befreit würde. Denn es <u>ist</u> eine schiefe Sache, dass er äussere Mission treiben will. Das kann man nicht so berufsmässig, das muss immer <u>Gelegenheits</u>sache bleiben (und das <u>wirds</u> ja bleiben). Aber sein Fall ist die <u>innere</u> Mission (also an denen, die schon Christen sein <u>wollen</u>.) Vor einem Jahr hätte ich ihm das nicht gesagt. Aber Enttäuschungen sind dazu da, dass man Konsequenzen daraus zieht. Es ist gewiss ein Rückschrauben der Hoffnungen. Aber schadet das was? Als Pfarrer hätte er die gleichen, und schlimmere, Enttäuschungen zu erwarten. Nur als Theologie-Professor wird er die beiden Seiten die jetzt in ihm sind, beide gleichmässig haben dürfen. Dem Professor jetzt nimmt man den Pfarrer übel, dem Pfarrer würde man den Professor verübeln. Also Theologieprofessor! Pfarrer sind <u>auch</u> ein grässliches Volk, - weiss ich! Aber die haben wenigstens nicht das unbestreitbare Recht, ihm davonzulaufen, - was doch jetzt seine Studenten einfach <u>haben</u>.
Wenn Eugen, wie ichs ja schon dachte, den <u>Vor</u>kriegs Kulissensturz nicht erlebt hat, dann erklärt das, warum das Nachkriegsereignis bei ihm so katastrophal gewesen ist.
...
Übrigens giebts mehr Ketzer zwischen Himmel und Erde als unsre Universitätseingestelltheit uns sehen lässt. Gestern fiel mir ein Buch von Lhotzky[1] in die Hände, ich hatte immer gedacht, der wäre ein Viech, statt dessen ists ein prachtvoller Mann und jedes Wort ist wahrhaftig und zum Ja- und Amen sagen. Das Buch heisst „Die Seele deines Kindes" und ist eine komplette Pädagogik. Er muss von Beruf Arzt sein. Bei der Arbeitsakademie hatte ich natürlich auch gleich an Eugen gedacht. Der Weg wäre sehr einfach: Picht. Die Sache geht doch vom Kultusministerium aus. Der Sinzheimer, der sie betreibt, ist wohl der Münchener (dann kennt ihn Hans und er ist ein Ekel). Die Stelle des „wissenschaftlichen Sekretärs" scheint nach dem Artikel schon besetzt. Dann bliebe also nur: Umhabilitation nach Frankfurt. Wer in Frankfurt selbst sonst noch die Sache betreibt, weiss ich nicht. Die Universität betrachtet es wohl als ihre finanzielle Rettung. Eventuell wird Strauss wissen, wer in Frkft. in Frage kommt.
Für möglich halte ich es durchaus. Für das Richtige für Eugen auch. Der einzige der etwas dagegen hat, — bin ich. Verstehst du das? Ich kann nicht in derselben Stadt wie du wohnen. Vielleicht wird das mal anders. Heute noch nicht. So nah wie es ginge. Aber nicht so nah, dass es keine Reise mehr wäre. Ich spüre wie entsetzlich ich an dir hänge, - ja ich entsetze mich, bei dem Gedanken.
Aber das ist kein Grund, dass ihr ihn nicht bedenkenlos verfolgt.

Das andre wird sich dann „irgendwie" finden. Ich glaube ohnehin nicht an eine lange Dauer meines Frankfurt, höchstens 2 Jahre. Ich glaube überhaupt nicht mehr an viel. Es graut mich vor mir selbst, so sehr fühle ich mich in der Einzahl und nur in der Einzahl.

Dein Franz.

[1] Heinrich Lhotzky, Die Seele deines Kindes, 1907

An Margrit Rosenstock am 27. Juli 1920

27.VII.20.

... Es war zuletzt sehr schwer mit Mutter; sie war wieder komplett aus- und durcheinander. Was früher Gritli hiess, heisst jetzt Judentum. Es ist ihr nicht zu helfen. Übrigens gehts ja bei ihren „Gründen" auch immer so, dass sich Hass und Liebe mischen, so jetzt beim Jüdischen wie früher bei „Gritli". „Gritli" - oh si elle savait![1] Wenn sie sich dann ausgetobt hat, gehts immer wieder, aber Edith, und auch ich, sind nachher ganz leergepumpt.

Gestern Nachmittags habe ich Edith „vertreten", damit die Stunde nicht ausfiel. Es sind Agnes, Paul, die Elisabeth Baumann, Trudchen und Paul Frank. Ich hab zum ersten Mal Kinder unterrichtet. Es ist noch schöner wie Erwachsene. Ich will auf jeden Fall sehen, dass ich einen Kinderzirkel in Frankfurt kriege; die Eltern können ja dann meinetwegen gern zuhören.

Wir werden wohl erst um den 7. in Frankfurt sein. Da reisen nämlich Borns ab. Wir ziehen da zu ihnen. Am 15. reisen Hellingers ab, da ziehen wir rauf in ihre Möbel. Kommt dann der Ruf für Hellinger, so möblieren wir von Semesteranfang selbst; sonst müssen wir sehn, wo wir unterkommen. Es sind 3 Zimmer, also unbegrenzte Besuchsmöglichkeiten.

Eugens Aufsatz ist noch nicht gekommen.

Seit Wochen, seit Berlin schon habe ich ein kleines Buch für dich; es gehört zum Schönsten was ich je gelesen habe. Aber ich schäme mich, es dir zu schicken, ich kann es dir nur selber geben.[2]

Es ist überhaupt schrecklich so. Käme doch wenigstens täglich ein Wort von dir. Und wenns ein leeres Blatt Papier wäre. Ich wäge ja deine Worte nicht, ich „zähle" sie. Auch das Herz zählt seine Schläge bloss, weiter nichts. Stark und schwach kennt nur der Arm. Das Herz tut nichts als schlagen, <u>ohne</u> Mass der Kraft.

Dein.

[1] Franz.: oh wenn sie wüßte!
[2] Vermutlich handelt es sich um Hofmannsthals „Die Frau ohne Schatten"; dazu die Briefe an Margrit Rosenstock vom 28. Juni 1920, S.616, sowie vom 25. August 1920, S.647.

An Margrit Rosenstock am 28. Juli 1920

28.VII.20.

Liebes Gritli, so spät ist es geworden. Des Nachmittags war Pragers zweite Stunde, V M. 4-7. Es war ganz verdreht. Er hat ein zionistisches Arbeitsprogramm daraus gemacht und wollte gar nicht begreifen, dass was andres drin stünde. Ich bin noch wie erschlagen davon. Dabei fühlt er nicht, dass er seinem Publikum dabei sehr nach dem Herzen redet, nicht etwa als ob sie ihm glaubten, sondern sie sagen sich: also das Judentum ist eine Sache die jedenfalls uns nichts angeht. Ich hatte gedacht, die Aufgabe, vor diesem Publikum zu sprechen, würde ihn etwas innerlich ausweiten.

Statt dessen spricht er so, als hätte er innerlich durch und durch jüdische Juden vor sich, denen weiter nichts fehlte als ein bischen „Aktivismus". Da wärs recht, oder könnte jedenfalls nichts schaden. Aber er ist unfähig, sich in andre wirklich hineinzudenken und deshalb auch unfähig aus sich selber herauszugehn und über sich hinaufzusteigen.

Mutter war über nacht in Wilhelmshöhe bei Alsbergs und ist mit schwerer Migräne heruntergekommen.

Er ist eben auch - ich meine Prager - ein Mensch ohne Kulissensturz. Die mögen zu vielem gut sein, aber lehren können sie nicht. Das, nur das, wollte ich neulich sagen. ... Sie sind sicher die Bausteine des Tempels. Oder mindestens, wenn sie nicht das sind, doch der Mörtel. Oder der Bewurf. Oder wenigstens die Innenausstattung. Wir sind die Werkzeuge, mit denen der Baumeister arbeitet, Kelle, Lot, Winkelmass, vorher schon Haue und Meissel, Spaten und was weiss ich. Vielleicht auch seine Handlanger und Gesellen. Im fertigen Bau bleibt vielleicht nichts von uns als unsre Arbeit. Wir selber werden nicht mit hineingemauert. (Oder doch? so wie die Griechen in den Grundstein einer neuen Stadt einen Menschen lebendig einmauerten). Und doch möchte ich die Seligkeit, Werkzeug in seinen Händen sein zu dürfen, nicht um den Platz eines Steins, und wärs ein Eckstein oder Schlussstein, vertauschen.

Ich las gestern Nacht im Jahrgang christliche Welt von 1908 oder 1909 (den mir Frau Ganslandt geschenkt hatte). Es war eine aufregende Lektüre, wie alles Vorkriegerische, worin man schon den Schritt des Verhängnisses herantrappen hört wie im Schlussakt des Don Juan.[1] Viel Merkwürdiges über Deutschland und England. Über eingesperrte Sozialisten u.s.w. Es war doch ein sehr gutes Blatt.

Ich soll für Meinecke ein geschichtsmethodologisches Buch von Hermann Paul[2] (dem Sprachpaul) besprechen. Frag Eugen, ob ich ihn gut oder schlecht behandeln soll (nämlich ob die seine Sprachwissenschaft was taugt oder nicht; ich kenne sie ja nicht. Vielleicht lese ich sie aber jetzt mal).

Ich bringe den Brief noch fort. Gute Nacht. Ich bin so voll von Sehnsucht, während des Schreibens ja nicht, aber wenn der Brief zu Ende ist, dann ist sie wieder da, denn es ist eben nur ein Brief. Und doch weiss ich weniger als je, wann wir uns sehen werden, und kann kaum dran denken.

Dein.

[1] Die Oper „Don Giovanni" von Mozart.

[2] Hermann Paul, 1846-1921, Germanist und Sprachforscher. Von ihm erschien 1920: Aufgabe und Methode der Geschichtswissenschaft.

An Margrit Rosenstock am 29. Juli 1920

29.VII.20.

Liebes Gritli, ich schreibe auf der Post, ich habe eben - endlich - das Manuskript[1] an Gurlitt geschickt, es drückte mir schon lang auf dem Gewissen, aber es fehlte noch ein Einschub; und auch die Schreibarbeit hatte ich mir immer verspart. Nun freue ich mich aber auf den Druck (und nebenher auch auf Kauffmanns Ärger, dass er es nicht gekriegt hat).

Seit ein paar Tagen lese ich das Nachlassbuch von Otto Braun.[2] Beinahe hätte ich es dir zum Geburtstag geschickt. Glücklicherweise nicht. Denn es ist ganz zu Unrecht berühmt. Ein entsetzlich überbildeter, verwunderkindischter Mensch, aus dem noch nicht mal „nichts", sondern bloss ein richtiger sehr guter Professor geworden wäre. Das Beste ist eben sein Gesicht. Aber auch in dem Gesicht keine Hoffnung, dass er nochmal dumm geworden wäre.

Ich habe meinem Schöpfer gedankt, dass er mich nicht in so einer geistigen Familienluft hat aufwachsen lassen. Es geht nichts über eine bourgeoise Atmosphäre für ein Kind. Das wollen die Heutigen nicht wahr haben. Aber es bleibt doch wahr.

Ich will noch zu Prager. Ich muss nochmal an diesen Stein schlagen,[3] obwohl es hoffnungslos ist; <u>wie</u> hoffnungslos, weiss ich ja erst seit gestern.
...

[1] „Der Tischdank" erschien Ende 1920 im Rahmen der von Karl Schwarz herausgegebenen Jüdischen Bücherei bei Fritz Gurlitt in Berlin.
[2] Otto Braun, Aus nachgelassenen Schriften eines Frühvollendeten, 1920.
[3] Wie Mose an einen Felsen schlug, der dann frisches Wasser gab, 4. Mose 20,11.

An Margrit Rosenstock am 31. Juli 1920

31.VII.20.

Liebes Gritli,   ich fange die letzte Lage dieses Papiers an; dieser Kassler Sommer geht zu Ende.

Ich bekam gestern eine Karte von Mayer (dem Syndikus) mit einem grossen Fragezeichen; es ist also vielleicht ein Brief von ihm verlorengegangen; jedenfalls schrieb ich ihm gleich: wir kämen zwar an sich ~~erst~~ am 8$^{\underline{ten}}$, aber wenn etwas vorher wäre, wozu er mich haben wollte, eine Sitzung oder sonstwas, so käme ich allein vorher. - Und dann würde ~~ich~~ es sich ja von selber geben. Wo? es giebt ja so viele Orte im Hohenloheschen und Löwensteinschen, - meine Träume weisen in diesen Winkel zwischen Wimpfen und Hall (kennst du Hall!???) und am liebsten <u>liefe</u> ich 1 oder 2 Tage richtig mit dir.   Aber wenn ich nicht schon vorher nach Frankfurt gehen muss, sondern erst am 8$^{\underline{ten}}$ fahre, so ists natürlich unmöglich, dass ich gleich wenn wir ankommen, Edith allein lasse; das geht nicht. (Möglicherweise schreibt auch noch der „Minister". Wenn wir beide hinführen, dann kämen wir wenns passt, sicher auch noch weiter bis Säckingen. Aber das ist ja nicht was ich meine).

Es ist noch etwas. Ich muss es dir schreiben. Ich lebe dies Leben abseits von Edith. Ich spreche ihr nicht davon. Ich kann es nicht. Vielleicht weiss sie es. Ich glaube aber, sie weiss es nicht.   Sie fühlt wohl, dass ich noch woanders bin. Aber sie weiss doch nicht, wie sehr. In den Augenblicken, wo sie einmal durch diesen Schleier sieht, muss es sie ja schaudern. So wars neulich, als sie etwas über Trudchen sagte, und ich mich in der Antwort beinahe vergass; ich verschluckte sogar, was ich sagen wollte, aber sie merkte es doch.

Ich kann also nicht zu dir fahren, ehe sie es weiss, wie mir ist und wie ich es brauche. (Ich kann doch nicht mit ihr ein Spiel spielen wie mit Mutter). Aber das muss von selber kommen. Nicht als Mitteilung.   Wir leben ja sehr stumm nebeneinander. Wenn einem die Worte nicht wiedertönen, verlernt man sie zu gebrauchen.

Aber wir werden uns sehen, wir müsen ja. Könnte ich nur meine Briefe bis dahin so anfüllen, dass etwas von mir zu dir käme.   Ich war ja gestern Abend eine Stunde bei Pragers, sprach erst mit ihr allein, dann mit ihm. Es war sehr gut, ich bin wieder leicht, wir sind doch wieder zusammen gekommen zur In magnis Unitas.[1] Ich konnte ihm einfach seine Denkfehler zeigen, und die Dinge vom Kopf wieder auf die Füsse stellen. Sie waren beide prachtvoll. Die Frau hatte auch grade so etwas Schönes Tolles („unmöglich!") für ihn getan und sie waren beide voll davon.

Julie v. Kästner war gestern Abend da. Ganz besonders. Es war auch zugleich ein Adieusagen. Sie brachte uns noch etwas Wundervolles: eine goldene Kristallschüssel (d.h. Krystall mit Goldanstrich und darüber weisser Ölfarbe, so dass sie von aussen weiss aussieht, aber auf der Innenseite wie durchsichtiges Gold, ein herrliches Stück). Sie erzählte ein grosses Stück ihrer Lebensgeschichte, die Freundschaft mit dem Justizrat (Ludwig) Avenarius; es war gar nichts Aussergewöhnliches daran, aber solch eine Lebensfrömmigkeit wie sie es erzählte, dass man jedes Wort trank als stünde es in der Bibel.

Das muss Katz beurteilen können, ob der „lic." genügt, damit Theologen zu ihm kommen, auch wenn er nur in der philos. Fakultät ist. Aber ihr meint also auch, dass ich mit dem Ganzen (dass er Professor bleiben bzw. werden muss) recht habe? Übrigens etwas Niedliches und ein richtiger „Hansismus": er bittet mich um eine [[hebr.]] Ausgabe der Genesis, „aber nur eine portugiesisch-hebräische". Er meint also, nach 1/4 Jahr hebräisch und 2 Monate vor dem Hebraicum: man schreibe die Bibel verschieden je nach der Aussprache.[2] Die Geschichte ist schön wie die berühmte Antwort des Kandidaten im Oberlehrerdoktors-Examen im Nebenfach Philosophie. „Womit haben sie sich denn hauptsächlich beschäftigt?"
„Mit Kaut, Herr Geheimrat".[3]

Haufen von ✡ Korrekturen liegen da, Revision von II 1, Fahnen von II 3. Der 3te bis 8te Bogen ist ausgedruckt, es sieht sehr anständig aus.
Ich kann <u>doch</u> nicht schreiben.

Dein.

[1] Lat.: In großer Einigkeit.

[2] Während Hebräisch einheitlich *geschrieben* wird, entwickelten sich im Lauf der Jahrhunderte zwei Typen von *Aussprachen* des Hebräischen: in Mittel- und Osteuropa herrschte die askenasische Aussprache vor, auf der iberischen Halbinsel und in orientalischen Ländern dagegen war die sfardische Aussprache üblich, die auch in Israel gesprochen wird.

[3] In der alten deutschen Schreibschrift sehen sich die Buchstaben „n" und „u" sehr ähnlich:

An Margrit Rosenstock am 31. Juli 1920

31.VII.20.

Liebes Gritili - so müde bin ich, dass ich noch nichtmal deinen Namen mehr schreiben kann wie du siehst, ich habe den ganzen Nachmittag und Abend ✡ korrigiert, ich habe immer noch keine Routine darin. Ein Glück dass im August nun alles fertig wird. So bald schreib ich nichts wieder.

Heut früh hatte ich einen Brief von Gredas Bruder, er macht mich auf eine Hegelspur aufmerksam (die ich „an sich" gern verfolgen würde, denn sie führt nach - Augsburg zu einem kathol. Pfarrer dort, Augsburg ist so schön). Mutter und Edith wollten nach dem Brief beide drauf schwören, es wäre ein ganz alter Herr, und wollten mir nicht glauben, dass er in unserm Alter ist. Das kommt vom Georgestil.[1] Übrigens hatte ich

einen Augenblick lang wieder beinah richtig philologisch Blut geleckt, und sah schon ungeahnte Manuskripte auftauchen. Als ob ich selber nie eins geschrieben hätte, so ein „ungeahntes Manuskript".
Nachmittags las ich eine Bubersche Broschüre von 1919;[2] sie ist der kurze Extrakt der 3stündigen Ansprache, die er zweimal in Berlin und einmal in Wien auf Jugendtagen gehalten hat und über die ich schon von Hörern allerlei Grosses gehört hatte. Es ist eine Ketzerei, von der ich mich, bei fortwährender Zustimmung im Einzelnen, doch im Ganzen wie auf den Kopf geschlagen fühlte. Ohne dass ich recht weiss, warum. Oder doch.   Sieh. Ein Zionist kann (wie ein Sozialist) eben noch ganz anders Ketzer sein als unsereiner (Hans ist <u>kein</u> Sozialist, Hans ist bloss unter die Sozialdemokraten gegangen). Denn er braucht das Haus überhaupt nicht mehr. Weil er ja neubaut. So kann er das Verfallene ruhig weiter verfallen lassen, kann sich aus der Ruine sogar Steine für seinen Neubau holen.   Für unsereins liegt es anders. Unsre Ketzerei ist ein Leben unter freiem Himmel. Ein <u>Leben</u>, <u>kein</u> Bauen. Wollen wir ein Dach überm Kopf haben, so müssen wir (über Nacht, zum Schlafen) immer wieder in die Ruine gehen, die ja immerhin noch ein paar ganz anständige und wetterdichte Räume enthält. Deshalb ists mir aber unheimlich wenn ich einen ganz ruhig die Steine davon abtragen sehe, weil er sie zu seinem Neubau braucht, und ich kann ihm doch das Recht dazu, das <u>gute</u> Recht, nicht bestreiten.   Gute Nacht   Dein

[1] Stefan George, 1868-1933, Dichter, der von einem engen Schüler-Kreis als Meister verehrt wurde und die Sprache gerade seiner jungen Anhänger entscheidend prägte.
[2] Cherut. Eine Rede über Jugend und Religion, in: Martin Buber, Der Jude und sein Judentum. Gesammelte Aufsätze und Reden, 1963, S.122ff.

An Margrit Rosenstock am 2. August 1920
2.VIII.20
Liebes Gritli,   ich hatte noch auf Mayer gehofft, er würde mich nach Frankfurt zitieren, aber er antwortet gar nicht. So wird es nun sicher nichts. Denn ~~aus~~ von dieser wenn auch nur provisorischen Übersiedelung darf ich mich nicht drücken und Edith allein die Arbeit lassen (ich tue zwar nicht viel dabei, aber ich musss wenigstens „da sein"). Und so wird auch der ganze August noch verstreichen. Es ist eine Trennung wie im Krieg, ein volles halbes Jahr - denn das Wiedersehen im April war keins.
Ich merke aber dabei, dass ich doch wenigstens äusserlich gebunden bin (grade auch daran, dass ich vom 5.-7. <u>könnte</u>, aber nicht <u>kann</u>), - und darüber bin ich fast froh. Ich merke ja so wenig von einer wirklichen inneren Bindung, dass ich schon an den Zeichen der äusseren fast andächtig hänge; ich sehe mir auch manchmal meinen Ring an. Ich glaube, dir hat der Ring noch nie viel bedeutet. Mir muss er viel bedeuten. Er ist vorläufig noch das einzige Wirkliche.
Mit Edith selber könnte ich nicht davon reden; ich kann ja überhaupt so wenig mit ihr reden. Vieles „versteht sich" und das andre wird auch durch viel Reden nicht verständlich.   Ich lebe ein sonderbares Leben mit ihr.
Wobei sicher ich der „schuldige Teil" bin. Denn sie giebt sicher, was sie hat. Während ich von mir selber nicht das Gefühl habe. Freilich auch das Gefühl, als ob ich nicht mehr geben <u>könnte</u>. Ich bin wie auf den Mund geschlagen. (Ich meine, innerlich.) Die

Schwätzmühle dreht sich und klappert, und wenn Korn da ist, laufen die Steine noch nicht mal leer, es kommt auch Mehl heraus dann, aber es ist doch nur eine Mühle. - Du würdest mich nicht erkennen.

Ich habe den Nachfolger heute investiert. Nachher brachte ich Trudchen noch zurück. Aber ich konnte auf der Strasse auch zu ihr nicht sprechen. Ich kann es nur zu dir. Du hörst doch zu?
Liebe - Dein.

An Margrit Rosenstock am 3. August 1920
3.VIII.20.

Liebes Gritli, denk die Wohnung in Frankfurt ist doch nur sehr unsicher. Und zunächst ists nur ein Hausen bei Hedi und ohne eigene Küche, mit den Kindern und dem Kinderfräulein zusammen. Wir haben nämlich heut Abend bei ihr angerufen, weil sie nicht schrieb. Darauf haben wir dann ein Telegramm an den Seusal losgelassen, um den mal wieder etwas zu kitzeln.

„Das ist die Lage". Eugen sagt: „1920 gelingen alle äusserlichen Dinge". Es sieht nicht grade so aus. Und Eugen Mayer schweigt überhaupt.

Aber das ist ja alles so gleichgültig gegen das eine: mein jetzt-nicht-zu-dir-fahren-können und den Grund davon. Denn der Grund ist ja das Schlimme, - viel schlimmer als es selber. Ich kann ihr nicht sagen, in welchem Mass mein Leben in dieser ganzen Zeit an ihr vorbei geschah. Und das müsste ich ihr sagen ...[1] Alles andre wäre so gut wie Lüge. Denn es ist ja nicht so, dass ich dich „gern" „mal" „wieder" sehen möchte. Sondern es ist ein Schrei nach meinem <u>wirklichen</u> Leben, das mir täglich mehr zur Mythe wird, täglich mehr, jeden Tag, den wir uns nicht sehen. Und das kann ich ihr doch nicht sagen. Sie würde es vielleicht einfach nicht glauben. Sie kennt ja dies mein Leben nicht. Es ist in ihres hineingefallen wie ein Verhängnis von aussen, aber es ist nicht ihr Leben geworden, es gehört ihr nicht. Sieh, die Bücher vom ✡ II, die ich in diesen Tagen korrigiert habe, - ich hatte ja nie wieder drin gelesen, sie hatten mir auch nichts mehr bedeutet, aber jetzt beim Wiederlesen wurden sie mir so sehr Boten aus einer Vergangenheit, in der ich einmal ganz war, und in der jetzt nur noch ein Schattenbild von mir ist, - und doch ist dies Schattenbild leibhaftiger als mein wirklicher Leib, der hier herumläuft.

Dabei spüre ich grade wenn ich dies schreibe, dass ich sie liebe, aber freilich mit einer sonderbaren Liebe, mit einer Liebe, in der sehr wenig Gegenwart und Gegenwartsverlangen ist, fast nur Zukunft und Hoffnung .... Es gehört doch eine Portion Talent zum Glücklichsein dazu, dass man lieben kann.
Liebe, liebe -

---

[1] Punkte von Rosenzweig.

An Margrit Rosenstock am 4. August 1920
4.VIII.20.

Liebes Gritli, ich habe den ganzen Tag III 2 zum Druck vorbereitet; dieses „zum Druck vorbereiten" ist hauptsächlich nur ein Absätze machen, aber dazu muss mans ja grade genau lesen. Es ist doch ein besonders gutes Stück, und es soll mir recht sein, wenn das Buch mit diesem Abschnitt seinen Fuss in die Welt setzen wird, - wie ja wohl geschehen wird.   Es geht mir so beim Wiederlesen auf, dass das eigentlich Ketzerische an dem Buch doch nicht III 3 ist, denn das ist eben auch nur ein Programm, etwas „über" „den Ketzer", sondern der ganze II. Denn da <u>wird</u> doch eben einfach frisch drauf los geketzert, und die ganzen theologischen Begriffe werden zu Worten der <u>Menschen</u>sprache gemacht. II <u>ist</u> eben wirklich jenseits der tümer. Das Jüdische daran ist nur Produkt der Biographie.   Wie es ja also auch sein <u>soll</u>.

Heut Nachmittag war wieder Prager. Er machte gut, was er das vorige mal verfehlt hatte, stellte die Dinge wieder auf die Füsse; ich hatte nicht umsonst gesprochen. Aber obwohl nun das Theologische da war, und das Politische nur noch das war was es sein darf - so war nun eben das Theologische zu theologisch und das Politische zu politisch. Mir fiel heut Abend ein, woran es liegt: er lässt den Arzt zu hause. Deshalb gelingt es ihm nicht, die Leute anzusprechen (Sie glauben ihm nicht. Auch mir selber kam er heute manchmal vor wie ein Rabbiner). Ich rief ihn noch „Nachts" an und sagte ihm das. Der Arzt ist schliesslich doch sein Beruf, er muss alles zunächst mal so zu sagen versuchen, wie ers dem Patienten in der Sprechstunde sagen würde. <u>Dann</u> darf er zusetzen: und das ist nun dasselbe wie (theologisch gesprochen:)....[1]
...

---

[1] Punkte von Rosenzweig.

An Margrit Rosenstock am 5. August 1920

5.VIII.20.
.....

Als ich dir grade geschrieben hatte da fand ich beim Durchsehn von III 3 diese Stelle:
> Ist doch auch das Erleben eines Menschen, wie ein Mann seinen Freund erlebt, gar nichts weiter als dass der eine versteht, was der andre zu ihm spricht; während es nicht möglich ist, zu erleben, was selbst der nächste Mensch an andern erlebt; davon und nur davon, nicht vom unmittelbaren Wechselverkehr der Menschen untereinander, gilt das harte Wort, dass keine Brücke führt von Mensch zu Mensch.[1]

Ich war erstaunt; denn da hatte ich ja selber gesagt, dass es das was ich erhoffe, nicht geben <u>kann</u>.Und darauf müsste ich warten?

Ich war heut Nachmittag dann den ganzen Nachmittag bei Trudchen. Zum ersten Mal seit der Verheiratung. Ich habe mich einfach ganz ausgeschüttet, alles, auch meine Sehnsucht zu dir. Weshalb konnte ich es denn da? Aber jedes Wort fiel auf Grund, es verscholl nichts ins Leere.

Es geht ihr ja ganz genau so mit ihr wie mir und uns allen. Sie kann auch nicht mit ihr sprechen. Es ist dieselbe Antwortlosigkeit. Und wenn sie selber spricht, etwa von mir, dann muss sie sich immer ins Gedächtnis rufen, dass da von mir die Rede ist; so fremd klingt es ihr alles.

Eugens schöner Aufsatz kam heut Abend. Ich habe ihm gleich geschrieben. Er muss (mit einem richtigen Titel, nicht mit dem Witz an meine Adresse,) in die Frankfurter Zeitung, statt in die Arb.gem. „Auf die Gefahr hin", dass sie ihn daraufhin nach Frankfurt wollen. Es ist ja so sehr das Gegebene für ihn.

Was freilich dann werden soll?

Ich kann nicht weiter denken. Ich liebe dich.

Dein.

---

[1] Stern der Erlösung S.439.

An Margrit Rosenstock am 6. August 1920

6.VIII.20.

Liebe, es war ein so grausames Schleierzerreissen in mir, diese Tage. Ich hatte ja <u>doch</u> nicht gewusst, <u>wie</u> es ist. Ich hatte immer noch an eine grössere Nähe geglaubt, auch gehofft, es wäre vielleicht schon etwas gewachsen, es wäre so etwas da wie eine wirkliche Gebundenheit. Nun, in der Unmöglichkeit jetzt so zu sprechen, dass sie mich gehört hätte, ist mir deutlich geworden, dass nichts, noch nichts da ist, nur Surrogate des Lebens, kein Leben selbst. Als ich dir das so ähnlich vor 6 Wochen, nach dem Tag der Reise nach Berlin, schrieb, war es ein Verzweiflungsschrei, heut ist es einfach eine Erkenntnis, an der sich nichts abmarkten lässt, eine lange und breite Erkenntnis. Und eine Erkenntnis, die ich für mich alleine tragen muss; wie könnte ich es ihr sagen. (Wenn ichs ihr sagen könnte, wär es freilich nicht).

Aber ich <u>kann</u> nicht glauben, dass die Verheissungen gelogen haben, nicht der 6. I. und auch nicht der 28. III.[1] Und dass nur die Flüche jener Tage noch lebendig wären und nicht die Segen. .....

Mir ist, als wäre auch zwischen dir und mir etwas verändert durch mein Nichtkönnen in diesen Tagen. Ich weiss nicht was. Es ist noch schwerer geworden. Aber mir ist, als hätte ich dich noch nie so geliebt.

Dein Franz.

[1] Verlobungs- und Hochzeitstag.

An Margrit Rosenstock am 8. August 1920

8.VIII.20.

Liebes Gritli, auf der Fahrt nach Frankfurt. ... Neulich, wie ich Trudchen klagte, durchfuhr es mich plötzlich, dass ich wohl vergebens lamentiere und dass das einfach das Altwerden ist und nichts weiter, und Edith nur das unschuldige Symbol dafür. Das wäre ja dann die richtige Stimmung zum Anfangen in Frankfurt: mit kaltem Herzen und viel so-tun-als-ob; auf die Weise kommt man zu Erfolgen. Und so wäre es also gut. Wir kommen in ganz provisorische Verhältnisse nach Frankfurt. Von nächster Woche an können wir auf 3 Wochen die Zimmer von Borns verreisten Mietern beziehen. Nachher kommen die (Anfang September) wieder, und wenn der Ruf nach Breslau, den sie erwarten, nicht dann kommt, so haben wir gar nichts. Sonst können wir ihre Zimmer übernehmen. „Meine Juden" haben mich völlig im Stich gelassen. Von Mayer (und damit von der V.h.sch.) habe ich, ausser dem Postkartenfragezeichen auf der Fragezeichenpostkarte, nichts gehört. Von Löffler (Jugendverein) überhaupt nichts. „Verlasse dich auf Fürsten nicht.."[1]

In Marburg sahen wir Kähler. ...

[1] Anspielung auf Psalm 146,3.

An Margrit Rosenstock wohl am 9. August 1920

Liebes, ich habe so Kopfweh von dem ruhelosen Tag und der Hitze dazu, dass ich dir grade nur ein paar Worte schreiben kann und Dank für deine beiden Briefe, die ich gestern Abend hier fand. Ich kann dir erst morgen richtig schreiben, aber nur soviel: <u>es ist besser</u>. Ich kann noch nicht mehr sagen.

Die V.h.sch.sache wird schwierig. Es ist eben leider kein Schaffen aus dem Nichts mehr. Dadurch ist alles erleichtert, aber auch alles viel schwerer.

Mayers Frau, die Engländerin, gefällt mir sehr. Vormittags sah ich Strauss, der sehr beweglich ist. Eben waren wir noch bei Nobels.

Gute Nacht. Auf Morgen. Und Dank.

Dein

An Margrit Rosenstock am 10. August 1920

10.VIII.20

Liebes Gritli, es ist noch alles recht unklar. Angefangen von der Wohnung. Dass Borns den Winter noch hier bleiben, ist ganz sicher. So würden wir, wenn wir Hellingers Zimmer kriegen (die an sich eine recht schöne Wohnung sind) doch sehr viel mit Hedi zu teilen haben, und das ist kein Vergnügen, eine so famose Person sie „an sich" auch ist. Heut Mittag gehen wir zum Seusal, vielleicht hat er doch was in Aussicht.

Mit Mayer werde ich auch einen nicht leichten Stand haben. Er begreift eben knapp, was ich will, und will selber was ganz andres. Ich muss also zwei ganz verschiedene Sachen unter demselben Namen machen, die alte und die neue zusammen. Mayer will eben selber nur die alte. Die Notwendigkeit der neuen sieht er nicht recht, weil für ihn sich der linke Flügel der Gemeinde der jenseits des „liberalen Judentums" steht und für den ein liberaler Rabbiner was so Schwarzes ist, dass sie sich gar nicht vorstellen können, es gäbe rechts davon noch was, - m.a.W.: Sommers[1] - weil also dies alles für ihn sich völlig in Nebel verliert; er weiss gar nicht, dass es so Leute giebt. Auch ist er etwas wirr, und mischt sehr gute Gedanken mit ganz schlechten zusammen. Jedenfalls bin ich für das was er will die ganz falsche Person und das hoffe ich ihm nun allmählich beizubringen. Nun könnte ich ja einfach alles laufen lassen wie die verschiedenen vorgespannten Gäule ziehen, und daneben mit Diplomatie und ohne viel Worte das machen was ich will. Aber das wird mir, fürchte ich, auch erschwert werden. Wenn ich jeden guten Dozenten einem Ausschuss kla plausibel machen muss, der nur schlechte haben will! Ich habe gestern bei Mayer mal wegen Richard Koch auf den Busch geklopft, - er war ganz entsetzt. Dabei schätzt und respektiert er ihn, aber - er ist doch kein Fachmann. Dass ich auch keiner bin, will er mir einfach nicht glauben. Also, das wird auch schwierig. Schlimmstenfalls mache ich neben der Mayerschen noch eine Konkurrenz auf. Der Separatismus scheint doch hier in der Luft zu liegen. Ich bin grad einen Tag da und schon plane ich einen.

Strauss — Eugen hat ihm ja von dem Tischgebet[2] geschwätzt! das ist doch noch ganz diskret. Er hatte „Aphorismen zur Lebens-Weisheit" geschrieben, die er mir auswendig (!) hersagte und die wirklich gut zu sein scheinen. Die Form liegt ihm. Ob sie für die Werkzeitung geeignet sind, weiss ich nicht. Dann sprach er von seinem Relativitätsaufsatz, - wie ist denn der?

Liebe - es ist, wie du schreibst, geworden: wieder wie ein Anfang. Aber grade darum ist nichts davon zu schreiben. Ich wage es kaum zu berühren, so schwankend und umrisslos ist es und wage noch kaum zu hoffen, dass es diesmal nicht bloss beim „Anfang" (in jeder Beziehung) bleibt.

Dein Franz.

---

[1] Siegfried und Helene Sommer, Eltern von Eva Ehrenberg.

[2] Der Tischdank; dazu Sprachdenken im Übersetzen, 1. Band: Hymnen und Gedichte des Jehuda Halevi, S.XIIf.

An Margrit Rosenstock am 11. August 1920
                                                                            11.VIII.20.
Liebes Gritli, Rudi ist seit gestern da. Jetzt holen wir Helene ab, und er fährt weiter. Wir waren gestern und heut mit Strauss zusammen. Er war Straussissimus. Etwas ungemütlich ist mir immer dabei. - Die Arbeit geht sehr sachte an. Vorläufig bin ich täglich mit Mayer zusammen. Er gefällt mir doch ganz besonders. Er würde euch auch gefallen. Ein Mensch ohne Falsch und, bei absolutem Mangel jeglicher „Durchtriebenheit" doch grundgescheit. Nachher mache ich das nötige Vorlesungsetat mit ihm. - Weisst du, es hat wenig Zweck, die Einzelheiten zu schreiben; es ist ja alles so vorläufig und giebt doch kein rechtes Bild.
Verzeih das kurze Geschreib.
                                                                            Dein Franz.
...

An Margrit Rosenstock am 12. August 1920
...   12.VIII.20.
Ich fühle so deutlich wie hier einfach ein Schicksal ist, von dem ich nicht mehr erlöst werde. Diese Unmöglichkeit, zueinanderzukommen, wird bleiben. Immer, wenn ich wieder zu hoffen anfange, wird mir die Hoffnung in der Hand zerschmettert. Ein Wort - und wir sind meilenfern von einander. Und das ist eigentlich noch schlimmer als das blosse Vergessen, dass sie dabei ist. Diese beiden Erlebnisse habe ich jeden Tag. Wäre nicht auch noch das dritte da: dass ich sie trotzdem lieben muss in ihrer Hilflosigkeit und ihrem Es-doch-nicht-ändern-können, - es wäre nicht zum Aushalten. So ists zum Aushalten.   Nur freilich wo ich selber Hilfe brauchte (ich meine: eine Seele, keine Hand), da greife ich ins Leere.
Als Rudi und Helene fortwaren, ging ich zu der jungen Frau Darmstädter, wo auch eine Freundin von Edith (die den Winter als Leiterin des Mädchenheims herkommen wird) war. Frau Darmstädter, reich schön klug und reizvoll, ist eine (übrigens zur rechten Orthodoxie gehörige) Gönnerin der V.h.sch., vielmehr des „Freien Jüdischen Lehrhauses Frankfurt" (so solls heissen!), und wird auch speziell meine Gönnerin sein. (Ich musste mir übrigens wirklich gewaltsam zurückrufen, dass auch Edith da war). Dann ging ich zu Mayer. Wir gebaren unter Assistenz von seiner Frau den neuen Namen - er ist doch schön?   Abends war ich dann mit Edith in einer Sitzung des J.L.I. Ili (Jüd. Liber. Jugendverein). Das war eine dolle Sache. Ausser mir war noch Strauss eingeladen und die beiden liberalen Rabbiner Seligman und Salzberger.[1] Ausserdem der Vorstand, bestehend aus Eseln einerseits, der Strausssschen jungen Garde andrerseits. Und dann gabs eine Diskussion, die d einen Stenographen wert gewesen wäre. Strauss sprach herrlich aus dem Stegreif richtige Reden. Wir, er und ich, völlig als Zwillingsbrüder, ich war in einem richtigen Rausch, er leuchtete von echtem Pathos, das unechte brodelte nur noch zu seinen Füssen. Und das Schönste: die junge Garde stiess völlig in unser Horn. Die Parteipatrioten, vertreten durch einen Enkel von Abr. Geiger,[2] kamen nicht gegen uns auf. Zum Zeichen unsres Sieges fielen die Rabbiner, die ja genaue Barometer zu sein erzogen sind, uns zu. Der Verein erwartet alles von uns. Die Schattenseite ist, dass ich gleich bei diesem ersten Schritt in Frankfurt meine Absicht, keine unbezahlte Arbeit zu tun, verleugnen musste; es ging aber nicht anders. Natürlich schäme ich mich etwas.

Seligmann hat mir in Wirklichkeit viel besser gefallen als damals bei Putzis Hochzeit, wo er die Liebe-ist-stark-wie-der-Tod-Salbe[3] verschüttete.   Salzberger sogar direkt gut.

Es war ein Stück Anfang. Und Ediths „Dabei"- und Nichtdabeisein gehörte auch dazu. Dabei belehrte sie mich dann auf dem Heimweg aus dem Schatze ihrer Erfahrungen, dass mir zumut war wie an dem 2. I. wo sie den Abend bei uns war; auch ihre Stimme klang genau wie damals. Sie fand, dass X und Y „von ihrem Standpunkt" aus durchaus recht gehabt hätten. Sie hatte nur die „Niederlage der Liberalen" gesehen, statt das was sich in Wirklichkeit (auch mir neu) gezeigt hatte: die Lebens- weil Belebungsfähigkeit der „Liberalen".

Vom ✡ stehen 4/5 im Satz, über die Hälfte in Revision, und 1/3 ist ausgedruckt. Er wird also wohl im September erscheinen.

Dein Franz.

Versteh - ich lese eben nochmal was ich geschrieben habe - : es ist nicht so, dass keine Seele da wäre, das mögen andre glauben, ich weiss es besser. Aber sie ist nur da, sie braucht nur Hilfe, sie kann nicht helfen. Vielleicht wäre alles anders, wenn ich sie mehr lieben könnte. Vielleicht hätte sie dann etwas zu vergeben, statt so in sich zu verstummen und zu erkalten.

---

[1] Caesar Seligmann, 1860-1950, Rabbiner in Frankfurt und Führer des liberalen deutschen Judentums; Georg Salzberger, 1882-1975, liberaler Rabbiner in Frankfurt.

[2] Abraham Geiger, 1810-1874, Orientalist und jüdischer Theologe, bedeutender Reformer und 1872 Mitbegründer der Lehranstalt für die Wissenschaft des Judentums in Berlin.

[3] Anspielung auf Hoheslied 8,6.

An Margrit Rosenstock am 14. August 1920

14.VIII.20.

Liebes Gritli,   von den dehors[1] dieser Tage, die bewegt und stereotyp zugleich sind (wie immer, wenn man „organisiert") ist schwer zu erzählen. Ein inhaltsreicher Besuch bei Koch, der mittut (aber ich muss ihn nun erst durchsetzen bei den Eseln), heut Vormittag der Besuch bei dem Grossen Buch-Gelehrten Freimann[2] hier, bei dem ich erschreckende Blicke in die Zerspaltenheit der Gemeinde tat, heut Nachmittag ein zufälliges Zusammentreffen mit dem liberalen Rabbiner Salzberger (ohne die zusammenschliessende Wirkung der Aussenwelt hätten wir ja völlig zwei Kirchen wie ihr - und ich wäre und bliebe „Protestant", - wie ihr -). Das war es ungefähr.
....
Hans schickt, zur Weiterschickung an Eugen, etwas Neues von Barth. Stark wie immer, aber doch mit seiner Lücke, der Kierkegardschen Lücke, dass er an das Wachstum, die Schöpfung, die Kirche u.s.w. nicht glauben mag, obwohl er davon weiss. Ich würde wünschen, er gäbe sich einmal so breit gedanklich, wie es offenbar in ihm angelegt ist, statt in der Knappheit sybillinischer Sprüche.[3] Er ist ein wirklicher Denker.

---

[1] Franz.: Äußerlichkeiten.

[2] Aron Freimann, 1871-1948, Gelehrter, Historiker, Bibliograph. Unter seiner Leitung wurde die Frankfurter Bibliothek zu einer der bedeutendsten Hebraica- und Judaica-Sammlungen der Welt.

[3] Die Sibylle war eine Frau, welche - ohne die bei antiken Orakeln sonst üblichen Anfragen von außen - von Gott ergriffen in Ekstase geriet und in schwer zu deutenden Sprüchen Unheil weissagte.

An Margrit Rosenstock am 15. August 1920

15.VIII.20.

Liebes Gritli, das war ein schöner Tag; früh um 7 aus dem Haus und um 9 zurück, und etwa 8 Stunden gelaufen. Mayers trafen wir erst um 2. Sie hatten ihren Schwager mit, den jüngsten der 11 Bentwichs (der älteste ist Normann B.,[1] von dem jetzt in den Zeitungen stand, der Justizattaché von Herbert Samuel,[2] dem Zivilgouverneur von Palästina), die neun mittleren sind Töchter, und offenbar wirklich 9 Musen. Mit ihm wars wieder famos; er gefällt mir so sehr; er ist gebildet, gut und etwas schrullig — grade wie man sein muss. Ich glaube, ich bin jetzt mit ihm so weit einig; mindestens, wo wir Verschiedenes wollen, ziehen wir nicht nach zwei Seiten auseinander, sondern zusammen nebeneinander. Dienstag ist also die erste Sitzung.

Und nun wir. ... Wenn es also <u>doch</u> geht, mit Heilbronn, Hall u.s.w., dann telegrafier bitte; ich fahre dann Dienstag Abends die Nacht durch, - und denk, des Morgens früh träfen wir uns in einer Stadt wo wir noch nie waren und die ganzen beiden Tage wären wir im Neuen. Liebe, ich habe so Sehnsucht nach dem Neuen. Es braucht nur noch 50 oder 60 Stunden zu dauern, dann bin ich bei dir -

...

[1] Norman Bentwich, 1883-1971, von 1918 bis 1931 Kronanwalt Englands im Mandatsgebiet Palästina.
[2] Herbert Samuel, 1870-1963, von 1920 bis 1925 erster Hochkommissar des britischen Mandatsgebiets Palästina.

An Margrit Rosenstock am 22. August 1920

22.VIII.20.

Liebes Gritli, es ist Abend und der lange Tag, der heute früh um 5 angefangen hatte, ist herum. Es ist schon so lange her, bis heute Morgen. Wir haben ja selten so Abschied genommen. Aber es ist diesmal als müssten wir uns sehr bald wiedersehn. Und wir werden es.

Ich habe doch jetzt das Gefühl als könnte ich alles tragen und müsste <u>nicht</u> daran zu grunde gehn, wie ichs in den letzten Monaten meinte.

Der Tag war fruchtbar für das Semester. Es ist ein schöner Vorlesungsplan entstanden, ein encyklopädischer aus 6 Vorlesungen.[1]

           I Das klassische Judentum
             1.) Das Gesetz
             2.) Die Profeten
          II Das historische Judentum
             3.) Geist der Halacha
             4.) Geist der Agada
          III Das moderne Judentum
             5.) Die jüdische Welt
             6.) Der jüdische Mensch

Immer das Ungrade von einem Orthodoxen oder Zionisten
(1: Rabin,[2] 3: Nobel, 5: Franz Oppenheimer[3] oder sonst Mayer), das Grade von einem Liberalen oder Unsereinem (2: Salzberger, 4: Seligmann, 6.) Strauss oder <u>ich</u>)
Wenn <u>ich</u> 6.) mache,[4] dann wird es eine Gallerie von 8 - 10 Portraits, etwa: Der Zweifler, Der Fromme; Der Revolutionär, Der Aristokrat; Der Treue, Der Abtrünnige; Der

Begabte, Der Einfältige; Der Heimkehrer, Der Sämann.   Immer zwei zusammengehörig, und übrigens alle 10 <u>eine</u> Person, eben „der" Jude. Zu jedem eine Gestalt aus dem 19. scl.[5] zur Erläuterung. (Buber, Cohen; Landauer,[6] Disraeli;[7] Hirsch,[8] Stahl;[9] Heine,[10] Riesser;[11] Birnbaum,[12] Strauss.   Oder andre. Es ist egal. Es kann so etwas Grosses werden wie die Kassler Montage. Denn ich muss von allen zehen so reden, dass jeder merkt, dass er alle zehne in sich trägt.

Auf jeden Fall halte ich die Festrede zu Anfang über die ganze Vorlesungsgruppe, nämlich über „Klassisch" „Historisch" „Modern" - in ihrer <u>Gleichzeitigkeit</u> und über die Aufgabe des Lehrhauses: die Gleichzeitigkeit dieser 3 Dinge den Menschen bewusst zu machen.[13] Es giebt also eine Rede an meine <u>Mit</u>lehrer, mehr als an die Schüler. Nachmittags mit Heinemann[14] aus Breslau. Er wusste nichts von der „Bildung"[15]!! Gute Nacht und Leb wohl und Auf Wiedersehn Geliebte

Dein Franz.

[1] Dazu auch Briefe und Tagebücher S.689f.

[2] Israel Rabin, 1882-1951, Hebraist, Judaist, Dozent am Rabbinerseminar in Breslau.

[3] Franz Oppenheimer, 1864-1943, Arzt, Nationalökonom und Soziologe, seit 1919 Professor in Frankfurt. Er arbeitete auch für die Siedlungsgenossenschaften in Israel.

[4] Von Oktober bis Dezember 1920 hielt Rosenzweig am Lehrhaus in Frankfurt die Vorlesung „Der jüdische Mensch", abgedruckt in Zweistromland S.559-575.

[5] Saeculum, lat.: Jahrhundert.

[6] Gustav Landauer, Philosoph und Literaturwissenschaftler, 1919 als Revolutionär im Gefängnis ermordet.

[7] Benjamin Disraeli, Earl of Beaconsfield, 1804-1881, britischer Politiker und Schriftsteller.

[8] Samson Raphael Hirsch, 1808-1888, Gründer und geistiger Führer der neuorthodoxen „israelitischen Religionsgesellschaft" in Frankfurt.

[9] Friedrich Julius Stahl, 1802-1861, konservativer Politiker und Staatsrechtler; 1819 getauft, wurde er zum Begründer einer Staatstheorie auf protestanisch-kirchlicher Grundlage und zu einem Verfechter der Idee eines Kaisertums von Gottes Gnaden.

[10] Heinrich (Harry) Heine, 1797-1856, Dichter.

[11] Gabriel Riesser, 1806-1863, Jurist, erster jüdischer Richter in Deutschland, Vizepräsident der Nationalversammlung in Frankfurt, Vorkämpfer der Judenemanzipation.

[12] Nathan Birnbaum, 1864-1937, nationalreligiöser Zionist und Publizist in jiddischer Sprache.

[13] Rosenzweigs Vortrag zur Eröffnung des Frankfurter Lehrhauses unter dem Titel „Neues Lernen" ist abgedruckt in Zweistromland S.505-510.

[14] Isaak Heinemann, 1876-1937, klassischer Philologe am Jüdisch-theologischen Seminar in Breslau.

[15] Rosenzweigs Schrift „Bildung und kein Ende", abgedruckt in Zweistromland S.491-503.

An Margrit Rosenstock am 23. August 1920

23.VIII.20.

Liebes Gritli,   ein ganzer Tag voller Betulichkeit. Vormittags ein vielstündiger Spaziergang mit Nobel bis nah an Offenbach heran; der Main ist ja ein herrlicher Fluss zum Dranentlanglaufen. Und zahllose Telefonate. Und noch viele Menschen. Und Mayer. Aber schliesslich doch ein wirrer Tag. Es hätte ein Wort von dir kommen müssen. (Du darfst nicht sagen: Franz jammert).   Wenn nun etwa morgen ein Brief kommt, so ist er eben doch <u>heute</u> nicht gekommen. Und grade heute hätte ich ihn gebraucht. Das merke ich natürlich erst jetzt, wo der Tag zu Ende ist.

Es wächst schon jetzt eine Sehnsucht in mir auf zurück zu den beiden Tagen. Es ist noch gar keine Sehnsucht nach vorwärts, nur nach zurück.

Ich war erschrocken, wie mir Nobel sagte, er hätte mich gern für einen der Filialgottesdienste an diesen ~~nächsten~~ Feiertagen zum Predigen! wie dürfte ich das! Meine Füsse stehen in der Gemeinde. Aber mein Herz -

Mir graut es auch manchmal, wenn ich daran denke, wie du einmal diesen Zustand wie es jetzt zwischen mir und Edith ist, wie unveränderlich ansehen wolltest und als etwas, womit ich mich abfinden müsste. Dann wäre doch alles Lüge.

Und dann wären auch die scheinbaren Lügen meines Lebens (jenes Auseinander von Füssen und Herz) <u>wirklich</u> Lügen. Schon deshalb darf es nicht sein.

Der ✡ ist fertig gesetzt! Jetzt habe ich viel zu korrigieren! (Aber die letzte Hegelkorrektur geht morgen früh fort).
...

An Margrit Rosenstock am 25. August 1920
25.VIII.20.

Liebes Gritli, ja - es ist wie du sagst. Aber doch mussten deine Worte kommen, damit ich es wirklich wusste. Es ist eben etwas in mir, das nur atmet von deinen Worten, und das erstickt ohne diesen Lebenshauch.

Denk doch nicht an das Leben in Frankfurt. Ich glaube noch nicht daran. Ich kann es einfach nicht sehen. Oder: ich sehe noch so viel dazwischen, dass mir das ganz nebelhaft in einem weitentfernten Irgendwo steht, so als ob es weder dich noch mich anginge. Meine Wohnungsaussichten verdichten sich wieder ein bischen (immer wenn wir beim Seusal waren). Ich hatte wieder so einen rechten Allerleitag. Einen ekelhaften Liberalen. - Mein Verleger Kaufmann (denk, ich hätte wohl nur hier zu sein brauchen, so hätte ich die Dreibändigkeit durchgedrückt. Jetzt ists zu spät). (Und der Hegel wird auf dem ✡, der ✡ auf dem Hegel angezeigt, mit ausführlichem Wischiwaschi). (Das erste, der Hegel auf dem ✡, ist schlimm!) Dann sah ich flüchtig den ungekrönten König der Gemeinde, den Justizrat Blau,[1] der mir sehr gut gefiel. Und Mayer ist ein Trost, jedesmal wenn man ihm begegnet.
...

Die Frau ~~mit dem~~ ohne Schatten[2] - so „freundlich" sieht es ja nur von aussen aus. Du wirst spüren, wie es das Buch dieses Sommers ist. Ich bin noch erschüttert wenn ich daran denke, und doch froh, dass du es nun hast.
                                              Trag mich, Geliebte.   Ich bin dein.

[1] Julius Blau, gestorben 1939, Rechtsanwalt und Vorsitzender der jüdischen Gemeinde in Frankfurt.
[2] Hugo von Hofmannsthal, Die Frau ohne Schatten. Dazu der Brief an Margrit Rosenstock vom 28. Juni 1920, S.616.

An Margrit Rosenstock am 25. August 1920
25.VIII.20.

Liebes Gritli, wieder so ein Tag mit lauter Herumlaufen, nach Lokalen. Dabei ist Frankfurt dann nicht so schlimm, wie es dir neulich vorgekommen ist, sondern mehr so wie dus dir früher vorstelltest. Auf einem Kirchhof steht eine grosse wunderbare Kreuzigungsgruppe, offenbar aus dem 16. scl., sie muss von einem grossen Meister sein. Gefunden habe ich übrigens nicht was ich suchte. Zwischen hinein war ich bei Freimann, der mir Liebeserklärungen machte und mich vor dem was ich vorhätte warnte. Die Wissenschaft! die Wissenschaft!

Bei Kaufmann habe ich nun das Titelblatt mit dem grossen ✡ über dem Titel durchgesetzt. Es ist zu schade, dass ich nicht hier war. Ich hätte ganz sicher auch die 3 Bände durchgesetzt.

Mit der Wohnung ists noch immer nichts. Die Eintragung auf dem Wohnungsamt machen wir nun doch.

Heut ist es schon eine Woche her. Ich hätte gern einen Brief von dir. Das Schweigen nach dem Zusammengewesensein ist nicht gut. Grade da braucht es Worte.

Dein Franz.

An Margrit Rosenstock am 26. August 1920

26.VIII.20.

Liebe - warum zerstörst du den Nachhall unsrer Tage, indem du ihnen solch tagelanges Schweigen folgen lässt? Ich meine, ich brauchte dein Wort nun grade und ganz besonders. Aber freilich, <u>du</u> brauchst dein Wort an mich nicht mehr. Du kannst auch so schlafen. Es ist nicht mehr das Siegel auf deinen Tagen. Und wenn es so ist - und <u>weils</u> so ist, so hilft mir alles Jammern darum nichts und ich muss mich daran gewöhnen und muss es als ein Stück in jenem unaufhaltsamen Erstarrungsprozess nehmen, der fortschreitet, mögen wir uns auch immer wieder darüber wegzutäuschen suchen. Auch dies Nichtmehrschreibenmüssen (und eines Tages wird es ein Nichtmehrschreiben<u>können</u> werden) auch das gehört dazu. Es mag jeden Tag „Gründe" haben, im Grunde hat es doch nur einen Grund.

Auch mir wird dadurch das Schreiben schwer. Sieh, ich schreibe doch nicht „an" dich. Ich halte doch keine schriftlichen Reden. Ich erstatte doch keine Berichte. Wort muss <u>Ant</u>wort sein, um Wort sein zu können. Ohne das Gefühl, dass du im gleichen Augenblick auch sitzest und mir schreibst, ohne dies Gefühl sind es nicht die rechten nahen Worte, die man findet. Dann gehts, wie es mir diesmal einen ganzen halben Tag lang ging (und früher doch nicht): ich finde auch wenn wir zusammen sind, das Wort nicht; denn 8 Tage lang hatte ich nichts von dir gehört, ich musste mir ja erst zusammensuchen, wo du warst; was hätte nicht alles in den 8 oder 10 Tagen passiert sein können! sollte ich sie einfach wie nicht gewesen nehmen? aber es waren doch deine Lebenstage.   Ja das ist es: du entziehst mir dein <u>Leben</u>, wenn du mir deine <u>Tage</u> entziehst. Dann kann man noch Briefe <u>wechseln</u>, der Briefwechsel ist dann ein Märchenleben über dem eigentlichen Leben weg, ein Märchen das seine eignen Tage hat, eben die Brieftage. Aber das wirkliche Leben, das nun einmal aus den Tagen der Welt besteht, das schenkt man einander nur zu eigen, wenn man es sich täglich schenkt.   Ich muss dir täglich meinen Tag schenken können, aber wie kann ichs ohne dich. Und was bleibt von mir von mir-und-dir, wenn uns diese Wirklichkeit, diese <u>All-täglichkeit</u> des Lebens fehlt. Das Briefhäuschen ist klein, aber es ist eine richtige Wohnung, es will täglich abgestaubt werden; Grossreinemachen kann dann seltener sein, aber das tägliche Abstauben gehört zur Wohnlichkeit. Und es muss uns doch wohnlich sein? Du bist die Frau, sorg ein bischen dafür. Und gieb mir täglich deine Hand und das Siegel.

Dein Franz.

An Margrit Rosenstock am 27. August 1920

27.VIII.20.

Liebe - hätt ich dir heut Morgen den Brief nicht schreiben sollen, oder nicht schicken? Aber er war geschrieben, und wenn der Anfang nicht wahr war, der Schluss wars doch. Sieh, es ist gleich ein andres Leben, wenn wie heute ein Brief von dir da ist. Es ist ja gar nichts Bestimmtes was drin steht, es ist einfach das Gefühl des Getragen- und Gehaltenseins, wirklich nur die Schlüsseldrehung, die das braune Häuschen aufschliesst und mich zu dir einlässt.

Ich schreibe dir grad von Seusal aus. Eine möblierte Wohnung, ganz hübsch, zu gross (und ohne alles 600 M monatlich) ist in Sicht; mindestens zum Weitersuchen wärs etwas. Und auch beim Wohnungsamt melde ich mich jetzt.

Immer wenn man mit dem Seusal gesprochen hat, lässt sich wieder alles so sicher an, dass ich beinahe keine Lust habe, mich erst mit einer möblierten Wohnung zu behängen. Aber so spricht er nun schon ein halbes Jahr, und wir haben noch nichts.

Die Woche ist so schnell herumgegangen, ohne dass eine der drei Wohnungsnöte (meine, die des Lehrhauses und die des Büros) behoben wäre. Und alles übrige sammelt sich im Augenblick ja in den <u>Wohnungs</u>nöten. Sie sind das Symbol für das andre. Strauss habe ich wohl 14 Tage lang, oder länger, nicht gesehn! Martha K.[1] könnte zufrieden sein.

Vor einer Woche kamen wir hier an ———

Aber weisst du: Angst und Zweifel, das habe ich beides nicht. Nur bin ich schwerfällig zu glauben, und <u>will</u> es sein, denn ich will mich nicht umnebeln lassen und das Nichts zu einem Etwas aufschminken. Lieber ein ehrliches Nichts. Und es ist ja doch <u>mehr</u> als Nichts. Das weiss ich doch selber am besten, längst ehe es andre wissen können.

                              Leb wohl und denke an mich.   Dein.

[1] Martha Kaufmann.

An Margrit Rosenstock am 28. August 1920

28.VIII.20.

Liebe, Liebe, Rudi Hallo der eben auf der Durchreise ein paar Nachmittagsstunden da war, sagt es wäre ein Extrablatt: in Stuttgart Generalstreik. Überhaupt sieht es eigentlich in der Welt so aus, dass man keine Pläne machen sollte. (Dass man deswegen doch allerlei machen kann, nur eben nicht grade das Geplante, das haben wir ja nun allmählich gelernt).- Was haben wir überhaupt für eine Erfahrung angesammelt in diesen Jahren. Du sprachst neulich selber von unsern Berliner Tagen während der Eroberung von Berlin (durch die Reichstruppen und dem Generalstreik in Leipzig). Unsre möblierte Möglichkeit hat sich etwas verdichtet. Mit voller Energie betreibe ich das nicht, weil ich immer noch hoffe dass der Seusal ein Wunder tut und uns eine richtige verschafft, und wenns auch eine Mansarde ist.

Ich rufe manchmal nach dir, um dir etwas zu sagen. Schreiben kann ich es nicht immer wieder. Grade der Schabbes ist ja der schlimmste Tag, grad <u>wegen</u> der Form. Denn <u>hohle</u> Formen <u>klappern</u>; und wenn man <u>keine</u> Formen hat, klappern sie wenigstens nicht. ....

An Margrit Rosenstock am 29. August 1920

29.VIII.20.

Liebes Gritli, es ist spät. Wir waren Mittags heraus nach Falkenstein, das liegt wunderschön im Taunus. Wir wollten Blau, den König der Gemeinde, der dort wohnt,

besuchen. Es ist ein ganz famoser Mann, wieder etwas ganz andres als sonst solche Gemeindekönige sind, auch wieder ein „sans phrase"-Jude.[1]
Es ist doch was Besonderes, dass in einer Gemeinde beisammen ein Ketzer wie Strauss, ein Pfaff wie Nobel, ein Premierminister wie Mayer und ein König wie Blau ist (und ein Hecht im Karpfenteich wie ich) (und eine ungenannte Gönnerin wie du). Es sind freilich auch lauter „keine hiesigen", das gehört wohl auch dazu).   Also ich verstand mich sehr gut mit ihm, natürlich. Ich war diesmal übrigens nicht überrascht, Mayer hatte es mir schon gesagt.
Bei der Post am Morgen war ein Brief von Meinecke, nach der Lektüre des Hegel, worin er mich dringend zur Habilitation auffordert, möglichst in Berlin. Ich habe ihm nun einen langen Brief geschrieben,[2] noch nicht ganz fertig, worin ich ihm so viel von mir erzähle, dass er es nun hoffentlich wenigstens persönlich verstehn wird, und das genügt ja. Leicht ist es ja nicht für ihn, aber ich habe diesmal alles Sachliche ganz en bagatelle[3] behandelt und ihn nur um persönlich offne Ohren gebeten. Ich hätte nicht gedacht, dass ich nach dem Fehlschlag in Berlin[4] es nochmal versuchen würde, mich ihm sichtbar zu machen. Schriftlich muss er mir ja aber still halten.
....
Ich bin ganz müde. Aber es war doch eigentlich ein hübscher Tag; ich sah doch wieder Grund unter mir in Frankfurt. (Ausgerechnet an dem Tag, wo ich Meineckes Brief kriegte). Wie merkwürdig übrigens: er schrieb am Donnerstag, und am Donnerstag habe ich am Nachmittag zum ersten Mal seit wohl einem Jahr stundenlang ihn gelesen; es steht hier in Hellingers[5] Büchern allerlei von ihm.
Gute Nacht, liebes Herz.<space>Dein Franz.

[1] Ohne Für und Wider, ohne innere Widersprüche.
[2] Abgedruckt in Briefe und Tagebücher S.678ff.
[3] Franz.: als Nebensache.   [4] Dazu der Brief an Margrit Rosenstock vom 1. Juli 1920, S.619.
[5] Untermieter von Borns, in deren Zimmern Rosenzweigs provisorisch untergekommen waren.

An Margrit Rosenstock am 30. August 1920

30.VIII.20.
Mein liebes Herz,   was war das für ein Tag. Durch ein Missverständnis glaubten wir, Hellingers Ruf nach Breslau wäre da (in Wirklichkeit ist er hier Ordinarius geworden und dadurch uns jede Hoffnung auf die Wohnung hier genommen!). Ich rannte gleich und ~~sich~~ es liess sich alles so an, als kriegten wir die Wohnung; ich war so froh, und sehr down, als es sich dann herausstellte, wie es war.
.....

An Margrit Rosenstock am 31. August 1920

31.VIII.20.
Liebes Gritli,   der Tag hiess Eduard.[1] Des Morgens war ich bei ihm im Institut, um mit ihm wegen der Sitzung seines Jugendvereins heut Abend zu sprechen. Er las mir aber dabei den Anfang seines Büchelchens vor, das nun nach einem Jahr endlich herauszuspringen scheint (Mystik, freier Geist und Offenbarung). Und siehe da: sehr gut![2] Eine Sprache an der man gar nichts korrigieren muss, weil man nichts dran korrigieren kann. Ein stilles gesättigtes Pathos, etwas verwölkt, aber schön verwölkt,

wie so eine heroische Landschaft von Rottmann oder so. Es wird etwas sehr Gutes und der Durchbruch ist ihm nun auch da geschehn, er kann schreiben. - Freilich hat ers nicht nötig. Heut Abend in der Versammlung sprach er wieder so, wie ichs im Grunde doch noch von keinem andern gehört habe. Er ist nämlich obwohl er spricht, doch auch stets Redner; es steckt (auch) ein virtuoses Können darin. Er hob wieder eine öde Masse über sich selbst hinaus. Es war überhaupt gut. Ein sehr feiner ganz schlichter und kluger Verhandlungsleiter, der es zum Ausdruck brachte, dass der Verein wenn er weiter besteht es Strauss verdankt und verdanken will. Aus der Bibelstunde heraus ist ihm da eine wirkliche Gefolgschaft gewachsen, alle Tätigen in dem (freilich sehr grossen, 500 Mitglieder) Verein.

Ich las ihm heut Morgen zum Entgelt vor dem Abschicken meinen Brief an Meinecke vor. Ich will doch Mutter schreiben, dass sie euch die Abschrift schickt, lesen sollt Ihr ihn doch auch.

Edith war nicht mit. Das kleine „u." hatte sich ein paar Tage zu früh eingestellt und heut war der schlechte Tag. Wenn sie mit ist, spüre ich ja immer, dass es mir nichts bedeutet; aber wenn sie wie heut gar nicht mit ist und ich sie nur zu Hause weiss, dann bin ich doch froh dass ich sie habe; es ist doch eine andre innere Existenz als früher. ...

[1] Eduard Strauss, 1876-1952, Biochemiker am Georg Speyer-Haus in Frankfurt, im Volksbildungsheim tätig und mit seiner Bibelstunde einer der wichtigsten Dozenten am Lehrhaus.

[2] Anspielung auf 1. Mose 1,31.

An Margrit Rosenstock am 1. September 1920

.... 1.9.20.

Ich war ein paar Stunden bei dem Kunst-Hülsen,[1] einem der bekanntesten Frankfurter, (und für uns die Hauptzugnummer), übrigens wirklich ein Original. Archäologe und „Künstler" in einer Person, dabei abgründiger Stadtkenner. In den nächsten Tagen wird nun wohl etwas Zug in meine Dinge kommen. Bisher konnte ja noch fast nichts geschehn. Hülsen sagt, Amenophis[2] sei ein in der byzantinischen Atmosphäre Wilhelms II. entstandenes Kunstprodukt von Borchardt.[3] Der Kopf sei nicht Amenophis, und Amenophis selber sei ein Dummkopf gewesen. Vor Tische las mans anders.[4]

Dein Franz.

[1] Christian Hülsen, 1858-1935, Althistoriker und Archäologe.

[2] Name mehrerer ägyptischer Pharaonen der 18. Dynastie, am bekanntesten der Ketzerkönig Amenophis IV. Echnaton, 1364-1347 v.d.g.Z..

[3] Ludwig Borchardt, 1863-1938, Ägyptologe, der in Amarna die berühmte Büste der Nofretete, der Ehefrau Echnatons, fand.

[4] Schiller, Wallenstein, Die Piccolomini IV,7.

An Margrit Rosenstock am 2. September 1920

2.IX.20.

Liebes Gritli, einer meiner plötzlichen Schnupfen brütet über mir. Dazu wars ein Tag mit viel Besprechungen - eigentlich geht der Tag doch jetzt ganz darauf. Wie nötig ich aber bin, habe ich heute selber gesehn. Die Jugendvereine galten bisher als unversöhnliche Gegner (wegen „Konkurrenz"), heute hat mich der Vorstand des liberalen

gebeten, ihm unser Programm zur Versendung an seine sämtlichen Mitglieder zu geben! Und der neutrale, der „ganz hoffnungslose Gegner" stellt uns seine Räume zur Verfügung (Mayer selbst hielt jeden <u>Versuch</u> für aussichtslos!) und sein Bürozimmer und verschickt gleichfalls das Programm! Das kann ich rein auf mein Konto schreiben. Ich „soll zu Bett", Edith hat mir einen Citronenthee gemacht, also gute Nacht!
Dein Franz.

An Margrit Rosenstock am 3. September 1920
3.9.20.

Liebes Gritli, ich bin sehr traurig, mehr als ich in Worte fassen kann. Ich habe diesen Augenblick ja seit Monaten gefürchtet, nicht grade dass es unmittelbar <u>durch</u> Helene kommen könnte, wie es nun geschehn ist, aber dass es überhaupt kommen würde. Es hat sich ja lange vorbereitet, vielleicht in dir, sicher in Rudi. Ich kann es gar nicht so ansehn wie du. Es wird ja nun alles aus einer Wirklichkeit zum blossen Mittel für - nun eben für Rudis und Helenes Ehe. Ich hatte im Stillen von dieser Reise erhofft, dass dieser Prozess der ja schon sogut wie fertig war noch einmal aufgehalten würde; nun ist er gar beschleunigt, und wohl unwiderruflich. Um <u>diesen</u> Preis möchte ich keine gute Ehe. Dann lieber eine schlechte.

.... Dann war eben das „<u>Ärgernis</u>" der Inhalt des letzten Jahres - und dann <u>musste</u> es freilich zur Episode werden und Helene, die voraugustliche (ich meine vor August 19), behält recht und ist die Überlebende.

Ich bin sehr traurig und verwirrt.[1] Dein Franz.

[1] Es scheint, als habe sich Margrit Rosenstock aus Rücksicht auf Helene Ehrenberg, die von der großen Liebesgemeinschaft der „Fünf" (Rosenzweig, Eugen und Margrit Rosenstock, Rudolf und Helene Ehrenberg) seit August 1919 niemals überzeugt gewesen war, von Rudolf Ehrenberg getrennt. Zu den „Fünf" auch die Briefe an Margrit Rosenstock vom 4. September 1919 und 8. Februar 1920, S.424f und 549.

An Margrit Rosenstock am 3. und 4. September 1920
3.9.20.

Liebes Gritli, du hast so vollkommene Worte gefunden, - woran liegt es, dass sie mich nicht überzeugen. Gewiss ist es heut etwas andres als es vor einem Jahr gewesen wäre. Rückzug nach zeitweiligem Sieg ist was andres als Flucht ehe der Kampf begonnen hat; die deutsche Niederlage 1918 war etwas andres als ein Versagen 1914 gewesen wäre. Aber schliesslich: eine Niederlage bleibts. Und so auch hier. Denn ändern alle Erklärungen etwas daran, dass Helene deine Worte, du ihre Worte nicht verstanden hast? Ändert dein Nachgeben etwas daran? Ists nicht ein allseitiges Auseinandergehn? Weiss Helene noch etwas von dir? grade nachdem du sie - freilich - „getröstet" hast, aber mit der Tat, die <u>sie</u> versteht, nicht die <u>du</u> verstehst.

Ich sehe nur eins: dass dies Jahr 1920 ein Untergangs- und Erstarrungsjahr für uns <u>alle</u> ist ......
4.9.20.

Ich habe nun eine Nacht und einen halben Tag vergehen lassen, - ich kann nicht mit. Es ist ja das, was ich bei Rudi damals <u>im ersten Augenblick</u> befürchtet hatte, damals im August 18, mit dem einzigen Unterschied, dass nicht er allein zum Verräter an dem damals Geschehenen wird, sondern du mit ihm. ...

Du merkst, ich komme nicht über - dein erstes Gefühl hinaus. Dein zweites - das magst du dir selbst als „Opfer" u.s.w. schmackhaft machen, magst es auch zusam-

menbringen mit dem Stück Angst, was in deine Liebe zu Rudi immer eingemengt war, aber ich kann da nicht mit. Deine Angst <u>vor</u> Rudi war doch etwas ganz andres wie Helenes Angst <u>für</u> - sich.
An was soll man aber eigentlich jetzt noch glauben? Was war denn der 21. I.? Mich graut vor allem Episodischen. Und für Helene wird alles nur möglich, weil es „eine Episode war". Mag sie glücklich sein mit ihrem Sieg. Aber aus unsrer Gemeinschaft scheidet sie sich damit aus ....

An Margrit Rosenstock am 4. September 1920
....   4.9.20
Ich wollte wohl, ich könnte dich jetzt eine Stunde lang sprechen. Allenfalls auch Rudi. Aber lieber dich selbst. Nur um zu hören, ob ich mich <u>doch</u> irre, ob ich blind bin für irgend etwas hierbei. Ich habe wohl noch nie dir auf ein „Du verstehst mich doch" so versagt wie diesmal.   Aber es bäumt sich etwas in mir auf gegen jede Selbsttäuschung. Und was ich hier „verstehn" sollte, war die Selbsttäuschung, mit der ihr euch das Geschehene nachher erträglich machen wolltet —
Wir haben eine Wohnungsaussicht. In einem modernen Mietshaus im Dachstock (4.Stock). Montag wird sichs vielleicht schon entscheiden.   Von Meinecke hatte ich eine sehr nette Antwort.   Der Meyrink[1] ist gekommen.
Gute Nacht, Liebe   Dein Franz.

[1] Gustav Meyrink, 1868-1932, Schriftsteller.

An Margrit Rosenstock wahrscheinlich am 5. September 1920

Liebes Gritli,   ich bin etwas ausgebrannt. Es melden sich Stimmen in mir, ich könnte mal wieder zu rasch auf die Entfernung gewesen sein (es könnte ja sein, dass etwas geschehen ist, was ich einfach nicht gesehen habe und allerdings wohl auch nicht sehen kann. Denn dieser neue Mensch, den du dann angezogen hattest,[1] den kann ich doch nicht kennen. ....
Ich müsste dich doch fremd und verändert sehen, wenn ich dir glauben sollte. Aber ich sehe dich ganz unverändert vor mir wie immer, ich muss meinen Augen glauben und nicht deinen Worten, Worten mit denen du dich doch nur selbst aus einer Verzweiflung herauszuziehn versuchtest. Du bist gar keine andre. Du bist <u>nicht</u> Helenes (<u>dieser</u> Helene) Gritli. Du bist nicht fortgegangen. Sag es selbst.
Dein Franz.

[1] Anspielung auf Epheser 4,24 und Kolosser 3,10.

An Margrit Rosenstock am 5. September 1920
....
Ich kann ja gar nicht sagen, dass es anders gegangen wäre. Es hing eben alles an Helene. Im Augenblick wo sie versagte, musste alles einstürzen. Aber das Recht zu klagen will ich behalten und mir nicht mit nachträglichen Konstruktionen und die Niederlage in einen Sieg umlügen lassen. Deine Gefühle sind deine Gefühle, aber

Helene fühlt sie heute so wenig mit wie vor 3 Tagen, und das Wort Entsagung ist ihr in deinem Mund genau so unverständlich wie das Wort Liebe; und das eine, weil das andre. Vorgestern Abend? Ich hatte ja grade am Nachmittag deinen Brief bekommen. Ich habe dir gleich geschrieben und es dann den Abend und den folgenden Tag immer wieder neu zu sehen gesucht, letzte Nacht auch noch mit Edith - es blieb immer das Gleiche. Ich kann dir hier nur - Unglauben schenken. Wirklich schenken. Glauben wäre hier ein gefährliches Geschenk. Es ist ein Stern vom Himmel gefallen. Von unserm allgemeinsamen Himmel. Alles Wegkucken bringt ihn nicht wieder hinauf.

Dein Franz.

An Margrit Rosenstock am 6. September 1920

6.9.20.

Liebe, Liebe, ich bin wirklich getröstet von deinem Brief heut Morgen, fast heiter. Denn das Schlimmste, was ich aus deinem Brief, den ich Freitag vor Abend kriegte, nahm: dass du die Verzweiflung der ersten Stunden überwunden hättest, — das ist ja nun nicht.

Was du jetzt schreibst, da versteh ich jedes Wort, und ich glaube, ich habe es dir in den vielen Briefen seitdem so verstört sie waren, auch alles irgendwo geschrieben. Dass das was zwischen Rudi und dir geschehen ist, etwas Wirkliches ist, das habe ich dir ja gleich geglaubt, habe es dir ja auch geschrieben, habe es auch in der zweiten Nacht, als ich Edith deinen Brief zu lesen gab und sie nicht begriff, wie die Verzweiflung und die Entsagung und die Liebe zusammengehen konnten (nur eins könne doch sein, sonst gäbe es ja einen Bruch,) ihr gleich gesagt: nein, aus der Verzweiflung wächst die Entsagung und aus der Entsagung die neue Liebe — gewiss das ist etwas Wirkliches, aber wir wissen doch alle, dass uns nicht jedes Wirkliche mehr erlaubt ist, auf die Dauer erlaubt ist, - dass ein Wirkliches wo einer von uns (wie hier Helene) ganz herausbleibt oder, was dasselbe ist, nur als passiver umsorgter und geschützter Gegenstand drin bleibt, dass ein solches Wirkliches uns nicht erlaubt wird. ......

An Margrit Rosenstock am 7. September 1920

7.9.20.

Liebes Gritli, gestern waren wir „in unsrer Wohnung"; sie liegt so hoch, dass Edith schon auf der Treppe schwach wurde. Dennoch müssen wir natürlich froh sein, wenn wir sie kriegen. Wir schlichen übrigens nur in das Haus, denn die Mieter dürfen noch nichts davon merken, es ist ja noch nicht beschlagnahmt, das wirds erst auf unsern Antrag werden. Wenn!

Eduard gab mir das Stenogramm der herrlichen Rede die er vor 8 Tagen auf der Generalversammlung gehalten hatte zur Durchsicht für den Druck. Da war es so schlecht, dass ich selbst nachdem ichs umgearbeitet hatte, nur ein sehr kleinlautes Imprimatur[1] geben konnte, nur für das kleine Vereinsblättchen. Eine so gute Rede wars!

Borns sind seit gestern zurück, Max ist ein netter Kerl. Wie er von „Italien" erzählte (die Wut der Tiroler auf die Italiener ist gross), das war reizend.   Hedi ist nicht sehr erholt zurückgekommen. Max führt es darauf zurück, dass sie bei ihrem Unwohlsein sich neulich eine Fusstour zugemutet hätte.   Hellinger hat geschrieben: er kommt erst zum Semesteranfang zurück; solange haben wir also auf alle Fälle ein Dach überm

Kopf, und da die Wohnung doch auf jeden Fall erst hergerichtet werden muss, so ist das selbst dann gut; überhaupt ists eine Beruhigung. Auch die Wohnungsnot für das „Lehrhaus" scheint sich ja zu heben.

Sieh da, die „Dinge" tauchen wieder auf! Ein ganzer Brief voll Dingen. Ein paar Tage lang konnte ich dir gar nicht von „etwas" schreiben, es war kein Platz dafür. Auch das Wetter ist nicht mehr trostlos.

Dein Franz.

[1] Lat.: es möge gedruckt werden.

An Margrit Rosenstock am 7. September 1920

....
7.9.20.

Nobels Vortrag heut Abend vor rund 1000 Jugend von 14 bis 34 und einzelnen Älteren war nicht ganz so viel wie ich erwartet hatte. Gar nicht pfäffisch, keine Spur; aber von einer gewissen Ungeschicklichkeit im Verständlichseinwollen; er sprach mehr davon, es sein zu wollen, als dass er es war. Ganz gross war er nur einmal, wo er ganz richtig und ausdrücklich darüber jammerte, dass sogar die Schönheit für sich allein nicht ausreichte. Richtig jammerte. Das Wort „orthodox" sagt wirklich gar nichts über ihn. Unter den Gesichtern waren viele, die ich gern in den Berg geführt hätte.[1] Aber wie wirds sein, wenn ich erst mal anfange, meine Flöte zu blasen. Wieviele werden mich hören? Die mich hören, werden ja wohl mitlaufen. Ich müsste aber in so einem Saal wie heute richtig eine „Aushebung" veranstalten dürfen. Das gäbe Rekruten.

Dein Franz.

[1] Wie der legendäre Rattenfänger von Hameln.

An Margrit Rosenstock am 8. September 1920

8.9.20.

Liebes Gritli, ich habe mich doch entschlossen, nach Kassel zu fahren. Es war nichts so Dringliches in Frankfurt, dass ich hätte dableiben müssen, und schliesslich freut sie[1] sich trotz alles vorherigen Sträubens doch. Edith ist in Frankfurt geblieben; die Folge von Feiertagen[2] von Freitag Abend bis Dienstag fordert zu viel Vorarbeit, obwohl wir wenigstens am Sonntag Abend (bei Nobels) und am Dienstag Abend (bei Löfflers) eingeladen sind. Ich bin sehr neugierig, ob Hedi nun wirklich die arme Edith für sich allein da oben rumwursteln lässt, oder ob sie sie bittet, mitzuessen.
...

[1] Rosenzweigs Mutter.
[2] Schabbat und nachfolgend Rosch Haschana, das Neujahrsfest, mit dem nach jüdischer Zählung das Jahr 5681 begann.

An Margrit Rosenstock am 9. September 1920

9.IX.20.

Liebes Gritli, es war ein böser Tag, besonders gestern Abend und heut Morgen. Nachher wurde es besser. Mutter hat sich mal wieder ausgetobt, die Meineckebrief-Angelegenheit[1] hat alle ihre Ehrgeizteufel aus den Höhlen gerufen. Es war sehr widerwärtig.
.....

Dazwischenhinein das Beste: Cohens Buch.² 3/5 kannte ich schon von damals. Ich bin ganz weg. Dabei ists natürlich wie ein Zurückgetragenwerden über 2 1/2 Jahre, vor den ✡...³ Abgesehn davon dass ich „recht" [[habe]] und Cohen „unrecht" hat - was doch wirklich sehr nebensächlich ist - ist aber der ✡ bloss Most (wenn auch „neuer süsser"), aber Cohens Buch ein herrlicher abgeklärter und doch ganz feuriger Wein. Ich vergesse wieder mal immerzu, dass er tot ist, und betreffe mich fortwährend auf Plänen, nach Berlin zu ihm zu fahren.   Dein Franz.

[1] Die Aufforderung Meineckes an Rosenzweig, sich auf sein Hegel-Buch hin doch noch zu habilitieren. Dazu der Brief an Margrit Rosenstock vom 29. August 1920, S.650.
[2] Das erst posthum erschienene Werk von Hermann Cohen: Religion der Vernunft aus den Quellen des Judentums.
[3] Punkte von Rosenzweig.

An Margrit Rosenstock am 11. September 1920

11.9.20.
Mein liebes Gritli,   es war so gut, dass Eugen da war, obwohl es - zusammen mit Helene und Wolf Meyer - den Sabbat zu einem Unruhe-Tag machte. (Wolf Meyer hat mir übrigens so gut gefallen, wie ich mir nach den Erzählungen dachte - aber auch nur so gut; für mich sind freilich solche Kameraden-Besuche grässlich, und ich verkrieche mich automatisch in meine Schneckenhäuser, so dass er jedenfalls grade die Sehenswürdigkeit, auf die er zu mir kam, nicht zu sehen gekriegt hat). Aber es war gut, dass ich mit Eugen über das Geschehene sprechen konnte und eigentlich sehr d'accord¹ über alles. .....

Eugen hat mir viel gesagt; ich müsste über das ganze letzte Jahr umdenken lernen, wenn ich es glauben sollte; und müsste Rudi auf eine leichtere Achsel nehmen als ich es kann. Das ist aber der Unterschied von jetzt und dem „21. I." Damals war oder schien es Krönung und Bestätigung. Jetzt ists Katastrophe, und alles Vergangene muss umgewertet oder gar entwertet werden, um den Augenblick notdürftig zu retten. Und deshalb kann ich Rudis Ton so ganz und gar nicht wiederhallen.   Dass Helene an dem Abend gestern so gut wie nicht vorhanden war, war natürlich körperlicher Zufall, aber trotzdem ich das wusste, wirkte es doch auch wie ein Symbol. Wie sehr ich mich an diesen Pfahl, der Helene hiess, angelehnt hatte: - ich merke es erst jetzt, wo er fort ist; es ist mir noch ganz taumelig. Eugens Mit-Leid und Mit-Taumeln war mir da so viel fast wie eine wirkliche Hülfe.
...

[1] Franz.: einig.

An Margrit Rosenstock am 12. September 1920

12.9.20.
Gute Nacht, liebes Gritli, - und nur gute Nacht. Es ist schon spät und morgen müssen wir früh heraus.   Wir waren bei Nobels noch zum Abendessen; er hatte herrlich gepredigt, aus einem Nichts von Text ein hohes Gedankengewächs, schlank und dünnstämmig, das sich ganz oben ein bischen verzweigte, aber erst ganz oben. Wie die Geheimnisse des Einzelnen zum Fest der Gemeinschaft würden. Die Geheimnisse der Erinnerung, der Hoffnung, der Liebe, des Glaubens.   Ich hatte zum ersten Mal einen

guten Platz, ganz vorn, wo ich ihn auch während der Predigt genau sehen konnte. Ein prächtiger junger Student, ein Berliner namens Simon,[1] Heimkehrer[2] via Zionismus, wohnt bei ihnen über die Tage, neuere Geschichte und Philosophie in Heidelberg, begabt und prachtvoll gewachsen; es war ein schöner Abend.

Wenn ich denke, wie ich früher nur <u>trotz</u> der Predigt in die Synagoge ging und jetzt gradezu wegen!

Einen Haufen Leute kenne ich schon hier in Frankfurt.

Aber wirklich gute Nacht. Hast du dran gedacht, mir ein gutes Neues Jahr zu wünschen?[3] der Profetenabschnitt morgen ist 1. Sam,1-2,30, das Gebet der Hannah![4]

Dein Franz.

[1] Ernst Simon, 1899-1984, Historiker, Pädagoge und Zionist, der 1923 als Lehrer ins damalige Palästina ging.
[2] Heimkehrer ins Judentum - BAAL TSCHUWA.
[3] Am Abend des 12. September begann das neue jüdische Jahr 5681.
[4] In dem Hanna um ein Kind bittet.

An Margrit Rosenstock am 13. September 1920

13.9.20.

Liebes Gritli,   denk: Nobel hat heut darüber gepredigt! Es war eine seiner grössten Predigten, dabei so einfach, dass die meisten die ich sprach unzufrieden waren. Ausser uns war eigentlich nur noch Frau Mayer[1] getroffen. Überhaupt war es ein Tag! Nachmittag hatten wir den Ernst Simon bei uns, er bleibt noch hier; es ist ein herrlicher Junge, dabei ganz gebildet, ganz lerneifrig, sogar primitiv fleissig, und <u>doch</u> produktiv - ein Mensch, aus dem sicher was wird. Ein reizender Gesellschafter dazu.   Abends waren wir bei Löfflers. Er ist das sonderbarste Gemisch von orthodoxester Starrheit und aufgewachtester Ketzerei, das ich kenne, - trotz seiner 40 Jahre offenbar in einer regelrechten Krise.
...

[1] Ehefrau von Eugen Mayer, dem Syndikus der jüdischen Gemeinde in Frankfurt.

An Margrit Rosenstock am 14. September 1920

14.9.20.

Liebes Gritli,   ihr wart also noch bis heute in Stuttgart! Wenigstens habt ihr infolge der jüdischen Feiertage schönes Wetter gehabt.

Wir hatten heut Nachmittag Straussens weibliche Schrittmacherin in seinem Jugendverein da. Es war ziemlich mässig. Ich kriege manchmal die Menschen satt, ehe ich recht angefangen habe.

..... Ich habe ja in diesen Tagen auch viel daran gedacht,[1] und aus einem andern Niveau. Aber das hilft einem nur <u>darüber</u> weg, nicht hin<u>durch</u>. Alles Kirchliche kann einen ja immer nur <u>über</u> das Leben heben (Die „Überwelt"), nur Gott höchstselbst führt einen <u>hindurch</u>, hilft einem <u>durch</u>.

Es waren ja herrliche Tage. Auch heute Morgen, Nobel improvisierte eine Predigt (sie war nicht angezeigt), er sagte, als er vorhin zur Thora gerufen sei, habe er auf seinem Weg durch die Reihen soviele Blicke auf sich ruhen gefühlt, die ein Wort von ihm verlangt hätten; und vielleicht wäre einer in diesem Hause, der noch nichts spürte, - nun so wolle er eben für diesen einen sprechen. Dann kommentierte er ex tempore[2] den Profetenabschnitt (Jer. 31,2-20)[3] von Vers 15-17 Wort um Wort, und deutete es auf die heimkehrenden Ketzer.

Wir besuchten vor Tisch noch Salzberger, das ist der beste der 3 liberalen Rabbiner. Er war herrlich neidlos auf Nobel ganz reine Bewunderung und Begeisterung. Er hat ein süsses kleines dickes Zweijähriges und ein neues unterwegs.

Von der Wohnung noch nichts wieder.

                                                                                Gute, gute Nacht, geliebtes Herz.
                                                                                                Dein Franz.

[1] Dazu vielleicht der Brief an Rudolf Ehrenberg vom 16. September 1919, S.430f.

[2] Lat.: aus der Zeit = aus dem Stegreif.

[3] Am 2. Tag des neuen jüdischen Jahres wird 1. Mose 22 als Parascha und Jeremia 31,2-20 als Haftara gelesen.

An Margrit Rosenstock am 15. September 1920

.....

Nach Tisch brachte ich erst Ernst Simon mit Strauss zusammen, dann fuhren wir zu dreien (Simon, Edith, ich) heraus nach Cronberg, wo ich einen - sehr übeln - Zionisten für das Lehrhaus gewann (Schuld des „Programms", das ich zu „verwirklichen" habe), einen ganz blöden Nichts-als-Politiker. Er richtet sich in einer herrlichen Villa ein, mit einer schönen reichen Frau, die er aus Konstantinopel mitgebracht hat. Zwei Konstantinopler Jungens, ein Kaufmann und ein Student, begleiteten uns weiter; ich legte in den Husserlglauben des Studentleins eine Bresche. Dann gingen wir zu Blaus, unangemeldet, und blieben zum Abendessen, köstliche Stunden.   Mit Ernst Simon wars so schön, ein gegenseitiges Wohlgefallen; ein so strahlend hübscher und gesunder Mensch. Er studiert in Heidelberg, ich habe ihn auf Hans gehetzt (was wird Hans im Winter lesen?)

Das hätte ich ihn selber fragen können, ich schrieb ihm heut Morgen. Ich schrieb ihm aber eigentlich auch die Antwort auf deine Frage nach dem „Fremdling". Entsinnst du dich nicht, wie unglücklich ich in Heidelberg war, als wir den Zug versäumten. Da war ich doch kein „Fremdling" und trotzdem! Ein zerstörter Sabbat ist keiner. Man kriegt die Formen nicht geschenkt, - sie wollen <u>gepflegt</u> sein. Also man kann nicht verhetzt im letzten Augenblick hineinplatzen, man darf nicht während des Essens telefonieren müssen, wo man morgen sein will, nicht nach dem Essen schleunigst fortmüssen oder einen Fremden herbestellen damit er „mich kennen lernt". Der Sabbat ist nicht (wie auch Eugen neulich noch meinte) eine Art Jour fix,[1] sondern eher ein allwöchentlicher - Geburtstag. Nämlich ein <u>Familienfest</u>, bei dem die Familie unter sich ⌈⌈ist⌉⌉ mit <u>den</u> Gästen, die als Hausgenossen bei ihr sind, und mit solchen, die sie sich ausdrücklich zu dem Tag eingeladen hat; frage ich aber als Fremder an: passt es euch, wenn ich heute Abend komme, und man antwortet mir: ach heut hat meine Frau grade Geburtstag, so werde ich doch ganz selbstverständlich sagen: nein, dann lieber ein andermal.

Der „Fremdling der in deinen Toren ist"[2] gehört zum Haus, weil er - „in deinen Toren ist" und sich also der Hausordnung fügt. Eugen konnte neulich das, worauf er sich gefreut hatte, nicht finden, weil er es selbst zerstört hatte. Zum Sabbat gehört 1.) Ruhe 2.) Ruhe 3.) Ruhe. Übrigens so leid es auch mir in diesem Fall tat (besonders auch für Edith, die nun die ganze Arbeit der Vorbereitung von Donnerstag an umsonst gehabt hatte), so war mir in diesem Fall Eugens Anwesenheit mehr wert als der Sabbat. Nur dass er vom Sabbat nichts gemerkt hat ausser einigen kalt und auf für das Hetztempo auf das formell Unumgängliche reduzierten Formen —— darüber darf er sich nicht wundern. Überraschung und Gesetz — nur eins von beiden kann herrschen. Wollte er das Gesetz herrschen lassen, so hätte er (was mir leid getan hätte) auf die Überraschung seines Kommens verzichten müssen.

In praxi³ also: falls ihr am Sabbat bei uns sein wollt, so kommt nicht nach Donnerstag und fahrt nicht vor Sonntag. Stippvisiten zu jeder andern Zeit ja, aber am Sabbat - d.h. von Freitag Nachmittag bis Sonnabend Abend - wenn irgend möglich zu vermeiden. Und zum „Kennenlernen" ist kein Tag unpassender als dieser, - denk wieder an den Geburtstag; das entspricht sich wirklich vollkommen. Dass es wöchentlich ist, das macht dir die Sache etwas unwahrscheinlich, aber es ist trotzdem so; so „unwahrscheinlich" ist das ganze Judentum. Was sich „draussen" über wöchentlich ist das haben wir im Tag, was draussen jährlich ist, haben wir in der Woche, und - was draussen die ganze Ewigkeit füllt, das füllen wir ins Jahr.

Das kann doch alles nicht schwer zu verstehn sein. Denk immer, dass ich über mein Zuspätkommen damals genau so unglücklich war wie über Eugens Hineinplatzen. Die Form fragt gar nicht wer sie zerstört; wenn sie zerstört ist, ist sie zerstört.

Dein Franz.

[1] Franz.: fester Tag - ein vom Gastgeber festgelegter Tag, an dem man unangemeldet einen Besuch machen kann.
[2] 2. Mose 20,10 und öfters.   [3] Lat.: in der Praxis.

An Margrit Rosenstock am 16. September 1920

...
                                                                                                16.9.20

Des Morgens rief mich Nobel an, ich möchte kommen; es war dann gar nichts so Wichtiges, er hatte etwas schwerer genommen als es verdiente und wollte meinen Rat. Ich war den ganzen Vormittag mit ihm. Wir gingen dann zu fünfen - er, Ruth,[1] Ernst Simon und Erich Fromm[2] - zur Gerbermühle und tranken Äpfelwein, es war ein herrlicher Weg. Nachmittags war ich bei Salzbergers, wo die Frau eben grade das zweite Mädchen gekriegt hatte, und bei Mayers; jetzt kommt das Lehrhaus endlich wohl in Gang. (Eugen darf übrigens unmöglich den Namen für seine Akademie plagiieren, es ist eine Übersetzung des hebräischen „beth hamidrasch"). (Glaubst du an euer Frankfurt? ich weiss ganz genau, dass es das Richtige wäre, aber ich glaube keinen Augenblick daran).

Ich las gestern und heute das dritte und bedeutendste Buch von Isaak Breuer (du kennst das „Judenproblem"[3]). Ein „Roman".[4] (Natürlich kein Roman). Sehr nachdenklich, voll Wissen um die Unmöglichkeit des eignen Daseins und doch erfüllt von dem Dennoch, - und dadurch ein erschütterndes Buch. Auch unsre Katholiken sind heute grösser als eure; denn sie haben die Skepsis gegen die Möglichkeit der Kirche - und glauben doch dran. Es ist ein schlechtes Buch und doch eins von den seltenen, wo einen der Schreiber bis auf den Grund seiner Seele blicken lässt. Ich möchte ihn

nun wirklich kennen lernen. Aber das wird kaum gehen. Vielleicht werde ich - bloss dazu! - eine Anzeige davon schreiben. Aber ich finde ein Haar im „Rezensieren".
Gute Nacht. Dein Franz.

Meinst du, dass ich dir wohl schon 1000 Briefe geschrieben habe? es werden wohl soviel sein. Und eigentlich wären die 1000 dann auch nur „wie einer".[5]   Dein

[1] Tochter von Rabbiner Nehemia Nobel und erste Frau von Ernst Simon.
[2] Erich Fromm, 1900-1980, Psychoanalytiker in Frankfurt.
[3] Isaac Breuer, Das Judenproblem, 1918. Dazu der Brief an Margrit Rosenstock vom 4. September 1918, S.144.
[4] Isaac Breuer, Ein Kampf um Gott, 1920.   [5] Anspielung auf Psalm 90,4.

An Margrit Rosenstock am 17. September 1920
17.9.20

Liebes, liebes Gritli,   Gurlitt hat die ersten Probeseiten[1] geschickt, mit denen „er selber noch gar nicht zufrieden" ist; es wird ganz wunderschön.
Als jüdischen Kalender empfehle ich dir für diesen Monat (den „ersten Tag" hast du ja durch meinen Brief fixiert): 4 M. 29.[2]
Ich konnte ja Rudi nicht antworten, aus dem selben Grund: weil ich in diese starke Hoffnung hineinzureden kein Recht habe, ehe sie nicht selber anfängt, ihre Hohlheit zu spüren. Denn mithoffen kann ich sie ganz und gar nicht.   Im Leben giebt es dieses Immervonvornanfangens nicht; das Leben ist kein Kreislauf, sondern ein Lebensgang, da folgt eins dem andern und wiederholt sich nicht. Die Feste wiederholen sich, weil sie die Ewigkeit in die Zeit spiegeln; aber das Leben ist selber in der Zeit, da kann man nicht heute „wieder" da stehen wie vor einem Jahr. Es ist alles anders. Ich drückte es neulich zu Eugen stark antithetisch aus: voriges Jahr galt es, Helene das in ihren Augen Anormale im Lichte eines Normalen sehen zu lassen, dies Jahr umgekehrt das in ihren Augen Normale als ein trotzdem Anormales. Das ist aber fast unmöglich. Solange es dies in ihren Augen Normale bleibt, solang wird sie es auch nur als dies Normale sehen wollen. Der Mensch ist nun einmal so gebaut, dass er die Liebkosungen des Lebens nicht für Rutenstreiche nehmen will; sonst könnten wir freilich erzogen werden auch ohne „geschunden" zu werden.[3]
Ich komme noch nicht herum um die Veränderung. Und wenn mir etwas Mut macht, so ists wirklich eher deine Zaghaftigkeit als Rudis Gewissheit, hinter der ich so deutlich spüre, dass er Helene im Augenblick - überhaupt nicht sieht.
Du sagst, ich soll nicht ins Leere sehen. Du musst an meinen Briefen spüren, dass ich das nicht mehr tue; ich sehe dran vorbei, und vermeide die Blickrichtung, bei der mein Blick auf das Loch fallen würde. Aber ganz vergessen kann ich es höchstens ein paar Stunden lang.
Die Sonne will grade hinter dem Taunus hinunter und gleich ist Abend. Ich wollte dir noch vor Abend schreiben. Sei bei mir, bei uns.
Dein.

[1] Vom „Tischdank", der vom Verleger Gurlitt veröffentlicht wurde.
[2] Der Bibeltext handelt vom ersten Monat des neuen Jahres, das am Abend des 12. September begonnen hatte.
[3] Menander, 422. Gnome der Monostichen: „Der nicht geschundene Mensch ist auch nicht erzogen." Goethe hat 1811 den Satz leicht abgewandelt dem ersten Teil von „Dichtung und Wahrheit" vorangestellt.

An Margrit Rosenstock am 18. September 1920

18.9.20

Liebes Gritli, es ist doch erst vier Wochen her, dass du hier warst und schon reisst es wieder in mir, und ich muss manchmal gewaltsam mich ins Hier bannen, um nicht im Dort wegzufliessen. Wäre es <u>doch</u> besser, wir lebten an einem Ort? aber nein -
Ich mag dir gar nicht von dem kleinen Allerlei das Tages erzählen. In der Synagoge waren wir nicht, weil sich Edith heut früh so eklich in den Finger geschnitten hatte; so versäumten wir eine Predigt von Nobel, die wohl sehr merkwürdig gewesen sein muss, er soll eine Stunde lang gesprochen haben, vom Männlichen und Weiblichen im Wesen des Sabbats; er sei so weg gewesen dass er einmal mitten drin ganz laut gerufen habe: macht doch das Fenster da oben zu. Ich war vor Tisch bei Strauss im Laboratorium, er hatte so jämmerlich telefoniert; nachher warens nur Geburtswehen seines Buchs; ich half ihm etwas entbinden. Er war in Darmstadt gewesen, wo ihm Goldstein[1] von Eugen vorschwärmte.
Und von Mutter kamen scheussliche Nachrichten über das Haus: sie kriegt schon jetzt, noch ehe wir heraus sind, eine zweite Proletarierfamilie hinein.
Wenn man sieht, wie hier in Frankfurt die Villenbesitzer geschont werden, - es ist wirklich kein Leben mehr für sie. Dass man ihr Jonas lässt, wird als besondere Gnade behandelt.
Ich will noch ✡ korrigieren; morgen gehen wir bei einigermassen schönem Wetter mit Nobels auf den Feldberg.

Dein Franz.

[1] Julius Goldstein, 1873-1929, Professor der Philosophie in Darmstadt, Gründer und Herausgeber der Zeitschrift „Der Morgen".

An Margrit Rosenstock am 19. September 1920

19.9.20

Liebes Gritli, es war noch ganz verhängt heute früh, als wir fortgingen, aber im Laufe des Tags wurde es richtig schön Wetter. Mit Nobel lässt sich famos laufen, und es war ein netter Tag. Unterwegs trafen wir Ruth [[Nobel]] mit den Blauweissen,¹ das ist die jüdische Ausgabe der Freideutschen; die waren schon früher fortgegangen. Mit Nobel ist eine sonderbare Art Sich-näher-kommen; ein Pfaff ist er doch gar nicht, dazu ist er viel zu sehr „profetisch", mindestens so sehr wie Strauss. Die Predigt gestern muss noch viel doller gewesen sein als ich dachte; er hat einmal gesagt: so könnte ich nicht zu euch sprechen, wenn ich das erste Mal zu euch spräche; aber wir kennen uns und ihr werdet mich nicht falsch verstehn. Das „Profetische", der sichre Glaube an die Zukunft (und dass die Zukunft heute <u>anfängt</u>), das grade macht ihn mir schwer, genau wie es mich auch von Strauss immer wieder scheidet. Und dann einfach die bei aller ☿ Liebevolligkeit doch ihn immer überwältigende Verschlossenheit des grossen Mannes (er ist eben einer, das bezeugen seine Schwächen so gut wie seine Stärken). Du solltest einmal seine Augen sehen, goldbraune Augen. Ruth war heute von den ganzen Mädels weitaus die feinste, ganz echthaft und kindhaft in sich ruhend. Ernst Simon bleibt nun sogar bis zum Ende der Festtage (vgl. 4 M. 29!), ursprünglich sollte es ein Zweitagebesuch sein.

Ich bin magenverstimmt und will ins Bett; Edith ist unten bei Borns, wo Einstein ist; es wird musiziert.

Es ist <u>doch</u> schön, dir Abends zu schreiben. So kann ich dir gute Nacht sagen. Und morgen früh sagt mir dein Brief guten Morgen!

Gute Nacht - guten Morgen - Geliebte.

[1] Zionistische Jugend.

An Margrit Rosenstock am 20. September 1920

20.9.20

Liebes Gritli, eigentlich bin ich dieser Art Arbeit hier doch gar nicht gewachsen; ich reg mich so übermässig dabei auf und habe nicht den richtigen Chick, an der rechten Stelle nachzugeben und an der rechten unnachgiebig zu sein. Wenn ich das nicht lerne, verzettele ich mich hier in Nebenarbeit. So ein Tag ist hier herum, ohne dass irgend etwas rechtes geschehen ist, und doch war alles was geschehn ist nötig. Ich bin eben in der närrischen Lage, dass ich keinen normalen Beruf <u>habe</u>; infolgedessen muss ich einen ganz unnützen Scheinberuf hier auftun (Leiter des Fr.J.L.[1]), um von dieser Scheinbasis aus das Eigentliche zu tun. Andre tun das zwar auch nicht <u>im</u> Beruf (das tut wohl niemand), aber doch von der Basis eines wirklichen ehrlichen und notwendigen Berufs aus. Wir (nämlich auch Eugen) müssen den Beruf <u>maskieren</u>. Mir geht aber jetzt aufs Maskieren der ganze Tag.

Mutter schreibt so unglücklich von der Zerstörung der Wohnung, und ich kann es ihr diesmal wirklich nachfühlen. Das hatte sie nun noch. Deine Mutter muss wirklich dem Himmel danken, dass Ihr in dem kleinen Säckingen wohnt. Freilich wenn man sieht, wie hier die Villenbesitzer geschont werden; Hedi hätte gar nicht nötig gehabt, die Hellingers zu nehmen. Jedenfalls wäre es in meinem Fall besser, ich wäre von Frankfurt nach Kassel gezogen als umgekehrt.

Hedi ist übrigens eine nette Person, ich bin gern mit ihr zusammen; für Max habe ich ohnehin einen Faible. Max und Einstein sind heut früh nach Nauheim, bis Freitag. Die ~~erste~~ Geige bei dem hinreissend gespielten Mozartschen Klavierquartett gestern war Einstein.

    Gute Nacht   Dein Franz

        Liebe Liebe ───────

[1] Freies Jüdisches Lehrhaus.

An Margrit Rosenstock am 21. September 1920

21.9.20

Liebes Gritli, heut früh kamen auf einmal deine beiden letzten Briefe, der aus Säckingen und der aus dem Zug. Ich mache also das Couvert nochmal auf. Schon wegen der Geschichte: Der Baalschem erzählte: Was Liebe ist, lernte ich von einem Bauern [also einem Polen!]. Der sass auf der Ofenbank und weinte und sprach zu seinem Gefährten: Bruder, Bruder, du liebst mich nicht. Wenn du mich liebtest, würdest du wissen, was mir fehlt.

So ungefähr. Quäl aber Rudi nicht. Wenn er jetzt so um sich schlägt, um das Wasser zu trüben, so <u>braucht</u> er eben die Undurchsichtigkeit und das Dunkel. Mindestens braucht

sie Helene. Ich habe eigentlich gar kein Bedürfnis nach „Auseinandersetzungen" mit ihm. Es ist ein undankbares Geschäft, sich zwischen einen und seine Illusionen zu stellen. Obwohl sein „Gegenhieb" mich nicht getroffen hat, denn ich habe den 6. I.[1] noch nie für etwas andres gehalten als für eine Null, einen Anfang also. An einer Null kann man nicht bankerott gehen, denn weniger als diesen Einkaufspreis kann sie nie wert werden. Der 21. I. dagegen war eine Zahl, eine hohe Zahl sogar, und es ist viel verlangt, dass ich gleichzeitig erfahren muss, dass dies Papier plötzlich auf 0 steht und trotzdem soll es kein Bankerott sein; ich müsste von dem Sanierungsunternehmen wirklich erst etwas andres zu sehen kriegen als grosse Worte, ehe ich an seine Solidität glaubte; Helene, wie sie hier war an dem Abend, schuf wirklich keinen Kredit. Wolltest du denn im Ernst am Sonntag kommen? wir hatten es damals für Spass gehalten. Am Montag früh könntest du Nobel predigen hören (und dann wieder am folgenden Montag; diese beiden letzten Tage, Mo. 4. und Di. 5.,[2] würden dir überhaupt gefallen, da ist grosses Kinderfest in der Synagoge mitten im Gottesdienst). Aber es ist ja zweifelhaft, ob wir noch hier wohnen werden; Anfang Oktober kommt Fräulein Hellinger wieder, und unsre Aktion beim Wohnungsamt soll zwar nach Ansicht der Sachverständigen normal laufen - „sonst hätten wir die Abweisung schon" - aber wir haben eben noch nichts gehört. Ediths Unwohlsein wird wohl in der Festwoche sein, das schadet ja aber nichts, du könntest im Haus ihr ja helfen. Müssten wir heraus, so könntest du ja immer zu Curtisens. Du könntest also auf jeden Fall.
Lass Freiburg an dir ablaufen!
Dein Franz.

[1] Verlobungstag mit Edith Hahn.
[2] Abschluß von Sukkot, dem Hüttenfest, und Fest der Torafreude.

An Margrit Rosenstock am 22. September 1920

22.9.20

Liebe, zuhause hat mich ein solcher Stoss Arbeit erwartet, dass ich noch die 3 Stunden bis Mitternacht dran gesessen habe. Von morgen ab wirds ein paar tolle Tage geben. Dabei kommt Morgen Mittag wohl Hans. Ich habe den ganzen Tag lang mir Rudis Brief noch durch den Kopf gehen lassen, es bleibt dabei: er kann mich da nicht zum Glauben zwingen, und die Weisheit die sie Helene mich lehren sollte, brauchte mich Helene nicht zu lehren; sie klingt mir wirklich auch von anderswoher in den Ohren, von Anfang an. Ich habe aber mein Leben durch das Feuer dieses heutigen Tages nun zum dritten Mal getragen (1918, 1919, und heute) und es schmilzt nicht. Auch der Tag schmilzt nicht. Es ist beides fest. Die Ketzerei liegt im Und von jenem und diesem. Dies Und ist kein Und. Es ist kein „Obwohl" zwischen jener Liebe und dieser Liebe. Wie das möglich ist, das weiss ich nicht und will es nicht wissen. Würde ich es vertheoretisieren, verdogmatisieren, so wäre es nicht mehr wahr; ich würde selbst der erste sein, der so ein Dogma in Grund und Boden kritisierte. Aber dass es möglich ist, das weiss ich so sicher wie — du. Ja eben wirklich: wie du. Kein „er" oder „es" könnte ich zur Beteuerung nennen (auch Eugen nicht - er ist ein Sünder, auch Edith nicht - sie ist eine Sündlose) (und auch Gott nicht, denn er ist bei jenem „du" dabei; nur sein „Wort" verdammt mich, aber ich glaube nicht mehr an sein von ihm losgelöstes Wort, ich lasse es nicht mehr gelten). Es hängt also alles an jenem „wie du". Alles.

Ich brauche dich ja nicht zu fragen, ob du das verstehst. Das weiss ich so sicher, dass es mir gar keine Verlegenheit ist, zu denken du zeigtest diese Worte Rudi. Es ist eine Nähe (nein: Mehr als Nähe), in die nichts hineintreten kann; sie bliebe, selbst wenn ihr der Boden unter den Füssen wegsänke.

Ich bin zu bettreif, um dir noch von Nobel zu erzählen. Er war ganz strahlend. Er hat heute die 13 Stunden keinen Augenblick gesessen, und noch die Stunde nachher merkte man ihm die Müdigkeit nicht an, nur eine leidenschaftliche Nervosität gegen das Andrängen des Alltags und eine sich abgrenzende Heftigkeit. Er ist auf der Kanzel der grösste Pathetiker und dabei gleichzeitig ein Kind. Heute einmal als er im Rausch des Improvisierens auf eine ihm selber ganz unerwartete Wendung kam, begrüsste er den neuen Gedanken mit einem kleinen [[verwunderten]] Lachstoss („ho"), und zum Schluss in einer Predigt von 5 Minuten, unmittelbar vor Schluss [[des Tages]] wandte er sich statt eines Amens stürmisch um und machte ein paar Schritte zur Lade, um sie aufzumachen; es war so unvorbereitet, dass ers - nicht fertigkriegte und der Gemeindevorsteher du jour[1] (dessen Amt das eigentlich ist), ihm dann doch zu Hülfe kommen musste; es wirkte aber trotz dieses Zwischenfalls keine Spur lächerlich; er war in diesem Augenblick, gegen seinen Willen und gegen sein Amt (er betont noch mehr als er müsste das Unpriesterliche des Amts), zum „Mittler" geworden, rein durch den ungeheuren mitreissenden Auftrieb seiner inneren Flamme; ich habe zum ersten Mal begriffen, dass die Stellung des Zaddiks bei den Chassiden (wie du sie aus Buber kennst), das Genie in der Gemeinde als Träger und Emporreisser der andern, nichts Heidnisches zu sein braucht, sondern etwas ganz Jüdisches sein kann; heute war es das.   Dass überhaupt das Genie eben wirklich nichts Verbotenes bei uns ist. Eugen hat recht mit seinem „profetischen" Juden. Nobel ist es noch mehr als Strauss. Auf dem Boden eines solchen Zionismus wie Nobels ist eben eine Ungebrochenheit möglich, die Strauss sich nur immer von Moment zu Moment erschwingen muss.

Sein Zionismus? Ich sagte ihm neulich auf dem Ausflug: ich erwartete, in Palästina, wo der zusammenhaltende Druck von aussen wegfallen würde, würden die beiden Flügel des Judentums in eine „protestantische" und eine „katholische" Kirche auseinanderfallen. Er sagte ganz seelenruhig: nein, die Kabbala wird uns zusammenhalten.

Ich könnte noch die Nacht so weiter schreiben. Aber ich will schlafen. Gute Nacht, gute Nacht (gieb das eine von den beiden Rudi weiter).

Dein Franz.

[1] Franz.: vom Tag.

An Margrit Rosenstock am 22. September 1920

25.9.20.

Liebes Gritli,   ich schreibe dir die letzten Tage immer mit Bleistift, heut auch wieder erst im Bett. Es ist doch eine gute Zeit mit Hans. Freilich ist er körperlich sehr herunter.   Heut Abend waren wir bei Sommers; aber wir waren alle zu müde. Überhaupt allerlei Besuche heut Vormittag, Hans war bei Strauss.

Ich muss erst wieder von dir hören. Rudi kommt ja morgen, aber das reicht mir dafür nicht, eher im Gegenteil. Ich habe beinahe etwas Angst vor ihm.

Mit Hans ging es immer wieder um das Ketzertum des den Namen Nichtnennens. Ihm stellt sich Eugen viel kirchlicher dar als er ist, ich musste ihm gradezu von ihm erzählen. Aber das Gefühl seiner ⟦⌈Hansens⌉⟧ grossen Sicherheit hatte ich wieder; man kann ihn nicht beirren und er geht auch wo er blind ist immer richtig. - Er sagte übrigens sehr hübsch, dass einem das was man sich erst erringen musste, nicht mehr zur Gefahr werden kann wie das erste Mitgebrachte. So ihm sein Kirchentum nicht, uns nicht unser Ketzertum.
Gute Nacht. Höre ich morgen früh deine Stimme?
Dein

An Margrit Rosenstock am 28. September 1920

...
28.9.20

Eugens Aufsatz für die Frankfurter ist sehr schlecht, obwohl sehr eugensch. Aber das ist ja ziemlich egal. Ich selber - ich hoffe immer noch im Stillen, es wird doch alles nichts, obwohl ja gar kein Grund ist, dass nichts daraus werden sollte. Ich kann mich in meinen Gedanken gar nicht hier einleben, solange das über mir hängt; denn unwillkürlich laufen meine Gedanken ja in der Richtung, dass, wenn ihr herkommt, ich versuchen werde, so bald wie möglich fortzukommen, und dafür wird sich dann sicher eine Gelegenheit geben. Ich fürchte nicht für meine Liebe. Aber für mein Leben. So rechne ich hier immer nur mit diesem Winter als mir gehörig. Für danach ists mir ein undenkbarer Gedanke, hier zu sein. Es ist doch so einfach: ich müsste dich täglich sehen. Und das geht doch nicht! Aber es wäre mir das Unmöglichste von der Welt, in einer Stadt mit dir zu sein, und nicht alle Tage bei dir. Ich schreibe dir doch auch nicht, weil ich so viel zu sagen habe. Sondern um bei dir zu sein.
Bei dir — Dein Franz.

An Margrit Rosenstock am 29. September 1920

29.9.20

..... Edith? Glaubst du, sie wäre zu wenig dabei? Absolut wohl. Aber relativ - ich habe das sichere Gefühl, das ich jetzt lerne, ihr gut zu tun, und dass ich weiss, was sie braucht und wieviel von allem. Ich darf ihre Kraft nicht überbelasten. Und ich habe jetzt das Gefühl für diese Gewichte; ich messe sie von selber richtig ab. Versteh: ich erspare ihr nicht das Schwerste, aber ich erspare ihr die Belastung mit vielen mittelschweren Lasten. Also nicht die Tiefe, aber die Breite. (Z.B. meinen Brief an dich nach dem Versöhnungstag gab ich ihr am folgenden Morgen vor dem Abschicken zu lesen; aber die täglichen Krämpfe um Helene u.s.w. habe ich ihr als tägliche Speise erspart und ihr nur summarisch davon gesprochen und dann als Rudi hier war). Ich habe Gefühl für sie - und vergesse nicht mehr so leicht wie im Anfang, dass sie im ersten Ehejahr unmöglich so aus sich heraussehen kann wie hoffentlich später einmal. Ich habe jetzt Geduld. In der Verlobungszeit und der ersten Ehezeit hatte ich keine. Das wirkliche Zusammenleben, insbesondere der Haushalt, der ihr so sehr gut steht, 1000 mal besser als die „Lehrerin", erleichtert mir die Geduld. Und ihre unerschöpfliche Güte.
In Salzburg bist du - lasst euch das Leben freundlich umgeben, Vergangenheit und Zukunft.
Dein und Euer Franz

An Margrit Rosenstock am 30. September 1920

30.9.20

... Mittags vor Tisch war ich eine Stunde bei Nobel und Ernst Simon. Nobel war recht von innen heraus heiter, und es war, obwohl gar nichts war, eine schöne Stunde. Ernst Simon schwebt ja die ganzen Wochen in höheren Regionen. Ich schicke dir nächstens ein Gedicht, das er auf Nobel gemacht hat.[1] Er hat jetzt, zum Abschluss dieser Wochen, bei sich nachholen lassen, was seine Eltern bei seiner Geburt versäumt hatten;[2] er ist ja aus einem Haus, gegen das meins noch ein jüdisches war; da war er ganz voll davon.
.....

[1] Das Gedicht zitiert Rosenzweig im Wortlaut im Brief an Margrit Rosenstock vom 10. Oktober 1920, S.669f.

[2] Die Beschneidung, die gewöhnlich acht Tage nach der Geburt vollzogen wird.

An Margrit Rosenstock am 1. Oktober 1920

1.X.20.

Liebes Gritli, es war noch eine wüste Arbeit, wir haben zu 8ten dran gesessen, „mein" Student und ich, dazu 3 zionistische Stundenten und 3 liberale Jugendvereinler (davon 2 kleine Mädchen, ein 12- und ein 14-jähriges), fast 2000 Couverts waren zu füllen, geschrieben waren sie schon und nachher mussten wir sie noch zu zweien bemarken (1000 Marken auf einmal aufkleben, in einer Stunde, das ist was — obwohl ich im Jahr an dich wohl ebensoviel aufklebe, aber da merkt mans nicht). Aber ich bin nun sehr gespannt auf den Erfolg (oder vielmehr sicher, dass der Anfangserfolg gross sein wird, aber nachher wieder nachlassen). (Heut Abend war Ediths Freundin hier, Hannah Karminski,[1] die als Leiterin eines Geschäftsmädchen-Vereins hergekommen ist. Sie kam von Jena, wo eine Tagung war und wo sie eins von 3 Referaten über konfessionelle Jugendpflege gehalten hatte (Siegmund Schultze[2] nachher das zusammenfassende); sie hatte grossen Beifall gehabt, aber das Referat war nur mittelmässig. Sie ist übrigens leider so dick, dass es schwer ist, ihr gut zu sein.
.....

[1] Hannah Karminski, 1897-1943, Sozialarbeiterin, Geschäftsführerin des jüdischen Frauenbundes, Jugendfreundin von Edith Rosenzweig und eng befreundet mit der Schriftstellerin Gertrud Bäumer, 1873-1954.

[2] Friedrich Siegmund-Schulze, 1885-1969, evangelischer Theologe und ökumenischer Pazifist.

An Margrit Rosenstock am 3. Oktober 1920

3.10.20.

Liebes Gritli, ich schrieb dir zweimal nach Salzburg, du wirst es wohl noch gekriegt haben. Ich bin froh, dass ich wieder einen Brief von dir habe; es ist so ein Gefühl wie Austrocknen in mir, wenn er ausbleibt. - Der Student, den ich zur Hilfe habe, lässt sich ganz gut an. Er ist ein kleines Jüngelchen, das sich durchhungert, weil sein reicher Onkel - dem Zionisten nichts geben will! So im einzelnen Fall ist es eben meistens nichts mit dem „Die Kerls wollen glücklich sein".[1]

Wir waren heut Vormittag bei Henry Rothschild.[2] Er hat vier Töchter zwischen 10 und 2, drei sahen wir, eine immer famoser als die andre.

Jetzt kommen noch 2 Feiertage[3] und dann kommen die Anmeldungen u.s.w. Ich bin noch immer sehr gespannt darauf. Diese Nacht habe ich vor Spannung kaum geschla-

fen. Ist das nicht komisch? ich weiss doch genau, dass es nicht auf diesen Erfolg ankommt, aber Fleisch und Blut wissen es nicht. Sie möchten den Erfolg gern „auch" haben.
                                                                    Dein Franz.

[1] So Hermann Cohens Urteil über die Zionisten, dazu Zweistromland S.219.
[2] Henry Rothschild, 1870-1936, Großkaufmann in Frankfurt, Förderer zahlreicher jüdischer Organisationen, auch des Lehrhauses.
[3] Nämlich der letzte Tag von Sukkot am 4. Oktober und einen Tag später das Torafreuden-Fest Simchat Tora.

An Margrit Rosenstock am 4. Oktober 1920

...   4.X.20.

Ich erzähle dir von den Festtagen gar nicht richtig. Sie sind ja auch noch fragmentarisch. Schon durch die Unruhe und Unsicherheit wegen der Wohnung (hier müssen wir in 10 Tagen endgültig heraus). Heut das grosse Kinderhallo in der Synagoge war aber herrlich und überhaupt.

Bis morgen Abend. (Heut „darf" ich dir ja eigentlich gar nicht schreiben!). Morgen Abend habe ich Vorbesprechung mit meiner Jugendvereins-Arbeitsgemeinschaft, es sollen etwas viele sein, ich werde wohl gleich richtig anfangen, da ja nicht viel zu besprechen ist und ich etwas ausgehungert bin.

Bis morgen also
                                                                    Dein Franz.

Hast du gedacht, dass heut der 4. Oktober[1] ist? zum vierten Mal seit wir uns kennen.

[1] Tag des heiligen Franz von Assisi.

An Margrit Rosenstock am 5. Oktober 1920

                                                                    5.10.20.

Liebe, es ist ganz spät geworden und ich bin sehr müde. Es war wieder ein schöner festlicher Morgen. Aber dann viel Lauferei wegen Wohnung. Es wird nun vielleicht eine in einem reichen Haus: zwei möblierte Zimmer, eine Notküche, noch notdürftiger als die jetzige, kein Mädchen unterzubringen - und doch werden wir vorlieb nehmen müssen. Von den möblierten Zimmern enthält das eine die KeramikenSammlung des Mannes, an sich sehr schön, aber nie einzuwohnen, die Töpfe werden einen immer zudecken. Aber was tun!

Abends war dann die Stunde im Ili.[1] Es ist ziemlich die selbe Zuhörerschaft wie in Straussens Bibelstunde, <u>sehr</u> minderwertig. Zwei Männer sah ich neu, die mir gefielen. Sie sassen aber hinten und schwiegen.

Ich spreche über das Gebetbuch. Die Stunde heute war sehr gut, und es haben wohl alle gut verstanden. Trotzdem war ich gar nicht befriedigt, nur mit mir zufrieden. Ich hätte vor diesem Publikum lieber geredet, im Vorlesungsstil, also über sie hinweg, statt im Arbeitsgemeinschaftsstil <u>mit</u> ihnen.

Morgen ist nun der erste Bürotag des Lehrhauses. Ich bin jetzt schon auf eine Enttäuschung gefasst.

Gute Nacht. Es war so schön, sich ein paar Wochen lang nicht um die ~~nur~~ Wohnung zu

sorgen, solange man denken konnte, die Mansarde sei uns sicher. Aber jetzt hoffe ich auf die gar nicht mehr. Dein Franz.
...

[1] Abkürzung für: Jüdischer Liberaler Jugendverein.

An Margrit Rosenstock am 6. Oktober 1920

6.10.20.
...
Es war heut der erste Tag im Büro - richtig wie bei einem jungen Arzt oder Anwalt, den ganzen Tag wartet man, und kein Mensch kommt. Auch mein schriftliches Verfahren, das ich zur Bequemlichkeit der Leute eingerichtet hatte, hat so gut wie vollständig versagt, und ich war so stolz darauf gewesen. Die Bestellungen werden sich also ganz auf die letzten Tage zusammendrängen.
Ich habe dir gar nicht recht von den letzten Festtagen erzählen können. Es war sehr schön, aber nicht recht zum Schreiben.
Von Walter hatte ich eine, leider recht lederne, Antwort. Ich frage mich, ob ich ihm auch so ledern geschrieben habe; ich glaube nicht. Das Englische ist aber doch eine furchtbare Scheidewand zwischen den Menschen. Unsereins kommt nicht hinüber.
.....

An Margrit Rosenstock am 7. Oktober 1920

7.10.20.
... Über uns wächst die Wohnungsnot jetzt immer gespenstischer auf. Ich gehe damit um, Edith nach Kassel zu schicken, ich allein werde schon ein Zimmer finden, könnte ja auch bei Borns im Fremdenzimmer bleiben, eventuell.   Ediths Fahrt nach Kassel soll (abgesehen von ihrer Erholung) den Zweck einer Demonstration haben. Sonst glaubts uns doch kein Mensch, dass wir keine Wohnung haben und nachher lässt man uns in einer Pension alt und grau werden - dann sind wir „untergebracht".
Die Anmeldungen im Lehrhaus sind bei N$^{r.}$ 14 angelangt! nach zwei Tagen! (nicht etwa 14 Leute, sonder 14 belegte Veranstaltungen). Unter den 14 marschieren Strauss und ich [[und Nobel]] mit je 3 an der Spitze, wie es sich gehört.
Der Student und ich sind ganz vergnügt und warten auf den „Patient". Dass ich selber auch <u>sprechen</u> soll, steht noch wie in mythischer Ferne vor mir, obwohl das doch in einer Woche anfängt.
Heut war hier ein richtiger ganz warmer Herbsttag; ob wohl bei dir in Stuttgart auch? Es war wie zum Gesundwerden. Werds doch bitte. Wenn es aber nicht geht, so ist Frankfurt nah und ich komme einen Tag herüber und sitze bei dir am Bett und halte dir die Hand. Liebes liebes Gritli - Dein Franz.

An Margrit Rosenstock am 8. Oktober 1920

8.10.20.
......
Die Anmeldungen halten bei N$^{r.}$29. Und dann kam heut die Korrektur des Tischgebets,[1] noch nicht schön, weil der Drucker etwas missverstanden hatte. Aber es wird schön.
Es war ein schöner Abend. Hannah Karminski, die doch eine nette Person ist, war da.

Sie hilft Edith viel an den Tagen vor Festtag und bleibt dann meist da. Heut erzählte sie eine himmlische Geschichte von der Bäumer und einem Eisenbahnschaffner.
Hab keine Schmerzen.
Dein Franz.

[1] Der Tischdank, dazu Sprachdenken im Übersetzen, 1. Band: Hymnen und Gedichte des Jehuda Halevi, S.XIIf.

An Margrit Rosenstock am 9. Oktober 1920
9.10.20.
Liebes Gritli,   es tut sich eine Wohnungsmöglichkeit auf, wohl eine sehr ungünstige aber immerhin eine Möglichkeit. Morgen früh werden wir näheres hören.
Ich habe ja bei Riebensahm immer bedauert, dass solche Leute bei uns nicht mit voller Selbstverständlichkeit in die Politik gehen. Da würde er jemand werden. In der Industrie? was ist schliesslich ein Industrieller.
...
Sprechstunde ist das ja eigentlich nicht, es werden eben die Karten verkauft, natürlich könnte es zur „Sprechstunde" werden, - wenn jemand käme; neulich wurde es einen Augenblick dazu, (ich merke das aber erst jetzt wo du danach fragst).
Ich bin so froh, dass es schon wieder besser geht.
Ich habe heute mit Leidenschaft - Korrekturen gelesen, nämlich vom Tischgebet. Es wird schön, ich freue mich sehr darauf.
...

An Margrit Rosenstock am 10. Oktober 1920
10.10.20.
Liebes Gritli,   die Wohnungsfrage wird immer scheusslicher, wir sind schon wieder im richtigen Herumrennen mit Jammern zwischendurch. Heut den ganzen Vormittag beinahe, und nichts, nichts.   Ich denke jetzt daran, Edith am Freitag nach Kassel fahren zu lassen, (sie hats als Erholung sowieso nötig, und kann sich dort um ihre Wintergarderobe kümmern) und am Sonntag bei der Eröffnungsvorlesung, wenn ihre Abwesenheit auffällt, demonstrativ zu erklären, weshalb sie fort ist; denn vorläufig denkt jeder: sie sind ja untergebracht; wenn ich dann damit klingle, ich würde auch fortgehen (was ja nur dann einigermassen wahrscheinlich ist), dann findet sich vielleicht etwas. Was für ein dünnes Vielleicht.   Wir haben damals im April den ungeheuren Fehler gemacht, uns nicht eintragen zu lassen, aus dummem Vertrauen zu dem Seusal, der uns abriet; nun fragt uns jeder, ob wir auch die „Einweisung" haben, und so sind wir die Hereingefallenen.   Ich bin gar nicht in der Stimmung, an die Vorlesungen zu denken; wenn man nicht weiss, wo man in 3 Tagen ist!   Die Eintragungen halten bei N$^{r.}$40, Nobel und ich immer noch an der Spitze. Heut kommt Straussens Bibelstunden-Liste mit ca. 45 Nummern dazu. Aber sonst wars genau so still wie an den vorigen Tagen. Dafür gabs zwei Besuche, Ries vom Ili, und Ernst Simon, - also wieder „Sprechstunde"; es wird wohl malgré moi[1] eine werden. Simon brachte mir auch das Gedicht an Nobel. Hier ists:

Matt ward dein Volk, ward ängstlich und genau,
Flieht edles Übermass, entsagt dem Schwung,
Lebt tausend Ängste, träumt Erinnerung
Gleich einer müdgewordnen alten Frau.

Man mischt aus Schwarz und Weiss ein kluges Grau,
Schluckt Windesstaub, entbehrt des Glaubens Trunk:
Schon dorrt dein Volk - da schlägst du quellend jung
Den ewgen Felsen schöpferischer Schau.

In Tagen da der Mut zur Grösse starb,
Fandst du ein Wort, das uns durch Schönheit warb,
Und das uns auf des Herzens Kniee ringt -

Nie flogen höher wir - und lagen tief
Gebeugt vor ihm, der aus dem Dunkel rief:
„Ich segne den allein, der mich bezwingt."²

      Ist das nicht schön? und <u>wahr</u>.   Dein Franz

---

¹ Franz.: gegen meinen Willen.
² Anspielung auf 1. Mose 32.

An Margrit Rosenstock am 11. und 12. Oktober 1920

11.10.20.

Liebes Gritli, wie komisch, dass heute früh auf deinem Brief aussen von Eugen drauf geschrieben war, ob ihr statt nach Frankfurt nach Berlin solltet. Grade vorher hatten wir davon gesprochen, wie es wäre, wenn wir nach Berlin kämen statt hier blieben. Wir können uns also nicht entgehn. Es steht in den Sternen. Aber dir würde ich freilich Berlin <u>noch</u> weniger wünschen als Frankfurt.

Wir sind heut wieder den ganzen Tag jammernd nach Wohnung herumgelaufen. Das Jammern wirkt jetzt echt, und darum halte ich für möglich, dass sich vielleicht doch was findet. Jedenfalls wird Edith nach Kassel gehn. Ohne demonstrativen Lärm geht es nicht. Dass sie dann freilich grade zu Anfang nicht da ist und ich grade da wieder zum Budenleben zurückkehren muss, ist scheusslich. Wenigstens haben wir die Festtage Ruhe gehabt.

Ich weiss nicht, ob du das, was ich dir nach Salzburg schrieb, nicht überschätzt. Es ist doch sehr viel Resignation in dieser Geduld, wenn nicht gar Trägheit. Wir finden wohl eine Form des Zusammenlebens, aber es ist nicht viel Zusammen und nicht viel Leben dabei. Eben mehr modus vivendi¹ als Vita.² Das Leben selber lässt sich so über die Leerheit dieses Lebens wegtreiben, ohne viel nachzudenken, immerhin es vergeht doch kein Tag, wo es mich nicht graut vor dieser Leere. Ich bin eben der „tote Mann", doch an einem ganz andern Punkte als in Rudis Dialog. Manchmal ist mir erst wenn ich an dich schreibe so, als finge langsam (sehr langsam) das Blut wieder an, durch meine Adern zu fliessen. Die Resignation, die ich gelernt habe, besteht nur darin, dass ich es bei dem Grauen bewenden lasse und mich nicht mehr dagegen aufbäume, sondern erwarte, es werde doch zu irgendwas gut sein. Aber ich vergesse kaum je, dass ich auf der Oberfläche treibe. Ich schreibe nur seltener davon und das Bedürfnis davon zu <u>sprechen</u>, habe ich hier gar nicht. Aber verwundern, dass ich verheiratet bin, und ausgerechnet mit ihr, tue ich mich eigentlich immer wieder. Es ist mir noch nichts selbstverständlich daran, und wenn es überhaupt mal ein Tönen giebt, so ists eine Disharmonie, nie was andres. Ich habe auch das Gefühl, dass wer mich

jetzt kennen lernt, mich überhaupt nicht kennen lernt - „so bin ich ja gar nicht" möchte ich manchmal sagen, tue es aber nicht.
                                                                        Dein Franz.

12.10.20. Eben dein Brief. Edith sagte, sie hätte selber auch schon daran gedacht. Sie kommt also wahrscheinlich Freitag zu euch. „Vor der Welt" (ich meine: für Frankfurt) ist sie in Kassel. - Das ist eine komische Coda[3] für diesen Brief, aber es ist auch die Wahrheit.

[1] Lat.: Form des Lebens.   [2] Lat.: Leben.   [3] Ital.: Schwanz

An Margrit Rosenstock am 12. Oktober 1920
                                                                        12.10.20.
Liebes Gritli,   also Edith wird wirklich zu euch kommen. „Zu belastend" ist es sicher nicht. Sie fährt wahrscheinlich Sonnabend Abend bis Heidelberg und kommt mit dem Abend⌈⌈schnell⌉⌉zug am Sonntag bei euch an (oder schon am Nachmittag um 5). Ich hatte komischerweise von mir aus nur einmal einen Augenblick an Heidelberg gedacht! nicht an Stuttgart.

Es tut mir ja für sie sehr leid, dass sie mir hier nun in den nächsten Wochen gar nicht zusehen kann. Es giebt ja doch einen dollen Betrieb für mich. Heut Abend war wieder eine kleine Versammlung im Ili, ich war der einzige Ältere, der da war (ausser einem politischen Esel), und es gab dann ein dolles „Gespräch vor Zeugen".   Diese Art Kehren kann ich mir natürlich nur so lange gestatten als ich „neuer Besen" bin. Schon dadurch begrenzt sich meine Frankfurter Zeit. Vorläufig hat sie ja aber noch nicht mal angefangen.   Wir waren, wegen der Wohnung, heut Nachmittag wieder mal draussen in Falkenstein bei dem wunderbaren Blau. Auch seine Frau gefällt mir nun doch gut. Immer wieder sind es diese vier Menschen, Strauss Nobel Blau Mayer, um die ich hier sein möchte. Eine so grosse Zahl! wann findet man das im Leben! Und doch sind wir nun entschlossen, wenn wir bis zum Weihnachten keine Wohnung haben, wegzugehen, nach Kassel, mit gemeinsamer Küche, aber gesondertem Esszimmer, (so als wenn wir Mieter in Pension wären). (Natürlich die Sonntage ganz und sonst gelegentlich unten bei Mutter, und sie gelegentlich oben bei uns.

B Eugens Kritik des Programms u.s.w. akzeptiere ich nicht. Er versteht die Situation nicht. Mich selbst kann ich nicht in Amt und Brot geben. Ich selbst muss immer (sogar für mich selber) unvorhergesehen bleiben (so wie etwa wieder heute Abend). Auch die Sprechstunde wird nicht organisiert. Es sitzt wirklich das „Tippfräulein" da, eben der Student Gegelowitz. Sie muss sich von selber ergeben, sonst taugt das nichts. Was ich in Amt und Brot gebe, ist nicht der Ich-selber, sondern der Dozent und Organisator. Das „zu-schön" des Programms ist Leistung des Organisators, berechnet zunächst auf das Komité, das doch nicht begreift, dass es mich angestellt hat, sondern das eine „Leistung" sehen muss, die sich von dem bisher Geleisteten unterscheidet. Das ist das Programm.   Einleitung und Eröffnungsvortragsthema sind berechnet auf das Frankfurter Durchschnittspublikum, das zu dem Zu-schön des Programms einen uninteressant-trivialen Ausgleich braucht. Das Programm soll locken, die Einleitung soll beruhigen, weder im Programm noch in der Einleitung durfte sichtbar werden, dass ich ein „böser Löw" bin, der kleine Kinder frisst, - was doch die Wahrheit ist - , sondern da musste „Schnock der Schreiner" zu reden scheinen.   Also durchaus „nochmal brüllen, nochmal brüllen",¹ trotz Eugen.

Die Anmeldungen sind erst bei N⁰ 112. Ich marschiere mit 15 (für die Vorlesung) an der Spitze. Wenn die Anmeldungen nicht auf eine vierstellige Zahl steigen, so bin ich nicht zufrieden, diesen Anfangserfolg brauche ich für meine „Position".

Dein Franz.

[1] Dazu Shakespeare, Ein Sommernachtstraum, I,2.

An Margrit Rosenstock am 13. Oktober 1920

13.10.20.

Liebes Gritli, es ist möglich, dass Edith doch nicht kommt. Denn vielleicht (ich glaube zwar nicht daran) wirds was mit der möblierten (3 Zimmer-) Wohnung in der Schumannstrasse (das ist Gegend Viktoriaschule); wir sitzen dann zwar fest und kommen so leicht nicht mehr in eine richtige Wohnung, - aber was tun? Und Mutter werden trotzdem dann unsre Zimmer genommen. Und wir wohnen in einer mindestens so fremden Pracht wie ihr damals in dem Donndorfer Altdeutschen Zimmer.

Nachmittags waren wir bei Sommers, Edith kannte Putzi und Eva noch nicht, die da waren. Die Frau Sommer ist im Grunde doch nur widerwärtig. Er um so feiner.

Weisst du, dass ich auch einmal eine Schrempfperiode¹ gehabt habe? 1913. Er ist ein guter Prüfstein. Aber einmal hört man dann auf und will nicht immer weiter geprüft werden. Denn nähren tut er nicht.   Das neue Buch habe ich bisher nur von aussen gesehen. Seit ich hier bin, habe ich ja überhaupt kein Buch mehr gelesen. Die Tage laufen so weg.

.....

Ich sehe doch immer wieder, warum ich hier sein muss. Henry Rothschild gehört auch zu denen, um derentwillen.

Dein Franz.

...

[1] Christoph Schrempf, 1860-1944, evangelischer Theologe und Philosoph, der 1909 aus der Kirche austrat. Seine Entlassung aus dem kirchlichen Dienst 1892 hatte den sogenannten Apostolikumsstreit ausgelöst. 1920 erschien von ihm das Buch: Vom öffentlichen Geheimnis des Lebens.

An Margrit Rosenstock wahrscheinlich am 14. Oktober 1920

Liebes Gritli,   Edith kommt wahrscheinlich nun doch. Und wahrscheinlich werden wir den Mayerschen Vertrag unterschreiben und (_wenn_ wir eingewiesen werden) in die möblierte Wohnung ziehen, womit wir allerdings jede Aussicht auf eine wirkliche Wohnung auf unabsehbare Zeit vertagen. Wir waren noch heut Abend nur verzweifelt und unentschlossen; denn was dagegen spricht, liegt ja auf der Hand. Dann kam Hedi, die unsre Verzweiflung gesehen hatte, rührenderweise herauf und half uns, ohne darüber zu sprechen, durch ihre blosse Gegenwart zum Entschluss. Das Weitere, Schiebung etc. liegt nun beim Wohnungsamt, und das noch weitere muss man - dem Weiteren überlassen. Ungesund ist diese Wohnung jedenfalls nicht direkt und die Küche wird dadurch, dass Edith ein eigenes Zimmer zum Zurichten hat, (das dritte, das ~~wir~~ Edith neulich noch durchgesetzt hatten, ursprünglich sollten es nur zweie sein), wenigstens möglich, freilich nur sehr behelfsmässig, behelfsmässiger als hier.

Der Tag ist wieder so mit Wohnungssuchen hingegangen. Aber abends war Straussens erste Bibelstunde (1 M 34). Ganz hinreissend, ganz gross, nicht mehr zu übersteigern. Um so trauriger dann was mir nachher aufging: dass ich in diesen ganzen Wochen nicht anders mit ihm gelebt hatte als so wie wenn ich mal zu Besuch durchgereist kam, - und dass es also <u>seinetwegen</u> nicht nötig wäre, dass ich hier bin. Aber seht zu, dass ihr Donnerstag kommt, wenn ihr kommt.

Krieg und Frieden? Freilich! Seit Homer hat wohl noch nie einer so erzählt wie Tolstoi. Alles was du schreibst, würde wörtlich ja auch auf Homer stimmen. Ich habe damals, ebenfalls aus Exemplargründen, nicht zu Ende gelesen. Hast du eine ungekürzte Ausgabe? Hoffentlich. Sind die vielen französischen Gespräche der russischen guten Gesellschaft französisch gelassen? es giebt deutsche Ausgaben, wo sie übersetzt sind.

Die vielen Juden hier? oh weh! wir sind leider schlechter als unser Ruf.

Heut Mittag bekam ich von Ediths Verzweiflung einen Antiquariatsbücherkaufrappel und kaufte für 30 Mark (gebunden) ein griechisches [[(Prellwitz)[1]]] und ein indisches Etymologisches Wörterbuch, beide Edden,[2] den Walter v.d. Vogelw. (von Lachmann),[3] des Minnesangs Frühling (von Vogt),[4] Flauberts Briefe an die Sand,[5] und noch irgendwas - ein beinahe Friedensantiquariatskauf.

Dein Franz.

[1] Walther Prellwitz gab 1892 ein etymologisches Wörterbuch der griechischen Sprache heraus.
[2] Die in Prosa verfaßte Snorra-Edda und die poetische Lieder-Edda, Werke der alt-isländischen Literatur aus dem 13. Jahrhundert.
[3] Karl Lachmann, Die Gedichte Walthers von der Vogelweide, 1891.
[4] 1920 erschien die von Friedrich Vogt besorgte 3. Auflage von „Des Minnesangs Frühling".
[5] Gustave Flaubert, 1821-1880, Briefe an George Sand.

An Margrit Rosenstock am 15. Oktober 1920

15.10.20.

Liebes, es ist doch ein betrübter Zustand. Früh kam der Vertrag von Mayer in der Schumannstrasse, ich schickte ihn mit viel Abänderungen zurück; Edith packte den ganzen Tag, ich arbeitete an meinem Eröffnungsvortrag. ~~Abends~~ Nachmittags traf ich mich mit Henry Rothschild (es geht um Kult-Reform, rückwärtige, wozu hier Pläne an allen Ecken auftauchen).

Die Anmeldungen zum Lehrhaus sind vorläufig ein rechtes Fiasko: 178 (statt 1000) und 2500 M (statt 10000 M). Ich marschiere mit 28 Hörern und 600 M dabei vorläufig an der Spitze (statt 100 Hörern und 1200 M). Nun wird freilich am Sonntag noch ein grosser Ansturm kommen.

Ob die Demonstration was helfen wird. Oder ob wir nur den Ärger davon haben werden. Wir sind recht down. Ich wollte, es kämen Tischgebet-Korrekturen, damit ich wieder vergnügter würde.

Dein Franz.

An Margrit Rosenstock am 17. Oktober 1920

17.10.20

Liebes Gritli, gute Nacht muss ich dir doch noch selber sagen.

Ist denn Schrempf ein „alter Mann" - ich hatte ihn mir komischerweise als einen 40er vorgestellt - aber natürlich inzwischen muss er an die 60 sein.

Ein solches Zusammensein wie das heut mit Rudi Hallo verdanke ich wohl doch etwas dem Junggesellendasein. Ediths Dabeisein neulich hat ihn wohl beengt, glaube ich. Ich musste ein Ketzer-Bekenntnis ablegen, - das ihn erschreckte. Wir leben alle in einer zweideutigen Situation, wir kirchlich-überkirchlichen Freien, und Gretchenfragen[1] halten wir schlecht stand, nichtwahr. Auch Faust besteht ja eigentlich die Katechisation nicht zu Gretchens Zufriedenheit, und erst als das Frag- und Antwortspiel aufhört, ist er wieder in Form. ...

Ich bin auch neugierig auf die Vorlesung, die mir ja morgen einfallen wird. Gute Nacht, Liebe. Grüsse Edith.
Dein.

[1] Dazu Goethe, Faust I, In Marthens Garten, wo Gretchen Faust fragt: „Wie hältst du's mit der Religion?"

An Margrit Rosenstock wahrscheinlich am 18. Oktober 1920

Liebes - abends als ich heimkam - ich war von Vormittags an fort, fand ich deinen Brief. Ich war noch erst bei Hedi, um zu essen und mich zu wärmen. Es ist ja so kalt geworden. Ich käme jetzt wirklich nicht zum Lesen. Ich habe heut früh den Anfang meiner Vorlesung skizziert und beginne jetzt den Gang des Ganzen zu sehen. Z.T. hat mir auch Rudi Hallos Besuch geholfen; ich sehe jetzt wohinaus es geht. (Rudi Hallo sträubt sich gewaltig dagegen - wie ich voriges Jahr - und es <u>ist</u> auch eine esoterische Wahrheit, eine Wahrheit für Wenige, für die, denen es „just passiert" ist. So wie du sagst, von Tolstoi, gegen Schrempf. Dass das Leben „nachher" bergab geht und <u>doch</u> nicht verloren geht. Aber <u>Zeugnis</u> kann man von dem Lebensmittag nachher eigentlich nicht ablegen. Dazu ist es zusehr unsagbar. Man kann den „Ketzer" (ich meine „Gott selbst") eigentlich nicht dogmatisieren, das sage ich immer wieder. Nur das Dogmatisierbare kann man dogmatisieren.

Gute Nacht und sei gut mit Edith
Dein Franz.

An Margrit Rosenstock am 20. Oktober 1920
20.10.20

Ich las erst gestern im Bett die Schrempfsche Vorlesung. Mir ist aber, das spürte ich daraus, diese Ketzerei nicht mehr so wichtig wie vor 7 Jahren und selbst noch 1918, wo ich sie beidemale zur Selbstkritik nötig hatte. Es ist ja die Ketzerei von vormals, und ich schielte damals (wie wir alle) noch nach der Orthodoxie von vormals. Wo ich jetzt über die selber hinaus bin, brauche ich den Kritiker nicht mehr. Ich meine es so: Schrempf kritisiert die orthodoxen Begriffe, weil er ihre Voraussetzung - dass es einen Gott giebt - für zwar wohl möglich aber doch zu zweifelhaft hält, um soviel darauf zu bauen. Wir heut, du und wir alle, sind über das Orthodoxe, Katholische hinaus, weil wir zu genau erfahren haben, dass Gott „da ist". Er ist Heide aus Skepsis, wir sinds aus Glauben.

Dass er den Selbstmord rechtfertigt, weil er weniger schlimm sei als der Mord, ist doch bezeichnend. Natürlich ist er „weniger schlimm" als der Mord, er ist sogar „weniger schlimm" als die Übertretung einer Polizeivorschrift. Das sind doch alles Sünden. Sie zu vergeben, ist Gottes „<u>métier</u>" (du kennst das Voltairewort). Der Selbstmord aber ist doch die tätliche <u>Rebellion</u> gegen Gott, der in Tat umgesetzte Atheismus, die

Übernahme des „métier"s Gottes in eigene menschliche Regie. So empfinden wirs doch auch. Das Mitleid mit einem Selbstmörder ist doch mit soviel Grauen gemischt, wie vor keinem Mörder. (Ich halte das Motiv der letzten Lagerlöf, dass die Menschen sich grauen vor einem der Menschenfleisch gegessen hat, für eine „neutral"-mässige Gefühlsverfälschung. Hat es dich je vor einem der im Krieg war gegraut bei dem Gedanken, er habe „Menschenblut vergossen"[1]?)

Hält Schrempf ethische Sonntagsvorlesungen? Ich danke dir übrigens sehr für die Mitschrift; man kriegt einen guten Begriff, und die alte Liebe (+ Respekt) wurden wieder ganz wach. .....

[1] 1. Mose 9,6.

An Margrit Rosenstock am 21. Oktober 1920

21.10.20

Liebes Gritli, es ist mir bei alledem so ein guter Gedanke, dass Edith bei euch ist. Viel besser als wenn sie jetzt in Kassel wäre.
Ich bin zu verschnupft, um jetzt zu reisen, auch will ich auf die Wohnung weiter drücken. Es ist ja eigentlich toll, dass man sich um sowas im 5. Stock noch bemüht. Aber es liegt uns beiden soviel daran, in Frankfurt zu sein - viel mehr als den Frankfurtern leider. Kassel wäre eben doch unmöglich, nichtwahr? die Cautelen[1] würden ja nicht halten.
Ich will in meine Schlafstelle. Hedi ist zwar nett, - aber doch so fremd! Dein Franz.

[1] Sicherheitsklauseln bei Verträgen.

An Margrit Rosenstock wahrscheinlich am 22. Oktober 1920

Liebes Gritli, ich musste Edith herüber holen, damit ich weiss, ob ihr die Wohnung recht ist, sonst hats ja keinen Sinn, wenn ich drum laufe. Sie kann aber dann gleich wieder zurück.
Ich bin ganz heiser heute, weiss noch nicht wie ich Dienstag sprechen soll, wenns nicht anders wird. Zu blöd, zu denken, dass das nur am ungeheizten Zimmer lag!
Die Anmeldezahlen steigen weiter: 420 (und über 6000 M!). Endlich beginnen auch die Einladungen zu Vorträgen auswärts: Bingen hat den Anfang gemacht.
Ich war Mittags bei Darmstädters, es gab wunderbares Essen. Es ist so ein ungeheurer Fehler, dass ich diesen Winter hier noch nicht richtig gesellschaftverkehren kann; es gehört so unbedingt zu meinem Plan im ganzen. Für nächstes Trimester weiss ich schon ein paar sehr appetitliche neue Dozenten. Zwar müssen die höheren Religionslehrer auch bleiben, um der Masse willen. Aber der Kern muss immer pikanter werden. Ich möchte sehn, ob es mir nicht gelingt, die Frankfurter Lethargie zu brechen. Bisher ist davon noch fast nichts zu sehen.
Vormittags war ich mit Nobel.
Ich glaube ganz und gar an das ∧ des Lebens. Denk: Eduard sprach letzten Donnerstag (Gen. 36) davon!
Ich freue mich, Edith wieder zu sehen, aber noch mehr, sie dann noch eine Woche bei euch zu „wissen". Dein Franz.

An Margrit Rosenstock am 24. Oktober 1920

24.10.20

... Ich bin immer noch toll erkältet, huste und krächze, dass es eine Art hat; es ist kein Geiz, dass ich das gemeinsame Hotelzimmer vermeiden will; ich will sie nur nicht anstecken. Im übrigen ist mir schon recht, dass sie nun meinen Umzug dirigiert und ev. auch, besser als ich selber, mit der sozialen Frau über die Heizungsfrage sprechen kann, von der nun mal meine höchst unsoziale Gesundheit und Leistungsfähigkeit höchst unsozialerweise abhängt.

Ich bin sehr gespannt auf die neue Korrektur des Tischgebets. Du hasts nun wohl gesehen, wie gefällts dir? - Ich war heut Vormittag bei Rich. Koch, nachmittag bei Frau Darmstädter. Dies bittweise Leben ist ja nichts. Grade Frankfurt ist ein Ort, wo man nur leben kann, wenn man von niemandem etwas will. (Das ist mir grade bei den beiden heute <u>nicht</u> aufgegangen, aber überhaupt). Denk: bei Rich. Kochs Mutter oder Schwester ist vor wenigen Tagen eine Mansardenwohnung weitervermietet und Koch hatte keine Ahnung davon, dass ich suchte! So sorgt Strauss für mich! Ich war doch erschüttert. (Denn er hat ihn öfters gesehen).

Von Lehrhauswegen habe ich jetzt wenig zu tun. Wenn es immer so wäre, wäre mein Gehalt ganz angemessen.

...

Edith Rosenzweig an Margrit Rosenstock am 24. Oktober 1920

Liebes Gritli,

nun sitze ich in der Bahn nach Kassel. In den zwei Tagen in Frkf. bin ich kaum zum Sitzen gekommen. Die Mansardenwohnung in der Gr. Bockenheimerstr. kann ganz nett werden - aber die Treppen - 130 Stufen, es ist ein Riesengeschäftshaus. Aber ob wir's kriegen ist noch nicht einmal gewiss. Wir haben für alle Fälle schon Tapeten ausgesucht. Inzwischen schweben noch wieder andere Sachen, aber noch mehr in der Luft. Jedenfalls bemühen sich jetzt Leute wirklich für uns. Frau Wurzmann hat Franz telefonisch gesprochen, sie glaubte, dass es schon vermietet sei, wollte sich noch mal erkundigen und Bescheid sagen, hat's aber nicht getan, also ist's nichts. Hingehen war ganz unmöglich. Ich habe noch Franz' Umzug besorgt u. hatte nicht einmal Zeit, in die Wohnung zu gehen, die besonders schön gewesen sein muss. Ich bin froh, dass Franz bei Frau Nassauer[1] wohnt, er hat wenigstens ein ordentliches, heizbares Zimmer. Aber beruhigt kann ich ihn nicht allein lassen, er sorgt zu wenig für sich, sieht ganz elend aus. Und schön waren die beiden Tage trotz aller Hetze doch. Ich bin froh und ruhig und glücklich, Gritli!

Meine Tage in Stuttgart waren gut für uns. Und nun habe ich eine Bitte an Dich, die ich Dir mündlich sagen wollte und zum Schluss vergass: Hab manchmal ein Wort für mich, direkt oder durch Franz. Wenn wir zusammen sind, dann brauchen wir keine Worte, aber so ist's nötig für mich jedenfalls. Ich möchte nicht immer <u>neben</u> Euch leben, sondern <u>mit</u> Euch. Ich möchte zu den „Wir" ganz gehören. Die Anfänge sind da, ich weiss, aber schwer ist's noch immer. Ich weiss nicht, ob Euch allen ganz klar ist, wie unendlich viel Neues seit meiner Verlobung und Hochzeit in mein Leben gekommen ist. Es ist mehr als nur der Wechsel vom Mädchen zur Frau, der schon allein gross genug ist, um einen etwas aus dem Gleichgewicht zu bringen. Aber der

Unterschied zu meinem früheren Leben ist so gross, es ist als ob ich in einer anderen Luft lebe, in der ich das Atmen erst lernen muss. Wenn Ihr mir dabei helfen wollt, dann bitte, „behandelt" mich nicht. Ich weiss wohl, es geschieht aus Liebe und Schonung; aber leichter wird's für mich dadurch nicht. Ich bin seelisch zu empfindlich, als dass ich die „Schonung" nicht spürte. Und dies Bewusstsein ist vielleicht oft bohrender als eine offene Wahrheit, auch wenn sie mich erschreckt und schmerzt, und habt Vertrauen zu mir und Geduld, wenn ich zu dumm bin oder - zu jung, zu jung noch unter Euch.

Warum ich Dir das alles jetzt schreibe? Ich weiss eigentlich nicht. Es richtet sich ja nicht allein an Dich, vielleicht an Dich am wenigsten, und ein Vorwurf soll's nicht sein, wahrhaftig nicht.[2]

...

[1] Paula Nassauer, Sozialarbeiterin in Frankfurt, die an der Organisation der Lehrhausvorlesungen beteiligt war.

[2] Dazu auch der Brief von Franz Rosenzweig an Margrit Rosenstock vom 1. November 1920, S.680.

An Margrit Rosenstock am 28. Oktober 1920

28.10.20

Liebes Gritli, ich antworte dir aus dem Lehrhaus, wohin du mir geschrieben hast; es sind ja jetzt stille Stunden. Meine Adresse - Rheinstr. 25 bei Dr. Nassauer - hast du wohl inzwischen. Es ist ein schönes grosses Zimmer; mit zwei solchen wären wir zufrieden gewesen, aber Nassauers haben ihren Dachstock noch diesen Sommer vergeben (das wäre doch nichts für uns, meinten sie; aber was wir bestenfalls kriegen, ist viel schlechter). Immerhin, da oben wird mein Bett gemacht, geheizt u.s.w. - es ist zum Aushalten.

Ich habe Kopfweh. Nachher kommen Eduard Straussens beide Stunden. (Ich habe die ganze Woche nichts von ihm gemerkt! Um seinetwillen hätte ich nicht hierherzuziehen gebraucht.)

Ich habe das Hochlandheft gelesen, es steht ein recht guter Aufsatz von einem Siegfried Behn drin. Die Hanskritik ist fein. Ich bin mit meiner übrigens auch sehr zufrieden.[1] (Übrigens dass „man" über den Hegel nur gut reden kann, ist wahr; das hat er aber mit Gundolfs Goethe[2] und solchen Büchern gemein, an denen „man" auch nichts vermisst.)

.....

Ich werde mich wohl Sonntag und Montag mit Edith treffen. Vielleicht wird nun aus der Lersnerstr. hier doch was (2 Zimmer und Küche, 88 Treppenstufen, keine Möglichkeit, ein Mädchen unterzubringen, und wir greifen doch mit beiden Händen zu).

Dein Franz.

[1] Siegfried Behn, Weltkrisis und Wissenschaft, in: Hochland 18,1, 1920/21, S.1-14. Im selben Hochland-Band wurden Rosenzweigs „Hegel und der Staat" (S.112ff) sowie Hans Ehrenbergs „Tragödie und Kreuz" (S.67ff) und „Die Heimkehr des Ketzers" (S.187ff) rezensiert.

[2] Friedrich Gundolf, Goethe, 1916.

An Margrit Rosenstock am 30. Oktober 1920

30.10.20

Liebes Gritli, ich schreibe dir aus dem Lehrhaus während einer Vorlesung. Vorhin war Kochs erste Stunde, ganz ausgezeichnet. Eine Arbgem. sollte man eben nur in

einem guteingerichteten Zimmer machen. Heut Mittag war ich bei Nobels, gestern Abend bei Mayers Verwandten (Schwager und Mutter). Aber vor allem heut Morgen Nobels 3 Minuten-Predigt, über den Anfang des Wochenabschnitts 1 M 18, 1 u. 2. Gott erschien dem Abraham. Wozu? was hatte er ihm zu verkünden? Es steht nichts im Text: bloss Gott erschien ihm „Als der S̶t̶r̶ Tag heiss war" - die Strahlen der Sonne haben ihm hier nichts offenbart. Nein, sondern: er hob die Augen auf und siehe da, drei - Männer. Männer? Menschen? Ja gewiss Menschen. Und zu was waren diese drei menschlichen Engel, diese engelhaften Menschen, in denen ihm „Gott erschien", gekommen. Der Midrasch weiss es: der eine, um Sodom zu zerstören, der andre um Abraham (vgl. cap. 17,24) zu heilen, der dritte um Sara die frohe Botschaft zu bringen, dass (18,10 u. 14 nach dem hebr. Text) die Zeit noch lebendig ist. Und das sind die drei Gestalten des Menschen, in denen sich Gott dem Menschen offenbart: der Vollstrecker seines Zorns, der Heiler, und der Verkünder der lebendigen Zeit.
...

An Margrit Rosenstock am 31. Oktober 1920

......   31.10.20

Die Dozentengemeinschaft - gestern bei Koch, das war wieder ein Schritt dazu. Nur ists leider, wie bei Strauss (und schon zwischen Strauss und Koch) von vornherein in den Zukunftsmöglichkeiten unterbunden durch die incompatiblité du humeurs[1] - will sagen der Frauen. Ich werde mich einfach darauf einstellen müssen, um mir nicht durch lauter Enttäuschungen die Kraft nehmen zu lassen. Koch war ganz bezaubernd gestern.
Eventuell greife ich doch möbliert zu. Nämlich Mutter sagte mir gestern am Telefon, dass ich dann die beiden Kassler Zimmer behielte. Wenn das stimmt, dann wäre eine nette möblierte Wohnung mit Küche (und der Möglichkeit, wenigstens die Hälfte meiner Bücher unterzubringen) ganz gut. Schon weil wir dann ohne Schwierigkeit ein Mädchen unterbringen könnten. Schade, dass ich das noch nicht wusste, als wir mit Mayer-Schumannstr. verhandelten; ich hätte es dann nicht zum K̶l̶a̶p̶p̶e̶n̶ Bruch kommen lassen.
Den Emil Ludwigschen Goethe[2] sah ich gestern bei Nobel liegen. Mir ist ja Goethe seit bald zwei Jahren (nämlich seit ich die Einleitung zum III. Teil des ✡ geschrieben hatte) wieder „erlaubt". Aber ich habe von dieser Erlaubnis doch nur sehr gelegentlich Gebrauch gemacht. Wenn man nicht mehr von ihm vergewaltigt wird, dann hat man ihn auch schon wieder nicht mehr wirklich nötig. Ich glaube, ich werde keines der grossen Goethebücher des letzten Jahrzehnts (müssen sie übrigens immer von Juden geschrieben werden?) mehr lesen - ich fürchte mich davor wie vor etwas ganz Langweiligem. Von unserm Leben hat er ja eben doch nichts gewusst. Und die infame Art, wie er manchmal auch davon was zu wissen markiert, ist mir widerlich. Er hat eben doch in einer künstlichen Atmosphäre gelebt. Sein „Heidentum" ist doch einfaches Theater. Er ist grade das nicht gewesen was er sein wollte: reiner Spiegel einer, seiner Welt. Denk doch ruhig an Tolstoi. Oder an irgend einen andern der wirklich grossen Dichter. Da ist keiner der die Augen zugemacht hat, weil er Angst gehabt hätte, sonst zu „zerbrechen". Mit den Apollo-etc.-Portraits ist ihm ganz recht geschehn. Das Neue an meinem neuen Verhältnis zu dem seit vor 2 Jahren ist: dass ich wieder auf ganz altmodisch den jungen Goethe besser vertrage als den alten. In dem Verhält-

nis zu Frau v. Stein ist auf <u>seiner</u> Seite gar nichts Halbes, die ganze Halbheit und Unmöglichkeit liegt bei ihr, <u>sie</u> ists die „behandelt", er wahrhaftig nicht. Erst bei dem Bruch „behandelt" er sie, und nun natürlich entsprechend täppischer und roher, eben als Mann. Vorher, bis in Italien, ist er einfach der Gefangene. Ich habe vor einigen Wochen aus Hellingers Büchern ein Buch aus den 70er Jahren (von dem Gartenlauben-Robert Keil) über Corona Schröter gelesen, wo die ganze Geschichte von dort aus gesehen ist. Dass zwischen den beiden Frauen offenbar nie etwas Wirkliches grossgewachsen ist, sondern nur die simple Rivalität, - das ist ja <u>auch</u> die „Halbheit" von der du sprichst, - vom „Stallmeister" ganz zu schweigen.[3]

Du fragtest neulich nach Ediths „Ghetto". Ja freilich, ihre Bildung ist rein die Mädchenschule, zuzüglich dessen was sie als Vorbereitung auf ihr englisches Examen und ihr Rel.lehrerinnenexamen gelesen hat. (Sie kennt doch auch - das hast du wohl nicht gemerkt, weil du zu viel Respekt davor hattest - die Bibel, ich meine das A.T., tausendmal schlechter als du! sie kennt tatsächlich nur die biblische Geschichte, Oberstufe. Sogar trotz regelmässigen in die Synagoge gehens! Also Ghetto + Mädchenpensionat in idealer Konkurrenz. ......

---

[1] Franz.: Unverträglichkeit der Launen.   [2] Emil Ludwig, Goethe. Geschichte eines Menschen, 1920.
[3] Robert Keil, Corona Schröter. Eine Lebensskizze mit Beiträgen zur Geschichte der Genieperiode, 1875. Corona Schröter war eine berühmte Sängerin und Schauspielerin in Weimar, Freundin Goethes und Konkurrentin von Charlotte von Stein. Letztere war verheiratet mit dem Stallmeister Friedrich Freiherr von Stein.

An Margrit Rosenstock am 1. November 1920

1.XI.20.

Liebes Gritli,   auf der Rückfahrt und ehe es ganz dunkel wird. Wir haben grade noch das letzte Endchen des guten Wetters aufgelesen, es ist ja heut Mittag plötzlich aus Oktober- zu Novemberwetter geworden. Es war so eine kleine Fortsetzung der Hochzeitsreise, wir sind in Marburg geblieben und haben nur gestern und heut je einen 5 stündigen Lauf in die Gegend gemacht, die ist ja herrlich.

Wir haben uns entschlossen, ev. ruhig was Möbliertes zu nehmen, wenn wir was Nettes finden. Auch auf die Gefahr hin, dass wir dann viel in Kassel stehen lassen müssen. So denke ich nun, wir kommen bald zur Ruhe. Nur etwas <u>Greuliches,</u> Möbliertes lieber nicht, denn es muss dann so sein, dass mans 1 oder 2 Jahre drin aushalten könnte.

Ich habe den Plan für nächstes Trimester gemacht. Für mich selber als Vorlesung (was sagt Eugen zu dem Titel:) Einführung in den Gebrauch des gesunden Menschenverstands (Auszug aus der gesamten Philosophie).[1]   In der ersten Stunde würde ich dann verraten, dass Auszug nicht bloss Extrakt heisst, sondern auch - Exodus.

Edith erzählt von Mutter, dass sie sich immer noch nicht beruhigen kann über mein „nicht den graden Weg", will sagen: Frankfurt. Der grade Weg ist Rudi und Hans! Als ihr Edith erwähnte, ich wäre nach Bingen zu einem Vortrag aufgefordert, war sie ganz betrübt: das ist nun aus ihm geworden! Dass das selbe Malheur doch auch einem - dreimalheilig - Privatdozenten passieren könnte, macht sie sich nicht klar. Überhaupt meint Edith (und ich glaube es), dass ein Fiasko in Frankfurt ihr lieber wäre als jetzt der Erfolg.

Gurlitt der Esel zeigt an: Franz Rosenzweig, der Tischdank.
...

[1] Die Vorlesung „Anleitung zum jüdischen Denken. Ein Auszug aus der gesamten Philosophie", die Rosenzweig von Januar bis März 1921 am Lehrhaus hielt, ist als Entwurf abgedruckt in Zweistromland S.597-618. Dazu auch Briefe und Tagebücher S.692f.

An Margrit Rosenstock am 1. November 1920

1.11.20.

Liebe, ich schreibe dir nochmal nachts; zuhause war ja dein Brief von Sonnabend. Mir hat Edith davon nichts gesagt; nur neulich aus ~~der Bahn~~ Kassel schrieb sie mir, dass sie dir aus der Bahn geschrieben hätte und es sei eigentlich ein Brief an <u>mich</u> gewesen.[1] .....

[1] Dazu der Brief von Edith Rosenzweig an Margrit Rosenstock vom 24. Oktober 1920, S.676f.

An Margrit Rosenstock wahrscheinlich am 2. November 1920

....

Mir ist neulich bei 1 M 19, 31 und 32[1] allerlei durch den Kopf gegangen zur „Weltgeschichte der Liebe"; ich verstehe eben jetzt diesen Zeugungswillen an sich, von dem alle diese Menschen besessen sind. „Unser Vater ist alt" — wenn er also jung wäre, würden sie es haben drauf ankommen lassen, dass er selber nochmal freite; aber so bleibt es bei ihnen hängen. Und dies „und ist kein Mann mehr auf Erden" -
Ein neuer Schnupfen droht. Am 15. (Montag) abends spreche ich in Bingen. Wir kriegen wahrscheinlich nun doch die Einweisung in das 130 Stufen-Haus. Es ist schlimm, aber besser als nichts.
Ich habe über 90 Hörer, es werden wohl noch 100. Im ganzen über 500 Anmeldungen. Die Stunde heute ist noch ganz gut geworden, im Vergleich zu meiner Angst vorher; ich kriege jetzt eben die Routine, es die Leute nicht merken zu lassen, auch wenn ich eigentlich nichts zu sagen habe.
.....

[1] Die Lesung des vorangegangenen Schabbat (am 30. Oktober) war 1. Mose 18-22.

An Margrit Rosenstock am 4. November 1920

4.11.20.

Liebes Gritli, ich habe nur wenige Stunden geschlafen, weil ich gestern, schon müde und nur durch Café wachgemacht, noch lang mit Rothschild und Mayer zusammengesessen habe. So bin ich kribbelig und verkatert. Aber es ist nicht bloss Kribbeligkeit, wenn ich mich gegen Eugens Wort wehre. Das ist sehr billig. Ungefähr so würde es die Tante Dele auch sagen, nur mit ein bischen andern Worten, nein nochnichteinmal mit andern Worten. Es ist einfach nicht wahr. Du hast mich nicht um das mehr, was Edith weniger hat, wahrhaftig nicht. Du hast einen 1/2- oder 3/4-Toten im Arm. Das ist ein Weniger, das doch niemand so spüren muss wie du. Denn du kennst mich ja lebendig. Edith merkt das freilich nicht. Sie hält meine Vielgeschäftigkeit für „Leben". O weh! Aber du - du weisst doch wie ich war.
...
Ich fürchte mich etwas vor der Hetze des Hin- und Herreisens, aber das liegt wohl an meiner körperlichen Kaputheit heute. Ich muss erst mal wieder richtig ausschlafen. Ich bin ja kein Mensch, wenn ich meine 7-8 Stunden Schlaf nicht gehabt habe; es

gehört zu den Irrtümern meiner Freunde über mich, dass ich widerstandsfähiger sei (der zweite Irrtum ist: Franz kann gut zuhören, wenn man vorliest - dabei bin ich nach 5 Minuten fast unfähig zu folgen und gebe meine „Urteile" nachher nur ab nach dem Wortklang und Rhythmus).   Wie kommt es eigentlich, dass so ganz grobe Irrtümer über einen umlaufen können? es tröstet einen aber, wenn einem dann etwas begegnet wie dies Eugenwort; es ist ebenso blind gesagt wie jene Behauptungen über Kräfte die ich nie besessen habe. (Eugen schrieb mir mal über Werner: „er ist kein Mensch, wenn er nach Tisch nicht geschlafen hat, das kannst du natürlich nie verstehen". Dabei ists bei mir genau so, und nur die freundschaftliche Rücksichtslosigkeit, die den Unterschied, ob man selber bloss in den andern hineinredet oder ob der andre dabei ist, übersieht, kann das nicht merken).

Wann der ✿ kommt? ich weiss nicht. Bloss dass er broschürt über 100 M kosten wird! „Einführung in den gesunden Menschenverstand (Ein Auszug aus der gesamten Philosophie)" werde ich wirklich nach Weihnachten lesen, Mayer ist der Titel recht.

Dein und auch des bösen Eugen　　　　　　　　　　　　　　　　　　　Franz

An Margrit Rosenstock wahrscheinlich am 5. November 1920

Liebes Gritli,   ich brauche dir ja nicht zu telegrafieren, ich schrieb es dir inzwischen ja ganz bestimmt: Sonntag Abend 8^{58}. Die Week-Ends im Dezember sind ja alle besetzt: ein Vortrag in Kassel („Der Jude im Staat"[1]), meine Logenaufnahme hier. Ausserdem bin ich auf „Bald" gestellt.

Es war wieder schön bei Strauss. Auch in der Vorlesung, obwohl die wohl über die Köpfe derer, die es nicht schon wissen, einfach wegrauscht.

Die Wohnung ist ziemlich sicher, freilich inzwischen sehr viel bescheidener geworden: bloss noch zwei (und kleinere) Zimmer, also kein Mädchen zu halten. Auch die Küche sehr klein. Wir können nur einen Teil unsrer Sachen aufstellen. Aber Edith ist zufrieden, und ich ohnehin.　　　　　　　　　　　　　　　　　　　Dein Franz.

[1] Das Konzept ist abgedruckt in Zweistromland S.553-555.

An Margrit Rosenstock wahrscheinlich am 9. November 1920

Liebe - es ist mir als hätte ich die drei Tage nichts getan als mir von Eugen vorlesen lassen und von dir die Hand halten. Es war wohl beides gleich nötig. Ich danke euch beiden.

Übrigens habe <u>ich</u> heute Nachmittag die Magenverstimmung; sie geht wohl reihum. Wir sehen uns bald wieder; diesmal vergeht kein Vierteljahr wieder.

　　　　　　　　　　　　　　　　　Liebes Gritli deine Hand -　　Dein

An Margrit Rosenstock wahrscheinlich am 10. November 1920

Liebes Gritli,　nur rasch ein Wort - und ich wollte dir eigentlich viel schreiben. Ich bin nachträglich immer noch froher dass ich bei dir war. Du Liebe Liebe —

Gestern die Vorlesung war schlecht; ich kam nicht recht herein und so auch die Leute nicht.　 Ich war heut nach Tisch eine halbe Stunde bei Hannah Korsinski. Sie sagte, die Urteile der Leute liefen zwischen den Grenzen „Ganz was Besonderes" und „Reif fürs Irrenhaus". Ich bin auf das zweite gar nicht stolz, wie „man" dabei zu sein pflegt. Denn ich will ja grade verständlich sein. Allerdings scheint es vor allem auf meine ungewohnte Form zu gehn. Es ist eben gar nicht Vortrag, und darüber entsetzen sich viele.

Heut früh erst der Vortrag für Bingen („Geist der hebr. Sprache"[1] solls nun doch sein, was mir sehr recht ist). Allerlei Wege, dann Nobel, da blieb ich bis 6, vielmehr ich ging mit ihm spazieren, eben dann die Arb.gem., die heute recht gut war, weil ich sie ruhig schulmässig machte; es ist bei dem Zimmer die einzige Rettung. Es waren auch mehr wie sonst, das wirkte auch mit.　Nun Strauss, - d.h. ein Vortrag von Strauss. Der Brief soll noch in den Kasten und zu dir. Weisst du noch?　　　　　Dein Franz

[1] Das Manuskript „Vom Geist der hebräischen Sprache" ist abgedruckt in Zweistromland S.719-721.

An Margrit Rosenstock am 10. und 11. November 1920

10.11.20.

Liebes Gritli,　ihr hättet dabei sein müssen, eben bei Strauss; es war wieder ganz kolossal; er sprach 1 1/2 Stunden, und riss wieder durch die ganze Leiter der Gefühle, vom hellen Lachen zum letzten Ernst. Dabei wars eine richtige stichhaltige Vorlesung über das Wesen der Ethik. Die Schulgleichheit mit mir, mit uns, bei doch ganz andrer Schule wieder höchst erstaunlich.　Nachher war ich noch mit ihm. Er ist und bleibt in einer Wolke, die ich mit halben Worten nicht durchstossen kann; gegen Anspielungen ist er gepanzert in gutes Gewissen. Denk, er hat für seine Schwiegereltern !!! die gestern nach Florenz gefahren sind, einen - Führer durch Florenz geschrieben, nach dem was er darüber und daraus sagte, etwas ganz wirkliches. Für seine Schwiegereltern! und diese Schwiegereltern!

Vor ein paar Tagen hat er in einem Vorort (Heddernheim) vor dem Werkmeisterverband über Weltanschauung sprechen sollen. Am Schluss (er hatte bei der Sozialisierung begonnen, er hatte zunächst die Arbeiter sprechen lassen) sagte einer: „ich glaube, wr hebe' heut mit der Sozialisierung den Anfang gemacht."　Wieso? „Mit der Sozialisierung der Wissenschaft". Er hatte sie zu Anfang gefragt, warum sie sich denn dafür keinen Pfarrer hätten kommen lassen. Antwort: Mr hebe einen Mann aus dem Volke hören wolle.

11.11.20.

Über Mittag war ich ein paar Stunden mit Ernst Simon zusammen, nachher bei Nobel. Heut Vormittag habe ich einmal Oppenheimer gehört; er hat mir nicht sehr imponiert. Jetzt will ich ins Lehrhaus. - Ernst Simon hat Oncken von mir erzählt. Darauf hat er ihm einen parallelen Fall genannt, eines so begabten Privatdozenten aus Leipzig, der auch u.s.w.!! Es war Eugen!　Oncken sagte zu Simon, als er ihn begriff zuletzt: nun ja, ihr jungen Juden seid ja alle Intellektuelle nur wider Willen.　　Dein Franz.

Edith Rosenzweig an Margrit Rosenstock am 12. November 1920

12.XI.20.

Liebes Gritli,　es scheint mein Schicksal zu sein, dass ich Dir immer aus der Eisenbahn Briefe schreibe.

Ich bin froh, dass Du mich verstehst - aus deinem eigenen Ich heraus. Aber eine „Gleichung" ist's wahrlich nicht, ich glaube grade wir beide sind sehr verschieden, und darum ist es wohl möglich, dass ich garnicht über das „Duverhältnis" zum „Wir" komme. Das war Dein Weg, meiner mag ein andrer sein. Welcher? Ich weiss nicht, denke auch nicht mehr darüber nach. Das muss ja von selber kommen, irgendwann, wahrscheinlich als Überraschung, wie es mir zum Beispiel mit Trudchen ging. Ich konnte zuerst den Weg garnicht zu ihr finden, und plötzlich war's da, als ich nichts „wollte" und nicht „dachte".

Es war gut in Kassel, für Mama und mich, dass wir uns mal allein hatten. Körperlich geht's ihr eigentlich unverändert, wenn sie seelisch besser im Stande ist, merkt sie's viel weniger. Sie wurde eigentlich von Tag zu Tag elastischer. Ich freue mich, dass ich ihr etwas helfen konnte.

In kurzer Zeit bin ich bei Franz, das ist doch das Schönste.   Deine Edith.

An Margrit Rosenstock am 14. November 1920

14.11.20.

Mein liebes Gritli,   gestern kam ich nicht zum Schreiben, wir gingen früh weg von Haus und kamen erst spät Nachts wieder, es war ein Tag voller Besuche, und Abends hörten wir noch einen Vortrag von dem „Jidischisten" Fritz Mordochai Kaufmann[1] (Jüdischist im Gegensatz zu Hebraist) in der Zionist. Vereinigung; der Ketzer hatte sich mitten in seine Orthodoxie begeben und es war grosse Entrüstung.   Auch bei Koch wars wieder schön.
....

[1] Fritz Mordechai Kaufmann, 1888-1921, Folklorist, Übersetzer der Werke des jiddischen Schriftstellers Mendele Moicher Sfurim.

An Margrit Rosenstock am 16. November 1920

16.11.20.

Liebes liebes Grili,   Bingen[1] gestern war sehr nett; ich habe eine glänzende Vorlesung gehalten; ich glaube, so ist in Bingen mit einem Vortragspublikum noch niemand umgesprungen.   Nachher waren wir mit dem orthodoxen Rabbiner zusammen - mit dem liberalen hatte ichs schon in der halben Stunde vor dem Vortrag verdorben (er hatte mich nicht vorher in den Saal lassen wollen und da war ich so rein gegangen, weil ich mir doch die Leute ansehen musste, wie sie hineinkamen.   Mit dem orthodoxen hatte ich dann eines der „prinzipiellen" Gespräche, die ich hier in Frankfurt vermeide. So etwas kann sehr hübsch sein, wenn es einem gelingt, den Orthodoxen einmal in seine Festung bis hinter die Wälle zu verfolgen; dann sagt er nämlich an den entscheidenden Punkten „das weiss ich nicht" und „das brauche ich nicht zu wissen" - wie unsereins.   Die Frau war schlimm.   Im ganzen ist aber so ein einzelner Vortrag Unsinn, man müsste mindestens noch einen Tag nachher bleiben und zu sprechen sein.   Hoffentlich kann ich mal solche richtigen „Missions-Weekends" organisieren. Freitag hin, den Schabbes mit den offiziellen Persönlichkeiten zugebracht, am Sonnabend Abend einen aufrüttelnden Vortrag, am Sonntag Herumessen in der Gemeinde und Abends öffentliche Sprechstunde. Eventuell dann noch am Montag Abend einen zweiten Vortrag. So wäre es richtig.   Es war schlechtes Wetter, immerhin hat Edith

mal etwas vom Reiserhein gesehen. Weisst du, es ist doch sehr nett mit ihr. Heute eben eine gute Vorlesung (ich habe H.U.Kantorowicz an die Leinwand geworfen porträtähnlich, - sags Greda nicht). Ich bin aber froh, dass ich aus dem 19. scl. herauskomme; nun kommt das nächste Mal, der Durchbruch ins 20te.
...

[1] Der Vortrag „Vom Geist der hebräischen Sprache", abgedruckt in Zweistromland S.719-721

An Margrit Rosenstock am 17. November 1920

17.11.20.

Liebes Gritli, Edith ist zu Hedi, um Sachen da zu holen, und ich habe inzwischen die Vorlesung für nächsten Dienstag skizziert. Heut nachmittag erfahren wir nun endlich Genaues über die Wohnung, wohl sicher Positives, wir sind um 1/2 4 zum Cafe drüben. Dann muss ich die Einweisung in die Bockenh. Str. dorthin zu übertragen versuchen, oder sonstwas, - ich habe noch keinen rechten Begriff, was ich zu tun habe; nur dass wir einziehen, „tot oder lebendig" ist mir sicher.
......
Heut Nachmittag Rothschild, Sitzung des Comités, Arb.gemeinschaft, Einladung, - ohne Pausen. Deshalb schreib ich dir schon jetzt vor Tisch. Gestern sind die Aushängebogen vom ✡ gekommen, noch ohne Anfang und Schluss. Es wird uns allen (mich eingeschlossen) mit dem Buch so gehen wie mit Hansens: wir werden es nicht lesen können. Das ist aber kein Grund, weshalb andre es nicht doch lesen sollten. Deshalb hat Rudi in diesem Punkt Hans gegenüber Unrecht: Weizsäcker und Siebeck,[1] die Hans <u>nicht</u> kennen, müssen freilich die Bücher noch lesen; dass Rudi es nicht fertig bringt, entschuldigt sie gar nicht. Avant la lettre und après la lettre[2] vertragen sich offenbar nicht in der gleichen Sammlung.
Ich komme (wenn nicht ~~mit dem Haus~~ aus der Wohnungssache etwa noch eine dringende Abhaltung kommt, - was sollte das aber sein?) am Sonntag 8$^{\underline{58}}$ abends. Schlaf vor, damit wir Abends noch eine Weile zusammen auf sein können und es wieder „drei Tage" sind. Vielleicht lasse ich übrigens doch die Akademie schiessen. Dann wäre ich schon Mittags da. Ist es nicht herrlich wie nah Stuttgart bei Frankfurt ist? Wir hatten es ja beinahe vergessen. Auf Wiedersehen und Wiederhalten. Liebes Gritli —

[1] Richard Siebeck, 1883-1965, Sohn des Verlegers Paul Siebeck, Mediziner in Heidelberg und ein Freund Rudolf Ehrenbergs und Viktor von Weizsäckers.

[2] Franz.: vor dem Brief und nach dem Brief.

An Margrit Rosenstock wahrscheinlich am 18. November 1920

Liebes Gritli, ich bin also hier geblieben, um nochmal mit Henry Rothschild zu sprechen: Siehe da! eine herrliche Wohnung schwebt heran. 2 grosse Zimmer, ein kleines Mädchenzimmer, Küche einzurichten. Bei ihnen selbst im Haus, ohne Wohnungsamtszwang. Wenns was wird, und dies muss was werden, so haben wir, solange wir zu zweien sind, was wir brauchen. Gleichzeitig kam heute die Einweisung in das 130 Stufenhaus, in das ich jetzt also auch rein könnte; da warte ich nun, bis sich die neue Aussicht enschieden hat.
...

Ich bin so unsinnig froh über die schöne Wohnung. Drei Zimmer wäre ja besser, aber zwei grosse und ein Mädchenzimmer - ich wäre zufrieden (und nur 60 Stufen hoch, und Rothschilds in allen Schwierigkeiten zu unsrer Hülfe da; sie lassen uns sicher auch bei sich baden. Ihre Zimmer „mit Ausnahme des Schlafzimmers" stünden uns zur Verfügung. Bis Sonntag also.

Dein Franz.

An Margrit Rosenstock am 21. November 1920
.....
21.11.20.

Edith ist heute Mittag fort. Es ist jetzt ziemlich sicher mit der Wohnung. Deshalb ist sie so lange geblieben. Vorgestern Abend und gestern Mittag waren wir bei Nobels. Besonders am Abend war es sehr nett. Ernst Simon war auch da. Gestern bei Koch war er leider nicht da und ich musste ihn vertreten, das war gar nicht schön. - Weisst du, ich sehe mich manchmal hier schon nach einer Zuflucht um. In meiner jetzigen Stellung wird man mich nicht lange ertragen; ich spüre es schon jetzt. Die Leute wollen etwas andres. Wahrscheinlich bricht mir schon der ✡, wenn er jetzt erscheint, den Hals. Es passt sich gut dazu, dass die „Akademie" heut hier ist. Sie wollen mich auch wieder haben. Beinahe hätte ich Lust. Nobel hat für sie heut Morgen einen Vortrag gehalten; es war wieder viel weniger als seine Predigten; er kann sich nicht recht verständlich machen, obwohl ers wirklich versuchte. Er reibt sich an der „Wissenschaft" wund. Dabei hat er ihnen ein paar gewaltige Sottisen[1] gesagt.
.....

[1] Franz.: freche Bemerkungen.

An Margrit Rosenstock am 21. November 1920
...
21.11.20.

Der Tag stand ganz unter dem Zeichen Akademie. Ich könnte noch jeden Augenblick zurück in diese liebenden Arme kehren. Den Festvortrag für die Berliner Generalversammlung im April habe ich ihm versprochen, - denn das ist immerhin eine grosse Ehre für mich. Abends war ich noch mit Bradt zusammen. Entsinnst du dich noch? Er ist ein rührender Mensch. Er wird grade wieder Vater. (Koch hat heut früh die vierte Tochter bekommen).
Bei der Sitzung heut Nachmittag habe ich Nobel von einer neuen Seite gesehen: er war der einzige, der - in aller Ruhe und Liebenswürdigkeit - gegen Täubler aufkam, ihn von seinem Weg abbringen konnte, kurz ihm gewachsen war. Er ist doch einfach sehr klug.
Vielleicht schindet Rothschild doch noch ein Mädchenzimmer heraus für uns. Das wäre gut. Das Schlafzimmer (mit der Veranda) ist so gross, dass wir durch Vorhang ein ganz hübsches 1 1/2 Meter tiefes Zimmer für Edith herausschinden können, davor noch die Veranda, die aber keinen Meter tief ist. Das Buffet kommt auf den Flur, ein Zierporzellanschrank in Ediths Zimmerteil. Überhaupt wirds doch nun greifbar und ich sehe mich schon - ein Buch lesen; ein fast unerhörter Gedanke!

Werd wirklich gesund!

Dein Franz.

An Margrit Rosenstock am 22. November 1920

22.11.20.

Liebes Gritli, guten Abend. Ich sitze im kalten Zimmer, aber ich bin zu faul nochmal fort und zur Bahn zu gehn. Ich habe noch nichts von dir gehört, wo mag Langenthal[1] liegen? es klingt wirklich nach Gotthelf.[2] Ich habe einen leeren vollgestopften Tag gehabt, so zwecklos ermüdend, obwohl auch allerlei Nettes dabei war. Aber mir fehlt doch jetzt sehr die Ordnung und der Zusammenhang in meinen Tagen. Meine Sehnsucht, ein Buch zu lesen, ist nur Symptom dafür.

Heut hat mich jemand gefragt, warum mein Buch, wenn es wirklich ein System der Philosophie enthielte (das gebe ich jetzt immer auf Anfragen zur Antwort) der ✡ der Erlösung hiesse? Darauf ist die Antwort, wenn man nicht ins Irrenhaus gesteckt werden will, wirklich schwer. Die wahrste wäre vielleicht: weil Eugen ein „✝ der Wirklichkeit" ☥ schreiben wollte; aber die Antwort ist wieder zu blamabel. Der Inhalt steckt ja wirklich nicht drin. Denk mal, es hiesse „Philosophie der Erlösung", das giebts übrigens, von einem Schopenhauernachfolger, Mainländer.[3] Es ist eben der Unterschied: Schelling nannte sein letztes Werk noch: Philosophie der Offenbarung. Ich nenne es gar nicht mehr philosophisch.

...

Denk: die Akademie wollte mir die Leitung und Einleitung einer grossen Aktenpublikation zur Geschichte der Emanzipation der Juden im Kanton Aargau aufhängen. Ein junger Schweizer Jurist hätte in Aarau die Akten exzerpiert, mir geschickt, schliesslich hätte ich hinfahren müssen und dann das bedeutende Buch darüber geschrieben! Was hätte Tante Clara dazu gesagt! O Karl der Grosse (vulgo:[4] „David")!

---

[1] Gemeinde in Aarwangen im Kanton Bern.
[2] Jeremias Gotthelf, 1797-1854, schweizer Erzähler.
[3] Philipp Mainländer, 1841-1876, Philosophie der Erlösung, 2 Bände, 1876/86.
[4] Lat.: gewöhnlich, volkstümlich, üblicherweise.

An Margrit Rosenstock am 23. November 1920

23.11.20.

Liebes Gritli, ich schreibe dir wieder von Lichtheim. Es war eine sehr schöne Vorlesung eben. Ich glaube, die Leute waren wirklich gepackt. Aber ich rutsche ohne Halten in den Zionismus hinein. Sprechen ist eine dolle Sache.

Die Wohnungssache geht weiter: Vielleicht giebts ein Mädchenzimmer, - nämlich ein Eckzimmer geteilt durch eine Rabitzwand[1] in Küche und Mädchenzimmer.

Ich höre doch richtig zu; es ist sehr gut für mich, damit ich sehe, dass ich doch nicht Zionist zu werden brauche.

Rothschild gefällt mir immer besser. Ich war heut nach Tisch eine Stunde bei ihm. Dabei „Parvenu"[2] aber beste Sorte, weil eben nicht „erste Generation". Er hat das Geld mit ähnlichem Feuer erobert wie wir den Geist, - und so lang besitzt er es nun auch (ebenso wie wir den Geist).

.....

---

[1] Drahtputzwand.
[2] Franz.: Neureicher, Emporkömmling.

An Margrit Rosenstock am 24. November 1920

24.11.20.

...

Ich habe einen dollen Brief von Rudi gekriegt, ganz so wie ihn Edith in Kassel gesehen hatte, übergeschnappt vor Einsamkeit, und Holoferneshymnen auf seine einsame Göttlichkeit absingend. Ich fürchte, er ist sehr reif für eine neue Judith, die ihn ein bischen köpft.[1]

Ich habe einen sehr schönen Sprechabend hinter mir: Jüdische Ethik, - im Jugendverein Montefiore.[2] Leider ists wohl so, dass doch die meisten nicht merken, wie schön es ist. Sie wollen Paragraphen, auch die „Jugend".

Vorher die Arbeitsgemeinschaft, die genau das Gegenteil ist: stille Denkmonologe von mir, allerdings glaube ich sehr reizvoll für die Hörer. Vorher, Mittags und Nachmittags bei dem Ehepaar Edinger,[3] von denen er wirklich ein Mensch ist, wenn auch etwas fremd. Vor Tisch: Bibliothek! Mal endlich wieder. Ich konnte noch nicht lange lesen. Aber die Kirchenstille des Saals tat mir wohl, ich werde öfter hingehn.

...

---

[1] Holofernes war nach dem apokryphen Buch Judit aus dem 2. vorchristlichen Jahrhundert (das nur in der griechischen Bibel überliefert ist) ein Feldherr von Nebukadnezar, der sich in die Jüdin Judit verliebte und von ihr ermordet wurde.

[2] Der jüdische Jugendverein war benannt nach Sir Moses Montefiore, 1784-1885, dem wohl berühmtesten Juden seines Jahrhunderts, der sich für die jüdische Besiedlung des Israel-Landes engagierte.

[3] Fritz Edinger, Arzt in Frankfurt.

An Margrit Rosenstock am 26. November 1920

26.11.20.

Liebes Gritli,   die gleiche Post brachte mir eben die Festlegung meines Kassler Vortrags auf den 6ten. Es wird also so wie ich dachte: wir reisen um einander herum. Du darfst aber deswegen keinesfalls früher kommen.   Nicht bloss weil es schade wäre, sondern weil es in den Tagen vorher eine Hetz ist und wir nichts von einander hätten; wir wohnen ja (wenn alles glatt geht und das Wohnungsamt oder eine Denunziation uns nicht noch einen Strich durch die ganze Rechnung macht) frühestens Mitte Dezember, d.h. da ziehen wir ein, und noch ehe wir fertig sind, müssen wir nach Kassel; da muss ich mindestens bis zum 2. I. bleiben (denn mein Kassler Zyklus ist am 26., 27., 28. XII. und 2. I., dann muss ich sofort wieder nach Frankfurt; denn am 9. I. beginnt der neue Lehrgang und die Tage vorher muss ich natürlich da sein, überhaupt die ganze erste Woche, so dass mein erstes freies Week-End, wie ichs vermutete, erst das am 23. I. ist!   Auf das Zusammensein jetzt in Frankfurt zwischen Sinzheimer- u.s.w. Aufregungen hätte ich mich auch so nicht gefreut, es tut mir also nicht leid, dass wir uns da verfehlen.

Edith kommt Anfang der Woche her, wieder wegen der Wohnung, es wird wieder allerlei anders. Und eigentlich dachte ich dann, schon Freitag mit ihr nach Kassel zu fahren; ich habe Mutter lange nicht gesehen und schreibe mir auch nicht mehr mit ihr; auch ist das Zusammenhocken in einem Zimmer ein zweifelhaftes Vergnügen, das ich nicht gern unnötig ausdehne. Und ich muss in Kassel, vor allem, Ruhe haben, um das Drittel meiner Bücher auszuwählen, das ich hier unterbringen kann; denn es wird ja über kurz oder lang doch kommen, dass Mutter die Zimmer abgeben muss, und dann müssen die Bücher in Kassel in Kisten und das heisst: sie sind mir, vielleicht für Jahre, verloren .....

Am ehesten werde ich in der Woche zwischen dem 12. und 19. einmal auf 1 - 2 Tage herüberkommen können, - das heisst nein, da ist ausser den Vorbereitungen für den neuen Lehrgang noch der Einzug. Es hilft nichts, es giebt eine lange lange Pause. Schliesslich ja nicht länger als das vorige Mal. Vielleicht lassen sich doch auf die Nähe, wenn man erst mal genau weiss, wann die Möbel kommen u.s.w. doch noch zwei Tage herausholen; im Hebräischen habe ich nur noch dreie, da kann ich leicht die Stunde verlegen (das Hebräische läuft nämlich noch bis in die Woche nach dem 19ten hinein).

Vielleicht sehe ich in Kassel Eugen. Er hat dorthin geschrieben, er wäre am Wochenende da.   Es ist eine unruhige Zeit. Ich empfand es auch neulich bei einem Brief Eugens an Hans, der über mich an Rudi gehen sollte. Wollen die Ketzer wieder in die Kirchen? Ist das <u>Hansens</u> Wirkung? es wäre schade.

Die Tage sind so, dass ich nicht davon reden mag. Ich traue auch dem Zufall kaum mehr zu, dass er wirklich das Beste bringt. Was er bringt, ist vielleicht nur - das Zufällige? Manchmal denke ichs.

Morgen früh kriege ich das für dich.[1] Meine Gedanken haben sich in dieser Woche daran geklammert, als wäre es mehr als ein Ding.

Dein Franz.

---

[1] Nämlich einen extra gebundenen zweiten Teil des „Stern der Erlösung", dazu der Brief an Margrit Rosenstock vom 4. Dezember 1920, S.691.

An Margrit Rosenstock am 28. November 1920

28.11.20.

Liebes Gritli,   es[1] ging als Drucksache, so habe ich es doch gewagt. Es ist ganz wunderschön. Es ist mir gar nicht als ob ich es wegschickte, nur so als wenn ichs aus der einen Hand in die andre nähme.   Hineinschreiben hätte ich wirklich kein Wort können, es stehen schon zu viele drin.

Wenn du nächsten Sonntag hier bist, so geht ja zu Nobels Vorlesung, sie ist im Lehrhaus (Goetheplatz 5 [1]) um 1/2 12. Es war ganz glänzend heute. Auch inhaltlich wird es euch sehr interessieren. Denn er nimmt als Beispiel die Vorschriften über den Freitag Abend, die Weihe von Wein und Brot[2] und verfolgt ihre Verästelungen in der christlichen Abendmahlslehre.   Es war ganz meisterhaft, wie er heut Morgen Allgemeinstes und Spezielles ineinanderverschlang, jeder hatte das Gefühl, alles zu verstehen.   Ich bin glücklich, ihn gewonnen zu haben. Das Lehrhaus ist eine feine Einrichtung.   (Ich plane jetzt für den nächsten Lehrgang ein - Eugen würde sagen: Gespräch vor Zeugen; aber Eugen ist da auf eine altjüdische Einrichtung gekommen; die ~~talmudischen~~ Diskussionen, die im Talmud protokolliert sind, waren auch öffentlich.   Ich denke an 4 - 6, höchstens 8 Sprecher oben auf dem Podium, und unten das Volk. Thema von Stunde zu Stunde.

Mit Bradt war ich gestern Abend noch ehe er abreiste; er ist in seiner Monomanie so liebens-würdig.

Die Belegzahl ist nun 580, die Gelder 7200. Meine kühnen Versprechungen haben sich erfüllt.

Ich freue mich nun doch, dass kein andrer es mehr vorher sieht, sondern gleich du. Hoffentlich spielt uns die Post keinen Streich.   Liebes - Dein Franz.

[1] Der extra gebundene zweite Teil des „Stern der Erlösung".
[2] Der Kiddusch am Schabbat-Abend.

An Margrit Rosenstock am 29. November 1920
29.11.20.
Liebes Gritli,   Edith ist hier, die Wohnungssache ist wieder sehr brenzlich.   Von Eugen kommen immerzu wechselnde Nachrichten über seine Pläne. Gleichzeitig will auch Hans am Donnerstag hier sein und bittet mich, ihm bei mir, Strauss (!!!) oder Hedi Quartier zu besorgen!
...
Heut Abend ist Ernst Simons Vortrag.
Ich kämpfe gegen einen werdenden Schnupfen und suche ihn durch „Willenskraft" zu unterdrücken.
Gestern Abend bei Sommers war ihre Freundin da, die Frau Viebig, verwitwete Frau Oberstaatsanwalt. Sie steht nachdem die Tochter gestorben, der Sohn gefallen ist, ganz allein da und ist von einer strahlenden innenleuchtenden Heiterkeit aus christlicher Quelle. Ganz geöffnet, anspruchslos und schön. Frau Sommer neben ihr noch unerträglicher wie sonst, in ihrer Affektiertheit.
Schreibst du nicht? Bist du böse? Du darfst nicht!   Dein Franz.

An Margrit Rosenstock am 30. November 1920
30.11.20.
Liebes Gritli,   es ist spät geworden. Also vor allem: die Wohnungsaussichten sind wieder heller, jedenfalls fährt morgen Edith schon wieder nach Kassel und beschleunigt den Umzug aufs äusserste, es wird nämlich jetzt so, dass ich auf dem Flur meine Bücher unterstellen kann, so ist keine Auswahl nötig. Wir werden nämlich, wenn alles glatt geht, den ganzen Flur für uns haben, schlimmstenfalls ein Zimmer abvermieten müssen. Also eine richtige Wohnung, 2 oder hoffentlich 3 Zimmer, Mädchenzimmer, Küche, Kloset mit Badeofen und Badewanne.   Dabei hatte ich mit Rothschild heut einen richtigen Streit wegen des (prachtvollen) Vortrags von Ernst Simon gestern. Ich kann dir so rasch nicht davon erzählen. - Wir haben den Anstrich für mein Zimmer ausgesucht, ein tiefes leuchtendes Blau, (wie Himmel im Hochgebirge).
...
Die Vorlesung war formell schlecht, aber inhaltlich doch sehr gut - und für mich selber sehr wichtig, weil ich mir über meine innere Scheidelinie gegen den Zionismus wieder deutlicher geworden bin. Ich bin eben Jemand. - Nun freu ich mich auf die letzte Stunde.   Dein Franz.

An Margrit Rosenstock am 1. Dezember 1920
1.XII.20.
...
Ob Eugen kommt? Sonst sehe ich ihn wohl in Kassel. Vielleicht kommt Hans morgen. Edith ist heut Mittag weg. Es wird also nun umgezogen, und zwar zunächst ganz ohne

Wohnungsamt.   Mit Rothschild wird das schon gehen. Nächste Woche kommen vielleicht schon die Möbel an, so dass wir zwischen dem 12. und 19. vielleicht schon zur Ruhe gekomen sind; es wäre ein Stück.
Nach Tisch Erich Fromm, ein zweistündiger Gang mit Nobel, dann die Arbgem., da war Martha Kaufmann, vielleicht kommts nun zu einem Aussprechen mit Eduard; ich habe sie jedenfalls merken lassen, wie wahnsinnig ich den Zustand finde.
Mit Edith - nun kommt der Monat, wo wir uns wieder sahen.[1] Es war doch seit dem 28.III.[2] nie mehr wieder so schlimm wie vorher. Die Verlobungszeit war eine der schlimmsten, vielleicht die schlimmste Zeit meines Lebens. Ich möchte sie um keinen Preis nochmal erleben. Ich glaube doch, es geht ihr genau so. Nachher war es nie unerträglich, es waren immer Kräfte da, die tragen halfen. Dein Franz.

[1] Dazu der Brief an Margrit und Eugen Rosenstock vom 30. Dezember 1919, S.512.
[2] Hochzeitstag.

An Margrit Rosenstock am 4. Dezember 1920

4.12.20.

Liebes Gritli,   leider leider - die ganze Vorfreude ist wieder zunichte geworden, es ist so mit Mutter, dass ich nur froh bin, dass jede Wohngemeinschaft nun aufhört. (Die Bücher sind schon gestern in Kisten verstaut). Der Grund ist soviel ich sehe einzig der Jüdische. Das ist jetzt an die Stelle von „Gritli" bei ihr getreten. Ich versuchte diesmal, weil sie mir das vorige Mal übelgenommen hatte, dass ich nichts vom Lehrhaus erzählte, ihr unbefangen zu erzählen, (was ja jetzt auch leichter ging, denn es ist jetzt was zu erzählen, damals war es ja noch vor der Eröffnung), sie nahm alles mit scheusslicher Gereiztheit auf und brauchte dann einen andern Anlass zum Losbruch. Edith griff ein und glättete, aber sie macht sich dabei ihre Nerven kaputt, überhaupt ist dieser Zwang zum Mundhalten ja aufreibend für sie.
Von Eugens Besuch war Mutter noch sehr erfreut. Heut Mittag werde ich mir Rudi herüber bitten, als Blitzableiter. Jonas genügt ja nicht.

Rudi kam dann und es (und er) war sehr nett, gar nicht wie er die vorigen Male gewesen sein soll. Er vertrug auch meine Kritik des Beethoven. An dem Neuen für Onkel Viktor hat er ein paar sehr gute Korrekturen gemacht, so dass es jetzt vollkommen ist. Und einen prachtvollen grossen Dialogplan hat er, eine Auseinandersetzung zwischen Buddha und Christus. Wir waren noch bis 1 zusammen.
Ich komme ja Dienstag erst zur Vorlesung an und bin dann ohne Pause bis spät Nachts vergeben. Wir sehen uns also erst Mittwoch früh. Am Mittwoch fährt der Möbelwagen und kommt Edith.   Es ist wenig Hoffnung, dass wir uns noch vor Weihnachten wirklich sehen und nachher auch nicht vor der zweiten Hälfte Januar. Aber am Mittwoch bin ich früh bei euch; schreibt mir nur, wo ihr seid.   In die Vorlesung kommt lieber nicht; es würde mich verlegen machen und ich würde schlecht sprechen; ich kann nicht sprechen, wenn ausser denen, zu denen und für die ich spreche, noch jemand da ist, der zusieht und den ich bei jedem Wort auszuschalten suchen würde. Das giebt einen Eiertanz, aber kein Sprechen. Also schont mich, und verderbt mir nicht die Schlussstunde, von der doch schliesslich allerlei für mich abhängt. Was ich sage, kann ich euch gern Mittwoch früh erzählen.

Überhaupt auf Wiedersehn dann, wenn auch nur auf ein kurzes. Vielleicht fällt zwischen den Vortrags- und den Einzugsarbeiten doch nochmal eine Zweitagezeit für Stuttgart heraus. Wann fahrt ihr denn nach Säckingen?
Ist es recht, dass ich ganz II habe binden lassen? ich wollte erst nur II 2. Dann war es mir leid, besonders um II 3, und schliesslich war die Einleitung ja speziell Eugen gewidmet gewesen und so liess ich das Ganze binden. Ich bin froh, dass du es hast. Es ist so etwas wie das Siegel - ein fühlbares, greifbares Band von mir zu dir, etwas das Symbol, das uns versagt bleiben muss, es giebt doch keinen Ring, den wir tragen dürften.   Meine geliebte Seele
                                                                                               - Dein.

An Margrit Rosenstock am 5. Dezember 1920

                                                                                               5.12.20.
Liebes Gritli, der Tag ging ganz friedlich, Mittags reiste Rudi ab. Erst Abends wurde es wieder ganz scheusslich. Es sind solche Abgründe von Hass und Misstrauen in Mutter angehäuft und gegen wen jetzt? gegen - Edith!! Offenbar ist die natürliche Eifersucht jetzt mit der Wut auf das Jüdische zusammengeflossen.   Ich graue mich schon jetzt vor den 10 Tagen, die ich im Dezember hier zubringen muss. Ich denke, Edith während der Zeit zu ihren Eltern zu schicken, es war Mutters eigene Idee und ich wünsche es jetzt wirklich selber, dass sie nicht länger bei ihr bleibt als nötig. Es ist Gift in der Luft hier.   Ich bin froh, dass bald übermorgen ist.
Wie vollkommen hier wirklich grade von der alten Generation die Familiengefühle geschändet werden, habe ich da wirklich gesehen; ich empfand da noch Selbstverständlichkeiten, die für Mutter gar nicht mehr existierten, offenbar weil sie nie existiert haben. Sie hat (ursprünglich nur der Steuer wegen) eine Vermögensübertragung an mich vorgenommen, die sie nun als einen ernsthaften juristischen Akt zwischen mir und ihr als richtigen Vertragsgegnern empfindet. Es ist so, dass ich mich schämen muss, es angenommen zu haben. Ich hatte bisher ganz den naiven Begriff eines gemeinsamen Familienvermögens, an dem man nur dem Staat gegenüber gewisse Teilungen vornehmen müsse. Für sie fällt es ganz unter „mein" und „dein"! Ich habe so einen Ekel in mir. Die „Berater" haben auch ihr Teil Schuld daran.
Ich kann von gar nichts andrem schreiben. Ich will schlafen.   Dein Franz.

An Margrit Rosenstock wahrscheinlich am 8. Dezember 1920

Liebe - du bist fort und so recht warst du gar nicht da, es war ja ein Wiedersehn zwischen Tür und Angel, nur ein Husch auf der Vorbeireise. Gut dass du die Schlussstunde gehört hast: so war doch wenigstens etwas da, was uns bleibt, auch von diesem Mal.   Du darfst aber nicht meinen, dass ich undankbar wäre, auch für das übrige nicht, es war eben doch ein Sichsehen, wenn auch zu atemlos, ohne Entspannung, Stillesein und Dauer, gestern nur Ankunft, heute nur Abschied, und Ankunft und Abschied machen einen ja immer betreten, nur dazwischen liegt das Leben.
Nun sagen alle meine Gedanken nur auf Wiedersehen und gehen mit dir. Denk nicht an diese kargen Stunden, denk an mich. Und allenfalls an die halbe Stunde gestern Abend auf dem Katheder.
...

An Margrit Rosenstock am 9. Dezember 1920

Liebes Gritli, 9.12.20.
ein sehr gedrängter und dabei verzweifelter Tag: die Wohnung ist beschlagnahmt! Rothschild schwört zwar, es schadete nichts und es würde doch gehen.
Den Abend war bei Rothschild eine Nachtischgesellschaft von 40 Personen, ich sollte eine Rede halten, war wütend über das Michgebrauchen, sprach erst absichtlich schlecht, allmählich unabsichtlich gut (ich schloss an den Schluss des schlechten Teils eine Aufforderung zum Einreden und durch eine Einrede kam ich dann in Rage). Es war eine komische Gesellschaft, Rothschild selber in seiner Naivität Klugheit und Güte ganz famos. Unmittelbarer Erfolg: zwei Anmeldungen zum Hebräisch. Im ganzen wars aber Menagerie.[1] Mayer flüsterte mir begeistert zu, er hätte seine Sammlung dummer Juden (es giebt doch verhältnismässig wenig von der Sorte) um zwei Exemplare vermehrt. Er hat übrigens eine Wohnung.
Salzberger habe ich doch wieder den Entwurf für seine ganze Vorlesung gemacht![2] (und er wird mir nicht böse darüber, sondern ist ehrlich begeistert - das giebt es doch auch selten).
Dein Franz.

[1] Franz.: Schau lebender Tiere.
[2] Rabbiner Salzberger hielt im zweiten Lehrgang des Lehrhauses eine Vorlesung über „Jüdische Geschichte von den Anfängen bis zur Gegenwart".

An Margrit Rosenstock am 10. Dezember 1920

Liebes Gritli, 10.12.20.
noch gar kein Wort von dir -. Es war wieder so ein Herumlaufetag. Mittags die Pappenheim, die wieder ganz herrlich war; in ihrer Gegenwart werden alle andern Menschen blass, so gertenhaft ist sie. Bei Nobels am Abend waren ausser Ernst Simon ein Sohn von Max Warburg[1] aus Hamburg. Es ist mir klar geworden, wie viel aufgelockerter Nobel geworden ist, sicher durch Ernst Simon. Das hat ihn wieder jung gemacht. ...
... Rothschild schwört darauf, dass es gehen wird mit der Wohnung (mit einem vordatierten Vertrag und so Sachen). Ich glaube nicht eher daran als bis wir - nicht drin sitzen (das wird in ein paar Tagen sein), sondern mit dem Wohnungsamt im reinen sind.
Dein Franz.

[1] Max Warburg, 1867-1946, Bankier, der 1919 an den Friedensverhandlungen teilnahm.

An Margrit Rosenstock am 11. Dezember 1920

Liebes, ich schreibe dir ja jetzt immer abends. Und es ist kalt im Zimmer. Aber in 11.12.20.
der Schumannstrasse wird es schön: das blaue Zimmer wirkt schon ohne Möbel herrlich. (Die Möbel sind noch nicht da).
Nobel hat ziemlich mässig gepredigt; dabei waren ein ganzer Haufe zionistischer Studenten von Heidelberg extra herübergekommen. Ich war nachher mit ihnen bei Nobel. Edith war nicht mit - sie ist heut Morgen mit einem richtigen Hexenschuss erwacht, jetzt ist er schon wieder besser.

Bei Koch geriet ich heute leider in Rage - es ist nicht das Richtige so. Theologie ist ein heisses Eisen. Und ich bin ja doch letzthin Theologe; da hilft nichts. Man kann nicht immer Auskunft verweigern.
.....

An Margrit Rosenstock am 12. Dezember 1920

12.12.20.

Liebes Gritli, wieder so ein kalter Tag, dass wir uns den ganzen Tag draussen aufhalten mussten, im Zimmer ging es einfach nicht. Ediths Rheumatismus wurde auch wieder schlimmer. Hoffentlich kommen nun morgen die Möbel. Nach dem 19ten - das wäre wohl sowieso nichts geworden, und im Januar wirds auch kaum. - Am nächsten Sonntag mache ich eine Hörerversammlung. Thema: Das neue Programm.

Es fiel mir ein durch die Cordialität,[1] die du in meiner letzten Stunde gesehen hattest und die mir erst dadurch zu Bewusstsein gekommen war. Nun will ich eine anständige Propagandarede halten.

Nachmittags waren wir mit Rothschild, dann bei Lazarussens und abends bei Michaels, zionistisch Orthodoxen, wo es einen ziemlich bewegten Abend gab. Das Schlimme ist nur immer, dass ich grade an solchen Abenden (grade da wo sie in ihrer Weise ja „dabei" ist) spüre wie gar nicht sie bei mir ist. - Aber ich will davon nicht sprechen.
.....

Von Liszt und der Witgenstein[2] weiss ich eigentlich gar nichts ausser der Tatsache.
...

[1] Herzlichkeit.
[2] Franz Liszt, 1811-1886, Komponist und Pianist, war seit 1848 mit der Fürstin Caroline Sayn-Wittgenstein, 1819-1887, liiert und lebte mit ihr auf der Altenburg in Weimar, die für viele Jahre ein Zentrum des europäischen Musiklebens wurde.

An Margrit Rosenstock am 13. Dezember 1920

13.12.20.

Liebes Gritli, ich geistere bei den Druckern herum, diesmal habe ich mit dreien zu tun! Gestern bei Lazarussens wurde übrigens der Titel meiner kleinen Vorlesung „Geist der hebräischen Sprache" kritisiert; es sähe so aus, als wäre es nur für Kenner. Martha L. schlug vor: der Jude und seine Sprache, was ich akzeptierte. Nachher wollte Edith: Unsre Sprache. Und so heisst es nun.[1] (Es steht unter Vergangenheit und Gegenwart, und durch die Bemerkung für Teilnehmer an den beiden hebr. Kursen unentgeltlich wird es ja ganz eindeutig.)

Weisst du, es wurde mir gestern bei Michaels so recht klar, was für eine wichtige Person ich ⌈[hier]⌉ bin. Ich bin wirklich der einzige Mensch hier, der als <u>Jude</u> (nicht wie Mayer, wenigstens scheinbar, nur als Verwaltungsbeamter, von rechts bis links reicht. Und zwar wirklich mit dem Herzen, denn ich liebe auch Seligmann (Mayer auch, aber bei ihm weiss mans nicht, eben weil er Verwalter ist). Es war schon ein toller Abend.

Bei Rothschilds das älteste ist ein Scheusal, eine 14jährige Musterkarte aller schlechten Eigenschaften eines frechen Revolutionsgörs, ich habe noch keinen Funken irgend eines Respekts in ihm gesehn. Leider steckt es auch das zweite an. Um so süsser sind N⁰ 3 und 4.

Die Gehaltfrage ist in Gang. Ich werde mich <u>nach</u> der Festsetzung wahrscheinlich schlechter stehn als so! Dein Franz.

[1] Titel der Vorlesung, die Rosenzweig von Januar bis März 1921 am Lehrhaus hielt.

An Margrit (und Eugen) Rosenstock am 14. Dezember 1920

14.12.20.

Liebes Gritli,

das Programm ist fertig, morgen wird es gedruckt und übermorgen kriegst du schon eins. Mittags waren wir in einer Trauung ~~be~~ von Nobel, die Braut war eine intime Verehrerin von ihm, aber die Rede war doch nur mässig. Um so schöner einiges sonst bei der Trauung, was wir sicher gemacht hätten wenn wir es schon einmal vorher gesehen hätten. Die Braut ist die Schwester von Frau, der Mann der Bruder von Herrn Darmstädter.

Der Tag war so wieder sehr voll und morgen (der Möbelwagen ist noch nicht da!) gehts zu den Druckern.

Edith hat ein Mädchen gemietet, ein „Fräulein", Johanna Stöhr aus Darmstadt. Sie hat einfach zugegriffen, ganz überraschend.

Die beiden Figuren? warum meine vertikal ist? Nun weil sie keine Wahl, keine wechselnden Versuchungen bedeutet, sondern ein „pflanzenhaftes" Wachstum. Der Baum hat auch nicht die „Wahl" ob er seine Wurzel oder seinen Stamm oder seine Krone sein will; sondern er ist eben - Baum. Der Christ ist eben nicht er<u>wählt</u>, sondern er muss <u>wählen</u>, - muss es, eben <u>weil</u> er nicht er<u>wählt</u> ist. Der Jude steht weder am Scheidewege des Heiden, wo der idealistische Herkules den einen Weg erwählt und den andern unbegangen lässt,[1] noch am Kreuzweg der Christen, wo jeder seinen Weg nur wählen kann weil ihm die Sicherheit geschenkt ist, dass einer seiner Brüder den anderen Weg wählt und also kein Weg unbegangen bleibt; sondern er hat nur den wahllos vertikalen Weg des Wachstums oder des Verdorrens (selbst sein Verdorren noch ist vertikal). Euer Franz.

[1] In der Fabel „Herkules am Scheideweg" von Prodikos entscheidet sich der griechische Held für die Tugend und gegen das Laster.

An Margrit Rosenstock am 15. Dezember 1920

15.12.20.

Liebes, friert ihr auch so? ich kriege wieder Frost an den Fingern wie im Winter 16/17 in Mazedonien. Aber dabei ist mir wohl: das Programm u.s.w. wird so famos.

Heut haben wir herrliche Möbel gekauft, unsinnig billig, einen schönen grossen runden Tisch dabei für 250 M.

Auch bei Epstein war ich heute Morgen. Das ist aber ein langweiliger Mensch, - wirklich „Volkshochschule". (Die Kantstudien bringen einen göttlichen Artikel Die Philosophie auf der Volkshochschule. Ich hätte Lust einen Gegenartikel an die Arbeitsgemeinschaft zu schreiben, es wäre so eine schöne Gelegenheit zum Schiffe hinter sich

verbrennen. (Gelesen habe ich ihn übrigens noch nicht. Aber dazu ist immer noch Zeit.)
Ich möchte überhaupt den Krieg einmal in aller Form erklären. Etwa durch eine Selbstanzeige in den Kantstudien, die so lauten müsste:

> Rosenzweig Franz Der Stern der Erlösung. Frankfurt
> bei J. Kauffmann 1920
> Die Leser der Kantstudien seien vor diesem Buch dringend
> gewarnt.
>   Franz Rosenzweig.

Es wäre übrigens die beste Reklame. Aber sie brächten es nicht.
Ob ein Brief von dir da ist?
                                            Dein Franz.

An Margrit Rosenstock am 16. Dezember 1920
                                                     16.12.20

Liebes - die Möbel sind da. Um 8 kommt der Wagen! Ich kann jetzt nicht mehr schreiben.
Das Plakat wird herrlich, ich war ganz hingerissen.
Morgen schlafen wir in der Schumannstrasse
                N^r 10 !   Dein Franz.

An Margrit Rosenstock am 17. Dezember 1920
                                                     17.12.20.

Liebes Gritli, also der erste Abend in der neuen Wohnung oder ja in der ersten Wohnung! Und grad heut musste der Tischdank ankommen! (Einiges ist übrigens nun doch auch im Reindruck noch prudelig und schief geblieben, trotz hoher und heiliger Versicherungen des Verlegers).
Es wird alles sehr schön. Trotz allerlei Übereilung (sonst könnte manches noch schöner werden können), so ist nur mein Zimmer <u>wirklich</u> schön.
Es waren so Odysseus auf Ithaka[1] Gefühle heut, ich war manchmal ganz dumm und hatte vergessen, worum es sich handelte. Ganz hats mir wirklich erst der Tischdank wieder ins Gedächtnis gerufen.
...

[1] Dazu Homer, Odyssee, 13. Gesang ff..

An Margrit Rosenstock am 18. Dezember 1920
                                                     18.12.20.

Liebes Gritli, nur noch ein Wort zu nacht. Wir sind den Tag über weiter „eingezogen". Es wird Mittwoch werden, ehe sich das Chaos einigermassen lichtet, vorläufig kommen die Möbel rein und die Handwerker sind noch drin, die Wände werden gestrichen, das Wasser, Licht u.s.w. gelegt, die Büchergestelle neu zusammengesetzt. Ganz schön wird es erst im April, da werde ich die 2 andern Zimmer auch streichen lassen; jetzt geht das nicht, die Hausleute hatten eben die Mansarden nicht räumen wollen, bis sie sahen, die Möbel kamen und es wurde Ernst.

Ein ekliger Abend war. Erst eine dumme Vorlesung im Lehrhaus - und dazu das traurige Gefühl, dass die Leute, die da waren, gar nichts andres wollten - und dass ich dafür auch sorgen muss. Dann eine eklige Sitzung im Ili. Nun ist es 1 geworden, und morgen ein anstrengender Tag.   Dein Franz.

An Margrit Rosenstock am 19. Dezember 1920

19.12.20.

... Es war eine Logenfeier,[1] wir wurden zu 30 oder 40 aufgenommen (auch Sinzheimer dabei). Strauss als Präsident in all his glory.[2] Fast 8 Stunden unter Brüdern (und nachher Schwestern). Ein schönes Festspiel, sehr einfach und was drin, - von Strauss angegeben, von einer „Berufsdichterin" ausgeführt.
Heut Vormittag meine Hörerversammlung, die war sehr nett; ich war sehr deprimiert und sprach mich dann lustig; die Leute waren sehr angetan; die ersten Einzeichnungen sind schon gekommen.
Ein Engländer war bei mir, der über Hegel und dergl. arbeiten will. Ich bin aber jetzt schon etwas in Aufbruchstimmung. Dabei ist morgen ein doller Bücherräumtag.
Wie mag es dir gehen? ich habe so lang nichts gehört.
Heut Mittag bei Rothschilds hat die Älteste den Tischdank gesagt; ich bekam erst einen Schreck, dann war es aber wunderschön.
Von Eduard habe ich eine seiner wunderschönen mündlichen Kritiken darüber gekriegt. Schade dass er nicht so schreiben kann.
...

[1] Gemeint ist wohl die Loge „Bnei Brit", die jüdische Antwort auf Bestrebungen einiger Freimaurerlogen, keine jüdischen Mitglieder mehr zu akzeptieren.
[2] Engl: in all seiner Herrlichkeit.

An Margrit Rosenstock am 20. Dezember 1920

20.12.20.

Liebe   - ich habe heut den Tag viel an dich denken müssen, es kamen ja auch 2 Briefe, einer früh, einer abends. Und davon und vom Einräumen zusammen habe ich nun arges Kopfweh und kann Edith beim kleinen u. auf männlich Gesellschaft leisten. Ach du hältst mich für viel untergebrachter als ich bin. Auch äusserlich, auch als „wir" („Rosenzweigs"). Es ist noch ein grosses Tohuwabohu. Die Handwerker kommen vor Weihnachten nicht aus dem Haus, und nach Neujahr kommen sie wieder hinein. Vor Mitte Januar ist an Wohnen nicht zu denken. Den „Schabbes"[1] könnten wir doch nur durch völliges Ignorieren feiern.   Aber das ist alles erträglich und es gehört nur etwas Humor dazu. Der schauderhafte Zustand der letzten Monate ist überwunden. Dank Rothschild.
Das Äussere ist nur Symbol für das Innere. Du schreibst jetzt immer an uns. Aber das hilft gar nichts. Ich gebe es doch nicht weiter.   Es wird nicht besser und nicht schlimmer mit uns. Ich gehe in diese Zeit wo sich das vorige Jahr jährt, mit harten und unfreundlichen Gefühlen. Du fragtest neulich, ob ich das verflossene Jahr als lang oder kurz erlebt hätte. Gar nicht. Weder lang noch kurz. Es ist mir als ob ich es überhaupt nicht erlebt hätte. Es ist nicht in meinem Leben drin.   Obwohl ich mich verlobt, verheiratet, niedergelassen, veröffentlicht habe. Niederlassung und Veröffentlichung

(Beruf und Bücher) sind noch das Wirklichste darin. Aber auch das macht den Fluss der Zeit nicht rascher und nicht träger fliessen. Ich habe den Gewinn der Lebensform mit einem Verlust an Lebensinhalt bezahlt. ... Die Ehe hat nichts hinzugebracht als das Verheiratetsein und damit eine Anspruchslosigkeit, eine gewisse Ausschaltung des Anspruchs und der Verpflichtung auf Liebe, wodurch das Leben (<u>dies</u> Leben!) freilich erträglicher wird als es während der Verlobung war. Aber eben doch nur erträglich. Weiter nichts.

Dein Franz.

[1] Schabbat.

An Margrit Rosenstock am 23. Dezember 1920

23.12.20.

Liebes Gritli,   es wird vor unsrer Abreise keine Ordnung mehr. Die Handwerker werden erst morgen Mittag fertig, und nachher geht es nochmal los.

Beim Lehrhaus ists wieder derselbe Betrieb wie das vorige Mal, trotz der Vorverkaufsprämie; die Leute verschieben es wieder alle bis auf den letzten Augenblick.   Aber da ich diesmal nicht dabei bin, brauche ich mich nicht davon deprimieren zu lassen wie das vorige Mal.

Zum Schreiben komme ich auch jetzt nicht. Überhaupt zu gar nichts. Die Kassler Vorträge sind ganz auf Vorbereitung gestellt — meinst du, ich hätte schon einen Augenblick dafür frei gehabt?

Kennt Eugen Adam Röder[1] schon? („der deutsche Konservatismus und die Revolution"). Grabowsky[2]-Konservativer, mit etwas steiferem Christentum.

Dein Franz.

[1] Adam Röder, Der deutsche Konservatismus und die Revolution, 1920.
[2] Adolf Grabowsky, 1880-1969, politischer Publizist; Herausgeber von „Das neue Deutschland".

An Margrit Rosenstock am 24. Dezember 1920

24.12.20.

Liebes Gritli,   also heut Mittag fahren wir, Edith auch mit nach Kassel und am 26. weiter nach Berlin. Sie rechnet, dass wir nicht vor Anfang Februar in Ordnung kommen.

Ich habe etwas in Landauers Shakespeare[1] gelesen, den ich als Geschenk benutzen wollte. Es ist ein schönes Buch, leider in fragmentarischem Zustand und überhaupt etwas wenig Buch. Jedenfalls fühlt man sich bei jedem Wort in besserer Gesellschaft als bei Gundolf,[2] dessen ganze gestelzte Erbärmlichkeit einem an dem Vis-à-vis[3] aufgehen kann, - dort lauter Absicht, hier lauter fröhliches Drauflos.

Aber ich bin <u>ausgedörrt</u>, du wirst es diesen letzten Briefen angemerkt haben. Ich freue mich auch auf Kassel gar nicht.

Dein Franz.

[1] Gustav Landauer, Mitglied der Münchner Räteregierung 1919, der im Mai desselben Jahres ermordet wurde, hatte kurz zuvor eine Vortragsreihe über Shakespeare gehalten, die von Martin Buber 1920 posthum ediert wurde.
[2] Friedrich Gundolf, 1880-1931, Literaturforscher, der in den von Stephan George herausgegebenen „Blättern für die Kunst" seit 1899 Dichtungen veröffentlichte. 1916 erschien von ihm ein Buch über Goethe.
[3] Franz.: von Angesicht zu Angesicht.

An Margrit Rosenstock am 24. Dezember 1920   24.12.20.

Liebes Gritli, ich habe doch von selber schon niemandem etwas davon gesagt, das kannst du glauben. Ich denke immerfort daran. Wohl ohne grosse Enttäuschung, wenn es nichts wäre, aber mit der grössten Freude, wenn es etwas wird. Eben so mit einem ganz ruhigen, erwartenden Gefühl.[1]
... Mit Sinzheimer[2] bin ich neulich in die Loge aufgenommen, lernte ihn aber nicht mehr kennen, er ging gleich nach der Aufnahme fort; ich selber spreche in der Loge am 4. Januar, eine Propagandarede.
Weshalb Schreiben manchmal leichter als sprechen ist? weil es immer etwas Selbstgespräch bleibt (Man schämt sich ja nicht vor der Seele des andern, aber vor seinem Leib. Deshalb ist beim mündlichen Sichbekennen etwas mehr zu überwinden als beim schriftlichen.
                                                                               Dein Franz.

[1] Aus den folgenden Briefen geht hervor, daß Margrit Rosenstock Rosenzweig mitgeteilt hatte, sie sei schwanger.
[2] Wohl Hugo Sinzheimer, 1875-1945, 1919 Mitbegründer der Schule der Arbeit und 1920-33 zugleich Professor für Arbeitsrecht in Frankfurt.

An Margrit Rosenstock am 25. Dezember 1920   25.12.20.

Liebes Gritli,   es ist Abend und es war ein netter Geburtstag, dein Brief war da, und ich habe viel geschenkt gekriegt: einen kleinen Haufen Bücher aus der „Wissenschaft des Judentums", einen Zinnteller für Sabbat-Ausgang, Photographien nach Onkel Adams Zeichnungen bei Hedi.   Sonst wars still und ich habe den ganzen Tag gelesen, war auch ein bischen unwohl, so als ob ich Fieber bekäme.
Jonas hat ein grossartiges Porträt von Paul Frank gemacht. Vom 29. an lasse ich mich von ihm malen, lesend natürlich, um nicht zu viel Zeit zu verlieren.
Rudi Hallos Mutter ist sehr krank.   Rudi kommt am 29. von Göttingen.   Edith fährt also morgen früh.   Ich danke dir für deinen Brief; er ist den ganzen Tag bei mir gewesen, nicht bloss in der Tasche.   Dein Franz.

An Margrit Rosenstock am 26. Dezember 1920   26.12.0.

Liebes Gritli,   meine Elendigkeit ist wohl doch keine Malaria; wohl nur Vorgefühl des Vortrags,[1] der sehr schlecht war, und etwa auch Jahrestagsschmerzen. (Trudchen sagt freilich, sie hätte voriges Jahr mehr Lampenfieber - in des Worts weitester Bedeutung - für mich gehabt als dieses.
Mutter sagte über den Vortrag: belehrend und interessant, aber nicht kurzweilig. Jonas war wütend, - : als wenn ich ihm mit einem Hämmerchen immerfort auf die Schläfe geschlagen hätte.   Sie haben beide recht. Ich war (und bin) eben herunter.
Gestern ist mir wieder ein schönes Stück Übersetzung geglückt. Von Zeit zu Zeit kommt immer so ein Tropfen. In einigen Jahren ists ein Ganzes.
Ich sage jetzt „in einigen Jahren" mit so einem unblasphemischen Gefühl. Ich empfinde so, als zählten die Jahre nicht mehr.   Dein Franz.

Das übersetzte Stück sollst du doch haben. Es ist aus dem Abendgebet, unmittelbar vor dem Glaubensbekenntnis.[2]

Ewiger Liebe hast dein Volk Haus Israel du geliebet
Weisung und Pflichten, Sätze und Rechte uns hast du gelehret.
Darum o du Gott unser Gott
    wenn wir schlafengehen
    und aufstehen,
So grübeln wir
    ob deinen Sätzen
Und jubeln wir
    ob den Sprüchen deiner Weisung
    und ob deinen Rechten
        immerdar.
Uns Lebensweckung
und Lebensstreckung -
so forschen wir drinnen
    Nacht und Tag.
Und deine Liebe, ach, woll nie tun von uns,
    - ewig nie
Lob, ja Lob dir o Gott, der sein Volk Israel lieb hat.

Erfahr' es Israel: Er unser Gott, Er ist Einer
    Und du sollst den Herrn deinen Gott lieb haben von
        ganzem Herzen ....
        ....
        ....
        ....

---

[1] „Der Jude im Staat", als Entwurf abgedruckt in Zweistromland S.553-555.

[2] Es handelt sich um die BRACHA (Segen) AHAWA - „Liebe", die vor dem „Höre Israel" steht, im Siddur Sefat Emet S.176. Das Faksimile ist abgebildet auf S.700.

An Margrit Rosenstock am 27. Dezember 1920

                        27.12.20.

Liebes Gritli,   heut war der Vortrag gut, ich war eben wieder gesund und es strömte. Rudi war übrigens wenig zufrieden, aber ich weiss es ja selber immer ziemlich genau, ob es gut war.   Ich habe eine grosse Übersetzungsskizze, die ich heut früh gemacht habe, hineinverwoben.

...

Jonas malt mich und Rudi auf ein Bild, Blattformat natürlich, es wird vielleicht gut, und mir wäre es jedenfalls eine Freude. Es ist merkwürdig auszudenken, mit wem man sich noch auf ein Bild (zu zweien) gemalt denken möchte. Ich glaube, mit niemandem. Höchstens noch mit Eugen. Und etwa auch mit Trudchen.

Wir haben einen kleinen messingnen Löwen zum Wassergiessen gekriegt von Mutter   so ein romanisches (also wohl sicher gefälschtes, aber wunderschönes)   Vieh, sog. „Aquamanile".[1]

                                              Dein Franz.

[1] Lat.: Gießgefäß, aus dem bei der Messe Wasser auf die Hand des Priesters gegossen wird.
In den „24 Worten des Rafael Rosenzweig" (abgedruckt im Anhang, S.832ff) heißt es über dieses Gefäß:
„Wauwau: (etwas englisch auszusprechen): Das auch von den Erwachsenen so bezeichnete Tier, ausserdem aber auch der unter dem Namen Arje Leib zum Judentum übergetretene ehemals katholische Löwe Leo Aquamanile, wegen seiner mehr kunst- als naturhistorischen Form" (S.833).

[handschriftlicher Text – Segen AHAWA in Übersetzung von Rosenzweig:]

Ewiger Liebe hast du Volk dein Israel: du geliebet
Weisung und Pflichten, Sitze und Rechte; uns hast du gelehret
Darum o du Gott unser Gott
wenn wir schlafengehen
und aufstehen,
So preisen wir
Gott deines Sitzes
Und jubeln wir
ob dem Speicher deiner Weisung
und ob deines Rechtes
immerdar.
Unsre Lebensweckung
und Lebensstreckung –
so forschen wir drinnen
Nachts und Tag.
Und deine Liebe, ach, woll sie fern von uns,
– ewig nie.
Lob, ja Lob dir o Gott, der sein Volk Israel lieb hat.

Erhöhtes Israel: Er unser Gott, Er ist Einer
Und du sollst den Herrn deinen Gott lieb haben von
ganzem Herzen ...
– . – . – . – . – . – . – . –

Der Segen AHAWA („Liebe") in einer Übersetzung von Rosenzweig,
aus dem Brief an Margrit Rosenstock am 26. Dezember 1920

An Margrit Rosenstock am 28. Dezember 1920

28.12.20.

Liebes Gritli,   dein Brief heute vom 25ten — du machst es mir schwer, Rudi nichts sagen zu dürfen; es würde ihm mit dem einen Wort so gut geholfen sein; aber ich behalte es natürlich bei mir; Eugen oder du selber musst ihm schreiben.   Meine Gedanken gehen ja immer wieder um dich herum. Ich hatte ja die Hoffnung nie aufgegeben; weisst du noch diesen Sommer das Büchlein von Hoffmannsthal,[1] das ich dir ins Schreibtischallerheiligste stellte. Es ist wie ein stilles Hinstellen und Festrücken aller möglichen Dinge an ihre Plätze. Ich habe das Gefühl als ob es mir mehr bedeute als sonst je so etwas, - mehr selbst als wenn es bei uns geschähe. Das klingt verrückt, aber es ist so.

Ich mag dir gar nicht von heute erzählen, es war auch nicht viel, das Doppelportrait ist weitergegangen, und ich habe den 3ten Vortrag gehalten, Franz Rosenzweigscher als den vorigen, aber weniger gut, etwas zu leichtsinnig und lustig.

Liebe - Dein Franz.

[1] Das Märchen „Die Frau ohne Schatten" von Hugo von Hofmannsthal, in dem es u.a. um Schwangerschaft geht.

An Margrit Rosenstock am 29. Dezember 1920

29.12.20.

Liebes Gritli, um deine Übelkeiten ist mir wirklich nicht bange. Es war gut, dass du heute Rudi selber schriebst.   In einem etwas kuriosen Zustand ist oder war er ja immer noch. Man muss ihm manchmal etwas überdeutlich sagen, deutlicher noch als es ist, damit er es versteht. Aber wir trafen uns dann doch auch in vielem; grad im Gedanken an Eugen, der ja nun das Hauptstück seiner Ketzerdogmatik umzuformen genötigt ist; jedenfalls wird er für die Wirklichkeit, die an die Stelle jenes Dogmas treten wird, leichter mich und uns alle zu Gläubigen gewinnen als bei dem bisherigen; ich kann dir ja nun sagen, dass mich aus diesem Grund die ganze Tochtermetaphysik so tief anekelte, viel tiefer als ichs ihn merken lassen konnte (denn er konnte ja nichts für sein Sichverirren in diese Theorie; es war eben ein künstliches Verdecken einer Lücke des Lebens).

Jonassens Bild ist fertig. Rudi ist sehr gut, ich nicht, aber das Ganze gut.

...

An Margrit Rosenstock am 30. Dezember 1920

30.12.20.

Liebes Gritli,   es ist ganz spät in der Nacht geworden, wohl schon früh, meine Uhr steht. Ich bin noch ins Übersetzen geraten und stundenlang dabei geblieben, es sind aber dafür auch ein paar herrliche Stellen gelungen, eine die ich für ganz unmöglich hielt, — und eben merke ich, dass ich sie für dich übersetzt habe, ohne dass ich einen Augenblick dabei an dich gedacht habe, und so gehört sie diesmal in den Brief, nicht auf die Rückseite.   Es ist der Dank, den man sagt, wenn etwas Neues, etwas ganz oder etwas wieder Neues, einem ins Leben kommt („wenn man ein Haus gekauft hat" oder „ein neues Kleid anzieht", aber auch zu Eingang jedes Festes, und sonst wenn es passt).

Lob nun ja Lob dir o Gott,
> unser Gott und König des All du!
Schenkst Lebenskraft uns,
Gabst festen Haft uns,
Hast hin geschafft uns
> Bis an dies Heut![1]

Ja Liebe - es ist ein Neues, aber ich wusste ja was du eben heute schreibst, dass es nur für Eugen eine Umstellung bedeutet weil nur er sich das Leben theoretisch versteift hatte, an diesem Punkt, und nun seine Stützbalken, <u>Gott</u> sei Dank, brechen; du hattest ja nur einfach <u>gelebt</u>, ohne, solange es nicht war, und nun wo es ist, mit. Und was die mittlere der drei Zeilen („gabst festen Haft uns") in diesem Zusammenhang heisst, begreife ich wirklich erst seit jetzt, - dass jedes Neue zugleich auch eine Befestigung bedeutet.

Mir zieht auch die ganze Vergangenheit der letzten 3 Jahre sehr deutlich wieder vorüber, an diesem Punkt ist mir ja meine Liebe zu dir immer zum Gebet geworden, bis noch diesen Sommer als ich an die Möglichkeit gar nicht mehr glaubte und durch die Hofmannsthalsche Novelle wieder so ganz (und wies mir schien wider alle vernünftige Erwartung) drauf hoffen und darum bitten musste.

Für mich selber - aber davon heut Nacht nichts mehr, ich fühle sehr genau was es für mich ist - der abschüssige Ast meiner Lebensbahn, auf dem ich seit einem Jahr gehe, steigt nun vollends unter die Erde. Aber jeder Schritt weiter verringert auch den <u>Schmerz</u> dieses Versinkens; es ist eben genau so gottgewollt wie das Steigen war, und er hätte wohl das Steigen kaum gewollt wenn er nicht schon das Sinkenlassen mitgewollt hätte.

> Dein Franz.

---

[1] Die Übersetzung wurde veröffentlicht im Rahmen der „Häuslichen Feier", die Rosenzweig dem Frankfurter Rabbiner Nehemia Nobel widmete; abgedruckt in: Martin Buber u.a. (Hgg.), Gabe Herrn Rabbiner Dr. Nobel zum 50. Geburtstag, Frankfurt 1921, S.106.

Faksimile der Übersetzung aus dem Brief an
Margrit Rosenstock vom 30. Dezember 1920

An Margrit Rosenstock am 31. Dezember 1920

31.12.20.

Liebes Gritli,   grade in dieser Nacht, wohl als ich dir schrieb, ist Tante Rosette[1] plötzlich gestorben und die Beängstigungen, die ich aus Mutters ungewohnter Güte während dieser Woche geschöpft hatte, sind also fehlgegangen; es war wohl nur ein Vorgefühl dieses Tods. Sie sah heut Morgen noch wunderschön aus, ohne Härten, lächelnd; ich war lange im Zimmer, der Tod ist mir nicht fremd mehr, das spürte ich auch an diesem Toten. Fast ist das Leben mir fremder, es geht mich jedenfalls weniger an.   Das ist ja dasselbe was ich dir diese Nacht schrieb. Die Fäden lösen sich, einer nach dem andern und es knüpfen sich keine neuen mehr.

Der 6.I.[2] war eben ein Selbstmord, es giebt kein Zurück. Der 28.III.[3] ist nicht das Zurück, sondern der Beginn des Begräbnisses, und ein Begräbnis ist immer eine komisch umständliche, sehr „lebendige" Angelegenheit, auch die „Religion" muss dabei mittun; aber der Tod bleibt immer noch wirklicher als die schönste „Leich".

Ich sah heut Morgen ja auch Trudchens Neues, beim Baden, ein wunderschönes Kind. Eben ganz ohne die Geschwistergefühle, die ich bei der Toten hatte. Das Kind war mir, als wollte es auf einen andern Stern als auf dem ich wohne, die Tote hatte sich nicht von mir und meiner Wohnung entfernt.

Heut Nacht bleib ich mit Louis in den Zimmern, der Sarg ist schon zu, morgen Abend wird sie nach Köln gebracht.

Ob dir Hans Debrunner schreiben wird? Das zu wissen, dazu gehört nach deiner Schilderung seines Benehmens am lendemain,[4] nicht viel Psychologie; er war doch einfach wieder verliebt in dich; das äussert sich bei Männern, wenn sie noch eine Hemmung in sich spüren, in so einem Benehmen, wie du es beschreibst („unmässiges Lachen" „ganz verdreht", „nichts mit ihm anzufangen").

Ists nicht auch merkwürdig, dass ich gestern die Übersetzung die ich dir schrieb, gradezu mit Leidenschaft machte, aber keinen Augenblick das Gefühl hatte, sie für mich zu machen?   Der ✡ der nun endlich ausgedruckt ist, (auch der Umschlag), geht mit seinem letzten Wort INS LEBEN[5] nun wirklich von mir fort, hinaus in die Welt, er ist nicht mehr mein. Nur ich - was von mir da ist und solange etwas von mir da ist -

bin Dein

---

[1] Rosette Frank, geb. Alsberg, 1863-1920, die Mutter von Gertrud Oppenheim und Schwester von Rosenzweigs Mutter.

[2] Verlobungstag.   [3] Hochzeitstag.

[4] Franz.: am folgenden Tag.   [5] Stern der Erlösung S.472.

1921

An Margrit Rosenstock am 1. Januar 1921

1.1.21.

Liebes Gritli, es geht zu wie in einem Shakespearetragödienschluss: als ich von der Nacht mit Louis - bis 5 waren wir wirklich beide auf, nachher schlief Louis und ich arbeitete etwas - als ich nachhause kam, war Mutter eben zu Alsbergs: Tante Lieses[1] Mutter war in Meiningen plötzlich gestorben! Ich hatte am Vormittag, ehe ich nachhause ging, noch ein Gespräch mit Trudchen. Mit Louis war es auch eine gute Nacht. Heut Abend haben wir die Leiche auf den Bahnhof gebracht, ich hätte sprechen sollen, aber wie immer konnte ichs nicht. Sepp Katzenstein[2] sprach dann ein paar Worte.

Edith schreibt mir betrübt über die Leerheit meiner Briefe. Die Jahreswiederkehr macht mich eben stumm.

Ich bin müde von zwei durchwachten Nächten und von dem Grauen vor dem Tod. Der Tod des <u>andern</u> kann einem doch nie vertraut werden; nur wenn man sich selber hineindenkt, geht es. (Im ✡ muss irgendwo das grade Gegenteil davon stehn!).

Dein Franz.

[1] Liese Alsberg, geb. Hofmann, Ehefrau von Adolf Alsberg, einem Bruder von Adele Rosenzweig.

[2] Joseph Katzenstein, 1876-1929, angeheirateter Cousin von Rosenzweig.

An Margrit Rosenstock am 2. Januar 1921

2.1.21.

Liebes Gritli, heut Abend war der letzte Vortrag, ich wusste ja im voraus, dass es trotz ganz anderm Inhalt wieder eine Stunde werden würde wie die letzte in Frankfurt die du gehört hattest. Deshalb, um ganz unbeengt sprechen zu können, bat ich Onkel Viktor, der heut herkam, nicht zu kommen. Er sagte auch gleich ja. Aber er meinte es nicht ernst und so war er Abends da. Ich war so verzweifelt, weil ich wusste, dass ich dann nicht über die Lippen bringen konnte was ich zu sagen hatte, dass ich ihn bat fortzugehen; er tat es auch, dann hatte ich ein entsetzlich schlechtes Gewissen und merkte nachher im Sprechen doch, dass mein Gefühl mich nicht betrogen hatte: so wie ich sprach <u>hätte</u> ich an ihm vorbei nicht sprechen können. Erst nachher war mir wieder übel vor schlechtem Gewissen, dass ich ihm wehgetan hatte, ich ging mit Mutter noch zu Ehrenbergs, er hatte es nicht so schwer genommen. Aber die ganze Geschichte hat mich doch gelehrt, wie unmöglich auf die Dauer diese öffentlichen Selbstpreisgaben sind. Und dabei giebt es Pfarrer, die jedes Jahr 52 mal predigen, 40 oder 50 Jahre lang!

Ich kann mir freilich nicht denken, dass nicht für einen oder den andern der Leute heut eine Epoche in seinem Leben angefangen hätte. —

Rudi Hallo war vormittags kurz da (seiner Mutter geht es ja recht schlecht); er brachte mir als Antwort auf meinen Brief einen Brief den er an jemand anders geschrieben hatte, ein ganz herrliches Zeugnis für gar nicht mehr Jünger-, sondern ganz und nur Brüderschaft. Nicht meine Worte, aber lauter Worte die ich zu meinen hätte machen können. Ich war sehr froh. Er schreibt ihn mir ab.

Dein Franz.

Ich habe deine Erlaubnis benutzt und eben Mutter von dir[1] erzählt, damit sie doch nach diesen Tagen wieder was zum Freuen hat.

[1] Von Margrit Rosenstocks Schwangerschaft.

An Margrit Rosenstock am 3. Januar 1921

3.1.21.

Liebes Gritli,   also wieder in Frankfurt in der Wohnung. Mein Zimmer sieht mit Teppich u.s.w. schon ganz richtig aus. Ich habe unterwegs noch viel an dem zweiten Gurlittheft[1] gearbeitet.

Ich schrieb dir, dass ich Mutter gestern Abend noch von dir erzählte. Ich fand, dass sie einfach etwas brauchte, was noch als Zukunft vor ihr steht. Ich glaube ja, dass sie nach ihrer überwundenen seelischen Krise nun in einer Gesundheitskrise steht, in der es sich entscheiden wird, ob sie in den nächsten 2 Jahren sterben wird oder 80 Jahre alt werden. Wenn man sie jetzt in eine wirklich gründliche Kur hineintreiben könnte, so wäre das zweite sicher. Dass sie jetzt krank, gefährlich krank ist, das <u>nicht</u> zu sehen, muss man schon Arzt sein.

Onkel Adolf ist ein vollkommener Trottel geworden, der nur noch so viel Verstand hat, seine Kinder taufen zu lassen.   Seine Schwestern lässt er untätig krepieren. Tante Rosette hat sich einfach zu Tode gewüstet. Auf all ihre Klagen haben die Ärzte erklärt, sie wäre ganz gesund.   Es ist ein Malheur, früher hatte der Mensch einen Arzt, der ihn alle 4 Wochen mal ansah, da war eine Verbindung da zwischen Arzt und Patient. Heute sitzen für jeden zwanzig Spezialisten da, jeder in einer andern Folterkammer. Und dazwischen steht auf der Strasse der Mensch und krepiert.   Dein Franz.

[1] Gemeint ist die Übersetzung der Freitagabend-Liturgie, bestehend aus der „Häuslichen Feier" und dem synagogalen Teil des Gottesdienstes. Das Ganze blieb allerdings ungedruckt (dazu Sprachdenken im Übersetzen, 1. Band: Hymnen und Gedichte des Jehuda Halevi, S.XIII und XVIII), lediglich die „Häusliche Feier" wurde in der Nobel-Festschrift 1921 veröffentlicht.

An Margrit Rosenstock am 4. Januar 1921

4.I.21.

Liebes Gritli,   die Einrichtung geht weiter, ich ordne die Bücher, es wird wunderschön.   Vom Donnerstag ab werden wir hier essen, morgen kommt das Mädchen. Heut Abend waren ich in der Loge zu meinem Propagandavortrag. Es war persönlich ein grosser Erfolg, sachlich gar keiner. Ich hatte es genannt: das jüdische Bildungsproblem und machte es in Form einer - Autobiographie, von Kind an bis zum Programm dieses Trimesters! Am Schluss mit einer Warnung vor N<u>r.</u> 14 des Programms! Leider gehts mit den Einzeichungen[1] wieder so schlecht wie voriges Mal, und ich bin nicht sicher, dass es sich nachher doch ebensogut machen wird da.   Dein Franz.

[1] Anmeldungen zum Lehrhaus.

An Margrit Rosenstock am 5. Januar 1921

5.1.21.

Liebes Gritli,   heut vor einem Jahr war Hans Hess bei mir und ich brachte den Brief an Edith zur Post. Edith selber schwelgt nicht in Erinnerungen und das ist gut; für morgen habe ich ein schönes Stück zur Hauseinrichtung. Dabei fällt mir ein: was du hierher schicken wolltest, ist nicht gekommen; hast du es denn abgeschickt? Und sind die Goethebriefe noch rechtzeitig gekommen?
Wir waren bei Hedi eben. Sie kriegt wieder ein Kind. Wir haben unser Silber geholt; morgen oder übermorgen wirds ernst.

Im Lehrhaus wieder erst 90 Anmeldungen (= 1350 M). Ich gebe aber die Hoffnung nicht auf.

..... Apotheosen[1] sind nichts für mich. Und deshalb bin ich so froh, dass der liebe Gott jetzt mit seinem unnachahmlichen Humor dir das metaphysische Theaterpostament deiner Göttlichkeit, auf das dich Eugen partout stellen wollte, unter den Füssen weggezogen hat und dich auf eine eben auch für Eugen schliesslich nicht widerlegbare Weise wieder ins Menschliche, ins Nurmenschliche, und deswegen aber auch Ganzmenschliche zurückgeführt hat. Auf seine sehr göttliche Weise: indem er dir etwas Menschliches, Nurmenschliches, aber Ganzmenschliches passieren liess. Und weil mir alles an dir immer nur menschlich sehr menschlich geschienen ist und ich dich nur in dieser Nurmenschlichkeit geliebt habe, in deiner Gnadebedürftigkeit, nicht in irgend einer erdogmatisierten Zurechtendesvaterssitzendheit (oder meinetwegen auch zur Linken), so freue ich mich nun, dass die Gnade gekommen ist und weiss, dass sich da nichts „umzustellen" brauchte in dir, denn — Psalm 103, 3 und 4.

Dein Franz.

[1] Aus dem Griech.: Vergottungen.

An Eugen Rosenstock am 6. Januar 1921

6.1.21.

Lieber Eugen, so wenig ich deinen Brief, den ich gestern bekam, annehmen könnte, so ganz nehme ich jedes Wort des Briefs von heute auf und an. Ich hatte ja selber das Wort, das dich aufgetrieben hat, schon mit dem Bewusstsein, dass etwas daran nicht stimmte, dass es eben - so drückte es sich mir aus - ein Selbstmord wäre der keine Sünde wäre. Aber anfühlen tut sichs freilich gleich, und so gebrauchte ich doch das Wort. Auch die wunde Stelle meines Verhältnisses zu Edith bezeichnest du absolut richtig. Ob es „Stolz" ist, weiss ich nicht, glaube es kaum. Es ist wohl nur die Angst, ins Leere zu reden. Spüren tut sies wohl, aber ihr es sagen - ich fürchte mich vor dem Sagen, und zwar nicht vor den Folgen, sondern grade vor der ——— Folgenlosigkeit! Zu Trudchen hatte ich am Morgen des 1. Januar ähnlich gesprochen, heut bekam ich von ihr einen Brief (zu Morgensterns Stufen,[1] die sie uns zum 6.I.[2] schickte), worin sie mir ähnlich schrieb wie du. Ich bin etwas in Versuchung euch den Brief mitzuschikken, aber es ist ja unnötig.

...

Die Zahlen sind 150 (= 2250 M).

Ich habe schändlichen Ärger. Wenns so weitergeht, werde ich einestags wieder „stiller Gelehrter"; es passt jetzt ohnehin besser zu mir, zu dem „stillen Mann", der ich nun doch einmal werde.

Dein Franz

[1] Christian Morgenstern, Stufen. Eine Entwicklung in Aphorismen und Tagebuchnotizen, 1918.

[2] Verlobungstag der Rosenzweigs.

An Margrit Rosenstock wahrscheinlich am 7. Januar 1921

Liebes Gritli, die Wohnung wird jeden Tag fertiger, aber fertig nicht vor 14 Tagen; durch das sehr allmähliche Entstehen der Bücherreihen ist selbst mein Zimmer noch etwas chaotisch. Aber wir haben doch heute angefangen, zu essen; das Mädchen ist

gekommen, und es gab einen Freitag Abend mit schönen Dehors; meine Bitten für mich und sie laufen freilich auf schmalen Stegen über einem Abgrund von Unglauben (<u>meinem</u> Unglauben). ―――――
190 Einzeichnungen (= 3500 M).
Ich habe auch Kopfweh, ich hatte einen schlaflosen Morgen vor lauter Geschäftsärger und einen vertelefonierten Vormittag, bis alles wieder stimmte. An die Vorlesungen habe ich noch nicht wieder denken können.
Hänisch ist hier wegen der Ak. d. Arb., aber das wisst ihr wohl.
Ich habe in Morgensterns „Stufen" viel gelesen. Zu uns verhält es sich so:

(Zwei Wege die sich ein breites Stück einfach decken und die trotzdem auch in diesem grossen gemeinsamen Stück von uns und von ihm in jedem Punkt in andrer Richtung begangen werden. Aber zum ersten Mal wird mir, an diesem Jünger, der Meister Steiner[1] „glaubwürdig", wenn ich ihn auch nicht verstehe.

Dein Franz.

[1] Rudolf Steiner, 1861-1925, Begründer der Anthroposophie. In Christian Morgensterns „Stufen" ist ein Abschnitt überschrieben: „An Rudolf Steiner".

An Margrit Rosenstock am 8. Januar 1921

8.1.21.

Liebe, heut ist mir eingefallen, was ich in der Mappe sammeln kann: Sonderdrucke und Rezensionen. Man hat sie doch nie beisammen, wenn man sie braucht.
Vormittags waren wir bei Nobel, er ist sehr erholt, von der einen Woche draussen in Königstein. Er hatte schön gesprochen. Nachmittags war Ernst Simon bei uns. Und abends waren wir endlich mal im Theater, in Iphigenie auf Tauris von Gluck.[1] Aber ich habe mich sehr gelangweilt obwohl es eine schöne Oper ist und die Aufführung ausgezeichnet war; ich vertrage es aber nicht mehr so lange still zu sitzen und andre Leute singen zu lassen. Es ist gut, dass ich mal eine ästhetische Periode gehabt habe, sodass mir das alles doch nicht entgangen ist; heute verstehe ich kaum, wozu es das geben muss; aber ich <u>habe</u> es ja mal gewusst.
Unsre Wohnung wird sehr hübsch; am Schabbes hatte sie direkt ihren beau jour.[2]

Dein Franz.

[1] Christoph Willibald Gluck, 1714-1787, komponierte 1779 seine letzte Oper „Iphigênie en Tauride".
[2] Franz.: schöner Tag.

An Margrit Rosenstock am 9. Januar 1921

9.1.21.

Liebes Gritli, ich bin schon seit Mittag im Bett, mit einer tüchtigen Magenverstimmung, und habe brav gearbeitet. Vormittags war Nobels letzte Stunde im Lehrhaus, sehr maniergeworden, und doch glaubwürdig. So schlicht heruntergesagt wie lauter Selbstverständlichkeit, das äusserste Gegenteil von allem Kanzelton. Trotzdem Manier, in der Art zu denken. Und trotzdem Glaubwürdigkeit. Wann sind wir Jüngeren wirklich glaubwürdig? (für den, der uns nicht glauben <u>will</u>). In Kassel hat neulich meinen letzten Vortrag, den grossen, der Kapellmeister Hallwachs gehört, der Kassler Georgianer, Germane mit Buberscher Judenneigung. Er war ganz entsetzt, in jeder

Beziehung. Wäre es nun schlimm gewesen, wenn er <u>nicht</u> entsetzt gewesen wäre? Dürfen wir von Georgianern[1] überhaupt gesehen werden können??
240 Anmeldungen. -

Dein Franz.

[1] Anhänger des Dichters Stefan George.

Edith Rosenzweig an Margrit Rosenstock am 9. Januar 1921

d. 9.I.21.

Liebes Gritli, ich kann nichts andres mehr denken; was ich tue - und das ist so einiges - immer sehe ich Dich und freue mich. Was Mitleid ist, wusste ich, aber Mitfreude erlebe ich jetzt richtig zum ersten Mal, und wunderschön ist es. Es ist mir noch so ganz neu, ich kann es mir noch garnicht richtig vorstellen, so wunderbar kommt es mir vor und wie muss Dir zu Mute sein! Nur eins tut mir leid, dass Du so weit fort bist, ich möchte Dich gern küssen.

Es wird schön bei uns, wann wirst Du es Dir ansehen? Ich habe noch viel zu tun, aber ich habe jetzt ein Mädchen, da wird es etwas leichter für mich.

Es war schön, wieder mal bei den Eltern zu sein. Meine Schwester ist auch in Hoffnung - ein schönes Wort, finde ich - . Als ich es erfuhr, weinte ich. Es war kein Neid, ich war nur traurig. Aber als Franz mir von Dir sagte am Freitagabend, unserem ersten hier, da jubelte es in mir. Und meine Zuversicht wächst, dass auch mein Hannah-Gebet[1] erfüllt wird.

Ich umarme Dich.

Deine Edith.

[1] In 1. Samuel 1,1-20 bittet Hanna um ein Kind.

An Margrit Rosenstock am 10. Januar 1921

10.1.20.[1]

Liebes Gritli,   ich werde nun endlich wohnhaft, heut habe ich es recht gespürt. Strauss war zum Kaffe bei mir, Edith musste bald fort, und es gab, wirklich ermöglicht durch die eigene Wohnung, das erste wirkliche Wort zwischen mir und ihm seit ich hier bin.   Ich habe ihm alles gesagt, zuletzt so namentlich auf Alice,[2] dass ich nicht anders konnte und ihm, auch summarisch in wenig Worten, (schon damit er nicht das Gefühl hätte, ich spräche als beatus possidens[3] zu ihm) von mir und Edith zu sprechen. Er sagte, er habe es doch natürlich gewusst. Aber es war uns durch die liebevollste Offenheit beiden endlich einmal wohl miteinander.

Auch sonst wars ein voller Tag mit allerlei Auflösungen (auch des Ärgers, nach dem du fragst). Mittags hatten wir den Rothschildschen „Neffen", den Erich Marx, zu Gast. Ich habe dir wohl mal von ihm geschrieben: der furchtbar dicke Mensch, den ich deswegen erst so hasste und der sich als ein ganz reines Gold entpuppte.

Und dann stand dein Brief über dem Tag. Gar nicht so sehr was drin stand, einfach ein Brief von dir.

Ich denke, du wirst doch bald einmal kommen müssen, wenn gestern was mit Eugen hier geschehen ist, (aus der Zeitung ging nichts hervor). Du wirst auch sicher bald können, diese Zustände gehen selten tief in das zweite Drittel[4] hinein.

Wir über Sonntag nach Säckingen? Dies nächste Mal sind wir noch zu sehr im Einrichten, das nächste Mal hat Edith Geburtstag, danach, um den 30., ginge es, aber bist du da noch da? aber du gehst wohl nun gar nicht mehr nach Stuttgart? das beste wäre es eigentlich.

Ich habe Troilus und Cressida[5] gestern im Bett angefangen, 2 Akte, aber es ist nichts für mich.

300 Anmeldungen. Aber es hat mich unverhältnismässige Mühe gekostet, ohne die wärens keine 100. Auf die Dauer geht das nicht so.   Auch die Verkoppelung vom Wirklichen mit dem ganz Durchschnittlich-Schlechten ist auf die Dauer unmöglich, „jedem etwas" ist ein guter Grundsatz für den „Theaterdirektor",[6] aber man verdirbt sein Publikum, indem man ihm das Gute und Schlechte auf denselben Schüsseln reicht.

Dein Franz.

[1] Von Rosenzweig falsch datiert.
[2] Alice Strauß, gestorben 1971, Frau von Eduard Strauß.   [3] Lat.: glücklich Besitzender.
[4] Der Schwangerschaft.   [5] Shakespeare, Troilus und Cressida, Tragikommödie, 1601.
[6] Wohl Anspielung auf Goethe, Faust I, Vorspiel auf dem Theater, wo der Direktor sagt: „Wer vieles bringt, wird manchem etwas bringen."

An Margrit Rosenstock am 11. Januar 1921

11.1.21.

Liebes Gritli,   es ist ganz spät geworden. Die erste Vorlesung heut war zu gut vorbereitet, so dass ich unfrei sprach; inhaltlich wars sehr gut.   Aber das eigentliche heut war ein Brief von Rudi, den ich euch schicken soll. Für mich freilich nicht, was er sein wollte, sondern doch nur eine <u>Bestätigung</u> des Todesurteils; denn was heisst hier „Judewerden" (und „Christwerden") <u>für uns</u> sonst anders.

Wir leben doch nicht mehr vor 5 Jahren. Damals wäre es Leben gewesen. Aber - es ist genug davon geredet. Es geht alles seinen Gang, und wenn überall das Sterben sich so greifbar in neues Leben verwandelte wie nun bei dir, so wollten wir alle zufrieden sein. Nur vom Tode aus das wirkliche gelebte Leben, bloss weil es vorbei ist, zu lästern — das bringe ich nicht fertig und will es nie. Die „geschwätzige" Zeit — o nein, der Stumme darf nicht den der spricht einen Schwätzer nennen, das ist zu durchsichtig.

Gute Nacht.   Dein Franz.

An Margrit Rosenstock am 12. Januar 1921

12.1.20[1]

Ist Eugen von Kauffmann wegen der Kritik des ✡ angefragt??

Schick mir den Brief von Rudi immerhin zurück. Ich sah ihn eben nochmal durch. Es graut mich doch beim Lesen. Es ist auch nur noch Stimme von jenseits des Grabes. Mit <u>dieser</u> Sorte Christentum setzten sich also früher die Leute für den Rest ihres Lebens in ein Kloster. Das kann man eigentlich ganz gut verstehen.

[1] Von Rosenzweig ins falsche Jahr datiert.

An Margrit Rosenstock am 12. Januar 1921

12.1.21.

Liebes Gritli.   Ich hätte dir also Rudis Brief gar nicht zu schicken brauchen, da er dir dieselben schrecklichen Sachen auch direkt geschrieben hat. Und ich habe nun „Jude zu werden", - schon als Folie für die neue Christenliebe. Das Leben ist tot, hoch die Gespenster!

Die beiden hebräischen Kurse haben sehr gut begonnen. Im Anfängerkurs habe ich Richard Koch und Frau und Edingers. Mit den „Fortgeschrittenen" heute las ich 2 M 12, 11-13. Die erste Stunde gestern war schlecht, weil ich zu viel (und zu gut) aufgeschrieben hatte - und weil zu wenig Menschen da waren, keine 50.

Was ist denn mit der Arb.akad.?[1] „Vorläufig nichts" - schreibst du? Edinger möchte Eugen gern kennen lernen (er „kennt" ihn von Norderney bei beiderseitiger 14-jährigkeit) und er möchte auch etwas mit der Ak. zu tun haben. - Ist denn für Eugens Stelle „vorläufig" ein andrer vorgesehen? oder die ganze Stelle vorläufig noch nicht geschaffen? in der Zeitung stand doch von einem „Leiter".
.....
Ich habe eine schwere Nacht mit Edith gehabt, weil ich ihr gestern Mittag Rudis Brief und meine Antwort zu lesen gegeben hatte. Ich weiss nicht, ob es zum Guten führt. Unser Nebeneinanderleben wird ja immer besser, aber wieviel davon auch dem Miteinander zugute kommt, das wage ich nicht zu messen.

Dein dein Franz.

[1] Von 1921 bis 1922 war Eugen Rosenstock Direktor der „Akademie der Arbeit", die der Frankfurter Universität angegliedert und von ihm gemeinsam mit Ernst Michel und dem Arbeitsrechtler Hugo Sinzheimer gegründet worden war mit dem Ziel, Arbeiter in Kursen und Seminaren zum Reden zu bringen, da nur die Sprachmächtigkeit - als anthropologische Bestimmung zur Dialogizität - zur Beteiligung an Verantwortung befähige.

An Margrit Rosenstock am 13. Januar 1921

13.1.21.

Liebes Gritli,   heut die Stunde war viel besser, sie wäre gut geworden, aber ich wurde in der ersten Hälfte so furchtbar gestört, weil Mayer da war und statt zuzuhören die Teilnehmerliste las. Du kannst dir denken, wie mich das bei meiner Art zu sprechen - nicht aus dem Konzept bringt, sondern ins Konzept hinein zwingt. Nachher brachte ich eine Säule zwischen mich und ihn und dann hörte er zu, aber zur richtigen Sprechfreude kam ich nicht.

Die Hebräer sind herrlich diesmal, ich glaube dies Dutzend bring ich durch. Koch ist so jungenshaft begeistert. Heut waren sie gar nicht nachhausezukriegen, sie lasen einfach alle durcheinander weiter!

Ich schicke dir das Manuskript von der Einleitungsstunde. Von Ernst Simon schicke ich dir morgen einen schönen älteren Aufsatz aus dem du ihn kennen lernst.
...
Ich lasse Edith - nach Eugens Diagnose - den dritten Teil ✿ binden, in ein wunderbares gelb-changeant Velour-Chiffon. Und den Tischdank in hell Olivgrün.   Der ✿ soll übrigens bei Kauffmann schon liegen, broschürt. Ich habe ihn noch nicht gesehen.

Bitte schick mir das Manuskript wieder, ich will es auch Mutter schicken; ich habe heut so einen famosen Brief von ihr.   Hedi (die auch im 3. Monat ist) fährt auf 3 Wochen oder länger zu ihr.

Gute Nacht -   Dein Franz.

An Margrit Rosenstock wahrscheinlich am 14. Januar 1921

Liebes Gritli,   nur ein paar Worte (eigentlich will ich ja am Schabbes auch nicht mehr schreiben; ich habe gemerkt das ist auch nötig - nämlich kein Mensch respektiert den „Sabbat", aber jeder respektiert wenn einer nicht telefoniert nicht schreibt u.s.w. und so ist „Nichttelefonieren" „Nichtschreiben" u.s.w. die einzige Möglichkeit wie man sich seinen Sabbat gegen die Leute und ihre geschäftlichen Ansprüche schützen kann. Sie achten eben nur den Paragraphen, und so muss man ihnen Paragraphen entgegenstellen.

Ich war bei Kauffmann, da liegt schon der ✡. Ich habe drin geblättert, da hat er mir doch imponiert. Ob Eugen schon die Anfrage gekriegt hat? Sonst würde ich nochmal Dampf dahinter machen.

Ich habe schon die Dienstagstunde vorbereitet; sie wird glaube ich sehr schön. Ich wundre mich selbst, wie ohne Selbstplagiate ich das machen kann.

Aber freilich — für wen mache ichs? Heut Abend hatten wir eine Hörerin zu Gast, ein gutes enflammables Mädchen, - aber im Grunde dient ihr jeder, der ihr ein paar grobe handgreifliche „Ideen" giebt, besser als ich.

Dies langsame Fortschreiten der Einrichtung von Tag zu Tag hat etwas sehr Lustiges. Aber ich bezweifle dass wir zum 23ten wirklich fertig sind.

Dein Franz.

An Margrit Rosenstock am 15. Januar 1921

15.1.21.

Liebes Gritli,   nachmittags war Ernst Simon da und Ruth Nobel mit ihm. Abends waren wir im „Wintermärchen",[1] es war nur eine mittelmässige Aufführung, übrigens in dem Theater in dem wir damals den G. Kaiser[2] sahen. Aber die tragische erste Hälfte ist ja nicht umzubringen, die zweite schon eher.

Die Wohnung ist noch ein täglich neues Glück. Wie hab ich nur das Leben dieser 5 Monate ausgehalten?   Jetzt sind auch die Sachen aus Berlin da.

Mittwoch halte ich mein philosophisches Studentenseminar, diesmal über etwas von Fichte. Darauf muss ich mich richtig vorbereiten!

Dein Franz.

[1] Shakespeare, Das Wintermärchen, 1610.
[2] Georg Kaiser, 1878-1945, Schriftsteller und Theaterautor.

An Margrit Rosenstock am 16. Januar 1921

16.1.21.

Liebes Gritli,   wir sind den ganzen Tag in der Wohnung geblieben, ich habe gearbeitet - was ja nach diesen 5 Monaten ein ganz neuer Genuss ist -, und Bücher eingeräumt; (2 Wände sind jetzt fast fertig, nur die dritte sieht noch toll aus).
...
Mit dem „durch hindurch lieben" - das ist mir ja kaum bei Rudi und dir glaublich - wenigstens weiss ich nicht warum man das noch Liebe nennt. Auf mich habe ich es nicht bezogen. Hinter mir steht das Nichts, da ist nichts „hindurch" zu lieben. Das bischen Lebens- und Liebeskraft was noch da ist wird dir wohl gehören, - aber es ist nicht mehr viel.

Dagegen hilft alles Wehren nichts. Aber auch das Reden davon ist unnötig. Aber das Hallelujasingen, weil jetzt endlich das Schweigen des Todes das „geschwätzige" Leben ablöst, — da mach ich nicht mit. Ich will das Vergangene ehren, und das Gegenwärtige bei seinem rechten Namen nennen.

...
Auch die Notwendigkeit meines Hierseins ist mir doch schon jetzt zweifelhaft. Ich würde, wenn ich irgendwo anders hin könnte, hier schmerzlos weggehn. Die Leute brauchen mich nicht, - nicht mich. Was sie von mir wollen, geben ihnen ihre Pfaffen viel besser. Was ich gebe, merken sie überhaupt nicht. Ausser der technischen Glanzleistung meines „Hebräisch in 17 Stunden" ist alles, was ich hier tue, in den Wind gestreut. Von dem Publikum des vorigen Lehrgangs, das du sahst, ist fast niemand wieder gekommen!!
　　　　　　　　　　　　　　　　　　　　　　　　　　　　　Dein Franz.

An Margrit Rosenstock am 17. Januar 1921
　　　　　　　　　　　　　　　　　　　　　　　　　　　　　17.1.21.
Liebes Gritli,　ich räume Bücher ein, es ist sogut als wenn ich einen Katalog machte, ich weiss ja von so vielem gar nicht dass ich es habe. Dazwischen lese ich Fichte für meine Studenten, - und bin erstaunt was für gute Sachen eigentlich auch bei so einem stehen. Ich werde gar nicht so richtig schimpfen können, wie ichs angesagt hatte.
...

An Margrit Rosenstock am 18. Januar 1921
　　　　　　　　　　　　　　　　　　　　　　　　　　　　　18.1.21.
Liebes Gritli,　die Vorlesung war z.T. schlecht, im ganzen doch ein so richtiger „F.R.", dass es mir sehr recht war, dass Nobel sie gehört hat. Es scheint ihm wenig gefallen zu haben, aber das schadet nichts, da wenigstens ich <u>selber</u> es war, was ihm dann missfallen hat und nicht irgend ein Zufallsprodukt. Übrigens war es auch formell gut, weil teilweis in Gesprächsform. Morgen ist nun die erste Übung und die erste Aussprache.
Das Manuskript kannst du ruhig für Eugen behalten, es ist ja aber nichts Neues für ihn.　Vergiss doch nicht: hat Kauffmann bei ihm wegen Rezension des ✡ anfragen lassen? ich muss es wissen, weil ich eventuell sonst nochmal mahnen will.
...

An Margrit Rosenstock am 19. Januar 1921
　　　　　　　　　　　　　　　　　　　　　　　　　　　　　19.1.21.
Liebes Gritli,　Eugen ist da, ich geriet - aufgereizt durch seine Zufriedenheit - in ein grosses Lamento über den zu frühen Niedergang den ich hier mit meiner Sache erlebe. Er wird dir ja davon erzählen.
Heut morgen die Studenten waren zufrieden, ich sprach eben ihre Sprache. Aber jeder verlangt, dass ich seine Sprache spreche, es giebt keine Sprache für alle - weil sie ja die allgemeine Sprache nicht hören wollen. Man ist eben <u>nur</u> Arzt, und der Arzt muss auch jeden Kranken für sich behandeln. Die Prophylaxe, die freilich für alle gleich sein könnte, wäre ja nur bei Gesunden am Platz, also bei noch nicht Kranken, bei Jungen. Das heisst praktisch: entweder Kinderlehrer - oder auf jede Wirkung ausser der in 50 Jahren verzichten. Und die in 50 Jahren ist mir, weil <u>blosse</u> Wirkung -, natürlich unsympathisch - man will doch selber noch etwas Gegenwirkung spüren, wenn man wirkt.
Es ist spät. Eugen war etwas vor den Kopf gestossen, er kam so vergnügt an - und er hatte ja das gute Recht dazu. Aber mir war es, durch die vielen Parallelen zwischen

seiner und meiner Anstellungsgeschichte etwas wie an der Stelle im olympischen Frühling[1] die ich damals in Kassel ~~Frühjahr~~ Februar 1918 vorlas, - weisst du noch?

Dein Franz.

[1] Carl Spitteler, 1845-1924, schweizer Dichter, verfaßte das Epos „Olympischer Frühling" (1900-1905).

An Margrit Rosenstock am 20. Januar 1921

20.1.21.

Liebes Gritli,   es wurde noch ein ganz schöner Tag. Ich war ja des Morgens sehr deprimiert, dass Eugen wegfuhr, obwohl ichs nicht sein wollte.   Aber die Vorlesung ging besser als ich vorher dachte und nachher sprach mich Elkan,[1] der Bildhauer an, der dagewesen war, er möchte mich heut Abend mal sprechen; ich war mit Edith zum Essen da und es gab ein wirklich famoses Gespräch, er wollte einen Rat oder eine Bestätigung seines Plans für ein jüdisches Gefallenendenkmal, das ihm die Gemeinde Dortmund in Auftrag geben wollte. Er ist ja nur zweiten Ranges, aber ein netter, aufgefalteter Mensch und so war es ein wunderhübscher Abend.

Leider zieht nun das Wohnungsgewitter herauf. Wahrscheinlich wird man mir zumuten, 10000 M zu zahlen für die Gnade in Frankfurt wohnen zu dürfen. Ist das nicht eine grosse Blamage? Morgen werde ich näheres hören. Aber die Hoffnung auf Ruhe zum Arbeiten ist nun wieder hin; einige Wochen werde ich nun wieder mit Laufen und Gesuche schreiben zubringen. Wäre es nur nicht gar so unmöglich, in Kassel zu sein. In Frankfurt zu wohnen habe ich ja schon heute keinen Grund mehr, den einzigen ausgenommen dass es nicht Kassel ist.

Dein Franz.

[1] Benno Elkan, 1877-1960, Bildhauer, der - in Dortmund geboren - lange in Frankfurt lebte.

An Margrit Rosenstock wahrscheinlich am 21. Januar 1921

Liebes Gritli,   Eugen ist meine Unkerei nun doch auf die Nerven gegangen. Er schafft es sich — „oh Eugen!" — vom Leibe, indem er es in ziemlich abenteuerlicher Weise auf den Gegensatz Jud. - Chr. ablädt. Damit hat es natürlich nicht das mindeste zu tun, sondern bloss mit der Tatsache, dass ich am Ende er am Anfang seines ersten Jahres steht. Vor einem Jahr war ich (in kleinerem Massstab, wie meine ganze Sache) ebenso hoffnungssicher wie er, - und ja unter lächerlich gleichen Auspizien[1] wie jetzt er.   Das einzige Unterscheidende, dass er den Staat im Rücken als Stütze hat, ich nicht, ist zwar ein grosser sachlicher Unterschied, aber für sein eigenes Gefühl bedeutet das gar nichts. Mein persönliches Fiasko empfinde ich schon jetzt, obwohl es vorläufig noch nicht die mindesten sachlichen Folgen für meine Position hat; ich habe noch genügend „Rückhalt", aber das „Werk meiner Hände" zerrinnt mir. Und wir leben nicht vom „Rückhalt", sondern vom Gefördertwerden des Werks unsrer Hände.[2] Trotzdem wars Unrecht, dass ichs nicht gehen liess, aber ich war zu voll von mir selber, habe doch übrigens nur diesen schliesslich doch nur sehr nebensächlichen Teil meiner Schmerzen ausgeschüttet.   Eugen fragte einmal Edith, was sie dazu sagte. Es ist doch ein Glück, dass ich über etwas zu lamentieren habe, was Edith verstehen kann. Vielleicht empfinde ich es sogar deshalb stärker als ich sonst würde. Denn was ist im Grunde an Erfolg oder Misserfolg gelegen. Aber es ist doch meine gemeinsame

Platform mit ihr. Das andre kann ich sagen, kann sie traurig damit machen, aber verstehn kann sie es doch nicht; sie ist einfach zu jung dazu.

Das Zusammensein in Frankfurt erschreckt mich nicht mehr. Merkst du denn nicht, dass wir darüber hinaus sind? dass wir schon in Einer Stadt leben?! Ich spüre es täglich.

Dein Franz.

Tante Julies Bild sieht herrlich aus.

[1] Aus dem Lat.: Vogelschauen (zu dem Zweck, die Zukunft vorherzusagen).
[2] Anspielung auf Psalm 90,17.

An Margrit Rosenstock am 22. Januar 1921

22.1.21.

Liebes Gritli, Eugen schreibt mir einen Brief worin er zu viel und zu wenig fordert. Zu wenig, denn was er fordert, dass ich für ihn da sein soll versteht sich doch von selbst. Zu ~~wenig~~ viel, denn ich kann für ihn nur soviel da sein, wie ich eben überhaupt noch da bin. Und das ist freilich weniger als er brauchen wird. Um diese Einsamkeit wird er sowenig herumkommen wie einer von uns. Die Zeit des Sich wirklich helfen könnens ist eben wohl vorbei. Jeder muss eben sehen, wie er allein fertig wird. Es handelt sich ja wirklich nur noch ums „Fertig"werden.

Den Essay über Student und Philosophie kann ich (selbst schlecht und recht) doch erst schreiben, wenn ich ein bischen Erfahrung gemacht habe. Also nicht vor März. Des „Juden" wegen braucht sich Eugen wirklich nicht aufzuregen. Das spielt doch, trotz Rudis u.s.w. Dekreten, keine grosse Rolle mehr bei mir. Im Grunde zähle ich meinen Frankfurter Aufenthalt nicht mehr länger wie diesen Sommer höchstens. Was dann folgt weiss ich nicht. Jedenfalls wird es mich weder innerlich noch äusserlich hindern, Eugen irgendwas zu leisten, was — er selber haben will (und was ich selber kann, denn z.B. zu christlichen Arbeitern könnte ich nicht reden, weil ich eben ihre Sprache nicht spreche, im Krieg war es anders da gab der Krieg eine gemeinsame Sprache). Also jedenfalls an dem „hinter den Kulissen" wird mich das Jüdische wirklich nicht hindern, bloss das „Nichtvorhandensein".

...

Morgen ist Ediths Geburtstag. Ich stehe äusserlich mit fast so leeren Händen da wie innerlich.

Dein Franz.

An Margrit Rosenstock am 23. Januar 1921

Dieser Brief wurde zunächst nicht, sondern erst zusammen mit dem vom 24. Januar abgeschickt.

23.1.21.

Liebes Gritli, Eugen nimmt ja alles viel zu hoch. Ich habe weiter nichts gesehen als die ganz einfache, gar nicht „konstruktions"fähige aber um so genauere Gleichheit zwischen seiner jetzigen, meiner damaligen Berufung. Meine „Sitzung" war glaube ich am 23.IV. Eugen nannte es die Eroberung Frankfurts.[1] Jetzt kam er von der Eroberung Deutschlands. Ich vergesse nicht, dass alles bei ihm andre Dimensionen hat als bei mir. Aber kleines mit grossem verglichen ist die Gleichheit nun mal da und ich habe ihm vorweg die Erfahrung gemacht, dass eine Anstellung, bei der wir selbst angestellt sind und nicht irgend eine Leistung von uns, eine Unmöglichkeit ist. Des-

716

halb muss er durchaus anfangen — das Weitere wird sich schon ergeben; irgendwas wird mit mir nach diesem Sommer ja auch werden, ob grade in Frankfurt oder sonst wo, weiss ich nicht. Ich bereue ja nicht, dass ich angefangen habe. Ich habe ja auch (bei mir) gleich auf Enttäuschung gerechnet, nur nicht so rasch und so gründlich.
Biographische Gleichungen wollte ich gar nicht aufstellen. Ich verglich (und vergleiche) nur das Technische: Anstellung eines Menschen wegen seiner Menschlichkeit (Interparteilichkeit) an einer Stelle, wo schliesslich als Kunden lauter Leute hinkommen, die nur Unmenschliches haben wollen und von allen andern Seiten darauf gedrängt und dazu erzogen sind, Unmenschliches zu verlangen.
Ich bin zu realistisch, um über solche sichtbaren Ähnlichkeiten zugunsten irgendwelcher biographischer Konstruktionen hinwegsehn zu können. Deshalb habe ich es nicht bei mir behalten können. Eugen war eben hier ganz besonders auf sich selber konzentriert — was ja sehr verständlich ist, nach ⌈[den]⌉ Berliner Tagen —, die komisch einseitige Art, wie er an der Bahn mir sein Bleiben zusagen wollte für den Fall, dass ich etwas von ihm brauchte (hie Arzt hie Patient) war ja bezeichnend dafür. Er darf doch nicht vergessen, dass mir diese ganzen Berufsenttäuschungen doch herzlich nebensächlich sind, ja dass sie mir im Grunde sogar willkommen sind, weil ich sie wenigstens Edith mitteilen kann.   Grade weil sie eben nur das Werk meiner Hände betreffen und nicht mich selbst.   Ein grosser Berufserfolg wäre mir noch viel peinlicher, denn dann hätte ich überhaupt nichts mehr mit Edith gemein; ich könnte ihr dann gar nicht mehr begreiflich machen, wie mir zumute ist.   Es ist also schon besser so, dass nicht bloss ich, sondern auch das Werk meiner Hände kaputt geht.
Wie sonderbar, dass Eugen erst heute merkt, dass ich nicht gut zu Edith bin. Ich bin es noch nie gewesen. Tage wie heute sind furchtbar für sie wie für mich.
Liturgiereformen? u.s.w. u.s.w. Ich muss doch die Zeit (und meine Gedanken) irgendwie totschlagen. Wichtig ist mir das alles nicht mehr. Aber soll ich überhaupt kein Wort mehr mit Edith zu sprechen haben? Über diese Dinge kann ich mit ihr sprechen. Und es macht uns sogar einen gewissen Spass. Ich bin freilich weit weg davon.

Also jedenfalls: Eugens Existenzmöglichkeit in Frankfurt bin nicht ich. Denn ich weiss gar nicht, ob ich noch so lange in Frankfurt existiere. Eugens Existenzmöglichkeit ist zunächst er selbst, und wenn dies Kapital aufgezehrt ist, dann der preussische Staat (und „die Gewerkschaften" und „die Stadt Frankfurt"). Eugen weiss noch nicht wie starr, dumm, fett und langweilig dies „ganze, ungeteilt und unumschränkt herrschende Leben" ist dem wir nun verfallen sind. Sowie er einmal merkt, dass jeder andre das was er macht besser machen würde (mehr im Sinne der Auftraggeber und der Empfänger), dann wird ers auch wissen.

Dein Franz.

[1] Dazu der Brief an Margrit Rosenstock (wohl) vom 25. April 1920, S.583.

An Margrit Rosenstock am 24. Januar 1921

Frkft, 24.1.21.

Liebes Gritli,   Eugen nimmt seinen Einsatz einen Ton zu hoch. Der Vergleich ist mir gar nicht so wichtig, - weil mir die ganze Sache nicht so wichtig ist. Es waren äusserlich so überraschende Ähnlichkeiten - Eugens Berliner Sitzung so genau wie meine Frankfurter vorigen April - dass mir der Vergleich nahe lag. An sich kann ja trotzdem alles bei ihm anders gehen. Der wirkliche Unterschied, der der Dimension, wird sich da vielleicht zu seinen Gunsten geltend machen. Im übrigen war er schon voriges Jahr über mein Sitzunglein so ausser sich vor Entzücken („Eroberung Frankfurts"), dass michs nicht wundert, dass ihn die Eroberung Preussens-Deuschlands-der Welt ganz aus dem Häuschen gebracht hat. Das schadet nichts. - Meine „Hülfe" hat er, solange ich eben selber hier bin. Weil das ein unsicherer Faktor ist (mein Hiersein), so soll er auch in Gedanken lieber nichts darauf bauen. Über seine Zeitrechnung mit Jahrzehnten kann ich nur lachen. Ein solches Vieh ist er nicht, dass ihn eine Institution so lange ertrüge. Die Arbeiterakademie mag länger als 2 oder 3 Jahre bestehen, aber nicht mit ihm an der Spitze.[1] Aber auf so lange hinaus brauchen wir gar nicht zu sorgen.

Viel 1000 mal leibhaftiger als alle Akademien Lehrhäuser etc. ist mir das, was Eugen also erst jetzt entdeckt hat (obwohl ich ihm seit einem Jahr nichts andres schreibe): dass ich schlecht zu Edith bin. ...

Ich möchte etwas für sie tun. Und da weiss ich nur das eine: sie hat auf der Welt nur zwei Menschen, mit denen sie sich aussprechen kann, ausser mit mir (und ich bin als Selbstbeteiligter nicht weise genug, sie braucht aber Weisheit): das seid ihr. Deshalb möchte ich, dass sie ein paar Tage zu euch fährt. Ohne mich. Mit mir hat gar keinen Wert. Das müsst ihr verstehen. (Das gäbe Krampf und Ansichhalten, also grade nicht was wir brauchen). Ich selber fahre während der Tage zu Hans, damit wir die Bude zumachen können. (Denn wenn das Mädchen allein bleibt - sie fährt so auch nachhause -, so macht sie die Wirtschaft wieder „trefe"[2]). Ich will auch mal wieder was lernen.

Ich hatte den Gedanken. Vielleicht geht es schon dieses Week-End. Sonst nächstes.

Es war gestern ein sehr schwerer Tag ———

Das herrliche Stück von Koch soll Eugen erinnern, dass er für seine Biologie etwas viel Besseres hier hat als Strauss, nämlich Koch.

Strauss war eben ein paar schöne Stunden bei uns.

Ich lese eben den Brief nochmal, den ich gestern Vormittag gleich nach Empfang eures Eilbriefs schrieb und dann nicht abschickte, weil er so ganz aus dem ungelösten Krampf geschrieben war. Ich kann ihn ja ruhig beilegen. Es ist wie in allem Krampf ein Stück Unwahrheit. Vor allem ist eigentlich nicht wahr, dass ich wirklich über Frankfurt hinaussehe. Jenseits läge nur - die Habilitation, also etwas Unmögliches. Ich bin also gebundener, als ich mir selbst einreden möchte. Und unwahr ist auch die Verzweiflung an meiner Ehe. Es bindet uns aneinander freilich immer noch nichts andres als - eben die Verzweiflung. Alles andre ist noch unwirklich. Aber die Verzweiflung darüber - die ist uns wirklich gemein. Wir sind nie so verheiratet als in den Augenblicken wo wir merken, dass wir es nicht sind. In solchen Augenblicken hänge ich an ihrem Leben.

Euer Franz.

---

[1] Von 1921 bis 1922 war Eugen Rosenstock Direktor der „Akademie der Arbeit" in Frankfurt.

[2] Wörtlich: „Zerrissenes" im Sinne von: nach jüdischer Gebotspraxis ungenießbar; hier bezogen auf den kosheren Haushalt Rosenzweigs. Dazu auch der Brief vom 26. Januar 1921, S.719.

An Margrit Rosenstock am 25. Januar 1921

25.1.21.

Liebes Gritli, es ist sehr spät, ich war vom Lehrhaus aus noch in der Loge. Es war eine Subskription auf den ☿ da, 25 sind drauf hereingefallen. Mit Eduard ists jetzt immer nett, — dies Nähersein ist wohl auch kein Zufall, vielleicht lasse ich mir einfach mit weniger genügen.

Dass noch etwas geschieht — warum nicht? Vielleicht sogar sehr „viel". Aber es könnte nun alles auch nicht geschehen. Ich erzähle den Leuten, wenn ich ihnen, wie heut Nachmittag, vom „Anfang" erzähle, ein Märchen, bei dem ich selber nicht mehr dabei bin. Es wird schon wahr sein. Aber für mich ists ein Märchen. Neues Leben sprosst eben nur aus den Ruinen.[1] Deshalb müssen wir „alle ruiniert werden", eben wirklich zu Ruinen.

...

[1] Schiller, Wilhelm Tell IV,2: „Das Alte stürzt, es ändert sich die Zeit, / Und neues Leben blüht aus den Ruinen."

An Margrit Rosenstock am 26. Januar 1921

26.1.21.

Liebes Gritli, der Mittwoch ist immer ein besonders arbeitsamer Tag, Vormittags hatte ich die Studenten, es war wieder sehr nett. ...

Die fortgeschrittenen Hebräer haben heute die 10 Gebote gelesen; die beiden, für die ich die volle Verantwortung trage, Frau Warenbrunn und Frau Auerbach, sind mindestens so weit wie irgend eine der andern, die schon jahrelang gelernt haben.

Das Mädchen wird in unsrer Abwesenheit hier sein, sie wollte nicht nachhause; es ist Edith sehr unangenehm, weil man ja nicht wissen kann, ob sie da das Geschirr auseinanderhält.

Ernst Simon blieb mittags zum Essen, er ist wirklich was ganz Prachtvolles.

Dein Franz.

An Margrit Rosenstock am 29. Januar 1921

29.1.21.

Liebes Gritli, Hans und Else sind eingeladen, so habe ich einen Abend für mich gehabt und gelesen, gelesen. Ich kann ja jetzt wieder mit Leidenschaft lesen — fast wie als kleiner Junge ehe ich zum Leben aufwachte (ich habe auch, wie damals, das Gefühl alles in acht zu behalten, was ich lese). - Else hat grade wieder eine böse Zeit. Hansens Vorlesungen — ich mag es wohl mit allen etwas ungünstig getroffen haben, ganz gut war nichts, am wenigsten das Hauptkolleg, das ich früher so bewunderte; im Gegenteil es war alles ein bischen unwirklich, unerfahren gesagt. (Er sprach von Glaube Liebe Hoffnung[1]), es war als ob er zitierte oder nachspräche. Er muss sicher heraus aus dieser Luftleere hier. Denn das ists ja schliesslich, wenn ihn ganze 3 Männekens noch hören; da fehlt einfach der nötige Widerstand. Persönlich ist er übrigens grade besonders reizend, so klar und heiter.

Edith wird sich sicher wohlfühlen bei euch. Es war mir ja an dem Sonntagabend als der einzige Ort wo sie sich einmal ein bischen erleichtern könnte eingefallen.

Wir haben einen Klavierspieler gehört heut Abend. Es war wohl schön, aber für mich ist ja Musik jetzt höchstens Hintergrund für Gedanken, wenn sie mir nicht, wie meist einfach unerträglich ist. Und Gedanken haben wiederum ist mir jetzt kein Vergnügen. Wohl deshalb macht mir das Lesen so Spass. Heut las ich Bernoullis Nietzsche-Overbeck,[2] Öser-Schlatter,[3] und die herrlichen Mereschkowski-Essays im „Gang nach Emmaus"[4] (so schreibt doch keiner von uns, was wären wir, wenn wir Russen wären statt Deutsche!)

Grüss Edith

Dein Franz.

[1] Dazu 1. Korinther 13,13.
[2] Carl Albrecht Bernoulli, 1868-1937, Franz Overbeck und Friedrich Nietzsche, 1908.
[3] Hermann Oeser u.a. (Hgg.), Briefwechsel zwischen Hermann Oeser und Dora Schlatter, 1920².
[4] Dimitrij Sergejewitsch Mereschkowski, 1865-1941, Auf dem Weg nach Emmaus. Essays, 1919.

An Margrit Rosenstock am 31. Januar 1921

31.1.21.

Liebes Gritli, ich bin auf der Rückreise nach Frankfurt. Gestern vormittag waren wir mit Weizsäckers am Neckar herunter, nachmittags war ich bei ihnen. Sie ist eine ganz prachtvolle Frau, er kann sich wirklich gratulieren. Beim Thee lernte ich auch den alten Curtius[1] kennen, der hat mir aber gründlich missfallen. Abends war ich mit Hans zu einer Volkskirchen-Werbeversammlung in Seckenheim, einem kleinen Ort bei Mannheim. Da hat er, weniger im Referat als nachher in der Diskussion, so vollendet schön gesprochen wie ichs diesmal sonst nicht von ihm gehört hatte. Es lag allerdings daran, dass er den Diskussionsredner, den ich böserer Psychologe gleich als das verlogene Maul erkannte, als das er uns nachher von einem Kenner geschildert wurde, ganz ernst genommen hatte und ihn wirklich liebte. Nachher wurden wir in einem Lastwägelchen über die kalte sternklare Ebene nach Friedrichsfeld expediert und fuhren zurück.

Heut hat er gearbeitet, ich wie überhaupt in diesen Tagen, gelesen. Ich glaube, es wird jetzt eine lange Lesezeit für mich beginnen, wie ich überhaupt das Gefühl habe wieder in mein Ich, wie es vor dem 16.VI.1900[2] war, zurückzutreten. Damals war ich vom Kinderschlaf aufgewacht, mit dem Wagnerschen Tristan, und habe von da ab mindestens 5 Jahre kein Buch von über Dramen-Länge mehr gelesen.

Dein Brief - du musst immer erst sehen, um zu glauben. Es war doch nur genau das, was ich dir grade in der letzten Zeit immer wieder geschrieben hatte. Dass dies Leben für Edith eine Hölle ist. Ich hatte nur die <u>Möglichkeit</u>, dass ich mich irrte und dass mit ein paar Tropfen „Weisheit" vielleicht alles ein andres Gesicht hätte, nicht ausschliessen, obwohl ich selber wahrhaftig nicht daran glaubte. Da du mir bestätigst, dass ich nicht übertrieben habe, so ist eben alles hoffnungslos. Denn dein Rezept ist natürlich unanwendbar. Wie soll aus meiner Ausgelöschtheit noch Liebe kommen. Mit mir ist es zu Ende. Man kann auch sagen: Ich bin ein Mann geworden. Oder „ein nützliches Mitglied der menschlichen Gesellschaft". Es kommt auf eins heraus.

Dein Franz.

[1] Vater von Greda Picht.
[2] Damals entdeckte Rosenzweig seine Sexualität. Dazu auch der Brief an Margrit Rosenstock vom 16. Juni 1919, S.329.

An Margrit (und Eugen) Rosenstock am 2. und 3. Februar 1921

2.2.21.

Liebes Gritli,   ich bin schon wieder im Betrieb drin.   Heut Abend war eine recht interessante Gesellschaft bei mässig interessanten Leuten, lauter Ärzte, der wertvollste ein Dr. Riese, alle in einer gewissen Kochnähe, Koch wird mir durch diese andern allmählich immer sichtbarer (obwohl das Relief, das ich selber von ihm sehe, mir doch das wichtigste bleibt).

Hat Eugen den ✿ gekriegt? (Ich ja noch nicht.) Weizsäcker wird ihn für den Logos[1] besprechen. ...

3.2.21.

Den Brief von Rudi hat Eugen mir zu schicken vergessen. Oder vielleicht doch über Hans. Dieses Hin und Her macht ja alles noch schwerer und zwingt einen zur Verhärtung und Dickhäutigkeit. Die Dinge sind ja viel zu einfach um so viel Gerede zu vertragen. Viel einfacher wohl auch als Eugen schreibt. Was ist denn geschehen? Ich habe Edith geheiratet, ohne sie zu lieben. Dadurch sind die Liebeskräfte überhaupt in mir erloschen, ich bin wieder wie als 12 oder 10jähriges Kind.   Ich lebe aber in einer Atmosphäre (der jüdischen) wo meine Existenzberechtigung darauf beruht, dass in mir Liebeskräfte sind. Also ist alles was ich tue, Lüge. Ich markiere den Schein das Lebens, ich <u>rede</u> vom <u>Leben</u> und <u>bin</u> eine <u>Leiche</u>.   Das ist alles. Und daran ändert sich nichts. .....

Ich muss das alles mal so nackt und hart sagen, um die Wirklichkeit gegen alle Konstruktionen mit Kalenderdaten, Lebensparallelen und ähnlichem Schnickschnack zu sichern. Die mögen stimmen oder nicht. Für ein bischen Sichliebenkönnen gäbe ich alle solche Meinetwegenrichtigkeiten.

Ich habe die Pflicht, ihr das Leben, soweit es an mir liegt, erträglich zu machen. Weiter weiss ich nichts. ... Ist das Haus der Toten, in dem ich seit einem Jahr lebe und das mir nun zerbricht, nachdem ich ein Jahr lang getan habe als ob es lebe, meine Ehe? oder mein Beruf? Du siehst, ich bin gar nicht ganz richtig[2] bei all diesen Gedanken. Ich weiss nur eins: meine Ehe war nur möglich, solange ich einen Überschuss an Lebenskraft hineinzugeben hatte. Sie hat ihn aufgezehrt, nun habe ich <u>nichts</u> mehr hineinzugeben und sehe nur noch das Nicht.   Es ist nur das Trägheitsgesetz, nach dem ich noch das Leben so weiterlebe, als lebte ich noch. In Wirklichkeit müsste ich mich heute habilitieren und alles verleugnen, was ich bisher gelebt hatte.

Deswegen kam heut Morgen eine Aufforderung von Vigener (= Meinecke), an Stelle von Frischeisen-Köhler[3] den ständigen Mitarbeiterposten für „Allgemeines" bei der Hist. Zeitschr.[4] zu übernehmen. Dem Gesetz der Trägheit zufolge habe ich abgelehnt, vielleicht auch aus der dummen abergläubischen Hoffnung, es könnte doch nochmal bergauf mit mir gehen. (Und ausserdem aus Grauen vor der masslosen Langeweile dieser „gelehrten Beschäftigung"). Überhaupt weiss ich ja einfach nicht, was andres ich tun sollte. Und deshalb wurstle ich fort. Und lasse mich vorübergehend anwärmen von dem Hauch lebendiger Menschen mit denen ich zusammengerate und die mich nicht als tot erkennen. Das ist vielleicht jetzt das Beste an meiner Existenz hier.

Euer Franz.

---

[1] Logos: Zeitschrift für systematische Philosophie, Tübingen.   [2] Unsicheres Wort: *(handschriftlich)*

[3] Max Frischeisen-Köhler, 1878-1923, Philosoph.

[4] Historische Zeitschrift: wichtige, in München und Berlin erscheinende Zeitschrift der Geschichtswissenschaft.

An Eugen Rosenstock am 3. Februar 1921

3.II.21.

Lieber Eugen, euer Vorschlag ist wirklich nur „Revolver". Um alles in der Welt: wozu denn? Wen interessiert denn „jüdische Geschichte im 19. scl."? (Mich sicher nicht). (Dazu kommt, dass ich sie mir nur mit ungeheurer Arbeit - und bei meiner völligen Gleichgültigkeit dagegen noch dazu mit schrecklichem Widerwillen - aneignen könnte; serbische Geschichte im 14. scl. würde ich etwa mit dem gleichen Arbeitsaufwand vortragen können. Und wozu? für wen??).

Nein: habilitierbar bin ich nur auf Hegel und den Staat hin (also: Die Staatsanschauung der deutschen Klassiker, 2 stündig, privatim. Oder: Die Einwirkungen der idealist. Philosophie auf die Männer der deut preussischen Erhebungszeit, 1 stündig, publice.— Kannst du dir das wirklich vorstellen? Vor 10 Jahren hätte ich das gekonnt, wollte es aber nicht, aus einem guten Instinkt heraus. Und heute? vor diesem Pack!? Und als der, der ich bin. Der Hegel war doch schon ein Schlag ins Wasser, viel mehr als ich selber dachte. Es kräht kein Hahn danach).

Auf den ✡ hin habe ich mich habilitiert, zu deutsch: niedergelassen. Nämlich hier in Frankfurt. Das muss nun erst seinen Weg gehen. Dass ich weiss, dass es nichts ist, bedeutet gar nichts. Erst muss es auch in der Wirklichkeit zu Ende gegangen sein. Das kann ein oder zwei Jahre dauern. Halte ich das solange nicht aus, so bleibt mir nur — gar nichts bleibt mir, also muss ich schon aushalten. Ob ich dabei lüge ist doch nicht meine Sache. Ich lüge doch nur damit, dass ich eine Wahrheit sage, die für mich gestorben, nein der ich weggestorben bin. Aber sie bleibt doch Wahrheit. Ich verleugne doch nichts. Ich nenne doch die Vergangenheit nicht Geschwätz. Ich nenne sie Leben. Und die Gegenwart nenne ich Tod. Warum soll ich Gespenst nicht vom Leben reden dürfen. Solange es sich das Leben gefallen lässt, dass ein Gespenst von ihm redet. Das andre: dass ich mich für die erkannte und durchschaute Unwahrheit (ob sie nun die Unwahrheit über den deutschen Idealismus oder die Unwahrheit über das Judentum ist - auf der Universität ist alles unwahr) habilitieren würde, das wäre allerdings die Lüge und nur entschuldbar, wenn sie sehr gut bezahlt würde.

Vergiss auch das nicht: ich bin nicht freizügig. Ich wohne hier. Ehe ich nicht muss, gehe ich nicht aus der Schumannstr. 10 heraus. Ehe ich nicht muss, gehe ich nicht aus dem Lehrhaus heraus. Ehe ich nicht muss gehe ich nicht aus Frankfurt heraus. Ich habe mich nicht selbst gemacht.[1] Auch nicht zu dem, was ich jetzt bin. Ich bin noch nie im Leben so in einer Situation gewesen, wo es nur den Selbstmord, den richtigen physischen mit piffpaffpuff, als Ausweg gäbe. Und wo es also keinen Ausweg giebt. Ich muss hier bleiben. Hier stehe ich, hier verfaule ich. Es giebt kein abgekürztes Verfahren.

Habilitation käme nur in einer Form in Frage: hier, für „Philosophie", als Studentendependance fürs Lehrhaus. Das könnte ich mal für richtig halten. Vorläufig hoffe ich, es wird auch so gehen. Denn es ist eine ziemliche Mehrbelastung.

Ich muss meine Stellung hier ansehen als das was sie ist (heute ist): als vorläufig äusserlich unerschüttert, im Gegenteil. Ich werde noch „gebraucht". Ich werde noch bezahlt. Ich gehe nur fort, wenn ich anderswo besser bezahlt = mehr gebraucht werde. Daran habe ich mich zu halten.

Zu Gewaltakten wie mir einen Meinecke durch den Kopf zu schiessen habe ich aber - von aussen gesehen - überhaupt keinen Grund. Nur für mich bin ich ja hoffnungslos.

Aber dass ich verfaulend einen Boden dünge, dass ich grade durch dieses Seelenloswerden, durch diese Erstarrung, Verholzung, grade durch all das erst zum Werkzeug werde, ist mir ja sehr klar. (Lass dir doch von Gritli von jener Schlussstunde erzählen, die sie hier gehört hat). Nicht bloss du treibst in das neue Gesetz hinein. Ich erstrecht. Ich rede seit einem Jahr ganz offen davon. Der Zionismus ist das, was dir der Sozialismus ist. In 100 Jahren hat die Welt wieder eine Form und wir wieder ein Gesetz. Ich selber werde noch eine der Grundschriften schreiben, aus denen es dann kodifiziert werden wird. Denn es wird wirklich wieder ein geschriebenes und doch wirklich gehaltenes Gesetz sein (— ein Wunder, ohne das die Welt nicht leben kann). Dass die Zionisten diesem neuen Gesetz zuleben können nur indem sie sich selbst, ihre eigene europäisch verflochtene Seele opfern, das wissen sie selbst. Ich hatte mir bisher eingeredet, ich dürfte Werkzeug für das neue Werk sein und doch meine Seele auf der Erde retten und behalten. Jetzt sehe ich, es geht mir genau wie jenen. Ich gehe genau so vor die Hunde wie die ganze lebende Generation der Zionisten (ich rede immer nur von den wirklichen). Aber das neue Gesetz wird daraus entstehen. Der ✡ ist irgendwie das Bindeglied zwischen dem alten und dem neuen. Ich hatte schon recht, wenn ich es für ein jüdisches Jahrtausendbuch hielt. Und recht auch, wenn ich es eigentlich nur posthum drucken lassen wollte. Seine eigentliche Wirkung - nicht sein Erfolg - wird erst in 50 oder 100 Jahren anfangen.

Das (das alles) habe ich mit der Schlusszeile des ✡ gemeint. Das einzige, was ich dabei nicht wusste, war: dass ich mit dem darin geschehenden Zurückstossen des Buchs in die Vergangenheit mich selber mit zurückstiess. Ich meinte, mich selber nach vorwärts - „INS LEBEN"[2] - zu retten. In Wirklichkeit hat sich nur das Leben selber „ins Leben" gerettet, und ich treibe mit dem Buch, auf dem Buch, auf dem Vierwaldstädter See der Vergangenheit. Aber das Leben hat sich auf die Felsplatte geschwungen und agiert weiter.

Ich muss nun nur das Grauen vor meiner eigenen Gespenstischkeit verlieren. Und ich darf mich nicht mehr wundern und sträuben, wenn ⌈⌈das was⌉⌉ die Menschen von mir hier verlangen, immer gar nicht die „Liebe" ist, sondern — das neue Gesetz. Denn darauf kommt alles, was ich hier an Erfolg und Misserfolg erlebe, heraus. Und darin hast du also recht.

Dein Franz.

[1] Anspielung auf Psalm 100,3.   [2] Stern der Erlösung S.472.

An Margrit Rosenstock am 3. und 4. Februar 1921

3.II.21.

Liebes Gritli,   ich habe mich heut den ganzen Tag mit der Vorlesung gequält, schliesslich wieder eine Kassler genommen; die Einteilung in langweilige (oder vielmehr „interessante") Donnerstage und schöne Dienstage war mir widerwärtig geworden. Mit der Kassler Stunde habe ich mir dann freilich selber das Gericht geredet; es war die über die Ehe;[1] schon im Sommer war es so gemeint, aber erst jetzt fühle ich mich von dem damals aufgestellten Gesetz selber richtig verurteilt. So habe ich dann wohl auch gesprochen, nicht sprechend, sondern wie vorlesend.   Manches schien mir auch gar nicht mehr wahr.

Ich wollte, dies Semester wäre herum. Diese Vorlesung wird zu einer Strafe. Ich kann sie genau so wenig halten wie im Sommer die Geschichtsvorlesung. Ich bin nicht mehr bei mir selbst.

Hier haben die Leute schon den ✡, 4.II.21.
soweit sie ihn ungebunden bestellt haben, z.B. Kochs, bei denen wir gestern waren. Die Frau hat mit gutem Instinkt gleich die 2te Einleitung angefangen; er selbst kann das Buch erst lesen, wenn er sein eigenes, das er jetzt schreibt (Ein Weg zum Judentum) fertig hat; er ist jetzt ungefähr in der Hälfte. Es war sehr nett bei ihnen, und die Frau hat mir doch gut gefallen. Er selber ist etwas ganz Besonderes, immer wieder. Das Gespräch ging über — na eben über das, was man hier (mit Recht) von mir erwartet. Ich bin da ja nur eine weiche Masse, die die Form kriegt von dem, der sie anfasst. Wollte ich das nicht, so bliebe mir nichts übrig als zuhause zu sitzen und mit niemandem zu sprechen. Das Ehrlichste wäre das. Aber das geht doch nicht. Welche Gnade ist es, die Wahrheit sagen zu können. Aber wenn man wahrhaftigerweise überhaupt nichts mehr sagen könnte, sondern nur schweigen und schlafen, so muss man eben - lügen. Ist das die Verwesung? Muss man die <u>auch</u> bei lebendigem Leibe erleben?

Dein Franz.

[1] Dazu Zweistromland S.587f.

An Margrit Rosenstock am 6. Februar 1921

... 6.II.21.

Der Grund ist <u>nicht</u> der „einfache". Der war ja von Anfang an und ist heut nicht schlimmer als damals. Aber damals war ich nicht hoffnungslos, denn ich spürte, ich hatte noch Lebens- und Liebeskräfte zuzusetzen. Das Verzweifelte heute ist, dass ich mich selbst erloschen fühle und von keinem Menschen auf der Erde mir Hülfe erwarten kann. Soweit ich noch schreien kann, schreie ich zum Himmel. Aber meist kann ich noch nicht einmal mehr schreien.

Ich wundre mich sehr über das, was du von Marg. Susmann schreibst. Alles was ich je von ihr zu Gesicht bekommen habe, war fadester Kitsch in Vers und Prosa, gefühlvoller Schwafel. Ich kann ja zufrieden sein, wenn ich mich da geirrt habe.

Gestern Abend hatte ich eine wichtige Sitzung. Jetzt bin ich den Zionisten genau so unsympathisch wie bisher nur den Liberalen. Dabei habe ich ihnen einen wirklichen Dienst erwiesen und eine von ihnen verfahrene Situation möglicherweise gerettet. Aber das haben sie nicht gemerkt. Bloss die grundsätzliche Absage.

Bei Koch wars gestern merkwürdig. Meine Übereinstimmungen mit Eduard sind unheimlich genau. So als ob er den ✡ genau so geschrieben hätte wie ich. Es ist doch ein Rätsel.

Nachmittags war erst Eduard da, nachher Ernst Simon und Ruth Nobel. Vormittags waren wir bei Nobel und mit ihm zur Gerbermühle. Am Freitag Abend hatten wir zwei Hörerinnen von mir da; gestern nach der Sitzung waren wir noch eingeladen. Du siehst, wir leben unter den Leuten. Natürlich.

Dein Franz.

An Margrit Rosenstock am 7. Februar 1921

Liebes Gritli, 7.II.21.
lies den langen Antwortbrief an Eugen,[1] er ist ja für dich mit. Das Verzweifelte meines Zustands wird ja dadurch nicht geringer. Es ist eben (in dem Brief) eine genau stimmende Rechnung, aber eine Rechnung ohne - die Wirtin. Von Edith habe ich kein Wort darin geschrieben, das merke ich jetzt wo ich fertig bin und ihn mit Eugens Brief ihr zu lesen gebe.
Wir waren bei Edingers gestern Abend - nachmittags waren Salzbergers bei uns. Es waren allerlei Leute bei Edingers und es war mir lehrreich für meine Stellung hier und für das Mass, in dem das „Amt" meinen kranken „Verstand" schützt und die Blicke der Menschen gar nicht auf ihn fallen lässt.
Es bleibt unerträglich und doch <u>wird</u> es ertragen. Dein Franz.

[1] Dazu der Brief an Eugen Rosenstock vom 3. Februar 1921, S.722f.

An Margrit Rosenstock am 8. Februar 1921

8.II.21.
Liebes Gritli, auch heute wird es wieder so, dass ich einen Kassler Vortrag nochmal halte! Ich habe versucht, ihn neu zu skizzieren, es wurde aber, da ich ihn neulich gelesen hatte, einfach dasselbe, nur schlechter. So nehme ich also das alte Manuskript. Für die vier letzten Stunden giebt es nichts her, so bin ich da auf mich angewiesen, vielleicht wird das besser. Obwohl ich es nicht recht glaube. Ich scheine mir eben nichts ersparen zu dürfen, keine Phase der Zersetzung.
Dabei <u>sind</u> die Dinge objektiv wahr. Wenn ich es mir selber nicht mehr glaubte, so müsste ich es an Strauss und Koch sehen, die jeder unabhängig das gleiche sagen. Eduard bis zur Wörtlichkeit. Gestern in der Bibelstunde wieder. Die Bibelstunde durch ihr immer etwas fluktuierendes Publikum lässt mich grade immer wieder die Notwendigkeit, die Sachen zu sagen, sehen. Es weiss sie wirklich <u>niemand</u> von selbst. Die Menschen <u>merken</u> beim ersten Mal meist überhaupt nicht, was Strauss sagt, so neu ist es ihnen. Sie interpretieren sichs unwillkürlich in ihre gewohnten Phrasen zurück, reden vom „Göttlichen in uns" statt von Gott, u.s.w. Es dauert einfach eine Zeit lang, bis sie merken, dass Strauss es wirklich anders meint als sie. Ich habe ja jetzt meist Orthodoxe als Hörer. Die sind aber ganz genau so. Sie glauben auch nur an die „übertragene Bedeutung". O weh - ich lerne jetzt die unübertragene von einer neuen Seite kennen, wir haben viel zu viel von der Liebe geredet, der Zorn ist genau so wirklich, <u>solange</u> er wirklich ist.
Freilich kann man sich fragen: ist es <u>nötig</u>, die Köpfe zurechtzusetzen? Und wenn sie nun zurechtgesetzt <u>sind</u> - und die Leiber sind noch genau so unzurechtgesetzt! ... Ich müsste stumm sein dürfen.
Meine Sommervorlesung ist ja eine etwas stumme („Grundriss des jüdischen Wissens"[1]). Dein Franz.

[1] Dazu Briefe und Tagebücher S.705 und Zweistromland S.579-580.

An Margrit Rosenstock am 8. Februar 1921

8.II.21.

Liebes Gritli, die Vorlesung war noch ganz gut. Ich bin aber froh, dass ich mit den 4 letzten wieder auf „mich allein" angewiesen bin. Dann war heut Abend Vortrag von Nobel in der Loge. Ein ganzes System in nuce,[1] leider das alte idealistische wies im Buche und vielen Büchern steht. Aber so gesprochen, dass ichs ihm gerne geglaubt hätte. Ein bezaubernder Anblick, auch durch die wunderbare Ahronhafte[2] Sitzgelegenheit im Logensaal. Nachher bog Eduard in seiner Schlussansprache nach Kräften alles zurecht, was hoffentlich nicht viele gemerkt haben. Dann sassen wir noch mit Kochs zusammen (es war nämlich „offene" Loge, also mit Frauen), wir kommen ihnen jetzt gut nahe, die Frau tut sich auf, und beide sind gut zu Edith. Aus dieser Wirklichkeit, (die es immer mehr wird) - Strauss Koch ich - giebt es auch kein willkürliches Herauslaufen für mich. Du wirst sie ja nun alle bald kennen lernen. Auch Strauss, den du dir dann von der Bibelstunde her aufbeissen musst.
An solchen Tagen wo ich mir der Vorlesung nicht sicher bin, nimmt sie mir den ganzen Tag! Am 19. spreche ich in Hanau. Vorher vielleicht noch in Darmstadt.

<u>Gute</u> Nacht - Dein Franz.

[1] Lat.: in der Nuß = in Kürze.
[2] Aharon (bei Luther: Aaron), der Bruder des Mose und erster Großpriester Israels.

An Margrit Rosenstock am 9. Februar 1921

9.II.21.

Liebes Gritli, du darfst keinesfalls hierher fahren und dir etwas zumuten, was dir jetzt zu viel wäre. Glaubte ich, es wäre nötig, so führe ich doch heut am Tag zu dir, selbst nach Hinterzarten, das wäre mir ja jetzt ganz gleich. Aber es hülfe ja garnichts. <u>Es ist nichts Katastrophales.</u> Es handelt sich für mich um ein Eingewöhnen in mein „neues Selbst", also um etwas was Weile haben will. Schlecht Ding will genau so „Weile haben" wie gut Ding. Etwas andres ists, ob mir nicht das lange Zusammensein vom Frühjahr an gut tun wird. Das halte ich selbst für möglich; es ist ja nicht mehr lang hin.[1]

Die Donnerstagstunde wird nun endlich wieder eine frisch vom Fass, ich merkte es heut bei der Vorbereitung.

Die Trennung, die du empfindest, ist <u>nicht</u> die der „Bethäuser". Glaub das nicht. Es ist alles <u>viel wirklicher</u>. Auf solche Unwirklichkeiten kann man nichts abladen.

Auf deine Frage, woran ich denn glaube, hab ich dir ja grade in diesen Tagen schon vorweg geantwortet. Ich lerne seinen Zorn kennen. Ob er „zum Besten"[2] dient — mag sein, aber die Schläge schmerzen darum nicht weniger. Mein Glaube an dies „zum Besten" besteht darin, dass ich keinen Augenblick den 6.I.20[3] aus meinem Dasein wegdenke, wirklich keinen Augenblick lang, und ebensowenig den 8. 9.II.21 oder welcher Tag sich nun grade Heute nennt. <u>Nicht darin</u>, dass ich nicht stöhne oder, bisweilen, schreie.

Dein Franz.

[1] 1921 zogen Rosenstocks nach Frankfurt, wo Eugen die Leitung der „Akademie der Arbeit" übernahm.
[2] Vielleicht Anspielung auf Römer 8,28.
[3] Verlobungstag.

An Margrit Rosenstock am 10. Februar 1921

10.II.21.

Liebes Gritli, ich spürte, dass das kommen würde. Dass es von dir <u>zuerst</u> kommen würde, hatte ich <u>nicht</u> erwartet. (Rudis mir vorenthaltener Brief ist ja sicher schon auf diese Melodie gegangen). Eigentlich ist das nun wohl das Letzte. Was könnte nun noch kommen. Aber es ist zugleich so <u>lächerlich</u>, dass ich trotzdem noch antworten kann. Du weisst gar nicht, worum es sich handelt. Wo dir das „Kreuz" helfen könnte, könnte mir das „Gesetz" helfen. Das Kreuz ist ja nur der Gesetzersatz für die Gesetzlosen. Aber ich <u>verzichte</u> auf diese „Hülfe". Ich könnte sie billig haben, so billig wie du das „Kreuz". Ich fälsche mir den wirklichen Tod nicht in einen gemeinten Selbstmord um.

Ich bin froh, dass ich dir gestern Abend, ehe ich diesen Brief bekam, dir die wahre Antwort geschrieben habe, die positive. Ich könnte dir jetzt, nach <u>dieser</u> Verirrung, nichts Positives sagen. Wie kann man einer Nonne, die sich in der Betrachtung von Christi Wunden tröstet, von Gott sprechen. Sowenig wie einem Juden, der im Gesetz lernt. Man kann ihnen nur sagen, dass sie Götzendienst treiben, dass sie Gott <u>vergessen</u>. <u>Erinnere dich</u>. An den einzigen Lebendigen, den einzigen der <u>nicht</u> stirbt. Der uns das „Gesetz", euch das „Kreuz" gegeben hat, nicht um sich vor uns dahinter zu verstecken, sondern um den Menschen ein Zeichen zu geben, unter dem sie sich versammeln können, wenn sie zu schwach sind sich unter ihm selber zu versammeln, und von sich aus dann in Gefahr wären, sich unter jenen Götzenbildern zu versammeln, die noch nicht einmal den <u>Namen</u> des lebendigen Gottes tragen. So gab er uns diese Götzenbilder, an denen wenigstens noch sein <u>Name</u> hängt.

Ich nehme Leben und Tod <u>von</u> Ihm. Aber ich fälsche mir den Tod nicht in Leben um, was freilich sehr leicht geht, man braucht zum Entgelt ja bloss zu erklären: das wahre Leben <u>ist</u> der Tod (am „Kreuz" oder am „Gesetz"). Nein Tod ist Tod, Leben ist Leben, ich weiche vor seiner Hand nicht aus, ob sie mich streichelt oder ob sie mich schlägt. Ginge es dir nicht so gnädig, dass dir der Tod in Gestalt von sichtbar spürbarem neuem Leben geschenkt wäre, so würdest du wissen wie es tut, und hättest diesen Brief <u>nicht</u> geschrieben.

Dein Franz.

An Eugen Rosenstock wahrscheinlich am 10. Februar 1921

Lieber Eugen, Edinger ist doch ein Mensch, bonae voluntatis.[1] Du wirst schon <u>davon</u> nicht viele finden. (Aber immerhin doch so viele, dass du nicht auf ihn angewiesen bist).

Ich bin sehr zufrieden, dass ich mich über Marg. Susmann geirrt hatte.

Von Gritli hatte ich einen sehr törichten Brief — schliesslich kein Wunder, nach den Lasten die mein tägliches Schreiben in den letzten Wochen auf sie gewälzt hat, dass ihr da schliesslich der Kopf benommen wurde und dass sie, wirklich wie die „Toren" mit einem grossen Aufwand von „Theo"-logie erklärt: „es ist kein Gott".[2]

Edingers Schrift ist doch ganz toll charakteristisch!

Ich habe vor einigen Tagen in Herders Metakritik[3] gelesen. Das ist unser wirklicher Vorläufer. Es stehen auch sonst merkwürdige Sachen drin. So in dem Abschnitt „Genese des Begriffs der Zeit, nach Datis der menschlichen Natur und Sprache":

Eigentlich hat jedes veränderliche Ding das Mass seiner Zeit in sich; dies bestehet wenn auch kein anders da wäre, keine zwei Dinge der Welt haben dasselbe Mass der Zeit. Mein Pulsschlag, der Schritt oder Flug meiner Gedanken ist kein Zeitmass für andre; der Lauf eines Stromes, das Wachstum eines Baumes ist kein Zeitmesser für alle Ströme, Bäume und Pflanzen. Der Elefanten und der Ephemere[4] Lebenszeiten sind einander sehr ungleich, und wie verschieden ist das Zeitenmass in allen Planeten! Es gibt also (man kann es eigentlich und kühn sagen) im Universum zu einer Zeit unzählbar viele Zeiten; die Zeit, die wir uns als das Mass aller denken, ist bloss ein Verhältnismass unserer Gedanken, wie es bei der Gesamtheit aller Orte einzelner Wesen des Universums jener endlose Raum war. Wie dieser so wird auch seine Genossin die ungeheure Zeit das Mass und der Umfang aller Zeiten, ein Wahnbild. Wie er, der bloss die Grenze des Orts war, zum endlosen Kontinuum gedichtet werden konnte, so musste Zeit, an sich nichts als ein Mass der Dauer, so fern diese durch eigene oder fremde Veränderungen bestimmbar ist, durch ein immer und immer fortgesetztes Zählen zu einer zahllosen Zahl, zu einem niegefüllten Ozean hinabgleitender Tropfen, Wellen und Ströme werden.

Schade, dass du das noch nicht für die Werkzeitungsnummer hattest!
...

[1] Anspielung auf Lukas 2,14 bzw. das lateinische Gloria aus der kirchlichen Liturgie: Gloria in excelsis Deo et in terra pax hominibus bonae voluntatis - Ehre sei Gott in der Höhe und auf Erden Friede den Menschen (seines) Wohlgefallens.

[2] Psalm 14,1 und 53,2.   [3] Johann Gottfried Herder, Metakritik zur Kritik der reinen Vernunft, 1820.

[4] Eintagsfliegen.

An Margrit Rosenstock am 11. Februar 1921

11.II.21.

Liebes Gritli, eigentlich bin ich dir gegenüber in eigener Sache jetzt in der gleichen Stellung wie im August, als du drauf und dran warst, dich von Rudi mitreissen zu lassen und Helenes Zusammenbruch in etwas ungeheuer Positives umzudeuten.   Inzwischen ist ja an Rudi sehr deutlich geworden, dass es ein Zusammenbruch war und weiter nichts. ... Genau so wie damals gegen die unwahrhaftige Lebensschminkung des Tods bei Helene kämpfe ich jetzt für den ehrlichen Namen der Dinge, die sich bei mir abgespielt haben und will, was Tod ist, Tod genannt haben. Und gestatte weder mir selbst noch dir die Dogmatisierung, die so bequem und so narkotisch ist. Hätte Rudi damals seinen Schreck nicht narkotisiert, so wäre es vielleicht heute für beide besser. Vielleicht auch nicht. Aber an sich ists auf jeden Fall besser, die Wahrheit zu sagen, solange man kann.

Die Vorlesung war wirklich sehr gut, und die nächste wirds auch.
...

Eben war Hedi da, Rudi hat ihr natürlich die Schutzengel vorgelesen. Warum auch nicht? Geschwätz gehört vor die Öffentlichkeit, - wenn der Schwätzer ein begabter oder gar jetzt bald berühmter Dichter ist. In 50 Jahren machen dann die Kinder Schulaufsätze über „das Erlebnis und die Dichtung", und der Lehrer besprichts vorher in der Klasse, von wegen der richtigen Einstellung. Und das Ganze ist dann „höheres Leben" - nichtwahr? Tod der vor dem Kreuz sich in neues Leben verwandelt hat? Wie figura zeigt.   Da möcht ich mich doch hinter all eure (und meine) tümer auf die alte ehrliche Natur zurückziehen, die wenigstens nicht lügt.   Dein Franz.

An Margrit Rosenstock am 12. Februar 1921

12.II.21.

Liebes Gritli,   es ist spät geworden über einem langen und unnötigen Brief an Eugen.[1] Mit den Gewaltkuren ist nicht geholfen. Wäre es nicht schon meinetwegen, so müsste ich Edithswegen im Jüdischen bleiben.   Für mich ist es, nächst dem Garnichtmehrsein das einzig Erträgliche, für Edith aber ist es das einzig Mögliche. Grade an den Sabbaten brauchst du sie nicht zu bedauern. Was sie vom Leben hat, hat sie da. Es war wirklich das Gefühl einer Notlage, dass ich sie grade am Sabbat zu euch geschickt habe; ohne dringendste Not hätte ich es nicht getan. Gedankt habe ich lange nicht, aber es kommt ja nicht auf die Worte an.

Die zweiten Lebenshälften in die wir jetzt alle hineingestossen werden (Edith, die nie eine erste gehabt hat, ausgenommen), werden uns ja vielleicht alle auch einmal wieder zusammenbringen, nur ganz anders. Es giebt vielleicht auch da wieder etwas wie ein Leben. Ich habe jetzt keine Vorstellung davon und deshalb kann ichs nicht Leben nennen.

Das eine weiss ich: die jüdische Atmosphäre um mich herum ist das einzige was mich jetzt halbwegs in Form hält. Ein Heraus aus ihr, wie es Eugen sich ausdenkt wäre mir schrecklich. Hier sind doch Leute, die mich auf das hin beanspruchen, woran ich glaube. „Draussen" habe ich Meinecke, der mich auf das festlegen will, was ich nochnichtmal als ich es machte je für etwas andres gehalten habe als eine Schüler- und Übungsarbeit.

Gestern Abend Blaus, heut Vormittag Nobel, Nachmittags Ernst Simon, dann Koch - ein klarer geordneter Tag, und alles was ich tue (mit Ausnahme alles dessen, was zwischen Edith und mir geschieht) ein Stein zu dem Bau, dessen Umrisse ich sehe und zu dessen Grundriss ich vielleicht die Zeichnung habe machen dürfen —— was hätte ich zu wünschen, wäre nicht die eine schreckliche Ausnahme.   Aber vielleicht geht es grade ohne die nicht. Obwohl - das ist dummes Zeug; ich <u>weiss</u> nicht warum das so sein muss.

Und auch zwischen mir und Edith giebt es einen guten Augenblick - zwar nicht wenn wir ganz allein sind, aber wenn der Sabbat als dritter dabei ist. Da lasse ich sogar mich immer wieder von der Hoffnung fangen, und werde freilich gleich wieder aus der Hoffnung herausgeworfen; es sind eben nur Augenblicke. Für mich nicht aber für meine Ehe ist das Gesetz eine Lebensrettung.   Dein Franz.

[1] Dazu der nächste Brief.

An Eugen Rosenstock am 12. und 13. Februar 1921

12.II.21.

Lieber Eugen,   tant de bruit! pour une étoile![1] Muss ich dir nun wirklich das alte Buch erklären? Du vergisst die Gliederung des <u>Ganzen</u>. Wenn du es wirklich wieder liest, so lies doch vor allem III 3. Erst das (und sein Auslauf in „Tor"), nicht schon III 1 + III 2, ist der dritte Teil. Da verschwinden aber die tümer wieder und von dem der da bleibt wird ausdrücklich und in einem Fortissimo, das sonst im ganzen Buch nicht vorkommt gesagt, dass er kein andrer ist als der, der in der Mitte des Ganzen, in III 2,² spricht und auch das was er zu sagen hat ist nichts andres. Nimm dazu noch die Einleitung zu III, die doch die Voraussetzung für jedes Wort von III 1 und III 2 ist und die von nichts anderm handelt als von dem freien Entgegenwachsen des Lebens von dem du redest, — und was vermissest du dann noch? Nimm endlich noch, dass noch nie das jüd. Gesetz so ungesetzlich, das chr. Dogma so undogmatisch gesehen worden ist, wie es in III 1 bzw. III 2 geschieht - versteh wohl, nicht das Judentum ungesetzlich, nicht das Christentum undogmatisch, sondern das Gesetz selber ungesetzlich, das Dogma selber undogmatisch, und du wirst selbst zu III 1 und III 2 (die du nicht wieder zu lesen brauchst) ein Verhältnis kriegen. Es ist in III 1 nicht die Synagoge, sondern das Volk, es ist in III³ nicht die Kirche, sondern der Mensch, de quo fabula narratur.⁴ Das ist, beides, noch nie geschehen.

Für die Richtigkeit des Aufbaus I, II, III könnte ich mich einfach auf - Hans berufen. Erfahrung, Lehre, Weisheit! Die genaue Entsprechung mit meinen I, II, III ist ganz unabhängig. Genau wie ich bringt auch Hans in seinem dritten Teil, der Weisheit, die philosophischen „Disziplinen" wieder, die er vorher ~~nicht~~ ignoriert (Politik, Ästhetik, Logik). Vgl. darüber bei mir III 3 gegen Ende. Eine eindeutige Reihe ist I - II - III nicht. Das „Versinke denn, ich könnt auch sagen: steige"⁵ gilt nur für den Übergang von I zu II. Von II zu III müsste es heissen: Steige denn, - ich könnt auch sagen versinke. Deshalb ist das Herausbrechen des Schlusses ins Freie, der ja ausdrücklich ein Rücklenken in II 2 („einfältig wandeln .."⁶) ist, auch vom Buch her eine Notwendigkeit. Es ist nicht nur biographisch notwendig. Sondern auch „systematisch".

Sieh: im Grunde steht in allen drei Teilen das Gleiche. Nur drei verschiedenen Leuten gesagt. In I dem Kranken (Diagnose: Monismus philosophicus⁷), im II dem Gesunden, im III dem in Behandlung befindlichen, dem Patienten. Dem Kranken wird gesagt, dass er krank ist, dem Gesunden dass er gesund ist, dem Patienten, dass er Patient ist. Denn eben das weiss keiner von ihnen. Der Kranke hält sich für gesund, der Gesunde für krank, und der Patient meint, seine Klinik wäre die Welt. Ich tue z.B. hier sehr oft weiter nichts, als dass ich den Menschen sage: Euer Lieblings-Ismus, (Gottismus, Weltismus, Menschismus) ist nur Ismus. Die Wirklichkeit ist „dreifach", nicht einfach. Wer das begreift, ist eigentlich schon gesund. Denn den nimmt das Leben auf seine Arme und trägt ihn irgendwohin.

Solange er sich tragen lässt. Deshalb muss ihm gesagt werden, dass er sich ruhig tragen lassen kann, dass er wirklich gesund ist und dass er die DoktorEisenbarthe⁸ mit ihren Rezepten unbesucht lassen kann (welcher Gesunde weiss das?).

Endlich giebts den Patienten. Er hat vergessen, dass er Patient ist. Früher hätten wir ihn dem Kranken gegenübergestellt. Nichtwahr? Als wir noch selber in dieser Vergessenheit unsres Patientseins lebten. Denk an dich selbst in deinen Fanatikerjahren. Dass die tümer nur ihren Sinn jenseits von Gesund- und Kranksein haben, nicht selbst die eine Seite repräsentieren, das habe für euch alle 1913 ich erlebt. Deshalb musste der III^{te} Teil der frühstkonzipierte ~~wer~~ sein. Denn die Jenseitsstellung der tümer musste vorweg entdeckt sein, ehe man die Lehre vom kranken und gesunden Menschen (I und II in ihrer Zusammengehörigkeit) entdecken konnte. Nämlich nun tritt an die

Stelle der Schattenantithese Idealismus - Kirche (wie du oder Rudi oder sonst wer, - Pantheismus - Christentum - sie früher formuliert hatte) die Zweigesichtigkeit des Wirklichen: Nacht und Tag, Schlafen und Wachen, Elemente und Bahn, Mathematik und Grammatik, Unterwelt und Oberwelt.

~~III~~ I ist eben nicht „Hegel" (dies ist eins deiner Missverständnisse, vielleicht das eigentliche) ...

Die Fortsetzung dieses Briefes ist in zwei verschiedenen Fassungen erhalten.

1.Fassung:

... - I ist Unhegel, Unkant u.s.w., kurz I ist ebenso wahr wie II.

Genug von dem Buch. Ich habe es immer noch nicht, bin auch nur gelinde neugierig darauf. Du schreibst ja im Grunde auch nicht über das Buch, sondern über deinen tollen Gedanken, ich solle das bischen was ich ...[9] habe aufgegeben um einer „Jetzt"-Theorie willen. Das ist so haarsträubend unwirklich ...[9] richtig erdacht. Ich soll eine Stelle, wo man mich braucht (und wenns noch so wenig ist) aufgeben und zu Leuten gehn, die wenig wissen, aber das eine ganz genau: dass sie mich nicht haben wollen. Denn dass Meinecke mich als seinen begabten Schüler vorzeigen will — bin ich sein Schüler? (Schon als ichs war, habe ich jedem gesagt, dass Wöfflin, nicht Meinecke mein Lehrer in Geschichte sei). Ich soll meine Tätigkeit auf der Basis von Seminararbeiten errichten? Er hat ja Heller e tutti quanti.[10] Diesen Leuten brauchst du nicht erst zu sagen: sie sollten sich habilitieren, sie habens schon längst vorher getan. Was sollen sie auch sonst tun.

Ich habe mir durch den Stern das Recht erschrieben, mich da zu habilitieren, wo - nicht einige Mummelgreise bestattet oder das neue 1813 vorbereitet werden (Universität oder Volkshochschule), sondern wo die Zukunft entsteht. Ob das neue Gesetz schon das „Weltgesetz" sein wird oder nicht — das ist nicht meine Sorge. Die Zionisten glauben es. Marx und Lasalle[11] gehören ebensogut zu der Kommission die es ausarbeitet wie Strauss, Koch, Nobel, ich.[12] Es wird kein § fertig, ohne dass die beiden votiert haben. Mein „jüdisches Jahr" wird also den Rest meines Lebens ausfüllen. Dass die Quelle meiner Mitwirkung in der Kommission nicht mein Jetzt, sondern mein 1900 - 1919 (das was du „das Wunder von 1918" nennst) ist, das weiss ich sehr genau. Nicht die Toten loben Gott.[13] Ich habe ja auch nicht mehr zu leben. Ich habe mich nur noch hineinzuwerfen in den Topf in dem die Zukunft brodelt. Die nicht mehr mir gehören wird. Denn mir gehört gar nichts mehr. Auch nicht die Gemeinschaft mit euch mehr. Wir sind alle (nicht bloss ich) einsam geworden. Auch du und Gritli seid bloss noch verheiratet. Nicht das Leben hat aufgehört, aber unser Leben. Mehr als Gritlis Kreuz-Brief an mich - stärker konnte es für mich und Gritli nicht gesagt werden. Ich habe dagegen geschrieben, aber nur weil ich nicht wollte, dass die hässlichen Scheingründe zwischen ~~und~~ ...[9] scheiden sollten. Die Wirklichkeit des Todes ...[9] uns, keine dogmatischen Gespenster. Sie ...[9] jenes und sucht es auf dieses abzuschieben. Nur das will ich nicht. In die Tatsache selbst heisst es sich fügen.

Zu den Zionisten gehe ich ja. Was willst du?!

Und vergiss bei allem nicht. Was für mich ein Ablaufen der Uhr ist, ist für Edith das einzige Leben was sie noch hat. Sie nimmt an der Enstehung des neuen Gesetzes teil.

Dafür hat sie offne Augen. Für sonst nichts. Für nichts, was mit jenen „Quellen" meiner Beteiligung daran etwas zu tun hat. Aber für meine Beteiligung selber. Was sollte aus ihr werden, wenns das nicht mehr wäre. Und ich gezwungen wäre, eine kühle bonzenhafte Tätigkeit vor Studenten oder meintwegen vor ~~deinen~~ Arbeitern (die mir doch genau so fremd sind wie Studenten) auszuüben. In dem jüdischen Topf lasse ich mich noch <u>gern</u> zerstampfen, in dem „deutschen" wirklich nur mit äusserstem[14] Widerwillen. Dieses „gern" spürt sie, und ...[9] das Beste an ihrem wahrhaftig nicht guten[15] Leben.

Dein Franz.

Zweite Fassung:

... - I ist Un- und Antihegel, I ist genau so wahr wie II.

13.II.21.

Nach dem, was du nun heute schreibst, könnten wir ja den eigentlichen praktischen Inhalt deiner Briefe vertagen, bis der Ruf kommt. Wenn er nämlich kommt (auf den ✡ hin! nicht etwa auf den Hegel hin) dann nehme ich ihn an. Denn das wäre dann keine deutsche Universität und es studierten keine deutschen Studenten da - wenn ich auf den ✡ einen Ruf als Professor der Philosophie kriegte.   Und nebenher - selbst die Philosophie wäre dann nicht so greulich langweilig wie sie ist. Du kannst dir gar nicht vorstellen, wie schwer es mir fällt, Philosophisches zu lesen, ich winde mich vor langer Weile.   Also wollen wirs bis zum Ruf vertagen?   Aber im Ernst: dies Nachholen wovon du sprichst, das tue ich ja jetzt wirklich. Meine Vorlesung hier ist ein solches Nachholen. Die Überschrift Jüdisches Denken hat dich vor den Kopf geschlagen. Aber ursprünglich hatte ichs „Einführung in den Gebrauch des gesunden Menschenverstands" nennen wollen, und nur aus äusseren Gründen darauf verzichtet. Trotzdem kann ichs nur vor Juden machen. Im <u>einzelnen</u> <u>Fall</u> gegenüber jedem Menschen. Aber bei grösserem Publikum, vor der <u>Öffentlichkeit</u> nur vor Juden. Denn nur da habe ich die Anknüpfungsmöglichkeit an Gemein-Erlebnisse. (Im Krieg hatte ich die ein wenig auch vor andern).   Es gehört zu dieser Art Vordenken, dass man auch Mitleber ist. (Die Abschaffung des Katheders!). Dem einzelnen Menschen kann ich <u>gegebenenfalls</u> (<u>eventuell</u>) stets Mitleber sein. Der Gemeinschaft nur wenn ich ihr angehöre. Deshalb kann ich nur unter Juden wirken. Nur da wird mein Wirken unmittelbar gesetzerneuernd sein. Ob noch anderswo, das ist nicht meine Sache. Vielleicht durch <u>euch</u> hindurch. Mag sein.

Ob das neue jüdische Gesetz schon das letzte, das Weltgesetz sein wird — die Zionisten glauben es, ich weiss es nicht. Auch das ist nicht meine Sache. Marx und Lassalle? sie sind meine Mitarbeiter dabei, so gut wie Nobel und so gut wie Strauss und Koch.

Blüher sagt (in der Broschüre gegen Link):

$$\frac{\text{Philosophieprofessor}}{\text{Philosoph}} = \frac{\text{Litteraturprofessor}}{\text{Dichter}}$$

: Das ist genau richtig. Ich war als Verfasser des ✡ (und bins in Nachklängen noch jetzt) Philosoph. Das Philosophieprofessorieren ist mir heute ganz unmöglich, wirklich einfach wegen der ungeheuren Langweile, die es mir verursacht.

Also, gieb dich zufrieden. Für Herder genügt die Quellenangabe wie ich sie dir schrieb. Meine Ausgabe ist nicht die, die man zitiert.

Dein Franz

[1] Franz.: so viel Lärm um einen Stern.
[2] Mit der „Mitte des Ganzen" ist wohl II,2 gemeint, das Offenbarungskapitel des „Stern der Erlösung", in dem Offenbarung als Ereignis zwischen Gott und Mensch jenseits der „-tümer" behandelt wird. Dazu auch Zweistromland S.151, wo Rosenzweig „Stern" II,2 als „Herzbuch ... des Ganzen" bezeichnet.
[3] Gemeint ist wohl III 2.
[4] Lat.: dessen Geschichte erzählt wird.
[5] Goethe, Faust II, 1. Akt, Finstere Galerie.
[6] Micha 6,8, dazu Stern der Erlösung S.471.
[7] Lat.: philosophischer Monismus (Weltauffassung, die als Grund der Wirklichkeit nur ein einziges, absolutes Prinzip annimmt).
[8] Johannes Andreas Eisenbarth, 1663-1727, Arzt, der durch sein marktschreierisches Auftreten zum Quacksalber wurde.
[9] An dieser Stelle ist der Brief zerstört.
[10] Ital.: Heller und alle anderen. Heller war der Verfasser eines Buchs über Hegel, das Rosenzweig rezensieren mußte. Dazu die Briefe an Margrit Rosenstock vom 29. und 30. August 1921, S.764f.
[11] Ferdinand Lasalle, 1825-1864, Gründer der sozialdemokratischen Bewegung in Deutschland.
[12] Die folgenden Worte waren aufgrund des schlechten Erhaltungszustandes des Briefes nicht oder nur teilweise lesbar und wurden mit Hilfe der zweiten Brieffassung rekonstruiert: Marx; Kommission („ission" war lesbar); Nobel.
[13] Psalm 115,17.
[14] Das Wort wurde rekonstruiert, lediglich „tem" war erhalten.
[15] Das Wort wurde rekonstruiert, lediglich „ten" war erhalten.

An Margrit Rosenstock am 13. Februar 1921

13.II.21.

... Du kannst ihm[1] sagen: den Ruf <u>auf den ✡ hin</u> als Professor für Philosophie würde ich annehmen. Damit muss er doch zufrieden sein? Nämlich, wenn das geschieht, dann sind die Universitäten keine Lachkabinetts mehr, die Professoren keine Karrikaturen und die Studenten keine Deutschen ⌈⌈mehr⌉⌉ und die Philosophie ist eine kurzweilige Sache geworden. Vier Vorraussetzungen, von denen jede einzelne das Ende aller Dinge bedeuten würde. Bis dahin (also bis zum Ende aller Dinge nach meiner oder bis zum Eintreffen des Rufs auf den ✡ hin nach seiner Zählung) soll er mich ungeschoren lassen.
...
Dass du mich zum Christentum bekehren wolltest, habe ich gar nicht angenommen. Du hast nur eine Trennung zwischen uns aussprechen wollen. Dagegen kann ich gar nichts sagen. Nur die dogmatische Phrase habe ich abgelehnt. Uns trennt nicht Juden- und Christentum, sondern der Tod. Nenn ihn meinetwegen Leben. Aber dass das eine sehr andre Art Leben ist als was wir früher so nannten, das könnte dir daran aufgehen, dass das was du jetzt Leben nennst, uns (<u>alle</u>, nicht bloss dich und mich, sondern jeden von jedem) scheidet; das was wir früher Leben nannten, verband uns.
Ob wir „⌈ Mensch" sind oder nicht, danach wird wenig gefragt. Es geschieht uns, ob wir wollen oder nicht. Dir gnädiger als uns andern. Infolgedessen hörst du sogar auf, zu <u>verstehen</u>, was in andern vorgeht. Oder möchtest dir einreden, es läge daran, dass sie eine andre Theologie hätten.
...

Dass ich deine Freude[2] nicht mitfühlen kann, ist mir doch selber schrecklich genug. Es ist aber nur ein Stück davon, dass ich überhaupt nichts mehr mitfühlen kann. Es ist zu Ende mit mir, mit Mit- und allen Gefühlen. Zum guten Onkel wirds noch langen. Ich sehe jetzt darin dass ihr herkommt, wovor ich mich früher fürchtete, nun eine Rettung. Wenn überhaupt ein neues Sozusagenleben zwischen uns entstehen soll, so brauchts dazu das Zusammensein. Irgend eine Form wird da schon entstehen. Ich lasse selber nichts fahren, begehe <u>auch im Detail</u> keine „Selbstmorde". Solange man leiblich lebt, muss ja irgend etwas wie Leben weitergehn. Ich kann mich nur nicht auf etwas freuen, wovon ich nur das eine weiss, dass es ganz anders sein wird als alles woran ich bisher hing. Ich kanns eben nur hinnehmen. Das „Lächeln Gottes" lässt sich nicht kommandieren.
                                                                                    Dein Franz.

[1] Eugen Rosenstock.
[2] Über das Kind, das Margrit Rosenstock erwartete.

An Eugen Rosenstock wahrscheinlich aus der zweiten Hälfte Februar 1921

Lieber Eugen, eine Intrigue liegt gar nicht vor, sondern einfach eine unglaubliche Dummheit des Verlegers, der der Frankfurter Zeitung noch ein Exemplar geschickt hat! Ich habe sofort an Kauffmann telefoniert; die Dame (die verreist war) - die einzige mögliche Person im ganzen Verlag - hat mit Geck, dem Feuilletonredaktör der Frankfter Ztg. gesprochen, der „sehen will was sich tun lässt". Nicht viel! - Mir selber war das Merkwürdigste, dass ich mich wirklich darüber geärgert habe. Es ist eben für meine Stellung hier eine Notwendigkeit, dass in der Frkft. Ztg. mal ein Feuilleton über mich gestanden hat. Da's beim Hegel versäumt ist, so muss es nun beim ✡ sein. Erst wenn die Frankfurter ihren Segen über mich gesprochen hat, bin ich glaubwürdig.
Ich gehe nachher noch selber zu K. hin, um die Einbände zu sehn, sie sollen sehr hübsch sein, - und übrigens noch länger dauern! Ich habe ja noch gar kein Exemplar hier.
Zwei Nächte ist fein, der Brief weniger, aber der Mann ist gut für dich. Besonders wenn du ihn vorher etwas in die Lehre nimmst (wozu er bereit sein wird, denn er geht ja noch zur Schule - Jonas Cohn!
Über den Raum stehen die nötigen Sachen bei Herder ein paar Seiten früher. In Freiburg hast du ja die Metakritik leicht zur Hand.[1]
Ich dachte schon einmal daran, Mündel einen ✡ zu schicken. Aber ich werde es wohl bei dem Pietätsexemplar für Frau Cohen bewenden lassen, der ich darin die Stellen, wo Cohen auftritt, mit Seitenzahlen bezeichnen werde (einschliesslich des Mottos, des verliebten Thoren, und des letzten öffentlichen Vortrags).[2]
Wieso ist deine Zukunft „in Berlin"?? Ist denn mit Frankfurt irgendwas geschehn, was du vergessen hast mir zu schreiben?
                                                                                    Dein Franz.

[1] Johann Gottlieb Herder, Metakritik zur Kritik der reinen Vernunft, 1820.
[2] Dazu Stern der Erlösung S.114 und 281 sowie der Vers Psalm 45,5, der dem gesamten Buch als Motto vorangestellt ist. Hermann Cohen hatte kurz vor seinem Tod diesen Vers Rosenzweig mit auf den Weg gegeben, dazu Briefe und Tagebücher S.801.

An Margrit Rosenstock am 14. und 15. Februar 1921

14.II.21.

Liebes Gritli, die Einbände zum ✡ werden so hässlich, dass ich meine Freiexemplare jetzt doch ungebunden genommen habe, wenigstens fünf. Bei Strauss war eine besondere Stunde heute, 2 M. 3. Abends hatten wir einen merkwürdigen Studenten aus Wien da. Das war der Tag.

Dein Franz.

15.II.21.

Eben ruft Hermann Badt an, der für einen Tag hier ist.
Vom Verlag kam von Eugen der rote Band von der Susman.[1] Ich habe erst die beiden ersten Stücke gelesen. Trotz des schönen Einbands, ists als ob man was mit Schreibmaschine lese, so das Manuskript irgend eines Rudi. (Übrigens ist manches ganz rudisch). Auch zu den Dunkelheiten darin habe ich ein ähnliches Verhältnis wie zu denen, die man zuerst bei Rudischen Sachen verspürt.

Dein Franz.

[1] Margarete Susman, Die Liebenden. Drei dramatische Gedichte, 1917.

An Margrit Rosenstock am 15. Februar 1921

15.II.21.

Liebes Gritli, wieder eine sehr gute Vorlesungsstunde. Diese beiden Stunden Ästhetik sind so gut geworden wie ich dachte. Es war vorher nur mein Fehler, dass ich alte Manuskripte zugrundelegte. Das darf ich offenbar nicht.
Badt sah ich nur heut Abend nochmal, wo ich bei Nobel war und ein Stück raffinierter Frankfurter Politik gemacht habe, die Fortsetzung von der Zionistensitzung von neulich.
Ich habe den ✡ ringsherum beschneiden lassen, dass er nun ein sehr behagliches Format hat. Ich würde es Eugen auch raten.
Die Rezension der „Hochzeit"[1] von E.Tr.[2] bekam ich heute. Ich finde sie ganz herrlich. Es ist doch kaum zu begreifen, wenn er ihn nicht kennt. Aber er hat ihn eben aus dem Buch erkannt. Es giebt einem gradezu Mut zu schreiben. Auch die Sonderstellung, die er der Spenglerkritik giebt, ist wohl richtig; es ist ja auch natürlich, - einfach infolge des grossen Augenblicks wo sie entstanden ist. ...
Die 2 Stunden Ästhetik handelten nur vom Auftraggeber. Heut ist die Synagoge zu ihrem Recht gekommen. Es wäre ja auch schlimm, wenn sie beim „jüdischen Denken" gar nicht vorkäme.

Dein Franz.

[1] Eugen Rosenstock, Die Hochzeit des Krieges und der Revolution. Die Bücher vom Kreuzweg. Erste Folge, Patmos-Verlag, 1920.
[2] Vermutlich Ernst Troeltsch.

An Margrit Rosenstock am 16. Februar 1921

16.II.21.

Liebes Gritli, ich las gestern Abend noch das dritte Stück in dem Buch der Susman, es ist wohl schlechter als die beiden andern, aber komischerweise auch in diesem „schlechter" rudisch.
Zur „Aussprache" waren heute ganze 3 Weiberchen gekommen. Es ist sehr nötig, dass ich in Frankfurt bin. Es kann ja nochmal ein Aufschwung kommen. Aber der

wird dann auch rasch wieder abflauen. Und wahrscheinlich kommt er noch nichtmal. Wäre nicht die komische Situation, dass dieses

"In Jena hat jeder Lehrer
Ein zwei auch drei Zuhörer
Die nennt man Musensöhne,
In Jena ist es schöne"   - hier ganz normal ist.

Vor vierzig Menschen sprechen heisst hier: viele Hörer haben! Es ist alles relativ. Auch dies.

Dein Franz.

An Margrit Rosenstock am 17. Februar 1921

17.II.21.

Liebes Gritli,   gestern ist es ja zwei Jahre her, dass der ✡ fertig wurde! es fiel mir heute ein. - Es war wieder eine gute Vorlesung und die nächste, letzte, wird es erst recht. ~~Wir~~ Ich habe angefangen, bei Nobel zu lernen. Ruth lernt mit!   Heut Abend war ein Vortrag von Strauss.   Vor Tisch war ich etwas bei Koch, der darmkrank im Bett liegt.
Das war der Tag.
Von Mutter war ein Brief da, mit dem ich viel mehr mitklinge, als ich ihr sagen kann und darf.

Dein Franz.

An Margrit Rosenstock am 20. Februar 1921

20.II.21.

Liebes Gritli,   Hans ist da, es ist spät darüber geworden. Seine Anwesenheit tut mir ganz wohl. Rudis Brief gestern (er schickte mir das Traktätchen von Ende Januar mit einem neuerlichen Zusatz an den verstockten Sohn Israöls von dem Erlöseten des Hörrn in Göttingen) hat mir doch noch einige Schmerzen gemacht, obwohl ich ja wusste was drin stehen würde und obwohl mir das Eigentliche daran, die <u>Wahrheit</u> hinter den Bäffchenphrasen, nämlich Rudis seeliche Zer- und Verstörtheit ja schon vorher bekannt war. Sehen ist eben immer noch etwas andres als wissen.   Ich hätte es lieber gehabt, wir trügen das Notwendige nun alle mit Anstand und umwölkten es nicht mit der Posaunenphraseologie christlicher Jünglingsvereine.
Vormittags waren wir bei Nobel, nachmittags Ernst Simon und Ruth Nobel bei uns. Eugen Dank für den Harnack der schön ist, mir aber teils von Harnack aus Kollegstunden, teils aus Tertullians Kampfschrift, schon bekannt (und daher in III 3 des ✡ auch schon verwertet) war.   Aber dass Harnack daraufhin reif für den ✡ wäre, kann ich nicht finden. Sowenig wie ich selber ihn vor 1913 als ich selber noch Marcionist[1] war hätte schreiben können.
...

---

[1] Anhänger des Marcion, 85-160, der eine bedeutende gnostische Gemeinde um sich sammelte und zwischen dem Gott der hebräischen Bibel, den er ablehnte, und dem „lieben" Gott des Neuen Testaments, den allein er anerkannte, unterschied. Sein Plan, einen sehr beschränkten christlichen Kanon zu schaffen, der lediglich aus den „entjudeten" Schriften des Paulus sowie aus einem gekürzten Lukas-Evangelium bestehen sollte, veranlaßte die Großkirche, einen Kanon festzulegen, der „sogar" das „Alte Testament" mit umfaßte. Der Kirchenlehrer Tertullian schrieb eine polemische Schrift „Gegen Marcion".
Adolf von Harnack verfaßte ein wichtiges wissenschaftliches Buch über Marcion, in dem der berühmt-berüchtigte Satz steht: „das AT im 2. Jahrhundert zu verwerfen, war ein Fehler, den die große Kirche mit Recht

abgelehnt hat; es im 16. Jahrhundert beizubehalten, war ein Schicksal, dem sich die Reformation noch nicht zu entziehen vermochte; es aber seit dem 19. Jahrhundert als kanonische Urkunde im Protestantismus noch zu konservieren, ist die Folge einer religiösen und kirchlichen Lähmung." (Marcion. Das Evangelium vom fremden Gott. Neue Studien zu Marcion, Darmstadt 1960, Neudruck der 2. Auflage von 1924, S.217).

An Margrit Rosenstock am 22. Februar 1921

22.II.21.

Liebes Gritli,   Eugen kam gestern Nachmittag, er war auch in der Bibelstunde, es war keine von den ganz grossen, obwohl wieder eine ganz andre als alle bisherigen (das ist ja jede; man kann nie sagen: nun weiss ichs wie ers macht). Heut Morgen sah ich ihn nur flüchtig, er kommt aber zu Tisch.

Von Rudi kam gestern wieder ein abscheulicher Brief. Ich habe nun gar keine Zeit zum Antworten in den nächsten Tagen. Es ist wohl auch zwecklos. Nicht dass er die Worte aus dem letzten Reich anwendet, macht ihn mir unmöglich, sondern dass er die Massstäbe für Lüge und Wahrheit verloren hat, dass er meint, es gäbe kein Erkennungszeichen ob Gott spricht oder der Teufel. Was doch so einfach ist. Der Teufel sagt immer nur:

Ich weiss nicht mehr was. Ich will lieber diesen Brief fertig machen. Eugen war mittags bei uns. Jetzt wollen wir Kaffee trinken.

Ich habe ein paar Tage jetzt sehr viel zu tun.   Dein Franz.

An Margrit Rosenstock am 22. Februar 1921

22.II.21.

Liebes Gritli,   heut war die Schlussvorlesung. Sie war etwas misslungen, obwohl sie glaube ich den Hörern Eindruck gemacht hat. Es war nicht alles klar, mir selber nicht. Während ich dann bei Nobel war, war Edith in einer Jugendversammlung und hat sogar in der Diskussion gesprochen, wahrscheinlich gut, aber ich bin doch froh dass ich nicht dabei war.

Aus Eugens Mauthnerkritik[1] habe ich die herrliche Stelle über den Johannesvers ins Jüdische transponiert und ganz breit in die Stunde vorhin eingefügt - so geht das Plagiieren hin und her. (Tischdank, S.14, die sechste Bitte, in ihrem Verhältnis zu den drei vorhergehenden). Dann noch eine neue Theorie über von Hans. Kurzum — nun wer folgern will, kann folgern.

Dabei fällt mir wieder Rudi ein. Gottes <u>Liebe</u> ist es doch unmöglich, die den Menschen einsam macht. Das ist das Kriterium, das er nicht weiss. Er hält sich in seiner Einsamkeit und in seinem Umsichschlagen für einen Geliebten und Liebenden Gottes, statt für einen Geschlagenen. Das nenne ich die Lüge bei ihm.

Ich weiss wohl, dass es möglich wäre (vielleicht sogar <u>mir</u>), ihm die Augen zu öffnen. Aber das wäre nur durch Liebe möglich. Und die habe ich jetzt nicht in mir, ich fühle es zu deutlich. Es wäre eine Unwahrheit. Er fühlt eben das Richtige, er giebt ihm nur falsche Namen (nicht zu „letzte", sondern einfach: falsche.

Edith sagte mir heute, dass du auch so gewiss wärest, dass es ein Mädchen würde. Ich habe ja komischerweise auch vom ersten Augenblick nichts andres denken können.

Dein Franz.

[1] Fritz Mauthner, 1849-1923, Philosoph, der den Wert der Sprache als Mittel zur Erkenntnis in Frage stellte.

An Margrit Rosenstock am 23. Februar 1921

23.II.21.

Liebes Gritli,   in der Arbeitsgemeinschaft wieder ganze 4 Menschen! Dafür habe ich viel besser gesprochen als gestern in der Vorlesung!
Heut Abend war ich in einer Versammlung, meist Jugend, mehrere 100, — die kriege ich nun alle nie; sie sind „organisiert" und kucken nicht aus ihren Organisationen heraus.   Insofern ist in einem weniger jüdisch ~~bearb~~ beackerten Ort als grade Frankfurt viel mehr zu machen, etwa in Kassel.
...
Bei uns ist heute das Wohnungsamt 5 Mann hoch gewesen und hat sehr bedrohlich ausgesehen. Man sieht den Dingen aber, wenn man erst mal drin sitzt doch erheblich ruhiger entgegen.

Dein Franz.

An Margrit Rosenstock am 24. Februar 1921

24.II.21.

Liebes Gritli,   Eugen konnte doch nicht, und nun wird es wohl bis Sonntag dauern, dass wir uns sehen.   Die Vorlesung „Unsre Sprache" ist nicht zustandegekommen; für die paar die gekommen waren, habe ich eine Stunde gehalten, die wunderschön war. Aber nun bin ich für dies Trimester fertig. Nächste Woche habe ich nur noch Übungen und Hebräisch.   Dabei freue ich mich aber schon auf den Sommer, und bin sehr neugierig wie die Hörerzahlen werden, wenn ich einmal nicht wie diesmal Vorsehung spiele.
Das Lernen bei Nobel wird auch gut für mich.

Dein <u>Franz</u>.

An Margrit Rosenstock am 17. März 1921

17.III.21.

Liebes Gritli, ich konnte leider heut vormittag nicht mehr kommen, noch nicht mal anrufen; ich musste mit Edith in die Stadt zu Besorgungen. Ich hätte auch Eugen gern noch gesprochen ...
In Wiesbaden gestern wieder kleines Publikum, die eine Dame, für die ich das vorige Mal gesprochen hatte - eine junge Lehrersfrau - war auch diesmal die Beste; der habe ich wirklich was gegeben. Sie sagte mir hinterher: das einzige, was nicht zu mir passe, sei dass ich über die geringe Hörerzahl geschimpft hätte.   Sie habe noch nichtmal (nach dem ersten Mal) es Leuten sagen können, sie sollten hinkommen, - eben <u>weil</u> es für sie so etwas ganz Grosses bedeutet habe. - Also einem Menschen etwas gegeben und 300 M gekriegt und in einer Konditorei gewesen wie es in F. keine giebt - non frustra vixi![1]

Dein Franz.

[1] Lat.: nicht vergeblich habe ich gelebt.

An Margrit Rosenstock am 18. März 1921

18.III.21.

Liebes Gritli, das Wetter wird schlecht! Ich fürchte, es wird nichts aus Amelith.[1] Jedenfalls sind wir ja zunächst hier, und ich möchte Edith die Erholung vom Haushalt auch nicht verkürzen.   Wir waren nach Tisch auf dem Friedhof.[2] Im übrigen zuhause

gelegen. Sag Eugen, ich läse jetzt Schellings „Darstellung des philosoph. Empirismus",[3] d.i. eine Übersicht über seine Gedanken, die er 1827 in München den Studenten vorgetragen hat. <u>Sehr</u> mässig. Ich glaube, die Weltalter[4] sind wohl das Frischeste. So etwas schreibt man nicht zweimal. ...
Im Litteraturblatt der Frankfurter steht eine sehr ehrenvolle (Vergleich mit Gundolfs Goethe[5]) aber völlig unter den Tisch fallende Abfertigung des Hegel. Mein Verhältnis oder vielmehr Unverhältnis ~~der~~ zur Frkft. Ztg. ist die grösste Erschwerung, die meine Frankfurter Wirksamkeit finden kann. ...

[1] In Amelith hatten Rosenzweigs ein Jahr zuvor geheiratet.   [2] In Kassel am Jahrtag von Rosenzweigs Vaters.
[3] Schellings Münchener Vorlesungen: Zur Geschichte der neueren Philosophie und Darstellung des philosophischen Empirismus, 1827.
[4] Schelling, Die Weltalter, 1811 und 1813.   [5] Friedrich Gundolf, Goethe, 1916.

An Margrit Rosenstock am 19. März 1921
                                                                                                                                             19.III.21.
...
Der Schelling - ich habe ihn fertig - ist wirklich schwach. Er will freilich nur eine Einführung sein. Ich bin etwas in Lesestimmung. Jetzt lese ich einen meiner Vorgänger aus der ersten Hälfte des 19. scl, Steinheim „Die Offenbarung";[1] es hat ja damals eine ganze Gruppe jüdischer Religionsphilosophen gegeben.
...

[1] Salomon Ludwig Steinheim, 1789-1866, Die Offenbarung nach dem Lehrbegriffe der Synagoge, 1835-1865.

An Margrit Rosenstock am 20. März 1921
                                                                                                                                             20.III.21.
Mein liebes Gritli, ich war ja selber traurig, dass mir die Absicht, noch am Donnerstag Morgen herüber zu euch zu gehen, vereitelt wurde; aber ich nahm es eben hin, wie ich jetzt all so etwas hinnehme, - als etwas was offenbar so sein muss; selbst telefonieren ging ja nicht, - weil es plötzlich „so eilig" war. Ich schrieb dir das ja schon aus der Bahn. Wir wollen uns aber nicht plagen. Es ist doch etwas an dem Zusammensein, und wir haben es nötig und wollen es nehmen, soviel es uns noch beschieden ist. Am Montag Abend sind wir sicher wieder da.
Ich war gestern bei Tante Julie; es waren schöne 1½ Stunden, obwohl wir nur wenig sprachen; ich bin ihr so nah.
Heut Vormittag war Rudi Hallo da, dann auch Gertrud. Er erzählte noch viel von Scholem,[1] auch von Übersetzungen, die er gemacht hat.
...
Ich lese weiter im Steinheim; es ist sehr interessant für mich, wegen der Berührungen. Helene rief an. Sie ~~hört~~ spürt seit neustem keine Bewegungen mehr und Rudi hört keine Herztöne. Wir sind sehr in Sorge. Bleib gut. Ich habe dich lieb.   Dein Franz.

[1] Gershom (Gerhard) Scholem, 1897-1982, geboren in Berlin, studierte in Jena und München Mathematik, Philosophie und Semitistik, ging 1923 nach Jerusalem, wo er an der Hebräischen Universität später Professor für jüdische Mystik wurde.

An Margrit Rosenstock am 21. März 1921

21.III.21.
...
Die Kinder[1] sind hier. Maria ist ganz famos geworden. Sie ist jetzt mehr Rudis, Hilla mehr Helenes Art. Sieht man die beiden, so ist das mit der zerstörten Hoffnung nicht mehr so schrecklich. Helene scheint es auch sehr tapfer zu tragen. An diese Erfüllung meiner bösen Ahnungen hatte ich nicht gedacht. Es ist wie vor 3 Jahren. (Das Kind ist ja sicher ein Junge, - da ist gar kein Zweifel. Es hätte Franz heissen sollen!)
Ich scheine in eine neue Fleissperiode hinein zu steuern; es macht mir wieder Freude, Bücher zu lesen.
...

[1] Von Rudolf und Helene Ehrenberg.

An Margrit Rosenstock am 22. März 1921

22.III.21.
Liebes Gritli, ich war bei Trudchen heut Vormittag und mit ihr auf Wilhelmshöhe. Von Rudi kam das Neue, das er dir ja natürlich auch geschickt hat, es ist ja (abgesehn von den etwas herausfallenden Schlusszeilen) sehr gut; aber ich weiss nicht, warum er das jetzt hat machen müssen; das interessiert doch (von uns) jetzt keinen Menschen mehr, auch ihn selber kanns nicht interessieren; es ist doch nur zum Veröffentlichen. Aber etwas von diesem „für die Öffentlichkeit" ist ja jetzt überhaupt in ihm. ... Wann wird das tote Kind wohl in Maschinenschrift umgewertet sein? Er ist eben ein Dichter, da ist nichts zu machen. Grade das Neuste ist wirklich wieder ein bewundernswertes Stück. Aber mehr wie bewundern kann ich nicht, und seine Manier mit den Schatten hausieren zu gehen, hat mich auch da nachträglich vollständig zum „Bewunderer" gemacht.
Auf morgen haben wir uns mit Rudi Hallo und Gertrud R. zu einem Ausflug verabredet. Ich lese viel, u.s.w.
Mutter hat hier allerseits erzählt, ihr alle, auch du, auch Eugen, fändet euch in dem Wunsch, dass ich aus dieser schrecklichen jüdischen Atmosphäre [[Frankfurt]] herauskäme. Es ist nicht gut, dass man ihr so nach dem Munde gesprochen hat; dadurch habe ichs ja nur schwerer mit ihr. Selbst wenn es eure wirkliche Meinung wäre, wäre es noch nicht Mutters Meinung; denn für Mutter ist das Gegenteil von jüdisch ja nicht christlich, sondern preussisch, professoral und vorzeigbar vor Frau v. Plitz und Frl. v. Plotz. Aber ausserdem ists ja gar nicht eure Meinung, deine ganz gewiss nicht, du hast es sicher nur im Scherz gesagt, aber du weisst doch, dass an diesem Punkt Mutter keine Scherze versteht.
...

An Margrit Rosenstock am 22. März 1921

22.III.21.
Liebes Gritli, Mutter und Edith sind in einem Kirchenkonzert, ich mochte nicht mitgehen. Ich vertrage keine Musik mehr; ich bin in den ganzen Tagen hier noch keinmal darauf gekommen, den Apparat loszulassen.
Dein Brief nach Lauenförde kam schon mit der Nachmittagspost hier an, offenbar durch Gelegenheit. Du willst Genaueres von Helene wissen? Sie ist in der Klinik.

Der Arzt will die Entbindung beschleunigen, hofft es ohne operativen Eingriff durch sog. künstliche Wehen (mit einem Pulver oder so) herbeizuführen. Davon dass das Kind doch leben könnte, spricht keiner; es gilt für sicher. Mutter hat nur mit Helene selbst gesprochen am Telefon!
Die Kleinen sind famos. Hilla wird schön. Aber das Kleine ist jetzt der Clou.[1]
Du darfst für dich nichts fürchten. Wenn ich je sicher bin, dass es gut verläuft, dann bei dir und Magikeli.[2]
Ich meine nicht, dass ich dir kalt schreibe. Nur aus diesem resignierten Gefühl, das mich nun einmal nicht verlässt. Ich gebe dir was da ist. Dass es ein Nichts ist, weiss ich selber. Aber dies Nichts ist nun einmal jetzt mein Inhalt. Du musst schon damit zufrieden sein, dass ich dir wenigstens den gebe. Lohnen tut er das Geben freilich nicht. Aber so wie du fühlst, dass im Zusammensein selber ein Trost ist, so ists auch im Sichschreiben. Nur ein Trost. Mehr ist auch ein Zusammensein nicht. Wenn es nicht geht, wie an jenem Morgen, wo wir Mittags wegfuhren, letzten Donnerstag, dann senke ich eben den Kopf und lasse die Hände fallen und sage zu mir: nun ja - und: so ist es jetzt denn. - Früher hätte ich da aufbegehrt, und gesagt: es darf nicht sein. Und da wäre es jetzt nicht gewesen.
So begehrt jetzt nichts in mir auf, wenn deine Briefe ausbleiben, wie doch früher. Aber es ist ein Trost wenn sie kommen. Und mir, dir zu schreiben. Wir sind ja noch zusammen auf der Welt. Wir sehen noch das gleiche Licht. Auch wenn wirs nicht mehr in einander und durch einander sehen. Es ist doch noch die eine Sonne, die uns beiden scheint. Grade in diesen schönen Tagen. Ich denke an dich. Und an das Kleine.
                                                                       Dein Franz.

[1] Die Kinder von Rudolf und Helene Ehrenberg.
[2] Das von Margrit Rosenstock erwartete Kind, von dem Rosenzweig überzeugt war, daß es ein Mädchen werde.

An Margrit Rosenstock am 23. März 1921

                                                                       23.III.21.
.....
Ich lese Cohen; Mutter hat das Buch[1] ja auch.
                                          Dein Franz.

[1] Hermann Cohen, Religion der Vernunft aus den Quellen des Judentums.

An Margrit Rosenstock am 24. März 1921

                                                                       24.III.21.
Liebes Gritli, ich schreibe aus der Bahn auf der Rückfahrt von Göttingen. Helene geht es unverändert. Mit Rudi war es „zeitgemäss", - ich habe kein andres Wort dafür. Das Leben liegt wie eine Ebene vor einem.
Basel ist übrigens durchaus noch nicht abgetan.
Wir fahren also morgen nach Weimar, trotz der Unruhen.[1]
Im Cohen bin ich jetzt an den Stücken, die ich 1918 auf der Fahrt nach Mazedonien las.
...

[1] Am 21. März hatte die KPD zum Generalstreik aufgefordert mit dem Ziel, die Republik zu stürzen. Im Kampf mit Regierungstruppen starben 200 Menschen. Am 2. April zog die Partei daraufhin den Streikaufruf wieder zurück, mehr als die Hälfte ihrer Mitglieder trat damals aus.

An Margrit Rosenstock am 25. März 1921

25.III.21.

Liebes Gritli, in Weimar! Aber gar nicht in Weimar. Ich ertrage es nicht, und bin infolgedessen unerträglich. Schwiegereltern sind ja schon an sich eine Aufgabe. Weimar ist auch eine. Und nun gar Schwiegereltern in Weimar. Morgen werde ich mich etwas von der Welt zurückziehn und Edith mit ihren Eltern allein lassen. Ich störe zu sehr.

Auf der Fahrt las ich wieder viel Cohen. Es ist doch viel Übles in dem Buch, neben ganz herrlichen Sachen. Gesprochen ists ja meist, als ob die deutsche Sprache noch nicht erfunden wäre; er hat da eine Horde von Wörtern „vollziehen" „Aufgabe" „erzeugen" „Problem" „Kultur" „in Gemässheit" „Methodik" - ob ihn wohl je ein Mensch gefragt hat, was er sich dabei eigentlich gedacht hat? O welch einen edeln Geist habt „ihr" da zerstört, ich meine: ihr Deutschen.   Wo er jüdisch spricht, da (und nur da) spricht er plötzlich gutes Deutsch!

...

Ich habe merkwürdige Einsichten über den koscheren Haushalt bekommen. Es ist doch eine ungeheure Sache.

Dein Franz.

An Margrit Rosenstock am 26. März 1921

26.III.21.

Liebes Gritli,   mir ist <u>nicht</u> wohl in Weimar. Ich schrieb es dir ja schon gestern, ehe ich deinen Brief hatte. Allein kann ich nicht sein, und mit Edith (und gar mit ihrer Familie) bin ich nicht in Weimar. Sie sind ja alle so - ich habe kein andres Wort dafür - „goiisch".[1] Sie wissen von Goethe und Schiller doch nur, dass sie eine Anzahl Gedichte gemacht haben, die auf der Schule gelesen werden. So bleibt mir nichts, als so zu tun als ob ich nicht hier wäre und mich nach Kräften in „Arbeit" zu vergraben. Was ich ja nun wohl überhaupt für den Rest meines Lebens tun werde. So tun als ob ich nicht da wäre.

...

Hans drängelt immer noch, ich solle über Schelling arbeiten. Meine Freunde sind komische Leute. Über das Hegelbuch, das geschrieben <u>ist</u>, zucken sie alle mitleidig die Achseln. Aber alle wünschen dringend ich soll nun ad infinitum[2] weiter so Sachen schreiben, die sie (und mich) nichts angehn.   Im Grunde ists doch nur das peinliche Gefühl, <u>dass das Judentum eine lebendige Angelegenheit sein soll</u>. Das muss aus der Welt geschafft werden, und wenn man zu dem Zweck auch alle schon praktisch und theoretisch gefällten Urteile über die „deutsche Universität" zurücknehmen müsste. Grade ich, ausgerechnet ich, der sich nie habilitieren <u>wollte</u>, grade ich soll mich jetzt in diesen Kessel werfen. Dann sollens mir Hans und Eugen erst mal vormachen. (Und selbst dann mache ichs ihnen noch nicht nach).

Ich wollte, der 28te wäre erst vorüber[3] -

Dein Franz.

---

[1] Heidnisch im Gegensatz zu jüdisch.   [2] Lat.: ins Unendliche.   [3] Rosenzweigs Hochzeitstag.

An Margrit Rosenstock wahrscheinlich Ende April 1921

Liebes Gritli,   nachmittags waren Eugen und Ernst S. da, nach Ruths Stunde, die wieder sehr schön war. Ich habe eine Idee, morgen werde ich sie Nobel sagen. Du weisst vielleicht, dass Nobel als jüdisches Gegenstück zum Pater Prowe einen Lehrauftrag an der Universität haben soll. Nun ist jetzt Rabin der ein Lektorat für Rabbinica hier hatte, nach Breslau berufen, ein Nachfolger nicht vorhanden. Nun meine ich: Nobel sollte als Rabins Nachfolger Rabbinica und historische Rel.philosophie nehmen und mir das Gegenstück zu Prowe (als „systematische Rel.phil.") überlassen, bzw. verschaffen. Dann gehe ich nicht nach Hamburg.[1] Meine Stellung hier wäre damit äusserlich und innerlich verbessert, und Nobel und ich zusammen wäre ein glänzender Anfang für eine jüdische Fakultät. Das ist ja die Form, in der ich an die Universität gehen kann. Ich habe höchstens das Bedenken, ob es nicht etwas verfrüht ist (für mich). In ein oder zwei Jahren wäre ich weiter. Aber gehen tut es auch jetzt, und die Mehrbelastung (etwa eine zweistündige Vorlesung und eine Übung) nicht so gefährlich. Mit Ernst und Eugen hab ich schon gesprochen, morgen sage ichs Nobel, von seiner - nicht bloss Zustimmung, sondern wirklichen Dafür-Erwärmung hängt natürlich alles ab; wenn ers wirklich will, ists sofort gemacht.

Dein Franz.

[1] Der Hamburger liberale Rabbiner Sonderling hatte sich an Nobel in Frankfurt gewandt mit der Frage, ob dieser ihm nicht einen Lehrer empfehlen könne. Nobel hatte Rosenzweig genannt, der daraufhin im April offiziell angefragt wurde, nach Hamburg zu kommen. Dazu auch Briefe und Tagebücher S.860.

An Margrit Rosenstock wahrscheinlich Ende April 1921

Liebes Gritli,   die Blase ist schon wieder zersprungen. Nobel will nicht. Es ist auch viel komplizierter als ich dachte. Für Nobel selbst ist es noch gar nicht so sicher, und er will seine Sache nicht mit meiner dazu belasten. So sieht er es an, und ist in grosser Sorge, ich könnte ihm „entgegenarbeiten". So wird es also natürlich nichts. Und damit rückt nun Hamburg doch sehr in die Nähe, mehr eigentlich als ehe ich den Gedanken hatte. Es war eben etwas zu früh. In zwei Jahren werde ich selbst und mein Renomee reifer sein, und bis dahin muss ich abwarten. Auch nach Hamburg gehe ich ja nur, wenn ich die Gewissheit habe, Zeit zum eigenen Lernen zu behalten.
Ich bin auf der Rückreise von Hanau. Frau Nussbaum ist schon fortgeblieben! Mit denen die da sind geht es mächtig vorwärts.
Eugen habe ich heut vergeblich zu erreichen gesucht.
Nobel fragt viel nach Eugen. Ernst Simon war ja so begeistert von ihm. Ich glaube, Eugen hat er auch gefallen.

Dein Franz.

An Margrit Rosenstock wahrscheinlich Ende April 1921

.....
Heut Abend fangen wieder Festtage[1] an. Auf morgen Mittag haben wir Eugen gebeten.
Ich lerne wie doll arabisch. Zum dritten Mal! Erst 1914/15, dann 16/17, und jetzt. Diesmal will ichs drum aber nicht wieder einrosten lassen.

Dein Franz.

[1] Die Pesachwoche begann 1921 am Abend des 22. April christlicher Zählung.

An Margrit Rosenstock am 30. April 1921

30.IV.21.

Liebes Gritli, durch Eugen erfuhr ich heute, dass du noch gar nicht in Säckingen warst; so haben dich meine 3 Briefe nicht erreicht. Auch jetzt merke ich, weiss ich gar nicht genau, wo du bist ... Nach Hamburg schreibe ich heute Abend. Eigentliche Lust habe ich ja nicht, aber ich glaube doch (oder deswegen) sicher, dass es was wird. Das Beherrschende ist auch hier das Gefühl kolossaler Wurstigkeit; irgendwie und irgendwo werde ich schon existieren.

Es waren hübsche Tage. Nobel hat wieder schön gesprochen, wenn auch nicht so wie das letzte Mal. Das ist ja immer so, dass man nach einem Höhepunkt sich nicht gleich wieder erreicht.

„Fräulein" ist heute abgegangen. Sie ist Edith zum Abschied um den Hals gefallen! Wir waren alle sehr angenehm erleichtert, als sie fort war. Auf Montag oder Dienstag hat sich Gerhard Scholem angemeldet.

Dein Franz.

An Margrit Rosenstock am 1. Mai 1921

1.V.21.

... Nachmittags war ich bei Sommers; es war eine nette Theegesellschaft ... Auch sonst allerlei interessante Leute, zuletzt war ich in einem grossen Duell mit einem Husserlianer - ich kenne Husserl jetzt vollständig, bloss von seinen Schülern, aber nicht deswegen erzähle ich es dir, sondern wegen der Versöhnung am Schluss, wir fielen uns nämlich beinahe in die Arme: der Mann ohne Namen![1] Wir haben übrigens neulich hier den ersten Teil gesehen, der ist ja genau so schön wie der Löwenteil.

Mich plagen aber solche Gespräche jetzt; ich rede etwas, was ich gar nicht mehr leben <u>darf</u>, wenn ich existieren will. Ich <u>brauche</u> ja all die Dinge, gegen die ich als Denker eifre: Haltung, Unempfindlichkeit, und Herrschaft über das Schicksal.

Dein Franz.

[1] Dazu der Brief an Margrit Rosenstock vom 8. Mai 1921, S.747.

An Margrit Rosenstock wahrscheinlich am 4. Mai 1921

Liebes Gritli, ich kam durch meinen Besuch in den letzten beiden Tagen nicht zum Schreiben. Du willst von Montag früh wissen. Also: es war im ganzen sehr schön. Der Minister sprach passabel, der Sozialist Thomas famos und Eugen wirklich gut. Er ist ja wirklich unfähig zu einer Menge zu sprechen, da wirkt alles wie abgelesen. Aber nachher die eigentliche Rede hatte er sich aufgeteilt in lauter Ansprachen und das ging. Obwohl man auch da das Vorbereitete durchspürte, aber doch wohl nur unsereins. (Den Arbeitern z.B. sagte er einfach nochmal seinen Brief an Eugen May). Wie er jedesmal grade das Negative betonte, das wirkte stark, am stärksten wie er es den Arbeitern gegenüber tat; da hielt alles den Atem an. Ich war nachher mit deiner Mutter zusammen. Entsinnst du dich noch an das letzte Mal in Stuttgart? Haben wir uns da wirklich auf <u>Gegenseitigkeit</u> geduzt?? sie sagte es, aber ich stolperte jedesmal, und noch jetzt in Gedanken, über das Du von mir zu ihr; ich glaube sie irrt sich.

Abends war Scholem da und der hat mich bis gestern Nacht nicht zur Ruhe kommen lassen. Ein ganz doller Kerl. Ein jüdischer Mönch. Einer, der sein Leben geopfert hat, um zu lernen. Ganz unvorstellbare Gesichter, (nicht ein Gesicht). Er kann ganz aussehn wie ein Ostjude, und dann wieder wachsbleich und entzündet wie ein Engel. Dazwischen wie ein dummer Junge.   Als er sich angemeldet hatte, dacht ich, ich müsste ihn lehren. Als er da war, meinte ich, ich müsste mich an ihm ärgern. Und ein paar Stunden später merkte ich, ich müsste nur von ihm lernen. Das tat ich dann und habe dabei allen Respekt den er für mich mitgebracht hatte, ins Spiel hineingeworfen, so dass er nichts mehr davon nachhause mitnimmt.

Das Lehrhaus hat angefangen. Montag mit zweimal Strauss und recht befriedigendem Besuch. Gestern mit meinen beiden hebräischen Kursen, die jammervoll besucht waren. Heute Nachmittag meine Vorlesung.

Eugen hat beim Minister gehorcht, wie es hier mit den Universitätsmöglichkeiten steht. Es ist <u>gar</u> <u>nichts</u>.

Mutter liegt ganz unbeweglich! sie hat eine Pflegerin nehmen müssen. Es ist viel schlimmer als in Wildungen. Eben fällt mir ein, dass ich vielleicht morgen mal hinfahre. ...
...

An Margrit Rosenstock am 5. Mai 1921   Donnerstag

Liebes Gritli,   ich bin unterwegs nach Kassel. Morgen fahre ich zurück. Eugen kam gestern nicht zum Mittagessen in die Stadt wie wir verabredet hatten, auf der Universität war er Nachmittags um 4 und um 6 auch nicht, so habe ich ihn nicht gesehen.

Meine Vorlesung[1] habe ich gestern eröffnet, ziemlich unter Aussschluss der Öffentlichkeit. Trotz Sommer ist mir meine Abgenutztheit für Frankfurt sicher. Ein Publikum wie dort kann ich <u>überall</u> haben. Dabei schiebe ichs gar nicht auf die Leute, sondern muss schon die Ursache in mir selber suchen. Ich bin kein guter Redner, und das wird nun mal verlangt. Auf der Universität würde sich das übrigens im gleichen Sinn bemerklich machen, ich würde da auch nur ein paar Leute haben. Ich brauche also - das ist die Folgerung daraus - ein Publikum, das <u>muss</u>. Also Schulkinder. Also Hamburg. Ich kann mich dem immer weniger verschliessen. Oder ich müsste mir sagen: es ist verfrüht, schon arriviert[2] sein zu wollen, sozusagen schon Ordinarius;[3] ich muss mich zunächst verhalten wie ein junger Privatdozent, für den auch das Lernen noch wichtiger sein muss als das Lehren.   Mit dem Panzer solcher Wurstigkeit angetan könnte ich es wohl noch in Frankfurt aushalten.

Schön wars dafür in Hanau. Ich las den 124. Psalm. Hätte ich nur so eifrige 20 wie dort in meinem Hebräisch in Frankfurt! In Frankfurt habe ich eben nicht, was ich in Hanau hatte: Zutreiber. Ich kann nicht mein eigener Zutreiber sein.

Am schönsten aber war es vorher, von 4-6, im Arabischen. Das ist eine zu bezaubernde Litteratur. Wir lasen 2 Geschichten aus dem Hofsänger-Kreis Harun al Raschids.[4] Ich kam auch sprachlich besser mit als ich erwartet hatte. Und der Professor weiss wenigstens viel, wenn ers auch nicht versteht.

Meine Vorlesung war übrigens gestern auch so la la. Sehr locker, mehr Kapuzinerpredigt[5] als Vorlesung.
...

[1] Grundriß des jüdischen Wissens, dazu Zweistromland S.579f.
[2] Aus dem Französischen: beruflich weitergekommen.
[3] Ordentlicher Universitätsprofessor.   [4] Harun al Raschid, 786-809, asbasidischer Kalif.
[5] Eine derbe, volkstümliche Predigt, von Schiller im „Wallenstein" nachgebildet.

An Margrit Rosenstock am 6. Mai 1921

6.V.21.

Liebes Gritli, ich bin auf der Rückreise von Mutter. Es ging ihr wieder viel besser ... Inzwischen hat sie ihre schlaflosen Nächte dazu benutzt, ihre sämtlichen Sachen zu vermachen. Wir hätten ja doch keinen Platz dafür! Z.B. ihre Bücher!!! Teppiche, Bilder, - was weiss ich. Rudi und Helene hätten es auch sehr richtig gefunden (Das glaub ich!). Sie hat eben gar keine Vorstellung davon, dass ich einmal später anders leben muss als sie gewohnt war und dass ich z.B. nie mir einen anständigen Teppich anschaffen könnte u.s.w., sondern nur durch solche ererbten Sachen meinem Leben noch einen über-kleineleutemässigen Rahmen geben kann. Der letzte Grund (den sie sich nicht eingesteht) ist, dass sie Edith nicht leiden kann und ihr deswegen nichts gönnt. Sie hat eine Liste mit vorläufig 20 Familien aufgestellt, in die sie ihren Haushalt zerstreuen will. Wenn sie ihnen bei Lebzeiten was schenken würde, Geld oder gekaufte Sachen, so wäre es mir wahrhaftig recht und sie hätte mehr davon; aber das will sie nicht, weil sie weiss, dass sie damit mir und Edith keinen Tort[1] antäte. Es ist sehr eklig. Ich schreibe es dir (obwohl ihr ja sicher auch unter den posthumen Beglückten seid) weil ich mich sonst an Edith ausschreiben würde und die hat wirklich schon keinen besondern Grund, ihr gut zu sein. Habe ich dir damals eigentlich von dem infamen Brief erzählt, den sie an uns geschrieben hat? auf den ich sehr grob geantwortet habe, worauf sie nicht mehr darauf zurückgekommen ist?
Aber es war trotzdem nett. Böse kann man ihr ja schliesslich doch nicht sein.
Vorhin auf der Fahrt hinter Marburg hatte ich einen Wachtraum. Ich sah plötzlich einen der nächtlichen Lagerplätze auf der Flucht aus Mazedonien,[2] ganz deutlich. Da stieg eine solche Sehnsucht in mir auf nach jener Zeit, dass ich gern gleich gestorben wäre, statt so weiterzuleben.

Dein Franz.

[1] Franz.: Unrecht, Kränkung, Schädigung.   [2] Während des ersten Weltkriegs.

An Margrit Rosenstock am 7. Mai 1921

7.V.21.

Liebes Gritli, wir gehen morgen in den Odenwald mit Hans zusammen. Eugen habe ich geschrieben, so dass er mitkann. Gesehen habe ich ihn ja seit Donnerstag nicht. Dass er „rednerisch" enttäuscht hat, hörte ich inzwischen auch von Fremderen; aber über den Inhalt Ein Lob.
Wir waren gestern Abend bei Nobel, heut Mittag bei ~~Mayer~~ Lazarus, Nachmittag bei Mayers. ... Mayer liest den ✡ und bewundert ihn sehr. Aber den Eindruck, dass sich hier etwas für mich machen würde, habe ich doch nicht. Hoffentlich machen mir die Hamburger kein zu günstiges Angebot.
...

An Margrit Rosenstock am 8. Mai 1921

8.V.21.

Liebes Gritli, wir waren mit Hans einen wunderschönen Tag an der Bergstrasse von Bensheim angefangen und in Auerbach geendet. Es ist <u>die</u> deutsche Landschaft, Berge Wälder Schlösser und weiter Blick hinunter zum Rhein. Hans ist kolossal im Schreiben drin. Er schreibt auch was Philosophisches, ausser dem zweiten Dialog. Als wir zurückfuhren trafen wir Michel; er ist ein wirklich netter Mensch. Dadurch hörte ich auch von Eugen. Wir gingen noch zusammen ins Kino, leider <u>nicht</u> in den Mann ohne Namen. Mittags sahen wir (Hans und ich) zusammen - einen Antiquariatskatalog durch! du hättest gelacht. Es war aber sehr schön.

Gute Nacht.   Dein Franz.

An Margrit Rosenstock am 9. Mai 1921
9.V.21.

Liebes Gritli, ich habe viel zu tun, der Tag läuft nur so hin. Es gab schöne Stunden von Strauss. Aber Eugen war nicht da, so habe ich ihn wieder nicht gesehen.
Allmählich sage ich mir, das gescheiteste ist, ich bleibe hier. Augenblicklich habe ich noch nicht nötig, mich zu verbeamten, und in einigen Jahren, wenn ichs will, kann es mir noch weniger fehlen als heute. Immerhin will ich hin nach Hamburg, damit die Sache irgend eine Folge gehabt hat.
Es war so ein schöner Tag gestern.
Dein Franz.

An Margrit Rosenstock am 10. Mai 1921
10.V.21.

Liebes Gritli,
diese Tage sind alle besetzt, es ist noch ganz gut so. Stunden, die ich gebe und nehme. Nobel, Ruth, Lehrhaus - es wäre kein schlechtes Leben. Es ist es aber doch.
Edith scheint sich etwas zu erholen. Hamburg wird sie ja dann wieder herunterbringen, allein schon die Reise.
...
In Hamburg? bei Rabbiner Dr. Sonderling, Rothenbaumchaussee 152. Wir sind ja nur Sonnabend bis Montag dort.[1]
Ich kann gar nicht schreiben.   Dein Franz.
...

[1] Dazu auch Briefe und Tagebücher S.860.

An Margrit Rosenstock am 11. Mai 1921
11.V.21.

... Ich habe einen pompösen Plan erdacht, den ich den Hamburgern vortragen werde. Da werden sie wohl sicher anbeissen. Hier ist er nicht zu verwirklichen, weil hier zu viel eingefahrene Geleise sind, aus denen niemand die Karren herausbringen kann. Hamburg ist Neuland. Lust habe ich natürlich trotzdem keine.
Ich habe sehr versucht Eugen zu treffen, aber es ist wieder nicht gelungen. Von ihm habe ich die beiliegende wunderbare Weigerung, mich zu treffen. Immerhin brauche ich nun wenigstens morgen nun auch nicht mehr auswärts zu essen, sondern wir essen bei Rothschilds, was ich bisher nur nicht getan hatte, um Eugen treffen zu können.
Ich habe eine gute Vorlesungsstunde gehalten und auch eine schöne Stunde in Hanau (Ps. 130). Davor Arabisch. Früh Nobel. So sind jetzt meine Tage. In Hamburg wird es vielleicht bis zu 18 Stunden wöchentlich, also die ganzen Nachmittage. Mein Plan ist: kombiniertes Lehrhaus + Schule, und verbunden mit Heranziehung von 1 oder 2 Helfern, die zu Nachfolgern werden können, wenn ich weggehe.
Nachts werde ich ein paar Stunden bei Mutter sein.
Ich habe Sehnsucht nach dir. Aber wie über einen Abgrund hinweg.   Dein Franz.

An Margrit Rosenstock am 13. Mai 1921

13.V.

Liebes Gritli, in „Ülzen" - ein schöner Name, so ist alles hier. Ich fuhr gestern Abend ab von Frankfurt. ... Ich habe das Cohen-Seminar[1] doch begonnen; eine Dame gefiel mir.
.....
Die erste Stunde gestern habe ich nur seine Biographie erzählt. Auf nächstes Mal habe ich die ersten 40 Seiten zu lesen gegeben; falls du es mitmachen willst; es wäre mir recht. Es ist Donnerstag um 4 Nachmittags bei mir, bis 5 oder allenfalls 1/2 6. Die Frau Mirzbach würde dir auch gefallen. Studenten kommen höchstens zwei, sonst nur die 4 Damen (drei Frauen und eine Gans).
Wir fahren Personenzug. Die Menschen sehen verblüffend norddeutsch aus. Ich habe beschlossen, meine Gehaltsforderung auf 45000 zu erhöhen. Wenns so weitergeht, bin ich bis Hamburg bei 50000.

Dein Franz.

[1] Von Mai bis Juni hielt Rosenzweig am Lehrhaus ein Seminar über Hermann Cohens Buch „Religion der Vernunft aus den Quellen des Judentums".

An Margrit Rosenstock am 3. Juli 1921

3.VII.21.

Liebes Gritli, ... Die „erste Woche"[1] ist halb fertig. Es wird vielleicht doch hübsch. Edith schreibt folgendes Gespräch zwischen Frau Dr. Flake und Ate:
Die Mutter: Wem sagst du zuerst Gute Nacht?
Ate: Dir Mama
Mutter: Und wer kommt zuletzt dran?
Ate: Der liebe Gott
Mutter: Aber den giebts doch garnicht.
Ate: Doch, ich weiss bestimmt.
Mutter: Na, wo ist der denn, <u>ich</u> habe ihn noch nie gesehn.
Ate: Sehn kann man ihn auch nicht, er ist ganz zuhinterst im Himmel, soweit kann man garnicht kucken, aber er kann überall kucken.
Mutter: Unsinn, <u>ich</u> glaub' nur, was ich sehen kann.
Ate: Aber geben tuts ihn doch.[2]

Dein Franz.

[1] Gemeint ist ein Kapitel aus dem „Büchlein vom gesunden und kranken Menschenverstand", das Rosenzweig auf Anfrage des Stuttgarter Fr. Frommann-Verlags schrieb, dann jedoch nicht veröffentlichen ließ, weil er es für wenig gelungen hielt. Es wurde posthum von Nahum Glatzer veröffentlicht.

[2] Mit diesem Dialog beginnt im Herbst 1921 Rosenzweigs Lehrhaus-Vorlesung über „Die Wissenschaft und Gott", Zweistromland S.619. Zu Frau Dr. Flake, der Mutter von Ate, der nächste Brief (vom 8. Juli 1921), S.749.

An Margrit Rosenstock am 8. Juli 1921

8.VII.21.

Liebes Gritli,

wir fuhren unter Assistenz von Herrn Markowitz,[1] der uns noch das ostjüdische Antlitz[2] und einen glühenden Dankbrief schenkte, ab, - der Brief in seiner jungenhaften Ehrlichkeit und Aufgestöbertheit wirklich famos, - und kamen in das wunderschöne

Langenschwalbach.³ Die Pension von Frau Flake ist weniger schön, sie selber aber sehr nett, es war eine doll literarische Luft, man fühlte sich so im Schwerpunkt einer Fläche, die von Kurt Wolff, S. Fischer, Rütten u. Löning und dem Neuen Merkur begrenzt wird.   Die Nochnichtexistenz von Patmos wurde mir dabei auch bewusst. (Aber verrat das Hans nicht, - und eventuell, wenn er grade wieder drin steckt, Eugen auch nicht). Die Susman ist ein grosser Name und die Tatsache, dass sie mich neulich in dem Feuilleton in der F.Z. „miterwähnt" habe, gab mir ein gewisses Relief. Eugen steht in wohlwollender Erinnerung.

Obs für Edith das Richtige ist, ist mir zweifelhaft. Etwas mehr Langeweile und weniger expressionistische Kultur täte ihr wohl besser. Aber nun ist sie mal da.

Heut war ich also Mittags 2 Stunden bei Fritzsche.⁴ Das war wohl, was ich erhofft hatte. Ein, scheinbar kinderloses, Ehepaar in den 50er und 60er Jahren. Sie die Aristokratin immer noch, aber von einer lieblichen Gescheitheit, er ganz der gelehrte Literat, eine Wohnung voller Geister. Ein Vortrag (in der Reihe „Der Neue Geist") „Volkstum und Menschheit"⁵ kann Eugen einen gewissen Begriff von ihm geben, er zitiert Moses und Paulus ebenso sorgfältig mit Quellenangabe wie Hettner, Cohen und Naumann.   Das Cohenbuch wird eine Paraphrase über das Thema. Die eigentlichen Logia⁶ schimmern nur noch durch. Er hat sie schon in seinen gleichzeitigen Tagebüchern so mit Reflexion übersponnen (aber mit Goldfäden). Er las mir aus den Zetteln vor, in die er sein Tagebuch schon aufgelöst hat. (Aber schreiben tut er dann auswendig und benutzt die Zettel erst wieder zur Korrektur). Er klagt, dass er die Erinnerungen den Leuten (und was für Leuten!) preisgeben werde. Aber es müsse sein; die „Marburger Schule"⁷ dürfe nicht mehr das Wort behalten und ihn zu einem „Auch einer" neben Adlatus, Rickert e tutti quanti⁸ machen. Er hat also (obwohl er wirklich Schüler (im besten Sinn, schon fast Jünger) ist, die selbe Wut auf die Schule und ihr Skelettieren des Menschen zum Schulpapa, wie ich.

Herrliche neue Logia habe ich natürlich auch gesammelt. (Aber das Schönste gestern von Buber oder aus seiner Gegend - Buber ist auch, wie Hans, dreimal nach Darmstadt telefoniert worden und nicht gekommen; damit hat er wirklich gutgemacht, was er selber durch seine Asienpropaganda hier gesündigt hat. ...

... Fritzsche war 4 Jahre verheiratet, da bekam er mal einen Katzenjammer und sagte zu seiner Frau (die infolge ihrer langen vorhergehenden Bekanntschaft mit einer kostbaren liebevollen Objektivität von ihm spricht), also er jammerte, dass er in Giessen so niemanden hätte, da sagte sie - ohne irgendwas zu wissen, ganz instinktiv: fahr doch mal nach Marburg zu Cohen. Er wusste auch noch nichts von ihm, tats und - hier das Ergebnis.

Ich habe schon jetzt im Wegfahren wirkliche Sehnsucht nach dem Mann (denk ihn dir wie Baethgen⁹ in Alt und ganz reif und stark geworden). Ich werde ihn schon bald wieder sehn, wahrscheinlich in Marburg.

Über „Kants Begründung der Ästhetik"¹⁰ - die dritte der drei Kantschriften von ihm - hat Gottfried Keller gesagt: Das nimmt einen Alp von uns Künstlern weg.

Mir selber ists ja nun auch immer mehr aufgestiegen, ob ich nicht mein Λογια¹¹-Buch aufschreiben soll. Es wäre sicher eine gescheitere Arbeit als das dumme Buch für Frommann.¹²

Die Gegend im Taunus und dann im Lahntal ist herrlich. Ich bekam grosse Lust darauf. In Limburg hatte ich eine Stunde, war vor dem Dom und in einer katholischen Buchhandlung, wo ich die zwei neuen Ecclesia crucis-Bändchen:[13] die Psalmen sah, lateinisch und deutsch, ich freute mich schon, da sah ich dass Dominus konstant übersetzt ist mit - „Jahweh".[14] Sie sind hoffnungslos! die Katholiken mindestens so sehr wie die Protestanten. Lasst das Margikeli[15] ein Heidenkind werden, wenns denn schon kein kleines Jüdlein werden kann.

Dein Franz.

[1] Ernst Markowitz, Warenprüfungschemiker beim Verleger Salman Schocken und Lehrhausschüler.
[2] Arnold Zweig, Das Ostjüdische Antlitz. Zu fünfzig Steinzeichnungen von Hermann Struck, Berlin 1920
[3] Seit 1927 Bad Schwalbach, 20 km nordwestlich von Wiesbaden.
[4] Robert Arnold Fritzsche, Bibliothekar in Gießen und ein Freund von Hermann Cohen; Verfasser von: Hermann Cohen. Aus persönlicher Erinnerung, 1922.
[5] 1920 erschienen. [6] Aussprüche, Worte.
[7] Als Marburger Schule wird in der Philosophiegeschichte die Richtung des Neukantianismus bezeichnet, die eng mit der Universität Marburg, an der Hermann Cohen als Professor wirkte, verbunden war.
[8] Ital.: und alle anderen. [9] Vermutlich Friedrich Baethgen, 1890-1972, Historiker.
[10] Hermann Cohen, Kants Begründung der Aesthetik, 1889. [11] Griech.: Aussprüche, Worte.
[12] „Das Büchlein vom gesunden und kranken Menschenverstand", das Rosenzweig auf Anfrage des Stuttgarter Fr. Frommann-Verlags schrieb.
[13] Unsichere Lesart: *Rolsa ruy = Bildhn*
[14] In der lateinischen Bibelübersetzung wird der unaussprechliche Gottesname, das hebräische Tetragramm, mit dominus - „Herr" wiedergegeben. Das entspricht etwa dem jüdischen Brauch, den Namen aus Respekt vor Gott mit ADONAI - im Sinne von „mein Herr" - zu umschreiben. In manchen neueren christlichen Übersetzungen der Bibel ins Deutsche, die sich für besonders wissenschaftlich halten, wurde dieser Brauch aufgegeben und stattdessen die angeblich korrekte Aussprache des göttlichen Namens mit „Jahwe" wiedergegeben, obwohl es für diese Lesart weder überzeugende wissenschaftliche noch theologische Argumente gibt. Zur Kritik Rosenzweigs an solchem Umgang mit dem Gottesnamen etwa Zweistromland S.813, Sprachdenken im Übersetzen, 1. Band: Hymnen und Gedichte des Jehuda Halevi S.100.
[15] Das Kind, das Margrit Rosenstock erwartete und von dem Rosenzweig annahm, daß es eine Tochter werde.

An Margrit Rosenstock am 9. Juli 1921

9.VII.21.

Liebes Gritli, es war ein langer und stiller Tag mit Mutter. Sie ist wirklich nicht schlecht jetzt, du hast recht. Ich habe den Herder ausgelesen, - schrieb ich? ich bin auf den „Ursprung der Sprache"[1] geraten, eine ganz herrliche Schrift und preisgekrönt von der Akademie der Wiss. in Berlin 1770, - was für eine Akademie damals! die so etwas preiskrönte. Allerdings war es noch eine Akademie ohne Universität. Abends war Julie v. Kästner da, sie fragte sehr nach Eugen (übrigens könnte er ihr doch den Sibirienaufruf schicken!) und nachher taute sie in lauter russischen Familiengeschichten auf, in der vormärzlichen Zeit. Ich habe gestern Nacht und heut mit Entsetzen die Memoiren von P. Kropotkin[2] gelesen, er ist doch furchtbar! Kann die Engelhaftigkeit der leidenden Hälfte der Menschheit nur da sein, wo die aktive Hälfte die Rolle der Teufel übernimmt? Dann wäre unser westeuropäisches Mittelmass fast vorzuziehen. Es ist ein Abgrund von Land. Den Romanows[3] gönne ich nachträglich noch alles Böse.

Der Besuch bei Fritzsche lässt mich noch nicht los. Es ist ja das erste Mal, dass ich bei

Cohen einen wirklichen Menschen kennen gelernt habe. Freilich eine Raabe[4]-Natur. Aber doch eine Natur wenigstens.

Nachmittags war ich ein paar Stunden bei Pragers. Dein Franz.

[1] Johann Gottlieb Herder, Über den Ursprung der Sprache.

[2] Fürst Pjotr A. Kropotkin, 1842-1921, russischer Revolutionär und Theoretiker des Anarchismus, der bis 1917 lange Jahre im Exil verbrachte. 1899 erschien in London sein zweibändiges Werk: „Memoirs of a Revolutionist", das ein Jahr später ins Deutsche übersetzt wurde.

[3] Russische Zarenfamilie, die infolge der Revolution am 17. Juli 1918 ermordet wurde.

[4] Wilhelm Raabe, 1831-1910, Erzähler, dessen Werke von romantischer Idylle, verhaltener Melancholie und wehmütigem Spott geprägt sind.

An Margrit Rosenstock am 10. Juli 1921

Liebes Gritli, 10.VII.21.

wieder so ein schöner ruhiger Tag. Ich geniesse so sehr die Weiträumigkeit des Hauses, merke erst daran, wie eng dies Hocken in dem einen wenn auch schönen Zimmer einen macht. Ich habe Putzis Buch ausgelesen, eine respektable Leistung, - ich meine das Buch.   Abends waren Pragers da, mittags Gertrud Loeb, die dir Spass machen würde. Sie ist ein schönes Ding geworden und spricht: wenn doch einer käme und mich mitnähme. Das wird denn wohl auch bald geschehn, da sie gegen alles andre eine leidenschaftliche Abneigung hat.

Ich habe versucht, das für die Meineckeschrift anzufangen, aber es ist mir sehr widerwärtig. Ich kann das einfach nicht mehr. Für Frommann schreibe ich auch nichts. Was nicht geht, geht nicht. Für wen denn?

Grüss Eugen. Hans war also doch da? Dein Franz.

An Margrit Rosenstock am 11. Juli 1921

11.VII.21.

Liebes Gritli,   ich quäle mich weiter mit dem Ding für Meinecke ab und kriege nichts heraus. Es geht eben nicht, sich gewaltsam plötzlich für etwas interessieren was einem so schnuppe ist. - Trotzdem gerate ich immer weiter in so Sachen. Heut war ich bei Steinhausen, die „Kurhessische Ges.f.K.u.Wiss."[1] will einen Cyklus von mir; ich musste, obwohl sie kümmerlich bezahlen (5 Doppelstunden: 1000 M und die Reise), zusagen, weil es ja Mutters heisser Wunsch ist, dass ich in Kassel mal als Heide auftrete. Also: „Errichtung und Zusammenbruch des idealistischen Systems. (Von Kant zu Hegel)". Das könnte <u>gut</u> werden, und <u>würde</u> es werden wenn ichs im Lehrhaus oder wenigstens vor Juden machen dürfte; denn da würde ich kein Blatt vor den Mund nehmen und δεινως[2] reden. Hier hingegen muss ich reden „wie die Schriftgelehrten",[3] und werde es auch so noch kaum verhindern können, dass sie es nicht als „jüdische" Anmassung verbuchen. Ein Redner ohne Publikum ist eben ein Krüppel. Ich lese jeden Abend im Band Goethebriefe, rein zufällig herausgegriffen (sie sind noch alle eingewickelt). Gestern 1799 mit einem schönen Reisesegen für W.v.Humboldt vor der spanischen Reise.

...

[1] Kurhessische Gesellschaft für Kunst und Wissenschaft.   [2] Griech.: scharf, gewaltig, unerhört.

[3] Anspielung auf Matthäus 7,28f.

An Margrit Rosenstock am 22. Juli 1921

22.VII.21.

Liebes Gritli,   Edith war sehr vergnügt, dass ich kam. In Kassel heut Nacht fand ich eine Menge Post, vor allem den Frommannschen Vertrag, der mich bedrückt. Dann die Festsetzung der Kassler Vorträge auf E 2te Hälfte September.
Im leeren Haus gefällt es mir ganz gut. Es wird schon auszuhalten sein. Natürlich lese ich nun sogar zum Mittagessen.
Mutter geht es gut in Badenweiler. Sie ist von dem Doktor entzückt und auch unter den Leuten sind einige, die Komponistin aus Frankfurt, ein Klaviervirtuos aus Amerika, die schöne Norwegerin, und schliesslich doch auch Hennar Hallo - es ist übrigens, wie ich merke, fast das Personenverzeichnis eines Romans, so aus S. Fischers gelber Sammlung.
.....

An Eugen Rosenstock wahrscheinlich am 22. Juli 1921

Lieber Eugen,
Kriegsanleihe habe ich keine, Papiere überhaupt nur 30 oder 40000 von irgendeinem Industriepapier (mein Vermögen ist ja der Hausanteil und ein Geschäftsanteil).   Wenn ich Papiere nach Frankfurt schicke, so geht das durch Mutters Freund Heinrich Koch, Mutter erfährt es also, und Koch, der natürlich so skeptisch über mich denkt, wie eben ein Kaufmann, grinst äusserlich und innerlich, wenn ich das Wort „Bürgschaft" sage. Ich selber verstehe auch nicht, wozu „Bürgschaft". Geht es nicht ganz einfach so:
Ich lasse durch Rosenzweig und Baumann auf mein Postcheckkonto „10000 M" anweisen. 4000 stehen noch da. Das ist ganz unkontrollierbar. Dann weist <u>dir</u> Edith 8000 M an. Willst du die nicht direkt ~~borgen~~ Schlünz borgen, so kannst du ja Kriegsanleihe dafür kaufen. Schlünz ist dann dein Schuldner, du meiner.
Hier habe ich den Vertrag von Frommann vorgefunden. Was soll ich denn nun machen?

Dein Franz.

An Margrit Rosenstock am 23. Juli 1921

23.VII.21.

Liebes Gritli,   ein ganzer Tag zuhause, ohne ein Wort zu sprechen mit Ausnahme ein bischen Telefon. Dabei immer noch nicht klüger, was ich mit meinen diversen Schreibpflichten machen soll.
Natorps Anti-Hans ist doch herrlich. Unter „ein Gott" geht es scheinbar nicht, wenn ein Europäer einen Asiaten zu sehen bekommt. Er ist der erste nicht.   Hans wäre übrigens sehr dumm, wenn er antwortete.
Cohens herrliches „Im Grunde bleibt er ein Stöckerianer, - es fehlt die Ästhetik der Persönlichkeit" hat ihn doch vorweg charakterisiert.
Ich habe etwas im „Untertan" von H. Mann[1] wieder gelesen. Es ist heut, nach der Revolution ja ein noch viel unheimlicheres Buch als damals im Sommer 1917. Ohne die fühlbar vollstreckte Strafe glaubt man eben doch an seine Sünde nicht, auch wenn man schon soweit ist sie zu bekennen. Die Geschichte ist immer nötig, wenn auch nur als Katastrophenlieferantin.

Dein Franz.

[1] Heinrich Mann, Der Untertan, 1914.

An Margrit Rosenstock am 24. Juli 1921

24.VII.21.

Liebes Gritli, wieder bis auf ein paar Nachmittagsstunden still zuhause. Gelernt, und zwischenhinein viel unser aller Verhältnisse bedacht, und versucht, mir die Reste von „zürnen und begehren",[1] die noch in mir sind, abzugewöhnen. - ...

---

[1] Tertullian, De anima. Dazu Briefe und Tagebücher S.482 und der Brief an Eugen Rosenstock vom 22. August 1918, S.126.

An Margrit Rosenstock am 25. Juli 1921

25.VII.21.

...
Ich selber habe heute Morgen endlich eine meiner Rezensionen geschrieben, die über Lasson.[1] Ich kann noch gar nicht recht wieder, aber ich bin erstaunt dass es überhaupt ging. Ich habe versucht, ihn so zu loben, dass er selbst sich geschmeichelt fühlte und jeder andre merkt, was ich in Wahrheit von ihm denke. Gegen Ende ging mir dann freilich die Feder doch durch, wie in meinen seligen Schulaufsätzen, die immer ganz lehrerfromm waren bis auf den Schluss, wo ich mit einem „freilich man könnte auch" meine eigene Ansicht anbrachte.
...

---

[1] Georg Lasson, 1862-1932, Pfarrer und Herausgeber der Leipziger kritischen Ausgabe der Werke Hegels, die seit 1905 erschien.

An Margrit Rosenstock am 26. Juli 1921

26.VII.21.

Liebes Gritli, wir sitzen eigentlich alle zwischen zwei Stühlen. Die Gewesenen verstehen uns <u>nicht mehr</u>; die da kommen sollen, verstehen uns <u>noch nicht</u>. Das erfährt jeder von uns, Eugen an der Koalition Sinzheimer-Hörerrat. Bleiben für uns eigentlich nur - die Litteraten. Die Susfrauen[1] e tutte quanti.[2] Nobel und Ernst Simon sind gegen uns verschwägert. Das Litteratenvolk ist aber grade das, was wir <u>nicht</u> haben wollen. Weil wir wissen, wie billig es zu haben ist. Freilich sind es unter Umständen Sturmvögel. Und so hiesse es: 20 Jahre warten. Wie George gewartet hat. Oder Steiner. Oder sonst einer der Cogliostros[3] der Zeit. Fi donc[4] -
Noch etwas sonderbares: die Wege die wir zwischen 20 und 25 gingen, in unsrer Schreiberketzerei, und wo wir das Gestrüpp wegräumten und die ersten Wege austraten, <u>da</u> machen sich jetzt unsre Lehrer von damals heimisch. Rickert liesst über Hegels Logik, die ich vor 15 Jahren am Widerspruch gegen Rickert <u>gelesen</u> habe. Eugens katholisches Mittelalter von 1910 ist heut der Tummelplatz der professoralen Geistigkeiten. Und auf <u>diesen</u> Tummelplätzen trifft sich dies alte Geschlecht nun mit der „neuen Jugend". Und wir stehen am Wege. -
Ich habe ein Vorwort, oder eigentlich zwei, eins An den Kenner und eins An den Leser geschrieben für Frommann. Recht witzig, aber doch eigentlich schäbig, wie überhaupt das Schreiben eines Buches das vorläufig nach dem <u>Verleger</u> heisst!⁵ Ein Symptom, für das was aus mir geworden ist, wäre es ja auch. Es ist schon gut, dass wir nicht <u>bloss</u> Erfolg haben; dann wären wir jetzt <u>ganz</u> unausstehlich. Das bischen In der Wüste Predigen giebt uns noch ein gewisses Air.

Dein Franz.

[1] Anspielung auf die Schriftstellerin Margarete Susman. [2] Ital.: und alle anderen.
[3] Alessandro Graf von Cogliostro, 1743-1795, Abenteurer und Alchemist, auf den sowohl Schiller (in seinem Romanfragment „Der Geisterseher") als auch Goethe (in seinem Lustspiel „Der Gross-Cophta") sich bezogen.
[4] Franz: Pfui!
[5] Später erhielt das Buch den Namen „Das Büchlein vom gesunden und kranken Menschenverstand".

An Margrit Rosenstock am 27. Juli 1921

27.VII.21.
...
Ich habe wahrhaftig das Frommannbuch angefangen. Es ist nicht schön, für Geld zu schreiben. Schändlich, dass es Leute giebt, die davon leben. Es giebt etwa 10 kurze Kapitel, was hineinkommt weiss ich noch nicht, auch diese Länge weiss ich nur, weil im Vertrag etwas von „ca 10 Bogen" steht. Das erste, was ich heut und morgen schreib, heisst: „Vom Staunen", und ist gegen die Behauptung dass das Staunen philosophisch sei, oder vielmehr: ja es sei philosophisch und sei - etwas sehr Übles, wie alles Philosophische. Leicht zu lesen wirds, aber nicht leicht zu verstehen, sondern „paradox".
Gestern Abend war ich bei Paul Frank.
In Schmollers Jahrbuch[1] hat mich Hintze[2] besprochen und den armen Heller[3] auf meinen Leisten geschlagen, wo nicht viel von ihm übrig blieb (daraufhin fühle ich mich nun verpflichtet, ihm Eia zu machen). Hintze glaubt mir <u>auch</u> nicht, dass ich schon <u>ursprünglich</u> aus antihegelscher Tendenz geschrieben hätte. Er schliesst: „Ein neues soeben angezeigtes Buch, kultur- und geschichtsphilosophischen Inhalts scheint zionistisch orientiert zu sein" !!! Zionistisch!
Steinhausen schweigt ~~auch~~ noch vor Schreck!
Goethe bittet Herder 1802 um die Gefälligkeit August „in die christliche Versammlung einzuführen auf eine liberalere Weise als das Herkommen vorschreibt".[4] Liberaler! übrigens eigenhändig; Mitkonfirmand war Schillers Sohn.
Im Jahr 1808 schreibt er etwas sehr Niedliches, was genau auf heut zutrifft: an den Kirchentüren sei ein Gedränge wie an hohen Feiertagen: die einen wollten hinein, die andern heraus!

Dein Franz.

[1] Schmollers Jahrbuch für Gesetzgebung, Verwaltung und Volkswirtschaft.
[2] Otto Hintze, 1861-1940, Geschichtsforscher und Schüler von Gustav von Schmoller, damals Professor in Berlin. Verfasser einer Rezension über Rosenzweigs „Hegel und der Staat".
[3] Hermann Heller, 1891-1933, Staatssoziologe, der 1921 über „Hegel und der nationale Machtstaatsgedanke in Deutschland" schrieb.
[4] Brief Goethes an den Weimarer Oberpfarrer und Hofprediger Herder vom 26. April 1802.

An Margrit Rosenstock am 27. Juli 1921

27.VII.21.
Liebes Gritli,
heute dein Brief - ich sah schon immer die Familiennachrichten in der Fkft. Zeitung nach, um nicht zu verpassen, wenn das Margikeli angekommen ist. Es ist doch eine gute Einrichtung um die Zeitung.
Hier ist es auch sehr heiss. Das Gewitter gestern hat keine Abkühlung gebracht. Des Vormittags schreibe ich an dem Verlagsbuch, mit so einer Art selbstmörderischer Lust.

Es geht eben alles und es wird wahrscheinlich ein ganz hübsches Buch. Ich schäme mich freilich blutig dabei.
Abends war ich bei Prager.
Quäl dich nicht, dass du mir nicht mehr schreiben kannst. Es ist natürlicher als das Schreibenkönnen.

Dein Franz.

An Margrit Rosenstock am 29. Juli 1921

29.VII.21.

Liebes Gritli, ich plage mich weiter mit dem Buch. Einen Namen hats jetzt: „Das Büchlein vom gesunden und kranken Menschenverstand" — ist aber davon nicht schöner geworden. Das erste Kapitel heisst: der Anfall. Das 2te: Krankenbesuch. Die folgenden etwa: Diagnose. Therapie. Im Sanatorium (das wird ein bischen länger). Nachkur. Rückkehr in den Beruf. - Ich komme mir grenzenlos albern dabei vor. Hätte ich nicht den Vertrag plötzlich zuhause vorgefunden, so hätte ich ja gar nicht daran gedacht, es noch zu schreiben. Auch jetzt hoffe ich, selbst wenn es fertig wird, immer noch auf den rettenden Davison[1] am Ende.
Abends war ich bei Oppenheims. Morgen kommt Helene durch; ich gehe also zu Ehrenbergs.
Allmählich wirds mir zweifelhaft ob ich ins Fichtelgebirge muss. Ich habe noch nicht die officielle Einladung,[2] die ich gefordert habe. (Ich weiss nicht ob ich dir das schrieb: ich hatte nämlich nur eine private Bitte von ein oder zwei Seiten, ich möchte kommen, und darauf habe ich, zur Erziehung der Jugend, verlangt, dass mich die Bundesleitung officiell einlädt. Ich habe keine Lust, als Schlachtenbummler dabei zu sitzen. Jetzt ists wohl auch bei euch kühler geworden? Hier weht ein starker Wind.
Ich habe Zeit ists[3] wieder gelesen, weil ich Erinnerungsgefühle bekam, und habe gestaunt, wie treffsicher alles doch ist. Ich wusste damals natürlich nicht den 10ten Teil von dem was ich heute weiss; trotzdem stimmt alles.
Schönen Gruss an Margikeli. Sie soll sich ein bischen leicht machen.

Dein Franz.

[1] Gestalt aus Schillers „Maria Stuart", dem das bereits unterschriebene Todesurteil Maria Stuarts zur Verwahrung ausgehändigt wird, auf daß er nach eigener Weisheit über dessen weiteres Schicksal entscheide. Auf diese Weise versucht Königin Elisabeth, die Verantwortung für die mögliche Hinrichtung auf ihren Staatssekretär abzuschieben.
[2] Zu einem Treffen des jüdischen Jugendverbands nach Metzlersreuth. Dazu auch der Brief an Margrit Rosenstock vom 9. August 1921, S.759.
[3] Zeit ists. Gedanken über das jüdische Bildungsproblem des Augenblicks, abgedruckt in Zweistromland S.461-481.

An Margrit Rosenstock am 30. Juli 1921

...

30.VII.21.

Nach dem Abendessen war ich noch bei Pragers. Da schwirrt es von zionistischer Jugend. Sie tagen auf dem Meissner.[1]
Das Nichtschreiben hat mir heut einen Tag Ruhe von dem albernen Buch verschafft.
„Ward je in solcher Laun - ?"[2]

Dein Franz.

[1] Hoher Meißner: Basaltplateau im nördlichen hessischen Bergland.
[2] Shakespeare, Richard III., I, 2: „Ward je in dieser Laun' ein Weib gefreit?"

An Margrit Rosenstock am 31. Juli 1921

31.VII.21.

Liebes Gritli, ich trug heute das Unglücksmanuskript zu Oppenheims, um es da mal zu probieren. Aber dann hatte ich nicht den Mut dazu. Das schlimmste ist, dass ich das deutliche Gefühl habe, mir durch diese Lohnschreiberei etwas Wirkliches, was in mir reift, kaput zu machen. Daher kommt auch die gewollte Lustigkeit. Denn das andre, von dem ich übrigens noch nicht das mindeste weiss, ist das Gegenteil von lustig. Wie sich eigentlich von selbst versteht.
...
Ich lese Kochs wunderbares Buch über die Diagnose.[1] Fünf Jahre später wäre es ganz vollkommen geworden; so hat er sich zu vieles allein erwerben müssen und steckt deswegen da wo er mit seinem Schnabel nicht selber durchgestossen hat, noch in vielen Eierschalen. Er weiss noch nicht dass er einmal ganz so aus der Schale heraus sein muss wie in dem Buch nur sein ärztlicher Kopf und seine menschlichen Augen sind; er meint, Biologie, Naturwissenschaft und sonst noch einiges hätten ihre Schalen als Haut um sich.
Hans sollte sich ihn statt Weizsäcker für seinen Lebens-Editionsplan gewinnen.
Das neue Buch der Huch[2] kenne ich noch nicht. Ich bin auch nicht recht neugierig darauf.

Dein Franz.

[1] Richard Koch, Die ärztliche Diagnose. Beitrag zur Kenntnis des ärztlichen Denkens, 1917.
[2] 1921 erschien von Ricarda Huch „Entpersönlichung".

An Margrit Rosenstock am 1. August 1921

1.VIII.21

Liebes Gritli, ich war den ganzen Tag zuhause. Das Verlagsbuch geht weiter, immer gleich albern; das Diagnosekapitel ist fertig. Für wen ausser dem Verlag ich schreibe, möchte ich wohl wissen. Unter meinen Bekannten wüsste ich niemand, vor dem ich mich nicht schämen würde, es zu zeigen.
Dann habe ich Koch weiter gelesen; ganz verstehen kann man es natürlich als Nicht-Arzt nicht. Aber die herrlichsten Sachen stehen drin.

Dein Franz.

An Margrit Rosenstock am 2. August 1921

2.VIII.21.

Liebes Gritli, ich bin in Erwartung von Mawrik Kahn.
Das 4. Kapitel „Therapie" ist auch fertig und damit überhaupt das Anfangsstück. Das Mittelkapitel „Im Sanatorium" wird das längste; es zerfällt in drei Unterteile: „Erste Woche", „zweite Woche", „dritte Woche". Du siehst, das Bächlein des Witzes rinnt noch immer. Wenn übrigens das Mittelstück gut wird, dann ist damit das Ganze gerettet. Besonders wenn ichs pseudonym herausgeben könnte (obwohl es für jeden Kenner des ✡ doch unverkennbar wäre).
Kochs Diagnose ist in allen zentralen Partien (und in all den peripheren, wo man sein Gesicht sieht) herrlich.

Dein Franz.

An Margrit Rosenstock am 4. August 1921

4.VIII.21.

... Ich glaube, das Buch wird eine reine Blamage. Das wäre freilich am Ende gar nicht schlecht, sondern durchaus zeitgemäss. Um 10 ist das Theater aus und wer nachher noch im Kostüm herumläuft und Jamben[1] redet, riskiert, dass er auf die Wache gebracht wird.

Die Kassler Vorträge sind jetzt auf 12. - 15. und 19. IX. angesetzt; etwas anstrengend, weil jeder 2 Stunden dauert. Aber ich konnte nichts dagegen sagen. Sie habens natürlich wegen des Fahrgelds gemacht.

Ich will zum Frisör; ich habe mich 3 Tage lang nicht rasieren lassen!   Dein Franz.

[1] Jambus: griechisches Versmaß.

An Margrit Rosenstock am 6. August 1921

5.VIII.21.

Liebes Gritli,

ich bin also von Sonntag bis Donnerstag in Metzlersreuth bei Berneck (Fichtelgebirge)[1] postlagernd, - damit du keine Abstinenzerscheinungen kriegst, wenn du mir mal deinen täglichen Brief nicht schicken kannst.

Ich gehe sehr ungern hin. Aber wohl nur, weil es überhaupt nichts mehr giebt was ich nicht sehr ungern tue (ausser Essen, Trinken und Schlafen). Also hat es nichts zu sagen.
...
Es graut mich vor Frankfurt. Ich habe es hier so viel besser, brauche keinen Menschen zu sehen, wenn ich nicht will und kann überhaupt einsiedlerisch leben. Allerdings gilt das ja nur für eine Zeit wie jetzt, wo Mutter fort ist. Wenn sie da wäre, wäre es hier auch nicht zum Aushalten.   Dein Franz.

[1] In Metzlersreuth bei Bad Berneck fand ein Treffen des jüdischen Jugendverbands statt. Dazu der Brief an Margrit Rosenstock vom 9. August 1921, S.759.

An Margrit Rosenstock am 6. August 1921

6.VIII.21.

Liebes Gritli,

ich fahre also morgen früh, alle Instinkte meiner Faulheit sind dagegen; wer weiss auf was für Stroh ich die nächsten 4 Nächte liegen muss.

Gestern Abend war das „Büchlein" endgültig zum Tode verurteilt, ich las in meinen nachgelassenen Werken (Band II „Aus dem Weltkrieg") und fand, dass es daneben nicht bestehen konnte. („Cannä und Gorlice"[1] wäre übrigens noch jetzt veröffentlichungswert).   Danach merkte ich einen Fehler grade an der Stelle wo ich war, sah die richtige Lösung, las darauf heut Vormittag nochmal das Ganze von Anfang an, fand es gar nicht so schlecht, und will es nun doch fertig schreiben.

Vielleicht wirds doch die langgesuchte populäre Einführungsschrift „in uns". Auch reizt mich das schöne Goethesche Motto[2] und ein ebensoschönes andres von Juda Halevi („Meine Worte sind zu schwer für dich und grade deshalb kommen sie dir zu leicht vor"). Das Witzige ist übrigens nicht zu viel; das habe ich beim Durchlesen gemerkt. Die dümmsten Sachen habe ich auch gestrichen.

... dein Nichtschreibenkönnen hat tiefere Gründe als du meinst, auch mir gegenüber. Ich kann ja genau so wenig, ich tue es eben nur. Es ist eben kein Siegel mehr auf deinen Briefen, äusserlich wie innerlich; da schreibst du sie lieber gleich gar nicht. Dass du dabei mörderisch mit einem umspringst, ahnst du nicht. Ich sehe zu genau vor mir, wie es noch kommen wird und bin jeden Tag stundenlang vor Darandenkenmüssen unfähig irgendwas zu tun. Ein Brief ist dann immer eine Lösung der Krämpfe, man sieht, dass es noch nicht so weit ist und kann sich wieder an den Augenblick halten, der immer erträglicher ist als die Zukunft sein kann.

Ich habe heute aufgeatmet, nach Tagen wieder, wo einer immer grauenvoller war als der andre. Endlich einmal ein ruhiges unverzerrtes Gefühl.

Du weisst eben nicht, dass man eine Last mittragen muss; es genügt dir, wenn der andre sie trägt. Dabei geschiehts nicht mehr um meinetwillen, dass ich sie noch weitertrage; ich weiss genau, dass es um deinetwillen ist, jetzt mehr als je. Was mich angeht - ich sehne den Augenblick herbei, wo ich sie ablegen könnte.

Ich schicke dir den Brief nicht. Es geht nicht. Vielleicht gebe ich ihn dir später einmal, damit du siehst, wie alles gekommen ist.[3]

---

[1] Abgedruckt in Zweistromland S.283-295.

[2] Dem „Büchlein vom gesunden und kranken Menschenverstand" sind zwei Zitate vorangestellt: eines aus Jehuda Halevis „Kusari" I,17 (dazu S.757), das andere aus Goethes „West-östlichem Diwan": „'Warum ist Wahrheit fern und weit? / Birgt sich hinab in tiefste Gründe?' / Niemand verstehet zur rechten Zeit! / Wenn man zur rechten Zeit verstünde, / So wäre Wahrheit nah und breit, / Und wäre lieblich und gelinde."

[3] Erst am 9. September 1921 schickte Rosenzweig diesen Brief ab. Der folgende Brief vom 7. August ist teilweise eine Wiederholung dieses Briefs, da Rosenzweig gleichsam das neutrale Material auswählte, um wenigstens etwas an Margrit Rosenstock schicken zu können.

An Margrit Rosenstock am 7. August 1921

7.VIII.21.

Liebes Gritli,

ich bin also wirklich gefahren,[1] obwohl ich heute Morgen vor lauter Unlust schon 5 Minuten zu spät am Bahnhof war, ich bin also erst Mittags abgefahren, komme so morgen erst um 1/2 10 an, vielleicht schon zu spät, wenn sie früh anfangen. Jetzt bin ich in Eisenach im Wartesaal. Edith kommt Nachmittags in Kassel an, etwas komisch ist dies doch.

Heut vormittag hatte ich Gertrud Rubensohn zu Besuch. Gestern - also vorgestern Abend war ich schon so weit, das Buch endgültig aufzugeben. Dann hab ichs gestern Vormittag ganz durchgelesen von Anfang an; da fand ich es gar nicht so schlecht, vielleicht wirklich geeignet, „in uns" einzuführen. So schreibe ichs nun weiter, habe es sogar hier mit. Es ist abwechslungsreich und <u>nicht</u> zu witzig. Der Hinrichtungsbeschluss[2] wurde gefasst während ich meine Kriegsschriften,[3] soweit ich sie fand, durchsah; ich wollte einen Vergleichsmassstab. „Kannä und Gorlice"[4] ist übrigens fast noch heute druckbar; die andern werden einmal den zweiten Band meiner Nachgelassenen Werke bilden.

Wenn Rudi nach Cronberg[5] kommt, so wird er auch schon nach Frankfurt kommen und die Tragödie wird sich lösen. Es kommt alles davon, dass man noch irgendwas erwartet. Wenn man en bloc[6] resigniert hat, ists nicht mehr so schwer. Dass ihm das nicht immer gelingt, ist nicht so unnatürlich. Auch mich kostet es noch fast täglich ein paar Stunden Krämpfe.

Dein Franz.

[1] Zu einem Treffen des jüdischen Jugendverbands nach Metzlersreuth. Dazu auch die Briefe an Margrit Rosenstock vom 29. Juli 1921, S.755, und vom 6. August 1921, S.757.

[2] Anspielung auf Schillers „Maria Stuart", dazu der Brief an Margrit Rosenstock vom 29. Juli 1921, S.755.

[3] Dazu Zweistromland S.241ff.   [4] Abgedruckt in Zweistromland S.283-295.

[5] Luftkurort im Obertaunuskreis in Hessen.   [6] Franz.: im Ganzen.

An Margrit Rosenstock am 9. August 1921

9.VIII.21.

Liebes Gritli,
ich bin schon wieder auf dem Rückweg.[1] Ausgerissen! in die Flucht geschlagen. Es war ein grosses Debakle. Nachdem ich den ganzen Tag zugehört hatte, habe ich unmittelbar vor Schluss eine Rede gebrüllt und alle so vor den Kopf gestossen, dass ich für diese Jugend erledigt bin. Und das ist die Jugend meiner Partei. Ich habe trotzdem kein unangenehmes Gefühl, sondern dass es notwendig war. Es war ein 60jähriger Lehrer da, dem haben sie zugejubelt! Er hat ihnen freilich ausser den sämtlichen Phrasen des 19. Jahrhunderts, die sie hören wollten, erklärt, er fühle sich zu ihnen gehörig, er trage auch keinen Kragen und schlafe auf Stroh. (Deshalb habe ich gleich zu Anfang ⌈⌈meiner Rede⌉⌉ erklärt: ich gehörte nicht zu ihnen und sei älter als sie). (Ich hatte auch extra einen steifen Kragen angezogen).

Mir haben sie übrigens besser gefallen als ich ihnen. Es sind wunderbare Jungens dabei gewesen. Ein herrlicher schwerfälliger - man muss schon sagen - Schwabe Bach schien mir der beste. Aber auch unter den andern, viel guter Wandervogel.[2]   Nach Dunkelheit gab es ein Wettsingen der Gruppen, z.T. ganz prachtvoll.   Ein famoser Ton, ohne Krampfhaftigkeit. Verdorben sind eigentlich nur die Gehirne. Warum bin ich Spezialist für Gehirnausspülungen! es ist ein undankbares Geschäft.

Es war ein vollbesetzter Tag. Ich war am Sonntag noch bis Neumarkt gefahren, war früh von 6-8 gelaufen, dann wieder mit der Bahn. Dann musste man laufen. Ich kam, als es schon angefangen hatte. Sie lagerten, 300, in einer Waldecke, es war ein hübsches Bild. Die Gruppen hatten eigene Fahnen um die sie sassen.

Mittags waren Spiele, vor Abends auch.

Das Fichtelgebirge in all his glory,[3] hocheben, weit und wild.

Ich wollte aber meine Niederlage nicht überleben! - so fuhr ich fort.

Nun hoff ich noch die „Dritte Woche"[4] heute anzufangen.
Und du? ist die „vierzigste Woche"[5] da?

Dein Franz.

[1] Von dem Treffen des jüdischen Jugendverbands in Metzlersreuth.

[2] „Wandervogel" nannten sich die ersten Gruppen der deutschen Jugendbewegung, die 1896 gegründet wurde und einen eigenen Lebensstil mit Singen, Tanzen und Fahrten in die Natur prägte.

[3] Engl.: in all seiner Pracht.

[4] Kapitelüberschrift im „Büchlein vom gesunden und kranken Menschenverstand".

[5] Der Schwangerschaft.

An Margrit Rosenstock am 10. August 1921

10.VIII.21.

Liebes Gritli,
ich kam also gestern an, nach fleissig verschriebener Bahnfahrt (das Sanatoriumskapitel ist heute fertig geworden; nun nur noch die beiden kleinen Schlusskapitel, „Nachher" zunächst.) Ich weiss nichts Genaues über Rudis Pläne. Ich hatte gehofft, ihn gleichzeitig mit Hans in Kassel zu haben, damit ich ein 2 Männer-Gutachten hätte, woraufhin ich dann entscheiden könnte, ob ich es überhaupt abschreiben lassen soll. Hans allein genügt mir eigentlich nochnichtmal dafür. Wenn das positiv ausfallen sollte, müssten immer noch Eugen und die Susman ihr Placet[1] dazu geben, sonst lasse ichs nicht drucken. Ich selbst habe kein Urteil darüber. ...
Heut Vormittag hatten wir Gertrud Rubensohn da, heut Abend und Nachmittags - Hans Hess. Der ist nun ganz fest in seiner Haut geworden, und genau besehen steht ihm sein MaxWebersches Heidentum jetzt doch besser als früher seine Vonunsbeeinflusstheit. Auch aussehen tut er besser, in einem Jahr oder zweien ist er Privatdozent und setzt die Rasse fort.
Ich habe heut den Heiligen[2] wieder durchgesehen, es ist ein gewaltiges Buch, zu gewaltig für einen Roman. wenigstens einen nichtdostojewskischen. Woher geniert einen bei Dostojewski die Romanform nicht?

Dein Franz.

[1] Lat.: es gefällt.   [2] Antonio Fogazzaro, Il Santo, 1905.

An Margrit Rosenstock am 11. August 1921

11.VIII.21.

Liebes Gritli,
vormittags habe ich gearbeitet, das vorletzte Kapitel („Nachher"). Nachmittags waren wir bei Oppenheims, und auch Abends. Es ist jetzt immer so nett da; der grosse Haufe der Kinder, der Garten, es ist so eine Heiterkeit über allem. In einer Woche will Trudchen, wenn nichts dazwischen kommt, mit Louis auf 4 Wochen an die See.

Dein Franz.

An Margrit Rosenstock am 12. August 1921

12.VIII.21.

Liebes Gritli,
wir gehen zu Gertrud Rubensohn heraus heute Nachmittag; Abends zu Pragers.
Ich bin mit dem Verlagsbuch fertig. Es sollte mir einen diebischen Spass machen, wenn die Gutachter es durchlassen würden.
Hier regnet es sich ein.

Dein Franz.

An Margrit und Eugen Rosenstock am 15. August 1921

15.VIII.21.

Lieber Eugen und liebes Gritli,
eben kommt Eugens Telegramm mit dem wirklich unerwarteten Jungen;[1] ich hätte bis zuletzt auf ein Mädchen geschworen, aber die Jungen sind Mode, auch bei Kurt Ehrenberg[2] soll einer angekommen sein. Dass er nach Hans, dem „Färber", heisst, macht mir Spass. Hoffentlich hat „Tante Clara" trotz der Eisenbahner durchkommen können; ich gratuliere ihr auch sehr zu dem Enkel.

Edith schläft grade, so kann ich es ihr jetzt nicht sagen.
Rudi hat sich auf Dienstag Mittag angesagt; es ist mir sehr lieb, dass auf die Weise die Angelegenheit des Buchs[3] endlich zur - hoffentlich - negativen - Entscheidung kommt; ihr habt keinesfalls was dran verloren; es ist ein lahmes Gewäsch.
Goethes Werke hat ja Mutter jetzt vollständig; die Jubiläumsausgabe ist für die Werke so gut oder besser als die Weimarer. Und die Briefe und Tagebücher habe ich ihr ja geschenkt.
Ich lese Webers Antikes Judentum,[4] das mir sehr gut gefällt. Seine Nüchternheit hat ihn vieles sehen lassen, was die andern mit ihrem Idealismus nicht gesehen haben. Er hat den ganz richtigen Begriff der Offenbarung, und macht ihn unter dem Namen „Bund" zum Grundbegriff seiner ganzen Darstellung. Die Abstraktheit der Begriffe, die für die Wellhausensche Schule eingestandener- und uneingestandenermassen der Massstab war, an dem sie ihre Entwicklungshöhen ablasen, wird von ihm so sehr durchschaut wie von uns. Es ist vielleicht gut, dass er selber nicht gesehen hat, was er machte; sonst hätte ers vielleicht nicht gemacht; jedenfalls kann man den so grade als klassischen Zeugen benutzen; denn er <u>wollte</u> natürlich <u>fluchen</u>.[5]
Hoffentlich erholt sich Gritli bald. Euch beide grüsst herzlich

Euer Franz.
...

[1] Am 15. August 1921 wurde Hans Rosenstock geboren.   [2] Bruder von Rudolf Ehrenberg.
[3] Das Büchlein vom gesunden und kranken Menschenverstand.
[4] Max Weber, Das antike Judentum, 1917/1918.
[5] Anspielung auf Bilam, der auszog, um zu fluchen, tatsächlich aber Israel segnete, 4. Mose 22-24.

An Margrit Rosenstock am 17. August 1921

17.VIII.21.

Liebes Gritli,   gestern kam also Rudi. Vormittags war ich mit Hans zusammen. Am Nachmittag las ich beiden das Unglücksmanuskript vor. Sie fanden es im Grunde genau so schlecht wie ich, waren auch gestern gegen die Veröffentlichung, heute nachdem ichs ihnen zu Ende vorgelesen hatte, dann leider doch. Das bedeutet nun noch weitere Arbeit daran, ich habe schon heut Nachmittag nach Rudis Abreise gleich wieder 2 1/2 Stunden daran geschrieben, morgen sicher auch nocheinmal ein paar Stunden. Dann das Elend des Abschreibens, Korrigierens, alles für eine <u>sicher</u> minderwertige Sache. Denn das habe ich gestern und heute beim Vorlesen gemerkt. Es kann ja sein, dass grade sowas für die Leute das richtige ist. Doch fürchte ich, es wird nochnichtmal <u>das</u> leisten; denn dazu ist wieder zuviel Gutes drin. Jedenfalls werde ich nun in der nächsten Zeit viel zu tun haben, da ich ausserdem auch noch die Septembervorträge für Kassel vorzubereiten habe. Denn in den 8 Tagen Frankfurt, Anfang September, werde ich vollauf zu tun haben mit Semestervorbereitung. Da werde ich also auch Johannes[1] besehen. Ob ich bei euch wohnen werde, weiss ich noch nicht. Erstens passts euch vielleicht grad nicht, denn da wirst du ja nach Hause kommen. Und zweitens muss ich wohl Telefon im Haus haben, werde also vielleicht bei Rothschild wohnen.
Eugen vielen Dank für seinen Brief. Ich schreibe ihm noch. Jetzt sind Bratkartoffeln draussen, die kalt werden! Sei herzlich gegrüsst von Deinem

Franz.

[1] Den Sohn von Margrit Rosenstock.

An Margrit Rosenstock am 18. August 1921

18.VIII.21.

Liebes Gritli, heut Vormittag war Hans da, dann noch Pfarrer Schafft, um mit Hans zu reden. Jetzt wollen wir mit Hans spazieren gehn. Eugens Karte an Frl. v. Kästner ist besorgt. Das Buch von Weber[1] habe ich ausgelesen. Mutter scheint richtig krank zu sein; jedenfalls liegt sie im Bett und die Entfettungskur hat augenblicklich die Form, dass sie viel essen soll, um zu Kräften zu kommen! Erhol dich weiter gut. Dass es ein Junge ist und das Margrikeli vertagt ist, kommt mir immer noch komisch vor. Bei Putzis ist ein Gottfried angekommen; es ist ein Jungensmonat.

Dein Franz.

[1] Max Weber, Das antike Judentum, 1917/1918.

An Margrit Rosenstock am 19. August 1921

Liebes Gritli,   19.VIII.21.

wir waren mit Hans auf Wilhelmshöhe gestern, - ein wunderschöner Spaziergang; es ist ja wieder herrliches Wetter geworden - merkst du es wohl aus deinem Klinikzimmer? oder darfst du schon auf? die Ärzte sind ja manchmal jetzt so mutig darin. Ich habe viel in Ludwigs Goethebuch[1] gelesen, das ich Mutter zum Geburtstag schenken will. Es gefällt mir doch sehr gut, viel besser jedenfalls als das übliche hochtrabende Geschwätz. Ist es nicht übrigens komisch, dass die ganze Entdeckung Goethes, wenn man auf die Bücher sieht, in denen sie sich niederschlägt, von lauter <u>gewordenen</u> Deutschen geschieht? Simmel,[2] Gundolf,[3] Chamberlain,[4] Ludwig? Alle frühere Goethelitteratur ist ja doch nur Material, und es ist kein Wunder, dass er heute noch für das Ausland überhaupt nicht existiert; für Deutschland existiert er ja im Grunde auch erst seit unsern Lebzeiten.

An Rothschild habe ich geschrieben, dass ich die erste Septemberwoche in Frankfurt sein werde. Dann werde ich dich und das Kleine ja auch sehen.

An dem Manuskript[5] ändre ich nichts mehr, sondern lasse es in Teufels Namen so abschreiben wie es ist.

Ich habe Eugen noch gar nicht richtig für seinen Brief gedankt. Dich und ihn grüsst

Dein Franz.

[1] Emil Ludwig, Goethe. Geschichte eines Menschen, 1920.   [2] Georg Simmel, Goethe, 1913.
[3] Friedrich Gundolf, Goethe, 1916.   [4] Houston Stewart Chamberlain, Goethe, 1912.
[5] Das Büchlein vom gesunden und kranken Menschenverstand.

An Margrit Rosenstock am 21. August 1921

Liebes Gritli,

es hat wieder angefangen zu regnen und sitzt sich schön auf der Veranda.

Mir ist ein witziger Gedanke für die von Hans und Rudi gewünschte Änderung, vielmehr Einschiebung in das Büchelchen gekommen. Damit wird es dann fertig sein. Abgeschrieben wirds dann noch diese und nächste Woche, so dass es Eugen Anfang September lesen kann.

...

Von Mutter höre ich zu meiner Freude, dass du schon auf bist. Es geht dir also gut. Vergiss nicht, mir schreiben zu lassen, wenn du wieder in der Fellnerstrasse bist; deine Schwester wird sich sicher die kleine Mühe gern wieder machen.

Viele Grüsse Dein Franz.

An Margrit Rosenstock am 22. August 1921

22.VIII.21.

Liebes Gritli,   Eugen schrieb mir gestern per Eil, nachdem ich den Brief an dich schon zugemacht hatte, wo drin stand, dass ich den von Hans und Rudi gewünschten Übergangswitz machen würde. Eugen schrieb nämlich drohend, dass ich es tun sollte. Glücklicherweise kam das zu spät, denn wenn ich es schon am Morgen gekriegt hätte, wäre mir sicher schon aus Trotz nichts eingefallen.   So wurde es gestern Nachmittag und heute früh fertig, höchst albern und zweckentsprechend, eine Korrespondenz der beiden Ärzte (des heimischen und des Sanatoriumsarzts). Auch die Abschreiberei fängt heute an. - Ein Stück das ich gestern Baumanns[1] vorlas, kam mir wieder beschämend albern vor.
...
Dass du sogar als Amme funktionierst, hat mir imponiert. D.h. eigentlich - von Johannes imponiert es mir sehr wenig.

Dein Franz.

[1] Familie Baumann war Teilhaberin an der Firma der Rosenzweigs und entfernt verwandt mit ihnen.

An Eugen Rosenstock am 22. August 1921

22.VIII.21.

Lieber Eugen,   dein Mahnbrief, Hans und Rudi zu gehorchen und noch eine Einlage in das Clownprogramm[1] zu machen, kam trotz Eil (und - natürlich Strafporto) so rechtzeitig spät nachmittags, dass ich vormittags schon aus eignem Entschluss einen Einfall gehabt hatte (den ich sicher <u>nicht</u> gehabt hätte, wenn deine Mahnung schon da gewesen wäre; so ist man ja). Ich habe ihn gleich gestern Nachmittag und heut Morgen geschrieben; er ist des übrigen würdig; eine Korrespondenz der beiden Doktors, des behandelnden und des Sanatoriumsdoktors.
Heut fängt das Abschreiben an.
...
Mit den Manuskripten, das stimmt bei mir nicht. Quod scripsi scripsi,[2] heisst es bei mir. Eure Freiheit gegen die Manuskripte kenne ich nicht. Ich kann daran basteln, aber nicht ganz umschreiben.
Müssen denn Kinder gebadet werden? Ich glaube, bei Naturvölkern geht es zur Not auch ohne Hülfe, bis die Mutter selbst wieder kann, und das geht ja da sehr schnell, schon am folgenden Tag. Ich glaube, dass der Mensch in diese seine Abhängigkeit vom Menschen sich hat hineingleiten lassen, mit Willen sozusagen. „Man sagt, er <u>wollte</u>" abhängen. Das ist mir plausibler als dass ihn die <u>Natur</u> so hülflos gelassen hätte.
...

[1] Das Büchlein vom gesunden und kranken Menschenverstand.
[2] Lat.: was ich geschrieben habe, habe ich geschrieben - sagte Pilatus nach Johannes 19,22.

An Margrit Rosenstock am 24. August 1921

24.VIII.21.

Liebes Gritli,   ich las gestern einen Aufsatz von Hermann Bahr,[1] da wurde mir wieder klar, was für ein Versäumnis es ist, dass Eugen etc. noch keine Beziehungen zu ihm haben. Er ist der von der ältren Generation, der diese Jugend einführen muss. Im Grunde auch der einzige, der sie wirklich verstehen kann, weil er genug Kirche und genug Ketzer in sich hat. Eugen soll ihm einfach die Hochzeit[2] zuschicken. Besser wäre es noch, wenn Hans ihm <u>seine</u> beiden Patmossachen[3] schickte; auf Eugen und auf Picht wird er dann von selber aufmerksam und eine Sammelbesprechung gäbe dann den Meisterbrief, ohne den die Litteraturzunft (mit Recht) niemanden anerkennt. ......

[1] Hermann Bahr, 1863-1934, Schriftsteller, Dramatiker und Kritiker, der zum Kreis um Hofmannsthal und Schnitzler gehörte.
[2] Eugen Rosenstock, Die Hochzeit des Krieges und der Revolution, 1920.
[3] Hans Ehrenberg, Die Heimkehr des Ketzers. Eine Wegweisung; Tragödie und Kreuz, 1920.

An Margrit Rosenstock am 26. August 1921

26.VIII.21.

Liebes Gritli,
Hans Hess war gestern Abend da. Vorher war ich bei Ehrenbergs. Die Abschrift geht weiter. Heute habe ich noch zwei kurze Nachworte dazu gemacht, entsprechend den Vorworten.
Von Eduard kam die Sternbesprechung, die Grabowski bei ihm bestellt hat; es wird ein langer Aufsatz. Nicht ganz schlecht, wenn auch natürlich nicht wirklich gut. Das ist wohl überhaupt unmöglich und eigentlich ein Beweis für das Buch. Ein paar Lichterchen habe ich noch hineingesetzt.
Von dem einen der mir in Metzlersreuth[1] (du entsinnst dich, ich war vor einigen Wochen da, wegen einer Tagung eines jüd. Jugendverbands) gut gefallen hatte, hatte ich heute Morgen einen etwas komischen aber gut gemeinten Brief.

Dein Franz.

[1] Dazu der Brief an Margrit Rosenstock vom 9. August 1921, S.759.

An Margrit Rosenstock am 29. August 1921

29.VIII.21.

... Heute wird die Abschrift fertig. ...
Ich habe Bülow[1] endlich gelesen und verrissen, nun kommt Heller[2] dran. Es ist mein Verhängnis, dass ich bisher nur schlechte Bücher zu rezensieren gekriegt habe.
Das Manuskript an Eugen geht noch heute Abend ab. Vor Anfang nächster Woche werde ich ja kaum durch Frankfurt kommen; er kann mir also noch hierher schreiben, brauchts mir aber nicht zurückzuschicken, da ich ja jedenfalls bei euch vorspreche und es dann mitnehmen kann.   Er soll aber bitte nur mit Blei (<u>nicht</u> Tintenstift) hineinschreiben und möglichst nur auf die Rückseiten oder auf den Rand. Bitte richte ihm das aus.

Dein Franz.

[1] Friedrich Bülow, Die Entwicklung der Hegelschen Sozialphilosophie, 1920.
[2] Hermann Heller, Hegel und der nationale Machtstaatsgedanke in Deutschland, 1921.

An Margrit Rosenstock am 30. August 1921

30.VIII.21.

Liebes Gritli,
Rudi kam in die letzten Abschreibe- und Korrekturnöte hinein, heute ists endlich an Eugen abgegangen. Sein Urteil, Postkarte genügt, besonders in dem Falle dass er die Unmöglichkeit und Unsinnigkeit dieser Publikation sehr lebhaft spürt. Diskret braucht er das Opusculaggio[1] nicht zu behandeln; in seiner schreibmaschinernen Gestalt werde ichs sicher manchmal einem zu lesen geben (Deshalb soll er bitte möglichst wenig direkt hineinschreiben).
Mit Rudi wars nett ... Nach Tisch kam Helene, die ich auch noch sah. Dann liess ich mir („auf Verlangen", so wie ich jetzt auch schriftstellere) die Haare schneiden, las Heller, zum Vergleich mich, und bin begeistert, was für ein <u>wirklich</u> gutes Buch der Hegel ist. Wenn du mal ein wirklich gutes Buch lesen willst, musst du ihn lesen.
.....
Das andre Exemplar des Manuskripts schicke ich an Trudchen, von ihr gehts weiter an Mutter, Tante Emmy liest es heute Abend zu Ende.
...

[1] Ital.: Broschüre, Werkchen - gemeint ist das „*Büchlein* vom gesunden und kranken Menschenverstand".

An Margrit Rosenstock am 31. August 1921

...
Ich stecke in der Vorbereitung für die Vorträge. Ausserdem war ich beim Schneider wegen eines Überziehers umzuarbeiten. Und ausserdem lese ich mit weiter steigender Begeisterung in meinem Hegel. Ich bin froh, dass ich ihn veröffentlicht habe. Es ist ein prachtvolles Buch.

Dein Franz.

An Margrit Rosenstock am 1. September 1921

1.VIIII.21.

... Ich arbeite für die Vorträge, lese das lotterige und dumme Buch von Heller[1] und erhole mich davon an meinem Hegel, den ich mit wirklichem Entzücken lese, wo ich ihn aufschlage.   So muss ein Buch sein. Wie konnte ich mich seinerzeit so dumm machen lassen, dass ich das beinahe nicht veröffentlicht hätte! Eugen hat auch ganz unrecht, dass man es anders hätte schreiben müssen. Nein, man könnte es <u>ausserdem</u> auch noch anders schreiben. Aber <u>nur</u> ausserdem. Die runde, umsichtige, abwägende, das Wirkliche respektierende Art, wie das geschrieben ist, - das ist eben doch die Grundlage. Temperamentvolle Visionen kann man ja dann in Aufsätzen dazu schreiben. Wenn du mal in so einer Stimmung bist, wo man gern Goethe oder Ranke liest oder so was, dann musst du es mal lesen. Dass es dir damals nicht gefiel, lag daran dass damals deine Stimmung wohl überhaupt allem so Klaren und Epischen abgeneigt war.
Kennt Eugen Mauthners Wörterbuch der Philosophie?[2] Da steht unter a, s und v die adjektivische, substantivische, verbale Welt! Tout comme chez nous.[3] Er soll doch seinen Aufsatz über ihn fertigmachen. Vielleicht an einem Vergleich dieser Mauthnerschen Weltgrammatik mit meinem II. Teil zeigen, was er hat und was ihm fehlt. Mauthner baut nämlich auch (am Schluss von „v.") aus den drei Welten einen Zusam-

menhang. Die adj. ist letzthin die Kunst, die subst. die Mystik, die verb. die Wissenschaft.

Es ist ja grässlich dumm. Aber doch Dummheit von einem klugen Ausgangspunkt aus. Es ist Herbstwetter geworden, aber schönes.

Dein Franz.

[1] Hermann Heller, Hegel und der nationale Machtstaatsgedanke in Deutschland, 1921.
[2] Fritz Mauthner, Wörterbuch der Philosophie. Neue Beiträge zu einer Kritik der Sprache, 1910.
[3] Franz.: alles wie bei uns.

An Eugen Rosenstock am 4. September 1921

4.IX.21.

Lieber Eugen, dein Brief hat mit dem städtischen Siegel hat Edith einige ängstliche Minuten gemacht, weil sie eine Exmission[1] aus der Wohnung darin vermutete. Ich selber - ja was soll ich denn nun mit dem Ding[2] machen? Ein rundes Nein wagt keiner von euch. Dabei ists euch allen so klar wie mir selber, dass es nichts taugt. Und keiner zieht die Folgerung daraus, dass es also nicht gedruckt werden darf. Und der Beweis, dass es qua mittelmässig den Erfolg haben würde, den das Vortreffliche nicht haben kann, dieser Beweis müsste doch erst mal geliefert werden. Dazu ist es nämlich [[noch]] nicht mittelmässig genug, scheint mir.

Dass es „Gemeinschaftsarbeit" war, war mir beim Schreiben durchaus klar; ich wollte eben mein Popularitätstalent für unsre Gedanken ausnutzen; das ist mir also nichts Neues.

„Gott, Gemüt und Welt"[3] (so sagt Goethe) ist eben die einzige Nnichtdreieinige Dreiheit, die es giebt. Deswegen brauche ich sie. Alle Dreieinigkeiten sind schon ein bischen angeidealisiert. Diese sinn- und einheitslose Dreiheit ist rein zufällig, rein vorgefunden, rein vorhanden.

Königshaus und Stämme[4] (lob ich meinen Ordinarius, lobst du deinen Ordinarius) habe ich schon längst wieder auf dem Programm. Aber der Hegel ist einfach ein flüssiges und schönes Buch, und dabei so sauber.

Das Nachwort an den Kenner fand auch Rudi ganz schlecht. Mach mir doch den dritten Absatz dazu. Mir fällt nichts ein. (Vielleicht der Spruch vom Mittelmässigen, den du mir schriebst?!)

Die schöne Stelle von Michel[5] war ja zufällig das erste was ich von ihm las, und steht hinter all meinen günstigen Urteilen über ihn, ist auch der Grund, weshalb ich den ✡ gern von ihm besprochen haben will. Nachher war sie dann freilich das einzige ganz Gute, was in dem Steineraufsatz stand.[6]

Wir werden uns also, spätestens am Mittwoch, sehen.

Dein Franz.

[1] Aus dem Lateinischen: Ausweisung.
[2] Das Büchlein vom gesunden und kranken Menschenverstand.
[3] Titel einer Sammlung Goethe'scher Gedankenlyrik.
[4] Eugen Rosenstock, Königshaus und Stämme in Deutschland zwischen 911 und 1250, 1914.
[5] Wilhelm Michel, 1877-1942, Literaturhistoriker und Essayist.
[6] Wilhelm Michel, Der abendländische Zeus. Aufsätze über Rudolf Steiner, Oswald Spengler, Hölderlin u.a., 1923.

An Margrit Rosenstock am 9. September 1921

9.IX.21.

Liebes Gritli,   hier ist der eine Brief[1] -
Mit Mutter ist es wie es Eugen gesehen hat. <u>Wenn</u> das eine Genesung bedeutet, so jedenfalls in Form einer Krise, die in ihrem Ausgang noch unabsehbar scheint. Heut war es besser, grade weil mehr von ihrem alten Adam[2] herauskam (etwa sie erkundigte sich nach dem neuen Lehrhausprogramm; und schlug dann sofort aus der freundlichen Frage in einen richtigen kleinen Giftausbruch von den üblichen um. (A propos: von dem Programm sind diesmal 4/5 „Zentrum" und bloss noch 1/5 Peripherie! das ist doch prachtvoll!)
.....

[1] Nämlich der Brief vom 6. August 1921 (S.757f), den Rosenzweig zunächst nicht abgeschickt hatte.
[2] Dazu Römer 6,6, Epheser 4,22 und Kolosser 3,9.

An Margrit Rosenstock am 12. September 1921

12.9.21.
...
Ich fand hier böse Dinge vor: ein Schreiben vom Wohnungsamt ⌈⌈II^a⌉⌉ Frankfurt, sie wollen zwischen 9. und 15. besichtigen, ich soll angeben wann ich will. Wenn ich mich weigere besichtigen zu lassen, wird die Wohnung „zwangsweise geräumt". Unterschrift Biekard. Ich habe Stein und Bein geschworen, dass ich hier sein muss bis zum 21ten. So werden sie mich wohl bis dahin lassen. Aber dann! Gleich „räumen"! Auch sonst war ich kaput, musste früh heraus, um nach Frankfurt zu telefonieren, (was misslang), schlief auch nach Tisch nicht, vor Lampenfieber, wegen der 5 x 2 Stunden. Es ging aber gut. Zwei Stunden reden ist gar nicht so schwer.   Ich glaube, es war glänzend. Etwa 200 Hörer, (300 gehen nur in den Saal) das macht ja auch Spass. Übrigens ists ja seit dem Krieg das erste Mal, dass ich zu Deutschen spreche, nicht zu Juden oder, wenn mit euch, zu Christen.   Und sieh da: es gefällt mir gut.   Ich habe freilich auch einen geschickten und kühnen offnen Vorstoss gegen das Vorurteil gemacht: ich habe gesagt, ich begleitete meinen Text mit kulturhistorischen Arabesken (synchronistische Tabellen, in den Pausen!), um einen Ausgleich zu schaffen und neben diesem notwendigen Angriff gegen die Denker (die „Bewegung") das Herrenalter des deutschen Geistes, das sie doch <u>auch</u> bedeuteten, nicht allzusehr zu kurz kommen zu lassen.
Herr Rubensohn hat getobt, dass ich sie „Irre" nannte. Aber ich glaube, viele waren gefesselt.
Ediths Großmutter ist gestorben. Es war eine verbitterte Witwe.
Leg doch Eugen mal die Frau ohne Schatten[1] hin, jetzt muss er sie doch verstehen. Sie klingt immer in mir, ich glaube, es ist grosse Poesie.

Dein Franz.

[1] Hugo von Hofmannsthal, Die Frau ohne Schatten, 1919.

An Margrit Rosenstock am 14. September 1921

14.9.21.

Liebes Gritli,   nur in aller Geschwindigkeit ein paar Worte. Eugen ist ja da. Es war ein so sehr schöner Vortrag, Eugen und alle waren sehr begeistert. Schade, das kann

man immer nur einmal; ich werde ja in Frankfurt, wenn ich länger dableibe, natürlich ~~vom~~ Freien Deutschen Hochstift[1] aufgefordert werden und sie halten, aber beim zweiten Male ist es nie mehr das.
...
Gestern Nacht habe ich bis tief in die Nacht hinein Schellings Leben gelesen. Ein wirkliches Leben ist es auch nicht, sowenig wie Fichtes oder Hegels.
Es ist zu schade, dass du nicht hier bist und hören kannst.
So zwei Stunden sind natürlich kein Vortrag mehr, sondern wie ein Auftreten eines Schauspielers: man lebt den ganzen Tag nur daraufhin. Freilich in Frankfurt wo ich einfach andres zu tun hätte, würde es wohl doch nicht so sein.
Wegen des „Säuglings" in Badenweiler[2] will ich mal Edith fragen, die soll vorsichtig den Doktor fragen, ob es einen „schreisicheren Raum" für euch gäbe, z.B. im Schwesternzimmer im zweiten Stock, wo ja keine Patienten liegen (man müsste da mal ein Probeschreien veranstalten, ob man es bis in den ersten Stock hört).
Eugen schreibt auch, da kann ich nicht recht. Ruh dich schön aus und grüss den Hans.
Dein Franz.

[1] Das „Freie Deutsche Hochstift für Wissenschaft, Künste und allgemeine Bildung" wurde 1859 als Kulturinstitut in Frankfurt gegründet, um Kunst und Kultur des Jahrhunderts Goethes einer breiteren Öffentlichkeit bekannt zu machen. Zu diesem Zweck erwarb das Stift 1863 das Goethe-Haus und machte es zu seinem ständigen Sitz, 1897 wurde außerdem das Frankfurter Goethe-Museum eröffnet.
[2] Thermalbad im südlichen Schwarzwald.

An Margrit Rosenstock am 15. September 1921

15.9.21.

Mein liebes liebes Herz ———
ja es wird gut sein, ich sehe auch fröhlich in diesen Winter. Auch hier ists seit gestern Mittag noch einmal Sommer geworden; ich sitze wieder draussen auf der Veranda. Eugen ist früh, während ich noch schlief nach Göttingen; ich werde ihn Mittags anrufen und ihm sagen, dass es dir besser geht.
Das „Wollen" und „Pflegen" war ja auch mir so ein fremder Gedanke. Noch als Hans es mir im Frühjahr auseinandersetzte (alle Menschen müssten ihr Leben bergauf rollen, ich - nach seiner Ansicht - allein hätte es bisher immer einfach bergabrollen lassen können, nun sei die Kugel in der Ebene angelangt und ich begriffe nur nicht recht, dass ich ihr nun von Zeit zu Zeit einen Stoss geben müsse damit sie weiter rolle), da wollte ich es ihm nicht glauben. Er hatte recht, nur nicht mit dem Unterschied von mir und „allen Menschen", - da steckt eher ein Unterschied von ihm und allen Menschen; was er von allen Menschen meinte, gilt ja nur von ihm.
...
Leb wohl, lass es dir wohl gehen.

Ich bin dein Franz.

An Margrit Rosenstock am 15. September 1921

15.9.21.

Liebes Gritli, ich will doch noch einmal ein paar Worte über den Brief sagen, den ich dir geschickt habe.[1] Du siehst ja daraus, wie falsch es von Eugen ist, mich einfach ~~als~~ mit dem Wort „hysterisch" („als du noch hysterisch warst") abzutun. Ich wollte schon, es wäre so. Aber die „Hysterie" ist gar nicht Ursache, sie ist nur Folge. So war es hier, und der Brief muss dir das zeigen. Wenn man sich nicht mehr zu helfen weiss und muss es in sich verschliessen ⌐, dann geht es eben nach innen, und das ist dann „Hysterie". Aber dass man sich nicht zu helfen weiss, das ist keine.

Früher (nämlich vor Helenes Ausfall) konnten wir freilich alles laufen lassen wie es von selber lief. Denn damals hatten wir die Gewissheit, dass jeder nur durch die andern und mit den andern lebte. Es gab gar keine Möglichkeit zum Alleinleben. Wenn man auch gegeneinander schwieg, so wusste man doch, dass man beieinander war; denn es gab gar kein andres Sein als beieinander. Seit jenen letzten Augusttagen vorigen Jahres ist das anders.   Seitdem hat jeder sein eigenes Leben, auch der Grad seines Lebens ist davon abhängig, wie er sich in dieses sein eigenes Leben hineinlebt, nicht wie er mit den andern zusammenlebt. Du hast das Kind und die Entdeckung deiner Ehe. Eugen hat den Beruf entdeckt (und ist sehr erschrocken, dass Beruf kein Liebesverhältnis ist) und an Stelle der „Tochter" sieht er sich plötzlich mit einer - Mutter verheiratet.   Ich habe Edith, und weiss (nach dem Säckinger Aufenthalt im Februar), dass mir niemand dabei helfen kann, weil mir - niemand dabei helfen <u>darf</u>.   Rudi hat sein entdecktes Lebenswerk vor sich und seine wiederentdeckte (ich möchte sagen: „<u>nach</u>eheliche") Erotik, auch beides Dinge, in die ihm niemand hineinreden kann, sondern denen man ihre Entwicklung bzw. (der Erotik) ihren Ablauf lassen muss. Hans war immer für sich.

Das <u>Zusammenleben</u> ist nun nichts mehr was von selber und notwendigerweise und nötigenfalls selbst malgré nous[2] geschieht, sondern es ist nun unser bewusstes Werk geworden. Wir müssen es „pflegen". Wir dürfen nicht vertrauen, dass es „doch einfach <u>da</u> ist". Das war einmal. Jetzt müssen wir vertrauen, dass es <u>nötig</u> ist. <u>Dazu</u> brauchen wir jetzt unsre Glaubenskraft. Denn <u>das</u> ist jetzt mit Augen nicht einzusehen. Die Augen sehen jetzt nur das Alleinleben. Nur das ist jetzt „da". So wie früher nur das Zusammenleben „da" war. Und man an das, dass man davon auch „selber", auch als alleiniger, einzelner lebte, „glauben" musste.   Also   —   Dein Franz.

⌐ weil man „befreiende" Konsequenzen nicht ziehen <u>will</u>

---

[1] Gemeint ist der zunächst nicht abgeschickte Brief vom 6. August 1921 (S.757f), den Rosenzweig am 9. September 1921 dann aber einem anderen Brief beilegte (dazu S.767).
[2] Franz.: gegen unseren Willen.

An Margrit Rosenstock am 16. September 1921

16.IX.21.

Liebes Gritli,   Rudi ist fort, ganz dick von seiner Ordinariatsaussicht; es scheint mir auch wahrscheinlich. ...

Mutter scheint allen Ernstes das „Büchlein" umarbeiten zu wollen. Den Schluss findet sie wieder gut. Nur die Hauptkapitel. Aber Eugen hat mich gestern überhaupt davon entbunden. Ich sehe daraus erst, wie wenig ernst er meine Berufstätigkeit genommen hatte; es war ihm einfach neu, dass ich überhaupt eine Äusserungsform habe; er hatte sich gedacht, seit dem ✡ wäre ich zum Schweigen verurteilt, und deshalb müsse es mir etwas bedeuten, wenn ich mal wieder etwas drucken liesse und wenn es auch ein erpresstes Machwerk wäre.   Es glaubt eben jeder nur, was er sieht.   So hat

er mich nie im Beruf gesehen, was ja auch nicht sein darf; nun hat er mich im Analogon[1] gesehen und nun merkt ers.   Ich will übrigens gar nicht sagen, dass ich das Büchlein nicht jetzt z.B., wenn noch Zeit wäre, besser geschrieben hätte; aber nun wird ja bis Ostern keine Zeit dazu sein.
Der Sieg auf der ganzen Linie ist mir heute durch eine gradezu symbolische Unterwerfungshandlung bestätigt: Kay, der deutschnationale Buchhändler hat den Hegel rechts und links von Chamberlains Neuestem (Gott und Mensch)[2] in der Mitte seines Schaufensters liegen.
Wie war dir gestern? Ich fürchte, nicht gut.

Dein Franz.

[1] Griech.: Entsprechung, Übereinstimmung.
[2] Houston Stewart Chamberlain, Mensch und Gott, 1921.

An Margrit Rosenstock am 18. September 1921

18.9.21.

Liebes Gritli,   die Margret ist glücklich weg, mein Schnupfen beginnt wegzugehen, und so bin ich ganz allein mit Schellingen. Meine Illusionen über Verstandenwerden sind mir aber grausam zertrümmert durch einen schrecklich dummen und fehlerreichen Bericht in einer (der volksparteilichen) Zeitung. Wer den liest und etwas von der Sache weiss, mich aber nicht gehört hat, der muss mich für einen grossen Ignoranten halten. Das Komischste ist, dass der Berichterstatter die antiphilosophische Tendenz über die ich die ganze erste Stunde gesprochen habe, mir sichtlich einfach nicht geglaubt hat!! Wie soll mans machen? Ich hatte

Philosophie = Idealismus   gegenübergestellt: natürliches Denken = öffentliche Meinung
            | |
     Beweisen   //   Bewähren

Daraus (ich habe rund 1/2 Stunde darüber gesprochen!) macht er: „Einleitend kennzeichnete er das Wesen der Philosophie im Gegensatz zur öffentlichen Meinung, als die Forderung nach dem Beweis oder der Bewährung der einzelnen Ansichten."
Ich gehe noch heraus zu Oppenheims.
Heut habe ich eine Karte von Frankfurt gekriegt. Die Lokalfrage ist noch nicht gelöst. Doch schwankt es nur zwischen der Elisabethenschule und dem Montefiore, also beides in deiner Nähe.   Meine Vorlesung wird fast sicher um 6 1/4 sein müssen, weil ich die Stunde nachher für Arbeitsgemeinschaft oder Hebräisch ausnutzen muss; das kann ich nur nach, nicht vor der Vorlesung. Und andrerseits bin ich nach der Vorlesung immer so, dass ich ganz gut noch was andres tue, zum Abregen.
...

An Margrit Rosenstock am 20. September 1921

20.9.21.

Liebes Gritli,   ich bin auf der Fahrt nach Frankfurt, werde in Giessen Station machen und versuchen, Fritzsche zu sehen. Ich bin froh, dass ich die Kassler Anstrengung hinter mir habe. Der Tag gestern war ein Misserfolg, sehr charakteristischerweise, - es war eben der Übergang aus der stets beliebten allgemeinen Bildungssphäre von „Hegel und der Staat" in die unbeliebte Wahrheitssphäre des „Sterns". Das vertragen die Leute nicht, und dies Nichtvertragen setzt sich um in Nichtverstanden haben. So wie ich gestern sprach, war es normales Lehrhaus - und die Wirkung auch bei diesem wirklich wohlwollenden Publikum dann automatisch die verwunderte Ablehnung, wie ich sie im Lehrhaus gewohnt bin. Was mir im Lehrhaus noch fehlt, ist die genügende Ausbildung der zugehörigen Allgemeinbildungssphäre, damit ich nicht, wie jetzt meist, dort 4/5 Wahrheit und 1/5 schmeichelhaftes Bildungsgeschwätz geben muss, sondern das umgekehrte Verhältnis 1/5 : 4/5, wie jetzt in Kassel. Denn in der Erinnerung werden doch die angenehmen 4/5 das eine unangenehme überwiegen.

Eugen und Rudi gefiel es natürlich gestern auch. Dass es technisch nicht so vollkommen war, ist ja natürlich. Dazu fehlte die nötige Wurstigkeit. Das letzte auch technisch vollkommen zu sagen, ist mir nur sehr selten geglückt; einmal, wo du es zufällig grade gehört hast: in der Stunde über den prophetischen Menschen, im Dezember vorigen Jahres.

...

Zu der „Welt", die es missbilligt hätte, wenn du wegen des Vortrags eine Verrücktheit gemacht hättest, hätte ich durchaus dazugehört. Vertrau doch drauf: du hast nichts versäumt, ich habe bestenfalls an einigen Stellen das Niveau jener damaligen Stunde oder der ganzen Hermann Cohen-Stunden <u>erreicht</u>. Dein Franz.

An Margrit Rosenstock am 21. September 1921

Liebes Gritli, es war wieder wunderschön in Giessen. Er[1] ist ein ganz besonderer Mensch. Ich habe drei Nummern der christl. Welt kommen lassen, in der Andachten von ihm stehn, ganz untheologische und doch ganz andächtige. Einer von den Menschen, die noch tagelang in einem nachklingen. Ich war von 3-9 mit ihm, ein paar Stunden spazieren durch die Stadt kreuz und quer, er hat mir alles gezeigt. Die Andachten schicke ich dir. Doch hoffe ich, dass ihr ihn kennen lernen werdet, mal. Das Cohenbüchlein (ca 2-3 Bogen) ist fertig; ich werde korrekturlesen dürfen. Er hat die tiefsten Einsichten in ihn gehabt, auch (wo er glaubt sie nicht haben zu können:) in sein Jüdisches. Eine solche Anekdote hat er mir viel tiefer interpretiert als ich sie selbst zunächst verstand, und viel richtiger.

Dass es so etwas in Deutschland doch noch giebt, ist herrlich. Auch politisch sieht er - alles in seiner klassischen Weise - das Letzte. Sein - dieses Erz-Akademikers - letztes Wort gestern Abend war: wir müssen doch noch alle auf die Volkshochschule.

....

[1] Robert Arnold Fritzsche, Verfasser des Buchs: Hermann Cohen. Aus persönlicher Erinnerung, 1922.

An Margrit Rosenstock am 22. September 1921

22.9.21.

Liebes Gritli, nur rasch, bis eben hat mich Herr Kracauer aufgehalten, und gleich muss ich Ilse abholen, ich bin am Bahnhof.

...

Abends in einer schönen Aufführung der Penthesilea.[1] Und heut ein grosses Hintereinander von Telefonaten etc. Der Stundenplan[2] ist nun im Werden. Die Bibelstunde ist um 7. Die Wiss. von Gott[3] vielleicht auch (obwohl mir das sehr unangenehm ist,

denn vorher ist Straussens Christentum, das ich ja hören will, - und das du wirklich auch hören solltest, es wird sicher was Besonderes. Es wird allerdings wohl mitgeschrieben werden.
...

[1] Heinrich von Kleist, Penthesilea, Tragödie, 1808.   [2] Dazu auch Briefe und Tagebücher S.727.
[3] Rosenzweigs Vorlesung, abgedruckt in Zweistromland S.619-642.

An Margrit Rosenstock am 24. September 1921

24.9.21.

Liebes Gritli,   das war doch wieder nett, nach 10 Wochen der erste „Schabbes" wieder. Ich hatte fast vergessen wie es tut, und es zuletzt auch nicht mehr vermisst. Ernst Simon war nachmittags da (Ruth konnte nicht); er blieb dann den ganzen Abend; zum Abendessen kamen Eugen und Lotti. Eugen las seinen Aufsatz für die Volkszeitung vor, er ist gleich in der ersten Fassung sehr gut. Es war überhaupt ein hübscher Abend; Ernst Simon in bester Form.

Die christlichen Welten sind angekommen, doch will ich sie morgen an die Bergstrasse mitnehmen und sie den Versammelten vorlesen; (Ernst S. kommt vielleicht auch mit).

Nach Tisch war Eduard da, um mir das „Büchlein" wiederzubringen, er geht eine Woche auf eine Vortragsreise; er ist gegen die Veröffentlichung, obwohl es ihm gut gefällt. Er befürchtet die Missverständnisse. Es sei geschrieben wie man sprechen dürfe. Auch der Brief der Huch, der mich wieder etwas irre gemacht hatte, beirrte ihn nicht.

Wir planen eine Festschrift für Nobel, ich würde die Häusliche Feier bei der Gelegenheit gedruckt kriegen; das wäre nämlich mein Beitrag.[1]   Ernst das Gedicht das du kennst.[2] Von Nobel selbst ein Vortragsstenogramm ohne sein Wissen. Aufsätze von Ernst, zwei andren Jungen, Aphorismen von Strauss, vielleicht was von Koch. Kurzum nur die Jugend. Voran sein Bild. Er wird 50 Jahre alt. Die Zeit ist knapp, bis Ende November.

Vertrauen und Misstrauen - es darf ja immer beides da sein, gegen die andren sogut wie gegen einen selbst. Es ist nur der Unterschied, was die <u>Grundlage</u> ist und ob es heisst: und dann glaub ich ihm doch, ⌈⌈oder:⌉⌉ und dann misstrau ich ihm doch. ...

[1] Rosenzweigs Übersetzung der häuslichen Liturgie des Freitagabend (ערב שבת) erschien in: Martin Buber u.a. (Hgg.), Gabe Herrn Rabbiner Nobel zum 50. Geburtstag, 1921, S.97-112.

[2] Zu dem Gedicht Ernst Simons der Brief an Margrit Rosenstock vom 10. Oktober 1920, S.669f.

An Margrit Rosenstock am 25. September 1921

25.9.21.

Liebes Gritli,   auf der Rückfahrt von Bensheim. Es war ein hübscher Tag, herrliches Wetter.   Ich bin auf eine Idee gekommen: das Büchlein pseudonym zu veröffentlichen, etwa als Adam Bund, in der Vorrede direkt die Anregung durch „Rosenzweigs St.d.Erl." „bekennen". Auf die Weise hätte ich 1.) die viele Arbeit nicht umsonst getan, 2.) würde es seine Wirkung tun, 3.) könnte ichs solchen Leuten, bei denen ichs gut fände, es geben, 4.) rückte ich damit den nötigen Zwischenraum zwischen mich

und das Buch und verhinderte 5.) dass man es läse und daraufhin den ✡ nicht mehr läse. Und 6.) könnte ich gleich nach Erscheinen eine - Kritik darüber schreiben. Ich meine, da es wirklich schon von mir und nicht von mir ist, so wäre die äussere Maskerade nur die ganz stilvolle Fortsetzung der inneren des Buchs selbst.
Komisch übrigens, dass du es noch gar nicht kennst.
Ernst Simon war doch nicht mit.
Ob ich nach Säckingen komme, das hängt davon ab, ob ich überhaupt fahren kann. ... Es hängt eben vom Herausgehn der Programme ab; noch sind sie nicht beim Drucker, und von 1.- 4ten kann ja nichts gearbeitet werden. Und ohne mich gehts nicht; es muss immer einer da sein, der sich um alles kümmert, das weisst du selbst. Der Säckinger Tag würde also eventuell der 9. X.
In der Bahn heut früh habe ich die ganze Vorlesung entworfen, alle 8 Stunden; sie werden wohl sehr schön. Sie ist Dienstag 6 1/4, anschliessend Straussens Christentum. Am Donnerstag 6 1/4 ist meine Arbeitsgemeinschaft und anschliessend Straussens Bibelstunde.
Und die Arbeitsgemeinschaft werde ich wohl themalos anzeigen; vielleicht kommen dann die richtigeren Leute („Thema wird in der Vorbesprechung nach ⌈⌈den⌉⌉ Wünschen der Anwesenden gewählt").
......
Die Nobelschrift gewinnt Gestalt, vorläufig in meinem Kopf. Wenn ich Zeit finde, schreibe ich vielleicht den grossen Aufsatz über Max Weber dafür, der mir im Kopf summt.
...

An Margrit Rosenstock am 26. September 1921

26.9.21.
......
Ich war beim Drucker; es sieht ganz so aus, als ob die Sachen Ð noch diese Woche zur Post kämen, dann könnte ich fast sicher am 5ten fahren.
Ich lebe sehr auseinandergezerrt in diesen Tagen, es ist <u>jetzt</u> noch nicht sicher, wo die Vorlesungen sein werden, ob in der Schule oder im Montefiore! Aber das ist nicht das Eigentliche. Sondern dass jeder Tag, den ich lebe ein Schritt am Abgrund des Schweigens entlang ist und dass ich hineinsinken muss, wenn du das Seil loslässest. Es ist so. Ich habe dir jene 7 Wochen lang vergebens ersparen wollen, es zu wissen. Nun weisst du es doch. Denk daran, ich bitte dich mit allem was in mir noch am Leben hängt.
Lass dich lieben!
Dein Franz.

An Margrit Rosenstock am 27. September 1921

27.9.21.
Liebes Gritli,   natürlich werde ich dich in Säckingen besuchen können. Wenn ich Mutter etwa am 5. X. besuche, von da aus. Da wird ja Edith vermutlich auf ein paar Tage nach Berlin gehen, und Ilse wird allein mit dem Mädchen in der Wohnung bleiben und über der koscherté[1] wachen.
......
Die „Ferien" faulenze ich also, lese etwas zu Schelling, habe einen regelrechten Schnupfen, und trotzdem allerlei wichtige Gedanken für die Schlussstunde.

Die Geldablösung von Zwangseinquartierung wird nächstens auch hier eingeführt. Ich wollte es für Mutter wünschen. ...

[1] Kaschrut.

An Margrit Rosenstock am 27. September 1921

27.9.21.

Liebes Gritli,   die Programme[1] sind beim Drucker. ...
Wie ich vom Drucker wieder kam, lag dein Brief da. Nun ist der Tag wieder gut.
Ich wünsche doch sehr dass du dich nicht abschrecken lässest und weiternährst. Eugen war neulich schon ganz aufgeregt. Ich glaube aber an die Ärzte wenn sie mit der Natur im Bunde sind. Was schadets wenn du dich dabei anstrengst. Und es wird ja sicher immer schöner, je älter das Kind wird. Bei so einem wie Trudchens, das schon ein richtiges kleines Menschlein ist, so eins wie die Christkindchen der Maler, muss es ganz herrlich sein; sie hats ja freilich neulich vor der Reise absetzen müssen; sie hatte es länger genährt als die andern, weil sie traurig war, dass es ja wohl das letzte sein würde.
.....
Das Programm sieht herrlich aus, wird aber wahnsinnig teuer. Es giebt sicher einen Krach darüber.

Dein Franz.

[1] Für das Lehrhaus.

An Margrit Rosenstock am 29. September 1921

Liebes Gritli,   es war ein sonderbarer Abend bei Eugen. Ich wusste ja nicht, dass Graf für Eugen eine „wichtige Persönlichkeit" ist, so legte ich ganz unbefangen los, und verdarb dadurch Eugen ein Stück Stellungspolitik. Überhaupt war ich richtig dumm und ärgerte mich über Pater Probes katholische Offizialitäten von der allerscholastischsten Scheusslichkeit, statt zu merken, dass er nur abgründig klug war.   Nachdem mich aber Eugen - und Edith mit ihrem Sinn für Kirchlichoffizielle - belehrt haben, kapiere ichs nun.   Du hättest dich aber amüsiert. Die Arbeiter sind grässlich; und doch spricht man unwillkürlich für sie und auf sie hin. Sie sind „S.M."[1] das Volk", um das es geht.   Das ist im Lehrhaus besser. Wenn ich da mit Koch rede, gehts um mich und ihn, und die Leute mögen zusehn was mit ihnen wird.   Ist das Programm nicht herrlich? Ja und du? wirst du können? Sei nicht traurig, wenn du nicht kannst. Das „Christentum"[2] wird mitstenographiert, die Bibelstunde wirst du schon mitmachen können, und die Wiss. von Gott[3] weisst du —
...
Ich habe schon Programmpläne für das 2te Trimester, und einen „grosszügigen Finanzplan" für den Verein.
Mir gegenüber (im Speisewagen) sitzt ein Ostjude, der den üblichen „Odol"-Zahnstocherbehälter als Aschenbecher benutzt und eben seinen Stummel auf die Zahnstocher gelegt hat - oh Europa, oh Sitten und Gebräuche.
Ich bin in Unruhe um meinen Überzieher, den ich im Coupé gelassen habe. (Was ist nun schlimmer? der Zigarettenstummel auf den Zahnstochern oder der vermutliche Mitteleuropäer, der meinen Mantel stehlen wird bzw. schon gestohlen hat?).

Vielleicht schreibe ich für Nobel auch die „Orthodoxie im Judentum", d.i. der erste Hauptabschnitt der Broschüre Wesen des Jud. (die Kassler Vorträge voriges Weihnachten),[4] die ich ja diesen Winter schreiben möchte.

Dein Franz.

[1] Seine Majestät.   [2] Vorlesung von Eduard Strauss.
[3] Rosenzweigs Vorlesung, abgedruckt in Zweistromland S.619-642.
[4] Abgedruckt in Zweistromland S.521-526.

An Margrit Rosenstock wahrscheinlich Ende September 1921

Liebes Gritli,   schon dicht vor Mühlheim und im Coupé ist es dunkel. Ich war so vergnügt, dass ich auch auf der Rückreise nur an der Häuslichen Feier gebosselt habe. Du kriegst doch nochmal einen Ehrenbürgerbrief von Jerusalem.
Ich mag dir aber heut Abend auch nichts schreiben, nichts als das doch immer wieder eine - dieser Sturm bricht ja immer wieder auf und - : Homer sagt: λύτο γούνατα καὶ φίλον ἦτορ.[1]
Es ist nicht anders.

Dein Franz.

[1] Bei Homer, Ilias 21, 114 u.ö. über einen sterbenden Krieger gesagt: „es lösen sich seine Knie und sein liebes Herz".

An Margrit Rosenstock am 2. Oktober 1921

2.10.21.

.....
Nun aber die Sensation: Hans hat mir auf die Nachricht, dass ich ihn Sonntag Morgen besuche, das Manuskript geschickt, das er eigentlich mir und Eugen hatte vorlesen wollen. Es ist der Anfang des Idealismusbuches,[1] hat Dialogform (Freund und Feind des Idealismus). Das Stück handelt von Fichte und scheint die Hälfte davon, also dann 1/6 des Ganzen, das danach etwa 20 Bogen werden mag. Und das wird nun nicht mehr und nicht weniger als - das erste gute Buch, das einer von uns schreibt. Ein vollkommen möcht ich sagen materialgerechtes Buch, ganz Buch, gar nichts andres, nicht gesprochen, nicht in Stein gegraben, sondern eben einfach Buch. Alles mit der grössten Einfachheit und Treffendheit hingesetzt. Vollkommen schön im Styl. Überall das Genie dahinter spürbar, aber das Buch selbst nicht genial, sondern - was viel schwerer oder jedenfalls seltener ist - schön!
Nicht etwa leicht; es ist durchaus ein wissenschaftliches Buch; trotzdem so dass man es sicher auch mit Freude lesen kann ohne es zu verstehen. Mutter hat die ersten 30 Seiten gelesen und war ganz stark angetan, obwohl sies doch sicher nicht verstanden hat.   Es ist eben die Reife ~~nur~~ von 10 Jahre alten Entwürfen; die letzte wirklich <u>gefundene</u> Form nach vielen vielen Versuchen.   Das ist eine grosse Zeit, in der er jetzt ist. Wenn er noch 5 Jahre aushalten sollte an der Universität, würde er Professor. Ich schriebe dir am liebsten Stellen daraus ab. Es sind nämlich zwar grossenteils lange Reden, fast Referate, aber dazwischen immer die blühendsten, geistreichsten kurzen Wechselworte.   Hör nur dies:
<u>Freund</u>: ...[2] Wenn die Menschen zu schwach waren, die Ideen eines Fichte zu verwirklichen, wessen Schuld ist es?

Feind: Fichtes! Doch ich sehe, wir sind noch lange nicht so weit, uns zu verstehen. Lasst uns deshalb erst einmal ...²

Es ist eben eine Zeit der Früchte: Hansli, die Fermente, dies Buch. Wenn Eugen dies läse, würde er für mich noch die Kassler Vorträge dazu stellen, aber das ist Unsinn. Wenn mir je nach der allzuleuchtenden (so empfand sie ja auch die Susman) Blüte des ✡ noch Frucht reifen sollte, so wird es viel später sein.

Wie wenige „gute Bücher" giebt es überhaupt grade von den grossen Philosophen. Von Hegel keins, von Fichte keins, von Kant höchstens aus seiner vorkritischen Zeit (der Geisterseher z.B.),³ von Nietzsche, obwohl er im Ecce homo⁴ ein Kapitel überschreibt: „Warum ich so gute Bücher schreibe" eigentlich wohl auch keins. ...

---

[1] Hans Ehrenberg, Disputation. Drei Bücher vom deutschen Idealismus. Der Disputation erstes Buch: Fichte oder die Logik (Exposition), 1923; Der Disputation zweites Buch: Schelling oder die Metaphysik (Konflikt), 1924; Der Disputation drittes Buch: Hegel oder die Ethik (Katastrophe), 1925.

[2] Auslassungen von Rosenzweig.

[3] Essay Immanuel Kants von 1766: Träume eines Geistersehers, erläutert durch die Träume der Metaphysik.

[4] Friedrich Nietzsche, Ecce homo. Wie man wird, was man ist, 1888-1908.

An Margrit Rosenstock wahrscheinlich am 2. Oktober 1921

Liebes Gritli,   also heute Morgen bei Hans; er war natürlich sehr froh über meine Begeisterung. Ich sah auch schon den Anfang der Fortsetzung, es bleibt natürlich auf der Höhe. Dabei wirklicher Witz, kein flauer wie im Büchlein, sondern ganz echter, sozusagen gründlicher.

An Kurtz[1] werde ich nun also doch schreiben mit der Anonymität. Ich habe zwar etwas schlechtes Gewissen, nachdem auch Strauss selbst gegen die Anonymität mit Nein votiert hat („Jaja, neinein"[2])

Ich finde aber: objektiv kanns nützen, nicht mir, aber den Lesern. Mir nützt es nur die 2000 Mark. Ausserdem aber hindert mich das anonyme Büchlein nie, es mal viel besser zu schreiben. Es giebt ja zahllose Methoden, das selbe zu sagen.

Dass das letzte Kapitel ganz ernst ist, habe ich dir wohl nicht gesagt. Es ist so geschrieben, wie ich das Ganze geschrieben hätte, wenn ichs im Ernst geschrieben hätte. So ist es eigentlich ein Bouquet von 3 ganz verschiedenen Gewächsen.

Im übrigen - sogut wie Hesse den Demian[3] anonym geschrieben hat -

Die Flauheit des Anfangs wird beim ersten Lesen von niemandem gemerkt. Und mehr als einmal soll mans garnicht lesen.

Ich las heut Morgen ehe ich Ehrenbergs aufstörte, im Wartesaal Stücke aus Bismarck III über Wilhelm II. Es ist das Ungeheuerlichste an geschärfter Giftpfeil-Litteratur, das mir je vorgekommen ist, eine ganz dämonische Rache, die sich schliesslich, wie es recht ist, gegen den Rächer selber kehrt, kehren muss.
                                                                    Liebe Seele - Dein

---

[1] Leiter des Frommann-Verlags, in dem das „Büchlein vom gesunden und kranken Menschenverstand" erscheinen sollte.

[2] Anspielung auf Matthäus 5,37; dazu auch Jakobus 5,12.

[3] Hermann Hesse (1877-1962), Demian. Die Geschichte einer Jugend. Erzählung, erschien 1919 unter dem Pseudonym Emil Sinclair.

An Margrit Rosenstock am 4. Oktober 1921

4.10.21

Liebes Gritli,   der Werktag¹ hat gleich kräftig eingesetzt heut Abend: ich hatte eine Besprechung mit Rothschild und Frau Nassauer über meinen Finanzplan, bei dem Rothschild mir die kleinlichsten Schwierigkeiten machte; ich kann ihn von seiner vereinsmeiernden Behandlung der Dinge (unter der natürlich das Lehrhaus schwer leidet) nicht abbringen; er glaubt mir einfach kein Wort.   Die Folge ist natürlich, dass ich mich lächelnd aus diesen Sachen zurückziehe und die Gesellschaft ihrer Pleite überlasse. Schade nur über die Gedanken, die ich darauf verwendet habe: es waren leider nicht wenig.

Ich sollte dir gar nicht davon schreiben; aber ich bin noch geladen davon; ich komme grad heim.

Es waren schöne Tage. Nobel hat über alle Begriffe herrlich gepredigt. „Gepredigt" ist eigentlich ein dummes Wort dafür.

... Diese Kombination von geistiger und administrativer Tätigkeit ist aufreibend; im kleinen habe ichs heute Abend an mir selbst gespürt.

Ich bin nach Mannheim zu 3 Vorträgen aufgefordert. Ich werde „die Rel. d. Vern. aus d. Qu. d. Jud."² vorschlagen. Sonst vielleicht: Glauben und Wissen.

In der Königsteiner Strasse hat Lazarus aus dem „erhabenen Buch eines neueren Denkers, dessen Verfasser unter uns weilt" gepredigt. (Er „weilte" aber bei Nobel!)

Dein Franz.

¹ Am 4. Oktober endete abends der zweite Tag von Rosch haSchana, dem jüdischen Neujahrsfest 5682.
² „Religion der Vernunft aus den Quellen des Judentums" lautet der Titel von Hermann Cohens Spätwerk, das Rosenzweig sehr bewunderte. Zu Rosenzweigs Vortrag über Hermann Cohen: Zweistromland S.225-227.

An Margrit Rosenstock am 5. Oktober 1921

5.10.21.

Liebes Gritli,   so ein Tag vergeht fast in Briefeschreiben. Die Nobelfestschrift macht schon jetzt tüchtig Arbeit. Bisher ists gelungen, die Bonzen in eine eigene Schrift abzulenken, die vielleicht — auch sehr hübsch wird, weil auch sie wissen, wer er ist. Überhaupt solls eine grosse Feier geben, mit Bankett, Aufführungen u.s.w.

Der Billetverkauf¹ hat begonnen, genau wie immer. Ich gebe allmählich die Hoffnung auf, diese Trägheit zu durchbrechen.

.... Von Nobel bin ich immer noch ganz betrunken.

Dein Franz.

¹ Für die Lehrhaus-Veranstaltungen.

An Margrit Rosenstock am 6. Oktober 1921

6.10.21.

Liebes Gritli,

in „zweiter Lesung" bin ich eben mit meinem ganzen Plan fast unverändert durchgedrungen! Es waren in der Sitzung alle andern dafür, so dass Rothschild nachgab. Überhaupt war es ganz nett.

Dann habe ich den übersetzten Hymnus fast fertig; nur eine Strophe fehlt.¹

Morgen muss ich nun - das habe ich von meinem Eifer - den Tag wieder beim Drucker zubringen. Überhaupt die Zeit —

Das „Büchlein" ist an Kurtz abgegangen; er schreibt bedauernd über die Pseudonymität, möchte es aber gern sehen.
Ich bin müde. Gute Nacht
Dein Franz.

[1] Es handelte sich um einen Schabbat-Hymnus im Rahmen der „Häuslichen Feier".

An Margrit Rosenstock wohl am 7. Oktober 1921

Liebes Gritli, ich sitze also schon wieder beim Drucker und laufe in Frankfurt herum, damit die Einladungen man möchte
Förderer des Freien Jüdischen Lehrhauses
werden, herauskommen. Dich werde ich auf jeden Fall dazu machen; es ist das Rentabelste in deinem Fall, da du ja ausser der Bibelstunde immer noch irgend eine andre hören wirst mindestens. Ausserdem wirst du damit automatisch auch gleich - Mitglied der Gesellschaft für jüdische Volksbildung. Und das wenigstens hättest du dir vor 4 Jahren, als du den heiligen Franz auf mich aufmerksam machtest,[1] nicht träumen lassen. Ich weiss jene Zeit auch noch wohl. Dies Jahr hatte ich vorher an den 4. X. gedacht, am Tag selber hatte ich ihn aber ganz vergessen, er war da durch den 2. Tischri[2] zugedeckt. Obwohl du wohl auch vom Standpunkt des heil. Franziskus mit der Predigt, mit der Nobel unsre Jahrestage feierte, hättest zufrieden sein können. Dass ich dir davon keinen Wiederschein mitgeben kann. Er sprach dabei zu Anfang grade das aus, worunter ich die Tage litt, und ja nicht bloss die Tage, aber diesmal so besonders stark; ich hatte mir so besonders stark eingebildet, diesmal würden unsre Hoffnungen[3] erfüllt, ich weiss nicht warum, und nun war es wieder nichts. Und Nobel fing an vom erfolglosen Gebet. Ich merke eben: das war am ersten Tag. Er holte es aus 1 Sam. 1 heraus. Am zweiten sprach er von der Ewigkeit und etymologisierte das Wort mit dem Wort für Jungfrau (das in der berühmten Jesajas-Profezeiung steht) zusammen:[4] Ewigkeit die ewige Verjüngung. Der Schluss war ein Gebet (oder schon kein Gebet mehr sondern eine Beschwörung), um neue Profeten. „Wenn ihr wollt" sagte er, und es klang nicht nach „Willen", dies „Wenn ihr wollt".
Nachher war er wie ein Aschenhaufen, und so ist er noch heute, - ganz heiss innen, wenn man hineinstochert, aber von der Flamme, die aus ihm heraus es gewagt hatte bis an den Himmel zu schlagen, keine Spur mehr!
Morgen spricht er, und vielleicht über - das Sabbatlied, das ich nun fertig übersetzt habe, ihm zu Ehren.
Dein Franz.

[1] Margrit Rosenstock hatte Rosenzweig darauf hingewiesen, daß der 4. Oktober der Tag des heiligen Franz von Assisi, seines Namensvetters, ist. Dazu der Brief an Margrit Rosenstock vom 19. Oktober 1917, S.40.

[2] Nach jüdischem Kalender der zweite Festtag von Neujahr.

[3] Nach einem eigenen Kind.

[4] In Jesaja 7,14 steht das hebräische Wort עלמה (ALMA) - „junge Frau", das aus denselben Konsonanten gebildet wird wie das Wort עלם (OLAM), das gewöhnlich mit „Ewigkeit" übersetzt wird, von Buber und Rosenzweig später allerdings mit „Weltzeit" wiedergegeben wurde. In jüdischer Bibelauslegung werden oft gleich- oder ähnlichlautende Worte aufeinander bezogen.

An Margrit Rosenstock am 8. Oktober 1921

8.10.21.

Liebes Gritli,
es war ein hübscher Tag. Gestern Abend war der hübsche jüngere Seligmann und seine Schwester da. Er hat den ✡ wirklich aufgenommen, (er ist ein ziemlich stark philosophisch geschulter junger Arzt) und etwa auf Seite 60 kam ihm das Verständnis. Er bedauert, dass es nicht mit dem zweiten Teil schliesst! das hat mir noch niemand gesagt, das ist doch fein!
Heut früh eine mehr normale Nobelsche Predigt, worin er wirklich über den Sabbathymnus gepredigt hat, den ich grade gestern so ziemlich fertig hatte; seine Übersetzungen brachten mich aber nun fast zum Lachen; er wird sich sicher freuen.
Eduard, der heut Nachmittag lange hier war (und seinen sehr guten - <u>für seine Schreibverhältnisse</u> sehr guten - Beitrag zur Festschrift, den Anfang seines Buches) brachte, war ganz begeistert davon und von dem Sabbatweihespruch, den du schon kennst und der jetzt den letzten Schliff hat, so dass glaube ich nichts mehr dran zu machen ist, während ich den J. Halevi[1] noch etwas in die Mache nehmen muss, aber nicht mehr viel. Rothschild war heut Morgen nach der Synagoge bei Nobel und war sehr eklig protzenhaft.   Heut Abend kommt Ernst, dann arbeiten wir an der Festschrift.
...

[1] Jehuda Halevi (vor 1075-1141), bedeutender jüdischer Philosoph und Dichter, den Rosenzweig bereits im „Stern der Erlösung" mehrfach zitierte und von dem er später zahlreiche Gedichte übersetzte und kommentierte. Im Rahmen der Nobel-Festschrift (dort S.102) übertrug Rosenzweig ein Schabbat-Lied von ihm.

An Margrit Rosenstock am 9. Oktober 1921

9.10.21.

.....
Den Juda halevischen Hymnus habe ich nun abgeschrieben und wohl endlich fertig, eine Strophe habe ich noch beim Abschreiben ganz umgeschmolzen. Er ist schön geworden.
...

An Margrit Rosenstock am 10. Oktober 1921

10.X.21.

Liebes Gritli,   es ist 1/2 1, Ernst Simon ist hier und bleibt zu Nacht, ich habe mit ihm seinen Nobelfestschriftbeitrag „Platon und die Tragödie" umgearbeitet; er ist nun wunderschön geworden, aber es war ein schweres Stück Arbeit.   Er ist aber in diesen Monaten irgendwie vorwärtsgekommen, etwas aus den Eierschalen heraus, spricht fast unsre Sprache.
...
Dann war Kracauer[1] Nachmittags da, und hat mir doch recht gut gefallen. Auf der Treppe nachher in Rembrandscher Beleuchtung sah er sogar - <u>schön</u> aus.
Dann war Frau Flake mit Ate da.[2] Ate kommt also Freitag zu uns.
  Aber ich muss schlafen gehn.
        Gute gute Nacht.   Dein Franz

[1] Siegfried Kracauer, 1889-1966, Schriftsteller und Soziologe, damals ein bekannter Feuilleton-Redakteur der Frankfurter Zeitung, der im Herbst 1921 einen Kurs am Frankfurter Lehrhaus leitete.
[2] Besitzerin einer Pension in Bad Schwalbach im Taunus, wo sich vor allem Edith zur Erholung häufiger aufhielt, mit ihrer Tochter.

An Margrit Rosenstock am 11. Oktober 1921

11.10.21.

Liebes Gritli, ich schreibe den ganzen Tag Briefe. Gestern Abend war also Ernst Simon da. Er hat plötzlich den richtigen Sinn bekommen. Wir haben zusammen seinen Beitrag für die Nobelschrift in Form gebracht. Nun ist es wirklich hübsch geworden.
...
Wie Kracauer gestern da war, wurde mir plötzlich hellseherisch deutlich, dass auch hier der Lump, der Michel, seine kleinen Intrigantenpfoten im Spiel hat. Was sind das für Menschen! Kracauer ist aber eine ehrliche Haut und die Journalisterei unverhältnismässig wenig verdorben. Ausserdem war der hässliche Mensch so rührend selig, wie die kleine Ate ihm von selbst die Hand gab.   Ate war kostbar mit ihrer 4jährigen Erwachsenheit. Von unsrer Wohnung sprach sie ganz selbstverständlich per „Turm"!
...
Hier erzählen mir die Leute von meinem eigenartigen Entwicklungsgang, auf Grund der Darstellung — meiner Mutter! Was die der Frau Geiger erzählt hat (du weisst, <u>wie</u> sie diese Dinge erzählt), das geht nun als authentischer Bericht von Frau Geiger aus weiter. Mir muss es aber recht sein, wenn <u>überhaupt</u> von mir gesprochen wird.   Ich fürchte sehr, meine Vorlesung bleibt diesmal ganz leer. Und vor 10 oder 20 Menschen möchte ich sie nicht halten.   Die Sensation vom vorigen November ist erschöpft und man weiss nun, dass ich weder „schön" noch angenehme Dinge rede.   Und bei der Wissenschaft von Gott[1] denken vielleicht grade die besseren, es gäbe so eine Art von jüdischem Religionsunterricht.   Ich habe etwas Angst vor dem Anfang.

Dein Franz.

[1] Abgedruckt in Zweistromland S.619-642.

An Margrit Rosenstock am 14. Oktober 1921

14.10.21.

... Ate ist da. Sie füllt die Wohnung mit ihrer Existenz und ist ebenso klug als komisch. Mein Samtkäppchen hat sie sehr bewundert. Dagegen als ihr Edith mitteilte, dass der Onkel noch nach Tisch ein Liedchen singt (wir wollen sie doch nicht gegen den Willen ihrer Mutter theologisch infizieren), war sie nicht sehr einverstanden; als ich aber anfing, sagte sie plötzlich zu Edith: wohl ein Kirchenlied? Ich konnte vor unterdrücktem Lachen fast nicht mehr weiter.
Der Käte macht das Unterrichten Spass, obwohl sie für die „Katholen" nicht viel übrig hat (wenn sie krank sind, dann kommt die barmherzige Schwester und die betet so lange bis man stirbt) („Juden gibts bei uns in Bebra auch, aber die sind gar nicht anders als wir, sie können sich sogar taufen lassen"). Übrigens ist Käte auch mit Ate sehr nett.
.....

An Margrit Rosenstock am 15. Oktober 1921

15.X.21.

Liebes Gritli, Ate ist herrlich. Also gestern war ich mit ihr beim Frisör, um sie etwas an die Luft zu führen; sie war gleich sehr lebhaft mit den Frisören; schliesslich fragt sie einer: wie sie hiesse. „Das sag ich dir nicht." Draussen frage ich sie, warum. „Mein Name ist doch viel zu schön!"   Hinter netten Männern ist sie doll her. Ernst Simon hat sie aufgefordert, doch bei ihr zu schlafen. Mit den Füssen streichelt sie wie wenn

es Hände wären. - Wir hatten viel Besuch zu und nach Tisch. (Gestern Abend nur Kracauer.) Ernst Simon blieb zu Abend und wir haben wieder an der Festschrift gezimmert. Edith blieb heut Morgen zu haus; ich war mit Nobels spazieren.
...
Strecke ich denn nicht mehr die Zunge heraus? Es hats freilich, auch früher glaube ich ausser Hedi niemand gesehen.
Kracauer ist ein halbgarer Mensch. Es war ein anstrengender ~~Nach~~ Abend mit ihm, sehr philosophisch. Für wen eigentlich? Die Unnützheit meines Tuns hier wird mir immer deutlicher. Es ist schade um jedes Wort, das man nicht - schreibt. Geschriebnes kann warten, bis jemand kommt und es aufnimmt. So verexplodiere ich mich vor ein paar dicken Weibern, denen mit Surrogat besser gedient wäre. Es sind noch nicht viel über 50 Anmeldungen (= 25 Menschen) im Vorverkauf gewesen. Nun kommen noch 2 Vorverkaufstage. Danach kann ich mir ausrechnen, wie gross die Pleite sein wird. Schliesslich ists weiter nichts als ein Eigensinn. Die, denen ich dienen will, denen ist mit mir gar nicht gedient. In 100 Jahren machen sie grossen Klimbim um mich. Heut, wo sie mich haben könnten, scheren sie sich den Teufel darum.

Dein Franz.

An Margrit Rosenstock am 16. Oktober 1921

16.10.21.

Liebes Gritli, es ist kurz vor dem Fest[1] (morgen und übermorgen), ich war eben bei der Schopenhauergesellschaft und habe einen Vortrag mitangehört, der ganz lustig war. ... Erschrick übrigens nicht, wenn du nächstens deine „Fördererkarte" kriegst, ich habe dich zu beiden Sträussen und zu meiner Vorlesung angemeldet.
Bei dem Lessing, so hiess der Vortragende, wurde mir übrigens wieder klar, dass ich es viel besser kann.
Ate ist kostbar. Aber es ist <u>zu</u> viel zu erzählen. Ich hole nach. Freilich ists eine grosse Anstrengung für Edith. Heut Morgen trat sie schon um 1/2 7 an und da war es zwar sehr lustig, aber natürlich kein Schlafen mehr. Zuletzt hat sie mich - rasiert; genau wie sies vorgestern beim Frisör beobachtet hatte, mit allen ~~mod~~ Chikanen, Messerabziehen und allem.
... Edith ist übrigens so reizend mit ~~ihr~~ Ate, dass es mir doppelt schwer aufs Herz fällt, dass wir allein sind.
Kommst du wirklich zum 25ten? Fördererin!

Dein Franz.

[1] Sukkot, das Hüttenfest.

An Margrit Rosenstock am 18. Oktober 1921
.....

18.10.21.

Eine wunderschöne (so weit ich in der Eile sah), Besprechung des ✡, wohl von dem jüngeren Seligmann,[1] der neulich bei uns war, hat in der Zeitschrift seines Vaters gestanden. Überhaupt kriege ich jetzt durchschnittlich 14tägig einen Essay über „Rosenzweig" vorgesetzt, teils ✡, teils Hegel.
Morgen schreibe ich dir mehr. Dies soll nur fort.

Dein Franz.

[1] Leo Seligmann, Sohn von Caesar Seligmann, dem Rabbiner in Frankfurt und Herausgeber der Zeitschrift: Liberales Judentum.

An Margrit Rosenstock am 20. Oktober 1921

20.10.21.

Liebes Gritli,
schreibst du nicht an jüdischen Feiertagen? Aber für euch gilt ja das Gesetz nicht. Ich bin auf der Reise nach Heidelberg-Mannheim. Auf den Vortrag[1] freue ich mich etwas. Wenn es über 100 Menschen sind, wird er gut. In der Wiss. v. Gott hatten sich in den 4 ersten Vorverkaufstagen nur 7 Leute gemeldet (du warst noch nicht dabei). Trotzdem hoffe ich auf 30, und das würde, wenns die Richtigen wären, genügen (aber, ich fürchte, Frau Nobel ist dabei!) Zu Salzberger waren schon 50 Voranmeldungen da. Die Arb.gemeinschaft kommt vielleicht überhaupt nicht zu stande. Dann meldest du dich, wählst ein Thema, und ich komme jede Woche eine Stunde zu dir!
Die Reinschrift der Häuslichen Feier ist auch bald fertig. Ich begegne dabei dem Problem der jüdisch revidierten Lutherbibel. (Das ist nämlich die einzige Möglichkeit einer „jüdischen Bibelübersetzung" ins Hochdeutsche.[2] Nur ins Ostjüdische lässt sich neu übersetzen. Das weiss aber noch kein Mensch. Überhaupt, wie stehe ich noch im Winkel! Und bin dabei schon seit 1918 „entdeckt". „Do helpt nun nüx!"
Gestern bekamen wir Befehl, die Wohnung innerhalb 8 Tagen zu räumen, sonst Zwangsräumung. Der Rechtsanwalt hat aber, als ich verzweifelt ankam, nur gelacht. Darauf konnte ich am Abend ganz lustig den Vortrag vorbereiten. 800 M für 2 x 3/4 Stunden, ausser der Reise, ist doch kein Pappenstiel.
…

[1] Über Hermann Cohens „Religion der Vernunft aus den Quellen des Judentums", dazu Zweistromland S.225-227.
[2] Die später zusammen mit Buber unternommene Verdeutschung der Schrift begann tatsächlich als Versuch einer Revision der Lutherbibel, der aber sofort scheiterte, so daß Buber und Rosenzweig sich für eine gänzlich neue Übersetzung entschieden. Dazu Briefe und Tagebücher S.1073f; Sprachdenken. Arbeitspapiere zur Verdeutschung der Schrift S.Xf.

An Margrit Rosenstock wahrscheinlich am 22. Oktober 1921

………

Wir sollten jetzt alle unsre ganze Lebensenergie darauf verwenden, nicht künstlich dem Verhängnis, das uns nur jeden Tag weiterauseinanderleben lässt, rettungslos, entgegenzubocken, sondern das neue Leben, das jedem von uns als Einzelnem gelassen oder geschenkt ist (dies neue Leben, das freilich vom Lebensmittag nur gesehen Tod, aber für sich doch Leben, abendliches Leben ist - „am Abend schätzt man erst das Haus"[1]) zu pflegen, nichts weiter. Wäre das nur leichter. Und fielen wir nicht alle wieder immer wieder ins künstliche Jungseinwollen zurück. Das Leben selber stellt eigentlich alle „Lebensaufgaben", man braucht gar keine von aussen zu suchen; Altwerden, Altsein, Aufwachen, Erwachsen, - das sind alles richtige und die einzigen richtigen Lebensaufgaben, die es giebt. Aber ich verfalle in die Vorlesung, die ich nach Weihnachten halten werde, die Wiss. vom Menschen.[2]
Die in Mannheim war gut, aber bloss ~~für~~ vor 30-40 Leuten. Dafür aber 1000 M Honorar und - ein wunderschöner Brief von Else, die ich neulich mitgeschleppt hatte.
…

[1] Goethe, Faust I, Vor dem Tor.
[2] Abgedruckt in Zweistromland S.643-653.

An Margrit Rosenstock am 23. Dezember 1921

23.XII.21.

... Wir fanden den „Amerikaner" da, einen braven Jungen, der in Berlin auf die Dirigentenschule geht und schön Klavier spielt. Einen wirklich grossen russischen Komponisten Rachmanikoff[1] habe ich dabei kennen gelernt.

Den Ebner[2] habe ich nachts angefangen. Es scheint nur ✡ II,2 zu sein; noch nicht mal II 3, gar nicht II 1. Aber endlich ein Buch, das ich Koch schenken kann und vielleicht auch Nobel, um sie so, von hinten gleichsam, mit der Wahrheit zu überrumpeln, die sie ja von vorn von mir nicht annehmen würden. Die dritte Person („da steht es") ist eben doch unentbehrlich, weil die erste („ich sage dir") eben nur in Momenten und auch da nur momentan geglaubt wird.

Ich denke noch viel über mein Vorlesungsdebakel nach. Vielleicht werde ich schon im Sommer bei Epstein anfangen[3] und zwar: „Die Jugendentwicklung grosser Männer" (Schiller, Goethe, Hegel, Friedrich d. Gr., Bismarck oder andre, die ich grade kenne), also auf das Pädagogische, Biographologische und Jugendbeweglerische hin.

Ich habe auf der Fahrt das letzte Gedicht noch recht hübsch überarbeitet und ein neues Stück, etwas aus dem Abendgebet, das ich schon lange umstrichen hatte, sehr glücklich übersetzt. Vielleicht lege ichs noch bei.

Feiert schön und „seid gesund".

Euer Dreie

Franz.

Hier ist herrliches Wetter!

[1] Gemeint ist wohl Sergej Rachmaninow.
[2] Ferdinand Ebner, 1882-1931, Philosoph, der mit seinem Entwurf der Ich-Du-Beziehung den christlichen Existentialismus begründete. Sein Hauptwerk: „Das Wort und die geistigen Realitäten" (1921) ist eine religiös inspirierte Sprachphilosophie.
[3] Dazu der Brief an Margrit Rosenstock vom 15. Dezember 1920, S.694.

An Margrit Rosenstock wahrscheinlich am 24. Dezember 1921

Liebes Gritli,

der Amerikaner hat mir immer besser gefallen ...

Eine schöne Geschichte von ihm: Shaw[1] nach einer Premiere vor den Vorhang gerufen; alles klatscht, einer zischt. Shaw winkt Schweigen und sagt: Dem Herrn scheint mein Stück nicht zu gefallen. Mir auch nicht. Aber was können wir zwei machen!

...

Ich war wieder fleissig. Der Anfang des Abendgebets,[2] im Styl und wohl auch in der Zeit noch den Psalmen nahstehend, und den ghaselmhaften[3] Hymnus über die Glaubensregel,[4] in strengem Rhythmus, mit zahllosen Zäsuren, so (durch 13 Zeilen durch alle auf „eit", dazu noch ein paar Binnenreime):

-- ∪ --- ∪ --- // -- ∪ --- ∪ ---

Dann habe ich viel Ebner gelesen. Viel Schönes, aber doch etwas ungebildet, wirr, nicht sehr gründlich, wirklich „Fragmente", also mit dem ✡ doch nicht zu vergleichen, auch abgesehn von der engeren Fassung des Stoffs. Nur eben viele einzelne Stellen, die gut im ✡ stehen könnten - und meistens auch wirklich drin stehen.

Es ist eine aufregende Lektüre für mich, zu denken dass der gleichzeitig daran gesessen hat. Es ist ein intuitives, aber kein „erfahrenes" Buch (ich meine aktiv, nicht passiv erfahren). Grade diese Reife der Vielerfahrenheit ist doch ein Vorzug des ✡. Er ist sicher etwa 5 Jahre mindestens jünger als ich und hat nicht den Dusel meiner langen Lehrzeit hinter sich gehabt.

Morgen also 35! in dem Alter sind Rafael und Mozart schon gestorben! Ich wollte gern alle meine noch zukünftigen Geisteskinder geben für ein leibliches. Das ist freilich kein grosser Einsatz, und deshalb wohl nicht das rechte Gelübde. In Wahrheit lautet es wohl anders, und da kann ichs nicht geloben.

Dein Franz.

[1] George Bernhard Shaw, 1856-1950, englischer Dichter.

[2] Vermutlich handelt es sich - im Rahmen des „Freitagabend" - um die erste Benediktion vor dem „Höre Israel": den Segen „BARUCH ATA ADONAI ... MAARIW ARAWIM" („Gesegnet Du, Herr, ... der Dämmrungen dämmern läßt").

[3] Ghaselm, arabisch: „Gespinst", bezeichnet ein Gedicht mit sehr kunstvollem Reimschema, das von Goethe teils nachgeahmt wurde.

[4] Das (nach seinem Anfangswort יגדל so genannte) JIGDAL-Lied (im Siddur Sefat Emet S.2), dessen Verfasser unsicher ist und das eine dichterische Fassung der 13 Grundlehren des Maimonides darstellt. Das Lied hat 13 Zeilen, die im Hebräischen jeweils auf TO - תו enden.

An Margrit Rosenstock, wahrscheinlich am 25. Dezember 1921

Liebes Gritli,

das war nun ein Geburtstag ganz ohne ein Wort von dir oder von Eugen. Vielleicht liegt ihr beide?

Sonst war es aber hübsch. Ich habe schöne Sachen gekriegt, Kuchen, Zigarren, den Wang-lun,[1] Salins'[2] griechische Kunst, den Hirsch'schen Pentateuch,[3] 3 lateinische Bände Spinoza, La Bruyère Caractères,[4] eine Vergrösserung von Onkel Adams Bild, die neue kurhessische Geschichte.

Auch wieder ein neues Gedicht.

Ich kriege vielleicht Grippe, ein bischen erhöhte Temperatur und Husten habe ich schon. Wenns morgen schlimmer ist, fahre ich nicht nach Dortmund.

Den Ebner lese ich mit bleibender Spannung weiter. Die Ähnlichkeit mit dem ✡ geht auch dahin, d wie er seine schönen Sachen sagt: immer etwas verdutzend, grade da wo man sich fürchtet, jetzt würde es arg abstrakt.

Edith ist auch erkältet.

Wer ist wohl der Muringer[5] von dem das antibibelkritische [[Weihnachts-]]Feuilleton in der Frkft. Ztg. war?

Schreib mir ein Wort, wie es euch geht.

Dein Franz.

[1] Alfred Döblin, Die drei Sprünge des Wang-Lun, 1915.

[2] Unsichere Lesart: *Salins?*

[3] Samson Raphael Hirsch, Übersetzung des Pentateuch nebst Kommentaren, 5 Teile, 1867ff.

[4] Jean de La Bruyère, 1645-1696, Les caractères de Théophraste, das 1918 auf Deutsch (von O. Flake) erschien.

[5] Unsichere Lesart: *Muringer*

An Margrit Rosenstock am 26. Dezember 1921.

26.XII.21.

Liebes Gritli,
heut habe ich nicht gedichtet, Edith hatte es verboten. Sie hatte wahrscheinlich recht, dass mir das Letzte gestern Abend, (nicht das vom Vormittag) überkünstelt war. Morgen reise ich also (Rabbiner Dr. Jacob,[1] Dortmund, Arndtstrasse 73).
...
Der Ebner ist doch auch <u>erfahrener</u>, als ich anfangs dachte. Z.B. in Sachen Wahnsinn. Die Doubletten zum ✡ finden sich alle paar Zeilen. Er hat doch nun <u>nicht</u> von Eugen gestohlen. Woher hat <u>ers</u>?
...

[1] Benno Jacob, 1862-1945, Rabbiner in Göttingen und Dortmund, einer der bedeutendsten jüdischen Bibelwissenschaftler seiner Zeit. Auf Anregung Rosenzweigs schrieb er Kommentare zum 1. und 2. Mosebuch.

An Margrit Rosenstock am 28. Dezember 1921

...

Hier ist schlechtes Wetter aber ein nettes Haus, eine reizende Frau und nette Kinder und er der komischste Kindskopp alte Junggeselle und doch Ehemann, den man sich denken kann.   Ich sehe ihn nun freilich auch in all his glory.[1] Denn es ist etwas entdeckt und entziffert, das (wenns keinen Haken hat) die grösste archäologische Entdeckung ist, die je gemacht ist, eine gradezu schauderhafte Entdeckung.[2]
Wir fahren heut Nachmittag zu dem Entdecker, einem Professor in Münster. Jacob ist ganz aus dem Häuschen und findet „alles Quark" was ich von ihm will, wird es aber doch machen, denn aus den Flugzeug-Ausgrabungsreisen von denen er dauernd spricht, wird ja nichts werden. Und die Sachen, die ich von ihm nun gesehn habe, sind wieder glänzend, und nachdem ich nun gemerkt habe was für ein dummer Junge in diesem alten Schulmeister steckt, verstehe ich auch, wie es überhaupt möglich ist, dass grade er so schöne Sachen schreibt.
Ich will mich noch etwas ausruhen. Jacob muss grade einen beerdigen.

Dein Franz.

[1] Engl.: in all seiner Herrlichkeit.
[2] Bei der archäologischen Entdeckung handelt es sich um sogenannte proto-sinaitische Inschriften in Serabit el Kadem auf der Sinai-Halbinsel. Diese Inschriften gehören zu den ältesten Zeugnissen der hebräischen Schrift. Sie wurden im Jahre 1904/05 von dem englischen Archäologen Flinders Petrie in der Nähe von antiken ägyptischen Türkis-Minen entdeckt, aber erst 1917 in England veröffentlicht. Erste Übersetzungsversuche von Alan Henderson Gardiner wurden von deutschen Gelehrten aufgegriffen und weitergeführt. All das blieb lange Zeit eine Angelegenheit unter Spezialisten. Zu allgemeiner Berühmtheit gelangte der Fund erst durch den Münsteraner Professor Grimme, der die abenteuerliche These aufstellte, daß die Inschriften authentisches Zeugnis des Mose seien.

An Margrit Rosenstock wahrscheinlich am 29. Dezember 1921

Liebes Gritli,
die grösste Entdeckung aller Zeiten war die Fata morgana eines deutschen Professorengehirns. Es ist auch gut so.
Aber es war ein sehr merkwürdiger Besuch. Überhaupt nette Tage.
Wie mag es inzwischen bei euch gehen.

Ich lese weiter Ebner. Es ist der christlichste Christ der mir je vorgekommen ist. Er weiss weder, dass Gott die Welt geschaffen hat noch dass er sie erlösen wird. Aber von der Offenbarung weiss er. Und nur von ihr. In seiner Sprachlehre kommt die 1. plur. überhaupt nicht vor! Dagegen die herrlichsten Sachen über die 1. und 2. sing. An dem Jacob sah ich wieder, dass wirklich schon alles in der Bibel steht; man muss sie nur lesen können und dabei die nötige Portion Erdenrest haben. Die hat er. Die moralische Frage der heimlichen Wegführung der Fundstücke nach Deutschland im Flugzeug (an die er allen Ernstes dachte, ehe wir gestern sahen, dass das Ganze ein Phantasieprodukt ist) erledigte er mit einem „Stehlen darf man!" Da kann man wohl die Bibel kommentieren. Zunächst will er freilich leider nur ein Andachtsbüchlein schreiben; der erste Aufsatz den er mir vorlas, ist ganz prachtvoll.
Ich sitze schon 5 Stunden in Schwerte; es ist Streik.

Dein Franz.

An Margrit Rosenstock am 30. Dezember 1921
...
30.XII.21.

Hansens Aufsatz[1] gefällt mir sehr bis auf den unglücklichen vorletzten Absatz, der auch im Ton völlig herausfällt und wie ein nachträgliches Einschübsel klingt. Ausserdem ist er ganz falsch. Wo sage ich denn: „aus der Philosophie ins Leben"? Das wäre freilich eine verbotene Überrumpelung des Lesers im letzten Augenblick und nicht ein Abschied an den Leser, der doch - hoffentlich - zuletzt nicht mehr an „Philosophie" gedacht hat, sondern an das Buch im ganzen einerseits und den Inhalt der letzten Seiten andrerseits (der aber nicht „Philosophie" ist).
...

[1] Am 29. Dezember 1921 erschien in der Frankfurter Zeitung eine Rezension des „Stern der Erlösung" von Hans Ehrenberg.

An Margrit Rosenstock am 31. Dezember 1921

Liebes Gritli, 31.XII.21.
es ist eine furchtbar zermürbende Zeit diesmal mit Mutter. Sie lässt sich hemmungslos an uns aus. Edith, die schon vorher etwas nervös war und nun durch den Streik leider nicht nach Berlin kann, kommt ganz herunter. Man kann kein vernünftiges Wort mehr mit ihr reden; immer nur sie, sie und nochmal sie. Meinst du, ich hätte ihr von Münster erzählen können? Statt dessen, wie ich anfangen wollte, hat sie mir (zum dritten Mal) erzählt, die Schwägerin von Jacob würde von ihr unterstützt, und nun dazu: seine Schwiegermutter hätte es sich zur Ehre gerechnet mit meiner Grossmutter verkehren zu dürfen (was vermutlich nach allem was ich von meinen Grosseltern und ihrer durchaus kleinbürgerlichen Stellung hier weiss, eher umgekehrt sein wird, denn jene Schwiegermutter war eine Frau Dr., was ja damals unter Juden noch was Besonderes war, und ausserdem zugegebenermassen auch eine nette Frau). Dazu die schreckliche Lügerei und dann immer wieder Schabbes, Schabbes, Schabbes. - Ich schreibe im Schlafzimmer, Edith hat sich schon gelegt, damit niemand sie mehr holen kann.
Für Schafft wäre es vielleicht wirklich gut, nach Frankfurt zu kommen. Schon weil bei dieser Gelegenheit vielleicht das Abhängigkeitsverhältnis zu seiner Mutter gelockert werden könnte; er hat ja einen Bruder in Hanau oder Hersfeld.

Gestern Abend waren wir bei Pragers. Heut Nachmittag ich bei Tante Julie. Ich dachte schon, wir liessen uns durch euch ein Telegramm schicken, und kämen zurück. So wird man wie zerrieben. Ich kann dir auch jetzt nicht recht schreiben.
Von Scholem hatte ich eine scharfe Ablehnung der Häuslichen Feier.
Für Mutter wäre ihr bestgehasster Schabbes wirklich die heilsamste Erziehung gewesen, sich wenigstens einmal die Woche zusammenzunehmen. Denn ihre Hysterie ist so ungebändigt nur, weil sie nie ein <u>Gesetz</u> über sich gespürt hat.   Dein Franz.

1922 - 1929

An Margrit Rosenstock am 1. Januar 1922

1.I.22.

Liebes Gritli,

„Spaass - hab <u>ich</u> ne Nacht gehabt!" - gestern Abend gabs noch eine grauenhafte Szene mit Mutter, ich fand sie bei den Vorbereitungen zu ihrem in der Nacht erfolgen sollenden Selbstmord, (Briefeverbrennen etc.). Heut ist sie etwas aufgeweicht und wieder ein bischen auf Zukunft eingestellt. Es kam auch grade die (übrigens sehr nette) Antwort von Hinecke auf ihre Anfrage, ob sie im Frühjahr ehe die Rostocker Nichte kommt, zu ihm kommen dürfe. Sie darf! Und da war also heute grosses Glück. Edith fährt nun morgen früh glücklicherweise doch nach Berlin und wird sich da etwas erholen. Ich muss hier bleiben und bleibe also in der Gespanntheit. Wenn ich zurückkomme werde ich wohl zunächst noch meinen „Lohnkampf" abzuschliessen haben (Ich habe tatsächlich, trotz nochmaliger schriftlicher <u>un</u>offizieller Mahnung, nichts gehört, schreibe also morgen meinen offiziellen Brief an die Gesellschaft, damit ich meine Ablehnung schriftlich kriege; um was andres gehts nicht mehr; aber dahinterher schreibe ich dann noch einen saugroben abschliessenden Brief - auf den ich mich schon jetzt freue.)

Das neue Datum macht mir diesmal überhaupt keinen Eindruck mehr; ich bin etwas aus der christlichen Zeitrechnung heraus, in die ich durch den Krieg noch sehr hereingeraten war, weil man ja da immer dachte: was wird nun neunzehnhundertsoundsovielzehn bringen? Diesmal stecke ich nur noch im jüdischen Jahr drin. (Du kannst es auf der Nobelfestschrift nachsehn, und nächstes Jahr auf der zweiten Auflage des ✡). Hansens Kritik las ich heut nochmal, sie ist wirklich schön. Für das dumme Publikum ist übrigens sicher grade der einzige Fleck drauf, der vorletzte Absatz, grade die beste Reklame, indem die Leute heute ja das wollen.

Der Dreifaltigkeitsspiegel[1] ist eklig, ganz unausgegorenes Notizbuch.

Ich habe Hans auf seine Anfrage wegen eines ✡Rezensenten für die Chr. Welt — Fritzsche genannt. Das kann doch schön werden.

Wie geht es euch? Ich denke viel an Hansli.

Dein Franz.

[1] Karl Heinz Herke, Der Dreifaltigkeitsspiegel in der modernen Wissenschaft, 1921.

An Margrit Rosenstock am 2. Januar 1922

2.I.22.

.....

Morgen ist Buber hier und hält einen Vortrag, auf der Durchreise nach Berlin. Ich bin ganz zufrieden damit, denn so erübrigt sich wohl meine Reise zu ihm am Sonntag, was bei den schlechten Verbindungen jetzt doch kein Vergnügen wäre. Wir werden uns aber doch wohl erst Montag sehen, Sonntag werdet Ihr ja noch Besuch haben.

Die Ferien sind arg rasch herum, ohne dass ich sie recht genossen habe. Doch euch gehts noch schlimmer. Wenn ihr nur wenigstens bis zum 8ten im Stand seid. Wo war nur die Grippe früher? das ist doch nun die 3te oder 4te Welle der Epidemie.

Ich las heut im Augustheft der Tat,[1] das man mir wegen des Paquetschen Aufsatzes über Buber gegeben hatte.[2] Es graut mich immer mehr, in dieses Chaos hineinzukucken; man <u>muss</u> doch ins Schneckenhaus gehen und warten bis die Leute kommen. Jede begrenzte Tätigkeit, selbst Eugens, ist besser als die „Litteratur".

Ich habe heut meinen offiziellen Brief an die Gesellschaft losgelassen, weil ich auf meine inoffiziellen Schritte, wie ich erwartet hatte, ohne Antwort geblieben war. Zweck hats momentan keinen, aber ich bin sicher, dass mir dies Jahr wieder ein Druckmittel in die Hand kommt, und dann wird gedrückt, gnadenlos und mit Paragraphen und Sicherungen aller Art. Das wird ein Fest!

Dein Franz.

[1] Die Tat - konservative Kulturzeitschrift, gegründet 1909.
[2] Alfons Paquet, 1881-1944, Journalist bei der Frankfurter Zeitung, Erzähler und Essayist.

An Margrit Rosenstock am 3. Januar 1922

Liebes Gritli, 3.I.22.

Heut Mittag kam Buber, ich holte ihn nach Tisch von Prager ab zu uns. Mutter ist ganz verliebt in ihn. Er ist ja auch wirklich etwas Besonderes und so ganz echt. Den ✡ hat er jetzt ausgelesen, findet - III 2 am besten! (obwohl er natürlich meine Auffassung ablehnen muss; wir hatten ehe wir bei uns waren, ein Gespräch darüber aus dem ich sah, dass auch auf diesem Gebiet seine Kenntnis tiefer ist als die seiner Nachtuter;[1] er hat sich - was ~~zuerst~~ ich nicht dachte - mit Schweitzer wirklich auseinandergesetzt. Die Verlängerung von Hanslis Heidentum ist mir aus Gründen die mit der Theologie nichts zu tun haben ganz recht. Ich kann sie aber nicht verraten.
......

[1] Unsichere Lesart, vielleicht auch „Nachtreter":

An Margrit Rosenstock am 4. Januar 1922

Liebes Gritli, 4.I.22.

es war sehr schön mit Buber auch gestern Abend noch. Der Vortrag eindrucksvoll, doch auch sehr charakteristisch in seinen Schwächen. Die theoretische Unzulänglichkeit des Zionismus und die Richtigkeit meiner und der Eduardschen Theorie ist mir nie so deutlich geworden. Nachher waren wir noch bei Pragers zusammen; erst nachts um 2 fuhr er ab. Hansens ✡Kritik findet er an sich schön, aber dem Buch gegenüber unadäquat.

Eine schöne Geschichte von Beer-Hoffmanns Kindern (deren Mutter übrigens Christin war). Sie spielen mit 2 Löwen. Der Junge zum Mädel: „Mein Löw ist grösser". Es lässt sich feststellen dass das nicht stimmt. Darauf: „Aber <u>schöner</u> ist mein Löw". Auch das lässt sich, wenn auch schon schwieriger, als irrig erweisen. Darauf: „Aber mein Löw ist ein <u>Jud</u>". Da war nichts mehr zu machen.

Das Mädchen (die bekannte Mirjam mit dem Schlaflied) hat einmal gefragt: War denn Goethe <u>kein</u> Jud?

Heut war ich Nachmittags bei Trudchen und Louis. Abends war Frl. v. Kästner bei uns.

Jetzt sind es nur noch ein paar Tage hier. Ich bin recht kaput und habe eigentlich doch nichts geschafft. Ich hoffe nun auf die Vormittags 1/2 11 - 1 Uhr-Stunden, die ich ja vor Weihnachten kaum ausprobieren konnte.

Dein Franz.

An Margrit Rosenstock am 5. Januar 1922

Liebes Gritli, 5.I.22.
vor Mutters Neugier brauchst du jetzt wenig Angst zu haben. Du interessierst sie nicht mehr. Ausserdem steht sie meist so spät auf, dass ich die Post vorher kriege.
...
Deine Lehrhaussachen habe ich schon wie das vorige Mal erledigt. Dich in die Ermässigten einzureihen, verbot mir meine zu genaue Kenntnis von d Eugens Gehalt. Die Bubersche Übung[1] habe ich auch für dich belegt; wenn du nicht kannst, kann ich es ja noch nachträglich ändern, das ist (wegen der Fördererkarte) praktischer als nachträglich zu belegen. Ich glaube nämlich, du wirst sie mitmachen wollen, weil du dich ja in ihn verlieben wirst. (Soviel Hebräisch kannst du ja). ...

[1] Martin Bubers Arbeitsgemeinschaft im Lehrhaus stand unter dem Thema „Besprechung chassidischer Texte". Zum Lehrhaus-Plan für das Frühjahr 1922 auch Briefe und Tagebücher S.743.

An Margrit Rosenstock am 6. Januar 1922

Liebes Gritli, 6.I.22.
mit Mutter ist es doch gar nicht recht. Vorhin war sie direkt besorgniserregend; jetzt ist es wieder besser. Ich gehe jedenfalls heut Abend nicht fort. Wenn ich am Sonntag gehe, so kommt gleich Hennar Hallo auf 3 Tage, und Rudi wird doch auch wohl in Kassel Station machen.
Ihr erschreckendes Aussehen bewirkt ja, dass sie täglich Besuche kriegt; es reisst gar nicht ab.
Ich bin ganz zufrieden, dass diese ermüdenden Ferien jetzt alle sind. Eine gewisse Erholung bedeuten ja diese 14 Tage ohne Kolleg etc. doch. Neulich bei Buber bekam ich sogar wieder etwas Lust dazu.
Richtig freuen tue ich mich aber nur auf die bevorstehende kleine Prügelei mit meinem Vorstand.
.....
Die neue Übersetzung[1] ist so gut wie fertig geworden. Aber die Reinschrift verschiebe ich noch. In Druck giebts ein Heft von 2 Bogen. Wenn ich nicht den offiziellen Auftrag für das Ganze kriege (was immerhin ein Wunder sein würde), so gebe ichs im Frühjahr einem Verleger. Eines Tages wird es ja dann auch von den Offiziellen entdeckt werden.

Dein Franz.

[1] Gemeint ist die Übersetzung der gesamten Freitagabend-Liturgie, bestehend aus der (in der Nobel-Festschrift bereits veröffentlichten) „Häuslichen Feier" und dem synagogalen Teil des Gottesdienstes. Das Werk blieb ungedruckt; dazu Sprachdenken, 1. Band: Jehuda Halevi. Fünfundneunzig Hymnen und Gedichte, Gesammelte Schriften 4/1, S.XIII und XVIII.

Am 22. Januar 1922 starb sehr überraschend Rabbiner Nobel. Sein Tod erschütterte Rosenzweig tief.
Im selben Monat stellte seine Frau Edith fest, daß sie schwanger war. Der Sohn Rafael wurde in der Nacht vom 7. auf den 8. September geboren. Dazu Briefe und Tagebücher S.822f.
Im Januar 1922 zeigten sich bei Rosenzweig außerdem die ersten Symptome seiner schweren Krankheit, einer Virusinfektion des Rückenmarks (amyotrophe Lateralsklerose), die schon bald als unheilbar diagnostiziert wurde und innerhalb kurzer Zeit zur Lähmung des gesamten Körpers führte.

An Margrit Rosenstock am 5. Juni 1922

5.VI.

Liebes Gritli, fünf Monate ist es her, dass ich dir zuletzt schrieb. Dazwischen ist allerlei passiert.
Gestern war ein besuchsloser Tag, ich war aber totmüde, so dass ich den einzigen Besuch, der kam, Frau Nobel, die nach jedem Satz den ich sagte, „wie?" fragte, kaum aushalten konnte. .....
Ich habe dir gar nicht erzählt, dass Koch sich neulich möglichst beiläufig erkundigte, ob Löwenthal identisch mit einem kommunistischen Studenten des Namens sei. Ich sagte, wahrscheinlich ja, jedenfalls sei er Kommunist. Tatsächlich haben die Kochs ihn auch nicht eingeladen, scheint mir. Alles Wohlgefallen hilft eben nichts; im Augenblick wo einer an dem Dogma, an das er und seine Frau wirklich blind glauben, zum Ketzer wird, nämlich am Geld, ist er erledigt. Das ist ihre Orthodoxie. Alles andre ist, damit verglichen, Sport. Zu schade. Und ich glaube auch, dass erst die Frau ihn so verdorben hat. Denn ihr fehlen ja all die Gegenkräfte, die das Vorhandensein eines solchen Dollpunkts beim ihm unglaubhaft machen. Und hinter der Frau steht Frankfurt.
Komisch war, wie er sich vor mir genierte, und die Auskunft, nachdem er sie hatte, wie ganz nebensächlich behandelte.
Das Schreiben strengt mich an. ...

An Margrit Rosenstock am 7. Juni 1922

7.VI.22.

Liebes Gritli, dass für Helene der August 20¹ kein Datum ist - das ist es ja eben. Das Wesen des damals Geschehenen ist ja eben dies, dass Helene es nicht als Ereignis empfand. Es sollte eben nichts geschehen sein. Und darum kann sie, was seitdem „geschehen" ist, (genau wie Rudi selbst) nur als Fortsetzung empfinden. Genau besehen aber ists für sie nicht Fortsetzung von 18 1919/20, sondern umgekehrt sieht sie 1919/20 als „dasselbe wie jetzt". Lotti ist ihr nicht Fortsetzung von Gritli, sondern Gritli eine erste Auflage von Lotti. Sie weiss, genau so wenig wie Rudi, überhaupt nichts mehr von 1919/20. Weisst du, was mich in dem Brief deiner Mutter am meisten entsetzt hat? Dass sie die „Don Juan Natur" sich an der Reihe Gritli - Greda - Lotti austoben liess. Das konnte nämlich unmöglich von ihr stammen. Beweis: Greda, von der sie ja kaum wusste. Sondern das war Rudis eigene Lesart, die deine Mutter entweder aus den gelesenen Briefen oder von Lotti mündlich aufgefangen hatte. So sah Rudi sich selbst, so hat er dich (und damit sich und seine Ehe mit Helene) auf dem Altar der neuen Flamme geschlachtet, bedenkenlos und wirklich nicht wissend was er tat (wie kann Helene dies Wort übrigens in den Mund nehmen!!). Das Ansinnen an dich ⸤⸤Weihnachten⸥⸥, ihm deine Briefe zu geben, gehört auch hierher.
..... Nein du weisst ich bin kein Schönfärber; aber das Leiden Helenes unter Lotti etc. und das Leiden unter dir, da ist nichts zu vergleichen. Schon einfach weil jenes damals kein Leiden unter, sondern ein Leiden mit dir war. Dies „mit" ist für Lotti unmöglich selbst wenn sie jetzt will oder wollen würde. Denn erstens ists für sie nun dazu zu spät und zweitens (vor allem) ist Helene seit August 20 dazu nicht mehr bereit; und zu einem „mit" gehören immer zwei.

793

Ich zweifle nicht, dass erträgliche Zustände hergestellt werden. Aber ich zweifle ebensowenig, dass das - ganz egal ist. Helene wird immer so leicht zufrieden und so leicht unglücklich sein wie jetzt. Sie war einmal anders, alles war anders, vor allem Rudi selbst war anders, so kennt ihn niemand, der ihn nach August 20 kennen gelernt hat; vergiss du ihn nicht, wie er damals war, wie wir alle damals waren. Lass dir diese Erinnerung nicht verwischen. Glaube der „Gegenwart" nicht mehr als der - als dieser Vergangenheit. Sie ist die Gewähr ewigen Lebens. Was sich seit dem Gegenwart schimpft, ist ein Weg über Leichensteine, erst den des Kindes[2] und nun meinen.
.....
Eben kommt eine mir entgangene Stern-Anzeige vom vorigen Sommer aus dem Mitteilungsblättchen des Central Vereins:[3] „es ist ein schweres hochinteressantes Werk, das für die Studierstube wohl geeignet ist und nicht für den Tagesgebrauch eines jeden Mitglieds einer jeden Familie bestimmt wie das unvergleichliche Heinemannsche Werk".[4] Heinemann aber war ein Mörder! (du weisst: „Zeitfragen im Lichte der jüdischen Lebensanschauung"). Übrigens die viel schlimmere Parallele dazu schicke ich dir mit, den Streich den mir die Susman gespielt hat. Bäck[5] aber war - nun kein Mörder, aber ein gradezu unwahrscheinlich braver Mann, Rabbiner seines Zeichens und feinsinnig. Das Schlimmste ist, dass sie durch diesen Mangel an Qualitätssinn nicht bloss ihre ✡Kritik sondern, wo sie wirklich etwas Gutes hätte stiften könne, Ihre Cohen-Besprechung im voraus entwertet hat. Was will sie jetzt noch über die Stanzen schreiben, nachdem sie ihre ganze Begeisterung schon im Kaulbachschen Treppenhaus des Alten Museums verpufft hat!
Der Frühling macht mir doch keine Schmerzen, und das ist der Unterschied. Ich bin froh, dass die Erde weiter schön ist, und dass sie bleiben wird. Ich meine ich hätte es noch nie so genossen wie jetzt abends vom Fenster aus nach Nordwesten, - und ohne jede Bitterkeit. Der eigne Tod ist ganz was andres als der des Nächsten - das zeigt sich auch darin. Und was du nicht bitten darfst - ich darf es: Bleibe bei mir.
                                                                                                    Dein Franz.

[1] Damals hatte sich der Liebeskreis von Dreien (Rosenzweig, Margrit und Eugen Rosenstock) auf Vier erweitert, indem Rudolf Ehrenberg dazu kam. Der Versuch, auch dessen Frau Helene mit einzubeziehen, war gescheitert.
[2] Dazu die Briefe an Margrit Rosenstock vom 20. und 21. März 1921, S.739f.
[3] Central-Verein Deutscher Staatsbürger Jüdischen Glaubens.
[4] Isaak Heinemann, Zeitfragen im Lichte jüdischer Lebensanschauung. Fünf Vorträge, 1921.
[5] Leo Baeck, 1873-1956, seit 1912 Rabbiner und Dozent an der Hochschule der Wissenschaft des Judentums (bis 1942), Überlebender von Theresienstadt, lebte nach 1945 in London.

An Margrit Rosenstock wohl am 8. Juni 1922

Liebes Gritli, ich schreibe dir im Bett - statt Sonnenbad, das ich mir schenke, weil ich Kopfweh habe. Ich wollte, ich könnte auch die Stunde heut Abend sein lassen. Am Dienstag? nun: wieder eine Woche schlechter, allemal zwischen zwei Wochen eine Kunstpause. Es geht eben grade mit der Sprache rapide bergab. Auch die Augenmuskeln funktionieren nur noch auf besonderes Verlangen; wenn ich den Kopf rumdrehe, kommen sie erst nach Sekunden nach. Und ich soll Edith einweihen? Das ist eine voraugustliche Idee. Seit damals geht das nicht mehr. Bedenk bitte, dass meine Ehe keine Spur besser ist als Rudis, mit dem einen Unterschied dass ich weder mir

noch meiner Frau noch sonstjemand was darüber vormache (was ja freilich ein beträchtlicher Unterschied ist, aber an dem Zustand nichts ändert).
....

An Margrit Rosenstock im Sommer 1922

Liebes Gritli, Freitag vor Abend
nur in Eile, damit du die beiden Einlagen kriegst; ich hatte den ganzen Tag noch am Programm zu machen etc. Ich will noch Trudchen schreiben, sie soll vor Mutter kommen; dann bist du entlastet (oder hoffentlich nur entlast<u>bar</u>), und Edith kann noch etwas fortbleiben.
Dazwischen auch noch die Wohnungssache. Clausings wollen nur einen Mieter mit Dringlichkeitskarte. Vielleicht wird es anders wenn ihr mit ihnen redet.
Das weisse Papier fremdet mich. Selbst um dir schreiben zu können, brauchte ich dich jetzt selber. So hülflos ist meine Liebe jetzt geworden, es ist ja nur ein Symbol dafür. Ich sitze unbeweglich und alle Bewegung ist bei dir. Doch ists fast schon ein Symbol für unser ganzes Leben miteinander, mindestens für den Anfang, damals - Ich möchte dir noch viel schreiben, aber es ist nicht recht jetzt in das traurige Haus, in das du doch, solange du da bist, hineingehörst. Ich kann nicht sagen: ich bin bei dir. Ich bin ja eben bewegungslos. Aber: du bist bei mir.
Dein Franz.

An Margrit Rosenstock im Herbst 1922

Dies ist der letzte erhaltene Brief an Margrit Rosenstock, den Rosenzweig noch eigenhändig schrieb. Alle nachfolgenden Briefe sind mit einer Schreibmaschine, die auf Rosenzweigs zunehmende Behinderung besonders eingerichtet war, geschrieben und von Edith Rosenzweig, teilweise auch von Margrit Rosenstock, korrigiert und vervollständigt worden. Zur Illustration ist auf S.804 das Faksimile eines Briefe an Eugen Rosenstock vom 25. Februar 1924 abgedruckt.

Liebes Gritli, ich lege dir zwei Briefe bei. Aber noch etwas: ich habe <u>doch</u> sehr den Eindruck als ob Edith noch ein paar Tage Ruhe unter freundschaftlicher Polizeiaufsicht nottäten. Und sie selber meint es auch. So bitten wir dich zu uns zu ziehen. Du kriegst, wenn dir das „zweitbeste Bett" zu hart ist, Ediths jetziges, da es Edith ja nichts macht. - Vielleicht oder wahrscheinlich wirst du schon Dienstag wieder zurückkönnen und die Böden wachsen oder was es war. Schwester Therese wird dich massieren. Ich werde dich lieben.
Dein Franz.

Einer der erwähnten „beigelegten" Briefe - von Gertrud Oppenheim an Margrit Rosenstock - lautet:

Gertrud Oppenheim an Margrit Rosenstock am 31. August 1922

Liebes Gritli, Kassel, d. 31.8.1922
Ich hätte mich vielleicht heute auch an Sie gewendet, wenn nicht Ihr Brief zu beantworten wäre. Aber an seinen Inhalt muß ich anknüpfen, um das zu sagen, was ich Sie ohnehin fragen wollte. Wir hier leiden natürlich alle unter der grausigen, bitter-wirren Verzweiflung, die der letzte Frankfurter Aufenthalt in Tante Dele bis zu dieser Höhe hat anwachsen lassen. Um die Tage, die Sie verlebten, beneide ich Sie nicht. Und was mag die arme Edith ausgestanden haben. Ob sie imstand sein wird, ein bischen Ruhe einzuatmen und Kraft zu sammeln? Und nun geht's mir durch den Sinn: 8 Tage sind

eigentlich eine recht kurze Weile. Kaum Luft geschnappt und schon wieder Aufbruch. Für Sie freilich ist eine Woche, die Sie aus Ihrem eigenen Haushalt heraus wären, schon genug - wenn überhaupt möglich? Und da denke ich, wenn Edith sich in Schwalberg wohl fühlt und gern noch ein paar Tage länger bliebe, am Dienstag, schließlich auch Montag schon, könnte ich kommen und sie - oder auch, wenn das richtiger wäre, Sie bei Hansli vertreten. Tante Dele möchte doch am 9. so gern zu Franz. Und nun verzehrt sie sich in erregtem Hin- und Herplanen, ob sie soll oder nicht. Sonst redete ich Franz vor ihrem Kommen gut zu, riet ihm auch, sie kommen zu lassen; jetzt, in seinem Zustand, da er so wenig Herr über seine Nerven ist und ihr Anblick - ohne ihr besonderes Verschulden, trotz ihres guten Willens - so tief verstimmend auf ihn wirkt, kann ich mich nicht an ihn wenden. Wenn Sie in diesem Sinn etwas versuchen können und mögen - es könnte ja sein; könnte besonders sein, wenn es möglich wäre, daß Edith zur Zeit noch abwesend wäre - dann bitte ich Sie, es zu tun. Und wenn Franz sich entschließen sollte, sie haben zu wollen, dann sorgen Sie vielleicht, daß sie es bald erfährt. Ihre Verfassung ist nicht zu schildern. Der bitterbösen Kälte der ersten Tage war heute eine ziemlich verworrene, trost- und hilfesuchende Aufgeweichtheit gefolgt. Ihre Drohungen macht sie nicht wahr - das brauchen wir nicht zu hoffen. Nicht aus Mangel an Kraft, aber immer noch aus Mangel an Ernst. Wie gern gäbe ich ihr von dem mit, was Franz mir gibt, aber so indirekt nimmt sie es nicht an, sie glaubt es nicht. Aber es freut sie doch nicht, macht sie höchstens eifersüchtig. Es ist so trostlos, so völlig hoffnungslos. Während ich für Edith die Hoffnung nicht aufgeben kann, daß sie seines Geistes noch einen Hauch verspüren wird. Wenn es nun näher rückt, daß sie das Kind bekommt - sollte ihnen nicht an einem Tag ein im Tiefsten gemeinsamer Augenblick werden? Einer, der genug wäre für die Zeit ihrer Ehe und dann für Edith ihr Leben lang? Ich weiß nicht, ob es meine enragierten Mutterempfindungen sind, die mich in diesem Punkt so gläubig machen - ich kann's nicht lassen, hier mit aller Kraft zu wünschen, was fast verloren scheint.
Ihr Mann bringt hoffentlich Gutes mit von Berlin. Meiner läßt Sie grüßen. Und wenn Sie Hansli besuchen, geben Sie ihm einen Kuß von
Ihrem Trudchen

An Margrit Rosenstock 1923
...

Frau v. Bendemann[1] hatte ich grade geschrieben; auf ihren Brief wegen der Coheneinleitung.[2] Sie sollte sich doch wegen „meine Feindin" nicht aufregen; sowas war bei Cohen leicht gesagt und nie so tragisch gemeint; er war doch nicht mit Anerkennung verwöhnt und deshalb verschnuckt darauf.
Apropos öffentliche Meinung: die neueste jüdische Literaturgeschichte, eine grässliche Literatenmache, die also grossen Erfolg haben wird, schliesst mit folgendem monumentalen Satz: Emil Bernhard,[3] ein Meister wohlgesetzter Rede, und Franz Rosenzweig, ein fanatisch Aufgewühlter, virtuoser Reimmechaniker dazu, dichten, jeder auf seine Weise, Jehuda Halevi nach und sind, wie alle Verkünder jüdischer Geistigkeit in fremden Zungen, geborene Apologeten. Sie glauben an die gärende Riesenkraft, an die Auferstehung der jüdischen Religion.
Da habe ichs. Im Literaturverzeichnis ist übrigens der Stern genannt. Aber dies

imagohafte (Beethoven, die Gräfin Stepanski und der Kapellmeister Pfuschini) „O, jeder in seiner Art, sie ergänzen einander"[4] ist doch herrlich! Erzberger und Tillesen - sie ergänzen einander, denn ohne Erzberger wäre Tillesen kein Mörder und ohne Tillesen Erzberger nicht tot.[5]
...

[1] Name von Margarete Susman nach ihrer Eheschließung.

[2] Im Herbst 1923 schrieb Rosenzweig eine „Einleitung in die Akademieausgabe der jüdischen Schriften Hermann Cohens", die 1924 erschien; die Einleitung ist abgedruckt in Zweistromland S.177-223.

[3] Emil Bernhard, Ein Diwan / Jehuda Halevi, übertragen und mit einem Lebensbild versehen, 1921.

[4] Carl Spitteler, 1845-1924, schweizer Pfarrer, Lehrer, Redakteur, später freier Schriftsteller, der 1919 den Nobelpreis erhielt, veröffentlichte 1906 seinen psychologischen Roman „Imago". Darin heißt es (Kapitel: Viktor im Zweikampf mit Pseuda): „,Kennen Sie, Frau Direktor', konnte er harmlos anheben, ,die Anekdote von der Gräfin Stepansky, Beethoven und dem Kapellmeister Pfuschini?' ,Ich will sie gar nicht kennen', schnurrte sie, eine Bosheit witternd. 'Da haben Sie unrecht, sehr unrecht, denn sie ist ebenso lehrreich wie ergötzlich. Als die Gräfin Stepansky, welche den Beethoven und den Pfuschini gleichzeitig zu Tisch gehabt hatte, gefragt wurde, welchen von den beiden sie für den Bedeutenderen halte, den Beethoven oder den Pfuschini, zog sie ein überlegen gescheites Gesicht: Das läßt sich nicht vergleichen; jeder in seiner Art; sie ergänzen einander.'"

[5] Der Zentrum-Abgeordnete Matthias Erzberger wurde am 26. August 1921 von den rechtsradikalen, ehemaligen Marineoffizieren Heinrich Schulz und Heinrich Tillessen ermordet, die damit ihre Abneigung gegen die Weimarer Republik „demonstrieren" wollten. Sie gingen straffrei aus.

An Eugen Rosenstock wahrscheinlich 1923

Lieber Eugen, also mit meiner Belegstelle hatte ich offenbar unrecht; es ist aber vielleicht wie manchmal in so Sachen, dass trotzdem was dran ist. Ich will versuchen, es dir unaggressiv zu sagen.

Wissenschaft braucht immer zwei Sprachen. Die eine vertritt den Wissenschaftler, die andre seinen Stoff. Auf die Weise ensteht der Eindruck der „Objektivität", der ja den wissenschaftlichen Stil macht. Nichtwahr, der Mensch spricht eine Sprache, der Gelehrte muss zweizungig sein, damit der Fiktion Ich = Es Rechnung getragen wird. (Der Propagandist muss sogar polyglott sein, damit die Wir in seinem Geschriebenen anwesend sind. Nun zurück zum Gelehrten und zu dir.

Die eine, die Forschersprache ist in deinem Fall natürlich die nachfühlende, intuitive des Philosophen. Aber welche Sprache zaubert dir deinen Gegenstand aufs Papier? Da sind (bei den Dingen, von denen der Tataufsatz, ich meine der aus dem Buch, handelt) soviel ich sehe zwei Möglichkeiten. Die eine, z.B. von Cohen in seinen religionsphilosophischen Sachen, auch im Nachlasswerk noch, angewendet, ist die Sprache der geschichtlichen Kritik, also die Sprache dessen der es immer „besser weiss", die Sprache der Interessantheit. Das Ergebnis ist dann also: Interessantes gesehen mit dem Auge der Intuition. Die andre Möglichkeit, von mir im Stern ausgenutzt, ist die Sprache der „Legende", des Nichtbesserwissenwollens, des Teilhabens, des Dabeiseins. Das Ergebnis ist dann: Tradition durch Intuition gesehen. Das sind beides legitime Methoden. Illegitim aber ist die Vermischung. Tradition und Kritik abwechselnd beschworen, um den Gegenstand vorzustellen - das geht nicht. Also z.B. es geht nicht, kühnste kritische Hypothesen wie die vom unehelichen Kind oder die über den Prozess, wonach Jesu „Gotteslästerung" in der (bei fast allen Propheten zum Normalbestand der Profezeiung gehörigen) Untergangsweissagung für die „Gottesstadt" bestanden habe, [[zu erfinden]] und dann wieder in den Gewässern der Tradition und Legende unbefangen herumzuplätschern und Jesus die Kirche gestiftet haben lassen, was auch wenn das T u es Petrus[1] bei Matthäus ganz autentisch ist, wie es unter der Innenkuppel von St. Peter herumläuft und wie es jeder Katholik versteht, auf jeden Fall Legende ist. Diese beiden Elemente vertragen sich nicht miteinander und dass du sie in dem Aufsatz durcheinander brauchst, das wirst du jetzt vielleicht selber merken. - Wahrheit ist aber zum guten Teil bedingt von der Ungemischtheit der Methoden. Wahrheit oder jedenfalls der Eindruck der Wahrheit. ...

[1] Lat.: Du bist Petrus; dazu Matthäus 16,18.

An Eugen Rosenstock wahrscheinlich 1923

Lieber Eugen, du verdirbst dir den Nutzen, den du aus meiner Kritik ziehen könntest, indem du sie weitreichender nimmst als sie gemeint war. Sie bezieht sich nur auf dein theologisches Dilettieren. Darauf aber auch wirklich. Gewiss habe ich unter dem ersten Eindruck die Schuld einfach aufs Christentum geschoben, wie andre - du kannst dich darauf verlassen, es werdens auch andre die dir nahstehn empfinden - auf den „Convertiten". Beides, den jüdischen wie den protestantischen Verdacht, halte ich für unerlaubt (nicht weil mit Sicherheit unzutreffend, aber weil Verdacht. Was den jüdischen angeht, so habe ich ihn ja gleich tätig annulliert, indem ich in meinem Brief dich mit lauter jüdischen Sachen en pair[1] behandelt habe. Mehr Vertrauen kannst du nicht verlangen als dass ich dich forderungsweise mit mir und Cohen gleichsetze. Du hast das nicht recht verstanden.

Es ist mir lästig, dir zeigen zu müssen, dass die Unehelichkeit zwar im Toldoth Jeschu[2] und in Häckels Welträtseln[3] steht, aber weder im dogmatisch noch im kritisch gelesenen NT. Im Dogma heisst es mit Lukas: de spiritu sancto,[4] in der Kritik heisst es mit Matthäus: Sohn Josephs. Die von dir zugrundegelegte Lukasstelle ist für das Dogma ein Irrtum Josephs, für die Kritik ein auf dem Grund des schon ausgebildeten Dogmas gewachsenes Märchen; nur für den Toldoth Jeschu und Häckel ist es die Wahrheit. Ferner: ich habe ja gar nichts gegen dein Suchen nach einem verständlichen Urteilsgrund; ich finde nur den im Text vor dem Kleiderriss des HP[5] angegebenen viel verständlicher als den von dir erfundenen. Kurzum, ich habe die Idee, du müsstest einmal geduldig die liberale Theologie zu dir nehmen. So wie ich geduldig meinen Wellhausen, Cornill, Duhm, Gunkel usw.[6] zu mir genommen habe. Hätte ich das nicht getan, so würde ich wahrscheinlich mit deinen und meinen Eltern glauben, Moses hätte die Speisegesetze aus Gründen der Hygiene gegeben und wie hier seine proleptischen Kenntnisse von der Trichinose, so hätte er im Stiftszelt das Wissen der egyptischen Priester um die Elektrizität verwertet. Wenn man die gelehrte Kritik seiner Zeit ignoriert, fällt man der populären in die Arme. Dass ich Wellhausen kein Wort glaube, weisst du ja. Dass du Jesus für „die Katastrophe des Judentums" hältst, ist ja allgemeinchristliche Legende, dagegen habe ich <u>dir</u> nichts zu sagen.

[1] Franz.: als ebenbürtig.
[2] Toledot Jeschu („Geschichte Jesu") ist ein jüdisches Volksbuch, das in vielen verschiedenen Fassungen im Umlauf war. Es handelt sich um eine polemische „Darstellung" des Lebens Jesu, in der unter anderem Jesus als

unehelicher Sohn Marias erscheint. Von Christen als jüdisch-antichristliche Schmähschrift diffamiert und selbst von Johannes Reuchlin, dem mutigen Verteidiger des Talmud, zur Vernichtung empfohlen, handelt es sich tatsächlich um ein Dokument, das vom verzweifelten jüdischen Überlebenskampf gegen eine mächtig gewordene Kirche zeugt.

[3] Ernst Haeckel, Welträtsel, 1899.   [4] Lat.: vom heiligen Geist, Lukas 1,35.
[5] Hochpriester; zum Kleiderriß Matthäus 26,65.   [6] Namen berühmter christlicher Theologen.

An Eugen Rosenstock wahrscheinlich 1923

Lieber Eugen, das vorige Mal hattest du im Besonderen Recht, diesmal vielleicht in dem Allgemeinen was du schreibst, obwohl ich es nicht verstehe. Aber mit dem Besonderen bestätigst du gradezu meinen Angriff. Du glaubst mir das nicht, solange nur ich es sage; aber es wird dir ja vielleicht auch mal jemand anders sagen und dann wirst du es glauben. Deine Bibel steht nicht in der Bibel. Du bist da, wenn du nicht ein „kühner Kritiker" sein willst, einfach leichtsinnig wie ein aufgeklärter Volksschullehrer. Wissenschaftlich ist kein Grund, den jüdischen Schmähungen auf den „Bastard" mehr Gehör zu geben als dem Dogma der Kirche. Und dass der hohe Priester wegen einer Unheilsverkündigung über Jerusalem die Kleider zerrissen hätte, davon steht nichts da. (Da hätte er bald kein ganzes Kleid mehr gehabt.) Das ist aber Jesus „der politische Revolutionär!" - auch wieder so eine Volksschullehrerbibelkritik. - Nebenbei, wieso pneumatisiere ich das Judentum? ich der die erste apneumatische Theorie gegeben hat. Und von der Entstehung des Christentums handle ich im Stern bloss deshalb nicht, weil ich da überhaupt nicht von Entstehungen handle. Mündlich in Vorlesungen habe ich es genug getan.

An Eugen Rosenstock am 1. November 1923

1.XI.23.

Lieber Eugen, der Pindar,[1] an den ich neben dem allgemeinen Wunsch, rasch noch die grossen Versäumnisse meines geistigen Lebens nachzuholen, eigentlich nur durch die technische Bequemlichkeit der Ausgabe gekommen bin, (gibt es von Aeschylos[2] auch so eine?) (ohne Übersetzung kann ich doch höchstens Homer lesen, richtig lesen) gibt mir nicht bloss im Einzelnen, sondern auch im Allgemeinen viel zu denken. Nämlich der Dornseiff[3] hat recht, - und trotzdem hat „der Hölderlin" auch recht. Alle anständige Kunst ist im Enstehen so ganz und gar soziologisch bedingt, wie der gute Junge mit so ehrlichem Schrecken bei Pindar entdeckt. Denn die Kunst geht nach Brot und singt des Lied, des Brot sie essen möchte. Aber das wird natürlich anders wenn der Künstler kein Brot mehr braucht, weil er mit dem Trauermarsch zu reden keinen Rotwein mehr trinkt. Dann entsteht auf ganz legitimem Weg die „reine Kunst", und zwar durch einfache Umwandlung der ursprünglich unreinen. Reine gleich ursprünglich machen zu wollen, ist das Symptom des Verfalls. Also um auf Pindar zu kommen, so hat er nicht bloss den flachen Sinn geschrieben den seine Auftraggeber von ihm verlangten, sondern auch den erhabenen Unsinn, für den er berühmt und mit dem er wirksam ist. Wieso aber beides: Hier hört die Sache doch auf, witzig zu sein, das ist dann eben doch die „grosse Kunst", zugleich die Kinder der Welt, der eigenen Welt, und die Frommen, nämlich die, schon aus Unkenntnis der Umstände, immer zur Andacht neigende Nachwelt zu befriedigen. Worin besteht sie? Hat jedes Wort zwei Seiten? Eine direkte und eine posthume? wobei allerdings das sonderbare ist, dass grade die direkte die verhüllte, anspielende, also eigentlich indirekte sein muss und die posthume die allgemeingültige, jedem verständlich oder wenigstens jedem fühlbar gesagte, also grade direkte. Ob Geschriebenes druckbar ist, ist schon eine Entscheidung darüber, ob es diese Doppeltheit der Sprache hat. Für einen und für jeden, für einmal und für immer, für hier und für alle Welt. (Methaphysik des Verlagsvertrags, der zweiten Auflage und des Übersetzungsrechts!)

Dein Franz.

[1] Pindar, 518-446 v.d.g.Z., griechischer Dichter und Komponist.

[2] Aischylos, 525-456 v.d.g.Z., griechischer Tragiker.

[3] Franz Dornseiff, 1888-1960, klassischer Philologe.

An Eugen Rosenstock am 12. Februar 1924

12.II.24

Lieber Eugen, Kochs Brief ist natürlich sehr schön. Es wäre ja auch zum Verzweifeln, wenn er nicht hin und wieder so gescheit wäre wie er wirklich ist. Denn das ist das Malheur: er glaubt, zu guten Zwecken sich dumm stellen zu dürfen oder zu müssen. Das kommt aus der Sprechstunde, von der er nie recht weiss, wo sie aufhört. Und dass er das nicht weiss, kommt von der Vaihingerei.[1] Er muss sich schon sehr genieren, vor dir z. B. oder vor dem Leser der Frankfurt. Zeitung, um sich nicht dumm zu stellen. Ich habe ihn seit ich weiss nicht wie lange immer nur dumm genossen. Die letzten Male einfach so dass ich keine Lust nach Wiederholung habe. Dabei billige ich ihm als Arzt ja alle Medizinmannsmaskentänze, die der Kult dieses Berufs verlangt, zu. Ich habe ihm ein halbes Jahr das Vergnügen gemacht, den gläubigen Patienten zu spielen - das soll mir mal einer nachmachen. Aber ausserhalb - und es muss ein ausserhalb des Alsob geben - möchte ich ihn lieber gescheit sehen, obwohl ihm meine Krankheit gewiss es schwer macht, sich einen Augenblick nicht in der Sprechstunde zu fühlen.

Das jüdische ist vielleicht gar nicht gut für ihn. Er sollte vielleicht Lehrhaus und alles aufgeben und den Geist auf die Bahnen lenken, wo ihn seine Frau nicht bemerkt - als Geist nicht, als Handlung und Wissenschaft schon - und also duldet. Wenn ich denke, wie belämmert, wie wirklich albern er neulich war, als er hier zufällig mit Buber zusammentraf, - den er trotz entgegengesetzter Information krampfhaft für einen orthodoxen Juden hält, so schüttelt es mich.

Seine Schlussbemerkung über das Lehrhaus - na ja! die Trennung vom Ausschuss und die Auseinandersetzung mit Hallo scheint mir, nach dem Kraftaufwand, den das eine, und dem Herzblutverlust, den das andre gekostet hat, doch noch wesentlich zur Rosenzweigschen Geschichtsperiode zu gehören. Die Vertilgung und Vernichtung denke ich seiner Bequemlichkeit nicht zu gestatten. Also ebenfalls noch Rosenzweigsche Periode.

Überhaupt wäre das Lehrhaus übel dran, wenn es auf Koch angewiesen wäre. Wirklich prompt und rationell arbeitet nur Buber. Koch glaubt an Wunder oder vielmehr an Heinzelmännchen. Die Lotte Fürth, die das Lehrhaus seit Dezember technisch einfach trägt, behandelt er wie ein Gassenjunge. Du weisst doch, die von der Michel damals sagte, sie hätte das einzige vernünftige Wort in der Diskussion damals gesprochen.

Aber jedenfalls danke ich dir für die Zusendung des Briefs, die wie du siehst sehr nötig ist - wie auch die Artikel der Frkf. Ztg. -, damit ich immer wieder Veranlassung habe, mich auf den wahren Koch zu besinnen.

Es ist Mittwoch geworden und gestern abend grade war Koch noch da und bemühte sich erfolgreich, meinen Brief zu widerlegen. Freilich war eben auch zufällig nicht vom Lehrhaus die Rede. Das Jüdische ist für ihn schädlich, weil er - ähnlich wie Rudi Hallo - dazu sagt: wasch mir bitte bitte den Pelz, aber mach mich um gotteswillen nicht nass. Wie Beckerath seinerzeit mit dem Christentum. Mit andern Geistern, der Kunst etwa und der Wissenschaft, lässt sich ja wirklich so umspringen, aber die tümer sind anspruchsvoller. Und deshalb macht ihn sein entdecktes tum verlegen und also dumm.

Nun kann ich, solange ich es auch, zuletzt noch durch die lange Kochiade, hinauszuschieben suchte, nicht mehr daran vorbei, auf das andre in deinem Brief vom Januar einzugehen. Grade heut morgen kam ein Brief von Gritli, wo ziemlich dasselbe drinsteht. Der macht mir also das Schreiben nicht schwerer, aber auch nicht leichter. Die Todesprofezeiungen vom Herbst 1920 hatten doch einen ganz bestimmten Anlass und ein ganz bestimmtes Ziel. Auf das sind sie wörtlich eingetroffen. Das würde wohl heut keiner mehr von uns allen leugnen, auch Rudi und Helene selber nicht. Dass nun der Profet das was er metaforisch sagt, selber unmetaforisch darstellen muss, ist ja normal. Das ist das Wesen des Zeichens. Freilich auch das tote Kind vom Februar 21[2] war ein solches Zeichen. Aber <u>ein Zeichen ist keine Folge</u>. Ein Zeichen ist wirklich nur ein Zeichen. Meine Krankheit ist erst ein volles Jahr später verhängt. Also gar nicht in ursächlichem Zusammenhang mit meinen Profezeiungen. Bei denen war ich doch ganz passiv, wirklich wie ein Profet. - Nun illam und istam.[3] Das ist ja wahr, aber doch nur Mittelgrundswahrheit. Also die unwichtigste von allen. Dass du die Hintergrundswahrheit siehst, ist nicht zu verlangen; die sieht man immer nur selber. Aber die Vordergrundswahrheit müsstest du und müsste Gritli sehen und ihr dürftet nicht versuchen, sie euch durch die Fiktion einer Aktivität meinerseits zu verhüllen. Ich habe niemals einen Schritt weg von irgend jemandem getan. Wie sollte ich denn dazu kommen. Mein Anteil ist nur meine Krankheit. Freilich ein reichlicher Anteil, aber doch ein ganz unaktiver. Da hat Gritli eben eines Tages dann „nicht mehr gekonnt". Nicht mehr schreiben gekonnt wenn sie weg war, nicht mehr sprechen gekonnt wenn sie da war, (ich habe bisweilen wochenlang noch nicht mal ihren Aufenthaltsort gewusst, weil sie selbst überhaupt nicht mehr sprach), nicht mehr fragen gekonnt (so radikal war dies Desinteressement, dass sie z.B. die „18 Hymnen und Gedichte, usw.", die am 1.1.23 zum Verleger gingen, vollständig kannte - sie fielen eben noch in ihre Zeit - aber von den „60 Hymnen und Gedichten usw." die am 1.7. abgingen, nichts mehr).[4] Das sind an sich Kleinigkeiten, die ich noch vermehren könnte, wenn es zur Gedächtnishülfe nicht genügt, denn nur dazu sind sie da. Schliesslich doch noch das Symptom der Symptome: dass dies Jahr des Desinteressements in Wahrheit ja nur ein halbes Jahr war. Die andre Hälfte hat sich Gritli erholen müssen. Hier kann doch wirklich ich nicht aktiv gewesen sein. Sie hat das sicher noch nie so gesehn. Denn es waren natürlich im Vordergrund jedesmal andre besondere Gründe. Wie ich auch deine Frankfurter Pläne in diesem Jahr immer mit dem Wissen begleitet habe, dass nichts daraus werden würde; obwohl ihre Grundlagen richtig waren und ihr sicher wieder herkommen werdet, aber - später.

Ihr werdet doch hoffentlich aus diesen einmal anzuführenden Einzelheiten nicht euch einen beleidigten Franz konstruieren. Ich habe sie wirklich nur angeführt, um meine Passivität zu zeigen. Aber damit meine ich wahrhaftig nicht, dass Aktivität auf Gritlis Seite vorläge. Eher zu wenig. Ich nehme das „Nichtkönnen" ganz ernst. Natürlich weiss ich, dass man es auch psychologisch nehmen könnte und dass das in diesem meinem Fall ja besonders nah läge; denn ein Vergnügen ist der Umgang mit mir sicher nicht mehr; das weiss ich selbst genau so gut wie andre Leute. Wenn ich sage, dass ich ihr Versagen ganz ernst nehme, so meine ich damit, dass ich unbeschadet dieser Vordergrundsgründe, die mich eben weiter nicht interessieren, mich frage warum diese Vordergrundsgründe über sie Macht gewinnen durften. Darauf habe ich die Hintergrundsantwort für mich freilich ganz sicher, - aber für sie? das ist mir rätselhaft, wie allerdings wohl immer das was dem andern in dieser Schicht zustösst. Das ist die eigentliche Trennung, wenn man nicht mehr zusammen in die Hölle oder den Himmel zu kommen erwarten darf. Dass ich bei allem Begreifen, dass mich dies Letzte auch noch treffen musste und dass bei mir keine einschränkende Bedingung wie doch bei Hiob sogar statthat, auf die ich Esel im ersten Jahr meiner Krankheit noch rechnete, sondern dass mir wirklich alles genommen wird, nicht bloss der Weg vom Wunsch zur Wirklichkeit, sondern auch der Wunsch selbst, - dass ich mich bei aller verzweifelten Einsicht, dass dies zu meinem Heil ist, gegen dies mein Heil eben so verzweifelt sträube, das siehst du ja schon daran, dass ich, als mir allmählich - denn anfangs mochte ich es natürlich nicht glauben - die Wirklichkeit dieses Unglaublichsten unbezweifelbar wurde, nicht radikal gewesen bin, sondern es gemacht habe wie immer in dieser Krankheit: genommen was der andre mir nun noch geben konnte, wirklich in diesem Fall nicht bloss um des andern willen (wie ich etwa Rudi das befriedigende Bewusstsein verschaffe, mich besucht zu haben, wenn er nach einjährigem Verschollensein zur Essenszeit ohne vorherige Anmeldung anrückt, zitternd vor Angst, dass die Chose lang dauern könnte) sondern in diesem Fall wirklich auch um meiner selbst willen. Ich verzichte auf den Schein von Selbsttätigkeit, den ich mir dadurch verschaffen könnte, dass ich die paar Fäden zu denen meine Kraft noch etwa langen würde aus dem reissenden Strick an dem ich hänge selber noch zerrisse. Ich nehme gar nichts „auf in meinem Willen". In meinen Willen nicht. In meine Liebe ja, in meinen Willen nicht.

Du gibst diesen Brief ja Gritli. Wenn nicht - aber warum nicht -, so schreib mir, damit ich Gritli dann extra antworte, und dann natürlich nichts von dem, was in diesem Brief steht, - einmal und nicht wieder.

Dein f

---

[1] Hans Vaihinger, 1852-1933, schrieb eine Philosophie des „Als ob" (Fiktionalismus).

[2] Im März 1921 hatte Helene Ehrenberg eine Fehlgeburt. Dazu die Briefe an Margrit Rosenstock vom 20. bis 22. März 1921, S.739f.

[3] Lat.: jene und diese.

[4] Ende 1922 hatte Rosenzweig mit der Übersetzung und Kommentierung von Hymnen des Jehuda Halevi begonnen. 1924 erschienen die ersten 60 Hymnen als Buch. In einer zweiten Auflage, die erst 1927 veröffentlicht wurde, erweiterte Rosenzweig die Sammlung um weitere 35 Gedichte, die er 1925 übersetzt hatte.

An Eugen Rosenstock am 25. Februar 1924

25.II.24.

Lieber Eugen, ehe mein Schnupfen ausgebrochen ist, muss ich dir doch noch antworten. Denn das was du schreibst, trifft auf das Geschehene gar nicht zu, grade weil es alles auf schon früher Geschehenes vollkommen zutrifft. Das weiss ich gewiss und habe es lang anerkannt. Das wäre nichts Neues und Entsetzliches. Das wäre gewiss der Himmel noch über der Erde, wie er es ja auch nach 1920 war, von welchem Datum du recht redest. Was 1923 geschehen ist, ist etwas ganz andres, etwas, was wirklich den Himmel verschlossen hat, von dem du sprichst. Denn eine Ewigkeit, die aufhört, ist nie eine gewesen. Männerfreundschaften werden wohl immer unter der Klausel rebus sic stantibus[1] geschlossen, deshalb entwertet mir Rudis jetziges Verhalten nichts Vergangenes. Aber hier ist es anders. Dass einer versagen konnte - ganz einerlei wer, nach dem Geschehenen muss ich es ja für möglich halten, dass im umgekehrten Fall auch ich es hätte sein können, es ist ja nun alles möglich - also dass einer versagen konnte, macht alles Vergangene zur Illusion. Die Liebe ist kein Wagen wie die Freundschaft, wo einer herausspringen kann und es bleibt immer noch der Wagen übrig; Paolo und Franceska[2] fahren nicht auf einem Wagen; - wenigstens eine Liebe, über der einmal das Wort der Ewigkeit genannt ist. Mit diesem Wort bin ich früher immer sparsam gewesen, vielmehr ich habe es nie ausgegeben. Meine Liebe hat früher immer ihre Leidenschaft aus dem Gefühl ihrer Vergänglichkeit genährt; wenn sie vergangen war, war sie durch das Vergangensein nicht verleugnet. Nun habe ich das höchste Wort des Lebens auf einen Wechsel geschrieben, die Firma ist bankerott, ich kann ihn nicht einlösen.

Das ist also kein Gegenstand zu klugen und an sich richtigen Bemerkungen. Sondern ganz etwas andres. Ganz wacklig ist übrigens der Nagel an dem du deinen Brief aufhängst. Für meine Notstandsarbeiten erwarte ich selbst kein Interesse. Für den Cohen[3] und den Cohn[4] jetzt sowenig wie früher für den Hegel. Ich bin doch nicht verrückt. Aber der Jehuda Halevi ist eben, wie du sehen wirst, etwas ganz andres. Nichts „nach dem Stern", sondern vor dem Tod, mein direktestes persönlichstes Buch, was ich je gemacht habe. Das wird dir Gritli für die ersten 18 und ihren damaligen Eindruck bestätigen. Und damit erübrigt sich ja der objektive Beweis, den ich dir eben zu geben suchte. Wärs Notstandsarbeit gewesen, so doch schon 1922, und nicht erst 1923. Aber nur als unzweideutiges Symptom hatte ich es angeführt. In meiner Lage sieht man ja an sich leicht Gespenster.

...

Vor dem Versinken in die Schnupfenhölle
Dein Franz.

Gritli dank für ihren Erzählbrief, den ich mir von Edith geben lassen habe, weil ich ahnte, dass er für mich bestimmt war; Edith hätte ihn mir von selber gar nicht gegeben, weil sie meinte, es stünde nichts Interessantes drin für mich!

Hinzufügung von Edith Rosenzweig:

So stimmts nun nicht. Franz forderte den Brief von mir, als ich ihn grade gelesen hatte. Ich hätte ihm wohl aus dem Inhalt erzählt, wenn auch nicht gezeigt, denn ich habe stets eine Scheu, Briefe, die an mich gerichtet sind, zu zeigen, selbst Franz, in diesem Fall sicher zu Unrecht. Aber dass ein Brief an mich geschrieben, aber für Franz bestimmt war - auf diese komplizierte Geschichte wäre mein simples Gefühl nicht von selber gekommen.

Entschuldige das böse Papier.
Deine Edith

[1] Lat.: bei diesem Stand der Dinge - Vertragsklausel, die unter veränderten Bedingungen ein Abweichen vom Vertrag zuläßt.

[2] Paolo und Francesca sind ein Liebespaar, dem Dante im zweiten Kreis der Hölle begegnet, wo all jene hin verbannt werden, die „in Fleischeslust gesündigt" haben (Göttliche Komödie, Die Hölle, 5. Gesang). Historischer Hintergrund: Im 13. Jahrhundert brach Francesca von Rimini mit dem Bruder Paolo ihres verkrüppelten Mannes Giovanni, Fürst von Rimini, die Ehe, nachdem beide gemeinsam die Romanze von Lancelot und Gunivere, der Frau von König Artus, gelesen hatten (es handelte sich also jedes Mal um eine Dreiecksgeschichte!). Daraufhin wurden sie von Giovanni getötet. Das tragische Schicksal des von höllischen Orkanen gepeinigten Liebespaares Paolo und Francesca wurde von zahlreichen Künstlern dargestellt, verdichtet und vertont.

[3] Einleitung in die Akademieausgabe der jüdischen Schriften Hermann Cohens; abgedruckt in Zweistromland S.177-223.

[4] Im Frühjahr 1923 hatte Rosenzweig ein Buch des Bonner Rabbiners Emil Bernhard Cohn (Judentum. Ein Aufruf an die Zeit) für die Zeitschrift „Der Jude" rezensiert; abgedruckt in Zweistromland S.671-676.

Lieber Eugen, ehe mein Schnupfen ausgebrochen ist, muss ich dir doch noch antworten. Denn das was du schreibst, trifft auf das Geschehene gar nicht zu, grade weil es alles zwar darauf schon früher Geschehenes vollkommen zutrifft. Busy bei ich gewiss und habe es lang anerkannt. Das wäre nichts Neues und Entsetzliches. Da wäre gewiss der Himmel noch über der Erde, wie er es ja auch noch 1920 war, von welchem Datum du recht redest. Was 1923 geschehen ist, ist etwas ganz andres, etwas, was wirklich den Himmel verschlossen hat, von dem du sprichst. Denn eine Ewigkeit, die aufhört, ist nicht eine gewesen. Männerfreundschaften werden wohl immer unter der Klausel rebus sic stantibus geschlossen, deshalb entwertet mir Rudis jetziges Verhalten nichts Vergangenes. Aber hier ist es anders. Dass einer versagen konnte - ganz einerlei wer, nach dem Geschehenen muss ich es ja für möglich halten, dass im umgekehrten Fall auch ich es hätte tun können, es ist ja nun alles möglich - also dass einer versagen konnte, macht alles Vergangene zur Illusion. Die Liebe ist kein Wagen wie die Freundschaft, wo einer herausspringen kann und es bleibt immer noch der Wagen übrig; Paolo und Francesca fahren nicht auf einem Wagen, - wenigstens eine Liebe, über der einmal das Wort der Ewigkeit genannt ist. Mit diesem Wort bin ich früher immer sparsam gewesen, vielmehr ich habe es nie ausgegeben. Meine Liebe hat früher immer ihre Leidenschaft auf dem Gefühl ihrer Vergänglichkeit genährt; wenn sie vergangen war, war sie durch das Vergangensein nicht verleugnet. Nun habe ich das höchste Wort des Lebens auf einen Wechsel geschrieben, die Firma ist bankerott, ich kann ihn nicht einlösen.

An Eugen und Margrit Rosenstock ab dem 9. März 1924

9.III.24

Lieber Eugen, soll ich dir nochmal antworten? nachdem du mir standhaft dasselbe schreibst, was ich schon in meinem vorigen Brief abweisen musste. Ich kann dir nur wiederholen, dass du 1919 mit 1923 verwechselst. Für 1919, 16. Februar ff.[1] sind wir absolut einig. Dein Kommentar zum Sternschluss ist einfach authentisch. So habe ich damals die beiden Worte gemeint. Wie erstens philologisch aus dem Zusammenhang hervorgeht, wo das Wort Leben als Gegensatz zu Heiligtum und Schau gebraucht wird, also Alltag und Wirken bedeutet, und zweitens biographisch aus der Tatsache, dass ich 14 Tage danach mit den energischsten Bemühungen um eine Stelle, in der ich mich in Kleingeld zu wechseln hatte, begann (die Redaktion des miesen grünen Blättchens),[2] die dann Anfang 1920 zum Erfolg führte. Du aber schreibst, als hätte ich mir Haus und Beruf 1923 gegründet, nicht 1920. Damals habe ich erlebt, was du krampfhaft in das 1923 Geschehene hineinzuinterpretieren versuchst.

Liebes Gritli, soweit hatte ich Sonntag abend geschrieben, und am Montag kam dein Brief, der es mir ja nun erspart, weiter auf Eugens Konstruktionen einzugehen. Weshalb umnebelt er sich eigentlich so gern? Der Sturz aus der Ewigkeit in die Zeit, der ja gewiss schmerzhaft ist - ich habe im Spätjahr 1920 vernehmlich genug au geschrieen - ist doch nimmermehr eine Verleugnung der Ewigkeit, im Gegenteil, wenn man ihn überlebt, ihre Bestätigung, sogar ihre einzig mögliche Bestätigung, denn wie sollte die Ewigkeit sich anders bestätigen als durch ihre Bewährung an der Zeit. Das war also wirklich nicht gemeint. Die Erde ist keine Widerlegung des Himmels, aber die Hölle ist es, weil sie zugleich eine Widerlegung der Erde ist. Sogar nur an der Erde kann sie ansetzen, den Himmel direkt kann sie nicht erreichen. Aber indem sie Erde, die verwandelter Himmel ist, verleugnet, verleugnet sie auch den Himmel, der in diese Erde hinabgestürzt ist. Ich bin wirklich froh, dass du diese bequemen Konstruktionen nicht mitmachst, nach denen mein letztvergangenes Jahr ein Jahr des „Wirkens" gewesen sein müsste.

Was in Wahrheit geschehen ist, ist doch eben, dass ich angefangen habe zu stinken, und da hat es eben Aljoscha nicht mehr ausgehalten.[3] Posthum ist das ganz berechtigt. Die Bestattung hat immer sehr viel von einer Beseitigung, die sie ja im Grunde auch ist. Was Sigune, glaube ich, mit Schionatulander tut,[4] ist grotesk. Aber hier ist es eben trotz aller dagegensprechenden Symptome noch praehum.[5]

Lieber Eugen, dieser Brief kommt nicht zur Ruhe. Heute, Mittwoch vormittag, kam dein Brief. Ich war zuerst nur entsetzt über den Plan, nicht wegen Abgeordneter - diese oder eine ähnliche Selbstwiderlegung deiner komischen Professoralitätsendgültigkeitssprüche hatte ich erwartet und hätte sie dir, wenn der vorstehende Brief an dich sein natürliches Ende erreicht hätte, auf den Kopf zugesagt - also nicht wegen Abgeordneter sondern wegen Zentrum.[6] Mindestens musst du es deinen Aufstellern kolossal schwer machen. Schade dass du nicht mehr Diakon bist, das würde dir das Schwermachen erleichtern. Und auf jeden Fall frag Picht, und tu es nicht wenn er Bedenken hat. - Es ist schon eine Aufgabe, das was man ist und das was man scheint, zusammenzuhalten, wenn man dasselbe ist wie man scheint, - geschweige wenn, wie du in diesem Fall, nicht.

Liebes Gritli, ich fahre fort, wo ich gestern abend aufgehört habe, in der stillen Hoffnung, jetzt den Brief fertig zu kriegen. Wenn ein Mensch tot ist, dann sagt er es schon selber, die andern können ihn wohl für tot erklären und demgemäss behandeln, aber mit diesem bürgerlichen Tod ist der physische durchaus nicht eingetreten. Ich verlokke gradezu zu solchen Toterklärungen, das ist ja klar, ich sehe eben von aussen viel töter aus als von innen. Da ich mich selber an sich wie jeder Mensch nur von innen sehe, muss ich mich fast mit Gewalt immer wieder erinnern wie ich wirke, damit ich keine unerfüllbaren Ansprüche stelle. Aber genug davon.

Das Wesentliche ist, dass es uns beiden hundeübel dabei ist, nicht bloss mir. Für mich ist ja alles, was 1917 - 1922 war, etwas so biografisch Unzeitgemässes, etwas, wenn Mutters lauter und Trudchens schweigender Protest dagegen heut durch dies Ende recht behalten sollten, und das Ganze eine blosse „angenehme Erinnerung" werden würde, mir nach 1913 so Unerlaubtes dass ich nur mit Scham darauf zurück sehen könnte. Eugen wird das nicht verstehen, aber du. Ich habe um einen zu hohen Einsatz gespielt, um mich jetzt mit Anstand zurückziehen zu können. Ganz so wirst du es nicht empfinden, aber doch ähnlich. Deshalb meine ich, wir halten uns, nachdem es einmal zur Aussprache gekommen ist (eines von Eugen erwähnten Worts von dir vor Jahresfrist erinnere ich mich nicht, nur eines, und natürlich noch gegenteiligen, vom Oktober 22, das herausgefordert zu haben, vielleicht frevelhaft von mir war) nicht mehr bei den Warumfragen auf. Komm nochmal hierher, nicht erst zum Packen, also nicht erst in der Woche vor Ostern, sondern schon eine Woche früher.

Edith ist auch erholungsreif, sie beschimpft mich nachts, wenn sie nicht weiss was sie sagt, wie ein Rohrspatz. An der Arbeit wie du meintest liegt es nämlich nicht, ich habe erst angefangen, so jeden Augenblick mit dir zu arbeiten, als ich merkte, es wurde dir schwer, zu mir zu sprechen; ich wollte dir doch nicht das Zimmer verbieten. Also komm. Wenn wir so lange gekonnt und gemusst haben, wird es uns auch erlaubt sein, einmal zu wollen.

dein franz.

...

Ergänzung von Edith Rosenzweig:

Liebes Gritli - Deine Edith

[1] Abschluß der Arbeit am „Stern der Erlösung" im Elternhaus von Margrit Rosenstock in Säckingen; dazu der Brief an Margrit Rosenstock vom 16. Februar 1919, S.239.

[2] Damals erwog Rosenzweig, bei der Allgemeinen Zeitung des Judentums mitzuarbeiten, die wegen Unrentabilität eingestellt oder in ein Publikationsorgan der grossen jüdischen Verbände umgewandelt werden sollte. Dazu der Brief an Margrit Rosenstock vom 10. März 1919, S.251.

[3] In Dostojewskis Roman „Die Brüder Karamassow" ist die Rede von dem Starez Sossima, der von Aljoscha Karamassow sehr geliebt wird. Starzen sind in der russisch-orthodoxen Kirche geistliche Begleiter von Mönchen, die auch unter Laien fast wie Heilige verehrt wurden. Man sagte ihnen sogar nach, daß infolge ihrer Heiligkeit ihre Leiber nach ihrem Tod nicht verwesten. Um so größer war das Entsetzen bei Aljoscha, als dieses Wunder bei seinem Starez ausblieb und die Leiche Sossimas schon bald nach seinem Tod zu stinken begann.

[4] In Wolfram von Eschenbachs Epen „Titurel" und „Parzival" ist Sigune eine Frau, die ihrem Geliebten Schionatulander über den Tod hinaus treu bleibt, sich darum in eine Waldklause zurückzieht und schließlich über seinem Sarg stirbt.

[5] Noch zu Lebzeiten.

[6] Das „Zentrum" war die Partei des politischen Katholizismus und in der Weimarer Republik die maßgebliche Regierungspartei.

An Margrit Rosenstock am 30. März 1924

30.III.24.

Liebes Gritli, nein, ich sehe es doch genau so an wie du. Dein Ferngefühl hat dich nicht getäuscht. Auch schreiben möchte ich jetzt aus dem selben Grund wie du nicht. Eugen war hier wirklich ein schlechter Vermittler. Wir haben erst lange aneinander vorbei gesprochen, weil er nicht begriff, dass es mir wirklich nicht auf theoretische Erklärung des Geschehenen ankam, auf die vielleicht richtige seines jetzigen Briefs sowenig wie auf die sicher falsche seiner vorigen. Und ich begriff nicht die Wichtigkeit, die er sich selbst in dieser Sache beilegte. Er war ja gar nicht gemeint. Als ich es begriff, tat er mir sehr leid, aber zu einer Übertragung der ganzen Not auf ihn war und bin ich nicht fähig; das kommt mir künstlich und ertheoretisiert vor. Im Zusammenhang von dieser Überschätzung der Bedeutung seines psychologischen Briefs sprach er nun von „jetzt doch alles gut" und von den bevorstehenden „Festen" mit dir. Dies Wort lehnte ich ab, weil es meiner Stimmung sowenig entspricht wie deiner. Ich bin ganz zaghaft, - wie sollte ich anders sein, alle Erklärbarkeiten können das nicht ändern. Das Jahr Loch wird davon nicht ausgefüllt, für dich nicht und für mich nicht. Wieviel ist ganz einfach beschwiegen in der Zeit zwischen uns, wieviel wissen wir nicht von einander. Also meine Freude ist nur die „mit Zittern", keine andre.

Dein Kommen erst im Mai wird ja Edith sicher gut passen. Über Rafael wirst du dich wundern. Er ist liebenswürdiger und erziehungsbedürftiger als je. Ich werde mir einen Prügelapparat erfinden, weil es Edith nicht übers Herz bringt. Die Wahrheit des salomonischen Grundsatzes[1] spüre ich jetzt tief, in beiden Hälften, dem Liebhaben und dem Züchtigen.

Ich schicke den Brief noch nach Freiburg.

dein f.

[1] Sprüche 3,12.

An Eugen Rosenstock am 5. April 1924

5.IV.24.

Lieber Eugen, deine Widmung an mich umhüllt schamhaft die mehralsödipodeischen Greuel, denen das angewandte Seelenkündlein[1] seinen Ursprung dankt, denn zwar ist es mein Enkel, aber dadurch nicht bloss dein Kind, sondern zugleich dein Urenkelkind. Apollon, Apollon! eine hansische Feder würde sich sträuben, dies näher zu verfolgen.

Nachdem ich nun so die Verwandtschaft anerkannt habe, muss ich freilich sagen, dass ich, wenn ich gekonnt hätte, verhindert hätte, dass du das arme Wurm in diesem Zustand in die Welt hinausschickst. Vielleicht irre ich mich ja - Weizsäckers Entsetzen, das mir Gritli heut schreibt, ist mir kein ganz zuverlässiger Eideshelfer, denn er entsetzt sich sicher auch vor dem Stern und vielem anderen -, aber mein Eindruck jedenfalls war: die ersten vier Kapitel fahrig und unwirksam, das Mittelstück nicht gewichtig genug (geschrieben), der Schluss infolgedessen auch nicht zwingend. Was er nämlich sonst wäre, weil du ja im Politisch-Juristischen immer solider wirkst, auch bei den grössten Kühnheiten, als im Philosophisch-Psychologischen. Ich bin traurig, dass du dein Pulver wahrscheinlich in die Luft geschossen haben wirst. Und was für Pulver! ein Jammer. Die Scham des Werdens, die biografischen Katastrophen, und so fort, eins am andern. Alles unwirksam, weil nur aforistisch. Gewiss, Orakel zu spucken, ist herrlich für unsereinen; ich habe mich diesem Genuss in den Anmerkungen zum JH[2] genug hingegeben. Aber der pythische[3] Styl ist nur glaubhaft, wenn er auf dem Gerüst eines sorgfältig wahrgenommenen Kults, sozusagen als Arabeske aufgetragen wird; nicht für sich allein. Die programmatischen Trompetenstösse wirken so bramarbisierend,[4] so bombastisch, dass selbst ich mich diesem unmittelbaren Eindruck des Styls gegenüber immer wieder mit Gewalt meines besseren Wissens - nämlich dass es keine Prahlereien sind, sondern ganz bescheidene Anzeigen eines wirklich vorhandenen nur noch auszumünzenden Reichtums - erinnern musste.

Dies ist nun nach Hansens Tragödie u. Kreuz,[5] Cohens Nachlasswerk,[6] (im System hat er Ansätze zur Lehre von den Tempora), dem österreichischen Pneumatologen,[7] dem Stern, Ich und Du,[8] dem Feuerbachtaschenbüchlein,[9] der siebte Versuch, das harte Herz der Zeit für die Grammatik schlagen zu machen. Vielleicht wird der achte, Hansens Fichte,[10] es fertig bringen; denn ich glaube, er ist der beste. Nicht grammatisch - das ist auch nicht nötig -, aber in der Aufmachung und Einführung. Das Wirkliche wird ja erst durch ein grosses zwei- oder dreibändiges Buch geschehen, das dann logisch, psychologisch, sprachvergleichend, ästhetisch und politisch gleich gepolstert sein muss. Eine grosse Arbeit, aber für dich leichter als für irgendjemand. Mit den Nebeneinanderstellungen ist es nicht getan; z.B. müssen Person, Tempus, Genus, Verbi, Casus usw. etwas Verschiedenes bedeuten; verschieden innerhalb des einen, was sie auch bedeuten. Ferner: es dürfen nicht mein und Bubers Ich - Du, dein Ich - Ich, Bubers Ich - Es, dazu Ich - Wir, Ich - Ihr, unverbunden nebeneinander stehen bleiben, als ob nicht immer ich gesagt würde; in solchen scheinbaren Differenzen steckt grade das System.

Seit 1781 war die Luft voll von Dialektik, seit den späteren 90er Jahren erschien wohl jedes Jahr ein dialektisches Buch, trotzdem war sie eine unübersehbare Tatsache erst mit Hegels dreibändiger Logik 1812-16. Also!

Dein Franz.

[1] Eugen Rosenstock-Huessy, Angewandte Seelenkunde, in: Die Sprache des Menschengeschlechts. Eine leibhaftige Grammatik in vier Teilen, B.1, Heidelberg 1963. Rosenstock hatte das Werk zunächst Rosenzweig widmen wollen. Im Druck erschien es dann jedoch mit der Widmung an das „Haus Hüssy" in Säckingen - vermutlich als Reaktion auf die spöttische Kritik Rosenzweigs an der „Seelenkunde".

[2] Jehuda Halevi.   [3] Pythia war die Prophetin des berühmten Orakels von Delphi.

[4] Prahlerisch.   [5] Hans Ehrenberg, Tragödie und Kreuz, 1920.

[6] Hermann Cohen, Religion der Vernunft aus den Quellen des Judentums, 1919.

[7] Ferdinand Ebner, Das Wort und die geistigen Realitäten, 1921.

[8] Martin Buber, Ich und Du, 1923. Buber hatte wesentliche Grundzüge dieses Buchs in seiner Vorlesung „Religion als Gegenwart" im Lehrhaus im Frühjahr 1922 vorgestellt.

[9] Vielleicht das von Hans Ehrenberg eingeleitete und kommentierte Buch aus der Reihe „Frommanns philosophische Taschenbücher" Band 2: Ludwig Feuerbach „Philosophie der Zukunft", 1922.

[10] Hans Ehrenberg, Disputation. Drei Bücher vom deutschen Idealismus. Der Disputation erstes Buch: Fichte oder die Logik (Exposition), 1923.

An Margrit Rosenstock am 12. April 1924

12.IV.24

... Lass dir mal in einer Buchhandlung die Anzeige im Börsenblatt zeigen, da wirst du sehen was an den Gedichten[1] ist. Die Anmerkung zu Lohn[2] war ursprünglich ganz anders, theoretischer und gepanzerter, und darum weniger glaubhaft. Die aforistische Form ist ja das Geheimnis der Anmerkungen; jede tut so, als wenn vor ihrer Frage nichts gefragt wäre. - Ich habe übrigens für etwa dreihundert Mark, also dreifünftel des Honorars, Freiexemplare verschenkt und mich so für alle Aufmerksamkeiten dieser Krankheitsjahre revanchiert. Haben werden ja die meisten nichts davon, aber doch die guten Absichten sehen. - Der Cohen[3] ist auch raus, aber die Sonderdrucke wahrscheinlich verbummelt. Schade, da ich zuletzt, durch das Cohenbuch von Kinkel,[4] noch auf den Geschmack an meinem Gemäch gekommen war. - Ist mir Eugen eigentlich böse, dass er garnicht schreibt?

Dein Franz

[1] Die Gedichte von Jehuda Halevi, die Rosenzweig übersetzt und kommentiert hatte.

[2] Ein von Rosenzweig übersetztes und kommentiertes Gedicht von Jehuda Halevi trägt die Überschrift „Der Lohn", dazu Franz Rosenzweig, Gesammelte Werke 4/1, Sprachdenken im Übersetzen, 1. Band: Jehuda Halevi, S.108ff.

[3] 1924 erschien die Akademieausgabe der jüdischen Schriften Hermann Cohens, für die Rosenzweig eine Einleitung geschrieben hatte, abgedruckt in Zweistromland S.177-223.

[4] Walter Kinkel, Hermann Cohen. Eine Einführung in sein Werk, 1924.

An Margrit Rosenstock am 15. April 1924

15.IV.24.

... ob der Fluch der Erfolglosigkeit, der über uns allen liegt, ihn diesmal verschonen wird? Aber die Besorgnisse um ihn im Pfarrerberuf[1] sind damit fast gegenstandslos, er ist dann eben nicht bloss Pfarrer, und auf zwei Beinen kann man immer stehen. Übrigens enthält der Buchschluss, den ich dahatte als du dawarst, etwas sehr Merkwürdiges: den Grundriss seines Systems, entwickelt als Gegenstück zum Stern, (von dem er so tut als wenn er auch nur als Möglichkeit existierte). Natürlich wird er es dann nie schreiben, und der Stern der Erlösung wird dies Nachplagiat, das „Siegel des Lebens" - so heisst es! - ebenso fressen wie das Vorplagiat, das Kreuz der Wirklichkeit.[2] Habent nicht bloss sua fata libelli.[3] - Das Komische an den beiden „Gegenstücken" ist, dass Hans sie so konstruiert, dass sie den ganzen Raum der Möglichkeit ausfüllen, - tertium non datur.[4] (Hoffentlich ist der Exorcismus noch nicht ganz gelungen, damit du das viele Latein verstehst, was mir da in die Maschine rutscht.)

Hans war übrigens gestern noch mal hier, weil sein Vater Angst vor den Franzosen auf der Darmstädter Strecke hatte!!

Ist der Briefkasten so gross, dass nächstens der Jehuda Halevi als Drucksache reingeht? Er ist, Eugen zum Tort,[5] mein grösstes Buch geworden, - wunderbar ausgestattet. Ich habe ihn schon seit 8 Tagen, also werden die weiteren Exemplare ja auch mal kommen.

Dein Franz.

[1] 1924 übernahm Hans Ehrenberg ein Pfarramt in Bochum.

[2] Im Kreuz der Wirklichkeit. Eine Soziologie - Titel des mehrbändigen Hauptwerks von Eugen Rosenstock.

[3] Terentianus Maurus, De litteris: habent sua fata libelli - Bücher haben ihr eigenes Schicksal.

[4] Lat.: ein Drittes (eine dritte Möglichkeit) gibt es nicht.

[5] Franz.: Unrecht, Kränkung.

An Margrit Rosenstock wohl im April 1924

Liebes Gritli, den Zweig legte mir die Schwester gleich im Bett über die Kniee. Noch ehe ich wusste von wem er war.
Am Sonntag kommst du am besten den ganzen Tag, denn es ist verschiedenes nicht zu verschiebendes los. Am Vormittag vielleicht ein Mensch der im Lehrhaus lesen will und mir zu jung und gescheit ist, am Nachmittag vielleicht Goldner,[1] der sehr nett ist. Denn das Programm geht Montag zum Drucker.   Dein Franz.

[1] Martin Goldner, 1902-1987, Mediziner, Freund der Rosenzweigs und Sekretär des Freien Jüdischen Lehrhauses in Frankfurt.

An Margrit Rosenstock am 24. April 1924

24.IV.24.

Liebes Gritli, Mutter war bis heute da, so komme ich erst heute zum Schreiben. Mit deinem vorigen Brief hat sich ja meiner gekreuzt. Die Festtage[1] waren nach allerlei Schreckschüssen doch noch richtig. Am ersten Abend hat es Epstein gemacht - ich weiss nicht, ob du ihn kennst, der Junge, der s. Z. vom Gymnasium flog, weil er einem Lehrer eine Ohrfeige wiedergegeben hatte, dann zu Kauffmann in die Lehre, dann wieder zurück auf die Schule, jetzt nach Freiburg, um Philosophie und christliche Theologie zu studieren und jüdischer Lehrer zu werden. Am zweiten Eugen Mayer. Ehrenbergs[2] waren an beiden Abenden da, am zweiten noch Goldner. Und Rafael war am ersten Abend vor und am zweiten nach Tisch dabei. Am ersten war er bald eingewöhnt, aber am zweiten geschah etwas Merkwürdiges. Gleich wie ihn Edith reingeholt hatte, guckte er Mayer, der links neben mir sass, fest und mit Augen, die er noch nie gehabt hatte, an und war nicht wieder abzubringen. Es war klar, er sah etwas was wir nicht sahen, denn an Mayer war nichts was er nicht gewohnt war. Alle merkten es, ausser Edith, die nämlich hinter ihm sass und deshalb die Rolle Bileams spielte; obwohl sie nicht auf ihm sass, sondern er auf ihr;[3] sie gab ihm dauernd zu essen, um ihn still zu halten, und er nahm es minutenlang nicht an, der Fresser und Säufer![4] Ich habe so etwas nicht für möglich gehalten in dem Alter; es lohnt also alle Mühe, die man mit dem Haushalt hat, doch; denn ohne diese Gelegenheitsmacherei wäre es ja schwerlich geschehen. Die Tage seither ist er wie immer, aber in den Minuten war er von einer hingerissenen und hinreissenden Schönheit.
„Apropos mies" - auch Eva ist schön geworden, der Kopf, und zwar grade weil man ihm ihr Alter stark ansieht.
Rudi war hier, durch eine von Kochs üblichen ungläubigen Missverständnissen (der Patient will .., nun ist Rosenzweig Patient, also will er ..[5]). Es ist traurig mit ihm. Er weiss die einfachsten Dinge nicht mehr. Es ist doch eigentlich nicht nur für Helene blamabel, dass er so verkommen ist, sondern auch für Lotti. Sag ihr das aber nicht. Z.T. trägt auch die alberne Biologie Schuld daran, gegen die er einfach wehrlos ist, - was nicht ein „Gleichnis" in ihr hat, existiert einfach nicht. Und schliesslich sicher auch der verdammte Barth, der das Christentum so unbequem macht, bis es schliesslich vor lauter Unbequemlichkeit die bequemste Sache von der Welt wird.
Deine Grossmutter hat dir aber das märchenhafte Wohngefäss nicht richtig gesagt; lass es dir von Eugen sagen, es ist Grimms plattdeutsches vom Fischer und siner Fru. Nein, Essig nicht!

Der Zweig war von unten welk geworden, nun ist er einen Fuss kürzer gemacht und scheint nun zu halten. Zwei grosse Kallas[6] stehen auch auf dem Tisch und Rafael macht ihnen haaaa.

Dein Franz.

[1] Am 18. April begann abends das Pesach-Fest.   [2] Eva und Victor Ehrenberg.
[3] Anspielung auf 4. Mose 22,22ff, wo der Künder Bilam, auf einer Eselin reitend, einen vor ihm stehenden Engel nicht bemerkt, während die Eselin eigenmächtig stehenbleibt.
[4] Dazu Matthäus 11,19.   [5] Beide Auslassungszeichen von Rosenzweig.
[6] Kalla: eine Zimmerpflanze (Aaronstabgewächs) aus Südafrika.

An Margrit Rosenstock am 4. Mai 1924

4.V.24.

...
Weizsäcker war da, am andern Tag noch mal einen Augenblick mit seiner Frau. Er war reizend. Edith wird noch ganz antisemitisch und hat heut morgen deutschvölkisch gewählt;[1] sie gesteht es mir nur nicht ein. ... Mutter - da habe ich eigentlich nicht viel getan. Jedenfalls nichts verglichen mit 1918 vom April bis September, wo ich ihr, wie ich jetzt erst gemerkt habe, wirklich Briefe geschrieben habe, wie man nur schreiben kann. Und damals war alles in den Wind. Ich war wirklich ein guter Sohn damals. Jetzt habe ich, seit voriges Jahr Fräulein v. Kästner hier war und ich sie fragte ob es vielleicht helfen würde wenn ich mehr schriebe, eben geschrieben, aber so nur geschrieben. Und trotzdem hilfts mehr als damals wo ich mir die Seele aus dem Leib schrieb. Vielleicht.
Der J.H.[2] ist inzwischen sicher da. Denk er kostet nur 6 M. Wenn nichts auf dem schönen Papier gedruckt wäre, würde das Buch sicher reissend abgehen. So wird es eine Weile dauern, bis die 1500 Exemplare verkauft sind.

Dein Franz.

Edith Rosenzweig an Margrit Rosenstock:

Liebes Gritli, eigentlich wollte ich Dir richtig schreiben, aber ich scheine doch nicht dazu zu kommen, so nur einen Gruß und eine Frage. Kannst Du wohl schon beurteilen, wann Du herkommst. Nicht, daß es mir so eilt, es geht mir jetzt, wo ich die Strapazen der Feiertage überstanden habe ganz gut. Aber Hannah Karminski, mit der ich gern zusammen gehn möchte, muß ihren Urlaub danach richten und es möglichst bald wissen.

Herzlich grüßt Euch   Eure Edith.

[1] Am 13. März war der Reichstag aufgelöst worden, nachdem die sozialdemokratischen Minister das Kabinett Stresemann verlassen hatten. Daher fanden am 4. Mai Neuwahlen statt, bei denen die Deutschnationalen mit 96 Abgeordneten ins Parlament einzogen, während die Sozialdemokraten 71 Mandate verloren.
[2] Jehuda Halevi.

An Margrit Rosenstock am 22. Mai 1924

22.V.24.

... Was ich arbeite? An den Achtundachtzig Hymnen u. Gedichten d. J.H.[1] deutsch. Mit einem Nachwort u. mit Anmerkungen (Der Sechzig H. u. Gedichte zweite Auflage). Oskar Woehrle Verlag Konstanz. Ich habe den Ehrgeiz, es auf Hundert usw. zu bringen, aber vorläufig mache ich erst mal die 88 fertig, an denen ich seit Februar arbeite; ich bin bei den Anmerkungen zum zweiten Siebent. - Viel Besuch war da. Jacob, der famos war, ein katholischer Theologieprofessor aus Bonn (Englert) und noch andre. Der Bonner, der übrigens trotzdem nett und sogar rührend war, will jüdische Lebensbilder zu antiantisemitischen Traktätchen verarbeiten und hatte mich auch für eins aufs Korn genommen, weil ich doch ein so lieber Mensch, ein so tiefer Mystiker bin und so schwer leide. Ich habe mich dieser vorzeitigen Heiligsprechung nur durch den Hinweis auf mein Nochnichtgestorbensein entziehen können. Also Taufen ist garnicht mehr nötig.

Dein Franz.

[1] Jehuda Halevi.

An Margrit Rosenstock am 11. Juni 1924

11.6.24.

Liebes Gritli, nun wird es also doch gehen. Mir war der Aufschub ja eigentlich ganz recht, weil ich mich vor den Tagen aus technischen Gründen graule. Es ahnt ja niemand, um welche Punkte mein Leben gravitiert; eben garnicht die normalen, die ich mir nur künstlich beibehalte, sondern ausschliesslich die beiden Schlusspunkte der Verdauung. Die sind allmählich zu Beherrschern meines Lebens geworden, und da weiss ich nicht recht, wie es mit einer Nachtschwester, die kein Wort versteht, und dem Ass, für das ich bloss das unangenehme, aber doch schwer ersetzbare Mittel bin, in vierstündiger leichter Arbeit sich den Lebensunterhalt zu verdienen - die schwere tut ihr Dienstmädchen Edith - werden soll; aber schliesslich wird es auch gehen wie alles. Nur verspreche dir nicht viel von mir; denk immer, dass ich in der Lage eines Menschen bin, der - nun ja, Wilhelm Busch. Durch die, ja einzig vernünftige Aufrechterhaltung der Fiktion Geist Seele Leib verdecke ich die tatsächliche Zentralstellung des dritten. Ich quäle mich mehr als man weiss.

Dabei fällt mir mein „Arzt" ein. Er war also neulich mal wieder hier; zufällig hatte mir Prager am Tag davor genau geschrieben, was Förster[1] jetzt sagt. Koch also kam, um mir zu erzählen, dass Förster ihm geschrieben habe, das Ergebnis der Untersuchung sei negativ; nun wusste ich von Prager das Gegenteil; also nur weil man den Patienten anlügen muss. Da Koch es weise so eingerichtet hatte, dass ich nicht schreiben konnte, wie alle meine „Entscheidungen" in der Försterschen Affäre von Koch auf Samstag Vormittage verlegt sind, so konnte ich ihm nichts sagen; und die Anstrengung eines Briefs lohnt ja bei diesem Menschen, der alles schon weiss und nichts glaubt, nie. In ihn habe ich alles vergeblich hineingesteckt, was ich hineingesteckt habe. - Aber schliesslich wenn man so rechnet, bleibt vielleicht überhaupt nicht viel vom Leben übrig; deshalb soll es für die Vergangenheit ungesagt sein; aber für die Zukunft gilt es.

Hoffentlich bist du doch nach Mecklenburg mitgegangen und nicht nach dem langweiligen Landeshut. Lieber als Neutrum bei Männern als als Schwägerin in Familie. Mutter hat auch gerochen dass die Seelenkunde[2] nichts ist. Nun bin ich neugierig, ob es Gegeninstanzen gibt. Was schreiben die Kronprinzen? was Scheler?[3] was - aber nein, Picht schimpft ja sicher auch. Es ist schade.

Dein Franz.

[1] Ottfried Förster, 1873-1941. Neurologe und Professor in Breslau.

[2] Eugen Rosenstock-Huessy, Angewandte Seelenkunde, in: Die Sprache des Menschengeschlechts. Eine leibhaftige Grammatik in vier Teilen, B.1, Heidelberg 1963.

[3] Max Scheler, 1874-1928, Philosoph und Soziologe.

An Margrit Rosenstock am 20. Juni 1924

20.VI.24

Liebes Gritli, ich hatte von Förster, als er hier war, ja auch den Eindruck, dass er geschickt untersucht und kein Charlatan ist; aber sein Benehmen nachher war freilich typisch charlatanhaft. Und dass er hier wieder sein Allheilverfahren als einziges in Erwägung zieht, ist auch nicht grade vertrauenerweckend. Wenn es einen richtigen unspezialistischen Doktor gäbe wie Koch, so könntet ihr ja den unbedenklich hinzunehmen oder auch einen Kinderarzt. Natürlich nur, um Gewissheit zu haben, dass der tollgewordene Spezialist nichts versäumt. Aber vermutlich ist ja nichts zu versäumen, und es nimmt, gut oder böse, seinen Weg. - Prager ist übrigens durch meine Geschichte so weit irre an seinem früheren Abgott geworden, dass du von ihm sogar einen vernünftigen Rat haben kannst. Freilich vertraue ich ärztlich nicht viel auf ihn.
Wir haben eben Koch angerufen. Er sagt, es sähe sehr nach Diphterielähmung aus. Förster könne kaum etwas versäumen. Es müsse aber ein Kinderarzt hinzu; er wird mit Grosser sprechen, wer. Dann wird er euch schreiben.
Bitte schreibt uns, was ihr erfahrt. Koch sagt, es kann nicht lange schleierhaft bleiben.

Euer Franz.

Hinzufügung von Edith Rosenzweig:

...
Das ist Rafaels Brief

An Margrit Rosenstock am 4. Juli 1924

4.7.24.

Liebes Gritli, Koch schimpft wie ein Rohrspatz über die schlechte Behandlung, die Förster ihm angedeihen lässt. Es ist ja wirklich ein starkes Stück. Aber wenn er Hansli gut behandelt, so soll ihm verziehen sein.
Prager schreibt, dass Ihr bei ihm wart und dass Eugen und Heinemann[1] sich als „unzünftige Zünftige" entdeckt hätten. Ist Eugen wirklich auf Heinemann reingefallen? Zwar ist er nicht der schlechteste, aber doch ganz akademisch (mit Geschmack akademisch, aber doch). Prager schreibt auch, dass Eugen ihm den Cohendruck mitgebracht hat; eigentlich sollte er ihn doch nicht meinen, sondern seinen Leuten geben; wem hat er denn noch einen gegeben, damit nun keine Verdoppelungen vorkommen. Übrigens habe ich nach Berlin geschrieben, dass er die drei Bände von mir zum Geburtstag kriegt; sie werden ja zu spät kommen.
Rafael ist jetzt im Stadium der Eigensprache. Sein Hauptwort ist dabbe; das versteht ausser mir kein Mensch; rat es einmal! Zur Erleichterung gebe ich dir noch an, dass es anfangs manchmal dapfell und auch dabbae heisst.[2] So, wenn du es jetzt noch nicht geraten hast, bist du eben so dumm wie Edith, die es erst beim Verbessern merken wird. Er ist jetzt besonders reizend.

Dein Franz.

[1] Isaak Heinemann, 1876-1937, klassischer Philologe am Jüdisch-theologischen Seminar in Breslau. Seit 1923 war Eugen Rosenstock ordentlicher Professor in Breslau.

[2] Dazu die „Die vierundzwanzig Worte des Rafael Rosenzweig deutsch", abgedruckt im Anhang S.832ff, vor allem S.834.

An Margrit Rosenstock am 11. Juli 1924

11.7.24

Liebes Gritli, auf meine Heinemannfrage antwortest du ja schon. Besser als ein deutscher Professor von heute ist allerdings ein Rabbiner leicht. - Die Begeisterung der Leute über die Seelenkunde ist mir nur recht; man schreibt doch für die Leute, nicht für die Nächsten; das haben wir allerdings bisher immer getan; aber das war eben der Haken. Übrigens aber würde mich doch interessieren, welche. Was sagt Picht, was Rang - hast du eigentlich sein Buch gelesen, es lohnt -. Was Michel, was Paquet, was Fritz, was usw. usw. Warum hat Eugen es Strauss nicht geschickt? - Rat einmal, was ich jetzt wieder lese, ein Buch. - Die Deutung von dabbe neulich ist mir übrigens inzwischen wieder unsicher geworden. Dagegen sagt er komischerweise mir, und zwar als wirkliches Wort des Besitzens und Begehrens!

Dein Franz.

An Margrit Rosenstock am 18. August 1924 [1]

18.8.24

Liebes Gritli, Hanslis Geburtstag glaubten wir schon am 10. vergessen zu haben, als also noch reichlich Zeit gewesen wäre. Es war doch sehr nett, dass er hier war; übrigens weiss ich nicht, ob Ihr Rafaels Wüstheit richtig verstanden habt; sie war viel feiger als sie aussah; er probierte nur, wie weit ihn Hansli gehen liess; immer beim ersten Schlag sehr zaghaft und nachher erst wüst. - Vor Jahren schrieb mir Eugen aus Florenz, wo er mit Thea[2] zusammen hauste, zum Erziehen gehörten eben zwei, ein Mann und eine Frau; darunter leidet Rafael jetzt, ich bin ja für ihn nur ein Hampelmann, allerdings ein herrlicher.

Hans war hier. Verhindert ihn doch nicht, zu euch zu kommen. Er ist ja jetzt gar nicht geistig, sodass Eugens Reconvaleszenz von der Geisteskrankheit des Semesters nicht gefährdet wird. Er ist jetzt nur Pfarrer, wie im Krieg nur Offizier. Ich habe noch nie jemand gesehen, der so von Gestalt zu Gestalt rüberwechselt und dabei garnichts vom Schauspieler bekommt. Im Gegenteil, er bleibt in der komischsten Weise er selber. Er spielt eben nicht, er lernt. Auch der sozialistische Agitator und der Professor gehören in die Reihe.

Fritzsches Brief und das Renitentenblättchen schicke ich zurück. Fritzsche hätte ich doch nicht gedacht. Messen denn alle mit andern Massstäben wie wir? Eugen selbst ja miteingerechnet. Es hat mich so erschüttert, dass ich das sel. Büchlein vom gesunden u. kranken Menschenverstand wiederhervorgeholt und gelesen habe, um zu sehen, ob da auch ein falsches Etepetete war. Ich finde es aber trotz der sehr schönen Sachen, die leider hineingeraten sind, noch ebenso zum Rotwerden wie damals. Ich werde es im Herbst Buber zeigen, um zu sehen, ob er auch das gutfindet; dann kann er es ja anonym verschicken, meinen Namen würde ich auch heute noch nicht dafür hergeben. Da der Stern ja nicht bekannt geworden ist, wird mich niemand erkennen. - Ich studiere jetzt grade an einem eben von der Universität gekommenen Philosophen den Zustand von heute; es ist nicht besser wie zu meiner Studentenzeit, sogar schlimmer; ich habe doch meine Professoren wenigstens nicht für Philosophen gehalten; daran hinderte mich schon mein Masstab, die Alten. Aber er macht die ernsthaftesten Unterschiede zwischen meinetwegen Nicolai Hartmann[3] und Cassierer. Und kein Ding kann

er selber sagen, sondern immer heisst es: „Riekertsch[4] gesprochen", „Husserlsch gesprochen". Husserl muss übrigens doch auch ein Esel sein; ein, übrigens begeistertes, erstes Semester erzählte mir haarsträubende Sachen.
Der vorige Absatz ist eigentlich für Eugen, nur aus Kurgründen an dich; du kannst es ihm ja kurgemäss rationieren.
Berg und See durch Radio? ich lese mit blödsinniger Andacht die Bädernummern der Frankf. Zeitung, das ist ja was ähnliches.
Die Bauleute[5] lege ich bei. Viel anfangen werdet ihr ja nicht damit können, aber es ist ja hübsch geschrieben.

Dein Franz.

[1] Dieser Brief ist teilweise gedruckt in Briefe und Tagebücher S.980f.
[2] Verstorbene Schwester von Eugen Rosenstock.
[3] Nicolai Hartmann, 1882-1950, Philosoph, seit 1920 Professor in Marburg.
[4] Heinrich Rickert, 1863-1936, Philosophie-Professor in Freiburg und Heidelberg.
[5] Die Bauleute. Über das Gesetz, abgedruckt in Zweistromland S.699-712.

An Margrit Rosenstock am 16. September 1924[1]

...
16.9.24

Es war wirklich schön an Rafaels Geburtstag. Er nahm den mirakelhaft geschenkreichen Tag höchst selbstverständlich; merkte zwar durchaus, dass es etwas Ausnahmsweises war, war am nächsten Tag nicht etwa enttäuscht dass es nun nicht mehr weiter ging. Er hatte das gleiche Kränzchen auf wie voriges Jahr, diesmal schon eitel. Sein Tisch stand in meinem Zimmer. Am Abend war noch ein massiver Esel von Strauss gekommen, den sollte er nicht mehr kriegen, aber bei seinem letzten Auftreten hatte er ihn gleich auf dem vollen Tisch entdeckt und begrüsste ihn als Mu. - Zu Hanslis aktiver Liebesgeschichte hat er schon ein passives Gegenstück geliefert, mindestens ebenso erstaunlich. Zwischen Elsa und Anna[2] hat es neulich einen grossen tränenreichen Eifersuchtsausbruch über ihn gegeben; Elsa stürzte schliesslich weinend fort und verschwur das Wiederkommen; nach zwei Stunden kam sie, fiel Anna um den Hals und erklärte, sie hätte unrecht gehabt!
Ich habe übrigens zu seinem Geburtstag seinen Sprachbestand wissenschaftlich aufgenommen,[3] - ein ernsthafter Spass, zu dem ich die schmerzfreien Stunden der Vorwoche verwendet hatte.
Über meine Fichtekommandierungen kommen von Mutter, Trudchen und dir so übereinstimmende Hilfeschreie, dass ich mich wohl geirrt haben werde. - Als ich jetzt den Stern las, war ich grade über den ersten Teil erstaunt, und von einigem im zweiten enttäuscht.
Die Bauleute sind mir, wohl durch Rafael, noch ein Stück lebendiges Fleisch, das noch weh tun kann. Ich merke es an meinem Verhältnis zu E.Simon, vielleicht dem einzigen wirklich noch in alter Weise schmerzensreichen, das ich noch habe. Etwa Rudi Hallo oder, um noch grösseres zu nennen, Rudi Ehrenberg verspüre ich nur wie man Schmerzen unter leichter Morphiumwirkung verspürt, - man weiss objektiv wohl, dass sie da sind und wo sie sind, aber es tut nicht weh.

Dein Franz.

Hinzufügung von Edith Rosenzweig:

Liebes Gritli, nur in aller Eile ein paar Worte. Der letzte der Feiertage[4] ist am 21. Okt. Wenn Du also etwa am 17., 18. kämst, könnten wir die Tage doch gut zum Einlernen nehmen, sodaß ich gleich am 22. weg könnte. Freitag kommt Gertr. Hallo und wahrscheinlich gehe ich dann noch vor den Feiertagen ein paar Tage nach Schwalbach. Ich habe die Nachtschwester gleich bis Anfang November; ich brauche eine Ausspannung so gründlich wie es eben geht, denn ich bin maßlos herunter. ...

[1] Dieser Brief ist teilweise abgedruckt in Briefe und Tagebücher S.987.
[2] Kindermädchen und Haushaltshilfe der Rosenzweigs.
[3] „Die 24 Worte des Rafael Rosenzweig deutsch", abgedruckt im Anhang S.832ff.
[4] Simchat Tora, das Tora-Freudenfest, im Anschluß an Sukkot.

Alle folgenden Briefe schrieb Rosenzweig nicht mehr selbst (mit Hilfe einer besonderen Schreibmaschine), sondern wurden von ihm „diktiert", indem seine Frau das Alphabet aufsagte und er durch Augenlidschlag andeutete, welchen Buchstaben er meine.

An Margrit Rosenstock am 17. November 1924

17.XI.24.

Liebes Gritli,
eben habe ich Deine letzten Überreste beseitigt, indem ich den Brief an Dienemann,[1] den Du noch angefangen hattest, fertig geschrieben habe. Daraus siehst Du schon, wie besetzt die Tage waren. Mutter, Weizsäcker, Prager, Buber, Simon, dazu noch Fertigmachen von Gedichten für Buber. Und dazu Rafael, der doch bei der richtigen Mama noch mehr im Zimmer ist als bei der Vize.
Von Eugen kam ein neues Buch, ich habe es noch nicht gelesen.
Auch Du möchtest Dir also das mit der höheren Etage einreden. Alle tuen das, oder fast alle, um mich vor sich selber für ihr Nichtanmichherankommen zu entschädigen. In Wahrheit lebe ich doch auf der gleichen Etage wie „ihr", nur in einem Käfig. Das mit dem andren Niveau stimmte nur 1922. Damals, etwa bis zum Beginn des Jehuda Halevibuchs, habe ich wirklich in täglicher, oder genauer gesagt, wöchentlicher Erwartung des Todes gelebt; seitdem und jetzt ganz und gar nicht mehr, obwohl natürlich mein Verstand ganz genau weiß, daß jeden Augenblick das Klingelzeichen zum letzten Akt kommen kann. Aber das Auge in Auge hat aufgehört. Von Eigenschaften des lieben Gottes habe ich jetzt höchstens die, daß ich die Absicht merke, ohne verstimmt zu werden. Damit beantwortet sich ja auch Deine Frage. Es war, in aller Resignation auf das Unmögliche, doch schön, daß Du hier warst.

Dein Franz.

Edith Rosenzweig an Margrit Rosenstock:

Liebes, ich wollte Dir schon längst schreiben, aber es ist eine Hetz, Besuch, Arbeit und - die Nächte, denn Schw. Dina mußte zu ihrer kranken Mutter und kommt erst morgen, statt am 15. Die neue am 23. Also auf bald mehr.   Deine Edith.

[1] Max Dienemann, 1875-1939, liberaler Rabbiner in Offenbach.

An Margrit Rosenstock am 23. November 1924

Liebes Gritli, 23.XI.24.
Buber war hier zur Vorlesung. Es waren beglückende Tage für mich. Auch die Vorlesung (über Jes. 53) scheint diesmal etwas ganz Besondres gewesen zu sein. - Ich habe Buber das Uboot[1] für Düsseldorf lesen lassen; er fand es zu gradlinig, zu ohne imprévu,[2] und das Gleichnis - es heißt doch Ein Gleichnis in einem Akt - mehr aus einer Predigt als aus der Bibel selber. Vielleicht hat er ja recht. Er will es aber noch dem Mann vom Bau zeigen.
Woran hat denn Hansli die Bosheit Gottes entdeckt? An den Damen? Die zu vermissen ist ja Eugensches Erbe; die Tochter! Oder muß man gar auf Tante Paula zurückgehen? Übrigens ist Rafael das von ihr geweissagte Kind, das Mapa sagt. Wirklich!
Dein Franz.

[1] Erster Akt des Dramas „Stirb und Werde" von Rudolf Ehrenberg von 1920, der im Familienkreis als „Das U-Boot" bekannt war, abgedruckt in: Rudolf Hermeier (Hg.), Jenseits all unsres Wissens wohnt Gott. Hans Ehrenberg und Rudolf Ehrenberg zur Erinnerung, Moers 1987, S.117-146.

[2] Franz.: unvorhergesehen.

An Margrit Rosenstock am 8. Dezember 1924

Liebes Gritli, 8.XII.24.
Bubers letzte Stunde ist mitstenografiert, aber ich fürchte, du würdest die Pointen nicht merken; es ist eben wirkliche Exegese, geniale Philologie. Warum lernst Du auch Englisch! eine Sprache, die der liebe Gott nie gesprochen hat, sondern nur Greda Picht.
Laßt Euch von der Bibliothek das im Handel vergriffene erste Heft der Zeitschrift Neue Deutsche Beiträge, hrsg. von Hofmannsthal geben. Es steht Rangs großer Aufsatz über Goethes Selige Sehnsucht drin,[1] der zum Größten gehört, was ich kenne.
...

[1] Florens Christian Rang, Goethes Selige Sehnsucht, in: Neue Deutsche Beiträge 1,1 (1920), hg. von Hugo von Hofmannsthal, S.83-125.

Edith Rosenzweig an Margrit Rosenstock 1925

Liebes Gritli,
wir haben jetzt einen „Schreiber", dem wir täglich eine Stunde diktieren, da schaffen wir etwas mehr.
Bist Du noch krank?
Ich glaube, mit der neusten Schwester (Arztwitwe, 50 Jahre) wirds werden. Die technischen Dinge gehen jetzt - nach 3 Wochen - schon recht gut; aber mit der Verständigung ist's so schlimm, daß ich noch nicht aus dem Haus darf; ich bin natürlich dementsprechend angestrengt. Jetzt ist wenigstens Schw. Dina wieder nachts da, sodaß ich schlafen kann. Rafael ist sehr groß geworden und schwätzt viel und drollig und entwickelt eine große Phantasie beim Spielen.
Herzlich Deine
Edith.

An Margrit Rosenstock am 2. Januar 1925

Liebes Gritli, 2.I.25.
also ich habe die Johanna[1] gestern ausgelesen, - mit Vorwort und Anzeige am Schluß natürlich, anders kann ich ja jetzt nicht mehr. Aber es ist doch nur ein Shaw wie alle andern, nicht mehr, freilich auch nicht weniger. Auf dem Theater merkt man das sicher nicht so; das liegt an dem Kostüm u. auch der großen stillen Mitdichterin Klio.[2] Was er durch Gescheiteleshaftigkeit verderben konnte, hat er verdorben, und das ~~Nach~~ Vorwort ist nun deshalb immer noch sauberer als das Stück selbst. Theater ist eben trotz allem Gedichte hauptsächlich Kino; Mord u. Totschlag, Gerichtsverhandlungen u.s.w. wirken immer, ob nun die Worte von einem Dichter oder von einem Journalisten sind. Dichter ist er nur an ganz wenig Stellen, so etwa in der letzten großen Rede der Jungfrau vor Gericht. Er hat eben keine Ehrfurcht vor der Wirklichkeit, womit ich nicht bloss die historische meine, sondern auch die von ihm selber konzipierte. Immer steht er mit dem Zeigestock daneben. Er vergißt sein Publikum keinen Augenblick. Zu der frechen Bemerkung über Schiller hat er wahrhaftig keinen Grund. Ganz abgesehen davon daß Schiller sicher wenn zu seiner Zeit schon die Akten publiziert gewesen wären den Prozeß u. die Verbrennung nicht unterschlagen hätte.
Denk', Mawrik war hier u. ist dick geworden, gewichtig, Assistent von Driesch,[3] ~~und Universitäts~~ universitätsgläubig wie alle diese Hänse Heß, betrachtet mich als ein verlorenes Lamm. Was für eine Generation! Ich verstehe sie ja nicht, weshalb sie unsere abgelegten Schulranzen als Hüte auf dem Kopf tragen u. sich noch wunderschön vorkommen. Mirgeler ~~der~~ kann doch eigentlich nicht so sein, er verstehet doch das Neue.
Wie geht es Dir?

Dein Franz.

[1] George Bernard Shaw, Die heilige Johanna, 1923.
[2] In der griechischen Mythologie die Muse der Geschichtsschreibung.
[3] Hans Driesch, 1867-1941, Philosoph und Biologe, seit 1921 Professor in Leipzig.

An Margrit Rosenstock am 15. Januar 1925

..... 15.I.25.
Mutter war hier. Ich ertrage nicht, wie sie mit Rafael umgeht. Tun das alle Großmütter? Oder war das vor dreißig Jahren auch der Stil für eigene Kinder?

Dein Franz.

An Eugen Rosenstock am 15. Januar 1925

... 15.I.25.
Goldstein macht jetzt die Zeitschrift für die ich ihn damals ~~haben~~ wollte. Ich arbeite mit, weil ich verhindern will, daß ~~er~~ es allzu schlecht wird. Er ist einfach unmöglich. Der Erfolg ist aber sicher. Da auch Christen mitarbeiten, wird er vielleicht auch Dich auffordern, Grundsätze hat er ja nur gegenüber dem Zionismus. Sollte er Dich etwa zu einem Aufsatz über mich auffordern, so lehne ab. Denn von allem andern abgesehn hat das ja doch keine Wirkung, weil jeder sagt: Gegenseitigkeit. Eventl. nenn Mirgeler, der ja bei seinen zehn Semestern auch schon den Hegel gelesen haben wird. Das

Honorar ist übrigens glänzend: 250 Mark der Bogen. Gleichzeitig hat der Jude die größten Schwierigkeiten!

Rafael ist im Augenblick in dem unglücklichen Zustand wo er alles nachspricht und fast nichts versteht. Diese Folge des Alters der Sprache und daß man sie nicht, wie es von rechtswegen sein sollte selbst erfindet, ist ja glücklicherweise nur vorübergehend; sie macht mich aber in seine Seele hinein ganz nervös.

Dein Franz.

...

An Margrit Rosenstock am 7. Februar 1925

7.2.25

Liebes Gritli,

ich habe mir überlegt: Wenn Du wirklich wegen mir kommen willst, so würde ich Dich bitten, nicht jetzt, sondern erst in den Ferien zu kommen, und dann gleich auf so lange, daß Edith reisen kann oder wenigstens spazieren gehen. Das Einarbeiten dauert ja allein zwei Tage mindestens. Es ist doch wieder noch schwerer geworden.

Aber wenn Ihr sowieso aus andern Gründen jetzt durch Frankfurt kommt, freuen wir uns natürlich wie stets über Euren Besuch.

Dein Franz.

Im März schrieb Margrit Rosenstock - wohl als Folge ihres Besuchs in Frankfurt - an Rosenzweig einen Brief, in dem sie sich darüber beklagte, ihr Zusammensein mit ihm beschränke sich nur noch auf das gemeinsame Arbeiten. Dieses stehe noch vor dem wirklichen Zusammensein. Zwar wolle sie - schon um Ediths willen - gern kommen um zu helfen; allerdings fühle sie sich bei der Arbeit mit Franz, die nur unter Ausschaltung jeder eigenen Initiative möglich sei und sie zwinge, sich ganz zum Werkzeug zu machen, immer wieder wie ausgelöscht. Und das wiederum führe bei ihr zu einer großen Befangenheit, aus der er sie doch bitte - und sei es nur durch eine Frage - befreien möge.

Edith Rosenzweig an Margrit Rosenstock am 1. Juni 1925

Liebes Gritli, Frankfurt ª/M. d.1.Juni 25

nun will ich doch endlich mal versuchen, Dir zu schreiben. An dem Bleistift siehst Du schon, daß es mit technischen Schwierigkeiten verbunden ist. Wir haben mal wieder gräßliches Pech. Schw. Luise ist krank geworden, d.h. sie war es wohl schon von Anfang an, hat aber aus Not die Stelle genommen und behalten, jetzt ging es plötzlich nicht mehr, und so ist sie fast fristlos fort. Über <u>Koch</u> haben wir uns wieder etwas geärgert; er wußte es schon wochenlang und hat uns nichts gesagt! Ärztliche Schweigepflicht! Wir mußten nun sehr rasch zugreifen und scheinen es gut getroffen zu haben; sie ist ein angenehmer Mensch, sehr ruhig und geduldig. Aber das Anlernen ist zum Wahnsinnigwerden; es ist noch viel schwerer als das letzte Mal. Wir müssen um 1/2 8 anfangen, d.h. um 7 spätestens aufstehen, damit <u>Franz</u> wenigstens um 12 mit dem ersten Frühstück fertig ist. Jetzt ist sie 2 1/2 Wochen da. Eben haben wir noch Schw. Dina, die geht aber Ende der Woche nach Nauheim. Ich komme wieder überhaupt nicht aus dem Zimmer, bei dem schönen Wetter besonders qualvoll. <u>Rafael</u> ist jetzt reizend und spricht fast alles. Aber ich bin immer am Heulen, wenn ich ihn sehe; denn meine Beziehung zu ihm besteht im Wesentlichen darin, ihn rauszuschmeißen, die 2 oder 3 mal die er am Tage ins Zimmer kommt. Es kommen Tage vor, wo ich ihn bis zum Nachmittag überhaupt nicht zu sehen kriege. Es ist schon so besonders schwer, weil diese Monate und Jahre so unwiederbringlich verloren sind.

Nun zu Dir. Warum antwortest Du nicht? Ich hatte Dir auf Deinen letzten Brief nicht geantwortet, weil Franz gleich sagte, er wolle es tun, und er war ja auch mehr für ihn, und den für mich angekündigten habe ich nie gekriegt. Mir wirst Du es doch wohl glauben, wenn ich Dir sage, daß Franz tatsächlich unter dem jetzigen Zustand leidet und es ist kein übertriebenes Wort, daß er täglich und stündlich daran denkt. Überhaupt stand in dem von Dir zurückgeschickten Brief mehr Wahres als Du ahnst und als Du verstanden hast. Daß Franz sich in der Melodie vergriffen hatte, weiß ich und wußte ich beim Schreiben und habe einen ganzen Nachmittag lang um diesen Brief gekämpft. Du bezeichnest den Zustand selbst mit dem Wort, daß die Gemeinsamkeit des Schicksals aufgehört hat. Und ich meine nun, auf diesen Punkt hat man sich zu stellen und von ihm aus weiterzuleben, und es hat keinen Sinn, jetzt zu philosophieren, ob es denn wirklich, weil es aufhören konnte, „Gemeinsamkeit" und „Schicksal" gewesen sei oder ganz etwas andres. Aber ebenso wenig Sinn hat es, zu behaupten, daß alles beim Alten und in Ordnung sei und sich, - verzeih das Wort - kindisch schmollend mit einem „alles oder nichts" zurückzuziehen. Daß es kein „alles" ist, haben die letzten Monate und Jahre bewiesen, daß es aber auch kein „nichts" ist, zeigen die Schmerzen, die Ihr Euch gegenseitig zufügt. Verstehst Du mich? Ich kann und will mich nicht deutlicher ausdrücken, weil ich, wenn ich vom Inhalt sprechen würde, Partei sein müßte, und das will ich nicht, heute nicht.

Ich habe diesen Brief z.T. auf dem Schoß, z.T. während Franz' Mahlzeiten sehr rasch geschrieben, auch aus diesem Grunde konnte er nicht ausführlicher werden, aber ich glaube, was ich wollte, habe ich Dir doch gesagt.

Deine Edith

An Margrit Rosenstock am 20. Oktober 1925

Liebes Gritli, 20.10.25.

Mirgeler schreibt mir und bittet mich um eine Art Attest, daß unsere Vergangenheit seiner Gegenwart nicht im Wege steht, was ich ihm ja mit gutem Gewissen bescheinigen konnte, obwohl ich nicht recht weiß, was er damit anfangen will.

Aber daß Du Dich mir gegenüber schuldig fühlst. Davon hatte ich keine Ahnung, mußte sogar nach Deinem Verhalten im Frühjahr, vor allem nach Deiner Harthörigkeit für meine Briefe nachher, und nach der Art wie Eugen dann die Sache behandelte, eher das Gegenteil annehmen. ... es hat keinen Sinn daß Du Dich mit Gespenstern herumschlägst und Dir dadurch den Genuß der Gegenwart verkürzest. Dein Verhalten gegen uns im Frühjahr, das gewiß alles andre als schön war, hast Du durch Deinen neuerlichen Besuch vollkommen redressiert; wir sind Dir für diese Wiederherstellung einer unbrutalen, menschlichen Beziehung dankbar, und auch Du wirst Dich wohler dabei fühlen. Und in unsrem Verhältnis in den fünf Jahren seit 1918 kann auf Deiner Seite von Schuld keine Rede sein, weder in Deinem Knüpfen noch in Deinem Lösen der Beziehung. In beidem bist Du, das sehe ich jetzt ganz klar, nur Deiner Natur gefolgt und hast, mit Deinem eigenen Wort darüber vom Frühjahr zu reden, nur das Selbstverständliche getan. Wenn man dabei von Schuld reden wollte, wäre sie bei mir zu suchen, daß ich in dem Ausgang jenes Selbstverständliche nicht gleich verstanden habe und vor allem daß ich nicht von allem Anfang an alles im Sinn jener Selbstverständlichkeit verstanden habe. Aber wie gesagt ich würde auch das keine Schuld nennen, geschweige denn Deinen Anteil.

Das Manuskript[1] ist nun ganz weg. Aber Korrekturen noch keine weiteren. Alle andern haben die Ruhe, nur Buber und ich die bekannte jüdische Hast. Dabei doch eigentlich nur im Interesse der andern, wenigstens des Verlegers; denn uns kann es ja eigentlich egal sein ob der Verleger sein Kapital rasch amortisiert. - Jedenfalls habe ich heut zum ersten Mal seit Juni „nichts zu tun". Es kommt ja aber nochmal wieder.
　　　　　　　　Edith grüßt. [[und kommt hoffentlich bald zum Schreiben]]
　　　　　　　　　　　　　　　　　　　　　　　　　　Dein Franz.

[1] Buber und Rosenzweig hatten gerade die Übersetzung des 1. Mose-Buchs abgeschlossen. Dazu Briefe und Tagebücher S.1061.

An Eugen Rosenstock am 18. November 1925

...　　　　　　　　　　　　　　　　　　　　　　　　　　　　　　　　18.11.25

Daß Du mit Walter[1] bis zu dem Punkt Deines dritten Briefs kommen würdest, war mir schon nach der ablehnenden Bemerkung über ihn in Deinem ersten (vom 3 Okt.) keine Frage. Denn das einzige was ich vor zwei Jahren an ihm getan habe, war ja weiter nichts als ein Hinschieben auf eine irgendwannige Begegnung mit Dir. Von Angreifen war garnicht die Rede; ich werde Dir jetzt wenn Du kommst meinen damaligen Brief zeigen. Nur seine allzubequeme Zumutung, ihm seine „Überzeugtheit" (und wenn schon!, was heißt denn „Überzeugung"! Hans hat den Schritt damals[2] auf Wunsch seines Grossvaters und auf Rat Onkel Victors, „damit es garnicht in seine Habilitationspapiere käme", getan, Rudi Hallo aus echtester Not, - was daraus wird, darauf kommt es an!) zu bescheinigen hatte ich damals abgewiesen, eben im Sinne der obigen Parenthese. Den dümmlichen Essay über die berühmten Juden und die mangelhafte Sportbetätigung seines Vaters hatte er mir damals mitgeschickt; ich habe ihm damals vetter-, väterlich geraten, ihn aus Gründen des guten Geschmacks in seiner doch-immerhin-Situation nicht zu veröffentlichen. Deine Lage ist 1906[3] war übrigens, von dem, bei ihm auch viel stärkeren, Laios-Komplex[4] abgesehen, ganz anders. Du hättest damals schon einen ungeheuren guten Willen aufbringen müssen, um das Judentum zu sehen; Walter musste sich Scheuklappen vorbinden, um es nicht zu sehen.
.....

[1] Walter Raeburn, Rosenzweigs in England lebender Verwandter, der sich hatte taufen lassen.
[2] Hans Ehrenberg war 1909 zum Christentum übergetreten.
[3] Damals war Eugen Rosenstock - als 17-Jähriger - Christ geworden.
[4] Laios ist im griechischen Mythos der Vater des Ödipus und wird von ihm getötet.

An Margrit Rosenstock am 23. Dezember 1925

Liebes Gritli,　　　　　　　　　　　　　　　　　　　　　　　　　　23.12.25

ich schicke Dir - erst heut, weil ich bis jetzt an einem Waschzettel für die Bibel zu arbeiten hatte - diese Korrespondenz, damit Du sie kennen lernst; der Anlaß war ein Gefühlsausbruch von mir auf Eugens Frage, ob er Wittig[1] von mir grüßen dürfe, den Eugen auf Dich bezog! Sein Mißverständnis führte zu einer scheinbaren Härte, gegen

meinen Wunsch, so daß ich gleich am Morgen ihm diesen begütigenden Brief schrieb. Die Folge war dieser alberne Brief, den er auch noch mit Deiner Unterschrift verzieren zu müssen glaubte.[2] Daß Du nichts davon weißt, war uns beiden unabhängig von einander - ich kam erst gestern dazu, mit Edith darüber zu sprechen - selbstverständlich; wie hättest Du sonst Deine Antwort auf meinen letzten Brief schreiben können! Aber grade weil ich die respektiere, möchte ich wünschen, daß Du Eugen etwas über Deine Auffassung aufklärst, damit sein ungeschickter Advokateneifer nicht immer wieder aufführt, was wir alle wirklich nur zu beschweigen Grund haben.
......

[1] Joseph Wittig, 1879-1949, Priester und Theologieprofessor in Breslau, Freund von Eugen Rosenstock und Martin Buber.
[2] Eugen Rosenstock hatte am 14. Dezember einen Brief geschrieben, den er selbst mit „Dein Gritli und Eugen" unterzeichnete. Darin warf er Rosenzweig in melodramatischem Ton vor, Menschen aus Fleisch und Blut tot zu trampeln und durch seinen Stolz ihm und Gritli Unrecht zu tun.

An Margrit Rosenstock am 5. März 1926

5.3.26

Liebes Gritli,
ich schicke Dir anbei ein fertig adressiertes und frankiertes Couvert zur Rücksendung der Correspondenz Eugens mit uns. Verzeih daß ich Dir die Bitte neulich in einer Form gestellt habe, daß Dir aus der Ausführung Mühe und Kosten erwachsen wären.
Mit den besten Grüssen an Dich und die Deinen

Dein Franz Rosenzweig

An Eugen Rosenstock am 21. Mai 1926

21.V.26
......
Kosmologie - ich war ja grade der Prellbock an dem Dein eigener Stoß in der Richtung Weizsäcker und Dein Sturmbock Wittig in der Richtung Buber abgeprallt ist. Weizsäcker und Buber waren an zwei aufeinanderfolgenden Tagen bei mir. Das Schlagwort ist als Gegensatz zu Theologie unentbehrlich und für ein Schlagwort sehr wenig mißverständlich. Grade Anthropologie würde ganz irreführen, und grade in die Richtung die Du befürchtest. Überleg es Dir auch mal von den drei Lagern her. Grade im Anthropologischen ist da die Verschiedenheit des Standpunkts unabänderlich, während die Welt das gemeinsame Hotel ist, wo man sich in der Halle, im Lesezimmer und im Speisesaal schwer aus dem Weg gehen kann.
Bitte doch Gritli, sie möchte mir die Korrespondenz die ich ihr kurz vor Weihnachten zur Einsicht schickte, zurückschicken.

Herzlich grüßt Dich Dein

Am 17. September 1926 schrieb Eugen Rosenstock - gleichsam als späte Reaktion auf Rosenzweigs Brief an Margrit Rosenstock vom 23. Dezember 1925 - einen Brief an Franz und Edith Rosenzweig, der den Abschluß der Gritli-Briefe markiert. Darin erinnert Rosenstock an seinen letzten Besuch in Frankfurt, der Unheil gewirkt habe. Durch das Mißverständnis mit dem Gruß an Wittig habe sich plötzlich die Unterwelt geöffnet und die Schauder der Hölle seien wach gerufen worden. Damals sei ihm klar geworden, was er zuvor nur halb gewußt habe: daß Franz Rosenzweig wohl meine, sich in der Vergangenheit weggeworfen zu haben, und einen Irrtum nenne, was doch mit sieben Siegeln als entrückt versiegelt worden sei.
Er selbst habe daraufhin - allerdings keineswegs, wie Franz meine, in „blindem Advokateneifer" (so Rosenzweigs Vorwurf im Brief an Margrit Rosenstock vom 23. Dezember 1925, S.822) - jenen Brief geschrieben, in dem er für Gritli mit unterschrieb, weil Rosenzweigs Deutung der vergangenen Ereignisse ihn selbst im Nachhinein entehrten. Dabei hätten in der gemeinsamen Vergangenheit doch ihrer aller Geister und das Leben ihrer Herzen sich wahrhaft entsprochen - eine Entsprechung, die durch „Eugens Gritli" geheiligt worden sei. Nichts und niemand könne an diesem zeitlebens Ineinanderverflochtensein etwas ändern, selbst wenn die Gegenwart und die Zukunft von Trennung geprägt sei. Er jedenfalls lasse sich die Vergangenheit weder zerstören noch nachträglich verfälschen. Im Übrigen entschuldige er sich für alles Kränkende, das in seinem Verhalten gelegen haben könne. Der Brief schließt mit den Worten, daß er ihrer beider Eugen sei und bleibe.

Weder aus dem Jahr 1926 noch von 1927 sind weitere Briefe Rosenzweigs an Rosenstocks überliefert. Erst seit 1928 kam es wieder zu einem knappen, losen, freundlich-distanzierten Briefaustausch, nun allerdings allein mit Eugen Rosenstock. Der letzte, etwa zwei Monate vor seinem Tod geschriebene Brief Rosenzweigs lautet:

An Eugen Rosenstock am 4. Oktober 1929

Lieber Eugen, 4.10.29.

vielen Dank für den schönen Aufsatz aus der Zeitwende. Ich lerne ja von niemandem so natürlich oder eigentlich so zwangsläufig, so ohne Zusatz von eigenem guten Lernwillen, wie von Dir.

Du solltest Dir aber in so kleinen Aufsätzen die Formeln ganz verbieten; sie verführen Dich zu überkurzem und undeutlichem Ausdruck. In der Vorlesung, wo man sowas an die Tafel schreibt, ist es was andres.

Dein Franz

Anhang

DAS „GRITLIANUM"

Von Einheit und Ewigkeit

Ein Gespräch zwischen Leib und Seele.

> "Sieh, es wehklagen all deine wissenden Kinder
> "Seit eh und ~~jeh~~ über die Zahl Zwei.
>
> Dir.

Der Leib: Immer wenn ich des Morgens erwache, spüre ichs wie eine Trennung von dir. Ich war eins mit dir im Schlaf, - wo gehst du hin, wenn ich wache?

Die Seele: Und immer wenn ich des Abends in Schlaf wegsinke, spüre ichs wie Scheidung von dir. Eins mit dir in den wachen Werken des Tags - und nun im Schlummer der Nacht, wohin entgleiten wir eines dem andern?

Der Leib: Wer bist du flatternder Vogel, der sich aufschwingt neu alle Morgen aus der brütenden Wärme meines Nests? Wohin trägt dich dein Tag? wo weilst du, bis du heimkehrst in mein Dunkel?

Die Seele: Und du, geformtes Gehäus, das ich mit mir trage, du Hand die meinen Willen verrichtet, du Fuss der meine Wege geht, Auge das meine Welt erleuchtet - wer seid ihr dass ihr mir entfallen könnt in den Abgrund der Nacht und dennoch alle Morgen mir neu bereit liegt wie die Rüstung für den Krieger, gewärtig dass er sie antut. Wer bist du, Leib?

Der Leib: Seele, ich weiss es nicht. <u>Anders</u> klingt deine Rede als meine und redest doch vom Gleichen. Anders sind dir Zweisein und Einsein geordnet, <u>anders</u> und dennoch am *gleichen Pfade der Zeit*.[1]

Die Seele: Ja - und gemeinsam trägt uns der rollende Fluss der Stunden, gemeinsam - und dennoch schwimmen wir, nicht gemeinsamen Stosses im Flusse, getrennt du von mir wenn ich dich bei mir weiss, verlassen ich von dir wenn du mich dir eins träumst.

Der Leib: Über uns wölbt sich der eine Himmel der Zeit, unzerbrechlich; er müsste zerreissen,[2] sollten du und ich zueinander finden, dennoch -

Die Seele: Dennoch - wie oft hab ich hinaufgeschrien zu dem der überm Himmel ist, dass er den Himmel zerreissen möchte und niederfahren: kein Riss riss durch die Decke der Zeit, kein Tropfen Ewigkeit rann hernieder.

Der Leib: Ungeheilt, ewig unheilbar bleibt die Wunde. Ewig fassen wir uns und ewig lassen wir uns, Nacht und Tag, Tag und Nacht, Traum und Tat, Werk und Ermattung: ewig eins und ewig zwei.

---

[1] Im Original sind diese Worte nicht kursiv, sondern mit einer Schlangenlinie unterstrichen.
[2] Anspielung auf den Vers Jesaja 63,19 (bzw. 64,1), der im Verlauf des Textes mehrfach wiederkehrt: „O daß du den Himmel zerrissest und führest hernieder". Dazu auch Stern der Erlösung S.205f.

Die Seele: Ewig nicht. Wohl träuft kein Tropfen Ewigkeit hernieder in den dunkeln Brunnen der Zeit, doch der Brunnen selber fliesst nicht ewig; sein Strahl brach auf und wird versiegen; nicht in die lebendige Zeit mischt sich die Ewigkeit, aber über der ungebornen wie über der gestorbnen schlagen die Wasser der Ewigkeit zusammen.

Der Leib: So hätten wir einst zusammengeklungen im gleichen Schlag und werden es einst - - Ist es denn nur der Wechsel von Tag und Nacht der uns trennt?

Die Seele: Nur, und nichts andres. Gewalt des taghell wirkenden Willens, Gelassenheit des nächtlich wachsenden Seins. Eins und alles ist jedes im eignen Reich, willensmächtig der fügsamen Welt ich im Wirken des Tags, seinsverbunden dem träumenden Selbst du im Wachstum der Nacht. Also jedes solang es im Eignen bleibt. Aber über die Grenze des Eignen geschleudert vom wechselnden Pulsschlag der Zeit, erlischt uns die Kraft, und jedes bangt einsam, geschieden vom andern im fremden Reich, das doch dem andern das eigne.

Der Leib: Weh meinem Morgen, weh deinem Abend! Unfähig ich aus eigner Kraft zum Aufgang, du zum Niedergang! Wer eint Wachsen und Wirken, Willen und Wunsch? Dennoch schwingt das Pendel des Lebens hin und her, und beide bleiben wir allzeit uneins dem Ganzen - o Leben, o eines —

Die Seele: Weh unsrer Halbheit, allzeit nur Teil sein, allzeit unheilbare Wunde des Lebens. -

Der Leib: Winkt ihr Heilung der Tod? Hübe sein starker Arm fort aus den Höckern und Klüften der Zeit, bettet im Meere der Ewigkeit mich?

Die Seele: Wehe auch er bricht nicht den Zwang der Zeit. Tausend Tode unter dem Himmel reissen nicht den einen tödlichen Riss in den Himmel der Zeit. Wohl verewigt Tod das Gestorbne, doch die Verewigung selber gehorcht dem Gesetz der lebendigen Zeit. Trennung bleibt zwischen mir und dir. Meinen lebendigen Atem verewigt der Tod zum belebenden Geist, Hauch meines Mundes wird Wort, Schlag meines Herzens wird Ziel; Geist, Wort, Ziel - sprich selber, Leib, ob ihnen dein Tod dich nähert.

Der Leib: Nimmer: Mich ewigt der Tod, dass mein begrenzter gegliederter Bau hinschmilzt in das gestaltlos schwebende Gleichgewicht der unbegrenzten Natur. Neu nur klafft nun die Kluft. Fühllos dreht sich der Wirbel des Seins, ungehört verhallt des Sollens fordernder Ruf.

Die Seele: Ja - und kalt starrt die eisige Höhe des Geists ob bewaldeten Tälern. Wohl steigt die Höhe auf aus der breiten Niederung der Natur, aber nur verkrüppelte Kiefern klettern in die Nähe des ewigen Eises, und an der Grenze des Schnees erlischt im letzten bemoosten Stein das letzte gezeugte Leben.

Der Leib: Also ins Riesenhafte verewigt, doch nimmer einigt uns der eigne Tod. Weh des Eignen! Zwiegespalten im Innern durch den zwiefachen Wechsel der Zeit - und wenn der Tod die Schranken des Innern entschränkt, so ists der eigne Tod, und neu erhebt sich jenseits der gefallnen Schranken die Mauer, Entschränktes scheidend gleich wie einst das Eingeschränkte.

Die Seele: Nicht der eigne Tod enteignet die Herrschaft der Zeit. Nimmer finden wir uns, du und ich, es stürbe denn selber die Zeit. Gebornes stirbt. Sprich doch Leib, du älter an Tagen, du tiefer eingewurzelter im Schoss des Seins, was dämmert dir auf dem Grund des Erinnerns für Kunde von jenem Tag, da hervorschoss der Strahl der Zeit aus dem Brunnen des Anfangs?

Der Leib: Im Anfang[1] - als ungeschieden hervorquoll Sein und Zeit, nicht Zufluss noch und Abfluss, sondern voll rann das grosse Becken der Welt, voll bis zum Rand von lauter Sein und lauter Gegenwart: da stieg auch mein glänzender glatter Bau, schlank, wohlgefügt und froh des Seins, hervor aus der Flut, und hingelehnt am Rande des Beckens spiegelte er sich, Ding unter Dingen, in den Dingen der Welt. Und blickte brüderlich ins Aug den harten Bergen - so wie ihr die Erde, trägt mich meiner Knochen hartes Gestein -, brüderlich den Strömen - so wie ihr der Erde Bahnen durchrinnt, zum Meer hernieder, aufwärts getragen zum Himmel und wieder herabgezogen, also kreist in meinem Innern des Blutes Strom, in Stoss und Saugen wechselweis bewegt -, brüderlich den Winden — so wie ihr die Erd umweht und alles Lebendige nährt, so zieht durch mich der Luft belebender Zug und dehnt und engt die Brust im unaufhörlichen Doppelglück des Atmens. Und brüderlich dem All eröffneten die Sinne ihre Tore und liessen ein die Welt, Verwandtes zu Verwandtem, Licht und Klang und Duft und körperliche Wohlgestalt und Nährendes. So sah mein Gegenbild ich in der Welt, Geschaffner in Geschaffnem, ~~und~~ Sein im Sein. Und wusste es nicht anders als unter Dingen Ding zu sein und träumend gleich zu spiegeln mich in gleicher brüderlicher Welt. Da, wie ich lehnt und träumte und nimmer ahnte, dass nicht unendlich währen sollte dieses Träumen und dies Lehnen, da scholl in meinen Traum ein Schall, nicht von den Schällen einer, denen sonst mein Ohr sich auftat, sondern über meines Ohres Fassung schwoll der Schall und war ein Wort und weckte meinen Traum und riss empor den angelehnten Leib und rief mir[2] Du. Und füllte mich Erweckten, mich Emporgerissenen, also dass sich formte in mir trotzige erweckte und emporgerissne Antwort, und wach und aufrecht trat hervor dem Wort ein Widerwort, dem Du ein Ich.

Weh mir dass ich erwachen musste! Damals sprang in mir ein Andres auf, ein Zweites, Fremdes, mir Verkettetes, doch selbst mich kettend, harten Zwang zum Selbst, zum Aufrechtstehn und Wachen, über meine ruh- und traumbereiten Glieder hängend, mich scheidend von der brüderlichen Welt, und mich den Hingegebnen Leibevollen mit sich in trotzge Einsamkeit verbannend. Weh mir dass Leib zum Selbst ward, Ding zum Ich. Nun sind mir nächtge Träume nur gegönnt und nur von Dunkelheit bis Hahnenschrei erschlummre ich mir jene selige Einfachheit des ersten Augenblicks, bevor in mir geboren ward das Fremde, Schreckliche, mich alle Morgen Vergewaltgende, mich in mir selbst und meinem Ursprung mich Entzweiende - bis du in mir geboren wurdest, Seele.

[1] 1. Mose 1,1.   [2] Möglicherweise auch als „nur" zu lesen.

Die Seele: Du klagst, o Leib, und klagst mich an. So höre meine Widerklage. Ungewusst ist mir, was du weisst. Anders weiss ich meinen Niedergang, ein andrer Tag schien über meiner Schöpfung. Seis dass ich da, wo dus erzählst und klagst, geboren ward, - ich weiss es nicht; der Tag gilt mir wie Nacht; ich weiss den Tag, wo ich zuerst den Fluss der Zeit sah und mich selbst, und wo ich mich verlor so wie du dich - doch anders. Hör den Anfang meines Niedergangs, wie ich den Anfang deines Aufgangs, meine Klage wie ich deine hörte. Im Grunde des Erinnerns glänzt mir eine Zeit, da keine Zeit war, inneres Gebilde, dämmerhaft und deutlich doch. Ich sehe mich gedrängt an Gottes Brust, mein Herz und seins im gleichen Puls bewegt, und meines töchterlich geöffnet seinem leisesten Geheimnis. In seinem Garten wandelte ich still, und fühlte, aber ohne Eigensinn, und wollte, aber ohne Eigentum, und wusste, aber ohne Eigenheit, in allem nur sein leiser Widerhall, und weidete an seinem grossen Reichtum meine selge Armut. Und ungezählte Zeiten währte dieses Glück und wusste nichts von Tag und Dämmerung und Nacht und war allein ein stiller, heiterkühler Morgen. Doch eines Tags - ein Tag wie nie ein Tag; erwartend lag die Welt und schien bereit, die alte längst geschaffne heute erst bereit, die Schöpfung zu empfahen und das Wunderwort des Anfangs; ich aber ahnte nichts und trank in Vaters Garten meinen ewgen Morgen; da brach in meine Stille unerhörter Klang, und überflutend meiner selgen Seele Rand, die nur gewohnt war still zu tönen leisen Widerklang, war es ein Wort und rief zu mir und rief ein Ich. Und so eingrenzend heilges Selbst in sich war dieses Ich, dass nichtig wurde alle selge Spiegelung und dass in meiner Stille wuchs der erste Laut und hellbewusst die neue Grenze übersprang und doch im Springen niederfiel: mein erstes Du. Und als mein Du zu mir zurückkam matt vom Sprung, geblendet von dem Angesicht des heilgen Ich, da wusste ich, dass nun mein Tag begann, mein lauter, wort- und wirkevoller Tag; und nahm mein schwaches Du mit mir und stieg hinab. Und wollt es lehren hinzugehn zu jedem Ding und überall zu wecken Ich und Selbst, und so, erstarkt in grenzenlosem Tun und eingewohnt in grenzenlosem Kreis, aufs neu zu wagen jenen ersten Sprung und ungeblendet einzugehen in den Strahl des heilgen Ich. Weh mir, ich überschätzte meine Kraft. Einmal von mir entlassen ging mein Du ein in die Dinge, wohnte dort und ward ein Ding, Ding unter Dingen, eingereiht dem Taumeltanz, und kehrte selten nur und traurig und auf kurze Augenblicke mir zurück. So trat aus mir ein Andres vor, ein Zweites, Fremdes, mir Verkettetes, doch selbst mich kettend, harten Zwang zum Ding, zu Traum und Taumel, über mein bewusstseinsfrohes helles Leben hängend, mich ewig scheidend von dem stillen töchterlichen Wohnen in Vaters Garten, mich, die reine, leise, hinaus in Wirrnis, Taumel, Dämmrung reissend. Weh mir dass Seele Welt ward, Ich zum Ding. Nun sind mir kurzer Tage Stunden nur gegönnt, auf dass in arbeitsvollem Treiben ich mich selber täuschend mir im harten Stoff der Zeit, Zukünftges formend aus Vergangenem und also tötend alle stille Gegenwart, nachmühe jene selge Einfachheit des Einst, da ohne Widerstand Gedanke lief zum Ding, Willen zum Ziele, zum Geliebten das Gefühl, - des Einst, eh ich zu dir herniederstieg, du immer Fremdes, alle Abend mich Umdunkelndes, mich in mir selbst und meinem Ursprung mich Entzweiendes: eh ich zu dir herabgefahren, Leib.

Der Leib: O Klage und Widerklage - so also hub es an, so im Vorweltdämmer, zwiefach schon im Anfang, zwiefach schon im Ursprung der Zeit. Weh uns aneinander Gebundenen! zwiefachen Anfang - wird ihm einfaches Ende?

Die Seele: In uns eint sich der zwiegeborene Strom der Zeit, in unsrer Not, gemeinsamer, dennoch immer geschiedner Not; einfach muss er münden ins ewge Meer.

Der Leib: Schon wölbt sich über unsrer zwiefachen Not der gemeinsame Himmel der Zeit, schon -

Die Seele: O dass du den Himmel zerrissest -

Der Leib: und führest hernieder! - Seele wann wird das sein?

Die Seele: Wenn die Zeit hochsteigt über den Rand des Beckens der Welt; wenn das Becken zum Überlaufen voll von Seele und Tat und Ich; wenn jeder Winkel der Welt glüht in der Farbe des gläubigen Erinnerns und im Glanze des hoffenden Erwartens; wenn der Schlaf die Dinge gelöst, alles Stumme redet, alles Taube hört; wenn die Feindschaft des Auseinander hinschmilzt im Glück des Beisammen; wenn der Raum den Zwischenraum ausstösst, und verleugnet die starre Spannung der stets entfremdeten Orte; wenn die Zeit nicht mehr Zu spät sagt und Noch nicht; wann alles Zugleich ein Zusammen ist; und ich - ich daheim bin in der Welt, im Hier und Dort, im Früher und Später; und die Welt daheim ist bei mir, ich nicht mehr in harter Mühe des Tags um das nächtens entschwindende Bild - Bild nur - der Herrschaft ringend, und die Welt nicht mehr in betäubtem Taumel der Nacht meinen Tag übertäubend: sondern ich mit ihr, der Verwandten, Zugetanen, im Arm aufwärts schwebe zum einst Verlornen, zum Vater.

Der Leib: Ach selbst dein Hoffen klingt mit meinem nicht zusammen, immer Fremde du, Seele. Das Ende naht, wenn die Zeit verlernt den eigenwilligen Blick ins Gestern und Morgen und heimkehrt ins reine Erfüllen der Gegenwart, zurück in das Becken des Raums, aus dem sie, dienstbar dem Hochmut des Ich, überschäumte; wenn das Ich den Schlaf der Dinge heilig hält und ihr still befriedetes Auseinander nicht mehr zu stören wagt mit dem zudringlich einenden Anspruch des Du; wenn die Welt voll von leibhafter Gestalt und selber das Selbst einging in die Welt, gestalteter Leib, ein Ding im Reigen der Dinge, wenn mir kein Fremdes dräut in der eignen Brust, kein Selbst mehr sein Ich in die Stille herrscht; wenn der Tag mir traulich wie jetzt nur die Nacht, ohne herrisches Fordern, gewaltsamen Zwang, wenn Wirken geworden wie Wachsen: dann lieg ich aufs neu ein Bruder gestillt am Herzen der Welt, Geschaffnes vereint dem Geschaffnen.

Die Seele: So wäre unversöhnlich selbst am Ende des Zwiespalts zwischen Nacht und Tag uns unser Zweisein? Nein und aber nein. Und fänden nimmer wir das gleiche Wort, das Wort das uns vereint, und schied uns selbst der letzte Wunsch, die letzte Hoffnung, eingeformt in Worte - doch so ist es nicht. Schon einmal schrien wir den gleichen Schrei hinauf zum unzerrissnen, starren Himmel. <u>Uns</u> eint der Schrei, selbst wenn das Wort uns trennt. Der Schrei nach Ewigkeit und Einfachheit und dass der Himmel risse. Und scheint es zweierlei uns selber, was wir hoffen, - wie denn, ists nicht eins? mein Wirken ohne Widerstand, dein unbewusstes Wachsen? Nimmt denn nicht jedes das andre mit hinein ins eigne Hoffnungsbild? erschüfe nicht die stille Schönheit deines Reigens der Dinge mir ein Widerbild des Gottesgartens meiner rückgewandten Sehnsucht? und gründet nicht mein Reich des allerfüllend allbeseelenden Ich und Du ein Neubild dir der breiten Schöpfungswelt des Anfangs? Gewiss, entgegen führt uns unser Weg; ein jeder Schritt des einen droht die Spur des andern auszulöschen; und dennoch ist gemeinsam jenseits aller Taten, Worte und Gedanken uns das Letzte, uns der Schrei. Tat Wort Gedanke möchten sich vernichten wechselweis, wie gleicher Kräfte Aufeinanderprall; aber im Schrei geschieht das Wunder und die Gegenkräfte einen sich zum gleichen Weg. Noch riss der Himmel nicht, noch pulst die Zeit; so findet unser Hoffen selber nicht das gleiche Wort und bleibt gebunden unter das Gesetz, das es verneint. Der Schrei allein greift über das Gesetz, hinter den Himmel, der uns unzerrissen starrt; und zwingt gewaltsam die Erfüllung sich herab - ob heute oder wann? was kümmerts uns! Uns ist Gewissheit worden, dass den Schrei ein Ohr vernahm. Wir fanden uns getrennt in aller Zeit, wir fanden uns geeint im Schrei; [[Gewissheit]] dem künftgen Wunder bürgt das gegenwärtige, das dich und mich Getrennteste verband. Das Wort, das alle Worte Lügen straft, das Wort, drin Ewigkeit wegtrinkt den Fluss der Zeit, das schreigeborne, himmelüberfliegende Wort, - hör es der Vater, höre du es: Bruder Leib!

Der Leib: Schwester Seele[1] — —

---

[1] Dazu auch der Brief an Margrit Rosenstock vom 26. Dezember 1919, S.509.

Die vierundzwanzig Worte des Rafael Rosenzweig deutsch

Die
vierundzwanzig Worte
des
Rafael Rosenzweig
deutsch

Mit einem Nachwort
und mit Anmerkungen

Immer wenn man sucht
Verlegt von Edith Rosenzweig

Zu seinem zweiten Geburtstag

Dem Schöpfer der Sprache der
fünfundzwanzig Worte ge-
widmet vom Verfasser

Gott

Aurowimm, meist nur **Auro:** Anfang des sabbatlichen Tischlieds *Jaum se l'jisroel auro w'simcho*, auf Deutsch also „Licht und Freude", bezw. nur „Licht". Bezeichnet den Sabbat mit all seinen Ge- und Verboten.

Welt

Allo: ursprünglich Telefon, dann weiter Radio, und infolgedessen Musik überhaupt, soweit man sie nicht selber macht. In Bedeutung 3 mit frommer Verzückung auszusprechen.

Autu: was rollt, fährt und gleitet. Auch Bauklötze, nach ihren ausserarchitektonischen Möglichkeiten.

Awwe: ein Tier.

Babba: s.unter Mensch: Babba 2.

Ballo: Der Ball. Wird von dem erblich belasteten virtuosen Reimmechaniker[1] als Reimwort auf Allo (s. dieses) gebraucht.

Bau: Bauklötzchen, von zweien aufwärts in nichtkinetischer Verwendung (vgl. unter Autu).

Baur: Der Teddybär. Gleichzeitig mit dem Beginn des Worts Bau in Gunst gekommen (nach fast zweijähriger Ungnade) und infolgedessen der Einfachheit halber gleich vokalisiert.

Bibi: bezeichnet alles Fliegende, vom Insekt bis zum Vogel, ob auch bis zum Flieger, war nicht festzustellen.

Dei: 1. eins 2. zwei 3. drei 4. Geld 5. Der Kapitalismus und seine Verwerflichkeit.

Eisch: Das einzige Essbare, was man wohl oder übel benennen muss, weil es einem weder gegeben wird noch man es stehlen kann.

Gaga: entstanden aus einem älteren onomatopoetischen Gagagaaaaa. Bezeichnet die Rothschildschen Hühner, auch die im Bilderbuch.

Hüo: neue Spezialbezeichnung für Pferde, früher nur mit allgemeinen Liebesausbrüchen bezeichnet.

Mimi I: seine Milch, aber auch andere Flaschengetränke bis hinauf zum Schabbeswein.

Mimi II: Katzen in Kunst und Natur. Merkwürdiger- und „hoch"-begabterweise auch die Löwen und Tiger im Zoologischen Garten.

Tee: Kaffee.

Uwi-uwi: Die von Hans Epstein geschenkte unsterbliche Ente (schon vier Monate), die so macht. Ausserdem die Enten in der Anlage und ausserdem die Flamingos im Zoologischen Garten.

Wauwau: (etwas englisch auszusprechen): Das auch von den Erwachsenen so bezeichnete Tier, ausserdem aber auch der unter dem Namen Arje Leib zum Judentum übergetretene ehemals katholische Löwe Leo Aquamanile,[2] wegen seiner mehr kunst- als naturhistorischen Form, endlich alle Kürschnerwaren.

Mensch

A-a: Urwort. 1. (in klagender Aussprache): ein Ereignis, 2. (in schlichter Aussprache): ein Wunsch, 3. (in triumphierender Aussprache): eine Tat, 4. bei Uwi (s. diese) Bezeichnung der Öffnung, deren physiologische Funktion das Uwi-uwi-machen ist, deren anatomische Lage aber einem Kenner des menschlichen Organismus allerdings zu dieser Bezeichnung Grund gibt.

Adda: Der Weg ins Freie. Dann alle Vorzeichen, die ein Beschreiten dieses Wegs erhoffen lassen, gutes Wetter, Kleidungsstücke usw.

---

[1] Dazu auch der Brief an Margrit Rosenstock aus dem Jahr 1923, S.796.

[2] Dazu auch der Brief an Margrit Rosenstock vom 27. Dezember 1920, S.699.

Addi: (in schmelzenden Tönen): Die Krankenschwestern der Berufsorganisation der Krankenpflegerinnen Deutschlands.

Ai: Liebeslied.

Ajisch: seine erste Liebe.

Alla: Grenzen der Menschheit.

Anna: Anna.

Au I: (kurz und spitz auszusprechen): Ruf der Erwachsenen, wenn man ihnen die Nase abreisst. Ist er zu dumm dazu, so sagt man es ihm vor.

Au II: (dumpf und voll auszusprechen): Ausbruch des philosophischen Staunens sowie Aufforderung der Anwesenden dazu.

Auf: Zauberwort, das Türen öffnet, aber auch (vgl. Abel, Vom Gegensinn der Urworte) schliesst.

Babba: 1. der Verfasser und alles was sein ist, 2. in unmerkbarem Übergang hieraus alles Babbier und Babbierene, 3. das ganze geistige Leben.

Blblbl: 1. die Grossmutter in Kassel, infolgedessen 2. jedes alte Weib, infolgedessen 3. Beethoven.

Da: Bezeichnung für den raum-zeitlichen Punkt der Gegenwart des Sprechers. Also nicht mit dem „dort" oder „dann" der Erwachsenensprache identisch, sondern eher mit „ich".

Dabbe: Rafael. Nicht zu irgendwelchen niederen Zwecken gebraucht wie alle andern Namen, sondern nur reinlyrischer Ausdruck der Selbstzufriedenheit. Als solcher wochenlang hunderte von Malen wiederholt, ohne von irgend jemand erkannt zu werden. Seit die Umgebung es versteht, sagt man es nur noch auf Anfrage, und dann abwechselnd mit Lalef, Dapfell und anderen Permutationen der Buchstaben r, a, f, a, e, l.[1]

Didi: einziger Körperteil, der so schön ist, dass er einen Namen hat: die Zehen.

Du du: Drohung an alles, was ihn geärgert hat, von der Mutter bis zur Türschwelle.

Euni: Der erste Cohn seines Lebens, Autu-Besitzer aus der Schumannstrasse. In messianischer Erweiterung sodann alle kleinen Jungen ohne Unterschied des Ranges und der Konfession.

Maier: (berlinisch auszusprechen, also Maia): Elsa.

Mamma: ein allmächtiger Fetisch, den man prügelt, wenn er von dieser Allmacht nicht den richtigen Gebrauch macht.

Mm: Ausdruck der Weltbejahung, soweit die Welt ess- und trinkbar ist.

Mir: Schlachtruf des Egoismus.

---

[1] Dazu auch der Brief an Margrit Rosenstock vom 4. Juli 1924, S.813.

Nachwort

> Sie hätte singen, nicht
> reden sollen, diese Seele.
>
> Stefan George

Rafael spricht. Nicht eigentlich mit Leidenschaft, aber immerhin doch. Um es mit Leidenschaft zu tun, ist es nicht nötig genug. Man kriegt das meiste, was man braucht, auch so. Und für das übrige genügen wenige Worte. Und es gibt ja auch noch andere Methoden, sich auszusprechen. Man haut. Man beisst in den Teppich. Man steuert den dummen Erwachsenen am Hinterdeck dahin, wo er hin soll. Usw., usw. Und im Übrigen muss dem Babba bewiesen werden, wie falsch die Sprachlehre des „Sterns der Erlösung" ist, - nicht aus gelehrter Rechthaberei, sondern eher aus kindlichem Mitgefühl. Da lässt er es sich gesagt sein und schreibt sie neu.

Ursprung der Sprache

An sich brauchte der Mensch genau so wenig zu sprechen wie das Tier. Es sind zwei höhere Lebensbedürfnisse, zu deren Befriedigung ihm die Sprache verhilft: das magische und das poetische. Er zaubert und er dichtet mit dem Wort. Fast alle Worte Rafaels dienen ihm zu beiden Tätigkeiten, wenige, wie „auf" oder „Dabbe", sind zu der einen oder der anderen spezialisiert.

Aus diesen beiden Bedürfnissen heraus spricht der Mensch. Höhere Wesen, obwohl vorhanden, können ihn trotz heftigen Bemühens nichts lehren. Er spricht nur, was er will, und das ist wenig.

Die Ursprache war rein konsonantisch,- wie sich ja eigentlich von selbst versteht und wie es bis zu den Nungradenicht-Theorien der Neuzeit auch die Wissenschaft gewusst hat. „Krr" Wasser, „Psch" Licht,(einschliesslich elektrisches und Mond), „St" trinken und Getränke. Dann kam das Urwort, und dann die Sprache der siebenundzwanzig Worte. Die Wandlung geschah übergangslos, alle Entwicklungstheorien sind Humbug. Worte, die in die neue Sprache nicht hineinpassen, entwickeln sich nicht nach dem Gesetz der neuen Sprache um, sondern fallen einfach aus. Worte für Wasser, Licht und Trinken enthält die Sprache der achtundzwanzig Worte nicht, geschweige denn dass solche während der Epoche der Alleinherrschaft des Urworts vorhanden gewesen wären.

Sprechen und Denken

Den ganzen Umfang von Rafaels schöpferischer und selektiver Leistung ermisst man aber erst, wenn man sich klarmacht, dass er die Sprache der höheren Wesen, die sie ihm aufzwingen wollen, versteht und trotzdem seine eigene und nur sie spricht. Er versteht alles, was ein intelligenter Schosshund versteht, also alles was in einfachen Sätzen gesagt wird; Bedingungssätze nur wenn der Ton das Verständnis der zusammengesetzten Konstruktion überflüssig macht; von Fragesätzen „wie heisst du?" und „wie schmeckt das?". Er denkt also mehr als er spricht. Wäre er also etwa Idealist? Da er die Sprache sich selber gemacht hat und im Trotz gegen die Nichtiche, die ihn ansprachen?

Lautlehre

Alle Vokale sind vorhanden. Von den Konsonanten fehlt vielleicht keiner. Denn was bei einigen Worten so aussieht, wird durch andre widerlegt. Immerhin kommen k, p, s und z in der Sprache der zweiunddreissig Worte nicht vor, und es ist also möglich, diesen Befund für mehr als einen Zufall zu halten, welches Verfahren ja durchaus wissenschaftlich wäre; wenigstens sind einige der sichersten Ergebnisse der Bibelkritik sowie sonstiger Philologie nicht anders zustandegekommen.

Syntax

Jedes Wort hat den Wert eines Satzes. Es gibt Heischesätze, Fragesätze, Klagesätze, Begeisterungssätze, Wutsätze, Aussagesätze. Letzteres im allgemeinen nackte Sätze, wenn auch nicht im Sinne der Schulgrammatik.

Wortarten

Es sind ausser Präposition und Konjunktion, sowie natürlich Artikel, alle Wortarten vorhanden. Als Beispiel für das Substantiv: Autu, für den Namen: Euni, für das Adjektiv: Mm, für das Verbum: Bau, für das Pronomen: Mir, für das Zahlwort: Dei usw. Aber das ist nur äusserer Schein. In Wahrheit ergibt sich schon aus der, deshalb vorangestellten, Syntax, dass es nur eine einzige Wortart gibt: die Interjektion. Daraus erklärt sich auch der Platz und der Inhalt der **Formenlehre**.

Sprachvergleichung

Es erhebt sich zum Schluss das Problem der systematischen Klassifikation. Ausgehen wird sie von dem monumentalen Charakteristikum, nämlich der Syntax. Die Sprache der Vierunddreissig Worte ist nämlich zum Unterschied von allen andern bekannten Idiomen das absolut syntaktische, das schon so syntaktische, dass es schon keine Syntax mehr hat: so syntaktisch ist es. Es liegt also gewissermassen Homotaxie vor. Was in allen andern bekannten Sprachen durch Composition disparater Elementarbestandteile primär zum Wort oder wortähnlichen Gebilde, sekundär zum Satz erstrebt wird, das erreicht die Sprache der Sechsunddreissig Worte, primäre und sekundäre Composition in der Einheit eines einzigen sprachschaffenden Akts zusammen vollziehend, durch das Mittel absolutester Konzentration. Sie ist, um es mit einem unmittelbar verständlichen Schlagwort auszudrücken, konzentrativ.

An dieser Stelle erwächst aber unabweislich das Problem der Sprachentwicklung. Am nächsten dürfte heutigen Denkgewohnheiten die Annahme liegen, dass hier durch einen Glücksfall ein besonders primitiver Sprachzustand, um nicht zu sagen die Ursprache, erhalten sei. Ich möchte demgegenüber darauf hinweisen, dass, mindestens individualgeschichtlich, die Sprache der Vierzig Worte nicht bloss nicht den ursprünglichsten Zustand repräsentiert, den vielmehr das von uns als Ursprache bezeichnete konsonantische Idiom darstellt, sondern auch selber sich als Entfaltung eines primitiven Gebildes, des Urworts a-a, erwiesen hat. Ich wage vielmehr die entgegengesetzte Hypothese, dass es sich hier nicht um einen Rest der Ursprache, sondern um einen genial anticipierten Prototyp der Endsprache handelt, der sich alle menschliche Sprachentwicklung mit zunehmender Geschwindigkeit nähert. Nur so, im Sinne also einer konzentrativen Rückbildung der formal und syntaktisch wuchernd übersteigerten Gebilde der heutigen Sprachen auf den zum Verständnis absolut notwendigen Rest, scheinen gewisse Phänomene moderner Dichtung, wie auch der Schweigefimmel neuester Jugend erklärlich, wie andrerseits eine solche Auffassung allein mit der ökonomischen Tendenz aller Entwicklung zu vereinbaren ist. Sollte sich diese Hypothese bestätigen, so wird Rafael Rosenzweig sich von dem jetzt erreichten Sprachzustand prinzipiell zu entfernen gar keine Ursache haben; und da ihm dies das liebste zu sein scheint, so wünsche ich es ihm zum Geburtstag.

Lebensdaten Franz Rosenzweigs

25. Dezember 1886	Geboren in Kassel. Seine Eltern sind assimiliert und gehören zum wohlhabenden Bildungsbürgertum der Stadt. Einziger, aber prägender jüdischer Eindruck: sein Onkel Adam.
Frühjahr 1905	Abitur am (humanistischen) Friedrichsgymnasium in Kassel.
Sommer 1905	Medizinstudium auf Wunsch des Vaters, Rosenzweig will beweisen, daß er einen Beruf lernen kann, mit dem man Geld verdient; 1. Semester in Göttingen.
Herbst 1905 bis Herbst 1906	2 Semester in München.
Herbst 1906 bis Herbst 1907	2 Semester in Freiburg i. Br., Physikum.
Winter 1907/08	Studium in Berlin. Am Schluß des Semesters Wechsel des Studiums: Geschichte und Philosophie.
Die folgenden Jahre	studiert Rosenzweig abwechselnd in Freiburg und Berlin.
Sommer 1912	Doktorexamen in Freiburg über „Hegel und der Staat".
Winter 1912/13	Studium in Leipzig (juristische Vorlesungen) und Berlin.
7. Juli 1913	Leipziger Nachtgespräch mit Eugen Rosenstock und Rudolf Ehrenberg; Entschluß, sich taufen zu lassen. In derselben Nacht hat Rosenzweig Selbstmord-Absichten, weil ihm seine ganze Gedankenwelt unter den bohrenden Fragen der Freunde zusammengebrochen ist.
Die folgenden Monate	verbringt Rosenzweig mit dem Studium des Judentums, da er nicht als Heide Christ werden will, sondern als Jude. Er will wissen, was er denn verlasse - diesen Vorbehalt hat er in Leipzig gemacht. Im Herbst kommt Rosenzweig zu dem Schluß, daß es für ihn nicht nötig - und darum auch nicht möglich - sei, Christ zu werden. Dabei beruft er sich in einem Brief an Rudolf Ehrenberg auf das berühmte Johannes-Zitat: „Ich bin der Weg, die Wahrheit und das Leben. Keiner kommt zum Vater denn durch mich." Rosenzweigs Argumentation: keiner *kommt* zum Vater, das stimmt. Aber Juden *sind* bereits beim Vater, daher ist das Kommen und damit die Konversion überflüssig.
Herbst 1913 bis 1914	in Berlin, prägende Begegnung mit Hermann Cohen, der als Philosoph ebenfalls - wenn auch erst im Alter - seine jüdischen Wurzeln neu entdeckt hat.
Anfang September 1914	Eintritt Rosenzweigs als freiwilliger Krankenpfleger beim Roten Kreuz. Seine Kriegsbegeisterung hält sich in Grenzen - im Gegensatz zu vielen anderen jungen

	Deutschen und auch Juden damals. Er schreibt einmal: wenn er nicht ein ganz pragmatisches, persönliches Interesse am Sieg Deutschlands hätte, wüßte er nicht, warum er nicht ebenso gut auf der Seite Frankreichs oder Englands sein sollte.
	Einsatz erst in Belgien, dann wieder in Berlin.
1915	Eintritt als Kriegsfreiwilliger bei der Feldartillerie in Kassel.
1916	Einsatz beim Flug-Abwehr-Kanonen-Zug 165 auf dem Balkan bis Kriegsende; er hat einen relativ ruhigen Posten nahe Üsküb - heute Skopje und daher viel Zeit zum Lesen und Briefe-Schreiben; Briefwechsel mit Eugen Rosenstock - der erste jüdisch-christliche Dialog in der Neuzeit.
	1917 lernt er während eines Urlaubs Margrit, die Frau von Eugen Rosenstock, kennen; Anfang 1918 begegnet er ihr erneut und entdeckt die große Liebe seines Lebens.
22. August 1918 bis 16. Februar 1919	Arbeit am „Stern der Erlösung", dem literarischen Hauptwerk Rosenzweigs, in dem er wie im Rausch Jahre des Studiums in ein Buch fließen läßt.
Ende September 1918	Rückzug der Balkantruppen, Rosenzweig als Malariakranker im Lazarett in Belgrad.
Oktober 1918	Rückzug nach Freiburg; dort Fertigstellung des „Stern der Erlösung".
1919	verbringt Rosenzweig wesentlich damit, zwischen Kassel, Berlin und Freiburg hin und her zu fahren - einen Verleger für den Stern zu finden, was sich als recht schwer und erniedrigend erweist.
	Außerdem macht er sich Gedanken über seine berufliche Zukunft: halbherzige Überlegungen, in Berlin Journalist beim Jüdischen Tagblatt oder Leiter der jüdischen Akademie zu werden, deren Gründung er in seinem 1917 geschriebenen Aufsatz „Zeit ists" selbst gefordert hatte, damit jüdische Lehrer zukünftig besser ausgebildet würden.
	Neben beruflichen Sorgen persönliche Probleme: andauernde Depressionen der Mutter; Unsichtbarkeit der eigenen Jüdischkeit; noch immer unverheiratet und damit ohne eigenes jüdisches Haus.
Ende Dezember 1919	zufällige Begegnung mit einer früheren Bekannten, Edith Hahn, in Kassel. Schon eine Woche später, am
6. Januar 1920	Verlobung.
28. März 1920	Heirat.

Sommer 1920	Rosenzweig gibt Jüdische Kurse in Kassel. Nachdem sich in Berlin alle beruflichen Aussichten zerschlagen haben,
Ende Juli 1920	Übersiedelung nach Frankfurt a.M., Gründung des Freien Jüdischen Lehrhauses, dessen Leiter er wird.
Mitte Dezember 1920	Einzug in die Mansardenwohnung Schumannstr. 10; vorangegangen sind Monate zermürbender Wohnungssuche im Nachkriegsdeutschland.

Knapp zwei Jahre lang leitet Rosenzweig das Lehrhaus, hat jedes Semester aufs Neue Probleme, genug Interessierte zu finden. Er sieht sein Werk schon bald als gescheitert an.

Hinzu kommen persönliche Probleme: die Einsicht, daß seine Ehe von seiner Seite aus unmöglich ist, gleichzeitig ein gewisses Auseinanderleben mit Margrit Rosenstock. Er fühlt sich wie abgestorben, meint, die Leute würden seine Geschäftigkeit in Frankfurt mit Lebendigkeit verwechseln.

Mitte Januar 1922	Ausbruch der (unheilbaren) Krankheit: amyotrophe Lateralsklerose - fortschreitende Lähmung aller Muskeln, Verlust des Sprachvermögens.
Seit Anfang Juli 1922	kann Rosenzweig das Haus nicht mehr verlassen. Er begrüßt seine Krankheit zunächst fast freudig, denn sie ließ ihn noch einmal aufleben und die letzten Monate als kostbar empfinden. Er geht zunächst davon aus, daß ihm nur noch wenige Monate bleiben - ein Irrtum: 7 Jahre lang lebt er, an einen Stuhl gefesselt, vollkommen unbeweglich, unfähig zu sprechen.
	Dennoch arbeitet er an zahlreichen Aufsätzen, Briefen und Übersetzungen.
	In dieser Zeit bewährte sich seine Ehe.
September 1922	Geburt des Sohnes Rafael („Gott heilt").
Dezember 1922	Beginn der Übersetzung von Gedichten des Jehuda Halevi - mit Kommentaren versehen, die zum besten gehören, was Rosenzweig geschrieben hat.
Mai 1924	Beginn der Bibel-Übersetzung („Verdeutschung der Schrift") mit Martin Buber. Buber hat den Auftrag eines Verlegers nur unter der Bedingung angenommen, daß der todkranke Rosenzweig mit ihm zusammen arbeite. Gemeinsam kommen sie bis zum leidenden Gottesknecht des zweiten Jesaja.
10. Dezember 1929	Tod Rosenzweigs; er wird in Frankfurt begraben.

Register

Werke und Vorträge Franz Rosenzweigs

Anleitung zum jüdischen Denken: 679, 681, 735

Atheistische Theologie: 70, 258

Bildung und kein Ende: 514, 518, 526f, 530, 532f, 538, 542, 546, 556f, 564f, 567, 582, 646

Briefwechsel mit Eugen Rosenstock von 1916: 43, 49, 87, 90, 95, 111f, 117, 315, 357, 369, 387

Cannae und Gorlice: 43, 757f

Das Büchlein vom gesunden und kranken Menschenverstand: 748f, 751, 754f, 756f, 758ff, 761ff, 764f, 766, 769f, 772f, 776, 778, 814

Der Freitag-Abend (Übersetzung): 792

Der Jude im Staat (Vortrag): 681, 698f

Der jüdische Mensch: 645f

Der Stern der Erlösung: 123ff, 126ff, 132f, 135ff, 138, 144, 146f, 148, 152f, 154f, 156f, 158f, 160f, 162f, 164f, 166f, 168f, 170f, 172f, 174, 177, 178ff, 182f, 186f, 189ff, 192f, 195ff, 198f, 200f, 202f, 204f, 206ff, 211, 213ff, 216f, 218f, 220f, 222ff, 226f, 228f, 232, 234f, 236f, 238f, 240, 242f, 246f, 248f, 254, 258, 261, 263f, 270, 274, 280, 284f, 287, 289, 295, 300f, 302f, 306f, 308f, 311, 314f, 319ff, 322ff, 327ff, 330, 333, 335ff, 338f, 341f, 345, 347f, 350f, 353, 355ff, 358ff, 363ff, 366f, 370ff, 374, 376f, 379, 382f, 385, 388f, 391ff, 395ff, 401, 403ff, 406, 408, 410, 414ff, 419, 422, 429, 436, 445, 451ff, 460f, 462f, 467f, 470, 472, 474, 476f, 483, 485f, 490, 493f, 496, 506f, 511ff, 514, 516, 525, 530ff, 536, 543, 547ff, 554f, 560, 569, 579f, 583, 587, 590, 596, 598, 604, 606, 610f, 615, 617, 620, 624, 629, 631, 633, 637, 639f, 644, 647f, 656, 661, 678, 681, 684ff, 688f, 691, 695, 703, 706, 711ff, 714, 719, 721ff, 723f, 729ff, 732f, 734ff, 746, 754, 756, 764ff, 769f, 772f, 776f, 779, 781, 783ff, 786, 790f, 794, 796f, 799, 803, 805, 807ff, 814f

Der Tischdank (Übersetzung): 577f, 620, 622, 635, 642, 660, 668f, 673, 679, 695f, 712, 737

Die 24 Worte des Rafael Rosenzweig deutsch: 815, vollständig abgedruckt 832ff

Die Bauleute. Über das Gesetz: 815

Die Häusliche Feier (Übersetzung): 606, 702, 707, 772, 775, 777, 782, 787

Die Wissenschaft vom Menschen: 782

Die Wissenschaft von Gott: 748, 771, 774, 780, 782

Ein Gedenkblatt: 78

Einleitung in die Akademie-Ausgabe der jüdischen Schriften Hermann Cohens: 803, 809

Geist und Epochen der jüdischen Geschichte: 222, 243f, 246, 349

Glauben und Wissen: 584, 587, 589, 591, 596, 601f, 605f, 608, 610f, 612f

Globus: 48, 69, 87f

Gritlianum: 49, 125f, 132, 141, 156, 177, 338f, 381, 486, 543, vollständig abgedruckt 826ff

Grundriß des jüdischen Wissen: 725, 745

Hegel und der Staat: 2, 73, 179, 197, 199, 210, 228, 249, 251, 258, 261, 276, 283ff, 286, 288, 290, 292f, 294f, 297ff, 302, 304f, 306f, 308f, 312f, 316ff, 323, 325, 330, 332f, 334f, 336f, 339ff, 344, 349, 365, 367, 376, 385, 391, 3 94, 397ff, 404, 406, 415, 419, 464, 470, 480f, 487, 490f, 495, 498, 510f, 529f, 548, 557, 578, 583, 590, 604, 607, 610, 617, 626, 631, 647, 650, 677, 722, 732, 734, 739, 742, 754, 765f, 770, 781, 803, 818

Hic et ubique: 453, 455ff, 460, 462, 465, 468, 471, 476

Hymnen und Gedichte von Jehuda Halevi: 801, 803, 808f, 811f, 816

Jüdische Geschichte im Rahmen der Weltgeschichte: 584, 593, 595f, 599f, 604, 607f, 614

Lessings Nathan: 456, 490, 495f, 500f, 508, 510f, 512f, 594

Neues Lernen: 646, 673

Nordwest und Südost: 16

Ökumene: 6f, 10, 14, 137

Physiologie und Empfindungsqualitäten (Referat von 1907): 361

Putzianum = Volksschule und Reichsschule: 2, 27, 120, 199

Rezension des Buches: Emil Bernhard Cohn, Judentum. Ein Aufruf an die Zeit: 803

Schellingianum = Das älteste Systemprogramm des Idealismus: 2, 30, 164, 189, 251, 331, 335

Thalatta: 44, 48, 137, 204

Über Hermann Cohens „Religion der Vernunft": 777, 782

Urzelle zum „Stern der Erlösung" (Brief an Rudolf Ehrenberg vom 18. November 1917): 42, 48, 124f, 127, 131f, 135ff, 159, 165, 186f, 189, 219, 300f, 305, 337, 344

Verdeutschung der Schrift: 821

Vom Geist der hebräischen Sprache: 682f

Vox Dei: 48

Zeit ists: 53, 70, 76f, 112, 162, 317, 465, 517, 533, 536, 542, 565, 755

Namensregister

Eugen und Margrit Rosenstock sowie die Mutter Rosenzweigs wurden nicht eigens aufgeführt, da sie fast durchgehend vorkommen. Dasselbe gilt für Edith Rosenzweig, geborene Hahn, die am 30. Dezember 1919, S.512, erstmals und von da ab sehr häufig erwähnt wird.

Abraham: 30, 62, 67, 450, 457f, 469, 595, 678

Ahasver: 50, 378, 404, 447f

Aischylos, 525-456, attischer Tragiker: 155, 799

Akiba, als Märtyrer gestorben 136, Talmudgelehrter: 277

Alexander „der Große", 356-323: 27, 362

Alsberg, Adolf, 1869-1933, oft „Onkel Adam" genannt, Chirurg und Orthopäde in Kassel, Bruder von Rosenzweigs Mutter: 281, 293ff, 298f, 301, 306, 316, 320f, 335, 436, 494, 516, 707

Amenophis IV Echnaton, 1364-1347, Pharao Ägyptens: 315, 651

Anselm von Canterbury, 1033-1109, scholastischer Theologe und Philosoph: 261

Aristoteles, 384-322, griechischer Philosoph: 151, 324, 362

Augustin, 354-430, lateinischer Kirchenlehrer: 29, 35, 126, 223, 353, 372, 604

Augustus, 63 v.d.g.Z. - 14 n.d.g.Z., römischer Kaiser: 201

Baal Schem Tow („Herr des guten Namens") = Rabbi Jisrael ben Elieser, 1699-1760, Begründer des Chassidismus, einer Art jüdischer Erweckungsbewegung in Osteuropa: 102, 108, 255f, 259, 261, 266, 662

Bach, Johann Sebastian, 1685-1750, Komponist: 277, 540, 608

Badt, Hermann, 1887-1946, promovierter Jurist, Ministerialdirektor im preußischen Innenministerium und Bevollmächtigter Preußens im Reichsrat: 214, 307, 313, 315, 317ff, 320ff, 339, 342f, 344f, 347ff, 364, 366f, 368f, 374, 394ff, 410, 416, 491, 538, 557f, 735

Baeck, Leo, 1873-1956, seit 1912 Rabbiner und Dozent an der Hochschule der Wissenschaft des Judentums (bis 1942), Überlebender von Theresienstadt, lebte seit 1945 in London: 794

Bahr, Hermann, 1863-1934, Dramatiker und Kritiker, der zum Kreis um Schnitzler und Hofmannsthal gehörte: 764

Balzac, Honoré de, 1799-1850, französischer Dichter: 380

Bann, Adam, „christliches" Pseudonym, unter dem Eugen Rosenstock den Aufsatz Rosenzweigs: „Volksschule und Reichsschule" (abgedruckt in Zweistromland S.371-411) an einen christlichen Verleger schickte. Daß Rosenstock ausgerechnet diesen Decknamen wählte, um die jüdische Herkunft des Verfassers zu verdecken, ist wohl im Zusammenhang mit dem Briefwechsel von 1916 zu verstehen, in dessen Verlauf Rosenzweig an Rosenstock einmal schrieb: „'Verdammtheit' nach eurer, 'Erwähltheit' nach unsrer Auffassung" (Briefe und Tagebücher S.286). Rosenzweig selbst nannte sich daher lieber → „Bund, Adam": 6

Barth, Karl, 1886-1968, schweizer reformierter Theologe: 451, 470, 582, 586, 644, 810

Bäumer, Gertrud, 1873-1954, Schriftstellerin: 91, 320, 669

Becker-Modersohn, Paula, 1876-1907, Malerin: 214

Beckerath, Doris Emma von, geborene Heydweiller, 1888-1918, erste Ehefrau von → Erwin von Beckerath; sie starb an der Grippe, die 1918/19 in Europa grassierte und mehr Todesopfer forderte als der erste Weltkrieg: 38, 176f, 179, 202

Beckerath, Erwin Emil von, 1889-1964, Nationalökonom, Professor in Rostock, Kiel, Köln, Bonn, Basel, seit 1949 Vorsitzender des wissenschaftlichen Beirats beim Bundeswirtschaftsministerium: 38, 143, 176f, 204f, 206, 210, 226, 235, 239, 248, 260, 267f, 302, 324ff, 328ff, 362, 376, 378, 380ff, 397, 479, 541f, 801

Beer-Hofmann, Richard, 1866-1945, Schriftsteller, Verfasser von „Jaakobs Traum": 489, 491ff, 494, 496, 512, 624, 791

Beethoven, Ludwig van, 1770-1827, Komponist: 73, 334, 690

Below, Georg von, 1858-1927, Verfassungs- und Wirtschaftshistoriker: 161, 325

Bentwich, Norman, 1883-1971, von 1918 bis 1931 Kronanwalt Englands im Mandatsgebiet Palästina: 645

Bergmann, Hugo, 1883-1975, jüdischer Philosoph: 330

Bethmann-Hollweg, Theobald von, 1856-1921, Politiker, seit 1909 Reichskanzler, im Juli 1917 gestürzt: 15f, 23, 26, 41, 97, 157, 163, 168

Bezold, Carl Christian Ernst, 1859-1922, Professor für orientalische Philologie in Heidelberg: 304

Birnbaum, Nathan, 1864-1937, nationalreligiöser Zionist und Publizist in jiddischer Sprache: 646

Bismarck, Otto von, 1815-1898, Staatsmann: 13, 27f, 132, 172, 191, 219, 776, 783

Blau, Julius, gestorben 1939, Rechtsanwalt, Vorsitzender der jüdischen Gemeinde Frankfurt: 647, 649f, 658, 671, 729

Bloch, Ernst, 1885-1977, jüdischer Philosoph, emigrierte 1933, nach dem zweiten Weltkrieg Profesor in Leipzig und Tübingen: 220

Born, Hedi, geb. Ehrenberg, geboren 1891, Tochter von Victor Ehrenberg sen. und Schwester von → Rudolf Ehrenberg, verheiratet mit → Max Born: 282, 295f, 298f, 301, 379, 444, 467, 470, 555f, 609, 624, 634, 639, 641, 654f, 662, 668, 672, 674f, 684, 689, 707, 712, 728, 781

Born, Max, 1882-1970, Schwager von → Rudolf Ehrenberg, Physiker, Einstein-Schüler, erhielt 1954 den Nobelpreis, Professor in Berlin, Frankfurt und Göttingen: 219, 556, 632, 634, 641, 654, 662, 668

Bradt, Gustav, gestorben 1929, Sanitätsrat: 69, 76, 211, 214f, 239, 243, 246, 249f, 252f, 262, 267, 291, 305f, 308f, 311, 316ff, 319ff, 323, 342f, 345, 347, 352, 367f, 517, 538, 542, 685, 688

Brahe, Tycho, 1546-1601, dänischer Astronom: 139

Brahms, Johannes, 1833-1897, Komponist: 83

Brasch, Neffe von Bradt in Berlin: 342f, 345, 352, 367

Breitscheid, Rudolf, 1874-1944, linksliberaler Politiker, seit 1917 bei der Unabhängigen Sozialdemokratie; von November 1918 bis Januar 1919 preußischer Innenminister: 182, 185f, 193, 397

Breuer, Isaak, 1883-1946, Enkel von → Samson Raphael Hirsch, Frankfurter Rechtsanwalt, einer der Begründer von Agudat Jisrael, einer orthodoxen und zunächst betont antizionistischen Bewegung, aus der nach der Staatsgründung 1948 in Israel eine politische Partei gleichen Namens hervorging: 144, 215f, 252, 659f

Brockdorff-Rantzau, Ulrich Graf von, 1869-1929, seit 1919 Reichsaußenminister, der die deutsche Friedensdelegation in Versailles anführte: 343

Brod, Max, 1884-1968, Schriftsteller: 280, 326, 330, 334, 443

Bruckner, Anton, 1824-1896, Komponist: 246

Bruno, Giordano, 1548-1600, italienischer Philosoph: 140

Buber, Martin, 1878-1965, Philosoph, Mitarbeiter am Frankfurter Lehrhaus: 134, 255f, 261, 266, 326, 330, 403, 538, 638, 646, 664, 709, 749, 790ff, 800, 808, 814, 816f, 821f

Budde, Karl, 1850-1935, evangelischer Theologe: 321

Buddha, um 560 - um 480, Religionsstifter: 229

Budko, Josef, 1888-1940, Maler und Graphiker, seit 1935 Leiter der Bezalel-Schule für Kunst und Kunsthandwerk in Jerusalem, bekannt für seine kunstvolle Gestaltung hebräischer Buchstaben: 252, 270, 316, 356, 359

Bund, Adam, Pseudonym, das Rosenzweig sich selber gab als Reaktion auf Eugen Rosenstock, der ihn → Adam Bann „getauft" hatte: 10, 32, 116, 147, 772

Burckhardt, Jacob, 1818-1897, schweizer Kultur- und Kunsthistoriker, Professor in Basel: 225

Burte, Hermann (Pseudonym für Hermann Strübe), 1879-1960, Verfasser des von Rosenzweig mehrfach erwähnten Romans: „Wiltfeber der ewig Deutsche", der Staatsverherrlichung und völkisches Sendungsbewußtsein propagiert. Der Autor sah später in den Nationalsozialisten die Vollstrecker seiner Träume von einer „germanisch-preußischen Volksgemeinschaft": (96f), 120, 138, 168

Busch, Wilhelm, 1832-1908, Maler, Zeichner, Dichter: 191, 812

Cassierer → Cassirer

Cassirer, Ernst, 1874-1945, jüdischer Philosoph, von der Marburger Schule des Neukantianismus geprägt: 78, 82f, 145f, 251f, 306, 317, 343, 491, 814

Chamberlain, Houston Stewart, 1855-1927, Kulturphilosoph: 770

Christus → Jesus Christus

Cohen, Hermann, 1842-1918, Philosoph, Mitbegründer der Schule des Neukantianismus, lehrte seit 1876 Philosophie an der Universität Marburg. 1880 vollzog er infolge einer Auseinandersetzung mit dem Antisemiten Treitschke seine bewußte Heimkehr ins Judentum, die ihren Ausdruck in dem persönlichen „Bekenntnis in der Judenfrage" fand. Nach seiner Emeritierung 1912 kam er nach Berlin, um an der „Lehranstalt für die Wissenschaft des Judentums" zu unterrichten. Dort begegnete ihm im Wintersemester 1913/14 Rosenzweig, dessen wichtigster Lehrer er wurde: 50, 53, 56, 61f, 64f, 66f, 69ff, 72, 77ff, 80, 82f, 91f, 96, 103, 109, 111, 119ff, 128, 132, 145f, 161, 165f, 182, 199, 207, 211f, 214f, 228, 247f, 251, 255ff, 259, 263, 265, 270, 273, 278, 280, 303, 307, 309, 316, 320f, 346, 348, 372, 390, 392, 400, 402, 415, 429, 451, 460f, 466, 474, 482, 486, 552, 569, 584, 620, 646, 656, 734, 741f, 748f, 751f, 771, 794, 796ff, 808, 813

Cohen, Martha, 1860-1942, Ehefrau von → Hermann Cohen, 1942 im Alter von 82 Jahren nach Theresienstadt deportiert, wo sie kurz darauf starb: 133, 145f, 250f, 316, 322, 328, 456, 484, 499, 734

Cohn, Jonas, 1869-1947, Philosophie-Professor in Freiburg: 175, 184, 191ff, 198f, 201, 228, 230, 233, 251, 566, 734

Dante Alighieri, 1269-3121, italienischer Dichter: 83, 90, 224f, 233, 265

Dickens, Charles, 1812-1870, englischer Schriftsteller: 95, 128f

Diederichs, Eugen, 1867-1930, Verlagsbuchhändler: 304, 316, 318, 325, 332, 334f, 337, 339ff, 345

Dilthey, Wilhelm, 1833-1911, Philosoph: 37, 331

Disraeli, Benjamin Earl of Beaconsfield, 1804-1881, britischer Politiker und Schriftsteller: 646

Ditha, Schwester von Eugen Rosenstock; sie verließ das Judentum und ließ sich taufen: 229f, 232, 235ff, 239f, 319, 410, 434, 585, 588, 590f, 593ff, 625

Döblin, Alfred, 1878-1957, Schriftsteller: 378, 784

Dostojewski, Fjodor M., 1821-1881, russischer Schriftsteller: 11, 24ff, 58, 186, 194, 210, 213, 268, 469, 600, 805

Droysen, Johann Gustav, 1808-1884, Historiker, prägte den Begriff „Hellenismus": 27

Duhm, Bernhard, 1847-1928, evangelischer Theologe: 353, 798

Dürer, Albrecht, 1471-1528, Maler: 151

Ebert, Friedrich, 1871-1925, seit 1913 Vorsitzender der SPD, seit 1919 Reichspräsident: 343

Ebner, Ferdinand, 1882-1931, Philosoph, der mit seinem Entwurf der Ich-Du-Beziehung den christlichen Existentialismus begründete: 783ff, 786, 808

Eckermann, Johann Peter, 1792-1854, Schriftsteller, schrieb und veröffentlichte seit 1825 seine Gespräche mit Goethe: 18

Eduard → Eduard Strauss

Ehrenberg, Else, Ehefrau von → Hans Ehrenberg: 304f, 719

Ehrenberg, Emmi, 1859-1941, geb. Fischel, Mutter von → Hans Ehrenberg: 221, 295, 567, 580, 589, 608, 610, 612f, 765

Ehrenberg, Eva, 1891-1973, geb. Sommer, heiratete 1919 → Victor Ehrenberg jun., übersetzte Dantes „Göttliche Kommödie": 237, 241, 243, 277, 342, 510, 513, 519, 672, 810

Ehrenberg, Hans, 1893-1958, 1909 Doktor der Philosophie, danach Privatdozent in Heidelberg, 1911 Taufe, ab 1920 Theologiestudium, 1925 Ordination als Pfarrer in Bochum, 1933 Entlassung aus dem Pfarramt, nach Inhaftierung im KZ Oranieburg 1939 Emigration nach England, nach dem Krieg Rückkehr nach Heidelberg: 8, 10, 15, 25, 41f, 66, 79, 86, 89, 95ff, 98f, 104, 110ff, 117, 120, 126, 131, 136f, 144, 147, 150, 195, 199, 204f, 210, 212, 217, 219f, 223, 230, 232, 240f, 246, 254, 257, 260, 262, 268ff, 272, 274, 276f, 280f, 283ff, 286ff, 289ff, 292, 296f, 298, 300f, 302f, 304f, 312, 325, 333, 337ff, 342, 350f, 354ff, 359ff, 362, 364, 366f, 368, 371f, 375f, 379, 381f, 387, 390, 392, 397f, 400, 402, 405, 407, 410, 419, 429, 432, 440, 444, 448, 455, 460, 465, 468, 478, 482, 488ff, 494f, 502, 504, 531, 534, 540, 552, 560, 579ff, 581f, 584, 587f, 591, 594f, 604f, 606f, 614, 620, 622f, 625f, 628f, 633, 637f, 644, 663, 664f, 677, 679, 684, 688f, 718ff, 721, 730, 736f, 742, 746f, 749, 752, 756, 760ff, 763f, 768f, 775f, 786, 790f, 808f, 814, 821

Ehrenberg, Helene, 1886-1976, Ehefrau von → Rudolf Ehrenberg: 82, 135, 142, 256, 274, 323, 336, 397, 408, 414ff, 418, 424, 426, 430, 437, 454, 460, 464, 478f, 480, 482f, 484f, 491f, 498, 509, 525, 529, 535f, 541, 550f, 564f, 567, 570, 572, 586, 593, 597f, 608, 643, 652ff, 656, 660, 663, 664f, 728, 739ff, 746, 755, 765, 769, 793f, 801, 810

Ehrenberg, Helene, geb. von Ihering, die Mutter von → Rudolf Ehrenberg: 606, 608, 629

Ehrenberg, Julie, geb. Fischel, 1827-1922, Großmutter von → Hans und → Rudolf Ehrenberg: 62, 249, 295, 436, 580, 584, 607, 610, 739, 787

Ehrenberg, Richard, 1857-1921, Vetter von Rosenzweigs Vater, Nationalökonom: 221, 320

Ehrenberg, Rudolf (Rudi), 1884-1969, Professor für Medizin in Göttingen, Physiologe und Biologe, stark theologisch interessiert: 16, 19, 39, 44, 59f, 71, 88, 96, 98, 104, 119, 124, 126, 142, 147, 149, 156, 158, 162, 167, 179, 186, 188, 195, 204, 208, 210f, 213, 218, 250, 253, 255ff, 263, 268, 272f, 274, 278, 285, 293, 297, 300, 302, 311, 318, 320, 323ff, 325ff, 328f, 331, 332, 335, 341, 347, 350f, 355ff, 358f, 360f, 362f, 366, 368f, 371, 373ff, 376, 378f, 380f, 385, 390, 396ff, 407ff, 413f, 416, 418, 421, 423, 426, 430ff, 433, 436f, 441ff, 446, 448f, 452f, 454ff, 458f, 460f, 462f, 467f, 470, 473f, 477ff, 480f, 482f, 484f, 487, 491ff, 494ff, 498, 501, 506, 514, 517, 523, 525ff, 528f, 535, 541f, 545, 547ff, 550ff, 555f, 562f, 565f, 568, 572ff, 581ff, 586f, 590, 592f, 597f, 602f, 604, 607ff, 614, 624, 626f, 628f, 630, 643, 652ff, 656, 660, 662f, 664f, 670, 679, 684, 687f, 691, 698f, 701, 711ff, 716, 721, 727f, 735f, 737, 739ff, 746, 758, 760ff, 763, 765f, 769, 771, 792ff, 801ff, 810, 815, 817

Ehrenberg, Victor sen., 1851-1929, Rechtshistoriker, Professor in Göttingen: 264, 328f, 373, 510, 609f, 690, 706, 821

Ehrenberg, Victor jun., 1891-1976, auch Putzi genannt, Historiker und Altphilologe: 143, 241, 243, 277, 342, 510, 519, 644, 672, 751, 762, 810

Einstein, Albert, 1879-1955, Physiker: 306, 321, 632, 662

Eisner, Kurt, 1867-1919, Publizist und Kommunist, rief 1919 im November in München die „demokratische und soziale Republik Bayern" aus, wurde kurz darauf ermordet: 275, 396

Elkan, Benno, 1877-1960, Bildhauer, der lange in Frankfurt lebte: 715

Else → Else Ehrenberg

Emil → Erwin von Beckerath

Enkidu, Gestalt aus dem → Gilgamesch-Epos: 27

Ernst → Ernst Simon

Erzberger, Matthias, 1875-1921, Zentrum-Abgeordneter in der Weimarer Republik, am 26. August 1921 von ehemaligen Marine-Offizieren ermordet: 15, 18, 797

Euripides, 485-406, athenischer Tragiker: 61

Fichte, Johann Gottlieb, 1762-1814, Philosoph: 31, 71f, 143, 398, 713f, 768, 775f, 815

Fischer, Samuel, 1859-1934, Verleger: 318, 320, 325, 331

Flake, Ate, kleine Tochter von Frau Flake, die eine Pension in Bad Schwalbach betrieb: 748, 779ff

Frank, Paul, ein Vetter von → Gertrud Oppenheim: 262

Frank, Rosette, 1863-1920, geb. Alsberg, Mutter von → Gertrud Oppenheim und Schwester von Rosenzweigs Mutter: 256, 703, ,707

Franz von Assisi: 40, 159, 442, 778

Freimann, Aron, 1871-1948, Gelehrter, Historiker, Bibliograph. Unter seiner Leitung wurde die Frankfurter Bibliothek zu einer der bedeutendsten Hebraica- und Judaica-Sammlungen der Welt: 644, 647

Fritzsche, Robert Arnold, geboren 1868, Bibliothekar in Gießen und ein Freund von → Hermann Cohen: 749ff, 770f, 790, 814

Fromm, Erich, 1900-1980, Psychoanalytiker in Frankfurt, emigrierte 1934 in die USA: 659, 690

Frommann → Sachregister: Frommann Verlag

Fürth, Lotte, Mitarbeiterin am Lehrhaus: 800

Ganslandt, Elisabeth, saß seit 1919 gemeinsam mit → Julie von Kästner für die bürgerliche Deutsche Demokratische Partei in der Kassler Stadtverordnetenversammlung und engagierte sich vor allem im Gesundheitswesen: 283, 299, 389, 392, 635

Geiger, Abraham, 1810-1874, Orientalist und jüdischer Theologe, bedeutender Reformer und 1872 Mitbegründer der Lehranstalt für die Wissenschaft des Judentums in Berlin: 643

Geiger, Ludwig, 1848-1919, Kultur- und Literaturhistoriker in Berlin, Sohn von → Abraham Geiger: 82, 251

George, Stefan, 1868-1933, Dichter: 33, 637, 709f, 753

Gilgamesch, um 2600, frühgeschichtlicher sumerischer König: 28

Gluck, Christoph Willibald, 1714-1787, Komponist: 334, 709

Gobineau, Joseph Arthur Comte de, 1816-1882, Schriftsteller und Diplomat: 10

Goethe, Johann Wolfgang von, 1749-1832, Dichter: 27, 31, 33, 35, 59, 93, 126, 149, 186, 214, 240, 295, 297, 309, 315, 333, 409, 472, 489, 569, 606, 614, 616, 674, 678f, 707, 742, 751, 754, 757, 761f, 765f, 783, 791, 817

Goldmann, Nahum, 1894-1982, zionistischer Politiker und Schriftsteller, Mitbegründer des Jüdischen Weltkongresses: 502, 513

Goldner, Martin, 1902-1987, Mediziner, Freund Rosenzweigs und Sekretär des Lehrhauses: 810

Goldstein, Julius, 1873-1929, Professor der Philosophie in Darmstadt, Gründer und Herausgeber der Zeitschrift „Der Morgen": 661, 818

Gorki, Maxim, 1868-1936, russischer Schriftsteller: 212

Gotthelf, Jeremias, 1797-1854, Schriftsteller: 93, 686

Gotthelft, Richard, 1856-1933, Besitzer des Kasseler Tagblatts, verheiratet mit → Selma Gotthelft: 256

Gotthelft, Selma, geborene Alsberg, 1865-1933, eine Schwester von Rosenzweigs Mutter Adele: 256, 624

Grabowski → Grabowsky

Grabowsky, Adolf, 1880-1969, politischer Publizist, Herausgeber von „Das Neue Deutschland" und Mitbegründer der „Zeitschrift für Politik": 212, 214, 249, 253, 764

Graetz, Heinrich, 1817-1891, jüdischer Historiker: 222

Greda → Greda Picht

Grünewald, Matthias, um 1470-1528, Maler: 151

Gundolf, Friedrich, Pseudonym für Friedrich Gundelfinger, 1880-1931, seit 1920 Professor für Literaturgeschichte in Heidelberg: 677, 697

Gurlitt, Wolfgang, 1888-1965, Kunsthändler und Verleger: 635, 660, 679

Hallo, Gertrud, geborene Rubensohn, geboren 1895: 439, 442, 452, 473, 478, 512, 514, 520, 543, 580, 739f, 758, 760, 816

Hallo, Hennar, Mutter von → Rudolf Hallo: 456, 612, 752, 792

Hallo, Rudolf, 1896-1933, studierte klassische Philologie und Archäologie, leitete später vorübergehend das Lehrhaus in Frankfurt und arbeitete dann am Hessischen Landesmuseum, Kassel: 212, 223, 261, 274, 302, 376f, 382, 398, 432ff, 436f, 438f, 440ff, 445, 448ff, 453, 456, 473, 478, 512, 514, 516ff, 520, 527, 543, 545, 580f, 595, 623, 649, 674, 706, 739f, 800f, 815, 821

Hamann, Johann Georg, 1730-1788, philosophischer Schriftsteller, Lehrer von → Herder: 144

Händel, Georg Friedrich, 1685-1759, Komponist: 609

Hans → Hans Ehrenberg

Hansli → Hans Rosenstock

Hardenberg, Karl August Fürst von, 1750-1822, liberaler preußischer Politiker: 20

Harnack, Adolf von, 1851-1930, evangelischer Kirchenhistoriker und einer der bedeutendsten Theologen seiner Zeit. Mit seinen „Vorlesungen über das Wesen des Christentums" wurde er weit über die Fachtheologie hinaus bekannt: 42, 206, 347, 402, 736

Hartmann, Nicolai, 1882-1950, Philosoph, seit 1920 Profesor in Marburg: 814

Haydn, Joseph, 1732-1809, Komponist: 73

Hedi → Hedi Born

Hegel, Georg Friedrich Wilhelm, 1770-1831, Philosoph; oft bezieht Rosenzweig, wenn er Hegel erwähnt, sich auf seine Dissertation „Hegel und der Staat": 8, 13, 31, 36, 98, 120, 126, 140, 148, 261, 263f, 317, 429, 482, 528, 637, 696, 731f, 751, 753, 764, 768, 776, 783, 808

Heim, Karl, 1874-1958, evangelischer Theologe: 259, 261

Heine, Heinrich (Harry), 1797-1856, Dichter: 240, 646

Heinemann, Isaak, 1876-1937, klassischer Philologe am Jüdisch-theologischen Seminar in Breslau: 646, 794, 813f

Helene → Helene Ehrenberg

Herder, Johann Gottfried, 1744-1803, Schüler von → Hamann, Weimarer Oberpfarrer und Hofprediger, begründete die Sprachphilosophie: 144, 727, 733f, 750, 754

Hesekiel → Jecheskel

Hess, Hans: 212f, 222, 249, 293, 302, 375ff, 382, 398, 433, 517, 522, 707, 760, 764, 818

Hesse, Hermann, 1877-1962, Schriftsteller: 776

Hieronymus, um 347-419/20, lateinischer Kirchenlehrer, schuf die lateinische Bibelübersetzung, die Vulgata: 225

Hildesheimer, Meir, 1864-1934, seit 1899 Prediger an der Adass Jisroel Synagoge, Berlin, Repräsentant der orthodox-deutschen Judenheit: 544

Hindenburg, Paul von, 1847-1934, Offizier, seit 1925 Reichspräsident: 16, 18, 27, 44, 273

Hiob: 321, 802

Hirsch, Samson Raphael, 1808-1888, Gründer und geistiger Führer der neuorthodoxen „israelitischen Religionsgesellschaft" in Frankfurt: 646, 784

Hoffman, E.T.A., 1776-1934, Dichter: 111

Hofmannsthal, Hugo von, 1874-1929, Dichter: 616, 647, 701f, 767, 817

Hohenzollern, → Wilhelm II.: 157, 172f, 175, 629

Hölderlin, Johann Christian Friedrich, 1770-1843, Dichter: 43, 308, 312, 799

Homer, 8. Jahrhundert v.d.g.Z., griechischer Dichter: 93, 147, 243, 279, 673, 775, 799

Hosea: 430

H.U. → Kantorowicz, Hermann U.

Huch, Ricarda, 1864-1947, Schriftstellerin, Hauptvertreterin der neuromantischen Literatur: 8, 301, 313, 756, 772

Hugo Sinzheimer, 1875-1945, 1919 Mitbegründer der Schule der Arbeit und 1920-33 zugleich Professor für Arbeitsrecht in Frankfurt: 633, 687, 696, 698, 753

Humboldt, Wilhelm Freiherr von, 1767-1835, Gelehrter und Staatsmann: 20, 394

Husserl, Edmund, 1859-1938, Philosoph, lehrte seit 1916 in Freiburg: 193, 231, 658, 744, 815

Ibsen, Henrik, 1828-1906, norwegischer Dichter: 487, 612

Ilse → Ilse Strauss

Isaak, biblischer Stammvater: 67

Jacob, Benno, 1862-1945, Rabbiner in Göttingen und Dortmund, einer der bedeutendsten damaligen jüdischen Bibelwissenschaftler. Auf Anregung Rosenzweigs schrieb er Kommentare zum 1. und 2. Mosebuch (zuletzt im Exil in London): 785f, 812

Jakob, biblischer Stammvater: 67

Jecheskel: 79, 247, 419f

Jehuda Halevi, vor 1075-1141, bedeutender jüdischer Philosoph und Dichter des Mittelalters, dessen Gedichte Rosenzweig übersetzte und kommentierte: 207, 250, 757, 779, 796, 801

Jensen, Johannes, 1873-1950, dänischer Dichter, erhielt 1944 den Nobelpreis: 25

Jeremia: 195, 420, 430

Jeremias, Alfred, 1864-1935, evangelischer Theologe und Assyrologe: 140

Jesaja: 321, 349, 459, 605, 619, 778

Jesus Christus: 26, 61f, 80, 83, 92, 101, 113, 126, 165, 229f, 269, 289, 324, 346, 372, 387, 390f, 397, 400, 402, 412, 450, 529, 563f, 593, 595f, 605f, 625, 627f, 727, 797ff

Jochanan ben Sakkai, jüdischer Lehrer, Schüler Hillels, begründete nach 70 das Lehrhaus zu Jawne: 170

Johannes → Hans Rosenstock

Jonas, Ludwig, 1887-1942, lernte Rosenzweig während des Medizinstudiums in Freiburg kennen, lebte als Maler in Kassel: 52, 69, 243ff, 250, 255f, 259, 262, 272, 299, 359, 370, 464, 467, 473, 479, 513, 519, 529, 563, 565, 569, 606, 661, 690, 698f, 701

Kähler, Siegfried August, 1885-1967, Historiker, wie Rosenzweig Schüler von → Friedrich Meinecke: 149, 161f, 175, 177, 178, 182ff, 186, 190, 192f, 195ff, 198, 202, 246, 294, 336f, 394ff, 497, 599, 621, 641

Kahn, Mawrik, Bekannter Rosenzweigs aus einem Lazarett in Leipzig: 327ff, 330, 334, 340, 384f, 407, 433f, 439, 448, 499, 513, 756, 818

Kant, Emanuel, 1724-1804, Philosoph: 13, 30f, 140, 144, 261, 264, 317, 346, 602, 637, 731, 751, 776

Kantorowicz, Hermann U., 1877-1940, Jurist und Publizist, seit 1913 Professor in Freiburg, von Rosenzweig meist „H.U." genannt: 184, 191, 197, 228, 261, 312, 684

Kaplun-Kogan, Wladimir, 1916-1920, Redakteur der von → Hermann Cohen gegründeten „Neuen Jüdischen Monatshefte": 56

Karminski, Hannah, 1897-1943, Sozialarbeiterin, Geschäftsführerin des jüdischen Frauenbundes, Jugendfreundin von Edith Rosenzweig: 666, 668f, 811

Kästner, Hanna von, 1864-1920, Malerin, lebte seit 1891 in Kassel, meist bei → Julie von Kästner: 67, 100, 133, 299, 379

Kästner, Julie von, 1852-1937, Leiterin einer Privatschule in Kassel und für die bürgerliche Deutsche Demokratische Partei seit 1919 in der Kassler Stadtverordnetenversammlung, enge Freundin von Rosenzweigs Mutter, bei der sie die letzten Jahre ihres Lebens wohnte: 379, 637, 750, 791, 811

Kauffmann, Felix, gestorben 1953, Verleger in Frankfurt: 447, 453, 463, 476, 543, 548, 554, 556, 560, 579f, 583, 587, 596, 624, 635, 647f, 711ff, 714, 734

Kaufmann, Fritz Mordechai, 1888-1921, Folklorist und Übersetzer aus dem Jiddischen: 683

Kaufmann, Martha: 580, 588, 593, 649, 690

Kautzsch, Emil, 1841-1910, evangelischer Theologe, Bibelübersetzer: 451

Keller, Gottfried, 1819-1890, schweizerischer Dichter: 749

Kellermann, Benzion, 1871-1923, liberaler Religionslehrer und Rabbiner, Schüler von → Hermann Cohen: 82

Kepler, Johannes, 1571-1630, Astronom: 8

Kierkegaard, Sören, 1813-1855, dänischer Theologe und Philosoph: 21, 59, 420, 644

Klatzkin, Jakob, 1882-1948, Philosoph, Zionist, Publizist und Verleger: 109, 316

Kleist, Heinrich von, 1777-1811, Dichter: 170, 771

Koch, Richard, 1882-1949, Arzt, Professor für Geschichte der Medizin in Frankfurt, später auch Dozent am Lehrhaus und Rosenzweigs Arzt in seiner Krankheit: 447f, 621f, 625, 642, 644, 676ff, 683, 685, 693, 712, 718, 721, 724ff, 729, 731f, 736, 756, 772, 774, 783, 793, 800f, 812f, 819

Kokoschka, Oskar, 1886-1980, Maler und Dichter: 341

Kopernikus, Nikolaus, 1437-1543, Astronom: 139f

Kracauer, Siegfried, 1889-1966, Schriftsteller und Soziologe, bekannter Feuilleton-Redakteur der Frankfurter Zeitung, leitete im Herbst 1921 einen Kurs am Frankfurter Lehrhaus: 771, 779ff

Krebs, Engelbert, 1881-1950, katholischer Theologe in Freiburg: 228, 235, 324, 352, 354, 360

Ku Hung-Ming, 1857-1928, chinesischer Intellektueller: 36

Lagerlöf, Selma, 1858-1940, schwedische Schriftstellerin: 21, 297, 529f, 675

Landau, Leopold, 1842-1921, Gynäkologe und Förderer der Akademie für die Wissenschaft des Judentums in Berlin: 253, 342f, 345, 346f, 352, 367

Landauer, Gustav, 1870-1919, Philosoph und Literaturwissenschaftler, sozialistischer Politiker, 1919 im Gefängnis ermordet: 396, 646

Lasalle, Ferdinand, 1825-1864, Gründer der sozialdemokratischen Bewegung in Deutschland: 308, 731f

Lazarus, Arnold, 1877-1932, liberaler Rabbiner in Frankfurt: 294, 297, 432, 556, 693, 746, 777

Lazarus, Martha: 599

Leibniz, Gottfried Wilhelm, 1646-1716, Philosoph und Mathematiker: 30

Lessing, Gotthold Ephraim, 1729-1781, Philosoph und Dichter: 31, 37, 44, 252, 365, 373, 443, 456, 463, 472, 490, 493, 496, 511f, 559

Liebknecht, Karl, 1871-1919, sozialistischer Politiker, wurde ermordet: 185, 396

Liszt, Franz, 1811-1886, Komponist: 693

Löb, Walter, gestorben 1917, Chemiker in Berlin: 310

Löffler: 641, 655, 657

Loofs: 231, 233f

Löwenherz, Toni, Bekannte von Rosenzweigs Mutter aus Amelith, wo Rosenzweigs ihre Flitterwochen verbrachten und wo infolge des schlechten Wetters der „Tischdank" entstand, der ihr gewidmet ist: 344, 571, 620

Lloyd George, David, 1863-1945, englischer Außenminister: 91

Lucacz → Georg Lukács

Ludendorff, Erich, 1865-1937, preußischer General mit weitgespannten Kriegszielen im Osten, 1923 am Hitler-Putsch in München beteiligt: 44, 119, 154, 157, 257, 340

Lukács, Georg, 1885-1971, Literaturhistoriker und -theoretiker: 220

Luther, Martin, 1483-1546, Reformator: 11, 59, 62, 102, 118, 150, 184, 204, 225, 238, 242, 249, 301, 317, 388, 412, 431, 469, 569, 571, 616, 782

Luxemburg, Rosa, 1871-1919, sozialistische Politikerin, wurde ermordet: 396

Machiavelli, Niccolò, 1469-1527, italienischer Politiker und Schriftsteller: 259

Mahler, Gustav, 1860-1911, Maler und Dirigent: 510

Maimonides oder Rabbi Mosche ben Maimon (abgekürzt Rambam), 1135-1204, bedeutender jüdischer Gelehrter des Mittelalters, verfaßte medizinische und vor allem religionsphilosophische Werke, die auch auf die christliche Philosophie des Mittelalters Einfluß hatten: 66, 207, 217, 227f, 346, 494, 611f

Maleachi: 420, 516

Mann, Heinrich, 1871-1950, Schriftsteller: 204, 752

Mann, Thomas, 1875-1955, Schriftsteller: 204

Marcion, 85-160, sammelte eine bedeutende gnostische Gemeinde um sich und unterschied zwischen dem Gott der hebräischen Bibel, den er ablehnte, und dem „lieben" Gott des Neuen Testaments, den allein er anerkannte: 736

Marcks, Erich, 1861-1938, Historiker: 161, 274

Marx, Karl, 1818-1883, Nationalökonom und Philosoph: 308, 731f

Mawrik → Mawrik Kahn

Max von Baden, Prinz, 1867-1929, seit 1918 Reichskanzler: 170, 172

Mayer, Eugen, 1882-1967, Rabbinersohn und Jurist, nach dem ersten Weltkrieg Syndikus der israelitischen Gemeinde in Frankfurt: 555ff, 560, 564f, 571, 575, 579, 582, 636, 638f, 641ff, 645ff, 650, 652, 659, 671, 672f, 678, 680f, 692f, 712, 746, 810

Meinecke, Friedrich, 1862-1954, Historiker, Professor in Freiburg, seit 1914 in Berlin, 1948 erster Rektor der Freien Universität Berlin, Lehrer Rosenzweigs: 23f, 27, 149, 264, 274, 293, 297f, 310, 313, 316, 319ff, 325, 335, 337f, 347, 356, 364, 366f, 376, 489, 619, 621, 635, 650f, 653, 655, 721f, 729, 731, 751

Meiner, die Brüder Arthur und Felix, Verleger in Leipzig: 286, 304, 312

Mendelssohn, Moses, 1729-1786, jüdischer Philosoph und Aufklärer, Freund von → Lessing: 317, 343, 347f, 494, 512, 538, 615

Mereschkowski, Dimitrij, 1865-1941, russischer Schriftsteller: 274f, 563, 720

Meyrink, Gustav, 1868-1932, Schriftsteller: 53, 280, 653

Michaelis, Georg, 1857-1936, Politiker: 15f, 41

Michelangelo, 1475-1564, Maler, Bildhauer und Dichter: 297

Mohammed, um 570-632, Stifter des Islam: 230, 297

Montesquieu, Charles de, 1689-1755, Schriftsteller und Staatsphilosoph: 312

Morgenstern, Christian, 1871-1914, Dichter: 8, 449, 589, 708f

Mose: 247, 249, 264, 420, 457, 472, 605, 798

Mosse, Rudolf, 1843-1920, Begründer der Rudolf Mosse Verlag A.G., eines großen Verlags- und Druckereiunternehmens, zu dem seit 1871 das Berliner Tagblatt - damals die einflußreichste Hauptstadtzeitung und eine der wichtigsten liberalen Stimmen, die im Deutschland der Weimarer Republik bald als „Judenblatt" deutsch-nationaler Hetze ausgeliefert war - und seit 1890 auch die Allgemeine Zeitung des Judentums gehörte: 251f, 254f, 258, 262, 311

Mozart, Wolfgang Amadeus, 1756-1791, Komponist: 73, 277, 334, 371, 784

Mündel, K., Sekretär Rosenzweigs in Freiburg, der die Reinschrift zum „Stern" anfertigte: 162, 172f, 178, 180, 182, 189, 196, 200, 202, 226, 233, 236, 239ff, 273f, 303, 306, 320, 333, 337, 345, 347f, 367, 376, 734

Muth, Carl, 1867-1944, katholischer Publizist, gründete 1913 die katholische Monats-Zeitschrift „Hochland": 162, 237, 260, 266, 311, 320

Nachmanides = Mosche ben Nachum, 1194-1270, Bibelausleger, Talmudgelehrter und Philosoph: 458f, 461, 469

Napoleon, 1769-1821, französischer Feldherr und Kaiser: 168, 315

Nassauer, Paula, Sozialarbeiterin in Frankfurt, die an der Organisation der Lehrhausvorlesungen beteiligt war: 676, 777

Natorp, Paul, 1854-1924, Profesor der Philosophie in Marburg, dort als Hauptvertreter der Marburger Schule des Neukantianismus Kollege von → Hermann Cohen: 82, 145, 752

Naumann, Friedrich, 1860-1919, Politiker: 220

Neander, Johann August, 1789-1850, Sohn jüdischer Eltern, ließ sich 1806 taufen und wurde evangelischer Professor für Kirchengeschichte in Berlin: 219

Nemesis, griechische Göttin, die das Maß wahrt, Frevel rächt und zu großem Glück feind ist: 109

Newton, Isaac, 1642/43-1727, Mathematiker, Physiker und Astronom: 22

Nicolai, Friedrich, 1733-1811, Schriftsteller und Verlagsbuchhändler, Freund von Lessing und Mendelssohn: 559

Nietzsche, Friedrich Wilhelm, 1844-1900, Philosoph: 8, 13, 27, 30, 33, 56, 98, 120, 126, 207, 213, 225, 264, 300, 564, 610, 720, 776

Nobel, Nehemia Anton, 1871-1922, Zionist und Rabbiner, seit 1911 in Frankfurt, von Rosenzweig sehr verehrt und geliebt: 278, 446, 448f, 513f, 517, 528, 538, 546, 549, 555, 575, 625, 642, 645ff, 650, 655ff, 658f, 661, 663f, 666, 668f, 671, 675, 678, 682, 685, 688, 690, 692, 709, 714, 724, 726, 729, 731f, 735ff, 738, 742ff, 746f, 753, 772f, 775, 777ff, 781, 783

Nobel, Ruth, Tochter von → Rabbiner Nobel, erste Frau von → Ernst Simon: 659, 661, 713, 724, 736, 742, 47, 772

Nohl, Hermann, 1879-1960, Pädagoge und Philosoph: 331ff, 334, 336f, 340f, 345, 352, 377

Notker III, Labeo, um 950-1022, Leiter der Klosterschule von St. Gallen, übersetzte und kommentierte antike Literatur in althochdeutsche Prosa; von ihm stammt auch eine Psalmenübersetzung mit Kommentar: 205, 215, 225

O.Victor → Victor Ehrenberg sen.

Ödipus: 516

Oldenbourg, Verlegersfamilie: 316, 321, 335, 367, 376, 385, 419, 435, 446, 475, 480, 490, 510

Ollendorf, Friedrich, 1889-1951, Experte für Sozialwohlfahrt: 544f

Oncken, Hermann, 1869-1945, Historiker: 286, 297f, 301f, 305, 682

Onkel Adam → Adam Rosenzweig

Onkel Adolf → Adolf Alsberg

Onkel Victor → Victor Ehrenberg sen.

Oppenheim, Gertrud, 1885-1976, genannt Trudchen, Rosenzweigs Cousine: 50, 56, 70, 99f, 103, 106, 126, 131f, 134, 147, 178, 215, 224, 249f, 272, 281, 288, 291, 293, 295f, 298f, 300, 306, 320f, 332, 335, 378f, 383, 392, 395, 426, 433, 439, 458, 469, 494, 506, 509f, 512, 521, 530, 537, 548, 555, 564, 567, 573, 581, 589ff, 591ff, 598, 602, 610, 630, 636, 639ff, 683, 698f, 706, 708, 740, 755f, 760, 765, 774, 791, 795f, 806

Oppenheimer, Franz, 1864-1943, Arzt, Nationalökonom und Soziologe, seit 1919 Professor in Frankfurt, arbeitete auch für die Siedlungsgenossenschaften in Israel: 645, 682

Pappenheim, Bertha, 1859-1936, Begründerin des jüdischen Frauenbundes, Leiterin eines Heims für gefährdete jüdische Mädchen in Frankfurt-Neuisenburg: 556, 583, 624, 692

Parmenides, um 540 - um 470, griechischer Philosoph: 98

Paulus: 35, 126, 188, 372f, 382, 412, 417, 423

Petrus: 188, 382

Philips, Carlo, Schriftsteller und Freund von → Hans und → Rudolf Ehrenberg sowie von Eugen Rosenstock: 42, 104, 147, 150, 243, 274, 284f, 305, 376, 566

Picht, Georg, Sohn von → Werner und → Greda Picht: 161

Picht, Greda, geb. Curtius, Frau von Werner Picht, mit Margrit Rosenstock befreundet: 183, 233, 286, 485, 817

Picht, Werner, 1897-1965, Schriftsteller, aktiv in der Volkshochschulbewegung, intimer Freund von Eugen Rosenstock: 40, 70, 131, 142, 149, 172, 191, 195, 274, 289, 302, 308, 311, 351, 360, 366f, 370f, 373, 381, 396f, 406f, 410, 414, 450, 456, 460, 465, 468, 477, 485, 487, 488, 534, 540, 557, 560, 562, 586, 590ff, 594f, 619, 626, 628f, 633, 764, 812, 814

Plato, 427-347, griechischer Philosoph: 27, 83, 143, 150f, 265, 330

Plutarch, 50-125, griechischer Philosoph und Historiker: 27, 163f, 457

Prager, Joseph (Julius), 1885-1983, Arzt in Kassel: 215f, 222, 249, 256, 262, 345, 457ff, 464, 467, 471ff, 487, 501, 513, 517, 552, 565, 579f, 596, 598, 600, 620, 624, 631f, 634ff, 751, 755, 760, 787, 791, 812f, 816

Putzi → Victor Ehrenberg jun.

Rabin, Israel, 1882-1951, Hebraist, Judaist, lehrte 1918-1921 an der Universität Frankfurt, dann Dozent am Rabbinerseminar in Breslau und seit 1929 auch an der dortigen Universität, 1935 verließ er Deutschland und ging nach Haifa: 645, 743

Rachmaninow, Sergej, 1873-1943, russischer Komponist: 783

Rade, Martin, 1857-1940, evangelischer Theologe, Mitbegründer der Zeitschrift „Christliche Welt": 258, 307, 329, 336f

Raeburn, Walter (vormals Regensburg), 1897-1972, ließ sich taufen, lebte als Jurist in England, Sohn von → Anna (Ännchen) Regensburg: 601, 621, 623ff, 627ff, 632, 668, 821

Ranke, Leopold von, 1795-1886, Historiker: 36, 87, 129, 149, 154, 263, 297, 312, 765

Raschi = Rabbi Schlomo Jizchaki, 1040-1105, bedeutendster Bibel- und Talmudkommentator des Mittelalters: 251, 420, 458

Rathenau, Walther, 1867-1922, Publizist, seit 1921 Wiederaufbauminister, von Antisemiten als „Erfüllungspolitiker" ermordet, da er bei der Umsetzung des Versailler Vertrags half: 275, 402

Regensburg, Anna (Ännchen), geb. Alsberg, 1875-1959, Schwester von Rosenzweigs Mutter Adele, wanderte mit ihrem Mann nach der Heirat nach London aus, Mutter von → Walter Raeburn (anglisierte Form des Namens Regensburg): 96, 436, 473, 567, 601, 621, 624, 627f, 630

Regensburg, Winnifred (Winny), 1897-1986, Cousine Rosenzweigs, Tochter von → Anna (Ännchen) Regensburg, seit 1913 oder 1914 bestand der Plan, daß sie und Franz Rosenzweig heiraten sollten; sie heiratete dann jedoch einen Schlesinger: 96, 415, 435, 490, 519, 601, 621, 627

Reger, Max, 1873-1916, Komponist: 246

Reinhardt, Max, 1873-1943, Regisseur: 341, 488, 560

Rickert, Heinrich, 1863-1936, Philosophie-Professor in Freiburg und Heidelberg: 32, 276, 281, 284, 286, 288, 290, 292f, 298, 302, 305, 749, 753

Riebensahm Paul, Vorstandsmitglied bei Daimler und Initiator der Daimler Werkszeitung: 310, 314, 369, 423, 427, 460, 466, 473, 669

Riesser, Gabriel, 1806-1863, Jurist, erster jüdischer Richter in Deutschland, Vizepräsident der Nationalversammlung in Frankfurt, Vorkämpfer der Judenemanzipation: 646

Rilke, Rainer Maria, 1875-1926, Dichter: 33, 326, 338, 548

Romanow, russisches Zarengeschlecht, das infolge der Revolution am 17. Juli 1918 ermordet wurde: 750

Rosenstock, Hans, einziger Sohn von Margrit Rosenstock-Huessy: 760, 763, 768f, 774, 776, 790f, 796, 813ff, 817

Rosenzweig, Adam, 1826-1908, Xylograph, Onkel von Franz Rosenzweig, der - als eigenbrödlerischer Junggeselle und künstlerisch ambitionierter Holzschnitzer - bis zu seinem Tod im Haus Rosenzweig in Kassel lebte: 74, 94, 419, 509, 698, 784

Rosenzweig, Adele, 1867-1933, Mutter von Franz Rosenzweig

Rosenzweig, Georg, 1957-1918, Fabrikant in Kassel, Vater von Franz Rosenzweig: 65, 67ff, 71, 73, 81, 86f, 103, 110, 114, 145, 183, 281, 343, 349, 370, 419f, 480, 517, 573, 584, 598, 601

Rosenzweig, Leo, „Rosenzweig-Ost" genannt (im Unterschied zu Franz Rosenzweig = Rosenzweig-West), Schüler von → Hermann Cohen: 251, 265, 315ff, 319, 322

Rosenzweig, Rafael, 1922-2001, Sohn von Franz und Edith Rosenzweig: 807, 810f, 813ff, 816f, 818f

Rosenzweig-Ost → Leo Rosenzweig

Rothschild, Henry, 1870-1936, Großkaufmann in Frankfurt, Förderer zahlreicher jüdischer Organisationen, auch des Frankfurter Lehrhauses: 666, 672f, 680, 684ff, 689f, 692f, 696, 747, 761f, 777, 779

Rousseau, Jean-Jacques, 1712-1778, französischer Schriftsteller: 413

Rubensohn, Gertrud → Gertrud Hallo

Rudi → Rudolf Ehrenberg

Salomon, Alice, 1872-1948, Frauenrechtlerin und Sozialpädagogin: 275

Salomon, Ernst, Onkel von Edith Hahn mütterlicherseits: 558

Salomon, Eva, Tochter von → Ernst Salomon: 558

Salzberger, Georg, 1882-1975, liberaler Rabbiner in Frankfurt: 643ff, 658f, 692, 725, 782

Samuel, Herbert, 1870-1963, von 1920 bis 1925 erster Hochkommissar des britischen Mandatsgebiets Palästina: 645

Schafft, Hermann, 1883-1959, nach dem ersten Weltkrieg Pfarrer in Kassel, engagiert in der Judendbewegung und der Erwachsenenbildung, lehrte später auch im Frankfurter Lehrhaus, gründete 1953 die Kassler Gesellschaft für christlich-jüdische Zusammenarbeit: 392f, 400ff, 405, 429, 508, 552, 601f, 762, 786

Scheidemann, Philipp, 1865-1939, Reichstagsabgeordneter der SPD, seit 1919 Ministerpräsident: 172

Scheler, Max, 1874-1928, Philosoph: 213, 506, 812

Schelling, Friedrich Wilhelm Joseph von, 1775-1854, Philosoph: 27, 30, 347, 686, 739, 742, 768, 773

Schiller, Friedrich, 1759-1805, Dichter: 31f, 53, 59, 149, 184, 186, 297, 359, 409, 413, 612, 742, 783, 818

Schlegel, August Wilhelm von, 1767-1845, Dichter und Übersetzer: 31, 240

Schocken, Salman, 1877-1959, jüdischer Kaufmann und Verleger, emigrierte 1934: 214, 233, 243, 250f, 253, 384f, 513, 617

Scholem, Gerhard Gershom, 1897-1982, geboren in Berlin, studierte in Jena und München Mathematik, Philosophie und Semitistik, ging 1923 nach Jerusalem, wo er an der Hebräischen Universität Professor für jüdische Mystik wurde: 739, 744f, 787

Schopenhauer, Arthur, 1788-1860, Philosoph: 24, 27, 30, 91, 207, 610, 686

Schrempf, Christoph, 1860-1944, evangelischer Theologe und Philosoph, der 1909 aus der Kirche austrat; seine Entlassung aus dem kirchlichen Dienst 1892 bewirkte den sogenannten Apostolikumsstreit: 37, 244, 672ff, 675

Schweitzer, Albert, 1875-1965, evangelischer Theologe, Arzt, Kulturphilosoph und Musiker, verfaßte ein berühmt gewordenes Buch über die Leben-Jesu-Forschung: 70, 87, 236, 269, 289, 791

Seligmann, Caesar, 1860-1950, Rabbiner in Frankfurt und Führer des liberalen deutschen Judentums; Herausgeber der Zeitschrift „Liberales Judentum": 643ff, 693

Shakespeare, William, 1564-1614, englischer Dichter: 27, 109, 239f, 316, 339f, 362, 574, 697, 706, 711, 713

Shaw, George Bernhard, 1856-1950, Dichter: 783, 818

Siebeck, Richard, 1883-1965, Sohn des Verlegers Paul Siebeck, Mediziner in Heidelberg: 289, 684

Siegmund-Schulze, Friedrich, 1885-1969, evangelischer Theologe und ökumenischer Pazifist: 666

Simmel, Georg, 1858-1918, Philosoph und Soziologe, einer der wichtigsten Vertreter der sogenannten Lebens-Philosophie: 212, 290

Simon, Ernst, 1899-1984, Historiker und Pädagoge, Zionist, ging 1923 als Lehrer ins damalige Palästina: 657ff, 666, 669, 682, 685, 689, 692, 709, 712f, 719, 724, 729, 736, 742f, 753, 772f, 779ff, 781, 815f

Solon, um 640-561, griechischer Gesetzgeber: 163

Sommer, Eva → Eva Ehrenberg

Spengler, Oswald, 1880-1936, Geschichtsphilosoph: 228, 263ff, 274, 287, 290f, 293, 295, 302f, 307f, 311, 377, 397, 456f, 466, 473, 735

Spinoza, Baruch, 1632-1677, jüdischer Philosoph, der wegen seiner Lehren aus der Gemeinde verbannt wurde: 24, 27, 30, 317, 611f, 784

Spitteler, Carl, 1845-1924, Schriftsteller und Literatur-Nobelpreisträger: 260

Stahl, Friedrich Julius, 1802-1861, konservativer Politiker und Staatsrechtler; ließ sich 1819 taufen: 219, 646

Steiner, Rudolf, 1861-1925, Begründer der Anthroposophie: 257, 709, 753

Steinheim, Salomon Ludwig, 1789-1866, jüdischer Religionsphilosoph: 739

Strauss, Bertha, geb. Badt, 1885-1969, studierte deutsche und englische Philologie in London und Berlin, 1908 Promotion, als freie Schriftstellerin vor allem für Zeitungen tätig, Ehefrau von → Bruno Strauss: 228, 252, 257, 312f, 319, 353, 367, 415, 487, 495, 601, 606

Strauss, Bruno, Herausgeber von Werken des Philosophen → Hermann Cohen: 252, 312f, 319, 353, 415, 429, 453, 455f, 460f, 462f, 466, 474f, 485, 487, 495, 582, 620

Strauss, Eduard, 1876-1952, Biochemiker am Georg-Speyer-Haus in Frankfurt, im Volksbildungsheim tätig und mit seiner Bibelstunde einer der wichtigsten Dozenten am Lehrhaus: 431f, 445ff, 448f, 450f, 461, 468, 474, 476, 485, 488, 492f, 497f, 502, 506ff, 510f, 513f, 516, 518, 528, 532f, 542f, 544, 546ff, 554f, 556, 560, 571, 575, 579, 582, 590, 592, 624ff, 633, 642f, 645, 646, 649ff, 654, 658, 661, 667ff, 671, 673, 675ff, 681f, 689f, 696, 710, 718f, 724ff, 731f, 735f, 745, 747, 764, 772f, 779, 791, 814

Strauss, Emil, 1866-1960, Schriftsteller: 346

Strauss, Ilse, geb. Hahn, Schwester von Edith Rosenzweig, verheiratet mit dem Arzt Otto Strauss, emigrierte nach Jerusalem: 618, 630, 632, 771, 773

Strindberg, Johan August, 1849-1912, schwedischer Dichter: 223, 300, 607

Susman, Margarete, 1872-1966, jüdische Philosophin und Dichterin, rezensierte als eine der ersten den „Stern", emigrierte 1933 nach Zürich: 220, 724, 727, 735, 749, 753, 760, 776, 794, 796

Taeubler, Eugen, 1879-1953, Historiker und Dozent an der Lehranstalt für die Wissenschaft des Judentums in Berlin: 306f, 317, 319ff, 322f, 342f, 344, 347, 368, 374, 396, 491f, 532, 538, 546, 685

Tante Ännchen → Anna Regensburg

Tante Dele → Adele Rosenzweig

Tante Emmi / Emmy → Emmi Ehrenberg

Tante Julie → Julie Ehrenberg

Tante Lene → Helene Ehrenberg, geb. von Ihering

Tante Rosette → Rosette Frank

Täubler → Eugen Taeubler

Tertullian, 160-225, Kirchenlehrer: 126, 223, 736, 753

Thomas von Aquin, 1225-1274, bedeutendster Theologe des Mittelalters: 259

Tieck, Ludwig, 1773-1853, Dichter: 146

Tillich, Paul, 1886-1965, evangelischer Theologe, der 1933 Lehrverbot erhielt und daraufhin in die USA emigrierte: 629, 632f

Titus, 39-81, römischer Kaiser, der Jerusalem zerstörte: 170

Tolstoi, Leo, 1828-1910, russischer Schriftsteller: 58, 139, 210, 564, 673f, 678

Treitschke, Heinrich von, 1834-1896, Historiker, seit 1863 Professor in Freiburg, seit 1866 wichtiger Mitarbeiter Bismarcks; sein Hang zum Antisemitismus wirkte stark auf den Nationalsozialismus, der seine Schlagworte übernahm: 11, 20, 27, 146. 397

Troeltsch, Ernst, 1865-1923, evangelischer Theologe, Philosoph und Historiker: 320, 325, 338

Trudchen → Gertrud Oppenheim

Voltaire, Francois-Marie, 1694-1778, französischer Schriftsteller und Philosoph: 59, 674

Wagner, Richard, 1813-1883, Komponist: 11, 32, 238, 334, 358, 720

Wälsungen, Herrschergeschlecht der germanischen Sage: 516

Walter → Walter Raeburn

Walther von der Vogelweide, um 1170 - um 1230, bedeutendster Lyriker des Mittelalters: 673

Warschauer, Malvin, 1871-1938, Rabbiner in Berlin, Zionist, traute Franz Rosenzweig und Edith Hahn: 537, 560

Weber, Max, 1864-1920, Sozialökonom und Soziologe: 220, 283, 288, 622, 760ff, 773

Weismantel, Leo, 1888-1964, Pädagoge und Schriftsteller, dessen erzieherisches Konzept auf eine Entfaltung der musisch-schöpferischen Kräfte im Kind zielt: 347, 375f, 381f, 403f, 406, 435, 445ff, 448, 455f, 460f, 462f, 464ff, 468ff, 474ff, 477f, 482ff, 487, 491, 495, 502, 504, 516, 526, 530f, 536, 542f, 547f, 552ff, 596, 603

Weizsäcker, Viktor von, 1886-1957, Psychiater und Internist, Begründer einer allgemein anthropologischen Medizin: 44, 48, 52, 126, 148f, 274, 281, 286, 288f, 291, 296, 302, 304f, 335, 415, 443f, 447, 554, 580, 632, 684, 720f, 756, 807, 811, 816, 822

Wellhausen, Julius, 1844-1918, evangelischer Theologe, der bedeutendste „Alttestamentler" des 19. Jahrhunderts: 247f, 761, 798

Werfel, Franz, 1890-1945, Schriftsteller, der - aus dem Judentum kommend - sich schon früh dem Katholizismus zuwandte: 55f, 213, 252

Werner → Werner Picht

Wilhelm II., 1859-1941, deutscher Kaiser: 164, 173, 178, 182, 197, 202, 305, 344, 651, 776

Wilson, Thomas Woodrow, 1856-1924, amerikanischer Präsident: 198, 208

Winckler, Hugo, 1863-1913, Assyrologe: 140

Winie / Winnie → Winnifred (Winny) Regensburg

Winter, Verleger: 286, 293f, 296f, 304, 310, 312, 325, 334f, 345, 356, 475

Wittig, Joseph, 1879-1949, Priester und Theologie-Professor in Breslau, Freund von Eugen Rosenstock und → Martin Buber, später exkommuniziert : 821f

Zunz, Leopold, 1794-1886, Wegbereiter der jüdischen Emanzipation und Begründer der Wissenschaft des Judentums: 584

Zweig, Arnold, 1887-1968, Schriftsteller: 259, 267, 280, 560, 617

Sachregister

1800 → Idealismus

Abendmahl: 249, 688

Akademie (in Berlin): 69f, 76, 93f, 214, 272, 286, 306f, 308, 314, 317, 321f, 329, 334, 342f, 345, 347f, 352, 357, 367f, 384, 396, 444, 491f, 517, 533, 538, 544, 546f, 563, 571, 616, 684ff

All: 263

Allmacht: 169, 424, 550

Alltag: 142

Altern: 782

Altes Testament: 164f, 420, 679

Amen: 247f, 373, 387, 413, 418, 421, 618, 620

Amerika: 130f, 133, 136f, 162, 170, 172

Angewandte Seelenkunde von Eugen Rosenstock: 807f, 812, 814

Angst → Furcht

Antijudaismus → Judenfeindschaft

Antike: 287

Antisemitismus → Judenfeindschaft

Antlitz Gottes: 66, 72, 126

Antwort: 18, 60, 115, 141, 627, 648

Apotheose: 227, 708

Arabisch: 743, 745, 747

Arbeitsweise Rosenzweigs: 128, 141, 144, 158f, 167, 188f, 197, 201, 205f, 227, 234, 763

Archäologie: 785

Arier: 149

Ästhetik: 144, 200, 216, 287, 612, 735

Astrologie: 140

Atheismus: 103, 674

Auferstehung: 247f, 411f, 562, 569, 573

Augenblick: 59

Bayern: 445

Behaustsein: 512, 518f, 533, 594f

Beruf / Berufspläne Rosenzweigs: 231, 251, 257f, 263, 266, 270, 273, 285f, 293f, 298f, 307, 309, 311ff, 314, 317, 322, 357, 464, 472f, 502, 508, 513, 517, 526, 543f, 546f, 556, 567ff, 575, 576, 582, 621, 630f, 634, 662, 679, 697, 717f, 721f, 731ff, 742f, 744f, 746f, 748f, 805

Bibel: 90, 225, 317, 348, 353, 450f, 457f, 470ff, 592, 605, 637, 679, 725, 782, 786, 799, 817

Bibelkritik: 147, 206, 243, 262, 289, 353, 451, 784, 797ff

Blut: 82, 88, 90, 113, 439, 442, 450, 595, 622

Bolschewiki → Bolschewismus

Bolschewismus: 157, 173, 182, 186, 194, 201, 250, 262, 378, 464, 512, 519, 533, 563, 567f, 605, 613

Briefe: 19, 60, 115, 141f, 180, 280, 499, 648

Bücher: 410, 430, 475, 488, 509

Buddhismus: 223, 381

Bund: 6, 357, 605, 761

Chaos: 125, 201

Charakterisierung Eugen Rosenstocks durch Rosenzweig: 11f, 19, 29, 34, 59, 77, 105, 111, 346, 497, 534

Chassidismus: 134, 664

Chiffre: 151

Christentum → tümer: 7, 11, 40, 52, 59ff, 70, 83, 112, 131, 188, 224, 229, 233, 246, 263, 268f, 285, 301, 341, 350f, 355ff, 358, 360, 365, 369, 372f, 381, 386ff, 389ff, 392f, 400f, 402f, 405, 407, 410f, 420f, 427, 440, 442ff, 447, 450, 468, 470, 494, 512, 519, 528, 560, 594f, 599f, 605ff, 609, 618, 620, 622f, 628, 694, 711, 730f, 733, 740, 767, 798f, 810

Christologie: 606

Christus → Personenregister, Jesus Christus

Credo: 271, 378, 402

Danken: 60, 81, 246, 431, 553

Davidstern: 123ff, 127, 128ff, 155, 159, 168, 171, 174, 193, 197, 216, 221f, 228, 232, 236, 246, 253, 300f, 333, 338, 344, 541

Demokratie: 43, 157, 163

Demut: 151, 327

Denken: 217, 429

Deutsche → Deutschland

deutsches Volk: 191, 194, 720, 742

Deutschland: 26, 33, 41, 154, 158, 160, 163, 167f, 170, 175, 178, 186, 262, 305f, 353, 363, 450, 547, 562, 635, 733, 767, 771

Deutschtum: 96

Dialektik: 285

Dialog: 34, 74, 200

Dogma: 61f, 98, 229, 270, 354, 385, 387, 389, 605, 606, 663, 730, 793, 798f

Dreieinigkeit → Trinität

Du → Ich und Du: 44

Ecclesia, → Kirche: 276, 357, 512, 730

Ehe → Heiraten / verheiratet sein: 38, 145, 183, 211, 237, 271, 276, 322, 419, 439, 443, 463, 520, 535, 548, 557, 570, 581f, 584, 594f, 605f, 652, 691, 697, 723

Eigenschaften Gottes: 61, 247, 270, 816

Einsamkeit: 94, 248, 440, 581, 737

Elemente: 264

Emanation: 330

Emanzipation: 354, 614, 686

England: 41, 154, 170, 173, 271f, 368, 374, 437, 544, 621, 623, 627ff, 635

Erde: 224f, 429, 805

Erfahrung: 135, 388, 587, 632

Erinnern: 132

Erlösung: 28, 62, 124, 127, 131, 135, 155, 158, 201, 247, 261, 268, 325, 330, 338, 354, 401, 447, 534, 605f, 686

Erneuerung: 247

Erwählung: 5, 72, 193, 360, 387, 391, 402f, 624, 627, 694

Erzählung: 200

Erziehung: 38, 93

Esther-Buch: 558

Ethik: 125, 605, 682, 687

Europa: 11, 248, 353, 422

Ewigkeit: 59, 327, 509f, 660, 778, 803, 805

Exil: 195, 277

Expressionisten: 341, 346, 563

Faktizismus: 187

Fegefeuer: 64

Festjahr: 660

Formen: 588

Frankreich: 170

Frau: 33, 38, 75, 91, 101, 105, 112, 149, 212, 286, 295, 299, 303, 314, 446, 509, 519, 533, 541, 547, 562, 578, 648, 817

Freies Jüdisches Lehrhaus, Frankfurt: 624f, 642f, 645f, 649, 655, 658f, 666-669, 671ff, 675ff, 679ff, 682, 687f, 690, 693f, 696f, 707ff, 711ff, 714f, 722f, 724ff, 732, 734f, 736ff, 745, 747, 751, 767, 770ff, 772ff, 777f, 780f, 792, 795, 800f, 810

Freiheit: 486, 605

Fremd: 61

Freuen: 205

Frommann Verlag: 749, 751f, 754

Frömmigkeit: 180

Fühlen: 63

Furcht: 91, 204

Gartenzwerg: 339

Geben: 109

Gebet: 84, 93f, 135, 180, 217, 373, 420, 437, 539, 605, 667, 702, 778

Gebot → Tora: 72, 261, 357, 386, 441, 450, 469, 544, 549, 587, 591, 659, 727, 729f, 731f, 787, 798

Geburt: 65, 68, 587, 591

Gegenwart: 110, 123

Geist: 126, 130f, 289, 324, 387f, 390, 393, 401f, 420ff, 424, 429, 450, 471, 686, 812

Geisteswissenschaft: 19

geistig: 148

geistlich: 148

Gemeinschaft: 365, 372f, 375, 390, 401f, 418, 426, 434, 732

Genie: 229f

Gericht (Gottes): 73, 445, 486, 505f, 508, 537

Geschichte: 7, 9f, 12f, 55, 263, 341, 471, 511, 601, 752

Geschlechterkette: 67, 110, 230, 471f

Gesetz → Gebot und Tora

Glaube: 12, 73, 116, 135, 168. 188, 286, 295, 373, 375, 387ff, 390f, 393, 418, 457, 479, 492, 508f, 528, 538, 550, 556, 587, 595, 602, 606, 624f, 674, 726

GOJIM → Völker: 134, 742

Gott: 54, 72, 90, 110, 127, 134, 153, 155, 166, 199, 204, 226, 236, 247, 263, 268, 270, 277, 293, 301, 326f, 330, 338, 360, 365, 372, 386ff, 390, 400, 414, 418ff, 424, 431, 441, 443, 457ff, 461, 469, 486, 491, 499, 504ff, 508, 511, 521, 525, 527, 536, 539, 542, 549, 552, 554, 572, 574, 585, 594, 608, 613, 615, 626, 657, 663, 674f, 678, 702, 708, 725, 727, 734, 737, 786, 816f

Gottesbeweis: 261

Gottesreich → Reich Gottes

Gottesverhältnis: 80

Götzendienst: 143, 563, 613, 727

Grabspruch: 419, 480

Grammatik: 169ff, 200, 202, 451, 585, 731, 765, 808

Hagada: 83

Hakenkreuz: 138

Haß: 133f

Hebräisch: 237, 472, 525, 583f, 585, 589, 591, 598, 610, 688, 692, 693, 712, 714, 719, 745, 817

Heiden → Heidentum

Heidentum: 59, 61, 68, 83, 103, 129f, 134, 146, 151, 155, 165, 213, 263f, 287, 330, 346, 355, 365, 372, 388, 403, 440, 446f, 450, 455, 458, 519, 528, 564, 575, 600, 609, 664, 674, 678, 694, 751

Heilige: 60, 118, 457, 527, 601, 618

Heiliges: 81,

Heiligung: 226f

Heiraten / verheiratet sein → Ehe: 14, 35, 48, 67, 71, 211, 246, 271f, 286, 340, 368, 374, 395, 399, 415, 462, 472, 490, 498f, 506, 519f, 520ff, 526, 529, 531, 533, 545ff, 548, 558f, 563, 565, 567ff, 571ff, 574, 576ff, 580ff, 600f, 670, 690, 696, 718, 721, 729, 731, 794f

Held: 155, 359

Helfen: 279

Himmel: 224f, 429, 538, 631, 802, 805

Himmelreich → Reich Gottes

Hoffnung: 17, 354, 372ff, 387f, 391ff, 407f

Hohes Lied: 99, 189, 218, 312, 437, 535f, 576, 644

Hölle: 64, 204, 538, 802, 805

Höre Israel → SCHMA JISRAEL

Humor: 265

Ich und Du: 17, 29, 114, 127, 235, 358, 408, 486

Ich → Ich und Du: 189

Idealismus: 36, 120, 126, 144, 186, 188, 201, 231, 263f, 322, 330, 458, 509, 575, 602, 612, 694, 722, 726, 731, 751, 761, 770, 775

Idee: 143, 187, 330, 509

Ili: 643, 651f, 667, 669, 671, 696

Indien: 155, 202, 364f, 367, 376

Individuum: 155

Industrialisierung: 534

Inquisition: 42

Institution: 161, 365, 387, 390, 392, 402, 413, 417, 421, 424, 428, 511, 594

Islam: 3f, 130, 167

Israel: 82, 471, 592f

Japan: 130, 138f

Johannesevangelium: 40, 98, 354, 382

JOM KIPPUR → Versöhnungstag

Jona-Buch: 564

Jubeljahr: 341

Jude → Judentum

Judenchristen: 95, 112, 268, 270, 387, 604

Judenfeindschaft: 40, 83, 112, 140, 149, 185, 217, 309, 350, 367, 369, 372, 397, 399, 403, 432f, 512, 562, 580, 586, 599, 622f, 624, 811f

Judenstolz → Erwählung

Judentaufe: 88, 90, 112, 223, 229f, 232f, 292, 358, 360f, 369, 372, 376f, 400, 403, 407f, 410, 412, 417, 421, 438, 555, 585, 588, 591, 593ff, 597, 623, 625, 628, 798, 812, 821

Judentum → tümer: 26, 28, 53, 61f, 80, 82, 83, 112, 117, 170, 188, 193, 195, 218, 221, 224, 229f, 232f, 235, 246, 268f, 350f, 353, 354f, 357f, 360, 365, 371ff, 386ff, 390f, 392f, 400f, 402f, 410ff, 420f, 434, 440, 442f, 447, 450, 462, 470ff, 491, 493f, 510ff, 518, 528, 547, 558, 560, 565, 588, 594f, 599ff, 602, 604f, 606, 616, 618, 620, 622f, 624, 634f, 644ff, 659, 664, 673, 682, 694, 716, 722, 730, 733, 740, 742, 751, 767, 774f, 780, 786, 791, 796, 798f, 821

Jüdischer Liberaler Jugendverein → Ili

Jüdischkeit von Rosenzweig: 53, 67, 74, 88f, 93f, 117, 161, 280, 319, 349, 356, 384f, 394, 402, 409f, 419f, 427, 449, 494, 497, 501, 507ff, 513, 523, 528, 545, 563, 568, 577, 593, 598f, 600, 612, 625f, 630, 634, 640, 647, 690, 693, 716f, 718f, 729, 731f, 740, 742 773

Jüngster Tag → Gericht (Gottes)

Kabbala: 129, 253, 338, 398, 664

KADDISCH: 84

Karriere: 224, 309

katholisch: 188, 190f, 266, 310, 497, 659, 664, 780

Katholizismus: 58ff, 92, 118, 219, 242, 324, 750

Ketzer: 59f, 98, 270, 285, 287, 289, 324, 354, 360, 373, 381f, 387, 389, 392, 402, 411, 488, 527, 549, 554, 566, 594, 601, 612, 622, 626, 633, 638, 640, 650, 657f, 663, 665, 674, 683, 688, 753, 764

Ketzerchristentum → Ketzer

Ketzerkirche → Ketzer

Kinderwunsch Rosenzweigs: 778, 781, 784

Kindheit: 55, 80f, 93

Kino: 311, 490, 818

Kirche → Ecclesia: 52, 58ff, 61, 161, 184, 200f, 204, 207, 216, 219, 268, 290, 324, 327, 339, 352, 354f, 358, 364, 389, 392, 401, 421, 527f, 546, 552, 554, 563, 612, 617, 619, 625, 644, 657, 659, 688, 730f, 754, 764, 799

KOL NIDRE: 434

Kommentare: 88, 353, 451, 458f, 470f, 592, 607, 616

Kommunismus: 552, 793

Konkordanz: 204f

Kosmos: 125, 201

Kraft: 481

Krankheit Rosenzweigs: 792f, 794ff, 800ff, 805ff, 809, 812f, 816, 819

Kreuz: 70, 124, 130f, 376, 647, 686, 694, 727f

Krieg: 5ff, 10, 15ff, 23, 26, 33ff, 40f, 42ff, 48, 52, 57f, 71, 78, 86, 88, 90f, 96f, 104, 114, 117, 120ff, 136f, 140, 142ff, 146, 148, 150, 152f, 154f, 156ff, 160, 162f, 164, 167ff, 170f, 172f, 174f, 176f, 178ff, 184f, 186, 191, 192f, 194f, 208, 225, 254f, 258, 264, 274f, 294, 305, 330, 335, 344, 350, 354, 363, 465, 479, 505f, 585, 611, 614, 619, 621, 627, 635, 652, 675, 716, 732, 746, 751, 757, 790

Krise: 566

Kult: 156, 200, 673

Kultur: 184

Kunst: 144, 151, 156, 171, 187, 200, 223, 225, 262, 278, 324, 381, 394, 493, 566, 592, 799, 801

Kuß: 247

Latein: 150

Leben: 68f, 77, 109, 122, 181, 201f, 215, 248, 370, 375, 408, 421, 429, 433, 470f, 481, 506, 508, 527, 546, 561, 570, 572, 574f, 581, 587, 606, 626, 639, 641, 657, 660, 670, 680, 691, 703, 713, 727, 733, 782, 805, 812

Lehranstalt für die Wissenschaft des Judentums, Berlin: 309, 314

Lehren: 76, 79

Lehrhaus → Freies Jüdisches Lehrhaus, Frankfurt

Leib: 59, 126, 141, 156, 279, 477, 587, 812

Leiden: 109, 408f, 480, 499, 508f

Leipziger Nachtgespräch 1913: 21f, 29, 61, 111, 114, 279, 356, 362, 370, 410, 420, 433, 498, 513, 528, 534, 545, 569, 593, 615, 626, 730

Lernen: 76, 79, 217, 249, 317, 319, 321, 464, 471, 474, 479, 525, 600f, 718, 736f, 743ff, 752

Lesen: 89f

Liberales Judentum: 135, 152, 206, 502, 510f, 536, 559, 642, 644f, 724

Liebe Gottes (zum Menschen): 61, 151, 247, 327, 592f, 725, 737

Liebe zu Gott: 28f, 59, 72, 248, 611

Liebe zum Nächsten: 29, 59, 72, 83, 111, 151, 201, 248, 296, 611

Liebe: 70, 72, 75f, 109, 126. 134, 142, 151, 153, 177, 180f, 201, 276, 314, 357f, 369, 372ff, 378, 387f, 390, 401f, 408f, 413, 417f, 422, 429, 443, 480, 486, 492, 505, 508. 570, 581, 595, 611, 644, 662, 680, 702, 725, 803

Liturgie → Kult: 207f, 215f, 717

Loge: 681, 696, 698, 707, 719, 726

Logik: 180, 494

Lüge: 372, 386, 402, 565, 628, 647, 721f, 724, 737

MAGEN DAVID → Davidstern

Magie: 165

Maske: 567

Maß: 109, 575, 728

Mathematik: 120, 124, 170, 293, 731

Mensch: 109, 124, 126f, 141. 155, 236, 247, 338, 457, 479, 502, 512, 521, 592, 594, 640, 763

Menschheit: 82

Messianische Zeit → Messias

Messias: 62, 113, 595

Metaethik: 125, 158

Metalogik: 125, 158

Metaphysik: 124, 158, 169, 220, 612

Midrasch: 678

Militarismus: 44, 184, 193

Mitleid: 83, 129

Möglichkeit: 264, 428

Monarchie: 157, 158, 291

Monotheismus: 61, 270

Moral: 194, 458

Mord: 674

Musik: 73ff, 109, 131, 146, 205, 720, 740

Mutter: 73

Mystik: 227, 630

Nächstenliebe → Liebe zum Nächsten

Nächster: 72, 83, 544, 549

Nächstes: 201, 285

Nähe: 54

Name Gottes: 3, 61, 427f, 558, 750

Name: 40, 67, 226, 264f, 264f, 328, 349, 358, 426f, 442, 445, 450, 627, 727

Nation: 143

Nationalismus: 193, 360

Natur: 52, 126, 130f, 148, 289, 341, 591, 729, 763, 820

Naturphilosophie: 236, 587

Naturwissenschaft: 19f, 264, 291

Neues Testament: 17, 164, 390, 400, 410, 597, 625, 798

Offenbarung: 3ff, 29f, 61, 70f, 98, 103, 124, 127,131f, 135, 155, 158, 164ff, 170, 182, 199, 201, 263, 268, 289, 301, 327, 330, 338, 341, 346, 354, 365, 419f, 428, 471f, 518, 601, 678, 686, 761, 786

Ohnmacht: 481

Oper: 334

Opfer: 440, 461

Orthodoxie: 135, 152, 502, 507, 508, 520, 536, 645, 655, 674, 683, 725, 775, 793

Österreich: 175

Pädagogik: 612, 633

Palästina: 645, 664

Pantheismus: 731

Papst: 118, 137, 146, 208, 220

Paradies: 64

Patmos: 403f, 406, 446, 453, 455, 461f, 465, 475, 487, 494, 502, 563, 749

Paulskirche: 195

Pazifismus: 184

Pfarrer: 242, 266, 296, 633, 682, 706

Pharisäer: 605

Philosophie: 27, 30, 98, 128, 133, 165, 198, 204, 231f, 250, 319, 362, 398, 494, 504, 566, 587, 596, 624, 637, 686, 694, 716, 722, 732f, 749, 754, 770, 776, 786, 797, 814

Politik: 216, 605f, 613

Polytheismus: 264

Priester: 242

Prophet: 164, 195, 229, 353, 420, 605, 661, 664, 778

Proselyt: 219

protestantisch: 188, 644, 664

Protestantismus: 58ff, 66, 87, 92, 95, 101, 219, 242, 266, 488, 750

Pubertät: 11, 329, 566, 720

858

Rabbiner: 258
Rationalismus: 165f
Raum: 57, 59, 728
Reformation: 61, 98
Reich Gottes: 5, 59, 84, 155, 161, 201, 226, 278, 325, 428, 549, 612
Religion: 81, 130, 148, 201, 595, 597, 703
Religionsphilosophie: 32, 199, 234, 398, 596f
Revolution: 140, 154, 179ff, 182, 184f, 186f, 191, 194f, 198f, 202, 212, 214f, 219, 224, 250, 257, 262, 264, 268, 275, 340f, 344, 354, 366, 375f, 396f, 407, 471, 567ff, 602, 613, 627, 752, 799
Rosenzweig als Soldat → Krieg
Rußland: 7f, 154, 184, 186, 194, 231, 273f, 720, 750
Rut (Bibelbuch); 597
Sabbat → Schabbat
Sakrament: 242, 421, 568
Samson'sche Freischule in Wolfenbüttel: 350, 357
Sanskrit: 239, 241, 263
Schabbat: 341, 508, 525, 536, 593f, 597ff, 600, 632, 649, 658f, 661, 688, 696, 709, 712f, 729, 772, 778, 786f
Scham: 81, 285
SCHCHINA: 326
SCHMA JISRAEL: 61, 699
Scholastik: 42
Schöpfung: 5, 124, 127, 131f, 135, 155, 158, 164ff, 169f, 199, 201, 247, 289, 327, 330, 338, 341, 354, 365, 419f, 428, 450, 472, 518, 587, 591, 644
Schrift: 141, 471f
Schuld: 293, 820f
Schüler: 115
Schwangerschaft von Margrit Rosenstock: 698, 701f, 706ff, 710f, 727, 733f, 737, 741, 750, 754f, 759f, 762f
Schweigen: 146, 155, 172
Schwester: 509
Seele: 59, 75, 94, 126, 141, 156, 166, 279, 324, 471, 477, 812
Seelenmesse: 84
Sehen: 63
Sekten: 204
Selbst: 155
Selbsteinschätzung Rosenzweigs: 482
Selbstmord: 22, 29f, 35, 68, 175, 204, 211, 248, 281ff, 291, 296, 299, 328, 420, 441, 443, 496f, 626, 629, 674f, 703, 708, 722, 727, 734, 790

Septuaginta: 249
Sohar: 448
Soldat Rosenzweig → Krieg
Sonntag: 341
Sozialismus: 552, 635, 638, 723
Sozialpolitik: 32
Soziologie: 347
Spartakus: 212, 219, 271
Sprache: 3f, 31, 33, 36f, 52, 81, 124, 144, 155f, 161, 165f, 171, 216, 292, 346, 378, 388, 393, 403, 509, 585, 629, 640, 714, 716, 742, 765f, 794, 797, 800, 807f, 813f, 819
Sprachlehre: 127, 786
Staat: 178, 200, 352, 563
Staatslehre: 216
Sterben: 69
Sünde: 28f, 61f, 79, 153, 251, 457f, 461, 469, 505, 508, 527, 624, 674, 752
Sünder: 211, 560, 593
Symbol: 130
Synagoge: 61, 216, 237, 355, 357, 386, 404, 437f, 494, 512, 523, 526, 528, 537, 558f, 657, 661, 663, 667, 679, 730, 735, 779
System: 167f, 199, 210, 686, 751
Talmud: 251, 265, 289, 424, 471f, 479f, 533, 688
Tat: 73, 76, 109, 156, 365, 458, 480, 562f, 605
Tatsache: 187, 388, 459, 510, 546, 625
Tatsächlichkeit: 187, 226, 236, 264
Taufe → Judentaufe
Teleologie: 36
Tempel: 473, 632
Tetragramm → Name Gottes
Theodizee: 244
Theologie: 87, 169, 199, 227, 504, 509, 513f, 536f, 546, 605, 693, 798, 822
Tiere: 129
Tod: 38, 44, 50, 57, 60, 65f, 68f, 71ff, 74, 77, 83f, 91, 94, 98, 109f, 142, 145, 176f, 179ff, 182, 186, 200, 202, 204, 206, 211, 224, 247f, 304, 402f, 411, 413, 421, 429, 506, 546, 561f, 569f, 572f, 574, 581ff, 587, 591, 606, 608f, 611, 614, 626, 644, 703, 706, 711, 713, 721f, 727f, 731, 733, 782, 794, 801, 803, 805f, 816
Toleranz: 512
Tora → Gebot: 71, 450, 471f, 723
Tradition: 188, 280, 388, 457, 471f, 588, 618f, 797
Tragödie: 155, 287, 359
Treue: 159, 215

Trinität: 61, 92, 270, 301, 766

Trost: 84

Trotz: 159, 215, 551

„tümer": 177, 232, 234, 372, 402, 512, 594, 640, 729f, 801

Tun → Tat

Übersetzung: 102, 202, 225, 317, 348, 451, 577f, 606, 612, 615, 698f, 701ff. 707, 739, 777ff, 782f, 792, 796

Überzeugen: 34

Umkehr: 111, 481

Unglaube: 73, 265, 479, 572

Universität: 140, 143, 161, 184, 254, 260, 264, 296, 309, 326, 331, 334, 377. 397, 430, 432, 629, 632f, 722, 731ff, 742f, 745, 818

Unsterblichkeit: 50, 53, 57, 60

Urwort: 253

Utopie: 606

Vater → Rosenzweig, Georg: 57, 74, 516f

Vaterunser: 84, 481

Vererbung: 71

Vergangenheit: 123

Vergebung: 153, 404, 569

Vergessen: 132, 141, 153, 404, 421, 454

Verheißung: 72, 595

Verlust: 77

Vernunft: 98, 132, 166

Versöhnungstag: 434, 437f, 469f

Verstockung: 360f, 372, 386

Versuchung: 169, 200

Vertrauen: 110, 551f, 772

Völker → GOJIM: 82, 206f

völkisch: 120

Volkshochschule: 331, 367f, 474, 476, 513, 517, 533, 556f, 560, 563, 575, 581f, 585, 590, 592, 602, 632, 642, 694, 731, 771, 799

Vorsehung: 165

Vulgata: 83, 205, 249

Wahlen: 212, 217

Wahn: 372, 374, 386

Wahrheit: 242, 247ff, 289, 330, 388, 402, 440, 492, 494, 521, 565, 728, 737, 797

Weg: 372

Weiblichkeit → Frau

Weihnachten: 501

Welt: 126f, 141, 155, 226, 236, 264, 268, 295, 330, 338, 356, 426, 450, 516, 527, 563, 575, 822

Wiedergutmachung: 551

Wirklichkeit: 111, 130, 355, 375, 587, 614f

Wissen: 12, 286, 563, 587

Wissenschaft: 39, 42, 135f, 264, 563, 631f, 797, 801

Wort: 31, 37, 81, 141, 172, 242, 648, 663

Wunder: 108, 130, 159, 161, 164ff, 179, 372, 388, 393, 418f, 420ff, 423ff, 426, 428, 457, 516f, 518f, 522f, 545, 568, 587, 591, 723

Wurzel: 67, 388, 403, 410, 419, 421f, 625

ZADDIK: 664

Zeit: 57, 59, 122, 130, 268, 327, 509, 660, 678, 727f, 805

Zeitrechnung: 790

ZENNERENNE: 535f, 560, 564f

Ziel: 372, 447

Zionismus: 216, 262, 277f, 280, 309, 311, 328, 330, 384, 403, 407, 432, 434, 508, 513, 562, 571, 596, 600, 602, 608, 611, 614, 620, 628, 634, 638, 645, 657f, 661, 664, 666, 686, 689, 723f, 731f, 754f, 759, 791, 818

Zorn: 431, 459, 508, 678, 725f

Zukunft: 123

Zweifel: 375

Im BILAM Verlag sind außerdem erschienen:

Erzählungen der Bibel werden
- beim Wort genommen -
auf den Boden der hiesigen Welt gestellt.
Doch in den Worten und zwischen ihnen
ist Deutung zugegen,
die Geheimnis bewahrt, Sinn enthüllt.
An ausgewählten Geschichten
von Abraham und Sara,
Jakob, Joseph und Mose,
von David und Elisa,
wird gezeigt,
daß diese hohe Kunst des Erzählens
- zweieinhalbtausend Jahre alt -
immer noch lebendig und aktuell ist.

Annemarie Mayer-de Pay

Wortgeschehen
**Geschichten der Bibel
als literarische Kunstwerke**

1999. 2. Auflage 2002. 80 Seiten.
ISBN 3-933373-03-4
(Gebunden) 8,- EUR

Das vierte Jahrhundert war für die Geschichte der Kirche von entscheidender Bedeutung: innerhalb weniger Jahrzehnte stieg das Christentum von einer verfolgten Gemeinde zur allein herrschenden Staatsreligion auf.
Maßgeblich beteiligt am Triumph der Kirche war der römische Kaiser Konstantin, dem es als Anhänger des Sonnengottes nicht schwer gefallen war, auch ein Verehrer Christi zu werden. Seine Religionspolitik war freilich alles andere als uneigennützig: diente ihm das Christentum doch vor allem als Instrument der persönlichen Machterhaltung.
Die Kirche fand schnell Geschmack an ihrer neuen Rolle und nutzte ihren Einfluß fortan hemmungslos zur Durchsetzung eigener Interessen - eine Entwicklung, die nicht nur ihrer Glaubwürdigkeit erheblich schaden sollte, sondern sich auch für Heiden und Juden als verheerend erwies.

Inken Rühle

Sonnen-Wende
**Konstantin und der
fragwürdige Triumph der Kirche
über Judentum und Heidentum**

1999. 80 Seiten.
28 Abbildungen.

ISBN 3-933373-02-6
(Gebunden) 8,- EUR

Reinhold Mayer / Inken Rühle

Die Messiasse
Geschichte
der Messiasse Israels
in drei Jahrtausenden

2. Auflage 2002. 436 Seiten.

ISBN 3-933373-05-0
(Broschur)   15,- EUR

Titel der 1. Auflage:
War Jesus der Messias?

Vor wenigen Jahren ist der (bislang) letzte Messias gestorben. Er hatte zahlreiche Vorgänger. Sie alle haben in Notzeiten versucht, Israel zu retten. Fast alle sind sie gescheitert. Einer von ihnen war Jesus.

Ein spannendes Sachbuch über die Geschichte des Judentums als Kampf zwischen aufrührerischen Messiassen und ihren Gegnern.

Ein erzählender Teil wird ergänzt durch bisher in deutscher Sprache weithin unzugängliches Quellenmaterial.

Demnächst erscheint:

Inken Rühle
Gott spricht die Sprache der Menschen
Einführung in das Werk Franz Rosenzweigs

Annemarie Mayer-de Pay
Dank und Gedenken
Mit zwei Aufsätzen über Franz Rosenzweig